Peter Eitel

RAVENSBURG
im 19. und 20. Jahrhundert

Peter Eitel

RAVENSBURG
im 19. und 20. Jahrhundert

Politik · Wirtschaft · Bevölkerung
Kirche · Kultur · Alltag

Herausgegeben von der Stadt Ravensburg

Jan Thorbecke Verlag

Gedruckt mit freundlicher Unterstützung durch
Ruth und Adolf Merckle, Blaubeuren,
Stiftung Landesbank Baden-Württemberg,
Stiftung Ravensburger Verlag,
OEW Energie-Beteiligungs GmbH
und Stadt Ravensburg.

Bibliografische Information Der Deutschen Bibliothek
Die Deutsche Bibliothek verzeichnet diese Publikation in der Deutschen Nationalbibliografie; detaillierte bibliografische Daten sind im Internet über http://dnb.ddb.de abrufbar.

www.thorbecke.de · info@thorbecke.de

Dieses Buch ist aus alterungsbeständigem Papier nach DIN-ISO 9706 hergestellt.
Typographie: Rudolf Göggerle, Meckenbeuren
Gesamtherstellung: Jan Thorbecke Verlag, Ostfildern
Printed in Germany · ISBN 3-7995-0138-X

Inhalt

Teil 4: 1914–1918
Der Erste Weltkrieg

Teil 5: 1918–1933
Die schwierigen Jahre nach dem Ersten Weltkrieg

Teil 6: 1913–1945
Drittes Reich und Zweiter Weltkrieg

Teil 7: 1945–1966
Nachkriegszeit

Teil 8: 1966–2000
Auf dem Weg zur Dienstleistungsgesellschaft

Anhang

Vorwort des Herausgebers

Von der Reichsstadt zur Großen Kreisstadt, von der Herrschaft der Patrizier zur Demokratie, vom reichsstädtischen Handel und Handwerk zur Industriegesellschaft, von etwas mehr als 3.000 Einwohnern im Jahr 1800 zu fast 50.000 Bewohnern heute. Diese Stichworte markieren Eckpunkte, zwischen denen Ravensburg von 1800 bis 2000 seine Gestalt veränderte, wie in keinem Zeitraum je zuvor. Es war ein Wandel voller dramatischer Umbrüche und schleichender, aber dennoch tiefgreifender Veränderungen: Revolutionen und Kriege, Hungersnöte und Auswanderungswellen, aber auch bessere Ausbildung und medizinische Versorgung, steigender Lebensstandard und mehr Möglichkeiten für den Bürger und – mit erheblicher Verzögerung – auch für die Bürgerin, sich politisch, kirchlich oder gesellschaftlich zu engagieren. Staat und Politik wandelten sich. Wirtschaft und Gesellschaft ebenfalls. Die Patrizier oder Zunfthandwerker der alten Reichsstadt hätten bereits das Ravensburg zwei Generationen später nicht mehr verstanden.

Trotz der großen Bedeutung des 19. und 20. Jahrhunderts für die Entwicklung der Stadt, hat sich die Geschichtsschreibung bislang überwiegend mit der reichsstädtischen Geschichte Ravensburgs auseinandergesetzt. Lange Zeit hatte allein die alte Stadt und ihre Handelsgesellschaft, das prägnante Stadtbild mit all seinen Toren und Türmen, den Marktplätzen und Markthäusern, den Kirchen und den sozialen Einrichtungen wie dem Heilig-Geist-Spital und dem Bruderhaus die Menschen in ihren Bann gezogen. Die Faszination für die Reichsstadtzeit ist geblieben. Doch das Interesse an der jüngsten Vergangenheit ist in den letzten 20 Jahren deutlich gestiegen. Man wollte mehr über die Lebensumstände, die gesellschaftlich-sozialen Verhältnisse und die Arbeitsbedingungen der Großeltern erfahren.

Dr. Peter Eitel, der Autor des vorliegenden Bandes und Ravensburger Stadtarchivar von 1973 bis 1998, hat durch seine Archivarbeit, seine Publikationen, Vorträge und Ausstellungen wesentlich zur Aufarbeitung und Vermittlung der Ravensburger Geschichte, auch und gerade der jüngsten Zeit, beigetragen. Mit dem von ihm herausgegebenen Band „Ravensburg im Dritten Reich" ist ein zentrales Kapitel der Stadtgeschichte geschrieben worden. Nach fünfjährigem akribischem Aktenstudium, umfassender Literaturrecherche und zahlreichen Gesprächen kann er nun erstmals eine umfassende Geschichte des Ravensburgs des 19. und 20. Jahrhunderts vorlegen. Sein Werk ist mehr als „nur" der dritte Band der vom Ravensburger Ehrenbürger Dr. Alfons Dreher 1972 vorgelegten zweibändigen Stadtgeschichte der Reichsstadtzeit. Es ist eine eigenständige, wissenschaftlichen Ansprüchen genügende und dennoch verständlich geschriebene Analyse der politischen, wirtschaftlichen, sozialen, kirchlichen, kulturellen und gesellschaftlichen Verhältnisse der Stadt Ravensburg der letzten beiden Jahrhunderte. Die Stadt Ravensburg ist ihm für seine beispiellose Arbeit zu außerordentlichem Dank verpflichtet.

Eines führt die Stadtgeschichte immer wieder deutlich vor Augen: Dass Ravensburg diese Zeitenwende mit vielen Kriegen und Krisen gut überstanden hat, ist Frauen und Männern zu verdanken, die sich über ihre eigenen privaten und wirtschaftlichen Interessen hinaus uneigennützig für das Gemeinwesen in Kommunalpolitik, Kirche oder Vereinen engagiert haben und engagieren. Ihnen ist – wenn sie freilich auch nicht alle genannt werden konnten – mit dem vorliegenden Band ein ehrendes Andenken geschaffen worden. So kann Ravensburg – trotz der großen Herausforderungen, die auch weiterhin auf die Stadt zukommen – optimistisch in die Zukunft schauen.

Dem Band wünsche ich zum Verständnis der Vergangenheit und zur zukünftigen Orientierung eine große Leserschaft.

Hermann Vogler
Oberbürgermeister

Vorwort des Verfassers

Vor 32 Jahren erschien die zweibändige „Geschichte der Reichsstadt Ravensburg“, verfasst von Alfons Dreher, dem damaligen Ravensburger Stadtarchivar. Dreher hatte warten können. Erst als er alle ihm zugänglichen Urkunden und Akten aus der reichsstädtischen und der bayerischen Zeit geordnet und verzeichnet und damit für die Forschung zugänglich gemacht hatte, ging er daran, die Ernte seiner jahrzehntelangen Tätigkeit im Verborgenen einzufahren und die Geschichte seiner Heimatstadt niederzuschreiben. Als das stattliche Werk 1972 erschien, blickte der Autor auf eine 47-jährige ehrenamtliche Tätigkeit als Stadtarchivar zurück.

Mir, seinem Nachfolger, oblag es, die städtische Überlieferung seit dem Jahr 1810 zusammen mit meinen Mitarbeiterinnen zu erschließen. Damit verbunden war die Erwartung meines Arbeitgebers, der Stadt Ravensburg, dass eines Tages die Stadtgeschichte Drehers von mir fortgesetzt würde. Das behagte mir anfangs gar nicht, da mir aufgrund meiner damaligen Arbeitsschwerpunkte die reichsstädtische Geschichte Ravensburgs eigentlich näher lag als das 19. und 20. Jahrhundert.

Je länger ich mich jedoch mit den mir anvertrauten historischen Beständen – nicht nur dem amtlichen Schriftgut, sondern auch privaten Aufzeichnungen, Zeitungen, Fotos, Karten, Plänen, Bildern und musealen Gegenständen – beschäftigte, desto größer wurde mein Interesse an der noch weitgehend unerforschten Geschichte der Stadt im 19. und 20. Jahrhundert.

In Zusammenarbeit mit verschiedenen Hochschulen, nicht zuletzt der Pädagogischen Hochschule Weingarten, wurden zahlreiche studentische Arbeiten zur Stadtgeschichte der beiden letzten Jahrhunderte vergeben und von meinen Mitarbeiterinnen und mir betreut, ebenso Schülerarbeiten und Forschungen professioneller Historiker oder historisch interessierter Laien aus Ravensburg und seiner Umgebung.

Es bot sich daher an, am Ende einer 25-jährigen Archivarstätigkeit, dem Beispiel Drehers folgend, die vielen neuen Erkenntnisse zur Geschichte der Stadt in nachreichsstädtischer Zeit zusammenzufassen und so das von meinem Vorgänger begonnene Werk fortzuführen, wenn auch mit zum Teil anderen Fragestellungen und Methoden.

Dass jede Generation eine andere Geschichte, ihre Geschichte, mit anderen, neuen Fragestellungen schreibt, wusste auch Dreher. Im Vorwort zu seinem 1966 erschienenen Werk „Das Patriziat der Reichsstadt Ravensburg“, einer Vorstufe zu seiner Stadtgeschichte, schrieb der 1896 Geborene: „Daß ich mich der älteren Generation der Historiker und Germanisten mehr verpflichtet fühle als neueren Vorstellungen und Bestrebungen, halte ich für mein gutes Recht.“

Seine Stadtgeschichte war bereits die dritte in Buchform erschienene. Sie stach durch eine Fülle neuer Gesichtspunkte von ihren beiden Vorgängerinnen ab, dem 1835 vollendeten „Versuch einer Geschichte der Stadt Ravensburg von Anbeginn bis auf die heutigen Tage“ von Johann Georg Eben und der 1887 erschienenen „Geschichte der Stadt Ravensburg“ von Tobias Hafner.

Seit dem Erscheinen von Drehers Werk hat sich die Stadtgeschichtsforschung rasant weiterentwickelt und unter dem Einfluss der französischen „Ecole des Annales“ neue Fragen an die Quellen gestellt. Der Reichtum der schriftlichen und bildlichen Überlieferung zur Geschichte Ravensburgs im 19. und 20. Jahrhundert erlaubt es, vielen dieser neuen Fragen nachzugehen, Fragen, auf die man für die reichsstädtische Zeit mangels einschlägiger Quellen zum größten Teil keine Antwort finden würde.

Bei Dreher standen die politische Geschichte, die Rechts- und Verfassungsgeschichte im Vordergrund, während in der vorliegenden Darstellung die Bevölkerungs-, Sozial- und Wirtschaftsgeschichte, die Kultur- und Alltagsgeschichte gleichrangig neben der politischen Geschichte stehen.

Einer Erklärung bedarf die Auswahl der Abbildungen für dieses Buch. Schöne und gefällige Bilderbuchmotive, von denen unsere alte Stadt ja viele aufzuweisen hat, standen für mich bei der Auswahl nicht im Vordergrund. Es kam mir vielmehr darauf an, charakteristische und zum Teil unbekannte Bilddokumente zusammenzutragen, die in Beziehung zum Text stehen oder ihn ergänzen.

Bei der sich über fünf Jahre hinziehenden Arbeit an diesem Buch wurde mir vielfältige Hilfe von Institutionen und einzelnen Personen zuteil. Neben dem Stadtarchiv Ravensburg haben mich auch andere städtische Ämter unterstützt: Bürgermeisteramt, Kultur-, Sozial- und Standesamt, Stadtkämmerei, Stadtplanungs- und Bauordnungsamt, die Stadtbücherei, der Fachbereich Schule, Jugend, Sport, das Amt für Öffentliche Ordnung und nicht zuletzt die EDV-Abteilung des Hauptamts.

Neben zahlreichen Archiven im In- und Ausland, die im Anhang genannt sind, und dem Staatl. Vermessungsamt Ravensburg, fühle ich mich ganz besonders dem Statistischen Landesamt Baden-Württemberg zu Dank verpflichtet, das geduldig zahlreiche, zum Teil auch abwegig erscheinende Fragen beantwortet hat.

Die Liste der Personen, denen ich für Rat und Hilfe zu danken habe, ist lang.
Allen voran möchte ich nennen:

- Oberbürgermeister Hermann Vogler, der dem Projekt von Anfang an voller Wohlwollen und Interesse gegenüber stand, es materiell gefördert hat und bereitwillig auf alle meine Wünsche und Vorstellungen eingegangen ist,
- Andreas Schmauder, mein Nachfolger im Amt des Stadtarchivars, der meine Arbeit nicht nur mit Interesse begleitet hat und mir wertvolle Hinweise gab, sondern auch stets bemüht war, die äußeren Arbeitsbedingungen im Stadtarchiv für mich so bequem und komfortabel wie möglich zu gestalten,
- Gisela Fricke, Archivsekretärin und „guter Geist" des Archivs, die mir jeden Wunsch von den Lippen abgelesen hat.

Wertvolle Anregungen und Hinweise erhielt ich von Alfred Lutz, der sich seit langem intensiv mit der Ravensburger Stadtgeschichte des 19. und 20. Jahrhunderts beschäftigt sowie von meiner Frau, die über die deutsche Geschichte seit 1800 im Grunde viel besser Bescheid weiß als ich und die mich mit klugen Fragen auf manche neue Fährte angesetzt hat.

In Rudolf Göggerle, Eduard Weishaupt und Jörn Laakmann fand ich erfahrene Fachleute, die mit viel Sachverstand und Einfühlungsvermögen die Umformung des Manuskripts zu einem Buch besorgt haben. Für viele gute Ratschläge habe ich auch Alt-Landrat Guntram Blaser zu danken.

Das vorliegende Werk hätte nicht in dieser Aufmachung und zu einem solch günstigen Ladenpreis erscheinen können, wenn sich nicht Sponsoren gefunden hätten, die bereit waren, namhafte Druckkostenzuschüsse beizusteuern. Dafür danke ich Ruth und Adolf Merckle, Blaubeuren, der Stiftung Landesbank Baden-Württemberg, der Stiftung Ravensburger Verlag, der OEW Energie-Beteiligungs GmbH, der Stadt Ravensburg und dem Landratsamt Ravensburg.

Rat und Hilfe verdanke ich weiterhin Martin Albeck, Simone Albrecht, Peter Bachmann, Rolf-Uwe Becker, Jürgen Blersch, Martin Bocian, Wolfgang Bohnert, Günther Bradler, Christine Brugger, Karlheinz Buchmüller, Kurt Dörr, Helmut Dunkelberg, Peter Ederer, Hermann Ehmer, Peter Eichfuss, Marion Feiner, Walter Gebhart, Susanne Gernhäuser, Michael Gerster, Karl Heinz Hänssler, Martina Hafen, Dorothee Hess-Maier, Susanne Hölzer, Helmut Hochstetter, Thomas Knubben, Angelika Kohn, Albert Kraft, Hans Georg Kraus, Martin Krautschat, Ines Kreinacke, Wilhelm Lamparter, Robert Lanz, Rupert Leser, Jürgen Maas †, Marcel Mayer, Marga Merkle, Franz Metzler, Günther Montfort, Roland Müller, Robert Ortlieb, Günter Peitz, Harald Pfab, Irene Pill, Gerlinde Prim, Renate Riedter, Hans Dietmar Sauer, Joachim Scheible, Hubert Scherzinger, Herwig Schlotke, Helmut Schnell, Peter Schulze, Elsbeth Schwarz, Kai-Michael Sprenger, Peter Steinhauser, Gerhard Stengelin †, Brigitte Sterkel, Gerhard Taddey, Klaus Thommel, Henrich Tiessen, Udo Vogt, Thomas Weiss, Kurt Widmaier, Christof Wild, Manfred Wilhelm, Wolfgang Wührer, Renate Zajitschek und Ernst Ziegler.

Das Buch wendet sich in erster Linie an alle Ravensburger(innen), die sich für die Geschichte ihrer Stadt interessieren, möchte aber gleichzeitig auch bei den Fachkollegen Interesse wecken. Ob mir das gelungen ist, wird sich weisen.

Ich widme dieses Buch Ute, Lieschen und Pümpi, die jahrelang für den nötigen Ausgleich nach einem langen Arbeitstag gesorgt haben.

Ravensburg, Ostern 2004
Peter Eitel

Einleitung

Geschichte lehrt Gegenwart in ihren Grenzen und Möglichkeiten aus ihrer Herkunft zu verstehen. Sie klärt Erinnerungen auf und bewahrt uns vor Legenden und Manipulatoren.
Sie sagt etwas darüber, was der Mensch ist, indem sie zeigt, was er jeweils gewesen ist.

Thomas Nipperdey

Unter den 13 ehemaligen oberschwäbischen Reichsstädten[1], die zwischen 1802 und 1810 ungefragt badisch, bayerisch oder württembergisch wurden, ragt Ravensburg aus zwei Gründen heraus:
- seit dem Dreißigjährigen Krieg, der schlimmsten Katastrophe, die Oberschwaben jemals heimgesucht hat, musste die Stadt einen besonders krassen wirtschaftlichen und kulturellen Bedeutungsverlust hinnehmen, der bis ins frühe 19. Jahrhundert andauerte[2],
- keine andere aus dieser Städtegruppe wies im weiteren Verlauf des 19. Jahrhunderts ein mit Ravensburg vergleichbares starkes Wachstum auf.

Die Ursachen des Niedergangs waren vielfältig und sind bis heute nicht restlos geklärt, weil der Zeitraum zwischen dem Ende des Dreißigjährigen Kriegs und der Mediatisierung der Reichsstadt 1802 der bisher am wenigsten erforschte Abschnitt der Ravensburger Stadtgeschichte ist.[3] Dagegen besteht kein Zweifel, dass der Wiederaufstieg der Stadt der um 1830 einsetzenden Industrialisierung zu verdanken ist.

Es ist keine lokalpatriotische Übertreibung, wenn man feststellt, dass Ravensburg sich im 19. Jahrhundert zum bedeutendsten Industriestandort in Oberschwaben entwickelt hat.[4] Städte wie Friedrichshafen, Biberach oder Kempten zogen erst im 20. Jahrhundert nach.

Dieser Wiederaufstieg Ravensburgs, seine Ursachen und Auswirkungen, ist eines der Leitthemen dieses Buches. Er steht in engem Zusammenhang mit der Eingliederung der Stadt in das Königreich Württemberg, auch wenn diese über die Köpfe der Stadtväter hinweg getroffene politische Veränderung von vielen immer wieder beklagt wurde. Das Verhältnis der Stadt zum württembergischen Staat in wirtschaftlicher, kultureller und mentaler Hinsicht verdient schon deshalb eine genaue analytische Darstellung, weil es bis heute ein ambivalentes geblieben ist.

Während das 19. Jahrhundert seit 1815 durch ein nur selten und nur kurz unterbrochenes stetes, im letzten Jahrhundertdrittel allerdings etwas verlangsamtes Wachstum Ravensburgs gekennzeichnet ist[5], war die Stadtgeschichte in der ersten Hälfte des 20. Jahrhunderts geprägt von den Folgen zweier Weltkriege: wirtschaftliche und politische Erschütterungen nach dem Ersten Weltkrieg, die schließlich zum Scheitern der ersten demokratisch verfassten deutschen Republik und zur NS-Diktatur führten, eine harte Durststrecke nach dem Zweiten Weltkrieg, der dann aber das „Wirtschaftswunder" folgte, an dem auch die vielen Heimatvertriebenen und Flüchtlinge aus dem Osten teilhatten, die es seit 1945 nach Ravensburg verschlagen hatte und die sich hier eine neue Existenz schufen.

Die Durchmischung der einheimischen Bevölkerung durch die Zuwanderung von Deutschen bzw. Deutschstämmigen aus dem Osten Deutschlands und Europas und die ein gutes Jahrzehnt später einsetzende Zuwanderung von Gastarbeitern aus Südeuropa und der Türkei gehört zu den historisch folgenreichsten Veränderungen der Nachkriegszeit.

Neben diesen großen, mit den politischen Verwerfungen im 20. Jahrhundert zusammenhängenden Themen verdienen aber auch unspektakuläre, zum Teil erst allmählich wahrgenommene Veränderungen im Leben der Stadt und ihrer Bewohner unsere Aufmerksamkeit. Sie seien hier kurz angedeutet:
- schwindende religiöse Bindung großer Teile der Bevölkerung und damit eine abnehmende Bedeutung der Kirche im öffentlichen Leben. Als Folge dieser Entwicklung eine wachsende Toleranz zwischen den beiden großen Konfessionen,
- Zunahme der persönlichen Freiheit und Bewegungsmöglichkeit eines jeden Einzelnen:
  a) seit 1870 Recht der selbst gewählten Niederlassung an jedem beliebigen Ort im Lande („Freizügigkeit"). Damit verpufft die jahrhundertealte Abwehrhaltung der (rechtlich privilegierten) Stadtbürger gegenüber Zuwanderern von außen,

b) Neue Verkehrsmittel wie Eisenbahn und später Kraftfahrzeuge ermöglichen den Menschen eine Mobilität, die früher unvorstellbar war.

- Wandel der Wirtschafts- und damit auch der Sozialstruktur: schrittweise Entwicklung vom Zunftzwang zur Gewerbefreiheit. Neben den Handwerker tritt der Fabrikarbeiter. Spezielles Ravensburger Thema: Aufblühen der Textilindustrie im 19. Jahrhundert, ihr Untergang im 20. Jahrhundert. Allmähliche, seit ca. 1950 sich beschleunigende Zunahme des Dienstleistungssektors (öffentliche Verwaltung, Bildungs- und Gesundheitswesen),
- Verbreiterung des Wissens und wachsender Informationsfluss durch lokale und überregionale Zeitungen, später durch andere Medien wie Telefon, Rundfunk und Fernsehen,
- Verbesserung des Gesundheitswesens: Krankenhäuser, Impfungen, Besiegung des Kindbettfiebers und zahlreicher zum Teil epidemischer Infektionskrankheiten, hygienische Fortschritte im Alltag,
- Veränderung der gesellschaftlichen Stellung der Frauen: ihr Eindringen in die Berufswelt der Männer, ihr Wahlrecht seit 1918,
- Veränderung der Lebenswelt der Bürger: höherer Lebensstandard, neue kulturelle Angebote und Bedürfnisse; Zunahme der Freizeit, Vereinswesen, Sport. Folge: Verbürgerlichung der Arbeiterschaft.

⋆

Eines der Ziele dieser Stadtgeschichte ist es, das städtische Leben, sowohl jenes, das sich öffentlich abspielte als auch das private Leben der Bürger, als Teil einer gesamtgesellschaftlichen Entwicklung zu erklären. Daneben soll aber auch deutlich gemacht werden, wie stark dieses städtische Leben heute noch von historischen Traditionen und Entwicklungen geprägt ist.

„Die Grundfarben der Geschichte sind nicht Schwarz und Weiß, ihr Grundmuster nicht der Kontrast eines Schachbretts; die Grundfarbe der Geschichte ist Grau, in unendlichen Schattierungen."

Diese Grundeinsicht des großen deutschen Historikers Thomas Nipperdey hielt sich der Autor bei seiner Arbeit stets vor Augen. Was dem Künstler erlaubt ist – seine Sicht der Dinge provokativ, zugespitzt, holzschnittartig zu formulieren – ist dem wissenschaftlich arbeitenden Historiker verwehrt. Er hat sich ausschließlich an die ihm zur Verfügung stehenden Quellen zu halten. Ob seine Darstellung spröde und langweilig, ob sie lebendig und interessant ist, hängt nicht zuletzt von den Quellen ab, die er heranzieht und von den Fragen, die er an diese Quellen richtet. Der Autor der vorliegenden Stadtgeschichte hat sich bemüht, durch die Schilderung des bürgerlichen Alltags, der Denkweisen und Moralvorstellungen, der religiösen und kulturellen Traditionen ein plastisches Bild der Ravensburger Geschichte während der vergangenen zwei Jahrhunderte zu liefern.

Trotz dem Bemühen, der Realität möglichst nahe zu kommen, bleibt eine Darstellung wie die vorliegende immer subjektiv. Was dem Autor mehr oder weniger wichtig erschien, was er besonders betonen zu müssen glaubte oder was er für nicht erwähnenswert hielt, ist natürlich bedingt durch sein eigenes Weltbild und seinen persönlichen Erfahrungshorizont. Der eine oder andere Leser mag die Dinge durchaus anders sehen und bewerten. Wirklich befangen fühlte sich der Autor allerdings nur bei der Schilderung des letzten Drittels des 20. Jahrhunderts, das er selbst in Ravensburg miterlebt hat. Deswegen war in diesem Kapitel eine besondere Zurückhaltung bei Wertungen und Schlussfolgerungen geboten.

Seine wichtigsten Quellen hat der Autor natürlich im Stadtarchiv Ravensburg gefunden: in erster Linie die Lokalzeitungen und Gemeinderatsprotokolle, aber auch viele Akten wie beispielsweise die leider nur zeitweilig erstellten Jahresberichte der Stadtverwaltung. Daneben erwiesen sich zahlreiche Staats-, Stadt-, Wirtschafts-, Militär- und Kirchenarchive im In- und Ausland (Schweiz, Frankreich) als ergiebige Fundgruben. Eine Aufzählung der benutzten Archive findet der Leser auf Seite 422.

Auch in Ravensburger Privatbesitz haben sich stadtgeschichtlich wertvolle Dokumente, nicht zuletzt auch Bilder und Fotos, erhalten, die vor allem deshalb wichtig sind, weil sie die amtliche Überlieferung oft nicht nur ergänzen, sondern auch korrigieren. Dasselbe trifft für mündliche Aussagen von Zeitzeugen zu. Davon wurde allerdings nur sparsam Gebrauch gemacht.

Um die vorgefundenen Ravensburger Verhältnisse und Entwicklungen richtig werten zu können, war es notwendig, nicht nur die ortsgeschichtliche Literatur zu berücksichtigen, sondern über den Ravensburger Horizont hinauszuschauen und zum Vergleich eine größere Zahl solcher Darstellungen heranzuziehen, die geeignet sind, die Ravensburger Entwicklung in einem größeren Zusammenhang zu sehen und zu beurteilen.

Langfristige Entwicklungen, Strukturen und Strukturveränderungen lassen sich besonders plastisch in Form von Diagrammen darstellen, die auf statistischem Zahlenmaterial basieren. Die neuen Datenverarbeitungsprogramme (speziell Excel) bieten dafür ausgezeichnete Voraussetzungen. Von dieser Möglichkeit wurde reichlich Gebrauch gemacht, allerdings in dem Bewusstsein, dass „Zahlen immer nur bedingt aussagefähig [sind], wo es sich um lebendige Entwicklungen und lebendige Menschen handelt".[6]

Bei einer sich über einen Zeitraum von zwei Jahrhunderten erstreckenden Darstellung bieten sich verschiedene Möglichkeiten der Gliederung an. Man kann einzelne Sachthemen wie Kommunalpolitik (Wahlen), wirtschaftliche und demographische Veränderungen, kulturelles Leben oder Schulwesen in Längsschnitten behandeln oder sinnvolle Zeitabschnitte bilden und für jeden dieser Abschnitte das herausarbeiten, was für ihn charakteristisch ist. Beide Möglichkeiten haben Vor- und Nachteile. Der Autor hat sich für die zweite entschieden, ohne sich aber sklavisch an bestimmte Jahreszahlen zu klammern. Wo es sinnvoll schien, wurden die Abschnittsgrenzen übersprungen und ein größerer Zeitraum in den Blick genommen.

Von den gewählten „Grenzjahren" – 1800/02, 1810, 1871, 1914, 1918, 1933, 1945, 1966, 1999/2000 – bezieht sich eigentlich nur eines unmittelbar und ausschließlich auf ein stadtgeschichtliches Ereignis bzw. Datum, nämlich das Jahr 1810, in dem Ravensburg von Bayern an Württemberg kam. Die anderen Jahreszahlen markieren Ereignisse der großen Politik, wobei man sich beim Jahr 1966 natürlich darüber streiten kann, ob es als Grenzmarke der Nachkriegszeit richtig gewählt ist. Für Ravensburg bot es sich deshalb als Zäsur an, weil 1966 erstmals nach zwanzig Jahren ein Wechsel im wichtigsten städtischen Amt, dem des Oberbürgermeisters, stattfand.

Schließlich noch eine kurze Bemerkung zur räumlichen Abgrenzung der Darstellung. Unter „Ravensburg" ist die Stadt in jenen Grenzen zu verstehen, wie sie vor der Eingliederung mehrerer benachbarter Gemeinden in den Jahren 1972 bis 1974 bestanden. Die ehemals selbstständigen Gemeinden Eschach, Taldorf, Schmalegg und Adelsreute haben ihre eigene, jeweils ganz individuelle Geschichte, trotz ihrer mehr oder weniger intensiven Beziehungen zu Ravensburg. Deshalb wurden sie nur im letzten Abschnitt des Buchs bei den meist auf Statistiken beruhenden Angaben zur politischen, wirtschaftlichen und gesellschaftlichen Entwicklung der letzten dreißig Jahre mitberücksichtigt.

Eine Ausnahme bildet nur der Teilort Weißenau, und zwar nicht nur deshalb, weil bereits seit Jahrhunderten enge kirchliche, kulturelle und wirtschaftliche Beziehungen zwischen Ravensburg und Weißenau bestanden. Bereits in der ersten Hälfte des 19. Jahrhunderts verlagerten Ravensburger Unternehmer einen Teil ihrer Textilproduktion in die leerstehenden Räume des ehemaligen Klosters. Auch die Gründung der bis heute bestehenden Bleicherei und Appreturanstalt im Jahr 1839 und die weitere Entwicklung dieses Unternehmens ist so eng mit der Ravensburger Wirtschaftsgeschichte verknüpft, dass es unsinnig gewesen wäre, Weißenau auszuklammern.

Im „Mikrokosmos Ravensburg" spiegelt sich ein Gutteil deutscher Geschichte wider. Die großen politischen Veränderungen und Katastrophen ebenso wie der kulturelle und zivilisatorische Wandel, der „Fortschritt" ebenso wie soziale Krisen, immer schneller sich verändernde Lebensbedingungen und wirtschaftliche Umbrüche, die früher unvorstellbar waren. Die Beschäftigung mit der Geschichte einer einzelnen Stadt wie Ravensburg ermöglicht eine „Nahoptik", die manches Pauschalurteil zu korrigieren vermag. Aus der lokalen Perspektive lassen sich die konkreten Auswirkungen der großen Politik auf die Lebensverhältnisse der Menschen, auf den bürgerlichen Alltag, deutlicher erkennen als vom hohen Standpunkt einer das ganze Land berücksichtigenden Geschichtsschreibung.

Teil 1: 1800 – 1810
Ende der Reichsstadt; Ravensburg unter bayerischer Herrschaft

Die Situation der Stadt um 1800

Nur wenige Städte im deutschen Südwesten haben nach dem Dreißigjährigen Krieg (1618 - 1648) einen so krassen Niedergang erlebt wie Ravensburg.[1] Das lag nicht nur an den unmittelbaren Folgen des großen Kriegs, in dessen Verlauf die städtische Bevölkerung von etwa 5.000 auf 2.500 Seelen zusammenschmolz, sondern ganz wesentlich an zwei anderen Faktoren: zum einen am Niedergang des einheimischen Textilgewerbes, das mit der vom Krieg verschont gebliebenen Konkurrenz südlich des Bodensees (St. Gallen, Appenzell, Thurgau, Vorarlberg) nicht mehr Schritt halten konnte, zum anderen an der Umklammerung der Stadt durch die österreichische Landvogtei Schwaben, die mit einer aggressiven Wirtschaftspolitik – vor allem Zollerhöhungen – und fadenscheinigen Anfechtungen der reichsstädtischen Hoheitsrechte den ökonomischen und politischen Spielraum der alten, seit der Reformation in zwei konfessionelle Lager geteilten und dadurch zusätzlich geschwächten Stadt mehr und mehr einzuengen verstand.[2]

Zusätzlich bedrückte nach 1648 eine riesige Schuldenlast die Stadt. Die Zahl der wohlhabenden Bürger war unbedeutend und blieb trotz der langen Friedensphase im 18. Jahrhundert klein. Das wirkte sich auch auf das kulturelle Leben aus. Im Vergleich mit Biberach, Memmingen oder Lindau schnitt Ravensburg schlecht ab: kaum barocke Erneuerungen des mittelalterlichen Baubestands, keine Buchdruckerei, geschweige denn eine eigene Zeitung, nur eine kleine städtische Bibliothek, die überdies ausschließlich der evangelischen Bürgerschaft offen stand. Das Repräsentationsbedürfnis der bürgerlichen Oberschicht war bescheiden. Verglichen mit den Nachbarstädten, selbst mit einer so kleinen Stadt wie Isny, lassen sich für das 18. Jahrhundert nur wenige Portraits Ravensburger Bürger nachweisen, und ebenso verhält es sich mit den damals so beliebten in Öl gemalten oder in Kupfer gestochenen Stadtansichten. Auch hier stand die einstige „Metropole Oberschwabens“ weit hinter anderen oberschwäbischen Städten zurück. Immerhin gab es ein kleines, von einer „bürgerlichen Komödiantengesellschaft“ bespieltes Theater, seit etwa 1780 auch einen privaten literarischen Club, eine so genannte „Lesegesellschaft“.[3]

Der ersten großen statistischen Übersicht über die städtische Bevölkerung, einem „Seelen- und Häuserbeschrieb“ aus dem Jahr 1789[4] verdanken wir wertvolle Einblicke in die Sozialstruktur Ravensburgs. Damals lebten 3.925 Menschen in der ummauerten Stadt und ihren Vorstädten, überwiegend Handwerker, Rebleute, Taglöhner, Knechte und Mägde. Hinzu kam eine kleine Schicht von Kaufleuten und „Fabricanten“, womit neben den Unternehmern, die in Ravensburg eine Strumpffabrikation aufgebaut hatten, die Inhaber der sechs Papiermühlen gemeint waren. Auch die Gruppe der Welt- und Ordensgeistlichen, der Lehrer und städtischen Beamten war klein, noch kleiner aber die der so genannten „Müßiggänger“, womit die wenigen reichen Rentner gemeint waren, die hier lebten.

Nicht erfasst im „Seelenbeschrieb“ waren die städtischen Untertanen auf dem Lande, die leibeigenen Bauern mit ihren Familien. In dem kleinen zersplitterten Territorium, das dem reichsstädtischen Rat und Gericht unterstand und das nach dem Dreißigjährigen Krieg aus Geldnot verkleinert werden musste, lebten um 1800 etwa 1.700 bis 1.800 Menschen. Diese Ravensburger „Landschaft“, wie sie in der Verwaltungssprache der damaligen Zeit genannt wurde, konzentrierte sich auf den Raum nordwestlich und westlich des Schussentals und war in die sechs Verwaltungsbezirke („Ämter“) Wolpertswende, Schmalegg, Winterbach, Bavendorf, Bitzenhofen-Neuhaus und Hinzistobel unterteilt.

Knapp die Hälfte der Stadtbewohner war evangelisch, während die Landbevölkerung ausschließlich aus Katholiken bestand. Bei den Handwerkern und in der Unterschicht dominierten die Katholiken, unter den Wohlhabenden, besonders unter den Kaufleuten, überwogen die Protestanten.

Dass Katholiken und Protestanten gleichberechtigt in einer Stadt zusammenlebten, und dazu noch einigermaßen friedlich, war damals etwas ziemlich Ungewöhnliches. Diese Besonderheit verdankte Ravensburg der politischen Entwicklung im 16. und 17. Jahrhundert. Im Westfälischen Frieden von 1648 war nur für vier Städte des Reichs eine konfessionelle „Parität" festgesetzt worden: für Augsburg, Dinkelsbühl, Biberach und eben Ravensburg. Das bedeutete, dass hier die beiden Konfessionsgruppen in allem und jedem gleiche Rechte besaßen. Vor allem bei der Besetzung der städtischen Ämter, in Rat und Gericht, wurde streng auf Parität geachtet, mit der fatalen Folge, dass oft nicht die persönliche Qualifikation, sondern die Konfession eines Kandidaten den Ausschlag gab. Parität bedeutete aber auch, dass man – was besonders fremden Besuchern auffiel – einen gemeinsamen Friedhof hatte, dass in den Trinkstuben und Zunfthäusern katholische und evangelische Handwerksmeister unbefangen beim Wein oder Bier nebeneinander hockten und dass es nicht weiter auffiel, wenn ein evangelischer Bürger katholische Dienstboten beschäftigte.[5]

Noch 1836 konstatierte ein altwürttembergischer Beamter, dass in und um Ravensburg nicht das ihm vertraute Schwäbisch, sondern eine „der schweizerischen nahe kommende Mundart" gesprochen und „viele fremdartige Ausdrücke" benutzt wurden, „die theilweise von den Berührungen mit dem benachbarten Italien herkommen mögen".[6] Tatsächlich bestanden noch immer Handelsbeziehungen mit Italien, wenn auch längst nicht mehr in der Intensität wie 250 Jahre früher. Tausende von Wollstrümpfen, dem wichtigsten Exportprodukt des einheimischen Gewerbes im 18. und auch noch im frühen 19. Jahrhundert, wurden jährlich in Italien abgesetzt[7], italienische Händler und Hausierer bevölkerten die Ravensburger Märkte, auch viele in Oberschwaben beschäftigte Bauhandwerker und Künstler kamen aus Oberitalien und dem Tessin.[8]

Innerhalb der Einwohnerschaft gab es rechtliche Abstufungen. Das volle *Bürgerrecht* konnten nur männliche Personen erwerben, sei es kraft Geburt oder Heirat, sei es durch Zahlung einer hohen Aufnahmegebühr. Der Rat der Stadt verlieh das Bürgerrecht nur Leuten, bei denen er sich sicher war, dass sie nicht eines Tages dem Stadtsäckel bzw. den Armenstiftungen zur Last fallen würden. Gegenüber den Vollbürgern waren die *Hintersassen* dadurch benachteiligt, dass sie erst nach drei Jahren dauerndes Wohnrecht beanspruchen konnten, dass sie keinen Handel und kein selbstständiges Gewerbe ausüben durften und dass ihnen weder das aktive noch das passive Wahlrecht für eines der städtischen Ämter zustand. Einen rechtlich verbrieften Anspruch auf Fürsorge im Alter oder in Notzeiten besaßen sie nicht, doch wenn sie über lange Jahre einen tadellosen Lebenswandel geführt hatten, verweigerte ihnen der Rat der Stadt in der Regel eine Unterstützung oder die Aufnahme ins Spital nicht.

Zu diesem Stand gehörten Handwerksgesellen, Dienstboten, Taglöhner und Knechte. Zahlenmäßig nicht ins Gewicht fielen die so genannten *Beisitzer*, meist auswärtige Personen, die das Bürgerrecht einer anderen Stadt besaßen, aber in Ravensburg Handel oder Gewerbe treiben oder Grundbesitz erwerben wollten, ohne gleichzeitig die üblichen Bürgerrechte, etwa das Recht auf Versorgung im Notfall oder im Alter, zu beanspruchen. Die *Schutzverwandten* schließlich waren Leute, die nur ein befristetes Aufenthaltsrecht in der Stadt erhielten und jederzeit ausgewiesen werden konnten.[9]

Obwohl die Protestanten in der Minderheit waren, prägten sie das wirtschaftliche Leben der Stadt in vielen Bereichen: als Kaufleute, die sich sowohl im Nah- wie im Fernhandel, im Groß- wie im Kleinhandel betätigten, als Betreiber von Papiermühlen und als Organisatoren („Verleger") der vergleichsweise bedeutenden Strumpffabrikation, von denen viele Strumpfwirker und Strumpfstricker abhängig waren.

In einer um 1804 entstandenen Übersicht über die berufliche Zusammensetzung der Bürgerschaft werden unter den „Kaufleuten und Fabricanten" 32 evangelische und nur neun katholische Bürger aufgeführt, während interessanterweise unter den Beamten, Schullehrern, Geistlichen und „Adeligen" 24 Katholiken nur 19 Protestanten gegenüberstanden.[10] Unter den „Adeligen" sind die Reste des alten reichsstädtischen Patriziats zu verstehen, das damals bereits zum größten Teil ausgestorben oder in größere Städte abgewandert war.[11] Während in den vergleichsweise wohlhabenden Zünften der Schneider, Metzger und Gerber die Protestanten stark vertreten waren, bildeten sie in der neben den Webern ärmsten aller acht Zünfte, der Rebleutezunft, mit fünf gegenüber 102 katholischen Mitgliedern nur eine verschwindende Minderheit.

Die Fülle und Vielfalt des in Ravensburg vertretenen Handwerks war groß. Im Textilsektor gab es neben den klassischen Berufen der Wollweber, Tuchscherer und Schneider die Färber, Bleicher, Manger, die mit der Veredelung der rohen Textilien beschäftigt waren, des weiteren Hut-, Knopf- und Bortenmacher, Säckler, Strumpf- und Hosenstricker. Ähnlich differenziert war das Metall verarbeitende Gewerbe: neben den Hufschmieden und Schlossern die Büchsenmacher, Zinngießer, Sporer, Nadler, Uhrmacher, Kupfer-, Degen-

und Nagelschmiede sowie die Flaschner. In den Zunftlisten tauchen aber auch Kammacher, Beindreher, Bürstenbinder, Perückenmacher, Wachszieher, Gürtler, Seiler, Buchbinder und Seifensieder auf.[12]

Die meisten der wohlsituierten evangelischen Kaufleute gehörten der vom Volksmund so genannten „Blutwurst" an, einem Kreis untereinander versippter und verschwägerter Familien, die nicht aus dem alten Patriziat stammten, sondern sich durch eigene Tüchtigkeit im Lauf des 18. Jahrhunderts emporgearbeitet hatten. Dazu zählten die Familien Kutter, Gradmann, Möhrlin, Merkel, Dorn, Krafft, Edinger, Senner, Simonius, Lufft, Kienlin und Wasserrot, im Lauf des 19. Jahrhunderts kamen die Familien Kiderlen, Sterkel, Maier, Sommer, Appenzhauser, Spohn, Rösch und Thommel hinzu.

Aus dem Kreis bzw. Umkreis der „Blutwurst" stammte auch ein beträchtlicher Teil der Bürger, die kulturell und politisch interessiert waren und am geistigen Leben der Zeit Anteil nahmen. Sie sind aus den Unterlagen der Bibliothek der 1791 erstmals erwähnten Lesegesellschaft zu identifizieren, und zwar als Benutzer dieser Bibliothek in den Jahren zwischen 1801 und 1811.[13] 77 % der Leser waren evangelisch, von diesen zählte etwa die Hälfte zur „Blutwurst": mehrere Pfarrer, städtische Beamte und vor allem Kaufleute.

Im Vergleich zum ausgehenden Mittelalter und der ersten Hälfte des 16. Jahrhunderts war das politische Leben erstarrt. Neuwahlen für die wichtigsten Ämter – Bürgermeister, Rat und Stadtgericht – durch die gesamte Bürgerschaft fanden nicht mehr statt. Damit entfiel jegliche Kontrolle von unten. Das Stadtregiment lag weitgehend in den Händen älterer Männer, die sich etwas darauf einbildeten, aus mehr oder weniger vornehmen „ratsfähigen" Familien zu stammen und die sich gegenseitig in ihren Ämtern bestätigten. Außer dem schon erwähnten Prinzip der Parität erwies es sich bei der Besetzung der städtischen Ämter als nachteilig, dass den alten, zum größten Teil ausgelaugten Patrizierfamilien verfassungsrechtlich eine überproportional große Zahl von Sitzen in den verschiedenen städtischen Gremien zustand. Dadurch war manch Tüchtigem der Zugang zur politischen Führungsgruppe von vorneherein verwehrt. Der städtische Personalapparat war aufgebläht, schlecht organisiert und arbeitete daher ineffizient.[14]

Um 1800 herrschte große Armut in der Stadt. Die Ursachen dafür waren vielfältig. Durch die starke Bevölkerungsvermehrung im Lauf des 18. Jahrhunderts war ein Heer von Arbeitsuchenden entstanden, denen der Zugang in die Handwerkerzünfte versperrt blieb. Die Zahl der unzünftigen arbeitslosen Gesellen, die bereit waren, für einen Hungerlohn als Taglöhner zu arbeiten, wuchs immer mehr. Am schlimmsten sah es im Textilsektor aus, zu dem die meisten „verlegten" Handwerker gehörten, die ohne eigene Werkstatt auf Rechnung eines Unternehmers, des „Verlegers", Massenware wie Strümpfe, Borten oder Bänder herstellten. Ihr Lohn reichte oft nicht zum Leben, weshalb die Zahl der Bettler innerhalb und außerhalb der Mauern gegen Ende des 18. Jahrhunderts erschreckend zugenommen hatte.[15]

Vorgeschichte der Mediatisierung durch Bayern

Die politische Entwicklung in Frankreich nach der Revolution von 1789 führte in großen Teilen Europas zu kriegerischen Auseinandersetzungen, die erst 1815 mit dem Wiener Kongress ein Ende fanden. Von den Kriegen zwischen Frankreich, dem Reich, Österreich und Russland war auch Oberschwaben und damit Ravensburg betroffen. Truppendurchmärsche, Plünderungen, Einquartierungen und Kontributionsforderungen fügten der Stadt die schwersten Schäden seit dem Spanischen Erbfolgekrieg vor fast einem Jahrhundert zu. Allein für die Jahre 1792 bis 1797 beliefen sich die Kriegslasten der Stadt auf knapp 377.000 Gulden[16], weshalb sich der Rat gezwungen sah, die Steuerschraube anzuziehen, obwohl Handel und Gewerbe darniederlagen. Da die Bürger jedoch nicht in der Lage waren, die städtischen Schulden zu tilgen, musste die Stadt schweren Herzens die eigene

Soldatenszene, Federzeichnung, vermutlich um 1790 – 1800
Die Skizze befindet sich auf der Rückseite eines auf das Jahr 1779 datierten Schriftstücks im Stadtarchiv Ravensburg.

Substanz angreifen. 1801 wurden das altehrwürdige Seelhaus, ein im Mittelalter gegründetes ehemaliges Pilgerhospiz im Stadtzentrum, die Eselsmühle, eine ebenfalls im Stadtinneren gelegene Getreidemühle, sowie weiterer Grundbesitz außerhalb der Mauern veräußert.[17]

Schon bei den ersten Friedensverhandlungen zwischen Frankreich und Österreich 1797 in Campo Formio hatte Frankreich seine Ansprüche auf das linksrheinische Reichsgebiet angemeldet. In einem Geheimartikel des Friedensvertrags erklärte sich Österreich damit einverstanden. Publik wurden diese Pläne auf dem Rastatter Friedenskongress im Winter 1797/98, an dem neben Frankreich zahlreiche Mitglieder des Reichs, darunter auch etliche Reichsstädte, teilnahmen.[18] Man war sich bereits damals im Grundsatz einig, dass die Fürsten und Herren, die von den geplanten Abtretungen an Frankreich betroffen sein würden, durch rechtsrheinische Gebiete entschädigt werden sollten. Nun schöpften die Reichsstädte erstmals Verdacht, dass ihre Existenz auf dem Spiel stehen könnte, denn als Entschädigungsmasse kamen ja wohl am ehesten solche Herrschaften infrage, von denen der geringste Widerstand zu erwarten war, und das waren die geistlichen Herrschaften, insbesondere die Bistümer und Reichsklöster, sowie die Reichsstädte.

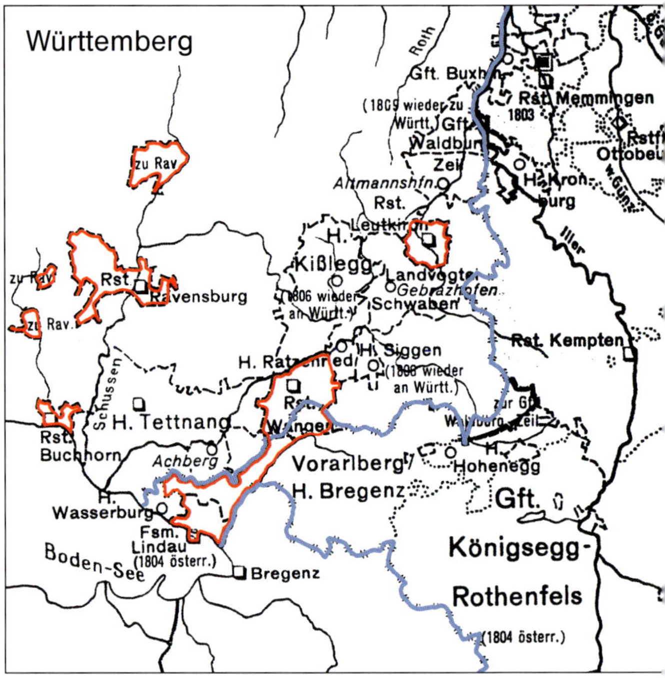

Die 1802 bis 1806 an Bayern gefallenen ehemals reichsstädtischen Gebiete im südlichen Oberschwaben
rot: reichsstädtische Gebiete
blau: endgültige Westgrenze Bayerns seit 1810

Der Friede von Lunéville zwischen Frankreich und dem Reich besiegelte dann im Februar 1801 das Schicksal der meisten deutschen Reichsstädte, auch wenn sie in dem Vertragswerk selbst gar nicht erwähnt wurden. Der entscheidende Artikel 7 bestimmte nämlich, dass diejenigen deutschen Fürsten, die auf dem linken Rheinufer Gebiete verlieren, „in Deutschland" entschädigt werden sollten. In den folgenden Verhandlungen in Regensburg wurden von einem Ausschuss des Reichstags, einer „Reichsdeputation", in Absprache mit Frankreich und Russland die Entschädigungen im einzelnen festgelegt. Beschlossen wurde die Aufhebung (Säkularisierung) aller geistlichen Herrschaften und die Mediatisierung von 41 Reichsstädten.

„Mediatisierung" einer Reichsstadt: das bedeutete „die endgültige Übernahme der Stadtherrschaft und ihres Territoriums durch einen weltlichen Reichsstand" und damit den Verlust der Reichsunmittelbarkeit sowie aller Hoheitsrechte und Privilegien, die eine Reichsstadt im Lauf der Zeit von ihrem Stadtherrn, dem König bzw. Kaiser, erhalten hatte.[19]

Bayern, das seine großen pfälzischen Gebiete links des Rheins an Frankreich abzutreten hatte, sollte vor allem in Franken und Schwaben entschädigt werden, wo es ja besonders viele größere und kleinere geistliche und weltliche Herrschaften, Reichsstädte und Reichsklöster gab, deren politische Zukunft über ihre Köpfe hinweg nun in Paris, St. Petersburg, Wien und Regensburg verhandelt wurde. Obwohl das südliche Oberschwaben ziemlich weit entfernt von den bayerischen Kerngebieten lag, zeigte Bayern gerade an den dortigen Reichsstädten Leutkirch, Wangen, Ravensburg und Buchhorn (dem heutigen Friedrichshafen) Interesse, da Buchhorn seit einigen Jahrzehnten der wichtigste Ausfuhrhafen für bayerisches (Reichenhaller) Salz war, das über Memmingen, Leutkirch, Wangen oder Wurzach nach Ravensburg und weiter an den Bodensee transportiert wurde. Von dort ging es zunächst per Schiff nach Rorschach und dann auf dem Landweg zu den Bestimmungsorten in der Eidgenossenschaft. 1755 hatte Bayern Verträge mit Ravensburg und Buchhorn über die Einrichtung von Salzlagern abgeschlossen, ein kluger und erfolgreicher wirtschaftspolitischer Schachzug gegenüber der mächtigen Konkurrenz des Tiroler Salzes, das hauptsächlich von Lindau aus vertrieben wurde.[20] Mit seinen Ansprüchen auf die Reichsstädte zwischen Memmingen und dem Bodensee tat Bayern gleichzeitig kund, dass es nicht willens war, Österreich die Alleinherrschaft über Oberschwaben zu überlassen. Diese Politik lag übrigens auch ganz im Interesse der bayerischen „Schutzmacht" Frankreich. Dass Österreich sich letztendlich völlig aus Oberschwaben würde zurückziehen müssen, ahnte damals noch niemand – von Württemberg als bayerischer Konkurrenz war in diesem Zusammenhang noch nicht die Rede.

In zwei Separatverträgen zwischen Frankreich und Bayern vom 24. August 1801 und 24. Mai 1802 wurde die Entschädigung Bayerns in allen Einzelheiten geregelt.[21] Neben einer Reihe geistlicher Herrschaften erhielt Bayern 15 Reichsstädte, darunter Ulm, Memmingen, Leutkirch, Wangen, Buchhorn und Ravensburg.

Als die schwäbischen Reichsstädte im August 1802 in Ulm zu ihrem letzten gemeinsamen Städtetag zusammenkamen, war ihnen klar, dass die Würfel bereits gefallen waren und dass ihnen nichts anderes übrig blieb als ihre Selbstständigkeit im Interesse des Friedens als „letztes Opfer zur Beruhigung des Vaterlandes" aufzugeben. Es ging jetzt nur noch darum zu beraten, wie sie möglichst viele ihrer althergebrachten Rechte gegenüber den neuen Herren behaupten könnten. Man war sich jedoch darin einig, dass jeglicher Widerstand gegen die zu erwartende baldige militärische Besitzergreifung sinnlos sei.[22]

Rathaus, Lithografie v. A. Podesta; um 1850
Im Erdgeschoss sind an der Längsseite (links) noch die 1875 beseitigten Ladengewölbe, an der Westseite ein ebenfalls 1875/76 beseitigter zweiter Eingang zu sehen.

Der Übergang der Stadt an Bayern

Obwohl die vorgesehenen Veränderungen der deutschen Landkarte erst im Frühjahr 1803 durch den so genannten „Reichsdeputationshauptschluss" staatsrechtliche Geltung erlangten, schuf Bayern „zur Sicherstellung" seiner Ansprüche alsbald vollendete Tatsachen und leitete noch im August 1802 die „Inbesitznahme" der ihm zugesagten Gebiete ein.[23] In Ravensburg regte sich keinerlei Widerstand. Man war sich der eigenen politischen und wirtschaftlichen Schwäche wohl bewusst und zweifelte nicht daran, dass man als Reichsstadt keine Überlebenschance hatte. Symptomatisch für die Resignation, die sich sogar selbst unter den Regierenden breit gemacht hatte, war die Tatsache, dass man bereits 1801 und 1802 den traditionellen Schwörtag am Pfingstmontag hatte ausfallen lassen[24], seit Jahrhunderten der wichtigste politische Akt im Jahresablauf, bei dem sich die Bürgergemeinde als autonome, nur Kaiser und Reich verantwortliche „Schwurgemeinschaft" in aller Öffentlichkeit feierlich ihrer selbst vergewisserte.

Als am 28. August 1802 ein Bevollmächtigter des Kurfürsten von Bayern in Ravensburg eintraf und die bevorstehende militärische Besitzergreifung der Stadt durch ein bayerisches Truppenkontingent ankündigte, blieb im Städtchen alles ruhig. Der Magistrat ließ den Kurfürsten wissen, dass er sich diese „Besiznahme gefallen lassen" werde, wies aber gleichzeitig darauf hin, dass die Stadt damit noch keineswegs aus ihren „Pflichten gegen Kaiser und Reich [...] entlassen" sei.[25]

Tatsächlich trafen in der Nacht vom 16. auf 17. September 32 bayerische Infanteristen unter dem Kommando eines Oberleutnants in der Stadt ein, ohne dass es zu irgendwelchen Protesten kam. Sie wurden in zwei Zunfthäusern einquartiert. Abgesehen davon, dass diese Soldaten, die sich im übrigen sehr anständig benahmen und ja auch einen gewissen Schutz in diesen kriegerischen Zeiten darstellten, auf Kosten der Stadt verpflegt werden mussten, merkten die Bürger zunächst weiter nichts von einer Veränderung.

Der letzte demonstrative, für alle sichtbare Akt der Mediatisierung folgte erst am 6. Dezember mit der „Zivilbesitzergreifung" der Stadt durch Bayern. Ein kurfürstlich bayerischer Regierungsrat versammelte alle städtischen Amtsträger auf dem Rathaus, entband sie feierlich von ihren Pflichten gegenüber Kaiser und Reich und vereidigte sie auf den bayerischen Kurfürsten als neuen Landesherrn. Sie durften zunächst in ihren Ämtern verbleiben. An den Stadttoren und Amtsgebäuden wurde das kurfürstliche „Civilbesitznahms-Patent" angeschlagen.

Die reichsstädtischen Hoheitszeichen an öffentlichen Einrichtungen, auf amtlichem Papier und auf Siegeln waren zu entfernen und durch das bayerische Wappen zu

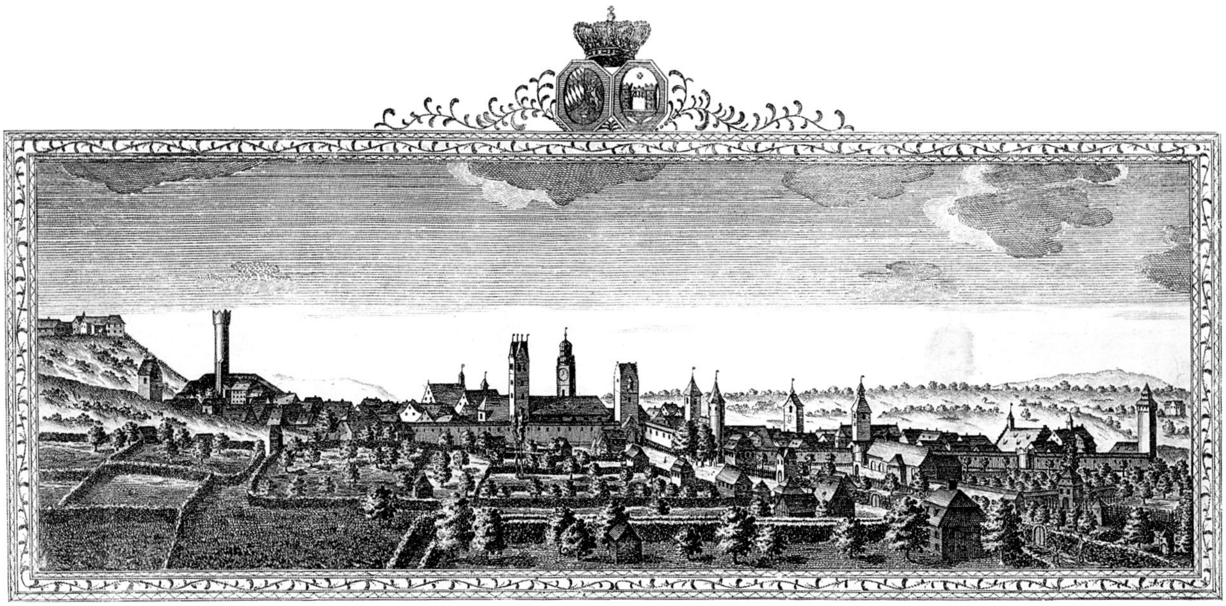

Ansicht der Stadt Ravensburg von Norden, Lithografie v. L. Gradmann, ca. 1806
In der Wappenkartusche unter der bayerischen Königskrone die Wappen Bayerns und der acht Jahre lang zu Bayern gehörenden Stadt Ravensburg.

ersetzen. Das galt auch für das Ravensburger Landgebiet. Es gelang dem neuen Stadtherrn allerdings nicht, diese Forderungen vollständig durchzusetzen, wie man unschwer heute noch erkennen kann. Weder am Rathaus noch an anderen städtischen Gebäuden wie Waaghaus oder Brotlaube wurden die alten, in Stein gemeißelten Wappen entfernt.

Das gesamte städtische Geld- und Sachvermögen, Aktiva und Passiva, einschließlich des Stiftungsvermögens, sollte inventarisiert werden, um dem neuen Landesherrn einen Überblick über das ihm zugefallene Vermögen, über seine neuen Rechte und Pflichten, zu vermitteln.[26] Den daraufhin angefertigten Inventaren und Statistiken verdanken wir wertvolle Informationen über den Zustand der Stadt in den Jahren 1802 bis 1807.

Mit dem neu erworbenen Besitz in Oberschwaben wollte Bayern ein Gegengewicht gegen die Vorherrschaft Österreichs in dieser Region schaffen. Daher war es nur konsequent, dass es dem Ravensburger Magistrat nun verboten wurde, dem von Österreich dominierten kaiserlichen Landgericht, das als Ordnungsinstanz in Zivilsachen eine beträchtliche regionale Bedeutung besaß, zu gestatten, wie bisher Sitzungen im Rathaus abzuhalten. Außerdem mussten sämtliche Schreiben, die „an den Magistrat der kaiserl. Freyen Reichsstadt Ravensburg" adressiert waren, künftig an den Absender zurückgeschickt werden.[27]

Ravensburg wurde samt seinem Landgebiet, das nun die Bezeichnung „Landgericht" erhielt, dem allerdings nur bis 1803 bestehenden Regierungsbezirk Kempten einverleibt, danach unterstand es unmittelbar der „Landesdirektion" in Ulm, die für sämtliche bayerisch gewordenen Teile Schwabens zuständig war. Wie Ulm, Memmingen, Kempten, Nördlingen und Kaufbeuren erhielt die Stadt den Rang einer „Munizipalstadt 1. Klasse", was ihr wenigstens den Erhalt eines kleinen Teils ihrer Selbstverwaltung sicherte.

Im Januar 1803 machte sich eine vierköpfige Delegation des Ravensburger Magistrats gemeinsam mit zwei Abgesandten aus Wangen auf den Weg nach München, um dem neuen Landesherrn, Kurfürst Max Joseph, im Namen der gesamten Bürgerschaft zu huldigen und ihm die speziellen Probleme und Sorgen der Stadt vorzutragen, die sich in erster Linie auf die isolierte Lage der bayerisch gewordenen Stadt inmitten der österreichischen Landvogtei Schwaben bezogen.[28]

In München hatte man es nicht besonders eilig mit der Neuorganisation der Verwaltung auf der unteren Ebene der Städte und Gemeinden in den neuen Landesteilen. Einstweilen konnten die bisherigen Amtsinhaber ihre Arbeit „provisorisch" fortsetzen. Erst im November 1803 kam ein hoher bayerischer Beamter, der „Organisationskommissar" Maximilian Balthasar von Merz, nach Ravensburg , um das „Stadtwesen" zu reorganisieren.[29]

Pikanterweise war dieser Mann ein gebürtiger Ravensburger, Spross einer alten Patrizierfamilie. Er stand schon seit einigen Jahren in bayerischen Diensten und verfügte sicherlich über Kenntnisse der Ravensburger Interna. Fünf Tage lang konferierte er mit den wichtigsten Leuten aus Stadtrat und Verwaltung und informierte sich insbesondere über die personelle Situation, denn eine seiner wichtigsten Aufgaben bestand in der Reduzierung des aufgeblähten Beamtenapparats und der Neubesetzung der städtischen Ämter. Im Mai 1804 schloss er diese Arbeit ab.[30]

Umformung der städtischen Verfassung und Verwaltung

Die Leitlinien der bayerischen Politik bei der nicht ganz einfachen Aufgabe der Umwandlung ehemals autonomer Reichsstädte in landesherrliche Städte sind in einem vom Geist des aufgeklärten Absolutismus geprägten Erlass des Kurfürsten von Bayern vom 10. August 1803 zusammengefasst, der die Handschrift des bedeutenden bayerischen Staatsministers Maximilian Baron von Montgelas trägt. Eine Abschrift dieses interessanten Dokuments hat sich im Stadtarchiv Ravensburg erhalten.[31] Daraus hier das Wichtigste in Kürze:

- Alle städtischen Hoheitsrechte gehen an den Staat über.
- Die Gerichtsbarkeit und die Einkünfte der Stadt werden „auf den Umfang ihrer Ringmauern und ihrer eigenen Markung beschränkt", womit auch alle Einkünfte aus dem Landgebiet der Stadt an den Staat fallen.
- Davon unberührt bleibt allerdings das Vermögen der kirchlichen und karitativen Stiftungen, auch dasjenige außerhalb der Stadtmarkung.
- Alle Steuern fallen an die Landeskasse, die Stadt behält nur die Gebühren, die aufgrund der städtischen Verwaltungstätigkeit und Rechtsprechung anfallen. Eine Vermögensteuer darf von den Bürgern nur mit landesherrlicher Genehmigung erhoben werden.
- Dafür übernimmt der Staat alle Schulden der Stadt, die seinem Anteil an den städtischen Einkünften entsprechen; ein Schuldentilgungsplan regelt, in welchem Umfang Staat und Stadt für die Schuldentilgung aufkommen.
- Der Stadt verbleibt die Selbstverwaltung des städtischen Vermögens und das Recht der Aufnahme von Neubürgern durch einen fünfköpfigen Verwaltungsrat, der an die Stelle des bisherigen Magistrats tritt.

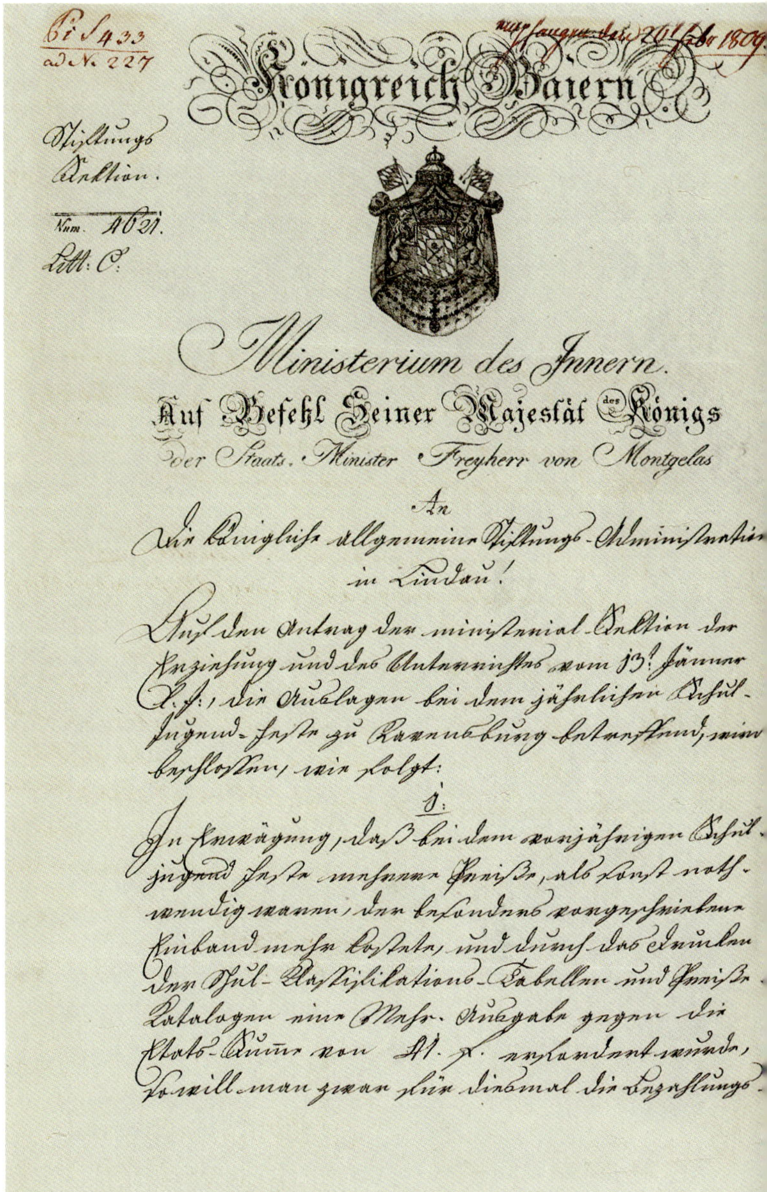

Erlass des bayerischen Staatsministers Baron v. Montgelas vom 20. Februar 1809, das Rutenfest betreffend
Adressat des mit dem königlich bayerischen Staatswappen geschmückten Schreibens ist die Stiftungsverwaltung Lindau, die der Ravensburger Stiftungsverwaltung vorgesetzte Behörde. In dem Schreiben geht es um eine Kürzung der Zuschüsse für das Ravensburger „Schul-Jugend-Fest".

Ihm obliegt auch die Aufsicht über das Schul- und Kirchenwesen, über die städtische Kanzlei und das Archiv sowie über die Verwaltung der zahlreichen mildtätigen Stiftungen für Arme, Kranke, Alte und

Waisen. Im Gegensatz zum reichsstädtischen Rat besitzt er keine Zuständigkeit mehr für das ehemalige Landgebiet der Stadt.

- Außerdem verbleibt der Stadt die freiwillige Gerichtsbarkeit (Vormundschafts- und Nachlasssachen, Eheverträge, Beurkundung von Kaufverträgen) sowie die Gerichtsbarkeit in bürgerlichen Streitfällen und in Strafsachen als erste Instanz durch einen aus vier Personen bestehenden Justizrat (Stadtgericht). Das bisherige Stadtrecht gilt weiterhin.
- Als Vertreter des Staats wird ein der Landesdirektion in Ulm direkt unterstellter „Stadtkommissar" eingesetzt, der den Vorsitz im Verwaltungsrat führt und zugleich als „Polizeidirektor" der städtischen Polizei vorsteht sowie als „Landrichter" die Rechtsprechung im ehemals reichsstädtischen Territorium wahrnimmt. Eine Gewaltenteilung im Sinne von Montesquieu war demnach nur in der Stadt selbst vorgesehen.
- Die Mitglieder des Verwaltungsrats werden vom Staat eingesetzt. Bei der Zuwahl zum Verwaltungsrat nach dem Ausscheiden eines Mitglieds wird die Bürgerschaft durch 24 Wahlmänner beteiligt, die drei Kandidaten vorschlagen. Die letzte Entscheidung liegt jedoch bei der Landesdirektion Ulm. Diese setzt auch die Mitglieder des Stadtgerichts ein, die (im Gegensatz zur reichsstädtischen Zeit) ausgebildete Juristen sein müssen.
- Ein aus vier Personen bestehender „Bürgerausschuss" soll das Finanzgebaren des Verwaltungsrats kontrollieren.
- Bei der Neubesetzung der städtischen Ämter ist in Ravensburg das altbewährte Prinzip der Parität zu beachten.
- Der städtische Verwaltungsapparat wird personell abgespeckt. Das überzählige Personal wird in den Ruhestand versetzt.

Die Realisierung dieses Programms in den Jahren zwischen 1803 und 1807 stellte einen tiefen Einschnitt in der Ravensburger Verfassungs- und Verwaltungsgeschichte dar. Die Stadt war nunmehr im Grunde nicht viel mehr als ein staatlicher Verwaltungsbezirk, die städtischen Beamten, die in bayerische Uniformen gesteckt wurden[32], weisungsgebundene ausführende Organe des Landesherrn.

Der bayerische Bevollmächtigte Maximilian Balthasar von Merz besetzte die neu geschaffenen Ämter teils mit neuen jüngeren Leuten, teils aber auch mit bewährten, erfahrenen Männern, die schon in reichsstädtischer Zeit an verantwortlicher Stelle tätig gewesen waren. Dabei bewies er durchaus Fingerspitzengefühl. Das wichtigste neue Amt, das des Stadtkommissars und Polizeidirektors, wurde dem Juristen Abraham Kutter, einem Mitglied der reichsten Familie der Stadt, übertragen, der bereits seit 1773 als Vertreter der evangelischen Kaufmannschaft im Rat gesessen und überdies das Rentamt verwaltet hatte.[33] Der katholische Patrizier Josef Emanuel von Ortlieb, der zum Zeitpunkt der Mediatisierung als Stadtammann Vorsitzender des Stadtgerichts war, rückte in das allerdings gegenüber früher etwas abgewertete Amt des Bürgermeisters auf. Aus Gründen der Parität wurde ihm der evangelische Stadtsyndikus Johann Jakob Merkel als zweiter Bürgermeister an die Seite gestellt.

Die Tatsache, dass von 18 reichsstädtischen Rats- und Gerichtsmitgliedern des Jahres 1802 13 auch weiterhin in den Ämterlisten der Stadt auftauchen, beweist, dass man in München durchaus auf Kontinuität Wert legte und bemüht war, das Vertrauen der Bürgerschaft zu gewinnen.

Zwischen 1804 und 1807 wurden auch die Verwaltung der Stiftungen und die Armenfürsorge reformiert. Wie fast alle alten Städte verfügte Ravensburg seit dem Mittelalter über eine große Zahl von Stiftungen der Bürgerschaft zugunsten von Armen, Kranken, Alten und Waisenkindern. Aus den Erträgen dieser Stiftungen, die teils aus Grundbesitz, teils aus Geldvermögen bestanden, wurden die vier Spitäler bzw. Hospize der Stadt – Heilig-Geist-Spital, Seelhaus, Bruderhaus und Aussätzigenspital Heilig Kreuz – unterhalten und Almosen sowohl an die einheimischen „Hausarmen" als auch an fremde Bettler verteilt. Zunächst kam es 1804 zu einer gewissen Straffung der bis dahin ziemlich unübersichtlichen Stiftungsadministration: die vier seit dem Mittelalter zum Wohl der Armen bestehenden Stiftungen „Hospitalpflege", „Bruderhauspflege", „Große Spend" und „Schmalzpflege" wurden von nun an gemeinsam verwaltet.[34]

Ein weit schärferer Einschnitt folgte 1807: Nach dem Vorbild Frankreichs, mit dem sich das dank Napoleon 1806 in den Rang eines Königreichs aufgestiegene Bayern inzwischen politisch eng verbunden hatte, wurde die Verwaltung sämtlicher kommunaler Stiftungen verstaatlicht. Für Ravensburg bedeutete dies, dass für die hiesigen Stiftungen die „Königliche Allgemeine Stiftungs-Administration" in Lindau zuständig wurde, was den Verwaltungsablauf nicht gerade vereinfachte. Jede Almosensammlung, jedes Aufnahmegesuch eines Bittstellers ins Spital, jeder Kaufvertrag musste jetzt von der Lindauer Behörde abgesegnet werden.[35]

Überhaupt sahen sich die Ravensburger nun viel häufiger als früher genötigt, sich in amtlichen Angelegenheiten mit staatlichen Behörden in Ulm, Lindau, Kempten (wo 1808 eine neue Landesbehörde, das „Generallandeskommissariat" hinkam) oder gar München herumzuschlagen, was die Begeisterung für den neuen Landesherrn nicht gerade förderte. Ein drastisches Beispiel dafür, welch liebe Not man jetzt mit der Obrigkeit haben konnte, liefert uns der Ravensburger Kaufmann Ulrich Christoph Gradmann, der in seinem Tagebuch anschaulich geschildert hat, welche Mühe es ihn kostete, von der Landesdirektion in Ulm eine Heiratsgenehmigung zu erhalten. Nachdem er sechs Wochen vergeblich auf einen Bescheid gewartet hatte, reiste er schließlich nach Ulm, wo es ihm nur mit List und einer gehörigen Portion Schmiergeld gelang, rechtzeitig vor dem Hochzeitstermin die erforderlichen Papiere zu erhalten.[36]

1808 verlegte man auch noch die Verwaltung des „Lokalschulfonds", d.h. der Vermögenswerte, aus deren Erträgen die Ravensburger Stadtschulen finanziert wurden, nach Lindau.[37]

Andererseits sollte jedoch nicht übersehen werden, dass die Qualität des hiesigen Kanzleiwesens unter bayerischem Einfluss erheblich verbessert wurde. Dies belegen die umfangreichen Aktenbestände im Ravensburger Stadtarchiv aus den Jahren 1802 bis 1810. Die Protokolle und Korrespondenzen aus jener Zeit sind wesentlich übersichtlicher gegliedert und säuberlicher geschrieben als in den Jahren davor. Der bayerische Landesherr legte großen Wert auf eine umfassende Bestandsaufnahme in seinen neu hinzugewonnenen Gebieten in Form statistischer Erhebungen, so dass wir aus dieser kurzen Periode herausragend viele wertvolle Daten zur Wirtschafts- und Sozialstruktur besitzen.

Versuche zur Sanierung der städtischen Finanzen

Der Wegfall der Natural- und Steuereinnahmen aus dem Landgebiet seit Ende 1802, die anhaltenden Kriegslasten und nicht zuletzt eine seit langem ineffiziente Finanzverwaltung, die keiner Kontrolle unterlag, hatten den Schuldenstand der Stadt bis 1804 auf eine Höhe von 462.000 Gulden (abgekürzt fl) getrieben.[38] Die sehr niedrigen Steuern, die den Bürgern auferlegt waren[39], trugen nichts zum Abbau des Schuldenbergs bei. Ein Konzept zur Tilgung dieser Schulden, deren Zinslast den städtischen Haushalt schwer belastete, gab es nicht einmal in Ansätzen. Ravensburg war in dieser Beziehung allerdings kein Einzelfall. Abgesehen von Biberach, das die seit 1792 andauernde Kriegszeit vergleichsweise glimpflich überstand, steckten zu Beginn des 19. Jahrhunderts auch die Nachbarstädte bis zum Hals in Schulden. Am schlimmsten sah es offenbar im benachbarten Wangen aus: Der Schuldenstand pro Kopf der Einwohnerschaft belief sich dort 1802/03 auf 181 fl, gegenüber 169 fl in Memmingen, 125 fl in Ravensburg, 87 fl in Isny und 37 fl in Biberach.[40]

Gemäß dem kurfürstlichen Erlass vom 10. August 1803 waren sämtliche direkten und indirekten Steuern, Zölle und Einnahmen aus dem Marktbetrieb an den Staat gefallen. Im Gegenzug hatte sich dieser verpflichtet, die dadurch bedingten städtischen Schulden zu übernehmen und gemeinsam mit der Stadt einen Schuldentilgungsplan zu entwerfen, dessen Ziel es war, den Schuldenberg innerhalb von 20 Jahren vollständig abzubauen.[41]

Dieser Plan, der 1804 erstellt wurde, sah zunächst die Erhebung einer Sondersteuer in der Stadt und ihrem ehemaligen Territorium vor. Zu den Gläubigern der Stadt gehörte die Stiftungsverwaltung, die für das große, von den städtischen Kassen völlig getrennte Stiftungsvermögen verantwortlich war. Nunmehr mussten auch die Stiftungen ihr Teil zur Tilgung der städtischen Schulden beitragen, obwohl dies im Grunde rechtswidrig war, da es ihrer Zweckbestimmung widersprach, denn ihre Erträge sollten ja für alle Zeiten ausschließlich den Armen, Alten und Kranken zugute kommen.

10 % der Forderungen der Stiftungsverwaltung an die Stadt, so sah es der Schuldentilgungsplan vor, waren ersatzlos zu streichen, zudem sollte künftig die Hälfte des Jahresertrags aus dem Stiftungsvermögen an die Stadtkasse überwiesen werden.[42] Die dritte Maßnahme zum Abbau der Schulden wurde als besonders schmerzlich empfunden: Verkauf eines Teils des städtischen Grundbesitzes, teils an den Staat, teils an Privatpersonen. Dazu gehörten das Lederhaus, die Stadtkanzlei, die Bauhütte, der Marstall, die drei evangelischen Pfarrhäuser, mehrere Scheuern und Stadel sowie die Leonhardskapelle, außerdem die städtische Allmende auf der Kuppelnau, das Veitsburggelände, Äcker und Wiesen rings um die Stadt und nicht zuletzt der größte Teil der städtischen Wälder im Umfang von 26 Quadratkilometern.[43]

Schließlich war vorgesehen, dass zum Ausgleich für die an den Staat gefallenen Steuern und Abgaben jährlich ein Betrag von 18.000 fl aus der Staatskasse an die Stadt überwiesen werden sollte.[44] Doch wegen der anhaltenden Kriegsnöte kam Bayern dieser Verpflichtung nur zum Teil nach. Dennoch gelang es in den acht Jahren bayerischer Herrschaft, den Schuldenstand um 86.000 auf 376.000 fl zu verringern. Hauptgläubiger blieb mit einer Forderung von 221.700 fl die Ravensburger Stiftungsverwaltung.[45]

Ansätze zu einer Reform der Armenfürsorge und des Gesundheitswesens

Zu den wichtigsten Rechten eines Bürgers gehörte der Anspruch auf Hilfe in Not durch die bürgerliche Gemeinschaft. Das unterschied ihn vom Nichtbürger und das machte das Bürgerrecht so attraktiv. Mit ihren Stiftungen, die sie als Werke der Barmherzigkeit zugunsten ihres eigenen Seelenheils ansahen, hatten die bürgerlichen Stifter im Lauf von Jahrhunderten die Grundlage für dieses System kommunaler Fürsorge geschaffen.

Heilig-Geist-Spital, Lithografie v. A. Podesta nach einem Entwurf v. F. X. Lang, um 1850

Bürger konnten gegen Geld oder ein Grundstück auch eine mehr oder weniger komfortable Pfründe im Heilig-Geist-Spital erwerben, Kost und Logis auf Lebzeiten. Dafür fiel nach dem Tod der Pfründinhaber ihr eingebrachtes Vermögen an das Spital, das in erster Linie Altersheim, Armen- und Waisenhaus war, nicht aber Krankenhaus.[46] Wirklich Arme konnten, wenn sie dessen für würdig befunden wurden, eine kostenlose „Armenpfründe" auf Lebenszeit im Spital erhalten. Dessen Einkünfte stammten vor allem aus den Erträgen seiner etwa 120 Lehenhöfe und aus seinem Grundbesitz in der Stadt und ihrer näheren Umgebung, aus dem es Mietzinse und Pachtgelder bezog. Da die karitativen Stiftungen der Garant für eine funktionierende Armenfürsorge waren, blieb ihr Kapital nach der Mediatisierung im Prinzip unangetastet. Wir haben jedoch bereits gesehen, dass ein Teil der Stiftungserträge notfalls zweckwidrig zur Sanierung des städtischen Haushalts missbraucht werden konnte.

Der Ertrag der Stiftungen reichte in der Regel nicht aus, um auch nur die schlimmste Not zu lindern. Daher wurden zusätzlich wöchentliche Almosensammlungen zugunsten der „Hausarmen" und wandernden Handwerksburschen durchgeführt, nicht zuletzt in der Absicht, dadurch den „Gassenbettel" einzuschränken oder sogar ganz zu verhindern. Jeder Bürger hatte einen seinem Vermögen entsprechenden Betrag zu entrichten, der in einer „Almosenliste" erfasst wurde.[47]

Der neue Landesherr, dessen Politik vom rationalistischen Geist der Aufklärung geprägt war, gab sich nicht damit zufrieden, die Armenfürsorge aus bloßer Barmherzigkeit zu betreiben, ohne wenigstens den Versuch zu machen, vom Unterstützungsempfänger eine Gegenleistung zu verlangen. Er wollte das Leitmotiv der Barmherzigkeit, der christlichen Nächstenliebe, durch das Prinzip der Erziehung zur Selbsthilfe ergänzen, wo immer dies möglich und sinnvoll war. Auf Anregung eines hiesigen Bürgers, des Grautuchers Johannes Zeiler, kam es 1806 zur Gründung eines „Hospitalischen Arbeitsinstituts". Dort sollten die arbeitsfähigen Spitalinsassen sowie „Hausarme", die nicht im Spital wohnten, sondern eine eigene Wohnung hatten, aber auf Almosen angewiesen waren, Arbeit finden und dafür einen bescheidenen Lohn erhalten. Gedacht war vor allem an das Spinnen von Schafwolle und Baumwolle, aber auch an Stricken, Nähen und Strohflechten.[48]

1803 wurden in Ravensburg 254 bedürftige Haushalte mit einer oder mehreren Personen gezählt, die in irgendeiner Form öffentliche Hilfe in Anspruch nahmen. Das war mehr als ein Viertel aller Haushalte.[49] Von den 266 „selbstständigen", d.h. einen eigenen Haushalt führenden Einwohnern, die 1806 aus dem Stiftungshaushalt unterstützt wurden, waren 162 Frauen, von diesen wiederum 44 Witwen. Unter den Empfängern, deren Namen übrigens öffentlich bekannt gegeben wurden, waren viele Taglöhner, Strumpfstricker, Schuster, Knopfmacher, Rebleute und Gärtner.[50]

Wer in den Genuss einer Armenpfründe oder eines regelmäßigen Almosens in Form von Geld oder Naturalien kommen wollte oder wer mit einer schweren chronischen oder ansteckenden Krankheit behaftet war und kostenlose Aufnahme in eine der beiden Krankenanstalten – Bruderhaus oder Heilig-Kreuz-Spital – begehrte, der musste sich einer sorgfältigen Untersuchung, einer so genannten „Armenmusterung", durch die „Armendeputation" unterziehen, später sogar direkt durch das oberste städtische Organ, den Verwaltungsrat.[51]

Die städtischen Krankenbetten im Bruderhaus waren in erster Linie für Geisteskranke und erkrankte Fremde, für Dienstboten und Handwerksgesellen bestimmt. Außerdem hatte man dort ein Entbindungszimmer für

Das „Hospitalische Arbeitsinstitut", kolorierte Lithografie v. L. Gradmann, ca. 1817
In der 1806 gegründeten wohltätigen Einrichtung erhielten arme Mädchen und Frauen gegen einen bescheidenen Lohn Arbeit mit Spinnen, Stricken und Nähen.

wohnsitzlose ledige Mütter eingerichtet. Nachdem die Lepra, der „Aussatz", in Europa inzwischen weitgehend besiegt war, brachte man nun im ehemaligen Leprosenspital Heilig Kreuz an der Straße nach Altdorf-Weingarten Personen mit anderen ansteckenden Krankheiten unter.

Bürger wurden in der Regel zu Hause gepflegt, selbst bei schweren Krankheiten. Dies galt auch für kranke Hausarme, die nur im äußersten Notfall Aufnahme im Bruderhaus oder im Heilig-Geist-Spital fanden.[52] Das „Seelhaus", ursprünglich ein Pilgerhospiz, beherbergte um 1800 schon lange keine Pilger mehr, gab jedoch aus seinen Erträgen regelmäßig sonntags Geldalmosen an die Armen der Stadt aus.[53]

Kleine Fortschritte wurden im Gesundheitswesen durch die Verschärfung der Zulassungsbedingungen für Heilberufe erzielt. Die bayerische Regierung verlangte bei Wundärzten und Chirurgen den Nachweis einer mehrjährigen Ausbildung. Badern und Barbieren wurde jede ärztliche Tätigkeit verboten. Wieweit diese Vorschriften tatsächlich befolgt wurden, steht auf einem anderen Blatt. Eine gesundheitspolitische Neuerung, nämlich die Schutzpockenimpfung, stieß auf Widerstand, und zwar in erster Linie wegen der Kosten.[54]

Neue Impulse im Schul- und Bildungswesen

Neue Impulse gingen von der bayerischen Obrigkeit auch im Bereich des Schul- und Bildungswesens aus. Dabei spielten allerdings auch Einheimische eine wichtige Rolle. Zunächst wurde die Schulverwaltung reorganisiert. Schon im ersten Jahr der Herrschaft Bayerns schuf man eine paritätisch besetzte „Lokal-Schulkommission", die dem „General-Schul- und Studiendirektorium" in München, der obersten Schulaufsichtsbehörde Bayerns, direkt unterstellt war.[55]

Das Ravensburger Schulamt leiteten zwei „Distrikts-Schulinspektoren", der evangelische Pfarrer und Lehrer Johann Philipp Eben und der katholische Kaplan und Lehrer Max Leopold Koch, beides tüchtige und hochgebildete, dem Zeitgeist gegenüber aufgeschlossene Männer, die das Ravensburger Schulwesen auf eine bis dahin unbekannte Höhe brachten. Wie schon ihr amtlicher Titel verriet, führten sie nicht nur die Aufsicht über die städtischen Schulen, sondern auch über die Dorfschulen im ehemaligen Territorium der Stadt. Im Gegensatz zu den meisten fürstlichen und geistlichen Herrschaften hatte ja die Mehrzahl der Reichsstädte schon im 16. Jahrhundert nicht nur in der Stadt selbst, sondern auch in ihrem ländlichen Herrschaftsbereich Schulen eingerichtet. Was Ravensburg betrifft, so gab es solche Schulen um 1800 in Schmalegg, Winterbach, Wolpertswende, Mochenwangen, Bavendorf und Oberteuringen.[56]

Zu den Aufgaben der Schulinspektoren gehörte außerdem die Verwaltung des neu geschaffenen „Lokalschulfonds", aus dem sämtliche städtischen Schulen finanziert wurden. Gespeist wurde dieser Schulfonds teils aus der Stadtkasse, teils aus den Erträgen einiger alten kirchlichen Stiftungen sowie der 1771 gegründeten „Landschaftswaisenkasse", die so genannt wurde, weil sie dazu diente, das Geldvermögen der Landbevölkerung, vor allem der Waisen und der unter Vormundschaft stehenden Kinder im Landgebiet der Stadt, risikosicher und zinsbringend zu verwalten (vgl. dazu Seite 94).[57]

In der Stadt waren die „Elementarschulen" (so nannte man damals die Volksschulen) nach Konfessionen getrennt, für die damalige Zeit eine Selbstverständlichkeit. Neu war, dass die Schulpflicht jetzt auf sieben Jahre ausgedehnt wurde. Während in der dreiklassigen katholischen Elementarschule Knaben und Mädchen gemeinsam unterrichtet wurden, achtete man bei den sittenstrengeren Protestanten strikt auf getrennten Unterricht. Es gab dort, räumlich voneinander getrennt, eine Knaben- und eine Mädchenschule, jeweils zweiklassig.[58]

Einer Übersicht aus dem Jahr 1808 ist zu entnehmen, dass damals 228 Schüler die katholische, 154 Schüler die evangelische Elementarschule besuchten.[59] In der evangelischen Mädchenschule unterrichtete übrigens von 1808 bis kurz vor ihrem Tod 1821 die 1740 geborene Lehrerin Anna Rosina Auberlin. Die betagte Dame, vermutlich die erste Ravensburger Lehrerin überhaupt, versah ihren Dienst also bis ins 81. Lebensjahr![60]

Welche Erziehungsziele die Schule damals bei den Mädchen hatte, geht aus einem Kommentar des evangelischen Pfarrers Johann Georg Beck hervor, der dazu im „Gemeinnützigen Wochenblatt" vom 11. April 1808 schrieb, die Schule solle „die Erzieherinnen des künftigen Geschlechts, die reinen treuen Ehegatten, die weisen zärtlichen Mütter, die sorgfältigen und bescheidenen Haushälterinnen und frommen Dulderinnen" heranbilden.

Ravensburgisches
gemeinnütziges
Wochenblatt
für das Jahr 1808.

Ravensburg,
gedruckt und verlegt von Joh. Anton Gradmann.

Titelblatt des „Ravensburgischen gemeinnützigen Wochenblatts", Jahrgang 1808
Die seit 1803 von Johann Anton Gradmann herausgegebene und gedruckte Zeitung war die erste regelmäßig erscheinende Zeitung in Ravensburg. Sie fand ihre Fortsetzung im „Oberschwäbischen Anzeiger" und seit 1945 in der „Schwäbischen Zeitung".

Neben den städtischen Elementarschulen gab es auch ein Angebot an privatem Unterricht. So konnte jedermann bei ausgewiesenen Fachlehrern Unterricht im Zeichnen oder in Musik erhalten. Französischunterricht boten sowohl ein Konditor als auch ein „Strumpf-Fabrikant" an. Für das Jahr 1806 ist eine „Winkelschule" des Mesners von St. Jodok belegt, die von 15 Kindern besucht wurde.[60a]

Das höhere Schulwesen, dem das besondere Interesse der beiden Schulinspektoren galt, wurde völlig neu organisiert. Mit der Aufhebung des Karmeliterklosters verschwand auch die dort eingerichtete Lateinschule. Daneben bestand zwar immer noch als Gegengewicht eine städtische Lateinschule für evangelische Schüler, mit der es aber um 1800 offenbar nicht mehr zum Besten stand, wurde sie doch 1803 nur noch von 15 Schülern besucht. Dem Geist der Aufklärung entsprach es, dass man nun, zu Beginn des 19. Jahrhunderts, gegenüber der herkömmlichen „Lateinschule" einen moderneren, die „Realien" betonenden Schultyp bevorzugte.

Unter „Realien" verstand man moderne Fremdsprachen, Geographie, Geschichte, nicht nur die der Antike, sondern auch der neueren Zeit, des weiteren Naturkunde, Arithmetik, Musik und Zeichnen, Fächer also, die gerade für die Söhne einer Handelsstadt wie Ravensburg besonders wichtig erschienen. So kam es 1805 zur Gründung einer „Paritätischen Realschule" für die „Bedürfnisse der Handels- und Gewerbsleute", in der Französisch erste und Latein zweite Fremdsprache war. Italienisch wurde als Wahlfach angeboten, Englischunterricht gab es keinen.[61] Die zunächst zweiklassige Schule zählte bereits zu Beginn 46 Schüler, 1809 waren es schon 55. Sie gewann rasch Ansehen weit über Ravensburg hinaus und wurde zugleich ein Auffangbecken für Schüler, die bis 1803 Klosterschulen besucht hatten und nach deren Auflösung infolge der Säkularisation gezwungen waren, sich eine andere Schule zu suchen.[62]

Der bayerischen Regierung kommt nicht nur das Verdienst zu, mit der Ravensburger Realschule einen ganz neuen, zukunftsweisenden Schultyp gefördert zu haben, der in Oberschwaben nicht seinesgleichen hatte, ihrer Initiative ist auch die Erweiterung der evangelischen Bürgerbibliothek zu einer jedermann zugänglichen und damit „paritätischen" Stadtbibliothek zuzuschreiben, die einen festen Anschaffungsetat von jährlich 60 fl erhielt, der zu gleichen Teilen aus der evangelischen und katholischen Kirchenkasse stammte. Dies hatte zur Folge, dass trotz Kriegszeit die Zahl der Bücher binnen weniger Jahre verdoppelt werden konnte.

Während der ältere Bücherbestand überwiegend historische, geographische, theologische und juristische Werke umfasste, kaufte man nun verstärkt Romane und

Familienidylle, Gouache v. G. J. Edinger, 1817
Am Tisch sitzen der Künstler, der Schlossermeister Gottlob Johann Edinger, Mitglied einer zur Ravensburger „Blutwurst" (vgl. S. 7) gehörenden Familie, und seine Frau Maria Elisabeth, geb. Baumgärtner, mit ihren vier Kindern.
An der Wand Portraits der Eltern des Ehepaars Edinger. Auf dem Tisch ein Türschloss in Anspielung auf den Hauptberuf Edingers, der ein Tüftler und an technischen Neuerungen sehr interessiert war. Vgl. die Elektrisiermaschine am rechten Bildrand.

Journale. Als nach 1806 die Ravensburger Stadtklöster aufgehoben wurden, konnten die beiden Bibliothekare – es waren wiederum die zwei tüchtigen Schulmeister und Theologen Eben und Koch – eine Reihe wertvoller Bücher aus deren nun feilgebotenen Bibliotheken erwerben, insbesondere aus der Bibliothek der Karmeliter.

Auf Geheiß der Regierung fertigten Eben und Koch 1806 außerdem erstmals ein Bibliothekskatalog an.[63] Dass die Stadtbibliothek von Anfang an eifrig benutzt wurde, beweisen die heute noch nachprüfbaren handschriftlichen Einträge zahlreicher Entleiher in den ausgeliehenen Büchern.[64] Die meisten der damals in der Stadtbibliothek vorhandenen Bände haben sich erhalten. Sie bilden den Kern der „Alten Stadtbibliothek", die heute vom Ravensburger Stadtarchiv verwaltet wird.

Obrigkeitliche Eingriffe in bürgerliche Lebensgewohnheiten und kirchliche Traditionen

Das Leben und Denken der meisten Ravensburger Bürger war um 1800 trotz Aufklärung und Französischer Revolution noch stark von Traditionen geprägt. Unter diesen Traditionen kam den kirchlichen die größte Bedeutung zu. Kirchliche Traditionen und religiös geprägtes Brauchtum spielten im Jahresablauf, nicht nur an Feiertagen, sondern auch im Alltag eine beherrschende Rolle, bei den Katholiken allerdings stärker als bei den Protestanten. Der bayerische Kurfürst und spätere König war zwar katholisch, aber seine vom Geist des aufgeklärten Absolutismus geprägte und von seinem Minister Montgelas in die Tat umgesetzte Politik nahm keine Rücksicht auf die religiösen Bedürfnisse seiner überwiegend katholischen Untertanen. Maßgebend waren nur noch die Kriterien der Vernünftigkeit und Nützlichkeit. So wurde den Ravensburgern 1804 von der bayerischen Landesdirektion in Ulm bei hoher Strafe verboten, künftig am Weingartener Blutritt, der jedes Jahr am Freitag nach Christi Himmelfahrt stattfand, teilzunehmen, da sich dort „aus übel verstandenem oder falschem Andachtseifer [...] Unordnung, Ausschweifungen und selbst Unglücksfälle" ereignet hätten.[65] Der Verwaltungsrat wurde angewiesen, dieses Verbot auch in den Dörfern des ehemaligen Ravensburger Landgebiets bekannt zu geben. Eine solche Anordnung vertrug sich allerdings schlecht mit dem vom Münchner Ministerium für auswärtige Angelegenheiten angeregten Vorschlag, in Ravensburg die „Gewerbsamkeit", d.h. Handel und Gewerbe, „durch Einführung einiger mit Prunk verbundenen religiösen Feierlichkeiten" zu beleben, durch welche „das Landvolk wieder nach Ravensburg gebracht" werden könne.[66] Welch krasser Widerspruch! Wenn es ums Geld ging, war also offenbar plötzlich kirchlicher „Prunk" wieder willkommen, zumindest in den Augen einiger Münchner Regierungsbeamten.

Verboten wurden auch uralte Bräuche wie das Abhalten der weihnachtlichen Christmette um Mitternacht und überhaupt alle nächtlichen Andachten, die von der kurbayerischen Regierung als „Unfug" bezeichnet wurden, wodurch „Unsittlichkeit und Ausschweifungen" befördert würden.[67] Aus demselben rationalistischen Geist der Aufklärung erfolgte das Verbot, „am Pfingsttage die Ankunft des hl. Geistes in der Kirche durch eine Taube anzuzeigen, welche an einem Strick von der Decke der Kirche herabgelassen wurde". Auch Krippenspiele und theatralische Passionsdarstellungen waren nicht mehr erlaubt, ebenso ein solch harmloser Brauch wie das Färben von Ostereiern.[68]

Verboten wurde auch der „Gassengesang" der evangelischen und katholischen „Partimsknaben", Söhne armer Leute, die sich durch Singen bei Gottesdiensten, Beerdigungen und an kirchlichen Feiertagen vor den Häusern der Bürger ein Almosen verdienten. Dafür erhielten sie nun einen allerdings bescheidenen Ausgleich aus der Almosenkasse. Auf die Dauer ließ sich jedoch der alte schöne Brauch der singenden Partimsknaben nicht unterdrücken. Vor allem im Winter, im Advent, an Weihnachten und Neujahr, freute sich Jung und Alt, wenn die hellen Knabenstimmen abends in den dunklen Straßen vor den Häusern erklangen.[69]

Draußen vor der Stadt, an der Straße nach Meersburg, hauste bei der Marienkapelle an der Mühlbruck ein frommer Einsiedler, ein ehemaliger Klosterbruder, dem die Leute sehr zugetan waren und milde Gaben reichten. Die neuen Herren der Stadt sahen dies ungern, sie betrachteten eine solche Existenz als Müßiggang und befahlen daher dem Einsiedler, sein Ordensgewand abzulegen, bürgerliche Kleidung zu tragen und seinem erlernten Beruf als Schuster wieder nachzugehen.[70]

Auf derselben Linie lag der regelrechte Bildersturm, über den der Ravensburger Stadtkommissar und Landrichter seiner vorgesetzten Behörde 1809 berichtete. Aus den Kirchen – gemeint waren vermutlich nicht nur die in der Stadt, sondern auch die im ehemals reichsstädtischen Territorium – seien 300 Votivtafeln und „22 häßlich geschnitzte und lächerliche Bilder" fortgeschafft, außerdem „19 Votivsäulen und Bilder auf den Straßen" abgebrochen worden.[71] Welch ein unwiederbringlicher Verlust alter oberschwäbischer Volkskunst!

„Alle verunstaltenden Bilder und Bauauswüchse" an der katholischen Liebfrauenkirche, so hieß es in diesem Bericht weiter, seien inzwischen beseitigt worden. Damit dürfte unter anderem der aus der Barockzeit stammende zierliche baldachinartige Vorbau am Hauptportal gemeint gewesen sein, der uns auf einem Kupferstich überliefert ist (Abbildung Seite 19).

Die gleiche aufklärerische Strenge und Verständnislosigkeit gegenüber altüberlieferten Bräuchen und lieb gewordenen Gewohnheiten spricht auch aus den Verordnungen über die Abhaltung weltlicher Feste. Alle öffentlichen Lustbarkeiten, Theateraufführungen und Konzerte unterlagen einer Kontrolle, ja man könnte fast sagen einer Zensur durch den Landrichter. Auch das traditionelle Schülerfest, das Rutenfest, war obrigkeitlichen Vorschriften unterworfen. Das harmlose Fahnenschwingen, Antrommeln und Singen der Schulkinder vor den Bürgerhäusern wurde mit der humorlosen Begründung verboten, ein solcher Brauch käme einer Bettelei gleich. Dieses Verbot wurde im übrigen nicht von einer staatlichen Stelle im fernen München, sondern von der örtlichen Schulkommission ausgesprochen.[72]

Wesentlich vernünftiger war dagegen die 1804 beschlossene und schrittweise verwirklichte Abhaltung des bis dahin von Katholiken und Protestanten getrennt gefeierten Rutenfests an einem einzigen Termin.[73]

Überhaupt legte Bayern großen Wert darauf, die noch vorhandenen Barrieren zwischen den beiden Konfessionen so weit wie möglich abzubauen und die Bedeutung der Konfession als Unterscheidungsmerkmal im täglichen Leben zu mindern. So wurden nun auch konfessionelle Mischehen ausdrücklich zugelassen, verbunden mit dem Zusatz, die Frage, in welcher Konfession die Kinder aus solchen Ehen getauft und erzogen werden sollten, sei von den Eltern vertraglich zu regeln. Falls

Pfarrkirche Liebfrauen, kolorierter Kupferstich (Ausschnitt) v. B. F. Leizelt nach einem Entwurf v. J. A. Gmeinder, 1785
Der baldachinartige Vorbau aus dem 18. Jahrhundert über dem Westportal wurde 1808 auf obrigkeitlichen Befehl abgebrochen.
Auch der die Kirche umgebende ummauerte Friedhof wurde damals beseitigt.

eine solche Regelung nicht getroffen werde, seien die Söhne in der Konfession des Vaters, die Töchter in der der Mutter großzuziehen. Im realen Alltag hatte diese Neuerung allerdings keine große Bedeutung, denn zwischen 1803 und 1810 wurden in Ravensburg lediglich zwei konfessionell gemischte Ehen geschlossen.[74]

Auf derselben Linie fortschrittsgläubiger Modernisierung des privaten und öffentlichen Lebens lag die Anordnung, die Erwähnung der Konfession einer Person sei künftig generell zu unterlassen.[75] Die Beibehaltung der Parität bei der Besetzung öffentlicher Ämter mag als ein gewisser Widerspruch dazu erscheinen, sie war jedoch ein Gebot der Klugheit, eine Konzession an die örtlichen Spielregeln, deren Aufhebung den innerstädtischen Frieden möglicherweise gefährdet hätte.

Im Zusammenhang mit der bayerischen Politik religiöser Toleranz verdient auch die unbeschränkte Zulassung der Juden zu den beiden Ravensburger Jahrmärkten Erwähnung[76], die einen Tabubruch darstellte. Bis sich wieder wie im Mittelalter Juden in Ravensburg niederlassen konnten, vergingen allerdings noch Jahrzehnte.

Schließlich strebte die neue Regierung auch eine Liberalisierung der erstarrten Zunftvorschriften an. Bei der Ernennung eines Gesellen zum Meister sollte allein die persönliche Qualifikation den Ausschlag geben, nicht die Abkunft aus einer einheimischen Handwerkerfamilie.[77]

Die Aufhebung der drei Stadtklöster

Zu den einschneidendsten Veränderungen in Ravensburg nach 1802 zählte die Aufhebung der drei in der Stadt beheimateten Klöster. Innerhalb weniger Jahre verschwand mit dem Ordensklerus ein ganzer Stand, der jahrhundertelang das Leben in der Stadt und ihrem Umland mitgeprägt hatte. Das bedeutete sowohl einen Verlust an seelsorgerlicher und kultureller Substanz, als auch den Wegfall eines wichtigen ökonomischen Faktors, denn die Mönche und Nonnen spielten sowohl als Produzenten von Konsumgütern als natürlich auch als Konsumenten und Auftraggeber für Handwerker und Kaufleute eine erhebliche Rolle im Wirtschaftsleben der Region. Mit der Aufhebung des Karmeliterklosters verschwand zudem die dort eingerichtete Lateinschule, die wegen ihrer Qualität auch von Söhnen aus evangelischen Familien besucht worden war.

Zwei der drei Bettelordensklöster reichten ins Mittelalter zurück: das Karmeliterkloster am Viehmarkt, dank vieler bürgerlicher Stiftungen das reichste und größte Kloster Ravensburgs, und das Kloster der in Klausur lebenden Franziskanerinnen droben beim Mehlsack, die nach ihrer Kapelle auch „Schwestern bei St. Michael" genannt wurden. Während des Dreißigjährigen Krieges war im Zug der Gegenreformation gegen den Widerstand der protestantischen Bürgerschaft als drittes Kloster ein Kapuzinerkloster unmittelbar vor den Toren der Stadt gegründet worden.[78]

In diesen drei Klöstern lebten 1803 insgesamt 55 Mönche und Nonnen: im Karmeliterkloster 19 Patres und sechs Laienbrüder, im Kapuzinerkloster zehn Patres und vier Laienbrüder und im Franziskanerinnenkloster 16 Schwestern. Während die beiden ins Mittelalter zurückreichenden Konvente im Lauf der Jahrhunderte vornehmlich westlich und südlich von Ravensburg reichen Grundbesitz erworben hatten, der gute Erträge abwarf, waren die Kapuziner ausschließlich auf Spenden und Almosen angewiesen.

Aufgrund des Reichsdeputationshauptschlusses von Februar 1803 fielen die drei Klöster zusammen mit sämtlichen anderen nicht reichsunmittelbaren Klöstern der Diözesen Konstanz und Augsburg an den Deutschen Orden als Entschädigung für dessen linksrheinische Gebietsverluste. Bereits am 21. März 1803 tauchte in Ravensburg ein Bevollmächtigter des Deutschen Ordens auf, der alle drei Klöster „provisorisch" in Besitz nahm und ihnen damit das freie Verfügungsrecht über ihr Vermögen entzog. Die Mönche und Nonnen konnten vorläufig weiter in ihren Klöstern wohnen, mussten aber für ihren neuen Herrn eine genaue Aufstellung ihres Hab und Guts erstellen.[79]

Gravierender waren die Eingriffe des Kurfürsten von Bayern, der als Stadtherr von Ravensburg alle Hoheitsrechte in der Stadt und ihrem Territorium und somit auch über die drei Stadtklöster beanspruchte[80], womit er sich allerdings den Widerspruch Österreichs als Inhaber der Landvogtei zuzog. Er verbot den Mönchen jegliche seelsorgerliche und Predigttätigkeit außerhalb ihrer Klostermauern sowie das Almosensammeln in seinem Hoheitsgebiet, was besonders die Kapuziner hart traf, die mangels Grundbesitz auf das Sammeln von Spenden und Almosen angewiesen waren. Den Karmelitern wurde überdies untersagt, weiterhin Bier aus ihrer Klosterbrauerei an die Bevölkerung auszuschenken, wodurch ihnen eine wichtige Einnahmequelle verloren ging.[81]

Ein weiterer Schlag traf die Karmeliter und die Schwestern bei St. Michael im August 1805. Er hing mit der Gegnerschaft zwischen dem mit Frankreich verbündeten Bayern und dem von Napoleon zunehmend in die Enge getriebenen Österreich zusammen. Österreich, das ja noch immer die Landvogtei Schwaben innehatte und damit zu Recht die Landeshoheit über einen großen Teil des südlichen Oberschwaben beanspruchen konnte, betrachtete das bayerische Ravensburg gleichsam als feindliches Ausland, bestritt die vom Kurfürsten von Bayern beanspruchte Landeshoheit über das ehemals reichsstädtische Territorium und beschlagnahmte die Ernteerträge aus den in seinem Hoheitsgebiet liegenden Gütern der beiden Ravensburger Stadtklöster. Im österreichischen Hauptort Altdorf-Weingarten und anderen Orten der Landvogtei wurden amtliche Plakate ausgehängt, auf denen den Untertanen der Ravensburger Klöster in der Landvogtei bei strenger Strafe jegliche Ablieferung von Korn an ihre früheren Zehntherren streng verboten wurde.[82]

Doch damit nicht genug. Als der Krieg in den folgenden Wochen immer näher rückte, verstärkte Österreich seine militärische Präsenz im Raum Ravensburg und zwang die Stadt, Truppen in ihren Mauern aufzunehmen und zu verpflegen. Davon waren auch die drei Stadtklöster betroffen, deren Vorräte durch die Einquartierungen rasch dahinschmolzen.[83]

Die triumphalen Siege Frankreichs bei Elchingen und Austerlitz im Herbst 1805 und der daraufhin in Pressburg geschlossene Frieden besiegelten das Schicksal der Ravensburger Klöster. Der Deutsche Orden, der sich auf der Seite der Verlierer befand, musste seine Rechte an Bayern abtreten. Für Ravensburg bedeutete dies, dass sowohl die drei Stadtklöster als auch das Haus des Deutschen Ordens am Westrand der Altstadt an Bayern übergingen. Dieses verfügte alsbald die Aufhebung der drei Klöster, obwohl sich der Ravensburger Verwaltungsrat aus wirtschaftspolitischen Erwägungen vehement für deren Erhaltung eingesetzt hatte.[84] Damit fielen alle Einkünfte der Klöster an den bayerischen Staat. Dieser bot dafür den übrig gebliebenen Karmelitermönchen – einige hatte in der Zwischenzeit das Kloster verlassen und seelsorgerliche Aufgaben in der Ferne übernommen – eine staatliche Pension von jährlich 200 fl pro Person an, eine wahrhaft großzügige Geste. Außerdem konnten sie weiterhin im alten Konventgebäude wohnen.[85]

Die Kapuziner stellte man vor die Wahl, in das Kapuzinerkloster in Wangen umzusiedeln oder eine Kaplaneistelle anzutreten. Im letzteren Fall hatten sie sich jedoch einer staatlichen Prüfung zu unterziehen. Auch die Franziskanerinnen erhielten ein Angebot, das bezeichnenderweise nicht ganz so großzügig war wie jenes für die Karmeliter. Sie konnten mit einer Pension von 180 fl pro Person und Jahr entweder im Kloster bei St. Michael bleiben oder sich in der Stadt eine Wohnung nehmen.[86]

Im Frühjahr 1807 wurde das Kapuzinerkloster am Rande der Kuppelnau durch das nunmehr königlich bayerische Rentamt an eine private Bietergruppe für 8.150 fl verkauft, desgleichen das bewegliche Kircheninventar und die 2.111 Bände umfassende Klosterbibliothek. Der Abbruch des Konventbaus und der Klosterkirche erfolgte wenig später.[87]

Weitere Veränderungen in der Stadt und im Leben der Bürger

Wie groß der Reformeifer des neuen Stadtherrn war, ließ sich auch an verschiedenen größeren und kleineren Veränderungen im Stadtbild ablesen. Von der Beseitigung angeblicher barocker „Bauauswüchse" an der Liebfrauenkirche war schon die Rede. Andere Neuerungen erfolgten aus gesundheitspolitischen Erwägungen. So wurden Beerdigungen innerhalb der Stadtmauern strikt verboten. Um mehr Licht und Luft im dumpfen Stadtinnern zu schaffen, wurden die Kirchhofmauern rings um die beiden katholischen Pfarrkirchen Liebfrauen und St. Jodok abgerissen, die dort stehenden Grabsteine entfernt und der so gewonnene freie Platz mit Akazien bepflanzt[88], übrigens der erste Schritt, mehr Grün in die Altstadt hineinzubringen. Aus feuerpolizeilichen Gründen mussten auch die Aufzugsläden an den Häusern abgebrochen werden, die das Hochziehen von Waren in die Lagerräume der Dachgeschosse ermöglichten. Den Auftakt zum späteren Abbruch der Stadtmauern bildete die Beseitigung ihrer Bedachung an mehreren Stellen, wodurch der allmählichen Zerstörung des Mauerwerks durch Regen und Schnee Vorschub geleistet wurde.[89]

Zur Verbesserung der nächtlichen Sicherheit wurden 1805 erstmals Straßenlaternen aufgestellt, 70 Öllampen. Die städtische Verwaltung lieferte den Anliegern das dazu notwendige Öl kostenlos und verpflichtete sie, zu bestimmten Uhrzeiten die Laternen anzuzünden und zu löschen. Um die neue Errungenschaft zu finanzieren, wurden sämtliche Einwohner zur Kasse gebeten. Letztlich erwies sich das gewiss gut gemeinte Unternehmen aber doch als zu aufwändig und zu kostspielig, so dass es nach drei Jahren aufgegeben werden musste.[90] Die Gassen der Altstadt versanken für die nächsten Jahrzehnte wieder in nächtlichem Dunkel.

Schon lange waren die üblen Gerüche in der verwinkelten mauerumgürteten muffigen Altstadt ein Stein des Anstoßes. Deshalb wurde angeordnet, die 52 Misthäufen („Dunglegen") in den Gassen zu entfernen. Ganz verboten konnten sie allerdings nicht werden, doch waren sie nur noch in den Hinterhöfen gestattet.[91]

Der bayerischen Obrigkeit war sehr an einer Verbesserung der hygienischen Verhältnisse gelegen. So wurde die Straßenreinigung neu organisiert und das Ausschütten von Nachtgeschirr und anderem Unrat auf die Gassen streng verboten, übrigens nicht zum ersten Mal. Jauche und Dung durften nur noch nachts und in geschlossenen Behältern aus der Stadt geführt werden.[92] Kritik wurde auch an den unhygienischen Zuständen im städtischen Schlachthaus, der „Metzg" am Gespinstmarkt, geübt. Ein weiterer negativer Befund bezog sich auf das Heilig-Geist-Spital. Der Bau sei „alt, ungesund, finster und schadhaft". Angeregt wurde eine Verlegung des Spitals in das demnächst frei werdende Gebäude des Franziskanerinnenklosters, das eine gesunde Lage habe und genügend Raum biete.[93]

Auch auf Wahrung von Sitte und Anstand wurde streng geachtet. In einer „Badeordnung" legte man die Badeplätze an der Schussen genau fest, sorgfältig getrennt nach Alter und Geschlecht der Badegäste. Lotterien wurden verboten, da sie sittenverderbend seien. Um beim Brotverkauf jegliche Betrugsmöglichkeit zu unterbinden, wurde die „Brotschau" neu geregelt. Das bedeutete eine strengere Kontrolle von Qualität, Gewicht und Preis der angebotenen Ware.[95]

Neu war auch die Einführung der allgemeinen Wehrpflicht bis zum 60. Lebensjahr, die natürlich in Zusammenhang mit dem fortdauernden Krieg stand. Rascher als in vielen anderen bayerischen Städten kam in Ravensburg 1807/08 die Aufstellung eines Bataillons des „Bürgermilitärs" in einer Stärke von 417 Mann zustande. Es bewährte sich als „Sicherheitswache" besonders während des Aufstands der Tiroler und Vorarlberger gegen Frankreich und seine Verbündeten im Jahr 1809, der auch das bayerische Ravensburg berührte. Im Gegensatz zu anderen inzwischen bayerisch gewordenen Städten wie Lindau, Wangen, Leutkirch, Kempten oder Memmingen kam es in Ravensburg trotz der aufgeheizten antifranzösischen Stimmung in der Bevölkerung dank der starken Präsenz und der nächtlichen Patrouillen dieser Bürgerwehr zu keinen Ausschreitungen oder gar Zerstörungen.[96] Zum Dank erhielt das Ravensburger „Bürgermilitär" vom bayerischen König eine prächtige seidene Fahne, die sich in Rudimenten bis heute erhalten hat.

Knapp zwei Jahre später, unter württembergischer Herrschaft, wurde zwar das „Bürgermilitär" bereits wieder aufgelöst, aber noch während der Revolution von 1848/49 erinnerte man sich in Ravensburg an diese Einrichtung und knüpfte bewusst an sie an als es darum ging, eine neue Bürgerwehr zur Verteidigung der politischen Forderungen der Bürgerschaft aufzustellen.[97]

Ehemalige Papiermühle „Unterer Hammer", Holbeinstraße 13
Die älteste, um 1390 erbaute und bis 1875 betriebene Ravensburger Papiermühle wurde nach Bränden mehrfach umgebaut. Ihr heutiges Äußere stammt aus dem 18. Jahrhundert. Es handelt sich um eines der ältesten erhaltenen Papiermühlengebäude in Mitteleuropa.

Die wirtschaftliche Lage unter bayerischer Herrschaft und württembergischer Umklammerung

Mit der Zugehörigkeit zum Kurfürstentum Bayern entstand für Handel und Gewerbe in Ravensburg ebenso wie für das benachbarte Buchhorn eine heikle Lage. Einerseits gehörte man zwar nun einem viel größeren Wirtschaftsraum an, der neue Absatzchancen eröffnete, andererseits war man aber mit diesem Raum nicht direkt verbunden. Dazwischen lagen fremde Territorien, österreichische, waldburgische und ehemals reichsklösterliche Herrschaftsgebiete. Das einzige Gewerbe, das von der Zugehörigkeit zum bayerischen Zollverband profitierte, waren die Papiermacher, die in Bayern nicht nur einen großen neuen Markt fanden, sondern von dort auch ihren Rohstoff, Hadernlumpen, zu günstigen Konditionen bezogen.[98]

Dagegen litten die vornehmlich für den Export produzierenden Handwerker wie die Strumpfstricker und Strumpfwirker, Knopf- und Tuchmacher, Wollweber und Gerber sehr unter den Zollbarrieren, die nun auf einmal zwischen ihnen und ihren traditionellen Absatzgebieten – vor allem Vorarlberg, der Schweiz und Italien – aufgerichtet waren. Sie konnten die für diese Länder geltenden bayerischen Ausfuhrzölle nicht wie die Papiermacher dadurch ausgleichen, dass sie ihre Produkte nun verstärkt in Bayern absetzten, da dort für sie kaum Absatzchancen bestanden.[99]

Der Krieg trug das Seine zum wirtschaftlichen Niedergang bei. Allein zwischen März und September 1806 mussten etwa 50 000 (!) französische Soldaten, die sich auf dem Durchmarsch befanden, in Ravensburg verpflegt und teilweise auch einquartiert werden. Infolge des Aufstands der Tiroler und Vorarlberger gegen Napoleon und seine Verbündeten im Jahr 1809 lastete erneut das Kriegsjoch auf der gebeutelten Stadt. Diesmal waren es neben den Franzosen zusätzlich auch noch bayerische, württembergische und badische Truppen, die hier in Richtung Vorarlberg durchmarschierten.[100] Der seit 1808 als Nachfolger Abraham Kutters in Ravensburg amtierende bayerische Stadtkommissar und Landrichter Friedrich Karl Weber versuchte die Kriegslasten so gerecht wie möglich auf die ihm anvertraute Bürgerschaft zu verteilen. Er richtete eine „Stationskassa" ein, in die ein Teil der von ihm erhobenen Kriegssteuerumlage floss. Außerdem nahm er Anleihen zugunsten dieser Kasse auf, aus der er den durch die Kriegslasten besonders betroffenen und verarmten Einwohnern eine finanzielle Beihilfe zukommen ließ.[101] Dabei scheint es zu gewissen Unregelmäßigkeiten gekommen zu sein, die Weber später den Ruf eines Betrügers einbrachten.[102] Ob diese Vorwürfe wirklich zutrafen, lässt sich aufgrund der vorhandenen Akten kaum mehr beurteilen. Dass Weber sich jedoch auf vielen Gebieten – zum Beispiel der Verbesserung der städtischen Infrastruktur oder der Aufstellung des „Bürgermilitärs" – große Verdienste erworben hat, steht außer Zweifel.[103]

Der Kriegsverlauf im Jahr 1805, der mit einem Triumph Napoleons endete, hatte auch für Oberschwaben weitreichende Folgen. Das besiegte Österreich musste sich nun vollständig aus seinen schwäbischen Gebieten zurückziehen, an seine Stelle trat aber nicht nur Bayern, sondern – für viele überraschend – zusätzlich das ebenfalls mit Frankreich verbündete Württemberg, dem neben dem Gebiet der Landvogtei auch die österreichischen „Donaustädte" Riedlingen, Munderkingen, Saulgau und Mengen, die Stadt Ehingen sowie die früher dem Kloster Weingarten unterstehende Herrschaft Liebenau und das Priorat Hofen am Bodensee zufiel. Durch die Rheinbundakte von 1806 erhielt das nunmehr zum Königreich aufgestiegene Württemberg zusätzlich Waldsee und Biberach sowie die Landeshoheit über die Gebiete des ehemals reichsunmittelbaren Hochadels in Oberschwaben. Davon war vor allem das Haus Waldburg betroffen, aber auch noch andere Fürsten und Grafen. Nun war also unversehens Württemberg der mächtigste Herr im westlichen Oberschwaben geworden, während Bayern außer den Gebieten östlich der Iller und einem großen Teil des Allgäus als westlichen Vorposten Lindau und Wasserburg erhielt (vgl. Karte Seite 8).

Marktstraße mit Brotlaube, in der Brot und Fleisch verkauft wurde, kolorierte Lithografie v. L. Gradmann, ca. 1817

Zu den Konsequenzen dieser gewaltigen Verschiebung der politischen Gewichte gehörte die sich langsam durchsetzende Erkenntnis Bayerns, dass die nunmehr von württembergischem Gebiet umgebenen Städte Ravensburg und Buchhorn für den Vertrieb bayerischen Salzes in die Eidgenossenschaft uninteressant geworden waren und dass es sich anbot, an ihrer Stelle das neu hinzugewonnene Lindau zum Ausfuhrhafen für bayerische Produkte auszubauen. So kam es 1808 zur Schließung des bayerischen Salzdepots in Ravensburg, womit der Stadt eine nicht unbeträchtliche Einnahmequelle verloren ging, die allerdings durch die Kriegszeiten bereits an Bedeutung verloren hatte.[104]

Für Ravensburg erwies sich die Veränderung der oberschwäbischen Landkarte zugunsten Württembergs als verheerend, denn es war nun ganz von württembergischen Zollschranken umgeben. Das hatte nicht nur für das exportorientierte Gewerbe, sondern auch für die Wochen- und Jahrmärkte schwerwiegende Folgen. Nur noch die Bauern aus dem ehemals reichsstädtischen Landgebiet zwischen Bitzenhofen, Hinzistobel und Wolpertswende konnten ihre Produkte zollfrei nach Ravensburg liefern und dort Waren einkaufen. Laut tönten die Klagen des Ravensburger Magistrats, „daß den Bewohnern der hiesigen bayerischen Stadt alle Nahrungsquellen und Erwerbsmittel [...] verstopft, abgeschnitten und erschwert" seien.[105]

Nicht nur der traditionelle Warenexport in die Schweiz, nach Österreich und Italien war durch den hohen württembergischen Zoll belastet, auch die von auswärts bezogenen und in Ravensburg weiter verarbeiteten Waren wie böhmische und sächsische Tuche, die hier gefärbt und appretiert wurden, hatten sich nun verteuert.[106] Schon zwischen 1800 und 1805 hatten 80 Handwerker infolge des Kriegs ihr Gewerbe aufgeben müssen, mehr als die Hälfte davon nahm inzwischen die Armenstiftungen der Stadt in Anspruch, nun drohte es noch schlimmer zu werden.[107]

Württemberg hatte als Rechtsnachfolger Österreichs die Hoheitsrechte im größten Teil der ehemaligen Landvogtei übernommen und beanspruchte sie auch im einstigen Ravensburger Landgebiet und in den Besitzungen der säkularisierten Ravensburger Stadtklöster. Darüber kam es nun zu ständigen Reibereien zwischen den beiden verbündeten Königreichen Württemberg und Bayern, denn letzteres beharrte darauf, mit der ehemaligen Reichsstadt Ravensburg auch deren Territorium mit allen Rechten erhalten zu haben.[108] Als Württemberg 1806, kaum im Besitz der Landvogtei, eine mit den Landesfarben bemalte Zollschranke an der Straße von Altdorf-Weingarten nach Ravensburg errichtete, zögerte der bayerische Landrichter Kutter nicht, diese alsbald abreißen und abtransportieren zu lassen.[109]

Dass die Situation Ravensburgs, Buchhorns und auch Tettnangs als bayerische Exklaven inmitten württembergischen Gebiets auf die Dauer unhaltbar sei, wurde auch in München langsam eingesehen. Bedrängt von den Ravensburger Gewerbetreibenden entschloss sich die bayerische Regierung Anfang 1808, die Stadt aus dem bayerischen „Maut- und Zollverband" zu entlassen. Dagegen protestierten allerdings sofort die Inhaber der sechs Papiermühlen, die ja als einzige von der Zugehörigkeit zum bayerischen Wirtschaftsraum profitiert hatten.[110] Nachdem dieser Versuch der Münchner Regierung jedoch keine spürbaren Verbesserungen brachte, wurde Ravensburg auf Druck der Papiermacher wieder in den bayerischen Zollverband aufgenommen, allerdings nur für wenige Monate. Bereits ab 1. September war die Stadt, ökonomisch betrachtet, für Bayern wieder „Ausland".[111]

Der Friede von Schönbrunn zwischen Frankreich und Österreich im Oktober 1809 und der Pariser Vertrag vom Februar 1810 brachte Bayern eine Erweiterung nach Osten. Unter anderem wurde ihm Salzburg, Berchtesgaden und das Innviertel zugesprochen. Dieser Zugewinn erleichterte es dem bayerischen König, seine Ansprüche in Oberschwaben zurückzuschrauben und der Korrektur der unglücklichen Grenzziehung im Westen seines Reichs, wo es immer wieder zu Konflikten mit dem württembergischen Nachbarn gekommen war, zuzustimmen. Er erklärte sich mit der Abtretung der Grafschaft Tettnang und einiger weiterer kleiner Gebietssplitter an das Königreich Württemberg einverstanden. Vor allem aber verzichtete er, wenn auch schweren Herzens, auf die ehemaligen Reichsstädte Ulm, Ravensburg, Buchhorn, Leutkirch und Wangen samt ihrem Landgebiet. Im Mai 1810 legte ein Staatsvertrag die künftige Grenzziehung zwischen den beiden süddeutschen Königreichen fest, die bis auf einige unbedeutende kleinere Korrekturen bis heute ihre Geltung behalten hat.

Teil 2: 1810 – 1871
Die ersten Jahrzehnte als württembergische Oberamtsstadt

Politische Veränderungen und deren Rückwirkungen auf die Stadt

Übergang an Württemberg und Verhältnis zum neuen „Vaterland"

„Verstumm auf ewig Klag und Ärger
Im biedern Staat der Württemberger!
Unter König Friederich
Küssen Recht und Frieden sich!"

So reimte der zur Ravensburger „Blutwurst" gehörende evangelische Pfarrer Johann Georg Beck, dessen Verse am 12. November 1810 in der seit 1803 erscheinenden Lokalzeitung, dem „Gemeinnützigen Wochenblatt", veröffentlicht wurden, am Tag der offiziellen staatsrechtlichen Eingliederung Ravensburgs und seines Landgebiets in das Königreich Württemberg. Wie bereits acht Jahre zuvor, wurde auch jetzt wieder ein „Besitzergreifungspatent" des neuen Landesherrn am Rathaus und anderen städtischen Gebäuden angeschlagen, und an die Stelle des bayerischen Wappens trat nun das württembergische. Die meisten städtischen Beamten konnten in ihren bisherigen Ämtern verbleiben und wurden auf den neuen Landesherrn vereidigt. Der für das künftige Schicksal der Stadt so entscheidende Wechsel von Bayern zu Württemberg verlief fast geräuschlos, niemand sah sich zu einem Protest veranlasst, man wartete zunächst einmal ab, wie sich die Dinge entwickeln würden.[1]

Elf Tage später reiste eine dreiköpfige Delegation zusammen mit Vertretern der drei anderen gleichzeitig württembergisch gewordenen Städte Leutkirch, Wangen und Tettnang nach Stuttgart, um ihrem neuen Landesherrn, König Friedrich I., zu huldigen.[2]

Kurz darauf wurde der Sitz des erst im Oktober gebildeten neuen württembergischen Oberamts von Altdorf nach Ravensburg verlegt. Den Rang einer „Bezirkshauptstadt" behielt Ravensburg über alle Veränderungen dieser untersten staatlichen Verwaltungsebene hinweg bis zum heutigen Tage. Der Oberamtmann war der Repräsentant des Staates vor Ort. Er übte, im Gegensatz zum heutigen Landrat, die Oberaufsicht über sämtliche Gemeinden seines Bezirks aus, auch über Ravensburg, die damals einzige Stadt des Oberamts. Ihm unterstanden mehrere Fachbeamte, darunter der für die Finanzen zuständige Oberamtspfleger, der Oberamtsarzt und der Bezirksbauinspektor, der von Staats wegen das gesamte Bauwesen im Oberamtsbezirk beaufsichtigte. Nur der Oberamtsrichter und das ihm unterstellte Oberamtsgericht waren seit 1819 dank der konsequenten Anwendung des Prinzips der Gewaltenteilung, der Trennung von Verwaltung und Justiz, unabhängig vom Oberamtmann. Das „königl. Oberamt" wurde im Gebäude der bisherigen Stadtkanzlei in der oberen Herrenstraße untergebracht und verblieb dort bis 1830.[3]

Mittelinstanz zwischen den Ministerien in Stuttgart und den Oberämtern waren zwölf „Landvogteien", die im Zuge der staatlichen Verwaltungsreformen 1818 durch vier „Kreise" ersetzt wurden. Dadurch verlor Altdorf-Weingarten, wo sich der Sitz der „Landvogtei am Bodensee" befunden hatte, zusätzlich zum Oberamt auch noch diese staatliche Behörde. Sitz der für ganz Oberschwaben zuständigen Kreisregierung des „Donaukreises" wurde Ulm.

Wie die Ravensburger den über ihre Köpfe hinweg vollzogenen Wechsel von einem Königreich zum andern tatsächlich empfunden haben, lässt sich nur vermuten. Deutliche Unmutsbezeugungen aus der Frühzeit der Zugehörigkeit zu Württemberg sind nicht überliefert. Im Unterschied zu Bayern bestanden zwischen dem pietistisch-protestantisch geprägten Altwürttemberg und dem überwiegend katholischen Oberschwaben starke kulturelle und mentale Unterschiede, die von den katholischen Bürgern sicher stärker empfunden wurden als von der evangelischen Minderheit. Man lag nach wie

Karte des Oberamts Ravensburg, ca. 1890

Die Datierung der Karte ergibt sich aus den dargestellten Bahnlinien. Die 1888 eröffnete Straßenbahnlinie Ravensburg-Weingarten ist bereits eingezeichnet. Widersprüchlich ist allerdings die Eintragung der beiden Ortsnamen Weingarten und Altdorf, denn beide Orte schlossen sich bereits 1865 unter dem Namen Weingarten zusammen. Von da an war Weingarten Stadt, während es auf dieser Karte noch als Dorf eingetragen ist.

vor an der Peripherie, weit entfernt von der Landeshauptstadt, aber immerhin gehörte man nun zu einem größeren Wirtschafts- und Zollgebiet und war längst nicht mehr so isoliert wie unter der bayerischen Herrschaft. Vor allem die protestantische Kaufmannschaft Ravensburgs war daher erleichtert über die neue Staatszugehörigkeit. Am 23. Dezember 1810 verfasste sie ein Schreiben an das Oberamt, das zunächst die trostlose Lage der Ravensburger Wirtschaft schilderte, besonders in den letzten beiden Jahren, in denen Ravensburg „von Bayern verlassen, von Württemberg aber noch nicht beschützt“ gewesen sei. Jetzt endlich, so die neun zur hiesigen „Blutwurst“ zählenden Kaufleute, „erhielten wir, was wir schon lange nicht mehr hatten – ein Vaterland!“[4]

Weniger erfreut waren die Mitglieder des 1807/08 ins Leben gerufenen bayerischen „Bürgermilitärs“. Da König Friedrich I. von Württemberg 1809 ein Bewaffnungsverbot für alle zivilen Untertanen erlassen hatte, wurde das Ravensburger Bataillon bereits im Dezember 1810 aufgelöst. Die Bürger mussten ihre Waffen auf dem Rathaus abliefern. Wie im ganzen Königreich Württemberg galt nun auch für sie die allgemeine Wehrpflicht.

Dass die immer wieder geänderten Staatsgrenzen zwischen 1802 und 1810 viele Zeitgenossen irritierten, beweist das Ravensburger Abenteuer des Komponisten Carl Maria v. Weber. Der damals schon berühmte Künstler, der wegen nichtbezahlter Schulden 1810 in Stuttgart verurteilt und aus Württemberg ausgewiesen worden war, kam auf der Reise von München nach Meersburg am 9. August 1811 nichtsahnend durch Ravensburg, wo er bei der Passkontrolle erkannt und festgenommen wurde. Er hatte übersehen, dass die Stadt inzwischen württembergisch geworden war. Im Gasthof zum Lamm, dem ersten Haus am Platz, wurde er unter einigermaßen komfortablen Umständen gefangen gesetzt und von einem städtischen Polizisten bewacht. „Ich muss also, hol mich der Teufel, fünf Tage in dem Nest sitzen!“, schrieb er von hier aus am 11. August an seinen Bruder. Am 17. August konnte er dann endlich seine Reise fortsetzen.[5]

Im März 1811 wurde angesichts der immer noch vorhandenen Kriegsgefahr ein Infanterieregiment in die Stadt verlegt. Ein Teil der Soldaten erhielt im Gebäude des in Auflösung begriffenen Karmeliterklosters am Viehmarkt Quartier. Als zweite Kaserne fand das ehemalige Zuchthaus des Schwäbischen Kreises, das heutige Bruderhaus, Verwendung.[6] Diese seit 1726 bestehende Einrichtung des Reichs, die im 18. Jahrhundert große Bedeutung im überregionalen Strafvollzug gewonnen hatte, war mit dem Ende des Alten Reichs 1806 aufgelöst worden. Allerdings hatte es bis 1808 gedauert, ehe der letzte Strafgefangene entlassen wurde.[7] Mit Unterbrechungen blieb Ravensburg nun Garnisonsstadt bis zum Friedensschluss 1815.

Als nunmehr württembergischen Staatsbürgern blieb es einer nicht mehr genau zu ermittelnden Zahl von Ravensburgern nicht erspart, an der Seite ihrer neuen Landsleute am Russlandfeldzug 1812 und am Krieg gegen Frankreich 1814/15 teilzunehmen. Aus den Sterberegistern der Ravensburger Pfarrämter geht hervor, dass von 1812 bis 1815 elf Ravensburger in diesen Kriegen ihr Leben lassen mussten.

Zur Entkrampfung des Verhältnisses zwischen den sich zum Teil immer noch als Reichsstädter fühlenden Bürgern und dem in der Stadt stationierten Militär trug der von 1811 bis 1813 in Ravensburg amtierende Oberamtmann Carl Friedrich Dizinger bei. In seinen Lebenserinnerungen hat er geschildert, wie es ihm gelang, durch die Gründung eines „Casinos“ örtliche Honoratioren und Offiziere an einen Tisch zu bringen und durch das gegenseitige Sich-kennen-Lernen allmählich eine Vertrauensbasis zwischen beiden Gruppen zu schaffen. „Vertrauensvoll hatten auch nachher die verheirateten Offiziere bei ihrem Abzug in den verhängnisvollen Krieg gegen Russland ihre Frauen und Kinder der Obhut der Bewohner Ravensburgs überlassen [...].“[8]

Dass die Ravensburger sich auf ihre reichsstädtische Vergangenheit etwas einbildeten und glaubten, daraus besondere Ansprüche ableiten zu können, geht aus zahlreichen Petitionen an den König und an den Landtag hervor. So berief sich beispielsweise der Gemeinderat in einer Eingabe an den Landtag vom 14. April 1815 auf „die alten Rechte und Freiheiten, welche Ravensburgs Bürger gewiß noch in einem höhern Grad als die altwürttembergischen Unterthanen genossen“ hätten.[9] Um in den Kreis der sieben privilegierten „Guten Städte“ Württembergs aufgenommen zu werden, erinnerten sie den König daran, dass es „weltbekannt“ sei, „welche Vorzüge die Reichsstädte in ihrer ehevorigen Verfassung genossen haben. Sollten sie, die nach Erduldung allen Ungemachs eines verderblichen Krieges schuldlos ihre Unmittelbarkeit zum Opfer bringen mussten, auch noch alle Rechte und Vorteile verlieren, welche [...] bei eintretendem Frieden ihren Wohlstand wieder herbeizuführen vermögend wären, ohne dafür [...] an denjenigen Rechten Anteil zu nehmen, welche zur Zeit ihrer Mediatisation die privilegiertesten Städte des Landes [...] genossen haben?“[10]

In den Kreis der „Guten Städte“ des Landes, die einen eigenen Abgeordneten in den Landtag entsenden durften, gelangte Ravensburg jedoch nicht. Dafür war die Stadt mit ihren damals 3.350 Einwohnern einfach zu klein.

Gewiss gab es unter den nach Ravensburg versetzten altwürttembergischen Staatsbeamten und Pfarrern eine Reihe pietistisch geprägter Persönlichkeiten, die der oberschwäbischen Lebensart ziemlich verständnislos gegenüberstanden. Aber zum Glück gab es auch andere. Neben dem schon erwähnten Oberamtmann Carl Friedrich Dizinger ist hier vor allem Friedrich Hoyer zu nennen, einer seiner Nachfolger, der dem Oberamt von 1826 bis 1838 vorstand. Er setzte sich nicht nur für die Wiedereinführung des traditionsreichen Weingartener Blutritts, der großen Reiterwallfahrt am Freitag nach Christi Himmelfahrt ein, er war in seiner liberalen und leutseligen Art auch bei den Ravensburgern, bei Katholiken wie Protestanten, sehr beliebt und prägte das gesellschaftliche Leben der Oberamtsstadt wesentlich mit. Als er 1838 gegen seinen Willen versetzt wurde, reichten 201 Bürger, 101 katholische und 93 evangelische, die ihn nicht ziehen lassen wollten, beim König ein Bittgesuch ein, allerdings vergeblich.[11] Beide Oberamtmänner, Dizinger und Hoyer, waren übrigens „reingeschmeckte" Protestanten und stammten aus Stuttgart bzw. Aalen.

Zur Integration Ravensburgs in den württembergischen Staat trug auch das Königshaus bei, ausgenommen König Friedrich I., ein absolutistisch regierender Herrscher, tatkräftig, klug, aber ohne Fingerspitzengefühl gegenüber den neuen Untertanen seines Reichs. Im Juli 1812 besichtigte er sein neues „Schloss", das ehemalige Kloster Weingarten, und stattete bei dieser Gelegenheit auch Ravensburg einen kurzen Besuch ab. Leider ist darüber nichts näheres bekannt.[12] Sein Sohn und Nachfolger Wilhelm I. stand unmittelbar nach der Thronbesteigung 1816 bereits vor seiner ersten großen Bewährungsprobe, die er glänzend bestand: die Bewältigung der großen Hungersnot von 1816/17, die auch vor Ravensburg nicht Halt machte. Die Art und Weise wie er und seine Gattin Katharina sich für das Wohl ihrer Untertanen einsetzten, fand im ganzen Land, auch in Oberschwaben und in Ravensburg, große Anerkennung. Als das Königspaar am 30. September 1817, nachdem die schlimmste Not überstanden war, auf der Rückreise von seiner Sommerresidenz Friedrichshafen zum erstenmal Ravensburg besuchte, wurde ihm ein jubelnder Empfang bereitet.[13] Im Lauf seiner langen Regierungszeit (1816–1864) kam König Wilhelm insgesamt sechsmal in die oberschwäbische Oberamtsstadt, und jedes Mal wurde ihm offenbar „ungeheuchelte Liebe und Ehrfurcht" entgegengebracht.[14] Sicher hatten diese Königsbesuche eine identitätsstiftende Wirkung, es wurde aber auch zu Recht darauf verwiesen, dass die Ehrenpforten und Festbankette, die aus diesem Anlass veranstaltet wurden, zugleich eine Selbstinszenierung der Stadt im Angesicht des Landesherrn waren.[15]

Erinnerungszeichen der Ravensburger Kriegsveteranen, Blech, 1841
Die kriegerischen Attribute – Fahnen mit dem Monogramm König Friedrichs I. von Württemberg, Kanonenrohre und -kugeln, Trommel – erinnern an die Feldzüge der Jahre 1812–1815, bei denen erstmals Ravensburger Bürger Seite an Seite mit altwürttembergischen Untertanen kämpften. Die Inschriften auf der Vorder- und Rückseite weisen darauf hin, dass es sich hier um ein „Zeichen inniger Verbrüderung" zum 25-jährigen Regierungsjubiläum König Wilhelms I. von Württemberg, „unseres allgeliebten Landesvaters", handelt.

Von großer Bedeutung für das Hineinwachsen Ravensburgs in den neuen Staat waren die Verfassungs- und Verwaltungsreformen der Jahre 1815 bis 1822, die auf die gerade von Seiten der ehemaligen Reichsstädte erhobene Forderung nach kommunaler Selbstverwaltung und Beteiligung der Bürger am politischen Leben Rücksicht nahmen. Im Frühjahr 1815 berief der König einen Landtag („Ständeversammlung") ein, der einen von der Regierung vorgelegten Verfassungsentwurf für das neue Königreich verabschieden sollte. Unter anderem sollten

Schützenscheibe der Ravensburger Schützengilde, Öl auf Holz, 1819
Die Scheibe entstand anlässlich des Inkrafttretens einer Verfassung für das Königreich Württemberg, das von den ehemaligen Reichsstädtern besonders gefeiert wurde, weil ihnen damit ein Stück Autonomie zurückgegeben wurde. Die beiden modisch gekleideten Frauen sind an den Wappen als Verkörperungen des württembergischen Staats und der Stadt Ravensburg erkennbar. Waage und Schwert symbolisieren die Staatsgewalt Württembergs, die Schlüssel zu den Toren der Stadt die Bereitschaft zur Unterwerfung.

diesem Landtag 71 „Repräsentanten des Volks" angehören, gewählte Vertreter der 64 württembergischen Oberämter und der sieben „Guten Städte". Wahlberechtigt war jeder männliche Staatsbürger, der das 25. Lebensjahr vollendet hatte und aus eigenem Grundbesitz jährlich mindestens 200 fl einnahm.[16] Damit hatte auch ein Teil der Ravensburger erstmals seit der Aufhebung der Zunftverfassung durch Kaiser Karl V. im Jahr 1551 die Möglichkeit, an einer parlamentarischen Wahl teilzunehmen. Im Oberamt Ravensburg wählten die 807 Wahlberechtigten, darunter etwa 520 bis 530 Ravensburger, den 62-jährigen Juristen Josef Anton Rhomberg zu ihrem Abgeordneten. Der neue Landtag wurde jedoch nach wenigen Wochen von König Friedrich I. wieder aufgelöst, der sich mit der ihm aufgezwungenen Verfassung nicht einverstanden erklärte.[17]

Zu einer Einigung kam es erst 1819. Die als Vertrag zwischen König und Volk konzipierte Verfassung sah einen aus zwei Kammern (Erste Kammer der Standesherren, Zweite Kammer der Abgeordneten) zusammengesetzten Landtag vor. Das Wahlsystem war ziemlich kompliziert. Die Abgeordneten der Oberämter wurden nicht direkt, sondern durch Wahlmänner gewählt. Wahlberechtigt waren alle steuerzahlenden, über 25 Jahre alten männlichen Bürger. Dabei spielte die Höhe der Steuerzahlung eine entscheidende Rolle: die großen Steuerzahler wurden bevorzugt, sie stellten $^{2}/_{3}$ der Wahlmänner.

Für Ravensburg, wo 515 Bürger wahlberechtigt waren, bedeutete dies, dass die 50 „Höchstbesteuerten" automatisch Wahlmänner waren, während die 465 übrigen wahlberechtigten Steuerzahler nur 25 Wahlmänner stellen durften.[18] Dennoch wurde dieses so genannte „Zensuswahlrecht" (an die Steuerleistung gebundenes Wahlrecht) mitsamt den anderen Bestimmungen der neuen Verfassung, dem Budgetrecht der Zweiten Kammer, der Gleichberechtigung der religiösen Bekenntnisse und der Befolgung des Grundsatzes der Gewaltenteilung (Trennung von Legislative, Justiz und Verwaltung) überall im Land, auch in Ravensburg, als großer Erfolg gefeiert. Im Schwörsaal des Ravensburger Waaghauses versammelte sich am 24. Oktober die „ganze Gemeinde", d.h. alle wahlberechtigten Bürger, zu einer Verfassungsfeier. Auch die hiesige Schützengesellschaft feierte mit und veranstaltete ein festliches Preisschießen, zu dem sie eine Schießscheibe stiftete, auf der die Eintracht zwischen Ravensburg und Württemberg dargestellt war. Bei der Wahl zur Zweiten Kammer des Landtags wurde der bisherige Abgeordnete des Oberamts, J. A. Rhomberg, in seinem Amt bestätigt.

Reorganisation der Stadtverwaltung

Bereits 1811, kurz nach der Abtretung Ravensburgs an Württemberg, wurde der städtische Magistrat, das oberste städtische Organ, umgeformt. Die Zahl seiner Mitglieder erhöhte sich von fünf auf nunmehr zwölf. Unter diesen durften sich drei mit dem Ehrentitel „Bürgermeister" schmücken. Zwei, nämlich Joseph Emanuel v. Ortlieb und Johann Jakob Merkel, hatten diesen Titel schon unter Bayern besessen, der dritte, David Matthäus Jordan, wurde aufgrund seiner Amtstätigkeit als Stadtpfleger, d.h. als Verwalter der städtischen Finanzen, mit dem Titel eines Bürgermeisters ausgezeichnet. Mehr als ein Titel war dies aber nicht. Jedes Mitglied war für ein bestimmtes Ressort zuständig, zum Beispiel für das Bauwesen, die „Feuerschau" (Brandschutz), die freiwillige Gerichtsbarkeit, die Polizei, das Schulwesen, die Verwaltung des Almosenkastens, die Lebensmittelkontrolle oder eben die Finanzen.

Eine Wahl des Magistrats durch die Bürgerschaft war im absolutistisch regierten Württemberg unter König Friedrich I. noch nicht vorgesehen, seine Mitglieder wurden vom Oberamtmann im Namen der Regierung berufen. Die wenigen noch lebenden Mitglieder des alten reichsstädtischen Patriziats hatten keinen Anspruch mehr auf einen oder mehrere Ratssitze. Auch der traditionsreiche, fast geheiligte Grundsatz der Parität, der Gleichberechtigung beider Konfessionen bei der Ämterbesetzung, wurde nicht mehr beachtet: die katholische Majorität der Bürgerschaft war im Magistrat nur durch fünf Personen vertreten, die protestantische Minderheit dagegen mit sieben.[19] Vergleicht man die personelle Zusammensetzung des Magistrats von 1811 mit derjenigen am Ende des reichsstädtischen Regiments (1801/02), so fällt auf, dass fünf Mitglieder des neuen Magistrats diesem Gremium auch schon damals angehört hatten. Erstmals seit dem 17. Jahrhundert saß nun wieder ein einfacher Handwerker im Rat. Dass es mit der Blutauffrischung des Rats aber tatsächlich nicht weit her war, geht daraus hervor, dass neun Mitglieder des neuen Rats bereits älter als 50 waren.[20]

Ein weiterer Schritt zugunsten einer verstärkten Autonomie der Kommunen wurde 1817/18 getan: die Rückübertragung der Stiftungsverwaltung vom Staat auf die Stadt. In Ravensburg mit seinen jahrhundertealten reichen Armenstiftungen sah man darin eine vertrauensbildende Maßnahme, denn durch die Wiederherstellung der früheren Zuständigkeit der Stadt in einem als besonders wichtig angesehenen Bereich der inneren Verwaltung wurde eine von den Bürgern als Unrecht empfundene Entscheidung der zentralistisch eingestellten bayerischen Regierung endlich rückgängig gemacht.

Mindestens ebenso wichtig war jedoch die Wiederherstellung der bürgerlichen Wahlrechte für die städtischen Spitzenämter: für das Amt des Stadtschultheißen und für den nunmehr 14-köpfigen Magistrat, der jetzt meist „Stadtrat", gelegentlich auch „Gemeinderat" hieß. Die Wahlrechte der Bürger waren ja schon vor langer Zeit erloschen. Allerdings war das neue Wahlrecht eingeschränkter als zu Zeiten der Zunftverfassung: wahlberechtigt waren nur die männlichen Gemeindebürger, die das 25. Lebensjahr vollendet hatten und mindestens eine der drei Gemeindesteuern (Grund-, Gebäude- und Gewerbesteuer) entrichteten.[21] Die Amtszeit der neu gewählten Stadträte betrug zwei Jahre. Danach konnten sie erneut kandidieren. Bei einer Wiederwahl behielten sie ihr Amt lebenslänglich.

Titelblatt des „Gemeinnützigen Wochenblatts" Jahrgang 1812
Zur Feier des 10. Jahrgangs der Ravensburger Lokalzeitung wurde das Titelblatt mit einem handkolorierten Füllhorn, Königskrone, Palmwedel und Blütenzweig geschmückt.

An der ersten Gemeinderatswahl 1819 nahmen 400 Bürger teil. Unter den zehn neu gewählten Stadträten waren neben einigen Handwerkern zwei nicht aus Ravensburg stammende Juristen, von denen der erstere bald großen politischen Einfluss gewinnen sollte: Franz

Franz v. Zwerger (1791 – 1856), Stadtschultheiß 1821 bis 1856, Lithografie, ca. 1845 / 50

v. Zwerger und Joseph Himpel. Nicht mehr die Zugehörigkeit zu einer bestimmten Familie war jetzt das wichtigste Kriterium für die Wahl zum Gemeinderat, stärker als früher begründeten nunmehr persönliche Tüchtigkeit und Bildung das gesellschaftliche Ansehen und damit die Chance, in den Gemeinderat gewählt zu werden.[22] 1822 bescheinigte denn auch die Kreisregierung in Ulm anlässlich einer Visitation dem Ravensburger Gemeinderat, dass „durchweg sehr gebildete Männer" in ihm vertreten seien.[23]

An der Spitze des Magistrats bzw. Gemeinderats und der gesamten Stadtverwaltung stand zunächst seit 1810 ein von der Regierung eingesetzter „Oberamtmann", der zugleich Ratsschreiber und Vorsitzender des Stadtgerichts war und damit eine ähnliche Machtfülle in seiner Person vereinigte wie unter bayerischer Herrschaft der Stadtkommissar, der gleichzeitig Polizeidirektor und Landrichter gewesen war. In Ravensburg bekleidete dieses wichtige Amt neun Jahre lang der altgediente, aus Altwürttemberg stammende Jurist Johann Jakob Motz, dem es in seiner pedantischen und sturen Art nie gelungen war, sich das Vertrauen der Bürgerschaft zu erwerben.[24] Nachdem ihm auch noch verfälschende Einträge im Ratsprotokoll zur Last gelegt wurden, legte er im Mai 1820 verbittert sein Amt nieder und machte damit den Weg frei für die Wahl eines Stadtschultheißen, wie künftig der Titel des Stadtoberhaupts lauten sollte.[25]

Bereits wenige Tage später wurde der erst 28 Jahre alte, beim Oberamt Ravensburg als Jurist in leitender Stellung tätige Franz v. Zwerger vom Gemeinderat in dieses Amt gewählt, zunächst allerdings nur provisorisch, da die Bestätigung der wegen des unrühmlichen Abgangs von Ratsschreiber Motz leicht verschnupften Regierung in Stuttgart auf sich warten ließ. Es dauerte fast neun Monate, bis Zwerger von der Regierung offiziell zum Stadtschultheißen ernannt wurde. Diese Ernennung erfolgte auf Lebenszeit. Am 8. Februar 1821 fand Zwergers feierliche Vereidigung im alten Schwörsaal des Waaghauses vor versammelter Bürgerschaft statt. Damit begann eine beispiellose Karriere. Zwerger entwickelte sich im Lauf seiner 35-jährigen Amtszeit nicht nur zur überragenden Gestalt im politischen Leben der Stadt, er gewann auch als Unternehmer eine weit über Ravensburg hinausreichende Bedeutung.[26] Von 1822 bis 1850 bekleidete er zusätzlich das Amt des Ratsschreibers.[27] Seine charakteristische, nicht leicht zu lesende Handschrift zeugt bis heute in hunderten von Aktenfaszikeln und Protokollbänden des Ravensburger Stadtarchivs von seinem immensen Fleiß.

Schon 1817 wurde durch Gesetz ein weiteres kommunales Gremium geschaffen, die „Gemeindedeputation", die ab 1819 unter der Bezeichnung „Bürgerausschuss" volle hundert Jahre als eine Art „Zweite Kammer" ein Gegengewicht zum Gemeinderat bildete. Sie hatte dessen Finanzgebaren zu kontrollieren und besaß bei der Aufstellung des städtischen Haushalts ein Mitspracherecht. Die zwölf (seit 1819 15) Mitglieder dieses Ausschusses wurden von den volljährigen männlichen Gemeindeangehörigen auf zwei Jahre gewählt, eine Wiederwahl war möglich. Erwähnung verdient die Tatsache, dass die Verhandlungen der Gemeindedeputierten, unter denen viele Kaufleute waren, zunächst als so wichtig angesehen wurden, dass man sie in gedruckter Form publizierte. Doch dieser Aufwand ließ sich aus Kostengründen nicht lange durchhalten. Das letzte im Druck herausgegebene Protokoll erschien am 27. September 1818. Trotz eines gewissen Bedeutungsverlusts im Laufe der Zeit blieb der Bürgerausschuss ein nicht mehr wegzudenkendes Organ der Gemeinde. Viele spätere Stadträte verdienten sich hier ihre ersten Sporen, so dass der Bürgerausschuss als Kaderschmiede für den Gemeinderat galt.[28]

Auch die 1818 an die Stadt rückdelegierte Verwaltung des Stiftungsvermögens zugunsten der Armen, Alten,

Kranken und Waisen wurde neu organisiert. 1820 konstituierte sich ein „Stiftungsrat“, der aus Mitgliedern der beiden „bürgerlichen Kollegien“, des Gemeinderats und des Bürgerausschusses, unter Hinzuziehung von Geistlichen beider Konfessionen bestand und unter Leitung des Stadtschultheißen und eines hauptamtlichen Stiftungsverwalters tagte.[29]

Die kommunale Zuständigkeit im Rechtswesen war unter König Friedrich auf die Wahrnehmung der freiwilligen Gerichtsbarkeit (Vormundschaftssachen, Eheverträge, Nachlassregelungen, Grundstücksübertragungen) reduziert worden. Die Wiederherstellung eines Teils der Selbstverwaltung der Gemeinden ab 1817 hatte auch die Einrichtung von Gemeindegerichten zur Folge, denen die Zuständigkeit bei Beleidigungsklagen und Streitigkeiten von geringer Bedeutung (Streitwert nur bis 30 fl, Nachbarschaftsstreitigkeiten) zugesprochen wurde.[30]

Schließlich verdient hier auch noch die Neuordnung des Stadtarchivs ab 1822 Erwähnung, das sich damals in einem offenbar trostlosen Zustand befand. Trotz Ermahnungen seitens der staatlichen Archivverwaltung dauerte es Jahre, bis eine einigermaßen akzeptable Ordnung hergestellt war. Leider wurden bei den vom Gemeinderat veranlassten Ordnungsarbeiten auch wertvolle Unterlagen ausgeschieden und vernichtet. Weitere Verluste erlitt das Stadtarchiv dadurch, dass der württembergische Staat die Herausgabe einer größeren Menge von Urkunden und Akten verlangte, vor allem solche, die Hoheitsrechte und andere Rechtstitel dokumentierten. Sie haben sich im Hauptstaatsarchiv Stuttgart erhalten.[31]

Der Streit um die konfessionelle Parität bei der Ämterbesetzung

„Eine für jeden Menschenfreund gewiss sehr erfreuliche Erscheinung ist es, dass das Band der Eintracht zwischen beyden Religionspartheyen hier immer fester wird. Möchten wir alle in diesem wichtigen Punkte nicht hinter unsern Voreltern zurückbleiben, die so friedlich miteinander lebten!“[32] Mit diesen blumigen Worten pries der in die „Gemeindedeputation“ gewählte Bürger Tobias Ludwig Kienlin bei der Vereidigung der Gemeindedeputierten am 20. Juli 1817 den Umstand, dass bei der Wahl in dieses neu geschaffene Gremium der Grundsatz der konfessionellen Parität, der gleichen Zahl von Sitzen für Katholiken und Protestanten, befolgt worden war. Seit dem Inkrafttreten der ja auch in Ravensburg als großer demokratischer Fortschritt bejubelten württembergischen Verfassung 1819 durfte jedoch bei der Besetzung öffentlicher Ämter auf die Konfessionszugehörigkeit de iure keine Rücksicht mehr genommen werden. Es kam deshalb ähnlich wie in Biberach zu langwierigen Auseinandersetzungen zwischen der Kreisregierung in Ulm bzw. der Landesregierung in Stuttgart und dem Ravensburger Gemeinderat.

In Ravensburg galt das Paritätsprinzip als „kostbares Gut“, das den innerstädtischen Frieden gewährleistete, in Stuttgart sah man darin jedoch einen Verstoß gegen die Verfassung. Der Gemeinderat beschwor die Regierung, für Ravensburg eine Ausnahme zuzulassen, „insofern die etlich hundertjährige Erfahrung es bestätigt, dass dadurch das Band der Eintracht und des wechselseitigen Vertrauens zwischen den beiderseitigen Religionsverwandten fest und unverbrüchlich erhalten“ werde. Das Paritätsprinzip sei für Ravensburg unverzichtbar.[33] In einem „Paritätsvertrag“ vom 5. November 1819 wurde vereinbart, für den Fall, dass ein Katholik zum Stadtschultheißen gewählt werde (wie es ja dann tatsächlich geschah), solle der Obmann des Bürgerausschusses evangelisch sein, im umgekehrten Fall sei analog zu verfahren. Nach einigem Zögern verzichtete die Regierung klugerweise auf eine Kraftprobe und duldete die Gemeinderatswahl von 1819 stillschweigend.

Latent schwelte der Konflikt allerdings weiter. Als seit der Mitte der zwanziger Jahre der Anteil der Katholiken in der Ravensburger Bürgerschaft deutlich zunahm, „begann die Paritätsfront zu bröckeln“[34]. Auf katholischer Seite wurden nun Stimmen laut, die eine stärkere Berücksichtigung bei der Neubesetzung städtischer Ämter forderten. Der katholisch-liberale Stadtschultheiß Zwerger wies dieses Ansinnen jedoch von sich. In den jahrelangen Auseinandersetzungen, die folgten, spielte immer wieder auch das Argument eine Rolle, nicht allein die Einwohnerzahl sei ausschlaggebend, sondern auch die Steuerleistung, und es sei nun einmal nicht zu bestreiten, dass die evangelische Minderheit für das Gemeinwohl der Stadt mindestens ebenso viel leiste wie die katholische Mehrheit.[35] Bis in die Mitte der dreißiger Jahre traf dies in der Tat zu. Dann holten die Katholiken jedoch deutlich auf und bildeten unter den großen Steuerzahlern die Mehrheit.

Es ist daher eigentlich auch nicht verwunderlich, dass die paritätische Besetzung des Gemeinderats im Herbst 1844 ein Ende fand, 21 Jahre später als in Biberach. Den aus dem Umland neu Hinzugezogenen, die ganz überwiegend katholisch waren, fehlte das Verständnis für das in Jahrhunderten geheiligte Prinzip der Parität. So kam es, dass bei den Ergänzungswahlen für den Gemeinderat 74 katholische Wähler sich weigerten, dem nach diesem Prinzip zu wählenden evangelischen Kandidaten ihre Stimme zu geben. Sie wählten stattdessen einen Katholiken, worauf die Wahlkommission unter ihrem Vorsitzenden Stadtschultheiß Franz v. Zwerger diese Stimmen für ungültig erklärte. Daraufhin bildete sich eine „Bürgergesellschaft", die bei der Kreisregierung in Ulm gegen diesen Entscheid Einspruch erhob. Die Kreisregierung gab dem Einspruch statt und erteilte Zwerger und dem Gemeinderat, der seinen Vorsitzenden unterstützt hatte, eine Rüge. Das Paritätsprinzip war damit hinfällig und „der Konsens in der Bürgerschaft zerbrochen". In der Folgezeit veränderte sich die Sitzverteilung im Gemeinderat tatsächlich immer mehr zugunsten der Katholiken.[36]

Lädiert ging aus dieser Auseinandersetzung nicht zuletzt Stadtschultheiß Zwerger hervor, der sich durch seinen als „unliberal" empfundenen Einsatz für die Beibehaltung der Parität bei vielen Katholiken, aber auch bei manchen liberalen Mitbürgern, sämtliche Sympathien verscherzt hatte.[37]

Nur im Stiftungsrat, der über die Verteilung der Stiftungserträge für die Unterstützungsbedürftigen zu entscheiden hatte, und im Bürgerausschuss, der inzwischen allerdings viel von seiner politischer Bedeutung eingebüßt hatte, wurde weiterhin auf die Einhaltung der Parität geachtet. Im Bürgerausschuss war bis 1907 der Obmann abwechselnd katholisch oder evangelisch.[38]

Die finanzielle Situation der Stadt nach 1815

An eine Verbesserung der finanziellen Situation Ravensburgs und einen Abbau der Schuldenlast konnte erst nach Beendigung der Napoleonischen Kriege im Jahr 1815 gedacht werden. Bereits 1817 setzten die Bemühungen des württembergischen Staats um eine Sanierung des städtischen Haushalts ein. Der Schuldentilgungsplan, der erstaunlich rasch, zwischen 1817 und 1821, in die Tat umgesetzt wurde, sollte sich bald als eine entscheidende Voraussetzung für das Aufblühen der Stadt in den folgenden Jahrzehnten erweisen. Kurz nachdem Ravensburg württembergisch geworden war, hatte der Staat die beträchtlichen Hoheits- und Nutzungsrechte der ehemaligen Reichsstadt am Altdorfer Wald – das waren in erster Linie Holzbezugsrechte – an sich gezogen. Zum Ausgleich beteiligte sich der Staat an der Tilgung der städtischen Schulden. Hauptgläubiger der Stadt war die Stiftungsverwaltung, die das große Stiftungsvermögen selbstständig verwaltete.

Seit 1817 überwies der Staat jährlich 6.500 fl an die Stadtkasse und 4.000 fl an die städtische Schuldentilgungskasse. Außerdem war er bereit, eine alte, aus den Kriegsjahren 1805 bis 1809 stammende Forderung der Stadt an die Krone Bayerns in Höhe von 17.430 fl anzuerkennen und der Stadt dafür eine Reihe von Gebäuden und Grundstücken, die sie zwischen 1804 und 1808 zum Zweck der Schuldentilgung an den bayerischen Staat hatte veräußern müssen, zurückzuerstatten. Auf diese Weise gelangten 1818 das Lederhaus, das Kornhaus und zwei Scheuern wieder in den Besitz der Stadt, mit dem Kornhaus zusätzlich die recht beträchtlichen Einkünfte aus dem dortigen Marktbetrieb. Bereits ein Jahr zuvor war es der Stadt gelungen, die beiden seit dem Abzug der Garnison leerstehenden Kasernen, das ehemalige Karmeliterkloster sowie das ehemalige Zuchthaus des Schwäbischen Kreises (heutiges Bruderhaus) zu einem erschwinglichen Preis zu erwerben.[39]

1821 schlossen Staat und Stadt einen Vertrag ab, der festlegte, in welchen Schritten die Schulden der Stadt mittelfristig getilgt werden sollten. Bei diesem „Schuldenausgleich" kam die Stadt sehr gut weg. Von den städtischen Schulden in Höhe von rund 363.000 fl übernahm der württembergische Staat als Kompensation für die an ihn gefallenen Rechte der ehemaligen Reichsstadt 260.000 fl. Die zum ehemaligen Ravensburger Territorium gehörenden Orte Schmalegg, Wolpertswende, Mochenwangen, Bavendorf, Hinzistobel und Winterbach mussten einen sie über Gebühr belastenden Anteil von 40.000 fl übernehmen, so dass der Stadt nur noch Schulden von rund 63.000 fl blieben. Von den Forderungen in Höhe von 38.000 fl, welche die Stadt noch gegenüber dem Staat geltend machte, wurden 26.000 fl anerkannt, die sofort in die Schuldentilgungskasse flossen, so dass nur noch eine Schuld von rund 37.000 fl gegenüber der Stiftungsverwaltung übrig blieb, die im Lauf von 30 Jahren zu tilgen war.[40] Bei einer jährlichen Tilgungsrate von 1.000 fl gelang es der Stadt tatsächlich, ab 1867 schuldenfrei zu sein.

Dank dieser Entwicklung war es der Stadt möglich, in den folgenden Jahren ihren Grundbesitz weiter zu vergrößern. Der wichtigste Erwerb war das große Gebäude des ehemaligen Franziskanerinnenklosters im Jahr 1825. Hinzu kamen einige weitere Gebäude in der Innenstadt, die für das Oberamt und die evangelischen Geistlichen bestimmt waren.[41] 1825 umfasste der städtische Grundbesitz 1.021 Morgen = rund 322 ha, hinzu kam der Grundbesitz der Stiftungen in einem Umfang von 1.068 Morgen = rund 337 ha, wahrlich ein stolzes Grundvermögen.[42]

Zu den Einnahmen der Stadt gehörten neben den direkten Steuern, die den Einwohnern auferlegt waren und den Erträgen aus Grundvermögen (Miet- und Pachtzinsen) die so genannten „Gefälle", Gebühren und Abgaben aufgrund der Benutzung städtischer Einrichtungen, zum Beispiel solcher, die dem Handel dienten wie das Kornhaus, in dem der gesamte Getreidehandel abgewickelt wurde, das Waaghaus, in dem ausländische

Ware zwecks Verzollung gewogen werden musste und das gleichzeitig Lagerhaus war. Auf den Wochen- und Jahrmärkten waren Standgelder zu entrichten, Durchreisende hatten „Pflastergeld“ zu bezahlen, das zweckgebunden für die Pflege der Straßen im gesamten Stadtgebiet, der Gassen und Plätze im Stadtinneren verwendet wurde.

Wer nachts, wenn die Stadttore bereits geschlossen waren, Einlass begehrte, musste ein „Torsperr-Geld“ dafür entrichten, dass der Torwächter extra für ihn aufschloss. Um die Zulässigkeit des Pflastergelds und des Torzolls entstand ein langwieriger Streit zwischen Stadt und Regierung, die beide Abgaben aus Gründen der Wirtschaftsförderung verbieten wollte. Der Streit endete schließlich mit der Abschaffung des Torzolls 1837, während das Pflastergeld erst 1877 abgeschafft wurde.[43]

Neubürger hatten eine hohe Aufnahmegebühr zu zahlen und Bauern, die mit einem der Stadt gehörenden Hof belehnt waren, mussten dafür eine jährliche „Gült“ in Form von Naturalien und Bargeld abliefern. Der Stadtpfleger verwaltete größere und kleinere zweckgebundene Vermögenskomplexe – „Fonds“ genannt –, wie zum Beispiel den Lokalschulfonds, dessen Erträge ausschließlich zur Finanzierung des Schulwesens bestimmt waren.

Den größten Einnahmeposten stellten aber doch die Steuern dar, von denen allerdings ein beträchtlicher Teil als Staatssteuer an das Oberamt weitergereicht werden musste: die so genannten Ertragssteuern, die auf Erträge aus Grund- und Gebäudebesitz und aus einem Gewerbebetrieb erhoben wurden. Die Gewerbesteuer bemaß sich teils nach dem in einen Betrieb investierten Kapital, teils nach dem daraus erwirtschafteten Gewinn. Da die regulären Einnahmen der Stadt sehr oft geringer waren als die Ausgaben, konnte seit 1822 zur Deckung des Defizits ein „Stadt- bzw. Gemeindeschaden“ erhoben werden, ein Zuschlag zur Staatssteuer, der auf alle Bürger und Beisitzer entsprechend ihrer regulären Steuerzahlung umgelegt wurde. Die Entscheidung, ob zur Finanzierung bestimmter Projekte, etwa Bauvorhaben, ein „Stadtschaden“ erhoben werden sollte und wenn ja, in welcher Höhe, gehörte zu den wichtigsten Aufgaben der beiden „bürgerlichen Kollegien“, des Gemeinderats und des Bürgerausschusses.[44]

Wie sich Einnahmen und Ausgaben der Stadt verteilten, soll an einem konkreten Beispiel (rechte Spalte) verdeutlicht werden, dem Haushaltsjahr 1835/36 (das Haushaltsjahr begann damals am 1. Juli).[45]

Wie man sieht, war das keine schlechte Bilanz. Leider blieb es aber nicht so. Bereits 1840 erzielte die Stadt ein Defizit von 2.212 fl. Erst die nach 1850 einsetzende Industrialisierungsphase verbesserte die Haushaltslage

Einnahmen der Stadtpflege 1835/36

Staatssteuern: Gewerbesteuer	3.012 fl
Grundsteuer	3.000 fl
Gebäudesteuer	2.443 fl
Kapitalsteuer	1.486 fl
Sonstige Abgaben zugunsten Dritter	2.037 fl
Summe	11.978 fl
Ertrag aus Grund- und Geldvermögen (Miet- und Pachtzinse, Einnahmen aus bäuerlichen Lehen [Gülten, Zehnt])	5.762 fl
Pflaster- und Torsperr-Gelder	3.327 fl
Gebühren aus dem Kornmarkt	1.732 fl
Gebühren aus dem Viehmarkt	1.447 fl
Bürgeraufnahmegebühren	1.975 fl
Bürger- und Beisitzersteuer[46]	1.663 fl
Wohnsteuer von Ortsanwesenden, die weder Bürger noch Beisitzer sind	216 fl
Stadtschaden	1.985 fl
Schulgelder	717 fl
Almosenbeiträge	1.974 fl
Sonstige Einnahmen	2.172 fl
Gesamte Einnahmen zugunsten der Stadtkasse	22.970 fl
Haushaltsreste aus dem Vorjahr	8.854 fl
Summe	31.824 fl

Ausgaben der Stadtpflege 1835/36

Überweisung von Steuereinnahmen und Abgaben an Dritte (wie oben)	11.978 fl
Allgemeine Verwaltungskosten (Personal- und Sachkosten)	2.089 fl
Baukosten Hochbau	3.008 fl
Baukosten Straßen, Brücken, Wege, Wasserbau	2.792 fl
Lohn- und Sachkosten für Polizei, Nachtwächter, Feuerwehr, Gewerbeaufsicht	2.109 fl
Lohn- und Sachkosten für das Gesundheitswesen (Ärzte, Hebammen)	630 fl
Lohn- und Sachkosten für das Schulwesen	2.900 fl
Besoldungen, Löhne und Sachkosten für die städt. Wirtschaftsbetriebe	3.688 fl
Schuldentilgung	1.647 fl
Sonstige Ausgaben	2.984 fl
Gesamte Ausgaben zu Lasten der Stadtkasse	21.847 fl
Haushaltsrest (Überschuss)	9.977 fl

wieder deutlich.[47] Wären nicht die großen Fonds und Stiftungen zugunsten des Schul-, Kirchen- und Armenwesens gewesen, Ravensburg hätte sich in konjunkturellen Krisenzeiten nicht so gut behaupten können wie es tatsächlich der Fall war.

Bürgerliche Rechte und Pflichten: Wahlrecht, Feuerwehr, Bürgergarde, Polizei

Die Unterschiede in der rechtlichen Stellung der Einwohner wurden bereits 1812 deutlich gemildert: den Status des Hintersassen schaffte man vollständig ab, während der Status des Beisitzers neu definiert wurde. Die Beisitzer, die in der Regel keinen Grundbesitz in der Stadt hatten, sondern nur ein Wohnrecht besaßen, hoben sich von den Bürgern nur noch dadurch ab, dass ihnen das aktive und passive Wahlrecht für Gemeinderat und Bürgerausschuss sowie den Landtag verwehrt blieb, während sie im Fall unverschuldeter Bedürftigkeit (Alter, Krankheit, Verarmung) wie die Bürger eine Unterstützung aus den dafür bestimmten Stiftungen beanspruchen konnten. Wie die Bürger wurden sie seit 1812 auch zu einer neuen Steuer, der „Bürger- und Beisitzersteuer" – einer Art Kopfsteuer – herangezogen, hatten aber nur halb soviel zu bezahlen wie die Bürger.[48]

Zu den Bürgerpflichten gehörte bis 1836 der Frondienst, die Verpflichtung, sich bei Bedarf an der Reinigung des Stadtgrabens, am Straßen- und Wegebau und anderen Baumaßnahmen zu beteiligen, eine Pflicht, die allerdings mit Geld abgelöst werden konnte.[49]

Wesentlich wichtiger und auch nicht durch Geld zu ersetzen war von jeher der Dienst bei der Feuerwehr. Die Gefahr einer Feuersbrunst war ja bei der dichten Bebauung in der Innenstadt und der vorherrschenden Fachwerkbauweise stets vorhanden. Deshalb besaß jede Stadt ein ausgeklügeltes System der Brandbekämpfung. In Ravensburg kam dabei dem Blaserturm besondere Bedeutung zu, denn von ihm aus war am leichtesten der Ausbruch einer Feuersbrunst zu erkennen. Wenn die Wächter, die „Blaser", droben vom Turmumgang aus Anzeichen eines gefährlichen Brandes wahrnahmen, gaben sie mit ihren Hörnern Feueralarm, läuteten die Feuerglocke und zeigten den Feuerwehrmännern mit einer Fahne an, in welcher Richtung das Feuer ausgebrochen war. Die Mesner der drei Stadtkirchen hatten daraufhin die Glocken zu läuten, und in den verschiedenen Stadtvierteln schlugen Trommler Alarm, um die etwa 650 Mann, die zur Feuerwehr eingeteilt waren, in Bewegung zu setzen. Man kann sich vorstellen, in welche Aufregung die Bevölkerung bei jedem Feueralarm geriet.

1814 wurde eine neue „Ordnung für die Sicherheitswache und die Feuerlöschanstalt der Stadt Ravensburg" erlassen, die bis 1863 Gültigkeit behielt. Demnach war jeder volljährige Bürger unter 60 Jahren zum Dienst verpflichtet. Die aktive Löschmannschaft umfasste 379 Mann, denen fünf auf Karren befestigte Feuerspritzen zur Verfügung standen. Daneben gab es seit 1824 eine aus 85 Mann bestehende mit Gewehren bewaffnete „Sicherheitswache", die in dem bei einer Feuersbrunst entstehenden Durcheinander verhindern sollte, dass leerstehende Wohnungen geplündert und die aus einem brennenden Haus ins Freie geretteten Wertgegenstände gestohlen wurden. Alle frisch verheirateten Männer waren verpflichtet, für drei Jahre in dieser Wache zu dienen. Einer speziellen Rettungsmannschaft war die gefährliche Aufgabe anvertraut, Menschen, Vieh und Inventar aus den brennenden Häusern in Sicherheit zu bringen.

1847 wurde eine große moderne Saugspritze angeschafft, für deren Bedienung eine eigene Mannschaft gebildet werden musste. Die im gleichen Jahr gegründete „Turngemeinde", eine Gruppe tatendurstiger, politisch interessierter junger Männer, erklärte sich bereit, aus ihrer Mitte 40 Mann dafür zur Verfügung zu stellen, ein so genanntes „Pompiers-Corps". Da diese Zahl immer noch nicht ausreichte, wurden von der Pflichtfeuerwehr zusätzlich 16 Mann zur „Spritzenmannschaft" abgeordnet. Die neue Einrichtung bewährte sich recht bald, und das Pompiers-Corps entwickelte sich zu einer festen Größe neben der bisherigen Feuerwehr. 1849/50 wurde neben der Spritzenmannschaft eine „Steigerabteilung" geschaffen, eine Rettungsmannschaft, deren Name von den Leitern herrührte, die zur Rettung von Personen und Sachen verwendet wurden. Das Pompiers-Corps öffnete sich nun auch Freiwilligen, die nicht Mitglieder in der Turngemeinde waren.[50]

Seit 1827 mehrten sich die Stimmen, die in Anknüpfung an das 1807 bis 1809 bestehende „Bürgermilitär" die Aufstellung einer „Bürgergarde" forderten. Eine solche Einrichtung sollte sowohl der Selbstdarstellung der Stadt bei Festlichkeiten oder hohem Besuch dienen, als auch praktische Aufgaben zum Schutz der öffentlichen Ordnung und Sicherheit übernehmen. Unter dem im Vergleich zu seinem Vorgänger liberalen König Wilhelm I. hatten sich bis 1828 bereits 28 solcher Bürgergarden im ganzen Land gebildet.

Nach einigem Zögern gab der Ravensburger Gemeinderat dem Drängen aus der Bürgerschaft nach und erließ 1830 ein Statut zur Bildung einer Bürgergarde, der er neben repräsentativen Aufgaben die Funktion der bisherigen Sicherheitswache der Feuerwehr übertrug. Jeder Jungbürger war verpflichtet, entweder drei Jahre in der

Bürgergarde zu dienen oder sich mit einer Geldzahlung, dem so genannten „Surrogatgeld“, freizukaufen. Die Bürgergarde war streng militärisch organisiert und gab sich eine Dienstordnung mit 54 Paragraphen. Sie umfasste zunächst 84 Mann. Die in sie gesetzten Hoffnungen erfüllten sich jedoch nicht.

Aufmarsch der Ravensburger Bürgergarde bei der Weingartener Heilig-Blut-Prozession am Blutfreitag 1846, kolorierte Lithografie (Ausschnitt) v. J. Bayer, 1846
Die 1830 gegründete, nicht berittene Ravensburger Bürgergarde ist an der vom bayerischen König 1809 gestifteten Fahne in den bayerischen Farben und der Inschrift „Für Gott und Vaterland“ zu erkennen.

Bereits 1833 machte sich eine gewisse Lustlosigkeit bei den Dienstverpflichteten bemerkbar, die über einen zu geringen Sold klagten und dem Oberamt vorwarfen, sie bei der Ausübung ihres Dienstes zu behindern und gegenüber den oberamtlichen Landjägern zu benachteiligen. Großen Ärger verursachte das später zurückgenommene Verbot, an überregionalen Feierlichkeiten wie dem Weingartener Blutfreitag teilzunehmen. Auch der Umstand, dass sich die Söhne wohlhabender Bürger von der Dienstpflicht freikaufen konnten, sorgte für Missstimmung.

Eine größere Bedeutung erlangte die Bürgergarde lediglich im Sommer 1847, als aufgrund einer Missernte die Lebensmittel knapp und teuer wurden, so dass in vielen Orten „Brotkrawalle“ ausbrachen. Sicherheitshalber wurde deshalb die Ravensburger Bürgergarde durch den Beitritt von Turnern und Veteranen aus den Napoleonischen Kriegen auf 288 Mann verstärkt.[51] Aber in Ravensburg blieb alles ruhig. Bald sollte sich indes zeigen, dass es eine Ruhe vor dem Sturm war.

Für die Sicherheit der Bürger und die Einhaltung der „öffentlichen Ordnung“ sorgte neben Feuerwehr und Bürgergarde auch die aus fünf Mann bestehende „Sicherheitspolizei“ (nicht zu verwechseln mit der „Sicherheitswache“ der Feuerwehr). Ihre Aufgabe war es, die Fremden zu überwachen, für die Einhaltung von Sitte und Anstand zu sorgen und gemeinsam mit den vier Nachtwächtern nächtliche Ruhestörungen und jegliche Form von „Exzessen“ zu verhindern. Nach Einbruch der Dunkelheit hatte jedermann eine Laterne mit sich zu führen, nach Mitternacht durfte sich niemand mehr ohne triftigen Grund in den dunklen Gassen aufhalten. Wer erwischt wurde, hatte eine deftige Strafe von $1\,^1/_2$ fl zu zahlen, was ungefähr dem Taglohn eines Bauhandwerkers entsprach.[52]

Die politische Stimmung zwischen 1815 und 1848

Der Wiener Kongress von 1815 beendete eine mehr als zwanzigjährige Periode innerer und äußerer Unsicherheit, Kriegsnot und politischer Umwälzungen in großen Teilen Europas und leitete eine Friedenszeit von mehr als einem halben Jahrhundert ein. Die Quellen, aus denen sich etwas über die damalige politische Stimmung in Ravensburg entnehmen lässt, sind spärlich. Zwar erschien seit 1803 zweimal wöchentlich eine Zeitung, das „Gemeinnützige Wochenblatt“, das 1813 umbenannt wurde und den damals bei vielen Zeitungen üblichen Modenamen „Intelligenzblatt“ annahm, aber diese Zeitung diente in erster Linie der Veröffentlichung amtlicher Bekanntmachungen und privater Anzeigen. Bestenfalls konnte man dort nachlesen, was fern in der Türkei geschah. Ab und zu wurden auch lustige Geschichtchen, erbauliche Betrachtungen, Gedichte oder nützliche Ratschläge für den Alltag abgedruckt, auf jeden Fall aber nur Beiträge, die der staatlichen Zensur politisch unverdächtig erschienen.

Von der 1819 verkündeten und auch in Ravensburg bejubelten württembergischen Verfassung erhofften sich viele eine Verbesserung des politischen Klimas. Aber kaum war sie in Kraft getreten, wurden ihre wichtigsten Zugeständnisse – Presse- und Versammlungsfreiheit – auch schon wieder zurückgenommen. Grund dafür waren die auch für Württemberg verbindlichen Karlsbader Beschlüsse „zur Unterdrückung demagogischer Umtriebe“, die im September 1819 nach der Ermordung des populären Dichters Kotzebue vom Deutschen Bund auf Druck des österreichischen Staatsministers Metternich verabschiedet wurden. Für einige Jahre erstarrte jegliches politische Leben.

Erst nach der Pariser Julirevolution von 1830 entschloss man sich in Württemberg zu einer Lockerung der Pressezensur. Der Herausgeber der Ravensburger Zeitung, Johann Anton Gradmann, der zugleich eine Buchhandlung betrieb, konnte nun auch politische Bücher, zum Beispiel über den polnischen Freiheitskampf, und Kupferstich-Porträts liberaler Politiker wie Ludwig Uhland anbieten.[53] Aber es kam weiterhin vor, dass ein unliebsamer Beitrag in letzter Minute von der Zensur herausgenommen wurde, so dass in der Zeitung dann an der beanstandeten Stelle eine Lücke klaffte.[54]

Im Zuge der vorübergehenden Liberalisierung des politischen Lebens fanden im Herbst 1831 vor der Wahl der Abgeordneten der Zweiten Kammer des Landtags erstmals Bürgerversammlungen statt, bei denen offen über die verschiedenen Kandidaten diskutiert wurde.[55] Neu war auch, dass zu diesem Thema im „Intelligenzblatt“ öffentliche Stellungnahmen in Form von Anzeigen und Leserbriefen erschienen. Zum Abgeordneten des Oberamts Ravensburg im Landtag wurde der liberale Ravensburger Stadtschultheiß Franz v. Zwerger gewählt. Von da an wehte ein frischerer Wind in der Stadt.

Nach dem Hambacher Fest im Mai 1832, einer im ganzen Land Aufsehen erregenden Demonstration für ein einiges, freies und demokratisches Deutschland, schränkte der Bundestag in Frankfurt die Versammlungs- und Pressefreiheit erneut rigoros ein. Das bekam auch das Ravensburger „Museum“ zu spüren, ein von bürgerlichen Honoratioren 1820 gegründeter exklusiver Verein mit eigenem Club- und Lesezimmer. Von der Polizei wurden zwei dort ausliegende „aufwieglerische Schriften“ aufgespürt und sofort konfisziert.[56]

Besonders deutlich wurde die Politisierung der Bürgerschaft, als der König zögerte, den neugewählten Landtag, der ihm zu liberal schien, einzuberufen. Das „Intelligenzblatt“ war voll von Appellen an den König, gemäß der auch von ihm anerkannten Verfassung den Landtag endlich tagen zu lassen, was nach langem Hin und Her auch geschah. Als Zwerger im Dezember 1833 nach der ersten Sitzungsperiode von Stuttgart heimkehrte, wurde er „in Anerkennung seines verfassungstreuen und volksthümlichen Wirkens“ von der Ravensburger Bürgerschaft jubelnd empfangen und mit einem Fackelzug geehrt.[57]

Seit Januar 1833 brachte der liberal eingestellte Verleger und Buchhändler J. A. Gradmann eine ein- bis zweimal wöchentlich erscheinende Beilage zu seinem „Intelligenzblatt“ mit dem Titel „Der Landbothe am Bodensee“ heraus. Darin wurde nun tatsächlich mehr geboten als bisher. Der „Landbothe“ brachte neben Erbaulichem auch Politisches, und zwar nicht nur ein paar Nummern lang, sondern dauerhaft, bis zur Revolution von 1848/49. Satirische Kommentare zum Zeitgeschehen, Auszüge aus dem in Stuttgart erscheinenden liberalen „Beobachter“ und eine umfangreiche Berichterstattung über die innenpolitischen Verhältnisse im Königreich Württemberg machten die Beilage zu einer begehrten Lektüre. Was dem „Landbothen“ zusätzliche Aufmerksamkeit bei den politisch interessierten Lesern sicherte, waren die umfangreichen Auszüge aus den Sitzungsprotokollen der Abgeordnetenkammer des Landtags. Diese unterlagen als amtliche Drucksachen keiner Zensur, und so war es dem politisch interessierten Leser möglich, die Plädoyers liberal und demokratisch gesinnter Abgeordneten ungekürzt nachzulesen.

Nro. Der Landbothe am Bodensee. 42.

Ravensburg, Montag den 27. Mai 1839.

Geschichts-Kalender Während im Jahr 1630 Wallensteins wilde Kriegsschaaren Württemberg mit Quartierlasten schwer drückten, reiste, um Milderung Derselben zu erlangen, der Herzog Vormünder Ludwig Friedrich selbst nach Heidenheim, wo der kaiserliche Feldherr damals sein Hauptquartier aufgeschlagen hatte. Am 27. Mai 1630 fand die Unterhandlung zwischen dem Herzog und Wallenstein Statt. Trefflich sagt hierüber Spittler: Was für eine klägliche Figur unsere deutschen Fürsten damals machten, wenn sie zu dem Wallensteiner in's Lager reisten, ihm ergebenst aufwarteten, um Hemmung der Execution, um Abnahme der einquartirten Regimenter baten! Der stolze böhmische Edelmann mißhandelte selbst den Churfürsten von Baiern, der doch vertrauter Freund seines Herrn, des Kaisers, war; wie er volleuds dem Herzog Vormünder Ludwig Friedrich begegnet seyn mag, da Dieser zu ihm nach Heidenheim reiste und um einige Erleichterung für das erschöpfte Herzogthum flehte? Die persönlich vorgebrachte Bitte wirkte auch nicht weiter, als daß die alten Soldaten abgeführt warden, und neue, die erst wieder ausgefüttert werden mußten, in's Quartier kamen.

Miscellen.

Friedrichshafen den 21. Mai 1839. Schon waren die freundlichen Klänge verstummt, welche das Fest der Entsendung des neuen Dampfbootes vom Schweizerbord in die Fluthen des Schwaben-Meeres, in unsern Herzen weckte, als ihnen die Beschreibung desselben in diesen Blättern, durch einen Herrn F.. — wahrscheinlich par préférence „Festbeschreiber,“ ein neue Extase bereitete.

Wir hatten zwar nicht den Stern oder Unstern, einen „hundsgemein angehündelten Freiheitsbaum“ zu erblicken, wir sind ferner zu wenig Techniker, um an die Erklärung des uns etwas dunklen Prognostikon „über den Wetteifer mit 6facher Pferdekraft,“ unsere DefinitionsGabe wagen zu wollen, wir haben selbst zu viel SchwabenFluidum in unsern Adern, als daß uns nicht die Anspielung auf den „Sieg der pfiffigen Schwabendummheit“ allzu pfiffig erscheinen sollte, wir glaubten endlich die uns von dem F... estbeschreiber auf 6 Wochen erst in Aussicht gestellte Tauffeierlichkeit zu gewiß vor unsern Augen vor sich gehen gesehen zu haben, um nicht den Beobachter mit einer — mindestens optischen — Täuschung entschuldigen zu sollen, — aber alle diese — unserem SchwabenGemüthe an sich weniger zusagende Episoden haben uns -- im Betracht der Totalität der so blühendstilisirten als gefühlvollen hinreißenden Beschreibung, nicht abhalten können, dafür

Titelblatt des „Landbothen am Bodensee“ Jahrgang 1839
Die von 1833 bis 1848 ein- bis zweimal wöchentlich erscheinende Beilage zum Ravensburger „Intelligenz-Blatt“ enthielt trotz Verbot und Zensur immer wieder politische Artikel sowie Auszüge aus den Sitzungsprotokollen der Abgeordnetenkammer des Landtags, die auch Wortmeldungen liberaler Abgeordneter enthielten. Daher lasen fortschrittlich-liberal gesinnte Bürger diese Beilage besonders gerne.

Zwei politische Forderungen, die seit 1815 die Gemüter bewegten, wurden auch vom „Landbothen" immer wieder aufgenommen und publikumswirksam kommentiert: die Abschaffung der lebenslänglichen Amtstätigkeit der Gemeinde- bzw. Stadträte und die Zulassung der Öffentlichkeit sowohl bei den Sitzungen des Gemeinderats als auch bei Schwurgerichtsprozessen. Andererseits bemühte sich das Blatt aber auch, seinen Lesern eine patriotische Einstellung zu ihrem neuen „Vaterland" Württemberg zu vermitteln. Das geschah durch ausführliche Berichte über das württembergische Königshaus, über die Initiativen des Königs zur Verbesserung der Landwirtschaft oder über bedeutende Männer altwürttembergischer Herkunft wie Schiller oder Uhland. In einem regelmäßig erscheinenden „Geschichtskalender" wurden die oberschwäbischen Leser überdies mit der Geschichte Altwürttembergs, von der sie naturgemäß wenig Ahnung hatten, vertraut gemacht. Möglicherweise hat diese staatstragende Berichterstattung dazu beigetragen, dass die Zensur bei den kritischeren Artikeln des „Landbothen" eher milde gehandhabt wurde.

Wie weit es bis zur Mitte des Jahrhunderts zu einer echten inneren Annäherung der Bürger der oberschwäbischen Oberamtsstadt an den württembergischen Staat kam, lässt sich nur schwer ausmachen. Das „wehleidige Gejammer"[58] über den Verlust der alten Rechte und Freiheiten, das bis zur Jahrhundertmitte anhielt, darf nicht allzu ernst genommen werden. Dahinter steckte viel politisches Kalkül. Aber ebenso viel Vorsicht ist wohl gegenüber vielen Berichten in der Lokalpresse angebracht. Man darf nicht übersehen, dass „Intelligenzblatt" und „Landbothe" von einem Angehörigen der evangelischen Ravensburger Oberschicht („Blutwurst") herausgegeben wurden. Die Zeitungsberichte über die Königsbesuche in Ravensburg oder über die hiesigen Feiern zum 25-jährigen Regierungsjubiläum des Königs im November 1841 stammten alle aus der Feder von Protestanten, von denen viele aufgrund ihrer Konfession dem württembergischen Königshaus von vorneherein mit mehr Sympathie gegenüberstanden als die katholische Bevölkerung.

Dass es gegenüber allem, was mit „Stuttgart" zusammenhing, auch noch Jahrzehnte nach Beginn der württembergischen Herrschaft in Oberschwaben erhebliche Animositäten gab, belegt recht drastisch ein vom 10. Juni 1849 datierter Artikel in der seit Herbst 1848 in Ravensburg erscheinenden Zeitung „Die neue Zeit", wo es unter anderem hieß: „Bis zum niedrigsten Convictoren [Studenten] oder Schulamtszögling musste jeder Württemberger, der irgend je um die geringste Stelle nachsuchte, ein-, zwei-, dreimal an den stinkenden Nesenbach [d.h. nach Stuttgart] wandern, um von den Wirthen sich ausbeuteln, von den Herren sich hunzen zu lassen. In Stuttgart allein saß die Weisheit, alles außer Stuttgart war kaum mehr als armes, dummes, zahlendes, unbedingt gehorchendes Volk von Bauern, Städtern und Beamten [...] Was hat denn das Oberland der Residenz zu verdanken? Wo stehen die großen Casernen, die Kunstgebäude, für welche Millionen verbaut werden? [...] Wann, wo und wie ist von Stuttgart aus dem weggenommenen ungeheuren Vermögen in den Klöstern etwas wieder in das Oberland zurückgeflossen? Was besitzen wir an Instituten hier oben? Das landwirthschaftliche Institut in Ochsenhausen, wozu wir das Geld mit beitrugen, das Waisenhaus in Weingarten, zu dem die Beiträge zusammengebettelt werden [...] und endlich noch besitzen wir das Narrenhaus in Zwiefalten. Das sind die drei Kostbarkeiten aus Stuttgart."[59]

Dieser Kommentar, bei dem allerdings wohl auch eine Portion Frustration und Wut nach der misslungenen Revolution mitschwang, entsprach nicht den Ansichten des nüchternen Realpolitikers Franz v. Zwerger. Er kannte die Stuttgarter Verhältnisse seit 1833 aus eigener Anschauung und wusste, dass sich in Ravensburg seit 1810 im Vergleich zu den Verhältnissen im ausgehenden 18. Jahrhundert vieles zum Besseren entwickelt hatte. Für ihn war Politik die Kunst des Möglichen, und er bemühte sich, danach zu handeln, allerdings nicht immer mit dem wünschenswerten Erfolg. Im Streit um die konfessionelle Parität in den „bürgerlichen Kollegien" hatte er nachgeben müssen. Ebenso erging es ihm mit seinem Einsatz für die Abschaffung der lebenslänglichen Amtszeit der Stadträte und für die Öffentlichkeit der Gemeinderatssitzungen, um die Bürger stärker am politischen Meinungsbildungsprozess teilnehmen zu lassen. Zwar drang er mit seinen Argumenten beim Gemeinderat durch, so dass dieser beschloss, seine Sitzungen künftig öffentlich abzuhalten, doch die Regierung verweigerte dazu ihre Zustimmung, und so blieb zunächst alles beim Alten.[60]

Nicht immer stand Zwerger allerdings an der Spitze derer, die sich für mehr Demokratie und politische Meinungsfreiheit einsetzten. Bezeichnend war in dieser Hinsicht sein Verhalten beim Ravensburger Liederfest im Jahr 1841.

Seit dem zweiten Viertel des 19. Jahrhunderts wurden in Süddeutschland und seinen Nachbarregionen große überregionale Liederfeste abgehalten, die mehr waren als nur musikalische Veranstaltungen. In einer Zeit der politischen Unterdrückung aller demokratischen Tendenzen, der Pressezensur und des Verbots politischer Versammlungen boten Liederfeste den Teilnehmern die Möglichkeit, neben dem Sängerwettstreit einen weit über das Musikalische hinausreichenden Meinungsaustausch untereinander zu pflegen, der auch politische Dinge berührte. Im Bodenseeraum kam hinzu, dass sich hier bei den Liederfesten auch Gesangsvereine aus der nahen Schweiz beteiligten, dem Land, in dem all die politischen Träume der Liberalen bereits verwirklicht schienen.

Nach den großen, von Tausenden begeisterter Sänger besuchten Liederfesten in Ulm, Lindau, Biberach und Kempten lud der 1827 gegründete Ravensburger Liederkranz zu einer solchen Veranstaltung im Juni 1841 in die „Metropole Oberschwabens" ein. Bei diesem Liederfest, das von 24 Gesangsvereinen, darunter einem aus St. Gallen und einem aus Appenzell, besucht wurde, hielt der Vorsitzende des einladenden Vereins, der liberale Ravensburger Rechtsanwalt Carl Friedrich Zaisser, eine Rede, die von einem Beobachter aus St. Gallen als „sehr freisinnig" bezeichnet wurde.[61] Zaisser erinnerte an die Freiheitsrechte der Schweiz und forderte die Zulassung

Carl Friedrich Zaisser (1797–1871), Stadtschultheiß von 1856 bis 1863, nach einer Daguerreotypie
Der studierte Jurist und liberale Politiker verwaltete das Stadtschultheißenamt bereits während der häufigen Abwesenheit des Stadtschultheißen Zwerger, der von 1833 bis 1844 und 1848 bis 1850 als Landtagsabgeordneter oft wochenlang in Stuttgart zu tun hatte. 1856 wurde Zaisser Nachfolger des plötzlich verstorbenen Stadtoberhaupts.

von Bürgerversammlungen auch in Deutschland. Die republikanische Schweiz bezeichnete er als Vorbild für ein zu schaffendes geeintes und freies deutsches Staatswesen.[62]

Ob ihrer Kühnheit erregte die Rede großes Aufsehen. Dem Taktiker Zwerger ging sie jedoch entschieden zu weit. Er warf Zaisser mangelndes politisches Fingerspitzengefühl vor, da seine politischen Ausführungen von der Regierung als Vorwand benutzt werden könnten, gegen die Sängerbewegung insgesamt vorzugehen. Nachdem der Ravensburger Liederkranz sich ebenfalls von dieser Rede distanzierte, trat Zaisser von seinem Vorstandsamt zurück, was seiner Popularität in der Stadt allerdings keinen Abbruch tat.[63]

Im Vergleich zu den Jahren zwischen 1815 und 1830 waren die Jahre danach – die Jahre des „Vormärz" zwischen 1830 und 1847 – deutlich konfliktträchtiger und spannungsgeladener. Auch das noch ganz vom Zeitalter der Aufklärung geprägte friedliche Verhältnis zwischen Katholiken und Protestanten veränderte sich mit dem „Wiedererwachen des totgeglaubten politischen Katholizismus" seit etwa 1845.[63a] Zwerger bekam dies bei den Neuwahlen zum Landtag im Jahr 1844 schmerzlich zu spüren. Er, der Liberale, der „Hauptwortführer der aufgeklärten Katholiken"[64] im Stuttgarter Landtag, unterlag nach einem scharf geführten Wahlkampf knapp dem Repräsentanten der konservativ eingestellten Landbevölkerung im Oberamt Ravensburg, dem Altdorfer Schultheißen Konrad Prielmaier, der so konservativ war, dass er sogar einen Anschluss der ihm anvertrauten Gemeinde an die neue Eisenbahn verhinderte.

Die Revolution von 1848/49

Neben den weitreichenden Veränderungen der deutschen Landkarte im Zeitalter Napoleons und der Gründung des kleindeutschen Kaiserreichs 1871 gehört die Revolution von 1848/49 zu den wichtigsten und folgenreichsten Ereignissen der deutschen Geschichte im 19. Jahrhundert. Obwohl die Revolution ihre Hauptziele – Demokratie, Freiheit und nationale Einheit – nicht oder nur sehr unvollständig erreicht hat, war nach der Revolution „nichts mehr so wie vorher", um es mit den Worten des deutschen Historikers Thomas Nipperdey zu sagen.[65]

Auch in Ravensburg hat die Revolution tiefe Spuren hinterlassen. Das 1998 erschienene Werk von Werner Heinz über die 48er-Revolution in Oberschwaben[66] hat erstmals konkret herausgearbeitet, welch spannenden Verlauf die revolutionären Ereignisse der Jahre 1848 und 1849 in dieser Region genommen haben und welch bedeutende Langzeitwirkung sie auch hier hatten. Erst durch seine Arbeit ist deutlich geworden, dass Ravensburg spätestens seit Frühjahr 1849 neben Riedlingen das Zentrum der revolutionären Bewegung in Oberschwaben war.

Obwohl eigentlich alle Beteiligten von den sich seit März 1848 überstürzenden Ereignissen überrascht wurden und kaum jemand diese Entwicklung vorausgesehen hatte, lässt sich das Konfliktpotential, das zu der Eruption von 1848 führte, doch schon vorher beobachten: eine weit verbreitete Unzufriedenheit mit den politischen Verhältnissen, der Machtlosigkeit des Volkes gegenüber den Herrschenden, mit den eingeschränkten Möglichkeiten, sich politisch zu artikulieren und zu formieren. Auch die immer noch bestehenden feudalen Bindungen der meisten Bauern waren für viele ein Ärgernis.

Hinzu kam der Frust über die fehlende nationale Einheit. Hierbei spielte in Oberschwaben der Blick über die Grenze zur Schweiz mit ihren freiheitlichen Traditionen eine wichtige Rolle. Dorthin waren deutsche Demokraten und Republikaner vor dem Arm des Gesetzes geflohen, von dort verbreiteten sie Flugblätter und Zeitungen, die nördlich des Bodensees zwar verboten waren, aber dennoch gelesen wurden. Aus dem Appenzeller Land, dem Thurgau und St. Gallen reisten regelmäßig Einzelpersonen und ganze Gruppen an, um die oberschwäbischen Märkte zu besuchen oder an Liederfesten und ähnlichen Veranstaltungen teilzunehmen. Bei solchen Anlässen wurde natürlich auch politisiert. Umgekehrt zog es viele Bürger gerade auch aus Ravensburg immer wieder in die Schweiz, vor allem aus kommerziellen Gründen. Auch die eidgenössischen Schützenfeste besaßen eine große Anziehungskraft.[67]

Dieser Austausch mit der Schweiz wurde mit Beginn der Dampfschifffahrt auf dem Bodensee im Jahr 1824 und der Einrichtung einer regelmäßigen Dampfschiffsverbindung zwischen Friedrichshafen und Rorschach noch intensiver.

Die Pariser Februarrevolution von 1848 war der Auslöser für die Volksbewegung in Deutschland, die sich zunächst an der Frage einer möglichen Bedrohung durch Frankreich entzündete. Bereits am 3. März formulierten 143 Ravensburger Bürger, an ihrer Spitze Franz v. Zwerger, eine Petition an den württembergischen König, in der sie unter Hinweis darauf, dass „die Grenzmarken Deutschlands [...] bedroht" seien, das Fehlen einer „großen starken Wehrverfassung" beklagten, darüber hinaus aber auch „den Ausschluss des deutschen Volkes aus dem Rat seiner Angelegenheiten, die Verkümmerung seiner politischen Rechte".

Sie appellierten an den König, so bald wie möglich eine Versammlung aller Stände einzuberufen und dem Volk zu den ihm zustehenden Rechten zu verhelfen, um so „im Lande den Frieden und die öffentliche Ordnung zu erhalten". Dem Sturm, der über Deutschland hereinzubrechen drohe, könne nur „durch Gewährung aller der politischen Rechte, die in einem Rechtsstaate dem Volk gebühren", erfolgreich begegnet werden.[68] Das war eine Sprache, die ein Jahr früher noch undenkbar gewesen wäre!

Die letzten Dämme brachen, nachdem der König schon am 1. März die Aufhebung der Zensur verkündet hatte, so dass die Lokalzeitung, das „Intelligenzblatt", seit 6. März unzensiert erscheinen konnte und nun plötzlich voller politischer Aufrufe und Artikel war, die bis dahin eine Gefängnisstrafe zur Folge gehabt hätten.

Im alteingesessenen Besitzbürgertum machte sich angesichts des Aufstands des „Pöbels" in Paris Angst breit, und Stadtschultheiß Zwerger fürchtete sogar, dass man ihm das Haus anzünden würde.[69] Die allgemeine Erregung und Aufbruchstimmung gipfelte im so genannten „Franzosenlärm" vom 25. und 26. März. Er entstand durch das für große Unruhe sorgende Gerücht, aus Frankreich seien „Revoluzzer" in Baden eingefallen und bedrohten bereits die Grenzen Württembergs. Daraufhin kam es in vielen Städten zur spontanen Mobilmachung der Bürgerschaft. Die so lange unterdrückte Forderung nach Volksbewaffnung wurde wieder laut.

Sitzung des Ravensburger Gemeinderats am 25. März 1848, Lithografie v. J. Bayer, 1849
Älteste Darstellung einer Ravensburger Gemeinderatssitzung. An den Butzenscheiben erkennt man den kleinen Ratssaal im Rathaus. In der Krisensitzung am Vorabend der Revolution von 1848/49 erstattet gerade der uniformierte Kommandant der Bürgergarde Bericht; rechts von ihm mit Brille und lebhaften Gesten Stadtschultheiß v. Zwerger.

Überall, auch in Ravensburg, meldeten sich Freiwillige, mit und ohne Waffen. Wer kein Gewehr hatte, suchte sich eine umgeschmiedete Sense zu beschaffen.[70] Wie sich das Ganze in Ravensburg abspielte, hat der Ravensburger Künstler Joseph Bayer in einer Lithographie ein Jahr später nicht ohne einen gewissen Sarkasmus dargestellt.

Zwar entpuppte sich die Nachricht vom Einfall der Franzosen rasch als Phantasieprodukt, aber die Wehrbegeisterung war nun einmal geweckt, nicht zuletzt durch die Nachrichten aus Berlin, wo der König einen Volksaufstand blutig niederschlagen ließ.

Laut ertönte der Ruf, der politisch mündige Bürger müsse wehrhaft sein, das stehende Heer des Königs müsse durch ein Volksheer ersetzt werden.[71] Dieser Forderung entsprach der württembergische König mit dem am 1. April verkündeten „Gesetz, die Volksbewaffnung betreffend" nur insofern, als er verfügte, dass in jeder Gemeinde eine Bürgerwehr als Sicherheitswache zur Wahrung der öffentlichen Ordnung und zum Schutz von Verfassung und Gesetzen zu bilden sei. Wehrpflichtig war jeder Bürger zwischen 25 und 50 Jahren.

Von den bereits bestehenden und 1847 verstärkten Bürgergarden unterschied sich die neue Bürgerwehr in erster Linie durch ihre größere Zahl. In Ravensburg bildete sich schneller als anderswo schon im Mai ein aus vier Kompanien bestehendes Bürgerwehr-Bataillon mit einer (allerdings nie ganz erreichten) Sollstärke von 520 Mann. Die alte Bürgergarde wurde als Erste Kompanie in die neue Formation integriert.

Doch zurück zu den Ereignissen Ende März / Anfang April: Über die Frage der Lebenslänglichkeit der Stadträte im Fall ihrer Wiederwahl hatte man zwar schon lange gestritten, aber erst jetzt kam es darüber zu einem Eklat. Nachdem bereits früher die meisten Stadträte freiwillig auf die Lebenslänglichkeit ihres Amtes verzichtet hatten, blieben sechs „Lebenslängliche" übrig, die deswegen Anfang April im renommierten Gasthof zum Lamm massiv angepöbelt wurden, worauf sie bis auf einen von ihren Ämtern zurücktraten. Sie machten damit den Weg frei für Nachwahlen, die im Mai stattfanden. Bei einer sehr hohen Wahlbeteiligung gingen von den sieben freigewordenen Sitzen fünf an Kandidaten, die sich erstmals um ein Mandat beworben hatten und frischen Wind in das Ratsgremium brachten.[72] Dies sollte, wie noch zu zeigen sein wird, schwerwiegende Folgen für die städtische Politik haben.

Brisant war auch eine Volksversammlung, die am 7. April auf dem Festplatz der Stadt, der Kuppelnau, stattfand.[73] Vorausgegangen war ein am 2. April erlassenes Gesetz, das die Durchführung von Volksversammlungen gestattete, ohne dass zuvor eine polizeiliche Genehmigung erforderlich war. Bereits einen Tag später rief ein spontan gebildeter Bürgerausschuss alle Bürger des Oberamts Ravensburg zu einer solchen Versammlung auf, „um uns gegenseitig über die Fragen zu verständigen, welche ebenso schnell als wichtig uns sich aufdringen". Zu diesen Fragen gehörte nicht zuletzt auch die Auswahl eines Kandidaten für die Ende April vorgesehene Wahl einer verfassunggebenden deutschen Nationalversammlung in Frankfurt am Main. Der Gemeinderat stellte sich hinter diesen Aufruf und beschloss, auf Kosten der Stadt eine Rednertribüne aufzustellen und eine Fahne in den bis dahin offiziell verbotenen Farben Schwarz-Rot-Gold, den Farben der Burschenschaftler und nun auch der Revolution, anzuschaffen. Eine weitere Fahne in diesen Farben sollte auf dem Mehlsack, dem Wahrzeichen der Stadt, gehisst werden. In schwäbischer Sparsamkeit ordnete der Gemeinderat allerdings an, dass dafür keine neue Fahne zu besorgen sei, sondern dass man an eine der schon vorhandenen Fahnen mit den württembergischen Farben Schwarz-Rot einfach einen gelben Streifen annähen solle.

Da wenige Monate zuvor die Eisenbahnlinie zwischen Ravensburg und Friedrichshafen eröffnet worden war, konnten einige der Teilnehmer der gut besuchten Versammlung erstmals mit dem Zug anreisen. Vor der Eröffnung war vereinbart und allen Rednern eingeschärft worden, dass niemand für den Sturz der Monarchie und die Errichtung einer Republik plädieren dürfe, da dies einem Landesverrat gleichkomme.

Unter den zahlreichen Rednern war dann allerdings einer, der Ravensburger Kaufmann Elias (genannt Elie) Merkel, der sich nicht an diese Abmachung hielt. Das sollte Folgen haben. Einige Tage später trat nämlich eine Reihe von Dorfschultheißen, Pfarrern und Bauern aus dem ganzen Oberamt in dem nahe gelegenen Dorf Ettishofen zusammen, um öffentlich gegen den „Geist der Anarchie" zu protestieren, der nach ihrer Ansicht bei der Ravensburger Volksversammlung sichtbar geworden sei. Ihre im „Intelligenzblatt" am 17. April veröffentlichte „Ettishofer Erklärung" erregte großes Aufsehen und machte deutlich, dass es in politischen Fragen erhebliche Unterschiede zwischen Stadt und Land gab.

Den Landbewohnern ging es in erster Linie um die Befreiung von den alten feudalen Grundlasten, den Natural- und Geldabgaben an die Grundherren, vor allem an den Adel, aber auch an städtische Einrichtungen wie beispielsweise das Ravensburger Heilig-Geist-Spital. Auch für die nationale Einheit waren sie zu haben, eine solche konnten sie sich allerdings nur unter einem österreichischen Kaiser vorstellen. Mit Demokratie und Volksbewaffnung oder gar mit der Abschaffung der Monarchie hatten sie wenig im Sinn.

Baron Eisele und Dr. Beisele weisen dem Stadtschultheißen v. Zwerger ihre Pässe vor, Lithografie v. J. Bayer, 1848
Bei den beiden Fremden handelt es sich um populäre Witzfiguren aus den damals weit verbreiteten satirischen „Fliegenden Blättern". Bei einem Besuch der Stadt Ravensburg erleben die beiden das revolutionäre Geschehen vor Ort. Am Rathaus ist ein Plakat angeschlagen, das zu einer Volksversammlung einlädt.

Ende April fanden die Wahlen für die Nationalversammlung in Frankfurt, das „Paulskirchenparlament", statt, bei denen erstmals alle über 25 Jahre alten Männer unabhängig von der Größe ihres Vermögens wahlberechtigt waren. Die einzigen Voraussetzungen dafür bestanden darin, dass sie einen eigenen Haushalt führten und keine öffentliche Armenunterstützung erhielten. Dienstboten, die bei ihrem Herrn in Kost und Logis standen, waren ausgeschlossen, Fabrikarbeiter und Taglöhner mit eigener Wohnung dagegen nicht. In Ravensburg mit seinen inzwischen ungefähr 5.500 Einwohnern waren 955 Männer = ca. 17,4 % der Einwohner wahlberechtigt. Seit der von Kaiser Karl V. erzwungenen Verfassungsreform von 1551 waren nie mehr so viele Bürger zu einer politischen Wahl zugelassen worden.

751 Bürger machten von ihrem Wahlrecht Gebrauch. Im Ravensburger Wahlbezirk, zu dem auch die Oberämter Wangen und Tettnang gehörten, wurde mit großer Mehrheit der Tettnanger Kaplan Georg Pfahler gewählt, während Stadtschultheiß Zwerger mit nur 14 % der Stimmen abgeschlagen auf dem dritten Platz landete.[74]

Das Wahlergebnis machte erneut den Gegensatz zwischen Stadt und Land deutlich. Es zeigte, dass der liberale Kandidat Zwerger, obwohl katholisch, außerhalb der Stadt Ravensburg, wo er die absolute Mehrheit der Stimmen errang, keine Chancen hatte. Ebenso erging es ihm bei den wenige Wochen später stattfindenden Wahlen zum Landtag. Wiederum unterlag er dem Kandidaten der Landbevölkerung, dem Altdorfer Schultheiß Konrad Prielmaier. Zwerger gelangte dennoch in den Landtag, und zwar als Abgeordneter des Oberamts Neckarsulm, wo er ebenfalls kandidiert hatte.[75]

Die Dinge nahmen ihren Lauf, in Frankfurt, Berlin und Stuttgart ebenso wie in Ravensburg, wo die Bürgerwehr weiter ausgebaut wurde und im Juni 1848 ein „Vaterländischer Verein" entstand, der neben der bereits ein Jahr zuvor gegründeten Turngemeinde und der Bürgerwehr für kurze Zeit die dritte treibende Kraft für eine neue Politik wurde. Ein wichtiger Markstein auf dem Weg zu demokratischeren Strukturen war die erste öffentliche Sitzung des Gemeinderats am 24. Juli, nachdem Stuttgart dafür endlich grünes Licht gegeben hatte.

Anfang September wurde nach dem Vorbild anderer Städte ein „Volksverein" gegründet, der den Vaterländischen Verein bald ganz verdrängte. Sein Ziel war es, die Politisierung der Bürgerschaft stärker voranzutreiben und den Ermüdungserscheinungen, wie sie sich da und dort zeigten, entgegenzuwirken.[76]

In diesem neuen Verein, der sich in den folgenden zehn Monaten zum wichtigsten Träger der demokratischen Bewegung in Ravensburg entwickelte, waren die führenden politischen Köpfe der Stadt versammelt. Zu seinen Gründern gehörte der aus Esslingen stammende Textilfabrikant Otto Deffner, der Oberreallehrer Anton Neher, der am Ravensburger Lyzeum unterrichtende Kaplan Joseph Lutz und nicht zuletzt der seit 1842 für einige Jahre in Ravensburg ansässige Rechtsanwalt August Becher, der sich allerdings meist in Stuttgart aufhielt und dort bald als Vorsitzender des Landesausschusses der Volksvereine eine führende Rolle unter den württembergischen Demokraten einnahm.[77]

Zum Vorsitzenden des Volksvereins wurde der Rechtsanwalt und stellvertretende Stadtschultheiß Karl Friedrich Zaisser gewählt, während Stadtschultheiß Zwerger nur einfaches Mitglied war[78], nicht zuletzt deshalb, weil er als Landtagsabgeordneter seit September monatelang in Stuttgart weilte. So kam Zaisser, dem wir schon anlässlich des Liederfests von 1841 begegnet sind, in den folgenden Monaten eine verantwortungsvolle Aufgabe zu.

Kurz nach seiner Gründung organisierte der Ravensburger Volksverein gemeinsam mit den Schwestervereinen in Friedrichshafen und Tettnang eine Volksversammlung, die am 24. September in Ravensburg auf der Kuppelnau stattfand und mit 5.000 bis 6.000 Besuchern wohl die größte ihrer Art während der ganzen 48er-Revolution in Oberschwaben war.[79] Unmittelbarer Anlass war die Bestätigung des Waffenstillstands von Malmö zwischen Preußen und Dänemark durch das Paulskirchenparlament, den viele als Verrat deutscher Interessen in Schleswig-Holstein ansahen. Die in Süddeutschland ohnehin vorhandenen Antipathien gegenüber Preußen wurden dadurch noch verstärkt. Den radikalen Tönen auf dieser Versammlung entsprach schon rein äußerlich das erstmalige Hissen roter Fahnen neben den schwarz-rot-goldenen. Verabschiedet wurde eine Resolution, in der die Mehrheit der Anwesenden der Nationalversammlung das Misstrauen aussprach und die Linke im Frankfurter Parlament aufforderte, notfalls „zur Tat" zu schreiten und vor der Einführung der republikanischen Staatsform nicht zurückzuschrecken.

Das Echo der Presse auf diesen Appell war groß. Der „Schwäbische Merkur" in Stuttgart sah darin „die Fackel des Aufruhrs angesteckt".[80] Da Zaisser, der amtierende Vertreter des abwesenden Stadtschultheißen, sich mit dieser eindeutigen Radikalisierung nicht identifizieren wollte, trat er als Vorsitzender des Volksvereins zurück und erklärte überdies seinen Austritt aus dem Verein. Sein Nachfolger wurde der Seifensiedermeister Adrian Kiderlen, ein Mitglied der Ravensburger „Blutwurst".[81]

Mit der Volksversammlung vom 24. September und dem wenige Tage später auf der Veitsburg stattfindenden ersten oberschwäbischen Turnfest, bei dem die zehn anwesenden Turnervereine den „Turngau Oberschwaben" gründeten, war Ravensburg endgültig das Zentrum der revolutionären Bewegung in Oberschwaben geworden. So sah es auch das „Intelligenzblatt" in Biberach.[82]

Während der folgenden Monate blieb es eher ruhig im Städtchen. Nur der Volksverein machte ab und zu von sich reden. In seinen Statuten, die er am 18. Oktober veröffentlichte, artikulierte er sein Selbstverständnis und seine Ziele: er diene „der Verwirklichung der Selbst-Regierung des Volks in jeder Staatsform und Verfassung durch gesetzliche Mittel", er wolle „Organ der öffentlichen Meinung" für Ravensburg und das Umland sein und zugleich eine „Schule politischer Bildung aller im Volke".[83]

Für die Verbreitung seiner Ideen stand dem Volksverein seit 1. Oktober 1848 neben dem eher behäbigen „Intelligenzblatt" eine zweite Zeitung zur Verfügung, „Die neue Zeit", die frischen Wind in die lokale Presselandschaft brachte.[84] Redakteur war der auch im Volksverein engagierte Kaplan Joseph Lutz. Was diese Zeitung für viele Leser attraktiv machte, war ihr ausgeprägter politischer Charakter, ihre Sympathie für die Ziele der 48er-Bewegung, vor allem aber ihre Karikaturen, die für Ravensburg etwas völlig Neues waren. Ein Teil dieser Karikaturen wurde aus anderen Zeitungen einfach übernommen – ein Urheberrecht gab es noch nicht – der andere Teil bestand aus lithographischen Beilagen, die der aus Altdorf gebürtige, seit 1845 in Ravensburg lebende Künstler und Schreibwarenhändler Joseph Bayer herstellte. Dank seiner witzigen, zum Teil bitterbösen Bildkommentare zum Verlauf der Revolution vor Ort und in der weiten Welt wurde Ravensburg für ein Jahr das Zentrum der politischen Bildpublizistik in Oberschwaben und im Bodenseeraum.[85] Und noch etwas trug zum Erfolg der „Neuen Zeit" bei: die zunächst kostenlose Aufnahme amtlicher Bekanntmachungen und ein günstiger Abonnementspreis. So schaffte sie es, seit Dezember 1848 als zweites „Amtsblatt" neben der älteren Konkurrenzzeitung zugelassen zu werden. Im Lauf des Jahrs 1849 gelang es ihr sogar, dem „Intelligenzblatt" so viele Leser wegzunehmen, dass dieses zum Jahresende sein Erscheinen einstellte.

Der Volksverein verfolgte während des Winters die weiteren Verhandlungen der Frankfurter Nationalversammlung mit großer Aufmerksamkeit und zugleich mit einem gewissen Misstrauen, da er seit dem Herbst den revolutionären Schwung in der Paulskirche vermisste. Als im Januar 1849 die Frage nach dem künftigen Staatsoberhaupt der vereinten Nation akut wurde, sprach er sich deutlich gegen eine Wahl des Königs von Preußen zum Kaiser aus und plädierte für eine großdeutsche Lösung unter Einbeziehung Österreichs.[86]

Im Februar fand nach längerer Zeit wieder einmal eine Volksversammlung im Schwörsaal des Waaghauses statt, bei der über die in Frankfurt verabschiedeten Grundrechte des deutschen Volks und verschiedene in der Paulskirche noch zur Entscheidung anstehende Verfassungsfragen diskutiert wurde. Die Mehrheit im Volksverein wollte die für den künftigen Reichstag vorgesehenen Kompetenzen noch erweitern, was andere jedoch wiederum strikt ablehnten. Es kam zu einem heftigen Streit innerhalb des Volksvereins, der zum Rücktritt des bisherigen, politisch eher gemäßigten Vorsitzenden Adrian Kiderlen führte. An dessen Stelle wurde der radikalere Anton Neher gewählt, was wiederum den stellvertretenden Stadtschultheißen Zaisser veranlasste, eine Bürgerversammlung einzuberufen, die der Regierung in Stuttgart ausdrücklich das Vertrauen aussprach.[87]

Nachdem Österreich sich Anfang April 1849 aus Frankfurt zurückgezogen hatte und der König von Preußen die ihm angebotene Kaiserkrone zurückgewiesen und die Anerkennung der von der Nationalversammlung beschlossenen Reichsverfassung für sein Land abgelehnt hatte, standen die folgenden Wochen ganz im Zeichen des Kampfs um die Durchsetzung der Reichsverfassung. Zwar gelang es, dem württembergischen König die Anerkennung dieser Verfassung abzuringen, aber damit war der Kampf noch nicht gewonnen.

Feierliche Weihe der Ravensburger Bürgerwehrfahne am 3. Juni 1849 auf der Kuppelnau, Lithografie v. J. Bayer, 1849
Das Blatt hält den Höhepunkt der revolutionären Bewegung von 1848/49 in Ravensburg fest. Im Beisein zahlreicher anderer oberschwäbischer Bürgerwehren schwört die Ravensburger Bürgerwehr unter der von Ravensburger Frauen und Mädchen angefertigten Fahne treu für die Sache der Revolution zu kämpfen.

In Ravensburg überwogen die Befürworter einer notfalls gewaltsamen Verteidigung der Reichsverfassung. Das wurde bei einer Bürgerversammlung am 21. April deutlich.[88] Ebenso äußerte sich zwei Tage später die Mehrheit der Bürgerwehrmänner. Eine größere Zahl junger Männer unter 25, die noch nicht wehrpflichtig waren, überwiegend Mitglieder der Turngemeinde, wollte gleichfalls etwas tun und sich als Freiwilligencorps der Bürgerwehr anschließen. Man entsprach ihrer Bitte und stellte ihnen Waffen zur Verfügung. Tatsächlich sollten sie im Verlauf der folgenden sich überstürzenden Ereignisse noch eine Rolle spielen, wenn auch keine ganz unproblematische.[89]

Aus Sorge um die politische Anerkennung und Durchsetzung der Reichsverfassung versammelten sich Ende April und Anfang Mai 1849 auf Initiative der Offiziere der Ravensburger Bürgerwehr mehrere hundert Mitglieder der Bürgerwehren aus dem südlichen Oberschwaben zunächst in Meckenbeuren, kurze Zeit darauf in Waldburg, um zu beraten, ob und wie man im Ernstfall gemeinsam die Reichsverfassung militärisch verteidigen könne. Es wurde ein fünf Oberämter umfassender „Wehrkreis“ gebildet, an dessen Spitze ein dreiköpfiger provisorischer „Wehrrat“ stand.

Da Ravensburg zum „Centralpunkt“ dieses Wehrkreises bestimmt wurde, bildeten drei Ravensburger den Wehrrat, darunter der Lehrer Anton Neher. Vor dem Hintergrund der Aufstände in Sachsen und im Rheinland verfasste der Wehrrat am 11. Mai Aufrufe „an die Jünglinge Oberschwabens“ und an die Landgemeinden der beteiligten fünf württembergischen Oberämter.[90] Im zweiten Aufruf hieß es: „Das ganze Volk muss jetzt

Fahne der Ravensburger Bürgerwehr, Seide und Stickerei, 1849
Die original erhaltene Fahne in den Farben der Revolution, Schwarz-Rot-Gold, zeigt in der Mitte einen von Ravensburger Frauen und Mädchen kunstvoll gestickten Doppeladler, Symbol der ersehnten Einheit Deutschlands.

wehrhaft sein, um, wenn es nöthig ist, mit den Waffen in der Hand seine theuer errungenen Freiheiten bewahren zu können [...] Bedenket, daß das Vaterland in Gefahr ist! Bedenket, daß, wenn alle Gemeinden des Landes sich bewaffnen, wir dadurch eine so gewaltige Macht aufstellen, daß wir von den Gelüsten des preußischen Volksunterdrückers nichts zu fürchten haben!"

Nachdem in der zweiten Maihälfte in Baden der offene Aufstand ausgebrochen, der Großherzog geflohen und preußische Truppen in der Pfalz einmarschiert waren, rechneten auch in Oberschwaben viele mit der Möglichkeit von Durchmärschen fremder, etwa bayerischer oder österreichischer Truppen. Wie sollte man sich in diesem Fall verhalten?

Am 20. Mai kamen Vertreter der Gemeinderäte, Bürgerwehren und Volksvereine aus 14 oberschwäbischen Städten und Gemeinden zur Beratung in Aulendorf zusammen, das seit kurzem Bahnanschluss hatte und daher für viele schnell erreichbar war. Man einigte sich darauf, solchen Truppen, die Oberschwaben passieren wollten, aber nicht auf die Reichsverfassung vereidigt waren – und das traf gerade für die bayerischen und österreichischen zu – den Durchmarsch notfalls mit Gewalt zu verweigern. Für diesen Eventualfall wurde der Ravensburger Bürgerwehr die Leitung des militärischen Widerstands übertragen.[91]

Die Tage Ende Mai und Anfang Juni waren von großer Hektik geprägt. Eine Versammlung jagte die andere, die Nachrichten über die sich täglich ändernde politische und militärische Situation überschlugen sich. Zur letzten großen politischen Demonstration für die Sache der Revolution, die während der Pfingstfeiertage in Reutlingen stattfand, reisten auch zahlreiche Ravensburger. Vehement wurde dort die Verteidigung der Reichsverfassung und der Frankfurter Nationalversammlung als oberster politischer Gewalt in Deutschland gefordert. Zwei Tage später beschlossen die Abgeordneten der Paulskirche, aus Sicherheitsgründen ihren Sitz nach Stuttgart zu verlegen, der Hauptstadt des größten Landes, das die Reichsverfassung anerkannt hatte.

In diesen kritischen Tagen fand in Ravensburg eine Feier statt, die allein durch den gewählten Zeitpunkt eine besondere politische Brisanz weit über Ravensburg hinaus gewann: die Weihe der Fahne der Ravensburger Bürgerwehr am 3. Juni, einem Sonntag, auf dem Kuppelnau-Festplatz. An diesem Tag kamen an die 2.500 Bürgerwehrmänner aus ganz Oberschwaben und den benachbarten bayerischen Städten nach Ravensburg. Allein aus Biberach trafen mit einem Sonderzug 400 Besucher ein, was großes Aufsehen erregte, denn die Bahnlinie zwischen den beiden größten Städten Oberschwabens war erst wenige Tage zuvor eröffnet worden. Die Veranstaltung wurde zu einem oberschwäbischen „Erkennungs- und Verbrüderungsfest", wie „Die neue Zeit" kommentierte.[92]

Nach der eigentlichen Fahnenweihe wurden die Ravensburger Bürgerwehrmänner auf ihre neue Fahne vereidigt. Der Fahneneid lautete: „Ich schwöre, dieser Fahne treu zu seyn, ihr zu folgen für Freiheit, für Ordnung und für Recht, nach den Gesetzen unserer Reichsverfassung. So wahr mir Gott helfe."[93] Mit diesem Bekenntnis zur Reichsverfassung erklärten sich die Männer der Bürgerwehr zugleich solidarisch mit der nun in Stuttgart tagenden Nationalversammlung, dem so genannten „Rumpfparlament".

Drei Tage später wählte dieses Restparlament, dessen Mitglieder sich keine Illusionen mehr machten und wussten, dass die Sache der Revolution verloren war, in einem symbolischen Trotzakt eine fünfköpfige „provisorische Reichsregentschaft", der auch der Ravensburger Rechtsanwalt August Becher angehörte. Eine politische Rolle konnte dieses Gremium jedoch nicht mehr spielen. Wenige Tage später marschierten preußische Truppen in Baden ein, in Stuttgart wurde das Rumpfparlament durch württembergisches Militär auseinander getrieben.

Die Endphase der Revolution brachte auch für die Ravensburger noch manche Aufregung, vor allem durch den „Marsch" der Riedlinger Bürgerwehr nach Ravensburg, in die Stadt, die immer noch als Zentrum der Revolution in Oberschwaben angesehen wurde. Was war geschehen?

In Riedlingen war es bereits im Mai zu erheblichen Unruhen und Gewalttätigkeiten gegen die Obrigkeit gekommen, worauf die Regierung in Stuttgart angekündigt hatte, ein Infanterieregiment von Ulm nach Riedlingen zu entsenden. Als die Situation immer bedrohlicher wurde, beschloss die Führung der Riedlinger Bürgerwehr, in der kurzen Nacht vom 16. auf den 17. Juni die Stadt zu verlassen. Darauf zogen am 17. Juni frühmorgens 89 bewaffnete Bürgerwehrmänner aus der Stadt und marschierten über Saulgau nach Ravensburg, wo sie tags darauf eintrafen und bei Angehörigen der dortigen Bürgerwehr untergebracht und versorgt wurden.

Riedlingen wurde tatsächlich von dem Ulmer Regiment besetzt und die Bürgerwehr für aufgelöst erklärt. Daraufhin kehrten die meisten der nach Ravensburg Gezogenen resigniert und frustriert in ihre Heimat zurück, um ihre Waffen abzuliefern. Einige wenige blieben jedoch in Ravensburg und äußerten die Absicht, nach Baden zu ziehen und den dortigen revolutionären Truppen zu Hilfe zu eilen.[94]

Das scheint auf eine Reihe junger Ravensburger ansteckend gewirkt zu haben. Auch wenn die Lage ziemlich hoffnungslos schien, wollte man noch etwas für den Erhalt der Freiheit, für die Errungenschaften der Revolution und für die Reichsverfassung tun und den bedrängten badischen Brüdern beistehen. Am 21. Juni versammelten sich deshalb Mitglieder der Ravensburger Bürgerwehr und des im April gegründeten Freiwilligencorps im Gasthaus Dreikönig in der Marktstraße und beschlossen nach hitziger Debatte, am nächsten Tag nach Baden zu ziehen.

Tatsächlich entfernten sich am frühen Morgen des 22. Juni 31 bewaffnete Bürgersöhne, alle Mitglieder des Freicorps, einzeln und, um nicht aufzufallen, auf unterschiedlichen Wegen aus der Stadt und trafen bei der Mühlbruck mit anderen Freiwilligen zusammen, darunter sieben Riedlingern. Auf dem Weg ins Badische stießen noch einige andere jungen Männer dazu, so dass die Truppe schließlich an die 80 Mann umfasste.

Noch am selben Tag versuchte der Gemeinderat die Ausgezogenen zurückzuholen, doch vergeblich. Über Markdorf und Stockach gelangten die Freischärler in das Dorf Eigeltingen im Hegau, wo sie am 25. Juni Quartier bezogen. Hier verfassten sie einen Aufruf „an sämmtliche Turngemeinden und Freikorps Württembergs", den sie im Druck erscheinen ließen und in dem „jeder brave Württemberger" aufgefordert wurde, „zu uns, zu dem freien Volk der Badener zu ziehen", um ihm in seinem gerechten Kampf beizustehen. Dieses Flugblatt sollte später, als einem Teil der Freischärler der Prozess gemacht wurde, als Beweisstück noch eine wichtige Rolle spielen, da darin eine Menge Namen abgedruckt waren.

Die Aktion der jungen Ravensburger erregte überall im Lande großes Aufsehen, auch in Stuttgart, wo Ravensburg nun als ein gefährlicher Vorposten der Revolution angesehen wurde. Stadtschultheiß Franz v. Zwerger, der zu jener Zeit als Abgeordneter in der Landeshauptstadt weilte, erfuhr dies hautnah und schrieb daher am 26. Juni in höchster Erregung einen Brief an seine Gemeinderatskollegen, in dem er ihnen vor Augen hielt, dass das Verhalten des Ravensburger Freicorps „eine Auflehnung gegen die bestehende Regierung unseres Landes" darstelle und „für die Zuzügler sowohl als auch die Gemeinde selbst großes Unglück" bringen könne. Der Brief schloss mit den Worten: „Beeilen Sie sich, meine Herren, sparen Sie keine Anstrengung, benützen Sie jedes erlaubte Mittel, um die Verirrten alsbald zurückzubringen und jedenfalls gegen die Staatsregierung namens der Gemeinde Ihre Missbilligung des Auszugs auszusprechen."[95]

Der daraufhin erfolgende zweite Versuch des Gemeinderats, die Freischärler zur Rückkehr zu bewegen, scheiterte ebenfalls. Inzwischen hatte sich die Lage der badischen Revolutionsarmee dramatisch verschlechtert. Nach der Eroberung Gernsbachs durch die Reichsarmee am 29. Juni war es nur noch eine Frage von Tagen, bis der letzte militärische Widerstand gebrochen war. So war denn auch der Weitermarsch des Ravensburger Corps am 1. Juli nach Villingen und die Vereinigung mit einer kurz zuvor entstandenen „Frei-Compagnie" aus Tettnang nicht mehr als ein Rückzugsmanöver ohne jede Perspektive.[96] Zwischen 9. und 11. Juli kehrten die meisten der Ausgezogenen kleinlaut und enttäuscht in klei-

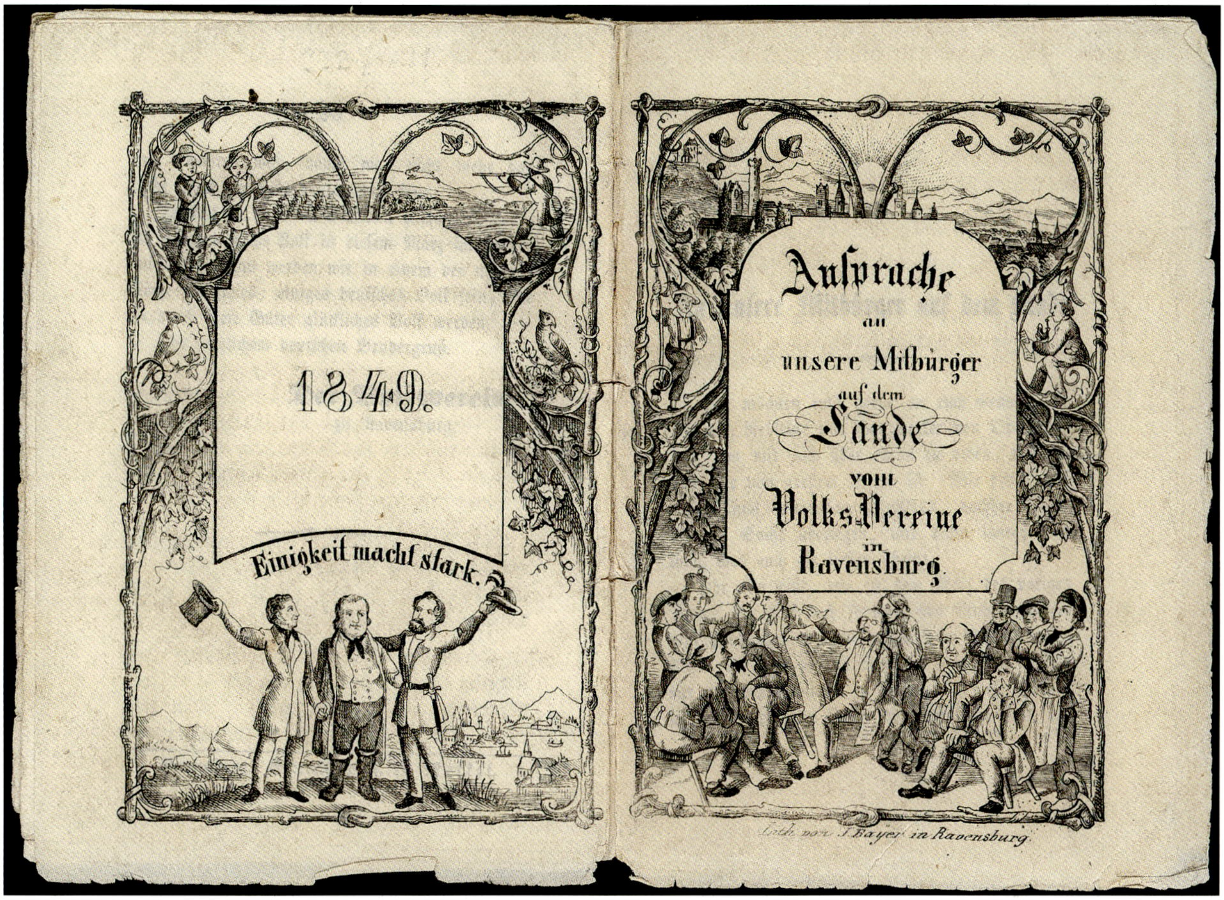

Vorder- und Rückseite einer Broschüre des Ravensburger Volksvereins, lithografiert v. J. Bayer, 1849
Mit dieser Propagandaschrift versuchte der Ravensburger Volksverein die zögernde ländliche Bevölkerung für die Ziele der Revolution zu gewinnen, allerdings vergeblich.

nen Grüppchen nach Ravensburg zurück, teils mit, teils ohne Waffen. Bis auf einige wenige, die kurze Zeit inhaftiert wurden, kamen sie zunächst ungeschoren davon. Der Traum von der siegreichen Revolution war nun jedoch endgültig ausgeträumt.

Das Ende der Revolution bedeutete indes noch nicht das Ende der Bürgerwehren. In einer Übersicht des Stuttgarter Innenministeriums über das Verhalten der Bürgerwehren während der Revolution wurden zwar die Bürgerwehren von Ravensburg, Riedlingen, Buchau, Kappel, Neufra, Saulgau und Altshausen unter jenen Bürgerwehren aufgeführt, die „in aufrührerische und gesetzwidrige Bewegungen" verwickelt gewesen seien, aber nur die Riedlinger Bürgerwehr wurde entwaffnet und aufgelöst.[97]

Im Herbst 1849 trat in Württemberg ein revidiertes Bürgerwehrgesetz in Kraft, das die Aufgaben der Bürgerwehren im Wesentlichen auf die Aufrechterhaltung der öffentlichen Ruhe und Ordnung reduzierte.[98] Da sich aber wegen der nun herrschenden allgemeinen Ernüchterung ein Teil seiner Bestimmungen nicht durchsetzen ließ, wurde es nach weniger als vier Jahren durch ein neues Gesetz ersetzt. Mit diesem Gesetz vom 1. Juni 1853 über den Besitz und den Gebrauch von Waffen sowie über die Errichtung von Schützengesellschaften und Bürgerwachen war de facto das Ende der Bürgerwehren gekommen. In Ravensburg zog man alle auf städtische Kosten ausgegebenen Gewehre ein und verwahrte sie auf der Bühne des Rathauses, wo sie bis in unsere Tage blieben.

Auch wenn nun viele der „Märzerrungenschaften" von 1848 wieder zurückgenommen wurden, blieb doch einiges erhalten: zunächst die Öffentlichkeit der Sitzungen der „bürgerlichen Kollegien" (Gemeinderat und

Bürgerausschuss) und der Schwurgerichte. Zu den Gemeinderatswahlen waren seit 1849 nicht nur die Bürger, d.h. die Inhaber des vollen Bürgerrechts, sondern auch die „Beisitzer" zugelassen, soweit sie Steuern zahlten. Auch die lebenslängliche Amtszeit der Stadträte nach ihrer Wiederwahl gehörte der Vergangenheit an.[99] Das seit Juli 1849 geltende Wahlrecht sah vor, dass die Mitglieder des Gemeinderats auf sechs Jahre gewählt wurden und jeweils nach zwei Jahren ein Drittel der Stadträte ausschied. Es fanden also alle zwei Jahre Neuwahlen für ein Drittel des Gemeinderats statt, wobei die Ausgeschiedenen aber wiedergewählt werden konnten. Zwar wurde die Pressezensur wieder eingeführt, aber die Zeitungen blieben doch „politischer" und damit lesenswerter als vor der Revolution. Gegenüber früher war und blieb das politische Bewusstsein vieler Bürger stärker ausgeprägt. Man war als Bürger einfach selbstbewusster geworden. Hinzu kam der Umstand, dass bald nach 1850 dank Eisenbahn und Telegrafie politische Informationen auch in die Provinz viel schneller als früher gelangten. Versammlungsfreiheit und Gewerbefreiheit standen nicht mehr nur auf dem Papier. Die von der Frankfurter Nationalversammlung verabschiedeten Grundrechte des deutschen Volkes wurden zwar wieder außer Kraft gesetzt, aber nur für wenige Jahrzehnte. Vieles von dem, was sich die „Achtundvierziger" erhofft hatten, wurde nach 1870 Wirklichkeit.

Politische Tendenzen zwischen Revolution und Reichsgründung

Das im Sommer 1849 in Kraft getretene liberale Wahlgesetz für den württembergischen Landtag, mit dem alle volljährigen Bürger, die Steuern an den Staat zahlten, das allgemeine, direkte und geheime Wahlrecht erhielten, wurde von König Wilhelm I. im November 1850 aufgehoben. Obwohl Stadtschultheiß Zwerger zu den gemäßigten Demokraten gehörte, war er über diese allen demokratischen Regeln spottende Vorgehensweise des Königs so empört, dass er den Gemeinderat zu einem offiziellen Protest veranlassen wollte. Doch der lehnte Zwergers Vorschlag ab, der ihm angesichts der aktuellen Situation nicht opportun erschien.[100] Diese Reaktion war typisch für die defätistische Gemütslage vieler Bürger in den ersten Jahren nach der gescheiterten Revolution.

Resignation verbreitete sich auch bei der Bürgerwehr. „Alle Lust und Liebe für die Bürgerwehr ist dahin", klagte ein Insider angesichts der Lethargie unter den Bürgerwehrmännern, die zum Exerzieren keine Lust mehr hatten.[101] Am 16. März 1851 wandten sich 314 Ravensburger Bürger an den Gemeinderat mit der Bitte, sie von allen Leistungen für die Bürgerwehr vorläufig zu entbinden, da das seit vorigem Herbst geltende neue Bürgerwehrgesetz in den meisten Städten und Gemeinden negiert werde.[102]

Der alte Schwung war dahin, der graue Alltag wieder eingekehrt. Im August 1851 mussten sich die beiden führenden Köpfe des inzwischen aufgelösten Ravensburger Volksvereins, Otto Deffner und Anton Neher, vor dem Schwurgericht in Ludwigsburg gegen die Anklage des Hochverrats verteidigen. 17 Zeugen, die meisten aus Ravensburg, wurden geladen. Ihre Aussagen führten zu einem Freispruch für die beiden Angeklagten.[103] Im folgenden Jahr kam der zunächst in die Schweiz geflohene Rechtsanwalt August Becher vor Gericht. Auch er wurde freigesprochen, kehrte aber nicht nach Ravensburg zurück.[104]

Die Gründung des ersten Ravensburger Arbeitervereins, die vermutlich Ende 1849 erfolgte, hatte noch keinen politischen Hintergrund. Es handelte sich um eine reine Selbsthilfeorganisation der Handwerksgesellen und Dienstboten und der damals noch nicht sehr zahlreichen Fabrikarbeiter. Von den Mitgliedern wurden monatlich kleine Beiträge erhoben, um kranken, arbeitslosen oder auf Wanderschaft befindlichen bedürftigen Arbeitskollegen eine bescheidene Unterstützung zukommen zu lassen. Der Ravensburger Gemeinderat sah deshalb auch keinen Grund zur Besorgnis wegen etwaiger subversiver Tätigkeit dieses Vereins.[105]

Im Sommer 1850 entstand ein zweiter Arbeiterverein, der personell mit dem Unterstützungsverein verflochten war, vom Innenministerium in Stuttgart aber misstrauisch beäugt wurde.[106] Diesem Misstrauen ist eine amtliche Akte aus dem Jahr 1852 zu verdanken, die im Zuge einer in ganz Württemberg durchgeführten Aktion zur Bekämpfung „kommunistischer Tendenzen" entstand und einige Angaben über den dort als „Arbeiterbildungsverein" bezeichneten Ravensburger Verein enthält.[107] Gründer des Vereins war ein aus der Schweiz ausgewiesener Bürstenmacher, gebürtig aus Braunschweig, namens Eduard Sauernheimer.[108] Obwohl dies etwas verdächtig schien, fanden die staatlichen Schnüffler kaum belastendes Material.

Der Arbeiterverein, dem 76 Mitglieder angehörten, hatte ein Vereinszimmer im Gasthof Dreikönig und eine Bibliothek, in der einige wenige „gefährliche" Werke beanstandet wurden. Ansonsten schien der Verein jedoch eher unpolitisch zu sein, „kommunistische Tendenzen" wurden nicht festgestellt, wohl aber seien Kontakte zu anderen württembergischen Arbeitervereinen vorhanden. Man pflege den Liedgesang und kaufe gemeinsam Zigarren ein. Der Hauptzweck des Vereins sei es, seinen Mitgliedern sonntags ein warmes Zimmer zu bieten, wo sie lesen und schreiben konnten. Der Bericht schloss mit dem Hinweis, der Verein sei bereit, sich in eine Arbeiter-Lesegesellschaft umzuwandeln, wenn dies von Staats wegen verfügt werde. So geschah es im Januar 1853. Im Zuge der sich allmählich wieder verstärkenden repressiven staatlichen Politik, wurde 1855 jedoch auch diese Lesegesellschaft aufgelöst.[109] Es sollten neun Jahre ins Land gehen, bis die Neugründung eines Arbeitervereins wieder gestattet wurde.

In den fünfziger Jahren herrschte in Ravensburg offenbar weitgehend politische Funkstille, jedenfalls sind bisher keine schriftlichen Zeugnisse bekannt, die Hinweise auf irgendwelche politischen Aktivitäten enthalten.

Erst für das Jahr 1861 besitzen wir wieder bescheidene Informationen, und zwar durch das Protokoll, das bei einer Visitation des Oberamts Ravensburg durch die vorgesetzte Behörde, die Kreisregierung Ulm, entstand.[110] Dort wird unter anderem ein Überblick über die politischen Gruppierungen in der aufblühenden Stadt Ravensburg gegeben, die durch die Industrialisierung inzwischen über 6.800 Einwohner zählte und damit Biberach als größte Stadt Oberschwabens überrundet hatte.

Es gebe, heißt es in dem Visitationsprotokoll, in Ravensburg im wesentlichen zwei politische Richtungen: eindeutig am stärksten seien die Konservativen und Ultramontanen (d.h. die streng papsttreuen Katholiken), wesentlich schwächer seien die Liberalen und Demokraten. Letztere setzten sich vor den Gemeinderatswahlen im Dezember 1861 erstmals deutlich von den Ultramontanen und Konservativen ab, indem sie eigene Kandidaten vorschlugen, weil ihnen deren Vorschläge nicht zusagten.

Im „Oberschwäbischen Anzeiger", wie das alte „Intelligenzblatt" seit 1856 hieß, fand 1861,unmittelbar vor den Gemeinderatswahlen, erstmals seit 1849 wieder ein kleiner „Anzeigenkrieg" mit unterschiedlichen Wahlvorschlägen statt. Eine vornehmlich aus evangelischen Kaufleuten bestehende, von dem Textilfabrikanten Otto Deffner einberufene „Bürgerversammlung" schlug per Anzeige am 1. Dezember sechs Kandidaten vor, von denen tags darauf aber nur zwei in den Gemeinderat gewählt wurden.[111]

Im Hinblick auf die für Ende Januar 1862 vorgesehene Landtagswahl gründete diese Wählerinitiative noch im selben Monat einen „Bürgerverein", wiederum unter Führung des Fabrikanten Otto Deffner, eines alten „Achtundvierzigers", dem wir schon als führendem Mitglied des Volksvereins von 1848/49 begegnet sind.[112] Da es auch im benachbarten Altdorf einige liberal und demokratisch gesinnte Bürger gab, schloss sich der Ravensburger Bürgerverein mit diesen zu einem „Wahl-Comité" zusammen, das in mehreren wiederum von Deffner unterzeichneten Wahlanzeigen für einen Gegenkandidaten zum wiederum kandidierenden Oberamtspfleger Konrad Lupberger warb. Lupberger, der das Oberamt Ravensburg bereits seit 1851 als Abgeordneter in der Zweiten Kammer des Landtags vertrat, galt als Exponent der konservativen Katholiken.

In dem kurzen, aber heftigen Wahlkampf, der nun entbrannte, trat erstmals in Ravensburg eine regelrechte Partei in Erscheinung, die 1859 gegründete „Württembergische Fortschrittspartei", die am 10. Januar eine Wahlveranstaltung abhielt, bei der auch Deffner sprach.[113] Dass die Liberalen und Demokraten allenfalls in den beiden größten Orten des Oberamts, Ravensburg und Altdorf-Weingarten, auf eine gewisse Anhängerschaft zählen konnten, zeigte das Wahlergebnis: Lupberger erhielt 454 Stimmen, sein von der Fortschrittspartei und dem „Wahl-Comité" unterstützter Gegenkandidat, ein weitgehend unbekannter Oberlehrer, nur 63.[114]

Der „Bürgerverein" Deffners bestand nach dieser Niederlage zwar weiter, verzichtete von nun an aber weitgehend auf ein politisches Engagement. In dem seit der Mitte des Jahrhunderts an Schärfe zunehmenden Gegensatz zwischen Katholiken und Protestanten verstand er sich als Sammelbecken der letzteren. Der mit der Beobachtung des politischen Klimas im Oberamt Ravensburg betraute Beamte der Kreisregierung Ulm stellte 1862 fest, der Bürgerverein bespreche in seinen Versammlungen „gewerbliche und öffentliche Angelegenheiten im Geiste freisinniger Entwicklung", sei aber als „politisch harmlos" einzustufen.[115]

Eines vor allem verdient festgehalten zu werden: In dem Wahlkampf von 1862 zeichnete sich erstmals der künftige Dualismus zwischen einer katholisch-konservativen und einer eher liberalen, mehrheitlich protestantischen Partei ab, auch wenn der Prozess der politischen Parteienbildung gerade erst begonnen hatte. Dass sich jedoch „konservativ" nicht ohne weiteres mit „katholisch" gleichsetzen ließ, unterstrich ein weiterer Bericht der Kreisregierung Ulm an das Stuttgarter Innenministerium.[116] Dort hieß es nämlich, mit den „Demokraten" Deffners stimmten nicht selten auch konservative Protestanten.

Von der späteren dritten politischen Kraft, der sozialdemokratischen Arbeiterpartei, konnte 1862 in Ravensburg noch keine Rede sein. In einem der beiden zitierten Visitationsberichte hieß es lakonisch, einen Arbeiterverein mit politischen Zielen gebe es hier nicht, im anderen wurde darauf hingewiesen, dass es in der „Arbeiter-Klasse" Ravensburgs und Altdorfs zwar „demokratische Elemente" gebe, da aber die Arbeiter seit einigen Jahren besser entlohnt würden, sei es wieder ruhig geworden.

Das Jahr 1862 stellt noch aus einem anderen Grund einen Markstein in der politischen Entwicklung Ravensburgs dar. Es zeichnete sich nämlich erstmals deutlich ein zweiter politischer Dissens ab, der denjenigen zwischen Konservativen und Liberalen überlagerte und mit der „Deutschen Frage" zusammenhing. Der schon im Vormärz sichtbar gewordene Gegensatz zwischen „Großdeutschen", die sich den von allen ersehnten künftigen deutschen Staat ohne Einbeziehung Österreichs nicht vorstellen konnten und „Kleindeutschen", denen ein deutscher Nationalstaat unter Führung Preußens vorschwebte, wurde jetzt wieder akut.

In der Übersicht über die politischen Gruppierungen in Ravensburg, die das oben erwähnte Protokoll der Kreisregierung Ulm enthielt, wurde erstmals ein „Großdeutscher Verein" genannt.[117] Näheres über ihn enthielt ein Aufruf, der am 1. Juni 1862 im „Oberschwäbischen Anzeiger" erschien. Demnach hatten sich bereits etwa 50 Männer aus Ravensburg und Altdorf-Weingarten zu einer Ortsgruppe dieses in ganz Süddeutschland verbreiteten Vereins zusammengetan, der auch unter der Bezeichnung „Deutscher Reformverein" firmierte. Man wende sich, so hieß es in dem Aufruf, mit dieser Gründung gegen den kleindeutschen „Nationalverein", gegen eine Vorherrschaft Preußens, zugleich aber auch gegen eine „revolutionäre Demokratie", die, wie das Beispiel Badens 1849 gezeigt habe, nur ins Unglück führe. Im Übrigen wurde betont, der Verein sei „überkonfessionell". Und der zweite Bericht der Kreisregierung Ulm ergänzte: vor allem die ländliche Bevölkerung neige zu Österreich und lehne eine Hegemonie Preußens ab. Eine „eingewurzelte Antipathie gegen Preußen" und überhaupt gegen Norddeutsche sei übrigens auch bei vielen Protestanten in der Oberamtsstadt zu beobachten.[118]

Der Gegensatz zwischen Großdeutschen und Kleindeutschen wurde dadurch gemildert, dass beide das Bedürfnis hatten, das politische Ziel eines einigen Deutschland öffentlich zu bekunden, was ja seit 1849 streng verboten war.

So wurde denn auch der 49. Jahrestag der Völkerschlacht von Leipzig am 18. Oktober 1862 auf der Veitsburg gemeinsam gefeiert, unter Beteiligung von Turngemeinde und Liederkranz, mit Musik und „colossalem Freudenfeuer". Anschließend fand ein Festbankett im ersten Haus am Platz, dem „Kronprinzen" beim ehemaligen Kästlinstor, dem späteren „Schweizerhof", statt. Dabei wurde das „Vaterlandslied" von Ernst Moritz Arndt „Was ist des Deutschen Vaterland?" gesungen und Toasts auf Turnvater Jahn, die Freiheitshelden Theodor Körner und Adolf v. Lützow sowie König Wilhelm I. von Württemberg ausgebracht. Ein Redner betonte, der Erzfeind Frankreich solle sich auf ein einiges großes Deutschland gefasst machen.[119]

Als ein Jahr später, am 50. Jahrestag der Völkerschlacht von Leipzig, erneut dieser Schlacht als Symbol eines starken vereinten Deutschland gegenüber Frankreich in einer öffentlichen Feier gedacht wurde, flatterten Fahnen mit den verbotenen Farben Schwarz-Rot-Gold auf Mehlsack und Blaserturm. Auch diesmal feierten Groß- und Kleindeutsche gemeinsam.[120]

Nach dem Tod König Wilhelms I. von Württemberg und dem Regierungsantritt seines Sohns, König Karls I. im Jahr 1864 fielen alle bisherigen Beschränkungen der Presse- und Versammlungsfreiheit weg. Das wirkte sich auch auf die Redaktion des „Oberschwäbische Anzeigers" aus, so dass dieser für die politische Entwicklung der folgenden Jahre eine ergiebige Quelle ist.

Während des unseligen über der Schleswig-Holstein-Frage ausgebrochenen Kriegs zwischen Österreich und Preußen im Sommer 1866, in dem Württemberg auf der Seite Österreichs stand, gab es in Ravensburg nur eine Stimme: die proösterreichische. Die Abneigung der meisten Ravensburger gegenüber Preußen, der Alt-Achtundvierziger ebenso wie der Konservativen, war schon im Vorfeld anlässlich des versuchten Attentats eines Tübinger Studenten auf Bismarck am 7. Mai deutlich geworden. Wenige Tage vor Ausbruch des Kriegs bot der Ravensburger Lithograph Joseph Bayer in der Zeitung sogar ein von ihm selbst lithographiertes Porträt des Attentäters an.[121] Vorausgegangen war dem bereits am 21. Mai eine von 800 Bürgern besuchte Volksversammlung im Schwörsaal des Waaghauses. In der dort einstimmig beschlossenen Eingabe an die Abgeordnetenkammer des Landtags hieß es unter anderem: „Die frevelhafte, nach der Ausdehnung preußischer Herrschaft über ganz Deutschland strebende Politik des preußischen Kabinetts bedroht den Wohlstand, die Selbständigkeit und Integrität Deutschlands, indem sie in ihren Konsequenzen vor Herbeiführung eines Bruderkriegs nicht zurückschreckt." Dem Ausschuss, der diese Resolution formuliert hatte, gehörte neben dem späteren Stadtschultheißen und Landtagsabgeordneten Albert Khuen auch Otto Deffner an.[122] Natürlich nahmen alle Berichte und Kommentare der Lokalzeitung während des Kriegs für Österreich Partei.

Nach Ende des bekanntlich von Preußen gewonnenen Kriegs stellte sich dann allerdings bald eine gewisse Ernüchterung ein, auch in Ravensburg. Vielen wurde jetzt allmählich klar, dass eine kleindeutsche Lösung unter Führung Preußens näher gerückt war. Das führte zu einer Spaltung der „Fortschrittspartei“ in die „Demokratische Volkspartei“ der großdeutsch gesinnten Demokraten und die „Deutsche Partei“ der kleindeutsch und propreußisch eingestellten Liberalen. Bei der Gründungsversammlung der „Deutschen Partei“ in Stuttgart waren auch zwei Ravensburger anwesend.[123]

Im Zuge der weiteren Liberalisierung trat in Württemberg 1868 ein neues, für deutsche Verhältnisse sehr fortschrittliches Wahlrecht für die Wahlen zur Abgeordnetenkammer des Landtags in Kraft. Wahlberechtigt waren jetzt alle volljährigen männlichen Staatsbürger, auch diejenigen, die keine Steuern zahlten.

Vor den Landtagswahlen im Juli 1868 traten sowohl die „Deutsche Partei“ als auch die „Volkspartei“ in Erscheinung, letztere allerdings nur in einer einzigen Anzeige, in der sie die erstmals Wahlberechtigten aufforderte, von ihrem Wahlrecht auch wirklich Gebrauch zu machen. Nicht zu Unrecht versprach sie sich gerade aus diesem Wählerkreis Stimmen. Einen eigenen Kandidaten nominierte sie nicht. Der bisherige Landtagsabgeordnete Konrad Lupberger war großdeutsch eingestellt und besaß deshalb auch die Sympathien der Anhänger der „Volkspartei“, obwohl er ein in der Wolle gefärbter katholischer Konservativer war. Er wurde von den Wählern im Oberamtsbezirk Ravensburg mit der überwältigenden Mehrheit von 3.149 Stimmen gewählt, während sein Gegenkandidat von der Deutschen Partei nur 375 Stimmen erhielt.[124]

Die Liberalisierung des politischen Lebens seit dem Thronwechsel von 1864 machte auch die Neugründung von Arbeitervereinen möglich. Bereits im Oktober desselben Jahres wurde der Ravensburger Arbeiterverein unter dem Namen „Arbeiterbildungsverein“ wiederbegründet. Er besaß 1867 schon 90 Mitglieder und stand damit unter den württembergischen Arbeitervereinen an siebter Stelle, noch vor Ulm.[125]

Kurze Zeit nachdem im August 1869 die „Sozialdemokratische Arbeiterpartei“ (SDAP) in Eisenach gegründet worden war, unternahm August Bebel, einer ihrer Gründer, eine Agitationsreise durch Süddeutschland, um bei den dortigen Arbeitervereinen für die neue Partei zu werben. Er wusste, das dies in Württemberg auf Widerstand stoßen würde, da hier die meisten Arbeiter zur Volkspartei tendierten.[126]

Seine Reise führte Bebel am 16. November 1869 auch nach Ravensburg, wo er im Gasthof Dreikönig, dem Vereinslokal des Arbeiterbildungsvereins, eine Rede hielt. Unter den zahlreichen Zuhörern waren nicht nur Vereinsmitglieder, sondern auch viele andere Bürger und sogar einige Unternehmer.[127] Der Besuch des damals bereits sehr bekannten Politikers zeigt, welche Bedeutung Ravensburg inzwischen als Industriestandort gewonnen hatte. Nach einigem Zögern trat der Ravensburger Arbeiterbildungsverein im April 1870 schließlich doch der SDAP bei, um jedoch in einer patriotischen Aufwallung bereits während des Deutsch-Französischen Kriegs wieder auszutreten.[128] Von da an hielt sich dieser Verein von jeglicher politischer Aktivität fern und beschränkte sich auf die Funktion eines gesellschaftlichen und kulturellen Sammelbeckens der Arbeiterschaft.

Der Deutsch-Französische Krieg 1870/71 und seine Auswirkungen auf die Stadt

Schon im Frühjahr 1870 ging die Kriegsfurcht in Ravensburg um. Von Seiten der Volkspartei wurde heftig gegen das 1868 erlassene Kriegsdienstgesetz polemisiert, das jeden württembergischen Staatsbürger für kriegsdienstpflichtig erklärt hatte.[129] Otto Deffner, der alte Kämpe für Demokratie und eine großdeutsche Lösung der Deutschen Frage, gründete in Anlehnung an die Jahre 1848/49 einen neuen „Volksverein“, der der Volkspartei nahe stand.[130] Mit ihrer Parteinahme für Österreich befand sich die Mehrheit der Ravensburger im Gegensatz zur offiziellen württembergischen Politik. Das wurde besonders deutlich, als der Ravensburger Liederkranz als Gastgeber des großen Liederfests des Schwäbischen Sängerbunds an Pfingsten 1870 auch den Männergesangsverein Wien einlud. Ein kräftiger Rüffel von Seiten der Stuttgarter Zentrale des Schwäbischen Sängerbunds war die Folge, was wiederum den Liederkranz stark verschnupfte.[131]

Mit dem Ausbruch des Kriegs am 19. Juli verstummte zunächst einmal aller Parteienzank. Keine Stimme erhob sich mehr gegen Preußen, mit dem die Württemberger nun Seite an Seite kämpften. Noch im gleichen Monat wurde, wie in allen anderen württembergischen Oberämtern auch, ein Vaterländischer Bezirkshilfsverein für verwundete und kranke Soldaten gegründet, dem alles, was in Ravensburg Rang und Namen hatte, beitrat. Der neue Verein koordinierte die Aktivitäten zahlreicher anderer Ravensburger Vereine, die mithelfen wollten. Zunächst ging es um Geld- und Sachspenden, die gesammelt und sowohl an die Front als auch an Zivilpersonen in den betroffenen Gebieten versandt werden sollten. In Absprache mit ihren oberschwäbischen Schwestervereinen bildeten die Turner ein Sanitätskorps, das sich um die aus dem Feld kommenden Verwundeten kümmern sollte.[132]

Verschiedene Frauenvereine lieferten Verbandmaterial, und der Arbeiterbildungsverein organisierte Theateraufführungen und Gesangsdarbietungen, deren Erlös seinen im Felde stehenden Mitgliedern zugute kommen

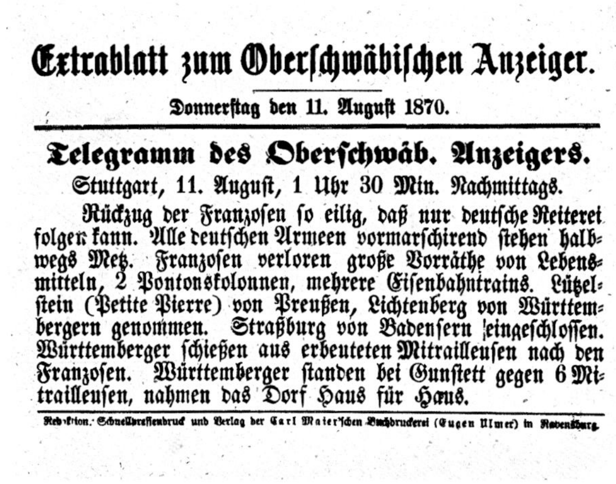

Extrablatt zum Oberschwäbischen Anzeiger.

Donnerstag den 11. August 1870.

Telegramm des Oberschwäb. Anzeigers.

Stuttgart, 11. August, 1 Uhr 30 Min. Nachmittags.

Rückzug der Franzosen so eilig, daß nur deutsche Reiterei folgen kann. Alle deutschen Armeen vormarschirend stehen halbwegs Metz. Franzosen verloren große Vorräthe von Lebensmitteln, 2 Pontonskolonnen, mehrere Eisenbahntrains. Lützelstein (Petite Pierre) von Preußen, Lichtenberg von Württembergern genommen. Straßburg von Badensern eingeschlossen. Württemberger schießen aus erbeuteten Mitrailleusen nach den Franzosen. Württemberger standen bei Gunstett gegen 6 Mitrailleusen, nahmen das Dorf Haus für Haus.

Redaktion, Schnellpressendruck und Verlag der Carl Maier'schen Buchdruckerei (Eugen Ulmer) in Ravensburg.

Extrablatt des „Oberschwäbischen Anzeigers" v. 11. August 1870
Das Extrablatt berichtet über die jüngsten militärischen Erfolge der deutschen und besonders der württembergischen Truppen in dem am 19. Juli ausgebrochenen Deutsch-Französischen Krieg.

sollte. Wie viele Ravensburger ausrücken mussten, lässt sich nicht mehr exakt nachweisen. Es dürften an die 300 gewesen sein.[133]

Angesichts des Ernsts der Lage wurden kurz nach Kriegsbeginn Stimmen laut, das Rutenfest im August ausfallen zu lassen. Als dann aber Mitte August nach der Schlacht bei Metz ein erster großer Sieg über Frankreich gefeiert werden konnte, fand das Ravensburger Heimatfest doch statt, wenn auch mit gewissen Einschränkungen.[134] Die Attraktion des Fests war ein großes Schlachtenpanorama, das ein gewitzter Schausteller auf dem Platz vor dem Frauentor aufgestellt hatte. Dort waren nicht nur die Schlachten des amerikanischen Sezessionskriegs und des Kriegs von 1866 zu bestaunen, sondern auch bereits die ersten deutschen Siege des gegenwärtigen Kriegs.[135]

Nach der siegreichen Schlacht von Sedan, die mit Beflaggung der Häuser und Fackelzug gefeiert wurde, fand am 7. September auf Einladung des neuen Stadtschultheißen Khuen und einiger anderer Honoratioren eine Bürgerversammlung im Gasthof Lamm statt, bei der eine Resolution verabschiedet wurde, die den Beitritt der süddeutschen Staaten zum Norddeutschen Bund und die Rückgabe Elsaß-Lothringens an das „Deutsche Reich" forderte. Es wurden zahlreiche Toasts ausgebracht, auch auf Bismarck und Moltke.[136] Die Kleindeutschen witterten nun Morgenluft! Dass es aber weiterhin Anhänger einer großdeutschen Lösung unter Einbeziehung Österreichs gab, bewiesen die schwarz-rot-goldenen Fahnen, die man im Städtchen neben den schwarz-weiß-roten sah.[137]

Am 12. Oktober traf mit der Bahn erstmals ein großer Krankentransport ein: 50 Soldaten aus ganz verschiedenen Gegenden Deutschlands, die im teilweise zu einem Lazarett umgewandelten städtischen Spital untergebracht und versorgt wurden. Als einer von ihnen, ein Hesse, kurz darauf verstarb, löste dies große Betroffenheit aus. An der feierlichen Beerdigung auf dem Ravensburger Friedhof nahmen Liederkranz, Turnverein, Veteranenverein und Feuerwehr teil, aus Weingarten die dort anwesenden Soldaten des 2. Württembergischen Infanterie-Regiments.[138]

Wenige Tage später veranstaltete der Turnverein im Alten Theater eine Vorstellung zugunsten des Invalidenfonds. Zur Aufführung gelangten einige der damals sehr beliebten „Lebenden Bilder". Die dargestellten Tableaus lauteten beispielsweise „Des Kriegers Abschied", „Der erste Tote dieses Krieges", „Germania". Sie wurden von Männerchören musikalisch untermalt. Die Lazarettinsassen nahmen, soweit sie nicht ans Bett gefesselt waren, als Ehrengäste teil.[139]

Nachdem sich im Lauf des Herbsts abzeichnete, dass eine politische Lösung der „Deutschen Frage" unmittelbar bevorstand, löste der König den erst zwei Jahre zuvor gewählten Landtag auf, um den Wählern Gelegenheit zu geben, durch eine Neuwahl des Landtags entweder für oder gegen den Anschluss Württembergs an den Norddeutschen Bund Stellung zu nehmen. Bei den auf den 6. Dezember angesetzten Wahlen wurden die Wähler des Oberamts Ravensburg vor eine klare Alternative gestellt: gegen den bisherigen Abgeordneten Lupberger, der seit 1851 im Landtag saß und großdeutsch eingestellt war, kandidierte der erst wenige Monate zuvor in sein Amt eingesetzte 16 Jahre jüngere Ravensburger Stadtschultheiß Albert Khuen, der sich gegen eine Aufnahme Österreich-Ungarns in den angestrebten deutschen Bundesstaat aussprach.

In mehreren Zeitungsinseraten warben einige Landgemeinden für Lupberger: „Wir erwarten nichts Gutes von der Preußenthümelei", verkündeten beispielsweise die Bodnegger Wahlmänner in ihrer am 2. Dezember erschienenen Anzeige. Was viele vorausgesehen hatten, trat ein: diesmal siegte der Kandidat der Kleindeutschen Khuen, für den 1.748 Wähler stimmten, während Lupberger nur auf 1.427 Stimmen kam.[140] Auch wenn wir die Wahlergebnisse der einzelnen Orte nicht kennen, darf doch als sicher angenommen werden, dass Khuen hauptsächlich in Ravensburg und Weingarten eine Stimmenmehrheit erhielt, während die Landgemeinden wohl weiterhin überwiegend großdeutsch wählten.

Der Krieg war aber noch nicht zu Ende. Das Weihnachtsfest stand diesmal ganz im Zeichen der Fürsorge für die verwundeten und kranken Soldaten, die im Ravensburger Lazarett lagen. Am 10. Dezember war nochmals ein Transport mit 40 pflegebedürftigen Soldaten angekommen. Einer von ihnen, ein Schwerverwundeter, starb am zweiten Weihnachtsfeiertag an einer Blutvergiftung.[141] An Silvester fanden diesmal keine lauten Lustbarkeiten statt.

Während man in Ravensburg die Proklamation des preußischen Königs Wilhelm I. zum Deutschen Kaiser am 18. Januar 1871 in Versailles nicht groß feierte – es war ja noch immer Krieg – fand am 6. März, dem Geburtstag König Karls I. von Württemberg, eine glanzvolle Friedensfeier mit Festgottesdiensten, Fackelzug, Freudenfeuern und feierlichen Reden statt. Die ganze Stadt war festlich illuminiert und in der Bachstraße errichtete man einen Obelisken, der von einem Eisernen Kreuz bekrönt wurde.[142]

Drei Tage zuvor waren erstmals Wahlen für den neuen Deutschen Reichstag durchgeführt worden. Im Wahlbezirk 17, der die Oberämter Ravensburg, Tettnang, Saulgau und Riedlingen umfasste, kandidierten der eindeutig als kleindeutsch und preußenfreundlich geltende Ravensburger Stadtschultheiß und Landtagsabgeordnete Khuen und der Stuttgarter Rechtsanwalt Rudolf Probst, der zwar an den vollendeten Tatsachen auch nichts mehr ändern wollte und konnte, aber früher stets für eine Einbeziehung Österreichs in den neuen Deutschen Bund plädiert hatte und somit die Sympathien all derer besaß, die mit der jetzigen politischen Lösung, einem kleindeutschen Kaiserreich unter Führung Preußens, unzufrieden waren. Das Wahlergebnis konnte denn auch kaum überraschen: Khuen hatte zwar in den Oberamtsstädten überall die Nase vorn, insgesamt kam er jedoch nur auf 5.001 Stimmen, während Probst 7.131 Stimmen erhielt und somit gewählt war.

Im Mai war es dann soweit, dass die städtische Verwaltung Bilanz über ihre kriegsbedingten Ausgaben ziehen konnte. Die Mittel dafür waren nicht aus der Stadtkasse genommen worden, sondern aus dem Stiftungsvermögen. Zwischen Oktober und Mai waren 126 Soldaten versorgt worden. Das hatte Ausgaben in Höhe von 4.151 fl verursacht. Jeder Soldat, der entlassen wurde, erhielt für die Heimreise 3 fl Reisegeld. Wer in Frankreich an der Front gewesen war, bekam zusätzlich 7 fl. Jeder Einheimische, der in den Krieg zog, war bereits vor der Abreise mit 5 fl, zwei Hemden und zwei paar Socken bedacht worden.[143]

Am 1. Juli kehrte das in Weingarten stationierte 2. württembergische Infanterieregiment in die Heimat zurück. Da Weingarten damals noch keinen Bahnanschluss besaß, kam der Sonderzug in Ravensburg an, wo den Heimgekehrten ein triumphaler Empfang bereitet wurde. Vor dem Rathaus hatte man einen monumentalen Triumphbogen errichtet, der dem Arc de Triomphe in Paris nachgebildet war. Die ganze Stadt war auf den Beinen. Es war das letzte Mal, dass sie Gelegenheit hatte, ein siegreiches Kriegsende zu feiern.

Ehrenpforte auf dem Postplatz zur Feier der Rückkehr des 2. württembergischen Infanterieregiments am 1. Juli 1871
Unter der fast 18 Meter hohen, dem Arc de Triomphe in Paris nachgebildeten Ehrenpforte erwartet die Bevölkerung die Rückkehr des in Weingarten stationierten Regiments. Zur Bewirtung der Soldaten sind Tische und Bänke aufgestellt.

Da das Regiment noch in Kriegsstärke war, fanden nicht alle Soldaten in der Weingartener Kaserne Unterkunft. 950 Mann mussten vorübergehend in Ravensburg untergebracht werden, was ohne Murren geschah. Von den 250 bis 300 Ravensburgern, die in den Krieg gezogen waren, kehrten sieben nicht zurück.[144] Das war im Vergleich zu vielen anderen auch kleineren Städten eine sehr geringe Zahl.

Die wirtschaftliche Entwicklung 1810–1871

Der Übergang Ravensburgs von Bayern an Württemberg im Herbst 1810 beendete zwar die für die Wirtschaft der Stadt so nachteilige Isolation als bayerische Exklave inmitten württembergischen Gebiets, aber im Vergleich zu früher, zur Zeit vor der Mediatisierung, befand sich die Stadt weiterhin in einer ungünstigen Randlage, nahe an den Grenzen Badens, Bayerns, Vorarlbergs und der

Schweiz, die mehr oder weniger auch Zollgrenzen waren. Das erschwerte sowohl den Export Ravensburger Produkte als auch den Besuch der Ravensburger Wochen- und Jahrmärkte durch nichtwürttembergische und insofern „ausländische" Produzenten, Händler und Konsumenten. Ein weiterer Nachteil der Randlage Ravensburgs waren die dadurch bedingten hohen Frachtkosten für die Produkte des hiesigen Gewerbes – vor allem Textilien (Strümpfe), Papier und Lederwaren –, die man auf dem neuen, bis 1810 eher vernachlässigten württembergischen Markt absetzen wollte, denn sie verteuerten die Ravensburger Produkte gegenüber der inländischen Konkurrenz.

Hinzu kamen bis 1815 die kriegsbedingten Behinderungen des Handels, die in der so genannten „Kontinentalsperre" gipfelten, dem vollständigen Boykott des Warenaustausches zwischen England und dem europäischen Kontinent. Das bekam man auch in Ravensburg zu spüren.

In der bereits zitierten Eingabe der hiesigen Kaufleute vom Dezember 1810 an das königliche Oberamt (vgl. Seite 27) wurde darüber geklagt, dass der Handel mit Kolonialwaren, Gewürzen, Zucker, Kaffee, Tee usw. vollständig zum Erliegen gekommen sei.[145] Württemberg musste sich als Verbündeter Napoleons wohl oder übel der öffentlichen Verbrennung englischer Ware anschließen, und so kam es am 1. Februar 1811 auch in Ravensburg zu einer solchen vom Oberamt angeordneten Aktion, die auf dem Platz vor dem Frauentor stattfand.[146]

Dass Ravensburg nach den ersten beiden schwierigen Jahrzehnten seiner Zugehörigkeit zu Württemberg dennoch aufblühte und seit der Mitte des 19. Jahrhunderts wieder der wichtigste Wirtschaftsstandort Oberschwabens wurde, verdankte es vor allem seinem Stadtschultheißen Franz v. Zwerger, einem Mann, der als Kommunalpolitiker und Landtagsabgeordneter ebenso wie als Unternehmer jahrzehntelang erfolgreich für das Wohl der Stadt und der ganzen Region wirkte. Gemeinsam mit einigen Ravensburger Kaufleuten war er der Motor der vergleichsweise frühen Industrialisierung Ravensburgs. Er erkannte früher als andere, welche Zukunftsperspektiven die Eisenbahn eröffnete. Dass Ravensburg zu den ersten Städten in Württemberg mit Eisenbahnanschluss gehörte, war nicht zuletzt sein Verdienst. Kein anderer oberschwäbischer Politiker hat wie er dafür gekämpft, dass die Zollschranken ringsum durch Handelsabkommen und Zollverträge abgebaut wurden. Vor allem ihm ist es auch zuzuschreiben, dass zwischen 1835 und 1847 die junge Ravensburger Textilindustrie vom württembergischen Staat durch zinsgünstige Darlehen so gefördert und gefestigt wurde, dass die Stadt in der zweiten Hälfte des 19. Jahrhunderts und bis weit ins 20. Jahrhundert hinein einer der bedeutendsten Standorte der württembergischen Textilindustrie war.

Zwerger erkannte außerdem, dass der seit 1834 bestehende Deutsche Zollverein die Möglichkeit bot, kapitalstarke Industrieunternehmen der Schweiz nach Oberschwaben zu locken mit der Aussicht, sich durch die Gründung von Filialbetrieben das große Gebiet des Deutschen Zollvereins als Absatzmarkt zu erschließen.[147]

Mit seinem Eintreten für die Beibehaltung des Prinzips der konfessionellen Parität in den beiden wichtigsten städtischen Gremien, dem Gemeinderat und dem Bürgerausschuss, hatte Zwerger, der ja ein „Reingeschmeckter" war, Einfühlungsvermögen gegenüber geheiligten bürgerlichen Traditionen bewiesen. Weniger Respekt zeigte er allerdings gegenüber den Handwerkerzünften, die aus Existenzangst jede Lockerung des Zunftsystems, jeden Versuch zur Gründung von Großbetrieben, von Manufakturen und Fabriken, zu verhindern suchten. Es bedurfte großer Geduld, die Bürger davon zu überzeugen, dass sich der „Zunftzwang" überlebt hatte und die schrittweise Einführung der Gewerbefreiheit unumgänglich war, wollte man nicht gegenüber anderen Standorten hoffnungslos ins Hintertreffen geraten.

Wochen- und Jahrmärkte

Nachdem Ravensburg 1810 württembergisch geworden und damit aus seiner unfreiwilligen Isolation befreit war, gelang es der Stadt, ihren alten Rang als zentraler Marktort im südlichen Oberschwaben allmählich wiederzuerlangen. Dabei kam ihr zugute, dass der Nachbarort Altdorf-Weingarten seine frühere Bedeutung als politischer, aber auch wirtschaftlicher Mittelpunkt der österreichischen Landvogtei Schwaben verloren hatte. Den einstigen Untertanen der Landvogtei konnte nun nicht mehr wie früher der Besuch des Ravensburger Marktes einfach verboten werden.[148]

Der Ravensburger Wochenmarkt am Samstag war von jeher in erster Linie ein Lebensmittelmarkt, auf dem die Bauern der Umgebung sowohl Händlern als auch Endverbrauchern ihre Produkte anboten. Ein wichtiger Bestandteil war aber auch der so genannte Krämermarkt, auf dem ursprünglich nur einheimische Händler ihre „Kramwaren" verkaufen durften. Dazu gehörten Gewürze aller Art, Öl, Tabak, Zucker, Wachs, Unschlitt, Schmalz, Spirituosen, aber auch „Kurzwaren" wie Borten, Bänder und Knöpfe, Eisenwaren wie Draht, Nägel und Werkzeug, weiterhin Schreibpapier und Bücher und schließlich Schuhe, Hüte, Handschuhe, Tuche und andere Textilien in kleinen Mengen.[149]

Obst- und Geflügelmarkt in der Marktstraße, Lithografie v. J. Bayer, um 1860
Auf der linken Straßenseite ist die Brotlaube, weiter oben der Gasthof zum Rad zu erkennen.

Über der Frage, ob auch fremde Krämer zugelassen werden sollten, kam es zu langwierigen Auseinandersetzungen zwischen der staatlichen Obrigkeit, die dies verlangte und dem Gemeinderat, der den Schutz der einheimischen Händler im Auge hatte. Stadtschultheiß Zwerger sah sich hier in einer Zwickmühle: einerseits befürwortete er prinzipiell eine liberale Wirtschaftspolitik, andererseits fühlte er sich aber auch den Ravensburger Kaufleuten verpflichtet. Mit der Gewerbeordnung von 1828 wurde die Sache dann endlich entschieden: Von nun an war jeder Krämer, der württembergischer Staatsangehöriger war, zum Wochenmarkt zugelassen.[150] Nach 1860 ging der Umsatz auf dem Krämermarkt allmählich zurück. An seine Stelle traten nun mehr und mehr Einzelhandelsgeschäfte.

Seine überregionale Bedeutung verdankte der Ravensburger Wochenmarkt jedoch dem Korn- und Viehhandel. Oberschwabens wichtigstes Exportgut war spätestens seit der Mitte des 17. Jahrhunderts Getreide, das vor allem in die Nordostschweiz und nach Vorarlberg verkauft wurde, wo die klimatischen Bedingungen für den Getreideanbau weniger günstig waren. Die Ravensburger „Schranne", in der unter den angebotenen Getreidesorten entspelzter Dinkel (in Oberschwaben als „Kernen" bezeichnet) an vorderster Stelle stand, war sowohl Handels- wie Lagerhaus. Sie entwickelte sich seit der Mitte des 19. Jahrhunderts zur drittgrößten in Württemberg nach Ulm und Biberach und konnte diese Position bis etwa 1875/80 halten.

Dem Ravensburger *Kornhandel* kam in der ersten Hälfte des 19. Jahrhunderts die Verbesserung der Verkehrswege zugute: Die Dampfschifffahrt auf dem Bodensee – seit 1824 verkehrte das württembergische Dampfschiff „Wilhelm" regelmäßig zwischen Friedrichshafen und Rorschach – und die Bahnverbindung zwischen Friedrichshafen und Ravensburg (seit November 1847) ermöglichte es den Kornhändlern aus Rorschach, binnen eines Tages ihre Geschäfte in Ravensburg abzuwickeln und abends wieder nach Hause zurückzukehren.

Der Ausbau des europäischen Eisenbahnnetzes hatte letztlich aber den Niedergang des Ravensburger Kornmarktes zur Folge, denn nach Eröffnung der Arlbergbahn im Jahr 1884, die den Verkehr zwischen Osteuropa und dem Bodenseeraum ganz entscheidend verbesserte, gelangte das preiswertere ungarische und russische Getreide auf die Märkte der Schweiz und Vorarlbergs. Daraufhin brach der oberschwäbische Getreideexport binnen weniger Jahre regelrecht zusammen.[151]

D 1 **Entwicklung des Getreidemarktes 1836 – 1904**
Umsatz in Tonnen

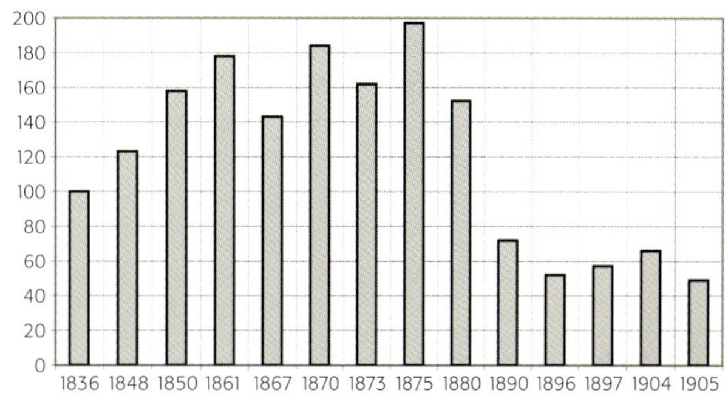

Länger als der Kornmarkt hielt sich der *Viehmarkt*, der im 19. Jahrhundert zeitweise sogar der größte im ganzen Land war und jeden Samstag im südlichen Teil des heutigen Marienplatzes stattfand. Seine Bedeutung lässt sich an ein paar Zahlen verdeutlichen: 1835 wurden 12.390 Rinder verkauft, 1867 rund 14.000. Der Umsatz stieg von 154.600 fl im Jahr 1824 auf 735.000 fl im Jahr 1867.[152] Die Kundschaft kam bis 1870 vor allem aus Oberschwaben, dem Allgäu und der Schweiz, nach dem Krieg von 1870/71 auch aus dem Elsaß.[153] Im Volksmund heißt dieser städtebaulich schönste Teil des Marienplatzes immer noch Viehmarkt.

Fast ebenso wichtig war der *Schweinemarkt*. In den sechziger Jahren des 19. Jahrhunderts wurden in Ravensburg jährlich zwischen 14.000 und 17.000 Schweine verkauft, so dass an guten Markttagen bis zu 600 Rinder und Schweine den Besitzer wechselten. Dazu kam noch eine beträchtliche Zahl von Schafen, Hasen und Hühnern.[154]

Der Ravensburger Viehmarkt, Lithografie v. J. Bayer, um 1860

Räumlich erstreckte sich der Wochenmarkt auf mehrere Plätze und Straßen der Altstadt. Er reichte von der Bauhütte im Norden, wo sich der Holzmarkt befand, bis zum Kästlinstor im Süden und bezog in der Oberstadt auch noch Markt-, Kirch- und Eichelstraße sowie Gespinstmarkt und Rathausgasse mit ein.[155]

Seit 1840 fand zusätzlich zweimal jährlich in der Bachstraße ein *Pferdemarkt* statt, der rasch an Bedeutung gewann und besonders aus der Nordostschweiz viele Kunden anzog. In den St. Galler Zeitungen erschienen regelmäßig Annoncen, die auf ihn aufmerksam machten. Seinen Höhepunkt erreichte er nach 1860, als pro Jahr bis zu 600 Pferde angeboten wurden.[156]

Neben den Wochenmärkten begründeten die ursprünglich viermal jährlich stattfindenden *Jahrmärkte* den Rang Ravensburgs als wichtigster Marktort im südlichen Oberschwaben. Im 19. Jahrhundert waren allerdings nur noch zwei Jahrmärkte übrig geblieben: der Veitsjahrmarkt am Freitag und Samstag nach St. Veit (15. Juni), dem Schutzpatron der Ravensburger Veitskapelle und der Veitsburg, und der Martinijahrmarkt am Freitag und Samstag nach Martini (11. November), dem traditionellen Termin der Abrechnung am Ende des bäuerlichen Wirtschaftsjahrs („Martinirechnung") und der Entlohnung von Knechten und Mägden.

Während der Veitsmarkt gegen Ende des 19. Jahrhunderts einschlief – im „Oberschwäbischen Anzeiger" ist er das letzte Mal 1896 nachzuweisen – hielt sich der Martinimarkt bis heute, wenn auch in erheblich bescheidenerem Umfang als im 19. Jahrhundert. Damals dehnte er sich über den Bereich der Altstadt bis zur Kuppelnau, dem traditionsreichen Festplatz nördlich der Altstadt, aus. Das Warenangebot war in besonderem Maß auf den Bedarf der bäuerlichen Kundschaft aus dem Umland zugeschnitten.

Natürlich besaßen die Märkte auch für manche Gewerbe, die nicht unmittelbar am Marktgeschehen beteiligt waren, große Bedeutung: vor allem natürlich für die Gastwirte, aber auch für andere Dienstleistungsberufe wie Barbiere, Ärzte, Apotheker, Rechtsanwälte, denn die Landleute, die zu Fuß, zu Pferd oder mit der Kutsche aus nah und fern in die Stadt kamen, wollten nebenbei noch möglichst viel erledigen. Da im südlichen Oberschwaben seit der „Vereinödung" im 18. Jahrhundert Einzelhöfe und kleine Weiler als Siedlungsformen überwogen und es kaum größere Dörfer gab, bot für die meisten Bauern der Marktbesuch neben dem sonntäglichen Kirchgang und dem nur einmal im Jahr, am Freitag nach Himmelfahrt stattfindenden Weingartener „Blutritt" die einzige Möglichkeit, unter die Leute zu kommen, Neuigkeiten zu erfahren und all das in Anspruch zu nehmen, was ihnen nur in der Stadt geboten werden konnte.

Ein Markt ganz besonderer Art darf in diesem Überblick nicht übergangen werden, der so genannte „Hütekindermarkt", der sich bis ins 17. Jahrhundert zurückverfolgen lässt. Alljährlich zogen im März Kinder armer

Der Hütekindermarkt in der Bachstraße, Lithografie v. J. Bayer, 1849

Diese erste bildliche Darstellung des sogenannten Kindermarkts erschien während der Revolution von 1848/49 in der Ravensburger Zeitung „Die neue Zeit". Sie zeigt Kinder armer Bergbauern aus Tirol, Vorarlberg und Graubünden, die um Josephi (19. März) nach Ravensburg kamen, um den Sommer über bei oberschwäbischen Bauern zu arbeiten. Der Bildtitel „Sklavenmarkt" ist zwar eine journalistische Übertreibung, aber tatsächlich handelte es sich hier um einen schwerwiegenden sozialen Missstand, der erst in den zwanziger Jahren des 20. Jahrhunderts ein Ende fand.

Pferdemarkt beim Untertor, Fotografie v. P. Scherer, ca. 1900/1910
Der erst seit 1840 bestehende, zweimal jährlich abgehaltene Pferdemarkt erfreute sich regen Zuspruchs nicht nur in Oberschwaben, sondern weit darüber hinaus bis in die Schweiz.

Bergbauern aus den Alpenländern, vor allem aus Vorarlberg, Tirol und Graubünden, vereinzelt auch aus dem Appenzeller und St. Galler Land, zum Teil in Begleitung eines Erwachsenen, nicht selten eines Geistlichen, nach Oberschwaben, um bis in den Herbst hinein auf den Bauernhöfen hier und im Allgäu Arbeit zu finden: die Mädchen als Haushaltshilfen und Kindsmägde, die Buben als Viehhirten und Gehilfen im Stall und bei der Ernte. Ein Teil dieser zwischen 6 und 15 Jahre alten Kinder ging nach Friedrichshafen oder Tettnang, die Mehrzahl aber versammelte sich um den Josephstag (19. März) herum in Ravensburg beim Gasthof zur Krone in der Bachstraße, wo während des samstäglichen Wochenmarkts der Hütekindermarkt abgehalten wurde.

Bauern aus dem näheren und weiteren Umland suchten unter den Kindern eines oder mehrere aus, die ihnen geeignet schienen. Nachdem der Lohn mit Hilfe der Begleiter der Kinder ausgehandelt war, nahmen die Bauern die Kinder mit auf ihre Höfe, wo sie bis Oktober blieben, um sich dann, neu eingekleidet und mit ein paar Gulden im Sack, wieder in Ravensburg zu versammeln und gemeinsam in größeren oder kleineren Grüppchen die Heimreise anzutreten. Diese unter sozialpolitischen Gesichtspunkten höchst problematische und daher seit dem ausgehenden 19. Jahrhundert auch immer stärker umstrittene „Schwabengängerei", wie der Hütekindermarkt in der Heimat der Kinder genannt wurde, blühte bis zum Ausbruch des Ersten Weltkriegs, verschwand aber erst in den zwanziger Jahren völlig.[157]

Einzelhandel und Großhandel

In seinen „Notizen über den dermaligen Zustand der Handlung in Ravensburg"[158] beklagte um 1811 ein anonymer Ravensburger Kaufmann die desolate Situation des Textilhandels, der doch einst so bedeutend gewesen sei. Der Großhandel sei fast völlig zum Erliegen gekommen, der Handel mit Woll-, Tuch-, Baumwoll- und sonstiger Textilware nur noch en détail möglich. Die Schuld dafür gab er der Wirtschafts-, vor allem der Zollpolitik der drei süddeutschen Staaten Bayern, Baden und Württemberg. In den folgenden zehn Jahren scheint sich die Situation kaum gebessert zu haben, obwohl schon seit geraumer Zeit Frieden herrschte.

1821 schrieb der eben erst zum Stadtschultheißen ernannte Franz v. Zwerger die wirtschaftliche Misere ebenfalls dem engstirnigen Egoismus einzelner Länder zu: „Handel und Gewerbe sind durchgehend im Sinken und werden es so lange [bleiben] als Deutschland einer Menagerie gleicht, in welcher jede Rasse ihren eigenen Kasten hat. Die Sperre Österreichs aller Straßen nach Italien und [in die] mittägliche [südliche] Schweitz hat hießigen Handel in Wollwaren ganz vernichtet [...] Hauptartikel des hießigen Handels sind Spezerei und lange Waaren [unzerschnittene Tuche], Vieh und Frucht [Korn]. Wäre die Schweitz uns verschloßen, so wüßten wir nicht, wohin mit unseren Urprodukten."

Früher hätten die Ravensburger Handelshäuser und „Strumpffabriken" (womit Betriebe gemeint waren, die Heimarbeiter beschäftigten) vielen Armen in Stadt und Land Brot und Erwerb verschafft, damit sei es jetzt vorbei.[159]

Ein Jahr später schlug Zwerger vor, die Ausfuhr textiler Rohstoffe und Halbprodukte wie Flachs, Hanf und Garn nach Italien und in die Schweiz zu erschweren oder ganz zu verbieten, da durch diesen Export den einheimischen Strumpfwirkern und Strumpfstrickern die Arbeit weggenommen würde.[160] Letztere waren seit Aufhebung der Kontinentalsperre gegenüber England 1813/15 einem erheblichen Druck ausgesetzt, da ihnen nun englische Strümpfe auf dem italienischen und Schweizer Markt Konkurrenz machten.[161]

Zwergers Vorschläge stießen allerdings bei etlichen Ravensburger Kaufleuten auf Widerspruch, die den Garnhandel in die Schweiz immer noch als Stütze ihres Geschäfts ansahen. Ihr Plädoyer enthielt den interessanten Hinweis, in Italien würde Leinwand in Erinnerung an frühere Zeiten auch heute noch als „Ravensburger Tuch" bezeichnet.[162]

Angesichts der schwierigen Marktsituation wurden nach 1810 die so genannten „Professionisten" für die „gelernten" Kaufleute, die eine reguläre vierjährige Lehrzeit absolviert hatten, zunehmend zu einem Ärgernis. Als „Professionisten" bezeichnete man Handwerker, die mangels ausreichender Arbeit zusätzlich mit eigenen und fremden Produkten Handel trieben, auch mit solchen, die nichts mit ihrem Handwerk zu tun hatten. 1812 standen 30 „gelernten" Kaufleuten 24 „Professionisten" gegenüber, 1818 waren es bereits 42 gegenüber nur 33 „gelernten" Kaufleuten.[163]

Um den Konflikt zwischen Kaufleuten und Handwerkern, der nicht allein auf Ravensburg beschränkt war, zu entschärfen, erließ das Oberamt Ravensburg im gleichen Jahr eine „Handlungsordnung", welche die Gründung einer „Handlungsinnung" für den gesamten Oberamtsbezirk vorsah, in der 167 „gelernte" Kaufleute, „Professionisten" und Krämer vom Lande zusammengefasst waren, davon allein 76 aus Ravensburg. Ihre Aufgabe war es, zu neuen an das Oberamt gerichteten Gesuchen um eine Handelskonzession gutachterlich Stellung zu nehmen. Die Hoffnung, damit die vorhandenen Probleme zu lösen, trog allerdings. Es gab weiterhin Streit zwischen Kaufleuten, Krämern und „Professionisten",

Geschäftshäuser Ecke Marktstraße und Gespinstmarkt,
Gouache (mit nachträglicher Beschriftung) v. J. Bayer, um 1865/70
Im Mittelpunkt die Eisenwarenhandlung von F. X. Honer, die 1874 vom Kaufmann August Thommel erworben wurde. Honer hatte bereits 1866 vor den Toren der Altstadt eine Werkzeugmaschinenfabrik gegründet, aus der 1921 die Maschinenfabrik Ravensburg hervorging.

der auch nach dem Inkrafttreten der liberalen württembergischen Gewerbeordnung von 1828 nicht aufhörte.[164]

Einig waren sich die Mitglieder der Handlungsinnung nur in der Ablehnung des Hausierhandels, der besonders draußen auf dem Land mit seinen vielen Einödhöfen verbreitet war und einen Teil der bäuerlichen Kaufkraft abschöpfte. Es war ein Kampf, der bis in die achtziger Jahre des 19. Jahrhunderts andauern sollte. Noch in den Jahren 1860 bis 1863 stellte das Oberamt Ravensburg insgesamt 467 Ausweise für „ausländische" (d.h. nichtwürttembergische) Hausierer aus.[165]

In einem Schreiben der Handlungsinnung vom 8. Januar 1833 an den frischgewählten Abgeordneten des Oberamts Ravensburg im Landtag, Franz v. Zwerger, wurde neben der Klage über die christlichen und jüdischen Hausierer, die die Bauern beschwatzen und übers Ohr hauen würden, auch der Wunsch nach einer baldigen Zollunion mit Baden vorgebracht.[166] Mit Bayern bestand eine solche bereits seit 1828.

Dem 1829 abgeschlossenen Handelsvertrag zwischen Württemberg, Preußen, Hessen und Bayern, der eine wichtige Vorstufe zum Deutschen Zollverein war, stand man in Ravensburg eher skeptisch gegenüber, da der Ravensburger Handel traditionell nach Süden und Westen, nicht aber nach Norden orientiert war und man von einer solchen Zollunion nachteilige Auswirkungen auf den Handel mit den Eidgenossen befürchtete.[167] Zwerger, der sich als liberaler Landtagsabgeordneter einer am Wohl des ganzen Landes orientierten Wirtschaftspolitik im Sinne Friedrich Lists verpflichtet fühlte, befürwortete jedoch den Deutschen Zollverein, der 1834 tatsächlich zustande kam und an dem 18 Staaten beteiligt waren.

Wie bedeutend der Ravensburger Handel in Richtung Süden und Südosten bis tief ins 19. Jahrhundert war, geht aus den in der Lokalzeitung veröffentlichten Listen der Fremden hervor, die zwischen 1809 und 1837 in den hiesigen Gasthöfen abstiegen. 2.880-mal ist in diesen 28 Jahren die Herkunft genannt, wobei natürlich zahlreiche Kaufleute die Stadt mehrfach besuchten. 375-mal wurden Reisende aus der Schweiz notiert, 144-mal solche aus Österreich. Unter den 20 am häufigsten genannten Herkunftsorten erscheint nur eine Stadt, die nicht im deutschen Süden liegt, nämlich Elberfeld mit 47 Nennungen. Die übrigen 19 Herkunftsorte lagen in Württemberg, Baden, Bayern, der Schweiz und Österreich, davon fünf allein im Bodenseeraum.[168]

Da das Großherzogtum Baden lange zögerte, der Zollunion beizutreten, dauerte der Schmuggel zwischen Württemberg und Baden wenige Kilometer westlich von Ravensburg an. In einer (undatierten) Eingabe an Zwerger schilderte der Vorstand der Handlungsinnung die Verhältnisse an der Grenze mit drastischen Worten: In der kleinen badischen Exklave Adelsreute seien kürzlich 30 Zentner Zucker und Kaffee angekommen, dann aber spurlos verschwunden. Die Bauern beiderseits der Grenze würden durch die Verlockungen dieser „Zollpest" zu Verbrechern, die Kaufleute aber hätten das Nachsehen.[169] Mit dem Beitritt Badens zum Zollverein 1836 war endlich auch dieses Problem aus der Welt geschafft.

In einer 1831 erstellten Übersicht über die Gewerbesteuer zahlenden Ravensburger Betriebe wurden 53 „Handlungen" aufgeführt, in denen außer dem Prinzipal insgesamt noch 22 Gehilfen beschäftigt waren. Daneben gab es 21 Kleinhändler, so dass die Gesamtzahl der im Groß- und Kleinhandel beschäftigten Personen bei 96 lag (gegenüber 649 handwerklich Tätigen).[170] Genaueres erfahren wir aus den Gewerbesteuerlisten des Jahres 1835. Unter den 50 größten Steuerzahlern befanden sich 23 Kaufleute, von diesen betrieben zehn ausschließlich Handel mit Textilien, ebenfalls zehn lebten vornehmlich vom „Spezereihandel", der es mit Waren zu tun hatte, „welche aus dem Morgenlande zu uns kommen und die in Kaffee, Zucker, Thee, Gummatas [Gummistoffe, Harze], Balsamen, feinen wohlriechenden und dann auch färbenden Hölzern, Gewürzen etc. bestehen"[171], kurzum mit Kolonialwaren und solchen Drogen und Arzneimitteln, deren Verkauf nicht ausschließlich den Apothekern vorbehalten war. Drei der Spezereihändler führten in ihrem Sortiment auch „Quinquaillerien", worunter Eisen- und Haushaltswaren verstanden wurden, außerdem gab es eine reine Eisenwarenhandlung sowie eine „Kunsthandlung", in der vor allem Kupferstiche und Lithografien verkauft wurden.[172]

Ein Vergleich mit den 50 größten gewerbesteuerzahlenden Betrieben der Jahre 1863/64 lässt zunächst vermuten, dass sich in diesen 28 Jahren nicht allzu viel verändert hatte: statt 23 befanden sich jetzt immerhin noch 19 „Handlungen" unter den 50 größten Steuerzahlern, darunter, wie 1835, zehn Textilgeschäfte, aber nur noch fünf, die mit „Spezereien, Öl- und Farbwaren" handelten. Zwei Geschäfte waren weiterhin auf „Quinquaillerien", eines ausschließlich auf Eisenwaren spezialisiert. An die Stelle des Kunsthändlers (1835 an 50. Stelle) war ein Buchhändler getreten, der den 31. Platz unter den 50 größten Firmen einnahm.[173]

D2 Anteil von Industrie und Handel am Steueraufkommen der 50 größten Gewerbesteuerzahler 1835 – 1911

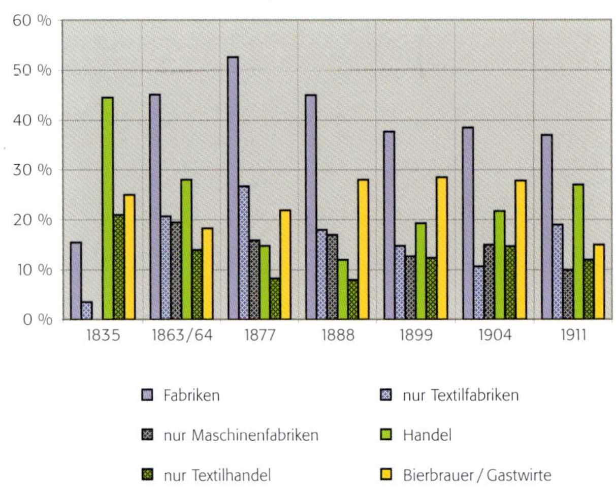

Bei einem Vergleich des Anteils der einzelnen Branchen am Gewerbesteueraufkommen zeigen sich allerdings erhebliche Unterschiede, wie D2 zeigt. Hatten die Kaufleute 1835 noch 45 % der Gewerbesteuer der 50 größten Steuerzahler aufgebracht, so waren es 1863/64 nur noch 28 %. Bei den reinen Textilgeschäften reduzierte sich der Anteil von 21 auf 14 %. Der Grund für diese Veränderung liegt auf der Hand und wird später ausführlich darzustellen sein: In der Zwischenzeit hatte die Industrialisierung große Fortschritte gemacht, Textil- und Maschinenfabriken gehörten nun gleichfalls zu den großen Steuerzahlern.

Vom Zunftzwang zur Gewerbefreiheit: das Ravensburger Handwerk im Umbruch

In den „Notizen über den dermaligen Zustand der Handlung in Ravensburg" eines nicht näher bekannten Kaufmanns, die wir bereits im vorhergehenden Kapitel zitiert haben, wurde die politische Lage um 1811, der „Wirtschaftskrieg" zwischen den verfeindeten europäischen Mächten, dafür verantwortlich gemacht, dass sowohl der Handel als auch die beiden wichtigsten exportorientierten Gewerbe der Stadt, die Strumpf- und Papierfabrikation, stark geschrumpft waren.[174] Doch als der Krieg zu Ende war, trat kaum eine spürbare Verbesserung ein. Die schlechte wirtschaftliche Lage erlaubte es den Ravensburger Strumpf- und Papierfabrikanten nicht, ihre Betriebe so zu modernisieren, dass sie der Konkurrenz in den Nachbarländern standhalten konnten. Es lag aber nicht nur am Kapitalmangel und der geringen Kaufkraft der Bevölkerung, dass bis zum Ende der zwanziger Jahre Handel und Gewerbe darniederlagen und viele Handwerker arbeitslos waren, es lag auch am starren System der Zunftverfassung, die bis ins Detail festlegte, wer welches Gewerbe ausüben oder eben nicht ausüben durfte, wie viele Gesellen und Lehrlinge ein Meister höchstens einstellen durfte, wem es erlaubt bzw. verboten war, bestimmte Waren herzustellen oder feilzubieten.[175] Auch der bereits erwähnte Streit zwischen „gelernten" Kaufleuten und „Professionisten", solchen Handwerkern also, die mangels ausreichender Arbeit zusätzlich noch etwas Handel zu treiben versuchten, gehört in diesen Zusammenhang.

In manchen Branchen gab es einfach zu viele Handwerker. Man sprach dann von einer „Übersetzung" des Handwerks. Ein Beispiel mag genügen: Bereits 1808 war die Zahl von 28 Schuhmachern als zu hoch angesehen worden. Bis 1834 stieg sie jedoch auf 46, also um mehr als 64 %, während sich im gleichen Zeitraum die Einwohnerzahl nur um 46 % erhöhte.[176]

Zwischen 1826 und 1850 finden sich in den Gewerbesteuerlisten hinter den Namen vieler Handwerker Vermerke wie „ohne Arbeit", „sehr arm" oder „nur im Taglohn". Dieses Schicksal betraf neben den Schuhmachern, Rebleuten und Zimmerleuten vor allem die Textilhandwerker: Strumpf- und Leineweber, Strumpfstricker und Schneider. Viele waren gezwungen, die städtische Armenfürsorge in Anspruch zu nehmen. Um die Kosten für die Unterstützung dieser Bürger und ihrer Familien möglichst niedrig zu halten, versuchte die städtische Verwaltung, ihnen einen Nebenerwerb im öffentlichen Dienst zu beschaffen, zum Beispiel als Nacht- oder Turmwächter, als Helfer im Kornhaus oder beim Wege- und Straßenbau.[177]

Das Ravensburger Textilhandwerk litt hauptsächlich unter der Konkurrenz ausländischer Großbetriebe und der als „Pfuscher" bezeichneten Landhandwerker, die den strengen städtischen Zunftgesetzen nicht unterworfen waren und daher billiger produzieren konnten.[178] Für den Niedergang der traditionsreichen Ravensburger Papiermacherei war dagegen eher der Kapitalmangel der Mühlenbesitzer verantwortlich, der sie daran hinderte, ihre Betriebe so zu modernisieren, wie das notwendig gewesen wäre, um konkurrenzfähig zu bleiben. Ein weiteres Handicap war der Mangel an Rohstoffen, da die Ravensburger Papiermacher den wichtigsten Rohstoff ihres Gewerbes, nämlich Lumpen, nur noch in einem eng begrenzten, vom württembergischen Staat festgesetzten Gebiet sammeln durften und ihnen der Teil ihres früheren Sammelgebiets, der bayerisches oder badisches „Ausland" geworden war, nunmehr verschlossen blieb. Für sie war die Randlage innerhalb Württembergs deshalb ein Handicap.[179]

Ein Indiz für den desolaten Zustand des Ravensburger Handwerks war auch der Verkauf der Mehrzahl der traditionsreichen, zum Teil noch aus dem Mittelalter stammenden Zunfthäuser zwischen 1810 und 1829, weil diese, nicht zuletzt aufgrund der vielen militärischen Einquartierungen seit 1792, zum größten Teil so baufällig geworden waren, dass die Zünfte sich nicht mehr in der Lage sahen, für ihre Erhaltung aufzukommen.[180] Die ziemlich geräuschlos über die Bühne gehende Veräußerung der altehrwürdigen Zunfthäuser mit ihren Trinkstuben, die vielfach noch ihre spätgotische Innenausstattung bewahrt hatten, zeigt aber auch, dass das zünftische Traditionsbewusstsein des Handwerks im Schwinden begriffen war.

Aus diesem Grund dürfte auch der Erlass einer liberalen Gewerbeordnung für das Königreich Württemberg im Jahr 1828 nicht allzu schmerzlich empfunden worden sein. Sie bedeutete für Ravensburg das Ende der acht seit dem späten Mittelalter bestehenden Zünfte und stellte zugleich einen ersten wichtigen Schritt in Richtung Gewerbefreiheit dar. An die Stelle der acht Zünfte traten 26 „Zunftvereine", wie sie nun offiziell hießen, was aber nichts daran änderte, dass im allgemeinen Sprachgebrauch die alte Bezeichnung „Zünfte" weiter lebte.

Mit der Auflösung der alten Zünfte verschwand auch der seit dem 16. Jahrhundert geübte Brauch, jeden neu eingetretenen Meister auf einer bemalten runden Holzscheibe, einer sogenannten Zunfttafel, mit einem auf sein Handwerk bezogenes Bildmotiv zu verewigen (vgl. die Abbildung auf der folgenden Seite).

Ein gravierender Unterschied gegenüber früher bestand darin, dass die 26 Zunftvereine nicht mehr auf die Stadt beschränkt waren, sondern das gesamte Oberamt

Zunfttafel der Schneider, Öl auf Holz, 1796 – 1828
Seit dem 16. Jahrhundert wurden die Handwerksmeister einer jeden der acht Zünfte mit ihrem Wappen oder einem anderen Symbol auf solchen runden Scheiben verewigt. Auf der hier abgebildeten Tafel erkennt man neben den Schneidern noch andere Berufsgruppen, die der Schneiderzunft angehörten, z.B. Hutmacher, Bürstenbinder, Strumpfwirker, Seiler und Papiermacher (am Schöpfsieb erkennbar). Mit der Aufhebung der Zünfte 1828 endeten die Einträge, weshalb einige Felder leer blieben.

umfassten. Im Zeichen der Lockerung des Zunftzwangs wurden die bisher von den Handwerksmeistern der Stadt scheel angesehenen „Pfuscher“ auf dem Land auf die gleiche Stufe gestellt und bildeten in den meisten Zunftvereinen nun sogar die Mehrheit. So kamen beispielsweise in der größten neuen Zunft, derjenigen der Leinenweber, von 166 Mitgliedern nur 16 aus Ravensburg, von den 80 Mitgliedern der Bäckerzunft dagegen immerhin 37.[181] An die Stelle der Zunftstuben traten Wirtshäuser. Dort hielten die Zünfte von nun an ihre Versammlungen und Beratungen über alle jene gewerberechtlichen Fragen ab, für die sie weiterhin zuständig waren. So tagten etwa im Gasthof Dreikönig die Zünfte der Drechsler und Kammmacher, der Hutmacher, der Leinenweber und der Wagner. Im Lamm kamen die Gold- und Silberschmiede, die Sattler, Säckler und Kürschner sowie die Strumpfweber zusammen, in der Krone neben den metallverarbeitenden Handwerkern auch die Schneider.[182]

Wichtiger als diese mehr äußerlichen Veränderungen waren die Bestimmungen der neuen, 1836 noch erweiterten Gewerbeordnung, die Schluss machten mit den jegliche unternehmerische Initiative hemmenden Zunftgesetzen. Diese hatten nur eines im Auge gehabt: jedem Zunftmitglied seine „auskömmliche Nahrung" zu sichern, egal wie tüchtig oder untüchtig einer war. Fortan an war es den Handwerksmeistern freigestellt, wie viele Beschäftigte sie in ihren Betrieben einstellten. Ebenso wurden die Vorschriften gelockert, die pedantisch genau festgelegt hatten, was und wie viel ein Unternehmer produzieren durfte. Auch der Einsatz von Maschinen in handwerklichen Betrieben war jetzt erlaubt. Groß- und Kleinhandel wurden ebenfalls liberalisiert, was besonders jenen Handwerkern zugute kam, die von ihrem Handwerk allein nicht leben konnten.[183]

Die mit dem Gewerbegesetz verbundenen neuen Rahmenbedingungen ermöglichten sehr bald auch in Ravensburg neue Betriebs- und Unternehmensformen und stießen die Tür zur Industrialisierung des Textilgewerbes auf, die im nächsten Kapitel dargestellt wird. Hier nur einige wenige Hinweise auf die Auswirkungen, die das Gewerbegesetz auf das örtliche Handwerk hatte.

Die „Strumpffabrik" Eduard Edingers, die 1831 125 Heimarbeiter beschäftigte, war sicher eine Ausnahme, aber immerhin war so etwas jetzt möglich.[184] Ansonsten gab es noch kaum Betriebe mit mehr als sechs bis sieben Beschäftigten. Der in den Gewerbestatistiken auftauchende Begriff „Fabrik" bezeichnete in der Regel nur einen im Vergleich zu den üblichen Ein- oder Zweimann-Werkstätten etwas größeren Betrieb. In der „Ziegelfabrik" des Dominik Stapf waren 1831 zum Beispiel sieben Personen beschäftigt, in der „Ölfabrik" von J. G. Ehrle, der Rapsöl herstellte, acht.[185] Auch die 1833 erwähnte „Löffelfabrik"[186] war sicher nur ein kleiner Betrieb. Selbst die 30 (!) Brauereien wurden in der Gewerbestatistik von 1831 als „Getränkefabriken" bezeichnet.[187] In der Oberamtsbeschreibung von 1836 werden außerdem erwähnt die „Chocolade-Fabrik" des Konditors Hoffmann und die „Riedle'sche Spielkartenfabrik, die bedeutenden Absatz namentlich in die Schweiz hat".[188]

Neben Strümpfen und Papier gehörten in den zwanziger und dreißiger Jahren kurioserweise auch Würste zu den für den Export bestimmten Produkten des Ravensburger Handwerks. Der Ravensburger Oberamtsarzt Dr. Schaettle erwähnte in einem 1829 verfassten „Versuch einer medicinischen Topographie" des Oberamts Ravensburg den „Verschleiß [Verkauf] von Würsten, die von den Metzgern in großer Menge verfertigt und nicht nur in die Nachbarschaft, sondern auch weiter verschickt werden", und fügte diesem Hinweis zehn Jahre später die Bemerkung hinzu, die „sogenannten Ravensburger Würste" würden bis Stuttgart verschickt. Es handle sich bei diesen Würsten um „nakte, grüne, das heißt frische Bratwürstchen, gediegene, das ist geräucherte und sogenannte Presswürste".[189]

Die Gewerbeordnung von 1828/36 setzte einen Innovationsprozess in Gang, der eine nicht vorhersehbare Dynamik entwickelte. Die 1828 neu formierten Zunftvereine bedeuteten kaum mehr einen Schutz für darbende Handwerksbetriebe. In einem Brief an die Kreisregierung Ulm konstatierte die Ravensburger Handlungsinnung 1847, dass im Grunde schon eine fast unbeschränkte Gewerbefreiheit bestehe.[190] So konnte auch nicht verhindert werden, dass traditionsreiche Gewerbe mangels Nachfrage verschwanden oder durch neue industrielle und kostengünstigere Produktionsmethoden verdrängt wurden, zum Beispiel bei den Strumpfstrickern, Goldstickern, Knopfmachern, Bleichern, Säcklern oder Gürtlern.[191]

Gesetzlich sanktioniert wurde die de facto schon vorhandene Gewerbefreiheit durch eine neue Gewerbeordnung, die 1862 alle Schranken beseitigte, die bis dahin noch bestanden.

Eine 1975 verfasste Untersuchung über die Auswirkungen der Gewerbefreiheit auf das Ravensburger Handwerk kommt zu dem Ergebnis, dass die wichtigste Veränderung, nämlich die Entstehung von Betrieben mit einer größeren Zahl von Beschäftigten, schon nach dem Inkrafttreten der Gewerbeordnungen von 1828 bzw. 1836 einsetzte und durch die Gewerbeordnung von 1862 kaum zusätzlichen Impulse mehr nötig hatte. Dagegen stieg 1862 und 1863 die Zahl der Neugründungen gewerblicher Betriebe, die zuvor zwischen 20 und 40 pro Jahr geschwankt hatte, kurzfristig auf 56 (1862) bzw. 71 (1863), um dann allerdings wieder auf durchschnittlich 30 pro Jahr abzusinken.[192]

Seit der Gewerbeordnung von 1862 gab es statt Zunftvereinen nur noch Innungen als Selbstverwaltungskörperschaften der einzelnen Handwerkszweige. Politisch mehr Gewicht als Interessenvertretung von Handel und Gewerbe erlangte der bereits ein Jahr später gegründete *Handels- und Gewerbeverein*. Er trat an die Stelle der Handlungsinnung und einer seit den fünfziger Jahren bestehenden gewerblichen Sektion des Landwirtschaftlichen Bezirksvereins, die keine große Wirksamkeit entfaltet hatte.[193] Dem neuen, rasch wachsenden Verein traten bereits bei seiner Gründung 70 Handwerker und 29 Kaufleute und Fabrikanten bei.[194]

Während dieser Verein in erster Linie die Interessen seiner Mitglieder gegenüber der Stadtverwaltung und dem Oberamt vertrat, war die 1867 gegründete Ravensburger *Handels- und Gewerbekammer* ein wirtschaftspolitisches Steuerungsinstrument, Teil einer von der Regierung für das ganze Land geschaffenen Organisation, die insgesamt acht Kammern umfasste. Jede dieser Kammern vertrat eine ganze Region, im Fall der Ravensburger Kammer waren es die Oberämter Ravensburg, Leutkirch, Wangen, Tettnang, Waldsee, Saulgau und Riedlingen. Neben einer schiedsrichterlichen Funktion bei Streitigkeiten zwischen ihren Mitgliedern – Kaufleuten, Fabrikanten und Handwerkern – hatten die Kammern vor allem die Aufgabe, der Stuttgarter Zentralstelle für Gewerbe und Handel regelmäßig über die wirtschaftliche Situation in ihren Sprengeln zu berichten, Gutachten zu wirtschaftspolitischen Fragen zu erstellen und auf etwa vorhandene Defizite hinzuweisen, um so eine gezieltere Gewerbeförderung durch den Staat zu ermöglichen. Mit der Einrichtung eigener Handwerkskammern im Jahr 1900 wurde die Ravensburger Kammer vorübergehend eine reine Handelskammer.[195]

Die Anfänge der Textilindustrie

Der Schritt vom Handwerk zur Industrie geschah mit der Einführung „maschineller Produktionsformen“.[196] Was die Industrie des 19. Jahrhunderts vom Handwerk unterschied, war neben dem Einsatz von Maschinen im Wesentlichen Folgendes: vermehrter Einsatz von Kapital, größerer Bedarf an Energie (Wasser, Holz, Kohle), eine größere Zahl von (gelernten und ungelernten) Arbeitskräften, zunehmende Arbeitsteilung und Spezialisierung (Handwerker als Facharbeiter) sowie Serienproduktion. Diese Aufzählung macht aber auch deutlich, dass die Grenzen zwischen Industrie und Handwerk fließend waren, und im Grunde sind sie das bis heute. Deshalb ist es bei der Erstellung von Statistiken schwierig, immer genau zwischen Handwerkern und Fabrikarbeitern, zwischen Handwerksbetrieb und Fabrik zu unterscheiden.

In Ravensburg und seinem Umland waren die Bedingungen für den Einsatz von Maschinen in einzelnen Gewerben unterschiedlich gut. Zwar gab es aufgrund des hier seit Jahrhunderten heimischen Textilgewerbes ein Reservoir an qualifizierten Arbeitskräften, aber es fehlte sowohl an Kapital für größere Investitionen als auch an ausreichender Wasserkraft zum Betrieb moderner größerer Anlagen. Deshalb kam die fabrikmäßige Erweiterung der Betriebe in den traditionellen und für eine Mechanisierung geeigneten Gewerben wie der Papiermacherei und der Strumpfweberei nur langsam und mühsam in Gang. Aber immerhin kam sie in Gang, dank staatlicher Hilfe, und zwar zuerst im Textilgewerbe.

Als Betriebsform hatte sich hier schon früh das so genannte Verlagssystem durchgesetzt: eine große Zahl von Textilhandwerkern und -handwerkerinnen – Spinner, Weber, Stricker, Bleicher, Färber und Tuchmacher – arbeitete nicht auf eigene Rechnung, sondern als Heimarbeiter, im Auftrag eines „Verlegers“ oder „Fabrikanten“, der für den zu verarbeitenden Rohstoff und für den Absatz des Produkts verantwortlich war.

Der Begriff „Fabrikant“ taucht bereits im 18. Jahrhundert auf, also noch vor der Mechanisierung des Textilgewerbes. Unter den Gründern solcher „Fabriken“ überwogen Kaufleute, die am ehesten über das erforderliche Kapital verfügten, betriebswirtschaftliche Erfahrung hatten und vor allem einen Überblick über die Absatzmöglichkeiten besaßen.

Stange mit Darstellung der oberschwäbischen Gewerbe, Blech, 1841
Die Stange wurde für den Festzug zur Feier des 25-jährigen Regierungsjubiläums König Wilhelms I. von Württemberg in Stuttgart angefertigt. Laut Inschrift wurde sie von den Gewerbetreibenden der Oberämter Ravensburg, Wangen, Leutkirch, Saulgau und Biberach gestiftet.

Kaufleute waren es auch, die mit dem Kauf teurer Maschinen aus dem Ausland, zunächst vor allem aus England, eine allmähliche Mechanisierung des Textilgewerbes ermöglichten. Dennoch hätte die Industrialisierung Württembergs im Allgemeinen und des mittleren Schussentals im Besonderen nicht den Verlauf genommen, den sie tatsächlich genommen hat, wenn nicht der Staat ab ca. 1835 einzelne Unternehmen durch günstige Darlehen gezielt gefördert hätte. Gefördert wurden solche Betriebe, deren Produktion exportorientiert war oder die Güter produzierten, die man bisher nur im Ausland hatte kaufen können.[197]

Bis in die zweite Hälfte des 19. Jahrhunderts war Ravensburg der einzige Standort südlich der Donau mit einem kontinuierlichen industriellen Wachstum, eine „Insel im agrarischen Oberschwaben".[198] Als Geburtsurkunde der Ravensburger Industrie kann ein Eintrag im Gemeinderatsprotokoll vom 18. Februar 1828 gelten: Demnach hatte der Schlossermeister *Anton Erb* dem Gemeinderat mitgeteilt, er habe „drei Maschinen zum Spinnen von Schafwolle für die Tuchmacher gefertigt", die er in der jetzt leer stehenden Leonhardskapelle an der Straße nach Wangen aufstellen wolle. Er bat den Gemeinderat um die Erlaubnis, zum Betrieb dieser Maschinen die Wasserkraft des an der Kapelle vorbeifließenden Stadtbachs durch Einbau eines Wasserrads zu nutzen. Dies wurde ihm genehmigt und obendrein erhielt er auf Veranlassung Zwergers eine Belobigung für seine Initiative.[199]

Hier liegt der seltene Fall vor, dass nicht ein Kaufmann, sondern ein Handwerker als Fabrikgründer auftrat, dazu noch einer, der die zum Einsatz bestimmten Maschinen selbst konstruiert hatte.[200] Allerdings war der tüchtige Schlossermeister letzten Endes doch nicht kapitalkräftig genug, um seine Wollspinnerei, die er bereits 1829 ins gleichfalls am Stadtbach gelegene städtische Lederhaus verlegte, auf Dauer betreiben zu können. Schon 1830 kam es zu einer Beteiligung des reichen Ravensburger Bankiers Franz Xaver Gosner[201] und seines Schwiegersohns, des Stadtschultheißen Franz von Zwerger, worauf sich die Firma vorübergehend *Anton Erb & Co.* nannte. 1834 ging sie vollständig auf Gosner und Zwerger über und firmierte von nun an unter dem Namen des Hauptteilhabers als *Schafwollspinnerei und Streichgarnfabrik Gosner & Co.*[202]

Der Schritt des Ravensburger Stadtoberhaupts in die Wirtschaft – wenn auch nur als stiller Teilhaber – sollte sich als klug und folgenreich erweisen. Die Firma war nicht nur jahrzehntelang als Wollspinnerei, später zusätzlich als Woll- und Baumwollweberei, erfolgreich, sie schärfte auch den Blick des Unternehmers Zwerger für wirtschafts- und verkehrspolitische Probleme und Erfordernisse und kam so letztlich der ganzen Stadt zugute.[203] In dieselbe Zeit fällt auch die Gründung der ersten „Fabrik", die Baumwolle verarbeitete, der Baumwollweberei des Kaufmanns Georg Friedrich Staib, die 1831 erstmals genannt wird. Es handelte sich aber um einen kleinen Betrieb, nur drei Personen waren dort beschäftigt.[204]

Blick auf Mehlsack und Obertor, Bleistiftzeichnung v. M. E. Emminger, 1837
Im Vordergrund die umgebaute ehemalige St. Leonhardskapelle, in der 1828 der Schlossermeister Anton Erb eine mechanische Wollspinnerei eröffnete. Dies war der Auftakt zu der in den folgenden Jahrzehnten aufblühenden Ravensburger Textilindustrie.

Die älteste exakte vom Staat in Auftrag gegebene Übersicht über die „Fabriken" in Württemberg aus dem Jahr 1831 zählte 330 Betriebe auf, davon 14 in Ravensburg. Der Begriff „Fabriken" ist hier deshalb in Anführungszeichen gesetzt, weil viele dieser Betriebe ebenso klein waren wie die Baumwollweberei Staib.

Zu den 14 Ravensburger „Fabriken" zählten auch die sechs „seit unvordenklichen Zeiten" (so der Wortlaut der Übersicht) bestehenden Papiermühlen. Sie beschäftigten jeweils nicht mehr als drei bis acht Personen.

Unter den fünf „Textilfabriken" stand die schon erwähnte *Strumpfweberei* des *Eduard Edinger* an erster Stelle. Mit zwei Geschäftsführern und 125 Heimarbeitern war sie der größte Ravensburger Betrieb überhaupt und zugleich die mit Abstand bedeutendste Strumpfweberei im Königreich Württemberg.[205] Eine weitere „Strumpffabrik" beschäftigte elf Personen, die *Wollspinnerei Erb & Co* 36. In der *Ehrleschen Ölmühle* waren acht Personen, in zwei *Ziegelfabriken*, die nur für den lokalen Bedarf produzierten, fünf bzw. sieben Personen beschäftigt.[206]

Wenn man die bei der Strumpfweberei Edinger außergewöhnlich hohe Zahl von Heimarbeitern (und sicher auch Heimarbeiterinnen) mitberücksichtigt, die zum Teil nicht in der Stadt, sondern im Umland lebten, so waren in der frühen Ravensburger Industrie der dreißiger Jahre des 19. Jahrhunderts alles in allem ca. 225 Personen beschäftigt, ohne diese Firma nur etwa hundert. Das war im Vergleich zu den etwa 640 bis 650 in den Ravensburger Handwerksbetrieben beschäftigten Personen[207] eine bescheidene Zahl.

Unter den Absatzgebieten der 14 Ravensburger „Fabriken" wurden genannt: siebenmal Württemberg, dreimal die Schweiz, zweimal Baden und je einmal Bayern und Sachsen.

Die Verarbeitung von Schafwolle (Wollspinnerei und -weberei, Strumpfstrickerei[208]) spielte zwar bis weit in die zweite Jahrhunderthälfte hinein noch eine gewisse Rolle, verlor aber nach 1840 gegenüber der Verarbeitung von Flachs und Baumwolle an Bedeutung. Wie stark in Ravensburg gerade die Wollspinnerei in den Jahren des industriellen „Take off" im Rückzug begriffen war, lässt sich an der Zahl der in den Spinnereien verwendeten Spindeln ablesen: 1835 waren 1.200 Spindeln im Einsatz, 1858 aber nur noch 780.[209]

*

Am Beginn des Siegeszuges der Baumwollverarbeitung in Ravensburg steht das Zusammengehen des ersten Ravensburger Baumwoll-„Fabrikanten", des schon erwähnten Georg Friedrich Staib, mit den Inhabern der Wollspinnerei Gosner & Co., Franz Xaver Gosner und Franz v. Zwerger, im Jahr 1836.[210] Der Anreiz zur gemeinsamen Gründung einer Baumwollweberei für „weiße Ware nach Schweizer Art" (vor allem Mousseline), deren Einrichtung mit einem erheblichen finanziellen Aufwand verbunden war, ging nicht zuletzt vom württembergischen Staat aus, der die Importabhängigkeit des Landes von Schweizer Baumwollwaren vermindern wollte. Mit langfristigen zinslosen Darlehen förderte er daher entsprechende unternehmerische Initiativen.[211]

Zwerger, der ja seit 1833 als Abgeordneter des Oberamts Ravensburg im Stuttgarter Landtag und somit auch nahe an den Hebeln der Macht und den Fleischtöpfen des Landes saß, hatte früh Wind von der neuen Variante staatlicher Gewerbeförderung bekommen und es war ihm gelungen, die Regierung vom Plan einer im fernen Ravensburg anzusiedelnden Baumwollindustrie zu überzeugen. Für Ravensburg sprach die Nähe zur Schweiz, besonders zu St. Gallen und seinem Umland, wo sich ja schon seit langem eine blühende Baumwollindustrie etabliert hatte. Zu St. Gallen bestanden traditionell enge Beziehungen, die es erleichterten, von dort in der Anlaufphase Fachkräfte anzuwerben. Die bei Zwerger zu beobachtende Vermengung von politischem Mandat und privaten unternehmerischer Interessen, die sich heutzutage kein Politiker mehr leisten könnte, empfand man damals noch nicht als problematisch.

Die mechanische Wollspinnerei Gosner & Co. im Gebäude der ehemaligen Ballenmühle, Bleistiftzeichnung v. J. Bayer, ca. 1850
In der Frühzeit der Industrialisierung kam es häufig vor, dass kleinere Fabriken unter Nutzung der Wasserkraft des Stadtbachs innerhalb der Altstadt angesiedelt wurden. Wegen zunehmenden Platzbedarfs wurden jedoch die meisten wenig später vor die Stadt verlegt.

Bereits 1838 schied der eigentliche Pionier der Ravensburger Baumwollindustrie G. F. Staib aus uns unbekannten Gründen wieder aus, um etwas völlig Neues zu beginnen, eine Tonwarenfabrik. An seine Stelle trat als stiller Teilhaber der bedeutende und finanzstarke Esslinger Unternehmer Carl Deffner, wie Zwerger Mitglied des Landtags und von daher mit ihm wohl bekannt. Mit Hilfe seines Kapitals war die Firma, die von jetzt an *Zwerger & Deffner* hieß, in der Lage, teure Jacquard-Webstühle zur Herstellung gemusterter Baumwollware anzuschaffen.[212]

In Anlehnung an das Schweizer Vorbild wurde 1842 zusätzlich damit begonnen, die eigenen Produkte, vor allem Mousseline, mit Stickereien zu versehen, um so eine hochwertige Ware für feine Blusen, Gardinen und Taschentücher anbieten zu können. Auch hier stand zunächst als Betriebsform die Heimarbeit im Vordergrund. Von den ca. 300 Beschäftigten der Firma Zwerger & Deffner im Jahr 1848 waren rund zwei Drittel Heimarbeiterinnen.[213]

In welchem Umfang auch Kinder zur Stickerei herangezogen wurden, ist unbekannt. Immerhin wies ein 1858 verfasster Bericht der Handels- und Gewerbekammer

Ulm, deren Sprengel vor der Gründung der Ravensburger Kammer ganz Oberschwaben umfasste, für ihren Bezirk neben 1.575 Stickerinnen 195 Kinder unter 14 Jahren aus, die als Heimarbeiter(innen) bei verschiedenen Stickereibetrieben im Lohn standen. Nachdem es sich herumgesprochen hatte, dass auch in Oberschwaben die Stickerei heimisch geworden sei, vergaben Schweizer Fabrikanten Stickereiaufträge aus Amerika, die schnell ausgeführt werden sollten, immer häufiger auch nach Oberschwaben, wo die Löhne niedriger waren.[214] Die Einbeziehung der Stickerei in das Produktionsprogramm der Firma Zwerger & Deffner bildete den Auftakt zu der später für die Ravensburger Textilwirtschaft so wichtigen maschinellen Gardinenstickerei, die bis weit ins 20. Jahrhundert von Bedeutung blieb.

Mit dem Eintritt des bisherigen Prokuristen Wilhelm Weiss als weiterer Teilhaber bei „Zwerger & Deffner" im Jahr 1846, wurde zum Leidwesen des Zunftvereins der Tuchmacher und Tuchscherer zusätzlich zur Baumwollweberei eine mechanische Wolltuchweberei eröffnet. Bei einer solchen Expansion entstand die Notwendigkeit, die Produktion, die bisher auf verschiedene Gebäude der Ravensburger Altstadt verteilt war, über die Mauern der Stadt hinaus zu verlegen. Deshalb waren bereits 1840 einige leer stehende Räume im ehemaligen Kloster Weißenau angemietet worden.[215]

Die Firma *Zwerger, Deffner & Weiss*, wie sie jetzt hieß, war seit 1845/46 der größte Gewerbesteuerzahler der Stadt[216]. Zwischen 1838 und 1847 – der genaue Zeitpunkt ist nicht überliefert – trat Otto Deffner, der Sohn des stillen Teilhabers Carl Deffner, in den Betrieb ein, wo er neben Weiss auch bald der eigentliche Geschäftsführer wurde. Wir sind Otto Deffner schon einmal begegnet: der gebürtige Esslinger, der übrigens erst 1875 mit seiner Wahl in den Gemeinderat das Ravensburger Bürgerrecht erwarb, spielte nicht nur im Wirtschaftsleben der Stadt, sondern als Liberaler und Demokrat seit 1848 auch in der politischen Öffentlichkeit eine zentrale Rolle. Mit seinem Kompagnon, dem politisch vorsichtiger (und wohl auch professioneller) agierenden Franz v. Zwerger, verstand er sich vermutlich weder politisch noch unternehmerisch besonders gut, jedenfalls schied er 1851 zusammen mit Weiss aus der Firma aus, um fünf Jahre später in der ehemaligen Wagenremise der Thurn- und Taxis'schen Post am westlichen Altstadtrand eine eigene Baumwollweberei und -stickerei zu gründen, die 1860 schon über hundert Arbeiter beschäftigte. Zwerger, nunmehr alleiniger Inhaber der Fabrik, verlegte seinen Betrieb kurz vor seinem Tod 1856 in einen Neubau in der Vorstadt Ölschwang.[218]

In einer von der Kreisregierung Ulm erstellten Übersicht über die „fabrikmäßigen Gewerbeanlagen" im Oberamt Ravensburg war bereits 1837 festgestellt worden, die neue mit 20 mechanischen Webstühlen ausgestattete Baumwollweberei von Gosner & Co. leide darunter, dass die Bleiche und Appretur (Veredelung) der produzierten Ware mangels geeigneter Betriebe im Inland in St. Gallen erfolgen müsse, was zur Folge habe, dass zusätzlich zu den Transportkosten zweimal, bei der Ausfuhr und bei der Wiedereinfuhr der Ware, Zoll bezahlt werden müsse.[219]

Es lag daher im Interesse des Landes, die mit staatlichen Mitteln geförderte Baumwollindustrie durch die Gründung einer Bleicherei und Appreturanstalt rentabler zu machen. Und wieder war es Franz v. Zwerger, der den Weg zur Realisierung dieses Plans wies, eines Plans, der sowohl im Interesse des Landes wie in seinem eigenen Interesse lag. Es gelang ihm, den angeblich erfahrenen St. Galler Textilfabrikanten Eduard Erpf und dessen Brüder August und Heinrich für das Projekt zu gewinnen und sie zu veranlassen, der württembergischen Regierung konkrete Vorschläge für die Errichtung eines solchen Betriebs zu unterbreiten. Als Standort bot sich das ehemalige Kloster Weißenau mit seinen zum Teil leer stehenden, zum Teil bereits von der Baumwollweberei Zwerger & Deffner genutzten Räumlichkeiten an. Die Brüder Erpf waren bereit, die Sache in die Hand zu nehmen, wenn sie vom württembergischen Staat ein größeres Darlehen erhielten. 1839 kam ein Vertrag zwischen ihnen und dem Staat als Eigentümer der Klostergebäude zustande: die St. Galler Unternehmer erwarben den größten Teil der Gebäude und erhielten ein für damalige Verhältnisse riesiges Darlehen von 40.000 fl zu günstigen Bedingungen.[220]

Im Frühjahr 1840 nahm die *Bleicherei, Färberei und Appreturanstalt Weißenau* ihren Betrieb mit 80 zum größten Teil aus der Nordostschweiz angeworbenen Arbeitern auf. Unter anderem wurden eine große Rasenbleiche angelegt und zum Trocknen der Ware tausende von Pfählen in den Boden gerammt, „so dass es wie ein weites Schneefeld" aussah.[221] Der neue Betrieb verzeichnete rasch Erfolge. Nicht nur aus Württemberg, auch aus Baden und Bayern wurden Baumwollstoffe und Leinwand zur Veredelung nach Weißenau gesandt.[222] Wenn es den Inhabern, den Gebrüdern Erpf aus St. Gallen, dennoch nicht gelang, ihre durch weitere staatliche Darlehen noch gewachsenen Schulden zu tilgen, so lag dies vor allem daran, dass sie den Weißenauer Betrieb gegenüber demjenigen in St. Gallen vernachlässigten. Nachdem ihre Schulden bereits 1848 eine Höhe von 167.000 fl erreicht hatten[223], entschloss sich die Stuttgarter Regierung, den für die Textilindustrie des Landes so wichtigen Betrieb in eigene Regie zu übernehmen und kaufte ihn 1851 für 168.553 fl.[224]

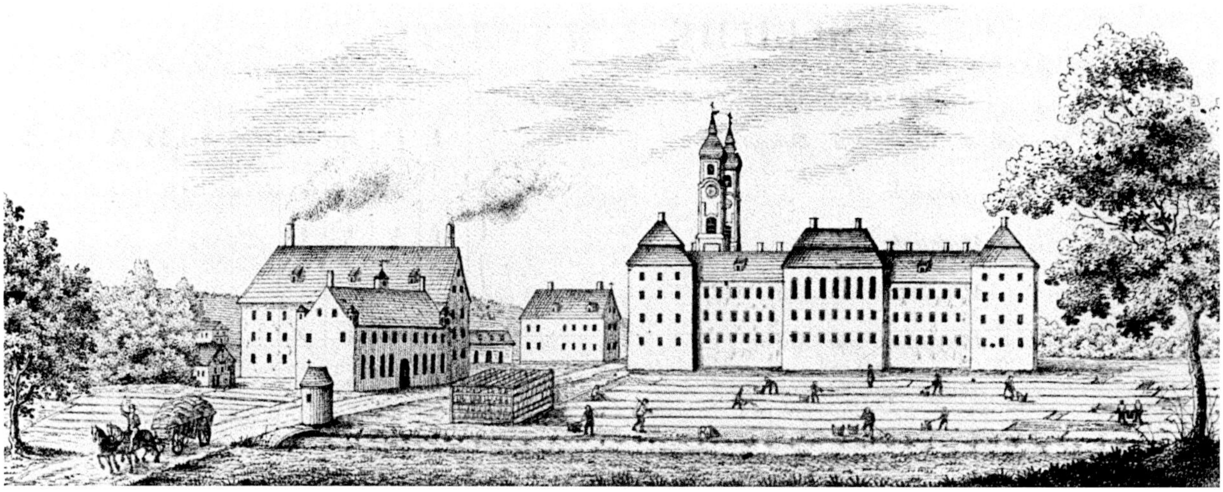

Rasenbleiche vor dem ehemaligen Kloster Weißenau, Lithografie, vor 1848
In einem Teil der Gebäude der 1802 säkularisierten Reichsabtei Weißenau nahm 1838 die erste Bleicherei und Appreturanstalt in Württemberg ihre Produktion auf. Die Wiese vor den Klostergebäuden diente als Rasenbleiche für Baumwollstoffe; am linken Rand der Rasenbleiche ein großes Gestell zum Trocknen der Textilien.

Die Bleicherei und Appreturanstalt Weißenau, übrigens die einzige Ravensburger Textilfabrik, die trotz der vielen Krisen im Textilsektor bis in die Gegenwart fortgeführt werden konnte, erwies sich in der Folgezeit als Motor für die weitere Entwicklung der Weißwarenproduktion in Ravensburg und darüber hinaus in ganz Württemberg. Zugute kam ihr, dass seit 1850 eine durchgehende Bahnverbindung bis Heilbronn, seit 1853 dann sogar zum gesamten west- und norddeutschen Eisenbahnnetz bestand, was den Warenverkehr enorm erleichterte und verbilligte. 1858 ließen in Weißenau 155 Firmen Baumwollware veredeln, 1860 sogar 259, und zwar 189 Firmen aus Württemberg, 27 aus Baden, 29 aus Bayern, neun aus Preußen, drei aus Frankfurt und zwei aus der Schweiz.[225] 1861 beschäftigte der Betrieb 130 Arbeiter.[226] Erst die „Baumwollkrise" der Jahre 1861 bis 1864, hervorgerufen durch das Ausbleiben der Baumwolllieferungen aus den amerikanischen Südstaaten während des Sezessionskriegs, führte zu einem Rückgang der Aufträge für Weißenau.[227]

*

Der dritte wichtige Sektor der frühen Ravensburger Textilindustrie neben Schafwolle und Baumwolle war die Verarbeitung von Flachs, der ja in Oberschwaben schon seit Jahrhunderten als textiler Rohstoff eine wichtige Rolle spielte, im 19. Jahrhundert allerdings nur noch in wenigen Gebieten angebaut wurde, am intensivsten im Oberamt Leutkirch (Seibranz, Herlazhofen, Aichstetten).[228] Die industrielle Verarbeitung von Flachs, Hanf und Abwerg (dem beim Hecheln anfallenden grobfaserigen Abfallprodukt von Flachs und Hanf) ist in Oberschwaben aufs engste mit dem Namen Spohn verbunden, einer Familie, die in der zweiten Hälfte des 18. Jahrhunderts von der Schwäbischen Alb nach Ravensburg gekommen war und durch Heiratsverbindungen rasch in den Kreis der von Kaufleuten dominierten einheimischen „Blutwurst" gelangte.

Der Einstieg der Brüder *Johann Georg und Paul Spohn* in die Leinwandfabrikation erfolgte in Etappen und auf Umwegen. 1829 erwarb Johann Georg Spohn die alte Papiermühle „Oberer Hammer".[229] Da das Papiergeschäft nicht besonders gut lief, richtete Spohn in dem geräumigen Gebäude 1832 zusätzlich eine „Flachsspinnmaschinenfabrik" und eine Seidenspinnerei ein.[230] 1835 pachtete sein als „Seidenfabricant" bezeichneter Bruder Paul Spohn das am Stadtbach gelegene städtische Lederhaus, das soeben durch den Auszug der expandierenden Wollspinnerei Gosner & Co frei geworden war, und gründete dort mit Hilfe eines staatlichen Darlehens eine Seiden- und Flachsspinnerei.[231]

Die Seidenproduktion wurde damals allgemein als zukunftsträchtiger Industriezweig angesehen und deshalb vom Staat mit günstigen Darlehen gefördert. Für kurze Zeit herrschte in ganz Württemberg eine regelrechte

Der Postplatz, Lithografie v. A. Podesta nach einem Entwurf v. F. X. Lang, um 1850
In der Mitte das Lederhaus, in dem der Unternehmer Paul Spohn von 1835 bis 1847 eine Seiden- und Flachsspinnerei betrieb; im Hintergrund Turm und Chor der Evangelischen Stadtkirche, rechts der Postgasthof zum Lamm.

Seideneuphorie, die auch das Schussental erreichte, wo man seit 1828 mit staatlicher Hilfe Maulbeerbäume pflanzte.[232] Der Mechaniker Louis Lavergne aus Paris, der für Paul Spohn mehrere Seidenspinnmaschinen gebaut hatte, eröffnete in Ravensburg 1837 gemeinsam mit dem Kaufmann Wilhelm Wagner hoffnungsfroh eine zweite Seidenfabrik.[233] Aber bald verflüchtigten sich die hochgesteckten Erwartungen. Es lag nicht nur an dem für Maulbeerbäume ungünstigen Klima, sondern auch an den hohen Kosten für die erforderliche technische Ausstattung, dass beide Unternehmen nie recht rentabel wurden. 1840 wurde der Betrieb von *Wagner & Lavergne* stillgelegt, 1847 auch die Seidenspinnerei von Paul Spohn im Lederhaus, während die Flachsspinnerei dort noch einige Jahre fortgeführt wurde.[234]

Im selben Jahr 1847 stellte Johann Georg Spohn die immer unrentabler werdende Papierherstellung im „Oberen Hammer" ein und richtete dort eine mechanische, d.h. mit Maschinen ausgestattete *Flachs-, Hanf- und Abwergspinnerei* nach dem Vorbild von Urach ein, wo ein solcher Betrieb bereits seit 1841 erfolgreich arbeitete.[235] Mit der Aufstellung des ersten Dampfkessels im Oberamt Ravensburg bewies er unternehmerischen Mut.[236] Nachdem Paul Spohn seine Flachsspinnerei im Lederhaus aufgegeben hatte, führten die beiden Brüder die Spinnerei im „Oberen Hammer" gemeinsam.[237] Um die Wasserkraft des in einem Kanal am „Oberen Hammer" vorbeifließenden Bachs besser nutzen zu können, hatte Johann Georg Spohn zusammen mit den anderen auf diesen Bach angewiesenen Mühlen- und Triebwerksbesitzern in den Vorstädten Schornreute und Ölschwang bereits 1843 eine „Wasserwerksgesellschaft" gegründet, deren Ziel es war, ein Sammelbecken oberhalb all dieser Betriebe anzulegen. Dieser kleine Stausee, der 1846 fertig gestellte Flappachweiher, ermöglichte es, die Wasserzufuhr je nach Bedarf zu regulieren.[238]

Die Spohn'sche Spinnerei, die hauptsächlich grobes Abwerggarn aus Flachs und Hanf zur Herstellung von Säcken und Planen für Eisenbahnwagen produzierte, erwies sich als Erfolg und sollte für mehr als ein halbes Jahrhundert einer der größten Arbeitgeber in Ravensburg sein. 1866 übernahmen die Brüder Georg und Julius Spohn die Geschäftsleitung von ihrem Vater Paul und bauten den Betrieb weiter aus. Der zwei Jahre ältere Julius Spohn (1841–1919) war von beiden die dominierende Gestalt. Er entwickelte sich im letzten Drittel des 19. Jahrhunderts zur bedeutendsten Unternehmerpersönlichkeit in Ravensburg. 1868 beschäftigte die Firma 210 Arbeiterinnen und Arbeiter, im selben Jahr wurde sie um eine Leinenweberei erweitert, drei Jahre später kam noch eine Leinwandbleiche hinzu.[239]

Ein wesentlicher Grund für das Aufblühen der Leinwandindustrie in den sechziger Jahren war das Ausbleiben der Baumwollimporte aus Nordamerika infolge des Sezessionskriegs von 1861 bis 1865. Waren 1860 noch

Mitglieder der Fabrikantenfamilie Spohn, Ausschnitt aus einer Schützenscheibe, Öl auf Holz, 1868
Hinter dem Seniorchef Paul Spohn (älterer Herr mit Schnurrbart) steht sein Sohn Georg, links von ihm sitzt sein Sohn Julius, flankiert von Freunden der Familie; im Hintergrund schemenhaft vermutlich zwei weibliche Mitglieder der Familie.

2,58 Millionen Ballen amerikanischer Baumwolle in Liverpool angekommen, so erreichten 1861 nur noch 1,84 Millionen und 1862 lächerliche 72.000 Ballen den europäischen Markt.[240] Flachs und Wolle mussten daher als Ersatzmaterial herhalten. 1866 wagten einige Ravensburger Kaufleute die Gründung einer weiteren Flachs- und Hanfspinnerei und -weberei im Lauratal bei Weingarten, die vor dem Ersten Weltkrieg bis zu 200 Arbeiter beschäftigte. Eine dritte derartige Fabrik, die *Flachs-, Hanf- und Abwergspinnerei Schornreute*, wurde 1870 gegründet. Sie konnte sich bis 1954 halten.[241] Um 1870 waren Ravensburg und Urach die beiden unangefochtenen Zentren der mechanischen Leinenspinnerei in Württemberg.[242]

Eine 1861 vom „Statistisch-topographischen Bureau" in Stuttgart erstellte Übersicht über die Fabrikbetriebe im Königreich Württemberg wies für das Oberamt Ravensburg elf Textilfabriken mit insgesamt 771 Beschäftigten aus.[243] Da es damals im gesamten Oberamt nur eine Textilfabrik gab, die nicht in Ravensburg angesiedelt war, nämlich die Baumwollweberei des aus St. Gallen stammenden Fabrikanten Albert Fürnkorn in Altdorf[244], geben diese Zahlen durchaus eine gewisse Vorstellung vom Umfang der Ravensburger Industrie zu Beginn der sechziger Jahre.

Unter den 771 Erwerbstätigen in der Textilindustrie waren 359 Frauen, also fast die Hälfte. Hinzu kamen 166 kleine Ein- oder allenfalls Zweimannwebereien, die zumeist in Heimarbeit für verschiedene Fabriken tätig waren und vermutlich großenteils im Umland angesiedelt waren. Weitere 65 Weber übten ihr Gewerbe nebenberuflich aus. Im Oberamt Ravensburg waren 1861 insgesamt 1.211 Personen im Textilgewerbe beschäftigt, davon 375 in handwerklichen Betrieben (Baumwoll-, Leinen-, Strumpf- und Bandwebereien). Weitaus die Mehrzahl, nämlich 928 Personen, war allein in der Baumwollbranche tätig. Wenn man einmal von der Annahme ausgeht, dass von den 1.211 im Textilgewerbe Arbeitenden ca. 800 bis 900 in der Stadt selbst beschäftigt waren, dann wird deutlich, in welchem Umfang die damals etwa 6.800 Einwohner zählende Stadt von der Textilwirtschaft geprägt war.

Eisenbahn und Industrialisierung

Der Bau der ersten Eisenbahn in England Ende der zwanziger Jahre ließ in ganz Europa ein regelrechtes „Eisenbahnfieber" entstehen. Fast gleichzeitig mit der Eröffnung der ersten deutschen Eisenbahnlinie zwischen Nürnberg und Fürth im Dezember 1835 wurde in Ulm von zahlreichen Gewerbetreibenden eine „Eisenbahngesellschaft" gegründet, deren Ziel es war, Geld zur Finanzierung einer Bahnstrecke von Stuttgart über Ulm nach Friedrichshafen aufzutreiben und in Stuttgart politisch Druck zu machen. Man erhoffte sich von der Eisenbahn eine entscheidende Belebung des Handels. Der Transport von Massengütern wie Getreide, Vieh oder Holz war überall dort, wo keine Wasserwege zur Verfügung standen, umständlich, zeitraubend und teuer. Wer mit der Postkutsche von Ravensburg nach Ulm oder Stuttgart reisen wollte, hatte dazu nur zweimal in der Woche Gelegenheit. Reguläre Warentransporte von und nach Stuttgart bzw. Ulm wurden ebenfalls nur zweimal pro Woche durchgeführt.[245] Die wichtige Straße von Ravensburg nach Friedrichshafen galt als „sehr schlecht, mit auffallenden Krümmungen und so schmahl angelegt, daß nur an wenigen Orten ein Wagen dem andern ausweichen" konnte.[246]

Stadtschultheiß Zwerger mit seinem sicheren Gespür für zukunftsweisende Innovationen erkannte wohl als erster in Ravensburg, welch große Bedeutung der Eisenbahnbau für die wirtschaftliche Entwicklung Oberschwabens haben könnte. In einer flammenden Rede vor dem Gemeinderat am 21. November 1835 prophezeite er, dass das Eisenbahnprojekt „für Vaterland und Stadt, für Kinder und Kindeskinder die segenreichsten Folgen haben werde"[247] und setzte den Kauf von 150 Aktien der Ulmer Eisenbahngesellschaft zu je 100 fl durch, eine sehr hohe Summe angesichts des alles andere als prall gefüllten Stadtsäckels.

Zwar konnte die Ulmer Eisenbahngesellschaft mit ihrer Initiative bereits 1836 einen entscheidenden Erfolg verbuchen, als die Stuttgarter Regierung für die Bahnstrecke zum Bodensee die Trasse über das Filstal, die Geislinger Steige und Ulm festsetzte, aber es sollten doch noch etliche Jahre verstreichen, ehe nach langem Hin und Her eine endgültige Entscheidung zugunsten Oberschwabens fiel. Das württembergische Eisenbahngesetz von 1843, an dessen Zustandekommen Franz v. Zwerger als Landtagsabgeordneter wesentlich beteiligt war, legte als Hauptstrecke des Landes, die auf Kosten des Staats gebaut werden sollte, die Strecke von Heilbronn zum Bodensee fest.

Jetzt hatte man es plötzlich eilig. Zwischen Württemberg und Bayern entwickelte sich eine Art Wettlauf: Jeder wollte als erster eine Bahnverbindung zum Bodensee eröffnen, in der Hoffnung, dann auch gute Karten für die Fortsetzung der Bahnlinie über das Rheintal, Graubünden und den Splügenpass nach Italien zu haben. Für Württemberg hätte sich in diesem Fall allerdings das Problem ergeben, den Transport ab Friedrichshafen über den Bodensee bis zum österreichischen Hafen Fußach per Dampfschiff bewerkstelligen zu müssen.

Ravensburg von Nordwesten, kolorierte Lithografie v. J. Bayer, um 1860
Die in Richtung Biberach dampfende Eisenbahn (seit 1849) und die ersten 1857 bis 1859 errichteten Werksgebäude der Maschinenfabrik Escher Wyss & Cie. (rechts vom Bahnhof) erlauben eine Datierung des Blatts um 1860.

Seit ihrem Ausbau als Fahrstraße in den Jahren 1818 bis 1823 hatte die Passstraße über den Splügen einen enormen Aufschwung genommen und galt nun als wichtigste Alpentransversale westlich des Brenners.[248] Bekanntlich blieb das „Splügenprojekt" bis heute ein Wunschtraum aller schwäbischen Verkehrspolitiker. Die Schweiz gab letzten Endes nicht dieser Trasse, sondern derjenigen durch den St. Gotthard den Vorzug. Mit der Eröffnung der Gotthardbahn im Jahr 1882 brach der Fernverkehr über den Splügen regelrecht zusammen. Weder für Bayern noch für Württemberg erfüllten sich daher die an den Bodensee geknüpften Hoffnungen. Baden als das am weitesten westlich gelegene Land profitierte immerhin vom Ausbau der Bahnlinie, die vom Rheinland über Basel und Zürich zum Gotthard und damit letztlich in die Lombardei führte.

1844 wurde mit dem Bau der württembergischen Südbahn begonnen, 1846 nahm man vom geplanten Endpunkt Friedrichshafen aus den Bau der etwa 20 Kilometer langen Strecke nach Ravensburg in Angriff. Da es hier keine großen geländebedingten Schwierigkeiten gab, konnte die Strecke Ravensburg–Friedrichshafen bereits am 8. November 1847 in Betrieb genommen werden. Im Mai 1849 war die Bahnverbindung nach Biberach hergestellt, 1850 ihre Fortsetzung bis Ulm. Damit war es nun möglich, mit der Eisenbahn bis Stuttgart bzw. Heilbronn zu fahren. Nachdem 1853 das letzte Teilstück zwischen Stuttgart und Heidelberg fertig gestellt war, hatten Friedrichshafen und Ravensburg Bahnanschluss an das gesamte west- und norddeutsche Eisenbahnnetz und profitierten so von dieser revolutionären Veränderung des Verkehrswesens als erste Städte des Bodenseeraums, noch vor Lindau, ganz zu schweigen von Bregenz oder Konstanz.[249]

Die Verwirklichung des Eisenbahnprojekts, das für die weitere industrielle Entwicklung Ravensburgs von entscheidender Bedeutung sein sollte, stieß jedoch auch hier nicht auf ungeteilte Zustimmung. Es gab Befürchtungen, der für die Stadt so wichtige Getreide- und Viehmarkt könne nach Friedrichshafen abwandern. Nicht zu Unrecht sahen sich die zahlreichen Fuhrleute in ihrer Existenz bedroht. Der Gemeinderat lehnte einen finanziellen Beitrag zum Bau des Bahnhofs ab und kritisierte die angeblich zu große Entfernung des Bahnhofs zur Innenstadt, erklärte sich aber schließlich damit einverstanden, für den Bau des Bahnhofs Steine der zum Teil schon abgebrochenen Stadtmauer kostenlos zur Verfügung zu stellen.[250]

Aber schon nach kurzer Zeit wurde allen Beteiligten klar, welch große Vorteile der Eisenbahnanschluss mit sich brachte. Korn- und Viehmarkt wanderten nicht ab, sondern nahmen deutlich zu, vor allem aber erkannten vorausschauende Unternehmer die Bedeutung der Bahn für die künftige Entwicklung der Industrie, denn es zeichnete sich bereits ab, dass Steinkohle neben Holz und Wasser die wichtigste Energiequelle der Zukunft sein würde. Der Einsatz von Steinkohle in Regionen, die wie Oberschwaben weder in der Nähe von Kohlerevieren noch an einer Wasserstraße lagen, war nur per Eisenbahn denkbar. Dasselbe galt für den Transport von Massengütern und Maschinen jeglicher Art von der Produktionsstätte zum Kunden. Deshalb schien die Gründung neuer Maschinenfabriken nur an solchen Orten sinnvoll, die einen Bahnanschluss besaßen und möglichst an einer Wasserstraße lagen.

Das erkannte man ziemlich früh auch in der Direktion der großen, 1805 gegründeten *Maschinenfabrik Escher Wyss & Cie.* in Zürich, die auf die Herstellung von Wasserrädern, Wasserturbinen, Pumpen und Spinnmaschinen, Dampfmaschinen und Dampfschiffen spezialisiert war. Die kapitalstarke Firma strebte über die Schweizer Grenzen hinaus und schaute sich aus währungs- und zollpolitischen Gründen ebenso wie aus transporttechnischen Überlegungen nach Möglichkeiten um, in den benachbarten großen Wirtschaftsräumen der Donaumonarchie und des Deutschen Zollvereins „Filialwerkstätten“ zu gründen.[251]

Nachdem Oberschwaben seit 1850/53 Bahnanschluss an das ganze deutsche Eisenbahnnetz besaß, erschien diese von Zürich nicht allzu weit entfernte Region, die zudem eine alte Gewerbelandschaft mit einem großen Potential an Handwerkern war, den Unternehmern an der Limmat besonders interessant. Hinzu kam eine industriefreundliche Politik der württembergischen Regierung, die sich seit 1848 mit der Einrichtung der „Zentralstelle für Gewerbe und Handel“ unter der Leitung von Ferdinand Steinbeis erfolgreich um die Ansiedlung neuer Industriebetriebe bemühte und versuchte, fremde Firmen und fremdes Kapital mit steuerlichen Vergünstigungen und herabgesetzten Bahntarifen ins Land zu locken.[252]

1853 entsandte Escher Wyss den erfahrenen Ingenieur Walter Zuppinger nach Oberschwaben, um einen geeigneten Standort für einen deutschen Zweigbetrieb ausfindig zu machen.[253] In Ravensburg fand Zuppinger in Stadtschultheiß Zwerger einen aufgeschlossenen Partner, der es verstand, auch die Zögernden im Stadt- und Stiftungsrat davon zu überzeugen, dass sich hier der Stadt eine einmalige Chance bot. Man trat in Verhandlungen ein, an denen auch einer der Miteigentümer der Züricher Firma, Friedrich v. May, beteiligt war.

Der Ingenieur Walter Zuppinger (1814 – 1889)
Der Schweizer Walter Zuppinger war der wichtigste Mann bei der Einrichtung und Inbetriebnahme der Maschinenfabrik Escher Wyss & Cie. 1856 – 1859. Als exzellenter Techniker und zugleich Unternehmer war er an der Gründung weiterer bedeutender Industriebetriebe wie der Papierfabrik Baienfurt beteiligt.

Der Stiftungsrat hatte bei der Beratung über die Niederlassung der Schweizer Firma in Ravensburg deshalb ein gewichtiges Wort mitzureden, weil die ins Auge gefassten Grundstücke in den „Rechenwiesen“ jenseits der Schussen und gegenüber dem Bahnhof zum städtischen Stiftungsvermögen gehörten. In der entscheidenden Sitzung machte Zwerger die denkwürdige Prophezeiung, dass mit der Ansiedlung der Firma „nicht nur das Ansehen der Gemeinde und der Wohlstande der Inwohner im Allgemeinen sich heben [werde], sondern namentlich auch der ärmeren Classe in vielfachen Beziehungen und in so vielerlei Richtung Arbeit und anhaltenden Verdienst gewährt und hierdurch der Anruf an die öffentliche Hilfe sehr erheblich vermindert“ werde. Arbeit sei „das beste Mittel, die Quellen der Armuth zu verstopfen“.[254]

Nach einigem Hin und Her einigte man sich über den Grunderwerb, außerdem sagte die Stadt die Begradigung der Schussen zu, damit deren Wasserkraft von der Fabrik besser genutzt werden könne, und stellte der *Filialwerk-*

stätte von Escher Wyss & Cie, wie sich die Firma jetzt nannte, ein größeres Kontingent von Steinen der im Abbruch begriffenen Stadtmauer als Baumaterial kostenlos zur Verfügung.[255] Schon Ende 1857 waren die ersten Fabrikgebäude fertig gestellt und die ersten Maschinen installiert. 1858 bis 1862 wurde schrittweise die Produktion von Pumpen, Wasserrädern und Spinnmaschinen aufgenommen, zunächst mit 18 Arbeitern aus Ravensburg und einigen Fachkräften aus Zürich. 1862 folgten Turbinen, Papiermaschinen und andere Einrichtungen für die Herstellung von Papier.[256] Der Erfolg der ersten deutschen Niederlassung von Escher Wyss unter der Leitung von Walter Zuppinger war durchschlagend. 1860 waren dort bereits 130 Personen beschäftigt, 1862 wurde die Gießerei eröffnet, 1868 begann die Produktion von Dampfschiffen für den Bodensee.[257]

Escher Wyss blieb nicht die einzige Maschinenfabrik in Ravensburg. Gleichfalls 1856 gründete der Ingenieur *Franz Haas* aus Trochtelfingen auf der Schwäbischen Alb im Gebiet der ehemaligen Leinwandbleiche nördlich der Ravensburger Altstadt eine Fabrik zur Herstellung von landwirtschaftlichen Maschinen, Werkzeugmaschinen und Motoren. 1866 entschloss sich *Franz Xaver Honer*, der bis dahin eine Eisenwarenhandlung in der Altstadt betrieben hatte, zur Gründung einer Werkzeugmaschinenfabrik am Nordwestrand der Altstadt. Beide Fabriken waren nach anfänglichen Schwierigkeiten erfolgreich und beschäftigten bereits im ersten Jahrzehnt ihres Bestehens jeweils zwischen 30 und 50 Arbeiter.[258]

Zwei weitere wichtige Fabrikgründungen waren die *Tonwarenfabrik Staib & Wasserott* und die Pinsel- und Bürstenfabrik H. L. Sterkel. Mitgründer der ersteren war der schon genannte Georg Friedrich Staib, der erste Ravensburger Unternehmer, der mit der Verarbeitung von Baumwolle begonnen hatte. Da im Süden der Stadt gute Tonerde vorhanden war, gründete er dort zusammen mit dem Kaufmann Paul David Wasserott 1843 eine Ziegelei. Bald wurde die Produktion auf Tonröhren für Wasserleitungen, so genannte Deichel, erweitert, die damals die alten Holzdeichel mehr und mehr verdrängten. Daneben stellte die Fabrik Ornamente aus Ton zum Schmuck von Gebäuden, vor allem von Kirchen, aber auch von Villen und Fabriken her, die damals Mode wurden. Als einzige Fabrik ihrer Art in Württemberg kam sie gut ins Geschäft und exportierte auch in die Schweiz. Betrug die Zahl der produzierten Drainageröhren 1854 noch 28.600 Stück, so waren es 1859 bereits 1,16 Millionen.[259]

Aus einem 1823 von Heinrich Ludwig Sterkel gegründeten handwerklichen Betrieb, der Pinsel und Bürsten herstellte, entwickelte sich die *Pinsel- und Bürstenfabrik H. L. Sterkel*. Bereits in den vierziger Jahren war die damals noch in der Altstadt ansässige Firma stark exportorientiert.[260] Dank einem glücklichen Zufall hat sich ein Teil des Firmenarchivs in Ravensburger Privatbesitz erhalten, so dass sich für diese Firma – aber leider nur für diese und keine andere – anhand der Unterlagen aus den Jahren zwischen 1843 bis 1868 ein genauer Überblick über ihre Kundschaft in jener Zeit gewinnen lässt.

Demnach versandte die Firma 1843 Pinsel, Bürsten und Besen an Kunden in 46 Orten, von denen 18 in der Schweiz, zwölf in Oberschwaben und im württembergischen Allgäu, acht im badischen Bodenseegebiet, vier in Bayern, zwei in Vorarlberg und je ein Kunde in Hohenzollern und Ulm saßen, alles Orte, zu denen die Entfernung weniger als 100 Kilometer betrug. Bis 1854 gelang es der Firma, weitere Kunden vor allem in der Schweiz (18) und in Württemberg (12) zu gewinnen. Aber nun kamen auch bereits Bestellungen aus entfernteren Orten wie Augsburg, Frankfurt, Genf und Triest.

Ravensburg von Westen, Fotografie, ca. 1870/72
Im Vordergrund sieht man das Betriebsgelände der Maschinenfabrik Escher Wyss, im Hintergrund die damals noch vorhandenen großen Rebflächen östlich und südlich der Altstadt. Das am Horizont sichtbare Haus ist das im 18. Jahrhundert umgebaute „Schlössle" auf der Veitsburg, einer der wenigen Überreste der mittelalterlichen Burganlage.

In dem von 1855 bis 1864 geführten Hauptbuch, in dem 277 Kunden aus 139 verschiedenen Orten aufgeführt sind, stand Nürnberg mit 18 Kunden an der Spitze, gefolgt von Konstanz (15), Ravensburg (10), Rom (8), Stuttgart (7), Friedrichshafen, Zürich und Bukarest (je 6 Kunden). Die große Mehrheit der Kunden – 201 Handwerker, Kaufleute und Fabriken – saß südlich der Linie Straßburg–Wien. Sterkel hatte in dieser Zeit 80 Kunden in Württemberg, 58 in der Schweiz, je 35 in Bayern und

Baden und 18 in Österreich. Während die Firma in Italien immerhin elf Kunden belieferte, waren es im Gebiet des Deutschen Zollvereins nördlich der Mainlinie nur sieben. Osteuropa war mit 19 Kunden in Rumänien, Polen und Konstantinopel viel wichtiger als das westliche Europa, wo, wenn man von Colmar absieht, kein Markt für Ravensburger Pinsel und Bürsten vorhanden war. Zwischen 1864 und 1868 änderte sich nicht mehr allzu viel, allerdings stieg der Anteil der drei süddeutschen Staaten, während die Kundschaft in der Schweiz abnahm.[261]

Die Berichte der Ravensburger Handels- und Gewerbekammer aus den Jahren nach 1870 bestätigen, dass auch weiterhin Osteuropa (vor allem Rumänien und Russland) für den je nach Auftragslage zwischen 70 und 100 Personen beschäftigenden Betrieb ein wichtiger Markt war.[262] Seit 1868 produzierte die Pinsel- und Bürstenfabrik Sterkel nicht mehr in der Altstadt, sondern in einem neuen Fabrikgebäude an der Seestraße (vgl. die Abbildung Seite 232).

Der einzige industrielle Bereich, der zwischen 1810 und 1870 eine rückläufige Entwicklung verzeichnete, war die traditionsreiche Ravensburger Papiermacherei. Mangel an Kapital für größere Investitionen, noch mehr aber Mangel am wichtigsten Rohstoff, an Lumpen, in dem der Stadt von Staats wegen zugewiesenen Lumpensammelbezirk, und nicht zuletzt auch die für moderne Betriebe unzureichende Wasserkraft des Flattbachs bzw. des von ihm gespeisten Kanals, waren die Ursachen dafür, dass von den sechs Papiermühlen, die 1810 noch in Betrieb waren, 1870 nur eine einzige übrig geblieben war und auch diese vor sich hin kümmerte.[263] Dabei schienen zunächst die Aussichten gar nicht so schlecht zu sein. Zu den neuen Kunden der Ravensburger Papiermacher in Württemberg gehörten nun immerhin große Unternehmen wie der Verlag Cotta in Stuttgart und Tübingen und die Württembergische Bibelanstalt.

Eine von der Regierung in Auftrag gegebene Übersicht über den Stand der württembergischen Papiermacherei im Jahr 1823 verzeichnete unter den insgesamt 56 Papiermühlen noch sechs in Ravensburg, von denen aber selbst die größte nur drei Arbeitskräfte beschäftigte, während in anderen Papiermühlen des Landes schon bis zu 16 Gesellen und Gehilfen arbeiteten.

Dass es zwischendurch auch wieder etwas aufwärts ging, geht aus dem Tagebuch des der Ravensburger „Blutwurst" angehörenden Kaufmanns und Papierfabrikanten Ulrich Christoph Gradmann hervor. 1838 waren in seiner Papiermühle acht Gesellen beschäftigt. Gradmann erwähnt dies im Zusammenhang mit einem Streik der Ravensburger Papiermachergesellen Anfang Mai 1838. Anlass dieses einzigen überlieferten Arbeitsstreiks in Ravensburg vor 1871 war die Weigerung der Papierfabrikanten gewesen, ihren Gesellen an einem in Ravensburg bereits seit 1827 abgeschafften Feiertag, einem so genannten „Aposteltag", frei zu geben. Vier Gesellen waren deshalb verhaftet und mit drei Tagen Gefängnis bestraft worden.[264]

Nur einer der Ravensburger Papiermühlenbesitzer wagte den Sprung in die neue Technik der maschinellen Herstellung von Papier auf einem „endlosen" Siebband statt des traditionellen Schöpfens mit einem Schöpfsieb von Hand: Wilhelm Brielmayer, der 1832 in seiner Papiermühle in Schornreute als einer der ersten Papiermacher in Württemberg das neue technische Verfahren einführte. Nach anfänglichen Erfolgen geriet er wegen der hohen Betriebskosten seit 1840 zunehmend in Zahlungsschwierigkeiten und musste schließlich 1847 Konkurs anmelden.[265]

1833 schloss die erste, 1835 die zweite, 1847 die dritte, 1853 die vierte und 1859 die fünfte der Ravensburger Papiermühlen. Übrig blieb nur die älteste, der „Untere Hammer", der sich mit der Herstellung von „Papyrolin", einem speziellen Packpapier, bis 1876 halten konnte.[266] Damit endete dieses wichtige Kapitel der Ravensburger Wirtschaftsgeschichte.

Nachdem eine neue Technologie es möglich gemacht hatte, neben Lumpen auch Holz als Rohstoff für die Papierfabrikation zu verwenden, entstanden in der Nähe von Ravensburg, am Rand des Altdorfer Waldes, um 1870 zwei neue große Papierfabriken in Mochenwangen und Baienfurt.

Am Schluss dieses Überblicks über die Anfänge der Industrialisierung Ravensburgs sollen ein paar Zahlen die gesamte Entwicklung bis 1870 verdeutlichen. In den Ravensburger Fabriken (einschließlich Weißenau) waren 1861 rund tausend Personen beschäftigt, davon neben dem ca. 50 Personen umfassenden „Direktionspersonal" (Geschäftsführung, Büroangestellte) ca. 640 Arbeiter und ca. 310 Arbeiterinnen.[267]

Wenn man die Zahl der in Fabriken aufgestellten Dampfkessel zum Maßstab für den industriellen Entwicklungsstand eines Industriestandorts nimmt, dann lagen Ravensburg und Weißenau mit 17 Dampfkesseln in den Jahren 1868/70, davon neun in Textilbetrieben, unter den Industriestädten Württembergs etwa an zehnter Stelle. Südlich von Reutlingen und Ulm war Ravensburg sogar der einzige bedeutende Industriestandort.[268] Biberach, Friedrichshafen und Weingarten entwickelten sich erst später zu neuen industriellen Schwerpunkten in Oberschwaben. Gemessen an der Zahl der Dampfkessel war das Oberamt Ravensburg um 1880 erheblich stärker industrialisiert als die benachbarten Oberämter Tettnang und Wangen, wie D 3 deutlich macht.

D 3 Dampfkessel in den Oberämtern Ravensburg, Tettnang und Wangen 1853–1880

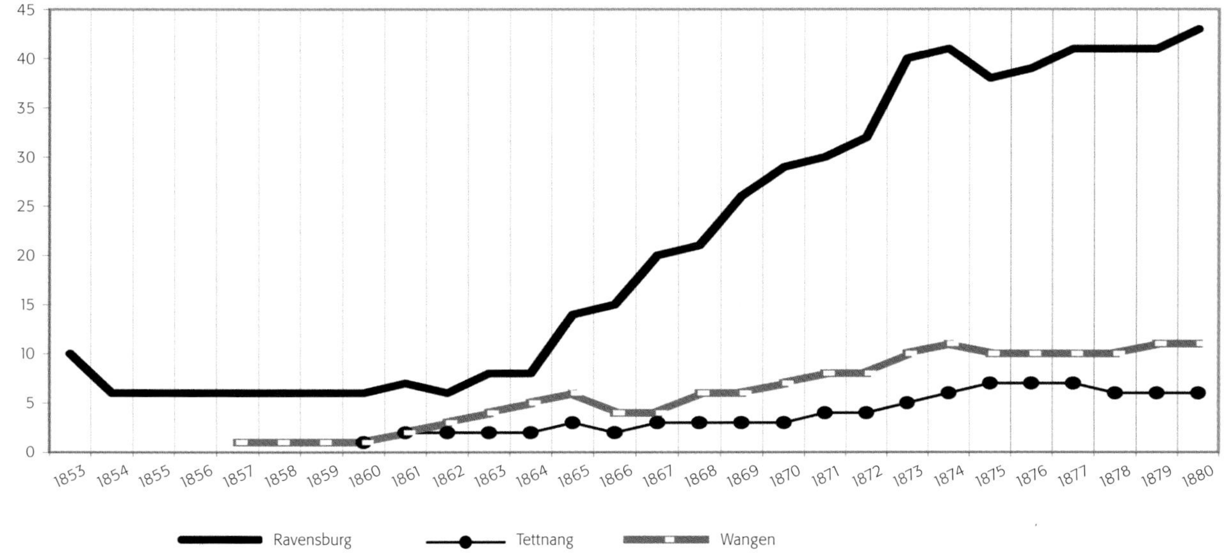

Anhand der im Stadtarchiv Ravensburg erhaltenen Gewerbesteuerlisten kann man feststellen, wie sich der Anteil der jeweils zehn größten Gewerbesteuerzahler bzw. Betriebe am gesamten Gewerbesteueraufkommen entwickelte. Das auf den Zahlen von Gestrich basierende Diagramm D 4 zeigt eine steigende Akkumulation des Betriebskapitals bei den zehn größten Gewerbesteuerzahlern. Zwischen 1826 und 1871 stieg der Anteil der zehn größten Betriebe am gesamten Gewerbesteueraufkommen von 13,5 auf 20 %, wobei vor allem der starke Anstieg zwischen 1855 und 1864 ins Auge fällt.[269]

Aufschlussreich ist auch ein Vergleich der 50 größten Gewerbesteuerzahler 1835 und 1863.[270] 1835 waren immerhin noch alle fünf in Betrieb befindlichen Papiermühlen in dieser Gruppe. Sie rangierten an 12., 29., 31. und 40. Stelle. Während die Wollspinnerei Gosner & Co. den 16. Platz belegte und die Strumpfweberei Edinger den 39., zählte die Baumwollweberei von G. F. Staib nicht zu den 50 größten Steuerzahlern. Dagegen befanden sich in dieser Spitzengruppe 23 „Handlungen" (davon zehn Textilhandlungen), sieben Bierbrauereien (zum Teil mit Gastwirtschaft), fünf Getreidemühlen und alle drei in der Stadt niedergelassenen Apotheken. Zu den zehn am höchsten besteuerten Betrieben gehörten zwei Bierbrauereien mit Gastwirtschaft (Nr. 1 und 3), zwei Tuchhändler (Nr. 2 und 9), die Ölfabrik Ehrle & Co. (Nr. 4), zwei „Spezereihandlungen"[271] (Nr. 5 und 6), eine Apo-

D 4 Prozentualer Anteil der 10 größten Gewerbesteuerzahler bzw. Betriebe am gesamten Gewerbesteueraufkommen 1826–1895 (nach Gestrich)

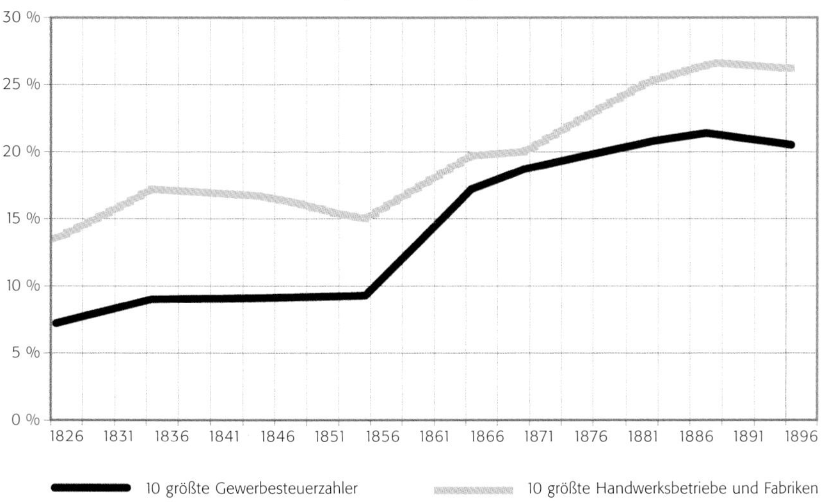

theke (Nr. 7), der „Gasthof zum Lamm" (Nr. 8) und die „Mönchmühle" (Nr. 10).

Ganz anders die Rangfolge 1863. Jetzt waren 14 Fabrikbetriebe unter den 50 größten Gewerbesteuerzahlern, davon neun Textilfabriken, und unter diesen fünf Baumwollwebereien. Noch größer war nur die Gruppe der „Handlungen" mit 19 Firmen, darunter zehn Textilgeschäfte, fünf „Spezerei-, Öl- und Farbwaren-Handlungen", drei Eisenhandlungen und eine Buchhandlung (die „Dornsche"). Acht Brauereien, vier Getreidemühlen, drei Apotheken, ein Gasthof (Lamm) und die neue noch privat geführte Gasanstalt machten das halbe Hundert voll.

Mit weitem Abstand der größte Steuerzahler war bereits 1863 die Maschinenfabrik Escher Wyss & Cie. Obwohl sie erst fünf Jahre zuvor mit der Produktion begonnen hatte, war sie 1863 schon mit einer Gewerbesteuersumme von 350 fl veranschlagt, während der zweitgrößte Steuerzahler, die Bierbrauerei Schwarz, nur 84 fl zu bezahlen hatte. Drei Baumwollwebereien nahmen den 3., 4. und 10. Rang ein, die Spohnsche Spinnerei den 7., die Gasanstalt den 5., die Eisenhandlung Honer den 6., eine weitere Brauerei (Storchen) den 8. und schließlich eine Spezerei-, Öl- und Farbwarenhandlung den 9. Platz.

Die Einnahmen aus der Gewerbesteuer sind ein guter Gradmesser für die wirtschaftliche Entwicklung einer Stadt. Im Vergleich mit den vier württembergischen Städten Ulm, Göppingen, Heidenheim und Ludwigsburg, die gleichzeitig mit Ravensburg einen Industrialisierungsschub erlebten, schnitt die Stadt nicht schlecht ab. Gemessen am Stand von 1835 nahm die Zahl der Gewerbesteuerzahler bis 1867 in den genannten Städten weniger stark zu als in Ravensburg. Die Einnahmen aus der Gewerbesteuer stiegen innerhalb dieses Zeitraums allerdings in Göppingen am stärksten, Ravensburg lag hier aber immerhin an zweiter Stelle. Vergleicht man für den gleichen Zeitraum das Wachstum der durchschnittlichen Steuerkraft der Betriebe, die zur Gewerbesteuer herangezogen wurden, dann lag Ravensburg ebenfalls an zweiter Stelle. Nach einem leichten Rückschlag in den fünfziger Jahren wuchs hier die Steuerkraft der Betriebe bis 1867 um 51 %, während sie in Heidenheim, Ludwigsburg und Ulm leicht abnahm. Eine rasante Steigerung von über 100 % bei der durchschnittlichen Steuerkraft der Betriebe erlebte allerdings Göppingen.[272]

Neben der Baumwollverarbeitung und der Flachs- bzw. Abwergspinnerei war der Maschinenbau innerhalb von nur acht Jahren der größte Industriezweig in Ravensburg geworden. 1866 gehörte Ravensburg schon unter die sechs wichtigsten Standorte für Maschinenbau in Württemberg.[273] Zählt man die zwischen 1865 und 1870 in Weingarten entstandenen Industriebetriebe (zwei Textilfabriken sowie die gerade im Entstehen begriffene Maschinenfabrik Schatz) und die beiden Papierfabriken in Mochenwangen (1868) und Baienfurt (1871) hinzu, dann war um 1870 das Schussental zwischen Mochenwangen und Weißenau die weitaus bedeutendste, um nicht zu sagen einzige Industrieregion südlich von Ulm.

Die Landwirtschaft

Der Überblick über die wirtschaftliche Entwicklung Ravensburgs zwischen 1810 und 1870 wäre unvollständig, ließe man die Landwirtschaft außer Acht. Leider gibt es für diesen Zeitraum nur vereinzelte Angaben über die Zahl der in der Landwirtschaft Beschäftigten. Sie wuchs in Ravensburg mit einem Schlag, als 1826 im Zuge der damals durchgeführten Gemeindereform die Grenzen zwischen den württembergischen Gemeinden neu gezogen wurden. Das Ravensburger Stadtgebiet wurde um neun Parzellen vergrößert, die vor den Umwälzungen der Jahre 1802 bis 1806 zum Gebiet der Klöster Weingarten und Weißenau sowie der Landvogtei gehört hatten. Die größten Parzellen bzw. Wohnplätze waren die drei Weiler Hinzistobel mit 113, Albertshofen mit 49 und Oppeltshofen mit 34 Einwohnern.

Weitere 42 Personen saßen auf verschiedenen Höfen rings um die Stadt. Die meisten Bewohner dieser neu hinzugekommenen Parzellen waren in der Landwirtschaft beschäftigt. Ein vom Oberamt 1852 erstellter Bericht über die „arbeitende Klasse" in Ravensburg erwähnt 96 Vollerwerbs- und 66 Nebenerwerbslandwirte.[274] Hinter diesen Zahlen verbergen sich natürlich noch Familienangehörige, Knechte und Mägde, so dass die Zahl der von der Landwirtschaft Lebenden vermutlich zwischen 600 und 700 lag.

Durch die Schaffung neuer Gemeinden im Jahr 1826 gehörte der größte Teil der ehemaligen Untertanen der Reichsstadt Ravensburg auf dem Lande nun nicht mehr zu Ravensburg, sondern zu den Gemeinden Wolpertswende, Schmalegg, Eschach, Taldorf und Oberteuringen.

Die alten grundherrschaftlichen bzw. lehensrechtlichen Bindungen der einstigen reichsstädtischen Untertanen an die Stadt Ravensburg bzw. an eine der großen städtischen Stiftungen wie Heilig-Geist-Spital oder Seelhaus, waren aber damit keineswegs aufgehoben.

Zwischen 1817 und 1854 beseitigte der württembergische Staat die Leibeigenschaft und verfügte die Umwandlung der Lehensgüter in bäuerliches Eigentum. Die Bauern erhielten dadurch die Möglichkeit, ihre bisherigen Abgaben (Grundzinse, Zehnt) gegen eine Geldzahlung sofort oder in Raten abzulösen.[275] Dadurch kam viel Geld in die Kasse der städtischen Stiftungsverwaltung, die so ihren ohnehin großen Grundbesitz noch weiter vergrößern konnte. Sie bewirtschaftete aber ihre Güter schon längst nicht mehr mit eigenen Knechten, sondern verpachtete sie.[276]

Die wichtigsten Produkte der Landwirtschaft rings um Ravensburg und darüber hinaus in weiten Teilen Oberschwabens waren Getreide und Wein. Bis in die zweite Hälfte des 19. Jahrhunderts konnte ein Überschuss erwirtschaftet werden, der in die Nachbarländer verkauft wurde. Hopfenanbau, Obstbau und Grünlandwirtschaft setzten erst ganz allmählich ein.

Die größte und zugleich letzte landwirtschaftliche Krise der vorindustriellen Zeit war die Missernte von 1816, verursacht durch den Ausbruch des Vulkans Tambora in Indonesien. Staub, Steine, Erde und Asche gelangten bis in eine Höhe von 70 Kilometern und verdunkelten mehr als ein Jahr lang in großen Teilen Europas und in Nordamerika den Himmel.[277] Infolge dieser Klimakatastrophe entstand im Winter 1816/17 auch in Ravensburg eine echte Hungersnot, die bis in den Sommer 1817 andauerte. Sie wurde dadurch noch verschlimmert, dass bis tief in den Herbst 1816 hinein große Mengen oberschwäbischen Getreides zu erhöhten Preisen in die von der Krise ebenfalls betroffene Schweiz verkauft wurden. Zwischen Juli 1816 und Juni 1817 stieg der Brotpreis um fast 140 %. Noch bildeten ja Getreideprodukte die Hauptnahrung, der Siegeszug der Kartoffel stand damals erst an seinem Beginn.[278] Wie es während dieser Monate in Ravensburg zuging, hat der Kaufmann Ulrich Christoph Gradmann in seinem Tagebuch geschildert (vgl. Seite 86).[279]

Als Konsequenz aus den 1816/17 gemachten Erfahrungen ergriff der Staat zahlreiche Maßnahmen zur Hebung der Landwirtschaft. Dem 1816 auf den Thron gelangten jungen König Wilhelm I., zu dessen ersten prägenden politischen Erfahrungen die Bekämpfung der Hungersnot gehörte, war daran gelegen, durch Gründung landwirtschaftlicher Vereine und Schulen die Weiterbildung der Bauern zu fördern. Demselben Zweck dienten seit 1818 die Landwirtschaftlichen Feste in Cannstatt, bei denen Preise für besonders gute Ergebnisse in Ackerbau und Viehzucht vergeben wurden. Derartige Veranstaltungen wurden bald im ganzen Land durchgeführt.

In Ravensburg fand das erste landwirtschaftliche „Partikularfest" 1822 mit einer Pferde- und Viehschau, einer Ausstellung landwirtschaftlicher Geräte und Prämierungen landwirtschaftlicher Produkte statt.[280] Die Landwirtschaftlichen Feste, die gelegentlich auch der

Das Innere des Kornhauses, kolorierte Lithografie v. L. Gradmann, ca. 1817
Auf der anlässlich der Hungersnot von 1816/17 entstandenen Lithografie sind Kornmesser, die das Gewicht der eingelieferten Säcke überprüfen, Kornhändler vor offen stehenden Säcken und links der Kornhausschreiber dargestellt, der das genaue Gewicht der eingelieferten Kornsäcke notiert und daraus die Marktgebühr berechnet. (Vgl. FALK in: SCHMAUDER 2002, S. 72)

König mit seinem Besuch beehrte, entwickelten sich in der Folgezeit zu regelrechten Volksfesten mit Musik, Wettspielen, Theateraufführungen, Speis und Trank.[281] 1845 kam es in Ravensburg zur Gründung eines Landwirtschaftlichen Bezirksvereins, lange vor der Gründung eines Handels- und Gewerbevereins.

„Bei Ravensburg", so beobachtete der Reiseschriftsteller Gottlob Heinrich Heinse um 1808, „sind noch eine Menge Weinberge, doch nicht fern davon werden sie schon selten [...]." Und auch noch mehr als 20 Jahre später stellte der Oberamtsarzt Dr. Ignaz Schaettle in seinem „Versuch einer medicinischen Topographie" des Oberamts Ravensburg um 1831 fest: „[...] an der linken Seite der Schussen ist der Weinbau bedeutend, mit welchem sich die ärmere Klasse der Einwohner abgibt und ernährt." Er fand, dass der dort wachsende Wein „unter die vorzüglicheren der Seegegend" gehöre, „besonders aber scheinen die kleinen rothen Burgunderreben am besten zu gedeihen". Dagegen konnte er dem hier angebauten Weißwein keinen Geschmack abgewinnen.[282]

Auf der städtischen Markung wurden 1833 auf einer Fläche von ca. 130 Hektar noch knapp 2.500 Hektoliter Wein geerntet, 70 Jahre später waren es nur noch 357 Hektoliter und die Rebfläche war auf 15 Hektar geschrumpft.[283] Den weiteren Rückgang des Weinbaus in Ravensburg illustriert D 5 (folgende Seite).

D 5 Rückgang des Weinbaus auf Ravensburger Markung 1833 – 1930

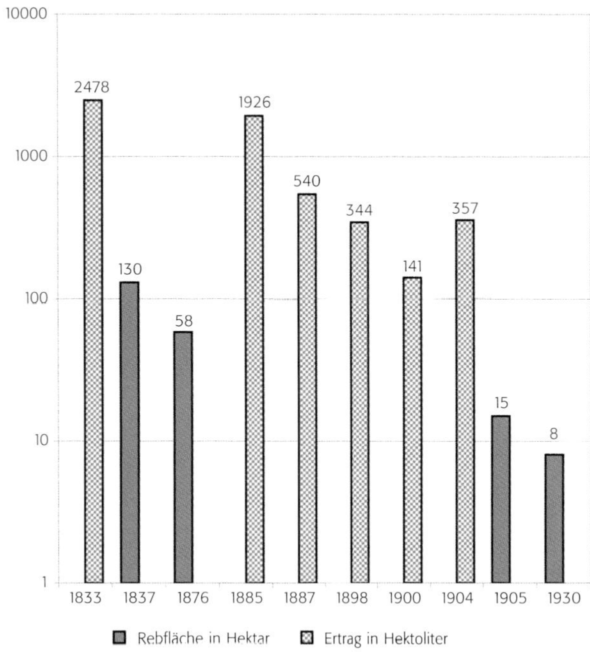

Der Oberamtsarzt wies auch auf die stetige latente Gefahr hin, die der Landwirtschaft durch die Schussen drohte. Trotz großer Baumaßnahmen in den Jahren 1826/27 und 1845 gelang es nicht, die regelmäßigen Überschwemmungen großer landwirtschaftlicher Flächen durch den Fluss zu verhindern. Dies wurde erst in der zweiten Hälfte des Jahrhunderts besser. Ganz konnte die Überschwemmungsgefahr aber erst im 20. Jahrhundert gebannt werden.

Die städtische Bevölkerung

Bevölkerungsentwicklung

Zwischen 1800 und 1870 stieg die Ravensburger Einwohnerzahl, genauer gesagt die Zahl der Ortsanwesenden, von ca. 3.600 auf ca. 8.400.[284] Damit erlebte die Stadt ein Wachstum, das nur mit demjenigen zwischen 1330 und 1370 vergleichbar ist, als die Einwohnerzahl von ca. 1.500 auf ca. 3.000 stieg und deshalb die Fläche der ummauerten Stadt mehr als verdoppelt werden musste. Wie D 6 erkennen lässt, verlief der Wachstumsprozess zwischen 1810 und 1870 nicht gleichmäßig. In den Kriegsjahren bis 1815 sank die Einwohnerzahl sogar leicht. Nach der Hungersnot von 1816/17 setzte dann ein langsames, aber stetiges Wachstum ein, das nur zweimal, zwischen 1834 und 1836 und zwischen 1846 und 1849, kurz unterbrochen wurde.

Dank einer von Peter Schaller erarbeiteten Statistik lässt sich für den Zeitraum von 1834 bis 1871 das Bevölkerungswachstum in Ravensburg mit demjenigen in zehn anderen württembergischen Städten vergleichen.[285] Bezogen auf die Einwohnerzahl von 1834 wuchsen wichtige Industriestandorte wie Stuttgart (239,9 %), das damals noch selbstständige Cannstatt (239,6 %), Heidenheim (207,1 %), Heilbronn (177,1 %), Ulm (173,3 %), und Esslingen (166,4 %) stärker als Ravensburg (160,5 %). Das Wachstum in einer so bedeutenden Industriestadt wie Göppingen war mit 161,4 % gegenüber der Einwohnerzahl von 1834 etwa genau so groß wie das in Ravensburg. Schwäbisch Gmünd (157,5 %), Reutlingen (131,3 %) und Ludwigsburg (116,2 %) wuchsen dagegen langsamer.

Einen großen Sprung nach oben erlebte die Stadt zwischen 1855 und 1870. In diesen 15 Jahren stieg die Zahl der Ortsanwesenden von 5.960 auf ca. 8.400, also um fast 41 %. Damit gehörte Ravensburg zu den sechs württembergischen Städten mit der höchsten Wachstumsrate in diesem Zeitraum. Übertroffen wurde die Stadt nur von Stuttgart (Wachstum um 67 %), Cannstatt (60 %), Aalen (49 %), Heidenheim (47 %) und Göppingen (45 %).[286] Weingarten wuchs im selben Zeitraum immerhin um 36 %, das gesamte Oberamt Ravensburg aber nur um 14,5 %, ohne Ravensburg und Weingarten sogar nur um 2,6 %.[287] Diese unterschiedliche Entwicklung dürfte zum Teil die Folge einer zunehmenden Landflucht gewesen sein, einer Abwanderung vom Land in die Stadt, die seit den 1840er Jahren dank der Liberalisierung der Zuzugsbestimmungen erleichtert worden war.[288] Dabei schnitt das Oberamt Ravensburg mit seinem bescheidenen Zuwachs auf dem Land im Vergleich zu anderen Gebieten Oberschwabens noch recht gut ab. Im nördlichen Oberschwaben war zur selben Zeit die Landflucht viel ausgeprägter.[289]

Auch die Auswanderung nach Amerika oder Osteuropa, die andernorts im 19. Jahrhundert eine so große Rolle spielte, blieb im wohlhabenden Oberamt Ravensburg vergleichsweise unbedeutend. In den Jahren zwischen 1852 und 1871 wanderten pro Jahr aus dem gesamten Oberamt durchschnittlich nur 20 Personen aus, davon knapp die Hälfte aus Ravensburg.[290]

Wenn wir den Landschaftsbegriff „Oberschwaben“ auf denjenigen Teil Oberschwabens begrenzen, der zwischen 1806 und 1810 württembergisch geworden war, so

D 6 Entwicklung der Einwohnerzahl 1789–1999
ab 1961 inklusive der seit 1972 eingegliederten Gemeinden

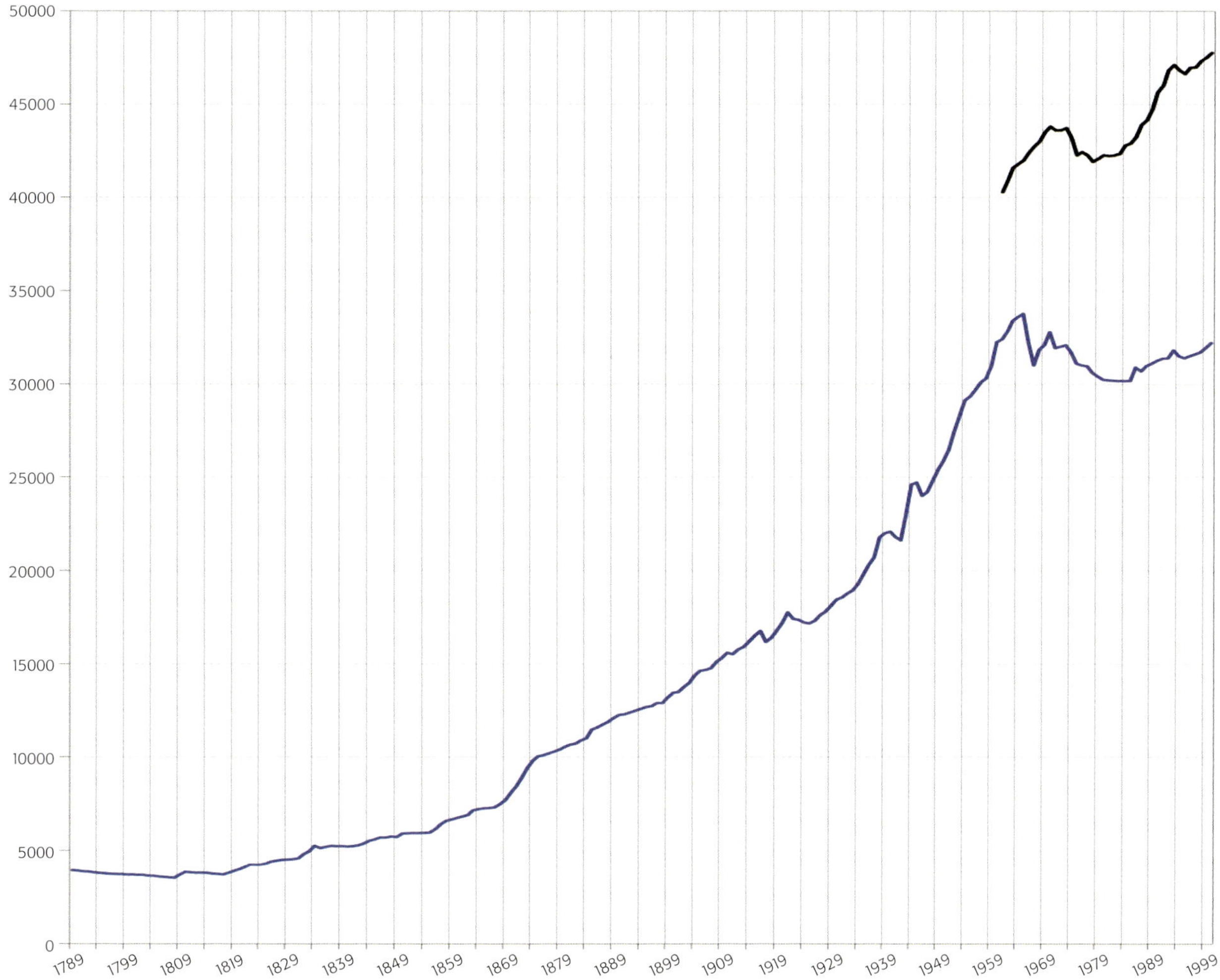

hatte Ravensburg seinen Rang als größte Stadt dieser Region bereits im 17. Jahrhundert eingebüßt. Noch um 1800 war dies Biberach, das damals mit knapp 4.700 Einwohnern Ravensburg mit seinen 3.880 Einwohnern deutlich übertraf. Da Ravensburg jedoch seit 1830/35 einen viel stärkeren Industrialisierungsschub erlebte, hatte es 1846 mit etwa 5.440 Ortsanwesenden Biberach bereits eingeholt. Diese Entwicklung setzte sich fort, so dass 1868 die Einwohnerzahl von Ravensburg diejenige von Biberach um etwa 640 Einwohner übertraf.[291]

Interessant ist auch ein Vergleich mit dem Bevölkerungswachstum in Oberschwaben bzw. im Gebiet des heutigen (Baden-)Württemberg. Während die Bevölkerung Oberschwabens zwischen 1820 und 1870 nur um 29 % wuchs und die des Königreichs Württemberg zwischen 1849 und 1855 sogar einen leichten Rückgang verzeichnete[292], betrug das Bevölkerungswachstum in der Oberamtsstadt Ravensburg zwischen 1820 und 1870 ungefähr 120 %.

Bedingt war das Wachstum der Einwohnerzahl von Ravensburg in erster Linie durch Zuwanderung. Das lässt sich mit einigen wenigen Zahlen belegen. Im ersten Jahrzehnt des 19. Jahrhunderts, also noch unter bayerischer Herrschaft, bestand ein Geburtendefizit. 1806 waren 185 Todesfälle gegenüber 140 Geburten zu verzeichnen, 1809 172 gegenüber 136.[293] Etwas besser sah es 1831 aus. In diesem Jahr standen 145 Geburten nur 141 Todesfälle gegenüber, es wurde also ein kleiner Geburtenüberschuss erzielt. Dagegen betrug der Wanderungsgewinn (Zahl der Zugezogenen minus Zahl der Weggezogenen) 47 Personen.[294] Ein deutlicher Geburtenüberschuss wurde erst ab 1838 erzielt.[295] Im Zeitraum von 1856 bis 1895 stand in Ravensburg einem Geburtenüberschuss von 1.534 ein Wanderungsgewinn von 4.182 Seelen gegenüber![296]

Der relativ bescheidene Geburtenüberschuss im 19. Jahrhundert steht in engem Zusammenhang mit der hohen Kindersterblichkeit, die erst nach 1890 dank verbesserter Hygiene und Fortschritten in der Geburtshilfe reduziert werden konnte. Zwischen 1816 und 1890 schwankte der Anteil der Totgeborenen und im ersten Lebensjahr gestorbenen Kinder in Württemberg zwischen 37 und 39 % der in diesem Zeitraum Geborenen.[297] Die Zahlen für Ravensburg bestätigen diesen Befund.

Anhand der seit 1876 angelegten Familienregister des Ravensburger Standesamts[298] lassen sich für den Zeitraum von 1812 bis 1880 562 Ehen in ihrem Gesamtverlauf vom Zeitpunkt der Eheschließung bis zum Ende der Ehe durch Tod eines Ehepartners oder durch Scheidung verfolgen. Aus diesen 562 Ehen gingen 2.381 Kinder hervor (pro Ehe also durchschnittlich 4,2 Kinder). Von diesen wurden 690 tot geboren oder starben im ersten Lebensjahr. 210 weitere Kinder starben vor Vollendung des zehnten Lebensjahrs. Fast 38 % aller Kinder aus diesen 562 Ehen erreichten also nicht einmal ein Lebensalter von 10 Jahren.

Bemerkenswert war die im 19. Jahrhundert wachsende Zahl der nicht in Ravensburg Geborenen. Dies war eine Folge der seit 1828 durch mehrere Gesetze und Erlasse der Regierung in Gang gekommenen Liberalisierung der Zuzugsbestimmungen. Schrittweise erhielt jeder württembergische Staatsbürger das Recht, sich an jedem beliebigen Ort des Königreichs niederzulassen und dort ein Gewerbe auszuüben.[299]

Im Zusammenhang damit stand das zunehmende Angebot von Arbeitsplätzen in der Industrie mit der Folge einer Abwanderung aus den ländlichen Gebieten in die Städte. So waren in Ravensburg 1828 noch 71 % der erwachsenen männlichen Einwohner[300] hier geboren, 43 Jahre später, 1871, aber nur noch 43 %.[301]

Rechtliche und soziale Unterschiede zwischen den Einwohnern der Stadt

Um 1800 lassen sich in der Bevölkerung der Reichsstadt Ravensburg im Wesentlichen vier soziale Gruppierungen bzw. Schichten unterscheiden, zwischen denen die Grenzen allerdings zum Teil fließend waren:

1. die um 1800 bereits stark zusammengeschmolzene Spitzengruppe einiger weniger vornehmer, meist geadelter Familien, das so genannte Patriziat, das nicht in einer Zunft, sondern bereits seit dem Mittelalter in der zunftähnlichen Gesellschaft „zum Esel" organisiert war,
2. die etwas größere Schicht wohlhabender, überwiegend evangelischer Kaufleute und Akademiker (Ärzte, Apotheker, Juristen, Geistliche), die teils Mitglieder einer Zunft waren, in erster Linie der Schneiderzunft, teils Mitglieder der zunftähnlichen Gesellschaft „zum Ballen"; ein Großteil der Protestanten in dieser Gruppe gehörte zur so genannten „Blutwurst" (siehe Teil 1 Seite 7), einige Familien waren mit dem Patriziat versippt.
3. die breite Mittelschicht der Zunftbürger, zumeist Handwerksmeister, die einer der acht Zünfte angehörten und wie die beiden ersten Gruppen das Bürgerrecht mit allen damit verbundenen Rechten und Pflichten besaßen, unabhängig davon, wie reich oder arm sie waren,
4. die große Unterschicht derjenigen, die nicht im Besitz des Bürgerrechts waren und als Beisitzer oder Hintersassen nur ein zunächst befristetes, nach zwei bis drei Jahren lebenslanges Aufenthaltsrecht in der Stadt besaßen. Ein Anspruch auf öffentliche Fürsorge im Fall der Bedürftigkeit (Alter, Krankheit, Invalidität) bestand nicht, in der Regel wurde ihnen im Notfall jedoch gnadenhalber eine Unterstützung aus dem Stiftungsvermögen der Stadt gewährt. Zu dieser Gruppe, die Ende des 18. Jahrhunderts etwa 25 % der Einwohner umfasste, gehörten Handwerksgesellen, Knechte und Mägde, dazu die außerhalb der Stadt im Pfarrweiler St. Christina lebenden, meist als Rebleute beschäftigten so genannten „St. Christiner" und ein Teil der Taglöhner.[302]

Nachdem Ravensburg württembergisch geworden war, reduzierte sich die rechtliche Stellung der Einwohner auf zwei Gruppen: Bürger und Beisitzer (siehe Seite 81). Mit dem „Gesetz über das Gemeinde-, Bürger- und Beisitz-Recht" von 1828 und seiner Fortschreibung 1833 verloren die noch bestehenden Unterschiede zwischen Bürgern und Beisitzern immer mehr an Bedeutung. Nach der Revolution von 1848/49 erhielten die Beisitzer die gleichen Wahlrechte wie die Bürger, mit Ausnahme des Rechts zur Wahl des Abgeordneten im Stuttgarter Landtag. Im Fall ihrer Wahl in den Gemeinderat oder den Bürgerausschuss hatten die Beisitzer einen Rechtsanspruch auf Aufnahme ins Bürgerrecht.[303] Endgültig aufgehoben wurde die Unterscheidung zwischen beiden Einstufungen aber erst 1885.

Die Familie Edinger, Gouache v. G. J. Edinger, um 1825
Auf dem mit Abb. Seite 17 vergleichbaren, ca. acht Jahre später entstandenen Familienbild sind drei Generationen dargestellt: am Tisch die Eltern von Frau Edinger und die greise Mutter von Herrn Edinger, in der Mitte das Ehepaar Edinger mit seinen inzwischen fünf Kindern, an der Wand das Portrait des verstorbenen Vaters des Malers.

Ein 1828 angelegtes Verzeichnis der Bürger und Beisitzer sowie eine Liste der Beisitzer aus dem Jahr 1835[304] gewähren uns Einblick in die Gruppe der Beisitzer. Unter den 149 Beisitzern des Jahres 1828 waren 19 Taglöhner, 27 Bauern, je zwei Gärtner, Schuster und „Hauderer" [Lohnkutscher], vier Handwerksgesellen, je ein Weber, Maurer, Scherenschleifer, Musiker, Bote, Rebmann, Gerichtsdiener und Obsthändler sowie ein ehemaliger Mönch, also eine bunt gemischte Gesellschaft eher „kleiner Leute". Die größte Gruppe bestand aus 77 Witwen, unter ihnen auch solche von städtischen Honoratioren. Außerdem wurden eine Näherin und eine „Hospitalitin" (Spitalinsassin) aufgeführt. Bei 31 Beisitzern ist ein Wohnsitz außerhalb der Stadtmauern belegt. Vermutlich wohnten aber wesentlich mehr im städtischen Umland, in den Vorstädten oder auf einem der zahlreichen Einzelhöfe.

Das Gesetz über das Bürger- und Beisitzrecht von 1828 sah vor, dass eine „Frauensperson", wenn sie Tochter eines Bürgers oder Beisitzers war, durch Geburt automatisch den rechtlichen Status des Vaters erhielt. Bei Verheiratung mit dem Bürger oder Beisitzer einer anderen Gemeinde erwarb sie dessen Status durch die Eheschließung ebenfalls ohne förmliche Aufnahme. Vom Frondienst waren Frauen befreit, das aktive und passive Wahlrecht blieb ihnen jedoch weiterhin verwehrt.[305]

Die ins Mittelalter zurückreichenden exklusiven Gesellschaften zum „Esel" und zum „Ballen", die beide schon lange unter Auszehrungserscheinungen litten, lösten sich 1813 bzw. 1818 auf. An ihre Stelle traten neue Organisations- und Geselligkeitsformen der Honoratioren wie das „Museum" oder der „Liederkranz", über die in einem der folgenden Kapitel zu berichten sein wird. Was das Leben in der Stadt aber stärker veränderte als diese bürgerlichen Vereinigungen war die Entstehung neuer sozialer Gruppen und Schichten am oberen und vor allem am unteren Ende der gesellschaftlichen Skala zwischen 1830 und 1870. Neu war die kleine Gruppe der württembergischen Staatsbeamten, neu war auch die mit der Industrialisierung entstehende, ebenfalls kleine Gruppe der „Fabrikanten", am stärksten verändert aber wurde der Charakter der bürgerliche Gesellschaft Ravensburgs nicht durch den Wandel der Honoratiorenschicht, sondern durch die Entstehung einer neuen Unterschicht als Folge der Industrialisierung.

Briefkopf einer Rechnung der Stickerei und Weberei von J. Edinger, Lithografie (vermutlich v. J. Bayer), um 1850
Links und rechts sind Frauen, vermutlich Heimarbeiterinnen, dargestellt, die für die Firma feine Baumwollstoffe weben bzw. besticken.

Wandel der Unterschicht

Ende 1816 gab es in Ravensburg nach einer offiziellen Statistik, die aus Anlass der damals herrschenden Hungersnot erstellt wurde, 397 „Arme, theils ganze Familien, theils einzelne Personen"[306], in Wahrheit also wohl weit mehr als 400 Personen. Als Kriterium für Armut galt eine Situation, in welcher die betroffene Person – Mann, Frau oder Kind – ohne fremde Hilfe nicht existieren konnte. In einer Zeit, die noch keine staatliche Sozialversicherung kannte, waren unterstützungsbedürftige Arme, wenn sie nicht öffentlich betteln wollten, auf fremde Hilfe angewiesen. Neben der Kirche war dies die Gemeinde, in der sie ihren Wohnsitz hatten. Zu den 1816 aufgeführten Armen gehörten 31 Waisenkinder, die auf Kosten des „Armenfonds" (vgl. dazu Seite 86) bei Pflegeeltern wohnten, sowie 46 alte „Pfründner" im Spital, alte bedürftige Bürger und Bürgerinnen, die dort, gleichfalls auf Kosten des Armenfonds, eine „Armenpfründe" genossen: Kost, Logis und ärztliche Betreuung bis ans Lebensende.

Die größte Gruppe unter den Armen dürften die „verschämten" Armen oder „Hausarmen" gewesen sein, die einen eigenen Haushalt führten, aber nicht in der Lage waren, aus eigener Kraft ihr Leben zu fristen und deshalb aus den Mitteln des Armenfonds eine individuell auf den Einzelfall abgestimmte Unterstützung erhielten. 1821/22, etliche Jahre nach der Hungersnot von 1817, gab es in Ravensburg immerhin noch 377 Hausarme, zum Teil mit Anhang (Ehegatte oder Kinder).[307]

Ralf Reiter, dem wir eine gründliche Analyse des Ravensburger Armenwesens verdanken, schätzt die Zahl der „Bedürftigen", derjenigen, die auf fremde Unterstützung angewiesen waren, für die Jahre 1820 bis 1830 auf 10 bis 11 % der Bevölkerung, also auf ca. 450 bis 490 Personen, davon ca. zwei Drittel überwiegend alleinstehende Frauen.[308]

Unter den Armen befanden sich neben alten, kranken und arbeitsunfähigen Menschen um 1820/30 auch Taglöhner, Rebleute, Strumpfstricker, Schneider, Garn spinnende und Strümpfe strickende Heimarbeiterinnen und Flickschuster.[309] Der Ravensburger Oberamtsarzt Dr. Schaettle zählte in seinem um 1830 verfassten Bericht über die medizinische Situation im Oberamtsbezirk Ravensburg neben Taglöhnern und Rebleuten auch viele Dienstboten zu den Armen. Nur sie und die „ganz Armen", so Schaettle, griffen in ihrer Not mehr als ihnen gut täte zur Branntweinflasche.[310]

Dass die Jahre vor der Revolution von 1848/49 Jahre der Not waren, geht auch aus einer 1847 verfassten Übersicht über den Umfang der Bettelei in Ravensburg hervor.[311] Bettler aus der eigenen Stadt, so hieß es da, seien nur gelegentlich zu beobachten. Die Zahl der auswärtigen Bettler aber habe stark zugenommen. Während 1841 nur 59 gezählt worden waren, davon lediglich sieben aus dem Oberamt Ravensburg, waren es 1843 168, 1846 139 Bettler. Aus dem völlig verarmten Nachbarort Altdorf wurden 1842 zehn, 1844 18 Bettler notiert.

1846 berichtete der Pfarrer von Liebfrauen über den Zustand seiner Pfarrei, in Ravensburg mache sich eine zunehmende Verarmung bei gleichzeitigem Bevölkerungswachstum breit.[312] Bestätigt wird diese Beobachtung durch einen undatierten, von 32 überwiegend ärmeren Bürgern unterschriebenen Protestbrief an Gemeinderat und Bürgerausschuss, in dem Beschwerde geführt wurde über die starke Zunahme von „Fremden", die ihnen Arbeit und Brot wegnähmen. Über diesen Brief beriet der Gemeinderat in seiner Sitzung am 21. März 1848 und beschloss eine ablehnende Stellungnahme mit dem formaljuristischen Argument, es stünde jedem Württemberger frei, wo er sich niederlassen wolle.[313]

Mit der nach 1830 beginnenden Industrialisierung veränderte die traditionelle Unterschicht allmählich ihren Charakter. Eine neue gesellschaftliche Gruppe trat hinzu: die Fabrikarbeiter, die zwar in der Regel so viel verdienten, dass sie nicht auf die Armenfürsorge angewiesen waren, dafür aber eine anstrengende und oft auch ungesunde Arbeit zu verrichten hatten. Genaue Zahlen zur Entwicklung der Fabrikarbeiterschaft sind vor 1860 selten. Erst mit der Gewerbezählung von 1861 betreten wir einigermaßen sicheren Boden. Sie zählt neben 771 in den Ravensburger Textilfabriken Beschäftigten weitere 176 Beschäftigte in den beiden Maschinenfabriken auf. Dazu kamen 28 Personen, die in den noch bestehenden drei Papiermühlen arbeiteten, die zu den Fabriken gerechnet wurden.[314] Diese Zahl von 975 Fabrikarbeitern und Fabrikarbeiterinnen wird nur geringfügig durch eine von der Regierung des Donaukreises in Ulm 1862 durchgeführte Untersuchung relativiert. Sie gibt die Zahl der Fabrikarbeiter in Ravensburg, Weißenau und Altdorf mit „nahezu 1.000" an, ohne die zahlreichen Heimarbeiter.[315] Allein in den fünf Baumwollwebereien waren demnach 500 Personen beschäftigt. Zieht man die beiden Altdorfer Betriebe, die Uhrenfabrik Eggler und die Baumwollweberei Fürnkorn ab, so ergibt sich eine Zahl von ca. 950 Fabrikarbeiter(innen) allein in Ravensburg und Weißenau.

Diese Zahlen sagen allerdings nichts darüber aus, wie viele Angehörige, Frauen und Kinder, zusätzlich zur „Arbeiterklasse" zu zählen sind, noch, wie viele der ca. 950 Fabrikarbeiter(innen) nicht in der Stadt, sondern im Umland wohnten. 1890 betrug die Relation zwischen erwerbstätigen Personen und Gesamtzahl der Einwohner 1 : 2,36. Da die Zahl der „Singles" unter den Fabrikarbeitern sicher größer war als in der bürgerlichen Mittelschicht, wird man, um die Gesamtzahl der zur Fabrikarbeiterschaft gehörenden Personen zu ermitteln, pro Fabrikarbeiter(in) vermutlich nicht mehr als eine weitere Person hinzuzählen dürfen. Das ergäbe bei ca. 6.900 Einwohnern ca. 1.700–1.900 zur Fabrikarbeiterschaft gehörende Personen. Der Anteil dieser sozialen Gruppe an der Einwohnerzahl von Ravensburg dürfte demnach um 1860/61 zwischen 24 und 27 % gelegen haben.

Was aus den statistischen Zahlen nicht hervorgeht, sind die Lebens- und Arbeitsbedingungen der Fabrikarbeiterschaft. Schon 1858 beobachtete der evangelische Dekan August Beigel, dass diese neue „Klasse" völlig getrennt von der übrigen Ravensburger Bürgerschaft lebe.[316] Neben Männern und Frauen arbeiteten auch Kinder in den Fabriken. Um 1856 betrug die Arbeitszeit für zwölfjährige Mädchen in einer Ravensburger Spinnerei – vermutlich Spohn – 48 Stunden pro Woche! Davon war die Hälfte nachts zu leisten![317] Die Ravensburger Handels- und Gewerbekammer berichtete 1868, in der Spinnerei Spohn und der Spinnerei im Lauratal seien zusammen immer noch 40 Kinder und Jugendliche unter 18 Jahren beschäftigt, so viele wie sonst nirgends in ihrem Sprengel.

Ein lebendiges Bild der Arbeitsbedingungen und des Arbeitsklimas in der Frühzeit der Industrialisierung vermitteln die „Fabrikordnungen" der großen Ravensburger Betriebe.[318] Im Schlussabsatz der 1862 gedruckten und in sämtlichen Räumen des Betriebs ausgehängten Fabrikordnung der Maschinenfabrik Honer hieß es beispielsweise, die Firma erwarte von ihren Arbeitern, „dass sie sich eines geordneten, haushälterischen Lebenswandels befleißigen und für die Zeit der Noth einen Sparpfennig zu sammeln suchen. Es haben deßhalb leichtsinnige, ungeordnete Arbeiter, namentlich bei Schuldklagen, welche gegen sie einlaufen, ihre Entlassung zu gewärtigen, während bescheidene, fleißige und ordnungsliebende Arbeiter stets auf die Erkenntlichkeit der Fabrik rechnen dürfen."

In der 1862 gedruckten „Werkstätte-Ordnung für die Arbeiter der königl. Seng-, Bleich- & Appretur-Anstalt Weißenau", damals schon Staatsbetrieb, wurde von den Arbeitern verlangt, „in anständiger Kleidung sowie mit sauber gewaschenem Gesicht, Händen und Füßen zu erscheinen. Unzüchtige Reden, das Singen unsittlicher Lieder, das Fluchen, Schimpfen und Verläumden [...] sind ernstlich untersagt".[319]

Die tägliche Arbeitszeit schwankte zwischen 12 und 14 Stunden. Bei Escher Wyss begann 1860 die Arbeit im Sommer früh um 5 Uhr und endete abends um 18.45 Uhr. Dazwischen gab es dreimal kurze Pausen: $^1/_2$ Stunde am Vormittag, 1 Stunde mittags und $^1/_4$ Stunde am Nachmittag. Das waren insgesamt 12 Arbeitsstunden pro Tag. Im Winter begann und endete die Arbeit eine halbe Stunde später. Samstags wurde nur bis zum Mittag gearbeitet, die wöchentliche Arbeitszeit betrug also 66 Stunden. Wer nach dem Einläuten des Arbeitsbeginns noch nicht an seinem Arbeitsplatz war, verfiel einer Buße von 3 bis 6 Kreuzern, die vom Lohn abgezogen wurden. Bei einer Verspätung zwischen 5 und 15 Minuten betrug die Buße das Doppelte.[320] Die Strafgelder wurden allerdings in der Regel „zur Unterstützung kranker Arbeiter" verwendet.[321]

In der Bleicherei und Appreturanstalt Weißenau reichte die „Strafgewalt des Fabrikvorstandes" gegenüber unbotmäßigen Arbeitern bis zu einer Geldbuße von 4 Reichstalern. Hier gab es auch bereits 1862 eine Betriebskrankenkasse, für die eine Zwangsmitgliedschaft bestand. Jedem Arbeiter wurden von seinem Lohn täglich pro Gulden ein Kreuzer (1 Gulden [fl] = 60 Kreuzer) abgezogen, der in die Krankenkasse floss.

Innerhalb der Belegschaft der Fabriken herrschte ein ständiges Kommen und Gehen, nicht zuletzt deshalb, weil viele Arbeiter und Arbeiterinnen es vorzogen, während der Sommermonate in der Landwirtschaft zu arbeiten, wo die Löhne höher waren.[322] Ein evangelischer Pfarrer kritisierte, dass aus diesem Grund viele Arbeiterkinder aus Ravensburg im Sommer dem Schulbesuch fern blieben.[323]

Hatte ein Fabrikarbeiter den Sommer über als Landarbeiter sein Geld verdient, so war es keineswegs selbstverständlich, dass er im Herbst zu seinem früheren Arbeitgeber in die Fabrik zurückkehrte. Kurze Kündigungsfristen zwischen einer und vier Wochen waren das Normale, und niemand nahm daran Anstoß. Unter den Fabrikarbeitern waren viele Ausländer, vor allem Schweizer und Zuwanderer aus der Donaumonarchie, viele Handwerksgesellen, die in ihrem erlernten Handwerk keine oder nur eine ganz schlecht bezahlte Arbeit fanden und viele Taglöhner.[324]

Der Lohn eines Fabrikarbeiters war in der Regel höher als der eines Handwerksgesellen, manchmal sogar höher als der eines Handwerksmeisters. In Württemberg lag der Taglohn eines Handwerkers um 1860/65 im Durchschnitt bei 64 Kreuzern, der eines Fabrikarbeiters bei 75 Kreuzern.[325]

Berufstätige Frauen

Eine der frühesten amtlichen Statistiken zur Sozialstruktur der Stadt Ravensburg, die 1852 erstellt wurde, zählte 853 Personen zur „arbeitenden Klasse", davon 347 = 41 % weiblichen Geschlechts.[326] 52 Frauen und Mädchen waren nach dieser Statistik als Näherinnen, Wäscherinnen und „Handarbeiterinnen" beruflich selbstständig, weit mehr, nämlich 287 Frauen, als Arbeiterinnen in einem gewerblichen Betrieb oder in der Landwirtschaft beschäftigt. Acht erschienen in der Rubrik „herrschaftliches Dienstpersonal". Dabei handelte es sich vermutlich um Zimmermädchen, Zofen und Köchinnen. Zu den gewerblichen Betrieben zählten Handwerk, Handel, Gastronomie und Fabriken, weshalb sich die tatsächliche Zahl der Fabrikarbeiterinnen und Heimarbeiterinnen dieser Statistik leider nicht entnehmen lässt.

Etwas konkreter sind die Angaben in der bereits erwähnten Gewerbestatistik für das Oberamt Ravensburg von 1861.[327] Dort sind unter den 771 in der Textilindustrie Beschäftigten 359 = 46,6 % Frauen und Mädchen aufgeführt. Wenn man berücksichtigt, dass bis auf eine einzige Textilfabrik in Altdorf-Weingarten die gesamte Textilindustrie des Oberamts in Ravensburg angesiedelt war, dann dürfte damals die Zahl der in den Ravensburger Textilfabriken beschäftigten Arbeiterinnen bei etwa 300 gelegen haben.

Eine konkrete Angabe über die Zahl der Fabrikarbeiterinnen in einem bestimmten Betrieb liegt uns erst für das Jahr 1874 vor. In diesem Jahr waren in der Leinenspinnerei Spohn 225 Frauen, aber nur 137 Männer beschäftigt.[328]

Frauen verdienten fast immer weniger als Männer. 1842 erhielt ein Arbeiter in der Bleicherei Weißenau je nach Art seiner Arbeit einen Taglohn zwischen 36 und 44 Kreuzern, eine Arbeiterin für dieselbe Tätigkeit aber nur 26 bis 30 Kreuzer.[329] Dafür konnte sie 1,5 bis 1,8 Pfund Butter oder 8 bis 10 Pfund Brot oder 4,5 bis 5 Pfund Rindfleisch kaufen. 42 Jahre später war es etwas besser: der ortsübliche Taglohn eines Fabrikarbeiters bewegte sich 1884 zwischen 1.40 M und 2 M, der einer Fabrikarbeiterin zwischen 1 und 1.50 M.[330] Mit diesem Lohn konnte sie 1,3 bis 2 Pfund Butter oder 8,6 bis 14 Pfund Brot oder 6 bis 9 Pfund Rindfleisch kaufen.[331]

Einen ersten umfassenden Überblick über das Spektrum weiblicher Berufsmöglichkeiten in der zweiten Hälfte des 19. Jahrhunderts vermittelt das Adressbuch der Stadt aus dem Jahr 1864. Allerdings sind dort nur Frauen aufgeführt, die einen eigenen Haushalt führten oder beruflich selbstständig waren wie beispielsweise Näherinnen oder Händlerinnen, aber nicht die Masse der jungen Fabrikarbeiterinnen, die, vom Lande kommend, in Ravensburg entweder ein Zimmer oder auch nur eine Schlafstelle mieteten oder die täglich aus dem Umland in die Stadt kamen, zu Fuß oder mit der Bahn. Nicht erfasst sind auch jene berufstätigen Frauen, die als Ehefrauen beim Ehemann oder als Töchter oder Nichten bei den Eltern oder Verwandten wohnten. Deshalb kann es kaum überraschen, dass im Adressbuch von 1864 nur eine einzige Arbeiterin erscheint.

Von den dort aufgeführten 1.696 Haushalten waren 379 Frauenhaushalte, darunter 18 Wohngemeinschaften, in denen allein stehende Frauen zusammenlebten. Bei 309 Haushalten fehlt eine Berufsangabe. Neben 183 Witwen dürfte es sich hier um weitere allein stehende Frauen gehandelt haben, die eine Rente oder Pension bezogen oder Almosen empfingen. Bei 70 Frauenhaushalten ist ein Beruf angegeben. Darunter waren: zwölf Näherinnen, elf Wäscherinnen, acht Weberinnen, drei Putzmacherinnen (die Damenhüte und Kleider mit Stoffblumen, Bändern und Schleifen schmückten), zwei Kleidermacherinnen, je eine Hasplerin (die Garn bearbeitete), Zettlerin (die die Garnfäden auf dem Webstuhl richtete und spannte) und eine Strumpfhändlerin. Das waren also allein 39 Frauen, die in irgendeiner Weise mit Textilien zu tun hatten. Weiter sind genannt fünf Taglöhnerinnen, die gelegentlich auch in einer der Textilfabriken Arbeit fanden, vier Gastwirtinnen, drei Hebammen, je drei Obst- und Spezereihändlerinnen sowie

„Standrede moderner Art", Lithografie v. J. Bayer, 1849
Diese frauengeschichtlich interessante Darstellung, erschienen während der Revolution von 1848/49 in der Ravensburger Zeitung „Die neue Zeit" (mit Kommentar), zeigt ein junges Mädchen, das auf einen Tisch gestiegen ist und sich dafür ausspricht, dass sich neben den „höheren Töchtern" auch die „bürgerlichen" an der Übergabe der gemeinsam bestickten Revolutionsfahne (vgl. die Abb. Seite 45) für die Bürgerwehr beteiligen dürfen.

je eine Krankenwärterin, Lehrerin, Kindergärtnerin, Theaterdienerin und „Leichenbesorgerin".

Zusammen mit den ca. 300 Arbeiterinnen in der Textilindustrie waren in Ravensburg um 1861/64 also ungefähr 340 Frauen und Mädchen im Textilgewerbe beschäftigt. In dieser Zahl nicht enthalten sind die Textilverkäuferinnen, Dienstmägde, Hausgehilfinnen und in den verschiedensten Dienstleistungsbetrieben (z. B. Gaststätten, Spitäler, Ladengeschäfte) beschäftigten Frauen. So muss es eine Vermutung bleiben, dass es damals (1864) in Ravensburg mit seinen ca. 7.000 bis 7.200 Einwohnern zwischen 700 und 900 berufstätige Frauen und Mädchen gab.

Die Fürsorge für Arme, Alte, Kranke und Kinder

Neuordnung des Armenwesens

Bis zu den Bismarckschen Sozialgesetzen der Jahre 1883 bis 1889 (gesetzliche Kranken-, Unfall- und Rentenversicherung) war die Fürsorge für Menschen, die in Not geraten und auf fremde Hilfe angewiesen waren, fast ausschließlich Sache der Kirche und der Kommunen. Ein Bürger hatte im Notfall Anspruch auf Unterstützung aus den Mitteln der für diesen Zweck vorhandenen oft jahrhundertealten Stiftungen seiner Heimatgemeinde. War er verarmt oder arbeitsunfähig, ohne Angehörige, die ihn hätten unterstützen können und ohne eigenen Hausstand, so konnte er bis zu seinem Tod als „Hospitalit" im Spital unterkommen und dort eine „Armenpfründe" genießen. War er in Armut geraten, aber noch „haushäblich" in einer eigenen Wohnung sitzend, so konnte er eine je nach den Umständen größere oder kleinere Unterstützung in Form von Geld oder Naturalien erhalten, eine so genannte „Gassenpfründe", zum Beispiel Brot, Schmalz oder ein warmes Essen aus der Spitalküche, Kleidungsstücke, Brennholz oder einen Zuschuss zum Mietzins. Selbst die Beerdigungskosten wurden in bestimmten Notfällen aus den Stiftungsmitteln übernommen. Auch Fremde, beispielsweise wandernde Handwerksgesellen oder Reisende, konnten aus Barmherzigkeit und Mitleid in den Genuss solcher Zuwendungen kommen: einer zeitlich allerdings stets knapp bemessenen freien Unterkunft und Verpflegung oder ärztlichen Betreuung.[332]

In Ravensburg standen für solche Zwecke ursprünglich vier Einrichtungen zur Verfügung: Heilig-Geist-Spital und Heilig-Kreuz-Spital (die nicht miteinander verwechselt werden dürfen), Bruderhaus und Seelhaus. Alle vier waren bürgerliche Stiftungen und verfügten über regelmäßige Einkünfte aus ihrem Stiftungsvermögen. Das Seelhaus hatte als Pilgerhospiz nach dem Rückgang des Wallfahrtswesens bereits im 16. Jahrhundert ausgedient. 1815 schloss auch das ehemalige Aussätzigenspital Heilig Kreuz an der Straße nach Altdorf-Weingarten seine Pforten. Dort waren nach dem Verschwinden der Lepra im 18. Jahrhundert weiterhin Patienten mit ansteckenden Krankheiten untergebracht und versorgt worden.[333]

Außer den Spitälern gab es weitere karitative Stiftungen. Genannt sei nur die so genannte Pfeffertagsstiftung, aus deren Erträgen Hausarme und Hospitaliten, aber auch akut erkrankte Dienstboten, unterstützt wurden.[334] Auch an hoch begabte, aber arme Bürgersöhne war gedacht: Sie konnten ein Stipendium für ein akademisches Studium erhalten.[335] Da in Krisenzeiten, zum Beispiel nach Missernten, die Stiftungsmittel meist nicht ausreichten, um alle Bedürfnisse zu befriedigen, wurden regelmäßig Almosensammlungen veranstaltet, deren Erträge eine eigene Almosenpflege verwaltete. Jeder Bürger hatte je nach Vermögen einen wöchentlichen Betrag zwischen einem und 24 Kreuzern in die Almosenkasse zu entrichten. 1853 wurde dieses „Almoseninstitut" als nicht mehr zeitgemäß angesehen und durch Dekret der Kreisregierung Ulm aufgehoben.[336]

Nachdem Ravensburg württembergisch geworden war, blieb es zunächst bei der unter bayerischer Herrschaft eingeführten Regelung: die Verwaltung der Stiftungen vor Ort unterstand de iure einer vorgesetzten staatlichen Behörde. Das war nunmehr das „königl. Kameralamt" in Altdorf-Weingarten, ab 1816 die Kreisregierung Ulm. Über die Verwendung der Mittel im Einzelnen entschied jedoch die örtliche, paritätisch besetzte „Armendeputation", in der Vertreter des Gemeinderats und der Geistlichkeit, zwei Ärzte sowie der Stiftungsverwalter saßen. Den Vorsitz hatte der Oberamtmann.[337]

Dieses Gremium war es, das 1814 die Zusammenfassung aller karitativen Stiftungen zu einem *Allgemeinen Ortsarmenfonds* mit zentraler Rechnungsführung und einer einzigen Kasse in die Wege leitete. Damit wurde ein Schritt getan, der sich mehr als hundert Jahre bewährte. Der Ortsarmenfonds sollte sich in der Folgezeit zur bedeutendsten Stütze der städtischen Finanz- und Vermögensverwaltung entwickeln, und der Stiftungsverwalter wurde zum wichtigsten städtischen Beamten nach dem Stadtschultheißen.

Da man in der Stuttgarter Regierung allmählich zu der Erkenntnis gelangte, dass die staatliche Oberaufsicht über die Verwaltung des kommunalen Stiftungswesens unpraktisch war und den Verwaltungsablauf eher behinderte, erhielten 1818 die Städte und Gemeinden ihre alten Kompetenzen zurück. Von da an lag die gesamte Verantwortung wieder bei den örtlichen Stiftungsverwaltungen. Als oberstes Organ amtierte in Ravensburg ab 1819 ein paritätisch besetzter *Gemeinschaftlicher Stiftungsrat*, dem neben dem Stiftungsverwalter der Stadtschultheiß, der für die städtischen Finanzen zuständige Stadtpfleger (heute Stadtkämmerer), die Ortsgeistlichen beider Konfessionen sowie Vertreter des Gemeinderats und des Bürgerausschusses angehörten. Der Stiftungsrat entschied über alle wichtigen Grundstücksgeschäfte und Personalfragen und übte die Oberaufsicht über das Rechnungswesen, die Bewirtschaftung des umfangreichen Spitalbesitzes auf dem Lande und über das Bauwesen aus.[338]

Neben dem Stiftungsrat wurde ein gleichfalls paritätisch zusammengesetzter *Gemeinschaftlicher Kirchenkonvent* eingesetzt. Dieses aus der altwürttembergischen Verfassung übernommene Gremium, quasi ein Ausschuss des Stiftungsrats, war für das Fürsorgewesen im engeren Sinn zuständig: es entschied über die Almosenvergabe und über Anträge auf Einweisung und Pflege im Spital oder im Bruderhaus. Auch die Kontrolle über die laufenden Kosten in diesen beiden Anstalten gehörte zu seinen Aufgaben. Der Kirchenkonvent verwaltete außerdem die „Partimsknabenkasse", eine aus reichsstädtischer Zeit stammende Stiftung, aus deren Erträgen die Söhne bedürftiger Eltern unterstützt wurden. Die Gegenleistung der Knaben bestand im gemeinsamen Gesang bei verschiedenen kirchlichen Anlässen (vgl. Teil 1 Seite 18).

Da der Kirchenkonvent außerdem die zur Unterhaltung der Ravensburger Schulen bestimmten Stiftungsmittel verwaltete, die im „Lokalschulfonds" zusammengefasst waren, nahm er gleichzeitig die Aufsicht über das finanzielle Gebaren der Schulen wahr.[339] Wenn es um rein kirchliche Verwaltungsfragen ging, um die Bewilligung von Mitteln aus den für kirchliche Zwecke bestimmten Stiftungen, traten je nach Bedarf entweder nur die evangelischen oder die katholischen Mitglieder des Kirchenkonvents zusammen.[340]

Die Bekämpfung der Hungersnot von 1816/17 und die daraus gewonnenen Erfahrungen

Infolge der verheerenden Missernte des Jahrs 1816 stiegen die Preise für Lebensmittel, besonders für Getreide, auf eine zuvor nie erlebte Höhe. Da die Nahrung damals noch zu 70 bis 80% aus Getreideprodukten bestand, kam es zur schlimmsten Hungersnot seit 45 Jahren. In seinem bereits erwähnten Tagebuch hat der Ravensburger Kaufmanns Ulrich Christoph Gradmann die damalige Situation beschrieben.[341] Daraus hier ein paar Zitate: „Täglich werden im Spital gegen 300 Arme mit Suppe versehen und daneben fand man nötig, alle 14 Tage unter die mittellosen Bürger Brot und Mehl auszuteilen, denn das Korn gilt nun heute, den 26. Mai, bereits 50 Gulden, also gerade so teuer als der höchste Preis in der Teuerung 1772 war [...] Den 7. Juni kostet das Korn schon 62 Gulden 18 Kreuzer. Sonst kam ich nie ins Kornhaus, aber jetzt musste ich den Jammeranblick sehen, wo Arme und Bürger sich mit Becken und Müllern ums Korn reißen …"

Der Ortsarmenfonds als größter Grundbesitzer in Ravensburg hatte wesentlichen Anteil an der Linderung der Not. Neben der kostenlosen Verteilung von Getreide an die „Hausarmen" gab er den Rest seiner Vorräte weit unter dem marktüblichen Preis an „fruchtbedürftige" Bürger und Beisitzer ab.[342] Bereits im Januar war die von Gradmann erwähnte „Suppenanstalt" im Spital eingerichtet worden. Wie es dort zuging, hat Gradmanns Bruder Ludwig in einer Lithographie festgehalten. Auf dem Höhepunkt der Hungersnot, im Mai/Juni, wurden an einem einzigen Tag, dem 19. Mai, 292 Portionen Suppe ausgeteilt, davon 121 kostenlos, der Rest zu 3 Kreuzern pro Portion. Im Juni kamen 182 Bedürftige ein- bis zweimal täglich in den Genuss einer einigermaßen nahrhaften warmen Suppe. Insgesamt wurden in diesem Monat 8.932 Portionen ausgeteilt.[343]

Leider gab es auch in Ravensburg skrupellose Spekulanten, die ohne jede Rücksicht große Vorräte an lebensnotwendigen Grundnahrungsmitteln horteten, um höchstmögliche Preise zu erzielen. In einer Eingabe an das Oberamt, datiert vom 19. April 1817, wies der städtische Stiftungsverwalter Otto Niethammer im Namen der Armendeputation darauf hin, dass der Preis für die immer knapper werdenden Kartoffeln inzwischen so hoch sei, dass es nicht mehr möglich sei, für die Suppenanstalt ausreichend Kartoffeln auf dem Markt zu kaufen. Es gäbe da aber einen Handwerker in der Stadt namens Kollöffel, der im Herbst „300 Simri Grundbirnen" (ca. 92 Zentner Kartoffeln) unter dem Vorwand, damit den Ortsarmen helfen zu wollen, aufgekauft habe. Diesen Vorrat habe er immer noch „aus tadelnswerter Gewinnsucht in seinem Keller verschlossen". Das Oberamt, so die Bitte der Armendeputation, möge sich doch im Interesse der Armen dieser Sache annehmen und „zum Besten der Armut verfügen, dass der von Kollöffel angehäufte Grundbirnenvorrat der hiesigen Suppenanstalt um einen billigen Preis zugeteilt und überlassen werde".[344]

Neben der Suppenanstalt, die nach etlichen Monaten nicht mehr notwendig war, wurde noch während der Krise von 1816/17 eine weitere Einrichtung ins Leben gerufen, die mehrere Jahrzehnte überdauern sollte: das „Bürgerliche Arbeitsinstitut", eine Erweiterung des schon seit 1806 bestehenden „Hospitalischen Arbeitsinstituts" (siehe Teil 1 Seite 14f.). Der Gedanke, der dieser Institution zugrunde lag, war nicht neu: arbeitsfähigen Armen sollte durch Vorfinanzierung des zur Verarbeitung vorgesehenen Rohmaterials – im Wesentlichen

Suppenausteilung im Hl. Geist-Spital, kolorierte Lithografie v. L. Gradmann, ca. 1817
Dargestellt ist die Austeilung einer nahrhaften Suppe an Arme, die von der Hungersnot im Frühjahr 1817 besonders betroffen waren.

Schafwolle und Flachs – Arbeit nicht nur vermittelt, sondern garantiert werden, wovon man sich eine Entlastung der Armenkasse, aber auch eine Verbesserung der „Moralität der Armen" versprach. Obwohl die Zünfte, vor allem die Schneider- und Weberzunft, gegen diesen obrigkeitlichen Eingriff in den Arbeitsmarkt protestierten, hielt der Gemeinderat an der neuen Einrichtung fest. Allerdings waren es fast nur Frauen und Kinder, die hier Beschäftigung mit Spinnen, Zwirnen, Weben, Nähen und Stricken fanden.

Da es bis ca. 1840 in Ravensburg noch sehr wenige Arbeitsplätze für Frauen gab, waren viele zu den Ärmeren gehörende Frauen froh, hier eine Arbeit zu finden. Die wenigen Männer, die von dem Angebot des „Bürgerlichen Arbeitsinstituts" Gebrauch machten, betätigten sich hauptsächlich als Holzhacker und Strohflechter. 1819 arbeiteten hier immerhin 214 Personen – 117 erwachsene Arme aus der Stadt, 80 Kinder und 17 Spitalinsassen – 1834 waren es noch ungefähr 120, 1838 135 überwiegend weibliche Hausarme, die hier Arbeit fanden.[345]

Die sozialpolitische Bedeutung des Ravensburger Instituts fand auch andernorts Anerkennung. 1834 konstatierte der Sekretär der staatlichen Armenkommission

Einzug der ersten Erntewagen nach der großen Hungersnot von 1816/17 am 4. August 1817, Gouache v. G. J. Edinger, 1817
Drei reich geschmückte Erntewagen werden von der Bevölkerung auf dem zentralen „Platz" beim Waaghaus empfangen. Zur Feier des Tages haben sich Bürgerinnen und Bürger, Alte und Junge, dunkel gekleidete Ratsherren und einfache Dienstboten versammelt. Ein Chor weiß gekleideter Jungfrauen und eine Musikkapelle unterstreichen den festlichen Charakter dieses Tags. Besonderes Interesse verdient die detailgetreue Wiedergabe der Kleidung der Anwesenden.

in Stuttgart, das Ravensburger Arbeitsinstitut sei eine der größten Beschäftigungsanstalten für erwachsene Arme im ganzen Land.

Nachdem es als Konsequenz aus der Hungersnot von 1816/17 in Württemberg zunächst eine große Zahl ähnlicher „Arbeitsinstitute" gegeben hatte, waren bis 1834 die meisten wieder eingegangen. Als der Ravensburger Stiftungsverwalter sich 1849 in einer Umfrage bei anderen württembergischen Armenverwaltungen erkundigte, wie es dort mit vergleichbaren Einrichtungen stünde und ob man damit einen Gewinn erwirtschafte, musste er erfahren, dass es eine vergleichbare Einrichtung eigentlich nirgendwo mehr gab. Lediglich von den Spitalverwaltungen in Schwäbisch Hall und Nürtingen erhielt er die Auskunft, sie würden Hausarmen eine bescheidene Heimarbeit in Form von Spinnen, Weben, Stricken und ähnlichen Arbeiten vermitteln.[346]

Eine vergleichbare Krise wie die Hungersnot von 1816/17 hatte die Stadt im 19. Jahrhundert nicht mehr durchzustehen. Die Folgen der Missernte von 1846 erreichten nicht das Ausmaß wie 30 Jahre zuvor. Immerhin nahmen im April 1847 617 Personen die Hilfe des Armenfonds in Anspruch: 227 Hausarme erhielten Bargeld und Brot, 390 weitere Personen, darunter auch eine Reihe von Bahnarbeitern – der Bau der Eisenbahnlinie nach Friedrichshafen stand kurz vor der Vollendung –, erhielten Brotmarken zum verbilligten Bezug von Brot.[347]

Bedeutung des Ortsarmenfonds für die Armenfürsorge im 19. Jahrhundert

Der Ravensburger Ortsarmenfonds verfügte über großen Besitz, hauptsächlich westlich der Schussen, vor allem in den Gebieten um Mochenwangen, Wolpertswende, Ebenweiler, Fleischwangen, Wechsetsweiler, Bavendorf und Oberteuringen.[348] Bereits im 18. Jahrhundert wurde dieser Besitz, soweit er nicht als Lehen ausgegeben war, nicht mehr mit eigenen Leuten bewirtschaftet, sondern verpachtet. Der Übergang von der Eigenwirtschaft zur Geldwirtschaft spiegelte sich auch in der zunehmenden Vergabe von Darlehen gegen gute Zinsen wider, beispielsweise an die Stadt, aber auch an Einzelpersonen.

Verstärkt wurde diese Tendenz seit den 1830er Jahren durch die „Allodifikation" des Grundbesitzes der Stiftungen, die Ablösung der jährlichen Abgaben der mit einem Gut belehnten Bauern an den Lehens- oder Zehntherrn, beispielsweise das Heilig-Geist-Spital, die Umwandlung der Lehensgüter in bäuerliches Eigentum, die mit einer einmaligen oder in Raten erfolgenden Geldzahlung der Bauern an den Ortsarmenfonds verbunden war.[349] Diese Entwicklung stärkte die Leistungskraft des Ortsarmenfonds seit den dreißiger Jahren.

Durch die Ablösung der bäuerlichen Abgaben flossen dem Armenfonds insgesamt 227.173 fl zu. Da die meisten Bauern die Ablösungssumme jedoch nur in Raten abstottern konnten, zog sich der Ablösungsprozess bis 1878 hin.[350] Manche Bauern kamen dabei unter die Räder. Um die vertraglich vereinbarten Ratenzahlungen pünktlich leisten zu können, verschuldeten sie sich so, dass ihre Güter schließlich „vergantet" (zwangsversteigert) werden mussten. Auf diese Weise erwarben Kauflustige, auch solche, die selbst gar keine Landwirte waren, zu günstigen Bedingungen einen Hof in Oberschwaben, darunter auch eine Anzahl evangelischer Altwürttemberger.

Das geschätzte Vermögen des Ortsarmenfonds stieg zwischen 1840 und 1860 von 145.522 fl auf 240.319 fl. Diese günstige Haushaltsentwicklung ermöglichte es der Stiftungsverwaltung, ihre Fürsorgeleistungen für die Armen in Spital und Bruderhaus, für Hausarme und Waisenkinder, von jährlich ca. 14.000 fl zwischen 1834 und 1840 bis auf ca. 20.000 fl in den vierziger Jahren zu steigern.[352] Die Zahl der jährlich unterstützten Ortsarmen schwankte in den Jahren 1841 bis 1846 zwischen 277 und 348 Personen. Dazu kamen noch Leistungen für ortsfremde Arme.[353]

Unter den 284 Ortsarmen, die 1846 Zuwendungen im Betrag von insgesamt 17.219 fl erhielten, waren 170 hausarme Familien (bzw. Haushalte). 52 „Hospitaliten" wurden im Bruderhaus und 30 im Spital versorgt, außerdem kam der Armenfonds für den Lebensunterhalt von 32 Waisenkindern auf.[354]

Im Vergleich zu anderen württembergischen Städten schnitt Ravensburg damit gut ab. Mehr leisteten damals nur Schwäbisch Hall und Rottweil, beides ehemalige Reichsstädte, die wie Ravensburg über reiche Armenstiftungen verfügten.[355] Als unterstützungsbedürftiger Hausarmer wurde 1855 ein Familienvater angesehen, der weniger als 30 Kreuzer pro Tag verdiente. Allein stehende Männer kamen besser weg als allein stehende Frauen. Diese erhielten nur dann eine Zuwendung, wenn ihr Taglohn unter 12 Kreuzern lag, während bei den Männern die Obergrenze bei 18 Kreuzern lag.[356]

Wie gut die Ravensburger Ortsarmen im Vergleich zu anderen Städten dran waren, geht aus einem Protokoll des Stiftungsrats aus dem Jahr 1850 hervor: Er hatte festgestellt, dass die Stadt Stuttgart für ihre Armen pro Kopf nur 28 fl ausgab, während es in Ravensburg 60 bis 80 fl waren. Der Stiftungsrat bemängelte dies und verlangte eine Korrektur „im Hinblick auf die Moralität, Arbeitsamkeit und Sparsamkeit, deren sich alle Gemeindeglieder befleißigen sollen".[357]

Mit der starken Zunahme der von auswärts in die Stadt strömenden Fabrikarbeiter in der Industrialisierungsphase zwischen 1850 und 1890 wuchsen die „Armenlasten" des Ortsarmenfonds. Aus einem Vergleich der Jahresrechnungen wird deutlich, wie stark der Anteil der Ausgaben für fremde Arme an den gesamten „Armenkosten" zunahm: zuerst langsam von 0,1 % im Rechnungsjahr 1847/48 auf 0,8 % 1865/66, dann aber immer schneller: 1876/77 auf 4,2 %, 1887/88 auf 15 % und 1898/99 auf 21,6 %.[358]

1879/80 gelangten in Ravensburg 866 Personen in den Genuss einer Unterstützung des Armenfonds. Das waren 8,2 % der Bevölkerung. Zum Vergleich: in Ulm waren es nur 2,3 %, in Stuttgart 2,6 % und in Schwäbisch Gmünd 5,8 %. Von 21 Städten, für die Vergleichszahlen vorliegen, war der Anteil der Unterstützungsempfänger nur in Biberach mit 9,3 % und in Rottweil mit 11,7 % der Einwohner höher als in Ravensburg.[359] Dass diese Entwicklung auf die Dauer zu einer Schwächung der Finanzkraft des Ravensburger Ortsarmenfonds führte, kann nicht wunder nehmen. Wir werden darauf in einem späteren Kapitel zurückkommen.

Die Versorgung Bedürftiger im Spital und im Bruderhaus

Die beiden wichtigsten Einrichtungen für die stationäre Unterbringung bedürftiger Personen waren das Heilig-

Geist-Spital in der Bachstraße und das Bruderhaus am anderen Ende der Unterstadt. Beide Gebäude lagen bezeichnenderweise am Altstadtrand, beide stammten aus dem Mittelalter und galten im 19. Jahrhundert als nicht mehr zeitgemäß. Das Spitalgebäude war ja bereits unter bayerischer Stadtherrschaft 1809 als dringend renovierungsbedürftig charakterisiert worden (vgl. Teil 1 Seite 21)[360], jedoch wurden erst 1840 ernsthafte Schritte zu seiner Sanierung unternommen. Allerdings scheint das Bruderhaus in einem noch schlechteren Zustand gewesen zu sein. 1820 konstatierte der Stiftungsrat, das alte, ganz aus Holz erbaute Gebäude sei nicht mehr tragbar. Seine Insassen seien sogar Wind und Regen ausgesetzt.[361] Daher entschloss man sich, das Bruderhaus in das nur wenige Meter entfernte ehemalige Kreiszuchthaus zu verlegen. Dieses im 18. Jahrhundert grundlegend erneuerte Gebäude, das zwischen 1811 und 1815 als Kaserne gedient hatte, war von der Stadt erworben worden, stand nun aber schon seit einigen Jahren leer. Noch im gleichen Jahr 1820 wurde das alte Bruderhaus abgebrochen und an seiner Stelle ein Garten angelegt.

Das Spital war zwar in erster Linie Altersheim für arme Bürger, doch besaß es auch eine Reihe von Krankenzimmern für Dienstboten und Arbeiter, die keine Angehörigen besaßen, die sie im Krankheitsfall hätten versorgen können. Bei der Visitation durch die Kreisregierung Ulm im Jahr 1837 wurde das Spital näher unter die Lupe genommen.[362] Registriert wurden 14 Krankenzimmer, zwei weitere Zimmer in einem Nebengebäude, je eine große Stube für Männer und für Frauen und ein weiterer großer Raum, der als Arbeitsstube für die „Armenbeschäftigungsanstalt"[363] Verwendung fand. Auch die als „etwas düster" bemängelte große Küche wurde begutachtet, ebenso das Küchengeschirr, das in der Spitalbäckerei gebackene Brot, das für gut befunden wurde und das Bettzeug für die Insassen.

Zum Zeitpunkt dieser Visitation lebten 43 Personen im Spital. Waisenkinder waren keine mehr darunter. Diese hatte man gegen Bezahlung zu Pflegeeltern gegeben. Innerhalb des Hauses herrschten strenge Sitten. Der „Hospitalvater" achtete darauf, dass die Hausordnung von allen eingehalten wurde. Widerspenstige konnte er bestrafen, „entweder durch Schmälerung der Kost auf einen oder mehrere Tage oder auch nach den Umständen durch Arrest bis zu 24 Stunden, geschärft durch Entziehung der Kost".[364]

Die Verpflegung der Spitalinsassen scheint recht gut gewesen zu sein. Bei einer Visitation im Jahr 1862 fiel dem staatlichen Kontrolleur auf, „dass den Hospitaliten eine ausgezeichnet gute Kost gereicht wird", zu gut eigentlich, fand er, weshalb er den dafür Verantwortlichen eine Rüge erteilte. Der Stiftungsrat trage „in dieser Richtung luxuriösen Humanitätsprincipien in zu ausgedehntem Maße Rechnung, während sich nach den Grundsäzen einer vernünftigen Armenfürsorge die Hospitalität [d.h. die Insassen des Spitals] auf eine gesunde und nahrhafte Kost zu beschränken hat".[365] Der Rüffel scheint nicht ganz ohne Wirkung geblieben zu sein. Deshalb mussten Gesunde wie Kranke aber noch lange nicht darben. Einem Speiseplan von 1868 ist zu entnehmen, dass fünfmal in der Woche eine Fleischsuppe gereicht wurde, abwechselnd mit Brät- oder Krautknöpfle, sauren Spätzle, Kartoffelmus oder Gemüse, dazu reichlich Brot. Am fleischlosen Freitag wurde eine Erbsensuppe mit gebratenen Spätzle und Kartoffeln gereicht, sonntags Braten mit Salat, Apfelmus oder Zwetschgen.[366]

Das neue, gegenüber dem alten wesentlich geräumigere Bruderhaus beherbergte eine sehr gemischte Gesellschaft. Die „Armenstatuten" von 1855 definierten genau, wer Aufnahme fand: „Arme, welche sich zwar noch nicht zur Aufnahme in den [!] Hospital eignen, gleichwohl aber ihr Fortkommen außerhalb der öffentlichen Armenanstalten nicht mehr finden", außerdem ledige Mütter, die hier entbinden konnten sowie „obdachlose und unter Aufsicht gestellte Personen".[367] Bei der Visitation im Jahr 1837 wurden 20 Zimmer und 36 Kammern im Bruderhaus gezählt. Diese hohe Zahl ist darauf zurückzuführen, dass die ehemaligen Gefängniszellen inzwischen in Schlafkammern und Krankenzimmer umgewandelt worden waren.

Im Bruderhaus waren bis in die zweite Hälfte des 19. Jahrhunderts hinein mehr chronisch Kranke als im Spital untergebracht. Je zwei Zimmer waren für Personen bestimmt, die geisteskrank waren oder an der Krätze, einer ansteckenden, stark juckenden Hautkrankheit, litten.[368] Auch wer sonst mit einer ansteckenden Krankheit behaftet war, etwa mit Pocken oder Syphilis, wurde von Amts wegen im Bruderhaus einquartiert. Dasselbe galt für Bürger, die „wegen ihrer moralischen Verdorbenheit sonst kein Unterkommen finden" und deshalb „zur Aufsicht und Besserungsversuch" durch Gerichtsentscheid oder polizeiliche Verfügung ins Bruderhaus eingewiesen wurden. Ihre „Schlafstellen" waren von denen der übrigen Bruderhausinsassen getrennt. Soweit sie noch arbeitsfähig waren, mussten sie sich ihren Unterhalt selbst verdienen: die Männer hauptsächlich mit Straßenkehren oder Holzhacken, die Frauen durch Hausarbeit wie Putzen, Stricken, Spinnen oder Nähen. Von dem Lohn, den sie dafür erhielten, mussten sie für ihre Verpflegung und Wäsche aufkommen.[369] Nur die Bettlägerigen und alle andern, die wegen Alter oder Schwäche arbeitsunfähig waren, erhielten ein warmes Essen, das in der Regel aus der Spitalküche kam, da im Bruderhaus nur

Gebäude der Armenfondsverwaltung neben dem Hl. Geist-Spital
Der Armenfondsverwaltung (Inschrift über der Türe) oblag die Verwaltung sämtlicher Stiftungen: Gebäude, Höfe, Äcker, Wiesen, Rebgelände, Wälder, der Einnahmen aus Vermietung und Verpachtung des umfangreichen Grundbesitzes und der Zinsen aus dem Geldvermögen.

eine kleine Küche vorhanden war für diejenigen, die sich ihre Speisen selbst zubereiten wollten.

Zwischen 1841 und 1846 schwankte die Zahl der im Bruderhaus Untergebrachten zwischen 38 und 62. 1876 – die Zahl der Schlafräume und Krankenzimmer war inzwischen durch Umbauten auf 34 reduziert worden – zählte man im Bruderhaus 75 Insassen, und zwar 30 „arme verwahrloste arbeitsunfähige Personen", fünf Geisteskranke bzw. mit einer ansteckenden Krankheit Behaftete und 40 „auf Dach und Fach angewiesene Individuen", also Obdachlose.[370]

Das Gesundheitswesen

In seinem schon mehrfach zitierten „Versuch einer medicinischen Topographie" des Oberamts Ravensburg[371], verfasst um 1830, wies Oberamtsarzt Dr. Schaettle darauf hin, dass „Skrophelkrankheiten" und Kröpfe im gesamten Bezirk häufig seien. Außerdem konstatierte er vor allem bei Männern zwischen 40 und 60 öfters vorkommende „Verhärtungen am oberen und unteren Magenmund" infolge des häufigen Genusses von „jungem saurem hießigen und Seewein", allerdings mehr in den höher gelegenen Teilen des Oberamts als in der Stadt.

Den Totenregistern der Ravensburger Pfarreien aus den Jahren 1801 bis 1818, die meist die vermutete Todesursache angeben, ist zu entnehmen, dass bei Erwachsenen die häufigsten Todesursachen „Steck- und Schlagfluss" (Schlaganfall, auch Lungenödeme gelegentlich als Steckfluss bezeichnet), „Auszehrung" (Tuberkulose oder Krebs), „Wassersucht" (Herzinsuffizienz) und „hitziges Fieber" (Typhus?) waren. Bei älteren Menschen ist oft „Entkräftung" als Todesursache eingetragen.

Die mit Abstand meistgenannte Todesursache „Gichter" bezog sich ausschließlich auf Kleinkinder und bedeutete wohl Krämpfe, ohne dass damit klar gesagt wäre, woran diese Kinder tatsächlich starben. Vermutlich handelte es sich in den meisten Fällen um ernährungsbedingte Durchfallerkrankungen.

Ein schlechtes Zeugnis stellte Oberamtsarzt Dr. Schaettle der Kleinkinderpflege im Raum Ravensburg aus. Es gehöre hier, so konstatierte er 1839 in einem medizinischen Gutachten, zu den „Seltenheiten [...], wann eine Mutter ihrem Kinde die Brust als erste Nahrung reicht. Nach der Geburt des Kindes wird ihm ein Mehlbrei, mehrenstens [= meistens] sehr schlecht gekocht, eingestrichen und zum Getränk süße, oft aber schon säuerlich gewordene Milch oder Wasser gegeben. Zugleich werden sie auch vielfältig sehr unreinlich gehalten und wenig gebadet, was der Unterzeichnete auch als die Hauptursache des Sterbens so vieler Kinder bis zum zurückgelegten ersten Jahr hält."[372]

Als weitere häufige Todesursachen bei kleinen Kindern werden in den Sterberegistern „Auszehrung", „Husten" (Keuchhusten), Rotsucht (Scharlach oder Masern), Brechruhr, „Starrkrampf" und „Durchbruch" (Blinddarmdurchbruch) genannt. Viele Kinder starben im Übrigen genau wie ihre Mütter an den Folgen der Entbindung.

Weitere charakteristische Krankheiten bei Erwachsenen waren „gallichtes Faulfieber" (vermutlich Gallenblasenvereiterung), „Schwarzgelbsucht", „Brand" (Entzündungen unterschiedlichster Art), „Engbrüstigkeit"

(Angina pectoris), „Hernia inclusa" (eingeklemmter Bruch), „Schleimfieber" (wohl Typhus) und „Hirnerweichung" (Lähmung, Syphilis).[373]

Das Auftreten von Pocken ist einwandfrei nur einmal erwiesen, im April 1871, als diese Krankheit bei sechs Personen diagnostiziert wurde, die sofort im Bruderhaus isoliert wurden. Zwei von ihnen starben und wurden aus Furcht vor weiteren Ansteckungen entgegen dem, was sonst üblich war, sofort beerdigt.[374]

1834 standen den Kranken in der Stadt neben dem Oberamtsarzt vier akademisch ausgebildete approbierte Ärzte und sieben „Chirurgen" (Wundärzte mit einer kürzeren Ausbildung) zur Verfügung, 1864 waren es fünf Ärzte und drei „Chirurgen", so dass auf 900 Einwohner ein Arzt oder Wundarzt kam.[375] Unter den Ärzten war ein von der Stadt besoldeter „Armenarzt", der ausschließlich für die Patienten im Spital und im Bruderhaus zuständig war.

Allgemeinkrankenhäuser im heutigen Sinn gab es noch nicht. Selbst wenn ein Ravensburger schwer erkrankte, wurde er in der Regel zu Hause gepflegt, zumindest dann, wenn er Angehörige hatte, die ihn pflegen konnten. Die Ausnahme bildeten ansteckende Krankheiten. Dafür stand neben der Isolierabteilung im Bruderhaus das ehemalige Scharfrichterhaus in der Vorstadt Pfannenstiel (heute Georgstraße) zur Verfügung.[376] Für fremde Dienstboten und allein stehende (Fabrik)Arbeiter(innen), Taglöhner und Handwerksgesellen war im Spital seit 1830 eine „Hülfs-Anstalt" eingerichtet, die aus Zwangsbeiträgen der Betroffenen finanziert wurde, in der Regel in Form eines Lohnabzugs durch den Arbeitgeber, der die einbehaltenen Beträge der Stiftungsverwaltung übergab.[377]

Einer Liste der in der „hospitalischen Krankenanstalt" von Juli 1865 bis Juni 1866 untergebrachten und kostenlos verpflegten „Dienstboten" – Fabrikarbeiter und -arbeiterinnen, Handwerksgesellen, Knechte und Mägde – ist zu entnehmen, dass von 316 aufgenommenen Personen ein Viertel Frauen waren. Fast 43 % stammten aus einem Umkreis von 50 km, weitere 35 % aus dem übrigen Königreich Württemberg und aus Hohenzollern. Über 8 % kamen aus der Schweiz, 5,4 % aus Vorarlberg oder Tirol (meist Südtirol), aus dem übrigen Deutschland jedoch nur 7,5 %.

Die am häufigsten genannte Krankheit war „Krätze", eine durch Unsauberkeit verursachte, stark juckende und zudem ansteckende Hauterkrankung.[378] Die starke Zunahme dieses Personenkreises, der im Spital versorgt wurde – die Zahl der Patienten stieg von 250 im Jahr 1843 auf 480 im Jahr 1868 – ist sicher auf den gerade in diesen Jahren besonders starken Industrialisierungsschub zurückzuführen. Im Rechnungsjahr 1868/69 vermochten die von den „Dienstboten" erhobenen Beiträge die tatsächlich angefallenen Kosten nicht mehr zu decken. Das Defizit von 515 fl übernahm die Stiftungsverwaltung.[379]

Dass diese durchaus bereit und in der Lage war, notfalls für die Behandlung erkrankter Bürger auch große Summen auszugeben, zeigt der Fall der geisteskranken Maria Ursula Locher. Geboren 1823 als uneheliche Tochter des städtischen Almosensammlers Michael Locher, Mutter unbekannt, befand sie sich 1854, also mit 31 Jahren, in einem so schlechten Gesundheitszustand, dass es geraten schien, sie in die Irrenanstalt in Pfullingen einzuweisen. Noch gab es ja in der Nähe eine solche Einrichtung nicht.

Bevor der Stiftungsrat diese kostspielige Maßnahme beschloss, ließ er durch den Vormund der Patientin deren Vermögen taxieren, das sich immerhin auf 361 fl belief und sofort zur Bezahlung der ärztlich verordneten Pflege in Pfullingen herangezogen wurde, die pro Vierteljahr 50 fl kostete. Als das gesamte Vermögen verbraucht war, bewilligte der Stiftungsrat zunächst 50 fl für die weitere Behandlung.

1856 schien es der Patientin besser zu gehen. Sie konnte sich nun in der Anstalt mit kleineren Aushilfsarbeiten nützlich machen, so dass der ärztliche Leiter vorschlug, sie in Pfullingen als Krankenwärterin ausbilden zu lassen. Doch dieser Optimismus erwies sich als verfrüht. Zwar war sie in der Anstalt zeitweilig als Magd beschäftigt, doch 1857 galt sie wieder als krank und schwach. Der Arzt meinte, eine Besserung sei vermutlich durch eine sechswöchige Kur im neuen Mineralbad Berg bei Stuttgart zu erzielen, die allerdings 85 fl kostete. Die Stiftungsverwaltung bewilligte auch diesen Betrag. Doch der Heilungsversuch in Berg scheint wenig erfolgreich gewesen zu sein, denn 1858 befand sich Maria Ursula Locher bei ihrem Schwager im schweizerischen Kanton Glarus „mehr krank als gesund". Von dort kehrte sie erst 1863 nach Ravensburg zurück. Es ging ihr zwar etwas besser, aber gesund war sie immer noch nicht und außerdem völlig vermögenslos, so dass man sie im Bruderhaus unterbrachte, wo sie 1865 starb.[380] Wie viel für diese arme Frau tatsächlich aus den Mitteln des Ortsarmenfonds aufgewendet wurde, wissen wir nicht. Auf jeden Fall aber war es ein stolzer Betrag.

Als infolge des wachsenden Wohlstands seit den fünfziger Jahren die Zahl der im Spital untergebrachten „Hospitaliten" abnahm, begann dieses sich mehr und mehr zu einem echten Krankenhaus für alle Bürger zu entwickeln. 1857 beantragte der Stiftungsrat, zwei Barmherzige Schwestern, Franziskanerinnen aus Schwäbisch Gmünd, als Krankenpflegerinnen in das Ravensburger Spital zu berufen. Aus Gründen der Parität sollte zudem eine evangelische Diakonissin aus Stuttgart angefordert werden.[381] Ob die Beschlüsse des Stiftungsrats bereits damals in die Tat umgesetzt wurden, ist aus den Quellen nicht klar erkennbar. Erst ab 1880 lässt sich eindeutig eine katholische und eine evangelische Abteilung im Spital nachweisen.[382]

Fürsorge für Kinder und Jugendliche

„Als das erste und wirksamste Mittel, künftiger Armuth vorzubeugen, und als die angemessenste Verwendung der von den Vorfahren ererbten Wohltätigkeits-Stiftungen erkennt der Stiftungsrath die Vorsorge für die gute Erziehung und den Unterricht der Waisen, verwahrloster Kinder und die Unterstützung armer Eltern behufs des gleichen Zweckes." In dieser Absichtserklärung der 1835 vom Gemeinderat beschlossenen „Statuten für die Versorgung und Unterstützung der Armen in der Stadt Ravensburg"[383] ist alles zusammengefasst, was die Stadt als ihre Aufgabe gegenüber sozial benachteiligten Kindern und Jugendlichen ansah. Dafür wurden in der ersten Hälfte des 19. Jahrhunderts mehrere Einrichtungen ins Leben gerufen.

Der sozialpolitische Schub, den die Hungersnot von 1816/17 ausgelöst hatte, bewirkte neben der Gründung des schon erwähnten Bürgerlichen Arbeitsinstituts auch die Einrichtung einer *Kinderindustrieschule*, die überwiegend von Mädchen besucht wurde, weshalb sie auch meist als *Mädchen-Industrie-Schule* bezeichnet wurde.[384] Der Begriff „Industrie" bedeutete in diesem Zusammenhang soviel wie „Arbeit". Gemäß den Statuten von 1835 waren die Kinder von Hausarmen und anderen öffentlich unterstützten Einwohnern sowie die bei Pflegeeltern untergebrachten Waisenkinder verpflichtet, diese „Industrieschule" zu besuchen, solange sie schulpflichtig waren, also in der Regel bis zum 14. Lebensjahr. Die kleineren Kinder durften Garn winden und spulen und Fäden zwirnen, die größeren wurden im Spinnen Sticken, Spitzenklöppeln, Stricken und Nähen unterrichtet. Für ihre Handarbeiten erhielten sie eine bescheidene Entlohnung. Auf diese Weise sollten sie frühzeitig sozialisiert, vom Bettel abgehalten und zur „Arbeitsamkeit" erzogen werden.[385]

Neben Mädchen aus der Unterschicht besuchten auch etliche Töchter aus gutbürgerlichen Elternhäusern diese im ehemaligen Karmeliterkloster untergebrachte Anstalt. Aus dem 1837 erstellten Visitationsbericht der Kreisregierung Ulm geht hervor, dass damals von den 70 Mädchen, die in Ravensburg die „Industrieschule" besuchten, „62 arme Kinder und acht von vermöglichem Stande" sich befanden, die von drei Lehrerinnen unterrichtet wurden.[386] Seit der Mitte des Jahrhunderts verlor die Mädchenindustrieschule allmählich ihre ursprüngliche Bedeutung und diente nun mehr und mehr den Bürgertöchtern zur Vorbereitung auf ihre künftige Rolle als Hausfrauen. Dem Paritätsgrundsatz entsprechend bestand sie aus einer evangelischen und einer katholischen Abteilung. 1895 verschmolz sie mit der wenige Jahre zuvor gegründeten Frauenarbeitsschule.[387]

Mit der Entstehung der neuen sozialen Schicht der Fabrikarbeiter tauchte für alle, die sich um das Wohlergehen sozial benachteiligter Kinder kümmerten, ein neues Problem auf. Viele Fabrikarbeiterinnen wussten, wenn keine Großeltern oder andere Familienangehörige in der Nähe waren, nicht, wem sie ihre kleinen, noch nicht schulpflichtigen Kinder während der Arbeit anvertrauen sollten. Die erste, die sich hier um Abhilfe bemühte, war die Witwe Katharina Krauß. Im Revolutionsjahr 1848 gründete sie auf eigene Faust eine „Kleinkinderbewahranstalt" in der geräumigen Wohnung ihres Vaters. Ihre Initiative wurde bald sowohl vom Stiftungsrat als auch von „Frauen des Honoratioren- und Bürgerstandes beider Confessionen" unterstützt, die in einem Leserbrief in der Lokalzeitung am 24. November 1850 alle Ravensburger Frauen aufriefen, einem im Entstehen begriffenen Förderverein zur Gründung einer *Kleinkinderschule* für Kinder der „taglöhnenden Volksklasse" beizutreten.[388]

1851 konnte dieser Verein dank einer privaten Stiftung und der Hilfe durch die Stiftungsverwaltung die Kleinkinderschule in einem der städtischen Schulgebäude eröffnen. Die zunächst aufgenommenen 60 Kinder beider Konfessionen wurden von zwei Lehrerinnen betreut. 1864 zählte der neue Kindergarten bereits um die 100 Kinder. Zwar wurden immer wieder einzelne Stimmen laut, die ihn wegen des hohen Zuschussbedarfs schließen wollten, aber letztlich setzte sich doch die Einsicht durch, dass es sich hier um eine wichtige und segensreiche Einrichtung handelte, deren weiterer Bestand von öffentlichem Interesse war.[389]

Die 1835 beschlossenen Armenstatuten erwähnen auch die Notwendigkeit der Fürsorge für „Waisen und Kinder solcher Eltern, welche wegen ihrer anerkannten moralischen Verdorbenheit zur Kinderzucht unfähig sind". Den Waisen gleichgestellt waren die Kinder „gefallener Mädchen".[390] In der Regel wurden alle diese Kinder, wenn die Gefahr der „Verwahrlosung" vorhanden war, bis zum 14. Lebensjahr in die Obhut von Pflegeeltern gegeben.

Für nicht besonders gut betuchte Handwerkerfamilien, aber auch für manche Bauernfamilien, scheint die Aufnahme eines Pflegekinds durchaus attraktiv gewesen zu sein, denn sie erhielten dafür aus dem Ortsarmenfonds eine großzügig bemessene Aufwandsentschädigung. Meist überstieg die Zahl der Familien, die sich um die Zuteilung eines Pflegekinds bewarben, den Bedarf. Die Pflegeeltern wurden vom Kirchenkonvent ausgesucht. In den Jahren 1841 bis 1846 bewegte sich die Zahl der aus Mitteln des Ortsarmenfonds unterstützten Pflegekinder zwischen 28 und 44.[391]

Sowohl die Pflegeeltern als auch die „Pfleglinge“, wie diese Kinder im damaligen Amtsdeutsch hießen, unterstanden einer Kontrolle durch den von der Stiftungsverwaltung bestimmten Vormund, den „Pfleger“ des Kindes. Die Pfleger prüften, ob die Pflegeeltern ihre Aufgabe, für die sie ja Geld erhielten, auch gewissenhaft erfüllten. Außerdem waren sie verpflichtet, „auf das physische und moralische Befinden ihrer Pfleglinge unausgesetzt […] ein wachsames Auge zu haben“. Besonders wurde darauf geachtet, dass die Kinder auch regelmäßig zur Schule gingen. Die Mädchen hatten neben der regulären Schule auch die „Mädchenindustrieschule“ zu besuchen.[392]

Wenn die Waisen und sonstigen Pflegekinder mit 14 Jahren aus der Obhut ihrer Pflegeeltern entlassen wurden, konnten sie weiterhin mit einer Unterstützung aus dem Ortsarmenfonds rechnen. Dieser kam in der Regel auch für die Ausbildungskosten auf. Für Knaben, die ein Handwerk erlernen wollten, übernahm der Stiftungsrat das Lehrgeld und die Kosten für Kleidung. Nach Beendigung der Lehrzeit erhielten die frischgebackenen Handwerksgesellen für die vorgeschriebene Wanderzeit „anständige Wanderkleider“. Besonders begabte Knaben konnten auch ein Stipendium für den Besuch einer höheren Schule oder einer Landwirtschaftsschule erhalten. Allerdings sollten alle Auslagen, die der Armenfonds für die Ausbildung nach Ende der regulären Schulzeit leistete, später zurückgezahlt werden.[393] In welchem Umfang dies tatsächlich geschah, ist aus den Quellen nicht erkennbar.

Für die Mädchen wurde weniger gut gesorgt. Hatten sie die Schulzeit mit 14 Jahren hinter sich, so konnten sie auf Kosten des Armenfonds „Unterricht in weiblichen Arbeiten“ erhalten. Dazu zählten Kochen und „Weißsticken“, letzteres im Hinblick auf die damals in Ravensburg gerade aufblühende Stickereiindustrie, deren Spezialität das Besticken feiner Baumwollstoffe für die Herstellung von Gardinen, Taschentüchern, Blusen und Kleidern war.[394]

Auch an solche Kinder, die zwar nicht bei Pflegeeltern lebten, aber aus sehr armen Familien kamen, wurde gedacht. Für diese „Freischüler“ übernahm die Stiftungsverwaltung aus den Mitteln des Ortsarmenfonds die Bezahlung des Schulgelds, der benötigten Bücher und des Schreibmaterials.[395]

Die Oberamtssparkasse – eine soziale Einrichtung

Schon im 18. Jahrhundert war das Problem erkannt worden, das Vermögen von Kindern, besonders von Waisenkindern, aber auch sonstigen Personen, die unter Vormundschaft standen, so anzulegen, dass es bis zum Zeitpunkt, zu dem die Vormundschaft endete, nicht nur erhalten blieb, sondern möglichst noch Zinsen abwarf. Wie bereits im ersten Teil erwähnt, war deshalb in Ravensburg 1771 eine „Landschaftswaisenkasse“ gegründet worden, hauptsächlich im Blick auf die in Geldsachen unerfahrene bäuerliche Bevölkerung im reichsstädtischen Territorium, der „Landschaft“. Vormünder konnten dort das „Mündelgeld“, das Geldvermögen der ihnen anvertrauten Waisenkinder sicher und zinsbringend anlegen, desgleichen Knechte und Mägde ihre Ersparnisse.[396] Die „Landschaftswaisenkasse“ überdauerte das Ende der reichsstädtischen Zeit um etliche Jahre.

Für die städtische Bevölkerung gab es jedoch noch lange keine damit vergleichbare Einrichtung. Erst die Erfahrungen während der Hungersnot von 1816/17, von der die städtische Unterschicht besonders betroffen war, brachten einen Denkprozess darüber in Gang, wie man in Krisenzeiten einer Eskalation der Not vorbeugen könne. Diese Überlegungen führten bereits im Mai 1818 mit Unterstützung durch König Wilhelm I. und seine Gattin Katharina zur Gründung der „Württembergischen Spar-Casse in Stuttgart“.

In jedem Oberamt des Königreichs sollten ein oder zwei vertrauenswürdige Bürger die Spargroschen der „ärmeren Volks-Classe“, insbesondere des Gesindes und der Dienstboten, entgegennehmen und die eingegangenen Beträge wöchentlich nach Stuttgart senden, und zwar portofrei. Für das Oberamt Ravensburg wurden die beiden Ravensburger Kaufleute Johannes Dorn und Andreas Rhomberg als Treuhänder bestellt.[397]

Ein gewisser Nachteil der Stuttgarter Sparkasse, der Vorgängerin der Württembergischen Landessparkasse und nachmaligen Landesgirokasse, und damit auch der seit 1999 bestehenden Landesbank Baden-Württemberg, war bei den damaligen Verkehrsverhältnissen die große Entfernung der Sparkasse zu ihren Kunden, den Sparern und Kreditnehmern. So sah es jedenfalls der Ravensburger Stadtschultheiß Franz v. Zwerger. Als 1821, kurz nach seiner Amtseinsetzung, in Ravensburg Überlegungen angestellt wurden, die alte Landschaftswaisenkasse aufzulösen, schlug Zwerger vor, diesen Plan zu modifizieren und an Stelle der Landschaftswaisenkasse eine Sparkasse für das gesamte Oberamt Ravensburg zu gründen, um „Dienstboten, Handwerksgesellen, Waisen, Witwen und anderen Personen, die mit dem Geldanlegen nicht umzugehen wissen", eine Ersparnismöglichkeit zu bieten.[398]

Nachdem der Gemeinderat zugestimmt hatte, kam die Angelegenheit am 30. Januar 1822 auf die Tagesordnung der Amtsversammlung, der Vertretung aller Gemeinden des Oberamts Ravensburg. Diese stimmte dem Vorschlag zu, die Kasse unter die Garantie des Oberamts als Gewährträger zu stellen und jedermann Einzahlungen zu gestatten, die mit 4 % verzinst wurden, während für Darlehen 5 % genommen wurden. Das war zugleich ein Schlag gegen die Wucherzinsen privater Geldverleiher. Am 1. Januar 1823 wurde das neue Institut als erste Oberamtssparkasse Württembergs in den Räumen der Oberamtspflege eröffnet, die damals ihren Sitz noch in Altdorf-Weingarten hatte, aber noch im gleichen Jahr in die Oberamtsstadt Ravensburg umzog.

Zunächst genügte es, zwei Beamte der Oberamtspflege nebenamtlich mit der Verwaltung des neuen Sparinstituts zu betrauen. Kredite wurden hauptsächlich an Handwerker, nach 1840 gelegentlich auch an Fabrikinhaber sowie an Gemeindeverwaltungen vergeben. Einen Kredit erhielt aber nur, wer ein Grundvermögen nachweisen konnte. Spareinlagen kamen nicht nur aus dem ursprünglich vorgesehenen Kreis der Dienstboten, Knechte, Mägde und Vormünder von Waisen. Auch öffentliche Vermögensverwaltungen wie Gemeinde- oder Stiftungskassen und kirchliche Kassen erkannten bald den großen Vorteil, ihre laufenden Einnahmen zunächst einmal bei der Oberamtssparkasse anzulegen.[399]

Die Spareinlagen stiegen bis 1830 um mehr als das Zwanzigfache, die Zahl der Sparer ohne die öffentlichen Kassen auf 1.078.[400] Bis 1836 waren die Spareinlagen von 10.850 fl auf fast 500.000 fl gestiegen, die Darlehenssumme von 10.850 fl auf knapp 490.000 fl.[401]

Unter den 1.899 Sparern, die im Jahr 1837 einen Betrag bei der Ravensburger Sparkasse liegen hatten, waren 726 „Pflegschaften" (unter Vormundschaft stehende Personen), 498 Dienstboten, Knechte und Mägde, 168 Witwen, 69 Handwerksgesellen, 89 Landwirte und 73 Gemeinde-, Stiftungs- und Kirchenkassen. Auch der 1855 gegründete „Privatsparverein" dem hauptsächlich wenig betuchte Bürger angehörten, vertraute einen Teil seiner Einlagen der Oberamtssparkasse an.[402] Wie stark der soziale Aspekt lange im Vordergrund stand, wird durch eine Zahl aus dem Jahr 1871 belegt: damals stammten 71 % der gesamten Einlagen von Dienstboten, Knechten, Mägden und Arbeiter(inne)n.[403]

Lange Zeit blieb die Oberamtssparkasse Ravensburg die größte ihrer Art im gesamten Donaukreis, zu dem immerhin auch Städte wie Ulm und Reutlingen gehörten. Bis 1878 erzielte sie unter allen öffentlichen Sparkassen Württembergs die höchsten Überschüsse und lag auch danach hinter der Stuttgarter Sparkasse immerhin an zweiter Stelle.[404] Aber auch nach der Gründung der Oberamtssparkasse gab es in Ravensburg noch jahrelang Bürger, die ihr Geld lieber der Württembergischen Sparkasse in Stuttgart anvertrauten, wie aus einem Bericht der Kreisregierung Ulm aus dem Jahr 1895 hervorgeht.[405]

Sämtliche Überschüsse, die nach Abzug der lange Zeit geringen Verwaltungskosten verblieben, sollten satzungsgemäß für soziale Zwecke verwendet werden, da die Oberamtssparkasse ja ausdrücklich keine auf wirtschaftlichen Gewinn ausgerichtete Bank war. Deshalb beschloss die Amtsversammlung auf Anregung ihres Vorsitzenden, des Oberamtmanns Friedrich Hoyer, 1834 die Stiftung eines „Fonds zur Aufrichtung und Unterhaltung einer Erziehungs-Anstalt für ansonst verwahrloste und außerdem für auch andere verwaiste und arme Kinder dieses Bezirks", der aus den Überschüssen der Oberamtssparkasse gespeist werden sollte[406]. Neun Jahre lang floss der Gewinn der Sparkasse in diesen Fonds, dann erst war eine Summe erreicht, die es erlaubte, die geplante Einrichtung zu verwirklichen.

1843 konnte die Anstalt endlich eröffnet werden, die zur Erinnerung an das 25-jährige Regierungsjubiläum des württembergischen Königs Wilhelm I. den Namen *„Wilhelmspflege"* erhielt und ein von der Ravensburger Stiftungsverwaltung zur Verfügung gestelltes Gebäude in der Unterstadt (Ecke Untere breite Straße und Charlottenstraße) bezog.[407] Dort wurden arme und elternlose Kinder unter 14 Jahren aus dem gesamten Oberamtsbezirk untergebracht, versorgt und unterrichtet, zunächst 20 an der Zahl.

Leider erfüllte die neue Einrichtung die in sie gesetzten Hoffnungen nur kurze Zeit. Das lag nicht zuletzt daran, dass die Gewinne der Sparkasse in den vierziger Jahren infolge einer staatlich verordneten Beschränkung des Einlagenbestands vorübergehend zurückgingen.[408] Trotz zahlreicher größerer und kleinerer Stiftungen aus der Bürgerschaft und aus der Landbevölkerung überschritten die laufenden Kosten die zur Verfügung stehenden Mittel, so dass man sich 1849, vielleicht etwas voreilig, zur Schließung der Anstalt entschloss. Die Zinsen aus dem Vermögen der „Wilhelmspflege", das 1862 60.000 fl betrug[409], kamen dem gleichen Zweck wie bisher zugute, nur mit dem Unterschied, dass unterstützungsbedürftige Kinder jetzt auf Kosten dieser Stiftung bei Pflegeeltern oder in Internaten untergebracht wurden.

Neben der Kinder- und Jugendfürsorge dienten die Überschüsse des Ravensburger Geldinstituts auch noch anderen gemeinnützigen Zielen. So kamen beträchtliche Beträge dem Straßen- und Eisenbahnbau zugute. Auch

Fest des Landwirtschaftlichen Vereins auf der Kuppelnau, Aquarell v. J. B. Edinger, 1860
Das auf dem traditionellen Festplatz abgehaltene Fest, Vorgänger der heutigen Oberschwabenschau, endete mit einem Wettschießen. Die im Hintergrund erkennbare aufwändige Zielanlage war dem Ravensburger Stadtwappen nachempfunden.

entlassene Strafgefangene, Brand- und Hagelgeschädigte konnten in den Genuss einer Zuwendung kommen, ebenso die regelmäßig stattfindenden Landwirtschaftlichen Feste, die auf der Kuppelnau stattfanden und meist mit einer Ausstellung neuer landwirtschaftlicher Geräte verbunden waren. Nach 1850 entwickelten sie sich überdies zu einem Schaufenster des örtlichen Gewerbes.

Die Verbindung von Landwirtschaftlichem Fest und Gewerbeausstellung erfreute sich lange Zeit großen Interesses. Immer wieder kam sogar der württembergische König aus diesem Anlass nach Ravensburg. Die letzte derartige Veranstaltung fand 1878 statt[410], doch erlebte die auf die Stadt und ihr bäuerliches Umland zugeschnittene Verbrauchermesse nach dem Zweiten Weltkrieg in der 1965 erstmals und von da an jährlich durchgeführten „Oberschwabenschau" eine zeitgemäße Wiederbelebung.

Wandel im Stadtbild – Verbesserungen der städtischen Infrastruktur

Städtebauliche Veränderungen

„Die Stadt selbst als eine ehemalige alte Reichsstadt ist größtentheils im alten Stihl gebaut, zählt wirklich noch zehn Thürme und ist mit hohen Stadtmauren und einem itzt troken gelegten Graben versehen. Die Gebäude des [...] oberen Theils der Stadt sind noch mehrestens [meist] massiv von Stein mit sehr hohen Stöcken [Stockwerken] und unregelmäßigen Straßen und scheinen mehrestens von ehmals Reichen erbaut zu seyn. Die Unterstadt aber ist in Beziehung der Gassen regelmäßiger, [...] allein mehrestens mit Riegelwänden und ganz schlecht gebaut. [...] Alle Straßen, die einzige Judengasse ausgenommen, sind jedoch sehr schlecht gepflastert."[411]

Mit diesen nüchternen Bemerkungen in etwas holprigem Deutsch charakterisierte um 1831 der erst seit kurzem in Ravensburg praktizierende Oberamtsarzt Dr. Ignaz Schaettle die Stadt, deren mittelalterlicher Charakter damals noch fast unversehrt erhalten war, aber nicht deshalb, weil die Mehrheit der Bürger das altertümliche Stadtbild unverändert erhalten wollte, sondern weil schon seit dem Dreißigjährigen Krieg kein Kapital für größere Baumaßnahmen mehr vorhanden war.

Wenige Jahre nach den Beobachtungen des Dr. Schaettle äußerte sich der erste Statistiker des Königreichs Württembergs, Johann David Georg Memminger, in seiner 1836 erschienenen Beschreibung des Oberamts Ravensburg über das Stadtbild schon etwas differenzierter: „Die Stadt ist sehr unregelmäßig gebaut, hat aber im Ganzen ein gutes Aussehen. Die Straßen und Gassen sind gepflastert wie gewöhnlich in Oberschwaben mit Gerölle (Kieseln); die Gebäude zeigen Wohlstand an, wenn sie auch sonst sich nicht auszeichnen. Die Bauart ist die gewöhnliche des Landes, sie nähert sich jedoch darin etwas der italienischen, daß die bedeutendern Häuser mit einem durch Altanen verbundenen Hinterhause versehen sind und in ihrer Mitte einen Hofraum einschließen. Aus Mangel an Werksteinen wird theils mit Holz, theils mit Backsteinen etc. gebaut.“[412]

Von Reisenden immer wieder gelobt wurden „die vielen mit Geschmack angelegten Gärten, die Garten- und Landhäuser [...] zu beiden Seiten der Altdorfer Straße“, die deshalb später den Namen Gartenstraße erhielt. Von hier aus war der Blick auf die alte Stadt am eindrucksvollsten. „Die starken Mauern und die vielen Türme“ verliehen der Stadt „ein großartiges Ansehen“.[413] Nördlich der Altstadt befand sich auch „ein öffentlicher Platz, mit Linden und Akazien besezt, [...] welcher ganz mit den herrlichsten Gärten mit Alleen etc. umgeben ist, die Kuppel-Au genannt“.[414]

Aus dem am Ende dieses Buchs beigelegten Plan der Stadtentwicklung geht hervor, dass das Wachstum der Stadt zwischen 1825 und 1870 südöstlich der Altstadt, im Flappachtal, dem Bereich der ehemaligen Papiermühlen, am ausgeprägtesten war. Aber auch in der Nähe des Bahnhofs sowie entlang der Gartenstraße und der auf Drängen Zwergers neu gebauten schnurgeraden Seestraße Richtung Bodensee waren in der Zwischenzeit Gebäude errichtet worden.

1789 gab es in der Stadt mit ihren ca. 3.900 Einwohnern 720 bewohnte Häuser. In einem Wohnhaus lebten also durchschnittlich 5,4 Personen. Bis 1864 war die Zahl der bewohnten Häuser nur um 89 gestiegen, obwohl die Einwohnerzahl auf 7.220 angewachsen war. Auf ein Wohnhaus kamen also jetzt im Durchschnitt 8,7 Bewohner.[415] Da diese Entwicklung nicht auf den Bau neuer

Die „Seevorstadt“ im Süden der Altstadt, kolorierte Lithografie v. J. Bayer, um 1860
Das repräsentative Entrée in die seit 1845 entstehende Vorstadt an der Landstraße zum Bodensee bildeten die „Oberamtei“, der neue Sitz der Oberamtsverwaltung (links) und der Gasthof zum Kronprinzen. Vgl. die Abb. Seite 113.

größerer Mietshäuser zurückzuführen ist – solche entstanden erst nach 1870 – lassen die ermittelten Zahlen nur den Schluss zu, dass in den inzwischen vergangenen 75 Jahren der Wohnungsbau mit dem Bevölkerungswachstum nicht Schritt gehalten hatte. Es waren in erster Linie gewerblich genutzte Neubauten, Fabriken und Werkstätten, die seit der Mitte der fünfziger Jahre die Bautätigkeit prägten.

Zwischen 1827 und 1868 wurden der größte Teil der Stadtmauer sowie einige kleinere Mauertürme abgebrochen. Das erleichterte die Kommunikation zwischen den in jenen Jahrzehnten ringsum entstehenden Neubaugebieten und der historischen Altstadt. Es war jedoch weder die Stadtverwaltung noch der Gemeinderat, von denen der Anstoß zum Abbruch der mittelalterlichen Stadtbefestigung ausging, sondern das Oberamt, das in höherem Auftrag erstmals 1822 mit einem solchen Ansinnen an die Stadt herantrat. Die Argumente, die dabei ins Feld geführt wurden, waren im Wesentlichen die folgenden:

- im Interesse der Gesundheit der Altstadtbewohner solle mehr Licht und Luft in die Stadt hereingelassen werden, stellenweise sei die Stadtmauer baufällig, sodass Einsturzgefahr bestehe; notwendige Reparaturen wären angesichts des nur noch geringen Nutzwerts der Stadtmauer zu kostspielig,
- bei Gebäuden, die zu nahe an der Stadtmauer stehen, seien durch Feuchtigkeit große Schäden entstanden,
- die Ortsdurchfahrt werde durch die Stadtbefestigung mit ihren engen Tordurchlässen behindert,

- die sumpfigen Gräben vor den Mauern würden stinken und seien der Gesundheit der Bewohner abträglich,
- die Stadtmauer verleihe der Stadt ein düsteres abweisendes Aussehen.[416]

Es gab allerdings auch Widerstände. Ein Visitationsbericht von 1838 wies auf die den Abbruchplänen „bisher entgegentretende Anhänglichkeit der Einwohner an diese Mauern" hin.[417] Diese Anhänglichkeit konnte auch handfeste wirtschaftliche Motive haben wie bei den Tuchmachern, die bereits 1831 gegen den geplanten Abbruch der Wehrgänge an der Stadtmauer Einspruch erhoben hatten. Die Wehrgänge, so argumentierten sie, hätten ihnen seit alters zum „Trocknen der rohen Stoffe, der halbfertigen und fertigen Fabrikate" gedient. Wie sollten sie und ihre Arbeiter ihr Handwerk weiter ausüben, wenn ihnen „bei schlechter, regnerischer und nebliger Witterung [...] die Möglichkeit, die Zettel [Garn] im Freien unter einem Dach aufzuspannen und sicher trocknen zu können, entzogen werde?"[418] Mit diesen Hinweisen konnten sie allerdings die Abbrucharbeiten lediglich verzögern, letztlich aber nicht verhindern.

In den Jahrzehnten zwischen 1810 und 1850 verschwand neben einem Teil der Stadtmauer eine stattliche Reihe mittelalterlicher Bauwerke: 1839 der so genannte Pulverturm am westlichen Rand der Altstadt, 1839/40 die Vortore am Obertor und am Kästlinstor, 1842 das

Das Kästlinstor am südlichen Ausgang der Stadt, Bleistiftzeichnung v. M. E. Emminger, 1837
Hinter dem 1842 abgebrochenen Kästlinstor mit seinem originellen Vortor ragt der hohe Chor der Evangelischen Stadtkirche hervor, noch ohne den Kirchturm, der in den folgenden drei Jahren aus den Steinen der abgebrochenen Toranlage erbaut wurde. Vgl. die Abb. Seite 108.

Kästlinstor selbst, 1846 auch noch das dazugehörige Torhaus. Von den zahlreichen alten Kapellen außerhalb der Altstadt fielen 1812 die Mühlbruck-Kapelle an der Schussen, 1824 die Michaelskapelle der Franziskanerinnen droben beim Mehlsack, 1826 die Heiligkreuzkapelle an der Straße nach Altdorf-Weingarten, 1832 die Georgskapelle beim Friedhof und 1833 die Veitskapelle, die ehemalige Burgkapelle neben den bescheidenen Resten der nach ihr benannten Veitsburg, der Spitzhacke zum Opfer.

Nur eine Kapelle blieb erhalten: die profanierte Leonhardskapelle in der Vorstadt Ölschwang, die direkt am Flappachkanal lag und sich deshalb für eine wirtschaftliche Nutzung besonders gut eignete. Erinnert sei daran, dass dort 1829 die ersten Spinnmaschinen aufgestellt wurden (vgl. Text und Abbildung Seite 65). Aus heutiger Sicht ist der Verlust von so viel mittelalterlicher Bausubstanz natürlich bedauerlich. Aber man ginge fehl, wollte man daraus den damaligen Stadtvätern einen Vorwurf machen. Die oben zitierte „Anhänglichkeit" vieler Ravensburger an ihre alten Mauern trat neben dem nach vorne gerichteten Zeitgeist immer mehr in den Hintergrund. Denkmalschutz war damals noch ein unbekannter Begriff.

Innerhalb der Altstadt blieb die alte Gebäudesubstanz weitgehend unangetastet. Den Forschungen von Alfred Lutz verdanken wir den Hinweis, dass in der Anfangsphase der Industrialisierung Ravensburgs bis ca. 1840 die meisten neuen Fabriken innerhalb der Altstadt entstanden: in ehemaligen Mühlen, Zunfthäusern, Wagenremisen oder auch städtischen Gebäuden, die wie das Lederhaus am Stadtbach lagen, dessen Wasserkraft für den Antrieb der zunächst noch recht bescheiden dimensionierten Maschinen zumindest vorläufig genügte.[419]

Bauliche Veränderungen und Verbesserungen innerhalb der Mauern betrafen vor allem die Pflasterung der Gassen und Plätze, die Anbringung von Dachrinnen an den Häusern der gepflasterten Straßen, um im Winter eine Vereisung des Straßenbelags durch Regen und Schnee zu verhindern, und seit 1866 die Anlegung von Bürgersteigen.[420] Nach der Mitte des Jahrhunderts begann in den belebteren Straßen der Altstadt der Umbau der Gewölbe in den Erdgeschossen zu Ladengeschäften mit verglasten Türen und Schaufenstern.[421] Nicht ins Auge fallend, aber doch nicht unwichtig, war die Anbringung von Blitzableitern seit 1834, einer nützlichen neuen Erfindung, die aus Amerika (Benjamin Franklin) nach Deutschland gelangt war.

Erwähnung verdient in diesem Zusammenhang auch die Zuschüttung des größten Teils des Stadtgrabens, vor allem an der West- und Nordseite der Altstadt. Das dadurch gewonnene Gelände wurde von der Stadt zunächst

Der 1846/47 teilweise aus Steinen der abgebrochenen Stadtmauer erbaute Bahnhof, kolorierte Lithografie v. J. Bayer, um 1860

an Bürger, hauptsächlich an solche aus der Unterstadt, verpachtet, die dort Gemüsegärten anlegten. 1865 rühmte der „Oberschwäbische Anzeiger", dass die „sumpfigen Gräben vor den Mauern in nutzbringende Futterpflanzungen und lachende Gärten verwandelt" worden seien und lobte ganz besonders die „Umwandlung der öden Plätze vor unseren Kirchen, besonders des ruinenhaften gesteinreichen Frauenkloster-Berges in die geschmackvollsten Anlagen".[422]

Ab etwa 1866 wurden die Gemüsegärten im ehemaligen Stadtgraben Stück für Stück in Grünanlagen umgewandelt, die der Erholung und Verschönerung des Stadtbilds dienen sollten. Begonnen wurde damit an der Nordseite der Altstadt zwischen Frauentor und Gemaltem Turm, wo eine mit schattenspendenden Bäumen bepflanzte „Promenade" entstand.

Die hygienischen Verhältnisse

Stadtschultheiß Zwerger und Oberamtmann Hoyer waren sich darin einig, dass die hygienischen Verhältnisse in der Ravensburger Altstadt dringend verbessert werden müssten. Zwar hatte sich in dieser Hinsicht bereits unter der Herrschaft Bayerns zwischen 1803 und 1810 einiges getan, aber in der Zwischenzeit waren manche Missbräuche erneut eingerissen, vor allem in den unruhigen Jahren zwischen 1810 und 1817. Immer wieder wurden Klagen laut, dass an verbotenen Stellen so genannte „Dunglegen", also Misthäufen, angelegt würden. In der engen Rosmaringasse zwischen Judengasse (heute Grüner-Turm-Straße) und dem Postplatz (nördlicher Marienplatz) verhinderten Dunglegen die Durchfahrt, und selbst in der Marktstraße waren solche noch bis in die fünfziger Jahre vorhanden. Auch das Verbot, Nachttöpfe auf die Straße hinunter zu schütten, musste mehrfach erneuert werden.[423]

Der „Landbothe am Bodensee" monierte das Herumlaufen laut schnatternder Gänse und Enten in den Gassen der Altstadt. Mit dem „Gänse- und Entenunfug" müsse endlich Schluss gemacht werden.[424]

Die Straßenreinigung erfolgte unter Ausnützung des beträchtlichen Gefälles zwischen Ober- und Unterstadt seit jeher durch eine so genannte „Bachöffnung": an zwei Stellen konnte der Stadtbach unterirdisch in den obersten Teil der Stadt geleitet werden: in die Marktstraße direkt unterhalb des Obertors und in die Herrenstraße bei dem Rundturm oberhalb des Gänsbühls. Zweimal in der Woche, in der Regel am Mittwoch- und Samstagabend, durchspülte so der Bach den größten Teil der Altstadtgassen und schwemmte Schmutz und Unrat fort.[425] Allerdings funktionierte dieses System nur, wenn genügend Wasser vorhanden war. In sommerlichen Trockenperioden oder auch im Winter bei Frost konnte es vorkommen, dass wochenlang keine Bachöffnung möglich war. Wie es dann in der Altstadt aussah und roch, kann man sich in unserer heutigen desodorierten Zeit kaum mehr vorstellen.

Der Stadtgraben an der Leonhardstraße, um 1880
Die Stadtmauer zwischen Schellenberger Turm (rechts im Vordergrund) und dem Rundturm am Gänsbühl war zum Zeitpunkt dieser Aufnahme bereits durch eine Reihe kleiner Bäumchen ersetzt, der Stadtgraben wurde wenig später eingeebnet.

Die Aborte befanden sich zwar fast immer auf der Rückseite der Häuser, verbreiteten aber auch von dort einen üblen Gestank. Vielfach war es noch üblich, die Fäkalien offen in die Abortgruben zu leiten, erst 1842 wurde das Verschalen der Aborte bis zum Erdboden angeordnet.[426] Immer wieder musste auch daran erinnert werden, dass das Leeren der Abortgruben nur nachts erlaubt sei. Noch im Polizeistatut von 1882 wurde diese Vorschrift wiederholt. Einen penetranten Geruch verbreiteten auch die Gerber beim Gerben von Fellen und Häuten unter freiem Himmel in der Bachstraße. 1876 wurde das bisher übliche Trocknen der Felle und Häute auf offener Straße ausdrücklich verboten.[427]

Es bedurfte großer Geduld und Hartnäckigkeit, die städtische Bevölkerung, die an den Gestank in der Altstadt gewöhnt war und nichts anderes kannte, zu einer größeren Reinlichkeit zu erziehen. Vollständig gelungen ist dies erst zwischen 1870 und 1914.

Neue technische Errungenschaften

Die wichtigsten technischen Errungenschaften des Zeitraums bis 1870 waren Eisenbahn, Telegrafie und Gasbeleuchtung. Erst nach 1870 kamen Telefon, elektrischer Strom und Hausanschlüsse für Wasser hinzu.

Über den Bau der *Eisenbahn* von Friedrichshafen nach Ulm und die von ihm ausgehenden Impulse für die wirtschaftliche Entwicklung Ravensburgs wurde bereits berichtet (Seite 71f.). Welch enorme Verbesserung des Verkehrswesens mit der Eisenbahn verbunden war, wird deutlich, wenn man sich die bis dahin herrschenden Transportverhältnisse vor Augen hält. Um 1836 kamen pro Woche fünf Eilwagen und sechs „Ordinari-Postwagen“ in Ravensburg an. Ein mit Pferden bespannter Eilwagen der Thurn- und Taxis'schen Postverwaltung benötigte für die Strecke von Ravensburg nach Ulm acht bis zehn Stunden, was einem Stundendurchschnitt von ungefähr 10 Kilometern entsprach.

Der Nah- und Fernverkehr von und nach der aufstrebenden Oberamtsstadt war in den ersten Jahrzehnten der Zugehörigkeit zu Württemberg rasant gestiegen. Mit planmäßigen Postwagen aus Richtung Ulm bzw. Friedrichshafen kamen 1836 2.750 Personen in Ravensburg an, zusätzlich trafen 889 Lohnkutschen, 3.890 private Equipagen und 380 Extrapostwagen ein.[428] Wenn man pro Lohnkutsche, Privatequipage und Extrapostwagen von durchschnittlich zwei Reisenden ausgeht, dann ergibt dies eine Gesamtzahl von über 13.000 Reisenden im Jahr 1836. Für sie alle verkürzte sich die Fahrzeit mit dem Beginn des Eisenbahnzeitalters enorm: Von Friedrichshafen nach Biberach benötigte man nun nur noch $2\,^1/_2$ Stunden, von Ravensburg nach Friedrichshafen 40 Minuten.[429] 1870 erreichte man Ulm mit der Bahn von Ravensburg in drei Stunden und 13 Minuten.[430]

Eine mindestens ebenso große Bedeutung besaß der Güterverkehr, besonders der Transport von Steinkohle, dem neuen Energiespender, dem die Zukunft gehörte. In einer Stadt wie Ravensburg reichten die vorhandenen Wasserkräfte bald nicht mehr aus für die boomende Textil- und Maschinenbauindustrie. Nach 1860 wäre eine weitere industrielle Entwicklung ohne die Bahn nicht möglich gewesen. Wir werden darüber später noch zu berichten haben.

Bereits seit 1851 gab es in Württemberg einen *Telegrafendienst*, zunächst aber nur als Sicherheitsvorrichtung für den Eisenbahnbetrieb. Telegrafenstationen wurden entlang der Bahnstrecke Heilbronn – Friedrichshafen eingerichtet. Damit konnte man auch in Ravensburg während der Dienstzeit der Eisenbahn Telegramme innerhalb dieses Telegrafennetzes aufgeben.[431] Nach einigem Drängen wurde 1861 am Bahnhof Ravensburg eine öffentliche Telegrafenstation für das gesamte Gebiet des deutsch-österreichischen Telegrafenvereins mit täglichen Öffnungszeiten, auch samstags und sonntags, eröffnet. Die Ravensburger Geschäftswelt verfügte damit über eine moderne Einrichtung der Telekommunikation wie sie zu jener Zeit sonst in Oberschwaben nur noch Biberach und Friedrichshafen besaßen.[432]

Eine noch wichtigere Errungenschaft war die Nutzung von aus Kohle gewonnenem *Leuchtgas* für die Straßenbeleuchtung. Nachdem der 1805 unternommene Versuch, in Ravensburg eine Straßenbeleuchtung mit 70 Laternen einzurichten, schon nach wenigen Jahren an den zu hohen Kosten gescheitert war, sah es nachts in den Altstadtgassen wieder wie zuvor zappenduster aus. Nur in der Stadtmitte, auf dem heutigen Marienplatz, gab es ein paar wenige Ölfunzeln.[433]

Auf Initiative des Nachfolgers Zwergers, Stadtschultheiß Zaisser, der sich in verschiedenen Städten diese neue Einrichtung genau angesehen hatte, wurde 1862 zwischen der Stadt und der in Konstanz und Karlsruhe ansässigen Firma Raupp, Dölling & Schroff ein Vertrag über die Einführung der Gasbeleuchtung mit zunächst 110 Gaslaternen auf Plätzen und Straßen der Stadt abgeschlossen. Dass ein solches Unternehmen zunächst von Privatfirmen betrieben wurde, war damals nichts Ungewöhnliches. Im Übrigen behielt sich die Stadt in dem Vertrag eine Übernahme der im gleichen Jahr beim Bahnhof errichteten „Gasfabrik“ vor. Seit 1. November 1862 besaß nun Ravensburg endlich eine funktionierende und bald noch weiter ausgebaute Straßenbeleuchtung. Bereits 1867 ging das neue Gaswerk in städtisches Eigentum über.[434]

Das Schulwesen

Die Reformierung des Ravensburger Schulwesens in der kurzen Periode der bayerischen Stadtherrschaft sollte für das ganze 19. Jahrhundert bestimmend bleiben. Die staatliche Schulbehörde in Stuttgart ließ die beiden wichtigsten Neuerungen der Jahre 1804 bis 1810 unangetastet: den „Lokalschulfonds" zur Finanzierung des Schulwesens und die Einführung eines modernen Schultyps in Gestalt einer Realschule neben der Lateinschule.

Noch stärker als sein bayerischer Vorgänger neigte der württembergische König Friedrich I., ein aufgeklärter Absolutist, dazu, sich in kirchliche Angelegenheiten einzumischen und kirchliches Vermögen auch für nichtkirchliche Zwecke zu verwenden. Davon profitierte das örtliche Schulwesen. Die evangelische Gemeinde, der nach der Auflösung des Karmeliterklosters die gesamte große Klosterkirche überlassen wurde, musste ihre seit dem Dreißigjährigen Krieg bestehende zweite Kirche, die Dreifaltigkeitskirche am nordwestlichen Rand der Unterstadt, auf Abbruch verkaufen und den Erlös dem Lokalschulfonds überlassen. Außerdem wurde eine der drei Pfarrerstellen „supprimiert", wie man damals sagte, das heißt aufgehoben, und die bisherigen Einkünfte ebenfalls dem Schulfonds zugeteilt.

Härter traf es die katholische Kirche. Drei Kaplaneistellen an St. Jodok und fünf an der Liebfrauenkirche wurden zugunsten des Schulwesens aufgehoben. Damit gingen der Kirche nicht nur laufende Einkünfte, sondern auch Grundbesitz verloren. So diente beispielsweise das nach seinem Stifter benannte „Neideggsche Pfründhaus" in der Nähe der Jodokskirche, besser bekannt unter dem Namen Vogthaus, fortan nicht mehr als Wohnung für Kapläne, sondern als Schulhaus. Dem Schulfonds kam außerdem der Erlös aus dem Verkauf der Leonhards- und der Mühlbruckkapelle zugute.[435]

Die örtliche Schulaufsicht lag beim Kirchenkonvent. Je nachdem, ob es bei seinen Beratungen um die paritätische, von Schülern beider Konfessionen besuchte Real- und Lateinschule ging oder – wie bei den Elementarschulen (= Volksschulen) – um eine Konfessionsschule, tagte der Kirchenkonvent als „gemeinschaftliches" Kollegium oder getrennt nach Konfessionen.

Wenn sie getrennt tagten, unterschieden sich evangelischer und katholischer Kirchenkonvent von den heutigen Kirchengemeinderäten hauptsächlich dadurch, dass sie neben den kirchlichen Angelegenheiten auch für alle Fragen des Volksschulwesens zuständig waren, vom Schulbauprojekt bis zur Lehrerbesoldung, von der Einführung des Turnunterrichts für Knaben bis zur Bereitstellung von Dienstwohnungen für Lehrer.[436]

Neben den Geistlichen, die in den Elementarschulklassen außer dem Religionsunterricht oft noch andere Fächer übernahmen, gaben in den unteren Klassen zuweilen auch Handwerker und andere Personen Unterricht, die keine ausgebildeten Lehrer waren. Als 1836 der Besuch eines Lehrerseminars obligatorisch wurde, trat neben die örtliche Schulaufsicht eine staatliche Oberaufsicht über die Elementarschulen. Dagegen waren die höheren Schulen von Anfang an einer staatlichen Kontrolle unterworfen.

Die starke Bindung des Elementarschulwesens an die Kirchen geht nicht zuletzt daraus hervor, dass zu diesem Thema wichtige Quellen nicht nur im Stadtarchiv Ravensburg (hier vor allem die Kirchenkonventsprotokolle) zu finden sind, sondern auch in den zentralen Kirchenarchiven in Rottenburg (für die katholische Kirche) und Stuttgart (für die evangelische Kirche). In diesen beiden Archiven haben sich als lokalgeschichtlich besonders interessante Quellen die Berichte der zuständigen Geistlichen vor Ort an ihre vorgesetzte Kirchenbehörde erhalten.

So erfahren wir aus dem 1846 erstellten Bericht der katholischen Pfarrei Liebfrauen, dass es für die sechs- bis achtjährigen Kinder eine „Vorbereitungsklasse" gab, in der Buben und Mädchen gemeinsam unterrichtet wurden. Daran schloss der Unterricht in je zwei Klassen, einer unteren und einer oberen Knaben- bzw. Mädchenklasse, an. Insgesamt besuchten damals 486 Kinder die katholische Elementarschule.[437]

Im selben Jahr 1846, so berichtete der evangelische Dekan Johann August Beigel, besuchten 215 Kinder die drei evangelischen Elementarklassen (Vorbereitungsklasse, Knaben- und Mädchenschule). Dass hier die Schülerzahl, gemessen am Anteil der Protestanten an der städtischen Bevölkerung, etwas geringer war als die der katholischen Schüler, ist darauf zurückzuführen, dass mehr evangelische als katholische Kinder im Alter von zehn bis zwölf Jahren die Elementarschule verließen, um eine höhere Schule zu besuchen. Außer dem Pfarrer erteilten in der evangelischen Elementarschule nur drei Lehrer, zwei „Schulmeister" und ein Hilfslehrer, Unterricht. Die älteren Knaben erhielten seit 1845 auch Unterricht im Turnen.[438]

Der Vollständigkeit halber sei noch die kleine Schule von St. Christina erwähnt, die 1810 von dem gelehrten Pfarrer Friedrich Schlegel gegründet worden war, einem ehemaligen Chorherrn des Klosters Weißenau und Besitzer wertvoller historischer Handschriften wie der berühmten Weißenauer Bauernkriegschronik von 1525.[439] Schlegel gelang es gegen erhebliche Widerstände und unter Einsatz privater Geldmittel, im Pfarrhaus und im Mesnerhaus eine Schule einzurichten für die schulpflichtigen Kinder seines weitläufigen Pfarrsprengels, der bis Hinzistobel reichte. Die Schule gedieh und zählte 1854 48 Schüler.[440]

★

Nachdem der evangelische Diakon Johannes Dehlinger 1825 zusammen mit dem Vikar Johann August Beigel und zwei künstlerisch begabten Handwerkern, dem uns schon bekannten Schlossermeister Gottlob Johann Edinger und dem Maler Karl von Herrich, eine private „Sonntags-Zeichnungsschule" für junge Handwerker gegründet hatte, die großen Zulauf fand, entschloss sich der Gemeinderat, gemeinsam mit dem Oberamt eine als „Sonntags-Handwerkerschule" oder „Sonntags-Gewerbeschule" bezeichnete Lehranstalt zu eröffnen, eine der ersten Schulen dieser Art in Württemberg. Das war der Beginn des im Lauf der folgenden hundert Jahre immer weiter ausgebauten Berufsschulwesens. Strebsame Lehrlinge und Handwerksgesellen aus dem ganzen Oberamtsbezirk konnten hier nach dem Ende der regulären Schulzeit vertiefte Kenntnisse im Rechnen und Zeichnen erwerben und Kurse in Buchführung, Deutschem Aufsatz oder Betriebskunde und in den verschiedensten technischen und naturwissenschaftlichen Fächern besuchen. Den Unterricht erteilten teils Lehrer der höheren Schulen, teils Handwerker und Kaufleute. 1837 besuchten bereits an die 100 Schüler diese Anstalt.[441]

1853 fand in Stuttgart eine Ausstellung von Zeichnungen und plastischen Arbeiten statt, die Schüler aus 30 württembergischen Sonntags-Gewerbeschulen im Rahmen eines Wettbewerbs angefertigt hatten. Ravensburg schnitt dabei sehr gut ab und landete auf dem 6. Platz.[442] Vermutlich war dies der Grund dafür, dass die Schule auf Initiative der Stuttgarter „Zentralstelle für Gewerbe und Handel" 1854 zu einer „Gewerblichen Fortbildungsschule" erweitert wurde, die nicht nur sonntags Kurse anbot, sondern auch an Werktagsabenden. 1868 nahm sie mit 16 Lehrern und 182 Schülern unter allen vergleichbaren Schulen des Landes den 7. Rang ein.[443]

Als Ergänzung zur Gewerblichen Fortbildungsschule wurde auf Initiative der Handlungsinnung 1856 eine „Kaufmännische Fortbildungsschule" gegründet, in der die Hauptfächer Französisch und Englisch, Wirtschaftsgeographie, Buchführung und kaufmännisches Rechnen waren.

Eine Fortbildungsschule für Mädchen entstand 1867 als Ersatz für die 1864 vom Stiftungsrat aufgelöste „Mädchen-Industrie-Schule" (siehe Seite 93) und schließlich ein Jahr später eine „Landwirtschaftliche Winterschule" für angehende Landwirte, die aber wenig Resonanz fand.[444] Lange Zeit war der Besuch dieser Schulen freiwillig, erst nach 1900 wurde er zunächst für die Knaben, später auch für die Mädchen, Pflicht.[445]

★

Knapp zehn Jahre nach dem Übergang Ravensburgs an Württemberg wurde neben der unter bayerischer Herrschaft gegründeten Realschule wieder eine selbstständige Lateinschule eingerichtet, gleichfalls paritätisch, mit einem evangelischen und einem katholischen Präzeptor. Diese Erweiterung entsprach dem neuhumanistischen Zeitgeist, dem wachsenden Interesse an den Altertumswissenschaften. Beide höhere Schulen standen unter einer gemeinsamen Leitung und der Unterricht in den „Realien" – Arithmetik, Naturgeschichte, Geographie, Physik, Zeichnen und „Weltgeschichte" – wurde für die Schüler beider Schulen gemeinsam erteilt.[446] 1825 konnten die zwei höheren Schulen, die bis dahin mehr oder weniger provisorisch in verschiedenen Gebäuden der Altstadt untergebracht waren, das von der Stadt erworbene große Gebäude des ehemaligen Karmeliterklosters am Viehmarkt beziehen, das nach einem aufwändigen Umbau als „eines der schönsten Schulgebäude einer Oberamtsstadt im ganzen Land" galt.[447] Neben den höheren Schulen wurden hier auch die „Sonntags-Handwerkerschule", die „Mädchen-Industrieschule" und die evangelische Elementarschule für Mädchen untergebracht.

1833 besuchten 134 Schüler ausschließlich männlichen Geschlechts die „Paritätische Lateinische und Reallehranstalt", wie die offizielle Bezeichnung lautete.[448] Welch große Bedeutung die beiden höheren Schulen nicht nur für die Region, sondern auch darüber hinaus gewannen, zeigen die erhalten gebliebenen Schülerverzeichnisse.[449] Von 230 Schülern, die in den Jahren 1830 bis 1835 aufgenommen wurden, kamen nur 110 aus Ravensburg selbst, weitere 34 aus dem Ravensburger Oberamt (davon allein 14 aus Altdorf) und 55 aus dem übrigen Oberschwaben. Unter den 27 „Ausländern" – als solche wurden alle von jenseits der württembergischen Grenzen Kommenden bezeichnet – kamen 13 aus Hohenzollern, zwölf aus Baden oder Bayern, drei aus dem übrigen Württemberg, zwei aus der Schweiz und einer aus Vorarlberg.

1839 wurde an der Realschule zusätzlich zu den beiden schon bestehenden Klassen eine „Oberrealklasse" eingerichtet, die den Besuch der Höheren Gewerbeschule in Stuttgart ermöglichte, eine Qualifikation, die man sonst nirgends in Oberschwaben erwerben konnte.[450] Im selben Jahr 1839 erhielt auch die Lateinschule eine weitere Klasse, nicht zuletzt deshalb, um künftigen Theologiestudenten bereits hier die Möglichkeit zu bieten, Kenntnisse in Griechisch und Hebräisch zu erwerben. Mit dieser Erweiterung wurde die Lateinschule in „Lyzeum“ umbenannt.

Der Geist, der in dieser Schule wehte, wird deutlich in den 1834 veröffentlichten „Gesetzen für die Schüler der Latein- und Realanstalt in Ravensburg“.[451] Jeder Schüler, der in die „Anstalt“ eintrete, so heißt es da gleich zu Anfang, „soll sich mit Ernst vorstellen, daß es eine Anstalt zu seinem Besten, zur Erleuchtung und Bildung seiner Seele sey“.

Von den 145 Schülern, die im Jahr 1841 das Lyzeum oder die Realschule besuchten, gaben 87 an, nach dem Schulabschluss eine wissenschaftliche Weiterbildung an einer Universität anzustreben, 42 Schüler der Realanstalt sahen ihre berufliche Zukunft in Handel oder Gewerbe, sieben wollten Elementarschullehrer werden und der Rest gab an, sich künftig in Forst- und Landwirtschaft, Chirurgie, Kunst und Architektur fortbilden zu wollen.[452]

Die wachsende Bedeutung der höheren Schulen in Ravensburg war nicht zuletzt einigen außerordentlich tüchtigen Männern zu verdanken. Den beiden hochgebildeten Gründern der Realschule, Johann Philipp Eben und Max Leopold Koch, folgte der aus dem altwürttembergischen Schorndorf stammende Diakon Johannes Dehlinger, der 1814 nach Ravensburg versetzt und zwei Jahre später Rektor der beiden paritätischen Lehranstalten wurde. Um das Schulwesen machte er sich besonders dadurch verdient, dass es ihm neben der oben schon erwähnten Einrichtung einer „Sonntags-Handwerkerschule“ gegen etliche Widerstände gelang, 1829 eine gemeinsame Elementarklasse für beide Schulzweige zu gründen. Wir werden diesem Mann in den folgenden Kapiteln wieder begegnen, da er sich sowohl um die Verwaltung der städtischen Bibliothek als auch um die Ausgestaltung des Rutenfests große Verdienste erworben hat. Als Diakon und zweiter evangelischer Stadtpfarrer erhielt er nur ein vergleichsweise bescheidenes Gehalt, weshalb er leider 1830 Ravensburg verließ, um eine besser dotierte Stelle im Unterland anzutreten.[453]

Seine Nachfolge als Rektor trat der aus Franken stammende, bereits seit 1819 als Lehrer an der Realschule tätige Johann August Beigel an, wie Dehlinger evangelischer Theologe. Er war, wie erwähnt, neben Dehlinger an der Gründung der „Sonntags-Handwerkerschule“ beteiligt. Für die lokale Schulgeschichte gewann er vor allem deshalb Bedeutung, weil er nebenbei der erste Turnlehrer an einer Ravensburger Schule war. Nachdem die Schule 1825 das ehemalige Karmeliterkloster bezogen hatte, erteilte Beigel im geräumigen Innenhof Gymnastikunterricht. Der vielseitige und praktisch ver-

August Beigel (1796 – 1862), evangelischer Stadtpfarrer und Dekan, Lithografie, um 1850
Wie damals die meisten Geistlichen, war Beigel zugleich Lehrer, in seinem Fall an der Realschule. Dort erteilte er als Erster in Ravensburg auch Unterricht in Gymnastik und Turnen sowie im Obstbau.

anlagte Mann, der später erster evangelischer Dekan in Ravensburg wurde, bot außerdem als erster an seiner Schule Unterricht im Obstbau als Wahlfach an.[454] Wegen der zunehmenden Bedeutung des Obstbaus im südlichen Oberschwaben gewann dieses Fach rasch an Bedeutung und Zulauf.

In den dreißiger und vierziger Jahren des 19. Jahrhunderts besaß die paritätische Doppelschule acht Lehrer, von denen alle bis auf einen Theologen waren.[455] Diese Vormacht der Theologen hielt bis tief in die zweite Hälfte des Jahrhunderts an, vor allem am Lyzeum.

*

Der Schulbesuch an der höheren Schule endete etwas früher als heute. In der Regel wurden die Schüler mit 16 Jahren aus der Schule entlassen. Bis in die sechziger Jahre bestand für Mädchen keine Möglichkeit für eine höhere Schulbildung. Dies änderte sich erst mit der Niederlassung des Ordens der „Armen Schulschwestern" in Ravensburg. Einer einzigen Schulschwester, die seit 1860 Unterricht an der städtischen Mädchenschule erteilte, folgten 1865 mehrere andere, die aus Rottenburg hierher kamen. Sie richteten neben der Unterrichtstätigkeit an der städtischen Mädchenschule vor den Toren der Stadt, in der damals im Entstehen begriffenen „Seevorstadt", eine einjährige „Fortbildungsschule" für schulentlassene katholische Mädchen zwischen 13 und 15 Jahren ein, in der vor allem Handarbeit und Religion unterrichtet wurde. Nachdem im Zeichen zunehmender Spannungen zwischen Staat und Kirche den Schulschwestern 1867 der Unterricht an öffentlichen Schulen verboten wurde, gründeten sie im selben Jahr eine eigene siebenklassige Elementarschule, der zwei Zusatzklassen für „höhere Töchter" angegliedert wurden. Hier wurde vor allem Französisch und Englisch unterrichtet.

Die neue katholische Privatschule erfreute sich lebhaften Zuspruchs in Stadt und Land. Bereits im Gründungsjahr zählte sie 166 Schülerinnen. Die von auswärts kommenden Schülerinnen konnten zum Teil im Schulgebäude untergebracht werden, das schon bald im Volksmund „Klösterle" genannt wurde. Da die Schule bald aus allen Nähten platzte, reifte in den achtziger Jahren der Plan, einen größeren Neubau zu errichten.[456]

Die Pfarrkirche St. Jodok, Lithografie v. A. Podesta nach einem Entwurf v. F. X. Lang, um 1850
Von 1812 bis 1904 war die Pfarrei St. Jodok aufgrund einer Verfügung der Regierung in Stuttgart aufgehoben und in die Pfarrei Liebfrauen eingegliedert.

Kirche und Konfession in einer sich verändernden Welt

Die Katholiken

Der Übergang Ravensburgs von Bayern an Württemberg wurde von der katholischen Bürgerschaft Ravensburgs mit deutlich größerer Zurückhaltung zur Kenntnis genommen als von ihren evangelischen Mitbürgern. Der neue Landesherr König Friedrich I. war evangelisch und bar jeglichen Verständnisses für die Traditionen und religiösen Bedürfnisse seiner neuen katholischen Untertanen. Auch die Ravensburger Katholiken sollten dies sehr bald zu spüren bekommen. Im Juli 1812 verfügte der Katholische Geistliche Rat in Stuttgart im Namen des Königs die Aufhebung der Pfarrei St. Jodok.[457] In Ravensburg, so argumentierte man, genüge eine große Pfarrei für die 2.600 Katholiken, und im Übrigen gebe es im ganzen Land keine einzige Stadt mit zwei katholischen Pfarreien. St. Jodok wurde zwar nicht profaniert, aber als zweite katholische Stadtkirche ohne Pfarrrechte deutlich herabgestuft.

Der wahre Grund für diesen rücksichtslosen Eingriff in das kirchliche Leben der Stadt war ein anderer. Auf diese Weise wollte man nämlich zugleich den neuen Patronatsherrn, den katholischen Grafen von Sternberg-Manderscheid, loswerden, der durch die Säkularisation 1802 Eigentümer des Klosters Weißenau geworden war und damit als juristischer Nachfolger des Abts von Weißenau zugleich Inhaber aller mit der Abtei Weißenau verbundenen Rechte, zu denen auch das gemeinsam mit der Stadt Ravensburg ausgeübte Patronatsrecht über die Pfarrei St. Jodok gehörte.[458]

Mit der von den Ravensburger Katholiken zu Recht als „gewaltsam" empfundenen Aufhebung der zweiten Stadtpfarrei war die Umwidmung mehrerer so genannter „Kaplaneipfründen" verbunden. Das waren Mess- und Altarstiftungen, die zum Teil noch ins Mittelalter zurückreichten und aus deren Erträgen die zahlreichen Kapläne ihren Lebensunterhalt bezogen. Schon im vorigen Kapitel über das Schulwesen wurde berichtet, dass insgesamt fünf dieser für kirchliche Zwecke bestimmten Stiftungen von nun an dem „Lokalschulfonds" zugute kommen sollten.[459] Unter schulpolitischen Aspekten war diese Änderung nicht einmal ein Fehler, aber die katholische Gesamtkirchengemeinde Ravensburg verfügte nach diesem Aderlass statt wie bisher über 14 nur noch über fünf Geistliche.

Hinzu kam, dass nun auch die Mönche der Nachbarklöster Weingarten und Weißenau nicht mehr zur Verfügung standen, wenn Not am Mann war. Da der Stadtpfarrer sowie einer der Kapläne bereits über 80 waren und ein weiterer Kaplan kränklich, geriet die katholische Kirchengemeinde tatsächlich in eine personelle Notlage.[460]

Das Kirchenvolk von St. Jodok, das 1818 680 Seelen umfasste, hauptsächlich kleine Leute, Textilhandwerker und Rebleute, war sauer. Zur Beichte und zum Besuch der Jahrtagsmessen musste man nun die Liebfrauenkirche aufsuchen.[461] Noch 14 Jahre später stellte der katholische Dekan Beckler großen Unmut fest, der ihn veranlasst hatte, zur Besänftigung der Gemüter die traditionelle Prozession an der Fronleichnamsoktav (achter Tag nach Fronleichnam) wieder zuzulassen. Zu seinem Missvergnügen musste er allerdings feststellen, dass das begleitende Volk „keine schöne Haltung und Ordnung an den Tag" legte.[462]

Im Zuge der Neubildung einer katholischen Großpfarrei Ravensburg wurden einige Weiler und Wohnplätze, die bisher zu den Pfarreien Altdorf, St. Christina und Berg gehört hatten, nach Ravensburg umgepfarrt. Der Pfarrsprengel reichte nun im Norden bis Kesernen (bei Oberallewinden), im Westen bis zum Gut Hochberg, im Süden bis zur späteren Aigen-Siedlung und im Osten bis zur Vorstadt Ölschwang.

Dank ihrer exponierten Lage blieb die kleine, 1824 nur 341 Seelen zählende Pfarrei St. Christina, zu deren Sprengel auch das Flappachtal zwischen Ölschwang und Knollengraben mit seinen Papiermühlen und anderen gewerblichen Betrieben gehörte, erhalten. In dieser Gemeinde lebten 1824 hauptsächlich Bauern, Taglöhner, Flachs- und Wollspinner. „Die ökonomischen Verhältnisse der Gemeinde sind dürftig", hieß es lapidar in der Beschreibung der Pfarrei durch ihren tüchtigen Pfarrer Friedrich Schlegel, den einstigen Weißenauer Chorherrn, dem wir als Gründer der kleinen Dorfschule von St. Christina schon einmal begegnet sind.[463] Gerade diese Gemeinde sollte aber ihr Gesicht stark verändern, nachdem seit etwa 1840 im Flappachtal mehrere größere Fabriken entstanden.

Über das kirchliche Leben in den katholischen Gemeinden erfahren wir am ehesten etwas aus den Visitationsakten des bischöflichen Ordinariats. Viele Gemeindemitglieder nahmen noch an Wallfahrten teil: ins benachbarte Weingarten, zur Guten Beth nach Reute, nach Maria Steinbach und gelegentlich auch nach Einsiedeln in der Schweiz. Der Besuch weiter entfernter Wallfahrtsorte wurde jedoch nur noch ungern gesehen, Pilgerreisen ins Ausland (d.h. in Orte außerhalb Württembergs) versuchte man sogar zu verbieten, da sie für die Religiosität ebenso wie für die Arbeitsamkeit und Sittlichkeit nachteilig seien.[464]

Bis in die dreißiger Jahre wurde von der Kirchenleitung versucht, im Sinn der Aufklärung angebliche Unsitten wie das Aufhängen von Votivtafeln in den Kirchen, Taufen totgeborener Kinder oder das „Prozessionswesen" zu unterdrücken.[465] In den Berichten der Pfarrer finden sich natürlich auch die üblichen Klagen über die Jugend, besonders die „Stadtjugend", die ein Pfarrer 1813 als „verwahrlost" bezeichnete, da sie keine Sonntagsheiligung mehr kenne. Immer wieder wurden auch Beschwerden über die geringe Sangeslust der oberschwäbischen Katholiken laut. Ein Mitglied des Rottenburger Ordinariats bemerkte noch 1877, „die Oberschwaben [hätten] allgemein wenig Lust und Geschick zum Kirchengesang, besonders in lateinischer Sprache".[466]

Große Verbitterung herrschte bei den Älteren über den Abbruch verschiedener alter ehrwürdiger Kapellen. Vor allem die Beseitigung der Mühlbruckkapelle mit ihrem Gnadenbild, einer gotischen Pietà, im Jahr 1812 erregte die Gemüter noch lange. Dieses Gnadenbild war dreißig Jahre später, 1842, Gegenstand eines Streits, der belegt, welche Kluft sich zwischen manchen älteren, von der Aufklärung geprägten Priestern und dem einfachen katholischen Volk damals noch zuweilen auftat, eine Kluft, die dann der zu jener Zeit aufkommende Ultramontanismus zu überbrücken suchte.

Im August 1842 reichten 66 Bewohner aus den Vorstädten bei Stadtschultheiß Zwerger eine Bittschrift ein, er möge sich doch dafür verwenden, dass das „mirakulöse Muttergottesbild" aus der Mühlbruckkapelle, das sich bis vor kurzem in der Liebfrauenkirche befunden habe, nun aber durch ein neues Marienbild ersetzt worden sei, dort wiederaufgestellt werde, ebenso ein Altar „mit dem blutschwitzenden Jesus am Ölberg". Als der liberale, modern eingestellte Stadtschultheiß sie schroff abwies, wandten sie sich an den Bischof von Rottenburg und beklagten sich bei ihm, das neue Marienbild sei „zu modisch, zu modern und nicht populär".

Wie weit der Groll dieser Gemeindemitglieder ging, zeigt der Hinweis in den bischöflichen Akten, „unter dem Volk gehe die Rede, man habe die heiligen Bilder aus der Kirche geschafft und statt derselben die Grabsteine reicher Kaufmannsleute gleich den Heiligen hingestellt, die doch nicht in die Kirche, sondern auf den Gottesacker gehören". Der auf solche Weise angegriffene zuständige Pfarrer, Dekan Joseph Feuerle, verteidigte sich vehement und fuhr seinerseits scharfe Geschütze auf: der Altar, auf dem die Mühlbruck-Madonna aufgestellt war, sei „geschmacklos, Aberglauben nährend, kitschig", die Beschwerdeführer seien „Männer, die nicht satt werden, von Wunderthätigkeit, Mirakulosität zu sprechen", die anmaßend „von Kunststücken reden, wo Sachkenner davon nichts wissen".[467]

Ein anderer Fall, der dem Gegensatz zwischen wundergläubigem Volk und Staatskirche zusätzlich eine politische Dimension verlieh, war der Aufruhr um die von vielen einfachen Leuten wegen angeblicher Wundertaten als „Prophetin von Weißenau" verehrte Landstreicherin Therese Ludwig und ihren Beschützer, den Weißenauer Pfarrer Patriz Seibold. Da dieses Ereignis in die Revolutionsjahre 1848/49 fiel, eskalierte es sehr rasch zu einer Revolte der städtischen Unterschicht gegen die Obrigkeit.

Was war geschehen? Seibold hatte die junge, angeblich vom Teufel besessene Frau aus, wie er behauptete, rein seelsorgerlicher Fürsorge, in sein Pfarrhaus aufgenommen. Der Bischof wollte dies nicht dulden und versuchte am 2. November 1848 mit Hilfe der Polizei, Therese Ludwig aus dem Pfarrhaus zu entfernen. Es kam zu einem Tumult vor dem Pfarrhaus. Drei Personen, die der Polizei Widerstand leisteten, wurden verhaftet. Tags darauf erschien eine von Stunde zu Stunde wachsende Zahl von Demonstranten vor dem Ravensburger Oberamtsgericht und verlangte die Freilassung der Verhafteten. Als die Situation immer bedrohlicher wurde, gab der Oberamtsrichter schließlich zähneknirschend nach und entließ die drei Gefangenen.

Damit war der Fall jedoch nicht erledigt. Pfarrer Seibold wurde auf Befehl des Bischofs von Rottenburg verhaftet und verbrachte neun Monate im dortigen „Korrektionshaus". Darüber waren seine und Therese Ludwigs Anhänger in Ravensburg empört und versuchten, beim König die Freilassung Seibolds zu erwirken, jedoch vergeblich. Auch beim Bischof richteten sie nichts aus. Die hauptsächlich zur städtischen Unterschicht zählenden „Protestler und Widerständler" machten in der Folgezeit dem Ravensburger Repräsentanten der katholischen Kirche, Dekan Johann Evangelist Erath, das Leben schwer, indem sie die ganze Geschichte zum Vorwand nahmen, nicht nur gegen den Dekan, sondern gegen die Obrigkeit schlechthin zu stänkern. Indem sie Therese Ludwig und Patriz Seibold zu Märtyrer stilisierten, gaben sie zugleich ihrer Unzufriedenheit mit den politischen Verhältnissen Ausdruck. Es dauerte lange, bis sich die Gemüter wieder beruhigten.[468]

Seit der Mitte des 19. Jahrhunderts wurde die Gegenbewegung einer neuen volksnahen katholischen Kirche auch in Ravensburg spürbar. Prozessionen und Wallfahrten waren nun nicht mehr verpönt. Der Blutfreitag in Weingarten erlebte einen großen Aufschwung. 1858 war der Andrang der Wallfahrer so groß, dass viele keine Unterkunft mehr fanden, auch in Ravensburg und der weiteren Umgebung nicht.[469] Die katholische Volksmission mobilisierte die Massen. 1856 wurde sie in Ravensburg ab Ostern zwei Wochen lang durch drei Jesuitenpatres durchgeführt, wozu sich über 12.000 Zuhörer einstellten, darunter auch viele Protestanten. Schon nachts um 2 Uhr versammelten sich die ersten Gläubigen vor der Kirchentür, die erst um 5 Uhr geöffnet wurde, um zu beichten. Man sah viele Fabrikarbeiter, bei manchen Predigten brach ein „allgemeines Schluchzen" aus. Der „Oberschwäbische Anzeiger" betonte aber auch, dass alle Predigten „ohne Ausfälle auf Andersgläubige" gehalten wurden.[470]

Die Protestanten

Seit der Reformation war etwa die Hälfte der Einwohner Ravensburgs evangelisch, in der bürgerlichen Mittel- und Oberschicht bildeten die Anhänger der neuen Lehre zeitweilig sogar die Mehrheit. Der Anteil der Protestanten an der städtischen Bevölkerung ging schon im 17. und 18. Jahrhundert langsam zurück, nahm aber erst zwischen 1820 und 1870 stark ab und sank in diesen 50 Jahren von ca. 40 % auf ca. 29 %, eine Folge der starken Zuwanderung aus dem überwiegend katholischen Umland. Mit diesem zahlenmäßigen Rückgang war aber nicht zwangsläufig ein entsprechend großer Verlust an Einfluss und Bedeutung innerhalb der Stadtgemeinde verbunden. Dafür waren drei Faktoren verantwortlich: die starke wirtschaftliche Kraft der Protestanten, das zwar de iure unter württembergischer Herrschaft hinfällig gewordene, faktisch aber bis in die vierziger Jahre des Jahrhunderts weiter geltende Prinzip der Parität und schließlich auch das ausgeprägte Klima der Toleranz zwischen den beiden Amtskirchen bis zur Mitte des Jahrhunderts. Zwar war, wie Alfred Lutz gezeigt hat, der Anteil der Katholiken unter den wohlhabenden Bürgern schon seit den zwanziger Jahren deutlich gewachsen, aber die wichtigsten Impulse für die Industrialisierung der Stadt seit etwa 1830 kamen überwiegend von evangelischen Unternehmern und Kaufleuten. Genannt seien nur die Namen Spohn, Sterkel, Deffner und Haas. Hinzu kam, dass sich auch die örtliche Presse lange Zeit in der Hand von Protestanten befand.

Dies alles trug dazu bei, dass das kirchliche Leben und das Prestige der evangelischen Kirche in der städtischen Öffentlichkeit und innerhalb der Bürgerschaft nicht im Geringsten hinter dem der katholischen Kirche zurückstand. Einige Fakten mögen dies belegen:

Zwar mussten die Protestanten, wie schon erwähnt, ihre zweite Kirche, die Dreifaltigkeitskirche am Nordwestrand der Unterstadt, die als Notkirche im Dreißigjährigen Krieg entstanden war, aufgeben, dafür erhielten sie jedoch 1811 zusätzlich zum Kirchenschiff der ehemaligen Karmeliterkirche auch den Chor, nachdem die letzten Mönche dort hatten ausziehen müssen. Bis zu diesem Zeitpunkt war der Mönchschor vom Kirchenschiff, dem „Langhaus", durch einen steinernen Lettner, eine Art Sängerempore aus der Zeit der Gotik, getrennt. Dieser wurde 1817 abgebrochen. Der in der Barockzeit neu geschaffene Hochaltar der Karmeliter im Chor blieb dagegen als seltsamer Fremdkörper in einer evangelischen Kirche bis zur großen Kirchenrenovierung der Jahre 1858 bis 1862 erhalten.

Trauung in der Evangelischen Stadtkirche, Gouache (Ausschnitt) v. J. B. Edinger, 1857
Der Bildausschnitt ist deshalb von Interesse, weil hier im Chor der Kirche noch der barocke Hochaltar der Karmelitermönche zu sehen ist, der kurz nach der Entstehung dieses Bildes der neugotischen Umgestaltung der Kirche zum Opfer fiel.

Im Zuge der von König Friedrich von Württemberg verfügten Neuordnung des Kirchen- und Schulwesens musste die evangelische Gemeinde 1812 auf eine Pfarrstelle zugunsten der höheren Schulen verzichten, aber mit drei Pfarrern und zusätzlich noch zwei „Helfern" (Vikare) war sie personell immer noch recht gut gestellt.

Nach der Gründung eines eigenen evangelischen Dekanatsbezirks für das südliche Oberschwaben im Jahr 1829, zunächst provisorisch, seit 1843 dann endgültig, kamen zusätzliche Lasten auf die evangelische Geistlichkeit in Ravensburg zu, denn das Amt des Dekans war in Personalunion mit dem des Ersten Stadtpfarrers verbunden. Andererseits bedeutete diese neue Aufgabe aber auch eine Auszeichnung und Aufwertung, denn bis 1829 hatte Ravensburg zum bis dahin einzigen oberschwäbischen Dekanat in Biberach gehört, nun wurde es selbst Sitz eines Dekanats.[471]

Da es der reichsstädtische Rat gewesen war, der 1545 die Reformation in Ravensburg eingeführt hatte, war er auch bis 1802 die oberste Instanz in allen Angelegenheiten der evangelischen Kirche, und damit auch verantwortlich für ihre materielle Ausstattung. Seine „Kirchenhoheit" musste der Gemeinderat 1810 an den württembergischen Staat abtreten, mit der Folge, dass dieser nun mitverantwortlich für die Besoldung der Geistlichen wurde. Vor Ort war der nach altwürttembergischen Muster neu eingerichtete Evangelische Kirchenkonvent für alle praktischen und finanziellen Fragen, die die evangelische Kirchengemeinde betrafen, zuständig. Die im Dienst der Kirche stehenden Personen – Geistliche, Mesner, Lehrer – wurden bis tief ins 19. Jahrhundert teils mit Geld, teils mit Naturalien entlohnt. Zu den Naturalien, für welche die Stadt aufzukommen hatte, zählten Wohnung und Brennholz, aber auch Getreide und Wein. Der evangelischen Geistlichkeit standen pro Jahr „4 Eimer, 4 Imi und 3 Maß" Wein zu, immerhin 1.260 Liter, so dass damit der Bedarf selbst der trinkfestesten geistlichen Herren gedeckt gewesen sein dürfte. Auch ein Teil der Baulast für das Kirchengebäude musste von der weltlichen Gemeinde übernommen werden.[472]

Neben den beiden evangelischen Knaben- und Mädchenschulen wurde aufgrund eines königlichen Dekrets in den zwanziger Jahren eine „Sonntagsschule" für schulentlassene Knaben und Mädchen eingerichtet. Dort sollten sie bis zum 21. Lebensjahr jeden Sonntagnachmittag anderthalb Stunden lang Religionsunterricht erhalten. Dasselbe galt übrigens auch für die Katholiken.[473]

Da die männliche Jugend seit 1826 nach der Schulentlassung auch noch die von den meisten als wichtiger angesehene Sonntagsgewerbeschule besuchen musste, wurde diese zusätzliche sonntägliche Belastung von vielen als lästig empfunden. Die kirchlichen Sonntagsschulen erlangten daher nie die ihnen eigentlich zugedachte Bedeutung. Dennoch besuchten 1846 laut den kirchlichen Statistiken immerhin 16 evangelische und 55 katholische Knaben sowie 55 evangelische und 121 katholische Mädchen zwischen 14 und 18 Jahren den sonntäglichen Religionsunterricht.[474]

Ein zusätzliches Problem ergab sich nach der Mitte des Jahrhunderts. Infolge der Aufhebung der lehensrechtlichen Bindungen der Bauernhöfe und der so genannten „Allodifikation" der bäuerlichen Güter (Ablösung aller Lasten und Abgaben mit Geld), hatte eine Reihe evangelischer Familien aus Altwürttemberg Höfe in der ländlichen Umgebung Ravensburgs erworben und war dort ansässig geworden.[475]

Manche Eltern sahen es nun nicht gerne, dass ihre Kinder die nächstgelegene katholische Dorfschule besuchten, selbst wenn sie dort gelegentlich Religionsunterricht durch einen evangelischen Geistlichen erhielten. Noch gab es ja außer der Eisenbahn keine bequemen und billigen Verkehrsverbindungen. Deshalb schickten etliche Eltern ihre Kinder nach Ravensburg zur Schule. Als „Kostschüler" wohnten sie bei evangelischen Familien in der Stadt. Da die meisten evangelischen Bauernsöhne aber im Sommer bei der Ernte mithelfen mussten, konnten sie in dieser Zeit nur die katholische Dorfschule besuchen. Den zweijährigen Konfirmandenunterricht, den sie gemeinsam mit den Stadtschülern erhalten sollten, mussten sie, abgesehen von den Ferien, allerdings das ganze Jahr über in Ravensburg besuchen.[476] Daran änderte sich auch nichts mit der Gründung evangelischer Diasporagemeinden in der Umgebung von Ravensburg (Atzenweiler 1869, Wälde-Winterbach 1891, Vogt 1901).

Blick auf Teile der Unterstadt und die neue Vorstadt an der Seestraße, Lithografie (Ausschnitt) v. E. Emminger, ca. 1870
In der Mitte die Evangelische Stadtkirche mit dem 1842 bis 1845 erbauten Kirchturm.

In dem hier behandelten Zeitraum 1810 bis 1870 waren die beiden Ereignisse mit der größten Außenwirkung die Erbauung eines Kirchturms in den Jahren 1842 bis 1845 (dazu im nächsten Kapitel mehr) und die umfassende Renovierung der Kirche, die in den Jahren 1858 bis 1862 nach Plänen von Gottlieb Pfeilsticker im Innern ein neugotisches Gewand erhielt. Während dieser vier Jahre wurde der evangelischen Gemeinde vom Gemeinderat, in dem die Katholiken eine deutliche Mehrheit besaßen, der ehemalige Schwör- oder Bürgersaal im städtischen Waaghaus einstimmig für ihre Gottesdienste zur Verfügung gestellt, ein Beweis für die auch jetzt noch vorhandene Toleranz zwischen den Konfessionen.[477]

Von der neugotischen Ausstattung der Kirche haben nur die so genannten Reformatorenfenster des Lauinger Künstlers Ludwig Mittermaier im südlichen Seitenschiff die Restaurierung und Purifizierung der Kirche in den Jahren 1965/66 überdauert. Gestiftet von einigen reichen evangelischen Familien der Stadt, vom württembergischen Königshaus und von König Georg V. von Hannover, zeigen sie unter anderem nicht nur die für die Ravensburger Reformation bedeutsamen Reformatoren Zwingli und Luther, sondern auch die Protagonisten der Reformation im Herzogtum Württemberg, Herzog Christoph und Johannes Brenz, die beide für die Reformation in Ravensburg eigentlich ohne Bedeutung waren. Insofern ist dieses Bildprogramm ein interessanter Beleg für das Bemühen, eine fiktive Traditionslinie zwischen der Reformationsgeschichte der oberschwäbischen Reichsstadt und derjenigen des Königreichs Württemberg zu schaffen.

Das Verhältnis zwischen den beiden Konfessionen

„Die Einwohner bekennen sich zur katholischen und zur evangelischen Kirche, jene machen die Majorität aus, aber fast alle von beiden Theilen sind sehr aufgeklärt und tolerant, sie nehmen zugleich harmlos miteinander an den Volksfesten Antheil, ohne daß man irgend einen Zwang bemerkt."[478] Neben dieser Beobachtung eines vermutlich nord- oder mitteldeutschen Anonymus, der sein Reisebuch um 1812 verfasste, war für die meisten Fremden das auffälligste Zeichen dieses friedlichen Nebeneinanders von Katholiken und Protestanten der gemeinsame Friedhof vor den Toren der Stadt. Etwas Vergleichbares fand man sonst nirgends. Selbst im benachbarten Biberach, wo ja gleichfalls eine konfessionelle Parität bestand, gab es zwei voneinander völlig getrennte Friedhöfe.

Welch unverkrampftes Verhältnis in den ersten Jahrzehnten des 19. Jahrhunderts zwischen Katholiken und Protestanten bestand, lässt sich anhand zahlreicher Fakten belegen, von denen hier einige genannt seien:

- Der oberste Repräsentant der katholischen Bevölkerung, Dekan Franz v. Schnitzer, der zugleich Pfarrer von Liebfrauen war, besaß in seiner großen Bibliothek zahlreiche protestantische Werke: eine sechsbändige Ausgabe evangelischer Predigten, den lutherischen Katechismus, eine Darstellung des protestantischen Lehrbegriffs sowie Werke von Luther und dem württembergischen Pietisten Johann Albrecht Bengel.[479]
- Den „Geist der Duldsamkeit und Eintracht" bei Dekan Schnitzer rühmte auch der evangelische Oberamtmann Carl Friedrich Dizinger, der von 1811 bis 1813 in Ravensburg tätig war, in seinen Lebenserinnerungen. Vom selben Geist war auch Dizinger beseelt. Ein Beleg dafür ist sein Verhalten beim Abbruch der alten Kapelle an der Mühlbruck, wo sich, wie schon erwähnt, ein von den Gläubigen hoch verehrtes Gnadenbild der Schmerzhaften Muttergottes befand, das der Oberamtmann sicherstellen ließ und in die Obhut Schnitzers gab.[480]
- Bei der musikalischen Umrahmung der in der Evangelischen Stadtkirche abgehaltenen Feier zur 300. Wiederkehr des Thesenanschlags Martin Luthers an der Schlosskirche in Wittenberg im Jahr 1817 wirkten auch Katholiken mit. Überdies sah man auch während der Festpredigt unter den Zuhörern zahlreiche Katholiken. Auch später kam es immer wieder vor, dass die Kirchenchöre sich beim Ausfall von Sängern gegenseitig aushalfen.[481]
- Die Kreisregierung in Ulm verlangte 1818, dass bei den Wahlen zu den Bürgerlichen Kollegien (Gemeinderat und Bürgerausschuss) keine Rücksicht mehr auf das als anachronistisch angesehene Prinzip der Parität genommen werde. Doch in Ravensburg bestand Einigkeit darin, dass die konfessionelle Parität bei der Besetzung der städtischen Ämter „ein wahres Kleinod" sei, an dem man weiterhin festhalten wolle.[482]
- Schon lange war es als lästig empfunden worden, dass die Protestanten zum Teil andere kirchliche Feiertage hatten als die Katholiken. Das behinderte nicht nur den samstäglichen Markt und den Arbeitsablauf in vielen Betrieben, sondern auch den Unterricht in der paritätischen Latein- und Realschule. Daher beschloss der für dieses Problem zuständige „Gemeinschaftliche Kirchenkonvent" 1827, neun katholische und evangelische Feiertage zusammenzulegen, was damals große Beachtung im ganzen Land fand und als vorbildlich auch für andere Städte angesehen wurde. In den „Württembergischen Jahrbüchern für vaterländische Geschichte, Geographie, Statistik und Topographie" wurde diese Regelung als ein „schönes und nachahmungswürdiges Werk, das der Stadt Ravensburg zu hoher Ehre gereicht" gerühmt. Selbst der König sprach den beiden Kirchenleitungen seine Anerkennung aus.[483]
- Der Plan der evangelischen Kirchengemeinde, einen Glockenturm zu errichten, wurde auch von katholischer Seite unterstützt. In seiner Sitzung am 2. November 1840 sicherte der gesamte Gemeinderat „diesem großartigen Unternehmen" seine volle Unterstützung zu. Mit der Erbauung eines Kirchturms, so der katholisch-liberale Stadtschultheiß v. Zwerger, setze man „der konfessionellen Eintracht, durch welche Ravensburg von jeher sich ausgezeichnet habe, ein bleibendes Denkmal". Als das Bauwerk nach Plänen von Johann Georg Büchler 1845 vollendet war, dankte der evangelische Dekan Beigel „den hiesigen Bürgern und Gemeindegliedern beider Konfessionen für ihre tätige Unterstützung".[484]
- Bis dahin hatten die Protestanten in Ermangelung eines eigenen Geläuts bei Leichenbegängnissen das große Geläut der Liebfrauenkirche in Anspruch nehmen können.[485]

Da zwischen 1810 und 1845 der Anteil der Katholiken an der Ravensburger Bevölkerung dank der erleichterten Zuzugsbestimmungen für württembergische Staatsbürger stetig gewachsen war, kann es kaum verwundern, dass immer häufiger die Frage gestellt wurde, ob die Parität noch zeitgemäß sei. Wie bereits geschildert (oben Seite 39) kam es bereits bei den Wahlen zur Abgeordnetenkammer des Landtags im Jahr 1844 zu einem offenen Konflikt. Der bisherige Abgeordnete, Stadtschultheiß v. Zwerger, der wieder kandidierte, unterlag überraschend seinem erzkonservativen Gegenspieler, dem Altdorfer Schultheißen Konrad Prielmaier. Im Wahlkampf war Zwerger, obwohl katholisch, als „Akatholik" und Liberaler geschmäht worden, der sich von der Regierung in Stuttgart habe kaufen lassen, wohl eine Anspielung darauf, dass Zwerger für seine Textilfabrik ein staatliches Darlehen erhalten hatte. Der „Beobachter", das in Stuttgart erscheinende Blatt des liberalen württembergischen Bürgertums, konstatierte, in dem bisher so friedlichen und toleranten Ravensburg störten seit neuestem mehrere junge katholische Geistliche den konfessionellen Frieden.[486]

Über die Niederlage Zwergers bei der Landtagswahl berichtete „Der Landbothe am Bodensee", die von dem evangelischen Verleger Johann Anton Gradmann herausgegebene Beilage zum Ravensburger „Intelligenzblatt", sehr ausführlich. In den dort erschienenen Berichten und Kommentaren tauchte in diesem Zusammenhang ein neuer Begriff auf: „ultramontan", und zwar erstmals in der Ausgabe vom 16. Januar 1845. Die „Ultramontanen", so hieß es da, hätten Zwerger um den Sieg gebracht. Unter „Ultramontanismus" verstand und versteht man die Hinwendung der katholischen Kirche zu einem papsttreuen, streng kirchlich an Rom (ultra montes = jenseits der Alpen) orientierten Kurs, „ideologisch-theologisch eine betonte Abkehr von der Aufklärung und eine Frontstellung gegen die Moderne und den Liberalismus".[487]

Auf evangelischer wie katholischer Seite wurden seit 1845/46 die entstandenen Spannungen mit unterschiedlicher Akzentsetzung kommentiert. Zwerger selbst bedauerte 1845, dass jetzt die „schönste Eintracht", die „bis auf die neueste Zeit" bestanden habe, gestört sei, wobei er hinzufügte, nach seiner Überzeugung habe ein katholischer Vikar „die unteren Klassen aufgehetzt".[488] Ein Jahr später stellte der evangelische Dekan Johann August Beigel fest, der Ultramontanismus sei zwar jetzt auch in Ravensburg spürbar und eine kleine Gruppe von Katholiken versuche, die evangelischen Bürger aus dem Gemeinderat zu verdrängen, noch aber herrsche dank Zwerger konfessioneller Friede. Die jüngst abgehaltene Gedächtnisfeier zum 300. Todestag von Martin Luther sei harmonisch und ohne Bitterkeit gegen die Katholiken verlaufen.[489]

Vor der Nachwahl zum Gemeinderat im Juni 1846 kam es in einem Ravensburger Bierlokal zum Streit, weil einige evangelische Bürger dort angeblich gerufen hatten „Es lebe die katholische Dummheit!" Die Untersuchung, die darauf durch das Stadtschultheißenamt angestellt wurde, verlief jedoch ergebnislos.[490] Dass in Ravensburg das einfache katholische Volk gegenüber den protestantischen Mitbürgern offenbar toleranter war als die Honoratioren – so die Beobachtung des evangelischen Dekans – entsprach einer auch anderswo belegten Erfahrung. Umgekehrt scheinen evangelische Dienstboten, die bei einer katholischen „Herrschaft" dienten, kein Problem damit gehabt zu haben, bei entsprechendem Anlass den Rosenkranz mitzubeten, sich zu bekreuzigen und mit Weihwasser besprengen zu lassen.[491]

Trotz der Zusammenlegung mehrerer katholischer und evangelischer Feiertage gab es immer noch Feiertage, die nur von einer Konfession begangen wurden. Dazu eine Episode aus dem Jahr 1869: Mariä Empfängnis am 8. Dezember galt den katholischen Arbeitern der Spinnerei Spohn als Feiertag, an dem sie zur Kirche gehen wollten. Jedenfalls behaupteten sie dies. Doch die evangelischen Fabrikherren waren nicht gewillt, diesem Wunsch zu entsprechen, denn der 8. Dezember war kein offizieller Feiertag. Sie drohten bei Zuwiderhandlung eine Geldstrafe an. Das brachte der katholische Kirchenkonvent bei einer gemeinsamen Sitzung mit dem evangelischen Kirchenkonvent zur Sprache. Auf Befragen verteidigten sich die Brüder Spohn mit dem Hinweis, es könne nicht angehen, dass manche Arbeiter an einem solchen Feiertag einfach wegliefen, um den Gottesdienst zu besuchen. Sie erklärten sich jedoch bereit, „wenn das Geschäft es erlaube, einzelne Arbeiter auf ihr Gesuch an solchen Tagen zu beurlauben oder Zeit zum Besuch der Kirche einzuräumen".[492]

An diesem Beispiel sieht man, dass in der bikonfessionellen Stadt immer noch ausgleichende Mechanismen bzw. Institutionen wie der „Gemeinschaftliche Kirchenkonvent" vorhanden waren und dass man auch bei schwierigen Fragen noch miteinander reden konnte im Interesse des von beiden Konfessionen gewünschten innerstädtischen Friedens. Man war schließlich seit Jahrhunderten darin geübt, konfessionsbedingte Streitereien schiedlich friedlich beizulegen. Deshalb war es selbst in einer Zeit zunehmender Spannungen zwischen Katholiken und Protestanten in einer Stadt wie Ravensburg möglich, dass 1862 bei der feierlichen Wiedereröffnung der evangelischen Kirche nach einer aufwändigen, mehrere Jahre dauernden Renovierung, auch die katholische Geistlichkeit anwesend war und dass sich an der festlichen Ausschmückung der Stadt auch katholische Bürger beteiligten.[493] Nicht in jeder Stadt wäre damals so etwas möglich gewesen.

Exkurs: Mischehen zwischen Katholiken und Protestanten

Zu einer Zeit, in der die Kirche ein größeres Ansehen in der bürgerlichen und bäuerlichen Gesellschaft genoss als heute, besaßen auch konfessionelle Mischehen eine andere Bedeutung als heute. Eine Betrachtung und Analyse solcher in einer konfessionell gemischten Stadt wie Ravensburg geschlossenen Mischehen ermöglicht also zumindest bis in die Mitte des 20. Jahrhunderts eine gewisse Vorstellung von der Bedeutung kirchlicher Normen für das soziale Verhalten der Bürger dieser Stadt.

Ganz vereinzelt waren konfessionsverschiedene Eheschließungen auch schon in reichsstädtischer Zeit vorgekommen. Das änderte sich im 19. Jahrhundert zunächst kaum. Obwohl die bayerische Regierung konfessionelle Mischehen ausdrücklich zugelassen und auch die Frage der Taufe und religiösen Erziehung der Kinder aus solchen Ehen geregelt hatte, kamen konfessionelle Mischehen in Ravensburg weiterhin nur selten vor.

Für die Untersuchung konfessionsverschiedener Ehen stehen uns vor 1876 nur die Kirchenbücher zur Ver-

Fest der Einweihung der Evangelischen Stadtkirche nach erfolgter Restaurierung am 10. August 1862, Lithografie v. J. Bayer, 1862

fügung, da es noch keine Ziviltrauungen gab. Dass Paare von auswärts sich in Ravensburg trauen ließen, war auch schon damals keine Seltenheit, doch wurden diese Fälle in der folgenden Übersicht bewusst ausgeklammert. Die folgenden Zahlen beziehen sich also auf Eheschließungen, bei denen mindestens ein Partner aus Ravensburg stammte.

In den Jahren 1803 bis 1810 sind in den Eheregistern der drei katholischen Pfarreien Liebfrauen, St. Jodok und St. Christina und der evangelischen Stadtpfarrei[494] nur zwei von insgesamt 195 eingetragenen Eheschließungen zwischen Partnern unterschiedlicher Konfession nachzuweisen. Beide wurden übrigens sowohl im evangelischen wie im katholischen Eheregister eingetragen, also auch von katholischer Seite anerkannt.

Zwischen 1811 und 1843 kam es in keinem Jahr zu mehr als fünf konfessionell gemischten Eheschließungen. Von insgesamt 1.339 Eheschließungen in diesen 33 Jahren waren nur 54 = 4 % konfessionell gemischt. Von diesen waren 16 von einem evangelischen und 38 von einem katholischen Geistlichen eingesegnet worden.

Innerhalb des Zeitraums von 1844 bis 1870 wurden in fünf Jahren zehn oder mehr Mischehen gezählt. Von insgesamt 1.285 Eheschließungen in diesem Zeitraum waren immerhin 145 = 11,3 % konfessionell gemischt. 61 der 145 Trauungen fanden durch einen evangelischen, 84 durch einen katholischen Geistlichen statt, was einem Verhältnis von ca. 1 : 1,4 entsprach. Die evangelisch eingesegneten Mischehen hatten also zugenommen. Im Vergleich zu Biberach war die Zahl der konfessionsverschiedenen Heiraten jedoch gering. Deren Anteil lag dort in den Jahren 1831 bis 1833 bei 25 – 28 %, war also mehr als doppelt so hoch.[495]

Die Zunahme der Mischehen hing mit dem sozialen Wandel zusammen, genauer gesagt mit der Öffnung der Stadt nach außen, der zunehmenden Liberalisierung der Zuzugsbestimmungen seit den vierziger Jahren, die eine Folge des wachsenden Bedarfs an Arbeitskräften war.

Da die Einträge in den Kirchenbüchern auch die Berufe bzw. den Stand der Ehepartner enthalten, lassen sich die eingetretenen Veränderungen nachvollziehen. Unverändert gering blieb während des gesamten Zeitraums von 1810 bis 1870 der Anteil der gesellschaftlichen Oberschicht an konfessionellen Mischehen. Bei Geschäftsleuten und höheren Beamten kamen solche Eheschließungen nur selten vor. Die Ravensburger „Blutwurst", die aus Eheschließungen innerhalb einer zwar nicht abgeschotteten, aber doch deutlich sich abhebenden Gruppe überwiegend evangelischer Kaufleute und Fabrikanten entstand, ist ein Beispiel hierfür. Bis 1840/50 wurden konfessionelle Mischehen eher in der sozialen Gruppe der Handwerker und kleinen Beamten geschlossen.

Die Zunahme der Mischehen – 1851–1855 20, 1856–1860 18, 1861–1865 41, 1866–1870 39 Mischehen – ging hauptsächlich auf das Konto der wachsenden Fabrikarbeiterschaft, die ihrerseits zum großen Teil von Menschen bäuerlicher Herkunft und kleinen Handwerkern abstammte. Der Anteil der nicht aus Oberschwaben stammenden Ehepartner nahm ebenfalls zu. Verhältnismäßig häufig heirateten einheimische katholische Männer evangelische Mädchen aus dem Altwürttembergischen. Neben Fabrikarbeitern und Fabrikarbeiterinnen waren seit etwa 1850 unter den nicht derselben Konfession angehörenden Ehepartnern überdurchschnittlich viele Männer und Frauen, die aus der Schicht der Taglöhner, Gehilfen und ärmeren Handwerker (Schuster, Rebleute, Weber) oder aus kleinbäuerlichen Kreisen stammten.

Und noch eine weitere Beobachtung verdient festgehalten zu werden: Auch in Ravensburg kam es gelegentlich vor, dass Männer aus der Schicht der Besitzbürger und Honoratioren Frauen heirateten, die weder dasselbe Gesangbuch besaßen noch auf der gleichen sozialen Stufe standen. Der umgekehrte Fall aber kam kaum einmal vor. Ein Mädchen aus gehobenen Kreisen hatte damals eine viel geringere Chance als ein junger Mann, einen Partner zu ehelichen, der auf einer gesellschaftlich niedrigeren Stufe stand.

Auf dem Land kamen kaum konfessionsverschiedene Ehen vor. Selbst in der stadtnahen katholischen Pfarrei St. Christina waren von 742 Trauungen zwischen 1801 und 1875 737 rein katholisch. Hier fielen die fünf registrierten Eheschließungen, die konfessionell gemischt waren, alle in den Zeitraum zwischen 1863 und 1873. Bei ihnen kamen aber weder die Ehemänner noch die Ehefrauen aus der Schicht der herkömmlichen bäuerlichen Dorfbewohner, sondern aus der Fabrikarbeiterschaft, die sich im industrialisierten Flappachtal, das teilweise zum Pfarrsprengel von St. Christina gehörte, angesiedelt hatten.

Die Untersuchung der konfessionellen Mischehen fördert noch etwas anderes zutage: den Wandel in der Einstellung der katholischen Kirche zu diesem Problem infolge des Erstarkens ultramontaner Kräfte. Bei evangelischen Trauungen konfessionsverschiedener Ehen war es immer wieder zu so genannten „Nachtrauungen" durch einen katholischen Priester gekommen, die auch in den Heiratsregistern festgehalten wurden. Selbst solche Ehen, bei denen die Partner eine evangelische Kindererziehung vereinbart hatten, erhielten gelegentlich von katholischen Geistlichen ihren nachträglichen Segen. In großen Teilen Württembergs weigerten sich schon seit ungefähr 1840 viele katholische Priester, solche Ehen nachträglich einzusegnen.[496] Im vergleichsweise friedlichen Ravensburg lassen sich dagegen katholische Nachtrauungen immerhin bis 1852 beobachten.

Umgekehrt sind in den Heiratsregistern der evangelischen Kirche im gesamten hier behandelten Zeitraum nur zwei evangelische „Nachtrauungen" einer katholisch getrauten Mischehe verzeichnet, beide 1850. Das Protokoll des katholischen Stiftungsrats vermerkte 1861 lapidar, dass „Copulationen gemischter Ehen nicht mehr wie früher in den Kirchen beider Confessionen stattfinden".[497]

Merkwürdigerweise trugen die evangelischen Pfarrer ausgerechnet in der beginnenden „Eiszeit" zwischen den beiden Kirchen, nämlich in den Jahren 1862 bis 1875, gewissenhaft auch alle ausschließlich katholisch eingesegneten Eheschließungen zwischen Katholiken und Protestanten in die Register ein. Auf katholischer Seite war dies bereits seit 1852 nicht mehr der Fall. Seit 1876, dem Jahr, in dem die Standesämter in Funktion traten, verzichteten aber auch die evangelischen Pfarrer auf diese Übung.

Das kulturelle Klima

Literarische Interessen

Ein pietistisch geprägter evangelischer Geistlicher aus Altwürttemberg, der Dekan Gotthold Knapp, bescheinigte 1901 den Ravensburgern „wenig Literaturkenntnisse". Es fehle „die Begünstigung des Lesesinns durch Stille, Einfachheit und Gleichförmigkeit des Lebens".[498] Ob diese Feststellung wirklich zutraf, mag dahingestellt bleiben. In der ersten Hälfte des 19. Jahrhunderts lässt sich jedenfalls durchaus noch ein „Lesesinn" unter den Ravensburgern beobachten. Die 1805 aufgrund staatlicher Initiative geschaffene Stadtbibliothek, die auch dem „ungelehrten Teil der Bürgerschaft" offen stehen sollte, wurde unter württembergischer Herrschaft weitergepflegt. Hatte sie 1806 1.057 Bände umfasst, so war der Bücherbestand bis 1818 auf 1.615 Bände, bis 1822 sogar auf 2.187 Bände angewachsen. Ein Teil dieses Zugangs ging allerdings auf eine Stiftung der in Auflösung begriffenen älteren Lesegesellschaft zurück, die zwischen 1806 und 1810 der Stadtbibliothek über 300 Bücher schenkte.[499]

Es war ein kleiner, sozial ziemlich homogener Kreis, der die Bibliothek benutzte. Handwerker waren nur ganz wenige darunter. Unter der Leserschaft, die wir aufgrund von Einträgen in den ausgeliehenen Büchern für die Jahre 1801 bis 1811 identifizieren können, überwogen, wie nicht anders zu erwarten, Angehörige der Oberschicht: Beamte, Geistliche, Ärzte, Apotheker und nicht zuletzt auch Kaufleute.[500]

1817 ordnete die Stuttgarter Regierung an, dass aus dem Stiftungsvermögen der Stadt jährlich 60 fl für die Stadtbibliothek bereitzustellen seien. Außerdem wurde die Anfertigung eines neuen Katalogs und die Anstellung zweier Bibliothekare, eines evangelischen und eines katholischen, angeordnet. Einem von diesen, dem evangelischen Diakon Johannes Dehlinger, wurde die Bibliothek ein Herzensanliegen. Er ordnete sie neu und erstellte bis 1822 einen dreibändigen Katalog.[501]

Das Interesse der Bürgerschaft an dieser Leihbibliothek war schwankend und nahm im Lauf der Jahre eher ab. Immerhin hieß es noch 1837 in einem Bericht der Kreisregierung Ulm anlässlich einer Visitation des Oberamts Ravensburg, die städtische Bibliothek erhielte jedes Jahr Zuwachs, die Anschaffungen seien hauptsächlich auf die Interessen von „Gewerbsleuten und Fabrikanten" ausgerichtet.[502]

Nachdem 1849 nur noch 15 Bücher ausgeliehen worden waren, schnellten die Zahlen im folgenden Jahr plötzlich auf 1.418 Ausleihvorgänge hoch. Dieses starke Interesse hielt bis Sommer 1852 an. Ob ein Zusammenhang zwischen diesem jäh entstandenen Interesse und der Politisierung der Bürgerschaft durch die Revolution von 1848/49 bestand, muss offen bleiben. Auffallend ist jedenfalls, dass unter den Lesern nun neue soziale Gruppen auftauchten: Handwerker und – Frauen. Neben belletristischen Büchern waren vor allem historische und geographische Werke sowie Reisebeschreibungen gefragt.[503]

Dem Ansturm der Leserinnen und Leser in den Jahren 1850 bis 1852 folgte eine große Flaute, die Zahl der Ausleihenden ging stark zurück. Auch der jährliche Etat für die Anschaffung neuer Bücher schmolz zusammen. Die Stadtbibliothek geriet allmählich in Vergessenheit. Ein ganz wesentlicher Grund für diese Entwicklung war die Entstehung weiterer Bibliotheken in Ravensburg. Der Buchhändler und Verleger Johann Anton Gradmann besaß eine Leihbibliothek, für die er laufend in dem von ihm herausgegebenen „Intelligenzblatt" warb und die all jenen offen stand, die seiner „Lesegesellschaft" beitraten, wofür sie vierteljährlich einen Gulden zu zahlen hatten. 1832 gründete Gradmann zusätzlich noch eine „Lesegesellschaft für Damen", deren Bücherbestand speziell auf weibliche Interessen ausgerichtet war.[504]

Der Lesehunger der Ravensburger wurde zudem durch die Bibliotheken verschiedener Vereine gestillt. An erster Stelle ist hier das 1820 gegründete „Museum" zu nennen, ein Verein, zu dessen Zielen nicht die Einrichtung eines Museums gehörte, sondern die Pflege der Musen im gesellschaftlich gehobenen Rahmen eines „*Μουσεῖον*", eines literarischen Musentempels.[505] Ähnliche Honoratiorenvereine, die sich ebenso nannten, gab es auch in anderen Städten. In Tübingen besteht ein solches „Museum" übrigens bis heute. Da die Ravensburger Lokalzeitung das Informationsbedürfnis vieler Bürger nicht zu befriedigen vermochte – was sich bis heute kaum geändert hat – und es damals außer Zeitungen und Zeitschriften keine anderen über Aktuelles informierende Medien gab, bestand ein Bedarf an überregionalen Zeitungen, deren Abonnement in der Regel aber recht teuer war.

Das Ravensburger „Museum" besaß ein eigenes Lokal mit Lesezimmer und Bibliothek und hielt für seine Mitglieder, die nicht nur aus Ravensburg, sondern auch aus der näheren und weiteren Umgebung (Weingarten, Tettnang, Friedrichshafen) kamen, mehrere wichtige Zeitungen, darunter auch ausländische. Leider sind ver-

Der Gasthof zum Kronprinzen, Lithografie v. J. Bayer, um 1855
Der 1845/46 erbaute Gasthof am Beginn der „Seevorstadt" war bis ca. 1890 das erste Haus am Platz. Hier tagte regelmäßig der vornehmste Verein der Stadt, das „Museum".

einsinterne Unterlagen erst ab 1866 überliefert.[506] Sie belegen, dass der größte Teil der Mitgliedsbeiträge für die Anschaffung von Büchern, Zeitungen und Zeitschriften verwendet wurde. 1868 betrugen die Ausgaben dafür 696 fl. 1866 leistete sich der Verein 23 Zeitungen und Zeitschriften, darunter den „Schwäbischen Merkur", die wichtigste Tageszeitung in Württemberg, die traditionsreiche liberale „Augsburger Allgemeine Zeitung", die „Neue Zürcher Zeitung", die „Berliner Volkszeitung", aber auch die hochkonservative „Kreuzzeitung", den liberalen in Stuttgart erscheinenden „Beobachter" und das katholische „Deutsche Volksblatt", also ein weit gefächertes Angebot ganz unterschiedlicher politischer Richtungen. Unter den abonnierten Zeitschriften war gleichfalls alles, was damals in der deutschsprachigen Presse Rang und Namen hatte, von der „Gartenlaube" bis zu den „Preußischen Jahrbüchern".

Es fällt auf, dass bereits vor den politischen Ereignissen von 1870/71 preußische Presseerzeugnisse eine größere Rolle spielten als österreichische. Vermutlich war dies dem Einfluss der im „Museum" ebenso wie in der gesamten städtischen Oberschicht dominierenden evangelischen Mitglieder zuzuschreiben: Beamte, Kaufleute, seit 1868 auch Offiziere der Garnison im benachbarten Weingarten, die politisch eher kleindeutsch preußisch eingestellt waren, während die Katholiken mehrheitlich der proösterreichisch-großdeutschen Richtung zuneigten.

Auch andere Vereine besaßen Bibliotheken, so das 1845 gegründete „Bürgermuseum", dessen Ziele denen des „Museums" nahe standen, das jedoch eher Angehörige der Mittelschicht umfasste, ebenso der 1862 gegründete „Katholische Gesellenverein" und der Arbeiterbildungsverein. Die Bibliothek des letzteren reichte in die Zeit des 1853 verbotenen Ravensburger Arbeitervereins und der aus diesem erwachsenen „Lesegesellschaft für Arbeiter" zurück.[507] Schließlich besaß auch die „Bürgerliche Komödiantengesellschaft" eine Bibliothek, die bei ihrem Verkauf anlässlich der Auflösung dieses Vereins im Jahr 1844 376 Bände zählte.[508]

Nur ein einziges Mal in den Quellen fassbar ist ein „Literarischer Club", ein „auf literarische und gesellige Zwecke gerichteter Zirkel", dem höhere Beamte und Juristen angehörten und der 1829 wegen nächtlicher Ruhestörung unangenehm auffiel.[509] Ob die Herren tatsächlich über Literatur diskutiert hatten oder ob das „Literarische" nur Deckmäntelchen eines exklusiven, vielleicht auch politisierenden Herrenclubs war, entzieht sich leider unserer Kenntnis.

Neben den öffentlichen und halböffentlichen Bibliotheken verschiedener Vereine gab es auch private Büchersammlungen von stattlichem Umfang, über die wir allerdings nur durch Zufallsfunde etwas erfahren. Der 1817 verstorbene evangelische Pfarrer Johann Jakob Gradmann, Verfasser des bis heute nützlichen Nachschlagewerks „Das gelehrte Schwaben" (erschienen 1802 in Tübingen), hinterließ eine Sammlung von ca. 1.300 Bänden, sein schon 1811 verstorbener Amtsbruder Johann Philipp Eben eine solche mit exakt 1.034 Bänden. Im Vergleich dazu waren die Bibliotheken der katholischen Geistlichen, soweit wir wissen, bescheiden. Die größte Bibliothek eines Nichttheologen, die des Bankiers und Fabrikanten Franz Xaver Gosner (gestorben 1843) umfasste 780 bis 800 Bände, darunter allein 88 Bände mit Werken von Goethe, Schiller und Wieland.[510]

Die älteste Buchhandlung Ravensburgs war diejenige von Johann Anton Gradmann. Sie wurde 1802/03 gegründet. 1835 gab es eine Buchhandlung „Gradmann und Dorn", die bald darauf nur noch als „Dornsche Buchhandlung" firmierte und als solche bis zum Jahr 2000 bestand. Im November 1840 eröffneten „Gradmann und Knapp" eine zweite Buchhandlung, die sich als „Buch-, Kunst-, Musikalien- und Antiquariatshandlung" bezeichnete, aber offenbar nicht lange bestand.[511]

Theater, Musik, Bildende Künste

Unter den deutschen Klassikern, die auch in der Provinz die Bühnen eroberten, stand Schiller an der Spitze, so auch in Ravensburg. Dem „Landsmann Schiller" huldigte vor allem der 1827 gegründete „Liederkranz", der älteste Gesangsverein Oberschwabens. Schon in seiner Gründungssatzung war festgelegt worden, dass jedes Jahr am 9. Mai, Schillers Todestag, auf der Veitsburg eine Schillerfeier abzuhalten sei, natürlich mit sängerischen Einlagen des Vereins. Die erste dieser Feiern und zugleich der erste große Auftritt des Liederkranzes in der Öffentlichkeit überhaupt fand bereits 1828 statt. Dabei wurden Spenden für das geplante Schillerdenkmal in Stuttgart gesammelt.[512] Zwar schliefen diese Schillerfeiern zwischendurch wieder ein, aber spätestens zu Schillers hundertstem Geburtstag 1859 fand eine Riesenfeier statt, bei der auch nationale Töne angeschlagen wurden. Fünf Vereine luden zu dem „gemeinsamen deutschen Nationalfeste" für „den großen vaterländischen Dichter" ein. Bei den im ganzen Land abgehaltenen Feiern, so fand der „Oberschwäbische Anzeiger", „kam das Gefühl nationaler Zusammengehörigkeit zum Ausdruck".[513]

Friedrich Schiller konnten die Ravensburger auf der Bühne ihres kleinen Theaters häufig erleben. Den Theateranzeigen in der Lokalzeitung ist zu entnehmen, dass seine Dramen neben den Stücken von Kotzebue,

Darstellung der vier Jahreszeiten – hier des Winters – durch Mitglieder des „Bürgermuseums", kolorierte Lithografie v. J. Bayer, 1859
Der 1845 in Anlehnung an das vornehmere „Museum" gegründete gesellige Verein inszenierte zu verschiedenen Anlässen im Gasthof zum Lamm mit großem Aufwand sogenannte „Lebende Bilder", die damals sehr beliebt waren.

Kleist, Nestroy und Ferdinand Raimund zu den beliebtesten in Ravensburg gehörten.

Goethe wurde viel weniger beachtet. Lange Zeit gelangte keines seiner Dramen in Ravensburg auf die Bühne. Sein Tod im März 1832 fand erstaunlicherweise erst am 3. Dezember 1832 Erwähnung, im Zusammenhang mit dem Erscheinen des Büchleins „Göthens Todtenfeyer" aus der Feder von Julius Freiherrn Ecker von Eckhofen.

Ganz anders reagierte die Zeitung beim Tod von Ludwig Uhland 1862, den sie als „Stolz Deutschlands" bezeichnete. Und wieder war es der Liederkranz, der sich des Dichters annahm und um Spenden für ein Uhland-Denkmal in Tübingen warb.[514]

Nachdem sich die bürgerliche Komödianten- bzw. Schauspielgesellschaft 1844 aufgelöst hatte, traten zunächst fast nur noch auswärtige Schauspieltruppen im Ravensburger Theater, dem heutigen „Alten Theater" über der Brotlaube, auf. Wenn eine solche Truppe in die Stadt kam, blieb sie meist zwei bis drei Wochen und führte alle paar Tage ein Stück auf, mit und ohne musikalische Begleitung. Danach konnten Monate vergehen, bis wieder eine Wanderbühne den Ravensburgern die Zeit vertrieb.

Von den 31 Theaterstücken, die 1866 in Ravensburg gegeben wurden, gingen allein 25 auf das Konto der Truppe des Theaterdirektors F. Rüthling, die sich im April und Mai hier aufhielt. Welche Stücke sie aufführten, geht aus den Anzeigen und Besprechungen im „Oberschwäbischen Anzeiger" hervor. Zur Aufführung gelangten in erster Linie Lustspiele, „Possen", „dramatische Gemälde" und „historische Dramen". Die Namen der meisten Stücke und Autoren sagen uns heute nichts mehr. Einzige Ausnahme war in dieser Saison Johann Nestroy, von dem die Truppe die beiden beliebten „Pos-

Das „Alte Theater", Lithografie v. A. Podesta nach einem Entwurf v. F. X. Lang, um 1850
In der großen ehemaligen Tuchhalle über der zweischiffigen gewölbten „Brotlaube" wurde schon in reichsstädtischer Zeit Theater gespielt. Aus Gründen des Feuerschutzes musste der Saal 1881 gesperrt werden. Bis zur Eröffnung des Konzerthauses 1897 diente die Turnhalle auf der Kuppelnau als Ersatzbühne.

sen mit Gesang“ „Der Talisman“ und „Lumpazivagabundus“ zum Besten gab.

Einheimische „Dilettanten“ konnte man auf der Bühne regelmäßig beim Rutenfest erleben, dem großen Heimatfest im August, zu dessen festem Programm das „Rutentheater“ gehörte. 1866 wartete es mit einem „Declamatorium“ sowie einem Märchen- und einem Lustspiel auf. Außerdem traten in diesem Jahr noch dreimal weitere einheimische Kräfte auf der Bühne auf: im April das „Bürgermuseum“ mit dem Lustspiel „Nur ein Herz“, dazu „Musik- und Gesangsvorträgen“ im Begleitprogramm. Der gleiche Verein bot im Dezember eine „Abendunterhaltung mit Lebenden Bildern aus Deutschlands neuester Geschichte“ dar. „Lebende Bilder“, nachgestellte Szenen, bei denen die Beteiligten stumm und bewegungslos auf der Bühne standen, waren damals große Mode. Schließlich führte der Arbeiterbildungsverein gleichfalls im Dezember 1866 das Schauspiel „Joseph und seine Brüder“ in seinem Stammlokal, dem Gasthof Dreikönig auf.

*

Auf musikalischem Gebiet war in der „Fest- und Concertstadt“ Ravensburg besonders viel geboten. 1836 wurden im „Intelligenzblatt“ 19 „Harmoniemusiken“ und „musikalische Abendunterhaltungen“ in Gasthöfen und Wirtsgärten angeboten, 1866 zeigte das Lokalblatt 23 musikalische Veranstaltungen an, davon allein fünf des Ravensburger Liederkranzes, der damals das musikalische Leben in der Stadt wie kein anderer Verein prägte. Was er darbot, war eine bunte Mischung: eine „musikalische Unterhaltung“ im Gasthof zum Lamm, eine weitere in der Krone, eine musikalische Aufführung von Schillers berühmtem Gedicht „Die Glocke“ und ein „Concert“ zugunsten württembergischer Soldaten, die im Krieg zwischen Österreich und Preußen verwundet worden waren.

Leichte Unterhaltungsmusik überwog, klassische Konzerte wurden nur selten gegeben, so im März 1866 durch den Orchesterverein oder im Mai durch eine Opernsängerin, die Arien darbot. Zu den Auswärtigen, die in Ravensburg Gastspiele gaben, gehörte die Carlsbader Musikgesellschaft, die Isartaler und die Tiroler Sängergesellschaft und das Schaumburg-Lippesche Jägerbataillon. Alle Aufführungen fanden in Gasthöfen, im Sommer gelegentlich auch im Freien statt. Am häufigsten wurde im Kronprinz, im Lamm und in der Krone gespielt.

Immer wieder wurden auch Opern aufgeführt, meist von auswärtigen Gästen. Neben den Italienern, vor allem Rossini und Bellini, waren Mozart (Aufführung des „Don Giovanni“ am 22. April 1842), Lortzing und Carl Maria v. Weber sehr beliebt. Über die Erstaufführung des „Freischütz“ von Weber „vor überfülltem Haus“ am 13. April 1842 berichtete „Der Landbothe am Bodensee“ ausführlich. Dass die zweite Vorstellung nur spärlich besucht war, erklärte der anonyme Kritiker damit, dass Ravensburg eben zu klein sei, „um Kunstenthusiasten oder viele solche aufzuweisen, die eine schöne Arie oder einen majestätischen Chor zwanzigmal hören könnten ohne zu ermüden“.[515]

Matthäus Espenmüller (1780 – 1853)
Der wohl bedeutendste Musiker Ravensburgs im 19. Jahrhundert wirkte hier von 1805 bis zu seinem Tod als Musiklehrer, Organist und Dirigent des „Liederkranzes“.

Die Pflege der ernsten Musik ist vor allem dem aus Kaufbeuren stammenden Musikdirektor Matthäus Espenmüller (1780 – 1853) zu verdanken. Seit er 1805 in Ravensburg wirkte, zunächst als Lehrer an der Realschule, dann auch als Organist an der Evangelischen Stadtkirche und als Dirigent des Liederkranzes, zu dessen Gründungsvätern er gehörte, nahm das musikalische Leben in der Stadt einen deutlichen Aufschwung. Espenmüller, der vor seinem Wechsel nach Ravensburg in Biberach „Musik-Inspector“ gewesen war, hatte dort 1802 als Geiger an der legendären Aufführung von Haydns „Schöpfung“ unter der Leitung des damals sehr bekannten Komponisten Justus Heinrich Knecht teilgenommen.[516] Bereits 1807 brachte er dieses berühmte Oratorium auch in Ravensburg zu Gehör. Die Aufführung fand mit kleinem Orchester in der später abgebrochenen romanischen Burgkapelle St. Veit statt.[517] Wer hätte da nicht dabei sein wollen!

Espenmüller leitete auch jahrelang die vom „Museum" veranstalteten Winterkonzerte und trat mehrfach als Komponist hervor, besonders bei den großen Liederfesten des Liederkranzes.[518] In Ravensburg fanden zwischen 1841 und 1870 vier derartige Liederfeste statt, an denen regelmäßig hunderte von Sängern und Instrumentalisten, auch aus Bayern, der Nordostschweiz und Vorarlberg, teilnahmen. Über deren politische Bedeutung im Vormärz wurde bereits berichtet (Seite 38f.).

Espenmüller, der Mitglied des musisch angehauchten „Museums" war, wirkte auch in diesem Kreis anregend und ermunterte die musikalisch Begabten zu öffentlichen Auftritten. So wurden etwa 1853 im Gasthof zum Kronprinzen, dem Vereinslokal, von Mitgliedern des „Museums" bzw. von deren Töchtern und Gattinnen Lieder und Arien von Händel, Mozart, Mendelssohn und Donizetti zum Besten gegeben, dazu auch noch „schwäbische Volkslieder".[519]

Am Schluss dieser kleinen Übersicht über das musikalische Leben sei noch ein auch von vielen Ravensburgern besuchtes Orgelkonzert erwähnt, das im Dezember 1862 in der ehemaligen Klosterkirche von Weingarten stattfand. Der Stuttgarter Orgelbauer und Organist Karl Gottlieb Weigle spielte zum Abschluss seiner Renovierungsarbeiten an der Gabler-Orgel Werke von Palestrina, Händel, Haydn und Mozart, und zum Schluss eine Fuge von Johann Sebastian Bach.[520]

★

Im Vergleich zur Nachbarstadt Biberach spielten die bildenden Künste in Ravensburg nur eine unbedeutende Rolle. Einige Kleinmeister wie der Maler Gottlob Johann Edinger und sein Sohn Johann Burkhard sowie der Maler Karl v. Herrich, die alle auch an der Fortbildungsschule Unterricht im Zeichnen erteilten, wirkten kaum über die Grenzen der Stadt hinaus. Am ehesten war dies noch bei dem 1845 aus dem benachbarten Altdorf nach Ravensburg gezogenen Lithografen Joseph Bayer (1820–1879) der Fall, weniger aufgrund der künstlerischen Qualität seiner Arbeiten, sondern eher wegen ihres Witzes und ihrer zeitgeschichtlichen Aussagekraft. Bayer karikierte teils in der Lokalpresse, teils auf Einzelblättern das politische Leben in der Stadt und ihrer ländlichen Umgebung, vor allem während der Revolutionsjahre 1848/49. Außerdem lieferte er zahlreiche Ansichten der Stadt auf so genannten Sammelbildern.[521]

Ein „neu organisierter Kunstverein", dessen Mitglieder sich am 10. Februar 1843 im Gasthof Rad versammeln wollten[522], scheint nur eine Eintagsfliege gewesen zu sein. Jedenfalls findet sich von ihm in den Gazetten keine weitere Spur.

Erwachendes historisches Bewusstsein

Die Epoche der Romantik mit ihrem neu erwachten Interesse für das deutsche Mittelalter hinterließ auch in Ravensburg Spuren. Zwar kam es hier erst viel später als etwa in dem kleineren Rottweil zur Gründung eines Geschichts- und Altertumsvereins[523], aber immerhin erschien vergleichsweise früh, 1830 bis 1835, in mehreren Lieferungen eine zweibändige Stadtgeschichte aus der Feder des städtischen Archivars Johann Georg Eben, in der das Mittelalter ausführlich behandelt wurde und die bis heute zumindest teilweise noch lesenswert ist. Auf Eben geht auch die allerdings problematische Neuordnung des Ravensburger Stadtarchivs in den Jahren 1827 bis 1829 zurück.

1837 berichtete der Ravensburger Oberamtmann Friedrich Hoyer der Regierung, die eine Erhebung aller bedeutender Altertümer im Königreich durchführte, der „Kunst- und Forschungssinn" sei in Ravensburg in den letzten zehn Jahren erwacht. Erwähnenswert fand er unter anderem den der Ravensburger Stiftungsverwaltung unterstehenden Hatzenturm bei Wolpertswende, den er irrtümlich als „Römerwerk" bezeichnete, die gotischen Glasmalereien in der Ravensburger Liebfrauenkirche und eine „mit Miniaturen geschmückte Weißenauer Handschrift aus dem 12. oder 13. Jahrhundert", die sich im Besitz des Pfarrers von St. Christina, Friedrich Schlegel, befinde. Bedauernd fügte er hinzu, viele alte Kunstwerke seien in die Hände von Kunsthändlern und Sammlern geraten und auf diese Weise in die Ferne gewandert. Als Beispiel führte er die Sammlung des Ravensburger Rechtskonsulenten Franz Joseph Sauter an, die in alle Winde verstreut worden sei, unter anderem nach Basel, München und Nürnberg.[524] Diese Sammlung war im August 1836 im Gasthof Lamm versteigert worden. Die Auktionsliste enthielt angebliche Gemälde von Dürer, Holbein, Jan van Eyck und mehreren anderen niederländischen Meistern, dazu Kupferstiche und Handzeichnungen, Skulpturen, Inkunabeln, Münzen, Handschriften sowie kostbares Kunstgewerbe.[525]

Eine ähnlich große Sammlung besaß der künstlerisch veranlagte Kaplan und Zeichenlehrer Franz Augustin Göz, dessen Erben bereits kurz nach seinem Tod 1831 in der Lokalzeitung 587 von ihm erworbene Kunstwerke zum Kauf anboten. Darunter befanden sich 30 Tafelbilder „mit Goldhintergrund" auf Holz (also wohl aus dem 15. Jahrhundert), 100 Gemälde auf Leinwand, darunter Arbeiten „von den berühmtesten italienischen, deutschen und niederländischen Malern". Der Wert der Sammlung wurde mit der für damalige Verhältnisse gewaltigen Summe von 22.000 fl angegeben.[526]

Einen schwunghaften Kunsthandel betrieb der Maler und Restaurator Karl v. Herrich. Vermutlich gelangte er 1826 oder 1827, als er mit Restaurierungsarbeiten in der Liebfrauenkirche beschäftigt war, in den Besitz der berühmten, 1850 auf Umwegen nach Berlin abgewanderten spätgotischen „Ravensburger Schutzmantelmadonna". 1834 lud er die hiesigen Kunstfreunde zur Besichtigung seiner Sammlung gegen ein Eintrittsgeld von 24 Kreuzern ein. 1837 nannte er dem Oberamt Ravensburg auf dessen Umfrage einige besonders wertvolle Stücke aus seiner Sammlung. Das wertvollste Kunstwerk, die Schutzmantelmadonna, hatte er zu diesem Zeitpunkt jedoch bereits verkauft.[527]

Erwähnung verdient schließlich noch die 922 Objekte umfassende Kunstsammlung des Kaplans Franz Xaver Buck, darunter eine Sammlung von angeblich 8.000 bis 10.000 Kupferstichen und Holzschnitten „von berühmten ältern deutschen und italienischen Meistern" in 42 Klebebänden.[528]

Wenn man sich diese großen privaten Sammlungen vor Augen hält, dann wird klar, warum unsere oberschwäbischen Kirchen heute nur noch wenig von ihrer mittelalterlichen Ausstattung besitzen. Bestätigt wird dieser bedauerliche Befund durch die zahlreichen Verkaufsanzeigen katholischer Kirchenpflegen in den örtlichen Zeitungen. Der Ausverkauf kirchlichen Inventars begann 1812 mit dem Abbruch verschiedener alter Kapellen und reichte mindestens bis in die fünfziger Jahre. Messgewänder, ganze Altäre, Glocken, Tafelbilder, Holzskulpturen – alles wurde verkauft. Noch 1853 bot die Katholische Kirchenkassenverwaltung Ravensburg „ein Tafelbild, die Geburt Christi darstellend, Antependien und verschiedene holzgeschnitzte Heiligenbilder" zum Kauf an.[529]

Einen starken Impuls erhielt das Geschichtsbewusstsein der historisch Interessierten durch den Besuch König Georgs V. von Hannover, eines Welfen, in Ravensburg und Altdorf-Weingarten im Oktober 1852. Es machte großen Eindruck, dass ein leibhaftiger König ins Schussental kam, um das Stammschloss und die Grabstätte seiner Ahnen in Ravensburg und im ehemaligen Kloster Weingarten zu besuchen. Man war damals ja noch der felsenfesten Überzeugung, dass der berühmteste Welfe, Heinrich der Löwe, auf der Ravensburg geboren sei. Der hohe Gast fand nicht mehr viele sichtbare Zeugnisse der einstigen Welfenherrschaft vor. Um das Andenken an seine schwäbischen Ahnen zu fördern, stiftete er einen größeren Geldbetrag für die Erneuerung der Welfengruft in der Weingartener Kirche. 1860 wurde diese Stätte der Erinnerung an das mächtigste schwäbische Adelsgeschlecht vor den Staufern eingeweiht.[530]

Erst nach 1860 entwickelte sich langsam auch ein gewisses Verständnis für denkmalpflegerische Belange. So beschäftigte sich etwa 1868 der Stiftungsrat mit der Frage einer Erhaltung des mittelalterlichen Hatzenturms. Nachdem der Landeskonservator Dr. Hassler zugesagt hatte, die Hälfte der Kosten „für den Schutz des Gemäuers" zu übernehmen, beschloss der Stiftungsrat diese nicht ganz billige Maßnahme.[531]

Bürgerliche Lebenswelt und Lebensweise

Mentalität und Lebensstil

„Das Volk in Ravensburg beeder Confessionen ist zu gesellschaftlichem Vergnügen aller Art aufgelegt, jedoch friedlich und gefällig unter sich sowohl als gegen Fremde." So urteilte um 1830 der erst wenige Jahre zuvor in Ravensburg ansässig gewordene Oberamtsarzt Dr. Ignaz Schaettle in einem amtlichen Bericht. Wenige Jahre später ergänzte er: „Das männliche und weibliche Geschlecht sind überhaupt sehr wohllüstig, ausgezeichnet tanzlustig, dem Wohlleben und dem Trunk mehrestens [= meistens] sehr ergeben."[532] Dies schrieb wohlgemerkt kein pietistischer Altwürttemberger, sondern ein guter Katholik!

Den „Hang der städtischen Bevölkerung zum Wohlleben" monierte 1862 auch der pensionierte frühere Oberamtmann Schneider, der dies mit dem in den letzten 60 Jahren enorm gestiegenen allgemeinen Wohlstand begründete. Und im selben Zusammenhang, anlässlich einer Visitation des Oberamts Ravensburg durch die Kreisregierung des Donaukreises in Ulm, konstatierte der Visitator, Regierungsrat Carl von Staengel, wie Schneider ein Protestant, ganz sachlich, in Ravensburg sei ein „großer Hang zu öffentlichen Lustbarkeiten, zum Wohlleben und zu heiterer Geselligkeit" zu beobachten, hier genieße und feiere man eben gerne.[533]

Ähnliche Beobachtungen machte der evangelische Dekan Ernst Moritz Eggel. Etwas sauertöpfisch notierte er 1867: „In Kleidung zeigt sich eine Neigung zum Luxus, zumal bei der arbeitenden Classe." Die Dienstboten, Knechte und Mägde seien anspruchsvoll und verwöhnt, eine Feststellung, die einige Jahrzehnte später sein Amtsbruder Dekan Karl Fauser bestätigte. Er fand, die Dienstboten aus dem Unterland seien bescheidener und weniger „putzsüchtig" als im Oberland. Immer wieder, bis tief ins 20. Jahrhundert hinein, stellten besonders evangelische Geistliche, die es nach Oberschwaben verschlagen hatte, erstaunt fest, dass „die Oberländer ge-

Fest der Goldenen Hochzeit des Ehepaars Ulrich Christoph und Marie Caroline Gradmann im Jahr 1857, Gouache v. J. B. Edinger, 1857
Vor einem der Gradmann'schen Papiermühlenhäuser in der Vorstadt Ölschwang haben sich Kinder, Enkel und andere Verwandte versammelt, um das schon etwas gebeugte Familienoberhaupt und seine Gattin zu feiern.

nussfreudig und nicht geizig" waren und bei ihnen das „Geld locker saß".[534]

Über die Kleidung der Ravensburger(innen) bemerkte der uns nun schon mehrfach begegnete Amtsarzt Dr. Schaettle, an Sonn- und Feiertagen könne man den Städter vom Landmann kaum unterscheiden. Beide trügen „ziemlich feines wollenes Tuch, [...] von Modefarben ist ihnen zu Röcken und Beinkleidern nicht[s] zu kostspielig [...] Beim weiblichen Geschlechte, Mädchen und Weibern, ist der Luxus in Kleidern von den besten Zitzen, Persen [bunter und bedruckter Kattun], Seiden und den feinsten Tüchern und Halbtüchern äußerst groß, besonders prangen an Sonn- und Festtagen silberne und goldene Hauben, goldene und silberne Halsketten und dergleichen Fingerringe."[535] Aus derselben Quelle erfahren wir auch etwas über die damaligen Ess- und Trinkgewohnheiten: In Ravensburg und Altdorf, so heißt es dort, esse man „alle Gattungen von Fleisch, Mehlspeisen, Gemüse und besonders Kartoffeln, welche in allen Gestalten zu Tische kommen". Hier würde „mehrenstens gutes braunes Bier und sowohl See- als andere Weine, und in nicht kleiner Quantität besonders ersteres getrunken. Brantwein trinken blos Taglöhner, Dienstboten und ganz arme Leute".

Ein großer Weinfreund scheint der Pelzhändler Christian Paul Kutter gewesen zu sein. Wegen Überschuldung fand im Juni 1822 eine Zwangsversteigerung seines restlichen Hab und Gutes statt, bei der unter anderem „160 Bouteillen sizilianischer Wein" ausgerufen wurden.[536]

Als der evangelische Diaspora-Pfarrverweser Gottlob Schall 1869 von Altwürttemberg nach Ravensburg ver-

Scheibenschießen vor den Toren der Stadt auf der Kuppelnau, Gouache v. G. J. Edinger, 1821
Auf dem von Gärten und Gartenhäusern umsäumten Fest- und Schießplatz wird dem erfolgreichen Schützen („Bestgewinner") eine Fahne in den württembergischen Farben Schwarz-Rot überreicht. Links trägt ein Mann die mit Treffern gespickte Schützenscheibe in die Schützenwirtschaft.

setzt wurde, fiel ihm sogleich auf, dass „das Familienleben hier entwickelter [sei] als im Unterland". Der offenbar zum ersten Mal nach Oberschwaben gekommene Unterländer fügte noch eine weitere Bemerkung hinzu: „Viele Häuser", so glaubte er beobachtet zu haben, seien „weniger reinlich als im Unterland". Und er wunderte sich über die „große Unordnung und Unreinlichkeit [...] auch bei Vermöglicheren".[537]

Immer wieder erregten sich städtische Honoratioren, Beamte und Geistliche über die ihrer Ansicht nach zu lasche Sexualmoral, vor allem in den unteren Bevölkerungsschichten. Bei den Dienstboten, so der schon zitierte Regierungsrat v. Staengel, herrsche „ungehemmte Freiheit im geschlechtlichen Umgang", die von der Dienstherrschaft stillschweigend geduldet werde.[538] Ähnlich hatte sich schon 1824 der „Gemeinschaftliche Kirchenkonvent" geäußert. Er stieß sich an der „überhand nehmenden Sittenlosigkeit der jungen noch unverheirateten Leute". Schuld daran sei die Tatsache, „dass viele sowohl Manns- als Weibspersonen ohne Beschäftigung und Verdienst herumsitzen, eigene Haushaltungen führen und so sich selbst überlassen sind". Deshalb forderte er das Oberamt auf, ledigen Frauen nur in Ausnahmefällen zu gestatten, einen eigenen Haushalt zu führen. Ledige arbeitslose Männer sollten ausgewiesen werden.[539]

Diese Stellungnahme belegt zugleich die schwierige Situation auf dem Arbeitsmarkt vor Beginn der eigentlichen Industrialisierung. Zwanzig Jahre später wären die hier zum Ausdruck gebrachten Sorgen kaum mehr berechtigt gewesen, da es inzwischen so gut wie keine Arbeitslosen mehr gab.

Feste, Feiern, Freizeit

„Daß beynahe kein Sonn- und Festtag vergeht, an welchen in der Nachbarschaft nicht entweder Hochzeiten oder Hochzeitschenken oder Volkslustbarkeiten (Eierlesen, Hahnentanz) oder sonst Tanzmusiken stattfinden, wodurch die Keime des ausgestreuten göttlichen Samens erstickt und die Früchte der heyligen [Mess]Feyer zernichtet werden, dagegen aber der wuchernde Samen der Unsittlichkeit ein weites Feld gewinnt, dies ist ein Umstand verderblicher Folgen, das kein Pfarramt, kein Kirchenkonvent oder Sittengericht zu hemmen vermag." So seufzte 1824 der alte hochgebildete Pfarrer von St. Christina und einstige Weißenauer Chorherr Friedrich Schlegel[540]. Er stieß damit in dasselbe Horn wie eine Generation später der bereits auf Seite 118 zitierte Ulmer Regierungsrat Carl v. Staengel.

Die Anzeigen im Lokalblatt vermitteln ein facettenreiches Bild der Möglichkeiten, sich die Zeit zu vertreiben, zu feiern und zu festen. Ein beliebiges Beispiel mag dies verdeutlichen: der Anzeigenteil des „Oberschwäbischen Anzeigers" von 1862. Dort finden sich massenhaft Einladungen zu den von Pfarrer Schlegel angeprangerten, in Oberschwaben sehr beliebten „Hochzeitschenken", Hochzeitsfeiern, die in Gasthöfen mit Musik und Tanz begangen wurden.

Viele Wirtschaften luden zu „Bockbier-Abenden", „Preiskegelschieben" oder musikalischen Soireen ein. Ein Schausteller aus Wien kündigte ein „Schlachtenpanorama" im „Mohrensaal" an, ein anderer aus Augsburg ein 28 Fuß hohes „neues russisches Carrussel oder Schaukel", das für zwei Tage auf dem Holzmarkt Alt und Jung erfreuen werde.

Braumeister Georg Sorg in Baienfurt ermunterte alle Namensvettern namens Georg, Jörg oder Hansjörg, auf Georgii (23. April) zu einem Festschmaus nach Baienfurt zu kommen und Tanzlehrer Herb versuchte per Annonce Damen und Herren zu „Contre-Tänzen" und „Lanciers-Quadrillen" zu animieren. Im Mai gab sich ein Auswanderer per Anzeige die Ehre, alle seine Freunde vor seiner Abreise nach Nordamerika zu einer „musikalischen Abend-Unterhaltung" in das Gasthaus zum Hohenberg einzuladen, vermutlich in der Hoffnung, bei dieser Gelegenheit zum Abschied noch einige Spenden zu erhalten.

Im Sommer lockten zahlreiche Wirtsgärten zu abendlicher Unterhaltung mit Musik. Auch Ausflüge zum Bodensee wurden angeboten, vor allem, seitdem Friedrichshafen mit der Eisenbahn leicht zu erreichen war. Von dort aus konnte man entweder eine Rundfahrt auf einem Dampfschiff oder gar eine „Lustfahrt" nach Konstanz unternehmen. Bademöglichkeiten, verbunden mit einem Wirtshausbesuch, boten das Sennerbad oberhalb der Stadt und das Waldbad bei Baienfurt an.

Zu den Jahrmärkten, die ja auch vom Landvolk stark besucht wurden, gehörte ein ausgedehnter eigener Vergnügungsmarkt sowohl in der Bachstraße als auch an der „Promenade" am nördlichen Altstadtrand und auf dem Festgelände der Kuppelnau. Dort gab es Karusselle, Kasperltheater, Schaubuden, Moritatensänger und „Tiervorführungen". In den Wirtshäusern spielten unterdessen „Böhmermusikanten" und andere Künstlergruppen auf.

Drei Musikanten bei der Fasnacht 1865, kolorierte Photographie

*

Eine große Rolle spielte für viele Ravensburger, vor allem für das einfache, überwiegend katholische Volk, die Fasnacht. Nachdem das mittelalterliche Fasnachtsbrauchtum durch die Reformation einen gewaltigen Dämpfer erhalten hatte, erlebte es seit der Barockzeit eine neue Blüte.[541] Das Bürgertum der Biedermeierzeit war bemüht, die Fasnacht zu „veredeln" und feierte die „närrische Zeit" mit theatralischen Aufführungen, exotischen Festumzügen und unzähligen Bällen.[542]

Die auch in Ravensburg vorhandene Neigung, alles in organisierte Bahnen zu lenken, machte auch vor der Fasnacht nicht halt. 1853 wurde ein „Narren-Comité" gegründet, das in den Straßen selbsterfundene Theaterstücke zum Besten gab und Umzüge veranstaltete, 1866 folgte der vornehmere Karnevalsverein „Narhalla", der sich den rheinischen Karneval zum Vorbild nahm.[543] Daneben gab es die Maskenbälle der Vereine und weiterhin

Rutentafel für Theresia Weiß, Gouache v. G. J. Edinger, 1825
Die besten Schülerinnen und Schüler erhielten am Ende des Schuljahrs beim Rutenfest – hier als „Schuljugendfest" bezeichnet – eine Ehrenurkunde.
Von diesen liebevoll gestalteten und gerahmten Blättern hat sich eine stattliche Zahl in Privatbesitz und in den Beständen des Städtischen Museums erhalten.

auch das spontane unorganisierte Maskentreiben der Kinder und kleinen Leute in den Straßen. Das Stadtschultheißenamt scheint das allerdings nicht gerne gesehen zu haben. 1855 sah es sich „im Interesse der öffentlichen Sittlichkeit" veranlaßt, die Pfarrämter zu ersuchen, den Schulknaben „das Herumlaufen in Masken in den Straßen und das Schreien meist unsittlichen Machwerks [...]" zu verbieten.[544]

*

Unbestrittener Höhepunkt im Jahresablauf war das Rutenfest, das tief in reichsstädtische Zeiten zurückreichende Schülerfest, das sich im Lauf der Zeit immer mehr zu einem allgemeinen Volks- und Heimatfest entwickelt hatte. Traditionell fand es am Ende des Schuljahrs in der Woche nach Mariä Himmelfahrt (15. August) statt. Da ihm ebenso wie der Ravensburger Fasnacht vor nicht allzu langer Zeit eine ausführliche historische Darstellung gewidmet wurde[545], können wir uns hier darauf beschränken, seine Entwicklung im 19. Jahrhundert kurz zusammenzufassen.

Zu den traditionellen Elementen des Fests zählten das Antrommeln und Fahnenschwingen der Schüler vor den Bürgerhäusern, die Ehrung der besten Schülerin als „Oberstkönigin" und des besten Schülers als „Oberstfähnrich", der Schülerumzug von der Innenstadt auf den Festplatz, das Austeilen von Gebäck und Schreibpapier an die Schüler, das „Springen", ein Wettrennen der Schüler nach kleinen an Seilen aufgehängten Gaben, der Festschmaus der Honoratioren in einer Laubhütte bzw. in der 1836 erbauten Festhalle auf der Kuppelnau und die Aufführung eines Theaterstücks, einer Komödie oder eines „Deklamatoriums" durch Bürger und Schüler der Stadt.

Wie die Lieder- und Turnfeste bot auch das Rutenfest zugleich eine Plattform für den Austausch von Informationen und Meinungen. Seit es die Bahnverbindung von Ulm nach Friedrichshafen gab, besuchten auch viele Auswärtige das Rutenfest, umgekehrt fuhren die Ravensburger zum Schützenfest nach Biberach, nicht nur, um dort mitzufeiern, sondern auch, um zu erfahren, was es dort Neues gab.

Die wichtigste Ergänzung, um die das Rutenfest im 19. Jahrhundert bereichert wurde, war das „Adlerschießen", ein Wettbewerb der Real- und Lateinschüler, die mit Armbrüsten auf einen an einer hohen Stange befestigten, aus mehreren Holzteilen zusammengesetzten Reichsadler schossen, der in seinen Krallen Szepter und Reichsapfel hielt. Bis heute ist diese Neuerung eines der wichtigsten Elemente des Rutenfest geblieben. Dass es sich hierbei um eine bewusste Anknüpfung an alte reichsstädtische Traditionen handelte[546], ist sehr wahrscheinlich, schwelgten doch damals, im Zeitalter der Romantik, manche Ravensburger – noch oder wieder – in Erinnerungen an die angeblich so gute alte reichsstädtische Vergangenheit, gerade auch solche, die diese Zeit selbst gar nicht mehr miterlebt hatten.[547] Das Bemerkenswerteste an dem Brauch des Adlerschießens aber war der Umstand, dass er nicht von einem Einheimischen, sondern auf Initiative eines altwürttembergischen evangelischen Theologen, des Diakons und Rektors der Real- und Lateinschule Johannes Dehlinger, in Ravensburg eingeführt wurde.

Vermutlich bestand ein enger Zusammenhang zwischen diesem neuen Wettbewerb und dem im gleichen Jahr von den höheren Schülern zum Rutenfest aufgeführten Theaterstück „Das Vogelschießen", das gleichfalls Dehlinger in Szene setzte. Mit dieser Aufführung verfestigte sich in Anknüpfung an ältere Traditionen der Brauch des Rutentheaters, der jährlichen Aufführung von Theaterstücken und „Deklamatorien" (zum Beispiel szenischen Rezitationen von Balladen) durch Schüler der Real- und Lateinschule.

*

Schon eingangs dieses Kapitels wurde auf die Bedeutung der Gastwirtschaften für das gesellschaftliche Leben und die Freizeitgestaltung der Bürger hingewiesen, die weit über das hinausging, was heute von einem gastronomischen Betrieb erwartet wird. In einer Zeit, in der es weder Kino, noch Telefon, Radio oder Fernsehen gab, besaßen die Gastwirtschaften einen hohen Stellenwert als Zentren der bürgerlichen Kommunikation. Im „Intelligenzblatt" wurden regelmäßig Namen und Beruf der Fremden, die in den verschiedenen Gasthöfen abgestiegen waren, veröffentlicht, so dass, wer wollte, dort Kontakt mit diesem oder jenem aufnehmen konnte.

Um 1850 gab es 75 Gasthöfe und Schankwirtschaften in der Stadt, 1862 sogar 88, wenn man die 17 Bierbrauereien hinzuzählt, die alle zumindest einen Ausschank für durstige Kehlen besaßen.[548] Seit der Mitte des Jahrhunderts entstanden auch richtige Hotels. Zum Teil handelte es sich dabei um mehr oder weniger nach dem Zeitgeschmack modernisierte alteingesessene Gasthöfe wie etwa das Lamm oder der Hecht am zentralen „Platz", der seit der Mitte des 19. Jahrhunderts im Hinblick auf die Poststation beim Gasthof zum Lamm meist Postplatz genannt wurde. Zum Teil wurden aber auch ganz neue Hotels gebaut, mit allem damals bekannten Komfort, wie der Kronprinz (der spätere Schweizerhof) am Beginn der Seestraße oder das Bahnhofshotel Friedel. Diese beiden Hotels dienten zugleich den vornehmeren

Rutentafel für Maria Anna Merz (Ausschnitt), Gouache v. J. Bayer, 1869
Vor dem Hintergrund der Ravensburger Türme, der Veitsburg und der alten Festhalle auf der Kuppelnau tritt die Oberstkönigin Maria Anna mit ihrem Gefolge aus dem mittleren Torbogen heraus. Links ist ein Karussell mit fröhlichen jungen Leuten, rechts das Adlerschießen samt einigen Rutentrommlern zu sehen.

Vereinen für ihre Zusammenkünfte und Feste, während in den traditionellen Gasthöfen vor allem die Handwerker zusammenkamen, meist getrennt nach Gewerben, so wie es einst auch in den Zunftstuben der Fall gewesen war. Bei den Handwerksgesellen und Arbeitern war der Gasthof Dreikönig besonders beliebt, der später das Lokal der Sozialdemokraten wurde.

Eine neue Form der Geselligkeit: die Vereine

Die Vereine sind eine Neuschöpfung des 19. Jahrhunderts. In reichsstädtischer Zeit hatte es neben den ins Spätmittelalter zurückreichenden Zünften, in denen keineswegs nur Handwerker, sondern auch Kaufleute saßen, die Gesellschaften zum Esel und zum Ballen gegeben (vgl. Seite 80f.). Außerdem gab es seit alters eine zunftübergreifende Schützengesellschaft, die bis heute besteht und sich deshalb mit Recht als ältesten Ravensburger Verein bezeichnen kann. In der Barockzeit entstand eine Gesellschaft von Laienspielern, die „Bürgerliche Komödiantengesellschaft", die sich allerdings 1844 auflöste, und gegen Ende des 18. Jahrhunderts bildete sich schließlich noch eine Lesegesellschaft, die jedoch, wie oben erwähnt, nur wenige Jahrzehnte bestand. Der Vollständigkeit halber seien auch noch die traditionsreichen, zum Teil ins Mittelalter zurückreichenden religiösen Bruderschaften genannt, deren Mitglieder – Meister und Gesellen – in der Regel einem bestimmten Handwerk angehörten.

Die meisten dieser gesellschaftlichen Korporationen gingen im frühen 19. Jahrhundert ein oder lösten sich auf. An ihre Stelle traten die Vereine, die allerdings einen ganz anderen Charakter besaßen. Thomas Nipperdey, der das 19. Jahrhundert als das Jahrhundert der Vereine bezeichnet hat, definierte den Verein als „freien Zusammenschluss von Personen, die ein- und austreten, unabhängig vom Rechtsstatus ihrer Mitglieder und ohne diesen zu beeinflussen".[549]

Im Unterschied zu den Zünften und den mit diesen vergleichbaren Korporationen der reichsstädtischen Zeit verfolgten die Vereine spezifische Zwecke: Pflege der Geselligkeit, der Bildung, der Musik, der Kunst, der körperlichen Ertüchtigung oder der Wohltätigkeit.

Vielleicht noch wichtiger war der Umstand, dass sich in den Vereinen Bürger unterschiedlichen Standes und Berufs zu freiem Austausch von Welt- und Lebenserfahrung zusammenschlossen, dass alle Mitglieder gleichberechtigt waren, die Konfession meist keine Rolle spielte und bei anstehenden Entscheidungen nach demokratischen Grundsätzen abgestimmt wurde. „Indem hier in einer Art Öffentlichkeit über öffentliche Dinge diskutiert wurde, schlugen diese Vereine ins Politische zurück" (Nipperdey).[550]

Dies war der Grund, warum in den Jahrzehnten vor der Revolution von 1848/49, im „Vormärz", zum Teil aber auch noch bis in die sechziger Jahre die Gründung vieler Vereine von der staatlichen Obrigkeit mit Misstrauen beobachtet wurde.

Der älteste dieser neuen Vereine war in Ravensburg das schon mehrfach erwähnte 1820 gegründete *Museum*. Als Zusammenschluss von Angehörigen der Oberschicht – Kaufleuten, Fabrikanten, höheren Beamten, Akademikern – übernahm es in vielfacher Hinsicht die Funktionen der reichsstädtischen Eselsgesellschaft, nur eben mit dem entscheidenden Unterschied, dass vornehme Geburt kein Kriterium mehr für die Mitgliedschaft war. Das „Museum" verfügte über zwei größere Räume, ein

Fröhliche Gesellschaft auf der Veitsburg, Ausschnitt aus einer Schützenscheibe, Öl auf Holz v. J. B. Edinger, 1856
Die Schützenscheibe zeigt den alten Schützenpavillon auf dem Veitsburgplateau. 1888 wurde die Schießstätte der Schützengilde aus Sicherheitsgründen in die „Höll", einen Tobel im Westen der Stadt, verlegt.

Lese- und Bibliothekszimmer und einen Billard- und Konversationsraum, zunächst im Kaffeehaus Hehl am Postplatz, dann im ehemaligen Weißenauer Hof beim Kästlinstor, in dem auch Stadtschultheiß v. Zwerger wohnte, noch später im vornehmen Hotel Kronprinz schräg gegenüber.[551]

Die Mitgliedschaft konnten zunächst nur Männer erwerben, Ehefrauen und Töchter nahmen jedoch selbstverständlich an besonderen Veranstaltungen wie Konzerten oder Bällen teil. Nicht zuletzt erfüllte der Verein auch den Zweck, standesgemäße Ehen anzubahnen. 1834 zählte er 80 Mitglieder, 1866 132, und war damit weit größer als die Gesellschaft zum Esel jemals in ihrer über vierhundertjährigen Geschichte. Der jährliche Mitgliedsbeitrag betrug 7 fl, ein recht hoher Betrag, der eine gewisse Exklusivität garantierte.[552]

Die ab 1866 erhaltenen vereinsinternen Unterlagen gewähren einen interessanten Einblick in das Leben dieses bis zu seiner Auflösung während des Dritten Reichs vornehmsten Ravensburger Vereins.[553] 1866 gehörten zu den Mitgliedern auch einige Gutsbesitzer und Adelige aus der Umgebung, unter anderem aus Friedrichshafen, wo es einen ähnlichen „Club“ noch nicht gab. Mit der Verlegung einer Garnison nach Weingarten 1868 stießen auch einige Offiziere zum „Museum“, und nachdem 1869 ein Kreisgerichtshof in Ravensburg eingerichtet worden war, das spätere Landgericht, wurde der Kreis der Mitglieder um etliche Juristen erweitert.

Der größte Ausgabenposten des „Museums“ waren Bücher, Zeitungen und Zeitschriften für die Bibliothek. Darüber wurde bereits berichtet (Seite 113f.). Zum festen Bestandteil des Vereinslebens gehörten aber auch zwei Bälle pro Jahr, davon einer zur Fasnachtszeit. Hinzu kam ein „Tanzkränzchen“ am Rutendienstag.

Eine ähnlich große Bedeutung für das gesellschaftliche Leben der Stadt besaß der 1827 gegründete *Liederkranz*, der den Ravensburger Oberamtmann Friedrich Hoyer zu seinem ersten Vorsitzenden wählte und seine Versammlungen zunächst im Gasthof zum Rad in der Marktstraße abhielt. Unter den 66 Gründungsmitgliedern waren viele Kaufleute, Lehrer und Verwaltungsbeamte. 46 % der Gründungsmitglieder waren Akademiker. Der Liederkranz war ein reiner Männergesangsverein, sein erster Auftritt unter Beteiligung von Frauen (als „Gäste“) erfolgte 1858 mit der Darbietung der Vertonung des 43. Psalms von Felix Mendelssohn. Erst 1925 wurde ein „Damenchor“ als eigene Abteilung gegründet, und erst von da an konnten Frauen als gleichberechtigte Mitglieder in den Verein eintreten.[554] Dafür hatte sicher das 1918 eingeführte Frauenstimmrecht den Weg geebnet. Über die politische Bedeutung der Besuche des Liederkranzes von Liederfesten rund um den See und in deren Folge der Organisation des international besuchten großen Liederfests 1841 in Ravensburg, sei auf die Darstellung Seite 38f. verwiesen.

Ein weiterer früher Verein war das 1845 gegründete *Bürgermuseum*, eine gesellschaftlich etwas bescheidenere, eher katholisch geprägte Variante des „Museums“ mit ähnlichen Zielen. Der 1840 gegründete *Veteranenverein* beschränkte sich auf Teilnehmer am Krieg der Jahre 1812 bis 1815, die unter der Fahne Württembergs gedient hatten. 1847 gründeten junge Männer die *Turngemeinde*, den ersten Ravensburger Sportverein nach den Schützen. Wie bei der Darstellung der Revolution von 1848/49 bereits ausgeführt, verfolgte die Turngemeinde in ihren Anfangsjahren nicht nur sportliche, sondern auch politische Ziele. Ihr Turnplatz war zunächst auf der Kuppelnau. 1864 erhielt sie, die sich inzwischen in „Turnverein“ umbenannt hatte, eine „Turnhalle“ in einem der beiden Durchgänge der Brotlaube in der Marktstraße, der zu diesem Zweck auf beiden Seiten durch große hölzerne Tore nach außen abgeschlossen wurde. Ähnlich wie der Liederkranz organisierten auch die Turner große überregionale Feste. 1852 fand erstmals das Landesturnfest in Ravensburg statt. Am zweiten derartigen Fest im Jahr 1869 nahmen 1.200 Turner teil.[555]

Neben dem 1849/50 gegründeten, 1853 aber bereits wieder aufgelösten *Arbeiterverein*, der 1864 als *Arbeiterbildungsverein* wiedererstand (siehe Seite 51), verdient noch der *Katholische Gesellenverein* Erwähnung. Zu den Zielen dieses erstmals 1854 erwähnten, offiziell jedoch erst 1862 vom Gesellenvater Adolph Kolping bestätigten Zusammenschlusses katholischer Handwerksgesellen gehörten „Fortbildung und Unterhaltung, Pflege religiösen und bürgerlichen Sinnes“ durch Vorträge, Unterricht, Gesang und Lektüre unter Leitung eines Kaplans oder Vikars, des Präses.[556]

Eine Auswertung des „Oberschwäbischen Anzeigers“ von 1866 ergibt, dass damals in Ravensburg mindestens 21 Vereine bestanden. Nicht alle müssen hier aufgezählt werden. Neben dem Katholischen Gesellenverein gab es noch drei weitere konfessionell geprägte Vereine: den 1857 gegründeten *Piusverein*, aus dem sich später der *Katholische Männerverein* entwickelte, den 1854 gegründeten ebenfalls katholischen *Elisabethenverein*, der sich als Wohltätigkeitsverein verstand und vermutlich der erste reine Frauenverein in Ravensburg war und den *Evangelischen Kirchenchor*. Hervorzuheben sind außerdem der schon 1845 gegründete *Landwirtschaftliche Verein* und der 1863 gegründete *Handels- und Gewerbeverein*. Als zweiter Musikverein entstand neben dem Liederkranz noch ein *Orchesterverein*.

Teil 3: 1871–1914
Ravensburg im Kaiserreich

Die politische Entwicklung

Der Prozess der Eingewöhnung in das neue Reich

Die Begeisterung und Erleichterung nach dem Sieg über Frankreich im Frühjahr 1871 überdeckte zunächst einmal alle Meinungsverschiedenheiten in der „Deutschen Frage", zumindest in Ravensburg und den meisten anderen oberschwäbischen Oberamtsstädten. Wie auf Seite 53 bereits erwähnt, hatte bei den Reichstagswahlen im März 1871 im Wahlbezirk 17 (Oberämter Riedlingen, Saulgau, Ravensburg und Tettnang) der Kandidat der großdeutschen Richtung nur dank der ländlichen Wähler gewonnen. Die Skeptiker, denen die kleindeutsche Lösung unter Führung Preußens nicht behagte, waren immer noch eher auf dem Lande als in den Städten zu finden.

Die wichtigste Quelle für die politische Stimmung in Ravensburg nach 1870 ist der „Oberschwäbische Anzeiger". So hieß das „Amts- und Intelligenzblatt" bereits seit 1. Juni 1856. Bei der Auswertung dieser zunächst noch liberalen Tageszeitung darf allerdings nicht übersehen werden, dass hier meist nur über die offiziellen „patriotischen" Kundgebungen des Establishments, der städtischen Honoratioren, berichtet wurde, nicht aber über das Gemurre der Landbevölkerung.

Das stärkste Band, das Ravensburg seit 1870 sowohl mit dem Königreich Württemberg als auch mit dem neuen Kaiserreich verband, war das gemeinsame Kriegserlebnis. Die Erinnerung daran wurde nach Kriegsende in erster Linie von den militärischen Vereinen gepflegt. Schon 1871 entstand neben dem alten *Veteranenverein*, der ein Sammelbecken der wenigen noch lebenden Soldaten aus der Zeit der napoleonischen Kriege war, ein zweiter Soldatenverein, der *Kriegerverein*, der auch Reservisten als Mitglieder aufnahm. Zum Missvergnügen dieser beiden Vereine, die durchaus in einer gewissen Konkurrenz zueinander standen, spaltete sich nur elf Jahre später vom Kriegerverein ein dritter militärischer Verein ab, der schlicht *Militärverein* hieß und nur aktive Kriegsteilnehmer aufnahm. Als dieser Verein im August 1882 eine feierliche Fahnenweihe veranstaltete, glänzten die beiden anderen Vereine durch Abwesenheit.[1]

Veteranen- und Kriegerverein waren gemeinsam mit dem Ortsverein der nationalliberalen Deutschen Partei maßgeblich an der Einführung des jährlichen Gedenktags an die kriegsentscheidende Schlacht von Sedan (1./2. September 1870) beteiligt, der seit 1876 regelmäßig stattfand. Schon bei der ersten Feier wurde deutlich, dass die evangelische Bürgerschaft daran größeren Anteil nahm als die katholische. Ein Gottesdienst wurde aus diesem Anlass nur in der evangelischen Kirche gefeiert, und an dem anschließenden Umzug durch die Stadt auf den Alten Friedhof zu den Gräbern der beiden im Ravensburger Lazarett 1870 verstorbenen Soldaten nahmen nur die evangelischen Elementarschüler teil.[2]

Das eher geringe Interesse vieler Katholiken an den Sedansfeiern hing mit alten Ressentiments zusammen. Man sah die Vorherrschaft Preußens, das „Bismarckreich" und den protestantischen deutschen Kaiser aus dem Geschlecht der Hohenzollern mit einem gewissen Unbehagen an. So gerieten denn auch die Sedansfeiern der folgenden Jahre mangels katholischer Beteiligung zu ziemlich bescheidenen Veranstaltungen. Erst 1895, zum 25-jährigen Gedenktag an die Schlacht, wurde wieder groß gefeiert.[3]

Wie in vielen anderen Städten des neuen Kaiserreichs wollte man nach dem Sieg über Frankreich auch in Ravensburg ein Kriegerdenkmal errichten. 1878 beauftragte der Kriegerverein den aus Ravensburg stammenden Münchner Bildhauer Josef Dressel, ein Denkmal zu entwerfen, das nicht nur an den Krieg von 1870/71 erinnern sollte, sondern auch an die Reichsgründung. Noch im selben Jahr konnte das Kriegerdenkmal am nördlichen Entrée der Stadt eingeweiht werden: eine Germa-

Das 1878 in den Anlagen an der Schussenstraße aufgestellte Kriegerdenkmal
Das von dem Ravensburger Bildhauer Josef Dressel geschaffene Denkmal erinnert sowohl an den Sieg über Frankreich 1870/71 als auch an die Reichsgründung 1871. 1981 wurde es in den Alten Friedhof versetzt.

nia, die mit Schwert und Lorbeerkranz zugleich die Siegesgöttin Viktoria verkörperte, zu ihren Füßen ein Adler mit der deutschen Kaiserkrone. Die Inschrift am Sockel bezog sich auf zwei Ereignisse, den siegreichen Krieg und die Reichsgründung. Sie lautete schlicht „Zur Erinnerung an 1870/71 gewidmet von den Bewohnern Ravensburgs". Neben den Schlachten, an denen die 250 bis 300 eingerückten Ravensburger teilgenommen hatten, waren auch die Namen der sieben gefallenen Söhne der Stadt aufgeführt. Bei der Enthüllung des prächtigen Denkmals gab es keinerlei konfessionelle Differenzen. Neben der halben Bürgerschaft, den Schulklassen und Vereinen waren auch zahlreiche Offiziere und Soldaten aus der nahen Weingartener Garnison sowie Abordnungen vieler auswärtiger Kriegervereine anwesend.[4]

Kaiser Wilhelm I. kam nie nach Ravensburg, wohl aber sein Sohn und Nachfolger Kronprinz Friedrich Wilhelm, der spätere „Hundert-Tage-Kaiser" Friedrich. Als im September 1886 sein Sonderzug nach Friedrichshafen, wo er dem württembergischen König einen Besuch abstatten wollte, kurz in Ravensburg hielt, stand zu seinem Empfang eine Abordnung des Gemeinderats und des Bürgerausschusses, der Schüler der höheren Schulen und der drei militärischen Vereine bereit, und zu seiner Begrüßung wurden Böllerschüsse vom Mehlsack abgefeuert.[5]

Nach dem Ableben des alten Kaisers im März 1888 fanden in beiden Stadtpfarrkirchen Trauergottesdienste statt, und bei der Trauerfeier zwei Tage später in der neuen Turnhalle auf der Kuppelnau befanden sich unter den 1.500 Teilnehmern auch Vertreter von vier katholischen Vereinen sowie die gesamte Geistlichkeit beider Konfessionen.[6]

Umso bemerkenswerter war zwei Jahre später ein Vorfall, der nicht nur in Ravensburg, sondern sogar in Berlin Aufsehen erregte. Noch im Todesjahr des Kaisers hatte eine Bürgerinitiative, der Honoratioren beider Konfessionen angehörten, zur Sammlung für ein Kaiser-Wilhelm-Denkmal aufgerufen. Als das Denkmal zwei Jahre später in den neuen Anlagen an der Karlstraße feierlich enthüllt wurde, glänzte die gesamte katholische Geistlichkeit durch Abwesenheit. Auch die Schulkinder der katholischen Elementarschule fehlten in dem Festzug, ihnen war die Teilnahme verboten worden. Hintergrund dieses Affronts war der immer noch schwelende „Kulturkampf" zwischen dem Staat und der katholischen Kirche, der in Württemberg allerdings nie eine solche Schärfe wie in Preußen oder auch in Baden angenommen hatte.

Der Vorfall im kleinen Ravensburg am Rande des Deutschen Reichs, wurde in mehreren preußischen und badischen Zeitungen kritisch kommentiert und war auf diesem Weg sogar dem jungen Kaiser Wilhelm II. zu Ohren gekommen, der sich darüber offenbar sehr erregt und eine nähere Untersuchung angeordnet hatte. Über die preußische Botschaft in Stuttgart gelangte der kaiserliche Befehl um nähere Auskünfte an das württembergische Staatsministerium. Eine Untersuchung vor Ort durch einen Beamten aus Stuttgart erbrachte aber so gut wie nichts, da der betreffende Beamte in Ravensburg angeblich „auf eine Mauer des Schweigens" stieß.

Mit einer solchen bis in die höchsten Ränge der Reichshauptstadt reichenden Reaktion hatte hier niemand gerechnet. Man versuchte nun, das Ganze herunterzuspielen. Die Antwort, die der preußische Gesandte aus dem Staatsministerium schließlich erhielt, bezeichnete die „lokalen Parteiverhältnisse" in Ravensburg als Ursache des unliebsamen Vorkommnisses.[7] Auch wenn die ganze Episode letztlich nur ein Sturm im Wasserglas war, zeigte sie doch auf, welche Stolpersteine den Weg der Integration in das neue Deutsche Reich erschweren konnten.

Es waren jedoch nicht nur konfessionelle Gegensätze, die oft nur unterschwellig eine Rolle spielten. Daneben gab es eine bis heute noch nicht ganz ausgerottete mentale Aversion gegenüber Norddeutschen im Allgemeinen und Preußen im Besonderen. Ein charakteristischer Beleg dafür findet sich in den Unterlagen der Züricher Maschinenfabrik Escher Wyss & Cie., und zwar in einem Protokoll des dortigen Verwaltungsrats, der alle für die Ravensburger Filiale dieser Firma wichtigen Entscheidungen traf. Als es 1902 um die Wahl eines neuen kaufmännischen Abteilungsleiters in Ravensburg ging,

Denkmal für Kaiser Wilhelm I. in den Anlagen Ecke Karlstraße / Eisenbahnstraße
Das 1890 von der Bürgerschaft gestiftete Denkmal stieß bei einem Teil des katholischen Klerus auf Ablehnung, weshalb die Schüler der katholischen Schulen seiner Enthüllung fern blieben. Daraus entwickelte sich ein Skandal, der bis Berlin Wellen schlug.

entschied man in Zürich, den württembergischen Bewerber jenem aus Norddeutschland vorzuziehen, da der Norddeutsche in Ravensburg „mit eingefleischten Vorurteilen zu kämpfen gehabt hätte".[8]

Im Gegensatz dazu hatte sich das Verhältnis zu Altwürttemberg seit den fünfziger Jahren deutlich gebessert. Das hing vor allem mit dem wirtschaftlichen Aufschwung zusammen, den die Stadt seither erlebt hatte. Ravensburg gehörte nicht nur zu den ersten Städten im Lande, die an das Eisenbahnnetz angeschlossen worden waren, die Stadt profitierte auch von der gezielten Förderung der Textilindustrie durch den württembergischen Staat in Form zinsgünstiger Darlehen. Hinzu kam das gemeinsame Kriegserlebnis von Alt- und Neuwürttembergern 1870/71. Und auch danach war es gerade der Militärdienst, der Unterländer und Oberländer einander näherbrachte.

Typisch für die unterschiedliche Einstellung gegenüber dem kleinen württembergischen und dem großen deutschen Vaterland war die Art und Weise, wie man die Geburtstage des württembergischen Königs und des deutschen Kaisers beging. Die Berichte im „Oberschwäbischen Anzeiger" lassen erkennen, dass die Feiern zu Kaisers Geburtstag eher Pflichtübungen glichen, während der Geburtstag des württembergischen Königs stets mit Festzug, Festgottesdiensten beider Konfessionen und Festessen der Honoratioren begangen wurde. 1887 wurde bei der Feier zum 90. Geburtstag von Kaiser Wilhelm I. bezeichnenderweise nicht „Die Wacht am Rhein", „Deutschland, Deutschland über alles" oder „Es braust ein Ruf wie Donnerhall" gesungen, sondern die württembergische „Nationalhymne" „Preisend mit viel schönen Reden".

Im großen historischen Festzug, mit dem die Stadt sich selbst und ihre angeblich tausendjährige Vergangenheit 1902 feierte und an dem auch das württembergische Königspaar teilnahm, befand sich eine Festgruppe, die den Übergang Ravensburgs an Württemberg darstellte. Im Begleittext hieß es, diese Gruppe bilde „den symbolischen Ausdruck der Liebe und Verehrung zu unserem Herrscherhause". Im Mittelpunkt stand „eine ideale Frauenfigur, die Württembergia", die „Lorbeerkränze über die Büsten unserer Majestäten" hielt. „Als Symbol der unverbrüchlichen Treue" war „im Vordergrund die Eberhardsgruppe" zu sehen, eine Anspielung auf den Liedvers, in dem Graf Eberhard von Württemberg als sein größtes Kleinod pries: „mein Haupt kann kühn ich legen jedem Untertan in Schoß".[9]

Ganz groß wurde auch die Feier der hundertjährigen Zugehörigkeit zu Württemberg am 18. Mai 1910 begangen. In der Festrede, die Oberpräzeptor Professor Hermann Flaig, ein waschechter Oberschwabe, hielt, hieß es

König Wilhelm II. v. Württemberg und sein Gefolge als Zuschauer beim großen Historischen Festzug am 4. August 1902
An dem barhäuptig in einem Festzelt sitzenden König zieht gerade ein Festwagen vorbei, auf dem die Zugehörigkeit Ravensburgs zum Königreich Württemberg dargestellt ist. Neben den Büsten des Königs und seiner Gemahlin sieht man eine Justitia mit Schwert und Waage sowie die Darstellung der volkstümlichen Episode von Graf Eberhard im Bart, der frei nach dem berühmten Gedicht von Justinus Kerner sein Haupt kühn „jedem Untertan in Schoß" legen konnte. Der Untertan wird von einem Hirten verkörpert.

unter anderem: „Sind wir auch durch ein Gebirge von den Unterländern getrennt, so sind unsere Herzen sich doch näher getreten und werden sich immer noch näher treten. Eins fühlt sich der Oberländer und der Unterländer in der Treue und Anhänglichkeit an das Herrscherhaus, in der Liebe zur Heimat […] Und weil der größte Teil des Schwabenlandes nunmehr zum Königreich Württemberg gehört, so ist es kein erzwungener Zustand, daß auch wir Ravensburger Württemberger sind, es ist eine geschichtliche Notwendigkeit." [10]

Parteien und Gewerkschaften

Die eigentliche politische Bedeutung des Zeitabschnitts zwischen 1871 und 1900 bestand darin, dass sich in diesen Jahren die verschiedenen politischen Gruppierungen zu echten Parteien entwickelten, und sich damit die Umrisse der Parteienlandschaft abzuzeichnen begannen, die im 20. Jahrhundert die deutsche Politik über weite Strecken prägen sollte. Es waren im Wesentlichen vier Richtungen [11]:

- die 1866 aus der Fortschrittspartei hervorgegangene *Deutsche Partei* war nationalliberal und kleindeutsch orientiert, zu ihr neigten viele konservative Protestanten;
- das 1870 gegründete *Zentrum* als Partei des politischen Katholizismus, demokratisch, sozial und eher antipreußisch eingestellt; in Württemberg allerdings erst ab 1894/95 als Partei auftretend;
- die *Deutsche Volkspartei*, oft nur als Volkspartei bezeichnet, liberal und demokratisch, eher antipreu-

ßisch, den politischen Idealen von 1848 verpflichtet; zu ihrer Wählerschaft gehörten wie bei der Deutschen Partei in erster Linie Protestanten;
- die *Sozialdemokraten*, die 1869/70 zunächst vergebens in Ravensburg Fuß zu fassen versuchten und als „Sozialistische Arbeiterpartei" (SAP) erst seit der Reichstagswahl von 1877 in Ravensburg in Erscheinung traten.

Am schwersten fassbar ist in Ravensburg die Anhängerschaft der *Deutschen Partei*, die gelegentlich auch unter dem Namen Deutsche Reichspartei oder Freikonservative auftrat und bei verschiedenen Wahlen mit der Volkspartei ein Wahlbündnis schloss. Sie fand ihre Anhängerschaft am ehesten unter den evangelischen Geschäftsleuten. In einem Bericht an das Konsistorium der evangelischen Landeskirche in Stuttgart wurde der Zustand der Partei in Ravensburg 1901 als „schläfrig, fast tot" bezeichnet. Der Grund hierfür sei die Scheu der evangelischen Geschäftsleute vor politischen Stellungnahmen mit Rücksicht auf ihre katholische Kundschaft.[12]

Die Ravensburger Katholiken hatten schon vor der Gründung der württembergischen *Zentrumspartei* Gelegenheit, einen Kandidaten dieser Partei zu wählen, und zwar seit 1874 bei den Reichstagswahlen. Bereits damals wurde deutlich, dass in Ravensburg keine andere Partei auch nur annähernd so viele Stimmen auf sich vereinen konnte wie das Zentrum. Jede weitere Reichstagswahl bestätigte dies.

Auf Seiten der Stuttgarter Regierung registrierte man diese Dominanz bereits 1876 mit Unbehagen. Die „ultramontane Partei" in Ravensburg, so der amtliche Bericht, übe einen starken Einfluss auf das Rathaus aus, sie habe beispielsweise die letzte Sedansfeier boykottiert und betreibe zusammen mit einigen jüngeren katholischen Geistlichen Agitation für ihre Ziele. Nur dem Dekan und Stadtpfarrer Karl Stempfle sei es zu verdanken, dass der konfessionelle Friede bisher noch einigermaßen bewahrt wurde.[13]

Der führende Kopf des politischen Katholizismus in Ravensburg war der heute weitgehend vergessene Rechtsanwalt Alfred Rembold, von 1870 bis 1906 Mitglied des Ravensburger Gemeinderats, 1893 bis 1903 auch Mitglied des Reichstags und 1900 bis 1918 zusätzlich Landtagsabgeordneter. Zusammen mit Adolf Gröber war er der eigentliche Initiator bei der Gründung der württembergischen Zentrumspartei 1895. Nicht zufällig fand diese in der Zentrumshochburg Ravensburg statt. Bei der konstituierenden Landesversammlung waren ca. 5.000 Sympathisanten anwesend.[14] Rembold wurde erster Vorsitzender und war zusammen mit Gröber lange Zeit unangefochtener Führer des württembergischen Zentrums.[15] Zum Erfolg der Partei trug nicht zuletzt das Netzwerk der zahlreichen Vereine innerhalb des „katholischen Milieus" bei.[16]

Rechtsanwalt Alfred Rembold (1844 – 1922)
Rembold war jahrzehntelang der einflussreichste konservative Politiker in Ravensburg. Er saß im Gemeinderat, Landtag und Reichstag und war Mitgründer und erster Vorsitzender der württembergischen Zentrumspartei.

Zwischen 1850 und 1905 war in Ravensburg eine Vielzahl katholisch geprägter Vereine entstanden, nicht zuletzt im Blick auf die zum überwiegenden Teil katholische Fabrikarbeiterschaft, die man so davon abhalten wollte, durch „sozialistische Ideen" auf Abwege zu geraten. Neben die ältesten katholischen Vereine, den Piusverein und den Katholischen Gesellenverein, traten nach 1870 zusätzlich der Katholische Männerverein, der Katholische Arbeiterverein, der Christliche Metallarbeiterverband, der schon erwähnte Verein katholischer Arbeiterinnen und Dienstmädchen und der Katholische Lehrlingsverein. Der Elisabethenverein, ein von Frauen gegründeter Wohltätigkeitsverein, wurde vom Vinzenzverein als männlichem Gegenstück ergänzt. Ein katholischer Ableger des vornehmen „Museums" war schließlich der „Familienkranz".

Die Protestanten hatten kein dem Zentrum vergleichbares Sammelbecken, sie waren stärker als die Katholiken in eine mehr konservative und eine eher demokratisch-liberale Richtung gespalten. Exponent der letzteren war bis zu seinem Tod im Jahr 1878 der Fabrikant und „Altachtundvierziger" Otto Deffner.

1870 gründete dieser einen der *Volkspartei* nahestehenden *Volksverein*, der als Sprachrohr all derer gedacht war, deren politische Vision ein vereinigtes, föderatives, demokratisch verfasstes Großdeutschland war. Mit dem Namen „Volksverein" sollte bewusst an die Revolution von 1848/49 angeknüpft werden. Da bereits 1871 das Programm dieses neuen Volksvereins durch die politische Entwicklung teils verwirklicht, teils politisch überholt war, hatte er keinen langen Bestand.

Allein konnte die Volkspartei in der Folgezeit nie eine größere politische Bedeutung in Ravensburg erlangen. Daher ging sie bei mehreren Wahlen trotz der unterschiedlichen politischen Grundeinstellung ein Wahlbündnis mit der Deutschen Partei ein, um sich und der überwiegend protestantischen Wählerschaft beider Parteien wenigstens einen gewissen politischen Einfluss zu sichern.

Die antipreußische Grundeinstellung der Partei rührte von der Erinnerung an die gescheiterte Revolution von 1848/49 her. Als sich der Beginn der Revolution im März 1898 zum 50. Mal jährte, hielt die Ravensburger Ortsgruppe der Volkspartei eine Gedenkfeier in der neuen Turnhalle ab. Nach dem Bericht des „Oberschwäbischen Anzeigers" wurden bei dieser Veranstaltung antipreußische, antimonarchische und antimilitärische Töne laut. Auch sei Kritik am Geschichtsunterricht in den Schulen geübt worden. Dort würden die falschen Ideale gelehrt. Der Saal war in den Farben der Revolution schwarz-rot-gold geschmückt.[17]

Zur vierten politischen Kraft entwickelten sich die *Sozialdemokraten*, die sich zunächst in Ravensburg schwer taten. Nachdem der Arbeiterbildungsverein sich 1871 von der Sozialdemokratischen Arbeiterpartei (SDAP) distanziert hatte[18], hörte man mehrere Jahre überhaupt nichts mehr von dieser Partei. Die Nachfolgeorganisation der SDAP, die 1875 gegründete „Sozialistische Arbeiterpartei" (SAP), trat erstmals bei den Reichstagswahlen im Januar 1877 in Erscheinung, zumindest auf den Wahlzetteln. Ihr „Zählkandidat" erhielt im Wahlkreis 17, der die Oberämter Riedlingen, Saulgau, Ravensburg und Tettnang umfasste, 93 Stimmen, davon die meisten aus Ravensburg.[19]

Obwohl seit Oktober 1878 das „Gesetz gegen die gemeingefährlichen Bestrebungen der Sozialdemokratie", das so genannte „Sozialistengesetz", die Aktionsmöglichkeiten der Sozialdemokraten rigoros einschränkte, erzielte die SAP bei den folgenden Reichstagswahlen gerade in Ravensburg einen bescheidenen Stimmenzuwachs: 1881 105 von 112, 1884 210 von 244 Stimmen im gesamten Wahlkreis. Rechnet man die 31 Stimmen hinzu, die der SAP-Kandidat 1884 in den drei Industriestandorten Weingarten (11), Baienfurt (13) und Weißenau (7) erhielt, dann ergibt sich das erstaunliche Ergebnis, dass von den 244 Stimmen, welche die SAP 1884 in den Oberämtern Riedlingen, Saulgau, Ravensburg und Tettnang erhielt, 241 = 98,8 % aus dem mittleren Schussental stammten, ein Beleg für die industrielle Dominanz dieses Raums innerhalb Oberschwabens.[20] Das zum selben Wahlkreis gehörende Friedrichshafen war damals noch kein bedeutender Industriestandort.

1889 traten die Sozialdemokraten zum ersten Mal bei einer Gemeinderatswahl unter der Bezeichnung „Arbeiterpartei" in Erscheinung, doch gelang es ihnen nicht, einen ihrer Kandidaten durchzubringen. Dagegen konnten sie bei der Reichstagswahl im Februar 1890 weiter zulegen. Von den 373 Stimmen, die sie im gesamten Wahlkreis erhielten, stammten 268 aus Ravensburg. Damit war ihr Stimmenanteil in der größten Stadt Oberschwabens auf 16,7 % gestiegen.[21]

1890 feierten die Sozialdemokraten auch erstmals den ersten Mai als Tag der Arbeit, jedoch ohne die Arbeit niederzulegen. Die Feier fand abends in einer Gastwirtschaft statt und entbehrte offenbar jeglicher kämpferischen Töne.[22]

Nach der Aufhebung des Sozialistengesetzes im September 1890 formierten sich die Sozialdemokraten neu, meist unter dem bis heute geltenden Namen SPD. In Ravensburg, wo sie unter der Bezeichnung „Sozialdemokratischer Verein" auftraten, konnten sie nunmehr ihre Zusammenkünfte im Gasthaus Dreikönig legal abhalten. Trotzdem schickte das Oberamt weiterhin einen Aufpasser in ihre Versammlungen. In einem Polizeibericht vom November 1890 wurde das Oberamt Ravensburg als eines von neun Oberämtern in Württemberg genannt, in denen sich die Sozialdemokraten bemerkbar machten.[23] Als einzige der im Reichstag vertretenen Parteien galt die SPD weiterhin als staatsgefährdend.

Als der Sozialdemokratische Verein im Mai 1894 die Stadt um Überlassung der Turnhalle für einen Vortragsabend mit dem bekannten Reichstagsabgeordneten Wilhelm Blos bat, wurde dies vom Gemeinderat mit 10 : 2 Stimmen abgelehnt. Die Begründung lautete, städtische Gebäude stünden nicht für solche Veranstaltungen zur Verfügung, die „dem Gemeindewohl schaden". In der Regel kämen viele junge Leute zu derartigen Kundgebungen und würden dort Dinge hören, die sie nicht hören sollten. Alfred Rembold, der Sprecher der konservativ-katholischen Mehrheit im Gemeinderat, wies darauf hin, bei der letzten sozialdemokratischen Veranstaltung in der Turnhalle seien die religiösen Gefühle vieler Anwesender verletzt worden.[24] Wenige Wochen später ergänzte er seine Haltung gegenüber den Sozialdemokraten dahingehend, diese negierten die gesamte Rechts- und Staatsordnung und seien deshalb anders zu behandeln als die übrigen Parteien.[25]

Es sollte bis 1907 dauern, ehe ein Sozialdemokrat in den Gemeinderat gewählt wurde, und bezeichnenderweise war dies kein Arbeiter, sondern der Modellschreiner und Gastwirt Lorenz Ehrler, der diesem Gremium bis 1933 angehörte.[26]

*

Parallel zur Bildung einer sozialdemokratischen Partei entstand in Ravensburg eine Gewerkschaftsbewegung. Nachdem am 7. März 1875 im Lokal der Sozialdemokraten, dem Gasthof Dreikönig, ein Vortrag mit einem Redner des Cannstatter Metallarbeiterfachvereins stattgefunden hatte, konstituierte sich ein Komitee mit dem Ziel, eine Organisation zu schaffen, welche die Interessen der Arbeiter in den Maschinenfabriken gegenüber ihren Arbeitgebern vertreten sollte. Außerdem sollte eine „Kranken- und Sterbekasse" für die noch nicht versicherten Mitglieder eingerichtet werden.

So entstand noch im selben Jahr als erste Gewerkschaft in Ravensburg die „Metallarbeiter-Gewerksgenossenschaft" mit zunächst etwa zwanzig, später fünfzig Mitgliedern, die übrigens in ihrer Mehrheit nicht aus der hiesigen Gegend stammten.[27] Da die meisten Mitglieder in den Fabriken des Bahnhofsviertels beschäftigt waren, wählten sie für ihre Versammlungen das Restaurant Zum Bahnhof.

Sehr bald blies der neuen Gewerkschaft ein rauer Wind ins Gesicht. Im Januar 1877 stellte die Werksleitung der Maschinenfabrik Escher Wyss fünf Gießereiarbeiter, die der Gewerkschaft beigetreten waren, vor die Wahl, entweder dort sofort wieder auszutreten oder entlassen zu werden. Die Metallarbeitergewerkschaft, so die Begründung, sei ein Zweigverein des sozialistischen Internationalen Arbeitervereins, der von Braunschweig aus gesteuert werde. Eher würde die Firma die Gießerei schließen als zuzulassen, dass Werksangehörige von außen gesteuert werden. Vier Arbeiter, die sich nicht beugen wollten, wurden entlassen, worauf die Gewerkschaft zu Spenden für die Betroffenen aufrief.[28]

Nachdem 1877 als zweiter gewerkschaftlicher Ortsverband der „Bund der Tischler und verwandter Berufsgenossen" gegründet worden war, verstärkten sich die Befürchtungen der Fabrikherren, der Arbeitsfriede könnte gefährdet sein. Im Sommer 1878 mussten sowohl in der Spohnschen Spinnerei als auch in der Maschinenfabrik Weingarten alle Beschäftigten schriftlich versichern, keiner sozialdemokratischen oder gewerkschaftlichen Vereinigung anzugehören bzw. beizutreten und keine sozialdemokratischen Zeitungen zu lesen. Andernfalls drohte ihnen die Entlassung.[29] Kurz darauf wurden mit dem Erlass des Sozialistengesetzes auch die Gewerkschaften in ganz Deutschland verboten. Es sollten zwölf Jahre vergehen, bis sie sich erneut konstituieren konnten.

Kaum war im September 1890 das Sozialistengesetz aufgehoben, trat auch schon die Gewerkschaftsbewegung wieder in Erscheinung, und zwar, wie nicht anders zu erwarten, zunächst bei den Metallarbeitern. In ihren Statuten artikulierte die neue „Allgemeine Metallarbeiter-Gewerkschaft Ravensburg" recht bescheidene Ziele. Zweck des Vereins sei es, „die sittliche und materielle Lage seiner Mitglieder nach Kräften zu verbessern sowie das Wohl derselben zu erstreben und zu befördern". Dies solle vor allem durch Vorträge und Diskussionen und eine eigene Fachbibliothek geschehen.[30] Ein sprunghaftes Wachstum erlebte die Metallarbeitergewerkschaft, der auch Metaller aus Weingarten angehörten, in den Jahren 1908 und 1909, als sämtliche Gießereiarbeiter der Maschinenfabrik Escher Wyss beitraten.[31]

Weitere gewerkschaftliche Neugründungen folgten alsbald. Der Bund der Tischler trat nun als Gewerkschaft der Holzarbeiter in Erscheinung, da auch die Zimmerleute und die Arbeiter der Ravensburger Pinsel- und Bürstenfabriken miteinbezogen werden sollten. Außerdem bildeten die Schneider, die Bauarbeiter und die Buchdrucker eigene Gewerkschaften.

Anfang April 1896 traten erstmals die „Vereinigten Gewerkschaften Ravensburgs" als Kartell in Erscheinung, als es darum ging, die streikenden Zimmerergesellen zu unterstützen, die von ihren Meistern höhere Löhne forderten.[32] Das Gewerkschaftskartell umfasste um 1900 allerdings erst 97 Mitglieder, davon 32 Metaller und 31 Holzarbeiter. Bis 1906 stieg die Mitgliederzahl auf 234, bis 1909 auf 415, sank aber bis 1912 bereits wieder um 75.[33]

Um 1905 erwuchs der Metallarbeiter-Gewerkschaft, die dem Sozialdemokatischen Verein nahe stand, ein Konkurrent in Gestalt des „Christlichen Metallarbeiterverbands", der seinerseits aus dem 1885 gegründeten zentrumsnahen Katholischen Arbeiterverein hervorging. Mit 27 Mitgliedern in Ravensburg und 17 in Weingarten 1907 noch relativ schwach, gelang es ihm bis 1911, die Freie Metallarbeitergewerkschaft zu überflügeln.[34]

Gegenspieler der Gewerkschaften auf der Arbeitgeberseite war der Handels- und Gewerbeverein, dessen Mitgliederzahl von 99 im Gründungsjahr 1863 auf 425 im Jahr 1909 anwuchs, wobei die Handwerker gegenüber den Kaufleuten überwogen.

Schließlich verdienen an dieser Stelle noch zwei weitere Interessenvertretungen der Arbeitnehmer Erwähnung, auch wenn sie keine echten Gewerkschaften waren. 1899 wurde die Ortsgruppe Ravensburg des Deutschnationalen Handlungsgehilfen-Verbands gegründet, zu dessen Zielen eine Reduzierung der Ladenöffnungszeiten, eine bessere Kranken- und Altersversicherung seiner Mitglieder und eine bessere berufliche Fortbildung gehörten.[35] Dagegen entwickelte sich der schon 1864 gegründete Arbeiterbildungsverein im Kaiserreich mehr und mehr zu einem reinen Bildungsverein, der außerdem auch noch die Funktion einer Kranken- und Lebensversicherung seiner Mitglieder, in erster Linie Handwerksgesellen und handwerklich ausgebildete Arbeiter, wahrnahm.[36]

Wahlkämpfe und Wahlergebnisse

Mit der Entstehung politischer Parteien erhielt das politische Leben in Ravensburg ein ganz neues Gesicht. Jedoch gab (und gibt) es einen Bereich, in dem die Parteizugehörigkeit nur eine nachgeordnete Rolle spielte bzw. spielt: die Wahlen zum Gemeinderat. Erst seit den Gemeinderatswahlen von 1907 lässt sich die Zugehörigkeit oder zumindest Nähe der einzelnen Kandidaten zu einer der Parteien einigermaßen deutlich erkennen. Deshalb ist es auch erst ab 1907 möglich, den Einfluss der einzelnen Parteien im Gemeinderat ungefähr zu quantifizieren.

Bis in die neunziger Jahre spielte die Konfession der Kandidaten eine annähernd gleich wichtige Rolle wie ihre Zuordnung zu einer der politischen Parteien. Bei den Gemeinderatswahlen 1876 kam es nach der Beobachtung des evangelischen Dekans v. Biberstein zu einem für viele überraschenden Wahlbündnis zwischen den Ultramontanen (= Katholiken) und der Volkspartei, das zu einer Schwächung der Konservativen im Gemeinderat führte.[37] Die ultramontanen Katholiken, die sich konsequent an der Politik der römischen Kurie orientierten, ließen sich eben nicht ohne weiteres als links oder rechts stehend einordnen. Sie waren sich im Grunde nur darin einig, dass es im neuen, stark von Protestanten geprägten Deutschen Reich galt, gemeinsam für die katholischen Interessen einzustehen.

Den ersten echten Wahlkampf anlässlich einer Gemeinderatswahl erlebte Ravensburg bei den Nachwahlen zum Gemeinderat 1891. Diesmal standen die eher der Deutschen Partei nahe stehenden evangelischen Konservativen und Nationalliberalen zusammen mit den Ultramontanen auf der einen, die Demokraten auf der anderen Seite. Der Streit entbrannte um die Wiederwahl des Schmiedemeisters August Ade, mit dem laut Wahlanzeige „viele Wähler der Bürger- und Arbeiterschaft" (man beachte die Unterscheidung!) sympathisierten, die demokratisch oder sogar bereits sozialdemokratisch eingestellt waren.

Es kam zu einem kleinen Anzeigenkrieg in der Lokalzeitung und zu zahlreichen Wahlveranstaltungen der Befürworter und Gegner Ades. Letztere, zu denen die beiden Fabrikanten Karl Sterkel und Albert Schwarz gehörten, interessanterweise aber auch der Katholische Arbeiterverein, beschuldigten Ade, er habe sein Gemeinderatsmandat um eigener materieller Vorteile willen missbraucht. Die eher demokratisch oder sozialdemokratisch orientierten Bürger warfen ihrerseits seinen Gegnern vor, sie wollten nur einen unbequemen Mann loswerden, der die Interessen der Arbeiter im Gemeinderat vertrete.

Zwar erhielt schließlich Ade unter allen Kandidaten die meisten Stimmen und war damit wiedergewählt, die vier anderen Sitze im Gemeinderat, um die es bei dieser Wahl ging, fielen aber an Kandidaten der Gegenseite.[38]

Die gleiche Konstellation – hie Ultramontane und Nationalliberale, hie Volkspartei (Demokraten) und Sozialdemokraten – ergab sich auch bei den Gemeinderatsnachwahlen 1893. Nun traten aber erstmals drei Parteien offiziell mit ihren Wahlempfehlungen in Erscheinung: die Deutsche Partei, die Volkspartei und die Sozialdemokraten, die bei dieser Wahl unter der Bezeichnung „Arbeiterpartei" firmierten. Da sich das katholische Zentrum in Württemberg noch nicht als Partei organisiert hatte, übernahmen es der Katholische Arbeiterverein und der Katholische Männerverein, ihrerseits eine Wahlempfehlung abzugeben. Die Wahlempfehlungen der Volks- und der Arbeiterpartei waren weitgehend identisch, ebenso die Vorschläge der Deutschen Partei und der Katholischen Vereine. Dass auch diese Wahl immer noch zu einem guten Teil eine Wahl von Personen und nicht von Parteien war, beweist die Tatsache, dass zwei Kandidaten in den Wahlvorschlägen sämtlicher Gruppierungen auftauchten.[39]

Da die Wählerlisten für diese Wahl im Ravensburger Stadtarchiv erhalten blieben, können wir uns hier erstmals ein Bild von den Wahlberechtigten machen. 1893 waren von 12.450 Einwohnern 1.089 wahlberechtigt. Von diesen gehörten 960 der Ober- und Mittelschicht an: Unternehmer, Kaufleute, Akademiker, Künstler, Handwerker, Bauern, Beamte, Techniker, Facharbeiter, Büroangestellte und Lehrer. Die Übrigen waren Fabrikarbeiter, Taglöhner, Knechte, Dienstboten und Gehilfen. 80 Bürger durften nicht wählen, weil sie entweder keinerlei Steuern bezahlt hatten oder vom Ortsarmenfonds unterstützt wurden. Unter diesen waren 44 Handwerker und 25 Arbeiter, Taglöhner und Knechte. Die Wahlbeteiligung lag bei 73,5 %. Alle, die, obwohl wahlberechtigt, der Wahl fern geblieben waren, gehörten der Schicht der Arbeiter, Taglöhner und Knechte an.[40]

Wie bereits erwähnt, lassen sich erst ab 1907 die Wahlergebnisse bestimmten Parteien zuordnen. Bei den vier Gemeinderatsnachwahlen zwischen 1907 und 1913

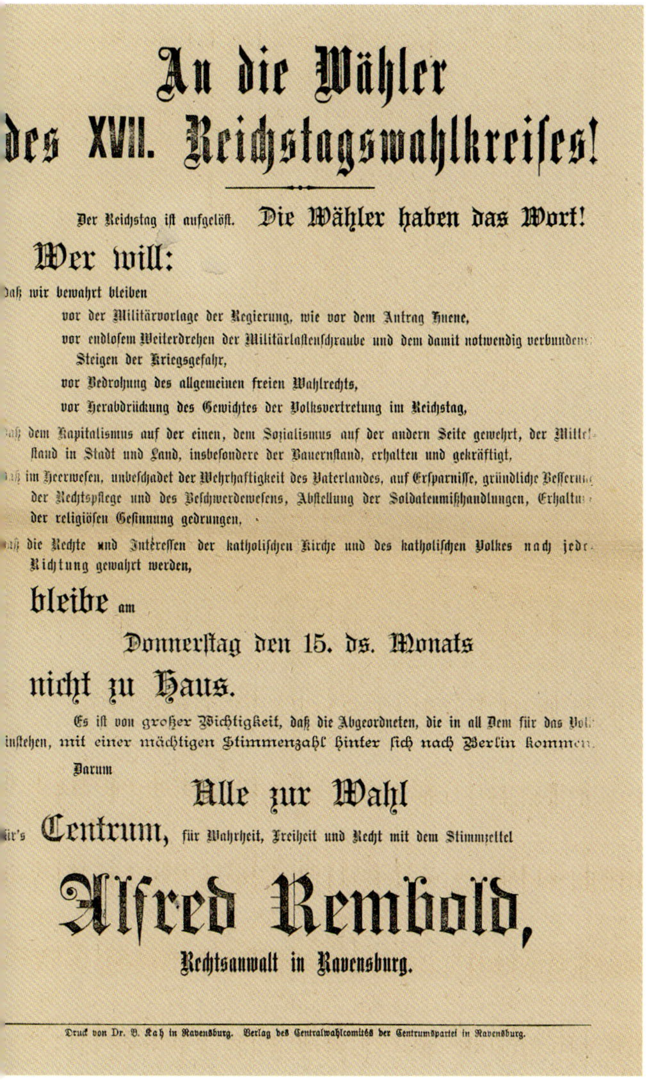

Wahlplakat des Zentrums zur Reichstagswahl 1893
Das Plakat warb für den Zentrumspolitiker Alfred Rembold, der den oberschwäbischen Wahlkreis 17 von 1893 bis 1903 im Berliner Reichstag vertrat.

betrug der Stimmenanteil des Zentrums zwischen 57,1 (1911) und 60,1 % (1907), dessen absolute Mehrheit somit nie gefährdet war. Die Sozialdemokraten konnten zwischen 10,0 (1913) und 15,8 % (1909) der abgegebenen gültigen Stimmen auf sich vereinen.

Deutsche Partei (Nationalliberale) und Volkspartei gingen 1907 und 1909 ein Wahlbündnis ein, weil sie nur so hoffen konnten, wenigstens einen Sitz im Gemeinderat zu erobern, was ihnen auch beide Mal gelang. 1907 erzielten sie einen Stimmenanteil von 24,3, 1909 von 28,1 %. Dagegen marschierten sie 1911 und 1913 getrennt, weil sich inzwischen beide stark genug fühlten, um allein ein Mandat zu erreichen. Die Deutsche Partei lag mit 15,6 % 1911 und 15,8 % 1913 knapp vor der Volkspartei, die 1911 13,1 % und 1913 15,7 % erreichte.[41]

★

Bei den Landtagswahlen lässt sich wie bei den Wahlen zum Gemeinderat eine Entwicklung von der Personen- hin zur Parteienwahl beobachten. Der Kreis der Wahlberechtigten war hier größer als bei den Gemeinderatswahlen, denn ausgeschlossen waren nun nur noch Bürger, die eine öffentliche Unterstützung erhielten. Allerdings machten viele der nunmehr wahlberechtigten jungen Fabrikarbeiter keinen Gebrauch von ihrem neuen Recht. Bei den Wahlergebnissen gab es gegenüber den Gemeinderatswahlen erhebliche Abweichungen.

Nach dem ersten Auftreten des Zentrums bei einer Landtagswahl im Jahr 1895, bei der es in Ravensburg 42,6 % der Stimmen erhielt, stieg sein Stimmenanteil von Wahl zu Wahl und erreichte 1912 bei der letzten Landtagswahl vor dem Krieg 64,7 %! Dieser Erfolg ging zu Lasten von Deutscher Partei und Volkspartei. Hatte bei der Landtagswahl 1895 die Volkspartei noch 33,2 % und die Deutsche Partei 16 % erreicht, so erzielten beide Parteien, die seit 1907 gemeinsam antraten, 1912 zusammen nur 20,9 %.[42]

★

Ähnlich groß wie bei den Gemeinderats- und Landtagswahlen waren die Wahlerfolge des Zentrums bei den Reichstagswahlen, für die im Wesentlichen dasselbe Wahlrecht galt wie für die württembergischen Landtagswahlen: ein Mehrheitswahlrecht, bei dem jeder Wahlkreis einen Abgeordneten ins Parlament entsandte.[43]

Hatte bei der ersten Wahl im März 1871 noch die Frage großdeutsch oder kleindeutsch dominiert, so zeichnete sich bereits bei der nächsten Reichstagswahl im Januar 1874 deutlich eine an Parteien orientierte Konstellation ab: auf der einen Seite die nationalliberale Deutsche Partei, auf der anderen das Zentrum. Da für beide Wahlen nur die Ergebnisse des gesamten Wahlkreises überliefert sind, nicht aber diejenigen der Oberamtsstadt allein, lassen sich erst ab 1881 Aussagen über das Wahlverhalten der Ravensburger machen. 1881 erhielt der Kandidat des Zentrums 77 % der Stimmen, 1884 72,8 %. August Bebel, der 1881 als Zählkandidat für die Sozialdemokraten auf dem Wahlzettel stand, kam in Ravensburg immerhin auf erstaunliche 12,6 %. Bei der Reichstagswahl von 1884 traten die Sozialdemokraten im Wahlkreis 17 nicht an.

D 7 Unterschiede im Wahlverhalten zwischen Stadt Ravensburg und dem Wahlkreis 17 (Oberämter Riedlingen, Saulgau, Ravensburg und Tettnang) bei den Reichstagswahlen 1887 – 1912

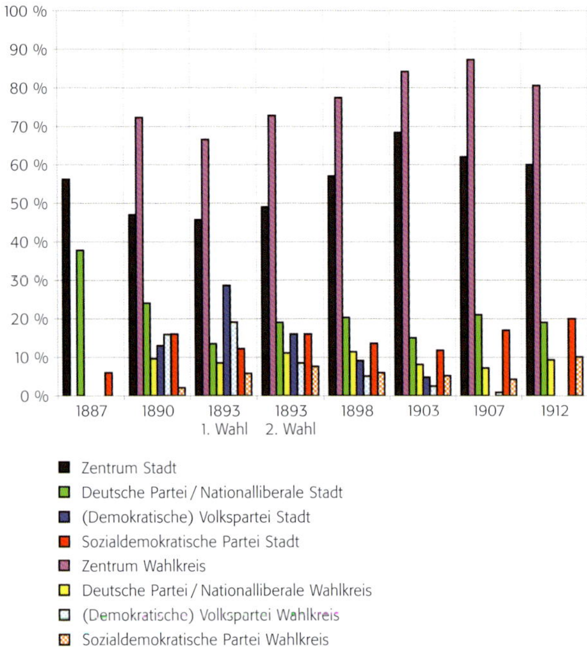

Erst seit der Reichstagswahl von 1887 lässt sich das Abschneiden der einzelnen Parteien bzw. Wahlbündnisse deutlich erkennen. D 7 zeigt die unterschiedliche Entwicklung in Ravensburg und im bäuerlich geprägten Wahlkreis (Oberämter Riedlingen, Saulgau, Ravensburg und Tettnang). Wie nicht anders zu erwarten, war das Zentrum auf dem Land stärker als in der Stadt, wogegen die drei anderen Parteien in Ravensburg bessere Ergebnisse erzielten als im übrigen Wahlkreis. Mit 68,4 % bei der Wahl von 1903 erreichte das Zentrum in Ravensburg sein bestes Ergebnis, bei der SPD war „Genosse Trend" erst seit 1903 deutlich spürbar. Sie erreichte ihr bestes Ergebnis 1912 mit 20 % Stimmenanteil. Ähnlich erfolgreich war sie innerhalb Oberschwabens nur in Biberach, während sie in Weingarten und dem nun immer stärker industrialisierten Friedrichshafen je 16 % der Stimmen erhielt.[44]

Bei der Deutschen Partei täuscht das Wahlergebnis von 1887 insofern, als der mit 37,8 % sehr gut abschneidende Rechtsanwalt Mezler parteilos war und lediglich als der Deutschen Partei nahestehend angesehen wurde. Er dürfte auch einen Teil der Stimmen der Anhänger der Volkspartei erhalten haben. Gerade dieses Wahlergebnis zeigt, dass damals die Landtags- und Reichstagswahlen noch keineswegs reine Parteiwahlen waren. Bemerkenswert war schließlich auch der Abstieg der Volkspartei, die bei den Reichstagswahlen als „Demokratische Volkspartei" (DVP) auftrat. Seit 1903 war sie in Ravensburg bei Reichstagswahlen nicht mehr dabei. Sie dürfte ihre katholischen Wähler an das Zentrum, die evangelischen weitgehend an die Deutsche Partei (Nationalliberale) verloren haben.

⋆

Am Schluss dieses Kapitels über die demokratischen Wahlen im Kaiserreich ist einer recht unerfreulichen Auseinandersetzung anlässlich einer Stadtschultheißenwahl zu gedenken, die notwendig wurde, nachdem der sehr beliebte, seit 1886 amtierende Stadtschultheiß Martin Springer am 4. Oktober 1904 überraschend gestorben war. Um seine Nachfolge bewarben sich unter zunächst sechs Kandidaten auch der Stadtschultheiß Harrer von Schramberg und der Ravensburger Stiftungsverwalter Reichle, beides ausgesprochen erfahrene und qualifizierte Verwaltungsbeamte, beide katholisch. Harrer war jedoch eine konfessionelle Mischehe eingegangen und hatte sein einziges Kind evangelisch taufen lassen. An diesem Umstand entzündete sich nun der Wahlkampf, der die immer noch vorhandenen Animositäten zwischen Katholiken und Protestanten wieder aufleben ließ. Der verstorbene Stadtschultheiß Springer war evangelisch gewesen, viele Ravensburger Katholiken fanden daher, dass nun wieder einer der ihren an die Spitze der Stadtverwaltung gelangen müsse.

Die „Speerspitzen" der Katholiken, der Männer- und der Arbeiterverein, polemisierten in Zeitungsanzeigen und Wahlversammlungen gegen den von auswärts kommenden Kandidaten unter Verweis auf seine Mischehe und die Taufe seines Kindes, auf der Gegenseite solidarisierten sich in einer seltsamen Koalition Sozialdemokraten, Nationalliberale, Volkspartei und der evangelische Männerverein mit Harrer und lasteten Reichle an, dass er kein Akademiker und mit dem Zentrum zu sehr verquickt sei. Ein „Aufschäumen von Zorn und Hass" glaubte der evangelische Dekan Knapp auf katholischer Seite beobachtet zu haben, in einem Ausmaß, wie man das nicht für möglich gehalten hätte.[45]

Am Wahltag wurde eine Rekordbeteiligung von 93 % der Wahlberechtigten (1.429 steuerzahlende Männer ab 25) erzielt. Angesichts der Majorität der Katholiken in der Stadt (79 %) war es nicht verwunderlich, dass Reichle aus der Wahl als Sieger hervorging. Eher war erstaunlich, dass er nur knapp 58 % der Stimmen erhielt, ein Zeichen dafür, dass nicht alle Katholiken sich an den offiziellen Wahlparolen orientiert hatten.[46]

Die beiden Kandidaten selbst hatten sich aus dem Streit völlig herausgehalten, und Reichle erwies sich in der Folgezeit als ein Stadtoberhaupt ohne konfessionelle Scheuklappen. In kurzer Zeit gelang es ihm, das Vertrauen der gesamten Bürgerschaft zu gewinnen.

Die Revolte vom April 1894: Symptom einer Krise

Der Überblick über die politischen Verhältnisse in Ravensburg zwischen 1870 und 1914 wäre unvollständig, wenn ein Ereignis unerwähnt bliebe, das seinerzeit viele Bürger erschreckt und verunsichert hat. Am 16. April 1894 fand in Ravensburg wie jedes Jahr der „Rekrutentag" statt, die Musterung der Zwanzigjährigen, die keine höhere Schule besucht hatten und deshalb nicht wie die Gymnasiasten nur ein Jahr lang Wehrdienst leisten mussten, sondern drei Jahre, was viele als ungerecht empfanden.

Es war durchaus üblich und wurde auch geduldet, dass die künftigen Rekruten nach der Musterung „die Sau rausließen", singend und grölend durch die Stadt zogen und sich da und dort ein Bier genehmigten. Doch an diesem schon fast frühsommerlichen 16. April 1894 ging es lauter zu als sonst, und am Nachmittag waren die meisten jungen Burschen nicht mehr nüchtern. Als am Abend die Polizei einige der angetrunkenen Rekruten zur Ordnung rufen wollte, kam es zu einem Handgemenge, das damit endete, dass mehrere sich besonders wild gebärdende Jünglinge, darunter auch ihr Anführer mit der Rekrutenfahne, in Polizeigewahrsam genommen wurden. Dies erwies sich als ein taktischer Fehler, denn jetzt kam es sehr schnell zu einer Solidarisierung zwischen den Rekruten und einem Teil der herbeigeeilten Gaffer. Vor der Polizeiwache im Waaghaus entstand binnen kurzem ein riesiger Volksauflauf, die Polizei wurde übel beschimpft und aufgefordert, die Verhafteten freizugeben. Laut dem später erstellten Protokoll der Polizei wuchs die Menge im Lauf des Abends auf über tausend Menschen an. Es ertönten Rufe wie „Hängt sie auf, die Lumpen!", „Hoch lebe die Sozialdemokratie!" oder „1848 lebe hoch!" Unter einem Steinhagel gingen sämtliche Fensterscheiben der Wache zu Bruch.

Auch Stadtschultheiß Springer gelang es nicht, die Gemüter zu beruhigen, er wurde beschimpft und sogar tätlich angegriffen. Als er damit drohte, Militär aus Weingarten zu Hilfe zu rufen, buhte ihn die Menge aus. Da gegen elf Uhr in der Nacht die Menge Anstalten zu machen schien, die Polizeiwache zu stürmen, gab die Polizei schließlich zähneknirschend nach und ließ die Verhafteten samt ihrer Fahne frei.

Zwar kehrte daraufhin Ruhe ein, doch am nächsten Tag kam es nachmittags erneut zu einem Auflauf vor der Wache. Diesmal standen nicht die Rekruten im Vordergrund, sondern „Arbeiter, Weiber, Buben", wie ein Chronist später schrieb. Nur mit größter Mühe gelang es schließlich der entschlossen auftretenden, von Polizisten und Landjägern flankierten Obrigkeit – Stadtschultheiß, Gemeinderäten, Oberamtmann und Staatsanwalt –, die Menge soweit zu beruhigen, dass sie sich zerstreute.

Ein schwerer Schock war die Folge, weit über Ravensburg hinaus. Die Presse des ganzen Landes widmete dem unerwarteten Vorfall in der bisher so friedlich scheinenden Stadt Aufmerksamkeit, das Besitzbürgertum war verstört. So etwas hatte es seit der Revolution von 1848/49 nicht mehr gegeben. Die Staatsanwaltschaft ermittelte, und schon am 22. Juni lag die Anklageschrift gegen 112 namentlich genannte Aufrührer vor. Allerdings mussten sich dann vor Gericht nur noch 82 verantworten.

Der Prozess fand wegen der großen Zahl der Angeklagten und des Interesses der Öffentlichkeit in der Turnhalle auf der Kuppelnau statt. 50 Zeugen wurden verhört. Schließlich kam es zur Verurteilung von nur 14 der Angeklagten wegen „Widerstands gegen die Staatsgewalt, Aufruhr und Landfriedensbruch". Die Gefängnisstrafen lagen zwischen vier Wochen und zwei Jahren.

Wer waren die Rebellen und warum kam es überhaupt zu dieser Revolte? Von den ursprünglich 112 Angeklagten waren die meisten, nämlich 83, unter 24 Jahre alt, 74 sogar unter 21. Nur acht waren über 40. Fast alle gehörten der Unterschicht der „unselbstständigen" Fabrikarbeiter, Handwerksgesellen und Dienstboten an, die keinen eigenen Haushalt hatten, sondern nur eine Schlafstelle in der Stadt oder in einem der Fabrikarbeiterhäuser, die nach 1870 errichtet worden waren. Etwa die Hälfte der Angeklagten kam von auswärts, einige wenige wohnten noch bei ihren Eltern. Nur zwei der Angeklagten besaßen Grundbesitz in der Stadt und betrieben ein selbstständiges Gewerbe. Außer einem Dienstmädchen aus Bayern, das offenbar nur eine Mitläuferin war und freigesprochen wurde, waren keine weiteren Frauen unter den Angeklagten.[47]

Die Tatsache, dass sich so viele Menschen an dem aus einem unbedeutenden Anlass entstandenen Auflauf beteiligt hatten, lässt darauf schließen, dass ein nicht unerheblicher Teil der Bevölkerung mit den herrschenden Verhältnissen unzufrieden gewesen sein muss. Sie zeigt aber auch, dass es eine „untere Volksklasse" (so der Ausdruck in vielen amtlichen und nichtamtlichen Quellen) gab, die nicht eingebunden war in die bürgerliche Gesellschaft der immer noch nicht besonders großen Stadt. Binnen weniger Jahrzehnte war ein Arbeiterproletariat

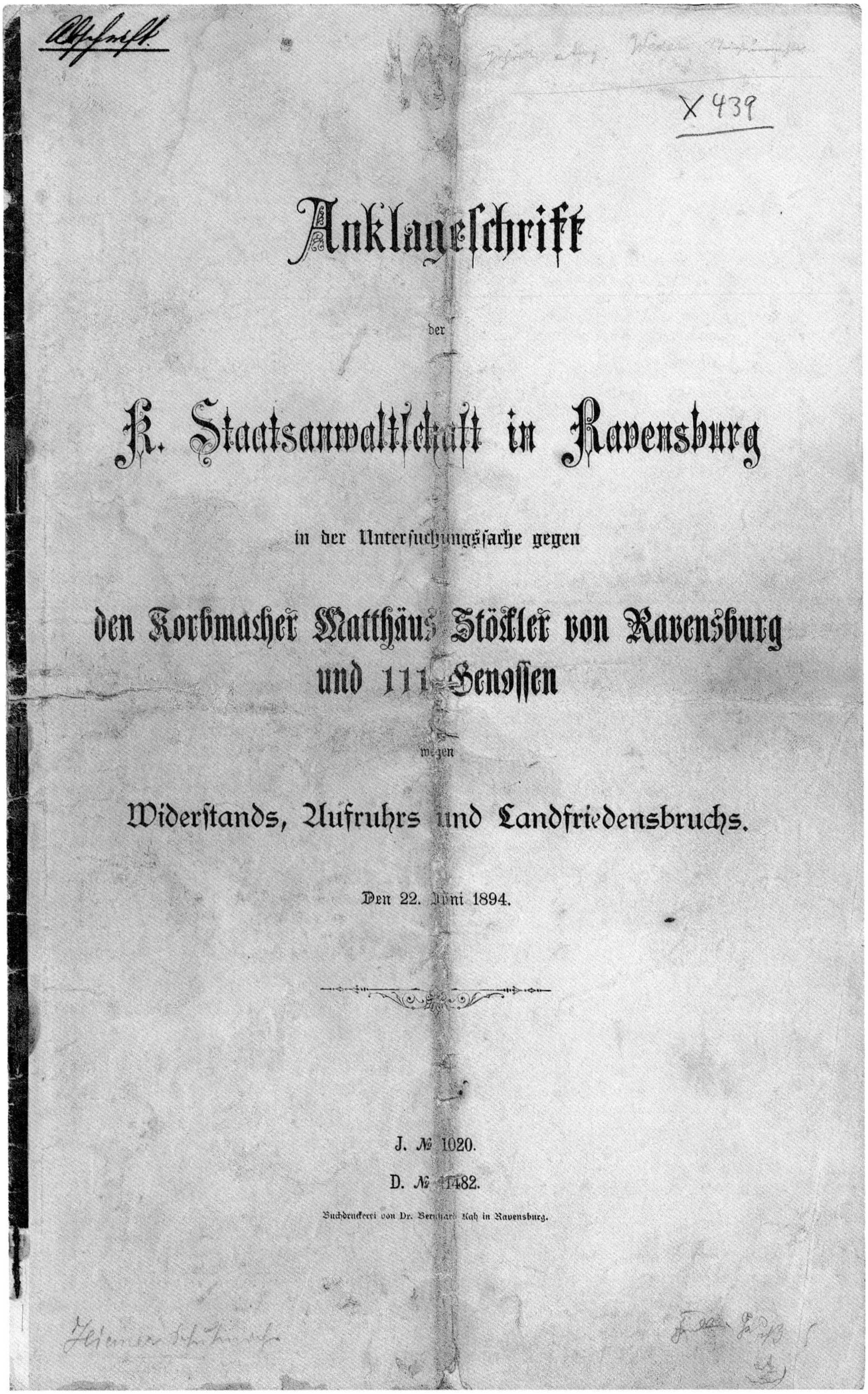

Abschrift.

X 439

Anklageschrift

der

K. Staatsanwaltschaft in Ravensburg

in der Untersuchungssache gegen

den Korbmacher Matthäus Stöckler von Ravensburg und 111 Genossen

wegen

Widerstands, Aufruhrs und Landfriedensbruchs.

Den 22. Juni 1894.

J. № 1020.

D. № 11482.

Buchdruckerei von Dr. Bernhard Kah in Ravensburg.

Anklageschrift der Staatsanwaltschaft Ravensburg gegen 112 Teilnehmer an der Revolte vom 16. und 17. April 1894 entstanden, das viele noch gar nicht richtig wahrgenommen hatten. Und die wunderten sich nun und bekamen es mit der Angst zu tun.

In diesem Zusammenhang ist eine Äußerung des Stiftungsverwalters und späteren Oberbürgermeisters Andreas Reichle aus dem Jahr 1895, ein Jahr nach der Revolte, von Interesse. Er wies die Kreisregierung Ulm darauf hin, dass in jüngster Zeit „vom Lande eine große Anzahl von Familien" nach Ravensburg gezogen sei, „die hier momentan leichter als in der Umgegend Arbeitsgelegenheit als Taglöhner bekommen [...] besonders Winters über, wo seit mehreren Jahren theilweise Arbeitslosigkeit herrschte".

Ein wesentlicher Grund für diese Flucht vom Land in die Stadt war das seit 1873 im gesamten Deutschen Reich geltende Gesetz über den Unterstützungswohnsitz. Es ersetzte das alte Gewohnheitsrecht, wonach ein in Armut Geratener einen Anspruch auf Unterstützung durch seine Heimatgemeinde hatte. Mit dem neuen Gesetz aber hatte jeder Deutsche das Recht, im Notfall die Armenfürsorge derjenigen Gemeinde in Anspruch zu nehmen, in der er seit mindestens zwei Jahren seinen Wohnsitz hatte. Ravensburg mit seinen reichen Armenstiftungen und seinem Angebot an Arbeitsplätzen in der Industrie war deshalb für viele ein besonders attraktives Ziel.[48]

Die Revolte von 1894 war gleichsam ein Warnschuss, der den Sozialdemokraten und Gewerkschaften durchaus gelegen kam, um neue Mitglieder bzw. Wähler zu gewinnen. Zudem machte sie vielen Bürgern erstmals bewusst, was sie bisher noch nicht so recht hatten wahrhaben wollen, dass nämlich Ravensburg nicht mehr das gemütliche Biedermeierstädtchen der ersten Jahrhunderthälfte war. 1894 war das vorletzte Jahr einer wirtschaftlichen Stagnationsphase, die auch in Ravensburg die Zahl der Arbeitslosen hatte steigen lassen. Da ab 1896 ein lang anhaltender wirtschaftlicher Aufschwung einsetzte und die Arbeitslosigkeit auch in Ravensburg trotz der Schließung der größten Textilfabrik im Jahr 1900 (siehe Seite 147) sank, blieb es in der Folgezeit ruhig. Erst nach dem verlorenen Ersten Weltkrieg kam es 1918/19 erneut zu größeren Unruhen in der Stadt.

Die lokale Presse

Bis 1893 gab es, abgesehen von den Revolutionsjahren 1848/49 und einer „Eintagsfliege", der nur einige Monate lang erscheinenden „Bürger-Zeitung für Oberschwaben und die Seegegend"[49], nur eine Lokalzeitung, den aus dem „Amts- und Intelligenzblatt" hervorgegangenen „Oberschwäbischen Anzeiger". Da seine Bericht-

Martin Springer (1842–1904), Stadtschultheiß von 1886 bis 1904

erstattung, insbesondere die über das Lokale hinausgehende, manchen Lesern nicht ausführlich und anspruchsvoll genug war, kursierten in Ravensburg noch andere Zeitungen.

Manche Vereine wie das „Museum" und das „Bürgermuseum", aber auch der Katholische Gesellenverein oder der Arbeiterbildungsverein abonnierten für ihre Mitglieder Zeitungen wie den „Schwäbischen Merkur", das „Neue Tagblatt", den „Beobachter", den „Schwarzwälder Boten", die „Augsburger Allgemeine Zeitung" oder die „Kreuzzeitung". Andere suchten per Annonce einen oder mehrere Mitleser, um sich die Kosten für ein Abonnement des „Schwäbischen Merkur" oder des „Deutschen Volksblatts", des „Centralorgans der württembergischen Katholiken" zu teilen.[50]

Der unter den Verlegern Carl Maier (von 1856 bis 1867), Eugen Ulmer (von 1867 bis 1874) und Eugen Metzger (von 1874 bis 1889) – alle drei Protestanten – liberal bis konservativ orientierte „Oberschwäbische Anzeiger" war lange Zeit eher ein Anzeigen- und Amtsblatt. Nachdem König Karl von Württemberg bei seinem Regierungsantritt 1864 die Zensur aufgehoben hatte, wurde die Berichterstattung etwas ausführlicher, und seit Kriegsbeginn im Juli 1870 umfasste der redaktionelle Teil zweieinhalb bis drei Seiten statt wie bisher nur eine bis zwei. Außerdem erschien die Zeitung von nun an sechsmal in der Woche.

Der Charakter der Zeitung änderte sich erst während des Kulturkampfs. Auslöser war der seit 1887 erscheinende ultramontane „Generalanzeiger von Oberschwaben", durch dessen Konkurrenz sich der damalige Verleger des „Oberschwäbischen Anzeigers" Eugen Metzger so unter Druck gesetzt fühlte, dass er die Zeitung 1889 verkaufte.[51] Dem neuen Verleger Bernhard Kah gelang es, die Auflage innerhalb weniger Jahre beträchtlich zu erhöhen.

Um 1910 erreichte die Zeitung die für damalige Verhältnisse hohe Abonnentenzahl von ungefähr 11.000. Zu den von Kah durchgesetzten Veränderungen gehörte eine zusätzliche Ausgabe der Zeitung am Sonntag. Außerdem gab er dem Blatt eine betont katholische, zentrumsnahe Ausrichtung, was natürlich keineswegs überall auf Zustimmung stieß. Zwar versuchte eine Gruppe von Anhängern der nationalliberalen Deutschen Partei 1893 mit der „Ravensburger Zeitung" ein Gegengewicht zu schaffen, doch der Versuch, einen ausreichend großen Abonnentenstamm zu gewinnen, misslang. Bereits 1896 musste die Zeitung ihr Erscheinen einstellen.[52]

Großen Ärger handelte sich der Verleger Bernhard Kah ein, als er 1892 eine Kampagne gegen die „Höhere Mädchenschule" startete. Diese war 1887 von einer überkonfessionellen Bürgergruppe als Konkurrenz zum „Klösterle", der rein katholischen Mädchenschule der Armen Schulschwestern (siehe Teil 2 Seite 104), gegründet worden. Stein des Anstoßes war für den „Oberschwäbischen Anzeiger" die Tatsache, dass in der neuen Schule simultane Elementarklassen eingerichtet wurden, also gemeinsame Klassen für katholische und evangelische Mädchen. Dieser Umstand veranlasste die katholische Kirche, bis 1908 katholischen Religionsunterricht an der Schule zu verweigern. Die Polemik der Zeitung ging so weit, dass einer ihrer Redakteure verklagt und 1893 wegen Beleidigung des eigentlichen Gründers der Schule, des katholischen, aber liberalen Rechtsanwalts Eugen Mezler, verurteilt wurde.[53]

Auch Ausfälle des Blatts gegen die Landes- und Reichsregierung kamen trotz Abmahnungen immer wieder vor, wie die Kreisregierung Ulm missbilligend konstatierte. Gleichzeitig wies diese Behörde aber darauf hin, dass die Zeitung neuerdings eine Verbreitung weit über Ravensburg hinaus gefunden habe.[54]

1901 stellte der evangelische Dekan Gotthold Knapp mit leichtem Bedauern fest, der „Oberschwäbische Anzeiger" sei konkurrenzlos und besitze eine unangefochtene Stellung, obwohl er immer mal wieder gegen die Protestanten polemisiere. Mit Rücksicht auf ihre katholische Kundschaft bliebe den evangelischen Geschäftsleuten gar nichts anderes übrig, als in diesem Blatt ihre Anzeigen zu veröffentlichen.[55] Tatsächlich gelang es der Zeitung, bis zum Jahr 1910 eine Auflage von 11.000 zu erreichen. Damit war sie die größte Tageszeitung in Oberschwaben. Um sicherzustellen, dass die Zeitung ihr politisches Profil unabhängig von seiner Person behielt, wandelte Kah den Zeitungsverlag 1916 in eine GmbH um mit einem Redaktionsbeirat, dem prominente oberschwäbische Katholiken angehörten.[56]

Eine zweite Tageszeitung von längerer Lebensdauer erschien seit 1912, die von dem Druckereibesitzer Friedrich Ulrich herausgegebene „Oberschwäbische Volks-Zeitung". Inhaltlich unterschied sie sich vom „Anzeiger" eigentlich nur durch ihre protestantenfreundlichere Haltung. Zwar gewann sie dadurch eine größere Zahl evangelischer Leser, aber da sie ihre Klientel nicht zuletzt auf dem Lande und beim städtischen Mittelstand suchte, nahm sie von Anfang an auch auf katholische Belange Rücksicht.

Bald erwies sich das Nebeneinander zweier Tageszeitungen als problematisch. Dafür war die Zahl der an einer regelmäßigen Zeitungslektüre interessierten Abonnenten im südlichen Oberschwaben einfach zu klein. Im Kriegsjahr 1916 gerieten beide Zeitungen in wirtschaftliche Schwierigkeiten und mussten auf eine neue finanzielle Basis gestellt werden, was nicht ohne Komplikationen geschah. Mit mehrfachen Finanzspritzen gelang es immerhin bis 1935, beide Zeitungen am Leben zu erhalten.[57]

Verwaltung, öffentliche Ordnung, Finanzen

Alte und neue Aufgaben der Stadt- und der Stiftungsverwaltung

Schon vor 1870 hatte sich der Aufgabenbereich der Kommunen allmählich verändert. Abgesehen von der Armenfürsorge standen bis tief ins 19. Jahrhundert nicht primär Dienstleistungen im Vordergrund der kommunalen Verwaltungstätigkeit, sondern die Wahrnehmung von Hoheitsrechten, die Aufrechterhaltung der öffentlichen Ordnung und Sicherheit, kurzum der „Polizei", wie man damals sagte, denn der Begriff „Polizei" besaß im 19. Jahrhundert noch eine viel weiter reichende

Bedeutung als heute (z.B. Feuerpolizei, Baupolizei, Gesundheitspolizei).

Nun traten neue Aufgaben hinzu: die ausreichende Versorgung der Einwohner mit Wohnraum, Wasseranschluss im Haus, Gas, Strom, Grünanlagen, der Bau von Schlachthöfen, Turnhallen und Badeanstalten, eine regelmäßige Müllabfuhr sowie eine verbesserte medizinische Versorgung, außerdem Dienstleistungen wie die Vermittlung von Arbeit oder Wohnraum. Seit 1876 gab es Standesämter, die unabhängig von den bis dahin allein zuständigen Pfarrämtern alle Veränderungen des Personenstands – Eheschließungen, Geburten und Todesfälle – beurkundeten. Auch die Versorgung mit immateriellen Gütern wie Bildung, theoretischem und praktischem Wissen, wurde intensiviert. Verwiesen sei nur auf die gewerblichen und kaufmännischen Fortbildungsschulen und auf neue kulturelle Einrichtungen wie Theater- und Konzertgebäude.

Ravensburg hatte das Glück, auch nach der Jahrhundertgestalt Franz v. Zwerger (gest. 1856) tüchtige Stadtschultheißen zu besitzen, die nicht nur gegenüber neuen wirtschaftlichen Entwicklungsmöglichkeiten aufgeschlossen waren, sondern auch ihre soziale Verantwortung im Auge behielten. Für diesen letzteren Bereich ist vor allem der von 1904 bis 1921 amtierende Stadtschultheiß (seit 1910 Oberbürgermeister) Andreas Reichle zu nennen. Zuvor war er 13 Jahre lang in Ravensburg als Stiftungsverwalter für die Armenfürsorge zuständig gewesen, so dass er gerade mit Fragen der städtischen Sozialpolitik eng vertraut war. Der fromme Katholik verkörperte wie kein anderer die soziale Richtung des Zentrums. Seine jährlichen Tätigkeitsberichte pflegte er stets mit den Worten „Das walte Gott!" zu schließen.

Schon 1873 war von Staats wegen die Verwaltung der mildtätigen Stiftungen reformiert worden. Anlass dafür war das nun für das gesamte Deutsche Reich geltende Gesetz über den Unterstützungswohnsitz (siehe Seite 139), das gerade Städten wie Ravensburg, in denen durch die Industrialisierung eine neue Schicht ortsfremder Fürsorgeempfänger entstanden war, zusätzliche Armenlasten aufbürdete.

Für die Vergabe der Stiftungsmittel war seit 1873 nicht mehr der Stiftungsrat, sondern der Gemeinderat als „Ortsarmenbehörde" zuständig. Bald setzte sich jedoch die Erkenntnis durch, dass für diese Aufgabe ein kleineres Fachgremium, ein Ausschuss, geeigneter wäre, weshalb der Gemeinderat 1877 seine Zuständigkeit an die „Armendeputation" delegierte.[58] Ein Gremium mit dieser Bezeichnung hatte es zwar schon früher gegeben (siehe Teil 2 Seite 86), aber ohne derart weitreichende Kompetenzen. Die neue, aus sechs Mitgliedern des Gemeinderats und Bürgerausschusses, dem Stadtschultheißen und je einem evangelischen und katholischen Geistlichen bestehende Armendeputation entschied von nun an allein über die Unterstützungsgesuche. Sie teilte das Stadtgebiet in fünf „Armendistrikte" ein, in denen je ein „Armenpfleger" Aufsicht über die dort öffentlich unterstützten Armen führte und die Mitglieder der Armendeputation über den Grad der Bedürftigkeit der Antragsteller in seinem Distrikt informierte.[59]

Die Reform der Stiftungsverwaltung scheint in Ravensburg gut funktioniert zu haben, denn im Zentralorgan der württembergischen Wohltätigkeitsvereine, den „Blättern für Armenwesen", wurde die Ravensburger Armenpflege 1895 als vorbildlich bezeichnet.

Ein weiterer wichtiger Schritt bei der Modernisierung der städtischen Verwaltung wurde 1895 mit der Einrichtung eines städtischen Arbeitsamts getan. Private Arbeitsvermittler hatte es schon früher gegeben, etwa „Magdverdingerinnen", an die sich vor allem junge Mädchen vom Lande wenden konnten, die in der Stadt Arbeit suchten. 1891 hatte der Wirt des Gasthofs zum Schwarzen Adler am Viehmarkt, Anton Baumann, einer von Dienstboten bevorzugten Herberge, ein „Büro für

Der Unternehmer und Mäzen Julius Spohn (1841–1919)

Arbeitsnachweis" eingerichtet, das kostenlos Arbeitsuchende an Arbeitgeber vermittelte.[60]

Als in den neunziger Jahren die Arbeitslosigkeit deutlich stieg, wandten sich im Winter 1894/95 auf Seiten der Arbeitgeber der Handels- und Gewerbeverein, auf Seiten der Arbeitnehmer die Ortsgruppen der Gewerkschaften der Metallarbeiter und der Schneider, unterstützt vom Sozialdemokratischen Verein, an den Gemeinderat mit dem Antrag, ein Arbeitsamt einzurichten. Es liege, so wurde argumentiert, im Interesse der Stadt, eine Stelle zu schaffen, die unentgeltlich Arbeit vermittle, da so der Verarmung vorgebeugt werde.

Die Antragsteller stießen auf offene Ohren; Anfang April 1895 wurde das städtische Arbeitsamt mit zwei Teilzeitkräften eröffnet. Es sollte für den gesamten Oberamtsbezirk zuständig sein, weshalb sich das Oberamt an den Kosten beteiligte. Schon im ersten Monat seiner Tätigkeit konnte das neue Amt 65 Stellen vermitteln, hauptsächlich an arbeitsuchende Dienstmädchen und Taglöhner. 1899 lag die Zahl der Stellenvermittlungen bereits bei 806, 1912 bei 6.000. Damit rangierte das Ravensburger Arbeitsamt hinter den Arbeitsämtern der weit größeren Städte Stuttgart, Ulm und Heilbronn an vierter Stelle in Württemberg. Mit Georg Brüstle erhielt es 1910 einen hauptamtlichen Leiter, der mit verschiedenen neuen Ideen auch auf Landesebene vielbeachtete Akzente setzte. So erweiterte er den Aufgabenbereich seines Amts um die Vermittlung von Lehrstellen, erwirkte 1912 eine zusätzliche Stelle speziell für die Vermittlung von Arbeitsplätzen für Frauen und machte die Zahlung von Unterstützungshilfen von der Meldepflicht der Antragsteller beim Arbeitsamt abhängig. Erst 1923 ging das städtische Arbeitsamt als Bezirksarbeitsamt in die Zuständigkeit des Oberamts über.[61]

Zu den Reformen innerhalb der Stadtverwaltung gehörte schließlich auch die Aufteilung des städtischen Bauamts 1891 in ein Hochbau- und ein Tiefbauamt. Sie war vor allem deshalb notwendig geworden, weil in den neunziger Jahren gerade im Tiefbau neue große Aufgaben zu bewältigen waren. An erster Stelle stand die Erneuerung der Kanalisation im Zusammenhang mit dem Bau einer Hochdruckwasserleitung. Im Zuge der Stadterweiterung mussten außerdem neue Straßen angelegt werden und anstelle des alten Befestigungsgürtels rings um die Stadt entstanden Grünanlagen.

Öffentliche Ordnung, Polizei, Justiz, Feuerwehr

Bis in die Zeit nach dem Ersten Weltkrieg besaß die Stadt noch die volle Polizeihoheit. Das Polizeiamt war 1909 22 Mann stark, davon 18 eigentliche Polizisten und je zwei Feldhüter und zwei Turmwächter. Schon 1891 war das traditionsreiche Nachtwächteramt abgeschafft worden. Dafür wurden zusätzlich vier Mann bei der Sicherheitspolizei eingestellt. 1911 beschloss der Gemeinderat, auch das ebenso altehrwürdige Amt der Hochwächter auf dem Blaserturm aufzulösen.

Die Zahl der Ordnungsverstöße und Kriminalfälle war beachtlich. 1910 gingen bei der Ravensburger Polizei 233 Anzeigen wegen Diebstahl, 117 wegen Betrug und eine wegen Mord ein. 1909 erfolgten 771 Festnahmen aus den verschiedensten Gründen. Ein Großteil der Festgenommenen wurde dem Oberamt überstellt, das für Bettelei, Landstreicherei und Prostitution zuständig war.[62]

Bis zur Erbauung des Oberamtsgefängnisses neben dem Oberamtsgebäude in der Seestraße 1862 und des „Roten Hauses" in der Herrenstraße gegenüber dem Amtsgericht im Jahr 1876, dienten zwei der mittelalterlichen Türme als Gefängnisse: Der Frauentorturm war schon seit reichsstädtischer Zeit Gefängnis für die Kriminalverbrecher. Dem gleichen Zweck diente er seit 1837 als Oberamtsgefängnis, während im benachbarten Grünen Turm die Untersuchungsgefangenen einsaßen. Dort befanden sich auch vier Arrestzellen, für welche die städtische Polizei zuständig war.[63]

Das Gerichtsverfassungsgesetz für das Deutsche Reich von 1877 beschränkte die städtische Gerichtsbarkeit auf vermögensrechtliche Streitfälle („Schuldklagen") bis zu einer Höhe von 60 M.[64] Eine Ausweitung erfuhr die Zuständigkeit der Stadt in Rechtsangelegenheiten 1891. In diesem Jahr wurden in sieben württembergischen Städten, darunter in Biberach und Ravensburg, Gewerbegerichte errichtet, deren Aufgabe es war, Streitigkeiten zwischen Arbeitgebern und Arbeitnehmern, zum Beispiel wegen Lohnforderungen, angefochtener Kündigungen oder nicht gezahlter Krankenversicherungsbeiträge, zu schlichten. Diese Schlichtungsinstanz bestand aus je zwölf Vertretern der Arbeitgeber (Handwerksmeister und Fabrikanten, aber keine Kaufleute) und Arbeitnehmer (Fabrikarbeiter, Heimarbeiter und Handwerksgesellen) und tagte unter dem Vorsitz des Stadtschultheißen.

Vor der ersten Wahl der Beisitzer des Gewerbegerichts im März 1891 warben der sozialdemokratische Arbeiterwahlverein und die „Fachvereine" (= Gewerkschaften) der Metallarbeiter und Former (Facharbeiter in den Gießereien der Maschinenfabriken) auf der einen, der Katholische Arbeiterverein gemeinsam mit dem Katholischen Gesellenverein auf der anderen Seite per Zeitungsannoncen für ihre Wahlvorschläge. Wahlberechtigt waren sämtliche männlichen Arbeitnehmer und Arbeitgeber. Tatsächlich beteiligten sich an der Wahl 25

Bau einer Hochdruckwasserleitung in der Marktstraße, 1895
Das Gewimmel von Arbeitern, fast alle übrigens mit Hut, macht deutlich, mit welch großer Zahl von Arbeitskräften damals größere Bauvorhaben realisiert wurden. Unter den hier abgebildeten Arbeitern befanden sich mit großer Wahrscheinlichkeit auch italienische Wanderarbeiter.

Arbeitgeber und 245 Arbeitnehmer. Das Wahlergebnis bei den Arbeitnehmern war aufschlussreich: Es brachte einen eindeutigen Sieg der Gewerkschaftler über die organisierte katholische Arbeiterschaft. Vom Wahlvorschlag der ersteren wurden elf, vom Wahlvorschlag der letzteren dagegen nur ein Kandidat gewählt.[65] Die neue Einrichtung gewann sehr rasch eine erhebliche praktische Bedeutung. 1892 wurden 36 Streitfälle verhandelt. 32-mal traten Arbeitnehmer, viermal Arbeitgeber als Kläger auf. Bis 1906 stieg die Zahl der jährlichen Klagen auf 59.[66]

Nebenbei gewannen die Gewerbegerichte eine Bedeutung als Kaderschmieden für intelligente, rhetorisch begabte Arbeiter, die hier lernten, wie man wirkungsvoll argumentiert, wie man sich „parlamentarisch" auseinandersetzt. Es war gewiss kein Zufall, dass das erste sozialdemokratische Mitglied im Ravensburger Gemeinderat, der Modellschreiner Lorenz Ehrler, zuvor jahrelang Beisitzer im Gewerbegericht gewesen war. 1904 wurden die Gewerbegerichte durch Kaufmannsgerichte ergänzt, deren Zusammensetzung und Funktion denjenigen der Gewerbegerichte entsprach.

Schließlich noch ein paar Worte zur Feuerwehr, die 1863 neu organisiert wurde, weil das Nebeneinander von Freiwilligen und Pflichtfeuerwehr zu Reibungen und Kompetenzwirrwarr geführt hatte. Das 1847 aus Freiwilligen gebildete „Pompier-Corps", das für die Bedienung der großen Feuerwehrspritze zuständig war (vgl. Teil 2 Seite 35), wurde aufgelöst. Als einzige Freiwilligenabteilung blieb die Steigerabteilung übrig, die für die Rettung von Menschen und Wertsachen mittels Leitern zuständig war.

Die gesamte übrige Feuerwehr bestand aus Feuerwehrpflichtigen: Rettungs- und Spritzenmannschaft, Wasserbeibringer und Sicherheitswache. Die Aufgabe der letzteren war der Schutz der Brandstellen. Eine entscheidende Verbesserung der Brandbekämpfung brachte die Fertigstellung der Hochdruckwasserleitung 1896. Durch mehrere Hydranten in der Altstadt wurde nun die Wasserbeschaffung gegenüber früher enorm erleichtert.

Eine Professionalisierung der Ravensburger Feuerwehr erfolgte 1905/06. Das umständliche und veraltete Alarmsystem wurde 1905 durch die Einrichtung einer so genannten Weckerlinie, die aus 30 gut ausgebildeten Feuerwehrleuten bestand, wesentlich verbessert. Von diesen hatte jeder einen elektrischen Wecker in seiner Wohnung oder an seinem Arbeitsplatz und konnte so mittels eines elektrischen Läutwerks in der Polizeiwache innerhalb von Sekunden alarmiert werden.

Ein Jahr darauf trat an die Stelle der alten Pflichtfeuerwehr eine straff organisierte, aus zwei Kompanien bestehende Freiwillige Feuerwehr. Die Modernisierung der gesamten Ausrüstung der Feuerwehr wurde seit 1907 durch eine neu eingeführte Feuerwehrsteuer finanziert.[67]

Die finanzielle Situation der Stadt

Bis zur Einführung der Einkommensteuer im Jahr 1903 waren die „Ertragssteuern" aus Grund und Boden, Gebäuden und Gewerbe der größte Einnahmeposten, der allerdings zum größeren Teil an den Staat bzw. das Oberamt abgeführt werden musste. Eine reine Gemeindesteuer war die Wohnsteuer, eine Kopfsteuer, die alle von auswärts in die Stadt gezogenen volljährigen Männer und Frauen zu entrichten hatten, die nicht das Bürgerrecht (und damit einen Anspruch auf Unterstützung im Fall der Verarmung) erwarben, aber einen eigenen Haushalt führten und „auf eigene Rechnung" lebten.

Da die Steuerverwaltung immer komplizierter wurde, trennte man sie 1889 von der Stadtpflege (heute Stadtkämmerei) ab und übertrug sie einem selbstständig geführten städtischen Steueramt. Um den jährlichen Haushalt auszugleichen, wurde weiterhin eine Umlage erhoben, der so genannte „Stadtschaden", der je nach Haushaltslage einmal höher, einmal niedriger lag. Seit 1877 wurde er im gleichen Verhältnis wie bei der Staatssteuer auf die drei Einkommensquellen Grund, Gebäude, Gewerbe umgelegt. Da mit der Einführung der Einkommensteuer die Steuer aus Grund, Gebäude und Gewerbe gesenkt wurde, konnten die Gemeinden zum Ausgleich einen Zuschlag von bis zu 50 % der staatlichen Einkommensteuer erheben.[68]

Mit der Vermehrung der von der Stadt übernommenen Aufgaben und den wachsenden Ansprüchen stiegen die städtischen Ausgaben in der zweiten Jahrhunderthälfte überproportional. Neben dem Straßenbau, dem neuen Gaswerk, der neuen Friedhofsanlage und der Kanalisation verschlang das noch immer rein kommunale Schulwesen enorme Summen. Da auch die Belastung des Ortsarmenfonds seit der Neuregelung der Armenfürsorge im Jahr 1873 gewachsen war, konnte der städtische Haushalt nicht mehr wie früher durch Finanzspritzen aus dem Stiftungsvermögen gestützt werden. Hatte die Gemeindeumlage, der „Stadtschaden", 1870 noch bei (umgerechnet) ca. 25.600 M gelegen, so stieg er bis 1890 auf 90.000 M und lag 1904 schon bei 168.000 M.[69]

Das war eine alarmierende Entwicklung, denn die Inflationsrate lag weit niedriger, und auch die Staatssteuern waren in einem viel geringeren Umfang gestiegen. Hinzu kam die negative Entwicklung beim Ortsarmenfonds, die sich an drei Zahlen veranschaulichen lässt. Sein Vermögen (Aktiva) betrug in Goldmark: 1876 1,614

Millionen, 1895 0,577 Millionen und 1905 nur noch 0,143 Millionen M.[70] 1910 konnte die Stiftungsverwaltung ihre Ausgaben nicht mehr aus eigenen Mitteln bestreiten, sondern war auf Zuschüsse aus der Stadtkasse angewiesen.[71] Wie sich die „Armenlasten" im Einzelnen verteilten, wird auf Seite 172 erläutert.

Die wirtschaftliche Entwicklung

Die Industrie: Wachstum und Stagnation

In den 43 Jahren zwischen der Gründung des neuen Deutschen Reichs und dem Beginn des Ersten Weltkriegs wuchs Ravensburg dank einiger günstiger Rahmenbedingungen kontinuierlich weiter. Die „Gründerjahre" bis 1876 standen sogar im Zeichen eines besonders kräftigen Wachstums, danach kam es dann allerdings nur noch zur Gründung kleinerer Unternehmen. Bezeichnend war es auch, dass von keiner der drei großen Ravensburger Maschinenfabriken Escher Wyss, Honer und Haas zwischen 1872 und 1895 auch nur ein einziger neuer Dampfkessel angeschafft wurde. Seit den achtziger Jahren war das Wirtschaftswachstum in Ravensburg bescheidener als in den meisten anderen Mittelstädten Württembergs.[72] Dies lässt sich durch einen Vergleich mit der Entwicklung der Einwohnerzahlen in elf anderen württembergischen Städten, darunter neun ehemalige Reichsstädte, zwischen 1871 und 1912 verdeutlichen[73]:

	Einwohnerzahl 1871	Einwohnerzahl 1912	Wachstum in %
Heidenheim	5.167	17.780	244 %
Göppingen	8.649	22.373	159 %
Friedrichshafen	2.827	7.041	149 %
Esslingen	14.109	32.216	128 %
Tuttlingen	7.181	15.862	121 %
Reutlingen	14.237	29.763	109 %
Aalen	5.552	11.347	104 %
Schwäbisch Gmünd	10.739	21.312	98 %
Rottweil	5.135	9.644	88 %
Ravensburg	**8.433**	**15.594**	**85 %**
Biberach	7.091	9.360	32 %
Schwäbisch Hall	7.793	9.321	20 %

Für die beiden Säulen der Ravensburger Industrie, die Textil- und Maschinenfabriken, wirkte sich die Randlage der Stadt nach 1870 stärker als früher entwicklungshemmend aus. Beide Industriezweige hatten einen zunehmenden Bedarf an Steinkohle, die Maschinenfabriken außerdem an Eisen, die Textilfabriken an Baumwolle. Diese Rohstoffe mussten jedoch von weither mit der Bahn nach Ravensburg transportiert werden, was hohe Frachtkosten verursachte. Ebenso verhielt es sich beim Versand der Produkte der stark exportorientierten Ravensburger Industrie an die Auftraggeber im In- und Ausland.

1887 kostete der Transport eines Waggons Steinkohle (= ca. 10 Tonnen) vom Ruhrgebiet nach Stuttgart 75 M, nach Ulm 103 und nach Ravensburg 120 M. 1903 waren die Frachtkosten für Ruhrkohle bis Ravensburg mit 125 M fast ebenso hoch wie der Preis von 130 M für einen Waggon Ruhrkohle.[74] Infolge dieses Standortnachteils wuchs in Oberschwaben die durch Dampf erzeugte Antriebskraft langsamer als im Landesdurchschnitt.[75]

Als Energiequelle blieb Steinkohle aus dem Ruhrgebiet dennoch unverzichtbar. Aus D 8 lassen sich die Phasen der Stagnation und des mehr oder weniger ausgeprägten Wirtschaftswachstums ablesen: ein kräftiges Wachstum von 1871 bis 1875, dann wieder zwischen 1885 und 1891 und seit 1896. Aber auch die Rezession nach den ersten Gründerjahren und in den frühen neunziger Jahren ist erkennbar.

D 8 Kohlenzufuhr per Bahn nach Ravensburg 1864–1911 (in Tonnen Steinkohle)

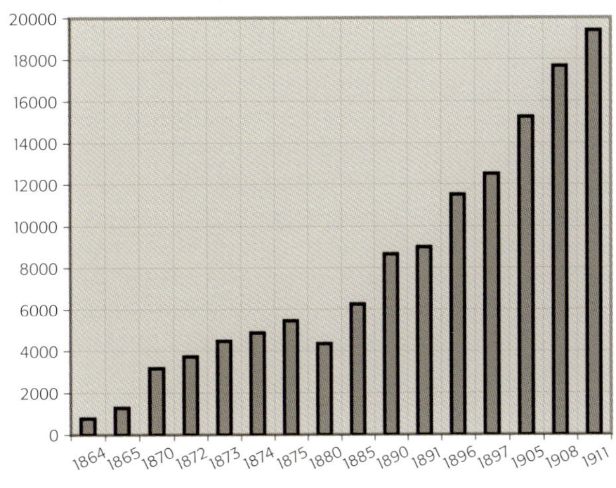

Neben der Kohle war für einen Industriestandort wie Ravensburg die Wasserkraft weiterhin von großer Bedeutung. Allerdings stand diese nicht in dem Umfang zur Verfügung, der erforderlich gewesen wäre, um die

Nachteile beim Bezug von Kohle vollständig auszugleichen. So erreichte zum Beispiel 1882 die in Ravensburg genutzte Wasserkraft nur eine Stärke von 223 PS, wovon allein 70 PS der Maschinenfabrik von Escher Wyss zugute kamen.[76] Die um 1895 einsetzende Elektrifizierung ermöglichte es dann jedoch, durch Wasser erzeugte Energie über eine größere Distanz zu transportieren, was sich in Ravensburg positiv auf die weitere industrielle Entwicklung auswirkte.

Nur schätzen lässt sich die Zahl der in der Industrie Beschäftigten, da es selbst innerhalb eines Jahres zu starken Schwankungen kommen konnte. Als ständige „Reserve" an menschlicher Arbeitskraft stand eine große Zahl von Taglöhnern zur Verfügung, die je nach Bedarf auch kurzfristig ihren Arbeitsplatz wechselten, in den Statistiken jedoch nicht unter der Rubrik „Fabrikarbeiter" erscheinen. Dagegen machten die Statistiker keinen Unterschied zwischen gelernten und ungelernten Fabrikarbeitern. Wie viele Handwerksgesellen oder gar Meister, wie viele Arbeitskräfte bäuerlicher Herkunft und wie viele Heimarbeiter (und besonders Heimarbeiterinnen) sich unter den Arbeitern einer Fabrik befanden, lässt sich nur in günstigen Einzelfällen feststellen. In der Maschinen-fabrik von Escher Wyss arbeiteten beispielsweise hoch qualifizierte und gut bezahlte Schlossermeister oder Schreiner als Facharbeiter, die statistisch von den ungelernten Fabrikarbeitern nicht unterschieden wurden.

Für das Jahr 1861 wurden ca. 1.000 in der Ravensburger Industrie beschäftigte Personen geschätzt, darunter ca. 950 Arbeiterinnen und Arbeiter. Von diesen arbeiteten ca. 700 allein in der Textilindustrie (siehe Teil 2 Seite 70). Um 1872/75 darf von ca. 1.200 Industriearbeiter(innen) ausgegangen werden, davon etwa 300 in Maschinenfabriken und 100 in der Holzindustrie. Ca. 800 waren in der Textilindustrie beschäftigt.[77] Dazu kamen nochmals ca. 500 Industriearbeiter in der nächsten Umgebung, in Weingarten, Baienfurt und Mochenwangen. Das mittlere Schussental mit Ravensburg als Zentrum blieb damit die einzige industrialisierte Region zwischen Donau und Bodensee. So erklärt sich auch die Tatsache, dass in ganz Oberschwaben nur hier die junge Sozialdemokratische Partei nennenswerte Erfolge errang.

Bei vermindertem Wachstumstempo stieg die Zahl der in der Ravensburger Industrie Beschäftigten bis 1895 auf ca. 1.400[78] und bis zum Beginn des Ersten Weltkriegs auf ca. 1.600, wobei der Rückgang von ca. 800 auf ca. 600 Arbeitsplätze in der Textilindustrie, über den gleich zu sprechen sein wird, durch das Wachstum im Maschinenbau und im Sonderbereich der Pinselfabrikation ausgeglichen wurde.[79]

Die Textilindustrie

Für den Rückgang der Ravensburger Textilindustrie bis etwa 1906 war in erster Linie die abnehmende Bedeutung der Leinwandproduktion verantwortlich. Nach der Reichsgründung hatte es für diesen Industriebereich zunächst noch gut ausgesehen, da nach dem Ende des Bürgerkriegs in den Vereinigten Staaten (siehe Teil 2 die Seiten 68 – 70) eine Reihe von Jahren verging, bis amerikanische Baumwolle wieder in großen Mengen auf den europäischen Markt gelangte. So lange aber stand Leinwand hoch im Kurs. 1882 beschäftigten sieben Leinenspinnereien, Leinenwebereien und Leinwandbleichen in Ravensburg ca. 560 Arbeiterinnen und Arbeiter. Das waren knapp 70 % aller in der Textilindustrie Beschäftigten.[80] In diesen Zahlen ist allerdings auch die 1866/67 von drei Ravensburger Kaufleuten im Lauratal gegründete Flachs-, Hanf- und Abwergspinnerei und -weberei Weingarten enthalten, die von 1872 bis 1886 ihren Firmensitz in Ravensburg hatte und deshalb in den amtlichen Statistiken unter Ravensburg erschien.[81] Zwischen 1865 und 1900 war Ravensburg neben Urach das Zentrum der mechanischen Leinenspinnerei in Württemberg.[82]

Da der Flachsanbau in Oberschwaben wegen schwindender Rentabilität immer mehr zurückging, bezogen die Ravensburger Leinwandproduzenten seit Beginn der achtziger Jahre Flachs zunehmend aus Russland und Italien. Doch schon wenige Jahre später, 1886, erkannte der Ravensburger Fabrikant Julius Spohn, der seit dem frühen Tod seines Bruders Georg alleiniger Inhaber und Geschäftsführer des größten Betriebs der Ravensburger Leinwandindustrie war, dass sein Unternehmen dem immer stärker werdenden Druck der Konkurrenz in Böhmen und Thüringen (hier besonders im Vogtland) auf Dauer nicht standhalten konnte. Er stellte daher die Produktion seiner Spinnerei zum größten Teil auf die Verarbeitung indischer Jute zu Säcken, Bodenbelägen, Planen für Eisenbahnwagen und Verpackungsstoffen um. Die Herstellung von Leinwand gab er endgültig 1898 auf, während er Hanf, der zunehmend aus Russland bezogen wurde, weiterhin verarbeiten ließ, vor allem zu Schutzdecken und Segeltüchern. 1889 waren dafür bei Spohn 125 mechanische Webstühle im Einsatz, die von zwei Dampfkesseln angetrieben wurden.[83] Das bedeutete jedoch zugleich, dass Personal eingespart werden konnte. Waren 1882 in der Ravensburger Leinenindustrie noch ca. 560 Beschäftigte gezählt worden, so verzeichnete die staatliche Gewerbestatistik für das Jahr 1895 nur noch 373.[84]

Im Gewerbesteuerregister von 1897/98 war Julius Spohn als Inhaber der ehemaligen Flachs- und jetzigen

Hanf- und Jutespinnerei und -weberei und der Naturbleiche in Ittenbeuren mit einem Steuerkapital von 9.358 M noch der größte Steuerzahler der Stadt gewesen. Umso schockierender war für alle diejenigen, die keinen Einblick in die standortbedingten Probleme der Spohnschen Betriebe in Ravensburg hatten – und das waren die meisten – die Schließung der Spinnerei und Weberei im Dezember 1900. Damit waren plötzlich ca. 280 Beschäftigte arbeitslos geworden, davon mehr als die Hälfte überwiegend junge Frauen.[85]

„Unter lautem Weinen" hätten viele der Betroffenen die Mitteilung über die Betriebseinstellung und die damit verbundene Kündigung vernommen, berichtete der „Oberschwäbische Anzeiger" und fügte kritisch hinzu, dieses „unerwartete und schmerzliche Ereignis" sei doch wohl „eine eigentümliche Bescheerung gerade jetzt, wo das Weihnachtsfest und der Beginn des Winters vor der Thüre steht".[86] Julius Spohn, der einen Instinkt für betriebswirtschaftlich notwendige Umstellungen und Anpassungen besaß, auch wenn sie weh taten, ließ sich durch solche Kommentare nicht irritieren. 1904 verlegte er die Jutespinnerei und -weberei in das viel verkehrsgünstiger gelegene Neckarsulm. Spohn selbst zog 1906 dorthin.[87]

Die Abwanderung der Spohnschen Betriebe kam den beiden kleineren Flachs-, Hanf- und Abwergspinnereien in Schornreute und im Lauratal zugute. Da sie sich von jeher stärker als Spohn auf den regionalen Markt konzentriert hatten, waren sie von hohen Transportkosten oder Zollerhöhungen weniger betroffen. Ein Teil der von Spohn Entlassenen fand bei ihnen wieder Arbeit. 1903 beschäftigte die Spinnerei in Schornreute 80 Arbeiter, diejenige im Lauratal bei Weingarten, die mit einer Weberei verbunden war, in den Jahren vor 1914 an die 200 Arbeiter.[88]

*

Alle nach 1871 gegründeten Textilfabriken verarbeiteten Baumwolle. Das durch den Sezessionskrieg verursachte Ausbleiben amerikanischer Baumwolle hatte zunächst dazu geführt, dass verstärkt Baumwolle aus Ägypten auf den europäischen Markt gelangte. Ägypten blieb ein wichtiger Lieferant auch nach der Wiederherstellung des amerikanischen Baumwollexports Anfang der siebziger Jahre, so dass ab ca. 1880 Baumwolle wieder reichlich zur Verfügung stand.

Die bedeutendste Neugründung in diesem Wirtschaftsbereich war die Baumwollfeinweberei *Manz & Stimmler*. Hervorgegangen aus dem 1861 in Weißenau gegründeten kleinen Weißwaren- und Stickereibetrieb Bildstein, Manz & Co., bezog diese Firma 1875 die seit 1874 leerstehenden Gebäude der im gleichen Jahr stillgelegten Baumwollweberei Zwerger im Ölschwang, direkt an der Straße nach Wangen. Die Spezialität von Manz & Stimmler waren feine Baumwollgewebe für bestickte Vorhänge, Taschentücher, Blusen und Unterwäsche und für die Herstellung künstlicher Blumen, die damals als Schmuck für Damenhüte große Mode wurden und teils aus Baumwolle, teils aus Seide bestanden. Der Betrieb florierte und entwickelte sich bis 1914 zur bedeutendsten Ravensburger Textilfabrik. Die Zahl der dort beschäftigten Arbeiterinnen und Arbeiter wuchs von 44 1876 auf 100 im Jahr 1908.[89]

Wilhelm Weiß, der uns schon 1845/46 als Teilhaber der Firma Zwerger & Deffner begegnet ist (siehe Teil 2 Seite 67), hatte 1855 ebenfalls in der Vorstadt Ölschwang, dem ältesten Industriegebiet der Stadt, eine kleine Weißwarenfabrik gegründet, die 1901 in andere Hände überging und sich seit 1875 unter dem Firmennamen *A. Walther & F. Krauss* ganz speziell auf die Herstellung feiner bestickter Gardinenstoffe konzentrierte.

Damit war die Tür für einen Produktionsbereich geöffnet, der für lange Zeit das Gesicht der Ravensburger Textilindustrie prägen sollte. Zustatten kam den Ravensburger Fabrikanten, die sich in diesem Sektor engagierten, eine Erfindung des Weingartener Unternehmers Johann Michael Schatz. Der hatte nämlich 1866 eine Stickmaschine konstruiert, die für die Herstellung der damals in Mode kommenden Gardinen äußerst nützlich war.[90] Seine Erfindung kam für die Ravensburger Gardinenfabriken gerade zur rechten Zeit.

Zum größten Betrieb in dieser Branche entwickelte sich die 1872 von Albert Schwarz und Carl Pomer gegründete Firma *Albert Schwarz Gardinen- und Stickereifabriken*. Als Pomer bereits 1873 starb, wurde Schwarz Alleininhaber. Die am Hirschgraben südlich der Altstadt angesiedelte Firma, die 1887 mit der Gardinenfabrik Durner fusionierte, beschäftigte in ihrer Blütezeit um 1895 bis zu 90 Arbeiter im Haus, außerdem eine nicht näher bekannte Zahl von Hand- und Maschinenstickerinnen und Näherinnen in Heimarbeit.

Schon 1873 hatte die Ravensburger Handels- und Gewerbekammer den „Mangel an brauchbaren und bescheidenen Arbeitern" in der Weißwarenindustrie beklagt. Das war auch der Grund für die Entscheidung von Albert Schwarz, 1899 zusätzlich eine Filiale in Plauen im Vogtland zu gründen, dem bedeutendsten Standort für die Produktion von Gardinen in Deutschland. Im Gegensatz zu Ravensburg war dort ein großes Reservoir an geeigneten Arbeitskräften vorhanden.[91]

Nachdem im Juli 1879 der Berliner Reichstag Schutzzölle zugunsten der inländischen Industrie beschlossen hatte, folgten in Ravensburg weitere Gründungen kleinerer, zum Teil allerdings kurzlebiger Gardinenfabriken.[92] Noch im selben Jahr 1879 wurde die Firma *Achenbach & Reiser* (seit 1893 *Franck & Reiser*, seit 1903 *Scharschmidt & Eberhardt*) gegründet, die 1895 22 Fabrik- und 120 Heimarbeiter(innen) als Sticker(innen) beschäftigte. 1899 folgte die Gardinenfabrik von *Otto Merz* und 1903 die von *A. & J. Wagner*.[93]

Schon 1867 hatte die Ravensburger Handels- und Gewerbekammer darauf hingewiesen, die heimische Produktion „bestickter damastierter Gardinenstoffe" stehe in Konkurrenz zu mehreren Fabriken in Plauen im Vogtland.[94] Aber während in Plauen vor allem eine Massenfabrikation baumwollener Vorhangstoffe betrieben wurde, spezialisierte man sich in Ravensburg mehr und mehr auf hochwertige bestickte Ware, um den Nachteil der hohen Frachtkosten, die durch den Standort am Rand des Reichs bedingt waren, auszugleichen.

Nach einer glaubhaften mündlichen Überlieferung holten sich einige der Designer, die für die Ravensburger Unternehmen arbeiteten, bei der Suche nach geeigneten Motiven für die Muster auf den Vorhangstoffen Anregungen aus den barocken Stuckornamenten in der Kirche des ehemaligen Klosters Weißenau.

Die Ravensburger Produkte entwickelten sich in den Jahrzehnten vor dem Ersten Weltkrieg zu regelrechten Exportschlagern. Sie fanden nicht nur in Deutschland – hier vor allem im Rheinland und in Teilen Norddeutschlands –, sondern auch in Österreich, Holland, Italien, England, Amerika und sogar Australien Absatz.[95]

Wie viele Personen die Ravensburger Gardinenindustrie in ihrer Blütezeit beschäftigte, lässt sich wegen der großen Zahl von Heimarbeitern und vor allem Heimarbeiterinnen in der Stadt und ihrer näheren Umgebung nicht genau sagen. In den Fabriken dürften es allein zwischen 300 und 400 gewesen sein.

Das Kapitel über die Ravensburger Weißwaren- und Vorhangproduktion wäre unvollständig, wenn nicht der wichtigste Hilfsbetrieb für diese Industrie, die *Bleicherei und Appreturanstalt Weißenau*, erwähnt würde, auch wenn sie, streng genommen, außerhalb der Ravensburger Gemarkung lag. Da ihre Spezialität zunächst die Veredelung von Baumwollstoffen war, musste sie Ende der sechziger Jahre aufgrund der amerikanischen Baumwollkrise einen Rückgang der Kundenaufträge hinnehmen. Ebenso erging es der zweiten, 1860 gegründeten *Bleicherei und Appreturanstalt Schornreute*, der späteren *Bleicherei Degerdon*.[96]

Zwar konnte der Weißenauer Betrieb diese Entwicklung durch die Leinwandbleiche einigermaßen ausgleichen, aber seit 1871 sah er sich der Konkurrenz einer weiteren Bleicherei in der unmittelbaren Nachbarschaft ausgesetzt, der *Spohnschen Leinwandbleiche* in Ittenbeuren. Das erklärt den Rückgang von 260 Kunden im Jahr 1860 auf 154 1874. Entsprechend ging auch die Zahl der Beschäftigten zurück: von 130 1861 auf 65 1881.[97]

1887 verpachtete der Staat die Bleicherei in Weißenau an eine Gruppe Ravensburger Weißwarenfabrikanten, zu der ein Jahr später noch die Feinweberei Steiger & Deschler in Söflingen bei Ulm hinzustieß, die schließlich 1942 den gesamten Betrieb erwarb.[98]

Am Ende unserer Übersicht über die Entwicklung der Ravensburger Textilindustrie muss noch eines ganz speziellen, ja fast einzigartigen Betriebs gedacht werden: der *Osianderschen Kunststickerei*. Seit 1858 wurden dort zunächst ausschließlich per Hand, später auch mit Stick-

Musterstück der Firma Osiander für eine reich bestickte Kasel, um 1900
Die 1858 gegründete Kunststickerei Osiander belieferte katholische Geistliche in ganz Europa und Amerika mit solchen und ähnlichen Produkten. Nach dem Ersten Weltkrieg ging die Nachfrage nach derart aufwändig gestalteten Priestergewändern allerdings zurück.

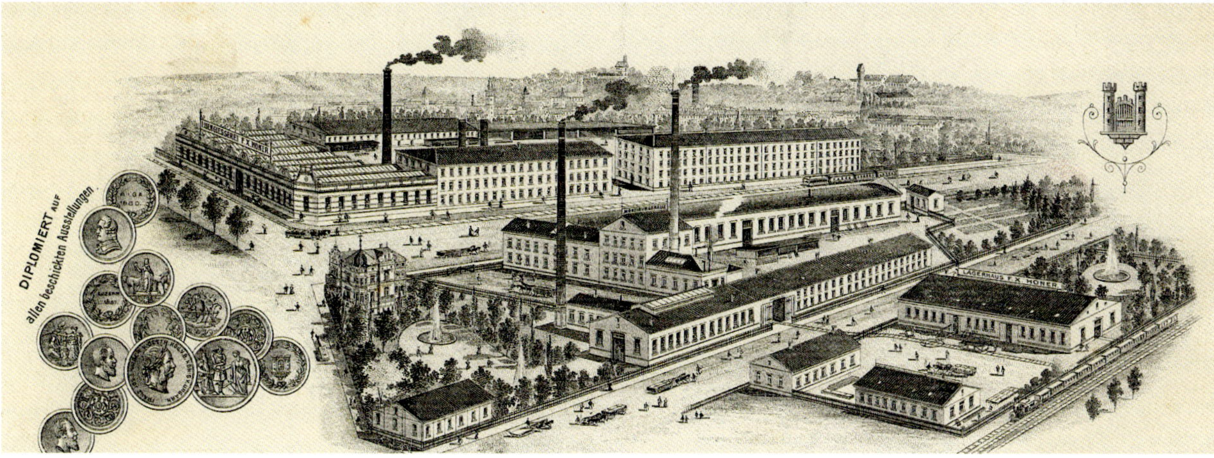

Briefkopf der Maschinenfabrik Honer, Lithografie, Ende 19. Jh.
Das Werksgelände der 1866 gegründeten Werkzeugmaschinenfabrik ist hier stark übertrieben und leicht verzerrt dargestellt. Rechts unten erkennt man das Bahngelände, darüber die Charlotten- und die Schussenstraße, durch die gerade die Straßenbahn fährt, im Hintergrund die Altstadt von Ravensburg mit Veitsburg und Pfarrkirche St. Christina.

maschinen, feine Leinen- und Seidenstickereien von hohem kunstgewerblichen Rang hergestellt. Anfangs war man fast ausschließlich auf kirchliche Auftraggeber angewiesen, die Paramente, Kirchenfahnen, Messgewänder, Altardecken und ähnliches bestellten. Nach 1870 erweiterte sich die Kundschaft um zahlreiche Vereine und Firmen im In- und Ausland, die bestickte Standarten, Wimpel und Fahnen bestellten.

Die Osiandersche Kunststickerei erreichte um 1893 mit etwa 80 Beschäftigten, fast ausschließlich Frauen, ihren Höchststand. Sie belieferte Kardinäle und Bischöfe, seit 1906 auch den Vatikan. Viele Aufträge kamen aus Österreich-Ungarn, später auch aus Amerika. Zwar musste der Betrieb nach dem Ersten Weltkrieg Einbußen hinnehmen, doch konnte er sich bis 1969 halten.[99]

Die Maschinenfabriken

Seit Mitte der 1860er Jahre prägte neben den Textilfabriken der Maschinenbau mehr und mehr das Gesicht der Ravensburger Industrie. Zu den drei vor 1870 gegründeten Unternehmen Escher Wyss, Haas und Honer kam um die Jahrhundertwende noch die aus der Mühlenbauwerkstatt von Joseph Uhl hervorgegangene Maschinenfabrik *Albert Bezner* hinzu, die sich auf Maschinen zur Holzbearbeitung (Entrindung, Sägmühlen) spezialisierte. 1902 zählte sie schon 50 Mitarbeiter.[100]

Die Zahl der Arbeitsplätze in den Ravensburger Maschinenfabriken wuchs zwischen 1872 und 1914 zuerst langsam, dann immer schneller: 1872 ca. 300, 1882 ca. 325, 1906 ca. 450. Obwohl die *Maschinenfabrik Haas* 1905 Konkurs anmelden musste, stieg der Bedarf an Arbeitskräften weiter. In den Jahren vor dem Ersten Weltkrieg waren um die 750 Personen in der Metallindustrie beschäftigt.[101] An diesem Wachstum waren alle drei Maschinenfabriken beteiligt. Die auf die Herstellung von Werkzeugmaschinen und landwirtschaftliche Maschinen spezialisierte *Maschinenfabrik F. X. Honer* konnte 1872 bis 1876 große Erweiterungen vornehmen. 1872 wurde eine Eisengießerei eingerichtet. Von etwa 50 Arbeitsplätzen im Jahr 1870 wuchs die Zahl der Beschäftigten bis 1880 auf ca. 100, bis 1895 auf ca. 150. Dann trat eine Stagnation ein: zwischen 1900 und 1911 arbeiteten zwischen 136 und 150 Personen bei Honer.[102]

Dass Ravensburg zu den wichtigsten Standorten für Maschinenbau in Württemberg zählte, war jedoch in erster Linie der „Filialwerkstätte" *Escher Wyss & Cie.* zuzuschreiben. Dank einer reichhaltigen Überlieferung im Archiv der Züricher Mutterfirma lässt sich die Geschichte dieser Firma besonders gut überblicken. Die Schwerpunkte ihrer Produktion bildeten auch nach 1870 Turbinen, Papiermaschinen, Pumpen und Schiffe. Zu den Kunden gehörten nicht nur Firmen in ganz Deutschland, sondern auch in Österreich, Italien, Russland, Skandinavien und sogar Mexiko, Südamerika und Australien.

Die Zahl der Beschäftigten schwankte je nach Auftragslage. Wenn Großaufträge abzuwickeln waren, wurden vorübergehend bis zu 50 Taglöhner als Packer, Träger oder Handlanger eingestellt. 1869 waren 156 Personen in der Firma beschäftigt, 1872 250. Während der Rezession der Jahre 1874 – 1878 kam es mehrfach zu Entlassungen, so dass die Belegschaft schließlich nur noch 145 Personen umfasste. 1884 wurde die Zahl von 200 Beschäftigten erneut überschritten, 1892 lag sie kurze Zeit sogar bei 363, ging dann zurück auf 215 bis 230, um seit 1908 endgültig über 300 zu liegen. Etwa 88 % der Belegschaft waren Arbeiter, der Rest Angestellte, zum Beispiel im Kontor. Der Grund für das starke Wachstum der Firma seit etwa 1906 war eine steigende Nachfrage nach Wasserturbinen und Papiermaschinen. Im Sommer 1914 stieg die Zahl der bei Escher Beschäftigten auf 390 gegenüber nur insgesamt 200 Beschäftigten in den beiden anderen Maschinenfabriken.[103]

Eine besonders gute Überlieferung für das Jahr 1893 erlaubt es, die Zahl der Arbeitskräfte in den einzelnen Produktionsbereichen zu überblicken. Unter den 217 Arbeitern, die sich belegen lassen, waren 71 in der Eisengießerei als Modellschreiner für Gussformen, als Gießer, Kernmacher, Gussputzer oder Sandmischer tätig. Der Betrieb beschäftigte außerdem 47 Schlosser und Monteure, 38 Eisendreher und Schraubenschneider, 21 Eisenhobler, -bohrer und -stanzer, um nur die wichtigsten Arbeitsbereiche zu nennen.[104]

Kein anderer Ravensburger Industriebetrieb zahlte seinen Arbeitern so hohe Löhne wie Escher Wyss. Der Jahreslohn eines Facharbeiters lag 1893 bei 1.500 M, während beispielsweise der städtische Ratsdiener nur 1.300 M erhielt. In den Augen der Züricher Geschäftsleitung waren jedoch die Lohnkosten in Ravensburg, gemessen am Züricher Lohnniveau, niedrig. Betrug der Stundenlohn in Zürich 1902 durchschnittlich 47 Rappen, so lag er in Ravensburg bei 26 Pfennigen (damals = 22 Rappen)! Es verwundert daher nicht, wenn im Geschäftsbericht der Züricher Mutterfirma 1897 festgestellt wurde, dass in Ravensburg „Arbeiter und Angestellte [...] mäßigere Ansprüche" stellten und „der Betrieb [...] ein sparsamer" sei. Im gleichen Bericht wurde jedoch darauf hingewiesen, dass die Ravensburger Filiale für sich alleine nicht lebensfähig sei und von Zürich aus mit Aufträgen versorgt werden müsse.

Da in Ravensburg bestimmte Aufträge zu günstigeren Bedingungen abgewickelt werden konnten als in Zürich, kam es nur in Ausnahmefällen wie der Rezession der Jahre 1874 bis 1878 mangels Aufträgen zu Entlassungen. Besonders solche Aufträge, bei denen viel Handarbeit zu leisten war, wurden wegen der niedrigeren Lohnkosten vorzugsweise nach Ravensburg vergeben.[105]

Die Dominanz von Escher Wyss unter den Ravensburger Maschinenfabriken lässt sich anhand der Gewerbesteuer veranschaulichen: 1904 wurde das Betriebskapital der Firma Escher Wyss auf 51.925 M veranschlagt, das der drei anderen Maschinenfabriken Honer, Haas und Bezner zusammen nur auf 38.645 M.[106]

Weitere Industriebetriebe

Unser Überblick über die Entwicklung der Ravensburger Industrie im Kaiserreich wäre unvollständig, wenn die beiden Sonderbereiche der Produktion von Pinseln und Bürsten sowie von Tonwaren außer Betracht blieben. Für die *Pinselfabrik H. L. Sterkel* bedeutete das Jahr 1868 eine wichtige Zäsur, denn damals wurde der expandierende Betrieb, der in der Altstadt unter Raummangel litt, in einen großen Fabrikneubau an der Seestraße verlegt, der mit den modernsten Maschinen ausgestattet war. Die Firma, die inzwischen knapp hundert Arbeiterinnen und Arbeiter beschäftigte und eine der größten ihrer Art in Deutschland geworden war, gab an ihrem neuen Standort die Herstellung von Bürsten auf und konzentrierte sich von nun an ganz auf die Produktion von Pinseln.

In den ersten Gründerjahren nach 1870 ging das Geschäft so gut, dass sich 1877 der Teilhaber Johann Georg Roth selbstständig machte, ohne damit die weitere Expansion der Firma Sterkel zu beeinträchtigen. 1895/96 standen bei Sterkel 175, bei der *Pinsel- und Bürstenfabrik J. G. Roth* 84 Arbeitnehmer unter Vertrag. Die Pinsel wurden in ganz Europa und darüber hinaus bis nach Amerika und in den Orient verkauft. Besonders groß war der Absatz in Österreich, auf dem Balkan, in Skandinavien, England, Italien und Osteuropa (Rumänien, Russland), geringer dagegen in Frankreich.[107]

Da auch der Neubau von 1868 in der Seestraße allmählich dem Raumbedarf nicht mehr entsprach, wurde 1890 ein dreistöckiger Anbau errichtet (vgl. Abbildung Seite 232). 1895 gründete Sterkel in London eine Filiale, 1900 eine weitere in Aulendorf. Seit dem Weggang der Spohnschen Betriebe war die Pinselfabrik Sterkel nach Escher Wyss die größte Firma in Ravensburg. Sie erreichte 1908 mit 300 Beschäftigten ihren Höchststand vor dem Ersten Weltkrieg. Als weiterer, allerdings kleiner „Ableger" von Sterkel entstand 1913 die *Pinselfabrik* von *Ernst Findeisen*.[108]

★

Die zwischen Ravensburg und Weißenau gelegene, 1843 gegründete Tonwarenfabrik *Staib & Wasserott*, die neben Tonröhren für Wasserleitungen als einzige Firma in ganz

Württemberg auch Schmuckelemente aus Ton für repräsentative Gebäude herstellte (vgl. Teil 2, Seite 73), beschäftigte um 1870/75 etwa 35 bis 40 Arbeiter. Nachdem diese architektonische Gestaltungsform in den achtziger Jahren aus der Mode kam, verlegte sich das Unternehmen auf die Produktion von Dachziegeln, Abortröhren und irdenen Öfen.

1889 erwarb Julius Spohn die Fabrik. Mit dem ihn auszeichnenden Gespür, rechtzeitig auf jede mode- oder konjunkturbedingte Veränderung der ökonomischen Rahmenbedingungen zu reagieren, reduzierte er die Produktion seiner neuen Firma ganz auf die Herstellung von Dachziegeln und war damit zeitweise sehr erfolgreich. 1895 arbeiteten 80 Personen in der *Falzziegelfabrik Gebr. Spohn*, wie sie nun hieß. Mit seinem Wegzug von Ravensburg im Jahr 1906 gab Julius Spohn jedoch auch diesen Betrieb auf und verkaufte ihn.[109]

Aus der weitverzweigten Unternehmerfamilie Sterkel ging die 1867 gegründete *Parkettfabrik Carl Sterkel* hervor, die rasch einen großen Kundenkreis gewann. 1882 entfielen bereits 10% der gesamten Parkettfabrikation in Württemberg auf sie. Sie bediente vor allem die gehobenen Ansprüche von Adel und Großbürgertum. Ihre Produkte wurden bis nach Holland und England exportiert. Dank ihrer geschäftlichen Erfolge konnte sie nach einem verheerenden Brand nicht weit entfernt von ihrem ursprünglichen Standort in der Georgstraße ein neues Fabrikgebäude in der Möttelinstraße errichten, das sie 1901 bezog. 1908 zählte sie 36 Mitarbeiter.[110]

Bei der Durchsicht der Gewerbesteuerlisten fällt auf, dass sich unter den größten Steuerzahlern stets mehrere *Bierbrauereien* befanden. Das allein wäre allerdings noch kein hinreichender Grund, diese Betriebe der Kategorie „Industrie“ zuzuordnen. Zu industriellen Unternehmen wurden viele Brauereien erst durch die Technisierung des Produktionsprozesses.

In den großen deutschen Aktienbrauereien, die dank der Eisenbahn ihre Erzeugnisse in ganz Deutschland absetzen konnten, war den lokalen Brauereien eine existenzbedrohende Konkurrenz entstanden. Um sich zu behaupten, mussten sie ihren Betrieb modernisieren. Die neue Kühltechnik und die Umstellung auf Flaschenbier waren jedoch nur mit einem hohen Kapitaleinsatz zu realisieren, weshalb viele kleinere Brauereien aufgaben oder mit anderen Brauereien fusionierten.

So geschah es auch in Ravensburg, wo es 1882 noch zwölf Brauereien gab, meist verbunden mit einer Gastwirtschaft. Durch den Zusammenschluss der Bären- und Storchenbrauerei entstand 1903 das *Bürgerliche Brauhaus*, das in den folgenden Jahren weitere Brauereien hinzukaufte und sich in Ravensburg für einige Zeit zum größten Steuerzahler entwickelte. Seine Spitzenstellung unter den Gewerbesteuerzahlern war dadurch bedingt, dass nach dem damaligen Steuerrecht bei der Festsetzung des Steuerkapitals der Faktor Arbeit wesentlich geringer bewertet wurde als das Betriebskapital.

Die größten Gewerbesteuerzahler mussten nicht zwangsläufig die größten Betriebe sein. Dazu ein Beispiel: 1910 waren 90 Personen beim Bürgerlichen Brauhaus beschäftigt. Das zu versteuernde Kapital der Brauerei betrug 71.875 M, während der größte Industriebetrieb, die Firma Escher Wyss, die nur mit einem Steuerkapital von 51.925 M veranschlagt war, 350 Personen beschäftigte.

Von den sieben Brauereien die 1907 noch in Betrieb waren, darunter als größte das Bürgerliche Brauhaus und die Brauerei Leibinger, blieben bis 1927 nur noch drei übrig.[111]

Ravensburg als Mittelpunkt des oberschwäbischen Handels und Verkehrs

Auch nach 1870 blieb Ravensburg der wichtigste Handelsplatz in Oberschwaben. Aus den Jahresberichten der Handels- und Gewerbekammer Ravensburg geht hervor, dass die Zahl der Personen, die mit der Eisenbahn in Ravensburg ankamen oder von hier abfuhren, 1881 bei 206.000 lag. Zwischen 1889 und 1908 stieg sie von 241.000 auf rund 705.000 pro Jahr. Im gleichen Zeitraum stieg der Güterverkehr von und nach Ravensburg von 55.000 auf 101.000 Tonnen und die Einnahmen des Ravensburger Postamts von 124.000 auf 303.000 M.[112]

1873 gehörte das Postamt Ravensburg zu den fünf „frequentiertesten“ in ganz Württemberg, obwohl die Stadt, gemessen an ihrer Einwohnerzahl, nur die 11. Stelle unter den Städten des Landes einnahm. Lediglich die Postämter so großer Städte wie Stuttgart, Heilbronn, Ulm und Reutlingen hatten höhere Einnahmen. Tübingen, Göppingen, Heidenheim, Esslingen lagen hinter Ravensburg, obwohl sie zum Teil erheblich größer waren.[113]

Diesen Rang behauptete das hiesige Postamt allerdings nicht lange. Infolge des stärkeren Wachstums einer ganzen Reihe von Städten im Neckarraum rutschte es bis 1889 auf Platz 10 ab. Beim Güterverkehr mit der Bahn lässt sich eine noch ausgeprägtere Verschiebung beobachten. Obwohl sich der jährliche Güterumschlag zwischen 1889 und 1910 verdoppelte (von 55.000 auf 110.700 Tonnen), rutschte Ravensburg hier vom 11. Platz 1881 auf den 34. Platz im Jahr 1902 ab.[114] Diese Zahlen belegen das im Vergleich zum nördlichen Teil Württembergs langsamere industrielle Wachstum in Oberschwaben.

Ravensburg und seine nähere Umgebung waren und blieben bis zum Ersten Weltkrieg das unbestrittene wirtschaftliche Zentrum Oberschwabens. Dazu trug auch das erstaunlich rasche Wachstum der Nachbarstadt Weingarten bei, deren Einwohnerzahl von 3.100 im Jahr 1865 auf 8.080 im Jahr 1910 stieg. Ursache dieses spektakulären Wachstums war zum einen die expandierende Maschinenfabrik von Heinrich Schatz (1898 in „Maschinenfabrik Weingarten" umbenannt), zum anderen die Verlegung eines Infanterieregiments im Jahr 1868 nach Weingarten, das 1910 1.840 „Militärpersonen" ohne deren Angehörige umfasste.[115]

Auch Baienfurt war seit der Gründung der dortigen Papierfabrik stark gewachsen. 1907 befanden sich die beiden Industriebetriebe mit der höchsten Arbeiterzahl nicht in Ravensburg, sondern in Baienfurt und Weingarten: die 1871 unter Beteiligung mehrerer Ravensburger Kaufleute gegründete Papierfabrik Baienfurt beschäftigte 1907 ca. 350 Arbeiter, die Maschinenfabrik Weingarten ca. 300, während im selben Jahr bei Escher Wyss nur ca. 250 und bei der Pinselfabrik Sterkel 240 Arbeitnehmer auf der Lohnliste standen.[116]

Die Verdichtungszone im mittleren Schussental legte den Gedanken nahe, zusätzlich zur Eisenbahn, die ja Weingarten und Baienfurt nicht berührte, eine Nebenbahn zu bauen, um beide Orte enger an das Eisenbahnnetz anzuschließen. So kam es zum Bau einer mit Dampf betriebenen Straßenbahn zwischen Ravensburg und Weingarten, die von Münchner Investoren finanziert wurde und 1888 in Betrieb ging. Das „Bähnle", wie es bald liebevoll genannt wurde, fuhr vom Ravensburger Bahnhof bis in die Innenstadt von Weingarten. Wie stark das neue Verkehrsmittel einem dringenden Bedarf entsprach, zeigen die Zahlen der Fahrgäste: 1897 wurden ca. 253.000 Personen und Güter befördert, bis 1902 stieg deren Zahl auf 309.000. Eine Verlängerung der Strecke bis Baienfurt erfolgte 1911.[117]

Haltestelle Frauentorplatz des „Bähnle" Richtung Weingarten, ca. 1910/14
Die seit 1888 betriebene private Dampfstraßenbahn von Ravensburg nach Weingarten wurde 1910 elektrifiziert und 1911 bis Baienfurt verlängert.

Während der öffentliche Nahverkehr in nord-südlicher Richtung kaum Wünsche offen ließ, wurde das bevölkerungsärmere Landgebiet westlich und östlich von Ravensburg lange Zeit stiefmütterlich behandelt. Eine regelmäßig verkehrende Kraftpostlinie nach Wangen kam erst nach dem Ersten Weltkrieg zustande, ebenso eine solche nach Wilhelmsdorf und nach Markdorf, der nächsten badischen Bahnstation.

*

Staatseisenbahn und privat finanzierte Dampfstraßenbahn nützten auch der Stadt als Markt und vermochten den rapiden Rückgang des Kornhandels seit 1884 (vgl. das Diagramm Seite 55) zum Teil auszugleichen. Waren 1874 noch 162 Tonnen Getreide im Wert von 1,464 Millionen M auf dem Ravensburger Markt verkauft worden, so betrug der Umsatz 1905 nur noch 49 Tonnen im Wert von 286.000 M.[118] Dieser Rückgang hing nicht nur mit der neuen Bahnstrecke von Österreich-Ungarn durch den Arlberg ins Rheintal und zum Bodensee zusammen, sondern auch mit der starken Zunahme der Getreideimporte aus Amerika, die zu günstigen Frachttarifen auf dem Wasserweg bis Heilbronn gelangten, so dass sich die Schwerpunkte des württembergischen Kornhandels immer mehr in den Norden des Landes verlagerten.

Der samstägliche Wochenmarkt behielt jedoch seine Attraktivität als Lebensmittel-, Krämer -, Vieh-, Pferde- und Holzmarkt. Mit dem seit der Mitte des 19. Jahrhunderts expandierenden Obstbau im südlichen Oberschwaben entwickelte sich neben dem traditionellen Obst- und Gemüsemarkt in der unteren Marktstraße ein zusätzlicher Obstmarkt in der Bachstraße.[119] Gegen Ende des Jahrhunderts ging zwar der jährliche Veitsmarkt im Juni wegen der zunehmenden Konkurrenz der Ladengeschäfte und Warenhäuser ein, doch der Martinimarkt im November konnte seine Bedeutung als Jahrmarkt bewahren.

Die Eisenbahnzüge von Norden wie von Süden waren am Freitag und Samstag nach Martini stets überfüllt, und nicht nur in den Straßen und auf den Plätzen, auf die sich der Markt konzentrierte, herrschte ein Gewimmel, auch die Gastwirtschaften in der Altstadt waren voll besetzt. Neben den Wirten profitierten Friseure, Schreibbüros, Ärzte, Apotheker und Anwälte von dem Zustrom aus dem bäuerlichen Umland.[120]

Schaubuden während des Martinimarkts in der Bachstraße, um 1910
Die Tradition eines Vergnügungsparks in der Bachstraße während des Jahrmarkts im November hat sich bis heute erhalten, allerdings in viel bescheidenerem Umfang als damals. Als besondere Attraktion preist auf dieser Aufnahme ein Fotograf Momentaufnahmen auf Papier binnen vier Minuten an.
An einem der Gebäude am rechten Bildrand erkennt man das Schild der 1897 von Theodor Krumm hier eröffneten Konditorei mit Café, aus der sich in den ersten Jahrzehnten des folgenden Jahrhunderts das für seine Gebäckspezialitäten berühmte Tekrum-Werk entwickelte.

Welche Ausstrahlung die Ravensburger Viehmärkte besaßen, zeigt die Tatsache, dass Milchkühe und Schweine bis ins Elsass verkauft werden konnten, nachdem 1871 Elsass-Lothringen zum Deutschen Reich gekommen war.[121] Der Viehmarkt erreichte seinen Höhepunkt mit über 19.000 verkauften Rindern im Jahr 1888. Obwohl der Umsatz nach der Inbetriebnahme der Arlbergbahn etwas zurückging, blieb der Ravensburger Viehmarkt bis zum Ausbruch des Ersten Weltkriegs der größte in Württemberg.[122] Auch Schafe ließen sich nach 1870 besser verkaufen als vor dem Krieg. Der Schafmarkt entwickelte sich zum viertgrößten in Württemberg, der Schweinemarkt mit 22.000 Schweinen im Jahr 1897 sogar zum zweitgrößten nach Schwäbisch Hall.[123]

Die höchsten Umsätze wurden beim Pferdemarkt erzielt. Zwischen 1870 und 1903 – danach liegen keine Zahlen mehr vor – wurden bei den jeweils im Juni und Oktober in der Bachstraße abgehaltenen Pferdemärkten durchschnittlich jeweils ca. 280 bis 300 Pferde verkauft, wobei für ein gutes Arbeitspferd bis zu 600 fl bzw. 1.000 M bezahlt wurden.[124] Trotz der relativ großen Entfernung kamen bis 1914 weiterhin viele Käufer aus der Schweiz, besonders aus den Kantonen St. Gallen und Appenzell. In Württemberg wurde der Ravensburger Pferdemarkt nur von Ellwangen übertroffen.[125]

*

Das ausgeprägte Wirtschaftswachstum im letzten Drittel des 19. Jahrhunderts wäre ohne Sparkassen und Banken nicht möglich gewesen, die den notwendigen Kapitalbedarf über Kredite befriedigten. Die *Oberamtssparkasse* vergab gemäß ihrer Zweckbestimmung Kredite vor allem an Gemeinden des Oberamtsbezirks, an Bauern und Handwerker. An der Finanzierung von Industriebetrieben war sie kaum beteiligt.[126] So blieb genügend Raum für die Gründung privater Banken.

Der Viehmarkt am Samstag, um 1900
In dem Gewimmel entdeckt man neben dem Rindvieh eine Formation vorbeimarschierende Soldaten in voller Montur. Einen Anhaltspunkt für die Datierung des Fotos bietet der Blaserturm, der noch nicht die erst 1907 wieder angebrachten Ecktürmchen aufweist.

Als erste Ravensburger Bank wurde 1860 eine *Gewerbebank* als Genossenschaftsbank der hiesigen mittelständischen Gewerbetreibenden eröffnet, eine der ersten Bankgründungen dieser Art im Lande. 1867 hatte sie bereits 780 Mitglieder.[127]

Vom Erfolg dieser Bank ermutigt, folgte 1867, ebenfalls auf genossenschaftlicher Basis, die Gründung der *Spar- und Vorschussbank Ravensburg*, die zunächst gleichfalls florierte und 1876 517 Mitglieder zählte.[128] Doch das Nebeneinander zweier in ihrer Zielsetzung ganz ähnlichen Geldinstitute in einer eher kleinen Mittelstadt wie Ravensburg erwies sich auf die Dauer als ruinös. 1892 ging der größte Schuldner der Spar- und Vorschussbank, eine Brauerei, in Konkurs, wodurch der Bank ein Verlust von 300.000 M entstand, den sie nicht verkraften konnte. So musste auch sie Konkurs anmelden.

Für die meisten der damals noch 311 Mitglieder dieser Genossenschaftsbank, darunter viele kleine Handwerker und Kaufleute aus Ravensburg und der näheren Umgebung, bedeutete dies eine finanzielle Katastrophe, die nur dadurch gemildert wurde, dass der Bankier Wilhelm Ehrle, der 1881 ein eigenes erfolgreiches Bankhaus gegründet hatte, vielen Betroffenen durch äußerst günstige Kredite unter die Arme griff und sie so vor dem Konkurs bewahrte.[129]

Welche wirtschaftliche Bedeutung Ravensburg gegen Ende des Jahrhunderts erlangt hatte, beweist die Einrichtung einer *Nebenstelle der Reichsbank* im Jahr 1892. Zu diesem Zeitpunkt gab es in Württemberg außer der Hauptstelle der Reichsbank in Stuttgart nur noch fünf weitere Nebenstellen, was den Rang von Ravensburg als „Geschäftsplatz“ beweist. Die Nebenstellen regelten und kontrollierten den Geldverkehr ihres Geschäftsbereichs. Für die Firmen am Standort einer Nebenstelle bestand der Nutzen darin, dass die Reichsbank als „Bank der Banken“ durch die Einrichtung von Girokonten einen bargeldlosen Zahlungsverkehr zwischen den Nebenstellen und der Hauptstelle möglich machte. 1905 erzielte die Ravensburger Reichbank-Nebenstelle den größten Umsatz unter allen württembergischen Nebenstellen.[130]

Vor dem Ersten Weltkrieg gab es in Ravensburg neben der Gewerbebank drei weitere Privatbanken: das 1906 gegründete Bankhaus Sauer sowie Filialen der Württembergischen Vereinsbank, die 1924 von der Deutschen Bank übernommen wurde, und des Stuttgarter Bankhauses Stahl & Federer, in dem 1912 das Bankhaus Ehrle aufging.[131]

Ein Reifakrobat während des Jahrmarkts in der Bachstraße, um 1925/30

Entwicklung von Handel, Industrie und Handwerk im Vergleich

Wie sich der Ravensburger Handel im Vergleich zur Industrie entwickelte, lässt sich am besten anhand der Gewerbesteuerlisten nachvollziehen. D 2 Seite 60 verdeutlicht den Rückgang der Textilindustrie zwischen 1877 und 1904, der in erster Linie auf die Schließung der Spohnschen Fabriken im Jahr 1900 zurückzuführen ist. Den Aufschwung in den Jahren vor Ausbruch des Ersten Weltkriegs verdankte die Textilindustrie dem Boom in der Gardinenfabrikation. Was aus dem Diagramm nur andeutungsweise zu entnehmen ist: Während die Textilfabriken unter den 50 größten Steuerzahlern 1904 nur in einer Höhe von insgesamt 64.165 M veranschlagt waren, hatte sich ihr Steuerkapital 1911 mit 162.345 M mehr als verdoppelt.

D 2 macht daneben deutlich, welch feste Größe der Maschinenbau in der industriellen Entwicklung Ravensburgs war. Obwohl sich nie mehr als vier Maschinenfabriken unter den großen Steuerzahlern befanden, war dieser Produktionsbereich zu keinem Zeitpunkt ähnlichen Schwankungen unterworfen wie die Textilindustrie.

Allerdings gab es beim Maschinenbau auch nie einen so starken Boom wie dies immer wieder im Textilsektor der Fall war. Zwischen 1904 und 1911 wuchs das Steuerkapital des Maschinenbaus nur von 84.545 auf 90.570 M. Wie D 2 weiter zeigt, war auch der Handel Schwankungen ausgesetzt. Seine starke Dominanz im Jahr 1835 darf aber nicht missverstanden werden, denn damals steckte die Industrie mit nur zwei Textilbetrieben (Wollspinnerei Gosner und Strumpfwirkerei Edinger) und fünf veralteten Papiermühlen noch derart in den Kinderschuhen, dass ihre Wirtschaftskraft mit einer Gewerbesteuerzahlung von 191 fl weit unter derjenigen der 24 kaufmännischen Betriebe mit 1.276 fl lag.

Wenn man von den Brauereien und Mühlen absieht, tauchen selbstständige Handwerksbetriebe unter den großen Gewerbesteuerzahlern so gut wie nie auf. Je ein „Goldarbeiter" (= Juwelier) 1877 und 1881 und je zwei Metzgereien 1881 und 1911, 1911 auch noch ein Optiker – das ist bereits alles. Dabei war das Handwerk immer noch ein bedeutender, wenn nicht sogar der bedeutendste Faktor in der Ravensburger Wirtschaft. Zum einen waren viele Handwerker als Facharbeiter in einer der hiesigen Fabriken beschäftigt, zum anderen gab es eine große Zahl kleiner und kleinster selbstständiger Handwerksbetriebe, in denen gelernte und ungelernte Handwerker arbeiteten. Einer detaillierten Gewerbestatistik, die 1895 für das gesamte Königreich Württemberg erstellt wurde, verdanken wir einen genauen Einblick in den Umfang der Ravensburger Handwerkerschaft.[132] Daraus stammt die folgende Auswahl:

Lager mit Kleiderstoffen des Textilgeschäfts Möhrlin, Holzstich, um 1890
Die alteingesessene Textilfirma Möhrlin in der Schulstraße handelte damals sowohl mit „Manufakturware" (Ellenware, Stoffe) als auch mit Konfektionskleidung für Damen. Viele Bürger ließen sich ihre Kleidung noch von Schneider(innen) nach Maß anfertigen.

	Zahl der Beschäftigten	Zahl der Betriebe
Bekleidung und Reinigung (Textil- und Lederhandwerk)		
Näherinnen	158	78
Schneider(innen)	252	93
Kleider- und Wäschekonfektion	66	7
Putzmacher(innen) (Verzierung von Damenhüten und Kleidern mit Bändern, Blumen, Federn usw.)	44	13
Hutmacher	3	3
Wäscherinnen und Büglerinnen	89	44
Schuhmacher	142	62
Kürschner	9	3
Nahrungs- und Genussmittel		
Bäckereien und Konditoreien	132	49
Metzgereien	81	32
Verarbeitung von Papier, Leder, Hanf und Holz		
Gerber	14	5
Sattler	33	16
Seiler	18	5
Tapezierer	6	2
Holzkonservierung und -zurichtung	13	13
Tischler	87	25
Böttcher	24	11
Korb-, Holz- und Strohflechter	20	9
Drechsler, Dreher und Hersteller von Schnitzwaren	41	3
Vergolder	9	2
Buchdrucker	46	4
Buchbinder	28	11
Metallverarbeitung		
Kupfer-, Huf- und Messerschmiede	41	18
Klempner	29	11
Schlosser	64	13
Scherenschleifer und Feilenhauer (Hersteller von Feilen)	18	4
Uhrmacher	22	9
Wagner	20	8
Baugewerbe		
Maurer	20	6
Zimmerleute	68	8
Glaser	20	7
Maler	41	13
Stuckateure	8	2
Dachdecker	3	1
Sonstige (in Auswahl)		
Gärtner	30	12
Steinmetzen	21	3
Friseure, Barbiere	36	9
Ofensetzer	13	5
Gesamt	**1.769**	**619**

Der Huf- und Wagenschmied Franz Xaver Bernhard mit Gesellen und Lehrlingen, um 1900
Der wegen seiner Bärenkräfte berühmte Schmiedemeister besaß eine Werkstatt in der Bachstraße. Vgl. die Abbildung Seite 181, die den fotogenen Schmied ebenfalls zeigt.

Leider enthält die Gewerbezählung von 1895 keine Angaben über die Zahl der weiblichen Beschäftigten. Sie dürfte aber allein im Textilhandwerk einige hundert betragen haben.

1897 befanden sich unter den hundert reichsten Bürgern der Stadt, gemessen an ihrer gesamten Steuerleistung (Gewerbesteuer, Grund- und Gütersteuer) immerhin zwölf Handwerker, darunter vier Metzger, zwei Färber, und je ein Fotograf, Konditor, Juwelier, Zimmermann, Uhrmacher und Bäcker.[133]

D 9 Entwicklung ausgewählter Wirtschaftsbereiche zwischen 1882 und 1895

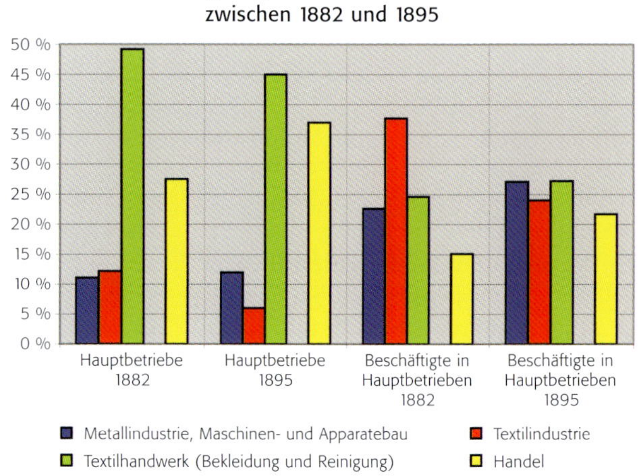

Aufschlussreich ist auch ein Vergleich der Ergebnisse der beiden von der württembergischen Regierung 1882 und 1895 durchgeführten Gewerbezählungen[134]. D 9 zeigt die Entwicklung der für Ravensburg besonders wichtigen Wirtschaftsbereiche zwischen 1882 und 1895. Auffallend ist vor allem das Wachstum des Handels, bei den Betrieben ebenso wie bei den Beschäftigten. Ein leichtes Wachstum ist auch bei der Metallindustrie erkennbar, wogegen die Entwicklung der Textilindustrie stark rückläufig war, und dies schon vor der Schließung der Spohnschen Betriebe im Jahr 1900. Die Zahl der im Textilhandwerk Beschäftigten nahm etwas zu, bei gleichzeitigem Rückgang der Zahl der Betriebe.

Exkurs: Die jüdischen Warenhäuser

Seit ihrer letzten Vertreibung im Jahr 1429 hatten Juden keine Möglichkeit mehr gehabt, sich in Ravensburg niederzulassen. 1559 erwirkte Ravensburg beim damaligen Kaiser Ferdinand I. sogar ein Privileg, das Juden für alle Zeiten verbot, in der Stadt ihren Wohnsitz zu nehmen und Handel zu treiben.[135] Auch die in Württemberg seit der Regierungszeit König Friedrichs einsetzende Lockerung der judenfeindlichen Gesetze, vor allem auf wirtschaftlichem Gebiet, blieben zunächst in Ravensburg ohne Wirkung. Erstmals seit dem 15. Jahrhundert lassen sich für das Jahr 1858 wieder in Ravensburg wohnhafte Juden nachweisen, und zwar in den Familienbüchern des Ravensburger Standesamts: Dort ist bezeugt, dass am 10. August 1858 dem aus Buchau gebürtigen Rechtskonsulenten (= Rechtsanwalt) Jakob Wallersteiner und seiner Ehefrau Babette, geb. Steiner hier in Ravensburg ein Sohn geboren wurde, der den Namen Julius erhielt. Für dasselbe Jahr 1858 notierte die amtliche Statistik fünf „Israeliten" in Ravensburg, ohne ihre Namen zu nennen.[136]

Dass sich wieder Juden in Ravensburg niederlassen konnten, hängt mit zwei wichtigen Daten der württembergischen Sozial- und Wirtschaftsgeschichte zusammen: der seit 1861 geltenden Gewerbefreiheit und der drei Jahre später verfügten rechtlichen Gleichstellung der Juden mit den übrigen württembergischen Staatsbürgern. Jetzt erst war es Juden gestattet, sich innerhalb Württembergs frei zu bewegen und nach eigenem Ermessen das Bürgerrecht einer Gemeinde zu erwerben, um sich dort niederzulassen und einen frei gewählten Beruf auszuüben. Diese „Freizügigkeit" wurde 1871 auf das gesamte Deutsche Reich ausgedehnt. Bis dahin hatten Juden aus dem nichtwürttembergischen „Ausland", die in Ravensburg Geschäfte machen wollten, nur die Möglichkeit, als Wanderhändler für ein paar Tage in einem der Ravensburger Gasthöfe abzusteigen und mit Zeitungsannoncen auf sich und ihre Waren aufmerksam zu machen.

Bis 1867 stieg die Zahl der in Ravensburg wohnhaften Juden auf elf, bis 1875 auf 41. Die meisten waren Kaufleute und traten damit in Konkurrenz zu den alteingesessenen Handelsfirmen, besonders zu den Textilgeschäften. Bis dahin waren die Textilhandlungen Mehr, Roth, Möhrlin, Sommer und Kießling noch weitgehend unter sich gewesen. 1862 befand sich erstmals ein jüdischer Textilkaufmann unter den 50 höchstbesteuerten Geschäftsleuten, der „Baumwollwarenfabricant" und Kaufmann Joseph Theilheimer, der nebenbei mit weißer Baumwollware handelte und seine Ware in bester Lage, am Postplatz anbot.[137]

Sieben Jahre später, 1869, tauchte mit Joseph Kohn ein weiterer jüdischer Kaufmann in den Steuerlisten auf. Mit einer Steuerzahlung von 53 fl 12 kr gehörte sein Geschäft für „Tuch- und Modewaren" in der Schulstraße von Anfang an zu den größten der Stadt.[138] Bald folgten andere jüdische Kaufleute seinem Beispiel: 1872 der Kaufmann Maier Landauer aus Buchau, Inhaber eines zunächst noch kleinen Geschäfts, in dem er Wäsche, Kurzwaren, Hüte, Pelze und zudem Spielsachen anbot. 1881 eröffnete Hermann Wallersteiner eine Handlung für Tuchwaren, Bedarfs- und Geschenkartikel, ebenfalls am Postplatz.[139] Während die Textilfirma Theilheimer seit 1882 nicht mehr unter den Gewerbesteuerzahlern

Der Platz oder Postplatz (so genannt nach der Poststation im Gasthof zum Lamm), um 1900
Anstelle des hell verputzten Gebäudes in der Mitte, des Restaurants zum Pfauen, wurde 1906/07 das Kaufhaus der Geschwister Knopf errichtet.

auftauchte, konnten sich die anderen länger halten. Das Geschäft von Joseph Kohn ging 1902 an seinen Sohn und einen weiteren Teilhaber über, hieß dann „Kohn & Rosenthal" und wurde 1906 liquidiert.[140]

1893 wurde mit der Filiale der Karlsruher Kaufhauskette der Geschwister Knopf ein weiteres jüdisches Geschäft in Ravensburg gegründet, das in wenigen Jahren an die Spitze aller hiesigen Handelsfirmen gelangte.[141] Charakteristisch für die meisten der neuen jüdischen Geschäfte war die bis dahin in Ravensburg ganz unübliche Vielfalt ihres Sortiments. Im Gegensatz zu den einheimischen Kaufleuten ergänzten sie ihr Warenangebot an Textilien um weitere Artikel wie Spielsachen, Haushaltsgeräte und bei Knopf sogar um Möbel. Nur Joseph Kohn verkaufte weiterhin ausschließlich Textilien, während „Knopf" von Anfang an als allgemeines Kaufhaus auftrat. Dort wurden neben Textilien vor allem Kurzwaren, „Bedarfs- und Geschenkartikel" zu außergewöhnlich niedrigen Preisen angeboten.

Hatten die alteingesessenen Textilhandlungen schon die ersten jüdischen Konkurrenten mit Argwohn beäugt, so machte diese Filialgründung erst recht böses Blut. Immer lauter wurden die Klagen über einen angeblich unlauteren Wettbewerb.[142] Als der Firma Geschwister Knopf 1898 die angemieteten Räume am Postplatz gekündigt wurden, sah sich der „Oberschwäbische Anzeiger" zu einer Kampagne veranlasst, die verhindern sollte, dass das Kaufhaus Knopf an neue Räume in guter Geschäftslage herankam. Am 29. März 1898 berichtete das Blatt: „Im Interesse des hiesigen Kaufmannsstandes, welcher durch das Gebaren der ‚Geschwister Knopf' ohne Zweifel geschädigt ist", habe eine große Anzahl hiesiger Hausbesitzer sich in den letzten Tagen unterschriftlich verpflichtet, an die Geschwister Knopf keine Geschäftsräume zu vermieten. Zwei Tage später kam es noch dicker: Wer an das „Knopf'sche Schleudergeschäft" Geschäftsräume vermiete, müsse damit rechnen, der allgemeinen Verachtung anheim zu fallen. Seine weitere berufliche Existenz in Ravensburg sei dann jedenfalls infrage gestellt.

Trotzdem fand das Kaufhaus rasch neue Räume, und zwar gleichfalls am Postplatz. Der große geschäftliche Erfolg versetzte es in die Lage, 1906 das an der Ecke zur Eisenbahnstraße gelegene Restaurant zum Pfauen samt Nachbargebäude zu erwerben und an seiner Stelle ein modernes Kaufhaus zu errichten, das 1907 eröffnet wurde, übrigens der einzige architektonisch bemerkenswerte Kaufhausbau in Ravensburg vor 1914.

Als Anwalt der „deutschen" Geschäfte verstand sich der „Oberschwäbische Anzeiger" auch weiterhin. In seiner traditionellen Übersicht über das Weihnachtsangebot des Ravensburger Einzelhandels fand er am 16.

Der Neubau des Kaufhauses der Geschwister Knopf, Ansichtspostkarte, um 1910
Mit dem 1907 fertig gestellten Neubau des Kaufhauses Knopf am „Platz" erhielt Ravensburg den ersten und einzigen modernen Kaufhausbau in der ersten Hälfte des 20. Jahrhunderts. Zwar ein solitärer Fremdkörper im Erscheinungsbild der Stadtmitte, übte er jedoch mit seinen großen Schaufenstern und seiner eleganten Innenarchitektur von Anfang an auf das Publikum in Ravensburg und seiner Umgebung eine starke Anziehungskraft aus. Vgl. auch die Abb. Seite 275.

Dezember 1909 für fast alle Geschäfte äußerst lobende Worte, bemerkte aber zum Angebot der beiden größten Einzelhändler nur sauertöpfisch: „Großen äußeren Glanz und Schimmer und eine Unmasse von Gegenständen bieten die Warenhäuser von Geschwister Knopf und Landauer." Dabei gehörten gerade diese beiden Firmen zu seinen besten Anzeigenkunden.

1899 waren unter den 50 größten Steuerzahlern zwölf Textilgeschäfte bzw. Warenhäuser mit dem Schwerpunkt

Textilien, die zusammen ein Steuerkapital von 69.178 M versteuerten.[143] Wie stark die Position der vier jüdischen Geschäfte in dieser Gruppe inzwischen geworden war, belegt die Höhe der von ihnen erhobenen Gewerbesteuer, der ein Steuerkapital von insgesamt 41.452 M zugrunde lag. Mit einem auf 11.085 M veranschlagten Steuerkapital hatte das Kaufhaus Knopf nun neben dem Eisenwarenhändler August Thommel die Spitzenposition unter allen Ravensburger Handelsunternehmen erlangt. Dank einer aufwändigen Werbung in ganzseitigen Zeitungsannoncen und einer geschickten Verkaufsstrategie mit immer neuen Sonderangeboten stellte die Firma Geschwister Knopf bald alle Konkurrenten in den Schatten. 1901 betrug ihr gewerbesteuerpflichtiges Kapital schon 19.300 M und erreichte 1904 eine Höhe von 30.000 M. Damit war die Firma hinter Escher Wyss, der Pinselfabrik Sterkel und zwei Brauereien zum fünftgrößten Steuerzahler in Ravensburg aufgestiegen.

Wie stark die jüdischen Geschäfte gegenüber den übrigen Einzelhändlern 1904 geworden waren, geht aus der folgenden Übersicht hervor (jüdische Geschäfte kursiv):

	Steuerkapital
Geschwister Knopf	30.000 M
Maier Landauer	14.145 M
Kohn & Rosenthal	10.505 M
Georg Möhrlin	8.475 M
Joh. Georg Kießling	7.037 M
Jakob Sommer	6.805 M
Karl Schröder	3.955 M
Karl Durner	3.755 M
Wörz & Heine	3.715 M
Hermann Wallersteiner	3.115 M
Dionys Weinmann	1.875 M

Während die vier jüdischen Geschäfte 1904 mit 57.765 M Steuerkapital eingestuft waren, brachten es die übrigen sieben nur auf 35.617 M oder anders ausgedrückt: ein erheblicher Teil des Ravensburger Warenhandels befand sich damals in jüdischer Hand.

1911 wurde das Kaufhaus Knopf mit 31.000 M sogar noch etwas höher eingestuft, aber inzwischen hatten einige der alteingesessenen Textilhandlungen wie Sommer & Wirth, Wörz & Heine, Möhrlin und Kießling aufgeholt, so dass der Anteil der jüdischen Firmen am Einzelhandel zurückgegangen war.

Im Vergleich zu anderen ehemaligen Reichsstädten wie Rottweil, Schwäbisch Hall oder Memmingen blieb die Zahl der in Ravensburg sesshaft werdenden Juden klein. 1897 wurde der Höchststand mit 68 Kindern und Erwachsenen erreicht. Die zu beobachtenden Schwankungen deuten auf eine starke Fluktuation hin. Dass sich viele Juden nur für kurze Zeit in Ravensburg niederließen, geht sowohl aus den Familienbüchern des Standesamts als auch aus den Fremdenlisten hervor.[144] Von den 16 Juden, die im Fremdenverzeichnis für die Jahre 1901 bis 1905 erfasst sind, blieben nur sechs länger als ein Jahr in Ravensburg. Dies ist wohl auch der Grund dafür, dass es in Ravensburg nicht zur Neugründung einer eigenen jüdischen Gemeinde wie im Mittelalter kam.

Die hiesigen Juden gehörten bis zu ihrer Vertreibung im Dritten Reich zur jüdischen Gemeinde in Buchau, von wo einige auch herstammten. Dort ließen sie ihre Kinder taufen, dort heirateten sie und auf dem dortigen jüdischen Friedhof ließen sie sich bestatten. Von Buchau kam außerdem regelmäßig ein Rabbiner nach Ravensburg, um den jüdischen Kindern Religionsunterricht zu erteilen.[145]

Die jüdischen Zuwanderer stammten nicht nur aus Deutschland, sondern zu einem nicht geringen Teil auch aus den östlichen Gebieten Österreich-Ungarns, zum Beispiel aus Galizien. Neben den schon genannten Namen begegnen uns in den Quellen so bekannte Familiennamen wie Bloch, Hirsch, Oppenheimer, Blum, Adler, Guggenheim und Lemberger.

Ein enger Zusammenhalt der Juden untereinander lässt sich auch in Ravensburg beobachten.[146] Mischehen mit christlich Getauften kamen nur ganz selten vor. Davon abgesehen waren die Juden jedoch völlig integriert und assimiliert. Im Vereinsleben der Stadt wirkten sie gleichberechtigt mit, im vornehmen „Museum" sogar viele Jahre als Mitglieder des Vorstands. Was ihre berufliche Stellung betrifft, so lassen sich neben den zahlreichen Kaufleuten vor dem Ersten Weltkrieg ein Rechtsanwalt, ein Arzt, ein Ingenieur (bei Escher Wyss) und eine Näherin nachweisen.[147]

Bevölkerungswachstum und gesellschaftlicher Wandel

Die natürliche Bevölkerungsbewegung (Geburten, Heiraten, Todesfälle)

Der ungleichmäßig verlaufenen wirtschaftlichen Entwicklung entsprach das Wachstum der Stadt in der Epoche des Kaiserreichs (vgl. D 6 Seite 79). Ebenso wie in Weingarten fiel das stärkste Wachstum gleich in die Anfangsjahre 1871 bis 1875. In diesen vier Jahren wuchs

D 10

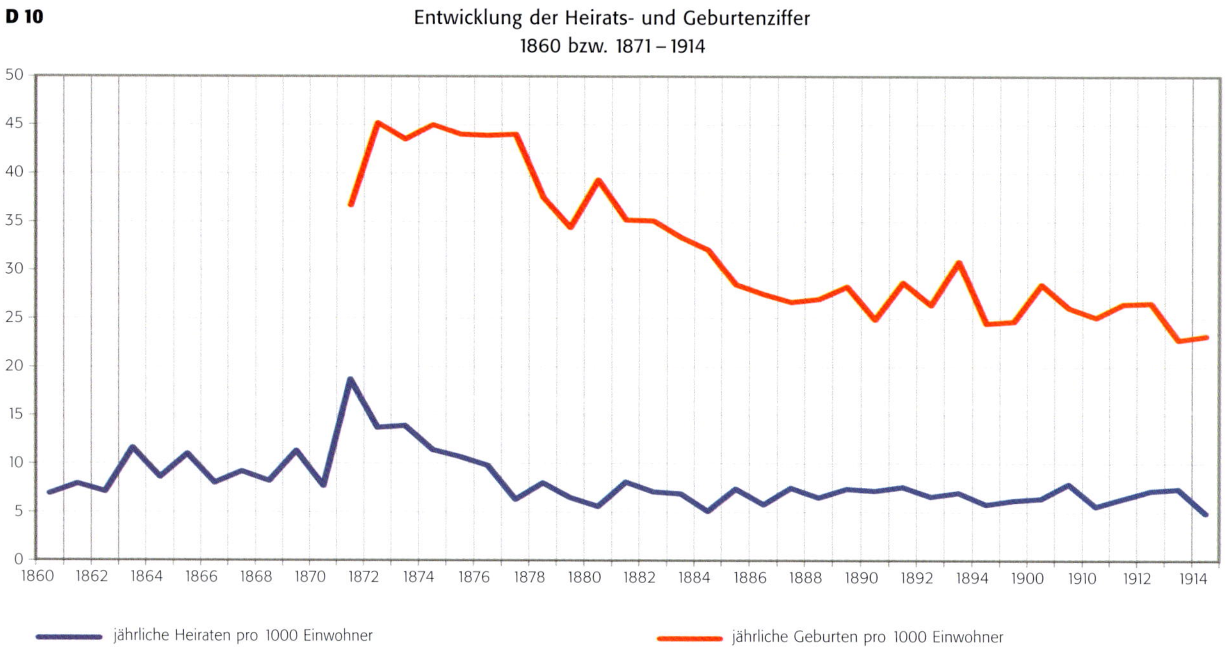

Ravensburg um 19 % und gehörte damit Ende 1875 mit 10.034 Einwohnern zu den zehn größten Städten des Landes. Noch schneller wuchs in diesen vier Jahren Weingarten, nämlich um 27,5 %. Das war damals die höchste Wachstumsrate unter allen württembergischen Städten.[148] Danach verlangsamte sich das Wachstum in beiden Städten. Mit Wachstumsraten von 96 bzw. 85 % zwischen 1871 und 1912[149] lagen beide Städte weit hinter Städten wie Göppingen, Heidenheim oder Cannstatt zurück.[150] Im Vergleich zur Bevölkerungsentwicklung im übrigen Oberschwaben schnitten sie jedoch gut ab.[151]

Zurückzuführen war dieses Wachstum in den ersten Jahren des neuen Deutschen Reichs vor allem auf einige sozial- und bevölkerungspolitisch wichtige Gesetze des Norddeutschen Bundes, die 1871 in ganz Deutschland Geltung erlangten. Am folgenreichsten war das „Bundesgesetz über die Aufhebung der polizeilichen Beschränkungen der Eheschließung“[152], das die größten für Heiratswillige geltenden Hindernisse beseitigte: Nachweis des Bürger- bzw. Wohnrechts in einer Gemeinde des Landes sowie Nachweis einer Wohnung, eines Mindestvermögens und eines Berufs, der eine Familie zu ernähren vermochte.

Erforderlich war jetzt nur noch eine eindeutige Willenserklärung der Ehepartner und ihre „Ehemündigkeit“, die bei Männern mit 20, bei Frauen mit 16 Jahren als gegeben angesehen wurde. Eine Erleichterung für Heiratswillige bedeutete auch das Gesetz über die „Freizügigkeit“, das jedem Deutschen das Recht einräumte, sich innerhalb des Deutschen Reichs an jedem beliebigen Ort niederzulassen.[153]

Die Folge war ein Hochschnellen der Heiratsziffer, allerdings nur für wenige Jahre, bis der Nachholbedarf all derer gedeckt war, denen eine Eheschließung bis dahin verwehrt worden war. Es kann nicht weiter verwundern, dass diesem kurzen Heiratsboom ein Anstieg der Geburtenrate zwischen 1872 und 1880 folgte, wie das Diagramm D 10 zeigt.

Die gesetzliche Beseitigung der wesentlichsten Ehehindernisse führte bei der einheimischen Arbeiterschicht, die überwiegend katholisch war, zu einem deutlichen Rückgang der unehelichen Geburten. In einem Bericht des katholischen Stadtpfarrers Stempfle an das bischöfliche Ordinariat in Rottenburg findet sich dazu ergänzend der interessante Hinweis, dass in der von ihm betreuten Großpfarrei Ravensburg (Kirchengemeinde Liebfrauen mit St. Jodok) der Rückgang der Unehelichenquote nur für die einheimische „Arbeiterklasse“ gelte, nicht aber für die von auswärts nach Ravensburg „Hereingezogenen“.[154] Dieser Unterschied wird durch unsere Auswertung der Kirchenbücher bestätigt, die in D 11 dargestellt ist.

Ergänzt wird Stempfles Beobachtung durch eine Feststellung des Pfarrers von St. Christina, der 1886 berichtete, die vergleichsweise hohe Quote unehelicher Geburten von 20 % in seiner Pfarrei sei fast ausschließlich

D 11 Uneheliche Geburten in der Pfarrei Liebfrauen 1867 – 1876

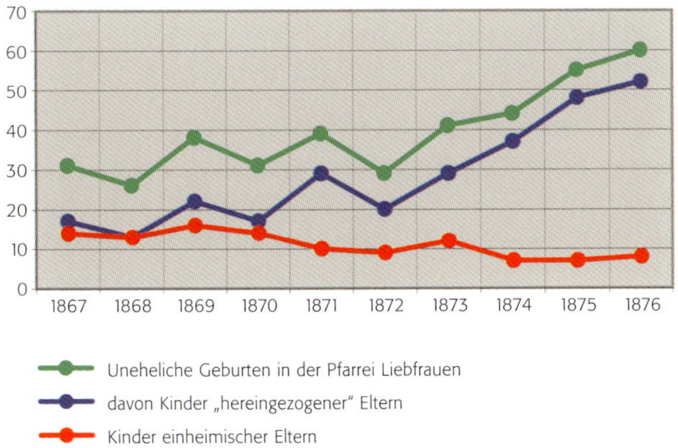

auf die von auswärts, vor allem aus Tirol kommenden Fabrikarbeiterinnen zurückzuführen.[155]

Ein weiterer Umstand kam hinzu. In einem Visitationsbericht des Pfarrers der 1904 wiedererrichteten Pfarrei St. Jodok aus dem Jahr 1906 wurde darauf hingewiesen, dass der verhältnismäßig hohe Anteil unehelicher Geburten von 20 % in dieser Pfarrei damit zusammenhänge, dass hier eine Hebamme wohne, bei der „auswärtige gefallene Mädchen" während der letzten Wochen ihrer Schwangerschaft gegen Bezahlung Unterkunft fänden, um so dem Gespött in ihren Heimatorten zu entgehen. 15 Jahre später wurde fast dasselbe wiederum aus der Pfarrei St. Jodok berichtet.[156]

Der Vergleich der Geburten- mit den Sterbedaten der Ravensburger Bevölkerung zwischen 1876 und 1914 (D 12) zeigt, dass es erst seit etwa 1897 einen ausgeprägten Geburtenüberschuss gab, der bis zum Ausbruch des Ersten Weltkriegs anhielt.

Was die Graphik nicht zeigen kann, ist die hohe Mütter-, Säuglings- und Kindersterblichkeit bis gegen Ende des 19. Jahrhunderts, auf die bereits auf Seite 80 hingewiesen wurde. Der Kampf gegen die Säuglingssterblichkeit war erst erfolgreich, als medizinisch nachgewiesen werden konnte, dass falsche Ernährung und mangelhafte Hygiene die Hauptursachen für die allzu oft tödlich verlaufenden Infektionen bei Kleinkindern waren. Während nach Ausweis der Sterberegister des Standesamts um 1880 noch 40 % der Neugeborenen im ersten Lebensjahr starben, waren es 1907 nur noch 23 % und 1926 sogar nur noch 8 %.

Ergänzt wird dieser Befund durch eine nach Zeitabschnitten gegliederte Untersuchung der Kinderzahl aus jeweils 562 Ehen, deren Gesamtverlauf vom Beginn der Ehe bis zu ihrem Ende verfolgt wurde.[157] Hier das Ergebnis:

	1812–1880	1881–1900	1920–1940
Zahl der untersuchten Ehen	562	562	562
Totgeburten und Kinder aus diesen Ehen, die im 1. Lebensjahr starben	690	457	102
Kinder aus diesen Ehen, die zwischen einem und zehn Jahren starben	210	126	20

D 12 Geburten und Sterbefälle 1876 – 1998

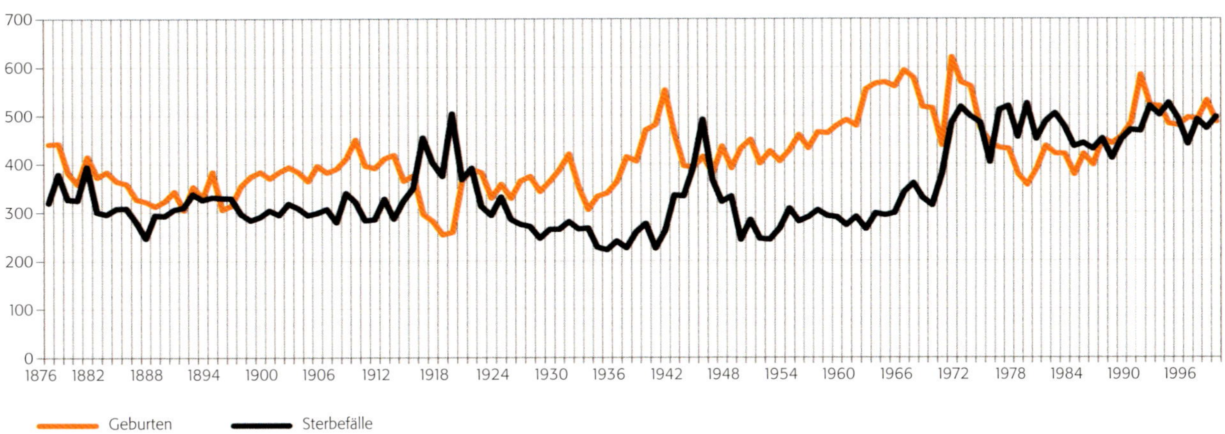

Weil man wusste, dass mit dem frühen Tod von Säuglingen und kleinen Kindern gerechnet werden musste, waren die Ehen im 19. Jahrhundert wesentlich fruchtbarer als im 20. Auch dies lässt sich am Beispiel der jeweils 562 untersuchten Ehen mit Zahlen belegen:

	1812–1880	1881–1900	1920–1940
Ehen mit 0 bis einem Kind	125	179	229
Ehen mit 4 bis 7 Kindern	197	186	111
Ehen mit 8 Kindern	35	19	4
Ehen mit mehr als 6 Kindern	147	93	24
Ehen mit mehr als 10 Kindern	29	24	4

Dass der Rückgang der Geburtenziffer mit dem Rückgang der Kindersterblichkeit zusammenhing, dass es also durchaus eine gewisse Geburtenkontrolle gab, geht aus diesen Zahlen deutlich hervor.

Die hohe Kindersterblichkeit wurde lange Zeit als ein unabänderliches gottgegebenes Faktum angesehen. Wie sie im konkreten Fall aussah, soll an vier Beispielen gezeigt werden.

- Die Ehefrau des Friseurs Jakob Beckler, Anna Katharina geb. Geisinger, gebar zwischen 1867 und 1876 acht Kinder, die nacheinander alle wegstarben, fünf unmittelbar nach der Geburt, eines mit einem, ein weiteres mit drei und das letzte mit sechs Jahren. Ein uneheliches Kind, das Anna Katharina in ihre Ehe mitgebracht hatte, war ebenfalls früh, mit acht Monaten, gestorben.
- Ursula Mezler hatte vor ihrer Eheschließung mit Johann Baptist Kolb im Jahr 1868 sogar schon drei uneheliche Kinder begraben müssen. In ihrer 1873 mit ihrem Tod endenden Ehe gebar sie sechs (!) weitere Kinder, von denen fünf im ersten Lebensjahr starben.
- Ein weiteres Beispiel bezieht sich auf Regina Wahl geb. Hirrlinger, die in der Ehe mit ihrem Gatten Ludwig zwischen 1870 und 1891 17 Kinder gebar, von denen aber nur – oder soll man sagen immerhin? – drei erwachsen wurden. Elf starben bereits im ersten Lebensjahr, zwei mit einem und eines mit zwei Jahren.
- Und schließlich sei auch noch der Fall der Theresia Achenrainer berichtet: sie brachte zwischen 1872 und 1889 acht uneheliche Kinder zur Welt. Als sie 1891 heiratete, lebten von diesen noch vier, drei weitere starben im ersten Jahr ihrer Ehe. In ihrer Ehe gebar sie, wohl aus Altersgründen, nur noch ein Kind, das knapp zwei Jahre alt wurde. Von ihren insgesamt neun Kindern wurde also nur eines erwachsen.

Straßenszene am Gespinstmarkt, um 1900
Ein Fotograf war in der Ravensburger Innenstadt um 1900 offensichtlich noch etwas Besonderes, Kinder gab es dagegen jede Menge. Vgl. auch die Abb. Seite 181.

Zuwanderung von außen

Dass sich die Einwohnerzahl Ravensburgs zwischen 1870 und 1914 ungefähr verdoppelte, war wie schon in den Jahrzehnten vor der Reichsgründung nicht in erster Linie dem Geburtenüberschuss, sondern der Zuwanderung von außen zuzuschreiben. Zwischen 1856 und 1895 wuchs Ravensburg auf natürliche Weise durch Geburtenüberschuss um 1.534, aufgrund von Wanderungsgewinnen (Zuwanderung minus Abwanderung) aber um 4.182 Seelen. Das waren im Jahresdurchschnitt 105 Personen. In den folgenden Jahren bis zum Ersten Weltkrieg blieb es in etwa bei diesem jährlichen Wanderungsgewinn.[158]

Grund für diese Entwicklung war die Liberalisierung des Ehe- und Niederlassungsrechts im Jahr 1871 (siehe Seite 157). Bei der Durchsicht der Eheregister der Ravensburger Pfarreien – ab 1876 zusätzlich auch derjenigen des neu geschaffenen Standesamts – wird deutlich, wie stark die neuen liberalen Gesetze die Zahl der von auswärts (aus einem mehr als 10 km entfernten Ort) stammenden Ehepartner steigen ließen.

Bei den in den Jahren 1870 und 1871 in Ravensburg geschlossenen Ehen stieg die Zahl der von auswärts kommenden Ehemänner innerhalb dieses einen Jahrs von 30 auf 109, die Zahl der von auswärts kommenden Ehefrauen von 29 auf 103! Viele dieser Zuwanderer, die in Ravensburg eine Ehe eingingen, gehörten dem Arbeiterstand an: 1870 stammten nur sieben Personen, die hier heirateten, aus der Arbeiterschaft, 1871 dagegen 57![159] Zwar war der Nachholbedarf derer, denen bis 1871 eine Ehe verwehrt war, bereits nach wenigen Jahren befriedigt, doch die Zahl der Auswärtigen unter den Eheschließenden blieb auch weiterhin höher als zuvor.

In diesem Zusammenhang sei nochmals auf das seit 1873 geltende Gesetz über den Unterstützungswohnsitz verwiesen, das jedem Deutschen das Recht einräumte, im Notfall die Armenfürsorge derjenigen Gemeinde in Anspruch zu nehmen, in der er seit mindestens zwei Jahren seinen Wohnsitz hatte. Dass dieses Recht den Zuzug sozial schwacher Personen förderte, denen in Ravensburg ein Arbeitsplatz in einer Fabrik winkte, registrierten die verantwortlichen Kommunalpolitiker mit Sorge.[160]

Die für die Bevölkerungsgeschichte des deutschen Südwestens so bedeutsamen Auswanderungswellen aus wirtschaftlicher Not betrafen Ravensburg wie schon vor 1870 nur am Rande. Pro Jahr waren es weiterhin nicht mehr als ca. 20 Personen, die aus dem vergleichsweise wohlhabenden Oberamt Ravensburg nach Amerika oder Südosteuropa auswanderten, davon etwa neun aus der Oberamtsstadt. Nach 1890 nahm die Zahl der Emigranten weiter ab.[161]

Nur am Rande sei die Auswanderung mehrerer Ravensburger Kaufleute nach Guatemala seit den achtziger Jahren erwähnt. Die meisten dieser Auswanderer waren evangelische Kaufleute aus dem Umkreis der Ravensburger „Blutwurst“, die in Guatemala Land erwarben und Kaffeeplantagen gründeten. Zu dieser mehr oder weniger erfolgreichen Gruppe gehörten unter anderen Mitglieder der Familien Sterkel, Sapper, Appenzhauser, Rösch und Thommel. Zahlreiche Nachfahren dieser oberschwäbischen Wirtschaftspioniere leben noch heute in dem mittelamerikanischen Kaffeeland.[162]

Die starke Zuwanderung nach Ravensburg hatte zur Folge, dass der Anteil der in Ravensburg Geborenen unter den Einwohnern immer mehr zurückging. 1828 waren noch 74 % der Einwohner in Ravensburg geboren, weitere 19 % im übrigen Oberamt, also in der nächsten Umgebung. Von 1871 bis 1914 ging der Anteil der in Ravensburg geborenen Einwohner kontinuierlich zurück: 1871 waren es noch 43 %, 1895 39 %, 1914 nur noch 20 % (+ 15 % aus dem übrigen Oberamt Ravensburg).[163]

Die „arbeitende Klasse“

Was ganz wesentlich zu der wachsenden Zahl Auswärtiger unter der Ravensburger Bevölkerung beitrug, waren die vielen Arbeitskräfte, die sich nur vorübergehend in der Stadt aufhielten. Nach Angaben des Ravensburger Handels- und Gewerbevereins lag 1906 die Fluktuation von kommenden und gehenden Arbeitern und Arbeiterinnen bei 3.000 pro Jahr. Für viele, so schrieb der Vereinssekretär an die Stuttgarter Zentralstelle für Gewerbe und Handel, bedeute Ravensburg nur eine Durchgangsstation in Richtung Schweiz.[164] Bestätigt wird diese Beobachtung durch eine Bemerkung des evangelischen Dekans, der 1907 berichtete, in Ravensburg gäbe es „viel flottierendes Arbeitervolk“.[165]

Mit den damals üblichen Begriffen „Arbeitervolk“ oder „Arbeiterklasse“ waren keineswegs nur Fabrikarbeiter(innen) gemeint, sondern auch Taglöhner, Knechte, Mägde, Dienstboten, Handwerksgesellen und Handlungsgehilfen (Commis), Bürodiener, Kellner, Zimmermädchen, „Spülmägde“ in Gaststätten, aber auch Näherinnen, Stickerinnen, Wäscherinnen, Büglerinnen und andere im Textilgewerbe tätige Frauen, die zumeist nicht in Fabriken arbeiteten, sondern zu Hause als Heimarbeiterinnen. Bei vielen Arbeitern war im Übrigen ein jahreszeitlich bedingter Wechsel des Arbeitsplatzes üblich: ungefähr neun Monate in einer Fabrik, drei Monate während der Erntezeit in der Landwirtschaft.

Im Gegensatz zu den meisten Fabrikarbeitern galten die zahlreichen Taglöhner, ebenso wie viele Textilhandwerkerinnen (Näherinnen, Büglerinnen usw.) fiskalisch und de iure als „selbstständig und auf eigene Rechnung lebend“, da sie nicht in einer Firma arbeiteten und einen eigenen Haushalt führten. Soweit sie nicht das Ravensburger Bürgerrecht besaßen, mussten sie eine „Wohnsteuer“ entrichten. Das bedeutete jedoch nicht, dass sie auf einer höheren sozialen Stufe standen als die bei ihrem Dienstherrn oder in einem Gasthof wohnenden Fabrikarbeiter.

Hierzu ein Beispiel: Der im Jahr 1902 54-jährige Taglöhner Johann Frick aus Einhart im Hohenzollerischen wechselte zwischen 26. August 1902 und 28. Juli 1904, also in nicht einmal zwei Jahren, zwanzigmal in Ravensburg seinen Arbeitsplatz. In der Regel wurde er als Handlanger oder Hilfsarbeiter eingesetzt. Oft war von vorneherein klar, dass man ihn nur für kurze Zeit irgendwo als Hilfskraft benötigte. Gelegentlich kam es aber auch vor, dass man ihn schlicht vor die Türe setzte, aus welchem Grund auch immer. In den 23 Monaten vom August 1902 bis Ende Juli 1904, in denen wir anhand der Akten seine Berufstätigkeit verfolgen können, war er nirgends länger als drei Monate in ein und demselben Betrieb beschäftigt. Sein kürzestes Arbeitsverhältnis dauerte zwei Tage. Dazwischen gab es viele meist nur kurze Phasen der Arbeitslosigkeit. Von August 1902 bis zu seinem Tod im Dezember 1904 wechselte Johann Frick siebenmal die Wohnung, was sicher mit der jeweiligen Arbeitsstelle zusammenhing.[166]

Zum ständigen Kommen und Gehen der Arbeitskräfte in der Industrie trugen auch die damals üblichen sehr kurzen Kündigungsfristen bei. Ein normaler Fabrikarbeiter konnte jederzeit fristlos und ohne Begründung entlassen werden, während er selbst an eine zweiwöchige Kündigungsfrist gebunden war. Um zu verhindern, dass er vorzeitig einfach weglief, behielt der Fabrikherr einen Teil des Lohns als „Haftgeld" zurück.[167]

*

„Flottierendes Arbeitervolk" waren auch die italienischen, österreichischen und böhmischen Bauarbeitertrupps, die bei größeren Projekten herangezogen wurden. Am Bau der beiden Schulhäuser an der Wilhelmstraße wirkten 1881/82 Bauhandwerker aus Bayern, Reutte in Tirol, Graubünden und dem italienischen Friaul mit. Sie kamen zum Teil als ganze Familienverbände, als „Clan", aus bestimmten Dörfern. Von März bis September 1897 waren 40 Italiener, die meisten aus dem Friaul, 20 Tiroler und 15 Arbeiter aus Böhmen und Mähren am Bau des Konzerthauses, dem „Saalbau", wie man damals sagte, beschäftigt. Als wenige Jahre später das Elisabethenkrankenhaus erbaut wurde, waren wiederum bis zu 42 italienische Bauarbeiter, zumeist Maurer und Gipser, beteiligt.[168]

Auch junge Italienerinnen wurden als Arbeitskräfte nach Ravensburg geholt. So beschäftigte die Pinselfabrik Sterkel zwischen 1906 und 1908 bis zu 28 junge Frauen im Alter von 16 bis 21 Jahren, die aus der Toskana stammten und im benachbarten „Klösterle" der Armen Schulschwestern untergebracht waren.[169]

Die Volkszählung von 1910 ergab, dass unter den damals 458 in Ravensburg lebenden Ausländern 232 Österreicher, 133 Schweizer und 54 Italiener waren. Aus diesen drei Ländern kamen also 91 % aller Ausländer.[170]

Die Zahl der von auswärts kommenden Fabrikarbeiterinnen und Fabrikarbeiter, die in Ravensburg Arbeit suchten und fanden, war enorm hoch. Von den 659 wohnsteuerpflichtigen Arbeitern, die zwischen 1872 und 1884 Arbeit in einer hiesigen Fabrik fanden, stammten nur 6,4 % aus dem Oberamt Ravensburg und nur 29 % aus Oberschwaben. Ziemlich genau die Hälfte kam von jenseits der württembergischen Grenzen, 21 % waren Ausländer. Von diesen waren die meisten in der Schweiz, in Böhmen und Mähren beheimatet.

Die Schweizer arbeiteten vorzugsweise in der Ravensburger Filiale der Maschinenfabrik Escher Wyss, die Arbeiter aus Böhmen und Mähren hauptsächlich in der Spohnschen Spinnerei und in der Abwergspinnerei Schornreute. Dort wurden auch immer wieder Arbeitskräfte aus Schlesien und Sachsen eingestellt.

Offenbar fühlten sich die bei Spohn beschäftigten Arbeiter aus den östlichen Randgebieten Mitteleuropas in Ravensburg wohl. Es fällt nämlich auf, dass viele von ihnen mehr als zwanzig Jahre lang aus dem Bezirk Trautenau im östlichen Böhmen kamen. Dort hatte es sich wohl herumgesprochen, dass man in Ravensburg gute Arbeit bekommen könne. Ein Teil der Leute aus Trautenau wurde hier auf Dauer sesshaft.[171] Die Werkswohnungen, die Julius Spohn oberhalb seiner Fabrik errichten ließ, nannte man bezeichnenderweise bis in unsere Tage „Böhmenhäuser".

Mit der wachsenden Bedeutung der Gardinenfabrikation gegen Ende des 19. Jahrhunderts kamen vermehrt Arbeitskräfte aus Plauen im Vogtland nach Ravensburg. Diese Verbindung ging auf Albert Schwarz, einen der größten hiesigen Gardinenfabrikanten, zurück, der, wie bereits erwähnt, in beiden Städten Fabriken gegründet hatte.

Im letzten Jahrzehnt des 19. Jahrhunderts nahm die Zahl der aus dem Ausland und aus den entfernteren Gegenden Deutschlands kommenden Arbeitskräfte deutlich ab. Das hing sicher mit der Rezession in den frühen neunziger Jahren zusammen, zusätzlich aber wohl auch mit dem Ende der Flachs-, Hanf- und Jutespinnerei Spohn im Dezember 1900. Besonders auffallend war dieser Rückgang bei den Schweizern, denen die in Ravensburg bezahlten Löhne offensichtlich nicht mehr attraktiv genug erschienen. Seit etwa 1901 wurde jedoch wieder ein verstärkter Zuzug auswärtiger Arbeitskräfte registriert.[172]

Ein Vergleich zwischen männlichen und weiblichen Fabrikarbeitern, zwischen solchen, die in Ravensburg

Werksgelände der Spohnschen Spinnerei im Flappachtal, um 1925
Das Gebäude am linken Rand mit den beiden Reihen von Dachluken war ursprünglich die Papiermühle „Oberer Hammer". Seit 1847 befand sich hier die rasch expandierende Flachs-, Hanf- und Abwergspinnerei der Gebrüder Spohn, die sich zur bedeutendsten Ravensburger Textilfabrik im 19. Jahrhundert entwickelte. Die drei 1870 bis 1872 erbauten Wohnhäuser hinter dem Werksgelände enthielten Werkswohnungen. Da viele der dort untergebrachten Fabrikarbeiter aus Böhmen kamen, hießen diese Häuser allgemein „Böhmenhäuser". Seit 1919 wurden die Fabrikgebäude von dem Karosseriewerk Hermann Spohn genutzt.

einen eigenen Haushalt führten und deshalb entweder zur Bürger- oder zur Wohnsteuer herangezogen wurden (im Amtsdeutsch damals als „Selbstständige" bezeichnet) und denen, die bei ihrem Arbeitgeber, in einem gemieteten Zimmer oder in einer Gastwirtschaft wohnten oder sich mit einer bescheidenen Schlafstelle begnügen mussten („Unselbstständige"), führt zu dem Ergebnis, dass Fabrikarbeiter eher als Fabrikarbeiterinnen von weiter her nach Ravensburg kamen, und selbstständige Arbeitskräfte eher als unselbstständige.

Von 236 unselbstständigen Fabrikarbeitern, die zwischen Mai 1901 und August 1902 für kürzere oder längere Zeit in Ravensburg Arbeit fanden, stammten 38 % aus Oberschwaben, während es bei 145 unselbstständigen Fabrikarbeiterinnen, die zwischen Mai 1901 und Mai 1903 eingestellt wurden, 80 % waren. Ergänzend sei auf D 13 Seite 166 verwiesen, das die Herkunftsländer noch genauer aufschlüsselt.

Unter den Männern und Frauen, die Arbeit in Ravensburg suchten, waren neben denen, die in einer Fabrik arbeiten wollten, viele, die in bürgerlichen Haushalten, in Wirtshäusern, im Einzelhandel oder in Handwerksbetrieben eine Anstellung suchten und fanden.

Viele junge Frauen strebten einen Arbeitsplatz als Verkäuferin in einem der jüdischen Warenhäuser an. Seit den neunziger Jahren zeichneten sich ganz neue Berufsmöglichkeiten gerade für junge Frauen ab. Jetzt wurden zunehmend Kontoristinnen, „Telegraphen- bzw. Postanwärterinnen" und Buchhalterinnen gesucht.

Mit der seit den sechziger Jahren des 19. Jahrhunderts stetig wachsenden Zahl von Fabrikarbeitern entstand allmählich eine spürbare Wohnungsnot in der Stadt. Dem suchten die Eigentümer der großen Fabriken durch den Bau von Werkswohnungen in Fabriknähe entgegenzuwirken. Den Anfang machte damit die Maschinenfabrik Honer, die zwischen 1870 und 1876 an der Schussen-

D 13 Herkunft der „arbeitenden Klasse" 1872 – 1905

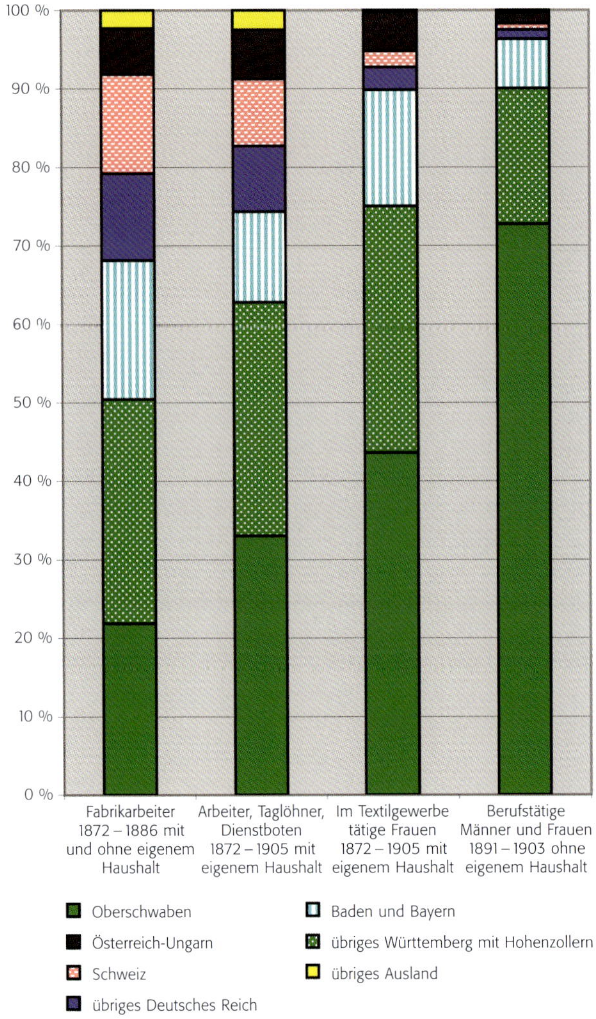

straße zwei große Gebäude mit zusammen 57 Wohnungen errichtete. Die Werksangehörigen waren verpflichtet, dort zu wohnen, sofern sie nicht selbst eine Wohnung besaßen. Wer sich weigerte, hatte mit einer Kündigung zu rechnen.[173] Im selben Jahr 1870 begann auch die Spinnerei Spohn mit dem Bau von Arbeiterwohnungen. Bis 1872 entstanden die drei erwähnten „Böhmenhäuser", von denen jedes acht Dreizimmer-Wohnungen aufwies. Escher Wyss folgte diesem Beispiel und ließ im Wiesental hinter dem Fabrikgelände 1873 ein Wohnhaus mit 15 Arbeiterwohnungen errichten.[174]

Der wachsende Bedarf an Arbeitskräften seit der Jahrhundertwende veranlasste die Eigentümer der Pinselfabrik Sterkel, 1902 bis 1906 in den benachbarten Ziegelwiesen mehrere Gebäude mit insgesamt 28 Werkswohnungen zu errichten. Im Gegensatz zu den früher erbauten Arbeiterhäusern strebte man nun keine großen Wohnblocks mehr an, sondern Zwei- und Dreifamilien-Häuser.

Fast gleichzeitig, 1903, wurde ein „Bau- und Sparverein" gegründet, an dem sich neben Einzelpersonen eine Reihe von Firmen, unter anderen auch Escher Wyss, beteiligte. Dem neuen genossenschaftlichen Unternehmen gelang es, bis 1914 60 Arbeiterwohnungen in insgesamt 16 Wohnhäusern zu bauen.[175] Trotz dieser Aktivitäten war es jedoch alles in allem nur ein kleiner Teil der Arbeiter, der eine Werkswohnung erhielt. Viele wohnten weiterhin in der Ravensburger Altstadt, oft in sehr beengten Verhältnissen. Aus den Adressbüchern geht hervor, dass die Unterstadt, die Vorstädte Ölschwang und Schornreute sowie das Gebiet um den Bahnhof bevorzugte Wohngebiete der Arbeiter waren.

Was die Arbeitszeit betrifft, so mussten Arbeiter und Arbeiterinnen auch noch nach 1879 in fast allen Fabriken mehr als 60 Stunden pro Woche arbeiten. Am längsten wurde in der Spinnerei Spohn gearbeitet, 1884 wöchentlich noch 72 Stunden.[176] Im selben Jahr lag die Wochenarbeitszeit bei Escher Wyss hingegen nur noch bei 66, in der Parkettfabrik Sterkel für Frauen sogar nur noch bei 62 Stunden.[177] Schon 1870 hatte die Ravensburger Handels- und Gewerbekammer ihren Mitgliedern nahegelegt, jugendliche Arbeitskräfte unter 14 Jahren nur noch höchstens sechs Stunden täglich arbeiten zu lassen, und nur noch am Tage. Bei den 14- bis 18-Jährigen solle auf Nachtarbeit möglichst verzichtet werden.

Aufgrund einer Umfrage des Reichstags „über die Verhältnisse der in Fabriken beschäftigten Frauen und Kinder" verfasste die Ravensburger Handels- und Gewerbekammer 1876 eine ausführliche Stellungnahme zu diesem Thema.[178] Darin hieß es unter anderem, die Arbeitszeit von Frauen solle in Ravensburg künftig auf elf Stunden täglich reduziert werden. Ein generelles Verbot der Sonntags- und der Nachtarbeit wurde abgelehnt, weibliche Beschäftigte sollten davon aber möglichst verschont bleiben. Die Gewährung eines arbeitsfreien Samstagnachmittags für verheiratete Arbeiterinnen wurde für nicht machbar erklärt. Kindern unter 14 Jahren, die in einer Fabrik arbeiteten, sollte auf jeden Fall die Möglichkeit gegeben werden, täglich drei Stunden die Schule zu besuchen, um der staatlich vorgeschriebenen Schulpflicht zu genügen. Daher werde, so berichtete die Kammer, künftig ihre Arbeitszeit in der Fabrik auf fünf Stunden herabgesetzt. Es solle außerdem darauf geachtet werden, dass diese Kinder zwischen dem Schulbesuch und dem Arbeitsbeginn in der Fabrik wenigstens eine einstündige Pause hätten.

Zum Problem der Gefährdung von Sittlichkeit und Moral durch eine allzu große Nähe zwischen Männern und Frauen in den Fabriken äußerte sich die Kammer dahingehend, dass eine strikte Trennung nicht möglich sei. Man werde sich aber dafür einsetzen, dass künftig wenigstens getrennte Umkleideräume und Aborte für Männlein und Weiblein eingerichtet würden.

Eine spürbare Reduzierung der Arbeitszeit wurde erst durch die Arbeiterschutzgesetze seit 1891 erreicht. Fabrikarbeiterinnen durften jetzt nur noch höchstens elf, Jugendliche zwischen 14 und 16 Jahren höchstens sechs Stunden pro Tag arbeiten. Nachtarbeit wurde für Jugendliche unter 16 Jahren generell verboten.[179]

Die mit diesen Gesetzen eingeführte staatliche Fabrik- und Gewerbeaufsicht führte mit der Zeit tatsächlich zu einer Verbesserung der Arbeitsbedingungen in den Fabriken. Es gab nun klare und eindeutige Vorschriften über Beleuchtung, Belüftung, Staubbelastung und Heizung. Ebenso wurde eine Mindestgröße und Mindestausstattung für die Aufenthalts-, Wasch- und Umkleideräume vorgeschrieben.[180] Auch die Arbeitszeit der Jugendlichen unter 16 Jahren wurde von der städtischen „Gewerbepolizei" kontrolliert. Einem Untersuchungsbericht von 1910 ist zu entnehmen, dass für diese Jugendlichen die übliche Arbeitszeit in den Fabriken zwischen 8 $^{1}/_{2}$ und 10 Stunden pro Tag schwankte. Bei den über 16 Jahre alten Fabrikarbeiterinnen lag sie um einiges höher, in der Regel bei 9 $^{1}/_{4}$ bis 10 $^{1}/_{2}$ Stunden.[181]

1892 verkürzte Escher Wyss freiwillig die Arbeitszeit samstags um eine Stunde. An den „in Ravensburg üblichen Fest- und Feiertagen", es waren deren 13 an der Zahl, wurde nicht gearbeitet. Wenn es vom Arbeitsanfall her vertretbar schien, durften die Arbeiter bei Escher Wyss während der Fasnacht und des Rutenmontags nachmittags ohne Lohneinbuße freinehmen.[182]

Die für unsere Begriffe sehr strenge Arbeitsdisziplin, die damals in den Fabriken herrschte, lässt sich am Beispiel eines undatierten, wohl um 1890 erlassenen „Reglements" der Maschinenfabrik Escher Wyss zum Verhalten ihrer Lehrjungen verdeutlichen. Dort hieß es, der Lehrjunge solle „allen Anordnungen und Befehlen seiner Vorgesetzten [...] pünktlich Gehorsam leisten, mit seinen Mitarbeitern friedfertig sein, still und unverdrossen die ihm aufgetragene Arbeit verrichten und allen unnützen Geschwätzes in der Werkstätte sich müßigen; Reinlichkeit und Ordnungsliebe in seiner eigenen als auch achtsame Behandlung der ihm von Andern anvertrauten Arbeit [werde] ihm sehr empfohlen [...]".[183] Diese im reformierten Zürich mit seiner strengen Sittenzucht entstandene, den Geist der zwinglianischen Reformation atmende Vorschrift galt auch für die Ravensburger „Filialwerkstätte".

Bei den Löhnen gab es große Unterschiede. Nach einem Bericht der Ravensburger Handels- und Gewerbekammer bewegte sich der ortsübliche Taglohn in Ravensburg 1884 für Fabrikarbeiter zwischen 1.40 M und 2 M, für Arbeiterinnen zwischen 80 Pf. und 1.50 M.[184] 1898 hatte sich dieser Abstand etwas verringert. Der durchschnittliche Taglohn in Ravensburg für Arbeiter wurde mit 1.70 M, für Arbeiterinnen mit 1.20 M angegeben.[185]

Maschinenfabriken und Bierbrauereien bezahlten die höchsten Löhne, Textilfabriken die niedrigsten.[186] Obwohl – wie D 14 zeigt – der Reallohn eines Arbeiters bis zum Ersten Weltkrieg deutlich stieg, reichte in vielen Arbeiterfamilien der Lohn des Mannes nicht aus, um Frau und Kinder zu ernähren. Deshalb musste die Frau etwas hinzuverdienen, zum Beispiel als Heimarbeiterin für einen Stickereibetrieb, als Näherin, Wäscherin, Büglerin oder als Fabrikarbeiterin. Eine nicht genau zu bestimmende Zahl von Arbeiterfamilien hatte außerdem ein „Ländle" oder „Gütle" vor den Toren der Stadt gepachtet, wo Kartoffeln, Gemüse und ähnliches angebaut wurde.[187]

D 14 Entwicklung des Reallohns eines Ravensburger Arbeiters 1850 – 1913
Index: 1850 = 100

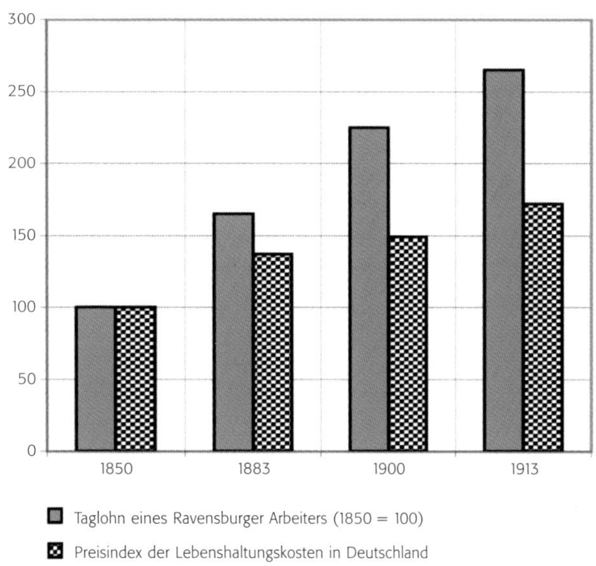

Nur selten kam es zu Streiks, um Lohnerhöhungen durchzusetzen. Gut belegt ist ein Streik der Gesellen und Hilfsarbeiter im Zimmereihandwerk, der immerhin mehr als sieben Wochen, vom 14. Mai bis 7. Juli 1906, dauerte. Vom Zaun gebrochen hatten ihn zunächst 51

D 15 Selbstständige berufstätige Frauen 1909

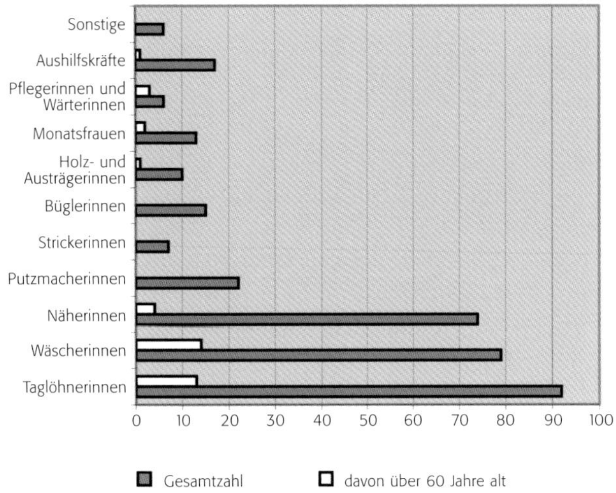

der insgesamt 63 Ravensburger Zimmerergesellen, weil alle Meister bis auf zwei sich geweigert hatten, ihre Forderung nach Erhöhung des Stundenlohns von 35 auf 40 Pf. zu erfüllen. Aus Solidarität traten zusätzlich noch 40 Hilfsarbeiter in Streik. Nachdem es bis Anfang Juni zu keiner Einigung gekommen war, ließen die Streikenden ein Flugblatt drucken, in dem sie ihre Haltung rechtfertigten. Die Auseinandersetzung endete mit einem Erfolg der Streikenden, deren Löhne schrittweise auf 40 Pf. angehoben wurden.[188]

Die „arbeitende Klasse" umfasste, wie gesagt, sowohl „selbstständige und auf eigene Rechnung lebende Personen", als auch Unselbstständige, die als Arbeiter oder Dienstboten bei ihrem Arbeitgeber oder in einem Gasthaus logierten und sich zum größeren Teil nur vorübergehend in Ravensburg aufhielten. Zur ersteren Gruppe gehörten vor allem Taglöhner, aber auch ein Teil der Fabrikarbeiter. Wenn sie das Bürgerrecht besaßen und Steuern zahlten, waren sie bei den Wahlen für den Gemeinderat, für Landtag und Reichstag wahlberechtigt. Wenn sie nur ein Wohnrecht in Ravensburg besaßen, mussten sie eine Wohnsteuer von jährlich 4 M zahlen, waren aber trotzdem nicht wahlberechtigt. Berufstätige Frauen konnten das Bürgerrecht nur dann erwerben, wenn entweder ihre Eltern Ortsbürger waren oder wenn sie einen Bürger heirateten. Wahlberechtigt waren sie in keinem Fall.

Während Fabrikarbeiterinnen, Hausgehilfinnen, Kinds- und Küchenmägde, Kellnerinnen, Zimmermädchen und Lehrmädchen in einem Betrieb oder Haushalt beschäftigt und somit „unselbstständig" waren, wurden Mädchen und Frauen, die sich in keinem festen, ständigen Arbeitsverhältnis mit einem Arbeitgeber befanden, als „selbstständig" und zugleich – etwas verwirrend – als „unständig" bezeichnet. Dies traf für Taglöhnerinnen ebenso zu wie für die vielen im Textilhandwerk tätigen Frauen, aber auch für Krankenpflegerinnen und Austrägerinnen. Aus dem Jahr 1909 ist ein Verzeichnis all dieser Frauen, 339 an der Zahl, überliefert. Wie sich diese Gruppe beruflich selbstständiger Frauen zusammensetzte, zeigt D 15.

Nur für die Jahre 1890 bis 1895 sind ausreichend genaue statistische Daten überliefert, um die Größe der „arbeitenden Klasse" im Verhältnis zur übrigen Bevölkerung der Stadt einigermaßen präzis zu bestimmen. Neben dem Adressbuch von 1890, das sämtliche Haushalte mit Berufsangabe der Haushaltsvorstände aufführt, liegen die Daten der Volkszählung von 1890 und der Gewerbestatistik von 1895[189] vor. Daraus ergibt sich folgendes Bild:

Zusammensetzung der „arbeitenden Klasse" 1890/95

Unselbstständige (Fabrik)Arbeiter und Dienstboten: ca. 1.220 männliche, ca. 630 weibliche	= ca.	1.850	=	60,9 %
Selbstständige (Fabrik)Arbeiter: ca. 506 männl., ca. 135 weibl.	= ca.	641	=	21,1 %
Taglöhner: ca. 217 männl., ca. 56 weibl.	= ca.	273	=	9,0 %
Weitere selbstständige Berufstätige (Handwerksgesellen, Dienstleute, Gehilfen, Heizer, Näherinnen, Wäscherinnen, Stickerinnen, Kleidermacherinnen, Pflegerinnen usw.): ca. 120 männl., ca. 152 weibl.	= ca.	272	=	9,0 %
Summe: ca. 2.063 männliche, ca. 973 weibliche Berufstätige	*= ca.*	*3.036*	*=*	*100 %*
Weibliche Berufstätige demnach 32 %.				

Die Gesamtzahl der erwerbstätigen Ravensburger belief sich laut Statistik 1895 auf 5.255 Männer und Frauen. Für 1890 liegt keine entsprechende Zahl vor. Sie dürfte aber kaum mehr als 5.000 betragen haben, da die erste Hälfte der neunziger Jahre eine Periode wirtschaftlicher Stagnation war. Demnach gehörten 1890/95 ca. 58 bis 60 % der Erwerbstätigen zur „arbeitenden Klasse". Da jedoch die Zahl der „Einpendler", die nicht in Ravensburg wohnten, hier aber ihren Arbeitsplatz hatten, um etwa 100 über der Zahl der „Auspendler" lag, die in Ravensburg wohnten, aber auswärts arbeiteten , dürfte der tatsächliche Anteil der in Ravensburg ansässigen „arbeitenden Klasse" an der Gesamtzahl der Erwerbstätigen etwas niedriger bei ca. 56 bis 58 % gelegen haben. In der Industrie waren 1895 ca. 1.400 Personen = ca. 27 % aller Erwerbstätigen beschäftigt.

★

Das Ravensburger Establishment beobachtete das wachsende Heer der Fabrikarbeiter mit Sorge. Schon 1876 konstatierte der katholische Dekan Stempfle, beim „sogenannten 4. Stand" in Ravensburg und Weingarten „socialistische und achristliche Lehren". Der Arbeiterstand sei allerdings noch nicht stark genug, um diese „praktisch zu machen". Die „wachsende Fabrikbevölkerung [sei] kein besonderes Glück für Stadt und Bezirk".[191] Neun Jahre später stellte derselbe Geistliche der vom Kleingewerbe geprägten Wirtschafts- und Sozialstruktur Biberachs die „Großindustriestadt" Ravensburg gegenüber, in der die Weiterbildung der Arbeiterjugend nach beendeter Schulpflicht viel schwieriger zu bewerkstelligen sei als in Biberach. Und genau wie 1895 der Ravensburger Stiftungsverwalter Reichle, stellte Dekan Stempfle bereits 1885 fest, nach Ravensburg zögen vorzugsweise arme Arbeiterfamilien in der Hoffnung, aufgrund des neuen Gesetzes über den Unterstützungswohnsitz notfalls die städtische Armenfürsorge in Anspruch nehmen zu können.[192]

Auf Seiten der evangelischen Kirche war man derselben Meinung. „Mehrere tausend Arbeiter" lebten jetzt in Ravensburg, berichtete Dekan v. Biberstein 1875 an seine vorgesetzte Behörde in Stuttgart, darunter auch verarmte evangelische Unterländer. Und 1882 beklagte er, dass unter der Arbeiterschaft „ziemlich verkommene Elemente" seien.[193]

Statistische Daten zur sozialen Gliederung der städtischen Bevölkerung

Die erste brauchbare Statistik zur beruflichen Gliederung der Ravensburger Bevölkerung im Kaiserreich bietet die staatliche Gewerbezählung von 1882.[194] Danach waren von den 5.063 Erwerbstätigen im Jahr 1882 2.992 = 59,1 % in Industrie und Handwerk beschäftigt. Leider erlauben die uns zur Verfügung stehenden Quellen keine Aussage darüber, wie viele von diesen fast 3.000 Erwerbstätigen einen Arbeitsplatz in der Industrie und wie viele einen solchen in einem Handwerksbetrieb hatten. Eine Berufsangabe wie beispielsweise „Schlosser" lässt beide Möglichkeiten offen.

Wenn man davon ausgeht, dass 1882 der Anteil der in der Industrie Beschäftigten etwas höher war als 13 Jahre später (vgl. D 9 Seite 156), dann wären 1882 etwa 1.370 Personen als Arbeiter und Angestellte in der Industrie tätig gewesen.

Im Handel waren 1882 326, in der Land- und Forstwirtschaft 498 und im öffentlichen Dienst 216 Personen beschäftigt. Der „öffentliche Dienst" umfasste die kommunale und staatliche Verwaltung, Justiz (Amts- und Landgericht), Schulwesen, Kirchen, Krankenpflege und Militär. Außerdem gab es 420 selbstständige, auf eigene Rechnung lebende Taglöhner und Lohndiener. 49 Bürger übten einen freien Beruf als Arzt, Apotheker, Architekt, Anwalt oder Künstler aus. Im Bereich „Verkehr", zu dem Bahn und Post, Fuhrunternehmen, Speditionen, Packer, Austräger und Botengänger gehörten, arbeiteten 62 Personen. Hinzu kamen ca. 500 Dienstmädchen und andere im häuslichen Dienst Beschäftigte, 258 Pensionäre und Rentner, darunter auch zahlreiche Witwen, und 188 „Anstaltsinsassen", wozu die im Spital, im Bruderhaus und im „Klösterle" Wohnenden und die im Oberamtsgerichtsgefängnis Inhaftierten gehörten. Knapp die Hälfte der 10.724 Einwohner, nämlich 5.215 Personen, waren laut Statistik „Haushaltungsangehörige ohne Hauptberuf", worunter man Ehefrauen, Kinder, Großeltern, unverheiratete oder verwitwete Onkel und Tanten und andere Familienangehörige verstand.

Hier noch einmal die berufliche Zusammensetzung der Ravensburger Bevölkerung des Jahrs 1882 im Überblick:

Erwerbstätige:	
Industrie und Handwerk	2.992 Personen
Handel	326 Personen
Land- und Forstwirtschaft	498 Personen
Öffentlicher Dienst	216 Personen
Taglöhner und Lohndiener	420 Personen
Freie Berufe (Ärzte, Anwälte usw.)	49 Personen
Verkehr, Transport	62 Personen
Dienstmädchen	500 Personen
Pensionäre und Rentner	258 Personen
Anstaltsinsassen	188 Personen
Haushaltsangehörige ohne Beruf	5.215 Personen
	10.724 Personen

Ein Vergleich der Zahl der Erwerbstätigen in den Jahren 1882 und 1907 (D 16) macht deutlich, dass der Dienstleistungssektor in diesen 25 Jahren überproportional wuchs, und zwar sowohl der öffentliche Dienst wie auch Handel und Verkehr, während das Wachstum bei Handwerk und Industrie, also im produzierenden und verarbeitenden Gewerbe, wesentlich bescheidener blieb.

D 16 Erwerbstätige in einzelnen Wirtschaftsbereichen 1882 – 1907
Index: 1882 = 100

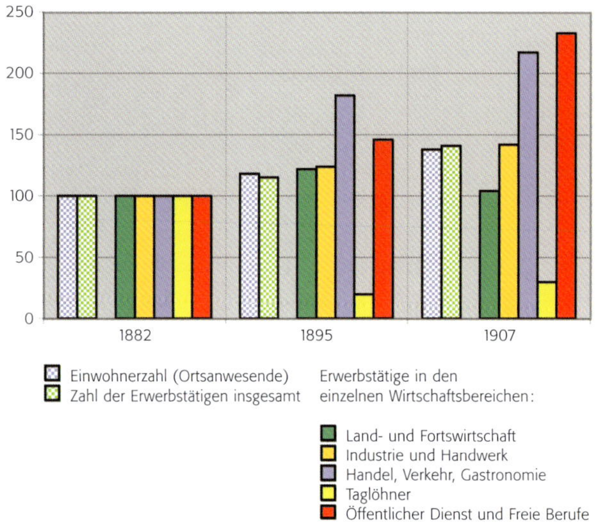

Mit anderen Worten: Bereits seit den achtziger Jahren des 19. Jahrhunderts zeichnete sich in der Stadt eine Entwicklung ab, die bis in die Gegenwart für Ravensburg typisch bleiben sollte: weg von der stark industriellen Prägung hin zu einer gleichmäßigeren Mischung aus Industrie und Handwerk, öffentlichen und privaten Dienstleistungen. Allein im öffentlichen Dienst (Verwaltung, Justiz, Bildungs- und Gesundheitswesen) stieg die Zahl der Beschäftigten von 182 im Jahr 1864 bis auf 617 im Jahr 1907.

Obwohl im frühen 20. Jahrhundert die Nachbarstadt Friedrichshafen in ganz kurzer Zeit zum bedeutendsten Industriestandort Oberschwabens heranwuchs und auch Weingarten ein beachtliches Wachstum aufwies, behauptete Ravensburg seine Position als wichtigster Geschäftsplatz der Region, als Handels- und Behördenzentrum, als „Metropole Oberschwabens" mit einer weit reichenden Ausstrahlung auch im Bildungs- und Gesundheitswesen.

So stellten denn auch die 100 größten Steuerzahler des Jahres 1897 eine recht bunte Mischung dar: je 18 Fabrikanten und Kaufleute, zwölf Handwerker, elf Wirte und Hoteliers, neun Müller, acht Bierbrauer, je fünf Gutsbesitzer und Privatiers ohne Berufsangabe, vier Apotheker, drei Bauunternehmer, je zwei Bankiers, Rechtsanwälte und Verleger sowie ein Bildhauer.[195]

Dank der guten Überlieferungslage für die Jahre 1890 bis 1895 ist es möglich, die soziale Gliederung der Ravensburger Bevölkerung (Ortsanwesende) in diesem

Die Untere breite Straße mit dem Vogthaus, um 1900
Die Aufnahme vermittelt noch einen Eindruck vom ländlich-idyllischen Gepräge der Unterstadt im 19. Jahrhundert.
Im Hintergrund sind allerdings schon einige um mehrere Geschosse erhöhte Gebäude zu erkennen.

Zeitraum darzustellen, allerdings nur unter Berücksichtigung der erwachsenen Familienangehörigen. Vergleiche dazu Diagramm D 17 auf Seite 171.

Ein anderes Bild ergibt sich, wenn man nur die Einwohner berücksichtigt, die sich im Besitz aller bürgerlichen Rechte, also auch des aktiven und passiven Wahlrechts, befanden. Dieses Recht war im 19. Jahrhundert auf Männer beschränkt. Als Beispiel soll die Gemeinderatswahl von 1893 dienen. Unter den damals ca. 12.450 Einwohnern befanden sich 1.169 volljährige männliche Bürger. Von diesen wurden allerdings 80 nicht zur Wahl zugelassen, da sie entweder ihre Steuern nicht gezahlt hatten oder weil sie aus dem Ortsarmenfonds unterstützt wurden. Dabei handelte es sich durchweg um wirklich arme Bürger: Weber, Rebleute, Schuster, Arbeiter, Taglöhner, Knechte und Dienstboten. Bei der Wahl am 5. Dezember 1893 waren daher nur 1.089 Bürger wahlbe-

D 17 Soziale Gliederung der Ravensburger Bevölkerung 1890

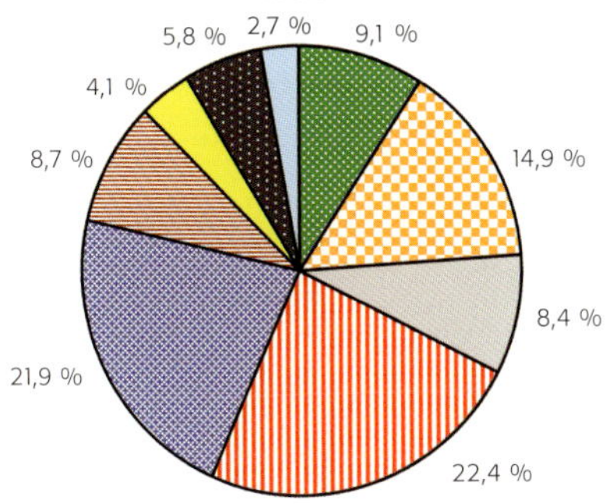

- Land- und Forstwirtschaft
- Handel, Gastronomie, Verkehr
- Öffentlicher Dienst und Freie Berufe
- Industrie
- Handwerk
- Taglöhner
- Häusliche Dienste
- Witwen und Witwer ohne Berufsangabe
- Anstaltsinsassen und Gäste

D 18 Wahlberechtigte Bürger bei der Gemeinderatswahl 1893

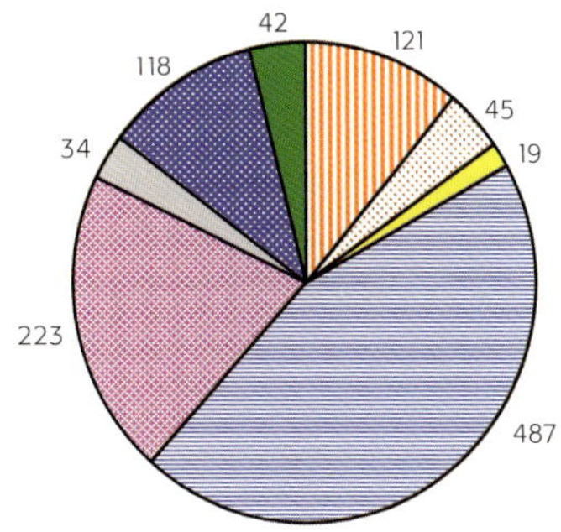

- Arbeiter
- Wirte
- Taglöhner
- Oberschicht (Unternehmer, Kaufleute, Gutsbesitzer, Akademiker, Künstler, Geistliche
- Knechte, Gehilfen, Dienstboten
- Handwerker
- Landwirte
- Sonstiger Mittelstand (Händler, Techniker, Büroangestellte, Beamte, Rentner)

rechtigt, von denen wiederum nur 801 zur Wahl gingen. Wie sich die Wahlberechtigten auf die verschiedenen gesellschaftlichen Gruppen verteilten, zeigt D 18.

Weitgehend konstant blieb die Zusammensetzung der von der protestantischen „Blutwurst" dominierten sozialen und wirtschaftlichen Oberschicht. Der evangelische Dekan Gotthold Knapp, der uns schon öfters als genauer Beobachter begegnet ist, hat sie 1907 treffend charakterisiert. Es gäbe, so Knapp, bei der evangelischen Bevölkerung „eine kompakte wohlhabende, über Familientraditionen verfügende Altbürgerschaft", die unter sich bleibe. Eine vergleichbare „Sippen-Geselligkeit" sei bei den Katholiken unbekannt.[196]

Soziale Fürsorge

Arme und Alte

Wie stark der Zustrom armer unterstützungsbedürftiger Leute – Arbeiter, Taglöhner, Knechte und Mägde, alleinstehende Witwen – seit dem Inkrafttreten des Gesetzes über den Unterstützungswohnsitz 1873 den Ravensburger Ortsarmenfonds belastete, wurde bereits geschildert (Seite 139). Die Ortsarmenbehörde, die auf Grund neuer gesetzlicher Regelungen 1873 an die Stelle des Stiftungsrats getreten und von da an für die Vergabe der Stiftungsmittel zuständig war, sah sich seit der Jahrhundertwende nicht mehr in der Lage, aus eigener Kraft sämtliche Kosten für die Armenfürsorge aufzubringen. Sie war nun zusätzlich auf die Hilfe privater Wohltätigkeitsvereine wie des Elisabethenvereins, des Vinzenzvereins (beide katholisch) und des evangelischen Frauenvereins angewiesen. Dem Einsatz dieser Vereine war es zu verdanken, dass ab 1909 eine Suppenanstalt für arme Schulkinder eingerichtet werden konnte. In den folgenden Jahren erhielten 130 Kinder während der Wintermonate täglich ein warmes Mittagessen.[197]

Die Zahl der Armen, die öffentlich unterstützt wurden, war bei der katholischen Stadtbevölkerung weit größer als bei den Protestanten. 1913 kam auf 29 katholische Unterstützungsempfänger nur ein evangelischer. Der gleiche evangelische Geistliche, der diese Zahlen mitteilte, wies auch darauf hin, dass viele evangelische Arme nur wegen der reichen Zuwendungen, die sie in Ravensburg erwarten durften, hierher gezogen seien.[198]

Zwischen 1870 und 1914 stieg die Zahl der „fremden Armen", die nicht das Ravensburger Bürgerrecht besaßen, aber hier ihren Wohnsitz hatten und daher seit 1873 nach zweijährigem Aufenthalt eine Unterstützung beanspruchen konnten, stark an. Dementsprechend stieg der Anteil für die Unterstützung fremder Armen am gesamten Armenaufwand. Im Rechnungsjahr 1854/55 hatte er noch bei 0,5 % gelegen. Auch 1865/66 war er mit 0,8 % immer noch unbedeutend. Doch nach dem Inkrafttreten des Gesetzes über den Unterstützungswohnsitz belastete er den Haushalt des Ortsarmenfonds mehr und mehr: 1876/77 lag er bereits bei 4,2 %, 1887/88 bei 15 % und 1898/99 bei 21,6 %.[199] Diese zunehmende Belastung drückte sich deutlich in den Bilanzen der Ortsarmenbehörde aus, wie D 19 zeigt.

D 19 Zunahme des Aufwands für die Armenfürsorge 1830–1912 (in Goldmark)

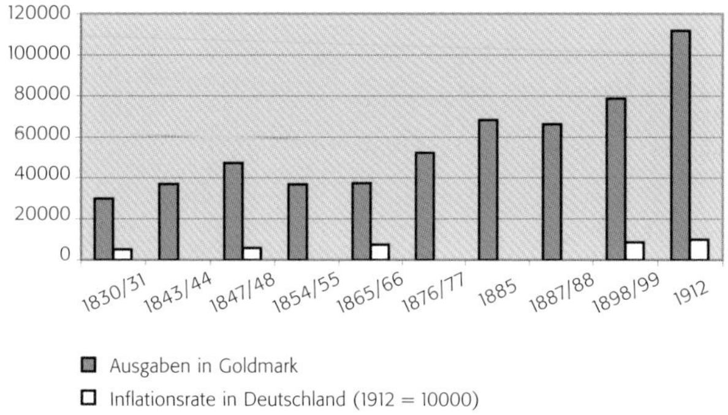

1885 betrug der Aufwand für die Verköstigung der Insassen des Spitals und des Bruderhauses, für mittellose Kranke, denen das Essen nach Hause gebracht wurde und für „verschämte" Hausarme 49.081 M.[200]

Neben Lebensmitteln konnten Bedürftige je nach der individuellen Situation zusätzlich einen einmaligen Bargeldbetrag, einen Zuschuss zur Miete, einen speziellen Kleiderzuschuss (zum Beispiel für außerordentliche Anschaffungen wie den Kauf eines Kommunionkleids), Brennmaterial (Holz oder Torf) oder auch kostenlos Medikamente aus der „Armenapotheke" erhalten. Genaue Angaben über die Zahl derer, die in den Genuss einer solchen Zuwendung kamen, liegen erst ab 1893 vor. Im Rechnungsjahr 1893/94 waren dies 473 Personen, von denen 76 im Spital und im Bruderhaus untergebracht waren.[201]

Eine gesetzliche Alters- und Invalidenversicherung gab es erst seit 1889. Sie galt für Arbeiter, Gesellen, Lehrlinge, Gehilfen, Dienstboten und Beamte bei Post und Bahn und begründete einen Anspruch auf eine bescheidene Altersrente, allerdings erst mit 70 Jahren, ein Alter, das damals nicht sehr viele erreichten, weshalb die Zahl der Empfänger von Altersrenten zunächst klein blieb.

1907 erhielten in Ravensburg von insgesamt 585 Rentnern nur 34 eine Altersrente gemäß dem Gesetz von 1889, jedoch 324 eine Invaliditätsrente.[202] Ein Teil der alten, nicht mehr arbeitsfähigen Arbeitnehmer war zu diesem Zeitpunkt weiterhin auf die Unterstützung durch die Gemeinde angewiesen.

Große Firmen wie die Maschinenfabriken Escher Wyss und Honer, die Spohnschen Textilbetriebe oder die Bleicherei in Weißenau hatten deshalb schon früher für ihre Beschäftigten eigene Alters- und Krankenversicherungen eingerichtet, und zwar in Form von Zwangsversicherungen, in die der Arbeitgeber für jeden Arbeiter monatlich oder 14-tägig einen Betrag einzahlte, der vom Lohn abgezogen wurde.[203]

Vorbildlich war die Altersversorgung bei Escher Wyss. Der Verwaltungsrat der Mutterfirma in Zürich ging 1910/11 davon aus, dass in Ravensburg ein Jahreseinkommen von 1.000 M „ein sorgenfreies Leben" ermögliche. Deshalb gewährte er, um ein Beispiel zu nennen, am 8. November 1911 dem Monteur Aloys Stöckler, der seit 1862 in der Firma gearbeitet hatte, zusätzlich zur gesetzlichen Alters- und Invaliditätsrente von 550 M eine Zusatzrente von 450 M bis zum Lebensende. Ähnlich verfuhr er auch bei anderen altgedienten Arbeitern, wobei die freiwillige Zuwendung zuweilen auch aus der mietfreien Überlassung einer Werkswohnung bestand.[204]

Kinder und Jugendliche

Die in den Jahren 1848 bis 1851 entstandene Kleinkinderschule, in der 1864 bereits hundert noch nicht schulpflichtige Kinder vom dritten Lebensjahr an betreut wurden (vgl. Teil 2 Seite 93f.), wuchs Jahr für Jahr weiter. 1875 ging die Trägerschaft an die Ortsarmenbehörde über, die am Hirschgraben ein geräumiges, auf Zuwachs konzipiertes Gebäude errichten ließ, das 1877 eröffnet wurde. Zu diesem Zeitpunkt betrug die Zahl der Kleinkinderschüler ca. 130. Mit der Zunahme der konfessionellen Spannungen in den achtziger Jahren kam es 1888 zu einer strikten räumlichen Trennung zwischen katholischen und evangelischen Kindern. Von nun an kümmerten sich mehrere Reuter Schwestern um die katholischen und eine Diakonisse um die evangelischen Kinder. 1907 zählte allein die katholische Abteilung an die 400 Kinder[205], in der evangelischen Abteilung dürften es ca. 100 gewesen sein.

Zwar reichte die städtische Fürsorge für unterstützungsbedürftige Kinder in der Regel durchaus über das Ende der Schulzeit hinaus und schloss eine mehrjährige Berufsausbildung mit ein, aber sie beschränkte sich nach dem 14. Lebensjahr auf materielle Zuwendungen. Während bei den Knaben eine längere Lehrzeit unter Aufsicht Erwachsener das Übliche war, wurden schulentlassene elternlose Mädchen oft sich selbst überlassen.

Ein verantwortungsbewusster Mann wie der Stiftungsverwalter und spätere Oberbürgermeister Andreas

Reichle sah die damit verbundenen Probleme deutlich. Er war besonders um die „sittlich verwahrlosten und entarteten Mädchen" besorgt, ohne jedoch ein Patentrezept anbieten zu können, wie dem zu begegnen sei.[206] In seinem Bericht für die Kreisregierung in Ulm wies er auf die privaten Einrichtungen hin, die sich um junge 14- bis 18-Jährige kümmerten: auf katholischer Seite der Lehrlingsverein, der Gesellenverein und der Mägde- und Arbeiterinnenverein, auf evangelischer ein „Jünglingsverein".

Mindestens ebenso wichtig war das bereits 1885 von Schwestern des Klosters Reute eröffnete „St. Josefshaus" in der Rossbachstraße. Es war zunächst als reines Krankenhaus geplant, diente aber von Anfang an zugleich als Wohnheim für alleinstehende junge Frauen: Arbeiterinnen, Dienstmädchen, Kellnerinnen und Mägde. Nachdem die mit Stiftungsmitteln reich gesegneten Reuter Schwestern 1897 beschlossen, das Krankenhaus in einen Neubau außerhalb der Altstadt zu verlegen und das alte Josefshaus durch einen zweckmäßigeren und größeren Neubau zu ersetzen, wurde letzteres 1901 zu einem reinen „Mädchenheim".[207]

Für obdachlose, „sittlich gefährdete" Mädchen und „ledige Mütter" eröffnete 1912 der katholische „Rettungsverein zum Guten Hirten" in der Holbeinstraße eine eigene Heimstatt, das „Marienheim", das bis 1966 bestand.[208]

Abschließend sei noch eine Einrichtung erwähnt, die nicht ausschließlich für Jugendliche bestimmt war, die aber gerade auch von jungen Arbeitskräften genutzt wurde: die 1910 eröffnete Wanderarbeitsstätte in der Humpisstraße, eine von 27 in Württemberg. Diese in ganz Deutschland seit Beginn des 20. Jahrhunderts eingerichteten Herbergen traten an die Stelle der alten zunftmäßigen Versorgung wandernder Handwerksgesellen, ein Brauch, der mit zunehmender Industrialisierung mehr und mehr verschwunden war. Zweck der Wanderarbeitsstätten war es, mittellosen Wanderern für kurze Zeit Obdach und Verpflegung zu gewähren, aber nicht umsonst, sondern gegen einen ein- oder auch mehrtägigen Arbeitseinsatz, meist im Tiefbau oder bei der Straßenreinigung. In Ravensburg wurden 1913 und 1914 auf diese Weise allein 7.399 arme Wanderer unterstützt.[209]

Kranke

Trotz großer medizinischer Fortschritte waren viele Krankheiten noch nicht besiegt. Dazu gehörte vor allem die Tuberkulose, an der in Ravensburg 1894 noch 47 Personen starben. Erst in den Jahren kurz vor dem Ersten Weltkrieg ging die Todesrate deutlich auf ca. 25 bis 27

Das 1910 fertig gestellte neue „Mädchenheim St. Josef", Federzeichnung, ca. 1912
Das an der oberen Rossbachstraße von den Franziskanerinnen des Klosters Reute errichtete Gebäude diente in erster Linie als Unterkunft für alleinstehende Arbeiterinnen, Dienstmädchen und andere weibliche Berufstätige. Nach dem Zweiten Weltkrieg entwickelte sich das Josefshaus mehr und mehr zu einer Heimstätte für ältere Frauen. Als solches bestand es bis 1996.

pro Jahr zurück.[210] An Erkrankungen der Atemwege – „Schwindsucht", „Lungenlähmung", Lungenentzündung und Keuchhusten – starben in den Jahren 1872 bis 1876 allein 87 Mitglieder der evangelischen Kirchengemeinde, die damals ca. 2.370 Seelen zählte. Wahrscheinlich war auch das „Zehrfieber", an dem 14 Menschen starben, nichts anderes als Tuberkulose.

Auch viele Erkrankungen der Verdauungsorgane endeten immer noch tödlich. An der Brechruhr starben zwischen 1872 und 1876 59 Mitglieder der evangelischen Gemeinde. Hinzu kamen Typhus (2), Leberverhärtung (8), Unterleibsentzündungen (5) und Magengeschwüre (4 Fälle).

In der Behandlung und Versorgung der Kranken wurden zwischen 1870 und 1914 aber doch deutliche Fortschritte erzielt. Das alte Heilig-Geist-Spital entwickelte sich mehr und mehr zu einem reinen Krankenhaus. 1875 befanden sich dort bereits 50 Krankenbetten. Hinzu kamen 16 Krankenbetten im Bruderhaus, davon zehn für Patienten mit ansteckenden Krankheiten und sechs für Geisteskranke. In den Jahren 1872 bis 1875 wurden allein im Spital insgesamt 1.328 Kranke behandelt. Damit gehörte das Ravensburger Spital zu den zehn größten Krankenhäusern in Württemberg.[211]

Im Zuge der zunehmenden konfessionellen Spannungen nach dem 1. Vatikanischen Konzil 1870 kam es beim Krankenhaus wie bei der Kleinkinderschule zu einer Zweiteilung in eine evangelische und eine katholische Abteilung. Nachdem bereits 1873 zwei evangelische

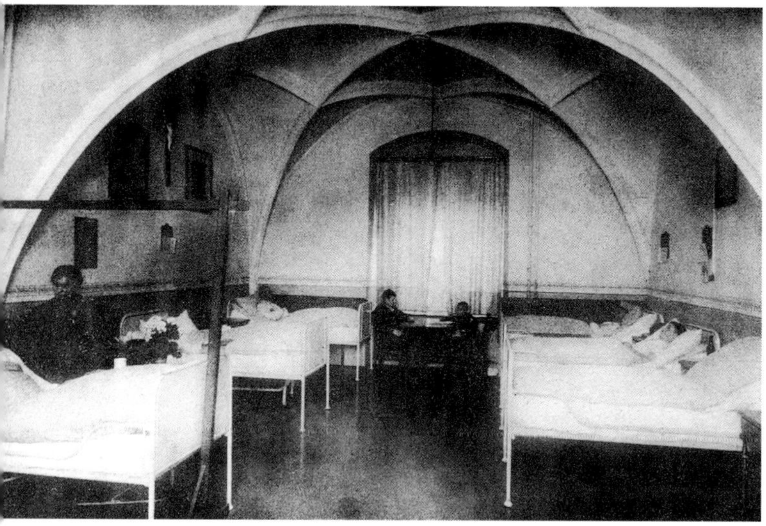

Krankensaal im städtischen Heilig-Geist-Spital, um 1910

Diakonissen ihren Pflegedienst im Spital aufgenommen hatten, wurden 1880 drei Schwestern aus dem Kloster Reute für die Krankenpflege im Spital abgeordnet. Für die Stadt- und Spitalverwaltung war der Dienst dieser Schwestern im Spital äußerst kostengünstig, auf der anderen Seite führte die konfessionell geprägte Zweiteilung aber auch zu unerquicklichen Auseinandersetzungen, die so weit gingen, dass seit 1896 auch die Küche in eine katholische und evangelische geteilt wurde. Ein „Simultaneum", eine gemeinsame Nutzung, bestand nun nur noch bei der Spitalkapelle.[212]

Nach der Einführung der gesetzlichen Krankenversicherung für alle Arbeitnehmer im Jahr 1884 stiegen die Patientenzahlen sofort an. Obwohl bereits 1885 mit der Gründung des Josefhauses durch Schwestern aus Kloster Reute ein weiteres Krankenhaus zur Verfügung stand, war die katholische Abteilung des städtischen Spitals schon ein Jahr später mit 130 belegten Betten (einschließlich der Pfründner) überbelegt, so dass die Zahl der Reuter Schwestern auf acht erhöht werden musste.

Im Gegensatz zur katholischen Abteilung war die evangelische oft nicht ausgelastet. Bemerkenswert war die Begründung, die dafür gegeben wurde: Viele evangelische Bürger würden weiterhin die häusliche Krankenpflege vorziehen und nicht wenige suchten lieber das Josefshaus als das städtische Spital auf.

Das Nebeneinander einer katholischen und einer evangelischen Abteilung blieb eine „Quelle von Unstimmigkeiten", bis schließlich 1923 die Diakonissen abgezogen wurden und nach Stuttgart zurückkehrten. Von nun an versorgten die Reuter Schwestern auch die evangelischen Patienten.[213]

Doch kehren wir noch einmal in die Zeit um 1900 zurück. Es bedeutete einen Riesenfortschritt im Ravensburger Krankenhauswesen, als die Reuter Schwestern die Krankenpflege im Josefshaus aufgaben und mit Hilfe potenter katholischer Bürger, darunter Bankier Wilhelm Ehrle, außerhalb der Altstadt das Elisabethenkrankenhaus erbauten, das 1901 mit drei Abteilungen für Chirurgie, Inneres und Augenheilkunde eröffnet wurde. Das neue Haus, in dem zunächst 60 Betten ausschließlich für Privatpatienten vorgesehen waren, stand dann doch von Anfang an auch für Kassenpatienten zur Verfügung und erhöhte seine Bettenzahl im Lauf der folgenden Jahre auf 160.[214] Nicht aufgenommen wurden Patienten mit gefährlichen ansteckenden Krankheiten wie Pocken, Cholera oder Syphilis.[215] Sie wurden im städtischen Spital behandelt, das seit 1910 ausschließlich Krankenhaus war, nachdem die letzten Pfründner ins Bruderhaus umgezogen waren.

Zu erwähnen bleibt noch die mit dem Josefshaus verbundene chirurgische und gynäkologische Privatklinik Dr. Halder, die erste ihrer Art in Oberschwaben. 1899 verfügte sie über zwölf Betten. Die Pflege besorgten auch hier Schwestern aus dem Kloster Reute.[216] Nach der Eröffnung des Elisabethenkrankenhauses verlegte Dr. Halder seine Klinik in die Karlstraße. Unzählige Ravensburger Kinder erblickten hier das Licht der Welt.

Die Verbesserung des Gesundheitswesen lässt sich auch an der Zunahme der Ärzte ablesen. Noch 1890 waren es in Ravensburg insgesamt nur fünf. Bis 1902 stieg ihre Zahl auf elf, und dabei blieb es bis zum Ersten Weltkrieg.[217]

Vor der Einführung der gesetzlichen Krankenversicherung und Ortskrankenkassen im Jahr 1884 hatte es, wie bereits erwähnt, Fabrikkrankenkassen gegeben, die für Betriebsangehörige obligatorisch waren. Dazu kamen je eine Krankenkasse des Arbeiterbildungsvereins und des Kaufmännischen Vereins sowie ein von der Ortsarmenbehörde verwalteter Krankenpflegeverein für Dienstboten und Arbeiter.[218] Die Zahl der Mitglieder der unter Aufsicht der Gemeinde stehende Ortskrankenkasse stieg von 800 im Jahr 1886 auf 1.703 im Jahr 1903. Zu diesem Zeitpunkt bestanden außerdem noch acht Betriebskrankenkassen mit ca. 890 Versicherten[219], so dass 1903 insgesamt bereits 2.593 Arbeitnehmer krankenversichert waren. Durch den Zusammenschluss mehrerer Fabrikkrankenkassen mit den 23 Ortskrankenkassen im Oberamtsbezirk Ravensburg entstand 1914 die Allgemeine Ortskrankenkasse (AOK) Ravensburg.[220]

Der Gesundheit dienten auch mehrere Bäder. Seit alters galten das Sennerbad am Westhang des Schussentals und das Heiligkreuzbad beim gleichnamigen Spital

Das 1901 von Schwestern des Klosters Reute eröffnete Krankenhaus St. Elisabeth, um 1910
Das in einsamer Lage nördlich der Innenstadt errichtete Gebäude (vgl. Abb. Seite 177) besaß anfangs 60 Betten, expandierte rasch und entwickelte sich zu einem der größten Akutkrankenhäuser in Oberschwaben.
Die kirchliche Bindung des Hauses ist an dem großen Kapellenanbau rechts vom Hauptbau zu erkennen.

an der Straße nach Weingarten als Heilbäder, obwohl die dortigen Quellen keine besonders heilkräftigen Substanzen enthielten. Noch 1875 wurden beide Bäder sowohl von Einheimischen wie von fremden Kurgästen besucht, die dort Wannen- oder Sitzbäder nahmen.

Im Heiligkreuzbad erhofften die Besucher Heilung oder wenigstens Linderung bei Hautkrankheiten. Da um 1900 die dortige Quelle versiegte – möglicherweise infolge des Neubaus des Elisabethenkrankenhauses – ging das Bad 1905 ein, während sich das Sennerbad, das als heilkräftig bei Gicht, Rheumatismus, Herz- und Nervenleiden galt, als Kuranstalt unter ärztlicher Leitung bis 1927 halten konnte.[221]

Das Sennerbad, Ausflugslokal und Kuranstalt, um 1912
Das auf halber Höhe westlich der Schussen gelegene traditionsreiche Sennerbad war dank seiner Lage und dem Ausblick, den es auf die türmereiche Altstadt bot, ein beliebtes Ausflugsziel.
Die ärztlich geleitete Kuranstalt schloss 1927 ihre Pforten.

Städtebauliche und technische Entwicklung

Stadterweiterung und Veränderungen im Stadtbild

Ein Vergleich der Stadtpläne von 1870 und 1903[222] zeigt, wo in diesen 33 Jahren am meisten gebaut wurde: nördlich der Altstadt zwischen Garten- bzw. Friedhofstraße und Bahnlinie, im Westen zwischen Altstadt und Bahnlinie bzw. Schussen, im Süden entlang der Seestraße und westlich davon bis zu den Ziegelwiesen (Ziegelstraße) sowie südöstlich der Altstadt am Rand des früheren Rebgeländes Rauenegg und in der Vorstadt Ölschwang. Zwischen der nordöstlichen Altstadt und dem 1875 angelegten neuen Friedhof fallen die repräsentativen Neubauten an der Wilhelmstraße – zwei Schulgebäude und das Konzerthaus – ins Auge. Die auf den beiden Stadtplänen nicht mehr erfassten baulichen Aktivitäten zwischen 1903 und 1914 konzentrierten sich im Norden auf das Gebiet Neuburach unmittelbar östlich der äußeren Gartenstraße, im Südosten entlang der Wangener Straße und im Süden im Bereich der Ziegelwiesen.

Auch in der Altstadt selbst veränderte sich manches, weit mehr jedenfalls als in den 200 Jahren davor. Eine erhebliche Zahl mittelalterlicher Häuser wurde um ein Geschoss erhöht und mit einer „Altane", einem Austritt ins Freie oben auf dem Dach, versehen. Dort konnte man Wäsche trocknen oder auch Sonne und frische Luft genießen. Am Postplatz, der nördlichen Hälfte des heutigen Marienplatzes, wurden zwei moderne Geschäftshäuser errichtet: das Kaufhaus Knopf an der Abzweigung der Eisenbahnstraße (1907) und die Württembergische Vereinsbank (später Deutsche Bank) anstelle des alten Gasthofs Hecht an der städtebaulich wichtigen Stelle Ecke Bachstraße und Postplatz gegenüber dem Waaghaus (1911). Einen neuen Akzent hatte der zentrale Platz der Stadt bereits 1893/94 durch die Umgestaltung der Fassade des Verlagsgebäudes des „Oberschwäbischen Anzeigers" erhalten. Einen neuen Akzent setzte auch das 1912 erbaute Bankhaus Stahl & Federer, Ecke Eisenbahnstraße und Obere Breite Straße.

Erst nach 1870 setzte der Wohnhausbau außerhalb der Altstadt in großem Stil ein. Bevorzugte Wohngegenden wohlhabender Kaufleute und Fabrikanten wurden die Eisenbahnstraße zwischen Karlstraße und Bahnhof, der Hirschgraben, die See-, Karl-, Schussen-, Schützen-, Kuppelnau- und Gartenstraße, nach 1900 auch die

Villen an der Federburgstraße, um 1905
Unterhalb der seit 1884 von einem Türmchen geschmückten Veitsburg und des Rebgeländes der Burghalde entstanden kurz nach 1900 die ersten vornehmen Villen in der Federburgstraße. Links die 1904 erbaute prächtige Villa des Fabrikanten Heinrich Schatz, des Gründers der Maschinenfabrik Weingarten.

Ravensburg um 1870

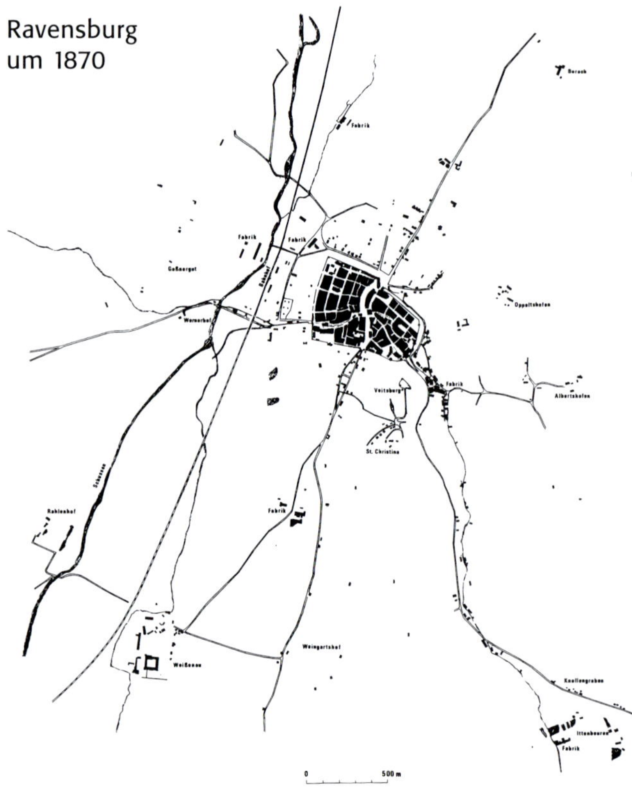

Blick vom Mehlsack nach Norden, ca. 1905
Die Aufnahme verdeutlicht, wie gering um 1905 noch die Bebauung zwischen Ravensburg und Weingarten (im Hintergrund) war. Ins Auge fallen das neue Elisabethenkrankenhaus auf einsamer Höhe und davor die schlossartige Villa des Fabrikanten Julius Spohn. Über die Dächer der Rossbach- und der Herrenstraße hinweg überblickt man das zwischen 1882 und 1897 entstandene repräsentative Ensemble der beiden Schulgebäude und des Konzerthauses an der Wilhelmstraße. Links vom Schellenberger Turm (am rechten Bildrand) das Amtsgerichtsgefängnis, genannt „Rotes Haus".

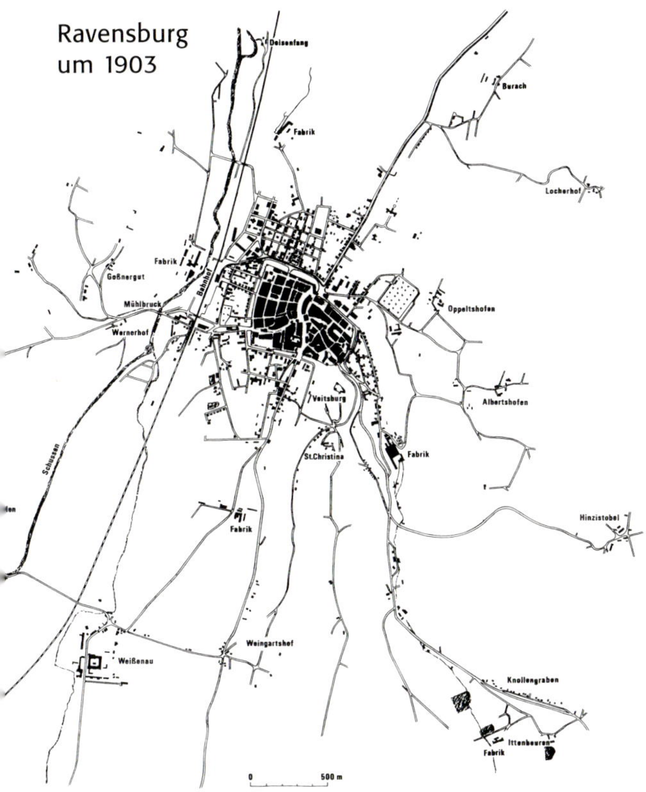

Stadtpläne um 1870 und um 1903
Der Vergleich der beiden Pläne verdeutlicht das Wachstum der Stadt, das geländebedingt am ausgeprägtesten rings um die Unterstadt (Westteil der Altstadt) war. Im Norden (Kuppelnau-Gegend) und Süden (Hirschgraben, Rudolf- und Seestraße) überwog der Wohnungsbau, im Westen entstand eine Mischung aus Wohnungsbau (Karl- und Eisenbahnstraße) und Gewerbegebieten (zwischen Unterstadt und Bahnlinie). Im Südosten (Flappachtal) war das Wachstum am geringsten. Ins Auge fällt hier vor allem das neue Wohngebiet Rauenegg- und Mühlstraße. Vgl. auch den gefalteten Stadtentwicklungsplan am Ende des Buchs.

Das „Spohnschlössle", die Villa des Fabrikanten Julius Spohn
Die 1877/78 erbaute Villa war einer der ersten Zementbauten in Süddeutschland. Julius Spohn hatte 1872 in Blaubeuren ein Zementwerk gegründet. Zur Lage der Villa vgl. die Abb. Seite 177.

Federburgstraße. Dort entstanden prächtige Villen, zunächst im neoklassizistischen oder neugotischen Stil, dann im neobarocken und schließlich auch im Jugendstil.

Der reichste Mann der Stadt, Julius Spohn, baute sich in den Jahren 1877 bis 1879 in exklusiver Lage auf einem Hügel oberhalb der Gartenstraße eine große Villa, das „Spohnsche Schlössle" im Stil der italienischen Renaissance. Es lag inmitten eines riesigen parkartigen Grundstücks, das einst den Familien Kutter und Senner gehört hatte. Da Spohn neben seinen Ravensburger Fabriken seit 1872 noch eine Zementfabrik in Blaubeuren besaß, ließ er seine neue Villa in Zementbauweise errichten, ein Baumaterial, das damals noch wenig verbreitet war, weshalb das „Spohnsche Schlössle" als eines der ersten mit Zement erbauten Wohnhäuser allenthalben Aufsehen erregte.[223]

Dem gegen Ende des Jahrhunderts einsetzenden Bauboom im Bereich der Kuppelnau nördlich der Unterstadt fiel leider der größte Teil der seit dem 16. Jahrhundert dort entstandenen Gartenlandschaft mit ihren insgesamt 42 Gartenhäuschen und Pavillons zum Opfer.[224]

Erst mit dem neuen Jahrhundert begann in größerem Umfang der Bau von Mietshäusern als renditesichere Kapitalanlage. Die Verabschiedung eines Förderprogramms für den sozialen Wohnungsbau durch den Reichstag 1901 löste in Ravensburg, wie auch anderswo, eine lebhafte Bautätigkeit aus. Wie bereits erwähnt, wurde 1903 ein „Bau- und Sparverein" als Genossenschaft kleiner Beamter und Arbeiter gegründet, dem es mit staatlicher Hilfe gelang, bis zum Beginn des Ersten Weltkriegs 16 Wohnhäuser mit insgesamt 60 Drei- und Vierzimmerwohnungen im Baugebiet Burach (Obere und Untere Burachstraße) und in der Rechenwiesenstraße, in unmittelbarer Nachbarschaft der Maschinenfabrik Escher Wyss, zu errichten.[225]

1900 gab es bereits 264 reine Mietshäuser in der Stadt. Zehn Jahre später war deren Zahl auf 412 gestiegen.[226] Der zunehmende Bau von Mehrfamilienhäusern war auch der Grund dafür, dass die Zahl der Bewohner je Wohngebäude anstieg: von durchschnittlich 6,1 Personen im Jahr 1836 auf elf Personen 1901.[227]

Die meisten Fabriken lagen in der Nähe der Altstadt. Mehr als 500 Meter vom Altstadtrand entfernt waren nur drei Textilbetriebe in der Vorstadt Schornreute, außerdem die Maschinenfabrik Haas auf der ehemaligen städtischen Bleiche im Norden der Altstadt, die Tonwaren- und Ziegelfabrik an der Straße nach Weißenau und – bereits außerhalb der Ravensburger Markung – die Bleicherei und Appreturanstalt Weißenau. Die meisten der nach 1870 gegründeten Fabriken wurden in der Vorstadt Ölschwang und in der Bahnhofsgegend angesiedelt.

Erwähnung verdienen in diesem Zusammenhang auch die Hotelbauten im neuen Nobelviertel an der Eisenbahnstraße zwischen Bahnhof und Altstadtrand. 1879 wurde der gutbürgerliche „Württemberger Hof" Ecke Eisenbahn- und Georgstraße errichtet. 1882 erwarb der Hotelier Gustav Hildenbrand das 1856 erbaute Bahnhofshotel Friedel und ließ es 1906 komplett umbauen. Mit 80 Fremdenzimmern und mehreren Sälen war es lange nicht nur das erste Haus am Platz, sondern auch das größte Hotel in Oberschwaben, ein Blickfang für alle Reisenden, die aus dem Bahnhof ins Freie traten.[228]

Fast gleichzeitig, in den Jahren 1905/06, ließ der Kaufmann Georg Möhrlin das am Altstadtrand Ecke Karl- und Eisenbahnstraße gelegene Fabrikgebäude der ehemaligen Baumwollweberei Deffner zu einem Hotel mit 55 Fremdenzimmern umbauen. Das Hotel „Kaiserhof" – so benannt nach dem benachbarten Kaiserdenkmal – lag an einer städtebaulich exponierten Stelle. Jedem Fremden, der vom Bahnhof kommend in die Innenstadt strebte, musste das große repräsentative Gebäude ins Auge fallen. Allerdings war dem Hotelbetrieb dort keine lange Dauer beschieden. Schon 1939 wurde er aufgegeben. An seiner Stelle zog ein Möbelgeschäft in den „Deffnerbau" ein, wie der Volksmund das Gebäude noch lange nannte.[229]

Unter den in den Jahren 1871 bis 1914 realisierten städtischen Hochbauprojekten ragen die große Turnhalle auf der Kuppelnau (1877–1878), die beiden Schulgebäude an der neu angelegten Wilhelmstraße (1882), der hochmoderne neue Schlachthof in der Nähe des Bahnhofs (1903) und die Erweiterung des Gaswerks

Blick auf die zwischen 1880 und 1914 entstandene Nordstadt
Das Luftbild veranschaulicht den auch aus dem Stadtplan von ca. 1903 (Seite 177) ablesbaren Charakter des neuen Stadtviertels zwischen Altstadt und Kuppelnau: rechtwinklig sich kreuzende Straßen und viel Grün zwischen den von der gehobenen bürgerlichen Mittelschicht erbauten Häusern. So entstand hier bis zum Ersten Weltkrieg das städtebaulich geschlossenste Neubauviertel der Stadt, das erst nach 1960 wesentliche Änderungen erfuhr.

(ebenfalls 1903) heraus. Vom Hochbauamt betreut, aber finanziert von Julius Spohn und anderen Mäzenen, waren die beiden größten und städtebaulich wichtigsten Bauvorhaben jener Epoche, das Konzerthaus (1896/97) und das neue Gymnasialgebäude auf dem Andermannsberg (1912–1914).

Von großer städtebaulicher Bedeutung war die Neugestaltung des Altstadtrings. Wo dies noch nicht geschehen war, ebnete man den Stadtgraben mit Ausnahme des Hirschgrabens ein. An seiner Stelle entstanden Grünanlagen, die so genannte „Promenade". 1887 wurde ein „Verschönerungsverein" gegründet, der es sich zur Aufgabe machte, das Stadtbild zu pflegen. Anlass dafür war das unerfreuliche Erscheinungsbild des westlichen Altstadtrands. Unter tatkräftiger Mithilfe des neuen Vereins entstand im Grüngürtel entlang der Karlstraße eine gefällige Anlage mit Bäumen, Springbrunnen und Blumenrabatten. Auch an der Wiederbesetzung des Hirschgrabens mit Damwild war der Verschönerungsverein beteiligt.[230]

Dass die Stadterweiterung und die Modernisierung des Stadtbilds keinen ungeteilten Beifall fand, zeigt ein Bericht in den Basler Nachrichten vom 8. Mai 1913. Der unbekannte Autor fand auf seinem Weg vom Bahnhof in die Innenstadt, dass sich „die Altstadt [...] durch einen Übergangsstil schlimmster Sorte" ankündige und fuhr fort: „Außerhalb des gesprengten Festungsgürtels offenbarte sich die ganze Ratlosigkeit und Öde einer vor kurzem überwundenen Bauverwirrung. Schulhäuser, deren Fassaden mit peinlicher Genauigkeit Rechtecke durchbrechen, Villen mit stumpfen, plumpen, formlosen Dächern. Grell aufdringlich leuchtet in weißem Barock unmittelbar neben gotischen Türmen und Stadtmauern

Die Umgebung des Ravensburger Bahnhofs, um 1910
Links das 1891/92 erbaute neue Postamt, in der Mitte das 1906 umgebaute und vergrößerte Hotel Hildenbrand, damals das erste Haus am Platz, rechts der bescheidene Bahnhof. Der Bahnhofsplatz war Ausgangspunkt der Straßenbahnlinie nach Weingarten.

Hotel Kaiserhof Ecke Karl- und Eisenbahnstraße, Postkarte, ca. 1910
Das repräsentative Hotel lag vom Bahnhof aus gesehen am Eingang zur Altstadt und nannte sich nach dem benachbarten Kaiserdenkmal (vgl. Abb. Seite 129). Es entstand 1905/06 durch den Umbau einer stillgelegten Textilfabrik.

Damwild im Hirschgraben
Das in Anknüpfung an eine alte reichsstädtische Tradition 1902 wieder begründete Wildgehege im Hirschgraben musste aus Gründen des Tierschutzes 1971 in das städtische Locherholz umgesiedelt werden (vgl. FALK 1988 Nr. 33).

ein 1897 erbautes Konzerthaus, das der Fremdenführer als eine prachtvolle Sehenswürdigkeit ersten Ranges bezeichnet.“[231]

Zu den wichtigsten städtischen Bauprojekten der siebziger Jahre gehörte der neue Friedhof am Andermannsberg, der seit 1875 den ins 16. Jahrhundert zurückreichenden „Alten Friedhof“ im Westen der Altstadt ersetzte. Als Fortschritt wurde auch die Verdolung des bis dahin offen durch die Altstadt fließenden Stadtbachs in den Jahren 1890 (Rossbachstraße) und 1899 (Bachstraße) gefeiert. Das letzte große Projekt vor Ausbruch des Ersten Weltkriegs war das neue Schulhaus für die höheren Schulen, gleichfalls am Andermannsberg gelegen, das allerdings ohne eine großzügige Stiftung des Ravensburger Fabrikanten Julius Spohn nie zustande gekommen wäre (darüber mehr ab Seite 185).

Die Versorgung mit Wasser und Strom

Weniger ins Auge fallend als die städtebaulichen Veränderungen, aber für die städtische Infrastruktur enorm wichtig war die Verbesserung der Wasserversorgung. In trockenen Sommern war es immer wieder zu Engpässen gekommen, weil manche Quellen nicht solide gefasst waren, wodurch ständig ein größerer oder kleinerer Wasserverlust eintrat. Nach der Wasserknappheit im extrem trockenen Sommer 1893 entschloss man sich 1894 endlich zum Bau einer Hochdruckwasserleitung. In dem wasserreichen Gebiet östlich der Stadt wurden 1895 neue Quellen erschlossen, sämtliche Quellen neu gefasst und in gusseisernen Röhren in die Stadt geleitet. Das veraltete städtische Leitungsnetz, das zum Teil noch aus hölzernen Deicheln bestand, erfuhr eine umfassende Erneuerung und Erweiterung. (Vergleiche die Abbildung Seite 143).

Bisher war die Wasserversorgung der gesamten Stadt durch 42 öffentliche und 148 private Brunnen erfolgt. Die meisten dieser Brunnen wurden nun stillgelegt und an ihrer Stelle 1.129 Wasserhähne in öffentlichen und privaten Gebäuden, 62 Feuerhydranten, 27 Badewannen, 13 Wasserklosetts, neun Springbrunnen, 41 Gartenhydranten und ein öffentliches Pissoir an das neue Leitungsnetz angeschlossen.[232]

Ein Gaswerk gab es bekanntlich schon seit 1862. Das erzeugte Gas fand aber lange Zeit nur für die Straßenbeleuchtung Verwendung. Seither war jedoch die Stadt enorm gewachsen, außerdem war es inzwischen vielerorts üblich geworden, Küchenherde mit Gas zu heizen. Dem trug die Stadt Rechnung, indem sie das Gaswerk zwischen 1906 und 1908 umfassend modernisierte und erweiterte.

Das städtische Gaswerk beim Bahnhof, 1930
Das 1862 erbaute Gaswerk wurde mehrfach umgebaut und erweitert. Das Foto zeigt den Zustand nach der Modernisierung in den Jahren 1928/29, bei der eine neue turmartige Kammerofenanlage in Betrieb genommen wurde.

Von fast noch größerer Bedeutung war die Versorgung mit Strom. Am 22. Oktober 1881 berichtete der „Oberschwäbische Anzeiger“, „die Filialwerkstätte von Escher Wyß u. Cie [habe] in ihrer Maschinenhalle die elektrische Beleuchtung eingeführt. [...] 3 elektrodynamische Apparate erzeugen 9 Flammen, von denen jede einzelne Flamme der Stärke von [...] ca. 150 Gasflammen gleichkommt“. Mit dieser technischen Innovation lag Escher Wyss innerhalb Württembergs fast an der

Verdolung des Stadtbachs 1899
Viele Bewohner der Bachstraße, vor allem Männer und Kinder, haben sich versammelt, um den Baubeginn der Verdolung des Stadtbachs zu feiern. Grund für diese Baumaßnahme war neben dem Gestank des offen fließenden Bachs der Umstand, dass unachtsame Kinder und Passanten immer wieder in den Bach stürzten und sich verletzten.

Spitze. Selbst der größte Industriebetrieb des Landes, die Maschinenfabrik Esslingen, führte eine elektrische Werksbeleuchtung erst ein Jahr später ein. Grund für diese Vorreiterrolle von Escher Wyss waren die engen Beziehungen zur Schweiz. Die Züricher Mutterfirma stand im Kontakt mit dem Basler Ingenieur Bürgin, einem der Pioniere bei der Errichtung elektrischer Anlagen. Er war es, der in Ravensburg die notwendigen Apparate aufstellte.

Doch damit war das technische Problem der Übertragung elektrischer Energie über größere Distanzen noch nicht gelöst. Erst 1891 gelang der Schweizer Maschinenfabrik Oerlikon die Verlegung einer Elektroleitung zwischen zwei voneinander weit entfernten Orten. Das war der Durchbruch zum Zeitalter der Elektrifizierung. In Ravensburg war es wiederum die Firma Escher Wyss, die 1892 als erste eine elektrische Leitung legen ließ, und zwar von einem mit Dampf betriebenen Generator im Werksgelände zum etwa 100 Meter entfernten Hotel Hildenbrand, das auf diese Weise das erste Haus in Ravensburg war, das über elektrisches Licht verfügte. Ähnliche kleine Anlagen entstanden bald danach in der ganzen Stadt. Bis Ravensburg allerdings von einem richtigen Elektrizitätswerk zentral mit Strom versorgt wurde, sollten noch Jahre vergehen. Erst ab 1905 konnte ein von einer Esslinger Firma in der Kolpingstraße gebautes und betriebenes Elektrizitätswerk Strom für die ganze Stadt liefern.

Die Konzession für den Bau und den Betrieb eines Kraftwerks lag bei den größeren Kommunen und bei den Oberämtern. 1909 gründeten die oberschwäbischen Oberämter den „Bezirksverband Oberschwäbischer Elektrizitätswerke (OEW)“, um gemeinsam eine flächendeckende Stromversorgung auch auf dem Lande zu erreichen. Diesem Verband schloss sich 1917 auch Ravensburg mit seinem Elektrizitätswerk an.[233]

Der 1903 erbaute städtische Schlachthof
Die in der Nähe des Bahngeländes errichtete Anlage galt seinerzeit als eine der modernsten im Land. Der Schlachthof stellte seinen Betrieb Ende 1992 ein.

Eine weitere technische Errungenschaft: das Telefon

Während Telegramme schon seit 1861 aufgegeben werden konnten, wurde die mündliche Kommunikation per Telefon erst seit 1876 möglich. 1881 ließ sich der gegenüber neuen technischen Möglichkeiten stets aufgeschlossene Fabrikant Julius Spohn als erster Ravensburger eine Telefonleitung legen, allerdings nur von seiner Villa, dem „Spohnschlössle“, zur etwa $1^1/_2$ Kilometer entfernten Fabrik im Flappachtal. Erst sieben Jahre später, 1888, wurde eine öffentliche Telefonstelle in Ravensburg eingerichtet, und zwar im Ravensburger Telegrafenamt, das sich im Bahnhofsgebäude befand. Von hier aus war es möglich, von sieben Uhr morgens bis 21 Uhr abends Gespräche mit Teilnehmern in den fünf Telegrafenstationen an der Bahnlinie Stuttgart – Friedrichshafen zu führen: außer mit Stuttgart und Friedrichshafen noch mit Ulm, Göppingen und Geislingen. Da es nur eine einzige Telefonleitung auf dieser Strecke gab, war die Leitung ständig besetzt. Deshalb durfte niemand länger als fünf Minuten telefonieren.

Es war daher ein großer Fortschritt, als 1893 in Ravensburg eine Telefonanstalt für 50 Teilnehmer eingerichtet wurde. Gegen die verhältnismäßig hohe Gebühr von jährlich 100 M konnten die Teilnehmer untereinander und mit Teilnehmern in den genannten fünf Städten telefonieren.

Ein Telefonverzeichnis von 1893 und ein zweites im Ravensburger Adressbuch von 1897 geben Auskunft darüber, wer die ersten 70 Teilnehmer waren, die sich den Luxus eines Telefons leisteten. Die Rufnummern wurden in der Reihenfolge der Anmeldungen vergeben. Die Nummern 1 bis 10 besaßen der Verleger des „Oberschwäbischen Anzeigers“ Dr. Bernhard Kah, die Maschinenfabrik Escher Wyss, die Gardinenfabrik Albert Schwarz, die Bleicherei und Appreturanstalt Weißenau, die Bankhäuser Ehrle und Find, die Psychiatrische Heilanstalt in Weißenau, die Druckerei Bertsche, das Amtsgericht und die Schneiderei Hafner. Was an dieser Liste besonders auffällt, ist der Umstand, dass nur eine öffentliche Institution unter den ersten zehn war, nämlich das Amtsgericht, aber weder die Stadtverwaltung noch das Oberamt. Auch der größte Betrieb der Stadt, die Spinnerei Spohn, kam erst als Nr. 41. Gasthöfe, Hotels, Fabriken, Anwälte, Ärzte, Apotheken und Handelsgeschäfte machten das Gros der ersten 70 Teilnehmer aus.[234]

Die beiden 1882 erbauten Volksschulen an der Wilhelmstraße, Lithografie, 1882
Im linken Gebäude wurden die katholischen Mädchen unterrichtet, im rechten die evangelischen Mädchen und Knaben. Deshalb erhielt dieses Gebäude getrennte Eingänge und zwei Blenddächlein am Mittelrisalit. Nachdem der Schulraum nicht mehr ausreichte, wurden beide Gebäude 1902 und 1904 um je ein Geschoss erhöht, nicht zu ihrem Vorteil.

Die Weiterentwicklung des Schulwesens

Die Volksschulen (Elementarschulen)

„Zweck der Volksschulen ist die religiös-sittliche Bildung und Unterweisung der Jugend in den für das bürgerliche Leben nötigen allgemeinen Kenntnissen und Fertigkeiten." Dieser Satz leitete das Volksschulgesetz vom 17. August 1909[235] ein, mit dem gegen den Widerstand des Zentrums die geistliche Schulaufsicht abgeschafft wurde. Die Formel „religiös-sittliche Bildung" zeigt zwar, dass nach wie vor das Prinzip einer christlichen Erziehung galt, aber der Einfluss der Kirchen auf das Schulwesen wurde trotz der Beibehaltung der Konfessionsschulen mit diesem Gesetz stark beschnitten und im Wesentlichen auf den Religionsunterricht reduziert.

Wie die geistliche Aufsicht bis zum Volksschulgesetz von 1909 aussah, belegen die Berichte der zuständigen Pfarrer an ihre vorgesetzten Stellen. So listete beispielsweise der katholische Stadtpfarrer und Dekan Karl Stempfle in seinen Berichten an das Bischöfliche Ordinariat in Rottenburg genau auf, wie oft die katholischen Schulkinder wöchentlich den Gottesdienst unter Aufsicht eines Lehrers besuchten und welche Bücher sie lasen. 1877 konnte er befriedigt feststellen: „Verderbliche Lehrbücher werden hier nicht gebraucht." Einzelne Klassen, so Stempfles Bericht, umfassten mehr als 100 Kinder. Bei den Arbeiterkindern herrsche eine große Fluktuation, da viele Eltern nach kurzer Zeit von Ravensburg wieder fortzögen. In einem der Berichte fand sich die Bemerkung, zwei der katholischen Lehrerinnen kleideten sich zu aufwändig.[236]

Neben dem aus geistlichen und weltlichen Mitgliedern bestehenden Ortsschulrat, der nur noch für die praktischen Angelegenheiten der Schule (Schulgebäude, Unterrichtsmaterial, Lehrerbesoldung, Lehrerwohnungen) zuständig war, aber über den Lehrbetrieb keine

Aufsicht mehr ausübte, wurden staatliche Bezirksschulämter als Aufsichtsbehörde gebildet.[237] Das war nicht zuletzt eine Konsequenz der seit 1899 bestehenden finanziellen Beteiligung des Staats an den Schulkosten. Diese war notwendig geworden, weil die Erträge aus dem städtischen „Lokalschulfonds" zur Finanzierung des Schulwesens nicht mehr ausreichten. Zur Deckung des Defizits von 91.000 M im Schuljahr 1902/03 steuerte der Staat beispielsweise 29.700 M bei.[238]

Während die staatlichen Zuschüsse im Wesentlichen für die Besoldung der Lehrer bestimmt waren, blieb die räumliche Unterbringung der Schulklassen weiterhin Aufgabe der Gemeinde. Mit der Zunahme der Einwohnerschaft wuchs natürlich auch die Schülerzahl. Die Schulraumnot wurde gerade bei den Volksschulen seit den siebziger Jahren immer größer. Dazu trug vor allem die Räumung des seit 1825 von den höheren Schulen genutzten ehemaligen Karmeliterklosters zugunsten des nach Ravensburg verlegten Landgerichts im Jahr 1869 bei. Nachdem daraufhin die höheren Schulen in das bislang von den Volksschulen belegte ehemalige Frauenkloster beim Mehlsack verlegt wurden, musste der Unterricht für die Volksschüler auf fünf verschiedene Gebäude verteilt werden.

Erst mit dem Bau der beiden großen Schulgebäude an der Wilhelmstraße, die 1882 bezogen werden konnten, wurde die Raumnot beseitigt. In das untere Gebäude zogen die katholischen Mädchen ein, in das obere die evangelischen Knaben und Mädchen. Aus diesem Grund erhielt das obere Gebäude im Gegensatz zum unteren zwei getrennte giebelbekrönte Eingänge. Die katholischen Knaben mussten vorläufig mit der ehemaligen Bauhütte am Holzmarkt (heute Stadtkämmerei) vorlieb nehmen. Eine Vorstellung, wie beengt es dort zuging, mag die Tatsache vermitteln, dass in diesem nicht sehr geräumigen Gebäude im Schuljahr 1912/13 595 Knaben unterrichtet wurden. Die Gesamtzahl der Volksschüler, einschließlich der Schule von St. Christina, betrug in diesem Schuljahr 1.640.[239]

Die höheren Schulen

Die beiden höheren Schulen, Lyzeum und Realschule, wurden 1873, nach dem Tod des letzten gemeinsamen Rektors, auch organisatorisch voneinander getrennt. Jede Schule hatte fortan ihr eigenes Rektorat. Gemeinsam war nur noch das Schulgebäude, das ehemalige Frauenkloster droben beim Mehlsack. Die Aufsicht über die Lehrer und deren Unterricht lag schon seit 1817 bei der obersten Schulbehörde des Landes, dem Kgl. Studienrat. Ein kirchlicher Einfluss war jedoch zumindest beim Lyzeum dadurch noch gegeben, dass ebenso wie bei den Volksschulen ein Teil der Lehrerschaft aus Geistlichen bestand.[240]

Das wichtigste Ereignis zwischen Reichsgründung und Erstem Weltkrieg war für beide höheren Lehranstalten die Erweiterung auf neun bzw. zehn Klassen und das damit verbundene Recht, die Schüler bis zum Abitur zu führen. Das Lyzeum wurde durch königliches Dekret 1880 zum Gymnasium erhoben, die Realschule 1903 zur Oberrealschule.[241]

Abgesehen von Ehingen gab es bis 1880 in ganz Oberschwaben kein Gymnasium. Daher brachte die Möglichkeit, am Ravensburger Gymnasium die Hochschulreife zu erlangen, der Schule einen enormen Zulauf an auswärtigen Schülern. Hatten 1877 nur 80 Schüler die Anstalt besucht, so waren es 1886 bereits 275.[242] Mit 237 Schülern im Schuljahr 1889/90 lag das Ravensburger Gymnasium unter den württembergischen Gymnasien bereits an 6. Stelle hinter Stuttgart (zwei Gymnasien), Heilbronn, Ulm und Ludwigsburg.[243]

Die Auswertung der Schülerlisten macht deutlich, wie stark der Anteil der auswärtigen Schüler in den höheren Klassen zunahm. Wie hoch dieser Anteil war, geht aus D 20 hervor. Im Schuljahr 1886/87 kamen von den auswärtigen Schülern bis zur 8. Klasse fast alle noch aus Württemberg, in der 9. und 10. Klasse werden als Herkunftsorte zusätzlich Oberschlesien, Gießen, Aachen, Colmar und sogar Paris genannt.

D 20 Auswärtige Schüler am Ravensburger Lyzeum bzw. Gymnasium 1841 – 1901

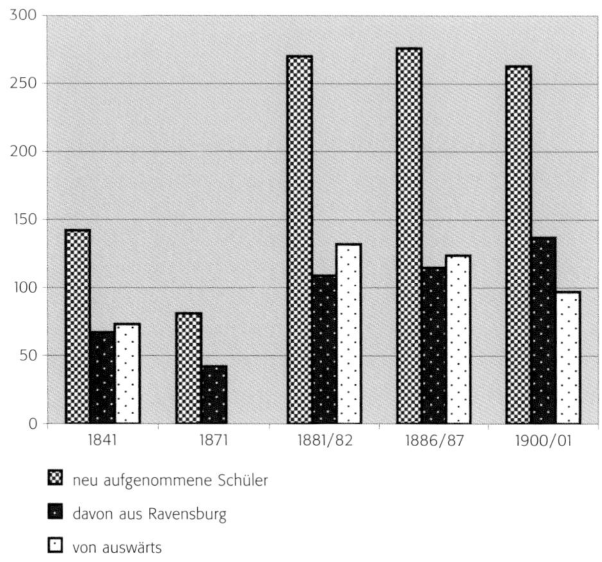

Scherzpostkarte der Abiturienten des Gymnasiums, um 1910
Von 1869 bis 1914 waren beide höheren Schulen im ehemaligen Frauenkloster beim Mehlsack untergebracht. Die witzige Zeichnung zeigt, wie die Schüler als Frösche durch eine Mühle gedreht werden und als „Muli" (= Maulesel) herauskommen. Im Hintergrund die bei den Schülern beliebte Bierwirtschaft zur „Räuberhöhle" und das Schloss der Universitätsstadt Tübingen.

Zugute kam dem neuen Gymnasium, dass ein Teil der deutschen Schüler, die das berühmte Jesuitengymnasium „Stella Matutina" in Feldkirch besuchten, ihr letztes Schuljahr in Ravensburg verbrachten, weil das in Feldkirch abgelegte Abitur an manchen deutschen Hochschulen nicht anerkannt wurde. Es war der einflussreiche Ravensburger Bankier Wilhelm Ehrle, ein Bruder des Kurienkardinals Franz Ehrle, dem es gelang, dieser Regelung Geltung zu verschaffen, und zwar bis zum Ersten Weltkrieg.[244] Dabei war die Erziehung der Schüler keineswegs besonders klerikal geprägt, sondern eher national, wenigstens seit der Jahrhundertwende. So besichtigten die oberen Klassen 1905 gemeinsam eine Ausstellung des Deutschen Flottenvereins in Weingarten, und bei der Schlussfeier am Ende dieses Schuljahrs hielt der Abiturient Hermann Gögler eine markige Rede über „Volkstum und Weltmacht". Der 100. Geburtstag Bismarcks 1915 wurde von beiden höheren Schulen gemeinsam gefeiert.[245]

Dass es im Ravensburger Gymnasium vergleichsweise gemütlich zuging, war zumindest die Ansicht des evangelischen Pfarrers Theophil Wurm, des späteren württembergischen Landesbischofs, der von 1913 bis 1920 in Ravensburg wirkte. In seinen Lebenserinnerungen hielt er fest: „Unsere Kinder hatten angenehme Schulverhältnisse. Im Gymnasium Ravensburg war das Tempo sehr gemäßigt gegenüber dem Stuttgarter Eberhard-Ludwigs-Gymnasium und vollends gegenüber der Kirchheimer Lateinschule, in die ich einst gegangen war."[246]

Die Real- bzw. Oberrealschule, die ihre Schüler vor allem für kaufmännische und technische Berufe vorbereitete, hatte einen noch größeren Zulauf als das Gymnasium. Ihre Schülerzahl wuchs von 204 im Jahr 1878 auf 414 1912.[247] So erfreulich das Wachstum der beiden höheren Schulen auch war, hatte es doch zwangsläufig einen immer größeren Raumbedarf zur Folge. Das ehemalige Frauenkloster platzte aus allen Nähten, viele Schüler mussten in anderen Gebäuden unterrichtet werden. Zwar war unbestritten, dass ein neues Schulgebäude für die höheren Schulen notwendig war, aber der Stadt fehlte das Geld zu einem solchen Projekt.

Da war es wieder der Fabrikant Julius Spohn, der bei einem großen Bauprojekt der Stadt unter die Arme griff. Schon einmal war dies in einer unerhört großzügigen Weise geschehen: bei der Erbauung des Konzerthauses, die ohne die Initiative Spohns und die Mithilfe einiger anderer Bürger undenkbar gewesen wäre.[248] Dafür hatte Julius Spohn die Ehrenbürgerwürde erhalten. Obwohl er als Mitglied des Gemeinderats 1880 gegen die Errichtung eines Gymnasiums gestimmt hatte, stiftete Spohn nun 32 Jahre später sowohl ein großes Grundstück in der Nachbarschaft seiner Villa als auch die gewaltige Summe von 280.000 M für den Bau eines modernen Schulgebäudes. Das war die Hälfte der geschätzten Baukosten.

Der vom Fabrikanten Julius Spohn gestiftete Neubau für die beiden höheren Schulen, Ansichtspostkarte, 1914
Das kurz vor Ausbruch des Ersten Weltkriegs fertig gestellte großzügige Gebäude bezogen die beiden höheren Schulen (Gymnasium und Oberrealschule) zu Beginn des Ersten Weltkriegs im Herbst 1914. Damit war die Schulraumnot mit einem Schlag beseitigt. Lange Zeit galt der Neubau als einer der modernsten und komfortabelsten Schulbauten im ganzen Land.

Die andere Hälfte streckte er zu sehr günstigen Bedingungen vor: Die Stadt hatte sich zu verpflichten, den auf sie entfallenden Anteil in Jahresraten von 10.000 M zurückzahlen.[249] Der repräsentative Neubau, der 40 Klassenzimmer und Fachräume, ein Schwimmbecken, eine Erdbeben- und Sternwarte und eine Turnhalle aufwies, hatte in ganz Oberschwaben nicht seinesgleichen. Unmittelbar vor Kriegsausbruch wurde er vollendet. Am 12. September 1914 konnten Lehrer und Schüler die neue Schule beziehen. Zu Ehren des Stifters wurde eine Straße in unmittelbarer Nachbarschaft der Schule in „Spohnstraße" umgetauft.

Die Mädchenschulen

Die erste Schule, die es Ravensburger Mädchen ermöglichte, sich wie die Knaben über den siebenjährigen Pflichtbesuch der Elementarschule hinaus eine höhere Schulbildung anzueignen, war das von den Armen Schulschwestern gegründete „Klösterle", über dessen Anfänge bereits berichtet wurde (Seite 104). Hier konnten sich katholische „höhere Töchter" nach dem Ende der Schulpflicht in einem zweijährigen Kurs weiterbilden, vor allem in Französisch und Englisch. Dieses Lehrangebot erfreute sich eines regen Zuspruchs, und zwar nicht nur aus der Stadt und ihrer nächsten Umgebung.

Da die räumlichen Verhältnisse es nicht gestatteten, mehr als ein paar wenige auswärtige Schülerinnen in Pension zu nehmen, reifte in den achtziger Jahren der Plan, einen größeren Neubau zu errichten. Dank zahlreicher Spenden, aber ohne städtische Unterstützung, konnte dieser Plan 1893/94 in die Tat umgesetzt werden. Im Süden der Stadt entstand ein großzügiger, in neugotischem Stil gehaltener Baukomplex mit einer stadtbildprägenden Kapelle. Bis zu 45 Schülerinnen hatten nun die Möglichkeit, ins „Pensionat" aufgenommen zu werden, hinzu kamen etwa 150 „externe" Schülerinnen, in erster Linie aus Ravensburg und Weingarten.[250]

Für die Töchter aus evangelischen Familien gab es lange nichts Vergleichbares. So entstand allmählich bei vielen evangelischen, aber auch bei liberal gesinnten katholischen Eltern, vorwiegend aus der Oberschicht, der Wunsch, dem „Klösterle" etwas entgegenzusetzen. 1887 war es soweit, mit 25 Schülerinnen wurde in einem Haus in der Marktstraße der Unterrichtsbetrieb einer privaten, im Gegensatz zum „Klösterle" paritätischen „Höheren Mädchenschule" aufgenommen.[251] Zwei Jahre später war dieses Unternehmen so weit gediehen, dass ein eigenes, ausschließlich aus privaten Mitteln finanziertes Schulgebäude in Betrieb genommen werden konnte, das bald darauf, wohl in Anspielung auf die überwiegend gut gekleideten Mädchen, im Volksmund „Affenkasten" hieß. (Vergleiche Abb. Seite 203.) Die unter staatlicher Aufsicht stehende Schule war zunächst neun-, später zehnklassig. Seit 1899 wurden auch Knaben „zum Zweck der Vorbereitung auf die höheren Schulen der Stadt" aufgenommen.

Auf Seiten der Katholiken betrachteten viele die neue Schule mit scheelen Augen. Das hing mit den seit den achtziger Jahren verstärkten Spannungen zwischen den Konfessionen zusammen. Bis 1908 weigerte sich die katholische Kirche, an dieser Schule katholischen Religionsunterricht zuzulassen. Daher mussten die katholischen Kinder den Religionsunterricht in der städtischen Volksschule besuchen.

Der „Oberschwäbische Anzeiger", der sich unter seinem neuen Herausgeber Dr. Bernhard Kah seit 1889 zum Sprachrohr der Ultramontanen entwickelt hatte, entfachte ab 1892 eine Kampagne gegen den Simultanunterricht in den unteren Klassen der höheren Mädchenschule. Es kam deswegen schließlich sogar zu einem Beleidigungsprozess, der mit der Verurteilung eines Redakteurs der Lokalzeitung endete. Seitdem schnitten sich Schule und Zeitung gegenseitig.[252]

1909 erhielten die Schülerinnen der höheren Mädchenschule die Möglichkeit, die Prüfung der „Mittleren Reife" abzulegen. Damit war das Recht verbunden, auf einer der beiden städtischen höheren Schulen zugelassen zu werden und dort mit dem Abitur die Zulassung zu einem Universitätsstudium zu erhalten. Zwar machten zunächst nur wenige Mädchen von dieser Möglichkeit Gebrauch, doch legte immerhin bereits 1910 die Ravensburger Schülerin Bertha Bosch als erste an der Oberrealschule die Reifeprüfung erfolgreich ab. Bis zum Ersten Weltkrieg gelang dies noch vier weiteren Abiturientinnen.

Der Wechsel von der höheren Mädchenschule ins Gymnasium war schwieriger, da dort Latein- und Griechischkenntnisse vorausgesetzt wurden. Nachdem aber seit dem Schuljahr 1910/11 Mädchen auch in die unteren Klassen des Gymnasiums zugelassen wurden, machten sofort sieben Mädchen von dieser Möglichkeit Gebrauch.[253]

Die Konkurrenz zwischen „Klösterle" und „Affenkasten" hatte durchaus auch ihre positiven Seiten. Schon 1902 hatten die Armen Schulschwestern dank einer zunehmenden Zahl von Lehrschwestern den Vorsprung der höheren Mädchenschule eingeholt und ebenfalls eine zehnklassige „Höhere Töchterschule" eingerichtet. Dort konnten von nun an ebenfalls Schülerinnen für das Lehramt ausgebildet und auf die Prüfung an einem staatlichen Lehrerinnenseminar vorbereitet werden. Auf diese Weise gelang es den Armen Schulschwestern, für ihren

Der Neubau des „Klösterle" in der Südstadt, ca. 1895
Der Neubau der Klosterschule der Armen Schulschwestern mit seiner im Stil der englischen Neogotik gestalteten Kapelle entstand 1893/94 mit Hilfe privater Spenden. Bis zu 45 Mädchen von auswärts konnten hier im „Pensionat" aufgenommen werden, aus Ravensburg und seiner näheren Umgebung besuchten ca. 150 Mädchen die Schule. Im Hintergrund das Rebgelände im „Bannegg".

eigenen Bedarf Nachwuchskräfte heranzuziehen. Die „Mittlere Reife", und damit den Schlüssel zum Abitur, konnten die Schülerinnen des „Klösterle" allerdings erst 1927 erlangen.

Nachdem die höhere Mädchenschule im „Affenkasten" 1914 aufgrund eines neuen staatlichen Lehrplans als „Mädchenrealschule" anerkannt worden war und so von nun an auch genannt wurde, lehnte es die Kultusbehörde in Stuttgart lange Zeit ab, eine zweite höhere Mädchenschule in einer verhältnismäßig kleinen Stadt wie Ravensburg anzuerkennen.

Auch Stadtverwaltung und Gemeinderat hielten lange nichts von der privaten höheren Mädchenschule und zeigten keinerlei Bereitschaft zu einer finanziellen Unterstützung. Vor allem eine Reihe konservativer Katholiken sah das ganze höhere Mädchenschulwesen als unnötiges „neumodisches Zeug" an. Seit 1899 erhielt die Schule im „Affenkasten", die als reine Privatschule immer wieder mit finanziellen Schwierigkeiten zu kämpfen hatte, einen staatlichen Zuschuss. Doch ihre mehrmals wiederholten Gesuche um einen Zuschuss durch die Stadt stießen auf taube Ohren. Erst als die Stadtverwaltung 1909 von der Regierung in Stuttgart förmlich angewiesen wurde, einen Zuschuss zu gewähren, wurde ein solcher beschlossen, und zwar für beide höheren Mädchen- bzw. Töchterschulen.[254]

Mit einem Gymnasium, einer Oberrealschule und zwei privaten höheren Schulen war Ravensburg nun eine richtige Schulstadt geworden. 1912 besuchten 263 Schülerinnen und Schüler das Gymnasium, 414 die Oberrealschule, ca. 150 die Höhere Töchterschule und ca. 200 das „Klösterle". Zusammen mit den Volksschülern ergab sich eine Gesamtzahl von ca. 2.670 Schülern in einer Stadt, die damals ca. 15.800 Einwohner zählte. Das waren 17 % der Einwohnerschaft. Die Schülerinnen und Schüler, die nach Beendigung der regulären Schulzeit eine berufliche Fortbildungsschule besuchten, sind in dieser Zahl noch nicht einmal enthalten. Im Vergleich dazu betrug der Schüleranteil 1991 nur ca. 13 % der Einwohner Ravensburgs.[255]

Die beruflichen Fortbildungsschulen

Gegenüber der Kreisregierung Ulm, die 1885 über den Zustand der Ravensburger Fortbildungsschulen informiert werden wollte, bezeichnete der katholische Dekan Stempfle die Folgen der Fabrikarbeit für viele Jugendliche als Besorgnis erregend. Im Gegensatz zu Biberach mit seiner kleingewerblichen Wirtschaftsstruktur seien in Ravensburg mit seinen vielen Fabriken viele jugendliche Arbeiter abends so erschöpft, dass sie dem Unterricht vor Müdigkeit kaum mehr folgen könnten.[256] Damit war ein Problem angesprochen, das auch in den folgenden Jahren alle für die berufliche Fortbildung der Jugend Verantwortlichen immer wieder beschäftigen sollte.

Vier Schulen ermöglichten es den Absolventen der Volksschulen, sich nach der regulären Schulzeit praktisch und theoretisch weiterzubilden: die gewerbliche und die kaufmännische Fortbildungsschule für die männliche Jugend, die 1867 eröffnete weibliche Abteilung der Fortbildungsschule und die 1877 gegründete Frauenarbeitsschule. Außerdem gab es seit 1873 auch noch eine freiwillige Sonntagsschule für evangelische Mädchen als Pendant zu einem entsprechenden Angebot für die Schülerinnen des katholischen „Klösterle".[257]

Die Fortbildungsschulen, deren Unterricht zunächst nur abends und sonntags stattfand, waren 1869 mit den höheren Schulen in das ehemalige Frauenkloster umgesiedelt worden. In der gewerblichen Schule, die für angehende Handwerker (Lehrlinge) und junge Fabrikarbeiter bestimmt war, wurde neben den schon bisher gepflegten Fächern Rechnen, Zeichnen und Buchführung nun auch Physik und Chemie unterrichtet. In der kaufmännischen Schule bildeten neben Rechnen und Buchführung Fremdsprachen, vor allem Französisch und Englisch, den Schwerpunkt des Unterrichts.[258]

Die weibliche Fortbildungsschule führte den Fächerkanon der Volksschulzeit fort und vermittelte ihren Schülerinnen vor allem Kenntnisse in Rechnen, Geschichte, Geografie, Literatur und dem Schreiben von Aufsätzen, aber auch in Französisch und Buchführung. Da seit der Jahrhundertwende immer mehr Schülerinnen eine der beiden höheren Mädchenschulen besuchten, deren Unterrichtsangebot ganz ähnlich war, wurde die städtische Fortbildungsschule für Mädchen 1909 geschlossen.[259]

Die Aufgabe der Frauenarbeitsschule lag mehr im praktischen Bereich. Neben den traditionellen hausfraulichen Fertigkeiten wie Kochen, Bügeln, Nähen, Sticken und Schneidern wurden auch gewerbliches Rechnen, Buchführung, Korrespondenz und andere für eine Bürotätigkeit erforderliche Techniken gelehrt. 1890 besuchten bereits 170, 1891 220 und 1912 223 Mädchen den auf zwei Jahre begrenzten Unterricht in der Frauenarbeitsschule.[260]

Bereits 1876 hatte die Ravensburger Handels- und Gewerbekammer den für Schulabgänger obligatorischen Besuch der Fortbildungsschule gefordert.[261] Nach Einführung der dreijährigen Berufsschulpflicht für männliche Volksschulabsolventen bis zum 18. Lebensjahr im Jahr 1906 stieg die Schülerzahl rapide an. Die gewerbliche Fortbildungsschule zählte 1900 248, 1908 397 und 1913 498 Schüler, die Handelsschule, wie die kaufmännische Abteilung der Fortbildungsschule seit 1909 hieß, wuchs von 48 im Jahr 1889 auf 155 1913.[262]

Die Kirchen vor neuen Herausforderungen

Das „katholische Milieu"

„Katholisches Milieu" ist ein von der Geschichtswissenschaft geprägter Begriff. Gemeint ist damit die „Gesinnungsgemeinschaft" eines großen Teils der Katholiken, der allumfassende, das ganze Leben, Alltag und Freizeit prägende Einfluss der katholischen Kirche auf breite Kreise der katholischen Bevölkerung. Möglich wurde dieser Einfluss seit der Mitte des 19. Jahrhunderts vor allem durch ein dichtes Netz katholischer Vereine und durch die katholische Presse. Meinungsbildend innerhalb des katholischen Milieus waren häufig Kapläne, die als geistliche Führer vielen Vereinen, vor allem Jugendvereinen, vorstanden. Über die katholischen Vereine war der Einzelne eingebettet in das katholische Milieu. Hier entwickelte sich sein politisches Bewusstsein, das in der Regel aus zwei Komponenten bestand: einer Identifizierung mit der Zentrumspartei und einer scharfen Ablehnung der Sozialdemokratie.[263]

1877 umfassten die Großpfarrei Liebfrauen, zu der seit 1812 ja auch die aufgelöste Pfarrei St. Jodok gehörte, und die kleine Pfarrei St. Christina, die wegen ihrer peripheren Lage erhalten blieb, zusammen etwa 7.700 Seelen, von denen gut 3.000 zur Fabrikarbeiterschaft gehörten.[264] Die Klagen über schlechten Kirchenbesuch und Sittenlosigkeit dieser Schicht nahmen kein Ende. In der Pfarrei St. Christina, deren Kirche so idyllisch und exponiert auf der Höhe über dem Schussen- und Flappachtal liegt, zählten sogar zwei Drittel der Pfarrkinder zur „Fabrikbevölkerung", da die stark besiedelten Ortsteile im Flappachtal, Schornreute und Knollengraben,

Das Innere der Liebfrauenkirche, um 1910
Die spätgotische Basilika wurde im 19. Jahrhundert mehrfach verändert und erhielt seit 1891 eine neugotische Innenausstattung. 1904 schuf Gebhard Fugel das große Mosaik über dem Chorbogen.

mit ihren zahlreichen größeren und kleineren Fabriken zum Pfarrsprengel der kleinen Bergkirche gehörten.[265]

Viele der dort Wohnenden seien „sittlich ganz verkommen“, klagte Dekan Stempfle anlässlich einer Visitation im Jahr 1877. Zehn Jahre später lauteten die Klagen ähnlich: die vielen Fabrikarbeiterinnen und Fabrikarbeiter belasteten die Pfarrei in religiös-kirchlicher ebenso wie in sittlicher Beziehung. Der schlechte Kirchenbesuch sei allerdings auch dadurch mitbedingt, dass der weite Weg vom Flappachtal zur hochgelegenen Pfarrkirche vielen zu beschwerlich sei, weshalb ein Teil der kleinen Schar derer, die sonntags noch in die Kirche gingen, es vorzögen, den Gottesdienst in der näher gelegenen Liebfrauenkirche zu besuchen. Hinzu komme, dass einzelne protestantische Fabrikherren ihre Arbeiter zwängen, gelegentlich auch sonntags zu arbeiten.[266]

Klagen gab es auch über die Jugend, vor allem die männliche. Für die Pfarrei Liebfrauen wurde 1877 festgestellt, die Schüler seien genusssüchtig, viele hätten auch zu viel Geld. Zur Christenlehre kämen von 160 dazu verpflichteten Jünglingen höchstens 30. Daran seien zum Teil auch deren Prinzipale und Lehrmeister schuld, die viel zu wenig darauf drängten, dass ihre Lehrlinge diese Christenpflicht erfüllten. Am säumigsten seien Kaufmannslehrlinge, Kellner, junge Fabrikarbeiterinnen und Fabrikarbeiter sowie Kinder- und Dienstmädchen. Auch würde fast jeden Sonntag irgendwo ein Fest gefeiert, das die Jugend vom Kirchgang abhalte.[267]

Dekan Strobel, der 1886 eine Pfarrvisitation in Liebfrauen durchführte, musste feststellen, dass an dem Gottesdienst, der anlässlich der Eröffnung der Visitation abgehalten wurde, neben ca. 100 Frauen nur sieben Männer teilnahmen. Allerdings hatte dieser Gottesdienst an einem Montagabend stattgefunden.[268]

Es gab jedoch auch Erfreulicheres zu berichten. In Ravensburg als einer der katholischen Hochburgen im

Lande erlebte das Bruderschaftswesen zahlreicher Handwerke nach 1870 einen spürbaren Aufschwung. Nachdem die Zünfte aufgelöst waren, gewannen diese zum Teil ins Mittelalter zurückreichenden religiösen Bruderschaften für viele katholische Handwerker eine neue Bedeutung. Sie führten die religiösen Aufgaben und Traditionen der Zünfte fort, indem sie gemeinsame Wallfahrten veranstalteten, gemeinsames Auftreten bei Prozessionen wie am Blutfreitag oder an Fronleichnam organisierten und Seelenmessen für verstorbene Mitglieder abhalten ließen. Auch kümmerten sie sich um die Angehörigen verstorbener Mitglieder und pflegten das gesellige Beisammensein am Feierabend oder an Sonn- und Festtagen.

Die größte Bruderschaft war diejenige der Rebleute, die 1884 55 Mitglieder zählte, darunter zwölf Witwen. Fast ebenso große Bruderschaften bildeten Bäcker, Müller und Bierbrauer. In der Josefsbruderschaft waren, wie einst in der Zimmerleutezunft, alle Handwerke vereint, die mit Holz zu tun hatten: neben den Zimmerleuten auch Schreiner, Wagner und Küfer. Gerber und Metzger bildeten gemeinsam eine Bruderschaft, ebenso die Strumpfstricker und Strumpfwirker, Wollweber, Hut- und Bortenmacher. Schließlich gab es auch noch eine Bruderschaft der Schneider, die übrigens – dies sei hier vorweg genommen – 1921 31 Damenschneiderinnen aufnahm, ein absolutes Novum in der Geschichte der religiösen Bruderschaften.[269]

Neben den Bruderschaften erlebte auch das katholische Vereinswesen in der Kaiserzeit eine Hochblüte. Dekan Stempfle zählte in dem schon mehrfach zitierten Bericht aus dem Jahr 1877 neben den drei älteren Vereinen – Pius-, Elisabethen- und Gesellenverein – noch sieben andere religiöse Vereine auf: Vinzenz-, Borromäus-, Franz Xaver- und Michaelsverein, Verein der Kindheit Jesu, Jungfrauenverein und den Restaurationsverein St. Jodok, der sich die Restaurierung der St. Jodokskirche und die Wiederherstellung der 1812 auf Geheiß des Königs aufgehobenen Pfarrei zum Ziel gesetzt hatte.[270]

Im selben Jahr 1877 entstand ein weiterer katholischer Verein in Ravensburg, der Mütterverein, der vornehmlich karitative Ziele verfolgte. Politisch bedeutsamer war die Gründung des Katholischen Arbeitervereins, der 1885 aus dem Piusverein hervorging. Bereits im Gründungsjahr betrug seine Mitgliederzahl um die 60, 1900 gehörten über 300 Männer dem Verein an, der damit, gemessen an der Mitgliederzahl, der größte in der Stadt war. 1886 wurde der Katholische Arbeiterinnen- und Dienstmädchenverein gegründet, der es sich zur Aufgabe machte, allein stehenden berufstätigen Frauen, vornehmlich aus der Schicht der Arbeiterinnen und Dienstmädchen, zur Seite zu stehen, ihnen im Josefshaus ein Zuhause zu bieten und ihnen ebenso christliche Werte wie praktisches hauswirtschaftliches Wissen zu vermitteln.[271]

Beide Vereine, der Katholische Arbeiterverein und der Katholische Arbeiterinnen- und Dienstmädchenverein, waren die ersten ihrer Art in der gesamten Diözese Rottenburg. Es sollten sieben Jahre vergehen, bis der zweite katholische Arbeiterverein in Württemberg gegründet wurde, und zwar in Stuttgart. Auch der Arbeiterinnenverein blieb jahrelang der einzige in der Diözese.

Eine Ravensburger Besonderheit bestand darin, dass es hier – und lange Zeit nur hier – einen Gesellen- und einen Arbeiterverein nebeneinander gab.[272] Trotzdem gediehen beide Vereine. Zu einer Konkurrenzsituation und damit verbundenen Spannungen scheint es nicht gekommen zu sein, da der Arbeiterverein sich eher als politischer Verein verstand, während der Gesellenverein seine Hauptaufgabe in der Betreuung und christlichen Erziehung junger Handwerker sah. Erwähnung verdient schließlich noch der 1882 gegründete Katholische Lehrlingsverein, der gleichfalls zu den ältesten seiner Art in Württemberg gehörte.[273]

Die Bedeutung Ravensburgs als Hochburg des politischen Katholizismus in der Diözese zeigte sich nicht nur daran, dass hier 1895 die württembergische Zentrumspartei gegründet wurde (siehe Seite 131), sie wurde auch bei zahlreichen anderen Anlässen sichtbar. So fand nach dem ersten Württembergischen Katholikentag 1890 in Ulm bereits der zweite im Jahr 1902 in Ravensburg statt.[274] 1909 richtete der einflussreiche, sozial- und kulturpolitisch engagierte „Volksverein für das katholische Deutschland", dem auch in Ravensburg viele Katholiken beitraten, hier sein Landessekretariat für Württemberg ein, das bis zu 39.000 Mitglieder betreute und bis 1933 bestand.[275]

Höhepunkt in der Geschichte der katholischen Kirchengemeinde Ravensburg war die Wiedererrichtung der Pfarrei St. Jodok im Jahr 1904. Diesem kirchenrechtlich bedeutsamen Akt waren jahrelang Bittgesuche des Jodoksvereins vorausgegangen. Die Großpfarrei Liebfrauen hatte inzwischen eine Größe erreicht, die tatsächlich eine Teilung unumgänglich machte. Gegenüber dem früheren Pfarrsprengel von St. Jodok wurden die Grenzen erweitert. Zur Kirchengemeinde St. Jodok gehörte von nun an auch das Industriegebiet westlich der Altstadt im Bahnhofsbereich.[276]

Die evangelische Minderheit

Aufgrund der Zuwanderung aus dem rein katholischen Umland Ravensburgs nahm der Anteil der Protestanten an der städtischen Bevölkerung im Kaiserreich weiter ab. 1871 waren 26,7 % der Ravensburger evangelisch, 1914 nur noch 20,1 %. Trotzdem blieb es bei drei evangelischen Pfarrern. Der 1. Stadtpfarrer war zugleich Dekan für den ganzen, bis Isny reichenden Kirchenbezirk.

„In der Steuerkraft standen aber die Evangelischen immer noch an der Spitze, da die meisten größeren Betriebe und Geschäfte in ihren Händen lagen." So charakterisierte ein aufmerksamer Beobachter, der von 1913 bis 1920 in Ravensburg amtierende evangelische Pfarrer und spätere Landesbischof Theophil Wurm, die Situation vor dem Ersten Weltkrieg. Zum Zustand der von ihm betreuten Gemeinde bemerkte er: „Die Gemeinde bestand im wesentlichen aus den verschiedenen Schichten des Mittelstandes, Kaufleuten, Angestellten, Beamten, und besaß eine gute evangelisch-kirchliche Tradition als Diasporagemeinde."[277]

Dekan Gotthold Knapp hatte einige Jahre zuvor kritischer geurteilt: der „Kirchenbesuch der höheren Stände", besonders der Kaufleute, Beamten und Lehrer der höheren Schulen lasse viel zu wünschen übrig und sei jedenfalls schlechter als bei den Katholiken.[278] Dieses Urteil entsprach in etwa der Beobachtung eines der höchsten Amtsträger der evangelischen Kirche in Württemberg, des Ulmer Generalsuperintendenten Land, der 1876 bei einer Visitation der evangelischen Kirchengemeinde Ravensburg fand, dass „das religiöse Interesse der Oberschwaben [...] nicht tief" gehe. Es herrsche hier auch eine Scheu vor dem Pietismus.[279] Dekan Knapp schätzte 1907 die Zahl der Pietisten in Ravensburg auf höchstens 30. Das Ansehen des Pietismus sei allerdings gestiegen durch das soziale Wirken der Zieglerschen Anstalten in Wilhelmsdorf.[280]

Aufgrund des Zuzugs vor allem von Landwirten aus Altwürttemberg nach Oberschwaben (vgl. Teil 2 Seite 108) waren rings um Ravensburg mehrere kleine evangelische Diasporagemeinden entstanden, so in Atzenweiler, Bavendorf, Wälde-Winterbach, Vogt und Weißenau. Betreut wurden diese Gemeinden von einem Diasporapfarrer mit Sitz in Ravensburg. Welche Probleme in der Diaspora bestanden, zeigt ein 1876 an die evangelische Bürgerschaft Ravensburgs gerichteter kirchlicher Appell: Da es bei den weiten Entfernungen zwischen den evangelischen Diasporagemeinden nicht möglich sei, den Konfirmandenunterricht jeweils vor Ort zu erteilen, werde darum gebeten, Kinder aus den Diasporagemeinden für die Dauer des Konfirmandenunterrichts in hiesigen Familien aufzunehmen.[281]

Natürlich gab es auch ein evangelisches Vereinswesen, wenn auch nicht so ausgeprägt wie bei den Katholiken. 1886 entstand als Gegenstück zum katholischen Gesellenverein ein evangelischer Jünglingsverein. 1899 wurde der evangelische Männerverein gegründet, zu dessen Zielen vor allem die Weiterbildung von Männern aus der kleinbürgerlichen und der Arbeiterschicht gehörte. Zu diesem Zweck legte der Verein eine Bibliothek an, die ab 1906 im neuen evangelischen „Vereinshaus" in der Weinbergstraße untergebracht war. 1913 umfasste diese Bibliothek bereits 8.000 Bände.[282]

An weiteren evangelisch geprägten Vereinen sind zu nennen: der schon 1860 entstandene Frauen-Wohltätigkeitsverein, der sich auf Hilfeleistungen in der Stadt und ihrer näheren Umgebung konzentrierte, sowie der 1885 gegründete Gustav-Adolf-Frauen-Verein, dessen Ziel die Unterstützung von Glaubensgenossen in der weiten Welt war. Schließlich gab es noch einen 1897 gegründeten evangelischen Jungfrauenverein und einen evangelischen Kirchenchor, dessen Anzeigen in der Lokalzeitung stets nur mit den geheimnisvollen Buchstaben E.K. (= Evangelischer Kirchenchor) gezeichnet waren.[283]

Das Verhältnis zwischen Katholiken und Protestanten

„Manchmal bin ich in den fünfzehn Jahren, die ich am Bodensee lebte, in Ravensburg in der ‚Räuberhöhle' oder im ‚Storchenbräu' bei den Schwaben gesessen, die, Geistliche und Laien, in schönster Harmonie und ungestörtem Frieden beim Bier sich vergnügten, während bei uns in Baden der Kulturkampf die Gesellschaft zerrissen hatte." So empfand es der populäre katholische Priester und Dichter Heinrich Hansjakob, der zwischen 1869 und 1884 als Pfarrer in Hagnau am Bodensee lebte und von dort oft nach Ravensburg kam.[284]

Ein anderes Zeugnis aus derselben Zeit, das diesen Eindruck bestätigt, stammt vom evangelischen Ravensburger Dekan Eggel, der bei einem Empfang anlässlich des Antrittsbesuchs des Rottenburger Bischofs und Kirchenhistorikers Carl Joseph Hefele am 12. September 1870 in Ravensburg zugegen war und bei dieser Gelegenheit in aller Öffentlichkeit sagte, „daß auch die evangelische Bevölkerung den Bischof der katholischen Württemberger als wissenschaftlichen Stern erster Größe und als Bürgschaft für die Erhaltung des confessionellen Friedens hoch verehre".[285] Allerdings traf der evangelische Dekan diese Feststellung vor dem Hintergrund des allgemein bekannten Widerstands des Rottenburger Bischofs gegen das auf dem Vatikanischen Konzil verkündete Dogma von der Unfehlbarkeit des Papstes.

Karl Wilhelm Stempfle (1817 – 1885), Dekan und Stadtpfarrer von Liebfrauen
Der seit 1859 in Ravensburg wirkende katholische Geistliche wurde 1868 Dekan für den das Oberamt Ravensburg umfassenden Kirchenbezirk Ravensburg. 1884 erhielt er das Ehrenbürgerrecht der Stadt.

Leider blieb es nicht bei dieser Harmonie. Solange der tolerante und liberale katholische Dekan und Stadtpfarrer Stempfle lebte – er starb 1885 – kam es zu keiner wirklichen Polarisierung zwischen Katholiken und Protestanten. Noch 1877 hatte Stempfle, dem 1884 übrigens das Ravensburger Ehrenbürgerrecht verliehen wurde, in einem Bericht an das Bischöfliche Ordinariat die Präsenz der evangelischen Gemeinde in Ravensburg als „belebend" bezeichnet. Was an religiösen und sittlichen Mängeln in der Liebfrauen-Gemeinde vorhanden sei, gehe nicht auf den Einfluss des Protestantismus zurück.[286]

Im Zeichen des beginnenden Kulturkampfs wurde aber Stempfles Haltung von seinen eigenen Kaplänen mehr und mehr in Frage gestellt, sein Einfluss nahm ab. Hinter dem „konzilianten katholischen Dekan" stünden einige „Hetzkapläne", vermutete 1882 der evangelische Dekan v. Biberstein, der schon 1873 geglaubt hatte „das Feuer des Kampfes gegen die andere Kirche […] unter der Asche" glimmen zu sehen.[287] Aus seinen Pfarrberichten lässt sich allerdings entnehmen, dass er selbst ein durchaus streitbarer Theologe war, der keiner Auseinandersetzung mit der anderen Seite aus dem Weg ging. In welchen Kategorien er dachte, verrät seine Formulierung „unsere Leute auf dem Rathaus".[288] Er war mitbeteiligt an der Aufteilung des Ravensburger Spitals in eine katholische und eine evangelische Abteilung im Jahr 1880.

Es gab noch weitere Indizien für eine zunehmende Entfremdung zwischen Katholiken und Protestanten: 1882 war der größte Teil der katholischen Mitglieder des vornehmen "Museums" aus diesem Verein ausgetreten und hatte einen eigenen neuen Verein, den „Familienkranz" gegründet.[289] In denselben Zusammenhang gehört, wie bereits geschildert, auch die Gründung der „Höheren Mädchenschule" 1887, die als „Gegengründung" zur katholischen Mädchenschule des „Klösterle" verstanden wurde. Die überwiegend von evangelischen Kindern besuchte Schule erfuhr von Anfang an Anfeindungen, in erster Linie von Seiten des Lokalblatts, des „Oberschwäbischen Anzeigers", der zum Sprachrohr der Ultramontanen geworden war, seitdem Druckerei und Verlag 1889 den Besitzer gewechselt hatten (vgl. Seite 140).

Dass ein rauerer Wind wehte, spürte auch der evangelische Lehrer und Lokalhistoriker Tobias Hafner, dem es bei seinen Forschungen zur Ravensburger Stadtgeschichte in den achtziger Jahren verwehrt wurde, Unterlagen im katholischen Pfarrarchiv einzusehen. Seinem Vorgänger Johann Georg Eben war dies 50 Jahre früher noch ohne weiteres gestattet worden.[290]

Der größte Scharfmacher auf katholischer Seite war der Kaplan Thaddäus Schobel, den Dekan Stempfle vorsichtig als „strammen Mann von großer Arbeitskraft und resoluten Wesens" charakterisiert hatte. „Er würde mit mehr Ruhe noch größere Erfolge erzielen", meinte Stempfle.[291] Schobel, der 1887 Nachfolger von Stempfle wurde, war es vorbehalten, den Eklat bei der Einweihung des Kaiserdenkmals 1890 herbeizuführen, indem er die Teilnahme der katholischen Schulkinder an der Feier verhinderte (vgl. Seite 128f.).

Dass selbst gemeinsames Leiden und Kriegsnot die beiden Kirchen noch nicht zu einer versöhnlicheren Haltung bewegen konnten, zeigt eine kleine Episode, die sich nach dem Bericht eines evangelischen Geistlichen 1927 abgespielt haben soll. Damals hatte sich nach seiner Darstellung ein reicher Ravensburger Bürger, seines Zeichens Protestant, bereit erklärt, auf dem Hauptfriedhof eine gemeinsame Kapelle für beide Konfessionen zu stiften. Dies sei jedoch von katholischer Seite abgelehnt worden.[292]

Es mussten weitere Jahrzehnte vergehen und weitere erschütternde Erfahrungen gemacht werden, bis es zu einer echten Annäherung zwischen den beiden Konfessionen kam. Davon wird später zu berichten sein.

Konfessionelle Mischehen im Kaiserreich

Mit dem Inkrafttreten der beiden Gesetze, durch die das Niederlassungs- und Eherecht nachhaltig liberalisiert wurde (siehe Seiten 157 und 163), nahm seit 1871 nicht nur die Zahl der Eheschließungen zu, sondern auch der Anteil der konfessionsverschiedenen Ehen an den Eheschließungen, ebenso die Zahl der von auswärts kommenden Ehepartner.

Die katholische Kirche war nur bereit, eine konfessionelle Mischehe anzuerkennen, wenn die Ehepartner versprachen, ihre künftigen Kinder katholisch zu taufen und zu erziehen. Lag diese Zusage vor, so konnte eine solche Ehe von der katholischen Kirche auch dann anerkannt werden, wenn sie durch einen evangelischen Pfarrer eingesegnet worden war. Diese Regelung galt jedoch nur bis zur Neufassung des katholischen Kirchenrechts im Jahr 1918.[293]

Dass in einer konfessionell gemischten Stadt wie Ravensburg der Anteil der konfessionellen Mischehen an den Eheschließungen insgesamt höher lag als im Deutschen Reich kann nicht überraschen: Während im Reich 1901 dieser Anteil bei 8,8 % und 1913 bei 10,4 % lag, betrug er in Ravensburg 1900 19,8 % und 1913 20,3 %, war also doppelt so hoch.[294]

Die strikte Weigerung der katholischen Kirche seit 1918, Trauungen konfessionsverschiedener Ehepartner durch einen evangelischen Pfarrer anzuerkennen, führte nicht selten dazu, dass der katholische Partner seiner Kirche den Rücken kehrte. Leider besitzen wir für die Zeit vor dem Ersten Weltkrieg darüber keine statistischen Angaben. Lediglich für die Pfarrei St. Jodok gibt es einen Anhaltspunkt: Dort wurden in den Jahren 1912 bis 1921 zehn Kirchenaustritte bzw. Konfessionswechel aus diesem Grund registriert.[295]

Eine Auswertung der Heiratsregister für die Jahre 1870 bis 1875 zeigt, dass in jenen ersten Jahren des Kaiserreichs die starke Zunahme der Eheschließungen insgesamt ebenso wie die Zunahme der konfessionsverschiedenen Ehen im Wesentlichen auf die unteren und mittleren gesellschaftlichen Schichten beschränkt blieb: Arbeiter, Taglöhner, Handwerker und kleine Beamten. Angehörige der Oberschicht waren an dem damaligen Heiratsboom so gut wie gar nicht beteiligt.

Auch 1909 war dies noch der Fall: Bei 13 von insgesamt 83 katholischen Trauungen besaßen die Eheleute nicht dasselbe Gesangbuch. Eine Untersuchung des sozialen Status dieser 26 von einem katholischen Pfarrer getrauten Ehepartner zeigt, dass 20 den unteren Schichten angehörten: Arbeiter und Arbeiterinnen, Taglöhner und Taglöhnerinnen, Dienstboten, Knechte und Mägde, Näherinnen, Weberinnen, Verkäuferinnen, eine Spinnerin und die Tochter eines Weichenwärters.[296] In dieser sozialen Schicht spielten also offensichtlich konfessionelle Gesichtspunkte eine geringere Rolle.

Eine letzte Beobachtung soll der Frage gelten, wie viele Eheleute ganz auf eine kirchliche Trauung verzichteten, nachdem mit der Einrichtung der Standesämter im Jahr 1876 standesamtliche Trauungen gesetzlich vorgeschrieben waren und auch ohne kirchlichen Segen volle Rechtsgültigkeit besaßen. Tatsächlich war es in Ravensburg noch jahrzehntelang üblich, dass der standesamtlichen eine kirchliche Trauung folgte. Der Anteil der Eheschließungen ohne kirchlichen Segen stieg bis in die Anfänge des Dritten Reichs nie über 8 %. Von Januar 1908 bis Oktober 1921 fanden in der Liebfrauenkirche 743 Trauungen statt. Dem standen nur 21 Angehörige der Liebfrauenpfarrei gegenüber, die in diesem Zeitraum auf eine kirchliche Trauung verzichteten.[297]

Kulturelles Leben und bürgerlicher Alltag

Theater und Konzerte

Ravensburg sei eine „Fest und Concertstadt“ hatte 1885 der evangelische Dekan v. Biberstein festgestellt.[298] Sein Nachfolger im Amt, Dekan Knapp, sah es 16 Jahre später ähnlich. Im Gegensatz zu Altwürttemberg sei hier das Interesse an Literatur gering, unter den Jugendlichen gäbe es kaum einen, der Gedichte von Uhland oder Schiller auswendig vortragen könne.[299] Dafür gingen die Ravensburger aber gerne ins Theater, um die Darbietungen auswärtiger Schauspieltruppen zu genießen. In der Regel handelte es sich dabei zwar eher um leichte Kost, aber ab und zu kam auch einmal ein Klassiker auf die Bühne.

1881 sahen sich die Ravensburger Theaterliebhaber gegen Jahresende unversehens einer unangenehmen Situation gegenüber. Im Oktober musste nämlich das alte Theatergebäude am Gespinstmarkt aus feuerpolizeilichen Gründen für Aufführungen jeglicher Art gesperrt werden, nachdem es in mehreren mitteleuropäischen Städten zu furchtbaren Theaterbränden gekommen

Das Konzerthaus kurz vor seiner Vollendung im Herbst 1897

war.[300] Nun war guter Rat teuer, denn die als Ausweichquartiere in Frage kommenden Säle – die neue Turnhalle auf der Kuppelnau und der eine oder andere Saal in einem der besseren Gasthöfe – waren allenfalls Notbehelfe.

Der Initiative des Fabrikanten Julius Spohn und seines Bruders Georg ist es zu verdanken, dass noch im selben Jahr eine Bürgerinitiative zustande kam, deren Ziel die Finanzierung eines modernen Konzert- und Theatergebäudes war. In jahrelangen zähen Verhandlungen gelang es Julius Spohn und einigen Mitstreitern, einen Betrag von mehr als 200.000 M (Goldmark!) – für damalige Verhältnisse eine Riesensumme – anzusammeln und den Stadtrat von ihrem Projekt zu überzeugen, so dass im Herbst 1896 mit dem Bau des künftigen „Konzerthauses" am Nordrand der Altstadt begonnen werden konnte.

Für Spohn war das Beste gerade gut genug. Als Architekt gewann er den bedeutenden Wiener Theaterarchitekten Ferdinand Fellner, der in seinem Fach weit über Österreich hinaus bekannt war. Trotz Mehrkosten, die aufgrund zusätzlicher Wünsche während der Bauzeit entstanden, konnte der im neobarocken Stil gehaltene Bau nach wenig mehr als einem Jahr fertig gestellt werden. Das repräsentative, für eine kleine Stadt wie Ravensburg ganz ungewöhnlich prächtige Konzert- und Theatergebäude, das fast 700 Besuchern Platz bot, erregte weit über Ravensburg hinaus Aufsehen.[301]

Julius Spohn, dem die Stadt mit der Verleihung der Ehrenbürgerwürde dankte, kümmerte sich auch darum, das neue Haus mit Leben zu erfüllen. Es war wiederum ganz wesentlich seiner Initiative zu verdanken, dass eine Konzerthaus-Kommission gegründet wurde, zu deren Aufgaben die Verhandlungen mit auswärtigen Künstlern und Ensembles und die Subventionierung hochkarätiger kultureller Veranstaltungen gehörten. Die Zahl der Aufführungen stieg denn auch unmittelbar nach der Eröffnung des Konzerthauses sprunghaft an. Die Besucher kamen nicht nur aus der nächsten Umgebung, sondern auch aus Bregenz, Lindau, Konstanz und Biberach, ja sogar aus der Schweiz.[302]

Schon 1898 fanden über 50 Theatervorstellungen auswärtiger Ensembles statt, außerdem noch das „Rutentheater" während des sommerlichen Hauptfests der Ravensburger, des Rutenfests. Auch der Fremdenverkehr profitierte vom neuen Haus. Viele auswärtige Vereine, auch solche, die im ganzen Reich verbreitet waren wie die renommierte katholische Görres-Gesellschaft, hielten nun gelegentlich ihre oft mehrtägigen Jahrestagungen im romantischen Ravensburg mit seiner gepflegten Hotellerie ab.

Um eine Vorstellung vom Spektrum der kulturellen Veranstaltungen im Konzerthaus zu geben, sei beispielhaft das Jahr 1900 herausgegriffen. In diesem Jahr fanden hier 41 Theatervorstellungen und elf Konzerte statt. Unter den aufgeführten Opern und Operetten waren „Die Regimentstochter" von Donizetti und „Eine Nacht in Venedig" von Johann Strauß. An Schauspielen wurde unter anderem „Der Geizige" von Molière und „Nora" von Ibsen gegeben.

Im musikalischen Betrieb spielte die Weingartener Regimentskapelle eine große Rolle. Sie bestritt nicht nur abendfüllende Konzerte mit klassischer und Militärmusik, sie begleitete auch zahlreiche Theateraufführungen, vor allem Lustspiele und „Possen mit Gesang" musikalisch und bot den musikalischen Rahmen bei Veranstaltungen wie der (um ein Jahr verspäteten) Gedenkfeier zu Goethes 150. Geburtstag, zur alljährlichen „Kaiserfeier" oder zu den beliebten Maskenbällen.

Zu den auswärtigen Ensembles, die nun in Ravensburg auftraten, gehörte auch das Stuttgarter Hoftheater. Ein Zufall half bei den Bemühungen, gerade dieses hochkarätige Ensemble des öfteren nach Ravensburg zu holen. 1902 brannte das Stuttgarter Hoftheater ab. Der Intendant, Baron Joachim von Putlitz, sah sich dadurch gezwungen, vorübergehend auf andere Bühnen auszuweichen, und so kam Ravensburg, wiederum unter finanzieller Mithilfe von Julius Spohn, in den Genuss von Aufführungen, wie sie sonst nur in Großstädten möglich waren. Zwischen 1903 und 1910 gelangten 39 Opern und Theaterstücke mit teilweise berühmten Solisten im Konzerthaus zur Aufführung, darunter „Die Entführung aus dem Serail", „Fidelio", „Carmen", „Der Troubadour", „Der Freischütz" und sogar „Lohengrin", sowie Dramen von Shakespeare, Lessing, Schiller, Kleist und Grillparzer.

Das Innere des Konzerthauses, 1897
Das Foto zeigt die ursprüngliche Bestuhlung aus der Werkstatt der berühmten Wiener Firma Thonet und einen der zahlreichen bis heute erhaltenen Bühnenprospekte, die der am Stuttgarter Hoftheater tätige Maler Wilhelm Plappert schuf.

Es kam vor, dass das Hoftheater mit mehr als 150 Personen anrückte: Darsteller, Orchester, Chor, Maskenbildner, Ankleidepersonal, Friseure und Bühnenarbeiter. So war es nicht verwunderlich, dass immer wieder Defizite entstanden, zumal dann, wenn das Haus nicht ausverkauft war. In diesem Fall mussten Stadt und Sponsoren einspringen, was auf die Dauer nicht durchzuhalten war.

Zur Jahrhundertfeier der Zugehörigkeit Ravensburgs zum Königreich Württemberg im Jahr 1910 sollte Schillers „Wallenstein" vom Hoftheater aufgeführt werden. Nachdem die Vorbereitungen schon weit gediehen waren, stellte sich heraus, dass angesichts der hohen Eintrittspreise das Interesse des Publikums stark zu wünschen übrig ließ, so dass die Vorstellung abgesagt werden musste. Wegen der bereits entstandenen Kosten kam es zwischen den Beteiligten zu unerfreulichen Auseinandersetzungen, die damit endeten, dass das Hoftheater nur noch ganz selten in Ravensburg gastierte. Der Ausbruch des Ersten Weltkriegs machte dieser glanzvollen Epoche des Ravensburger Kulturlebens ein Ende.

Die Aufführungen des Stuttgarter Hoftheaters in Ravensburg führten auch zur Entdeckung der bedeutendsten Künstlerpersönlichkeit, die Ravensburg im 19. Jahrhundert hervorgebracht hat: des Sängers Karl Erb. In einer Opernvorstellung, bei der der Ravensburger Liederkranzes mitwirkte, fiel 1906 dem Intendanten, Baron von Putlitz, der inzwischen wie Spohn Ravensburger Ehrenbürger geworden war, der strahlende Tenor des jungen Manns auf, der hauptberuflich beim städtischen Gas- und Wasserwerk angestellt war. Erb wurde nach Stuttgart eingeladen und erhielt alsbald ein Engagement am Hoftheater. So begann seine große Sängerkarriere.[303]

Karl Erb in der Rolle des Lohengrin von Richard Wagner, ca. 1910/20

Mit dem Bau des Konzerthauses hing auch die Errichtung des einzigen an einen Dichter erinnernden Denkmals in Ravensburg zusammen: des Schillerdenkmals. Auch in diesem Fall war es nicht die Stadt, sondern wiederum der Mäzen Julius Spohn, auf dessen Anregung und Kosten 1911 das schlichte Denkmal gegenüber dem Konzerthaus aufgestellt wurde.[304]

Lesekultur

In der bis 1912 einzigen Lokalzeitung, dem „Oberschwäbischen Anzeiger", fand der interessierte Leser eine Fülle von Anzeigen, in denen neu erschienene Bücher und Zeitschriften angeboten wurden. Nicht nur die einzige Buchhandlung am Ort, die Dornsche, annoncierte regelmäßig, auch auswärtige Buchhandlungen, etwa aus Stuttgart oder Leipzig, traten häufig in Erscheinung.

Unter den angebotenen historischen und politischen Büchern und Zeitschriften stieg nach 1870 die Zahl der Neuerscheinungen, die sich auf Norddeutschland im Allgemeinen und Preußen im Besonderen bezogen, deutlich an, während Werke aus Österreich nun seltener angeboten wurden. So sickerten langsam neue Gedanken, neue Anschauungen und Denkweisen ein, die ihre Spuren in den Köpfen der Ravensburger hinterließen und den Humus schufen, aus dem ein neues, kleindeutsch geprägtes Nationalbewusstsein erwachsen konnte.

Schon im zweiten Teil dieser Stadtgeschichte wurde gezeigt, welch wichtige Rolle seit dem frühen 19. Jahrhundert die Vereinsbibliotheken bei der Verbreitung des Mediums Buch spielten, wie gerade durch sie die Lektüre literarischer, wissenschaftlicher oder auch rein unterhaltender Werke gefördert wurde.

Die bedeutendste Bibliothek besaß, wie gesagt, das „Museum". Ein gedruckter Katalog aus dem Jahr 1886 gibt darüber Auskunft.[305] Er zählte 4.110 Bände auf, in der Mehrzahl (73 %) belletristische Werke für jeden Geschmack und so gut wie alle „Klassiker", aber auch viele historische, geographische und naturwissenschaftliche Titel, Biographien, Reisebeschreibungen und 26 laufende Zeitungen und Zeitschriften unterschiedlicher politischer Richtungen. Philosophische Werke fehlten ganz, theologische waren spärlich vertreten.[306]

Die Anschaffung neuer Bücher und die Abonnements von Zeitschriften bildeten denn auch den größten Ausgabeposten bei diesem Verein. 1868 gab er dafür die stattliche Summe von 696 fl aus.[307] Die Vereinsmitglieder konnten sich der Lektüre entweder im Lesezimmer des Vereins widmen oder auch Bücher ausleihen. Aus einem 1901 verfassten Bericht des evangelischen Dekans erfährt man, dass hauptsächlich Mädchen und Frauen Bücher aus den Bibliotheken des „Herrenmuseums" (!) und des bescheideneren „Bürgermuseums" ausliehen.[308]

Neben dem Arbeiterbildungsverein (siehe Teil 2 Seiten 51 und 114) besaß auch der Handels- und Gewerbeverein eine stattliche Bibliothek, die 1901 618 Bände umfasste.[309] Der Lesehunger war in einer Zeit, in der man noch Zeit zum Lesen hatte und nicht durch Radio und Fernsehen abgelenkt war, enorm. Dass man diesem Interesse an Büchern gelegentlich allerdings auch misstraute, zeigt eine Anweisung der Ravensburger Spitalverwaltung. Laut § 14 der Krankenhausordnung von 1882 war es den Patienten nicht erlaubt, Bücher ins Krankenhaus mitzunehmen, mit Ausnahme von „Erbauungsschriften".[310]

Der in Ravensburg geborene Archäologe und Erforscher historischer Landkarten Konrad Miller (1844 – 1933)

Das Interesse an Geschichte und Altertümern

Seit der Mitte des 19. Jahrhunderts kann in Ravensburg wie auch andernorts ein wachsendes Interesse an Geschichte beobachtet werden, vor allem Interesse für Geschichte und Kunst des Mittelalters. Davon war schon in Teil 2, Seite 117f. die Rede. Nach Johann Georg Eben, dessen Ravensburger Stadtgeschichte in Einzellieferungen zwischen 1830 und 1835 erschien, kam lange nichts. Der 1823 in Ravensburg geborene Historiker *Dr. Franz Sauter*, der 1876 als Archivar an das württembergische Haus- und Staatsarchiv in Stuttgart berufen worden war, trat zwar durch mehrere wissenschaftliche Abhandlungen, unter anderem über „Die Klöster Württembergs" (1879) hervor, über seine Heimatstadt veröffentlichte er aber nur einen schmalen Stadtführer, immerhin den ersten seiner Art.[311]

1887 erschien die Stadtgeschichte des evangelischen Knabenschullehrers *Tobias Hafner* (1833 – 1921), die über weite Strecken ein Abklatsch des zweibändigen Werks von Eben und überdies sehr unübersichtlich gegliedert ist. Für das 19. Jahrhundert enthält sie jedoch eine Reihe wertvoller Angaben und Hinweise zur Geschichte der Stadt. Hafner, der sich auch als Heimatdichter betätigte und im Vereinsleben der Stadt aktiv war, publizierte daneben noch manch Anderes, was zumindest für die reine Lokalhistorie durchaus von Nutzen war und zum Teil auch heute noch ist, darunter einen Stadtführer und zwei Adressbücher.

Wissenschaftlich Bedeutenderes leistete der aus dem Weiler Oppeltshofen oberhalb Ravensburgs stammende Bauernsohn *Konrad Miller* (1844 – 1933), ein wahrer Polyhistor, zugleich Theologe, Geologe, Archäologe und Altertumswissenschaftler. Er machte sich vor allem einen Namen durch seine archäologischen Forschungen zur Geschichte Oberschwabens in der Römerzeit und durch die Herausgabe und Kommentierung bedeutender historischer Landkarten aus Altertum und Mittelalter.

Auch der aus Altshausen stammende Amtsrichter *Paul Beck* (1845 – 1915) erwarb sich Verdienste um die Erforschung der Geschichte Oberschwabens. Frühzeitig pensioniert, ließ er sich 1883 in Ravensburg nieder und widmete sich fortan seinen historischen Liebhabereien. Zwar sind viele seiner Forschungsergebnisse und Publikationen inzwischen überholt, andererseits hat er aber auch viele größere und kleinere historische Entdeckungen zur oberschwäbischen Geschichte gemacht und als erster publiziert, vor allem in dem von ihm seit 1894 herausgegebenen „Diözesanarchiv von Schwaben".

Ein Generationsgenosse von Miller und Beck war der von 1888 bis zu seinem Tod als Pfarrer von St. Christina wirkende Theologe und Kunsthistoriker *Heinrich Detzel* (1842 – 1906). Neben dem Pfarramt lag der Schwerpunkt seiner Tätigkeit auf der Erforschung und Vermittlung christlicher Kunst, nicht nur der alten, sondern auch der zeitgenössischen. Als Vorstand des Kunstvereins der Diözese Rottenburg spielte er eine wichtige Rolle als Berater bei kirchlichen Neubauten und Renovierungen. Sein Hauptwerk war die zweibändige, 1894 bis 1896 erschienene „Christliche Ikonographie", die in keiner katholischen Pfarrerbibliothek fehlte. Auch als Herausgeber des viel gelesenen „Archivs für Christliche Kunst" machte er sich einen Namen.[312]

Es traf sich gut, dass in Ravensburg gleichzeitig zwei der wichtigsten süddeutschen Bildhauerwerkstätten für sakrale Kunst angesiedelt waren, mit denen Detzel engen

Kontakt hielt. An erster Stelle sind hier Vater und Sohn *Theodor Schnell* (1836 – 1903, bzw. 1870 – 1938) zu nennen, die einen wesentlichen Anteil an der Erneuerung der Innenausstattung vieler katholischer Kirchen in ganz Süddeutschland, im österreichischen und schweizerischen Alpen- und Voralpenraum zwischen 1870 und 1914 hatten.

Neben ihrer Altarbaukunst, deren Ausdrucksformen von der Neugotik bis zum Jugendstil reichten, taten sich Vater und Sohn Schnell auch als Sammler alter sakraler Kunstwerke, vor allem plastischer, hervor. Seit 1913 war die Schnell'sche Sammlung im ehemaligen Schwörsaal des Waaghauses untergebracht und öffentlich zugänglich.

Atelier und Werkstatt des Restaurators und Bildhauers Theodor Schnell d. Ä. (1836 – 1903), um 1890

Der bekannte Kunsthistoriker Julius Baum vertrat die Ansicht, die Stadt Ravensburg besitze in dieser Sammlung „ein Museum, um das viel größere Gemeinden sie beneiden dürfen“.[313] Es gereichte Ravensburg nicht zur Ehre, dass die Stadt nach dem Tod des jüngeren Theodor Schnell 1938 darauf verzichtete, die ihr zum Kauf angebotene Sammlung zu erwerben, sondern zuließ, dass sie versteigert und in alle Winde zerstreut wurde.[314]

Ein tüchtiger Restaurator und Bildhauer war auch *Moriz Schlachter* (1852 – 1931), der wie die beiden Schnell zeitweise eine große Werkstatt unterhielt und sich vor kirchlichen Aufträgen kaum retten konnte. In Vorarlberg hat sich bis heute eine große Zahl seiner im Geist des Historismus gestalteten Altäre und Kanzeln erhalten, während in Oberschwaben nach dem Zweiten Weltkrieg die meisten Werke einer Kunstanschauung weichen mussten, die nichts mehr übrig hatte für jene Kunstrichtung am Ausgang des 19. Jahrhunderts. Selbst der großartige neugotische Altar in der Ravensburger Liebfrauenkirche fand nach dem letzten Krieg keine Gnade vor den Augen der Pfarrer und Denkmalpfleger.[315]

Angesichts der beträchtlichen Zahl qualifizierter Historiker und Restauratoren, der vielen Geistlichen und Lehrer, ist es eigentlich verwunderlich, dass in Ravensburg sehr spät, nämlich erst 1887, ein „Kunst- und Alter-

Hochaltar im Chor der Liebfrauenkirche, 1897 von dem Ravensburger Bildhauer Moriz Schlachter geschaffen
Der bedeutende, von Joseph Cades entworfene neugotische Hochaltar wurde 1958 aus der Kirche entfernt.

Detail aus der Sammlung des 1887 gegründeten Kunst- und Altertumsvereins, ca. 1910
Die Sammlungsstücke des Vereins wurden zusammen mit Altertümern aus städtischem Besitz seit 1910 im Saal des ehemaligen Alten Theaters ausgestellt.

tumsverein“ entstand, während in dem kleineren, in vielem aber mit Ravensburg vergleichbaren Rottweil ein solcher schon 1831 gegründet worden war, der dort auch eine weit bedeutendere Rolle spielte als der in Ravensburg. Am Mangel an „Altertümern“ aller Art kann es nicht gelegen haben. Es gab ja eine ganze Reihe privater Kunst- und Antiquitätensammlungen in Ravensburg. 1876 erinnerte das Stadtschultheißenamt daran, dass zur Jahresversammlung des Bodenseegeschichtsvereins in Ravensburg 1874 eine Ausstellung stattgefunden habe, bei der sich „die erfreuliche Wahrnehmung [...] ergeben [habe], daß auch hier im Besitz von Privaten ältere Kunstschätze sich befinden“.[316]

Der Ravensburger Altertumsverein sah seine Aufgabe weniger im wissenschaftlichen Bereich, als vielmehr im Sammeln alter Kunst- und Gebrauchsgegenstände. Im Lauf der Jahre brachte er tatsächlich eine durchaus beachtliche kunst- und kulturgeschichtliche Sammlung zustande, eine kunterbunte, aber reizvolle Mischung von Antiquitäten, die bis 1902 im Rathaus verwahrt wurden. 1910 konnte auf Initiative des jüngeren Theodor Schnell und des Fabrikanten Friedrich Krauß, der dem Naturkundeverein vorstand und eine bedeutende Mineraliensammlung besaß, im ehemaligen Theatersaal über der Brotlaube, dem „Alten Theater“, ein „Stadtmuseum“ eröffnet werden, in dem die Sammlungen beider Vereine gezeigt wurden. Dank der Verbindungen zu den nach Guatemala ausgewanderten Ravensburgern (siehe Seite 163) kamen noch eine kleine völkerkundliche Sammlung sowie eine zoologische Sammlung hinzu, deren Glanzstück ein ausgestopfter Vogel Strauß war.[317]

Blick in die naturkundliche Sammlung des Fabrikanten und Naturforschers Friedrich Krauß, ca. 1910
Die bedeutende Sammlung des Hobby-Forschers Friedrich Krauß wurde gemeinsam mit der Sammlung des Kunst- und Altertumsvereins 1910 im Saal des ehemaligen Alten Theaters untergebracht und war dort der Öffentlichkeit zugänglich.

Lederhaus und Gasthof zum Hecht, ca. 1910
Links das im 16. Jahrhundert erbaute Lederhaus, dessen Renaissance-Bemalung 1906 von den Restauratoren Gottfried Schiller und Julius Ostermaier aufgedeckt und erneuert wurde. Auf dem Dach sieht man den 1900 installierten Telegraphenturm, der zugleich Telefonverteiler war und erst 1929 wieder abgebaut wurde. Der Gasthof zum Hecht musste 1911 dem Neubau der Württembergischen Vereinsbank (heute Deutsche Bank) weichen.

Dass dieses „Stadtmuseum“ zustande kam und immerhin bis 1932 zugänglich blieb, war vor allem dem damaligen Oberbürgermeister Andreas Reichle zu verdanken, einem großen Geschichtsfreund, der engen Kontakt zu dem 1868 gegründeten Bodenseegeschichtsverein hielt. 1910 konnte er für diesen Verein 50 neue Mitglieder anwerben, von 1913 bis zu seinem Tod 1921 war er sogar der offizielle Vertreter Württembergs im Vorstand dieses einzigen internationalen, alle politischen Wirrnisse überdauernden Kulturvereins im Bodenseeraum, der vor dem Ersten Weltkrieg dreimal seine Hauptversammlung in Ravensburg abhielt.[318]

Das erwachende Interesse an der eigenen Geschichte schlug sich auch in ersten denkmalpflegerischen Bemühungen nieder. Dazu gehörte die Aufwertung der baulichen Reste der mittelalterlichen Veitsburg durch den Anbau eines Türmchens an dem schon im 18. Jahrhundert zu einem Schlösschen umgebauten Bergfried (1884) und die Wiederherstellung der erst 1837 abgebrochenen vier Ecktürmchen am Blaserturm (1907). Auch an und in wichtigen historischen Gebäuden wie dem Rathaus, dem Lederhaus und den drei Stadtkirchen wurden mehr oder weniger gelungene Restaurierungen und „Verschönerungen“ vorgenommen. Daran waren verschiedene einheimische Künstler wie der Bildhauer *Josef Dressel* (1844 – 1913), der Glasmaler *Eduard Hecht* (1828 – 1895), der Maler *Gebhard Fugel* (1863 – 1939) und der Kirchenmaler und Restaurator *Gottfried Schiller* (geb. 1872) beteiligt.

Von diesen Künstlern erwarb sich insbesondere der einen mythischen Realismus pflegende *Gebhard Fugel* einen Namen als religiöser Historienmaler, weit über Oberschwaben hinaus. Schlagartig berühmt wurde er schon in jungen Jahren durch sein 1885 entstandenes Gemälde „Die Große Krankenheilung“, das in vielen katholischen Zeitschriften reproduziert wurde. Zu sei-

„Die Große Krankenheilung" von Gebhard Fugel, 1885
Das 1885 entstandene Ölbild des aus Klöcken bei Ravensburg stammenden Malers erregte damals wegen seines Naturalismus großes Aufsehen und machte den Künstler mit einem Schlag berühmt.

nen populärsten Arbeiten gehörte das 1902/03 entstandene Passionspanorama im bayerischen Wallfahrtsort Altötting.[319] Wie Fugel hatte auch der Bildhauer *Josef Dressel*, der 1878 das Ravensburger Kriegerdenkmal schuf (siehe Abbildung Seite 128), in München seine größten Erfolge. In seinem dortigen Atelier schuf er vor allem Grabmäler, die bis nach Amerika Absatz fanden.

Ausdruck des neuen historischen Bewusstseins war auch die grandios in Szene gesetzte Ravensburger Tausendjahrfeier im Jahr 1902, die zwar an kein konkretes Datum anknüpfen konnte, aber Gelegenheit bot, im ganzen Land für das „schwäbische Nürnberg" zu werben, wo angeblich auch die Wiege Heinrichs des Löwen stand. Dem großartigen, nicht enden wollenden Festzug, der sich am 3. August wie ein Lindwurm durch Ravensburgs Straßen bewegte, wohnte gemeinsam mit 9.000 auswärtigen Gästen auch das württembergische Königspaar bei (siehe die Abbildung Seite 130).[320]

Das Vereinswesen

In den vorausgegangenen Kapiteln wurde bereits über die Entstehung und Bedeutung des Vereinswesens im 19. Jahrhundert und über die kirchlichen Vereine berichtet. Die Zahl der Vereine nahm auch nach 1870 weiter zu, ja schoss sogar regelrecht ins Kraut. Lassen sich für die Zeit um 1866/70 21 Vereine in Ravensburg nachweisen (siehe Teil 2 Seite 125f.), so betrug deren Zahl um 1900 schon ca. 62. „Unterhaltung und Geselligkeit, Freizeitbeschäftigung, Sport, Kultur, öffentliche, kirchliche, berufliche Angelegenheiten und Wohltätigkeit, Tätigkeit fürs Gemeinwohl und Einsatz für materielle wie ideelle besondere Zwecke und Anliegen, all das hatte seinen Ort im Verein."[321]

Die ergiebigste Quelle für das Ravensburger Vereinswesen des 19. und frühen 20. Jahrhunderts ist der „Oberschwäbische Anzeiger". Eine Auswertung des

Jahrgangs 1900 ergibt, dass die 15 christlichen Vereine die größte Gruppe bildeten. Unter ihnen gab es solche, die rein karitative Zwecke verfolgten wie der Elisabethenverein, der Vinzenzverein oder der Evangelische Frauenverein und andere, die verschiedenen gesellschaftlichen Gruppen eine Heimstatt mit religiösem Hintergrund boten wie der Evangelische Jünglingsverein, der Katholische Gesellenverein, der Verein katholischer Arbeiterinnen und Dienstmädchen und der Katholische Arbeiterverein, der außerdem politische Ziele im Sinn des Zentrums vertrat.

Daneben gab es auch rein politische Ortsvereine wie den der Deutschen Partei und der Liberalen sowie einen Sozialdemokratischen Verein. Dem Zusammenhalt von Landsmannschaften dienten Vereine wie der Bayerische Club oder der Schweizer Verein Helvetia, in dem sich vor allem Arbeitnehmer der Maschinenfabrik Escher Wyss trafen. Zum Zweck der Geselligkeit und der Vertretung gemeinsamer berufsständischer Interessen nach außen entstanden Vereine wie der Handels- und Gewerbeverein, der Wirteverein oder die Ortsgruppe des zum Antisemitismus tendierenden Deutsch-nationalen Handlungsgehilfen-Verbands.

Einen gemeinsamen Zweck, nämlich die Finanzierung einer würdevollen Beerdigung, verfolgten zwei Leichenvereine: ein konfessionell gemischter und ein rein evangelischer.

Vorstellung des Turnvereins anlässlich der Fasnacht 1899
Die Fotomontage zeigt einen Auftritt des 1847 gegründeten Turnvereins auf dem „Platz". Zu bewundern sind unter anderem Seiltänzer, Trapezkünstler, Akrobaten und Clowns.
(Vgl. OA v. 14. Februar 1899 u. FALK wie Teil 2, Anm. 541, S. 42).

Bei einer Reihe von Vereinen war ein gemeinsames Hobby die Grundlage des Zusammenschlusses, so etwa beim Vogelzuchtklub „Nachtigall", beim Bienenzüchter- oder beim Kaninchenzuchtverein. Musikalisch betätigte sich außer den Gesangsvereinen und Kirchenchören auch der Zither-Kranz. Kunst- und Altertumsverein und Naturkundeverein verbanden ihre Sammeltätigkeit mit wissenschaftlichen Vorträgen und gepflegter Geselligkeit.

Auch die wachsende Bedeutung, die der Sport gewann, schlug sich in der Gründung neuer Vereine nieder: Zimmer-Schützen-Gesellschaft, Eislaufverein, Athleten-Club „Sarras", Fußballverein, Radfahr-Club „Wanderer", Tennis-Club und örtliche Sektion des Deutschen und Österreichischen Alpenvereins. Von der 1847 gegründeten Turngemeinde, die sich 1860 in Turnverein umbenannte, spaltete sich 1909 der Turnerbund ab, zu dessen Mitgliedern viele Arbeiter gehörten.

Gehobene Geselligkeit, vermischt mit Streben nach höherer Bildung durch Lektüre und musische Veranstaltungen, war das Ziel der Honoratiorenvereine Museum und Bürgermuseum. Von diesen beiden Vereinen verdient das im Dritten Reich eingegangene Museum besonderes Interesse, nicht zuletzt wegen einer guten vereinsinternen Überlieferung, die sich im Ravensburger Stadtarchiv erhalten hat.[322]

Nach 1870 nahm der Verein nach und nach auch die Mehrzahl der jüdischen Kaufleute, die sich in Ravensburg niedergelassen hatten, als Mitglieder auf. 1890 zählte er 152 Mitglieder, darunter 17 Damen. Inzwischen hatten nämlich mehrere alleinstehende adelige Damen, vor allem Witwen, ihren Wohnsitz in Ravensburg genommen, etwa Clotilde von Welden, Wilhelmine von Knöringen, Friederike von Zeppelin, Therese von Beck und die Schwestern Charlotte und Anna von Speth-Schülzburg.[323]

Zu gewissen Spannungen innerhalb des Vereins kam es seit 1875 aus politischen Gründen. Der größere Teil der Mitglieder war nationalliberal und damit kleindeutsch eingestellt, ein kleinerer, hauptsächlich aus Katholiken bestehender Teil aber eher großdeutsch und zentrumsnah. Vermutlich waren es diese Spannungen, die 1875/76 zu einer Austrittswelle führten, der allerdings bald wieder ebenso viele Neuaufnahmen gegenüber standen. 1888 nahm das Museum an einer Totenfeier für Kaiser Wilhelm I. teil, womit es ziemlich deutlich seine eher kleindeutsch-propreußische Gesinnung unterstrich. Die höchste Mitgliederzahl erreichte das Museum 1904 mit 199 Mitgliedern, darunter 29 Damen.

Geselligkeit und Streben nach höherer Bildung kennzeichneten auf einer gesellschaftlich etwas niedrigeren

Die höhere Töchterschule und das Katholische Gesellenhaus in der Kuppelnaustraße, 1914/15
Die Ansichtspostkarte entstand während des Ersten Weltkriegs, als das 1912 erbaute Gesellenhaus des Kolpingvereins als Lazarett Verwendung fand (daher die Fahne des Roten Kreuzes auf dem Dach). Links die 1889 mit privaten Mitteln erbaute Höhere Mädchenschule, im Volksmund „Affenkasten" genannt. Heute ist hier das Stadtarchiv untergebracht.

Stufe auch den Katholischen Gesellenverein, den Katholischen Arbeiterverein und den Arbeiterbildungsverein. Alle drei mitgliederstarken Vereine verfügten über eigene Lokale und Bibliotheken.

Während der Katholische Arbeiterverein auch politische Agitation, vor allem gegen die Sozialdemokraten betrieb, war der Arbeiterbildungsverein nach 1870 politisch neutral. Sein Ziel war die „gesellschaftliche Hebung und geistige Bildung" seiner Mitglieder. Dazu gehörten neben dem Abonnement von zehn Tages- und Wochenzeitungen die Vereinsbibliothek in der Gastwirtschaft Wacht am Rhein in der oberen Herrenstraße, regelmäßige Vortragsabende, Chorgesang und Theateraufführungen.

Bis zur Einführung der gesetzlichen Krankenversicherung unterhielt der Arbeiterbildungsverein auch eine Hilfskasse für Verdienstausfall durch Krankheit. Zum Katholischen Gesellenverein pflegte er gute Kontakte, zum Katholischen Arbeiterverein dagegen vermutlich keine. Seine eigentliche gesellschaftspolitische Bedeutung lag in dem Brückenschlag zwischen Handwerksgesellen und handwerklich qualifizierten Fabrikarbeitern. Vor dem Ersten Weltkrieg besaß der Arbeiterbildungsverein 250 bis 300 Mitglieder.[324]

Ganz ähnliche Ziele verfolgte trotz seiner kirchlichen Bindung der Katholische Gesellenverein, der als einziger dieser drei Vereine alle politischen Veränderungen bis heute überdauert hat. Die Vereinsstatuten von 1886 enthielten den bemerkenswerten Satz: „Die Behandlung der Politik und öffentlicher Angelegenheiten sowie jede religiöse Polemik ist und bleibt untersagt."[325] Da der Verein keine Arbeiter als Mitglieder aufnahm, galt er dem „Oberschwäbischen Anzeiger" als „natürlichster Damm gegen socialgefährliche Bestrebungen".[326] Mit 100 aktiven und 300 Ehrenmitgliedern, die dem Verein kräftig unter die Arme griffen, konnte er 1877 ein eigenes Vereinshaus mit Übernachtungsmöglichkeiten in der Herrenstraße erwerben, ein Gegenstück zu dem etwas später eröffneten Mädchenheim St. Josef.

1912 bezog er ein noch komfortableres Quartier. Mit Hilfe des Baufonds der Liebfrauengemeinde und privater Spenden wurde an der Ecke Kuppelnau- und Kapuzinerstraße ein neues Gesellenhaus erbaut, das Betten für 50 Gesellen bereithielt. Ähnlich wie sein kleineres Gegenstück, das Evangelische Vereinshaus in der Weinbergstraße, stand es auch allen anderen katholischen Vereinen zur Verfügung. Hier konnten große und kleine Veranstaltungen stattfinden, es gab eine große Küche und eine umfangreiche Bibliothek, die allen zugänglich war.[327]

Die hellen und dunklen Seiten des bürgerlichen Alltags

Die Klagen über die angeblich allzu ausgeprägte Neigung der Oberschwaben, jede mögliche Gelegenheit zum Festen und Feiern zu nutzen, verstummten auch nach 1870 nicht. Zwar waren es in erster Linie pietistisch geprägte Altwürttemberger, die an der sinnenfrohen oberschwäbischen Lebensart Anstoß nahmen, doch auch von Seiten der katholischen Kirche wurde daran immer wieder Kritik geübt, vor allem aus Gründen der Sitte und Moral.

Der Klerus stieß sich nicht zuletzt an der ständigen Missachtung der Sonntagsheiligung. So sprach etwa der katholische Dekan Strobel 1886 seine Missbilligung darüber aus, dass „in mehreren katholischen und evangelischen Wirtschaften sonntags Tanzbelustigungen" stattfänden, an denen Katholiken und Protestanten buntgemischt teilnähmen.[328] Elf Jahre später wurden heftige Klagen darüber laut, dass an der Großbaustelle Konzerthaus unter Termindruck auch am katholischen Feiertag Mariä Geburt (8. September) gearbeitet wurde.[329]

Der katholische Dekan Karl Stempfle, der uns schon mehrfach begegnet ist, erregte sich 1877 darüber, dass die sonntägliche Fortbildungsschule von vielen schulentlassenen Jugendlichen geschwänzt würde. Diese jungen Leute seien leider auch „in den Strudel der Genusssucht hineingerissen". Die tiefere Ursache dafür sah er in der starken Bevölkerungszunahme der letzten Jahre, die „viele social-demokratische und glaubens- und sittenlose Elemente in die Stadt gebracht" habe. Er verwies in diesem Zusammenhang auf die „Unzahl von Wirtshäusern und Schenklocalen, wo mitunter ganz unsaubere Geschäfte getrieben" würden. Ein weiteres Problem sah er im negativen Einfluss der Weingartener Garnison. An Sonn- und Feiertagen, so Stempfle, strömten Hunderte von Soldaten in die Stadt und stellten Fabrikarbeiterinnen, Küchenmägden und Dienstmädchen nach.[330] Die gleiche Beobachtung machte 1901 auch der evangelische Dekan Gotthold Knapp.[331]

Weinlese im Rebgelände der Burghalde unterhalb der Veitsburg, um 1900

Besondere Sorge bereitete der Kirche die Sexualmoral ihrer Schäflein. „Sexuelle Lockerheit" wurde vor allem bei der männlichen Jugend „in den höheren Ständen" beobachtet.[332] Deshalb ermahnten Vertreter der Kirche die Verantwortlichen der Stadtverwaltung, streng darauf zu achten, dass in der Badeanstalt an der Schussen die getrennten Badezeiten für Männlein und Weiblein auch tatsächlich eingehalten wurden. Weil infolge der wachsenden Zahl von Fabriken die Verschmutzung der Schussen immer schlimmer wurde, musste die Badeanstalt 1910 geschlossen werden. Die Ersatzangebote am „Escherkanal" und an einem Weiher in den Ziegelwiesen blieben unbefriedigend.[333]

Im Auftrag des Gemeinderats fertigte 1886 der Stadtarzt Dr. Bumiller ein ausführliches Gutachten über die Verbreitung der Prostitution in Ravensburg an. Nicht wenige Bürger seien besorgt wegen der mit der Prostitution verbundenen gesundheitlichen Gefahren und wollten wissen, welche gesundheitspolizeilichen Maßnahmen dagegen ergriffen werden könnten. Dem „Hurengewerbe", so Dr. Bumiller, gingen vor allem arme Fabrikmädchen und Näherinnen nach, die sich „mit Vorliebe an Schüler der höheren Anstalten, junge Bedienstete etc. wenden". Eine Gefahr stelle auch die zwischen Ravensburg und Weingarten anzutreffende „fliegende Colonne verdorbener Weibsbilder nebst den auf Besuch sich hier aufhaltenden fremden Dirnen von Rorschach, Friedrichshafen, Ulm, Stuttgart etc." dar. Der Stadtarzt empfahl deshalb eine stärkere polizeiliche Kontrolle der Prostituierten.

In ihrem Buch über Leben und Arbeit Ravensburger Frauen, in dem das Gutachten Bumillers ausführlich zitiert und kommentiert wird, haben die beiden Historikerinnen Dorothee Breucker und Gesa Ingendahl die Hilflosigkeit und Scheinheiligkeit herausgearbeitet, mit der die bürgerliche Gesellschaft nicht nur in Ravensburg, aber eben auch hier, auf das gesellschaftliche Problem der Prostitution reagierte.[334]

Anlass zu Klagen gab auch die zunehmende Gewohnheit vieler Geschäftsleute, sonn- und feiertags ihre Läden offen zu halten, wodurch Lehrlinge und Verkäuferinnen vom Besuch des Gottediensts abgehalten würden.[335]

Die „leichtlebige Art der Oberschwaben", dieser „fröhlichen Genießer", die nach der Beobachtung des evangelischen Pfarrers und späteren Landesbischofs Theophil Wurm so ganz anders waren als die „mehr aufs Sparen und Verdienen" sich konzentrierenden Neckarschwaben, zeigte sich auch darin, dass sogar „viele bessere Bürger [...] allabendlich ins Wirtshaus" gingen. So äußerte sich leicht entrüstet der evangelische Dekan Knapp 1907 in einem Bericht an das Konsistorium, die oberste Kirchenbehörde in Stuttgart.[336]

In der Tat spielten Wirtshäuser im bürgerlichen Leben als Stätten der Erholung und des Meinungsaustauschs sowie als Nachrichtenbörsen in einer Zeit, die noch kein Radio und kein Fernsehen kannte, eine bedeutende Rolle, eine bedeutendere jedenfalls als heute. 1913 gab es in Ravensburg 106 Hotels, Gastwirtschaften, Gasthöfe, Weinstuben und Cafés.[337] Das bedeutete, dass auf 150 Einwohner ein Lokal kam. Umgerechnet auf die Einwohnerzahl des Jahrs 1999 würde dies 320 Lokalen entsprechen. Nach einer Aufstellung der städtischen Polizei aus dem Jahr 1910 gab es allein 60 „Schankwirtschaften" und Weinstuben, die zum Teil auch warmes Essen anboten. Wer welches Lokal bevorzugte hing davon ab, in

„Bechters Bierhalle", ein beim Ravensburger Publikum sehr beliebtes Lokal, Ansicht um 1900
Das Bierlokal der Brauerei Bechter bestand von 1877 bis 1955 (vgl. FALK 1988, Nr. 49).

welchem Verein einer Mitglied war, denn fast alle Vereine hatten ihr Nebenzimmer oder ihren Stammtisch in einer bestimmten Gastwirtschaft. Mit der Eröffnung des evangelischen Vereinshauses 1906 und des neuen katholischen Gesellenhauses 1912 erhielten allerdings die konfessionell gebundenen Vereine eigene neue Heimstätten.

Den Lokalen der Oberschicht – unter anderen Lamm, Kronprinz, Hecht, Waldhorn sowie die Hotels Hildenbrand und Kaiserhof – entsprach eine Anzahl von Arbeiterlokalen, in die sich selten ein etablierter Bürger verirrte. Dazu gehörten die Wirtschaften Bavaria in der Herrenstraße, Maschinenhalle und Schussenthal in der Schussenstraße, die Wirtschaften Mühlbruck und Schwanen nahe bei der Maschinenfabrik Escher Wyss, Stadt Belfort, Hammer und Frieden in den östlichen Vorstädten.

Auf die wichtige Funktion der Gastwirtschaften während des Markts wurde bereits hingewiesen. Dort vesperte man nicht nur, sondern erfreute sich auch an den Darbietungen der unterschiedlichsten Musikanten.[338]

Dasselbe galt für die Fasnacht. In der Fasnachts- bzw. Faschingszeit, wie man in Ravensburg die fünfte Jahreszeit in Anlehnung an die bayerische Bezeichnung gerne auch nannte, fanden die meisten Veranstaltungen in den Gastwirtschaften der Innenstadt statt. Fast jeder der geselligen Vereine entfaltete irgendeine Aktivität: Bälle, Lebende Bilder, Lichtputzscheren, Kasperltheater, witzige Darstellungen mit Anspielungen auf große und kleine Zeitereignisse oder Personen.

Einen zusätzlichen Akzent erhielt die Ravensburger Fasnacht 1911 durch die Gründung der „Faschingsgesellschaft Milka". Anlass war ein Streit um den Milchpreis zwischen der Oberschwäbischen Milchzentrale und Ravensburgs Oberbürgermeister Reichle. Eine Gruppe theaterlustiger Bürger verspottete diesen „Milchkrieg" in szenischer Form unter freiem Himmel vor dem Rathaus und erntete damit einen enormen Beifall. Von da an fanden jedes Jahr neue Aufführungen und aufwändige Umzüge statt, bei denen die verschiedensten lokalpolitischen Ereignisse aufs Korn genommen wurden.[339] Während die katholischen Geistlichen an diesem Treiben nichts auszusetzen hatten, wurde auf evangelischer Seite die Beteiligung evangelischer Bürger an diesem „Fastnachts-Unwesen" verurteilt, das „Ausdruck knechtischer Gesinnung" sei.[340]

Der Höhepunkt des örtlichen Brauchtums war und blieb jedoch das Rutenfest im August. Zwar blieb sein Charakter als Schüler- und Heimatfest unverändert, aber nach 1870 erfuhr es doch in einigen Punkten wichtige, bis heute geltende Ergänzungen. Dazu gehörte seit 1900 das „Altenschießen" der ehemaligen Gymnasiasten und Oberrealschüler, das jedoch nur alle fünf Jahre stattfand. Als Wiedersehensfeier, bei der sich Schulkameraden oft nach Jahrzehnten erstmals wieder begegneten, wurde es rasch ein unverzichtbares Element des Fests. Dem 1865 erstmals belegten „Trommlercorps" der höheren Lehranstalten entsprach das 1906 gegründete Corps der „Altentrommler", die seit 1910 den Festzug der „Altschützen" anführten.

Auch der traditionelle Schülerumzug von der Innenstadt auf den Festplatz erhielt einen ganz neuen Akzent. Die Anregung dazu hing mit dem prächtigen Jubiläumsfestzug zum angeblich tausendjährigen Bestehen der

Der Festplatz auf der Kuppelnau während des Rutenfests, Postkarte, um 1900
Im Vordergrund ein „Oberstfähnrich" und eine „Oberstkönigin". Als solche wurden der beste Schüler und die beste Schülerin beim Rutenfest am Ende des Schuljahrs ausgezeichnet und geehrt. Im Hintergrund die 1877/78 erbaute Turnhalle.

Schülerumzug beim Rutenfest 1911
Hinter der Blaskapelle kommen die „Rutenkinder" mit ihren belaubten Ruten und dem Herrn Lehrer, dahinter die einzelnen Schulklassen.

Stadt im Jahr 1902 zusammen, in dem die wichtigsten Stationen der Ravensburger Stadt- und Baugeschichte durch einzelne historisch kostümierte Gruppen und Festwagen dargestellt wurden. Vieles davon, nicht zuletzt Kostüme, Waffen, Handwerksgeräte und Nachbildungen besonders wichtiger historischer Gebäude, übernahm nun der Festzug der Schüler. Die 1911 gegründete „Rutenfestkommission", eine Initiative Ravensburger Bürger, vor allem von Geschäftsleuten, machte es sich zur Aufgabe, den Festzug zu fördern und zu betreuen, Spenden zu sammeln, um am Schuljahresende den Schülern Belohnungen zukommen zu lassen und die Wettspiele durch verlockende Siegesprämien attraktiver zu machen.

Nicht überall fand das Rutenfest ungeteilten Beifall. Den zur Visitation des hiesigen Pfarrbezirks 1895 nach Ravensburg gekommenen evangelischen Ulmer Generalsuperintendent Dr. v. Lechler störten einige in seinen Augen „ungesunde Bräuche" beim Rutenfest. Er hob vor allem die Anstachelung des kindlichen Ehrgeizes bei den Wettspielen und die hohen Kosten hervor, deretwegen es manchen Eltern schwer fiele, ihre Kinder am Festzug oder an den verschiedenen Wettbewerben teilnehmen zu lassen, weil beispielsweise der aus dem Adlerschießen hervorgegangene Schützenkönig bei der abendlichen Siegesfeier Freunde und Verwandte freihalten müsse.[341]

Hinzu kam eine unsichtbare Barriere, die beim Rutenfest zwischen dem einfachen Volk und den Honoratioren bestand. Nur wer eine höhere Schule besuchte oder früher besucht hatte, konnte sich Hoffnung machen auf das Privileg, dem prominenten Trommlercorps der höheren Lehranstalten anzugehören bzw. Altentrommler zu werden. Und ebenso verhielt es sich beim populären Adlerschießen bzw. Altenschießen.[342]

Neben dem Rutenfest verblassten alle anderen mit Volksbelustigungen, Umzügen, Wettkämpfen und Ausstellungen verbundenen Feste wie das Landwirtschaftliche Fest im Herbst oder der Martinimarkt im November, der immer auch mit Volksbelustigungen in der Bachstraße und beim Frauentor verbunden war.

Große Festereignisse waren auch die in unregelmäßigen Abständen in Ravensburg stattfindenden Turn- und Sängerfeste, an denen oft tausende auswärtiger Gäste teilnahmen, bei denen aber die Mehrzahl der Ravensburger nur als Zaungäste fungierte.

Teil 4: 1914–1918
Der Erste Weltkrieg

Der Kriegsbeginn

Der Historiker Thomas Nipperdey hat den Ersten Weltkrieg als die „Urkatastrophe" des 20. Jahrhunderts bezeichnet.[1] Das gilt durchaus auch für Ravensburg. Der ersten patriotischen Aufwallung – von einer wirklichen Kriegsbegeisterung konnte in Ravensburg nicht die Rede sein – folgte bald eine große Ernüchterung und Verunsicherung angesichts der Erfahrung des massenhaften Todes und Sterbens, des Hungers und der materiellen Not an allen Ecken und Enden. Gerade im bürgerlichen Mittelstand ging bei vielen das beruhigende Gefühl verloren, in einer heilen oder doch zumindest geordneten Welt zu leben. Ebenso schwand das Vertrauen in die Politik und zu den maßgeblichen Politikern.[2]

Zu Beginn des Sommers 1914 schien die Welt noch in Ordnung. Die wirtschaftliche Lage war nicht schlecht, die politische Stimmung dank des ausgleichenden Wesens des Oberbürgermeisters Reichle friedlich und freundlich. Das Rutenfest stand vor der Tür, Groß und Klein freute sich darauf. Auch die Schulraumnot schien bis auf weiteres beseitigt, denn der Neubau für die höheren Schulen am Andermannsberg stand kurz vor seiner Vollendung. Schon plante man die Eröffnungsfeier bis ins letzte Detail.

Doch am 28. Juni wurde die Bürgerschaft jäh aus ihrem friedlichen Alltag herausgerissen: Wie ein Lauffeuer verbreitete sich die Kunde von der Ermordung des österreichischen Thronfolgerpaars im serbischen Sarajewo. Diese Nachricht war zwar für alle ein Schock, aber nur wenige verbanden damit sofort die Befürchtung, ein großer Krieg in Europa könne die Folge sein.

Noch schien ja auch alles ruhig. Am 2. Juli trat das württembergische Königspaar seine Sommerferien in Friedrichshafen an, am 19. Juli transportierten mehrere Ferienzüge 1.200 Urlauber von Stuttgart an den Bodensee.[3] Zwar las man in den Tageszeitungen täglich neue Nachrichten über den eskalierenden Konflikt zwischen Österreich und Serbien, aber als dann zeitgleich mit dem Ausbruch des österreichisch-serbischen Kriegs am 25. Juli das Rutenfest begann, ließ man sich nicht davon abhalten, das Ravensburger Traditionsfest in gewohnter Weise mit Rutentheater, Promenadenkonzert, Festzug, Adlerschießen und Volksbelustigungen zu feiern.

Als das Fest zu Ende war und die politische Lage immer prekärer wurde, breitete sich auch in Ravensburg die Furcht vor einem möglichen Krieg aus. Am 30. Juli berichteten die Zeitungen erstmals von massiven Preiserhöhungen bei Grundnahrungsmitteln, besonders bei Mehl, und nachdem einen Tag später auch für Deutschland der Kriegszustand erklärt worden war, begann ein Ansturm auf die Geschäfte mit der Folge, dass einige sofort ihre Preise erhöhten.[4] Sehr rasch wurde allen klar, dass es nun galt, den Gürtel enger zu schnallen und sich auf eine Situation des Mangels einzustellen, nicht nur des Mangels an Lebensmitteln, sondern auch an vielen anderen Dingen des täglichen Bedarfs, vor allem an Textilien und Heizmaterial.

Schon in der zweiten Kriegswoche verbot die Stadtverwaltung den freien Handel beim samstäglichen Wochenmarkt und setzte für die meisten Lebensmittel Höchstpreise fest. Händlern war es erst ab 10 Uhr gestattet, sich auf dem Wochenmarkt mit Waren einzudecken. Das Kornhaus stellte den freien Getreideverkauf vollständig ein und wurde wenig später ganz geschlossen.[5] Angesichts dieser Entwicklung kann es nicht verwundern, dass viele Städter versuchten, bei den Bauern auf dem Lande direkt einzukaufen, zu „hamstern", wie man das nannte. Solche Hamsterkäufe waren zwar verboten, konnten aber zu keinem Zeitpunkt unterbunden werden.

Mit Kriegsbeginn setzte auch eine langsam wachsende Wohnungsnot ein. Dafür gab es mehrere Ursachen: die Einquartierung von Militär schon ab August, die Einrichtung von Lazaretten ab September und der massen-

Nach der Mobilmachung: Das Ersatzbataillon des württembergischen Landwehr-Infanterieregiments 123 tritt vor dem Rathaus zum Appell an, 4. August 1914

hafte Zuzug von Arbeitern, die in der von Monat zu Monat wachsenden Rüstungsindustrie in Friedrichshafen beschäftigt waren, dort aber keine Unterkunft finden konnten.[6]

Am 31. August erfuhren die Ravensburger erstmals aus der Zeitung, dass zwei junge Söhne der Stadt an der Westfront gefallen waren. Tatsächlich waren im ersten Kriegsmonat bereits elf Gefallene aus Ravensburg zu beklagen.

Soldaten in der Stadt

Drei Tage nach Kriegsbeginn, am 4. August, bezog das Ersatzbataillon des württembergischen Landwehr-Infanterieregiments Nr. 123 in Ravensburg Quartier. Das bedeutete, dass sofort über 1.000 Mann in der Stadt untergebracht werden mussten: in Gasthöfen, Fabriken, Schulgebäuden und nicht zuletzt in den Häusern der Bürger. Die meisten Soldaten blieben nur kurze Zeit und wurden bald wieder in andere Orte abkommandiert. Es war ein ständiges Kommen und Gehen, die Zahl der einquartierten Soldaten schwankte von Tag zu Tag. In den ersten beiden Kriegsmonaten bewegte sie sich zwischen 778 und 1.825 Mann. Am 30. August waren 1.318 Militärpersonen in der Stadt einquartiert. Das „Klösterle“ der Armen Schulschwestern musste 62 Soldaten aufnehmen, im Hotel Hildenbrand waren 27, im Waldhorn 19 Mann untergebracht.

Die Verteilung der Soldaten auf die einzelnen Privathaushalte erfolgte durch das städtische Quartieramt. Maßgebend waren Wohnungsgröße und Finanzkraft der Bürger. Die meisten mussten nur ein bis zwei Mann aufnehmen, es kam jedoch auch vor, dass einem gut situierten Bürger, etwa einem Gutsbesitzer, bis zu acht Soldaten ins Haus gelegt wurden. Von der Heeresverwaltung erhielten die betroffenen Haus- und Wohnungsbesitzer in unregelmäßigen Abständen eine bescheidene Entschädigung, das so genannte Quartiergeld. Kaum verwunderlich war es, dass die massiven Eingriffe in das Privatleben zu ständigen Klagen über ungerechte Behandlung bei der Einquartierung führten. Böses Blut verursachte auch die Regelung, dass Wohlsituierte sich von der Einquartierungspflicht freikaufen konnten, indem sie die Kosten für die Unterkunft des oder der zugeteilten Soldaten in einem Gasthof übernahmen.[7]

Abfahrt der Reservisten vom Ravensburger Bahnhof nach der Einberufung, August 1914

Für die Verpflegung des einquartierten Militärs hatte die Stadt zu sorgen, die dafür Kostenersatz beanspruchen konnte.[8] Die Verabreichung von Mahlzeiten an die Soldaten war zunächst vor allem ein organisatorisches Problem. Im August 1914 wurden 40.015, im September 44.894 Mahlzeiten – Frühstück, Mittag- und Abendessen – ausgeteilt. Während die meisten Bürger unter der Last der Einquartierung stöhnten, freuten sich viele Geschäftsleute über die zusätzliche Kundschaft.

Kantine für die in Ravensburg einquartierten Soldaten, ca. 1915
Da in Ravensburg keine Kaserne zur Verfügung stand, wurden die hier vorübergehend einquartierten Soldaten in Behelfsunterkünften untergebracht wie hier in einer der leerstehenden Fabrikhallen der ehemaligen Flachs-, Hanf- und Jutespinnerei Spohn.

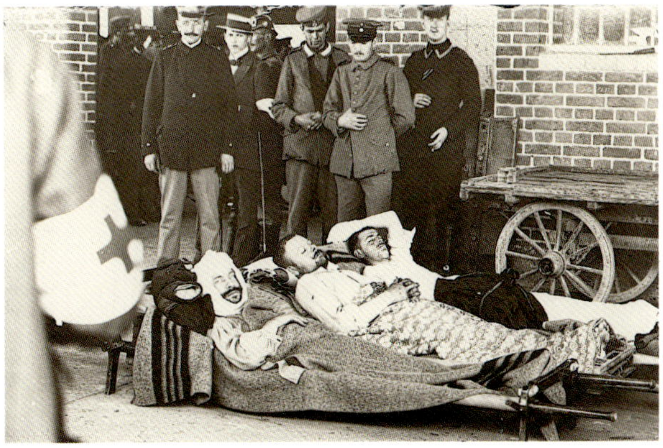

Die ersten verwundeten französischen Kriegsgefangenen bei der Einlieferung in eines der Ravensburger Lazarette, 1914

Im Lauf der vier Kriegsjahre stieg die Zahl der gleichzeitig in Ravensburg untergebrachten Soldaten zeitweilig bis auf 2.900, so dass sich die Stadtverwaltung gezwungen sah, so genannte Massenquartiere einzurichten. Da seit der Verlagerung der Spohnschen Spinnerei nach Neckarsulm deren Ravensburger Fabrikgebäude zum Teil immer noch leer standen, konnte dort 1915 ein Quartier für 1.000 Mann eingerichtet werden. Ein weiteres Massenquartier für 320 Soldaten entstand in der städtischen Turnhalle.[9]

Seit Sommer 1916 wurde die Stadt mit keinen größeren Einquartierungen mehr belastet, dafür stieg die Zahl der Verwundeten, die hier gepflegt wurden, von Jahr zu Jahr. Der erste Transport mit 90 deutschen und 150 französischen Verwundeten erreichte Ravensburg bereits am 27. August 1914.[10] Während alle Franzosen in Weingarten untergebracht wurden, verteilte man die deutschen Verwundeten auf die beiden im „Klösterle" und im katholischen Gesellenhaus eingerichteten Reservelazarette. Weitere Lazarette wurden im Elisabethenkrankenhaus und im Heilig-Geist-Spital eingerichtet, später kam noch das evangelische Vereinshaus hinzu, so dass seit 1915 insgesamt 450 Betten für Verwundete zur Verfügung standen.

Die ständige Präsenz so vieler verwundeter Soldaten machte den Ravensburgern tagtäglich bewusst, dass man sich im Krieg befand und dass es so etwas wie eine „Heimatfront" gab. Eine anschauliche Schilderung, welchen Eindruck diese hilfsbedürftigen Gäste bei Jung und Alt hinterließen, wie stark das Mitleid mit den Kriegsopfern ein Gefühl der Verbundenheit erweckte, die Bereitschaft zu helfen, verdanken wir der Schriftstellerin Maria Müller-Gögler. Als Schülerin im Pensionat der Armen Schulschwestern erlebte sie hautnah das Elend, aber auch die Dankbarkeit der im dortigen Lazarett untergebrachten Soldaten, mit.[11]

Ein starkes Engagement zugunsten der Verwundeten entfalteten die verschiedenen Frauen- und Mädchenvereine. Das allgemeine Solidaritätsgefühl ließ alle konfessionellen Unterschiede vergessen. Katholische und evangelische Frauenvereine arbeiteten mit der Frauenab-

Ansichtspostkarte mit den vier wichtigsten Lazaretten in der Stadt, 1914/15
Links oben das katholische Gesellenhaus, daneben das evangelische Vereinshaus (jetzt Gemeindehaus), links unten das Elisabethenkrankenhaus, daneben das städtische Spital. Ein weiteres großes Lazarett befand sich im „Klösterle".

Die Turnhalle auf der Kuppelnau diente in den ersten Kriegsjahren als „Massenquartier" für vorübergehend in Ravensburg stationierte Soldaten

teilung des Roten Kreuzes bei der Pflege der Kranken und Verwundeten zusammen. Gemeinsam errichteten sie beim Bahnhof eine „Verbands- und Erfrischungsstation" für durchreisende Soldaten, sammelten Obst, Gemüse und andere Nahrungsmittel für die in den Ravensburger Lazaretten Liegenden und kochten für sie in der Küche des Konzerthauses. Sie zupften Charpie (Verbandmull) und strickten Socken und Pullover, die sie bei ihren Besuchen in den Lazaretten verschenkten.[12]

Auch für die Wiedereingliederung der genesenden Lazarettinsassen in die bürgerliche Arbeitswelt wurde etwas getan. 1916 richtete die Stadtverwaltung mit Unterstützung des Württembergischen Landesausschusses für Kriegsinvalidenfürsorge mehrere Lehr- und Übungswerkstätten ein, in denen jüngere Soldaten sich handwerkliche Fähigkeiten aneignen konnten, zum Beispiel bei der Bearbeitung von Metall und Holz. 1917 kam eine Töpferwerkstatt hinzu. Dank eines qualifizierten Lehrpersonals erlangte die Ravensburger „Kriegsinvalidenschule", die bis zum Frühjahr 1919 fortgeführt wurde, einen Ruf weit über die Stadt hinaus.[13]

Ravensburgs Wirtschaft im Krieg

Unter den Druckmitteln, welche die Alliierten im Krieg gegen Deutschland einsetzten, hatten Importverbote eine herausragende Bedeutung, da die deutsche Industrie in hohem Maß von ausländischen Rohstoffen abhängig war. Dazu gehörten Wolle, Baumwolle, Kautschuk, Salpeter, Schwefel und Erdöl.[14] Seit Kriegsbeginn verhängte England eine Blockade gegen Deutschland, von der alle Transporte zur See betroffen waren. Dies traf in erster Linie die Ravensburger Textilindustrie. Statt Baumwolle wurde jetzt wieder Flachs und Hanf verarbeitet, allerdings in weit geringerem Umfang als vor dem Krieg. Das hatte zur Folge, dass vor allem viele Textilarbeiterinnen arbeitslos wurden. Die große Baumwollweberei Manz Stimmler beispielsweise, die vor dem Krieg über 100 Männer und Frauen beschäftigt hatte, fuhr fast auf null herunter und musste 1917 sogar bis Kriegsende schließen.[15]

Ein Teil der entlassenen Textilarbeiterinnen fand allerdings in einer der Ravensburger Maschinenfabriken einen neuen Arbeitsplatz. Der Krieg bescherte dieser Branche einen regelrechten Boom, da es einer ganzen Reihe von Firmen gelang, Rüstungsaufträge zu erhalten. So stockte die in Schweizer Besitz befindliche Maschinenfabrik Escher Wyss, die 1912 389 Arbeitskräfte beschäftigt hatte, bis 1917 ihre Belegschaft auf 438 Mitarbeiter auf und ließ Tag und Nacht durcharbeiten.[16] Unter den neu in die Firma Eingetretenen waren viele Frauen, schon im Frühjahr 1916 betrug der Frauenanteil fast 44 %.[17]

Der Verwaltungsrat der Firma, der von Zürich aus auch während des Kriegs den Ravensburger Filialbetrieb lenkte, vermied es selbst in seinen internen Sitzungsprotokollen, die kriegswichtigen Güter, die in Ravensburg produziert wurden, beim Namen zu nennen, und sprach statt von Granaten stets nur von „Massenfabrikation". Mit dieser, so stellte er 1916 befriedigt fest, mache man gute Geschäfte, der Gewinn in Ravensburg sei ebenso hoch wie derjenige der Mutterfirma in Zürich.[18] Offensichtlich konnte diese „Massenfabrikation" jedoch nicht ganz geheim gehalten werden, denn die Züricher Firmenleitung sah sich wegen der Kriegsproduktion in Ravensburg immer wieder einem Druck von Seiten der Entente, vor allem Englands, ausgesetzt.[19]

Frauen als Hilfsarbeiterinnen bei der Herstellung von Granaten in der Maschinenfabrik Escher Wyss, 1916/17

Im Lauf des Krieges verlegte einer der größten Rüstungsbetriebe Friedrichshafens, die Luftschiffbau Zeppelin GmbH, einen Teil ihrer Produktion nach Ravensburg, ein Vorgang, der sich übrigens im Zweiten Weltkrieg wiederholen sollte. 1917 waren in Ravensburg laut einer Umfrage über die Lohnzulage für „Schwerstarbeiter“ in der Rüstungsindustrie 484 solche Arbeiter beschäftigt, davon 364 beim Luftschiffbau Zeppelin, 64 bei Escher Wyss und 56 in der Sägerei der Pinselfabrik Sterkel.[20]

Seit Ende 1916 gab es keine Frauenarbeitslosigkeit mehr. Nachdem immer mehr Männer in den Krieg ziehen mussten, wurden weibliche Arbeitskräfte nicht nur in den Maschinenfabriken benötigt, sondern auch im öffentlichen Dienst, bei Post und Bahn sowie bei der Stadtverwaltung, und nicht zuletzt auch in der freien Wirtschaft als Stenotypistinnen, Kontoristinnen und Buchhalterinnen. Bei Kriegsende waren 24 der insgesamt 74 städtischen Bediensteten Frauen. Elf von ihnen mussten dann allerdings den aus dem Feld zurückkehrenden Männern Platz machen. Ähnlich verhielt es sich auch in vielen privaten Betrieben.[21]

Besonders schwer litt in den Kriegsjahren natürlich die Bauwirtschaft und damit das ganze mit ihr verbundene Handwerk. Die Zahl der beim städtischen Bauamt eingereichten Baugesuche ging von 135 1912 auf 32 im Jahr 1917 zurück. Wahrscheinlich war die Situation sogar noch ungünstiger als es diese Statistik besagt, denn keineswegs alle Bauprojekte, für die das städtische Bauamt eine Baugenehmigung erteilte, wurden auch tatsächlich realisiert.

Schließlich noch ein paar Bemerkungen zur Situation der Landwirtschaft. Zwar war im August 1914 bereits der größte Teil der Ernte eingefahren, aber die Zahl der zum Militär eingezogenen Landwirte wuchs so rasch, dass bereits 1915 ein spürbarer Mangel an Arbeitskräften vorhanden war. Die entstandenen Lücken suchte das städtische Arbeitsamt durch russische und serbische Kriegsgefangene, Jugendliche beiderlei Geschlechts und zur Erntezeit abkommandierte Soldaten aufzufüllen.[22]

Im Februar 1917 waren insgesamt 53 Kriegsgefangene in 18 bäuerlichen Betrieben auf Ravensburger Markung beschäftigt.[23] Erheblich größer war ihre Zahl in den benachbarten Landgemeinden. In Berg beispielsweise halfen den Bauern zur selben Zeit 145 bis 150 Kriegsgefangene, in Zogenweiler 95.[24] Nicht immer scheinen die Kriegsgefangenen gut behandelt worden zu sein. Einer zuverlässigen deutschen Quelle ist zu entnehmen, dass ein Bauer in der Nähe von Ravensburg seinen beiden russischen kriegsgefangenen Helfern zum Essen die gleiche Schüssel vorsetzte wie dem Hofhund.[25] Von der Heeresverwaltung erhielten die Bauern für die Versorgung der Kriegsgefangenen ein Tagegeld, mussten dafür aber einen Teil ihres Ernteertrags abliefern und außerdem den ihnen zugeteilten Gefangenen einen kleinen Taglohn auszahlen.

Seit 1916 kamen Kriegsgefangene auch in anderen Bereichen zum Einsatz. So waren etwa im Herbst 1918 24 Kriegsgefangene beim städtischen Tiefbauamt beschäftigt.[26]

Kriegsalltag: mit dem Mangel leben

Das größte materielle Problem während der letzten drei Kriegsjahre war der Hunger. Allerdings war die Lage in einer kleineren Stadt wie Ravensburg mit ihrem großen bäuerlichen Hinterland immer noch besser als in Stuttgart, Berlin, München oder in den Großstädten an Rhein und Ruhr. Daher kam es hier auch nicht zu Massenstreiks wegen der Teuerung bei Lebensmitteln wie in anderen deutschen Städten. Dafür, dass die deutsche Landwirtschaft weniger produzierte als in Friedenszeiten, gab es mehrere Gründe. Die Blockade des Seewegs durch England verhinderte nicht nur die Einfuhr von Lebensmitteln („Kolonialwaren“), sondern auch diejenige von Kunstdünger und Futtermitteln, auf welche die deutsche Landwirtschaft angewiesen war. Viele Landwirte standen im Feld und konnten durch die an ihrer Stelle eingesetzten Hilfskräfte nicht voll ersetzt werden. Hinzu kam, dass große Mengen von Lebensmitteln an die kämpfenden Truppen geliefert werden mussten. Und zu allem Unglück gab es 1916 auch noch eine katastrophale Missernte bei Kartoffeln.[27]

In dieser Situation, da das freie Spiel von Angebot und Nachfrage nicht mehr funktionierte, schlug „die Stunde der Exekutive“ (Nipperdey). Die Stadtverwaltung tat von Anfang an alles, um die Lebensmittelknappheit zu vermindern. Wie schon erwähnt, setzte sie auf Anordnung der Regierung bereits im August Höchstpreise für die meisten Lebensmittel fest. Seit 1915 konnten bestimmte Nahrungsmittel nur noch mit Lebensmittelkarten gekauft werden. Dass diese Zwangsbewirtschaftung die Entstehung eines Schwarzen Markts förderte, liegt auf der Hand.

Getreidevorräte im Kornhaus während des Kriegs, ca. 1916

Bei Kartoffeln, dem wichtigsten Volksnahrungsmittel, betrieb die Stadt eine regelrechte Vorratshaltung, kaufte große Mengen auf und verkaufte sie unter dem marktüblichen Preis, um so die hohen Marktpreise zu drücken.[28] Sie förderte den privaten Anbau von Gemüse und Kartoffeln durch die kostenlose Verpachtung städtischer Grundstücke. Selbst die städtischen Grünanlagen wurden in „Gemüseländer“ umgewandelt.[29] In den beiden Lokalzeitungen ließ die Stadtverwaltung teilweise kuriose Kochrezepte für solche Speisen veröffentlichen, die ohne die Mangelwaren Fett und Fleisch zubereitet werden konnten.[30]

Am schlimmsten war der „Steckrübenwinter“ 1916/17, an dem in erster Linie die missratene Kartoffelernte schuld war. Seit der Hungersnot vor genau hundert Jahren 1816/17 hatte es einen solchen Ernährungsnotstand nicht mehr gegeben. Nicht nur an Kartoffeln und Mehl fehlte es, auch andere Grundnahrungsmittel wie Milch und Zucker waren kaum mehr zu bekommen. Im Dezember 1916 entstand in Ravensburg ein regelrechter „Milchnotstand“. Selbst bei großer Kälte bildeten sich lange Schlangen vor den Milchverkaufsstellen. Viele Arbeiterinnen und Arbeiter beklagten sich, bei der Heimkehr von der Fabrik bekämen sie keine Milch mehr.

Wegen angeblicher oder tatsächlicher Benachteiligung der Arbeiter bei der Lebensmittelverteilung bildeten sich im Frühjahr 1917 – gleichsam als Vorboten der Arbeiter- und Soldatenräte der Revolution von 1918/19 – in Ravensburg, Weingarten und Baienfurt Arbeiterausschüsse, die das Oberamt energisch aufforderten, die Lebensmittelkontrolle zu verbessern und für bestimmte Arbeiter eine Schwerarbeiterzulage einzuführen. Daraufhin wurde in Ravensburg ein Lebensmittelamt eingerichtet, das für die Zwangsbewirtschaftung des Lebensmittelmarktes (Beschaffung und Verteilung der Lebensmittel) weitgehende Vollmachten erhielt. Für Milch, Eier, Butter, Schmalz und Brot konnte dieses Amt je nach Marktlage Höchstpreise festsetzen. Eine Tagesration an Brot von 160 bis 200 Gramm für einen Erwachsenen wurde als ausreichend angesehen.[31]

Vom Schwarzen Markt war schon die Rede, ebenso vom Hamstern. Je länger der Krieg dauerte, desto mehr wurde gehamstert. Im Mai 1917 fiel dem Bahnpersonal auf dem Ravensburger Bahnhof eine Frau mit besonders umfangreichen Gepäckstücken auf. Als diese kontrolliert wurden, kamen Lebensmittel im Wert von 300 M zum Vorschein. Beim Verhör gab die aus Westfalen stammende Frau zu Protokoll, sie hätte die Lebensmittel unter Hinweis auf die Lebensmittelnot in ihrer Heimat bei Bauern in den Gemeinden Schmalegg und Kappel erworben. Bei der weiteren Untersuchung stellte sich heraus, dass sie dafür Preise bezahlt hatte, die weit über der festgesetzten Höchstgrenze lagen. Die Waren wurden beschlagnahmt und der städtischen Lebensmittelsammelstelle übergeben. Wegen Überschreitung der Höchstpreise erhielten sowohl die Frau als auch die Bauern, bei denen sie gekauft hatte, eine Geldstrafe, die allerdings mild war.[32]

In der Sitzung des Gemeinderats am 22. August 1918 kam ein Antrag der Sozialdemokratischen Partei zur Sprache, der sich auf solche Fälle wie den eben geschilderten bezog. Es wurde Auskunft darüber verlangt, was mit den beschlagnahmten Lebensmitteln von Hamsterern geschehe. Die Hamsterei auf dem Lande durch so genannte „Stopfkurgäste und fremde Lebensmittelraubritter" habe enorm zugenommen. Die Hamsterer kämen zum Teil von weit her, bis aus Norddeutschland. Vom städtischen Polizeiamt wurden diese Beobachtungen im Wesentlichen bestätigt und zu Protokoll gegeben, die beschlagnahmten Lebensmittel würden in den Krankenhäusern, Kindergärten und Kriegsküchen verteilt.[33]

Neben dem Mangel an Lebensmitteln war der Wohnraummangel ein großes Problem. Verursacht wurde er, wie gesagt, hauptsächlich durch die Einquartierung von Militär, die Einrichtung von Lazaretten und den Zuzug von Rüstungsarbeitern aus Friedrichshafen. Die Mittel zur Schaffung zusätzlichen Wohnraums oder von Notwohnungen fehlten. Als im September 1918 das 2.600 Mann starke Ersatzbataillon des Infanterieregiments Nr. 475 von Schwäbisch Gmünd nach Ravensburg verlegt wurde, verschärfte sich die Situation weiter. Das ging so weit, dass acht Ravensburger Hausbesitzer mit einer großen Reserve an privatem Wohnraum durch gerichtlichen Beschluss gezwungen werden mussten, einen Teil ihrer Wohnungen an Soldaten zu vermieten.[34] Ab November entspannte sich dann die Lage, da nach Kriegsende viele Soldaten heimgeschickt wurden.

Auch der Mangel an Heizmaterial, vor allem Kohle, wurde im Lauf des Kriegs immer spürbarer. Die Leistung des Städtischen Gaswerks musste deshalb heruntergefahren werden, was zur Folge hatte, dass die nächtliche Straßenbeleuchtung eingeschränkt und die Raumtemperatur bei Gasheizungen in Schulen, Ämtern, Krankenhäusern, Ladengeschäften und Gaststätten gesenkt wurde. Raumtemperaturen über 16 Grad Celsius waren in öffentlichen Gebäuden nicht mehr gestattet. Für die Schüler gab es immer wieder „Kohleferien".[35]

Kriegsbedingte Fürsorge und Nothilfe

Wie jeder Krieg hatte auch der Erste Weltkrieg einen Solidarisierungseffekt innerhalb der Bürgerschaft zur Folge. Man empfand sich als Notgemeinschaft, die zusammenhalten musste. Vom Beginn des Krieges an wurde gesammelt und gespendet: für die im Feld stehenden Väter, Söhne, Gatten und Brüder, aber auch für die Minderbemittelten in der eigenen Stadt. Gerade die ärmeren Familien waren ja besonders schwer betroffen, wenn der Vater und damit der Hauptverdiener einer vielköpfigen Familie zum Militär eingezogen wurde. So veranstaltete beispielsweise das Gymnasium am 10. Dezember 1914 im Konzerthaus ein Wohltätigkeitskonzert, dessen Erlös „für arme Soldatenkinder" bestimmt war und zu diesem Zweck dem neu gebildeten städtischen „Kriegshilfeausschuss" übergeben wurde.[36] Für dieselbe Zielgruppe sammelten auch die Kirchen, und zwar sowohl durch die Veranstaltung von Kirchenkonzerten zugunsten der Armen als auch durch Sammlungen von Lebensmitteln und Kleidung.[37]

Unter den Bürgern gab es noch viele, die verwandtschaftliche Bindungen zum bäuerlichen Umland besaßen. Von dort konnten sie zumindest in den ersten beiden Kriegsjahren Eier, Butter, Schmalz, Kartoffeln, Obst und Fleisch beziehen. Wer über keine derartigen Verbindungen verfügte, war auf das Mitleid seiner Mitbürger oder auf Hilfe durch die Stadt und die Kirchen angewiesen. Im Lauf des Jahres 1915 erhielten insgesamt 970 Frauen und Kinder, deren Ernährer im Felde stand, von dieser Seite Lebensmittelspenden.[38]

Die kriegsbedingte Arbeitslosigkeit bei Bauhandwerkern, Textilarbeitern und vor allem Textilarbeiterinnen war für die Betroffenen besonders schwerwiegend, da es noch keine staatliche Arbeitslosenversicherung gab. Um ihnen ein Existenzminimum zu sichern, erhielten diese Personen bzw. deren Angehörige von der Stadtverwaltung seit Ende 1915 eine aus Geld und Naturalien bestehende Zuwendung bis zum Ende des Kriegs.[39] Die Mittel dieser „Städtischen Erwerbslosenfürsorge" wurden dem Ortsarmenfonds entnommen. Als Gegenleistung mussten die Empfänger zumutbare Notstandsarbeiten, beispielsweise beim Tiefbau, übernehmen. Aufgrund des Gesetzes über den „Vaterländischen Hilfsdienst" konnten sie bei Eignung auch zu anderen zivilen Hilfsdiensten als Hilfsarbeiter verpflichtet werden.

Als die Kriegsnot Anfang 1918 ihren Höhepunkt erreichte, kamen 775 Personen (Einzelstehende und ganze Familien) in den Genuss der Erwerbslosenfürsorge. Für die Stadt bedeutete diese Unterstützung einen finanziellen Kraftakt.

Schon vor der Hungersnot im Winter 1916/17 richtete die Stadt wie einst bei der großen Hungersnot vor hundert Jahren eine „Suppenanstalt" ein, wo „die armen Kinder ausmarschierter Kriegsteilnehmer und Erwerbsloser" mittags eine kräftigende Suppe erhielten.[40] Im März 1917 wurde, gleichfalls auf städtische Kosten, eine „Kriegsküche" in der der Stadt gehörenden Gastwirtschaft auf der Kuppelnau eröffnet. 300 als bedürftig anerkannte Personen konnten dort für 60 Pf. täglich eine warme Mahlzeit erhalten. Wenig später kam eine zweite Kriegsküche im Konzerthaus hinzu.[41]

„Personen, welche wegen Alters, Krankheit, großer Kinderzahl oder schlechter Geschäftslage von den Verdienstmöglichkeiten keinen hinreichenden Gebrauch machen können" erhielten auf Beschluss des Gemeinderats vom 29. Januar 1918 eine monatliche Sonderzuwendung von 5 bis 10 M, jedoch mit der Einschränkung, dass sie nicht gleichzeitig von der städtischen Erwerbslosenfürsorge unterstützt wurden. Von den 721 Personen, die sich um diese Unterstützung bewarben, wurden 244 wegen mangelnder Bedürftigkeit abgewiesen.[42]

Das Bedürfnis zu helfen war eines der wichtigsten Motive bei der Gründung eines neuen Vereins im November 1917, des *Katholischen Frauenbunds*, der sich binnen weniger Jahre zum mitgliederstärksten Verein in Ravensburg entwickelte. Im letzten Kriegsjahr traten die Mitglieder dieses neuen Vereins durch die Sammlung von Lebensmitteln für die Lazarettküchen, durch Kleider- und Schuhsammlungen für Bedürftige hervor.[43]

Die mentale Bewältigung der Kriegsjahre

Es gibt keine Hinweise darauf, dass irgendjemand in Ravensburg den Krieg begrüßt hätte, auch nicht die Geschäftsleute, die von der vorübergehenden Anwesenheit einer größeren Zahl von Militärpersonen profitierten. Die materielle Not, noch mehr aber die Trauer über die erschreckend hohe Zahl von Gefallenen, Verwundeten und Vermissten bedrückten fast alle. Kaum jemand war ja auf diesen Krieg, seine Dimension und seine Konsequenzen vorbereitet gewesen. Viele waren – in Erinnerung an den letzten Krieg, den von 1870/71, – zunächst zuversichtlich, dass der Krieg nach kurzer Zeit siegreich zu Ende gehen werde. Doch schon nach wenigen Wochen war diese Illusion verflogen. Nun klammerte man sich an bestimmte Rituale und suchte in der Gemeinschaft mit den Mitbürgern Trost und Stärkung.

An Allerseelen 1915 wurden auf dem Friedhof zum Gedenken an die 1914 und 1915 gefallenen Söhne der Stadt Kränze niedergelegt.

Viele, die der Kirche bereits den Rücken gekehrt hatten, besuchten nun wieder die Gottesdienste. Die evangelische Kirche bot zweimal wöchentlich „Kriegsbetstunden" an, zunächst in der Spitalkapelle, wegen des großen Andrangs aber bald in der Stadtkirche. Wenn ein Sieg gemeldet wurde, fanden kirchliche Siegesfeiern statt, an denen Bürger beider Konfessionen teilnahmen. Im Verlauf des Kriegs nahm das Interesse an den Angeboten der Kirche allerdings wieder ab.[44]

Patriotische Gefühle waren gefragt und wurden gepflegt, denn sie stärkten Kampfmoral und Durchhaltewillen. Diesem Zweck dienten die „Vaterländischen Abende" im Konzerthaus, an denen die beiden großen Gesangsvereine der Stadt, Liederkranz und Sängerbund, der Arbeiterbildungsverein mit seinem Chor und die Militärkapelle von Weingarten mitwirkten. Zu diesen Anlässen, bei denen auch gemeinsam gesungen wurde, boten sich professionelle Redner, meist ehemalige Soldaten, gegen Honorar an. Das Interesse an derartigen Veranstaltungen war groß, auch in Ravensburg. Erstmals fand ein solcher Abend am 13. Dezember 1914 vor ausverkauftem Haus statt. Ein Stabsarzt hielt einen Lichtbildervortrag mit dem Thema „Zehn Wochen als Militärarzt in Frankreich". Bis Kriegsende fanden neun derartige Vaterländische Abende statt.[45]

Der siebte dieser Abende wurde mitten im entbehrungsreichen „Steckrübenwinter" am 4. Februar 1917 als Feier zu Kaisers Geburtstag gestaltet. Typisch für die kriegsbedingte propagandistische Berichterstattung der Zeitungen war die Vermischung von Bericht und Kommentar. Der Redakteur der „Oberschwäbischen Volks-Zeitung", der über die Feier im Konzerthaus berichtete, überschlug sich fast vor Begeisterung über diese Veranstaltung.

Zunächst wurde berichtet, wie Rechtsanwalt Lüllig „in markigen, von echt vaterländischem Geist getragenen Worten die Blicke [...] auf unseren Kaiser" hingelenkt hatte. Dann ging es in direkter Rede weiter, ohne dass klar zu erkennen war, ob dies die Worte des Redners oder des Berichterstatters waren: „Der Kampf bis zum Letzten findet uns nicht kleinmütig. Voll Vertrauen blicken wir auf zu dem Obersten Kriegsherrn und den Männern um ihn und legen ihm als schönste Geburtstagsgabe das Gelöbnis zu Füßen, unsere Kräfte zu verdoppeln bis zum endgültigen Siege, zugleich Gottes Schutz und Segen herabflehend auf sein gekröntes Haupt. Das Heil unserm Kaiser! fand begeisterten Widerhall in dem von der Festversammlung stehend ge-

Trügerische Schützengraben-Idylle: der Ravensburger Landser Holzner während einer Ruhepause an der Front in Frankreich, Bleistiftzeichnung v. J. Marschall, 1916
Die feine, nicht ohne Humor angefertigte Zeichnung des hochbegabten Ravensburger Malers Josef Marschall zeigt dessen Freund Holzner bei der Lektüre des „Oberschwäbischen Anzeigers". Josef Marschall kehrte nicht in die Heimat zurück. Er fiel 1917 in Frankreich.

sungenen ‚Heil dir im Siegerkranz', währenddessen auf der Bühne die lebensgroße Kaiserbüste sichtbar wurde, wirkungsvoll herausleuchtend aus dem dunklen Grün der Tannen."[46]

Auch auf die Kindererziehung blieb der Krieg nicht ohne Einfluss. Zu Weihnachten 1914 bekamen viele Knaben militärische Spielsachen. Das Kaufhaus Knopf bot neben „patriotischen Spielen" und Miniaturwaffen aller Art Stoffsoldaten an, die Österreicher, Russen, Belgier und Serben darstellten, merkwürdigerweise aber keine Deutschen. Als Lockvogel zeigte es in seinen Schaufenstern „lebensgetreue Darstellungen des Abschieds der 123er von Ravensburg" und der Verteilung von Liebesgaben an die Soldaten.[47]

Der große Mäzen der Stadt, Julius Spohn, hatte sich schon im Jahr zuvor verpflichtet gefühlt, öffentlich ein patriotische Bekenntnis abzulegen. Er stiftete der Stadt ein gärtnerisch gestaltetes Grundstück in der Nähe seiner stillgelegten Ziegelfabrik unter der Bedingung, dass die Stadt das Grundstück „als Anlage und zum bleibenden Gedenken für künftige Generationen zu Ehren seiner Excellenz des Generalfeldmarschalls von Hindenburg als ‚Hindenburgplatz' halte und unterhalte".[48] Bis heute erinnert ein Gedenkstein in der kleinen Grünanlage an diese Stiftung, die im Dritten Reich der Anlass dafür war, die hier verlaufende Weißenauer Straße in Hindenburgstraße umzutaufen.

Die Feststellung mancher Historiker, dass sich im Verlauf des Kriegs in den Köpfen vieler Menschen etwas veränderte, dass alte Zöpfe abgeschnitten wurden und die bürgerlichen Konventionen sich lockerten[49], lässt sich für Ravensburg nur sehr bedingt bestätigen. Aber eine Veränderung ist doch erkennbar: die Zunahme konfessioneller Mischehen, die als Indiz dafür gedeutet werden kann, dass die Konfession, vielleicht auch die Kirche schlechthin, zumindest im Bewusstsein vieler jüngerer Menschen eine geringere Rolle spielte als früher. Hatte der Anteil der konfessionellen Mischehen an den kirchlich geschlossenen Ehen 1909 noch bei 13 %, 1914 bei 17 % gelegen, so stieg er 1915 auf 38 %, um dann allerdings 1917 wieder auf 26 % abzusinken.[50]

Die traurige Bilanz des Kriegs

Wie viele Ravensburger während des Ersten Weltkriegs im Felde standen, wissen wir nicht. Darüber sind keine Unterlagen mehr vorhanden. Über die Zahl der Gefallenen gibt es unterschiedliche Angaben. Sie schwanken zwischen 388 und 433.[51] Während im Krieg von 1870/71 nur sieben Soldaten aus Ravensburg gefallen waren, betrug die Zahl der Kriegstoten bis zum Jahresende 1914 bereits 56. D 21 (folgende Seite) zeigt die Entwicklung der Gefallenenziffern Monat für Monat. Während die starken Verluste im Sommer 1915 sich auf die Ost- und die Westfront verteilten, spiegelt die Spitze der Kurve im Sommer 1916 die Schlacht um Verdun, besonders die Somme-Schlacht im Juli und August, wider.

D 21

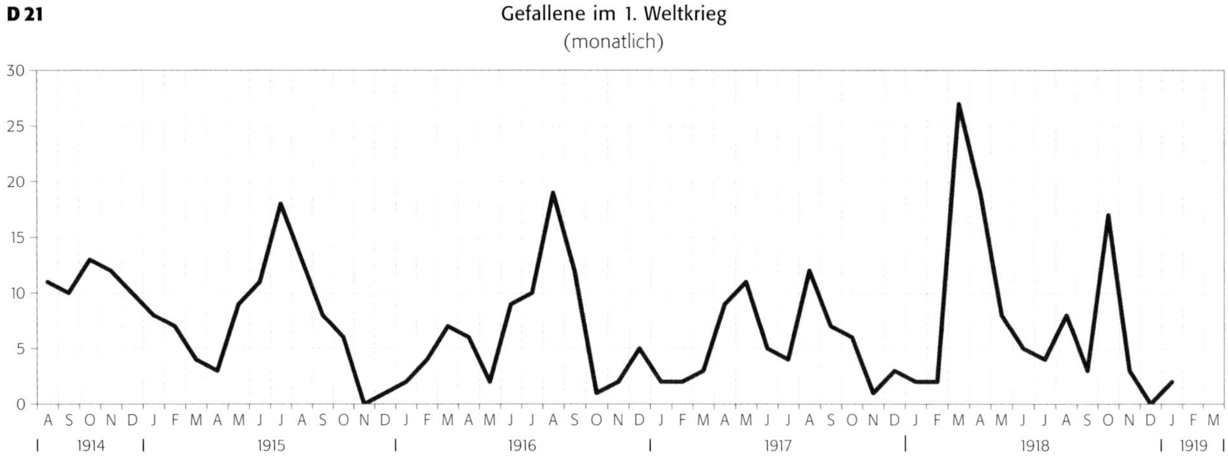

Die größten Verluste entstanden jedoch im letzten Kriegsjahr mit 99 Gefallenen. Allein im März und April 1918 starben 46 Soldaten aus Ravensburg. Ursache für diese erschreckend hohe Zahl war die letzte große deutsche Offensive im Westen.

Die nackten Zahlen lassen nur erahnen, wie viel Leid sich dahinter verbarg. 1918 wurden insgesamt 504 Sterbefälle registriert. Das war bis zum Zweiten Weltkrieg die höchste Sterbeziffer, die es in Ravensburg seit dem Ende des Dreißigjährigen Kriegs gegeben hatte. Neben dem Krieg forderte auch die Grippeepidemie vom Herbst 1918, die große Teile Europas heimsuchende so genannte „Spanische Grippe", viele Opfer. Allein in den Monaten September bis November 1918 starben in Ravensburg 130 Menschen. Das waren 32 % all jener Todesfälle, die nicht unmittelbar mit dem Krieg zusammenhingen. Besonders reiche Ernte hielt der Grippetod unter den Säuglingen: Von den 405 Todesfällen des Jahrs 1918, die nicht in direktem Zusammenhang mit dem Krieg standen, betrafen 196 Kinder unter einem Jahr.[52]

Da die Zahl der jüngeren Männer im Krieg stark zurückging, sank naturgemäß auch die Geburten- und Heiratsziffer. 1910 bis 1913 waren in Ravensburg durchschnittlich 105 Ehen pro Jahr geschlossen worden. 1914 bis 1917 sank die entsprechende Zahl auf 81. Doch schon in den letzten beiden Monaten des Jahrs 1918 stieg die Heiratsziffer wieder an, so dass die Gesamtzahl in diesem Jahr bei 114 lag. Dieser Trend setzte sich 1919 mit 201 Eheschließungen fort, eine Zahl, die es in dieser Höhe noch nie gegeben hatte und die erst 1934 übertroffen wurde.[53] (Vgl. D 12 auf Seite 161.)

Auf die Entwicklung der Gesamtzahl der Einwohner (Ortsanwesende) hatte der Krieg keinen negativen Einfluss. Hatte diese Zahl 1914 bei 16.200 gelegen, so stieg sie 1916 trotz der vielen Einberufungen zum Militär dank der in Ravensburg stationierten Truppen auf 16.580 und sank auch in den folgenden Jahren nie unter 16.170. (Vgl. dazu D 6 auf Seite 79.)

Die gravierendsten Auswirkungen des Ersten Weltkriegs bezogen sich nicht auf die Bevölkerungsentwicklung, sondern auf die neuen Erfahrungen, die man wohl oder übel gemacht hatte. Die größten Veränderungen fanden also in den Köpfen statt. Bei vielen Deutschen herrschte eine Gefühlsmischung aus Wut und Ohnmacht. Neu war die Erfahrung des Hungers, eine Erfahrung, wie sie so selbst die Ältesten nie in ihrem Leben gemacht hatten. Neu war aber auch ein gestiegenes Selbstbewusstsein bei vielen Frauen. Sie waren die eigentlichen Heldinnen der „Heimatfront". Dass daraus eine verstärkte Forderung nach politischer Mitbestimmung erwachsen würde, war jedem weitsichtigen Politiker klar.

Wenn man die Kriege, die Deutschland in der Neuzeit erlebt hat, miteinander vergleicht, so zeigt sich, dass bei keinem anderen Krieg das Kriegsende mit so wenig Erleichterung verbunden war wie im Jahr 1918. Neben der Enttäuschung über das aus militärischer Sicht unglückliche Ende des Kriegs waren es die sozialen Verwerfungen, die noch während der Waffenstillstandsverhandlungen zur Novemberrevolution und damit zum Ende des Kaiserreichs führten.

Teil 5: 1918 – 1933
Die schwierigen Jahre nach dem Ersten Weltkrieg

Die Revolution von 1918/19 und ihre Folgen

Ausbruch der Revolution; Arbeiter- und Soldatenräte

Im Herbst 1918 überschlugen sich die Ereignisse. Nachdem sich bereits im August die Oberste Heeresleitung zu der Erkenntnis durchgerungen hatte, dass der Krieg verloren sei, forderten Hindenburg und Ludendorff Ende September den sofortigen Abschluss eines Waffenstillstands. Das „offene Eingeständnis der Niederlage traf die psychologisch völlig unvorbereitete deutsche Öffentlichkeit wie ein Keulenschlag, denn bis zuletzt hatte die große Mehrheit der Bevölkerung der von der amtlichen Propaganda systematisch erzeugten und verbreiteten, ungerechtfertigt optimistischen Einschätzung der Kriegslage Glauben geschenkt" (Eberhard Kolb).[1]

Nun begann es in den kriegsmüden Massen zu gären. Der Ruf nach Frieden wurde immer lauter. „Erst die totale Erschöpfung und die Erfahrung der Vergeblichkeit aller Anstrengungen führten im Herbst 1918 zum Zusammenbrechen des Systems" (Thomas Nipperdey).[2]

Unter dem neuen Reichskanzler Prinz Max von Baden wurde Ende Oktober vom Reichstag eine Verfassungsreform verabschiedet, die ein parlamentarisches Regierungssystem vorsah. Der Reichskanzler bedurfte jetzt des Vertrauens des Reichstags. Doch diese Reform, die in einer anderen politischen Situation als großer Fortschritt gefeiert worden wäre, kam zu spät. Seit Mitte Oktober wurde in vielen deutschen Industriestädten für einen sofortigen Waffenstillstand demonstriert. In Friedrichshafen forderten Arbeiter der dortigen großen Rüstungsfabriken nicht nur Frieden, sondern auch die Beseitigung der Monarchie.[3]

Am 26. Oktober schwappte diese Bewegung erstmals nach Ravensburg über. Etwa 50 junge Arbeiterinnen und Arbeiter aus Friedrichshafen veranstalteten einen Umzug in der Stadt, forderten Frieden und riefen „Hoch die Republik!"[4]

Nun ging es Schlag auf Schlag. Am 28. Oktober begann die Meuterei bei der deutschen Hochseeflotte, am 3. November der Aufstand der Matrosen in Kiel. In den folgenden Tagen griff die Aufstandsbewegung auf zahlreiche deutsche Großstädte über, die ersten Arbeiter- und Soldatenräte versuchten das Heft in die Hand zu nehmen. Zur gleichen Zeit entstanden auch in Württemberg die ersten Arbeiterräte, und zwar in Stuttgart und – noch vor den erheblich größeren Städten Heilbronn und Ulm – bezeichnenderweise auch in Friedrichshafen, wo gegen Kriegsende ca. 10.000 Personen in der Rüstungsindustrie beschäftigt waren.[5] Am 8. November wurde in Stuttgart eine neue provisorische Regierung gebildet, tags darauf sowohl in Berlin wie in Stuttgart und anderen deutschen Hauptstädten die Republik ausgerufen und die Abdankung Kaiser Wilhelms II. verkündet, der daraufhin nach Holland floh.

Der Arbeiterrat Ravensburg-Weingarten, November 1918
Hinter dem Tischchen mit dem weißen Tuch der Vorsitzende des auf diesem Foto nicht als Arbeiter- und Soldatenrat, sondern nur als Arbeiterrat in Erscheinung tretenden Gremiums, der sozialdemokratische Gewerkschaftsfunktionär Karl Ruggaber aus Ulm.

Am schicksalsschweren 9. November konstituierte sich auch in Ravensburg ein Soldatenrat, der am folgenden Tag in einem für das ganze mittlere Schussental zuständigen Arbeiter- und Soldatenrat aufging. Ihm gehörten neben mehreren einfachen Fabrikarbeitern und Gewerkschaftlern auch Soldaten des in Ravensburg stationierten Ersatzbataillons Nr. 475 und der Weingartener Garnison an.[6] Den Vorsitz übernahm der sozialdemokratische Gewerkschaftler und Parteifunktionär Karl Ruggaber.[7] Am folgenden Tag, einem Sonntag, trafen Mitglieder des Stuttgarter Arbeiter- und Soldatenrats in Ravensburg ein und teilten den staatlichen und städtischen Behördenleitern und militärischen Dienststellen mit, dass die ausführende Gewalt auf die neue Volksregierung übergegangen sei, die vor Ort von Arbeiter- und Soldatenräten vertreten werde. Auf Geheiß der Stuttgarter Delegierten wurden die Waffenkammern in den Kasernen sowie die Post- und Telegrafenämter der Kontrolle der örtlichen Räte unterstellt.

Am Nachmittag des 10. November fand im Zentrum der Ravensburger Altstadt eine große Kundgebung mit mehr als 3.000 Teilnehmern statt, bei der die Revolution gefeiert, aber gleichzeitig die Bevölkerung aufgerufen wurde, Ruhe und Ordnung zu bewahren. Man wolle keine russischen Zustände. Dann setzte sich „unter Pfeifen und Trommelklang [...] der Zug der Soldaten und Gewerkschaftsmitglieder in Bewegung, hinaus nach Weingarten, wo eine ähnliche Demonstration stattfand".[8]

Auf dem Blaserturm und einigen anderen städtischen Gebäuden wurden rote Fahnen gehisst. Rote Fahnen und rote Abzeichen sah man auch unter den Demonstranten. Das erregte zwar den Unwillen vieler Ravensburger Bürger, aber im Grunde verlief der Tag friedlich. Es kam auf beiden Seiten zu keinerlei Ausschreitungen.

In den folgenden Tagen geriet Ravensburg unversehens in den Mittelpunkt des politischen Interesses, und zwar über die Grenzen des Landes hinaus. Im Oktober war der Abgeordnete des Oberamts Ravensburg im Landtag, Max Schlichte, überraschend gestorben, so dass eine Nachwahl erforderlich wurde, die schon vor dem politischen Umsturz auf den 14. November angesetzt worden war. Da der alte Landtag seine politische Bedeutung inzwischen verloren hatte, wollten die Parteien eigentlich auf eine Nachwahl verzichten, aber die provisorische Volksregierung in Stuttgart bestand auf der Durchführung. Von vielen Beobachtern wurde diese Wahl als eine erste Testwahl nach der Revolution angesehen. Man hoffte zu erfahren, wie sich die Ereignisse der vergangenen Tage und Wochen auf die Wähler ausgewirkt hatten. Zwei politische Lager standen sich mit je einem gemeinsamen Kandidaten gegenüber: auf der einen Seite die bürgerlichen Parteien Zentrum, Deutsche Partei, Volkspartei und Bund der Landwirte, auf der anderen die beiden sozialdemokratischen Parteien, die SPD und die radikalere USPD (Unabhängige Sozialdemokratische Partei), die sich 1917 von der SPD losgesagt hatte.

Presseleute aus ganz Deutschland reisten an, um über die Wahl zu berichten. Entgegen manchen Spekulationen bot jedoch das Wahlergebnis keinerlei Überraschungen: der Baindter Schultheiß Konrad Fischer, ein Zentrumsmann, erhielt im gesamten Wahlkreis fast 79 % der Stimmen, in Ravensburg 66 %. Dagegen brachte es der Kandidat der Linken insgesamt nur auf 21 %. Am erfolgreichsten war er im „Fabrikdorf" Baienfurt mit fast 47 %. In Weingarten erhielt er immerhin noch 45,3 %, in Ravensburg 33,5 % der Stimmen.[9]

Obwohl das Wahlergebnis einhellig als Niederlage des Rätesystems gewertet und von der Mehrheit der alteingesessenen Bürgerschaft als Sieg gefeiert wurde, blieb der für das mittlere Schussental zuständige Arbeiter- und Soldatenrat Ravensburg-Weingarten bestehen und versuchte in den folgenden Wochen, als Exekutivorgan neben den regulären Behörden wichtige Funktionen zu übernehmen, vor allem im sozialpolitischen Bereich, bei der Versorgung der Bevölkerung mit Lebensmitteln, der Wohnraumbeschaffung und der Arbeitsvermittlung. Dabei stieß er allerdings teilweise auf erheblichen Widerstand, nicht zuletzt beim Ravensburger Oberbürgermeister Andreas Reichle. Der hatte sich schon am 14. November von der Stuttgarter Regierung bestätigen lassen, dass er so wie bisher weiterarbeiten könne. Mit der Begründung, der Arbeiter- und Soldatenrat sei nicht von der Bevölkerung gewählt und somit ohne Legitimation, weigerte sich Reichle, dem Arbeiter- und Soldatenrat ein Geschäftszimmer im Rathaus zur Verfügung zu stellen, so dass der Rat sich mit einem Nebenzimmer in einem Gasthof begnügen musste.[10]

Tatsächlich war nur ein Teil der 23 ausschließlich männlichen Räte durch Wahlen ins Amt gelangt.[11] Für die Stadt Ravensburg lässt sich sogar nur eine einzige echte Wahl nachweisen, die des Delegierten der Belegschaft der Maschinenfabrik Escher Wyss, der am 19. November in den Arbeiterrat gewählt wurde.[12]

Die Arbeiter- und Soldatenräte traten je nach Anlass gemeinsam oder getrennt in Erscheinung. Neben dem am 10. November gebildeten gemeinsamen Arbeiter- und Soldatenrat Ravensburg-Weingarten taucht in den Quellen gelegentlich ein Arbeiterrat Ravensburg und ein Soldatenrat Weingarten auf, ein andermal ein „Bezirksarbeiterrat" für Ravensburg, Weingarten und Baienfurt oder auch ein auf Ravensburg beschränkter Arbeiter- und Soldatenrat. Das darf uns nicht verwirren.

Die Arbeiter- und Soldatenräte waren keine Behörden, keine festgefügten Gebilde, sondern veränderten immer wieder ihr Gesicht.

Am 24. November zeigten die Gegner der Revolution und der Räte erstmals Flagge. Die bürgerlichen Parteien luden zu einer Volksversammlung im Konzerthaus ein. In dem brechend vollen Saal sah man – was neu war – auch jüngere und ältere Frauen. Nach vielen Reden und Diskussionsbeiträgen verabschiedete man eine Resolution, in der es unter anderem hieß, man halte „angesichts der großen Aufgaben, welche uns die Erfüllung der Waffenstillstands- und Friedensbedingungen bringen wird, die größte Einigkeit aller Volksgenossen und unbedingte Ordnung in Stadt und Land für dringendstes Gebot. Sie [die Versammlung] ist deshalb unter Wahrung ihrer politischen Grundsätze und Anschauungen bereit, die heutige Regierung und auch den hiesigen Arbeiter- und Soldatenrat in ihrem Bestreben, Ordnung zu halten, mit allem Nachdruck zu unterstützen.“ [13]

Auf der gleichen Veranstaltung wurde auch die Bildung eines „Volksrats“ entweder neben oder an Stelle des Arbeiter- und Soldatenrats verlangt, in dem sämtliche Schichten des Volkes, vor allem auch der bürgerliche Mittelstand und die Landbevölkerung, vertreten sein sollten.

Tatsächlich wählten Vertreter der bürgerlichen Parteien aus dem gesamten Oberamt Ravensburg zwei Tage später einen solchen Rat. Von den 44 Mitgliedern dieses Volksrats kamen 18 aus den beiden einzigen Städten des im Vergleich zu heute kleinen Oberamts Ravensburg: 12 aus Ravensburg und 6 aus Weingarten. Der Rest stammte aus den Landgemeinden. Mit nur 10 Delegierten war die Arbeiterschaft erheblich schwächer vertreten als die Landwirte.[14]

Bald erwies sich dieses Gremium aber als zu schwerfällig, um eine praktische Bedeutung zu erlangen. Bei den vielen aus ländlichen Orten kommenden Delegierten und angesichts der damaligen Verkehrsverhältnisse nimmt es nicht wunder, dass zu den Sitzungen des Volksrats kaum jemals mehr als die Hälfte seiner Mitglieder zusammentraf.[15]

Kurz nach Weihnachten 1918 kehrten in mehreren Schüben an die 2.500 Soldaten der in Ravensburg und Weingarten stationierten Regimenter in die Heimat zurück, nach Ansicht des „Oberschwäbischen Anzeigers“ zwar „nicht als Sieger [...], aber doch als völlig Unbesiegte“.[16] Zu ihrem Empfang war der Blaserturm mit vier Fahnen geschmückt, der roten Fahne der Revolution, der schwarz-roten Fahne Württembergs, der schwarz-weiß-roten Fahne des Kaiserreichs und der blau-weißen Fahne Ravensburgs, ein friedliches Sammelsurium, das zeigte, dass man in der Provinz, fernab der aufgeheizten Atmosphäre in Berlin, München oder Stuttgart, eher imstande war, Kompromisse zu schließen. Die schwarz-rot-goldene Fahne, Symbol der Revolution von 1848/49 und dann auch der Weimarer Republik, fehlte allerdings noch.[17]

Nachdem im Lauf des Jahrs 1919 die Ravensburger Garnison aufgelöst wurde, verlor der Ravensburger Soldatenrat, der sich ja in erster Linie als Interessenvertretung und Hilfsorganisation der aus dem Feld heimkehrenden Soldaten verstand, allmählich an Bedeutung, im Gegensatz zu Weingarten mit seiner viel größeren und länger bestehenden Garnison.[18]

Am 14. Dezember erließ die provisorische Stuttgarter Regierung eine Verordnung, in der die Aufgaben der Arbeiter-, Bauern- und Soldatenräte definiert wurden. Demnach waren sie „von den staatlichen und Gemeindebehörden bei den die öffentliche Wohlfahrt betreffenden Maßnahmen neben den Vertretern der Gewerkschaften zuzuziehen“. Die Räte sollten die Durchführung der von den staatlichen und städtischen Behörden angeordneten Maßnahmen kontrollieren und insofern die reguläre Verwaltung bei ihrer Tätigkeit unterstützen, sich aber zugleich jeglicher direkter Eingriffe in die staatliche oder kommunale Verwaltungstätigkeit enthalten. Die bei der Erfüllung ihrer Aufgaben entstehenden Personal- und Sachkosten waren den Räten von den Kommunen zu erstatten.[19]

Obwohl es immer wieder zu Kompetenzstreitigkeiten kam, leisteten die Arbeiterräte in den folgenden Wochen

Kartoffelmarkt in der Bachstraße, wohl um 1920/30
Während bis ins frühe 19. Jahrhundert Getreide das wichtigste Grundnahrungsmittel war, dessen Ausfall immer wieder zu Hungersnöten geführt hatte, gewann im Lauf des 19. Jahrhunderts die Kartoffel auch in Süddeutschland mehr und mehr an Bedeutung, so auch in den Notjahren während und nach dem Ersten Weltkrieg.

und Monaten zum Teil gute praktische Arbeit, die, wenn auch zögernd, sogar von den regulären Behörden anerkannt wurde. Bei der konservativen Mehrheit der Bevölkerung blieben sie aber unbeliebt.

Wie ihre Arbeit konkret aussah, belegt ein Rechenschaftsbericht des Ravensburger Arbeiterrats an den Stuttgarter Landesausschuss der Arbeiter- und Soldatenräte vom Dezember 1918. Dort hieß es unter anderem: „In ganz energischer Weise befassten wir uns mit der Lebensmittelkontrolle. Was wir erreichten, übersteigt alles Erwartete. Viele Zentner Lebensmittel konnten beschlagnahmt werden und der Allgemeinheit damit einen großen Dienst [!] erwiesen werden [...] Das Arbeitslosen-Elend, das jetzt einsetzt, bringt uns einen Haufen Arbeit. In unzähligen Beratungen und Auskünften wurde diesen teilweise geholfen [...] Kurz, all die Mühseligen und Beladenen sehen uns als Allheilmittel an. Wir tun, was in unseren Kräften steht, müssen aber wegen Mangel an ständig tätigen Genossen und im Interesse der Sparsamkeit viel Arbeit liegen lassen."[20]

Die geforderten Zahlungen an den Arbeiterrat leistete die Stadtverwaltung nur unter Ächzen und Stöhnen, was angesichts der angespannten finanziellen Lage bis zu einem gewissen Grad verständlich war. Im Februar 1919 musste der Arbeiterrat jedoch wohl oder übel eine Senkung seines Personals von sechs auf zwei hinnehmen. Während es wegen der Mitwirkung der Arbeiterräte im Gemeinderat immer wieder Streit gab, wurde ihre Mitarbeit bei der Wohnungsvermittlung ab April akzeptiert. Im Sommer 1919 schieden die beiden führenden Köpfe des Rats, Johann Föll und Heinrich Matthiesen, aus. Danach begann der Rat zu zerfallen. Überdies sah er nach Inkrafttreten des Betriebsrätegesetzes im Februar 1920 einen Teil seiner Ziele erreicht, so dass ihm die Selbstauflösung nicht allzu schwer fiel.[21]

Wahlkämpfe, Streiks und blutige Revolten in den Jahren 1919/20

Im Januar 1919 fanden kurz hintereinander die Wahlen zur verfassunggebenden Landesversammlung in Württemberg und zur deutschen Nationalversammlung statt. Das wirklich Neue, ja Revolutionäre an diesen Wahlen war, dass nun erstmals alle Frauen ab Vollendung des 20. Lebensjahrs stimmberechtigt waren. Dementsprechend wurden viele Wahlanzeigen auf sie abgestimmt. Bei mehreren Wahlveranstaltungen standen Frauenfragen im Mittelpunkt der Diskussion. Mehr als alle anderen Parteien warb das Zentrum um die Stimmen der Wählerinnen, und, wie sich zeigen sollte, durchaus erfolgreich. Dabei erwies sich die katholische Frauenbewegung mit ihren zahlreichen Vereinen vor Ort als die stärkste Stütze dieser Partei.[22]

Die Argumente, mit denen versucht wurde, die Wahl von Frauen in die Parlamente zu begründen, muten uns heute zum Teil eigenartig an. Ein Beispiel mag zeigen, welches Frauenbild, welche Vorstellungen von den politischen Aufgaben der Frauen damals offenbar auch bei fortschrittlichen Demokraten vorherrschend waren. In einer Wahlversammlung am 11. Januar riet die Rednerin Emmy Wechßler aus Ulm den Ravensburger Frauen unter anderem, „durch Unterhaltung mit geschulten Männern sich nach und nach einzuarbeiten, damit ihr Wissen auf politischem und sozialwirtschaftlichen Gebiet immer mehr geschult" werde. Die Frauen sollten den Wahlkampf „mit schönen, edlen Waffen führen". Die Rede gipfelte in dem Appell: „Deshalb wollen wir unser ureigenstes Wesen, unsere Frauenart, ins neue Deutschland tragen, wollen versuchen, durch Güte die oft scharf hervortretenden Gegensätze zu mildern".[23]

Das Ergebnis der beiden Wahlen vom 12. und 19. Januar 1919 ist in T 1 (Seite 221) dargestellt.[24]

Bei beiden Wahlen gab es neben den sechs regulären Wahlbezirken einen siebten für die zum damaligen Zeitpunkt noch in der Ravensburger Garnison stationierten Soldaten, ca. 770 an der Zahl. Sie bildeten die Wählergruppe, für die das Kriegsende am bittersten war. Viele von ihnen sahen einer ganz und gar ungewissen Zukunft entgegen. Das dürfte der wichtigste Grund für ihr völlig abweichendes Wahlverhalten gewesen sein, wie es T 2 zeigt.

Die „Oberschwäbische Volks-Zeitung" sah es etwas anders. Für sie war dieses Wahlergebnis die Folge der „seit einiger Zeit systematisch betriebenen sozialistischen Agitation", die „hier also nochmals ihre Früchte gezeitigt" habe.[25]

Lässt man den Wahlbezirk „Militär" außer Acht, so ergibt sich für die Stadt Ravensburg das in T 3 dargestellte Ergebnis.

Aufschlussreich ist ein Vergleich dieser Zahlen mit den letzten Wahlergebnissen vor dem Krieg im Jahr 1912 (T 4).

Der Vergleich zeigt einen deutlichen Zugewinn der Linken zu Lasten des Zentrums. Allerdings blieb das Ergebnis der beiden Linksparteien SPD und USPD ohne Berücksichtigung des Wahlbezirks 7 (Militär) mit 23,2 bzw. 23,6 % bei den Wahlen zur Nationalversammlung 1919 weit hinter dem im Deutschen Reich zurück, das bei 45,5 % lag.

Bei der Wahl am 19. Januar 1919 erhielten die beiden Linksparteien die meisten Stimmen in der Ravensburger Unterstadt (28,9 % bei der Wahl am 19. 1. 1919) und in den Vorstädten Ölschwang und Schornreute (27,5 %),

T1

Sämtliche Ravensburger Wahlbezirke	Zentrum	Linke SPD	Linke USPD	Liberale DDP*	Rechte Bürgerpartei	Sonstige
Wahl zur verfassunggebenden Landesversammlung (Landtag) am 12.1.1919	49,3 %	23,3 %	3,3 %	11,5 %	6,7 %	5,9 %
Wahl zur Nationalversammlung am 19.1.1919	51,0 %	23,9 %	2,5 %	13,0 %	6,0 %	3,6 %

* Deutsche Demokratische Partei

T2

Wahlbezirk 7 (Militär)	Zentrum	SPD	USPD	DDP	Bürgerpartei	Sonstige
Wahl am 12.1.1919	5,8 %	70,0 %	5,8 %	14,1 %	1,8 %	2,5 %
Wahl am 19.1.1919	7,1 %	72,1 %	2,7 %	15,1 %	1,3 %	1,7 %

T3

Wahlbezirke 1–6	Zentrum	SPD	USPD	DDP	Bürgerpartei	Sonstige
Wahl zur verfassunggebenden Landesversammlung (Landtag) am 12.1.1919	52,3 %	20,1 %	3,1 %	11,3 %	7,0 %	6,2 %
Wahl zur Nationalversammlung am 19.1.1919	53,6 %	21,0 %	2,6 %	12,8 %	6,3 %	3,7 %

T4

Wahlergebnisse 1912	Zentrum	SPD	Deutsche Partei* (Nationalliberale)
Landtagswahl vom 16.11.1912	64,7 %	14,3 %	20,9 %
Reichstagswahl vom 12.1.1912	60,0 %	20,0 %	19,0 %

* bei der Landtagswahl 1912 gemeinsam mit der Volkspartei

also in Gebieten, die vorwiegend von kleinen Handwerkern und Arbeitern bewohnt waren. Am schwächsten schnitten sie in der Nordstadt zwischen Schussenstraße und Kuppelnau ab (15,2 %), wo der bürgerliche Mittelstand dominierte.[26]

Die alte Erfahrung, dass die Wähler bei Kommunalwahlen oft anders reagieren als bei Landtags- und Reichstagswahlen, bestätigte sich in Ravensburg bei den ersten Gemeinderatswahlen nach dem Krieg am 18. Mai 1919. Hier erhielt das Zentrum gemeinsam mit seinem Verbündeten, der „Christlich Nationalen Arbeitnehmerschaft" (CNAS), 63,4 % der Stimmen und damit 18 von 28 Sitzen, während SPD und USPD zusammen nur auf 18,2 % der Stimmen (SPD 11,6 %, USPD 6,6 %) und 5 Sitze kamen.[27]

Das eigentlich Bemerkenswerte an dieser Gemeinderatswahl aber war die Tatsache, dass erstmals Frauen in das wichtigste kommunale Gremium einzogen. Zentrum und CNAS schickten sieben Kandidatinnen ins Rennen, SPD, DDP und Bürgerpartei je eine. Zwei Frauen, beide Repräsentantinnen der katholischen Frauenbewegung, gelang der Sprung in den Gemeinderat: der Handarbeitslehrerin Anna Lipp, Vorsitzende des Katholischen Arbeiterinnen- und Dienstmädchenvereins und Gründungsmitglied der Ortsgruppe des Katholische Frauenbunds für die CNAS, und der ebenfalls im Katholischen Frauenbund engagierten Hausfrau Maria Seeger für das Zentrum.[28]

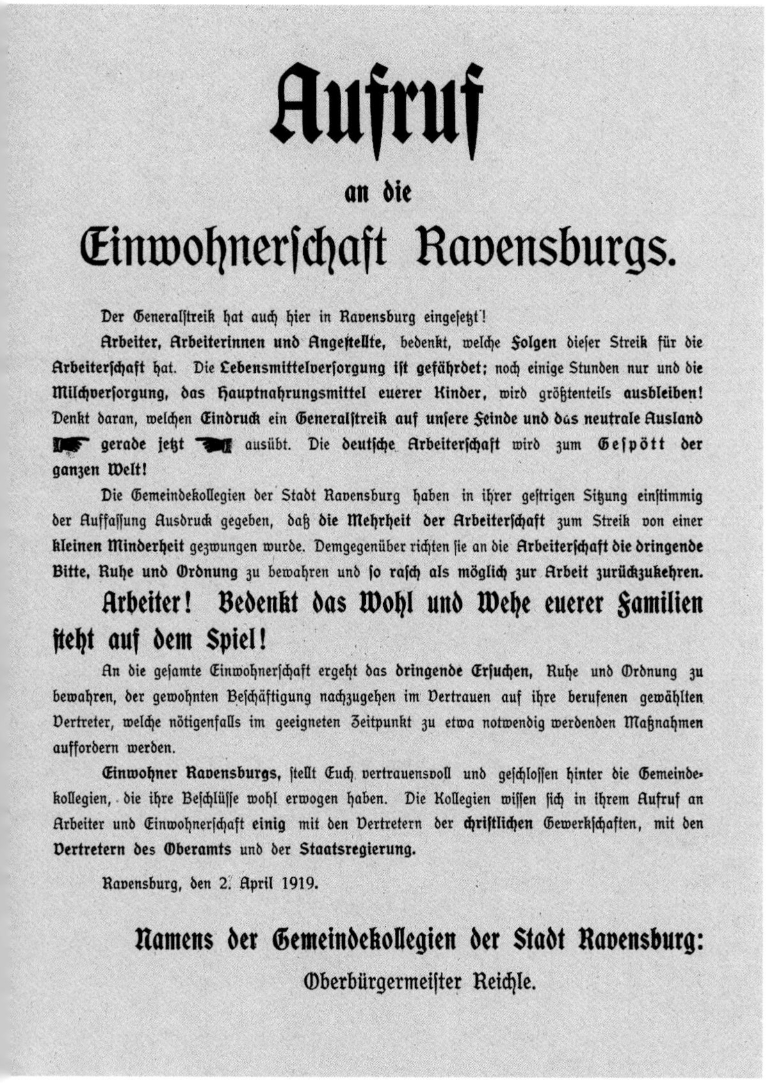

Aufruf

an die

Einwohnerschaft Ravensburgs.

Der Generalstreik hat auch hier in Ravensburg eingesetzt!

Arbeiter, Arbeiterinnen und Angestellte, bedenkt, welche **Folgen** dieser Streik für die **Arbeiterschaft** hat. Die **Lebensmittelversorgung ist gefährdet;** noch einige Stunden nur und die **Milchversorgung, das Hauptnahrungsmittel euerer Kinder,** wird größtenteils **ausbleiben!** Denkt daran, welchen **Eindruck** ein **Generalstreik auf unsere Feinde und das neutrale Ausland** ☞ **gerade jetzt** ☜ ausübt. Die **deutsche Arbeiterschaft** wird zum **Gespött der ganzen Welt!**

Die Gemeindekollegien der Stadt Ravensburg haben in ihrer gestrigen Sitzung einstimmig der Auffassung Ausdruck gegeben, daß **die Mehrheit der Arbeiterschaft** zum Streik von einer **kleinen Minderheit** gezwungen wurde. Demgegenüber richten sie an die **Arbeiterschaft die dringende Bitte, Ruhe und Ordnung** zu bewahren und so **rasch als möglich zur Arbeit zurückzukehren.**

Arbeiter! Bedenkt das Wohl und Wehe euerer Familien steht auf dem Spiel!

An die gesamte Einwohnerschaft ergeht das **dringende Ersuchen,** Ruhe und Ordnung zu bewahren, der gewohnten Beschäftigung nachzugehen im Vertrauen auf ihre berufenen gewählten Vertreter, welche nötigenfalls im geeigneten Zeitpunkt zu etwa notwendig werdenden Maßnahmen auffordern werden.

Einwohner Ravensburgs, stellt Euch vertrauensvoll und geschlossen hinter die Gemeindekollegien, die ihre Beschlüsse wohl erwogen haben. Die Kollegien wissen sich in ihrem Aufruf an Arbeiter und Einwohnerschaft **einig** mit den Vertretern der **christlichen** Gewerkschaften, mit den **Vertretern des Oberamts** und der **Staatsregierung.**

Ravensburg, den 2. April 1919.

Namens der Gemeindekollegien der Stadt Ravensburg:

Oberbürgermeister **Reichle.**

Aufruf des Ravensburger Oberbürgermeisters Reichle an die Arbeiterschaft, 1919
Anlass für diesen an allen Plakatsäulen angeschlagenen Appell war der Anfang April durchgeführte Generalstreik.

Hunger, Wohnungsnot und Arbeitslosigkeit bestimmten auch nach Kriegsende das Leben vieler Bürgerinnen und Bürger. Hinzu kam der politische Frust nach dem verlorenen Krieg, die Empörung über die Bedingungen, welche die Siegermächte den Deutschen auferlegen wollten. Die weit verbreitete Unzufriedenheit mit den materiellen und politischen Verhältnissen machte sich in einer großen Streikwelle im Frühjahr 1919 Luft, deren Protagonisten aus den Reihen der extremen Linken kamen. Seit März wurden in verschiedenen deutschen Großstädten Streiks ausgerufen, die gegen die neuen Regierungen im Reich und in den Ländern gerichtet waren. Unter anderem sollte damit die Freilassung „aller politisch Inhaftierten" erzwungen werden. Nebenbei hofften die Befürworter eines Generalstreiks, durch eine solche gemeinsame Aktion die Spaltung der Arbeiterbewegung in einen gemäßigten und einen radikalen Flügel zu überwinden.[29]

In Stuttgart begann am 31. März ein Generalstreik, den die führenden Köpfe der radikalen Linken in Ravensburg und Friedrichshafen zum Anlass nahmen, tags darauf auch hier den Generalstreik auszurufen. Eine zentrale Rolle spielte dabei der 26-jährige gelernte Dreher und Kriegsinvalide Heinrich Matthiesen, der Mitglied der radikalen USPD war und sowohl im Friedrichshafener wie im Ravensburger Arbeiterrat saß.[30]

Der Streik begann am 1. April im größten Ravensburger Industriebetrieb, der Maschinenfabrik Escher Wyss. Von dort zogen Arbeiter durch die Stadt und veranlassten ihre Arbeitskollegen, ebenfalls in den Ausstand zu treten, zum größten Teil mit Erfolg. In der Turnhalle auf der Kuppelnau fand eine Streikversammlung statt, an der etwa 400 Arbeiter teilnahmen. Dort wurde allerdings auch Widerspruch gegen den Streik laut. Der Versuch der Streikenden, am Nachmittag auch die Arbeiter der Maschinenfabrik Weingarten zur Niederlegung der Arbeit zu bewegen, scheiterte.[31]

Dass keineswegs alle Arbeiter und schon gar nicht die Mehrheit der Bevölkerung den Generalstreik befürworteten, zeigte sich am Abend bei einer Versammlung der SPD im Saal des Gasthofs Mohren. Am nächsten Tag wurden in der ganzen Stadt Flugblätter verteilt, die sich teils für, teils gegen eine Fortsetzung des Streiks aussprachen. Schon einen Tag später begann die Streikfront zu bröckeln, ab 4. April wurde fast überall wieder gearbeitet.[32]

Die Folgen dieses Streiks waren gravierend. Die Kluft zwischen SPD und USPD hatte sich nicht verringert, sondern weiter vertieft, so dass am 1. Mai nicht einmal mehr eine gemeinsame Kundgebung stattfand.[33] Obwohl es während der kritischen Tage zu keinerlei tätlichen Auseinandersetzungen gekommen war, zeigten sich Stadtverwaltung und Oberamt nun eher bereit, die Gründung einer bewaffneten „Einwohnerwehr" finanziell zu unterstützen. Eine Gruppe von Bürgern hatte einen solchen Plan schon seit längerer Zeit verfolgt, um so, in Anknüpfung an die Tradition der Bürgerwehren der Revolutionsjahre 1848/49, die reguläre Polizeimannschaft notfalls gegen die „Gefahr von links", gegen Anarchie und Chaos, zu verstärken.

Im August umfasste diese „Sicherheitskompagnie", wie sie auch genannt wurde, bereits 300 Freiwillige, bis Jahresende war die Sollstärke von 500 Mann erreicht. Nicht ganz unproblematisch war es, dass zu der neuen Einrichtung auch ein „Nachrichtendienst" gehörte, eine Spionageabteilung, die mögliche Pläne für gewaltsame Aktionen innerhalb der Arbeiterschaft frühzeitig aufdecken sollte.[34]

Dass diese Befürchtungen nicht aus der Luft gegriffen waren, sollte sich bereits im Dezember 1919 zeigen. Angesichts der Lebensmittelknappheit – es fehlte vor allem an Milch, Fett und Mehl – war auf Antrag der SPD vom Gemeinderat am 4. November ein Lebensmittelausschuss geschaffen worden, der für eine gerechtere Verteilung der Lebensmittel sorgen und gegen Wucherpreise vorgehen sollte. Viele Arbeiter, die von der im Herbst 1919 eskalierenden Teuerung besonders betroffen waren, misstrauten diesem neuen Ausschuss und fühlten sich in ihm nicht ausreichend vertreten.

Als am 9. Dezember der aus Vertretern der Stadt und des Oberamts zusammengesetzte „Bezirksrat" im Ravensburger Rathaus tagte, um über das Ernährungsproblem zu beraten, rotteten sich vor dem Rathaus etwa 400 bis 500 Fabrikarbeiter zusammen, die lautstark für eine gerechtere Lebensmittelversorgung demonstrierten. Ein Teil von ihnen drang in den Sitzungssaal und verlangte von Oberbürgermeister Reichle die Einberufung des Gemeinderats noch am selben Tag, um entsprechende Maßnahmen zu beschließen.

Ein Hungerkrawall – das hatte es seit der Missernte von 1770 nicht mehr gegeben, auch nicht während der Hungersnot von 1816/17! Reichle erkannte den Ernst der Lage und beraumte ohne Umschweife für den Nachmittag eine Gemeinderatssitzung an. Bei dieser Sitzung wurde „unter dem Druck der Straße", wie es später im Protokoll hieß, beschlossen, zusätzlich sechs Arbeiter in den Lebensmittelausschuss aufzunehmen und zwei Arbeiter als hauptamtliche Lebensmittelkontrolleure einzusetzen, die von der Stadt bezahlt werden sollten.

Am 19. Dezember ernannte der Gemeinderat den vom „Ortskartell der frei organisierten Arbeiterschaft" vorgeschlagenen Heinrich Matthiesen und den von der christlichen Arbeiterschaft vorgeschlagenen Arbeiter Alfons Hitz zu Lebensmittelkontrolleuren auf Zeit.

Andreas Reichle (1861 – 1921), Stadtschultheiß und ab 1909 Oberbürgermeister bis zu seinem plötzlichen Tod 1921

Beide übten ihr Amt bis zum Herbst 1921 aus, offenbar zur Zufriedenheit aller Beteiligten. Aber auch sie konnten nicht verhindern, dass im Frühjahr die Lebensmittelpreise weiter stiegen.[35]

Im März 1920 versuchte eine Einheit der Reichswehr im so genannten „Kapp-Putsch" die Reichsregierung in Berlin zu stürzen. Auch wenn dieser Putsch misslang, machte er doch deutlich, wie labil die politische Situation immer noch war. Als unmittelbare Reaktion rief die politische Linke einen dreitägigen Generalstreik aus, der auch in Ravensburg weitgehend befolgt wurde.

Die Erinnerung an diesen Putschversuch spielte auch noch drei Monate später bei der Reichstagswahl am 6. Juni 1920 eine Rolle. Viele von denen, die sich mit der Weimarer Republik identifizierten, sahen den Kapp-Putsch als ein Signal dafür an, dass der jungen Demokratie viel eher von rechts als von links eine Gefahr drohte. Das schlug sich auch im Wahlergebnis nieder. Zwar stieg in Ravensburg der Stimmenanteil der Linksparteien gegenüber der Wahl zur Nationalversammlung im Jahr zuvor nur geringfügig, aber die maßvolle, hinter der Weimarer Verfassung stehende SPD verlor viele Stimmen an die Radikalen. Während der Anteil der SPD von

20,1 auf 7,4 % sank, stieg derjenige der USPD von 3,1 auf 13,3 %! Die erstmals antretende KPD erhielt immerhin 2,9 %. Das Zentrum konnte sich zwar halten, aber die Liberalen mussten Stimmen an die rechts stehende Bürgerpartei abgeben.[36]

Der 22. Juni 1920 – ein Unglückstag für Ravensburg

Kurz nach der Reichstagswahl stieg der ohnehin schon hohe Milchpreis noch höher. Ohnmächtige Wut machte sich unter der Arbeiterschaft breit. Am 22. Juni demonstrierten sowohl die christlichen wie die freien Gewerkschaften gegen die Teuerung. Während die von etwa 2.000 Arbeitern besuchte Veranstaltung der christlichen Gewerkschaften friedlich verlief, kam es bei der gleichzeitigen Kundgebung der freien Gewerkschaften auf dem Postplatz und dem Viehmarkt, dem heutigen Marienplatz, zur Explosion. Vor dem Oberamtsgebäude, das sich am Südende des Platzes befand, forderte ein kommunistischer Gewerkschaftler angesichts einer in die Tausende gehenden Menschenmenge den Vorsteher des Amts, Oberregierungsrat Stiefenhofer als Vertreter der staatlichen Obrigkeit auf, herauszukommen und wegen der Erhöhung des Milchpreises Rede und Antwort zu stehen. Der war dazu jedoch nicht bereit, worauf mehrere Fensterscheiben eingeworfen und die Haustüre zum Oberamt eingedrückt wurde. Die aufgebrachte Menge verwüstete die Räume der Lebensmittelabteilung, zertrümmerte Möbel und riss Akten aus Schränken und Regalen.

In dieser heiklen Situation wandte sich der bedrängte Oberamtmann telefonisch an den Standortältesten der Garnisson in Weingarten und forderte militärischen Schutz an. Gegen 19 Uhr erreichte ein Stoßtrupp von etwa 50 Mann auf Lastwagen die Ravensburger Innenstadt. Beim Waaghaus wurden die Soldaten mit Steinwürfen empfangen und daran gehindert, bis zum Oberamtsgebäude weiterzufahren. Daraufhin eröffneten sie das Feuer. Ein 58-jähriger Maurer wurde erschossen und 18 Demonstranten schwer verletzt. Von diesen starben zwei in den folgenden Tagen.[37]

Aufruhr am „Platz" vor dem Waaghaus, Tuschskizze v. J. Herburger, 22. Juni 1920
Der 20-jährige Julius Herburger versah diese Skizze mit dem sarkastischen Kommentar: „Freiheit, Gleichheit, Brüderlichkeit in Ravensburg".

Natürlich war das Entsetzen überall groß. „Es ist fürchterlich, dass unsere Stadt, die früher so oft in sturmdurchtoster Zeit eine Oase des Friedens darstellte, zum Schauplatz solch tieftrauriger Vorgänge wurde", schrieb der „Oberschwäbische Anzeiger" am folgenden Tag. Zwar war an diesem verhängnisvollen 22. Juni auch in vielen anderen Städten des Landes demonstriert worden, aber nur in Ulm und Ravensburg mit solch blutigen Folgen.

In den folgenden Tagen herrschte eine gespannte Ruhe. Die militärische „Besatzung" Ravensburgs wurde auf 120 Mann verstärkt, Teile des Marienplatzes durch Drahtverhaue abgesperrt. Auch die Einwohnerwehr meldete sich. Sie veröffentlichte einen Aufruf an alle Bürger der Stadt, „in diesen ernsten Stunden Ruhe und Besonnenheit zu bewahren, an Ansammlungen nicht teilzunehmen und insbesonders Frauen [!] und Kinder davon abzuhalten".[38]

In den Nachbarorten war gleichfalls Unruhe entstanden. Am 26. Juni kam bei einer Schießerei in Baienfurt ein Mann ums Leben, eine junge Frau wurde schwer verletzt.

Nachdem es auch in Ravensburg unruhig blieb, reiste der württembergische Innenminister Heymann am 28. Juni nach Ravensburg, um vor Ort mit den leitenden Beamten des Oberamts und der Stadt sowie mit Vertretern der Reichswehr die bürgerkriegsähnliche Situation zu erörtern. Als die Reichswehroffiziere am späten Abend nach Weingarten zurückkehren wollten, wurden sie am Frauentorplatz von einer an die 300 Köpfe zählenden Menge angegriffen. Wieder kam es zu Schießereien, diesmal glücklicherweise ohne schlimme Folgen. Bis in den Juli hinein blieb die Atmosphäre gespannt. Der Zorn der freien Gewerkschaften richtete sich nun auch gegen Oberbürgermeister Reichle, dem sein Fernbleiben von der Beerdigung der Todesopfer zum Vorwurf gemacht wurde.

Im Lauf der folgenden Wochen und Monate beruhigten sich zwar die Gemüter wieder etwas, aber die Lage blieb schon deshalb labil, weil sich die materielle Situation nicht verbesserte. Deshalb kam es auch immer wieder zu größeren und kleineren Streiks, Aussperrungen und Entlassungen.[39]

Die politische Entwicklung in den Jahren 1921 bis 1932

Die Zahl der politischen Parteien und Gruppierungen war während der 14 Jahre der Weimarer Republik groß und unübersichtlich. Immer wieder kam es zu Umorientierungen oder neuen Zusammenschlüssen, zu staatlich angeordneten oder freiwilligen Auflösungen politischer Gruppen und Grüppchen. Das muss hier nicht bis in die letzten Einzelheiten dargestellt werden.[40] Konstante Größen waren eigentlich nur das Zentrum und die SPD, allerdings mit ganz unterschiedlichem Erfolg. Die Stärke des Zentrums bestand vor allem darin, dass hier Katholiken aus allen sozialen Schichten ihre politische Heimat fanden, auch viele Arbeiter. Der Katholizismus als einigendes Band trug ganz erheblich dazu bei, soziale Unterschiede zu überbrücken. Außerdem bewirkte er eine stärkere Resistenz gegenüber Ideologien von links und rechts.

Bei der SPD spielte das „Klassenbewusstsein“ auch nach 1918 noch eine Rolle. Dadurch gelang es ihr nicht, wie das Zentrum eine Anhängerschaft in allen Schichten der Bürgerschaft für sich zu gewinnen. Ihre Bereitschaft, unter bestimmten Umständen gemeinsam mit dem Zentrum und den Liberalen eine Regierung zu bilden, erwies sich insofern als nachteilig, als ihr dies viele Altsozialisten übel nahmen, die sich daraufhin der radikalen Linken von USPD und KPD zuwandten. Die Zusammenarbeit mit den bürgerlichen Parteien glich diese Stimmenverluste aber nicht aus, da viele Bürger weiterhin SPD und KPD in einen Topf warfen, obwohl sich der politische Kurs der SPD bis zum Ende der Weimarer Republik deutlich von dem der KPD unterschied. Dies hing damit zusammen, dass sich die SPD ebenso wie die KPD nach außen als Arbeiterpartei darstellte und beispielsweise am 1. Mai zusammen mit der KPD auftrat, allerdings mit dem Unterschied, dass die Kommunisten Sowjetfahnen, die Sozialdemokraten rote Fahnen mit sich führten.[41]

Wie schon im Kaiserreich, neigten viele Wähler aus der Schicht der evangelischen Geschäftsleute und Beamten zu den beiden liberalen Parteien. Waren dies vor 1914 die nationalliberale Deutsche Partei und die stärker demokratisch orientierte Volkspartei gewesen, so betrachtete sich nun die eher linksliberale Deutsche Demokratische Partei (DDP) als Nachfolgerin der Volkspartei, während die Deutsche Volkspartei (DVP), die sich seit 1929 „Staatspartei“ nannte, mehr die nationalliberal und konservativ eingestellte protestantische Wählerschicht ansprach. Beide Parteien verloren im Lauf der Nachkriegsjahre immer mehr an Boden.

Weiter rechts als die DVP stand die Württembergische Bürgerpartei, schwäbischer Ableger der Deutschnationalen Volkspartei (DNVP), deren Wähler gleichfalls überwiegend aus dem Kreis der konservativen Protestanten stammten, die aber in der Regel deutlicher als die Anhänger der DVP der jungen Republik ablehnend gegenüberstanden.

D 22 Ergebnisse der Reichstagswahlen 1919 – 1933 in Ravensburg

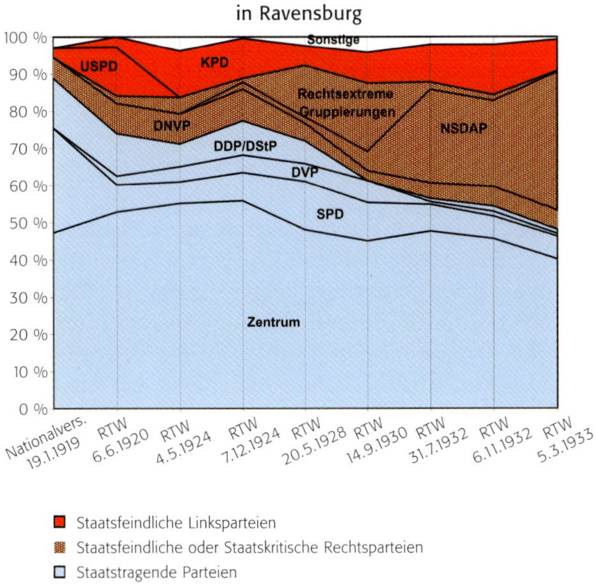

D 23 Ergebnisse der Reichstagswahlen 1919 – 1933 im Deutschen Reich

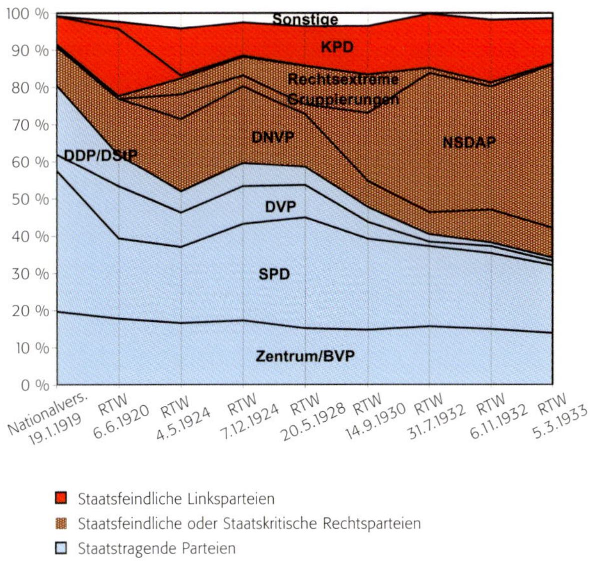

Der Anteil der Wähler, bei deren Wahlentscheidung die Konfession noch eine wesentliche Rolle spielte, war damals viel größer als heute. Und da hatten es die bekennenden Katholiken eben leichter, weil sich ihnen im Grunde nur eine Partei, das Zentrum, anbot, während die Protestanten keine vergleichbare politische Heimat besaßen. Diesen Umstand beklagte denn auch der evangelische Dekan Fauser, der 1925 feststellen musste, unter seinen Schäflein sei „die früher bestehende Einheitsfront [...] durchbrochen. Die politischen Gegensätze innerhalb der Gemeinde [seien] seit der Revolution stärker" geworden.[42]

Die 1923 gegründete Ortsgruppe der NSDAP trat in Ravensburg erstmals bei der Reichstagswahl vom 4. Mai 1924 in Erscheinung. Zwar war ihr Erfolg bei dieser Wahl noch bescheiden, aber in den folgenden Jahren zeigte es sich, dass sie es war, die am meisten von der wachsenden Sympathie für die zunächst noch stark zersplitterten Rechtsparteien profitierte.

Die in D 22 und 23 (Seite 225)[43] einander gegenübergestellten Ergebnisse der Reichstagswahlen in Ravensburg und im Reich machen dies deutlich und zeigen zugleich, wie stark der Stimmenanteil für NSDAP, DNVP bzw. Bürgerpartei und verschiedene kleinere völkische Gruppierungen zwischen 1919 und 1933 anstieg. Dem entsprach eine kontinuierliche Abnahme der Stimmen für die vier staatstragenden Parteien Zentrum, SPD, DDP und DVP, ein trauriger Beleg dafür, dass auch in Ravensburg das Vertrauen der Bürger in die demokratische Republik im Schwinden war.

Der gemeinsame Stimmenanteil von Zentrum, SPD, DDP und DVP bei den Reichstagswahlen ging in Ravensburg von 77,5 % im Jahr 1924 auf 61,6 % 1930 zurück. Bei den letzten freien Reichstagswahlen im März 1933 verloren diese vier Parteien mit nur noch 48,1 % der Stimmen die Mehrheit. Sie waren die Leidtragenden eines Radikalisierungsprozesses, der nicht nur die politisch rechts stehenden Kräfte stärkte, sondern auch die radikale Linke.[44]

Wie das die Wahlergebnisse im Reich darstellende Diagramm 23 zeigt, war im Reichsdurchschnitt der Stimmenanteil der rechts- und linksradikalen Parteien, die der Republik ablehnend gegenüberstanden, noch um einiges größer als in Ravensburg. Ganz ähnlich entwickelte sich auch das Stimmenverhältnis bei den Landtagswahlen.

Ein Vergleich mit den Ergebnissen der Gemeinderatswahlen ist nur mit Einschränkungen möglich, da hier zum Teil andere Parteien bzw. Wählervereinigungen antraten. Das ist der Grund, warum das Zentrum allein nie die absolute Mehrheit im Gemeinderat gewann, sondern nur gemeinsam mit der Christlich Nationalen Arbeitnehmerschaft (CNAS). SPD und USPD bzw. KPD schnitten in Ravensburg bei den Kommunalwahlen stets schlechter ab als bei den Landtags- und Reichstagswahlen. Sie errangen im Ravensburger Gemeinderat gemeinsam nie mehr als fünf der 28 Sitze. 1931/32 verteilten sich die Sitze im Gemeinderat auf vier Blöcke bzw. Gruppierungen: den katholischen Block mit 14, den bürgerlich-konservativen Block (Nationale Wählervereinigung, Wirtschaftliche Vereinigung, Bürgerverein) mit 9, den linken Block (SPD, KPD) mit 3 und die NSDAP mit 2 Sitzen.[45]

Die meisten Stimmen errangen die Linksparteien weiterhin regelmäßig in den Arbeitervierteln westlich der Altstadt und im Flappachtal. Dort erzielten sie beispielsweise bei der Reichstagswahl von 1928 zusammen 28 % der Stimmen, während ihr Stimmenanteil in der Gesamtstadt bei 18 % lag.[46]

Doch kehren wir noch einmal zurück zu den politischen Verhältnissen in den zwanziger Jahren. Nach den hektischen ersten beiden Nachkriegsjahren geriet das politische Leben in ruhigere Bahnen, so dass die 1919 gegründeten Einwohnerwehren 1921 wieder aufgelöst wurden. Die Lebensmittelversorgung verbesserte sich seit Herbst 1921 deutlich, so dass es nur noch selten zu Streiks kam. Der Versuch des aktivsten Gewerkschaftlers in Ravensburg, des von 1920 bis 1922 der KPD angehörenden Heinrich Matthiesen im April 1921, mit einer Flugblattaktion einen Generalstreik gegen die Teuerung anzuzetteln, schlug fehl.[47]

Der längste Streik entstand im Frühjahr 1922, als die Arbeitgeber der gesamten süddeutschen Metallindustrie die wöchentliche Arbeitszeit von den im Frühjahr 1919 ausgehandelten 46 Stunden wieder auf 48 Stunden erhöhen wollten. Den Widerstand der Gewerkschaften beantworteten sie mit Aussperrungen. In den Ravensburger Maschinenfabriken ruhte die Arbeit von Ende März bis Anfang Mai. Der Arbeitskampf endete schließlich mit einer nur notdürftig verbrämten Niederlage der Gewerkschaften.[48]

Eine der Ursachen dafür, dass die Gewerkschaften in Ravensburg weniger erfolgreich agierten als in anderen Städten mit metallverarbeitender Industrie, war die Konkurrenz zwischen den christlichen Gewerkschaften und den im Allgemeinen Deutschen Gewerkschaftsbund (ADGB) zusammengefassten freien Gewerkschaften. Da in Ravensburg fast 90 % der Arbeiter katholisch waren, spielten hier die christlichen Gewerkschaften politisch eine erheblich größere Rolle als die freien. Der Gemeinderat konnte es sich deshalb sogar erlauben, ein Gesuch des Allgemeinen Deutschen Gewerkschaftsbunds um Überlassung des Konzerthauses für eine Feier am 1. Mai, dem Tag der Arbeit, abzulehnen.[49]

Zwei Drittel der gewerkschaftlich organisierten Arbeiter waren in Ravensburg bei einer christlichen Gewerkschaft eingeschrieben. Der Christliche Metallarbeiterverband unterhielt hier von 1921 bis 1924 sogar eine hauptamtlich besetzte Geschäftsstelle.[50]

Am rechten Rand des politischen Spektrums agierten in Ravensburg neben der zunächst noch bescheidenen Ortsgruppe der NSDAP ein „Vaterländisch Völkischer Rechtsblock" und ein „Völkisch Sozialer Block", die bei den Landtagswahlen 1924 zusammen immerhin gut 12 % der Stimmen erhielten.[51]

Eine nicht unwichtige Verstärkung erhielten die politisch rechts außen Stehenden durch die seit 1927 in Erscheinung tretende Ortsgruppe des „Stahlhelm", eines Bundes ehemaliger Frontsoldaten. Die Mitglieder der hiesigen Ortsgruppe – 1931 152 an der Zahl – rekrutierten sich vor allem aus dem evangelischen Akademiker- und Beamtentum.[52] In der „Oberschwäbischen Volks-Zeitung" fand der „Stahlhelm" ein williges Instrument zur Verbreitung seiner politischen Ansichten. Er bezeichnete sich selbst zwar als überparteilich, aber wenn in seinem Programm die Rede davon war, „die Bildung einer wahren Volksgemeinschaft und die Errichtung eines nach innen und außen freien großdeutschen Reiches unter der ruhmreichen Flagge Schwarz-Weiß-Rot" anzustreben[53], dann offenbarte dies doch schon eine bedenkliche Nähe zu den Zielen des Nationalsozialismus.

Das Gegenstück zum „Stahlhelm" war das 1924 gegründete „Reichsbanner Schwarz-Rot-Gold", auch „Bund Deutscher Kriegsteilnehmer und Republikaner" genannt. Die Ravensburger Ortsgruppe dieser sozialdemokratisch geprägten Organisation veranstaltete regelmäßig „Verfassungsfeiern" und lud dazu „die republikanisch gesinnte Bevölkerung" ein.[54]

Die Rolle der Lokalpresse bis zur Machtergreifung Hitlers

Obwohl der Oberamtsbezirk Ravensburg zwischen Kriegsende 1918 und Beginn der NS-Diktatur nur von ca. 49.800 auf ca. 53.000 Einwohner wuchs, konnten sich hier während dieser ganzen Zeit zwei Tageszeitungen halten, wenn auch zeitweise nur mühsam: der „Oberschwäbische Anzeiger" (OA) und die „Oberschwäbische Volks-Zeitung"(OVZ). Vorübergehend gab es sogar noch eine dritte Zeitung, die vom Oktober 1931 bis August 1933 wöchentlich erscheinende „Oberschwäbische Bürger-Zeitung".[55]

Der dem Zentrum nahe stehende „Oberschwäbische Anzeiger" war schon vor dem Krieg mit einer Auflage von über 8.000 im Jahr 1890 bzw. 11.000 im Jahr 1911 die auflagenstärkste Zeitung in ganz Oberschwaben, mit einem weit über die Grenzen des Oberamts Ravensburg hinausreichenden Abonnentenstamm.[56] In den Notjahren nach 1918 verlor er jedoch einen Teil seiner Leserschaft. Er selbst gab seine Auflagenhöhe 1929 mit 8.500 an[57], zwei Jahre später betrug sie angeblich nur noch 6.000.[58]

Die schwierige finanzielle Lage, in der sich nach 1920 viele der verhältnismäßig kleinen Zeitungsverlage befanden, führte 1922 zu einem Zusammenschluss von zunächst 16, schließlich sogar 20 dem Zentrum nahe stehenden oberschwäbischen Zeitungsverlegern im „Verband oberschwäbischer Zeitungsverleger", kurz VERBO genannt.[59] Darunter befand sich auch der „Oberschwäbische Anzeiger". Damit war der Grundstein gelegt für ein Verbundsystem, das bis zum Ende des Jahrhunderts in der „Schwäbischen Zeitung" mit ihren zahlreichen Lokalverlagen fortdauerte. In Friedrichshafen wurde eine Zentralredaktion und eine zentrale Druckerei für den gemeinsamen allgemeinen Teil, den „Mantel", eingerichtet, der für die verschiedenen Lokalausgaben der gleiche war. Jede Zeitung behielt jedoch ihren bisherigen Titelkopf bei. Damit wurde ein Synergieeffekt erzielt, der es möglich machte, die gemeinsame Auflage von 50.000 im Gründungsjahr des VERBO auf 63.000 im Jahr 1930 zu steigern.[60]

Die seit 1912 erscheinende „Oberschwäbische Volks-Zeitung" (OVZ) hatte es von Anfang an schwer, sich gegenüber der Ravensburger Traditionszeitung zu behaupten. Wie in Teil 3 Seite 140 bereits kurz erwähnt, schwebte ihrem Gründer und Herausgeber Friedrich Ulrich, Inhaber einer Druckerei am Gespinstmarkt, eine Zeitung vor, die sich klar von der zentrumsnahen Linie des „Oberschwäbischen Anzeigers" unterschied, die den Mittelstand, die bäuerliche Bevölkerung und die Protestanten ansprechen sollte. Das war schon fast ein Widerspruch in sich selbst, denn die potentiellen Leser auf dem Lande waren nun einmal zum größten Teil katholisch. Bereits 1916 stand der Herausgeber knapp vor dem Konkurs, doch dank der Umwandlung des Zeitungsverlags in eine GmbH, an der sich verschiedene Gutsbesitzer und zahlreiche Bauern beteiligten, konnte die Zeitung gerettet werden. Der Preis, den der bisherige Herausgeber dafür zahlen musste, war die Forderung nach einer Umorientierung der Zeitung in Richtung Zentrum.[61]

Dem wurde allerdings nur kurze Zeit entsprochen. Seit 1919 gehörte nämlich der Journalist und Landwirt Dr. Ludwig Munzinger der Redaktion an und wurde bald ihr geistiger Kopf. Unter seinem Einfluss betonte die Zeitung die bäuerlichen Interessen wieder stärker und nahm gegenüber dem Zentrum eine kritischere

Haltung ein. In den Augen Munzingers stand das Zentrum zu weit links. Er versuchte daher, die Volkszeitung zu einem Organ der Deutschnationalen zu machen, was ihm aber nur unvollständig gelang. 1925 stand die Zeitung wieder kurz vor dem Aus und konnte nur dank einer Beteiligung des Fürsten von Waldburg-Wolfegg gerettet werden.[62] Ihre Auflage blieb jedoch im Vergleich zum „Oberschwäbischen Anzeiger" klein. 1931 soll sie bei ca. 4.000 gelegen haben.[63]

Gegenüber dem aufkeimenden Nationalsozialismus nahm der „Oberschwäbische Anzeiger" eine wesentlich kritischere Haltung ein als die „Oberschwäbische Volks-Zeitung". Seit Ende der zwanziger Jahre veröffentlichte er immer wieder Artikel, die vor den Folgen einer nationalsozialistischen Machtergreifung warnten. Bis 1933 weigerte er sich sogar, Anzeigen der NSDAP zu veröffentlichen. Die kuriose, aber logische Konsequenz aus dieser Konstellation war die, dass die SPD grundsätzlich nur im katholischen „Oberschwäbischen Anzeiger" annoncierte.

Aufs Ganze gesehen war das Nebeneinander zweier Tageszeitungen der politischen Kultur in Ravensburg und Weingarten durchaus förderlich. Auch wenn keine der beiden Parteien „links" orientiert war, polemisierten sie doch gelegentlich heftig gegeneinander. Man muss sich ja immer wieder vor Augen halten, wie bescheiden damals die Möglichkeiten waren, sich politisch zu informieren. Zwar war es seit 1924 möglich, Rundfunksendungen zu hören, aber kaum jemand besaß vor 1930 einen Radioapparat, und die wenigsten Bürger lasen andere Zeitungen als die am Ort erscheinenden. Auch das „Museum", der Nobelverein der Stadt, reduzierte nach 1918 aus finanziellen Gründen seine Zeitungsabonnements radikal.[64]

Die Ironie des Schicksals wollte es, dass 1935, im Zuge der Gleichschaltung der Presse durch die neuen Herren, nicht der nazikritische „Oberschwäbische Anzeiger", sondern die „Oberschwäbische Volks-Zeitung" der nationalsozialistischen Pressepolitik zum Opfer fiel.

Die dramatische Bürgermeisterwahl vom 14. Februar 1932

Ravensburg hatte das Glück, in den schwierigen Jahren zwischen 1914 und 1932 zwei Oberbürgermeister zu haben, die den Anforderungen der Kriegs- und Nachkriegszeit voll gewachsen waren und das schlingernde Schifflein Ravensburg sicher durch alle Stürme und Untiefen der Zeit steuerten. Nach dem plötzlichen Tod von Andreas Reichle im Dezember 1921 wurde der aus Ehingen stammende Oberregierungsrat Hans Mantz, der seit 1916 in Stuttgart für die Versorgung der Bevölkerung des Landes mit Grundnahrungsmitteln verantwortlich war, zum Nachfolger gewählt. In seiner fast zehnjährigen Amtszeit als Stadtoberhaupt erwarb sich Mantz große Verdienste in dem damals mit Abstand wichtigsten Bereich der Kommunalpolitik, der sozialen Fürsorge, sowie durch seine energische Förderung des sozialen Wohnungsbaus und die von ihm vorangetriebene Verbesserung der städtischen Infrastruktur (Straßenbau, Gas- und Wasserversorgung, Denkmalpflege).

Hans Mantz (1872 – 1938), Oberbürgermeister 1922 – 1932

Der parteilose Verwaltungsfachmann, der sich am Schreibtisch wohler als am Stammtisch fühlte, der morgens der Erste und abends der Letzte im Rathaus war, wurde von einer breiten Mehrheit des Gemeinderats und der Bürgerschaft unterstützt. Deshalb galt seine Wiederwahl im Februar 1932 als sicher.

Doch kurz vor der Wahl, die in eine Zeit hoher Arbeitslosigkeit und einer immer noch nicht überwundenen wirtschaftlichen Depression fiel, formierten sich seine Gegner, die in der Mehrzahl aus dem zum Teil Not leidenden gewerblichen Mittelstand stammten und deren Interessen im Gemeinderat vom politisch rechts stehenden „Bürgerverein" vertreten wurden. So kam es, dass im Januar überraschend ein Gegenkandidat als Vertreter der Unzufriedenen präsentiert wurde, der ebenfalls parteilose Ingenieur Rudolf Walzer, der aus einer alteingesessenen katholischen Handwerkerfamilie stammte und seit 1928 für den „Bürgerverein" im Gemeinderat saß.

In einem kurzen, aber heftigen Wahlkampf, der teilweise zur Schmutzkampagne ausartete, wurde Mantz unter anderem Geldverschwendung durch überzogene Bauprojekte und eine zu hohe Verschuldung der Stadt vorgeworfen. Eine Belastung für Mantz bedeutete die während des Wahlkampfs erfolgte Aufdeckung zweier Fälle von Korruption bzw. Unterschlagung in der Stadtverwaltung.

Für die Verschiebung der politischen Fronten war bezeichnend, dass Mantz nicht nur von den Anhängern des Zentrums, sondern auch von vielen Sozialdemokraten unterstützt wurde, also von den Parteien, die hinter der demokratischen Verfassung der neuen Republik standen. Walzers Sympathisanten kamen überwiegend aus dem gewerblichen und kaufmännischen Mittelstand und aus dem Dunstkreis der Nationalsozialisten. Die Kommunisten hatten einen eigenen Kandidaten aufgestellt, der jedoch eine wenig beachtete Randfigur blieb.

Als am Abend des Wahlsonntags das Wahlergebnis verkündet wurde, war die Sensation perfekt: Für Mantz hatten 4.320 Wähler gestimmt, für Walzer 4.485. Damit war der Repräsentant des „Systems von Weimar" abgewählt, worüber vor allem die Nazis jubelten. Das Wahlergebnis wurde weit über die Grenzen Oberschwabens hinaus beachtet.

Der in Berlin und München erscheinende „Völkische Beobachter", das Zentralorgan der NSDAP, gab in seiner Ausgabe vom 21. Februar seiner Genugtuung darüber Ausdruck, dass „trotz des Lügenfeldzugs des brüderlich vereinten Zentrums und der Sozialdemokratie" ein Parteigenosse gewonnen hätte. „SA und SS haben in gemeinsamer Front mit unseren Parteigenossen in offener Schlacht Zentrum und Marxisten siegreich geschlagen. [...] Statt eines Bonzen steht jetzt ein Frontsoldat, der im Weltkrieg seine Knochen opferte, am Steuer der Stadt."

Abgesehen von der ganz unsachlichen und vieles verfälschenden Beschreibung des Wahlkampfs enthielt der Kommentar einen groben sachlichen Fehler, denn Walzer war zu diesem Zeitpunkt noch keineswegs Mitglied der NSDAP. Am 23. Februar stellte er dies denn auch im Gemeinderat richtig und betonte, er gehöre keiner Partei an. Bis es soweit war und Walzer seinen Widerstand gegen einen Eintritt in die NSDAP aufgab, sollte noch mehr als ein Jahr vergehen.[65]

Mit dieser Wahl war zwar noch nicht das Ende der jungen demokratischen Republik gekommen, zumal der neue Bürgermeister (der sich aufgrund einer gesetzlichen Neuregelung nicht mehr Oberbürgermeister nennen durfte) auf eine über den Parteien stehende streng sachbezogene Lokalpolitik bedacht war. Das Wahlergebnis vom 14. Februar 1932 hatte jedoch symbolische Bedeutung. Im Bewusstsein vieler Bürger stellte es einen Wendepunkt in der Stadtpolitik dar, auch wenn noch niemand genau voraussehen konnte, was ein Jahr später geschah.

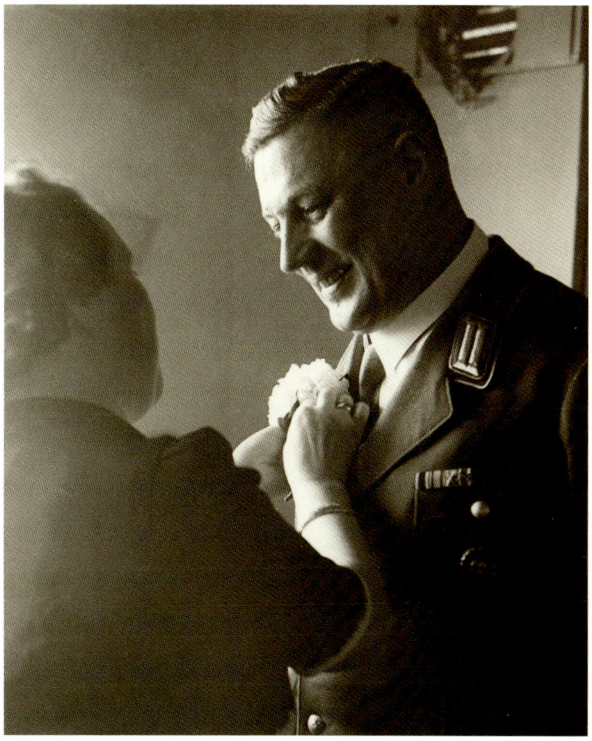
Rudolf Walzer (1889 – 1970), Bürgermeister 1932 – 1945

Wirtschaftliche Krisen und Krisenbekämpfung

Die Inflation und ihre Auswirkungen

Der durch den Krieg verursachte Rückgang der Produktion in Industrie und Landwirtschaft konnte nach Kriegsende nur langsam ausgeglichen werden. Die deutsche Landwirtschaft hatte während des Kriegs unter dem Mangel an Arbeitskräften und ebenso an Düngemitteln schwer gelitten. Der Nachfrage nach Konsumgütern stand kein entsprechendes Angebot gegenüber, so dass die Preise zwangsläufig stiegen. Hinzu kamen die

Deutschland durch den Versailler Vertrag aufgebürdeten Reparationskosten, die eine schwere zusätzliche Belastung bedeuteten. In Ravensburg litt besonders die Textilindustrie, die Pinsel- und Bürstenfabrikation, während der Maschinenbau weniger betroffen war. Wegen der hohen Verschuldung des Staats, der unfähig war, seine Schulden zu tilgen, sank das Vertrauen des Auslands in die Deutsche Mark von Jahr zu Jahr mehr.

1919 betrug die Inflationsrate in Deutschland 58 %, 1920 113 %, 1921 280 % und 1922 1.024,6 %.[66] Der Rest von Vertrauen, den die deutsche Wirtschaft und damit auch die deutsche Währung auf den internationalen Geldmärkten noch besaß, schwand dahin, die Mark verlor immer mehr an Wert und infolgedessen stiegen die Verbraucherpreise kometenhaft. Der Versuch der Behörden, die Preissteigerung bei Grundnahrungsmitteln zu bremsen, indem sie amtliche Höchstpreise festsetzten, scheiterte an der Realität, denn daraufhin entwickelte sich rasch ein Schwarzer Markt.[67] Zwischen November 1922 und Oktober 1923 explodierten die Preise. Hatte ein Liter Milch am 1. Januar 1922 noch 3 M und am 1. November 66 M gekostet, so musste man am Jahresende dafür 200 M bezahlen.[68] Ähnlich entwickelten sich die anderen Verbraucherpreise.

Aber das Ende der Fahnenstange war damit noch lange nicht erreicht. Die Besetzung des Ruhrgebiets durch Frankreich Ende Januar 1923 schwächte die deutsche Wirtschaftskraft weiter, Löhne und Preise erreichten astronomische Höhen: ein Liter Bier beispielsweise kostete am 4. Juni 1923 800 M, am 17. August 100.000 M, am 17. September 2 Millionen und am 25. Oktober 960 Millionen Mark![69]

Die Zahlungsfristen wurden immer kürzer. Für eine Ware, die morgens 1.000 M gekostet hatte, musste am Abend eventuell schon das Doppelte bezahlt werden. Da für diese Entwicklung bald keine Zahlungsmittel mehr zur Verfügung standen und das Geld immer knapper wurde, war die Stadt gezwungen, ab September Notgeldscheine drucken zu lassen, für deren Deckung das städtische Vermögen einschließlich des Vermögens der Stiftungen haftete.[70]

Ravensburger Notgeldschein vom 25. Oktober 1923 über 500 Milliarden Mark

Ähnlich verfuhren auch einige große Firmen. Handwerkerrechnungen mussten täglich bezahlt werden, der ganze Zahlungsverkehr, die Berechnung von Steuern und Zinsen, die wöchentliche oder gar tägliche Auszahlung von Löhnen und Gehältern verursachten einen derart hohen Arbeitsaufwand, dass sich die für die städtischen Finanzen zuständige Stadtkämmerei genötigt sah, vorübergehend zusätzliches Personal einzustellen.[71]

Am 1. November stellte die für den öffentlichen Nahverkehr unverzichtbare Straßenbahn von Ravensburg nach Weingarten bzw. Baienfurt wegen Zahlungsunfähigkeit ihren Betrieb ein. Erst am 14. Januar 1924 konnte sie ihn mit Hilfe öffentlicher Zuschüsse wieder aufnehmen.

Das durch die ungebremste Inflation verursachte Chaos fand schließlich Mitte November 1923 ein Ende. Der Reichsregierung gelang es, eine neue Währungsordnung durchzusetzen, bei der eine Billion Papiermark mit einer Rentenmark (= Goldmark) gleichgesetzt wurde. Für die Vermögenslage der Stadt Ravensburg bedeutete dies, dass sie zum Jahresende 1923 so gut wie kein Geldvermögen, aber auch keine Schulden mehr hatte. Erhalten blieb ihr Grundbesitz, der zum 1. Januar 1924 mit 18,5 Millionen Goldmark bewertet wurde.[72]

Während der besonders schlimmen Jahre 1921 bis 1923 gab es für die Ravensburger Wirtschaft eigentlich nur einen Lichtblick: die Auftragslage der in Schweizer Besitz befindlichen Maschinenfabrik Escher Wyss. Da für die Stromerzeugung in weiten Teilen Europas zunehmend neue Wasserkraftwerke gebaut wurden, waren Wasserturbinen sehr gefragt. Wasserturbinen gehörten aber schon von jeher zu den Hauptprodukten der Firma, sowohl an ihrem Stammsitz in Zürich als auch bei ihrer Ravensburger Tochter. Wegen der in Ravensburg sehr viel niedrigeren Lohnkosten verlagerte die Züricher Geschäftsleitung seit 1921 den Wasserturbinenbau zunehmend nach Ravensburg, was zur Schaffung neuer Arbeitsplätze führte. Zwischen 1920 und 1924, also in einer ganz besonders schwierigen Zeit, stieg die Zahl der Beschäftigten bei Escher Wyss Ravensburg von 405 auf 616 und erreichte 1928 mit 786 Beschäftigten sogar einen neuen Höchststand, der erst im Zweiten Weltkrieg übertroffen wurde.[73]

1922 machte August Maas, der Direktor des Ravensburger Werks, die Firmenleitung in Zürich darauf aufmerksam, dass derzeit die Baukosten in Ravensburg nur ein Drittel gegenüber denen in Zürich betrugen. Es lag also nahe, diese Situation auszunützen und verstärkt in Ravensburg zu investieren. So entstanden in den Jahren 1922 bis 1924 eine neue Maschinenhalle, ein neues Verwaltungsgebäude, mehrere Wohnhäuser für Werksangehörige und zwei Direktorenvillen, die eine in der Schussen-, die andere in der Federburgstraße. Außerdem wurde die Gießerei beträchtlich erweitert. Alle diese Aufträge in einer so kritischen Zeit waren für das Ravensburger Bauhandwerk wie ein Geschenk des Himmels.[74]

Wirtschaftliche Erholung und erneute Depression

Die überraschend schnelle wirtschaftliche Erholung, die bald nach der Neuordnung der Währung Ende 1923 einsetzte, wirkte sich auch in Ravensburg positiv aus. Dass die Stadt ihren Rang als Zentrum der oberschwäbischen Wirtschaft behaupten konnte, zeigt die Eröffnung einer Zweigstelle der Württembergischen Girozentrale im Jahr 1925 gerade hier. Diese einzige Zweigstelle der Girozentrale im ganzen Land war notwendig geworden, weil sich die Entfernung der oberschwäbischen Oberamtssparkassen von der Zentrale in Stuttgart als unpraktisch für den Geschäftsverkehr erwiesen hatte. Die Ravensburger Zweigstelle wurde nun zentrale Abrechnungsstelle für den Giroverkehr sämtlicher württembergischen Oberamtssparkassen zwischen Ehingen und Wangen und blieb dies bis 1981. Durch sie erhielt der bargeldlose Zahlungsverkehr über Girokonten einen gewaltigen Auftrieb.[75]

1925 betrug die Zahl der in der Ravensburger Industrie Beschäftigten ca. 2.000, gegenüber ca. 1.600 vor dem Krieg.[76] Eine genaue Übersicht ist für das Jahr 1927 überliefert.[77] Damals waren in den sieben größten Textilfabriken 43 Männer und 489 (!) Frauen beschäftigt, in der Metallindustrie 990 Arbeitskräfte, davon allein 757 bei Escher Wyss. 954 männlichen Arbeitskräften standen hier nur 36 weibliche gegenüber. Die Gesamtzahl der in den 18 größten Industriebetrieben Arbeitenden betrug 1.950, davon waren 660 = 34 % Frauen.

In der Textilindustrie nahm die Zahl der Beschäftigten weiter ab. Das lag vor allem am Wandel der Mode, da nun sowohl für Kleider als auch für Vorhänge glatte Stoffe bevorzugt wurden und Stickereien nicht mehr so stark wie früher gefragt waren. Einige kleinere Fabriken für Weißzeugnäherei und -stickerei mussten daher schließen. Umso erstaunlicher war der Erfolg einer 1919 vom schweizerischen Rorschach nach Ravensburg verlegten Automatenstickerei. Diese *Ravensburger Stickereiwerke* beschäftigten 1927 160 Frauen und 10 Männer und nahmen damit unter den Ravensburger Textilfabriken den ersten Platz ein.[78] Ein weiterer nach 1918 aufblühender Textilbetrieb war die schon 1905 gegründete Firma *Baby Dreher*, die Verbandstoffe und Babywäsche herstellte und 1927 100 Beschäftigte zählte.

Zu den nach dem Krieg gegründeten oder erst nach 1918 zu einer größeren wirtschaftlichen Bedeutung gelangten Industriebetrieben gehörte das *Karosseriewerk Hermann Spohn*, dessen Entstehung eng mit der wachsenden Nachfrage nach Automobilen zusammenhing. Nach seiner Rückkehr aus dem Krieg hatte sich für Hermann Spohn, Sohn des Unternehmers und Mäzens Julius Spohn, die Möglichkeit ergeben, den von ihm schon seit längerem geplanten Betrieb im Werksgelände der seit dem Jahr 1900 stillgelegten Spohnschen Spinnerei in der Vorstadt Ölschwang einzurichten. Dort stellte er seit Anfang der zwanziger Jahre Karosserien für die Automobilfabrik von Karl Maybach in Friedrichshafen her, nicht nur für Serienmodelle, sondern auch für luxuriöse Sonderanfertigungen. 1927 beschäftigte er in seinem Betrieb 55 Personen. Damit bewies wieder einmal ein Mitglied der Fabrikantenfamilie Spohn eine Spürnase für neue industrielle Entwicklungsmöglichkeiten.[79]

Luxusmodell der Firma Maybach, Friedrichshafen, ca. 1930
Die Karosserie wurde vom Karosseriewerk Hermann Spohn in Ravensburg hergestellt. Vgl. Abb. Seite 165.

Weitere neue industrielle Firmengründungen waren die *Verlags- und Druckereigesellschaft* von Friedrich Ulrich, wo die „Oberschwäbische Volks-Zeitung" hergestellt wurde (1927 117 Beschäftigte), die auf die Herstellung von Kühlanlagen und Telefonzellen spezialisierte *Maschinenfabrik Otto Sterkel* (1927 71 Beschäftigte) und nicht zuletzt die 1929 gegründete *„Oberland-Milchverwertung Ravensburg"*, kurz *OMIRA* genannt. Zur Anschubfinanzierung dieses Unternehmens, das wesentlich zur Rationalisierung der oberschwäbischen Milchwirtschaft beitrug, schlossen sich die vier Oberämter Ravensburg, Tettnang, Waldsee und Saulgau mit den Städten Ravensburg und Weingarten sowie einigen Landgemeinden, Banken und Firmen zu einer GmbH zusammen. Nachdem sich bei der neuen Großmolkerei bald der wirtschaftliche Erfolg einstellte, traten ihre Gründer nach und nach ihre Anteile an die bäuerlichen Milchlieferanten, Molkereigenossenschaften und Käsereien ab. 1936 befanden sich bereits 90 % der Gesellschaftsanteile in bäuerlicher Hand. 1931 wurde Milch von 35.000 Kühen verarbeitet. Hauptprodukt des Werks war neben Frischmilch und Käse „allerbeste haltbare Markenbutter".[80]

Ein Vergleich der zehn größten Gewerbesteuerzahler 1928 mit denjenigen des Jahrs 1911 macht deutlich, wie stabil die Wirtschaftsstruktur der Stadt Ravensburg im Grunde trotz Weltkrieg und Inflation immer noch war, oder, anders gesagt, wie schnell sich die Ravensburger Wirtschaft nach den Krisenjahren 1920 bis 1923 erholt hatte. Zu beobachten ist lediglich eine leichte Verschiebung zwischen Industrie und Handel zu Lasten des letzteren, insbesondere des Textilhandels.
Die zehn größten Gewerbesteuerzahler waren 1928:

	Höhe der Gewerbesteuerzahlung in RM
Maschinenfabrik Escher Wyss	65.000
Oberschwäbische Verlagsanstalt (zugleich Druckerei)	58.220
Ravensburger Stickereiwerke	53.430
Brauerei Leibinger	48.240
Bürgerliches Brauhaus	48.000
Parkettfabrik Sterkel	36.900
Textilgeschäft Möhrlin	32.130
Maschinenfabrik Otto Sterkel	26.430
Weißwarenfabrik Manz & Stimmler	25.000
Baugeschäft Carl Hefele	23.220

Vergleicht man die 50 größten Gewerbesteuerzahler der Jahre 1911 und 1928 miteinander, fällt ein Rückgang bei Gardinenfabriken, Brauereien, Apotheken, jüdischen Textilgeschäften und Warenhäusern auf. Neu im Kreis der 50 waren 1928 neben den auf Seite 231 erwähnten sechs Firmen eine Gardinen- und Weißwarenfabrik, zwei Autohäuser, eine Feinbäckerei (Tekrum), eine Elektrofirma und vier Baugeschäfte.[81]

1928 begann die Konjunktur in Deutschland zu lahmen. Bedrohlich wurde die wirtschaftliche Situation aber erst nach dem für die meisten überraschenden Zusammenbruch der amerikanischen Börsenkurse im Herbst 1929. Es kam zu einem erheblichen Kapitalrückfluss aus Deutschland in die USA, neue Kredite von dort waren kaum mehr zu bekommen, so dass die notwendigen Impulse für eine Verbesserung des Investitionsklimas ausblieben.

Blick auf einen Teil der Südstadt, im Vordergrund die Pinselfabrik H. L. Sterkel, ca. 1925
Am linken Bildrand das „Klösterle" der Armen Schulschwestern. Den Altstadtrand erkennt man am Spital- oder Sauturm (Mitte oberer Bildrand), rechts daneben die große Dachfläche des Spitals, dahinter das Untertor. Auffallend sind die noch zahlreichen Grünflächen in der Südstadt.

Von dieser globalen Wirtschaftskrise blieb selbst die Schweiz nicht verschont. Betroffen war auch die stark exportorientierte Maschinenfabrik Escher Wyss in Zürich. Rückwirkungen auf die Ravensburger Filiale blieben nicht aus. Im Dezember 1931 musste die Züricher Geschäftsleitung die Zahlungsunfähigkeit des Unternehmens erklären, worauf die Hausbanken eine Rettungsaktion unternahmen, die damit endete, dass die Mutterfirma die Rechtsform einer Aktiengesellschaft erhielt, während die Ravensburger Filiale in eine rechtlich selbstständige GmbH umgewandelt wurde.[82]

Damit war der wichtigste Ravensburger Arbeitgeber für einige Zeit geschwächt, was sich auf dem Arbeitsmarkt natürlich sofort bemerkbar machte. Die Belegschaft sank von 786 Beschäftigten im Jahr 1928 auf 275 Ende 1932. Da von der Weltwirtschaftskrise auch die meisten anderen Industriebetriebe betroffen waren, stieg die Zahl der Arbeitslosen in Ravensburg von Monat zu Monat. Anfang 1932 erreichte sie ihren Höhepunkt mit über 1.300 Männern und Frauen.[83]

Soziale Verhältnisse – soziale Not

Bevölkerungsentwicklung

Von 1919 bis 1933 wuchs die Ravensburger Bevölkerung von ca. 16.800 auf ca. 18.950, also um rund 2.150 Personen. Das bedeutete ein langsameres Wachstum als vor dem Krieg, denn zwischen 1900 und 1914, also gleichfalls in einem Zeitraum von 14 Jahren, war die Einwohnerzahl von 13.450 auf 16.200, also um 2.750 Personen gewachsen.

Im gleichen Zeitraum 1900 bis 1914 waren in Ravensburg pro tausend Einwohner im Durchschnitt 6,54 Ehen geschlossen worden, nach dem Krieg, zwischen 1919 und 1933, stieg die Heiratsziffer auf durchschnittlich 8,02 ‰. Das hing zunächst mit dem Nachholbedarf nach Kriegsende zusammen: 1919 wurden 12, 1920 immerhin noch 10,6 Ehen pro tausend Einwohner geschlossen.

Die Entwicklung der Geburtenrate sah jedoch ganz anders aus: Hatte sie zwischen 1900 und 1914 bei durchschnittlich 26 jährlichen Geburten pro tausend Einwohner gelegen, so sank sie in den Jahren 1920 bis 1934 auf durchschnittlich 17,3 ‰.[84] Man geht sicher nicht fehl, wenn man diesen Geburtenrückgang auf die materielle Not der Nachkriegsjahre zurückführt.

Etwas gemildert wurde diese negative Entwicklung allerdings dadurch, dass die Kindersterblichkeit dank der Fortschritte der Medizin lange nicht mehr so groß war wie noch im ausgehenden 19. und beginnenden 20. Jahrhundert. Dies zeigt ein Vergleich der 562 Ehen, die zwischen 1812 und 1880 geschlossen wurden und 1880 noch bestanden (weshalb sie in den seit 1876 angelegten standesamtlichen Heiratsregistern erfasst sind) mit der gleichen Zahl von Ehen (nämlich je 562), die zwischen 1881 und 1900 bzw. zwischen 1920 und 1940 geschlossenen wurden:

	Zeitraum der Eheschließungen		
	1812–1880	1881–1900	1920–1940
Zahl der untersuchten Ehen	562	562	562
Totgeburten und im 1. Lebensjahr gestorbene Kinder	690 = 100	457 = 66	102 = 14,8
Kinder zwischen einem und 10 Jahren gestorben	210 = 100	126 = 60	20 = 9,5[85]

Der Vergleich dieser Zahlen zeigt deutlich, wie stark die Kindersterblichkeit zurückgegangen war. Trotz dieses ausgleichenden Faktors beruhte das Bevölkerungswachstum Ravensburgs weiterhin zum größeren Teil auf Wanderungsgewinnen. Zwischen 1925 und 1933 belief sich der jährliche Wanderungsgewinn durchschnittlich auf 131,6 Personen, im gleichen Zeitraum betrug der Geburtenüberschuss aber nur 93,1 pro Jahr.[86]

Die ausgeprägte Zuwanderung nach Ravensburg spiegelt sich auch in den Zahlen über die Herkunft der in Ravensburg lebenden Menschen wider. 1900 waren noch 38,1 % der Ravensburger(innen) hier geboren, 1930 nur noch 20,4 %.[87]

Trotz größerer Einwohnerzahl war die absolute Zahl der Sterbefälle nach dem Ersten Weltkrieg mit Ausnahme des Schreckensjahrs 1923 (Inflation) durchweg niedriger als vor 1914. Diese Beobachtung deckt sich mit den für das Deutsche Reich ermittelten Ergebnissen, wonach die Sterbeziffer pro tausend Einwohner 1900 bei 22,1, 1920 bei 15,1 und 1930 nur noch bei 11,1 lag.[88]

Arbeitslosigkeit

Im Verlauf des Ersten Weltkriegs entstand in einigen Wirtschaftsbereichen ein Mangel an Arbeitskräften, der nur teilweise durch die Einstellung von Frauen ausgeglichen werden konnte. Die Zahl der Arbeitslosen, die von der Stadt unterstützt werden mussten, bewegte sich 1916/17 zwischen 70 und 80. Betroffen waren vor allem Textilarbeiterinnen.[89]

Mit der Heimkehr der entlassenen Soldaten ab November 1918 trat eine neue Situation am Arbeitsmarkt ein. Schon im Dezember kamen auf 100 offene Stellen 248 Arbeitslose.[90] Das städtische Arbeitsamt, das wenige Tage nach Kriegsende die Arbeitsvermittlung für das gesamte Oberamt übernahm, hatte alle Hände voll zu tun.[91]

Für die Jahre 1919 bis 1922 sind uns keine genauen Zahlen überliefert, doch nahm die Arbeitslosigkeit in diesem Zeitraum vermutlich etwas ab, da in Industrie, Handwerk und Landwirtschaft die Lücken geschlossen werden mussten, die der Krieg hinterlassen hatte. Seit etwa 1921 wurde der Arbeitsmarkt allerdings dadurch belastet, dass nun die geburtenstarken Vorkriegsjahrgänge ab 1906 ins Erwerbsleben eintraten. Während der Inflation der Jahre 1922/23 nahm die Arbeitslosigkeit deutlich zu, da das wirtschaftliche Chaos viele Arbeitsplätze zumindest vorübergehend vernichtet hatte.[92]

Im November 1923 bat Oberbürgermeister Mantz die Nachbargemeinde Schmalegg um eine Lebensmittelspende für die von der Stadt für Bedürftige eingerichtete

Volksküche. Er nannte in diesem Zusammenhang eine Zahl von etwa tausend Arbeitslosen und Kurzarbeitern allein in Ravensburg. Seine Bitte wurde ihm jedoch mit der Begründung abgeschlagen, eine solche Hilfe sei unmöglich, Schmalegg werde täglich von bettelnden Bürgern aus der Stadt heimgesucht, oft seien es an einem einzigen Tag 10 bis 15 oder noch mehr.[93]

Eine andere Quelle nennt für das Jahresende 1923 allerdings nur 428 „Vollerwerbslose“ und 280 Kurzarbeiter.[94] Wie dem auch immer gewesen sein mag, jedenfalls war und blieb die Arbeitslosigkeit selbst in der Phase der wirtschaftlichen Erholung zwischen 1925 und 1929 hoch, um dann mit Beginn der Weltwirtschaftskrise in erschreckendem Tempo zu wachsen.

Die politische Reaktion auf das immer deutlicher werdende soziale Problem der Arbeitslosigkeit war das 1927 vom Reichstag verabschiedete Gesetz über die Arbeitslosenversicherung, das in der wirtschaftlich günstigsten Phase der Weimarer Republik in Kraft trat. Es bestimmte, dass Arbeitgeber und Arbeitnehmer je 3 % des Lohns für diese Versicherung abzuführen hatten. Nach einer Wartezeit von einem halben Jahr hatten Arbeitslose Anspruch auf eine Arbeitslosenunterstützung für drei Monate. Hatten sie bis dahin noch immer keine Arbeit gefunden, erhielten sie für weitere drei Monate eine etwas niedriger bemessene „Krisenunterstützung“. Danach galten sie als „ausgesteuert“ und waren auf eine Unterstützung durch das Ortsfürsorgeamt ihrer Heimat- bzw. Wohngemeinde angewiesen. Als „ausgesteuerte Pflichtarbeiter“, die von der Stadtverwaltung zu verschiedenen Arbeiten (Straßenreinigung, Straßen- und Wegebau) herangezogen wurden, verdienten sie zu wenig, um davon leben zu können.[95] Deshalb mussten sie zusätzlich aus Mitteln des Ortsarmenfonds unterstützt werden, der dadurch in ein von Jahr zu Jahr größer werdendes Defizit geriet. Dieses Defizit, das schon im schwierigen Kriegsjahr 1916 25.000 M betragen hatte, stieg bis 1929 auf 144.000 RM pro Jahr.[96]

Nachdem im Sommer 1931 immerhin schon 470 Arbeitslose in Ravensburg gezählt worden waren, stieg ihre Zahl bis zum Jahresende aufgrund der Entlassungen bei Escher Wyss und im Baugewerbe auf 938. Aber selbst jetzt war der Höhepunkt der Arbeitslosigkeit noch nicht erreicht. In den ersten Monaten des Jahres 1932 waren in Ravensburg 1.325 Personen, darunter 1.122 Arbeiterinnen und Arbeiter, arbeitslos. Das waren 17,4 % der Erwerbstätigen, eine Quote, die es seit über hundert Jahren nicht mehr gegeben hatte, die aber immer noch deutlich unter dem Reichsdurchschnitt lag, der damals über die 30 %-Marke stieg.

Im Mai 1932 ging die Arbeitslosigkeit in Ravensburg endlich ein wenig zurück. Nun waren nur noch 1.040 Personen als arbeitslos gemeldet, und bis Januar 1933 sank diese Zahl auf 696.[97] Obwohl das noch immer eine sehr hohe Zahl war, macht diese Entwicklung doch deutlich, dass die Erholung der Wirtschaft schon vor Beginn der NS-Herrschaft eingesetzt hatte.

Der Viehmarkt mit dem gusseisernen Brunnen, um 1920/30

Die Situation berufstätiger Frauen

Während des Kriegs wuchs die Zahl berufstätiger Frauen vor allem in den Büroberufen. Allein bei der Stadtverwaltung und dem Oberamt Ravensburg waren gegen Kriegsende 42 Frauen und Mädchen beschäftigt. Auch im Handel stieg die Zahl weiblicher Angestellten gegenüber der Vorkriegszeit deutlich an, und selbst zur Produktion von Granaten in der Maschinenfabrik Escher Wyss wurden Frauen herangezogen.[98]

Als nach Kriegsende die in die Heimat zurückströmenden Soldaten wieder ihre alten Arbeitsplätze einnehmen wollten, bedeutete dies für viele weibliche Arbeitskräfte, dass sie, getreu dem Motto „Der Mohr hat seine Schuldigkeit getan, der Mohr kann gehen“, ihre bisherige Tätigkeit aufgeben sollten.

In der Spalte „Eingesandt“ des „Oberschwäbischen Anzeigers“ stellte eine Leserbriefschreiberin im April 1919 die Frage, ob es denn mit der neuen Gleichberechtigung der Frau vereinbar sei, wenn Frauen nunmehr ihren Arbeitsplatz an männliche Kollegen abtreten müssten. Dieser mit „ack“ gezeichnete Leserbrief – vermutlich verbarg sich dahinter die Lehrerswitwe Berta Mack oder ihre Tochter, die Kontoristin Franziska Mack – entfachte eine lebhafte Diskussion in der Zeitung.[99] Auch wenn 1918/19 viele Frauen weichen mussten, war doch ihre Position auf dem Arbeitsmarkt gegenüber der Vorkriegszeit gestärkt, nicht nur deshalb, weil sie selbstbewusster geworden waren, sondern weil auch viele Arbeitgeber ihre Arbeit schätzen gelernt hatten.[100]

1913 hatten von den 1.328 Frauen und Mädchen, die sich an das Ravensburger Arbeitsamt wandten, 831 = 62,6 % eine Stelle als Dienstmädchen gesucht. 20 Jahre später sah dies ganz anders aus. Von 3.709 berufstätigen Frauen und Mädchen waren nun nur noch 670 = 18 % Dienstmädchen oder Hausgehilfinnen.[101] D 24 zeigt, wie breit das Spektrum weiblicher Berufsmöglichkeiten inzwischen geworden war. Bedeutend zugenommen hatte vor allem die Zahl der im öffentlichen Dienst und im Gesundheitswesen beschäftigten Frauen.

D 24 Berufstätige Frauen 1933
(3709 erfasste Frauen)

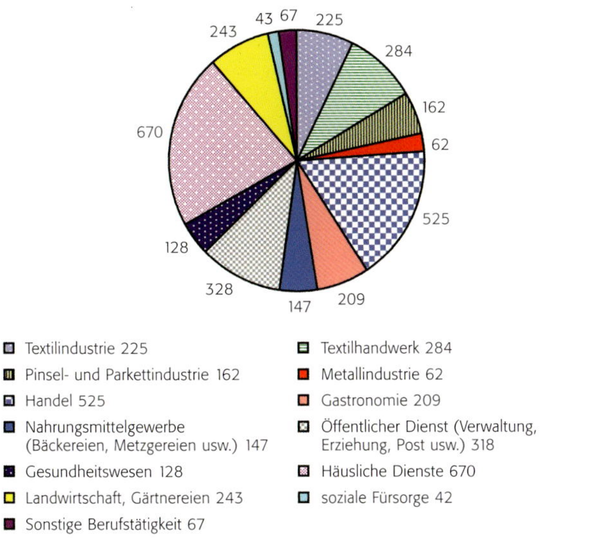

Ein Verzeichnis der selbstständigen, d.h. einen eigenen Hausstand führenden Frauen aus dem Jahr 1925[102] gibt nähere Auskunft über die beruflichen Möglichkeiten von Frauen in den „guten" Jahren der Weimarer Republik. Bei 806 von 1.765 erfassten Frauenhaushalten findet sich eine Berufsangabe. Das waren 16,7 % aller aufgeführten Berufstätigen. Neben 39 Lehrerinnen und 16 als Krankenschwestern, Arzt- und Apothekenhelferinnen oder Hebammen tätigen Frauen wurden 121 Büroangestellte – Kontoristinnen, Stenotypistinnen, Buchhalterinnen, Sekretärinnen – aufgeführt. 48 Frauen

Arbeiterinnen in der Parkettfabrik Sterkel, um 1930

standen einer Warenhandlung, einer Gastwirtschaft oder einer Pension vor. Aber noch immer bildeten 282 im Textilgewerbe selbstständig arbeitende Frauen die größte Berufsgruppe. Unter ihnen befanden sich allein 145 Näherinnen, Wäscherinnen und Büglerinnen. An zweiter Stelle rangierten 158 Taglöhnerinnen und selbstständige, nicht in einem festen Arbeitsverhältnis stehende (Hilfs)Arbeiterinnen.

Als Fazit bleibt festzuhalten, dass sich zwar die beruflichen Möglichkeiten für Frauen nach dem Ersten Weltkrieg verbesserten, dass Frauen aber in den akademischen Berufen nach wie vor so gut wie überhaupt nicht vertreten waren, sieht man einmal von der seit 1926 an der damaligen Mädchenrealschule tätigen Lehrerin Hilde Kleinknecht und den beiden praktischen Ärztinnen Dr. Bertha Essig und Dr. Maria Scheel ab, die unabhängig voneinander 1931 bzw. 1932 je eine Arztpraxis in Ravensburg eröffneten.[103]

Armut und Wohnungsnot

Der verlorene Krieg und in seiner Folge Inflation und Arbeitslosigkeit führten zur Verarmung vieler Deutscher und waren für die erste deutsche Republik eine schwere Belastung. Über Art und Zahl der in Ravensburg unterstützungsbedürftigen Bürger gibt eine im Auftrag der Stadt erstellte Übersicht vom Januar 1924 genaue Auskunft.[104] Sie unterschied zwischen folgenden Gruppen:

- 665 Sozialrentner (Invalide, Kranke, Witwen), die alt und erwerbsunfähig sind,
- ca. 150 Kleinrentner, meist ältere Leute aus der Schicht der Handwerker und des Kleinhandels, deren monatliche Rente höchstens 15 RM beträgt,

- ca. 100 Angehörige (Ehefrauen, Kinder, Eltern) dieser Gruppe,
- ca. 250 Schwerkriegsbeschädigte,
- ca. 350 so genannte verschämte Arme, die keine öffentliche Hilfe in Anspruch nehmen,
- 428 Arbeitslose („Vollerwerbslose"),
- 715 Angehörige von Vollerwerbslosen, so genannte „Zuschlagsempfänger",
- 280 Kurzarbeiter, die nur 1–3 Tage pro Woche beschäftigt werden,
- 421 Angehörige von Kurzarbeitern,
- 98 alleinstehende Arme, die im Spital oder im Bruderhaus untergebracht sind.

Das waren insgesamt ca. 3.450 Personen = 20,3 % der Einwohner. Hinzu kamen noch ca. 600 unterernährte Volksschüler, von denen 330 viermal pro Woche ein unentgeltliches Mittagessen auf Kosten der Stadt erhielten. Schließlich wurde in der Enquete noch darauf hingewiesen, dass ca. 100 Kinder tuberkulös oder tuberkulosegefährdet seien.

Ergänzt wird diese beklemmende Bilanz durch einen Aufruf im „Katholischen Kirchenanzeiger" vom 18. September 1921: Die durch die Inflation in Not geratenen katholischen „verschämten Armen", namentlich die aus gutbürgerlichen Kreisen stammenden, wurden aufgefordert, sich wegen des kostenlosen und diskreten Empfangs von Obst und Kartoffeln schriftlich an einen der beiden Stadtpfarrer zu wenden und ihren Bedarf anzumelden.

Ein großes soziales Problem stellten auch die vielen Wanderarbeiter und Obdachlosen dar, die nach Ravensburg strömten, um hier wenigstens für ein paar Nächte ein Dach über dem Kopf zu haben. Für durchreisende Wanderarbeiter stand die seit 1912 bestehende Wanderarbeitsstätte in der Humpisstraße zur Verfügung (vgl. Teil 3 Seite 173). Dort befanden sich zwar nur 22 Betten, aber wenn man zusammenrückte, konnten bis zu 32 Wanderer untergebracht werden. Als Gegenleistung für die kostenlose Übernachtung mussten die Wanderarbeiter 1 $^{1}/_{2}$ Tage eine von der Stadt bestimmte Arbeit übernehmen. Obdachlose Mädchen und Frauen konnten im katholischen „Marienheim" in der Holbeinstraße unterkommen.

1924 wurden 3.098 Obdachlose und Durchwanderer gezählt, von April 1932 bis April 1933 waren es 12.700, also mehr als viermal so viel. Deshalb musste ein Teil der „Obdachlosen von der Landstraße", wie es im Amtsdeutsch hieß, im Bruderhaus einquartiert werden. Da auch dieses bald überfüllt war, wurden vier ausgemusterte Eisenbahnwaggons am Stadtrand in der Oberzeller Straße (heute Kanalstraße) für Obdachlose aufgestellt.[105]

Sintikolonie in den Sandsteinhöhlen an der Straße nach Berg, um 1920

Eine echte Wohnungsnot war, wie bereits erwähnt, schon im Ersten Weltkrieg entstanden. Ursache dafür war neben dem Zuzug von Arbeitern, die in der Friedrichshafener Rüstungsindustrie beschäftigt waren, das fast vollständige Erliegen des Wohnungsbaus während der Kriegsjahre. Von den 3.745 Wohnungen, die bei Kriegsende vorhanden waren[106], befanden sich viele in einem erbärmlichen Zustand und waren dringend renovierungsbedürftig. Hinzu kam der starke Anstieg der Eheschließungen in den ersten Nachkriegsjahren. Damit entstand ein erhöhter Bedarf an Wohnungen.

Seit dem Jahreswechsel 1918/19 wurde die Wohnungsnot von gewissenlosen Grundstücksspekulanten dazu missbraucht, Mietshäuser aufzukaufen, den bisherigen Mietern zu kündigen und die Wohnungen zu hohen Mietpreisen neu zu vermieten. Einen gesetzlichen Mieterschutz wie heute gab es damals noch nicht. Doch hatte die Stadtverwaltung immerhin die Möglichkeit, regulierend in den freien Wohnungsmarkt einzugreifen, indem sie ein Wohnungsamt und ein „Mieteinigungsamt" als Schlichtungsinstanz einrichtete.[107] Dennoch konnte sie nicht verhindern, dass die Zahl der vermieteten möblierten Einzelzimmer von 426 im Jahr 1912 auf 291 im Jahr 1924 zurückging. Ebenso verhielt es sich mit der primitivsten, aber auch billigsten Form des Mietwohnungsangebots, den bloßen Schlafstellen in fremden Wohnungen. Von 521 solcher Schlafstellen im Jahr 1912 waren 1924 nur noch 103 übrig geblieben.[108]

Zwar gelang es der Stadt, 1919 bis 1922 eine Reihe von neuen Wohnungen zu schaffen, aber die inflationäre Preisentwicklung hemmte die dringend notwendige Investitionsbereitschaft privater Bauherren.[109] Wie groß die Wohnungsnot gewesen sein muss, lässt sich daraus erschließen, dass es keine Seltenheit war, wenn eine sechs- oder gar siebenköpfige Familie in einer Zweizimmer-Wohnung hauste, wenn erwachsene Kinder beiderlei Geschlechts in einem Zimmer schliefen oder wenn sich zwei Kinder ein Bett teilen mussten. Es kam sogar vor, dass tuberkulöse Familienmitglieder aus Platzmangel Wohn- und Schlafraum mit ihren Angehörigen teilen mussten.[110]

1923 wurde der Fehlbedarf an Familienwohnungen mit 200 angegeben, und noch im 1. Quartal 1926 waren beim städtischen Wohnungsamt 630 wohnungssuchende Parteien registriert. Der Leiter dieses Amts, Georg Brüstle, übte die gesetzlich vorgeschriebene Kontrolle über den zur Verfügung stehenden Wohnraum und die Mietpreise konsequent und ohne Rücksicht darauf aus, ob er sich damit vielleicht Feinde schuf. Jeder Wohnungswechsel musste von ihm genehmigt werden, um zu verhindern, dass jemand eine unangemessen große Wohnung erhielt. Auswärtige, die nach Ravensburg ziehen wollten, erhielten eine Zuzugsgenehmigung nur dann, wenn sie eine Miet- oder Eigentumswohnung nachweisen konnten. Wegen seines unbestechlichen Gerechtigkeitssinns wurde Brüstle von vielen bewundert, von vielen aber auch angefeindet.[111]

Erst 1926 trat dank einer verstärkten Bautätigkeit eine Entspannung auf dem Wohnungsmarkt ein. Aber selbst 1929 gab es noch gewisse Engpässe: Zahlreiche verlobte Paare mussten damals mit der Heirat warten, weil sie keine Wohnung bekamen und weil „wilde Ehen" noch keine Selbstverständlichkeit waren wie heute.[112]

Maßnahmen zur Bekämpfung der materiellen Not

Hilfe durch Stadt, Staat und Kirche

Neben der Bekämpfung der Arbeitslosigkeit mit Hilfe von allerdings schlecht bezahlten Notstandsarbeiten bemühte sich die Stadtverwaltung um eine Linderung der Wohnungsnot durch den Bau preiswerter Mietwohnungen. Darauf wird auf Seite 239ff. näher eingegangen.

Den dritten Schwerpunkt der städtischen Fürsorge bildete der Kampf gegen den Hunger. Deshalb wurden im schlimmen November 1923 zwei Volksküchen und zwei Wärmestuben eingerichtet. Im Gasthof Obertor erhielten Bedürftige aus der sozialen Unterschicht ein warmes Mittagessen für 30 Pf., während verarmte Bürger aus dem Mittelstand („verschämte Arme"), denen man einen direkten Kontakt mit den Ärmsten der Armen nicht zumuten wollte, im evangelischen Vereinshaus (heute Matthäus-Gemeindehaus) verköstigt wurden.

40 % der Volksschüler galten als unterernährt. Das waren etwa 350 Kinder. Für sie gab es die kostenlose „Schülerspeisung", ein warmes Essen, das in den Schulküchen zubereitet wurde.

Im Winter 1923/24 waren es rund 700 bedürftige Personen, die auf diese Weise in den Genuss einer „Armenspeisung" kamen. Die anfallenden Kosten mussten nicht allein von der Stadtverwaltung getragen werden. Auch Geschäftsleute, Bäcker und Metzger beteiligten sich daran mit Sach- und Geldspenden.[113]

Nachdem sich in den Jahren 1925 bis 1929 die materielle Situation etwas gebessert hatte, führte die in den letzten drei Jahren der Weimarer Republik rapid steigende Arbeitslosigkeit erneut zu einer Verelendung vieler Menschen. Wieder musste eine Wärmestube eingerichtet werden, diesmal in der Bauhütte, wieder gab es eine Volksküche und Schülerspeisung. Zu Weihnachten 1931 erhielten 1.216 Personen vom Ortsfürsorgeamt, das 1925 an die Stelle der Stiftungsverwaltung getreten war, so genannte „Wohlfahrtsschecks", Gutscheine im Wert zwischen 4 und 12 RM zum Bezug von Lebensmitteln.[114]

Die so genannte „Winternothilfe", Vorgängerorganisation des „Winterhilfswerks" im Dritten Reich, ermöglichte es seit dem Winter 1931/32 mit Hilfe teils staatlicher, teils städtischer Zuschüsse und privater Spenden, mittags und abends im Bruderhaus, später auch im Gesellenhaus, warme Mahlzeiten und Milch für ein paar Pfennige an etwa 130 Bedürftige auszugeben. Insgesamt kamen 1931 über 2.000 Kinder und Erwachsene in den Genuss einer materiellen Zuwendung durch das Ortsfürsorgeamt. 1932 waren es noch einige Hundert mehr.[115]

In den letzten Monaten des Jahrs 1932 lief im ganzen Reich ein Arbeitsbeschaffungsprogramm zur Bekämpfung der Arbeitslosigkeit an. Die Stadt Ravensburg meldete dafür drei Projekte an: Ausbau der Kanalisation, Bau einer Kläranlage und „Korrektion" der Schussen. Letztere Maßnahme war besonders wichtig, da die Schussen immer wieder nach starken Regenfällen oder während der Schneeschmelze über die Ufer trat und in den flussnahen Siedlungsgebieten beträchtliche Schäden anrichtete, so zuletzt im Juni 1926. Anfang 1933 liefen die vorgesehenen Arbeiten tatsächlich an. Sie konnten im Dritten Reich fortgesetzt werden und trugen auch tatsächlich zum Abbau der Jugendarbeitslosigkeit bei.[116]

Die Kehrseite all dieser sozialpolitischen Maßnahmen war, wie gesagt, ein Ausbluten des Ortsarmenfonds, dessen Geldvermögen ohnehin schon durch die Inflation vernichtet worden war. Das jährliche Defizit konnte nur noch durch Grundstücksverkäufe und Zuweisungen aus der Stadtkasse ausgeglichen werden. Um die dadurch entstandene hohe Belastung des städtischen Haushalts zu mindern, sah sich der Gemeinderat 1931 gezwungen, die seit 1920 erhobene Bürgersteuer kräftig anzuheben. Doch die negative Entwicklung hielt an: Hatten die Zahlungen der Stadtkämmerei an das Ortsfürsorgeamt 1930 noch 133.000 RM betragen, so stiegen sie im Lauf der beiden folgenden Jahre auf jährlich 288.000 RM. Auch unter dem NS-Regime blieb der Haushalt der Ortsfürsorgebehörde defizitär. 1935 lag das Defizit bei 147.718 RM, 1936 stieg es auf 167.053 RM. Da eine Trendwende nicht abzusehen war, entschloss sich die Stadtverwaltung 1938, die Selbstständigkeit der Armenfondsverwaltung aufzuheben und das Vermögen des Ortsarmenfonds in den städtischen Haushalt zu integrieren. Damit endete eine Verwaltungstradition, die viele Jahrhunderte lang gegolten hatte.[117]

Zur Linderung der Not in den Jahren 1930 bis 1932 trugen neben der Stadt auch die Kirchen und kirchlich orientierten Vereine bei. Im Winter 1930/31 kam es sogar zu einer überkonfessionellen Gemeinschaftsaktion, was damals alles andere als selbstverständlich war: Im Josefshaus erhielten 120 Kinder täglich ein warmes Mittagessen, wobei sich an den Kosten auch die evangelische Kirchengemeinde beteiligte. Die Gemeinde Liebfrauen übernahm darüber hinaus noch die Kosten für die Speisung von 120 bis 140 Arbeitslosen. Wegen der begrenzten Kapazität der einzelnen Anstaltsküchen erfolgte die Essensausgabe teils im Elisabethenkrankenhaus, teils im „Klösterle" und im Josefshaus.[118]

Im darauffolgenden Winter wurden auch die kirchlichen Frauenvereine aktiv. Viermal in der Woche wurde an 250 Kinder eine warme Mahlzeit ausgegeben. Der katholische Elisabethenverein sammelte und spendete überdies zu Weihnachten 1932 warme Winterkleidung für 500 Kinder.[119]

Hilfe aus der Schweiz

In der benachbarten Schweiz blieb man angesichts der wachsenden Not in Deutschland 1922/23 nicht untätig. Das Schweizer Kinderhilfswerk organisierte von 1923 bis 1925 gemeinsam mit dem „Hilfskomitee für hungernde Völker" die „Schweizer Hilfsaktion für deutsche Not". Empfänger der Hilfe aus der Schweiz sollten vor allem „unterernährte Kinder, geistig Schaffende und hungernde deutsche Arbeiter" sein. Unter den deutschen Städten, die in einer Liste vom Februar 1924 als Adressaten genannt wurden, befand sich auch Ravensburg.

Gutschein der St. Galler Hilfskomitees für deutsche Not, 1923

Wäsche, Kleider, Dörrobst und Zwieback mit einem Gesamtgewicht von 128 kg wurden über das Ravensburger Büro der Caritas an Bedürftige verteilt.[120]

Doch damit nicht genug. Das „St. Galler Hilfskomitee für deutsche Not", das an der „Schweizer Hilfsaktion" beteiligt war, schickte seit Herbst 1923 in großem Umfang Teigwaren, Haferflocken, Reis, Erbsen, Kartoffeln, Gerste und Bohnen an verschiedene Städte in Württemberg, Baden und Bayern. Die Menge der Lebensmittel war so berechnet, dass davon täglich für insgesamt 22.300 (!) Personen eine nahrhafte Suppe gekocht werden konnte.

Über verschiedene deutsche Informanten wurde die Zahl der für die einzelnen Städte bestimmten Portionen ermittelt. Für Ravensburg und Weingarten waren dies der Ravensburger Gardinenfabrikant Otto Merz, der seit langem geschäftliche Beziehungen nach St. Gallen pflegte, und Pater Frowin, Benediktinermönch des erst ein Jahr zuvor wiedererstandenen Klosters Weingarten. Beide wiesen auf die besonders große Not in Weingarten hin, das zusätzlich zu allem Elend auch noch unter dem Verlust der Garnison als wichtigem Arbeitgeber zu leiden hatte.

Die vom Bau- und Sparverein 1924/25 an der Bismarck- und Ziegelstraße erbauten Mietshäuser, Deckfarbenmalerei v. V. Marschall, 1925

Da von verschiedenen Mittelsleuten darauf hingewiesen wurde, dass die Lage in Ravensburg weniger ernst als in Lindau, Friedrichshafen oder Ulm sei, sollte Ravensburg nur Lebensmittel für täglich 170 Portionen Suppe erhalten, während für Ulm 900, für Lindau 700, für Friedrichshafen 300 und für Weingarten 150 tägliche Portionen Suppe festgesetzt wurden.[121]

Zum Tragen kam die Schweizer Suppenküche in Ravensburg ab Februar 1924. In den folgenden fünf Monaten wurden hier 23.364 Liter Suppe verteilt. Das St. Galler Komitee legte Wert darauf, dass neben Kindern besonders Rentner und, wie bereits zuvor erwähnt, „geistig Schaffende" bedacht wurden. Für letztere gab es außerdem Extra-Pakete, was nicht überall gern gesehen wurde. Die Hilfe ging aber noch weiter. Im Mai durften 15 bedürftige Mädchen auf Kosten des Komitees für drei Wochen ins Prättigau fahren, um sich dort in einem Ferienheim zu erholen.[122]

Bauwesen und technischer Fortschritt

Der Wohnungsbau

Während und nach dem Ersten Weltkrieg entstand ein von Jahr zu Jahr spürbarer werdendes Missverhältnis zwischen wachsender Bevölkerungszahl und damit Wohnungsbedarf auf der einen und vorhandenem Wohnraum auf der anderen Seite. Diese Entwicklung hatte Oberbürgermeister Reichle, der ein weitsichtiger Mann war, veranlasst, geeignete Grundstücke aufzukaufen und so einen Vorrat an Grund und Boden für künftige Wohnbauprojekte anzulegen. Die Bauplätze dort sollten später zu günstigen Preisen an Bauwillige verkauft werden.

In den drei Jahren zwischen Kriegsende und Reichles Tod im Dezember 1921 wurden in Ravensburg immerhin 122 neue Wohnungen gebaut. Darunter befanden sich zwei städtische Sechsfamilienhäuser in den Ziegelwiesen.[123] Ein wichtiger Partner der Stadt war in diesen Jahren der Bau- und Sparverein als Bauträger.[124]

Reichles Nachfolger Hans Mantz setzte diese Boden- und Wohnbaupolitik fort. In den zehn Jahren seiner Amtszeit entstanden mit Hilfe zinsgünstiger städtischer und staatlicher Darlehen trotz der Krisenjahre 1922/23 und 1929 bis 1932 724 neue Wohnungen, davon 230 städtische. Wie erfolgreich die Bemühungen der Stadtverwaltung und des Bau- und Sparvereins waren, die Bürgerschaft zum „Häuslebauen" zu ermuntern, lässt sich daran ablesen, dass die Hypothekendarlehen der Oberamtssparkasse Ravensburg von 261.000 RM im Jahr 1924 auf ein Volumen von 6,92 Millionen RM 1930 anstiegen.[125] 1926 bis 1929 wurden jährlich zwischen 84 und 103 neue Wohnungen erstellt. In den letzten drei Jahren der Weimarer Republik führte dann allerdings die Weltwirtschaftskrise zu einem markanten Rückgang.[126]

Der soziale Wohnungsbau dieser Jahre hatte verschiedene Schwerpunkte. Bis 1925 waren dies:

- das Baugebiet Ziegelwiesen südlich der Altstadt (Bismarckstraße, Wilhelm-Hauff-Straße), wo unter anderem Werkswohnungen für Arbeiter der Pinselfabrik Sterkel entstanden,
- Werkswohnungen der Maschinenfabrik Escher Wyss in der Rechenwiesenstraße,
- nordöstlich der Altstadt der Bereich Reichle- und Spohnstraße,
- Fertigstellung mehrerer städtischer Mietshäuser an der Garten- und Unteren Burachstraße.

Werkswohnungen der Firma Escher Wyss in der Rechenwiesenstraße, ca. 1930/35
Rechts am Rand die neue Mühlbruckkapelle, darüber im Hintergrund die Häuschen der „Aigen-Siedlung".

Zwischen 1925 und 1932 lag der Schwerpunkt ebenfalls im Süden bzw. Südwesten der Altstadt:

- südlich des Goetheplatzes die Mustersiedlung im *Aigen* mit 54 Einfamilienhäusern (Erzberger-, Ebert-, Richthofen- und Springerstraße),
- südöstlich zwischen der alten Vorstadt „Pfannenstiel", der Bahnlinie und der Schussen die im Rahmen eines staatlichen Förderprogramms für Notwohnungen entstandene *Schussen- oder Grünlandsiedlung* (Oberzeller Straße [heute Kanalstraße], Grünlandweg, Boelckeweg), im Volksmund auch „Elsässerkolonie" und noch häufiger „Kongo" genannt, in Anspielung auf die Sintikolonie, die am Rand dieser Siedlung in Baracken und Eisenbahnwaggons hauste.[127]

Die „Aigen-Siedlung", um 1930
Die Mustersiedlung im „Aigen", im äußersten Süden der Südstadt östlich der Hindenburgstraße, entstand in den Jahren 1925 bis 1932. Sie umfasste 54 schlichte Einfamilienhäuser mit Nutzgärten und war die größte Ravensburger Neubausiedlung vor 1933. Im Hintergrund Weißenau mit den Kirchtürmen der ehemaligen Klosterkirche und den Neubauten der Psychiatrischen Heilanstalt.

Seit etwa 1930 konnte in Ravensburg nicht mehr von einer Wohnungsnot gesprochen werden. Dies hatte zur Folge, dass die Wohnungszwangswirtschaft, die schon 1924 gelockert worden war, 1930 aufgehoben und das städtische Wohnungsamt aufgelöst werden konnte.[128]

Der Bau von 846 neuen Wohnungen, darunter 242 städtischen, innerhalb von 13 teilweise schwierigen Jahren darf ohne Zögern als die bedeutendste kommunalpolitische Leistung während der Weimarer Republik bezeichnet werden. Unter den Nationalsozialisten wurde der Wohnungsbau unvermindert fortgesetzt. Dies geschah allerdings unter erheblich günstigeren wirtschaftlichen Bedingungen als in den letzten Jahren der Weimarer Republik.

Größere Bauvorhaben und technische Neuerungen

Vergleicht man anhand der Bautagebücher des städtischen Bauamts[129] für die Jahre zwischen dem Ende der Inflation und dem Beginn des Dritten Reichs die Zahl der Baugesuche mit der Höhe der Bausummen, so fällt ein gewisses Missverhältnis zwischen Baugesuchen und Bausummen auf (Index: 1913 = 100)[130]:

	Zahl der Baugesuche	Höhe der Bausumme
1924	150	187
1925	**183**	**267**
1926	134	164
1927	172	131
1928	195	191
1929	**174**	**289**
1930	157	109
1931	**99**	**149**
1932	125	71

In den fett gedruckten Jahren waren die Bausummen höher als man aufgrund der Zahl der Baugesuche eigentlich vermutet hätte. Der Grund dafür waren besonders große Bauvorhaben: 1925 mehrere städtische Mietshäuser an der Garten- und Unteren Burachstraße (vgl. die Abbildung auf dieser Seite), die Erweiterung des Josefshauses, der Bau des Bezirksbauamts in der Mineggstraße und der Landwirtschaftsschule in der Frauenstraße. 1929 schlugen vor allem der Neubau der Textilfabrik Baby Dreher und der OMIRA sowie die umfassende Renovierung des Rathauses zu Buche. 1931 wirkte sich die Erweiterung des Elisabethenkrankenhauses positiv auf die Bauwirtschaft aus.[131]

Auf die für das heimische Bauhandwerk enorm wichtige Bautätigkeit der Firma Escher Wyss in den Inflationsjahren 1922 und 1923 wurde bereits verwiesen (Seite 230f.). Allein deren Bauvorhaben machten 1922 28,2 % des gesamten Bauvolumens dieses Jahrs aus.[132]

Zum Bauwesen im weiteren Sinn gehörte auch die durch den zunehmenden Autoverkehr notwendig gewordene Verbesserung des Straßenbelags, meist mit Asphalt, und die Anlegung von Bürgersteigen.[133] Auch

Kinder in der Unteren Burachstraße, ca. 1926
Die Burachsiedlung entstand in mehreren Etappen zwischen 1905 und 1926.

die Verbesserung der Kanalisation und die Regulierung der Schussen aufgrund eines reichsweiten Arbeitsbeschaffungsprogramms im Jahr 1932 sei hier nochmals erwähnt. Im Rahmen der Kanalisationsarbeiten wurden auch viele elektrische und Telefonleitungen in die Erde verlegt, so dass der unschöne Telefon- und Telegrafenturm auf dem Lederhaus (Abb. Seite 200) 1929 abgebaut werden konnte.

Ein technischer Fortschritt war auch die Umstellung der Straßenbeleuchtung von Gas auf Strom in den Jahren 1925/26, die Verbesserung der Trinkwasserversorgung 1929 sowie die Modernisierung und Erweiterung des städtischen Schlachthofs und des Gaswerks in den Jahren 1928 bis 1930.

Mit der Eröffnung des Rundfunksenders Stuttgart im Mai 1924 konnte man auch in Ravensburg erstmals Rundfunksendungen empfangen. In den Genuss dieser neuen technischen Erfindung kamen vor dem Dritten Reich allerdings nur wenige. 1927 gab es in Ravensburg erst 132 Rundfunkgeräte, 1931 besaßen 417 von ca. 4.400 Haushalten ein Radio.[134]

Zu den Fortschritten dank technischer Erfindungen gehörte schließlich auch die Einrichtung von Postomnibuslinien in benachbarte Dörfer und Städte, die mit der Eisenbahn nicht erreichbar waren. In Ravensburg traf dies besonders für den Verkehr in Ost-West-Richtung zu. Deshalb bedeutete es für viele eine große Erleichterung, als 1923 die „Kraftpostlinie" nach Wilhelmsdorf und 1924 diejenige nach Wangen eröffnet wurde.[135]

Kultur (Musik, Literatur, Kunst, Denkmalpflege, Wissenschaft)

Von der kulturellen Blüte, die Deutschland in den „goldenen Zwanzigerjahren" erlebte, war in der oberschwäbischen Provinz nicht viel zu spüren. Sie blieb auf Großstädte und kleinere Zentren wie Weimar, Dessau oder Bayreuth beschränkt. In Ravensburg fand ebenso wie vor dem Krieg *Musik* das meiste Interesse. Dazu trug nicht zuletzt das Konzerthaus bei, das in seinem pompösen neobarocken Gewand noch etwas vom Charme der guten alten Zeit bewahrt hatte und bei Künstlern wie Zuhörern und Zuschauern gleichermaßen beliebt war. In den beiden ersten Nachkriegswintern mussten die Ravensburger wegen Kohlenmangel allerdings auf den Besuch des Konzerthauses verzichten. Doch das besserte sich im Lauf der folgenden Jahre. Unter den 94 Veranstaltungen, die 1928 im Konzerthaus stattfanden, waren 52 musikalische, darunter acht Opern- und Operettenaufführungen.[136]

Der zweite Faktor, der insbesondere das Interesse für klassische Musik wach hielt, war der 1877 hier geborene Sänger Karl Erb, dessen Ruhm seit seinem Engagement an das Münchner Hoftheater im Jahr 1913 weit über Deutschland hinaus zu strahlen begann. Trotz seiner alles andere als sorglosen Kindheit und Jugend als uneheliches Kind einer armen Fabrikarbeiterin fühlte der berühmte Tenor sich seiner Heimatstadt lebenslang verbunden und bereicherte das hiesige Musikleben immer wieder durch Auftritte als Opern- und Liedersänger ebenso wie als Evangelist in den Passionen von Johann Sebastian Bach.[137]

Seine ersten musikalischen Eindrücke empfing der junge Karl Erb im Liederkranz, der auch nach 1918 die führende musikalische Institution in Ravensburg blieb. Erst seit 1925 konnten Frauen, die bisher nur als „Gäste" zugelassen waren, diesem Verein als gleichberechtigte aktive Mitglieder beitreten. Unter dem hochmusikalischen, aber eigenwilligen und deshalb umstrittenen Chorleiter Rudolf Bella kam es 1929 zu einem Austritt der Anhänger Bellas, die einen eigenen Gesangsverein, den „Schubertbund" gründeten, der aber nach dem Weggang Bellas bereits 1932 wieder mit dem Liederkranz verschmolz.[138]

Der Vollständigkeit halber sei hier auch noch eines in Ravensburg geborenen Musikers gedacht, der allerdings schon mit zwölf Jahren wegzog, des Komponisten Hugo Herrmann (1896–1967). Jahrzehntelang leitete er die bekannte Musikschule Trossingen und schuf für diese Schule zahlreiche Kompositionen, die bald auch anderswo gespielt wurden: Stücke für Akkordeon, Chorwerke, Lieder und ganze Opern.[139]

Der umstrittene Chorleiter des Liederkranzes Rudolf Bella, Tuschzeichnung, ca. 1929
Es ist nicht geklärt, ob diese im Gästebuch des Cafés Krafft enthaltene Karikatur von Julius Herburger oder von Eugen Bischoff stammt.

Im Vergleich zur Zeit nach 1945 scheint das Interesse an moderner *Literatur* und zeitgenössischem *Theater* in Ravensburg während der Zwischenkriegszeit nicht besonders ausgeprägt gewesen zu sein. Namen wie Hesse, Benn, Kästner, Remarque, Tucholsky, Döblin, Heinrich

Wandgemälde „Die Freunde" von Julius Herburger im Treppenhaus der Gymnasien, 1928
Das im Dritten Reich vom damaligen Schulleiter Luib als „entartete Kunst" eingestufte Fresko wurde 1939 übertüncht und erst 1980 wiederentdeckt.

Mann oder Brecht tauchen in den beiden Lokalzeitungen selten oder nie auf. Eine Ausnahme machten Gerhart Hauptmann, Ibsen, Strindberg und Zuckmayer, deren Theaterstücke hin und wieder auf die Bühne des Konzerthauses gelangten. Als Thomas Mann 1929 den Nobelpreis für Literatur erhielt, brachte die deutschnational gesinnte „Oberschwäbische Volks-Zeitung" am 15. November nur eine kurze Meldung, während der „Oberschwäbische Anzeiger" schon zwei Tage zuvor eine differenzierte Würdigung Thomas Manns veröffentlicht hatte.

Eine Durchsicht beider Zeitungen macht deutlich, dass das Interesse eher christlich orientierten Heimat- und Volksschriftstellern galt. Sehr beliebt waren offenbar Dichterinnen wie Agnes Miegel, Gertrud von Le Fort und Ruth Schaumann. Der 50. Geburtstag Thomas Manns 1925 blieb in beiden Zeitungen unerwähnt, dagegen widmete der „Oberschwäbische Anzeiger" vier Jahre später Agnes Miegel zu ihrem 50. Geburtstag eine überschwängliche Laudatio aus der Feder eines gewissen Egon Schmid, worin es hieß: „In ihr schwingt nordisch klar und nordisch kalt der Ernst der schwergeprüften Ostseeheimat […] Die männliche Frau, ein echter deutscher Troubadour, wurzelt wie selten einer in deutscher Heimat, deutschem Volk und deutscher Seele."[140] Soweit in beiden Zeitungen Gedichte abgedruckt wurden, handelte es sich in der Regel um betuliche, sentimentale oder frömmelnde Ergüsse von Autoren, die heute keiner mehr kennt.

Das Interesse und Verständnis für moderne *Kunst* war noch geringer als dasjenige für Literatur. Über eine in Ravensburg gezeigte Auswahl von Gemälden zeitgenössischer Münchner Maler im Jahr 1929 befand der „Oberschwäbische Anzeiger", es seien „recht hübsche Sachen darunter". Und weiter: „Glücklicherweise ist der modernste Stil nicht vertreten, so dass sich ein Besuch für jeden Freund schöner Bilder lohnt." [141]

Schon fast an die Sprache des Dritten Reichs erinnert der Tonfall eines Beitrags über moderne Kunst in der „Oberschwäbische Volks-Zeitung", in dem es hieß: „Nicht in den Händen müder Dekadenz darf der Gral der Kunst verglühen, nein, das junge Blut eines ganzen geläuterten Volkes muss der Keimträger sein zu einer neuen Blütezeit des Schönen, Guten, Wahren." [142] Der Gerechtigkeit halber muss jedoch hinzugefügt werden, dass in der Volkszeitung auch andere Stimmen zu hören waren, so in einem Artikel vom 24. Juni 1929 über ein Wandbild, das der junge Maler Julius Herburger kurz zuvor im Treppenhaus des städtischen Gymnasiums fertig gestellt hatte.

Dieser hoch begabte Künstler ist wohl die interessanteste Gestalt in der Ravensburger Kulturszene der ausgehenden zwanziger Jahre. 1900 in Ravensburg geboren, hatte er an der damals führenden deutschen Kunstakademie in Stuttgart studiert und bereits große Beachtung über Württemberg hinaus gefunden. Sein erster großer Auftrag war das erwähnte Wandbild mit dem Titel „Die Freunde". In der Hoffnung, dass diesem Auftrag weitere folgen würden und weil er zudem knapp bei Kasse war, war der 28-Jährige im Herbst 1928 ins Ravensburger Elternhaus zurückgekehrt und blieb von da an bis zu seinem Tod 1973 in Ravensburg.[143] Seiner weiteren künstlerischen Entwicklung war diese Rückkehr in die Provinz nicht unbedingt förderlich. Im Vergleich zu seinem furiosen Frühwerk wirken die meisten Arbeiten der folgenden zwei Jahrzehnte blasser und konventioneller. Doch in den fünfziger und sechziger Jahren entstanden nochmals Gemälde und Zeichnungen von hohem Rang und in einer ganz unverwechselbaren Handschrift. Sie sichern Herburger einen bleibenden Platz in der oberschwäbischen Kunstgeschichte des 20. Jahrhunderts.

Im kulturellen Leben der Stadt spielten der Honoratiorenverein „Museum" und der „Kunst- und Altertumsverein" eine immer geringere Rolle. Das städtische Museum im ehemaligen Theatersaal über der Brotlaube entwickelte sich mehr und mehr zu einem unüberschaubaren Sammelsurium aus alter Kunst, alten Möbeln und Kunsthandwerklichem, ausgestopften Tieren, Schmetterlings- und Mineraliensammlungen.

Für eine Stadt mit so reicher historischer Bausubstanz wie Ravensburg bedeutete die seit dem frühen 20. Jahrhundert professionell betriebene staatliche Denkmalpflege einen wichtigen kulturellen Fortschritt. Das Stuttgarter Landesamt für Denkmalpflege fand in Oberbürgermeister Mantz einen verständnisvollen Partner, dem der Denkmalschutz ein echtes Anliegen war. 1925 wurden erstmals 56 Gebäude in Ravensburg als Baudenkmale unter Schutz gestellt, 1931 erschien das Kunstdenkmalinventar für das Oberamt Ravensburg im Druck.[144]

Mantz war es ein Anliegen, die wichtigsten Baudenkmale in städtischem Besitz zu pflegen und, soweit dies erforderlich schien, zu renovieren. Trotz erheblicher Widerstände im Gemeinderat zog er zwischen 1927 und 1930 eine aufwändige, nach damaligem Verständnis vorbildliche Renovierung der beiden zentralen Gebäude Waaghaus und Rathaus durch.

Für die Zwischenkriegszeit ist schließlich noch eines Mannes zu gedenken, der auf dem Gebiet der Naturwissenschaften Bedeutendes geleistet hat: Karl Bertsch (1878 – 1965) war zwar kein gebürtiger Oberschwabe, aber sein Beruf als Lehrer führte ihn schon früh nach Ravensburg. Sein Spezialgebiet waren Moose, Flechten und Algen. Aufgrund einer jahrzehntelangen Beschäftigung mit diesen Pflanzen leistete er einen wesentlichen Beitrag zur Entwicklung der Pollenanalyse, einer Methode zur Altersbestimmung vorgeschichtlicher Pflanzen. Zu seinen wichtigsten Veröffentlichungen gehörten sein „Lehrbuch der Pollenanalyse", die „Geschichte unserer Kulturpflanzen" und die „Geschichte des deutschen Waldes". Die Universität Tübingen verlieh dem ehemaligen Volksschullehrer und späteren Oberrealschullehrer 1927 den Titel Dr. h.c.

Alltag, Feiertag, Freizeit

Die Bedeutung der Vereine für das gesellschaftliche Leben einer Stadt wie Ravensburg kann kaum überschätzt werden. Viele jugendliche und erwachsene Ravensburger verbrachten einen erheblichen Teil ihrer Freizeit in einem oder mehreren Vereinen. Das gilt auch für die Zwischenkriegszeit. Die genaue Zahl der Vereine in diesen 13 Jahren lässt sich nur schwer bestimmen.[145] Es gab Vereine, die das gesellige Beisammensein mit sportlichen, musischen oder karitativen Zielen verbanden und solche, deren Zusammenhalt auf der gemeinsamen Konfession oder dem gleichen Beruf basierte. Es gab außerdem vereinsähnliche Zusammenschlüsse mit mehr oder weniger geselligem Charakter wie die Innungen oder die Ortsverbände bzw. -vereine der Gewerkschaften und politischen Parteien. Hinzu kamen Genossenschaften wie der „Bau- und Sparverein" und Ortsgruppen großer Verbände wie dem „Bund der Kinderreichen" oder dem „Zentralverband deutscher Kriegsbeschädigter und Kriegshinterbliebener", deren Zweck im Wesentlichen darin bestand, ihre Mitglieder zu beraten und deren Interessen auf höherer Ebene zu vertreten.

Das „Verzeichnis der Vereine, Verbände und Innungen" im Adressbuch von 1930 enthält 129 Einträge, darunter so kuriose wie den „Gebirgstrachtenunterhaltungsverein Edelweiß". Andererseits fehlen in dieser Liste aber der „Oberschwäbische Kameradschaftsbund Ehemaliger des Feldartillerieregiments Nr. 13", der „Mandolinenklub Neapolitana" oder die „Vereinigung ehemaliger evangelischer Schüler höherer Lehranstalten", Vereine, die sich nur über Anzeigen oder redaktionelle Hinweise in den Lokalzeitungen nachweisen lassen, ohne dass man mehr über sie erfährt.

Wenn man die Ortsgruppen überörtlicher Verbände (nicht Vereine!), Parteien und Gewerkschaften außer Acht lässt, bleiben für die Jahre 1919 bis 1932 mindestens 91 echte Vereine übrig. Etwa 40 Vereine waren konfessionell geprägt, davon drei Viertel katholisch, was in etwa auch dem Zahlenverhältnis zwischen Katholiken und Protestanten entsprach. Im oder nach dem Ersten Weltkrieg wurden der Katholische Frauenbund, der Deutsch-Evangelische Frauenbund, der Evangelische Volksbund, der Jugendbund für entschiedenes Christentum sowie Ortsgruppen der Christlichen Pfadfinderschaft, des Christlichen Vereins Junger Männer (CVJM), des katholischen Schülerbunds „Neudeutschland" und des Volksvereins für das katholische Deutschland gegründet.

Zu den zehn Sportvereinen der Vorkriegszeit kamen nach 1918 der Schneelaufverein, der Radfahrerverein Concordia und gleich zwei Reitervereine: der Reitclub und der Reit- und Fahrverein.

Auch die Zahl der Arbeitervereine wuchs. Neben Arbeiterbildungsverein, Katholischem Arbeiterverein sowie Katholischem Arbeiterinnen- und Dienstmädchenvereinverein entstanden nach 1918 der Arbeiter-Samariterbund, der Arbeiter-Turn- und Sportbund, der Evangelische Arbeiterinnenverein, der Freie Volkchor und der Touristenverein „Die Naturfreunde". Diese acht Vereine wurden samt und sonders im Dritten Reich aufgelöst, ebenso die Mehrzahl der katholischen Vereine.

In den zwanziger Jahren wurden auch einige neue Musikvereine gegründet. Neben Liederkranz, Sängerbund, Evangelischen Kirchenchor und Männergesangsverein „Eintracht" traten der schon erwähnte Mandolinenklub Neapolitana und der Freie Volkchor, außerdem die Gesellschaft der Musikfreunde, der Konzertverein und der von Mitgliedern der beiden katholischen Vereine Gesellenverein und Arbeiterverein 1923 gegründete „Sängerkranz".

Vor dem Krieg hatte es drei militärische Traditionsvereine gegeben: den Veteranen- und Militärverein, den Kriegerverein und – etwas verwirrend – auch noch einen besonderen „Militärverein". Zwischen 1920 und 1923 verschmolzen diese drei Vereine zu einem einzigen Verein mit dem schlichten Namen „Militärverein". In den folgenden Jahren entstanden vier weitere Veteranenvereine: der Marineverein, die Pioniervereinigung und die Ortsgruppen des Württembergischen Frontkämpferbunds sowie des schon erwähnten Oberschwäbischen Kameradschaftsbunds Ehemaliger des Feldartillerieregiments Nr. 13.

Die sieben Frauenvereine der Vorkriegszeit hatten alle eine konfessionelle Prägung. Das änderte sich auch nach dem Krieg kaum. Unter den sechs Neugründungen zwischen 1914 und 1930 waren vier konfessionell: der Katholische Frauenbund, der Verein katholischer kaufmännischer Gehilfinnen und Beamtinnen „Welfia", der Deutsch-Evangelische Frauenbund und der Evangelische Arbeiterinnenverein.[146] Überkonfessionell waren nur der Landwirtschaftliche Hausfrauenverein und der Verein weiblicher Handels- und Büroangestellter, wobei letzterer aber fast ausschließlich evangelische Mitglieder besaß und sich in gewisser Weise als Konkurrenz zur „Welfia" verstand.[147]

Nur von wenigen Vereinen wie dem Katholischen Gesellenverein, dem „Museum", dem Liederkranz, dem Kunst- und Altertumsverein, dem Turnverein oder dem Bayerischen Klub haben sich vereinsinterne Unterlagen erhalten, die uns Einblick in das Vereinsleben gewähren. Einen gewissen Ersatz bilden jedoch die Anzeigen und Berichte über Veranstaltungen der Vereine in den beiden Lokalzeitungen. So erfährt man etwa, wie aufwändig die Weihnachtsfeiern der Sportvereine gestaltet waren: mit Musik, Theateraufführung, Tanz, Gesang und Gabenverlosung.[148]

Das seit 1919 geltende Stimmrecht für Frauen bei politischen Wahlen löste bei einer Reihe von Vereinen einen Ruck in Richtung Gleichberechtigung aus. So richtete der Turnverein bereits 1919 eine Frauenabteilung ein, der sofort 43 Frauen und Mädchen beitraten.[149] Beim traditionsreichen Liederkranz, in dem Frauen bis dahin nur als Gäste mitwirken konnten, dauerte es etwas länger. Aber seit 1925 nahm auch er Frauen als Vollmitglieder auf, die innerhalb des Vereins einen eigenen „Damenchor" bildeten.[150]

Im „Museum" konnten Damen aus der Oberschicht, vornehmlich adelige, schon seit längerem als gleichberechtigte Mitglieder aufgenommen werden (siehe Teil 3 Seite 202). 1920 waren 30 der 161 Mitglieder Frauen.[151] Gerade diesen vornehmsten der Ravensburger Vereine stürzten jedoch die schwierigen Jahre nach dem Ersten Weltkrieg und besonders die Inflation in eine schwere Krise. Viele seiner Mitglieder sahen sich nicht mehr in

Der Flappachweiher, Aquarell v. E. Felle, 1931
1925 wurde an dem romantisch gelegenen Stausee eine Badeanstalt eingerichtet. Das Ausflugslokal im Hintergrund bestand schon seit Ende des 19. Jahrhunderts.

der Lage, den finanziellen Aufwand, den eine Mitgliedschaft zwangsläufig mit sich brachte, mitzutragen. Deshalb schloss sich der Verein 1923 mit dem Kaufmännischen Verein zusammen, um gemeinsam die Kosten für das Vereinslokal, den Bezug von Zeitungen und Zeitschriften und den Ankauf von Büchern zu übernehmen. 1926 trat dieser neuen Zweckgemeinschaft auch noch der Handels- und Gewerbeverein bei.

Die Krisenjahre ab 1930 brachten dann aber doch das Ende. Viele Mitglieder traten aus finanziellen Gründen aus, so dass zunächst die meisten Zeitschriften und Zeitungen abbestellt werden mussten. 1934 wurde das Lesezimmer aufgegeben, anschließend die stattliche Vereinsbibliothek aufgelöst und die Bücher an die Mitglieder und andere Interessenten verkauft. 1937 erfolgte schließlich die offizielle Auflösung des Vereins.[152]

⋆

Natürlich gab es auch Möglichkeiten der Freizeitgestaltung außerhalb der Vereine. Immer beliebter wurde im Sommer das Baden. An die Stelle der von Jahr zu Jahr schmutziger werdenden Schussen trat der Flappachweiher südöstlich der Stadt. 1925 wurde dort eine städtische Badeanlage mit Badehäuschen und Badeaufsicht eingerichtet.[153] Viele Ravensburger besuchten auch das Waldbad bei Baienfurt.

Für Abwechslung im Alltag sorgten in unregelmäßigen Abständen auch die immer aufwändiger gestalteten Zirkusvorstellungen. Das große Zirkuszelt wurde meist in den Ziegelwiesen südwestlich der Altstadt aufgebaut. Neben dem Zirkus Krone hatte vor allem der Zirkus Sarrasani großen Zulauf. 1930 traf dieser mit 200 Lastwagen in Ravensburg ein. Neben 400 Artisten und ebenso vielen Tieren trat eine Kapelle mit 100 Musikern auf. Der Zulauf, nicht zuletzt auch vom Lande, war so groß, dass für die Dauer des Auftretens in Ravensburg 200 Sonderbusse eingesetzt werden mussten.[154]

Zu den neuen Freizeitvergnügungen gehörte auch das Kino. 1910 war in Ravensburg das erste Filmtheater eröffnet worden, bereits 1911 folgte das zweite. Beide erfreuten sich zunehmender Beliebtheit bei Jung und Alt.[155] Daneben spielten Theater, Konzerte und Tanzveranstaltungen weiterhin eine große Rolle.

Wie schon vor dem Krieg klagten Vertreter der beiden Kirchen immer wieder über die Vergnügungssucht der Oberschwaben im Allgemeinen und der Ravensburger im Besonderen. „Sport und Festwut, [...] Ausflüge an den Bodensee und zu dessen zweifelhaften Strandbädern“ verletzten die Sonntagsheiligung, fand 1921 Pfarrer Hummel von St. Jodok. Vor allem im Sommer gäbe es viel zu viele Feste, die den Kirchenbesuch besonders der männlichen Jugend beeinträchtigten. Seit dem Krieg werde auch das Fastengebot mehr und mehr missachtet.[156]

In dasselbe Horn stießen seine evangelischen Amtskollegen. „Im Oberländer ist viel Genussfreude“, fand der aus dem pietistischen Nagold stammende Dekan Dr. Hermann Ströle 1931. 90 Wirtschaften gäbe es in Ravensburg, jede veranstalte ihren eigenen Hausball und an Fasnacht einen Kappenabend. Das Festen nähme mit Metzelsuppen, Reh- und Gansessen, Suserproben, Frühlingskonzerten mit Tanz und Sommernachtsfesten kein Ende. Eine nicht geringe Schuld gab er dabei der katholischen Kirche, denn „die Verbindung von Gottes-

Der „Bärengarten“ auf der Kuppelnau, um 1930
Der Name leitet sich von dem Wirt der Gaststätte zum Bären in der Bachstraße her, der 1825 dieses Ausflugslokal gründete. Vgl. FALK 1998, Nr. 91.

Das Ausflugslokal „Sennerbad“, um 1930
Wegen des schönen Blicks, den man von hier auf die Ravensburger Altstadt genoss, war das ursprüngliche Heilbad auch nach Schließung des Badebetriebs im Jahr 1927 ein beliebtes Ausflugsziel. Als Hotel und Restaurant besteht es bis heute.

Speisesaal im Bahnhofshotel Hildenbrand, um 1930
Das „Hildenbrand“ war in der ersten Hälfte des 20. Jahrhunderts und auch einige Jahre darüber hinaus unbestritten das erste Haus am Platz. 1964 schloss es seine Pforten für immer.

dienst und Weltleben auf katholischer Seite wirkt ansteckend“. Einen „besonders üblen Einfluss“ schrieb er dem „mit Weltstadt-Raffiniertheit geführten Vergnügungsbetrieb Rittler im Waldbad bei Baienfurt“ zu, der auch von anderen Stimmen als Ort der Sünde bezeichnet wurde.[157]

Im Rahmen dieses Kapitels sollte schließlich auch noch erwähnt werden, dass Ravensburg vom letzten Drittel des 19. Jahrhunderts bis zum Zweiten Weltkrieg eine gewisse touristische Bedeutung besaß, eine größere jedenfalls als heute. Das „Schwäbische Nürnberg“, wie sich Ravensburg auf Plakaten und in Prospekten gerne nannte, war für viele Urlauber aus dem Norden, die zum Bodensee oder in die Berge strebten, Zwischenstation. 1930 gab es in den 14 Hotels, Gasthöfen und Pensionen in Ravensburg 429 Fremdenbetten. Zum Vergleich: 1981 standen in der Stadt und ihren eingemeindeten Ortschaften bei mehr als doppelt so vielen Einwohnern gerade mal 62 Betten mehr zur Verfügung. Mit Abstand größtes Hotel war 1930 das Bahnhofshotel Hildenbrand mit 90 Betten.[158]

Einfluss und Stellenwert der Kirchen in der bürgerlichen Gesellschaft

Der Zulauf zu den Kirchen, der im Krieg zunächst deutlich zugenommen hatte, flaute bereits vor Kriegsende wieder ab, bei den Protestanten stärker als bei den Katholiken. Hatte es während des Kriegs immer wieder einmal gemeinsame Veranstaltungen gegeben, zum Beispiel Siegesfeiern und Gedenken an die Gefallenen am Volkstrauertag, so wich das Gefühl der nationalen Solidargemeinschaft im Kampf gegen die Feinde nach 1918 bald wieder dem grauen Alltag. Der evangelische Dekan Fauser stellte schon 1919 bedauernd fest, das Verhältnis zwischen den Konfessionen habe sich durch den Weltkrieg nicht nachhaltig gebessert.[159] Doch neben unerfreulichen Auseinandersetzungen wie den ständigen Streitereien zwischen katholischen Schwestern und evangelischen Diakonissen im städtischen Krankenhaus, die, wie bereits erwähnt, 1923 dazu führten, dass letztere ihren Dienst im Krankenhaus aufgaben[160], kam es auch immer wieder zu kleinen symbolischen Akten des Miteinanders wie der gemeinsamen Stiftung eines Kruzifix für den renovierten Rathaussaal im Jahr 1930.[161]

Das Gemeindeleben spielte sich neben dem Besuch der Gottesdienste vor allem in den zahlreichen kirchlich geprägten Vereinen ab. Bei den Protestanten waren dies elf Vereine und Gesprächskreise, bei den Katholiken 30. Wir brauchen sie hier nicht alle aufzuzählen, viele wurden schon genannt. Ein Bericht des Dekans Fauser nennt für das Jahr 1931 knapp 1.000 Mitglieder der elf evangelischen Gruppierungen[162], eine Zahl, bei der allerdings zu berücksichtigen ist, dass sich manches Gemeindemitglied in zwei oder gar drei Vereinen engagierte.

In den 14 Jahren der neuen Republik nahm der Einfluss der Protestanten in der Stadt eher ab, derjenige der Katholiken zu. Darin waren sich beide Seiten einig. Die „Politik von Ravensburg“ sei in den zwanziger Jahren vom streng katholischen Oberbürgermeister Mantz gemeinsam mit dem Liebfrauenpfarrer Kilian Burkert „gemacht“ worden, der einen großen Einfluss auf Mantz gehabt habe, notierte rückblickend der Nachfolger von Pfarrer Burkert, Edwin Nieder, in seiner Pfarrchronik.[163]

Das kirchliche Leben war in den beiden katholischen Pfarreien Liebfrauen und St. Jodok nach dem Ersten Weltkrieg weiterhin vielfältig und intensiv. Allein in der Pfarrei Liebfrauen waren zehn Geistliche tätig.[164] Werktags gab es drei Morgengottesdienste, an drei Tagen sogar vier. Die Zahl der Gottesdienste am Sonntag betrug in Liebfrauen neun, in St. Jodok sieben.[165]

Eine Stärkung des katholischen Elements in der Stadt bedeutete die Gründung einer Jesuiten-Niederlassung 1923. Zwar scheiterte der Plan, ein Schülerheim für auswärtige katholische Schüler des hiesigen Gymnasiums zu eröffnen, aber die Präsenz mehrerer Jesuitenpatres brachte sowohl in die Seelsorge wie in den Unterricht der höheren Schulen frischen Wind.[166] Die von den Kindern des Bankiers Ehrle finanziell geförderte Ravensburger Jesuitenniederlassung wurde erst in den letzten Jahren des 20. Jahrhunderts wegen Personalmangel aufgelöst.

Dieses Kapitel wäre unvollständig, wenn nicht eines Mannes gedacht würde, dessen Wirken sich zwar nicht in Ravensburg entfaltete, der aber von hier stammte und von seiner Heimatstadt geprägt war: des Erzabts von Kloster Beuron Raphael Walzer (1888 – 1966). Der Sohn eines Schreiners, der 1906 in Beuron eintrat, wurde bereits mit 30 Jahren in sein hohes Amt gewählt. Nach dem Ersten Weltkrieg war er wesentlich an der Neugründung bzw. Wiederbegründung zahlreicher süddeutscher Klöster wie Weingarten, Kellenried, Neresheim und Neuburg bei Heidelberg beteiligt. Sein Widerstand gegen das Naziregime zwang ihn 1935 zur Emigration und 1937 zum Rücktritt als Erzabt. In der Emigration war er als Seelsorger nicht nur über Jahre ein Wegbegleiter von Edith Stein, er betreute auch deutsche Kriegsgefangene in Frankreich. Erst 1964 kehrte er nach Deutschland zurück, allerdings nicht nach Beuron, sondern nach Neuburg, wo er seine beiden letzten Lebensjahre verbrachte.[167]

Chor der Evangelischen Stadtkirche, ca. 1923
Im Chor die neugotische Ausstattung (Gestühl, Fenster) der großen Kirchenrenovierung in den Jahren 1859 bis 1862. Die Bemalung des Chorbogens schuf 1921 der bekannte Kirchenmaler Rudolf Schäfer. Die gesamte hier abgebildete Ausstattung wurde bei der Kirchenrenovierung von 1965/66 entfernt. Vgl. die Abbildungen Seite 107 und Seite 393.

Fronleichnamsandacht vor dem Heilig-Geist-Spital, um 1925/30

Exkurs: Eheschließungen zwischen Katholiken und Protestanten

An anderer Stelle wurde bereits darauf verwiesen, dass die Häufigkeit konfessionsverschiedener Ehen etwas auszusagen vermag über das Verhältnis zwischen den beiden Kirchen bzw. Konfessionen (vgl. Teil 2 Seiten 110 – 112 und Teil 3 Seite 193). Im Vergleich zur Vorkriegszeit war der Anteil der Eheschließungen zwischen Katholiken und Protestanten während der Kriegsjahre 1915 bis 1918 erheblich gestiegen, nahm danach aber wieder ab:

Anteil der konfessionellen Mischehen an sämtlichen Eheschließungen (Durchschnitt)

1900 – 1914	14,5 %
1915 – 1918	24,4 %
1919 – 1932	18,7 %
Reichsdurchschnitt 1925	13,8 % [168]

Diese Zahlen legen die Vermutung nahe, dass in der Sondersituation des Weltkriegs die Frage der Konfession beim Heiraten eine geringere Rolle spielte als in „normalen" Jahren. Nach wie vor war jedoch in Ravensburg der Mischehenanteil höher als im Reichsdurchschnitt. Der Anteil der kirchlichen Trauungen an sämtlichen Eheschließungen sank während der Weimarer Republik gegenüber der Vorkriegszeit nur geringfügig: Hatte er 1914 noch bei 99 % gelegen, so fiel er bis 1928 auf 94 %. 1936 lag er dann allerdings nur noch bei 88 %.[169]

Konfessionelle Mischehen, bei denen eine kirchliche Trauung stattfand, wurden häufiger vor einem evangelischen als vor einem katholischen Geistlichen geschlossen: In den Jahren 1923 bis 1928 war bei 40 % der evangelischen Trauungen ein Ehepartner katholisch, während umgekehrt nur bei 22,4 % der katholischen Trauungen ein Ehepartner evangelisch war. Das hing natürlich mit der Frage der religiösen Kindererziehung zusammen, in der die katholische Kirche viel rigoroser und unnachgiebiger war als die evangelische. Der evangelische Dekan konstatierte 1925, dass in seiner Kirchengemeinde die meisten Kinder von Eltern unterschiedlicher Konfession katholisch erzogen würden.[170]

Was die soziale bzw. berufliche Stellung des männlichen Partners bei konfessionsverschiedenen Ehen betrifft, so fällt auf, dass nach dem Krieg der Anteil der Ehemänner aus der Oberschicht – Unternehmer, Kaufleute, Akademiker, höhere Beamte – wuchs, während der Anteil der Ehemänner aus dem Kreis der Handwerker, der Facharbeiter, der kleinen und mittleren Beamten sank. Die meisten Ehefrauen waren dagegen weiterhin entweder berufslose „Haustöchter" (so die Bezeichnung in den Heiratsregistern) oder schlecht bezahlte Textilhandwerkerinnen.[171]

Eine letzte Beobachtung sei hier noch angefügt, und zwar zum Heiratsverhalten der Katholiken: Bis zum Ersten Weltkrieg kam es fast nie vor, dass eine katholische Trauung in die Advents- oder Fastenzeit gelegt wurde. Dass sich dies während des Kriegs änderte, leuchtet ohne weiteres ein, da nun der Hochzeitstermin vielfach vom Urlaub des im Felde stehenden Bräutigams abhing. Aber auch hier war nach dem Krieg nichts mehr so wie früher. Das kirchliche Gebot, Eheschließungen während bestimmter Abschnitte des Kirchenjahrs möglichst zu vermeiden, wurde nun viel weniger beachtet als früher.

Teil 6: 1933 – 1945
Drittes Reich und Zweiter Weltkrieg

Der Weg der Nationalsozialisten an die Macht

„Die Arbeitslosigkeit, die als Folge der Weltwirtschaftskrise seit 1930 zur Staatskrise und zur Verelendung der Bevölkerung geführt hatte, war wesentlicher Hintergrund für den Aufstieg und die Machtübernahme der NSDAP" (Wolfgang Benz).[1] Auch wenn die materielle Not in Ravensburg sicher nicht so groß war wie in anderen Gegenden Deutschlands, vor allem in den Großstädten, gab es auch hier neben den „ausgesteuerten" Arbeitslosen, die nicht mehr wussten, wie es weitergehen sollte, viele Gewerbetreibende – vor allem kleine Handwerker und Kaufleute, – die um ihre Existenz bangten und auf Hitler als Retter aus der Not hofften.

Es war gewiss kein Zufall, dass der Beginn nationalsozialistischer Agitation ausgerechnet in die schlimmen Inflationsjahre 1922/23 fiel. Die erste öffentliche Veranstaltung der NSDAP in Ravensburg fand 1922 in der Brauerei Leibinger statt.[2] Im Herbst des folgenden Jahrs wurde die Ortsgruppe Ravensburg-Weingarten der NSDAP gegründet, doch schon wenige Wochen später, nach dem Münchner Putschversuch Hitlers und Ludendorffs vom 8./9. November 1923 in München, wieder aufgelöst. Zwei Jahre danach, im Herbst 1925, kam es zu einer Neugründung der Ortsgruppe.[3]

In der Zwischenzeit traten bei den Landtags- und Reichstagswahlen des Jahrs 1924 an Stelle der verbotenen NSDAP eine „Völkische Arbeitsgemeinschaft Oberschwaben", der schon erwähnte „Vaterländisch Völkische Rechtsblock" und andere obskure rechtsradikale und nationalistische Gruppierungen an, die einen beträchtlichen Zulauf verzeichnen konnten. Sie erzielten, wie D 25 zeigt, bei den Landtagswahlen im Mai 1924 zusammen über 12 % der abgegebenen Stimmen.

Umso enttäuschender war es für die wiedererstandene Ortsgruppe der NSDAP, deren Schwerpunkt damals in Weingarten lag, dass sie bei den Landtags- und Reichstagswahlen am 20. Mai 1928 in Ravensburg nur auf einen Stimmenanteil von 1,6 bzw. 1,7 % kam.[4] Dieses schlechte Wahlergebnis hing nicht zuletzt damit zusammen, dass es zum damaligen Zeitpunkt den meisten Menschen noch relativ gut ging. Mit der seit Herbst 1928 sich abzeichnenden Weltwirtschaftskrise, die ihren Höhepunkt 1929 bis 1931 erreichte, bekamen jedoch die Radikalen auf der Linken wie auf der Rechten Oberwasser. In Ravensburg wurde noch vor Ende des Jahrs 1928 eine SA-Einheit gegründet, der „SA-Sturm Nr. 28", dessen Aufgabe es war, als paramilitärische uniformierte „Sturmabteilung" (= SA) die Agitation der Hitler-Partei im ganzen südlichen Oberschwaben mit allen möglichen Mitteln, wenn nötig auch gewaltsamen, zu unterstützen.

Mit den terroristischen Methoden der SA konnten die Ravensburger erstmals während des Wahlkampfs vor der Reichstagswahl im September 1930 Bekanntschaft

D 25 Ergebnisse der Landtagswahlen 1895 – 1996

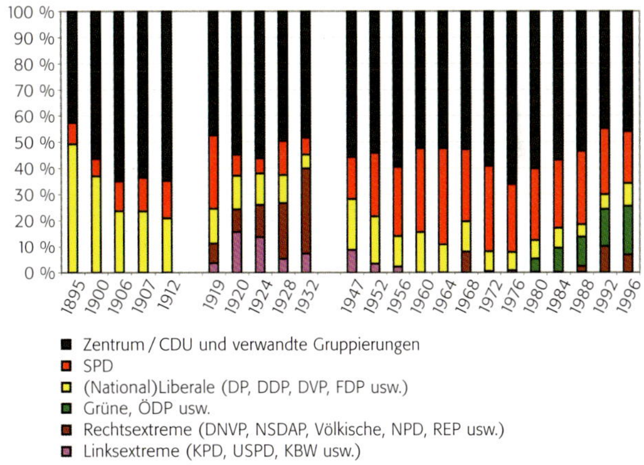

Heldengedenken der SA auf dem Hauptfriedhof am Volkstrauertag, um 1930

machen. Am 14. September hielten die Nationalsozialisten in der Turnhalle auf der Kuppelnau eine Wahlversammlung ab, bei der zahlreiche SA-Leute, nicht nur aus Ravensburg, sondern auch aus Lindau, Friedrichshafen, Biberach und sogar Ulm und Augsburg anwesend waren. Als eine kleine Anzahl politischer Gegner ganz unterschiedlicher Couleur, sowohl aus dem Lager der Sozialdemokraten und Kommunisten wie aus der katholischen Jugend, Einlass begehrte, schlugen die braunen „Saalschützer" brutal auf sie ein. Nur mit Hilfe der Polizei gelang es schließlich, die Ordnung wiederherzustellen und den Nazigegnern, zu denen auch der inzwischen von der KPD zur SPD übergetretene Heinrich Matthiesen und vom Zentrum der junge Rechtsanwalt Dr. Albert Sauer (der spätere Ravensburger Oberbürgermeister) gehörten, Zutritt zu der Wahlversammlung zu verschaffen.[5]

Bei der Reichstagswahl im September 1930 konnte die NSDAP in Ravensburg einen bescheidenen Erfolg von 5,2 % der Stimmen verbuchen. Der Durchbruch gelang ihr erst ein Jahr später bei der Gemeinderatswahl vom Dezember 1931, der letzten freien Gemeinderatswahl vor Beginn der Hitler-Diktatur. Bei dieser Wahl erhielt die NSDAP 12,9 % der Stimmen und damit zwei Sitze im Gemeinderat.[6] Einen dieser Sitze nahm der bei der Maschinenfabrik Escher Wyss beschäftigte Ingenieur Jakob Schenk ein, der zu den am frühesten in die NSDAP eingetretenen Ravensburger Parteigenossen gehörte und nach der Teilung der Ortsgruppe Ravensburg-Weingarten im März 1931 erster Ravensburger Ortsgruppenleiter geworden war.[7] Mit seinen Hetzreden im Gemeinderat gegen das bisherige politische Establishment in der Stadt und seinen Angriffen auf Oberbürgermeister Mantz trug er maßgeblich zu dessen Abwahl im Februar 1932 bei.[8]

Der Winter 1931/32 war geprägt von einer zunehmenden Katastrophenstimmung, die sich nach der vorübergehenden Zahlungsunfähigkeit des größten Arbeitgebers der Stadt, der Firma Escher Wyss, und den damit verbundenen Massenentlassungen (vgl. Seite 232f.) in der Arbeiterschaft und im Kleinbürgertum breit machte. Das schwindende Vertrauen in den Staat, in die Republik, war Wasser auf die Mühlen der Nationalsozialisten und der anderen am rechten Rand des politischen Spektrums agierenden Gruppierungen, die der Weimarer Republik ablehnend gegenüberstanden und nach einer starken Hand riefen, um der materiellen Not ein Ende zu bereiten. Kein Wunder, dass diese Stimmung Auswirkungen auf die fünf (!) wichtigen politischen Wahlen des Jahrs 1932 hatte.

Der Erste, der dies zu spüren bekam, war, wie gesagt, Oberbürgermeister Mantz, der seine Wiederwahl im Februar 1932 denkbar knapp verpasste. Im März 1932 folgte die Wahl des Reichspräsidenten, bei der Hitler als Gegenkandidat zu Hindenburg im ersten Wahlgang in Ravensburg 22,9 % der Stimmen erhielt, während es in Württemberg im Durchschnitt nur 19,8 % waren.[9]

Einen geradezu sensationellen Erfolg erzielte die NSDAP dann bei den Landtagswahlen am 24. April 1932: Sie erhielt 21,8 % der Stimmen und wurde damit nach dem Zentrum (48,4 %) zweitstärkste politische Kraft in Ravensburg, während die SPD nur auf 6,4 % und die KPD auf 7,3 % der Stimmen kam.[10] Dass dieser Wahlerfolg keine Eintagsfliege war, bestätigten die Ergebnisse der beiden Reichstagswahlen im Juli und November 1932: auf die NSDAP fielen im Juli 25,1 %, im November 23,1 % der Stimmen.

Neben einem Teil der Fabrikarbeiter und des kleinbürgerlichen Mittelstands mit seinen Existenzängsten waren 1932 auch weite Kreise der gehobenen, überwiegend evangelischen Schicht der Geschäftsleute und Akademiker umgeschwenkt, die bisher den Deutschnationalen und Liberalen (DVP, DDP, DNVP bzw. Bürgerpartei) ihre Stimme gegeben hatten.[11] Auch der Bund der ehemaligen Frontkämpfer, der „Stahlhelm", stand auf der Seite der Republikgegner.

Die Erosion der demokratischen Mitte (Zentrum, SPD, DDP, DVP) und der Stimmenzuwachs bei den die Weimarer Republik ablehnenden Parteien (NSDAP, DNVP, KPD) lässt sich sowohl an den Ergebnissen der Reichstagswahlen (D 22 und 23, Seite 225) als auch an denjenigen der Landtagswahlen ablesen (D 25 Seite 251).

Der Vorsitzende des mitgliederstarken Militärvereins Max Braeg sprach bei der 50-Jahr-Feier des Vereins im Juni 1932 aus, was viele im Grunde unpolitische, der Weimarer Republik jedoch ablehnend gegenüberstehende Bürger damals empfanden: „Kein Platz soll in unseren Reihen sein für Parteiengezänk und Streit. Kampf der Uneinigkeit und Zerrissenheit, der Gottlosigkeit und des sittlichen Niedergangs unseres Volks! Was in unserer Macht steht, den Wehrwillen des deutschen Volks wieder zu wecken, soll geschehen, damit unsere Jungmänner wieder werden können, was wir durch die harte Schule des alten Heeres geworden sind, Vollmänner, auf die sich unser geliebtes deutsches Vaterland auch in der größten Notzeit verlassen kann."[12]

Es war kein Zufall, dass diese Rede in der „Oberschwäbischen Volks-Zeitung" und nicht im „Oberschwäbischen Anzeiger" veröffentlicht wurde, der, wie in Teil 5 Seite 228f. ausgeführt, als zentrumsnahes Blatt dem Nationalsozialismus bis 1933 skeptisch gegenüberstand. Er weigerte sich nicht nur, Anzeigen der NSDAP zu veröffentlichen, sondern räumte Nazigegnern wie dem Gymnasiallehrer Max Simon oder dem Sekretär des Ravensburger Büros des Katholischen Volksvereins Anton Huber Platz ein für Artikel, die gegen die Hitler-Partei gerichtet waren.[13] Die „Volkszeitung" profilierte sich hingegen mehr und mehr als Sprachrohr der Nationalsozialisten bzw. derer, die der „Bewegung" Hitlers mit Sympathie gegenüberstanden wie zum Beispiel die Mitglieder des „Stahlhelm". Auch antisemitische Töne waren ihr nicht fremd.[14]

Kaum war Hitler am 30. Januar 1933 von Hindenburg zum Reichskanzler ernannt worden, veranlasste er die Auflösung des Reichstags und die Ausschreibung von Neuwahlen. Mit der „Notverordnung zum Schutz des deutschen Volkes" vom 4. Februar begann die politische Knebelung aller Parteien und Organisationen, die gegen die Politik der NSDAP und der neuen Regierung agierten. Schritt für Schritt wurden mit Notverordnungen und neuen Gesetzen die demokratischen Spielregeln außer Kraft gesetzt, die Presse- und Versammlungsfreiheit eingeschränkt und politische Gegner in „Schutzhaft" genommen. Die Reichstagswahl am 5. März war daher bereits keine echte freie Wahl mehr.

Schon einen Tag nach Hitlers Machtübernahme demonstrierten in Ravensburg etwa 40 Personen, hauptsächlich Kommunisten, „unter Absingen roter Kampflieder" im Stadtzentrum gegen das neue Regime. „Eine ziemlich große Menge" von Zuschauern habe die Kundgebung verfolgt, berichtete der „Oberschwäbische Anzeiger" am folgenden Tag.[15] An diesem Abend scheint alles ruhig geblieben zu sein, zwei Wochen später aber kam es zu schweren Tumulten bei einem Fackelzug, der gemeinsam von NSDAP und „Stahlhelm" organisiert wurde.

Noch funktionierte die nationalsozialistische Pressezensur nicht perfekt, weshalb wir über das, was damals geschah, durch drei im Wesentlichen übereinstimmende Zeitungsberichte genau unterrichtet sind: den zentrumsnahen „Oberschwäbischen Anzeiger", die in Ulm erscheinende sozialdemokratische „Donauwacht" und das nur hektographierte kommunistische Kampfblatt „Der Weckruf".[16] Demnach marschierten bei dem Fackelzug am 14. Februar etwa 200 Personen mit, darunter viele SA-Leute. Am Frauentor und in der Marktstraße schallten den Teilnehmern aus der Menge Pfuirufe und Freiheitsparolen entgegen, worauf mehrere Fackelträger mit ihren brennenden Fackeln auf die Zuschauer einschlugen, ohne von der den Zug begleitenden Polizei daran gehindert zu werden. Daraufhin versammelten sich zwischen Rathaus und Waaghaus etwa 300 empörte Zuschauer, um gegen diese Form der Auseinandersetzung und gegen die passive Haltung der Polizei zu protestieren.

Ohne Krawall lief hingegen drei Tage später eine antifaschistische Kundgebung ab, an der die in der „Eisernen

Front" zusammengeschlossenen Sozialdemokraten, Gewerkschaften, Arbeitersportvereine sowie der republiktreue, vorwiegend sozialdemokratische „Reichsbanner Schwarz-Rot-Gold" teilnahmen.[17]

Die letzte und zugleich machtvollste Demonstration gegen die NS-Diktatur ging von der katholischen Kirche aus: eine Kundgebung mit dem früheren Reichskanzler und Zentrumspolitiker Heinrich Brüning am 19. Februar, einem Sonntag, zwei Wochen vor der Reichstagswahl. Mehr als 10.000 Zentrumsanhänger aus ganz Oberschwaben und dem Allgäu strömten nach Ravensburg auf die Kuppelnau, wo Brüning in einem riesigen Zelt zu der Menge sprach und bei seiner Analyse der politischen Situation seit der Machtergreifung Hitlers am 30. Januar kein Blatt vor den Mund nahm. Während der „Oberschwäbische Anzeiger" tags darauf ausführlich auf der Titelseite über dieses Ereignis berichtete, fiel die Berichterstattung in der „Oberschwäbischen Volks-Zeitung" sehr viel knapper aus und erschien erst auf Seite 2.

Die Reichstagswahl am 5. März konnte nur noch mit Einschränkungen als freie Wahl gelten, da viele den Nationalsozialismus ablehnende Männer und Frauen aufgrund der nach dem Reichstagsbrand am 28. Februar erlassenen „Notverordnung zum Schutz von Volk und Staat" in „Schutzhaft" genommen worden waren. Davon war in erster Linie die KPD betroffen, die während des Wahlkampfs de facto schon verboten war. Aber auch SPD und Zentrum wurden in vielen Wahlbezirken drangsaliert und durch massive Drohungen, vor allem seitens der SA, eingeschüchtert. Trotz dieser Schikanen blieb das Zentrum in Ravensburg stärkste Partei, allerdings dicht gefolgt von der NSDAP.

Das Ravensburger Wahlergebnis vom 5. März 1933 sah im Vergleich zum Reich wie folgt aus[18]:

	Ravensburg	Deutsches Reich
NSDAP	37,2 %	43,9 %
DNVP	5,2 %[20]	8,0 %
DDP und DVP	1,8 %	2,0 %
Zentrum	40,2 %	13,9 %
SPD	6,1 %	18,3 %
KPD	8,5 %	12,3 %
Sonstige	1,0 %	1,6 %

Während also NSDAP und die mit ihr verbündete DNVP reichsweit mit 51,9 % die absolute Mehrheit errangen, kamen sie in Ravensburg nur auf 42,4 %. Doch dieses Ergebnis änderte nichts daran, dass in den folgenden Wochen und Monaten auch in Ravensburg die NSDAP die Macht an sich riss.

Kundgebung vor dem Rathaus am 15. März 1933
Anlass der nächtlichen Kundgebung war die Bildung einer neuen nationalsozialistischen Regierung in Württemberg.

Interessant ist ein Blick auf die Ergebnisse der Wahl vom 5. März 1933 in den einzelnen Stimmbezirken. Am besten schnitt die NSDAP in der Altstadt ab, in der damals noch die meisten Geschäftsleute, der sogenannte „Mittelstand", wohnten. KPD und SPD erhielten auch diesmal die meisten Stimmen in ihren traditionellen Hochburgen, den Vorstadtbereichen Pfannenstiel, Rechenwiesen und Deisenfang sowie südöstlich der Altstadt im Ölschwang und in Schornreute, während das Zentrum am stärksten nördlich und nordöstlich der Altstadt (Kuppelnau, Gebiet zwischen Gartenstraße und Friedhof) war.[20]

Drei Tage nach der Reichstagswahl, am 8. März, ließen es die Nationalsozialisten überall im Lande, auch in Ravensburg, auf eine erste Machtprobe ankommen indem sie verlangten, dass von nun an überall auf öffentlichen Gebäuden und ganz besonders auf den Rathäusern die Hakenkreuzfahne wehen solle. In Ravensburg fand just an diesem Tag nachmittags eine reguläre Gemeinderatssitzung statt, in die mehrere SA-Leute und NSDAP-Mitglieder hineinplatzten und das Hissen der Hakenkreuzfahne forderten. Sowohl Bürgermeister Walzer als auch die Mehrheit des Gemeinderats lehnten zunächst dieses Ansinnen ab, kapitulierten aber schließlich vor der Menschenmenge, die sich vor dem Rathaus angesammelt hatte, und ließen die Flaggenhissung zu.[21]

Ende März ordnete das neue Regime an, dass alle Landtage und Stadt- bzw. Gemeinderäte aufzulösen seien. Neuwahlen waren nicht vorgesehen. Die Mitglieder des Gemeinderats wurden nicht mehr vom Volk gewählt, sondern vom (Ober)Bürgermeister „bestellt". Die Sitzverteilung orientierte sich am Wahlergebnis der einzelnen Parteien bei der Reichstagswahl vom 5. März, wobei die bereits verbotene KPD allerdings ausgenommen war. Für Ravensburg bedeutete diese verfassungswidrige Regelung, dass NSDAP und Zentrum je neun Sitze im Gemeinderat erhielten, die mit der NSDAP verbundene und mit dem „Stahlhelm“ praktisch identische „Liste Schwarz-Weiß-Rot“ und die SPD je einen. Dass es der NSDAP auf diese Weise gelang, ohne eine neue Gemeinderatswahl die Zahl ihrer Sitze im Ravensburger Gemeinderat von zwei auf neun zu erhöhen, dies ist zu Recht als revolutionärer Akt bezeichnet worden.[22] Aber so oder so ähnlich verlief die Machtübernahme fast überall in Deutschland.

Da der SPD-Stadtrat Heinrich Matthiesen sich seit 24. April in „Schutzhaft“ im KZ Heuberg befand, konnte er an der Eröffnungssitzung des Gemeinderats am 3. Mai nicht teilnehmen. Daraufhin legte er vier Tage später unter Protest sein Mandat nieder. Die Ausschaltung der SPD aus der lokalen Politik wurde auch symbolisch sichtbar: Ab März machten die Nationalsozialisten das traditionelle Stammlokal der Sozialdemokraten, den Gasthof Dreikönig in der Marktstraße, wo schon August Bebel gesprochen hatte, zu ihrem Parteilokal. Im Volksmund hieß der Gasthof daraufhin „Braunes Haus“.[23]

Zu den ersten Aufgaben des neuen Gemeinderats gehörte die Einsetzung eines ausschließlich aus Nationalsozialisten bestehenden Untersuchungsausschusses, der die Stadtverwaltung auf politisch unzuverlässige Beamte überprüfen sollte.[24] Der einzelne Beamte galt im nationalsozialistischen Staat nicht mehr primär als Staatsdiener, der einzig und allein dem Gemeinwohl verpflichtet war, sondern vielmehr als Willensvollstrecker der „Partei“ und ihres Führers Adolf Hitler.[25]

Ende April war gemeinsam mit vielen „Märzgefallenen“ (spöttische Bezeichnung für diejenigen, die nach dem 30. Januar in die „Partei“ eingetreten waren, darunter eine auffallend hohe Zahl von Beamten) auch der politisch schwache Bürgermeister Walzer der NSDAP beigetreten, so dass die Zentrumsfraktion im Gemeinderat nun das einzige politische Gegengewicht darstellte. Doch die eingeschüchterten Stadträte vom Zentrum wagten es nicht mehr, ernsthaft Opposition zu betreiben. Es hätte auch nicht mehr viel genützt.

Nachdem sich das Zentrum am 5. Juli reichsweit selbst aufgelöst hatte, traten sieben der neun Ravensburger Zentrums-Stadträte zurück. Die beiden anderen schlossen sich der NSDAP an, so dass im Gemeinderat nun nur noch Nationalsozialisten und ein Mitglied des „Stahlhelm“ als Hospitant der NSDAP-Fraktion saßen.[26] Damit war der Gemeinderat „gleichgeschaltet“. Die „Partei“ hatte also bereits im Sommer ’33 weitgehend das erreicht, was sie von Anfang an angestrebt hatte: alleine zu bestimmen, welche Politik in der Stadt künftig gelten sollte.

Der Ausbau der Macht

Organisation und Personal der Ravensburger NSDAP

Wie viele Mitglieder die Ravensburger NSDAP zu Beginn der NS-Herrschaft am 30. Januar 1933 hatte, ist unklar. Die Zahlenangaben schwanken zwischen 75 und 300. Gesichert ist dagegen die Zahl von 565 Neuaufnahmen im Lauf des Jahrs 1933. Unter den in diesem Jahr in die NSDAP eingetretenen Mitgliedern befanden sich besonders viele Beamte, nämlich 159, von denen sicher viele hauptsächlich auf Druck von oben beigetreten waren. Bei vielen Anträgen auf Aufnahme in die Partei spielten neben opportunistischen Erwägungen und Existenzangst aber auch politische Überzeugung und Begeisterung für die neue Politik eine Rolle. Die Gesamtzahl der zwischen 1926 und 1945 in die NSDAP aufgenommenen Ravensburger Männer und Frauen wird mit 2.024 angegeben. Von diesen traten 28 % allein im Jahr 1933 in die Partei ein. Der Frauenanteil an der Gesamtzahl der Mitglieder lag bei 11 %.[27]

Die SA umfasste bis 1933 nicht viel mehr als 50 Mann, bis Anfang 1934 stieg ihre Mitgliederzahl auf 177.[28] Der Ortsgruppe des „Stahlhelm“ gehörten im Januar 1933 47 Männer an.[29]

Untergliedert war die Ravensburger NSDAP zunächst in die drei Ortsgruppen „Kuppelnau“, „Mitte“ und „Veitsburg“, 1938 kam als vierte noch die Ortsgruppe „Ziegelwiesen“ hinzu. Um die gesamte Einwohnerschaft „in den Griff zu bekommen“, um jeden einzelnen Bürger von der NS-Politik zu überzeugen, für bestimmte Aufgaben und Funktionen zu gewinnen und politisch anders Denkende zu bespitzeln, war jede Ortsgruppe in sechs bis sieben „Zellen“, jede Zelle in fünf bis sechs „Blocks“ unterteilt, denen je ein „Zellen-“ bzw. „Blockwart“ vorstand. Ein Block umfasste etwa 50 Haushalte. Auf diese Weise entstand ein perfekt durchorganisiertes, stark bürokratisches System zur Erfassung sämtlicher 5.311 Haushalte.[30]

An der Spitze der örtlichen NS-Hierarchie stand der für das ganze Oberamt (ab 1934 Kreis) zuständige Kreisleiter, dem vier Hauptamtsleiter zur Seite standen, die ihrerseits für verschiedene Fachgebiete verantwortlich waren: Organisation, Schulung, Finanzen, Personal, Parteigericht, Presse, Propaganda, Wirtschaftsberatung, „NS-Volkswohlfahrt“ (NSV), Rassenpolitik, Volksgesundheit, NS-Frauenschaft usw.[31]

Besonders wichtig und folgenschwer waren die Fachbereiche „Kommunalpolitik“ und „Beamte“, denn sie bedeuteten nichts anderes als eine Kontrolle der Stadt-

Die Politischen Leiter der NSDAP im Kreis Ravensburg, ca. 1938
Neben den führenden Leuten der Ravensburger NSDAP haben sich auch die Ortsgruppenleiter des Kreises Ravensburg vor dem Ravensburger Rathaus dem Fotografen gestellt. In der ersten Reihe Vierter von links Kreisleiter Rudorf.

verwaltung und des an ihrer Spitze stehenden Bürgermeisters durch die Partei. Gesetzliche Grundlage dieser Kontrolle, die zu einem Kompetenz-Wirrwarr und einem andauernden, nervenzermürbenden und unsinnigen Hickhack zwischen Bürgermeisteramt und Kreisleitung führen sollte, war das im Dezember 1933 erlassene „Gesetz zur Sicherung der Einheit von Partei und Staat".

Das wirkungsvollste Machtmittel des Kreisleiters bestand in der ihm obliegenden „politischen Beurteilung" aller Amtsträger, nicht nur derjenigen in der Partei und ihren verschiedenen Organisationen, sondern auch derer in der Verwaltung. Von seinem Urteil hing es ab, ob jemand eingestellt, befördert oder entlassen wurde, ob ein Antrag auf soziale Unterstützung positiv oder negativ beschieden wurde.[32] Dass mit dieser „Gesinnungsüberwachung" Intrigen und Verleumdungen, Bespitzelung und Korruption verbunden waren, liegt auf der Hand.

Das „Führerprinzip" des Nationalsozialismus hatte zur Folge, dass die Stellung des Bürgermeisters zumindest de jure gestärkt, diejenige des Gemeinderats geschwächt wurde. Festgeschrieben wurde die damit erreichte „Gleichschaltung" der Kommunen durch die „Deutsche Gemeindeordnung" vom 30. Januar 1935, mit der erstmals eine für das ganze Reich geltende Kommunalverfassung in Kraft trat. Die Gemeinderatsprotokolle hießen deshalb ab Oktober 1935 „Protokolle der Beratung des Bürgermeisters mit den Ratsherren". Ab 1939 gab es nur noch ein „Entschließungsbuch" des Bürgermeisters.

Doch die Stellung des Bürgermeisters war nur auf dem Papier gestärkt worden. Tatsächlich war sie, nicht nur in Ravensburg, sondern im Grunde überall, geschwächt, da dem Kreisleiter nun das Recht zustand, sich jederzeit in die Geschäfte der Stadt einzumischen und dem Bürgermeister Weisungen zu erteilen. Der rabiate Ravensburger Kreisleiter machte davon ausgiebig Gebrauch und setzte sich im Konfliktfall fast immer gegen den weniger gerissenen Bürgermeister Walzer durch.

Der mächtigste Mann in Ravensburg während des Dritten Reichs war Kreisleiter *Carl Rudorf*, der, mit Ausnahme einer kurzen Unterbrechung im Krieg, während der gesamten NS-Herrschaft sein Amt innehatte, ein menschenverachtender Opportunist, der es auch im privaten Bereich mit dem Buchstaben des Gesetzes nicht allzu genau nahm. Sein unangenehmes Wesen, seine öffentlichen Auftritte, die geprägt waren von der wichtigtuerischen Pose des Kleingewachsenen, und nicht zuletzt seine antikirchliche Gesinnung machten ihn rasch zum unbeliebtesten Mann in Stadt und Oberamt (seit 1934 Kreis) Ravensburg.[33]

Der 1903 im Vogtland geborene Ingenieur war 1929 nach Weingarten gekommen, trat im selben Jahr der SA und 1930 der NSDAP bei und wurde bereits 1930 Leiter der Ortsgruppe Ravensburg-Weingarten bzw. der 1931 selbstständig gewordenen Ortsgruppe Weingarten. 1932 wurde er hauptamtlicher Kreisleiter für das Oberamt (bzw. Kreis) Ravensburg und damit Chef der einzelnen Ortsgruppenleiter. Als Kreisleiter berief er ab September 1935 die Mitglieder der Gemeinderäte in seinem Bezirk und je nachdem ernannte und entließ er Bürgermeister und Ratsmitglieder. Als „Kreisredner" der Partei war er viel unterwegs. Seine rhetorische Begabung verschaffte ihm während des Zweiten Weltkriegs für kurze Zeit eine Abordnung nach Russland als Propagandaredner der Wehrmacht.

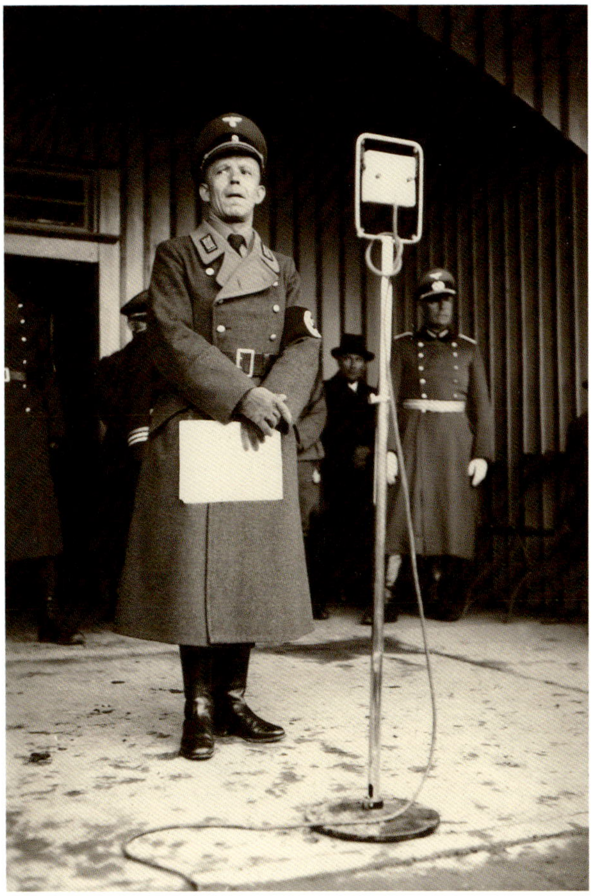

Kreisleiter Carl Rudorf bei einer Ansprache

Kreisleiter Rudorf war es auch, der die Fusion von Ravensburg und Weingarten betrieb, nicht zuletzt aus einem ganz persönlichen Motiv, um sich nämlich auf diese Weise an zwei dort wohnenden, einst sehr einflussreichen Bürgern zu rächen. Zum einen war dies der ehemalige Direktor der Maschinenfabrik Weingarten, August Wachter, der 1932 den damals in der Maschinenfabrik beschäftigten Rudorf wegen betrügerischer Manipulationen entlassen hatte. Ebenso verhasst war Rudorf der langjährige Weingartener Bürgermeister Wilhelm Braun, ein Zentrumsmann, der sich zum großen Ärger von Rudorf bis 1937 hatte halten können. Rudorf, der ja seit 1930 leitender NS-Funktionär in Weingarten war und seit 1933 im dortigen Gemeinderat saß, lag seither mit dem konsequenten NS-Gegner Braun im Clinch. Die Machtmittel, die ihm als Kreisleiter in die Hand gegeben waren und seine guten Beziehungen zum württembergischen Reichsstatthalter Wilhelm Murr, einem alten Kampfgefährten, machten es ihm nicht nur möglich, 1937 die Absetzung Brauns durchzusetzen, sondern gegen den massiven Widerstand der Weingartener Bürgerschaft ein Jahr später auch die Fusion der beiden Städte, die am 1. April 1939 in Kraft trat.[34] Wir werden Kreisleiter Rudorf in diesem Kapitel noch öfters begegnen, aber stets in einem unerfreulichen Zusammenhang.

Von den weiteren führenden Köpfen der NSDAP seien hier nur zwei besonders einflussreiche hervorgehoben und für die Übrigen auf die ausführliche Darstellung von Wolf-Ulrich Strittmatter in seinem Beitrag zum Aufsatzband „Ravensburg im Dritten Reich", Seite 412–466 verwiesen.

Zu den wichtigsten Figuren gehörte der schon erwähnte *Jakob Schenk*. Obwohl er als Vorsitzender der Fraktion der NSDAP im Gemeinderat immer wieder den Saubermann spielte, der gegen Korruption und Vetternwirtschaft in der Ravensburger Stadtverwaltung wetterte, hatte er keine Hemmung, sich im Frühjahr 1933 zum Direktor der Ravensburger Stadtwerke wählen zu lassen – eine krasse Missachtung des Prinzips der Gewaltenteilung. 1934 wurde er zusätzlich Vorsitzender des Kreisparteigerichts, was seine Macht noch steigerte.

Sitz der Kreisleitung war die Villa Seestraße 32 (heute Städtisches Bauamt)

Der einflussreichste Mann unter den vier Hauptamtsleitern war aufgrund seiner Ämterhäufung der aus Norddeutschland stammende ehemalige Melker *Josef Bayer*, der zugleich Ratsherr und ab 1938 Leiter der Ortsgruppe Ziegelwiesen war. Im Spruchkammerverfahren gegen Bayer nach dem Krieg wurde er „als einer der brutalsten und gefürchtetsten Männer der hiesigen Kreisleitung, [als] rücksichtsloser Verfechter des Nazisystems, [...] gehässig und unduldsam gegen Andersdenkende" geschildert.[35]

Die Politik der Gleichschaltung bzw. Ausschaltung „unzuverlässiger Elemente" und Organisationen

Unter „Gleichschaltung", einem Begriff, den die Nationalsozialisten seit ihrem Herrschaftsantritt verwendeten, versteht man laut Brockhaus-Lexikon „die erzwungene und organisatorische Ausrichtung aller politisch-gesellschaftlichen, wirtschaftlichen und kulturellen Organisationen und Institutionen auf die in einem totalitären Staat herrschende Partei".[36] Konkret bedeutete dies für Städte wie Ravensburg die (im vorigen Kapitel bereits erwähnte) Gleichschaltung des Gemeinderats, der Stadtverwaltung, der Polizei, des Schulwesens, der Kindergärten, der Jugendorganisationen, der Presse, der Vereine, der bisherigen Arbeitgeber- und Arbeitnehmerverbände (Gewerkschaften) und versuchsweise auch eine Gleichschaltung der Kirchen, die jedoch nicht oder nur rudimentär gelang.

Auch das Volk wurde quasi gleichgeschaltet bzw. ließ sich gleichschalten. Durch zwei manipulierte Scheinwahlen in den Jahren 1933 und 1934 täuschte die NSDAP einen fast vollständigen Konsens des deutschen Volks mit der neuen Regierung vor. Bei der „Reichstagswahl" am 12. November 1933 gab es nur zwei Möglichkeiten: die Einheitsliste der NSDAP anzukreuzen oder eine ungültige Stimme abzugeben. Mit 91,8 % fiel das Wahlergebnis für die NSDAP in Ravensburg nur unbedeutend schlechter aus als im Reichsdurchschnitt (92,2 %).

Auch bei der Wahl über die Zusammenlegung der Ämter des Reichspräsidenten und des Reichskanzlers am 19. August 1934, zwei Wochen nach Hindenburgs Tod, gab es in Ravensburg weniger Ja-Stimmen (86,6 %) als im Reichsdurchschnitt (88,1 %).[37] Allzu viel hatten diese Wahlergebnisse jedoch nicht zu bedeuten. Sie erfüllten ihren Zweck, der Diktatur Hitlers ein demokratisches Mäntelchen umzuhängen, und tatsächlich konnte sich ja die neue Regierung zu jenem Zeitpunkt bereits der Zustimmung eines großen Teils der Bevölkerung erfreuen, auch in Ravensburg.

Sehr schnell wurde, wie wir gesehen haben, die Gleichschaltung des Gemeinderats erreicht. Dafür war, abgesehen von Kreisleiter Rudorf, vor allem der bereits erwähnte Fraktionsführer der NSDAP im Gemeinderat, Jakob Schenk, verantwortlich. Schon in der denkwürdigen ersten Sitzung des neu formierten Gemeinderats am 3. Mai 1933 hatte er verkündet, es komme vor allem darauf an, „den Geist gleichzuschalten".[38] Bereits im Herbst war dieses Ziel erreicht, und mit dem Inkrafttreten der neuen Gemeindeordnung wurde die alleinige Zuständigkeit für die Ernennung neuer „Ratsherren" dem Kreisleiter zugesprochen. „Fühlen Sie sich als Abgesandte der Partei!", rief Kreisleiter Rudorf am 27. September 1935 den neu ernannten Ratsherren zu.

Nicht ganz so einfach verlief die Gleichschaltung der Stadtverwaltung. Zwar gelang es der Partei, zwei ihrer führenden Leute in gut bezahlte Positionen zu hieven: Schenk wurde, wie gesagt, Leiter des städtischen Gas- und Wasserwerks, der Ortsgruppenleiter Josef Strehle Stellvertreter des Bürgermeisters, aber ein beträchtlicher

Teil der altgedienten Beamten, überwiegend praktizierende Katholiken wie der Leiter der städtischen Finanzverwaltung, der Stadtpfleger Wilhelm Zirkel, trat nicht der Partei bei, ohne deshalb aus dem Amt gejagt zu werden. Von den 376 während des Dritten Reichs bei der Stadtverwaltung beschäftigten Personen besaßen nur 26 % das Parteibuch der NSDAP.[39]

Relativ groß war der Anteil der Parteigenossen bei der Polizei, was nicht zuletzt daran lag, dass die Polizei zunächst noch staatlich war. Erst 1937 wurde der größte Teil – 31 Angehörige der Schutzpolizei, drei Kriminalbeamte und sechs Verwaltungskräfte – „entstaatlicht" und damit Teil der Stadtverwaltung. Selbstverständlich war die im Frühjahr 1933 eingerichtete politische Polizei, die „Geheime Staatspolizei" (Gestapo) von dieser Veränderung nicht betroffen. Die für Ravensburg zuständige Dienststelle der Gestapo befand sich in Friedrichshafen, ihr Verbindungsmann in Ravensburg, Kriminalobersekretär Staudacher, war einer der gefürchtetsten Männer während des Dritten Reichs.[40]

Nach dem Tod des Reichspräsidenten Hindenburg wurden sämtliche Beamte auf den „Führer" vereidigt. Das war im Grunde nur eine Formalität, der sich in Ravensburg keiner entzog, weil nur so der Arbeitsplatz gesichert blieb.[41] In den Jahren 1933 bis 1945 kam es bei der Ravensburger Stadtverwaltung nur zu einer einzigen Entlassung aus politischen Gründen: Betroffen war der Kassenbote Paul Baumeister, ehemals Mitglied der Christlichen Gewerkschaften, der sich bis zuletzt weigerte, seine Kinder auf die neue nationalsozialistisch geprägte „Deutsche Schule" zu schicken. Er wollte, dass sie weiterhin die katholische Volksschule besuchten. Seine Entlassung im Oktober 1936 wurde aber nicht damit, sondern mit „seiner Einstellung gegenüber dem Führer" begründet.[42]

Heldengedenktag auf dem Hauptfriedhof, 1934
Rechts Veteranen aus dem Deutsch-Französischen Krieg 1870/71 und dem Ersten Weltkrieg mit ihren Regimentsfahnen.

Die Gleichschaltungspolitik der Nationalsozialisten erstreckte sich auch auf die Vereine und berührte damit das Privatleben und die Freizeitgestaltung vieler Bürger. Sämtliche Arbeitervereine, auch solche, die völlig unpolitisch waren wie der Arbeitersamariterbund, der Kraftsportverein, die „Naturfreunde" oder der Freie Volkschor, wurden verboten. Ebenso erging es einem Teil der kirchlich geprägten Vereine, die entweder früher oder später zwangsweise aufgelöst wurden oder sich auf Druck von oben selbst auflösten. Manche, wie die katholischen Jugendorganisationen „Bund Neudeutschland" (Oberschüler), „Heliand" (Schülerinnen) und „Sturmschar" (vor allem junge Handwerker und Arbeiter) pflegten ihre Gemeinschaft im Untergrund zumindest noch etliche Jahre weiter.[43]

Der Katholische Arbeiterverein wurde zwar formell verboten, aber sein Chor, der „Sängerkranz", dem auch viele Mitglieder des nicht verbotenen Katholischen Gesellenvereins angehörten, durfte sich weiterhin betätigen und mutierte zu einem zweiten Kirchenchor, in dem das alte Vereinsleben unter neuem Namen weiterblühte.[44]

Bei einem Teil der politisch unverdächtigen Vereine wie dem Liederkranz, dem Alpenverein, dem Kaninchenzuchtverein oder der Schützengilde beschränkte sich die Gleichschaltung auf ein Treuebekenntnis des Vorstands, ein paar neue Floskeln in der Vereinssatzung und die Umbenennung des Vereinsvorsitzenden, der nun „Vereinsführer" hieß. Die Sportvereine mussten allerdings ihre Jugendabteilungen zugunsten der „Hitlerjugend" und des „Bunds Deutscher Mädel" (BDM) auflösen.

Einige Vereine glaubten, am besten zu fahren, wenn sie sich dem neuen Regime anpassten. So trat beispielsweise der traditionsreiche Turnverein 1847 1934 geschlossen in die SA ein, „gewillt, die Kraft dem Wiederaufbau des Reiches zur Verfügung zu stellen".[45]

Bei den Bemühungen der NSDAP, alle bedeutenden Organisationen und Institutionen, bei denen ein mehr oder weniger großer Widerstand gegen das neue Regime denkbar war, gleichzuschalten, spielte die Presse eine besondere Rolle. Von den beiden Ravensburger Tageszeitungen, dem zentrumsnahen „Oberschwäbischen Anzeiger" und der „Oberschwäbischen Volks-Zeitung" stand, wie erwähnt, die erstere dem Nationalsozialismus bis ins Frühjahr 1933 ziemlich distanziert gegenüber. Umgekehrt verhielt es sich ebenso. Da die Volkszeitung im Gegensatz zum „Anzeiger" kaum jemals kritische Töne gegenüber dem Nationalsozialismus anstimmte, annoncierte die NS-Ortsgruppe bis Januar 1933, wie bereits erwähnt, ausschließlich in diesem Blatt.[46]

Nach der Machtergreifung Hitlers schwelgte die Volkszeitung in Lobeshymnen und überschlug sich fast vor Begeisterung für das neue Regime, während die Berichterstattung des „Anzeigers" deutlich reservierter war. Das hatte natürlich Folgen. Ab April war nur noch die „Oberschwäbische Volks-Zeitung" offizielles Amtsblatt für Stadt und Oberamt Ravensburg, ab Juli durfte sie sich mit dem Untertitel „Nationalsozialistische Tageszeitung" schmücken, ab März '34 firmierte sie als „NS-Volks-Zeitung".[47] Obwohl sich der „Oberschwäbische Anzeiger" seit Sommer '33 zunehmend mit dem neuen Regime solidarisierte, blieb doch etwas von seinem Charakter als Sprachrohr der Katholiken erhalten. Auch nach einem Jahr NS-Herrschaft war er noch immer nicht vollständig gleichgeschaltet.

Angesichts der immer deutlicher werdenden Tendenz der nationalsozialistischen Pressepolitik, „unzuverlässige" Journalisten mit einem Berufsverbot zu belegen und durch Zeitungsaufkäufe und Zeitungsverbote die Machtstellung der Partei im Pressewesen auszubauen, musste der „Oberschwäbische Anzeiger" mit dem Schlimmsten rechnen. Hinzu kam ein dramatischer Leserschwund, der zu einem Rückgang der Auflage von 9.000 im Jahr 1931 auf nur noch knapp über 5.000 im März 1934 führte.[48] Was die Zeitung schließlich rettete, war ihre Bindung an den einflussreichen und kapitalstarken „Verband oberschwäbischer Zeitungsverleger" VERBO (vgl. Seite 227), der sich aus Gründen der Selbsterhaltung schon seit Sommer 1933 schrittweise dem neuen Regime angenähert hatte.

Die von den Nationalsozialisten angestrebte Konzentration der Presse führte schließlich auch in Ravensburg zu einer Fusion der beiden konkurrierenden Zeitungen. Ab 1. September 1935 gab es in Ravensburg nur noch eine Tageszeitung mit dem Titel „VERBO Ravensburger Tagblatt" und dem kleiner gedruckten Untertitel „Oberschwäbischer Anzeiger", deren Redaktion und Geschäftsstelle sich wie bisher im Gebäude des „Anzeigers" am Postplatz befand. Das war insofern eine Überraschung, als damit ausgerechnet die parteitreue Volkszeitung als Lokalzeitung aufgehört hatte zu bestehen. Die Verlagsrechte an ihr gingen an den VERBO in Friedrichshafen über.[49] Zugleich wurde dieser allerdings gezwungen, 51 % seines Gesellschaftskapitals an den parteieigenen NS-Pressekonzern abzutreten.[50]

Für Herausgeber und Redakteure der Volkszeitung war dieses Ergebnis natürlich enttäuschend, hatten sie doch eher mit einer Eliminierung des „Anzeigers" gerechnet. Für die NS-Pressepolitiker aber war die gefundene Lösung die elegantere, denn jetzt gab es in Ravensburg nur noch eine Tageszeitung, die zwar nach außen in der Tradition des angesehenen „Oberschwäbischen Anzeigers" zu stehen schien, tatsächlich aber unter der Kontrolle der Partei stand. Es dauerte denn auch nicht lange, bis die beiden führenden Köpfe des „Anzeigers", Max Kah und Paul Weh, aus der Redaktion herausgedrängt und durch parteitreue Journalisten ersetzt wurden.[51] Das Blatt war nun endlich gleichgeschaltet, bald waren auch die katholischen Wurzeln nicht mehr erkennbar. Die Partei hatte damit ihr eigentliches Ziel erreicht.

Im Zusammenhang mit der Politik der Gleichschaltung, besser gesagt der Ausmerzung aller nicht der NS-Linie entsprechenden Überbleibsel aus vergangenen Zeiten und der Hervorhebung all dessen, was die „nationale Revolution" symbolisierte, muss auch die Umbenennung zahlreicher Straßennamen erwähnt werden. Ravensburg hat zwar Adolf Hitler nicht zum Ehrenbürger gemacht, aber immerhin bereits am 20. April 1933, zu Hitlers Geburtstag, den wichtigsten Platz der Stadt, den heutigen Marienplatz, zwischen Bauhütte und Waaghaus in Adolf-Hitler-Platz umbenannt. Der südliche Teil des Platzes, der „Viehmarkt", wurde erst zwei Jahre später „gleichgeschaltet" und ebenfalls nach Adolf Hitler benannt.

1. Mai 1933: Großkundgebung auf dem zehn Tage zuvor in „Adolf-Hitler-Platz" umbenannten ehemaligen Postplatz

1934 musste die alte Judengasse nach einem jungen NS-„Märtyrer" in Herbert-Norkus-Straße umgetauft werden, weitere Umbenennungen betrafen die nach den Politikern Friedrich Ebert, Matthias Erzberger und Adolf Gröber sowie dem Gesellenvater Adolph Kolping benannten Straßen, die allesamt die Namen mehr oder weniger bekannter NS-„Helden" erhielten.

Eine „Großplastik des Führers" aus Bronze wurde erstaunlicherweise erst 1939 im Rathaus aufgestellt. Die Arbeit des Stuttgarter Bildhauers Retzbach war über einen Meter hoch und zeigte „das Bild des Führers in äußerst vollkommener Form".[52] Wer das bronzene Ungetüm, das ja sicher nicht ohne weiteres vernichtet werden konnte, vor oder nach Kriegsende verschwinden ließ und wohin, ist unbekannt.

Die nur mit großer Mühe erreichte Gleichschaltung des Schulwesens und die misslungene Gleichschaltung der Kirchen sollen in zwei der folgenden Kapitel zur Sprache kommen.

Arbeiterinnen in der Spohnschen Flachsrösterei in Ittenbeuren, um 1937
Die 1926 stillgelegte Flachsrösterei wurde 1936 im Zuge der nationalsozialistischen Autarkiepolitik wieder in Betrieb genommen. Im Hinblick auf einen kommenden Krieg wollte man unabhängig von Baumwollimporten sein. Deshalb wurde die Herstellung heimischer Leinwand vom Staat gefördert.

Wirtschafts- und Sozialpolitik

Wirtschaftspolitik und wirtschaftliche Entwicklung 1933–1939

Einer der Hauptgründe dafür, dass Hitler und seine Gefolgsleute sich trotz Diktatur und Terror in den ersten Jahren ihrer Herrschaft einer wachsenden Zustimmung im deutschen Volk erfreuen konnten, waren ihre sichtbaren Erfolge in der Wirtschaftspolitik. Den einfachen Mann auf der Straße beeindruckte in erster Linie, wie die Arbeitslosigkeit zurückging, die Reallöhne stiegen und die Wohnungsnot weitgehend überwunden wurde.[53] Dass ein Teil dieses Booms der Vorbereitung eines Kriegs diente und dass die Verschuldung der öffentlichen Hand immer mehr wuchs, wusste er nicht, und wenn er es ahnte oder wusste, verdrängte er es.

Es gibt zwar keine zuverlässigen Zahlen über die Arbeitslosigkeit in Ravensburg-Stadt, aber die Angaben für den Arbeitsamtsbezirk Ravensburg, der die Oberämter Tettnang, Wangen und Saulgau mitumfasste, machen deutlich, wie stark die Arbeitslosenziffer seit 1934 sank: von 2.500 im Jahr 1933 auf nur noch 935 1934 und 377 im Jahr 1935. Mit 77 gemeldeten Arbeitslosen im Sommer 1937 war die Vollbeschäftigung nicht nur erreicht, sondern nun entstand sogar ein Arbeitskräftemangel.[54]

Am meisten profitierte die Metallindustrie von dem Ende 1932 (und nicht erst im Frühjahr 1933) beginnenden wirtschaftlichen Aufschwung. Aber auch die Leinwandfabrikation, die seit einiger Zeit zugunsten der Baumwolle zurückgegangen war, blühte wieder auf. Die Belegschaft der Leinenspinnerei Schornreute, nahm von 85 Arbeitskräften im guten Wirtschaftsjahr 1927 auf 140 1939 kurz vor Kriegsausbruch zu.[55] Diesen Aufschwung verdankte die Firma der Autarkiepolitik der NS-Regierung, die im Hinblick auf einen künftigen Krieg schon früh mit einer gezielten Förderung der Verarbeitung von heimischem Flachs und Hanf begann. Auch die Flachsröste der Gebrüder Spohn in Ittenbeuren, die 1920 anstelle der Leinwandbleiche in Betrieb genommen, aber bereits 1926 wieder stillgelegt worden war, öffnete 1936 ihre Pforten wieder.

Der größte Nutznießer der wirtschaftlichen Entwicklung in den Jahren vor dem Zweiten Weltkrieg war die Maschinenfabrik Escher Wyss, die sich erstaunlich schnell von ihrer großen Krise in den Jahren 1931/32 erholte. Gefragt waren vor allem Großpumpen, Turbinen und Papiermaschinen. Zwischen 1933 und 1936 stieg die Zahl der dort Beschäftigten von 282 auf 606, im Sommer 1939 arbeiteten sogar 790 Personen in der Fabrik, mehr als je zuvor. Auch die Maschinenfabrik Ravensburg (vormals Honer) boomte.

Die folgende Gegenüberstellung zeigt am Beispiel der Zunahme der Arbeitsplätze in einigen großen Firmen, welchen Aufschwung die Ravensburger Industrie zwischen 1927/32 und 1937/39 nahm[56]:

	Zahl der Beschäftigten: 1927–1932	1937–1939
Maschinenfabrik Escher Wyss	275 (1932)	790 (1939)
Maschinenfabrik Ravensburg (früher Honer)	68 (1927)	198 (1937)
Pinselfabrik Sterkel	120 (1927)	282 (1939)
Parkettfabrik Sterkel	66 (1927)	150 (1937)
Leinenspinnerei Schornreute	85 (1927)	140 (1939)

Betriebsappell im „Nationalsozialistischen Musterbetrieb" Escher Wyss, ca. 1936 – 1939
Die Erlangung dieses Prädikats war Voraussetzung, um staatliche Aufträge zu erhalten, auf die Escher Wyss im Dritten Reich zunehmend angewiesen war.

Diese Zahlen machen erneut deutlich, welch überragende Bedeutung die Maschinenfabrik Escher Wyss damals für den Ravensburger Arbeitsmarkt besaß. Die Zahl der Beschäftigten im nächstgrößeren Unternehmen, der Pinselfabrik Sterkel, betrug im Vergleich zu Escher Wyss gerade mal ein gutes Drittel.

Um im Dritten Reich Aufträge vom Staat zu erhalten, bemühte sich Escher Wyss um das Prädikat „Nationalsozialistischer Musterbetrieb". Da diese Auszeichnung nur an deutsche Firmen vergeben wurde, übertrug die Züricher Mutterfirma zum Schein die Aktienmehrheit an der Ravensburger Tochter an die Deutsche Treuhandgesellschaft und die Gutehoffnungshütte in Oberhausen. Die Rückübertragung dieser Anteile erfolgte erst 1949.[57]

1938 waren 2.956 Personen in der Ravensburger Industrie beschäftigt.[58] Das war eine beachtliche Steigerung selbst gegenüber den wirtschaftlich guten Jahren der Weimarer Republik 1925 bis 1927, in denen die entsprechende Zahl bei etwa 2.200 bis 2.500 gelegen hatte. Wie stark der Standort Ravensburg 1938 von der Industrie geprägt war, geht daraus hervor, dass damals ein gutes Drittel aller Erwerbspersonen in der Industrie beschäftigt war.[59]

Ein Indikator für die Verbesserung des Investitionsklimas ist auch die Entwicklung der Baugesuche. D 26 beruht auf einer Auswertung der Bautagebücher des städtischen Bauamts, die sämtliche öffentlichen und privaten Baugesuche dokumentieren. Daraus ergibt sich, dass bei den Baugesuchen bereits 1932 der Tiefpunkt überwunden war. Ursache für den raschen Anstieg der Baugesuche seit 1933 war nicht zuletzt die Förderung des sozialen Wohnungsbaus durch die nationalsozialistische Regierung. Wir kommen darauf im folgenden Kapitel zurück.

D 26 Baugesuche und neu errichtete Wohnungen 1924 – 1939

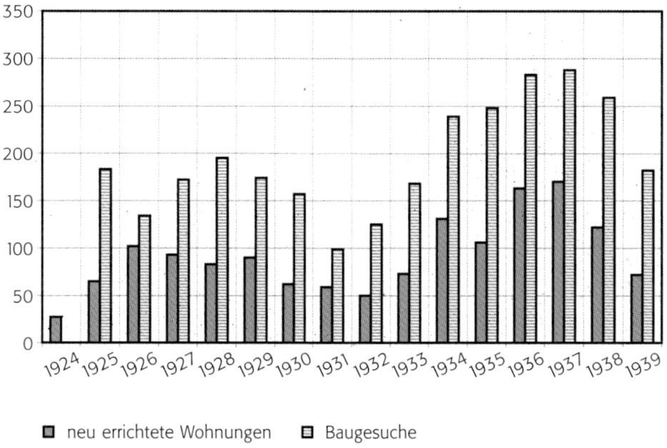

Sozialpolitik: Arbeitsbeschaffung, Soziale Fürsorge, Wohnungsbau

Dank der positiven wirtschaftlichen Entwicklung seit 1933 gab es zum Jahresende 1936 in Ravensburg praktisch keine Arbeitslosen mehr. Das war ein großer Erfolg angesichts der Tatsache, dass im Juni 1933 noch 1.400 Arbeitslose gezählt worden waren, was einer Arbeitslosenquote von 17,9 % entsprach.[60] Das Gros der Arbeitslosen waren Arbeiter, 1.122 an der Zahl. Dass sich das NS-Regime angesichts der Überwindung der Arbeitslosigkeit binnen vier Jahren gerade bei der Arbeiterschaft viele Sympathien erwarb, auch bei solchen, die früher KPD oder SPD gewählt hatten, kann nicht weiter verwundern. Was diese Sympathie noch verstärkte, war der gesetzlich festgelegte Mindesturlaub von sechs Tagen pro Jahr für jeden Arbeitnehmer.

Mit dieser Neuregelung, mit der „NS-Volkswohlfahrt" (NSV), dem von dieser organisierten „Winterhilfswerk", dem „Hilfswerk Mutter und Kind" und der „Kinderlandverschickung", den zinslosen „Ehestandsdarlehen" für junge „erbgesunde" Ehepaare, der Verleihung des „Mutterkreuzes" an kinderreiche Mütter sowie mit der „NS-Gemeinschaft Kraft durch Freude", die interessante Kultur- und Freizeitangebote gerade auch für die sozial Schwächeren machte, entwickelte die Regierung ein sozialpolitisches Programm, das von den meisten Deutschen positiv aufgenommen wurde.

Am „Winterhilfswerk" sollten sich alle deutschen „Volksgenossen und -genossinnen" solidarisch beteiligen, die einen als Sammler und Spender von Geld und Naturalien, die andern – Hilfsbedürftige, sozial Schwache, kinderreiche Familien – als Empfänger. Die groß angelegte Hilfsaktion sollte dazu beitragen, den Gedanken der „Volksgemeinschaft" zu verwirklichen. Vor allem die Frauen sollten sich hier engagieren.

In Ravensburg nahm sich dieser Aufgabe die 1931 gegründete Ortsgruppe der „NS-Frauenschaft" gemeinsam mit dem größten hiesigen Frauenverein, dem „Katholischen Frauenbund" und dem „Deutsch-Evangelischen Frauenbund" an. Weitere Wohltätigkeitsvereine, in erster Linie Frauenvereine wie der „Bund Königin Luise", beteiligten sich gleichfalls.

„Die Frauen sammelten auf der Straße, reinigten und flickten die gespendeten Kleider und verteilten Lebensmittel. Im Josefshaus führte der katholische Mütterverein Kinder- und Volksspeisungen durch. Mit Kochrezepten machten die katholischen Frauen Werbung für die ‚Eintopfsonntage'. An je einem Sonntag im Monat sollten die Deutschen Eintopf essen und das dadurch gesparte Haushaltsgeld dem Winterhilfswerk zur Verfügung stellen."[61]

Zu den sichtbarsten Erfolgen des Dritten Reichs gehörte auch in Ravensburg die Wiederaufnahme des Wohnungsbauprogramms, welches Oberbürgermeister Mantz schon in den zwanziger Jahren auf den Weg gebracht hatte, das jedoch durch die Wirtschaftskrise der Jahre 1929 bis 1932 einen Rückschlag erlitten hatte. Auch jetzt gingen die wichtigsten Impulse wieder von der Stadtverwaltung und dem eng mit ihr kooperierenden Bau- und Sparverein aus. Dank der vorausschauenden Bodenpolitik von Mantz sah sich die Stadt in der Lage, Bauinteressenten Grundstücke zu günstigen Preisen anzubieten. Außerdem lockten zinsgünstige Darlehen. Der Bau von Ein- und Mehrfamilienhäusern konzentrierte sich im Wesentlichen auf drei Bereiche:

- in der Südstadt Fortsetzung der Bautätigkeit in den *Ziegelwiesen* (Mozart-, Beethoven-, Tannenberg-, Anselm-Erb-, Bismarck- und Wilhelm-Hauff-Straße, außerdem die frühere Adolf-Gröber-Straße, die jetzt Wilhelm-Gustloff-Straße hieß),
- in der *Schussen- oder Grünlandsiedlung* südwestlich der Altstadt zwischen Bahnlinie und Schussen (Kanalstraße, Grünland-, Boelcke-, Ösch- und Stübbenweg), deren Anfänge gleichfalls in die zwanziger Jahre zurückreichten und
- in den *Breitenen* nordöstlich des Elisabethenkrankenhauses. Dort entstand zwischen 1934 und 1938 eine völlig neue Siedlung, in der die meisten Straßen die Namen von Nazigrößen erhielten, die 1945 natürlich zugunsten von politisch unverdächtigen historischen Gestalten umbenannt werden mussten.

Die drei Neubaugebiete waren in erster Linie für den sozialen Wohnungsbau bestimmt, der von der Stadt und vom Reich gefördert wurde. Die Stadt investierte allein

Die zwischen 1934 und 1938 entstandene Siedlung Breitenen, um 1938/39
In der Nähe des Elisabethenkrankenhauses entstand die größte Neubausiedlung während des Dritten Reichs. Alle Straßen erhielten hier Namen nach Nazigrößen. Im Mai 1945 wurden diese Straßennamen durch die heutigen ersetzt.

in den drei Jahren 1936 bis 1938 617.000 RM in den Bau neuer Wohnungen.[62] In den „Breitenen" und in der Schussen- oder Grünlandsiedlung wurden vor allem Einfamilienhäuser gebaut, so genannte „Kleinsiedler-Stellen", in der Grünlandsiedlung zusätzlich acht Zweifamilienhäuser.[63]

Am Rand dieser Siedlung befanden sich bis 1937 mehrere primitive Baracken und Wohnwagen, in denen eine nicht unbedeutende Zahl sesshaft gewordener „Zigeuner" (Sinti) hauste (siehe Seite 240), zum Missvergnügen einiger bürgerlicher „Kleinsiedler", die sich in der Grünlandsiedlung niedergelassen hatten. Allzu lange mussten sie sich nicht ob dieser ungeliebten Nachbarschaft grämen.

Im Zuge der im ganzen Reich zunehmenden Diskriminierung der als „rassisch minderwertig" betrachteten Sinti wurden diese, ohne gefragt zu werden, 1937 in den Ummenwinkel, weit außerhalb der Stadt an der Landstraße nach Berg, umgesiedelt. Um die als asozial geltenden Sinti besser unter polizeilicher Kontrolle zu halten, errichtete die Stadt dort ein „Zigeunerlager", das teils aus den umgesetzten alten, teils aus einigen neuen Baracken bestand.[64] Ähnliche Maßnahmen wurden überall im Deutschland durchgeführt, vermutlich schon im Hinblick auf eine wie auch immer geartete „Endlösung". Für das, was während des Kriegs mit den „Zigeunern" geschah, sei auf das Kapitel Seite 276f. verwiesen.

D 26 Seite 263 verdeutlicht, mit welchem Tempo sich der Wohnungsbau in den dreißiger Jahren entwickelte. Abgesehen von einem leichten Einbruch 1935 stieg er bis 1937 rasant an, um dann allerdings in den beiden Jahren vor Ausbruch des Zweiten Weltkriegs wieder leicht zu sinken. Das dürfte in der verstärkten militärischen Aufrüstung zu Lasten des Wohnungsbaus seine Ursache gehabt haben. Insgesamt entstanden von 1933 bis 1938 in Ravensburg 943 neue Wohnungen.[65]

Die Vereinnahmung von Kindern und Jugendlichen

Adolf Hitler wollte eine Jugend heranziehen, die „flink wie die Windhunde, zäh wie Leder und hart wie Kruppstahl" sein sollte.[66] Er träumte von einem künftigen „unverdorbenen Geschlecht, das bewusst wieder zurückfindet zum primitiven Instinkt".[67] Dem entsprachen die Ziele nationalsozialistischer Erziehung innerhalb und außerhalb der Schule: „Statt Individualismus sollte Gemeinschaftssinn, statt Denkfähigkeit Gefolgschaftstreue, statt Aufklärung und Einsicht sollten Glaube und Hingabe den Jugendlichen anerzogen werden" (Hans Ulrich Thamer).[68]

Nationalsozialistische Erziehung begann schon im Kindergarten. Der war in Ravensburg bis 1937 von Franziskanerinnen aus dem Kloster Reute und evangelischen Diakonissen betreut worden. Zur allgemeinen Überraschung verfügte Bürgermeister Walzer im Januar 1937 die Aufhebung der konfessionellen Trennung und die Einstellung von Kindergärtnerinnen der NS-Volkswohlfahrt anstelle der bisher tätigen Schwestern. Das erregte bei vielen Ravensburgern großen Unwillen, da man voraussah, dass unter der Leitung „brauner" Kindergärtnerinnen alles Religiöse aus der Kindererziehung getilgt würde. Sogar von der Kanzel der Liebfrauen-

Die katholischen Kinder im Städt. Kindergarten am Hirschgraben wurden bis 1937 von Franziskanerinnen des Klosters Reute betreut, Aufnahme ca. 1930 – 35

Puppenstube, Krippe und „Soldäterles": ein bürgerliches Weihnachtszimmer in den dreißiger Jahren

kirche wurde dagegen polemisiert, was Bürgermeister Walzer zu einer harschen Stellungnahme im Lokalblatt veranlasste, in der er sich gegen diesen „unzulässigen Eingriff in die städtische Zuständigkeit" verwahrte. Mit der Begründung, Partei und Staat hätten „ein sehr großes Interesse daran, dass die Jugend im Geist des 3. Reichs betreut und erzogen wird", kündigte er den Vertrag mit dem Kloster Reute zum 31. März 1937, ohne auch nur ein Wort des Dankes und der Anerkennung für die jahrzehntelange Tätigkeit der Reuter Schwestern zu finden.[69] Der Ravensburger Bürgermeister, der aus einer streng katholischen Familie stammte und noch 1934 seinen Rechenschaftsbericht vor dem Gemeinderat mit einem Dank an den „Herrgott" beendet hatte[70], war inzwischen anderen Sinnes geworden.

Als die katholische Kirchengemeinde sich im Herbst 1937 entschloss, auf eigene Kosten einen christlich orientierten Kindergarten einzurichten, der auch für Kinder aus evangelischen Elternhäusern offen stehen sollte, bezeichnete Walzer diesen Plan als „Sabotage an der Volksgemeinschaft", als „Versuch die Einigung unserer Jugend zu hintertreiben".[71] Der private katholische Kindergarten kam denn auch nicht zustande.

*

Obwohl Hitler in dem bereits 1933 abgeschlossenen Reichskonkordat mit dem Vatikan für das Volksschulwesen die Beibehaltung der katholischen Bekenntnisschule zugesagt hatte, wurde 1936 in einigen Ländern wie Hessen, Bayern und Württemberg gegen zum Teil scharfen kirchlichen Protest damit begonnen, die Bekenntnisschulen von Amts wegen durch Gemeinschaftsschulen zu ersetzen. Im Lauf des Jahres verlagerte sich der Schwerpunkt der Auseinandersetzungen nach Württemberg, wo Kultminister Mergenthaler als besonders heftiger Befürworter der Gemeinschaftsschule auftrat.[72]

Im Mai 1936 wurde unter den Eltern der vier Ravensburger Volksschulen eine Abstimmung für oder gegen die Gemeinschaftsschule durchgeführt, die eine Mehrheit von 74,4 % für die Gemeinschaftsschule ergab. Bemerkenswert an diesem Ergebnis war das unterschiedliche Abstimmungsverhalten katholischer und evangelischer Eltern. Während nur 64,8 % der katholischen Eltern für die Gemeinschaftsschule stimmten, waren es bei den evangelischen Eltern 100 %.[73] Dagegen waren sich viele Protestanten mit den Katholiken darin einig, dass der christliche Religionsunterricht auch in den neuen Gemeinschaftsschulen nicht durch einen so genannten Weltanschauungsunterricht ersetzt werden sollte.

Nach den Erfahrungen in den ersten drei Jahren des Dritten Reichs befürchteten viele Katholiken und auch nicht wenige Protestanten, dass in der die Konfessionsschule ersetzenden „Deutschen Schule" die christliche Erziehung ihrer Kinder vernachlässigt, wenn nicht gar vollständig unterdrückt werde. Daran änderte auch die Versicherung des Schulamts nichts, auch in der „Deutschen Schule" werde Religionsunterricht erteilt. Es war nämlich bereits durchgesickert, dass der Religionsunterricht dort nicht mehr wie bisher von Geistlichen, sondern von weltlichen Lehrern erteilt würde.

Tatsächlich kam es bereits im Juni 1936 zur Gründung einer Gemeinschaftsschule unter dem Namen „Deutsche Schule". In den folgenden Monaten wurde von Seiten des Schulamts und der Stadtverwaltung alles getan, um die Bekenntnisschulen auszuhungern und die Attraktivität der „Deutschen Schule" hervorzuheben. Das begann damit, dass letztere bei der Zuteilung von Klassenzimmern bevorzugt wurde. Bei einzelnen Programmpunkten des Rutenfests wie dem Antrommeln und Fahnenschwingen oder der Besetzung der einzelnen Rollen beim Rutentheater wurden die Schüler der „Deutschen Schule" bevorzugt.[74]

Schlimmer waren die Drohungen gegenüber Beamten und Geschäftsleuten, die ihre Kinder weiterhin in die katholische oder evangelische Volksschule schicken wollten. Lehrer, die sich aus Gewissensgründen weigerten, für die „Deutsche Schule" zu werben, sahen sich Pressionen bis hin zur Zwangsversetzung ausgesetzt. Diese Politik verfehlte ihre Wirkung nicht. Bis zum Sommer 1937 nahm die Zahl der Schüler der Bekenntnisschulen immer mehr ab. Das Häuflein der Standhaften, die sich weiterhin weigerten, ihre Kinder auf die „Deutsche Schule" zu schicken, wurde von Monat zu Monat kleiner.

Am 4. Juni 1937 wurde von Amts wegen der Übertritt aller Schülerinnen und Schüler in die „Deutsche Schule" angeordnet und die übrig gebliebenen drei katholischen Mädchenschulklassen aufgelöst. Zu diesem Zeitpunkt gab es in ganz Württemberg nur noch 737 Schüler, die in insgesamt 17 Bekenntnisklassen unterrichtet wurden.[75] Ravensburg gehörte also zu den letzten Widerstandsnestern gegen die Schulpolitik der Partei.

Sehr bald zeigte es sich, dass in der „Deutschen Schule" der Religionsunterricht immer mehr zu einem Weltanschauungsunterricht mutierte, worauf eine Anzahl katholischer Eltern ihre Kinder von diesem Unterricht abmeldeten und sie an einem kirchlichen Religionsunterricht außerhalb der Schule teilnehmen ließen.[76]

Die Schulpolitik der Nationalsozialisten duldete auch keine katholischen Privatschulen wie das Ravensburger „Klösterle" mehr. Schon 1935 hatte Kreisleiter Rudorf alle Parteigenossen, die ihre Kinder auf diese Schule schickten, angewiesen, sie im neuen Schuljahr bei einer staatlichen Schule anzumelden. Bemerkenswerterweise befolgte zunächst kein einziges Parteimitglied diese Anweisung, und es dauerte mehr als ein Jahr bis alle außer ein paar Wenigen weichgeklopft waren. 1937 erfolgte die Schließung der Realschule am „Klösterle". Die Schülerinnen mussten, soweit sie aus Ravensburg und Umgebung kamen, in die städtische Mädchenrealschule überwechseln. 1940 wurde auch die Grundschule des „Klösterle" aufgelöst.[77]

Die Reform der höheren Schulen war naturgemäß weniger konfliktträchtig, da es hier keine Bekenntnisschulen gab. Zwar wurden in den Lehrplan neue Fächer wie „Rassenkunde" aufgenommen und der Schullalltag durch neue Gedenktage, Hitlerreden, Flaggenhissungen, Rundfunkübertragungen, nationalistische und militaristische Vorträge ergänzt[78], aber es gab auch manche Lehrer, die gar nicht daran dachten, ihren Unterricht wesentlich zu verändern. „Die Grenzen der Indoktrination lagen in den vielen Nischen, in welche die Lehrer ausweichen konnten."[79]

Dort, wo ein hundertprozentiger Nationalsozialist die Richtung wies, wie der Leiter des Gymnasiums, Oberstudiendirektor Max Luib, konnte es aber zu markanten Eingriffen kommen. 1938 wurde beim Ravensburger Gymnasium als einem der ersten im Land der Religionsunterricht abgeschafft und durch einen nationalsozialistisch geprägten „Weltanschauungsunterricht" ersetzt.[80] Seit Februar 1939 durfte kein katholischer Geistlicher mehr die beiden höheren Schulen betreten. Ein kirchlicher Religionsunterricht war nur noch außerhalb der Schule möglich. Mit dieser Regelung bildete Ravensburg zusammen mit Ulm eine traurige Ausnahme innerhalb des Landes.[81]

Per Reichsgesetz wurde das höhere Schulwesen 1937 auf Oberschulen für Jungen und Oberschulen für Mädchen reduziert und die humanistischen Gymnasien bis auf wenige Ausnahmen abgeschafft. Das Ravensburger Gymnasium gehörte nicht zu diesen Ausnahmen. Von nun an gab es in Ravensburg an Stelle des Gymnasiums und der Oberrealschule zwei „Oberschulen für Jungen" mit ganz ähnlichem Bildungsangebot. Um sie wenigstens nach außen voneinander unterscheiden zu können, wurden sie 1940 in „Spohnoberschule I" und „Spohnoberschule II" umbenannt.[82]

Bedeutender, aber diesmal im positiven Sinn, war die Auswirkung der Reichsschulreform für die Mädchenrealschule, die in eine „Oberschule für Mädchen" umgewandelt wurde, an der man nun auch das Abitur ablegen konnte. Dies war erstmals 1944 der Fall.[83]

*

„Keine Bevölkerungsgruppe war den Verführungsangeboten der Nationalsozialisten so sehr ausgeliefert wie die junge Generation" (Hans Ulrich Thamer).[84] Zu den Instrumenten, deren sich die Partei bediente, um die Jugend für sich zu gewinnen, gehörte neben der Schule die Organisation der Hitlerjugend, kurz HJ genannt. Sie bestand aus vier Abteilungen: die Hitlerjugend im engeren Sinn, zu der die 14- bis 18-jährigen Jungen gehörten, das „Jungvolk" der 10- bis 14-jährigen Knaben („Pimpfe"), den „Bund Deutscher Mädel" (BDM) der 14- bis 17-jährigen Mädchen und die „Jungmädel" der 10- bis 14-jährigen Mädchen.

Aufgrund geschickter Werbeaktionen mit attraktiven Freizeitangeboten wuchs die Hitlerjugend von 108.000 am Beginn des Jahrs 1933 auf 7 Millionen im Jahr 1938. Viele Jugendvereine und Jugendgruppen, auch kirchlich geprägte, sowie sämtliche Jugendabteilungen der Sportvereine wurden mehr oder weniger freiwillig in die Hitlerjugend überführt.[85]

Die Wurzeln der HJ reichten in die Jugendbewegung zurück. Mit ihrem antibürgerlichen Stil, ihrer Verachtung von Prüderie und Spießertum, ihrem Angebot an Fahrten hinaus in die Ferne, ihren Liedern, ihren Geländespielen und nächtlichen Veranstaltungen an Lagerfeuern, ihrem feierlichen Zeremoniell bei der Aufnahme neuer Mitglieder und den von ihr verkündeten Idealen wie Rasse, Deutschtum, Blut und Boden, aber auch Ehre und Hilfsbereitschaft wirkte die Hitlerjugend auf viele Jugendliche anziehend. Wer in der HJ war, erhielt Vergünstigungen wie etwa Unterrichtsbefreiung für den Besuch bestimmter Veranstaltungen.

So eifrig die meisten Jugendlichen in HJ und BDM mitmachten, so skeptisch und sorgenvoll beobachteten andererseits manche Eltern, Lehrer und Geistliche die Einflüsse, denen die jungen Leute dort ausgesetzt waren. Wenn ein junger von der HJ geprägter Mensch, der sich für die Politik und „Ideale" des Nationalsozialismus begeisterte, aus einem konservativen, sozialdemokratischen

Feierliche Verpflichtung der Jugend im Konzerthaus, ca. 1937
Alljährlich wurden im März die Jugendlichen im Rahmen einer Feierstunde in die nationalsozialistischen Jugendorganisationen („Jungvolk", „Jungmädelbund", „Hitlerjugend", „Bund Deutscher Mädel") aufgenommen.

oder streng katholischen Elternhaus kam, konnten innerhalb der Familien schlimme Konflikte zwischen Eltern und Kindern entstehen. Es kam sogar vor, dass Kinder ihre Eltern wegen deren politischen Äußerungen anzeigten.[86]

Viele Ältere entrüsteten sich über das lockere Treiben in den nationalsozialistischen Jugendorganisationen. So vertraute Stadtpfarrer Nieder seiner tagebuchartig geführten Pfarrchronik an, wie sehr ihn der sittliche Niedergang der „Marianischen Jungfrauenkongregation" schmerzte. Das „Jungfräulichkeitsideal", so schrieb er, habe durch eine entsprechende Beeinflussung vieler Mädchen beim BDM schwer gelitten.[87]

Trotz des Widerstands vor allem der katholischen Jugendverbände gelang es der HJ auch in Ravensburg, den größten Teil der Jugendlichen für sich zu gewinnen. 1936 zählte sie 1.810 Mitglieder. Ob man aus dem Zahlenverhältnis von 960 männlichen zu 850 weiblichen Mitgliedern[88] den Schluss ziehen kann, dass bei den Mädchen die Begeisterung nicht ganz so groß war wie bei den Knaben, muss dahingestellt bleiben. Möglicherweise war die männliche Jugend einem stärkeren Druck ausgesetzt als die weibliche. Darauf deutet die seit 1937 geltende Bestimmung hin, nur wer Mitglied in der HJ sei, könne das Abitur ablegen. Auf diese Weise wurden in Ravensburg mehrere Schüler daran gehindert, ihre Schulzeit mit der Reifeprüfung abzuschließen.[89] Ein an-

Das Flappachbad, ca. 1936
Interessant ist das Zahlenverhältnis von männlichen und weiblichen Jugendlichen auf dieser Aufnahme.

deres Druckmittel war die Aufforderung an alle Beamten, ihrer Treuepflicht gegenüber dem Staat dadurch zu genügen, dass sie ihre Kinder in die Hitlerjugend schickten.[90]

Für die Ravensburger Hitlerjugend erschien seit Sommer 1933 in der parteinahen „Oberschwäbischen Volks-Zeitung" bzw. „NS-Volks-Zeitung" in unregelmäßiger Folge eine eigene mehrseitige Sonderbeilage, die sich „Jungsturm" nannte und von den örtlichen HJ-Führern herausgegeben wurde. Darin wurde über Veranstaltungen der Partei und speziell der HJ berichtet, wo auch immer sie stattfanden.

Viele Artikel stammten aus anderen HJ-Publikationen und hatten keinerlei lokalen Bezug: Erlebnisse aus dem Weltkrieg, Filmbesprechungen, rassenkundliche Belehrungen, Hetz- und Schmähartikel gegen Juden, Neger und Zigeuner oder auch gegen die Dekadenz der westlichen Welt, beispielsweise den amerikanischen Jazz oder die Pariser Haute Couture. Für die BDM-Mädchen gab es eine eigene Rubrik mit dem Titel „Braune Mädels". Darin fanden sich Beiträge von denen man glaubte, dass sie speziell den weiblichen Teil der HJ interessieren würden: „rassenhygienische Aufklärung" für die künftigen Mütter, „Besinnliches", Gedichte von NS-Dichtern. Mit dem Ende der „NS-Volks-Zeitung" Ende August 1935 wurde auch das Erscheinen des „Jungsturms" eingestellt.

Ein wichtiges Thema war jahrelang der Bau eines gleichzeitig als Jugendherberge dienenden HJ-„Wehrertüchtigungslagers" auf der Veitsburg, der angeblichen Geburtsstätte des von den Nazis wegen seiner Ostpolitik besonders geschätzten Herzogs Heinrich des Löwen. Im November 1938 erhielt Ravensburg unter großem Tamtam den tausendsten „Baustein" für den Bau dieses Heims. Vorgesehen war ein repräsentativer Fachwerkbau mit Ehrenhof und Appellplatz, der einen neuen Akzent im Ravensburger Stadtbild setzen sollte. Das Projekt wurde mit einem enormen propagandistischen Aufwand publik gemacht. Bei der Überreichung des tausendsten Bausteins an Bürgermeister Walzer waren hochrangige Vertreter der Reichsjugendführung anwesend. Zur Ausführung kam nur der erste Bauabschnitt. Der Ausbruch des Kriegs verhinderte die Vollendung des Projekts.[91]

Kultur, Freizeit und Alltag im Zeichen des Hakenkreuzes

Die Politik der Gleichschaltung machte natürlich auch vor der Kultur nicht halt, duldete aber Freiräume, soweit es sich um politisch unverfängliche Veranstaltungen handelte. Für die Organisation von Theateraufführungen und die Auswahl der Stücke war bis 1934 der „Kampfbund für deutsche Kultur", danach die „NS-Kulturgemeinde" und seit 1937 die „NS-Gemeinschaft Kraft durch Freude" (KdF) zuständig.

Eine Durchsicht der im gleichgeschalteten „Oberschwäbischen Anzeiger" von 1936 angekündigten kulturellen Angebote macht deutlich, dass im repräsentativen Kulturtempel Ravensburgs, dem Konzerthaus, neben der schon bisher üblichen Mischung aus klassischen und Militärkonzerten, Opern, Operetten und Schauspielaufführungen, Volkstheater, Varietés und „Faschingsbällen" auch anderes auf dem Programm stand: ein Leseabend des damals hochgeschätzten NS-Dichters und SA-Manns Gerhard Schumann, eine Morgenfeier der HJ zur „Woche des Deutschen Buchs", eine Kreisversammlung des Nationalsozialistischen Lehrerbunds und ähnliche Parteiveranstaltungen. Im April 1936 wurde das Theaterstück „Der Kaiser und der Löwe" aufgeführt, das Bezug nahm auf Heinrich den Löwen, den angeblich „größten Sohn Ravensburgs".

Sehr beliebt, zumindest bei den Veranstaltern, wahrscheinlich aber auch beim Publikum, waren die zahlreichen Volkstanz-, Volksmusik- und Heimatabende. 1936 war in der Turnhalle auf der Kuppelnau eine „Ostlandausstellung" zu sehen. Das interessierte Publikum konnte einen Siebenbürger Heimatabend oder eine Ravensburger Heimatwoche mit Vorträgen und einer Ausstellung des Stadtarchivs besuchen. Eine weitere Ausstellung war dem Thema „Rassenkunde und Erbbiologie" gewidmet.

Andererseits konnte, wer wollte, im „Spanischen Hof" eine Jazzkapelle erleben, obwohl Jazz offiziell als „dekadente Negermusik" verrufen war.[92] Das ausgezeichnete „HJ-Bannorchester" spielte unter seiner Leiterin, der „Musikhauptgruppenführerin" Brünhilde Straub keineswegs nur Wagner, sondern auch Bach, Mozart und Beethoven.[93] Nur Mendelssohn und Jacques Offenbach waren verpönt. Auch Kirchenkonzerte wurden weiterhin aufgeführt und fanden regen Zulauf, besonders wenn der berühmteste Sohn der Stadt, der Tenor Karl Erb, auftrat.

Das Banausentum der neuen Herren in Sachen Kunst lässt sich für Ravensburg an zwei Vorkommnissen illustrieren: Wie schon erwähnt (Seite 243f.), musste auf Anordnung des Schulleiters Max Luib 1939 das Wandbild „Die Freunde", das der Ravensburger Maler Julius Herburger 1928 im Treppenhaus des Gymnasiums geschaffen hatte, übertüncht werden, da der Künstler die Aufforderung, Hakenkreuzfähnchen in das Bild hineinzumalen, als Zumutung negiert hatte.[94]

Der zweite Beleg für die Ignoranz der Verantwortlichen wurde in anderem Zusammenhang schon erwähnt (Seite 198): Zwischen 1934 und 1938 hätte die Stadt die Möglichkeit gehabt, die bedeutende Sammlung gotischer und barocker Skulpturen aus Oberschwaben, dem Allgäu und dem Alpenraum, die der Restaurator und Bildhauer Theodor Schnell in Jahrzehnten zusammengetragen hatte, zu günstigen Bedingungen zu erwerben. Mit einem Schlag wäre Ravensburg damit in den Besitz der bedeutendsten Skulpturensammlung der oberschwäbischen Kunstregion neben dem Württembergischen Landesmuseum in Stuttgart gelangt.

Schnell war im Alter in finanzielle Schwierigkeiten geraten und wäre bereit gewesen, die Sammlung gegen eine Leibrente der Stadt zu übereignen. Merkwürdigerweise waren es aber gerade das Stuttgarter Landesamt für

Der Blaserturm im weihnachtlichen Lichterschmuck, ca. 1937

Der Sport- und Festplatz in den Ziegelwiesen, Aquarell v. V. Marschall, 1931
Der neue Sportplatz diente im Dritten Reich auch als Aufmarschgelände für größere Kundgebungen und Feiern. An seiner Stelle befindet sich heute die Niederlassung von Mercedes-Benz.

Denkmalpflege und der Konservator am Württembergischen Landesmuseum Albert Walzer, ein Bruder des amtierenden Ravensburger Bürgermeisters Rudolf Walzer, die von einem Erwerb abrieten, der daraufhin nicht zustande kam. Nach Schnells Tod im Jahr 1938 wurde die gesamte Sammlung wenige Monate vor Ausbruch des Zweiten Weltkriegs versteigert und in alle Winde verstreut.[95]

Unter den Massenmedien spielten Kino und Radio neben der gleichgeschalteten Presse eine immer größere Rolle. Außer den beiden schon vor dem Ersten Weltkrieg eröffneten Kinos, dem kurz und bündig UT (Uniontheater) genannten Kino in der Bachstraße und den „Kammerlichtspielen" am Adolf-Hitler-Platz, öffnete 1938 als größtes und vornehmstes Kino der Stadt das „Burgtheater" am südlichen Viehmarkt seine Pforten.

Propaganda und Unterhaltung der Massen waren die Motive für die Förderung von Kino und Radio durch das NS-Regime. Zu Beginn des Dritten Reichs besaß in Ravensburg nur etwa jeder zehnte Haushalt ein Rundfunkgerät. Damit möglichst viele „Volksgenoss(inn)en" in den Genuss einer Hitler-Rede kommen konnten, wurde 1933 auf dem Adolf-Hitler-Platz beim Rathaus eine „Großlautsprecheranlage" installiert.[96] Das war einige Jahre später nicht mehr nötig, denn 1942 waren dank der preisgünstigen „Volksempfänger" von zehn Haushalten bereits sieben bis acht im Besitz eines Radios.[97]

Um das deutsche Volk, und vor allem die Jugend, propagandistisch zu beeinflussen, wurden neue Feierstunden und Feiertage proklamiert: Tag der Machtergreifung, Heldengedenktag, Führers Geburtstag, Tag der nationalen Arbeit, Muttertag, Sommersonnwendfeier, Gedenktag für die Gefallenen der Bewegung und so weiter. Daneben gab es für die Jugend die feierliche Aufnahme ins Jungvolk oder in die HJ.

Der reguläre Schulunterricht fiel nicht nur an diesen Tagen teilweise aus. Immer wieder mussten sich die Schüler auch während der Unterrichtszeit in der Turnhalle per Rundfunk übertragene Reden von Hitler, Goebbels und anderen Nazigrößen anhören. Mit dem bereits 1932 fertiggestellten Spiel- und Sportplatz in den Ziegelwiesen (dort wo sich heute die Ravensburger Niederlassung von Mercedes-Benz befindet) stand den Nationalsozialisten ein für sportliche Wettkämpfe und politische Massenveranstaltungen geeigneter Platz zur Verfügung.

Die Nationalsozialisten versuchten auch traditionelle lokale Feste wie das Rutenfest für propagandistische Zwecke auszuschlachten. Dabei mussten sie allerdings die Erfahrung machen, dass nichts schwieriger war, als von der Tradition geheiligte Bräuche zu verändern.[98] So fand das von ihnen vorgeschlagene Stück „Das Volk an der Grenze“, das im polnisch gewordenen Oberschlesien spielte und beim Rutentheater 1934 zur Aufführung kam, keinen großen Beifall, so dass man zu den bewährten Märchenstücken zurückkehrte.

Plakat der Faschingsgesellschaft Milka aus den dreißiger Jahren

Erwähnt wurde bereits, dass nach der Einführung der „Deutschen (Volks)Schule“ 1936 die Schüler dieser Schule gegenüber den „Konfessionsschülern“ bevorzugt wurden, indem gegen den massiven Widerstand des Vorsitzenden der Rutenfestkommission nur ihnen erlaubt wurde, als Trommler oder Fahnenträger am Festzug teilzunehmen. Ebenso war es ein besonderes Privileg der Schüler in den Oberklassen der Deutschen Schule, am Adlerschießen teilzunehmen.[99]

Auch die Fasnacht geriet in den Strudel faschistischer Neuerungen. So traten 1935 beim Umzug der „Faschingsgesellschaft Milka“ als jüdische Emigranten verkleidete Ravensburger auf, die in Anspielung auf den Exodus der deutschen Juden mit großen Koffern daherkamen. Ein Jahr später wurden „Meckerer und Kritikaster“ durch den Kakao gezogen und 1937 sogar zwei „Meckerer“ aus Jux zum Schein gehängt.[100]

Die Kirchen im Dritten Reich

„Die Kirchen waren die einzigen Institutionen, die sich dem weltanschaulichen Totalitätsanspruch des Nationalsozialismus entziehen oder auch widersetzen konnten, doch zum politischen Widerstand haben sie nicht aufgerufen. Ihre Gleichschaltung misslang, aber ihre überwiegend konservativ-nationale Grundhaltung bewirkte immer wieder ihre Loyalität zum Staat“ (Hans Ulrich Thamer).[101] Für Ravensburg ist festzustellen, dass der Wille zum Widerstand beim katholischen Klerus und der katholischen Bürgerschaft ausgeprägter war als auf evangelischer Seite. Im Vergleich zur evangelischen Minderheit der Ravensburger erwies sich das „katholische Milieu“ von Handwerkern, Arbeitern, kleinen Beamten und Kaufleuten mit seinem Netzwerk von Vereinen und Gruppen als resistenter gegenüber den nationalsozialistischen Zumutungen.

Bei den Protestanten gab es Leute, die sich bis 1933 wegen ihrer Konfession benachteiligt gefühlt hatten und sich nun von den neuen Herren Ämter und Posten erhofften, die ihnen bisher verwehrt worden waren. Andererseits bleibt aber auch festzuhalten, dass die regimekonformen „Deutschen Christen“ in Ravensburg nur für ganz kurze Zeit in der Person des Stadtpfarrers Dr. Wilhelm Krauß eine gewisse Rolle gespielt haben.

Stadtpfarrer Krauß war zum Leidwesen seines unmittelbaren Vorgesetzten, des Dekans Wilhelm Ströle, im Mai 1933 in die NSDAP eingetreten und stellte sich 1934 auf die Seite der Deutschen Christen. In deren Auftrag war er im September 1934 nach Stuttgart gerufen worden, wo er den beurlaubten Pfarrer der Paulusgemeinde kommissarisch vertrat.[102]

In einer Predigt am 23. September berichtete Krauß voller Begeisterung, welch großen Eindruck Adolf Hitler beim Reichsparteitag in Nürnberg auf ihn gemacht habe und fuhr dann voller Emphase fort: „Nun sehen wir ihn, den neuen Führer, als einen, der mit ganzem Ernst seinem Volk dienen, nichts als dienen will, und darum bitten wir Gott von Herzen, dass er seinen Dienst an unserem Volke segnen möge."[103]

Im Oktober 1934 wurde der württembergische Landesbischof Wurm als Exponent der Bekennenden Kirche gegenüber den Deutschen Christen für mehrere Wochen unter Hausarrest gestellt. Zur gleichen Zeit ernannte der Landesleiter der Deutschen Christen, Wilhelm Rehm, Krauß zum kommissarischer Stadtdekan von Stuttgart. Nachdem es jedoch der „Reichskirchenleitung" der Deutschen Christen nicht gelang, den Widerstand des Landesbischofs zu brechen und die württembergische Landeskirche der neuen „Reichskirche" einzugliedern, kehrte Krauß Anfang November frustriert und ernüchtert nach Ravensburg zurück.[104]

Dekan Ströle, der von Anfang an die Deutschen Christen abgelehnt und sich für die Bekennende Kirche ausgesprochen hatte, scheint den abtrünnigen Amtsbruder, der besonders bei der Jugend sehr beliebt war, mit Freude wieder aufgenommen zu haben. In einem Brief vom 30. November 1934 an Landesbischof Wurm deutete er an, dass sich Krauß bereits von den Deutschen Christen zu distanzieren beginne, weil er begriffen habe, dass deren Weg ein Irrweg sei.[105] Von da an wurde es ruhiger um Stadtpfarrer Krauß. 1939 wurde er an das theologische Seminar in Schöntal versetzt.[106]

Landesbischof Wurm war nach den Erfahrungen von 1934 noch weniger als zuvor geneigt, mit den braunen Machthabern faule Kompromisse zu schließen. 1939 mischte er sich machtvoll in den Streit über die Abschaffung des christlichen Religionsunterrichts in den Schulen ein. In einem Hirtenbrief, der am 12. Februar von allen Kanzeln verlesen werden sollte, forderte er zum Widerstand gegen die staatlichen Eingriffe in die Lehrfreiheit der Kirche und die Abschaffung des Religionsunterrichts zugunsten des nationalsozialistischen „Weltanschauungsunterrichts" auf. So geschah es, in Ravensburg ebenso wie in den meisten württembergischen Pfarreien, obwohl die Regierung den Pfarrern mit einer hohen Geldstrafe gedroht hatte, falls sie das „Wort des Landesbischofs" verlesen würden. Bei der Stärke des gezeigten Widerstands im ganzen Land wagte es die Gestapo jedoch nicht, die Bestrafung durchzusetzen.[107]

Die Schikanen des NS-Regimes gegenüber den Kirchen waren damit noch nicht erschöpft. Bewusst legte man Parteiveranstaltungen und HJ-Appelle auf den Sonntagvormittag, um die Leute, besonders aber die Jugend, vom Kirchenbesuch abzuhalten. Diese Taktik war zumindest teilweise erfolgreich. Im Frühjahr 1939 klagte das evangelische Dekanat Ravensburg über einen deutlichen Rückgang des sonntäglichen Kirchenbesuchs in den Städten. Vor allem die Jugend komme immer seltener in die Kirche, aber auch viele Geschäftsleute ließen sich seltener in der Kirche sehen.[108] Dagegen hatte in den beiden katholischen Stadtpfarreien bis 1939 der Besuch der Gottesdienste nur geringfügig nachgelassen.[109]

Es kam auch vor, dass die sonntäglichen Gottesdienste gezielt gestört wurden. Um nur ein Beispiel zu nennen: Dem „Motorsturm" der SA machte es offensichtlich Spaß, mit seinen Motorrädern während des Gottesdiensts in der Evangelischen Stadtkirche mit lautem Geknatter und aufheulenden Motoren wiederholt an der Kirche vorbeizurasen.[110]

Die Zahl der Kirchenaustritte hielt sich in Grenzen. Waren zwischen 1924 und 1932 durchschnittlich 18,7 Kirchenaustritte pro Jahr gemeldet worden, so stieg diese Zahl zwischen 1933 und 1938 auf 23,3. Im Verhältnis zur Gesamtzahl der Katholiken und Protestanten in Ravensburg lagen die Austritte auf evangelischer Seite etwas höher als auf katholischer. 1938 traten beispielsweise 32 Katholiken und 33 Protestanten aus der Kirche aus. Erst seit 1939 kam es mit 93 Fällen zu einer größeren Austrittswelle. In den Jahren 1939 bis 1943 zählte man im Jahresdurchschnitt 63,2 Austritte, was im Vergleich zur jüngsten Vergangenheit seit 1980 immer noch eine bescheidene Zahl war. In den Jahren 1941 bis 1943 verließen im Jahresdurchschnitt 63 Katholiken und 32 Protestanten ihre Kirche.[111] Bezogen auf den Anteil von Katholiken und Protestanten an der Einwohnerzahl bedeutete dies, dass jährlich 0,39 % der Katholiken und 0,47 % der Protestanten aus der Kirche austraten.

⋆

Die katholische Kirche verfügte in Ravensburg mit ihrem Netzwerk von drei Pfarreien, acht Schwesternstationen und 17 religiösen Vereinen und Kongregationen über eine größere Widerstandskraft als die evangelische.[112] Der deutlichste Widerstand der katholischen Bürgerschaft kam aus den Reihen der organisierten

Jugend, der „Sturmschar", dem „Heliand" und dem „Bund Neudeutschland". Seit Sommer 1933 war es den katholischen Jugendverbänden verboten, Uniformen in der Öffentlichkeit tragen. Dieses Recht blieb allein der Hitlerjugend vorbehalten. Als sich dagegen Protest erhob, besetzte die Polizei vorübergehend das Gesellenhaus, wo sich die katholische Jugend regelmäßig traf.[113]

Die letzte große Demonstration der katholischen Jugend in Oberschwaben war der „Bischofstag" am 5. Mai 1935. Etwa 12.000 Jugendliche kamen an diesem Tag nach Ravensburg, um den Rottenburger Bischof Sproll zu hören. Zähneknirschend musste die Kreisleitung diese Demonstration dulden. Von da an wurde sämtlichen katholischen Jugendorganisationen das Auftreten in der Öffentlichkeit untersagt.[114]

Treffpunkt der katholischen Jugend in Ravensburg war das Gesellenhaus in der Kapuzinerstraße. Die dortigen Aktivitäten wurden von der Kreisleitung argwöhnisch beobachtet. 1936 tauchte das Gerücht auf, der Kreisleiter plane, das Gebäude zu beschlagnahmen und die Kreisleitung dort unterzubringen. Als dies der Pfarrer von Liebfrauen, Edwin Nieder, erfuhr, erkannte er sofort, dass Rudorfs Absicht nur dadurch zu vereiteln sei, dass die Kirchengemeinde das Gebäude so schnell wie möglich erwarb und zum katholischen Gemeindehaus umwandelte. So geschah es, und die Kreisleitung hatte das Nachsehen, weil sie es sich nicht leisten konnte, ein kirchliches Gebäude zu beschlagnahmen.[115]

Ebenso wie in den evangelischen Gemeinden wurden auch in den katholischen gelegentlich bischöfliche Hirtenbriefe wie derjenige der Fuldaer Bischofskonferenz vom 23. August 1938 verlesen, der sich mit deutlichen Worten gegen die Schikanen des Regimes gegenüber der Kirche aussprach. Nach der Vertreibung des Rottenburger Bischofs Joannes Baptista Sproll im August 1938 unterblieb beim Sonntagsgottesdienst in den Ravensburger Kirchen am 28. August jegliches Orgelspiel und jeglicher Gesang. Auch eine Predigt wurde nicht gehalten, sondern stattdessen ein Hirtenschreiben verlesen, das die Verfolgung des Bischofs bekannt gab.[116]

Exkurs: Kirchliche Trauungen und konfessionelle Mischehen im Dritten Reich

Im September 1939 notierte Stadtpfarrer Edwin Nieder in seiner Chronik der Pfarrei Liebfrauen: „… die Nichtkatholiken und Gottgläubigen [nehmen] in der Stadt zu, die Mischehen sind keine Seltenheit mehr, ebenso Ehen unter ‚Geschiedenen'. Immer mehr von der katholischen Substanz geht verloren. In vielen Familien weht keine katholische Luft mehr."

Tatsächlich lässt sich bei den Eheschließungen für die Zeit des Dritten Reichs eine zunehmende Gleichgültigkeit gegenüber kirchlichen Trauungen und eine abnehmende Beachtung der herkömmlichen konfessionellen Schranken beobachten. Während 1936, wie bereits erwähnt, noch 88 % aller standesamtlich getrauten Paare zusätzlich vor den Traualtar traten, waren es 1940 gerade noch 57 %.[117] Ähnlich verlief die Entwicklung bei den Eheschließungen zwischen zwei Partnern unterschiedlicher Konfession. Hatten solche „Mischehen" in den 14 Jahren der Weimarer Republik durchschnittlich 18,7 % aller Eheschließungen ausgemacht, so wuchs ihr Anteil zwischen 1933 und 1944 auf fast 30 %.[118]

In Kriegszeiten nahm zwar die Heiratsfreudigkeit keineswegs deutlich ab (vgl. dazu D 27), aber die Konfessionszugehörigkeit des Ehepartners spielte eine immer geringere Rolle. Dies konnte schon für die Jahre des Ersten Weltkriegs beobachtet werden. Je länger der Krieg dauerte, desto unwichtiger wurde offenbar die Konfession des künftigen Ehepartners. 1915 waren 23,5 % aller Ehen zwischen Eheleuten unterschiedlicher Konfession geschlossen worden, 1918 waren es 25,4 %. Aber schon 1919 sank ihr Anteil auf nur noch 16,4 %.

Eine ähnliche Entwicklung lässt sich für die Zeit des Zweiten Weltkriegs beobachten. Schon vor dessen Beginn hatte die kirchenfeindliche Einstellung des Nationalsozialismus vor allem in den Städten bei vielen Heiratswilligen eine zunehmende Gleichgültigkeit gegenüber der Frage der Konfession des Ehepartners bewirkt. Während der Anteil der Eheschließungen zwischen Paaren unterschiedlicher Konfession 1928 lediglich bei 18,8 % lag, stieg er bis 1936, im vierten Jahr der NS-Herrschaft, bereits auf 28 %, um 1940 die Rekordmarke von 34,6 % zu erreichen.

Dass ein evangelischer Pfarrer bereit war, zwei katholische Ehepartner zu trauen, lässt sich erstmals im Kriegsjahr 1943 beobachten. Der Grund: der Ehemann war geschieden und konnte deshalb nicht mehr vor den Traualtar einer katholischen Kirche treten. Nach dem Ende des Zweiten Weltkriegs spielte die Konfession des Ehepartners in weiten Bevölkerungskreisen eine immer geringere Rolle.

Bevölkerungsentwicklung

„Punkt 21 des NSDAP-Programms bezeichnete die Mutterschaft ausdrücklich als die höchste weibliche Existenzform. […] Der Bevölkerungsschwund, den Hitler im sozialdarwinistisch gedeuteten Wettkampf der

D 27

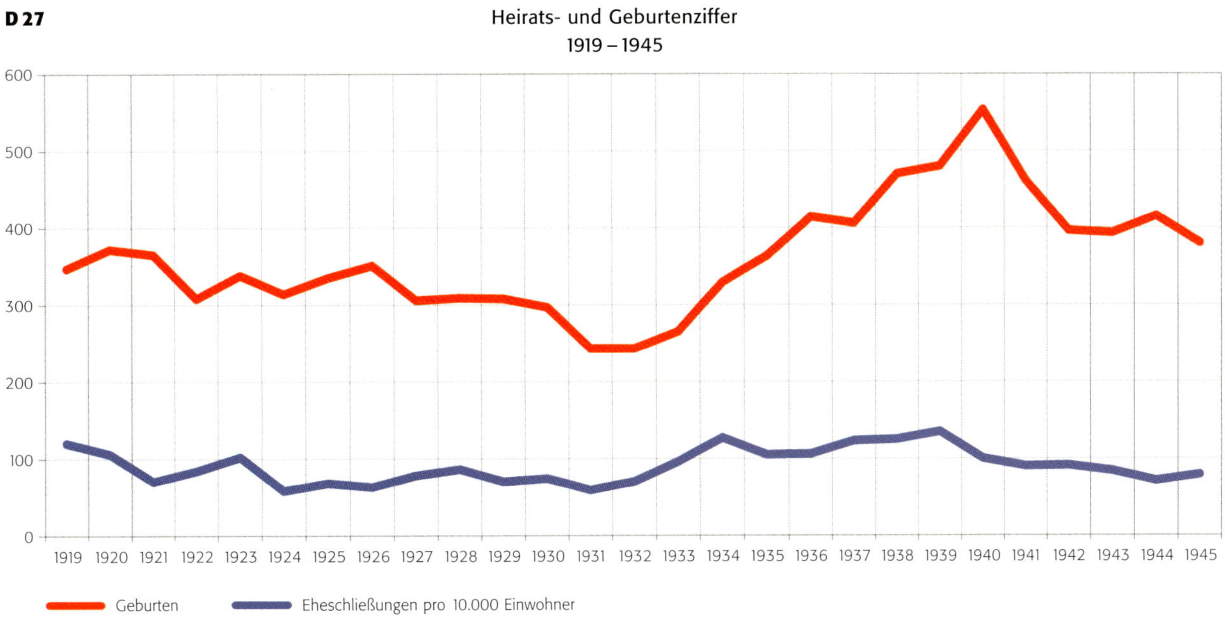

Nationen als gravierende Schwäche ansah, sollte durch familienpolitische Maßnahmen aufgehalten werden" (Karlheinz Weissmann).[119] Mit materiellen Anreizen wie Ehestandsdarlehen und Mutterkreuzen wurde versucht, „Frauen ihre Berufung als Mutter schmackhaft zu machen".[120] Von den zinslosen Ehestandsdarlehen machten in Ravensburg 40 % aller Eheschließenden zwischen 1933 und 1936 Gebrauch, während es im Reich 1935 nur 25 % waren.[121]

Dass diese Bevölkerungspolitik in Ravensburg erfolgreich war, geht aus D 27 hervor. Der bereits 1932 leicht ansteigende Trend bei den Eheschließungen verstärkte sich bis 1940 deutlich. Die Geburtenziffer stieg dementsprechend seit 1933 leicht an und erreichte ihren Höhepunkt 1940. Selbst in den Kriegsjahren 1941 bis 1945 lag sie höher als in den Jahren der Weimarer Republik. Hatte der Geburtenüberschuss (jährliche Geburtenziffer minus Sterbeziffer) 1931 bei 2,5 pro 1.000 Einwohner gelegen, so stieg er bis 1938 auf 9,8 ‰. Ein weiterer Faktor, der zur Zunahme der Einwohnerzahl beitrug, war ein Wanderungsgewinn (Zuwanderung minus Abwanderung) von ca. 2.000 Personen zwischen 1933 und 1939.[122]

Die Einwohnerzahl stieg von 18.946 im Jahr 1933 auf 21.900 kurz vor Ausbruch des Zweiten Weltkriegs. Trotz Kriegsverlusten lebten bei Kriegsende im Mai 1945 dank der besonderen Situation der Stadt 24.600 Menschen in Ravensburg.

Die Fratze des NS-Regimes: Terror, Vertreibung, Mord

Die Terrormethoden der Nazidiktatur trafen neben Juden und „Zigeunern", die gemäß der mörderischen Rassenideologie des Nationalsozialismus als „rassisch minderwertig" galten, auch Geisteskranke, die ebenfalls als „minderwertig" angesehen wurden. Ebenso mussten viele von denen, die nicht bereit waren, mit den Wölfen zu heulen und die in irgendeiner Weise Widerstand leisteten und damit in den Augen der Herrschenden einen „Verrat am deutschen Volk" übten, mit Terror bis hin zur Todesstrafe rechnen. In Ravensburg gab es von jeder dieser vier Gruppen Menschen, die der Verfolgung durch das Regime ausgesetzt waren.

Die ersten, die zu spüren bekamen, was die Stunde geschlagen hatte, waren die Ravensburger *Juden*. Bereits am 1. April 1933 kam es zu einem organisierten reichsweiten Boykott gegen jüdische Geschäfte. In Ravensburg waren davon die Kaufhäuser Knopf, Landauer, Wohlwert und Merkur betroffen. SA-Leute postierten sich vor den Eingängen mit Transparenten wie „Kauft nicht beim Juden". Da schon tags zuvor bekannt geworden war, was am 1. April passieren sollte, hatten alle vier Geschäfte bereits am Morgen vorsorglich ihre Ladentüren verschlossen und öffneten erst wieder am Montag, 3. April.[123]

1. April 1933: reichsweiter Boykott der jüdischen Warenhäuser, auch in Ravensburg
SA-Männer pflanzten sich vor den vier jüdischen Kaufhäusern in der Innenstadt – hier dem Kaufhaus Landauer – mit antisemitischen Transparenten auf und forderten das Publikum auf, diese Geschäfte künftig nicht mehr zu betreten, was allerdings nicht befolgt wurde.

Diesem ersten Schlag gegen die jüdische Konkurrenz im Ravensburger Einzelhandel folgten bald weitere. In der ersten Sitzung des gleichgeschalteten Gemeinderats forderte der Fraktionsführer der NSDAP Jakob Schenk die Stadtverwaltung auf, an jüdische Firmen keine Aufträge mehr zu vergeben.[124] Nur zwei Wochen später, am 17. Mai 1933, beschloss der Gemeinderat mit 18 gegen 2 Stimmen, einem Antrag der NSDAP entsprechend „die städtischen Beamten, Angestellten und Arbeiter zu veranlassen, nicht in Warenhäusern, Großfilialgeschäften und jüdischen Warenhäusern und Geschäften zu kaufen, sondern den ansässigen steuerzahlenden Mittelstand grundsätzlich zu berücksichtigen".[125]

Die „Oberschwäbische Volks-Zeitung" lehnte es von da an ab, Anzeigen jüdischer Geschäfte zu veröffentlichen. Mehrfach forderte sie ihre Leser auf, nicht mehr in jüdischen Warenhäusern einzukaufen, die sie als „letztes Bollwerk jüdischer Kapitalmacht" bezeichnete. Sie warf den jüdischen Geschäftsleuten „Ausbeutung der Volksgenossen" durch Angebote minderwertiger Waren vor.[126]

1935 erschien in Stuttgart ein Verzeichnis jüdischer Geschäfte in Württemberg und Hohenzollern unter dem Titel „Deutscher, kaufe nicht beim Juden!" Darin wurden unter anderen drei Ravensburger Geschäfte aufgeführt: Knopf, Merkur und „Staufia", wie das frühere Kaufhaus Wohlwert, vormals Wallersteiner, jetzt hieß.[127] Nicht mehr genannt wurde die Firma Landauer, die von ihren Inhabern, wohl unter dem Druck der politischen Verhältnisse, bereits an einen benachbarten Konkurrenten, die Firma Möhrlin, verkauft worden war.[128]

Manche Geschäfte versuchten, den antisemitischen Trend für sich auszunützen. So annoncierte beispielsweise das Schuhhaus Stemmer-Kneer am 9. Mai 1934, zwei Tage vor dem Weingartener „Blutfreitag", der viele Wallfahrer anlockte, mit dem Hinweis: „Wir, ein christliches Schuhhaus, bieten Ihnen am Blutfreitag … [usw.]". Natürlich zielte diese Anzeige auf den schärfsten Konkurrenten am Ort, das Schuhhaus Merkur des jüdischen Kaufmanns Siegfried Sondermann.

Der Vorteil, den dieses und andere Geschäfte aus der antisemitischen Stimmung zogen, scheint allerdings gering gewesen zusein, denn noch Anfang 1938 vermerkte die Nebenstelle Ravensburg der Industrie- und Handelskammer Ulm, die Landbevölkerung bevorzuge noch immer die jüdischen Geschäfte.[129]

Doch die Luft wurde für die verbliebenen jüdischen Geschäftsleute immer dünner. Schon seit der Fusion der beiden Ravensburger Tageszeitungen im September 1935 konnten sie keine Annoncen mehr aufgeben. Im Lauf des Jahrs 1938 wurden sowohl das Kaufhaus Knopf als auch das Schuhhaus Merkur „arisiert", das heißt an deutsche Unternehmer verkauft, und zwar zumindest in einem Fall zu einem künstlich gedrückten Preis.[130]

Feststellung:

Die **Fa. Merkur, Schuhhaus, hier,** Adolf-Hitlerplatz, erweckt sowohl in Rundschreiben, als auch in Wurfsendungen den Anschein, daß Sie eine deutsche Firma sei!

Wir stellen fest, daß der Inhaber der

Fa. Merkur, Sondermann, Jude ist.

Die Deutschen Schuhgeschäfte Ravensburgs.

Anzeige der Ravensburger Schuhgeschäfte im „Oberschwäbischen Anzeiger" am 9. März 1934

Dass die Ravensburger Kaufleute froh waren, die jüdische Konkurrenz los zu sein, zeigt eine Bemerkung des Journalisten Paul Weh, der nach dem Zweiten Weltkrieg im Auftrag des Landratsamts Ravensburg monatliche Berichte für die französische Militärregierung schrieb. Im Oktober 1952 berichtete er, der Ravensburger Handel sehe mit Besorgnis der bevorstehenden Eröffnung eines neuen Kaufhauses in der Marktstraße (Kaufhaus X) entgegen. Die Geschäftsinhaber befürchteten nämlich, dass dadurch die durch die Judenverfolgung im Dritten Reich erlangten Vorteile wieder verloren gingen.[131]

Das Warenangebot im jüdischen Kaufhaus Knopf, um 1930

In der „Reichskristallnacht" vom 9. auf 10. November 1938 wurden die Schaufenster des einzigen verbliebenen jüdischen Geschäfts, des Kaufhauses Staufia (vormals Wohlwert), vom aufgehetzten Pöbel demoliert. In der gleichen Nacht warfen Unbekannte einige Fenster auf dem Burachhof ein, dem Wohnsitz der jüdischen Familie Erlanger, die dort ein Obstgut mit Süßmosterei und eine Hühnerfarm betrieb.[132] Acht jüdische Bürger wurden in „Schutzhaft" genommen: Gustav Adler, Inhaber des Kaufhauses „Staufia", der Schriftsteller Dr. Fritz Rose, der Kaufmann Siegfried Sondermann, der promovierte Landwirt Dr. Ludwig Erlanger und sein Schwiegervater, außerdem zwei junge jüdische Landwirtschaftspraktikanten, die nach Palästina auswandern wollten und auf dem Burachhof für ihren künftigen Beruf als Landwirte ausgebildet wurden. Während die sieben Genannten nur wenige Tage in Haft blieben, musste der achte, der kaufmännische Angestellte Emil Heimann, ohne ersichtlichen Grund ein halbes Jahr im Gefängnis bzw. Konzentrationslager verbringen.[133]

Der Redakteur des „Ravensburger Tagblatts", Sepp Huber, hatte keine Hemmungen, ein paar Tage nach dem 9. November einen vor Gehässigkeit strotzenden Artikel unter dem Titel „Wie die alten Ravensburger die

Judenfrage lösten" zu veröffentlichen.[134] Darin wurden die Juden als „Geschmeiß, das an den Völkern Europas herumschmarotzt" bezeichnet. Mitleid mit ihnen sei nicht angebracht.

Noch unter dem Schock des Pogroms vom 9./10. November stehend, verkaufte Gustav Adler bereits einen Tag später, am 11. November, sein Geschäft an einen deutschen Kaufmann. Am selben Tag erwarb die Stadt Ravensburg von Ludwig Erlanger seinen ganzen großen Grundbesitz auf der Burachhöhe, und zwar zu einem Preis, der weit unter dem Marktwert lag.[135]

Die Schikanen, denen die Juden ausgesetzt waren, beschränkten sich nicht auf den wirtschaftlichen Bereich. Das zeigten die Exzesse während der „Reichskristallnacht". Schon 1935 waren mit den Nürnberger Gesetzen Juden unter ein Sonderrecht gestellt worden, das sie gegenüber den übrigen Deutschen in fast allen Lebensbereichen benachteiligte. Untersagt wurde ihnen die Ausübung einer Reihe von Berufen und die Bekleidung öffentlicher Ämter. Eheschließungen zwischen Juden und Nichtjuden waren künftig ebenfalls verboten.

Nach dem 9. November 1938 durften sich Juden weder in Gastwirtschaften noch in Kinos oder Schwimmbädern mehr sehen lassen, überdies bestand für sie ab 20 Uhr ein generelles Ausgangsverbot. Einkäufe für den täglichen Bedarf waren nur noch zwischen 8 und 9 Uhr morgens gestattet, der Besitz eines Rundfunkgeräts ebenso verboten wie das Halten von Haustieren.[136]

Zwar wiesen viele Juden, die sich selbst als gute Deutsche verstanden und hier tief verwurzelt waren, den Gedanken einer Auswanderung lange Zeit weit von sich, doch durch die Schreckensnacht vom 9./10. November 1938 wurden den meisten die Augen geöffnet, auch in Ravensburg. Vor dem 9. November waren nur wenige wie der Viehhändler Isaak Bernheim mit Frau und Kind aus Ravensburg fortgezogen, um in Südamerika eine neue Existenz aufzubauen. In den folgenden Monaten wanderten jedoch fast alle übrigen aus, oft auf abenteuerlichen Wegen und unter schwierigsten Bedingungen. Uruguay, Brasilien, die USA, Palästina, England, Australien, Britisch Ostafrika und Südafrika waren ihre Ziele.[137]

Doch es gab auch solche, die hier blieben. Emil Heimann vertraute auf seine „privilegierte Mischehe" mit einer Deutschen, fand beim städtischen Bauhof Arbeit und überlebte. Auch Dr. Fritz Rose überlebte dank seiner Verheiratung mit einer Deutschen, obwohl Bürgermeister Walzer immer wieder versuchte, ihn aus der Stadt abzuschieben. Dr. Roses Sohn Helmut überstand das Ende des Dritten Reichs im KZ Leimbach im Harz.[138]

Sieben jüdische Bürger, die vor Ausbruch des Zweiten Weltkriegs in Ravensburg mehr oder weniger lang gelebt hatten, wurden zwischen 1940 und 1944 ermordet. Nicht bei allen steht fest, wo und wann sie umkamen. Bei manchen wurde im Totenregister nur vermerkt „verschollen in …".

Ums Leben kamen: Elsa Finsterhölzl geb. Landauer, Jakob Harburger, Josef Herrmann, Betty Landauer, Friedrich Landauer, Helene Landauer und Paul Landauer.[139] 1933 lebten in Ravensburg 37 Jüdinnen und Juden. 1945 waren es noch drei.

★

Die zweite Gruppe Ravensburger Bürger, die aus „rassischen" Gründen verfolgt wurde, waren die *Sinti*.[140] Damals sprach freilich noch niemand von Sinti. Alle Welt, Freund und Feind, nannte sie Zigeuner, auch sie selber nannten sich so. Im „Zigeunerlager" Ummenwinkel, das aus 14 Baracken bestand und zur besseren Kontrolle der Bewohner von einem 150 cm hohen Stacheldrahtzaun umgeben war, lebten zum Zeitpunkt seiner Fertigstellung im November 1937 etwa hundert, Anfang 1939 exakt 117 Sinti (einschließlich einiger weniger Roma), davon gut die Hälfte Kinder und Jugendliche unter 18 Jahren.[141]

Aus den Einwohnerkarteien der Stadtverwaltung geht hervor, dass ihre Wohnbaracken und Wohnwagen bis 1937 auf die ganze Stadt verteilt waren. Zwar lag der Schwerpunkt in der Schussensiedlung, aber eine ganze Reihe kinderreicher Familien lebte in anderen Randge-

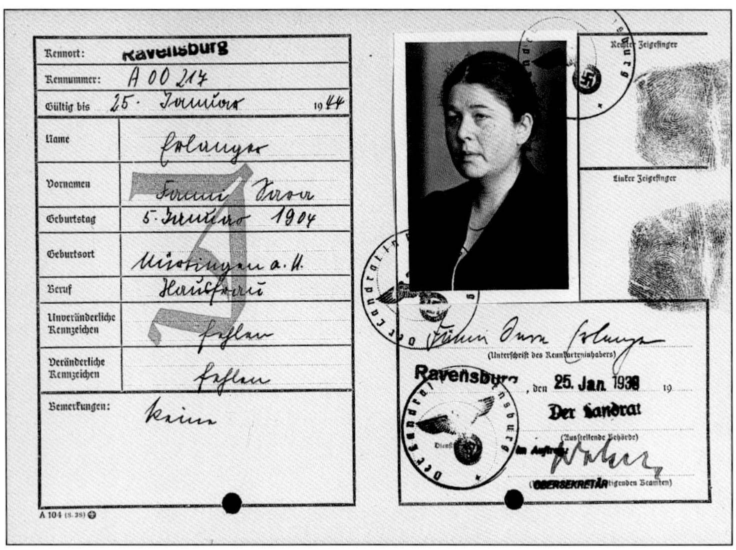

„Judenpass" für Fanny Erlanger, 1938
Die Familie Erlanger floh 1939 nach Palästina und entkam so dem Holocaust.

Sinti vor einer der 1937 erstellten Baracken im Ummenwinkel, 1937/38

bieten wie dem Gelände der ehemaligen Spohnschen Ziegelei (Ecke Hindenburg- und Lortzingstraße), in der Gänshalde und hinter dem Werksgelände der Firma Escher Wyss in der Brühlstraße.

Die Großfamilien Reinhardt, Guttenberger, Winter, Keck und Schneck waren als Hausierer und Altwarenhändler schon lange in Oberschwaben heimisch, während die Familien Raminius und Lavontaine (auch Laventin geschrieben) erst im frühen 20. Jahrhundert aus Böhmen und Mähren zugewandert waren.[142]

Kaum hatten die Sinti ihren neuen Wohnplatz bezogen, setzten auch schon die ersten Schikanen ein. Auf Weisung von Bürgermeister Walzer mussten alle Hunde, wenig später überhaupt sämtliche Kleintiere, also auch Hühner und Hasen, die für die Selbstversorgung der Sinti eine wichtige Rolle spielten, entfernt oder getötet werden. Regelmäßig erfolgten polizeiliche Kontrollen und Razzien. Wie diese abliefen, zeigt ein Bericht des Leiters des Ravensburger Polizeiamts vom 29. Dezember 1938: „[…] ließ ich […] vormittags 6 Uhr eine Kontrolle der Zigeunerbaracken vornehmen. Eingesetzt habe ich acht Beamte der Schutzpolizei und drei Kriminalbeamte. Um jegliches Entweichen unmöglich zu machen, wurden die Baracken rechtzeitig umstellt. Der Neuschnee an diesem Tag begünstigte zudem die Überprüfung.“[143]

Da die Kontrollen nach Kriegsbeginn immer rigoroser wurden, ähnelte das Lager mehr und mehr einem KZ. 1942 wurden „Zigeuner und Zigeunermischlinge“ rechtlich den Juden gleichgestellt. Sie durften das Lager nur noch zu bestimmten Zeiten verlassen, nachts wurde das Lagertor verschlossen.

Nachdem Heinrich Himmler in seinem „Auschwitz-Erlass“ vom 16. Dezember 1942 die Deportation der im Reich und den besetzten Gebieten lebenden Sinti und Roma in das Konzentrationslager Auschwitz-Birkenau angeordnet hatte, wurden im Ravensburger Ummenwinkel am frühen Morgen des 13. März 1943 von der Gestapo 35 Männer, Frauen und Kinder willkürlich ausgewählt und nach Auschwitz deportiert. Die erschütternden Schilderungen einiger Überlebender, wie es an jenem 13. März im Lager zuging, unter welchen Umständen der Massentransport in Viehwagen nach Auschwitz erfolgte und was die nach Auschwitz Gelangten dort erdulden mussten, hat Dorothea Kiderlen fünfzig Jahre später gesammelt und veröffentlicht.[144] Von den 35 Sinti, die 1943 deportiert wurden, starben 29. Sie wurden entweder vergast oder starben an Unterernährung, Krankheiten oder Misshandlungen.

In Ravensburg überlebten 60 Sinti das Dritte Reich mit Mühe und Not und in der ständigen Angst, auch noch verschleppt zu werden. Aufgrund des „Gesetzes zur Verhütung erbkranken Nachwuchses“ vom Juli 1933 wurde zwischen 1943 und 1945 eine unbekannte Zahl von Bewohnern des Lagers im Ummenwinkel, Männer, Frauen und Kinder, gegen ihren Willen im Städtischen Krankenhaus sterilisiert.[145] Von denen, die Auschwitz überlebten, kehrten 1945 die meisten nach Ravensburg zurück.

Mahnmal vor der St. Jodokskirche zur Erinnerung an die 29 in Auschwitz ermordeten Ravensburger Sinti, 1999

Bei der St. Jodokskirche, zu deren Pfarrbezirk der Ummenwinkel gehört, erinnert seit 1999 ein schlichtes Mahnmal an das Schicksal der Ravensburger Sinti während der NS-Herrschaft.

★

In der Psychiatrischen Heilanstalt Weißenau waren vor dem Zweiten Weltkrieg etwa 900 bis 950 Patientinnen und Patienten untergebracht.[146] Wie die Sinti waren auch sie vom „Gesetz zur Verhütung erbkranken Nachwuchses" betroffen. Vor einer Entlassung aus der Heilanstalt mussten sie sich sterilisieren lassen, auch gegen ihren Willen. Wie viele Sterilisationen freiwillig oder unter Zwang bei Weißenauer Patienten durchgeführt wurden, lässt sich nur ungefähr angeben. Bis 1939 waren es insgesamt 299. Für das Jahr 1940 fehlen Angaben. Nach 1941 kamen vermutlich keine Sterilisationen mehr vor.[147]

Die Jahre 1940 und 1941 standen in Weißenau im Zeichen der von Hitler angeordneten „Euthanasie-Aktion", der Vernichtung „lebensunwerten Lebens", verharmlosend auch „Aktion Gnadentod" genannt. Aufgrund dieser „rassehygienischen" Anordnung wurden allein in Grafeneck auf der Schwäbischen Alb über 10.000 Kranke vergast, davon 677 aus Weißenau, die in zehn Omnibustransporten zwischen Mai und Dezember 1940 dorthin gebracht wurden. Im März 1941 erfolgte ein letzter Transport mit 14 Patienten, diesmal nach Weinsberg. Auch diese 14 kehrten nicht mehr zurück.[148]

Die Reaktion der in Weißenau tätigen Ärzte auf das, was ihnen mit dieser „Aktion" zugemutet wurde, war unterschiedlich. Den einzigen eindeutigen Widerstand leistete der kommissarische Leiter der Heilanstalt, Medizinaldirektor Max Sorg. Um zu verhindern, dass Weißenauer Patienten nach Grafeneck „verlegt" wurden, wie es heuchlerisch in den ministeriellen Anweisungen hieß, verfälschte er Diagnosen, die für einzelne Patienten das Todesurteil bedeutet hätten, benachrichtigte die Angehörigen und stellte Entlassungsscheine aus. Wie viele Patienten er auf diese Weise vor dem sicheren Tod retten konnte, ist unbekannt.[149]

Das andere Extrem verkörperte die Ärztin Dr. Martha Fauser, die 1949 im „Grafeneck-Prozess" wegen erwiesener Tötung von Patienten zu einer Gefängnisstrafe verurteilt wurde.[150]

„Soweit es sich rückblickend beurteilen lässt, kann man wohl sagen, dass sich Weißenau bei der T4-Aktion [= Euthanasie-Aktion] [...] nicht besonders hervorgetan, aber auch nicht viel verhindert hat."[151]

★

Neben denen, die wegen ihrer „Rasse" oder einer Krankheit dem Terror des NS-Regimes ausgeliefert waren, gab es schließlich auch solche, die aus anderen Gründen verfolgt und bestraft wurden: wegen ihrer politischen Gesinnung, wegen kritischer Äußerungen über die neuen Herren oder wegen der Übertretung bestimmter Gebote oder Gesetze. In Ravensburg gab es, außer wenige Tage vor Kriegsende, keine organisierte Widerstandsgruppe; hier lassen sich eher bescheidene Formen des Widerstands aus religiösen oder politischen Gründen beobachten.

Der hartnäckigste Gegner der Nationalsozialisten, der dies auch nicht verheimlichte, war in den Anfängen des Dritten Reichs zweifellos der ehemalige Kommunist und spätere Sozialdemokrat Heinrich Matthiesen, der erst im Herbst 1932 als Nachrücker Mitglied des Gemeinderats geworden war. In der Sitzung des Gemeinderats am 29. März 1933 war es zu einer heftigen Auseinandersetzung zwischen ihm und dem Fraktionsführer der NSDAP Jakob Schenk gekommen. Matthiesen hatte sich empört über den geplanten Boykott jüdischer Geschäfte geäußert, der ja dann am 1. April auch tatsächlich stattfand. Der mächtige Schenk sorgte dafür, dass Matthiesen bald darauf für mehr als zwei Monate in „Schutzhaft" genommen wurde, die er im KZ Heuberg verbrachte. Nach seiner Rückkehr stand er noch neun Monate lang unter Polizeiaufsicht.

Bereits 1934 kam Matthiesen wegen „Verächtlichmachung von NS-Einrichtungen" erneut für kurze Zeit hinter Gitter, und auch in den folgenden Jahren wurde er immer wieder wegen kleinerer politischer Delikte für kurze Zeit gefangen gesetzt. Nach dem Attentat auf Hitler am 20. Juli 1944 musste Matthiesen zusammen mit einigen anderen Ravensburgern wegen des Verdachts auf Hochverrat erneut ins Gefängnis, wenn auch nur für wenige Tage.[152] Immerhin überlebte er das Dritte Reich.

Von März 1933 bis September 1939 sind in Ravensburg insgesamt 35 politisch bedingte Verhaftungen nachweisbar. Von diesen betrafen 17 eindeutig die politische Linke. Drei der Verhafteten waren Frauen. Als Grund der Verhaftungen wurden neben der Zugehörigkeit zur KPD folgende „Vergehen" genannt: Verbreitung antifaschistischen bzw. kommunistischen Propagandamaterials, böswillige Verleumdung Hitlers und anderer prominenter Nationalsozialisten, Besitz staatsfeindlicher Broschüren, Verächtlichmachung von NS-Einrichtungen, Verweigerung des Arbeitsdienstes, tätliche Auseinandersetzungen mit Angehörigen der SA wegen Verweigerung des Hitlergrußes sowie bewusst herbeigeführte technische Störungen von politischen Rundfunksendungen.

Dazu ein Beispiel: 1936 kam der Bäckermeister Ludwig Schopp für drei Jahre ins Zuchthaus, weil er während der Übertragung einer Hitlerrede in einem Ravensburger Lokal kurzerhand den Radioapparat ausgeschaltet hatte.[153]

Von der Ravensburger Öffentlichkeit viel deutlicher wahrgenommen wurde indes die Verhaftung des an der Liebfrauenkirche wirkenden populären Jesuitenpaters Hermann Huber, der noch nie aus seiner Ablehnung der NS-Politik ein Geheimnis gemacht hatte. Während des privaten Religionsunterrichts für eine Reihe von Mädchen im „Klösterle" war er am 25. September 1939, also kurz nach Kriegsausbruch, regelrecht „ausgerastet", als sich zwei seiner Schülerinnen ungebührlich benahmen. In großer Erregung hatte er angeblich sinngemäß ausgerufen: Wenn es so mit der deutschen Jugend stehe, wäre es kein Wunder, wenn Deutschland untergehe. Von ihm aus könne Deutschland ruhig untergehen, denn so wie jetzt könne es nicht weitergehen.

In der patriotischen Stimmung, die in den ersten Kriegswochen noch herrschte, hatten zwei seiner Schülerinnen diese Worte sofort weitergegeben, worauf der Pater am nächsten Tag von der Gestapo verhaftet und in das Untersuchungsgefängnis in Friedrichshafen eingeliefert wurde. Von dort wurde er einige Zeit später ins Ravensburger Gefängnis, das „Rote Haus", verlegt. Im Dezember sollte schließlich sein Prozess vor einem Stuttgarter Sondergericht stattfinden. Da der genaue Zeitpunkt, zu dem Huber vom „Roten Haus" in der Herrenstraße zum Bahnhof transportiert werden sollte, bekannt geworden war, wurde dem Geistlichen bei seiner Fahrt durch die Stadt von allen Seiten begeistert zugewunken. Solche Solidarisierungseffekte passten dem Regime natürlich ganz und gar nicht. Nachdem der Geistliche, der in Stuttgart wegen Verstoßes gegen das „Heimtückegesetz" zu einer Haftstrafe von sechs Monaten verurteilt wurde, wieder frei kam, durfte er nicht mehr nach Ravensburg zurückkehren.[154]

Schlimmer erging es dem ehemaligen Kommunisten Karl Stoll: Wegen „wehrkraftzersetzender" Äußerungen wurde er von August 1943 bis Mai 1945 in ein KZ gesperrt. Sein „Verbrechen": Er hatte gesagt, die häufigen Geld- und Warensammlungen der Partei für die im Feld stehenden Truppen würden den Krieg nur verlängern.[155]

Schließlich sei hier nochmals an den Fall des städtischen Arbeiters Paul Baumeister erinnert (vgl. Seite 259), der sich bis zuletzt geweigert hatte, seine Kinder von der Katholischen Volksschule abzumelden und sie künftig auf die antireligiös ausgerichtete „Deutsche Schule" zu schicken. Deshalb war ihm gekündigt worden mit der Folge einer längeren Arbeitslosigkeit.[156] Aus demselben Grund wurden auch die beiden Lehrer der Katholischen Volksschule, Paul König und Karl Döser, schikaniert. Ihre Weigerung im Mai 1936, bei den Eltern der Schulkinder für die neue „Deutsche Schule" zu werben, brachte ihnen zwar keine Gefängnisstrafe oder Entlassung aus dem Schuldienst ein, aber zermürbende Verhöre und Strafversetzung.[157]

Der Zweite Weltkrieg

Militärische und wirtschaftliche Bedeutung der Stadt während des Kriegs

Ravensburg lag während des Kriegs zu seinem Glück im tiefsten Hinterland, fern von den Hauptverkehrsadern. Die Stadt hatte nur insofern eine militärische Bedeutung, als das im Frühjahr 1939 eingemeindete Weingarten seit 1936 wieder Garnisonsstandort war. Wie schon im Ersten Weltkrieg wurden auch jetzt wieder in beiden Städten mehrere Lazarette eingerichtet, und zwar vorzugsweise dort, wo katholische Schwestern die Krankenpflege übernehmen konnten. Dafür boten sich in Ravensburg die Reuter Schwestern an, die bereits kurz nach Kriegsbeginn dafür ihr Josefshaus und einen Teil des Elisabethenkrankenhauses zur Verfügung stellen mussten, desgleichen die Armen Schulschwestern im „Klösterle". Die dortige Mädchenschule bestand im Herbst 1939 nur noch aus zwei Grundschulklassen, die zum Ende des Schuljahrs 1939/40 ebenfalls aufgelöst wurden. Nur in Notfällen nahm auch das Städtische Krankenhaus verwundete und erkrankte Soldaten auf.

Die Ravensburger Lazarette bekamen erst seit Sommer 1940 viel zu tun. Ende Juni befanden sich bereits

Weihnachtsfeier für die im „Klösterle"-Lazarett untergebrachten Verwundeten, ca. 1942/43

Album der Fanny Dentler, 1941 – 1945
Mit diesem Album dankten die in Ravensburger Lazaretten liegenden deutschen Soldaten ihrer „Soldatenmutti" Fanny Dentler für ihre selbstlose Betreuung und Fürsorge.

über 600 Patienten, die direkt von der Front in Frankreich nach Ravensburg transportiert wurden, in ihrer Obhut, darunter 260 Schwerverletzte. Stadt- und Kreisverwaltung reagierten mit einer Spendenaktion, um die Patienten mit Zigaretten, Süßmost und Obst zu versorgen.[158] Im Elisabethenkrankenhaus wurden 1940 905 Soldaten gepflegt.[159]

Nach der Beendigung der „Aktion Gnadentod", der in der Heilanstalt Weißenau fast 700 Patienten zum Opfer fielen, standen dort viele Betten leer. Da Weißenau über einen direkten Bahnanschluss nach Friedrichshafen verfügte, fanden in den Räumen der Heilanstalt zunächst Arbeiter aus den Rüstungsbetrieben in Friedrichshafen Unterkunft. 1943 wurde im alten Konventbau des Klosters zusätzlich ein Wehrmachtslazarett mit einer chirurgischen und einer internistischen Station für 360 Schwerverletzte eingerichtet, das bis Kriegsende bestand.[160]

Insgesamt kamen bis Kriegsende etwa 13.600 teils Schwer-, teils Leichtverletzte nach Ravensburg, um hier gepflegt zu werden. Wie schon im Ersten Weltkrieg kümmerten sich auch jetzt wieder Ravensburger Frauen und Mädchen freiwillig um die Verletzten und Kranken, die es nach Ravensburg verschlagen hatte. Ein eindrucksvolles und zugleich rührendes Zeugnis dieser in der Stille geleisteten Wohltaten ist das Album der Fanny Dentler, des „Soldatenmütterleins", wie die von ihr betreuten Verwundeten sie liebevoll nannten. Darin haben zwischen 1941 und 1945 viele in Ravensburger Lazaretten liegende Soldaten mit selbstverfassten Gedichtchen, Zeichnungen oder auch nur mit einfachen schlichten Worten ihre Dankbarkeit ausgedrückt für die materielle und menschliche Fürsorge, die ihnen hier zuteil wurde.[161]

⋆

Verglichen mit Friedrichshafen war Ravensburg zumindest in den ersten Kriegsjahren kein kriegswichtiger Industriestandort. Die Maschinenfabrik Escher Wyss, der größte Arbeitgeber der Stadt, produzierte vor allem Turbinen zur Elektrizitätsgewinnung. Nur etwa 5 bis 10 % der Produktion konnte als kriegswichtig angesehen werden: Verstellpropeller für Schiffe, in erheblich geringerem Umfang als im Ersten Weltkrieg auch Granaten und seit 1943 hydraulische Steuerungen für Radargeräte.[162]

Obwohl die Firma sich offiziell nicht mehr in Schweizer Besitz befand (vgl. Seite 262), wurde sie immer noch weitgehend von Zürich aus gelenkt. Der deutsche Direktor des Ravensburger Werks während des Dritten Reichs, August Maas, reiste bis 1944 regelmäßig nach Zürich, um sich dort Direktiven zu holen. Die

Aus- und Einreise bei St. Margrethen wurde ihm von deutscher Seite unter der Bedingung gestattet, jedes Mal aus Zürich internationale Zeitungen für die Gestapo mitzubringen.[163]

Für die Züricher Mutterfirma war der Ravensburger Filialbetrieb während des Kriegs insofern von Bedeutung, als dorthin Aufträge aus den von Deutschland besetzten Ländern gelenkt werden konnten, deren Ausführung in der Schweiz aus politischen Gründen nicht mehr möglich war. Dabei kam es meist zu einer Arbeitsteilung zwischen Zürich und Ravensburg in der Weise, dass in Zürich die Konstruktionspläne entworfen und dann in Ravensburg ausgeführt wurden, nachdem sie von Maas dorthin geschleust worden waren.[164] Die Belegschaft des Ravensburger Werks wuchs daher von 606 Beschäftigten im Jahr 1936 auf 884 1942 und 1.068 1944. Im Februar 1945 waren immer noch rund 935 Personen bei Escher Wyss in Ravensburg beschäftigt, während die beiden nächstfolgenden Betriebe, die Maschinenfabrik Ravensburg und die Werkzeugmaschinenfabrik Nothelfer jeweils nur 185 Mitarbeiter hatten.[165]

Die Ravensburger Textilindustrie besaß zwar in den dreißiger Jahren nicht mehr die Bedeutung von einst, aber es gab immer noch fünf Gardinen-, Weißwaren- und Stickereifabriken sowie eine Baumwollweberei. Auf staatliche Weisung stellten diese Betriebe ihre Produktion auf Verbandstoffe um und waren so den ganzen Krieg über voll beschäftigt.[166] Ebenso blieb das Tekrum-Werk, das vor dem Krieg feinste Backwaren produziert hatte, trotz Kakao- und Fettmangel weiterhin ausgelastet, da es von der NS-Volkswohlfahrt und dem Winterhilfswerk Aufträge für die Fabrikation von Mürbekeksen und Lebkuchen ohne Schokolade erhielt. Als auch dafür die Rohstoffe knapp wurden, backte es im Auftrag der Heeresverwaltung Kommissbrot.[167]

Eine neue und nicht ungefährliche Situation entstand für Ravensburg nach den schweren Luftangriffen auf Friedrichshafen im März und April 1944. Um die Produktion kriegswichtigen Materials durch die schwer beschädigten Rüstungsfabriken fortsetzen zu können, musste ein wesentlicher Teil der Fabrikation in die Umgebung von Friedrichshafen verlagert werden. Schon Ende 1943 war eine Abteilung der Maybach-Motorenwerke nach Ravensburg verlegt worden, nun folgten seit April 1944 verschiedene Abteilungen der Firma „Luftschiffbau Zeppelin" und der auf den Bau von Flugzeugen spezialisierten Dornier-Werke. Letztere nahmen ihre Produktion in den ehemaligen Bierkellern in der „Höll" auf, einem aus der Luft schwer einsehbaren schluchtartigen Tobel westlich der Schussen. Zusätzlich wurden dort im Lauf des Jahrs noch einige barackenartige Werkshallen errichtet.

Blick auf das im Krieg besonders gefährdete Bahnhofsgebiet, Aufnahme aus den fünfziger Jahren.
Vor der Bahnanlage sieht man das Gaswerk (mit Gaskessel) und den Schlachthof, dahinter das Gelände der Maschinenfabrik Escher Wyss. Das Bahnhofsgebiet war zweimal, im Juli 1944 und im April 1945, das Ziel von Luftangriffen.

Die Firma „Luftschiffbau Zeppelin" mietete sich in den Räumen der zum Teil stillgelegten Parkettfabrik Sterkel ein.[168] Anfang 1945 begann die ebenfalls schwer in Mitleidenschaft gezogene Zahnradfabrik Friedrichshafen in den Räumen der Ravensburger Baumwollweberei Manz & Stimmler mit der Produktion von Getrieben für Panzer, wenn auch nur noch für wenige Wochen.[169] Ravensburg konnte von Glück sagen, dass diese problematische Entwicklung den Alliierten verborgen blieb. Sonst wäre die Stadt wohl nicht so ungeschoren davongekommen.

Eine ebenfalls kriegswichtige Funktion besaß die Ravensburger Dienststelle der Reichspost für Ferngespräche (Fernmeldeamt). Über das Ravensburger Amt wurde nämlich der gesamte Fernsprechverkehr der Kreise Ravensburg, Sigmaringen, Leutkirch, Wangen, Friedrichshafen und Lindau abgewickelt.[170] Doch auch dieser Umstand blieb von den Alliierten unbeachtet.

Kriegsalltag: Luftschutz, Versorgungsprobleme, Wohnungsnot

Zu den Maßnahmen, die von der NS-Regierung im Hinblick auf einen künftigen Krieg schon frühzeitig propagiert wurden, gehörte der Luftschutz. 1935 wurde ein Gesetz erlassen, das die mit dem Luftschutz verbundenen Fragen regelte und konkrete Vorschriften, zum Beispiel über die Abhaltung von Luftschutzübungen, enthielt. Bauherren waren verpflichtet, bei neuen Bauvorhaben die Belange des Luftschutzes zu berücksichtigen und geeignete Luftschutzkeller zu bauen. Dafür stand ein öffentlich bestellter „Luftschutzbauberater" zur Verfügung.

Nachdem 1940 der Luftkrieg zwischen England und Deutschland ausgebrochen war und sowohl englische wie deutsche Städte die ersten schweren Bombardements erlitten hatten, wurden die Anstrengungen um einen wirkungsvolleren Luftschutz verstärkt. Für den Fall eines plötzlichen Fliegeralarms am Tage, wenn die Straßen voller Menschen waren, wurden in Ravensburg 1940 mehrere große Kellergeschosse, sowohl städtische wie private, als öffentliche Luftschutzräume in der Innenstadt ausgewiesen.[171] Alle Fenster mussten nachts verdunkelt sein. Wer die entsprechenden Vorschriften missachtete, hatte eine Geldstrafe zu gewärtigen. Trotz entsprechender Warnungen kam es immer wieder zu „Verdunkelungsstörungen". 1942 gelangten 656 derartige Übertretungen zur Anzeige.[172]

Als Mittel gegen Bombardements am Tage galt der Tarnanstrich besonders ins Auge fallender Gebäude. Zunächst erhielten das ehemalige Frauenkloster beim Mehlsack und das Gymnasium am Andermannsberg einen solchen, doch als die Angst vor Luftangriffen immer mehr um sich griff, wurden 1943 alle Fabrikgebäude sowie 144 außerhalb der Altstadt gelegene hell verputzte Häuser mit einer dunklen Tarnfarbe versehen.[173]

Bei der Liebfrauenkirche mit ihren hohen Fenstern war man zunächst in Verlegenheit, wie man eine Verdunkelung bewerkstelligen könne. Deshalb wurde die winterliche Frühmesse nur bei ganz schwachem Licht gehalten. Schließlich kam jedoch der Pfarrer auf die Idee, alte Fahnen aus der Zeit vor 1933 schwarz färben und zusammennähen zu lassen. Die von innen unzugänglichen Fenster des Mittelschiffs wurden von außen blau angestrichen.[174]

Ein Problem war es, zu gewährleisten, dass jedermann rasch in einen Luftschutzkeller gelangen konnte, wenn während des Gottesdiensts in einer der drei Ravensburger Kirchen oder während einer Veranstaltung im Konzerthaus Fliegeralarm gegeben wurde. Deshalb wurde genau festgelegt, welche Keller in den umliegenden Häusern in diesem Fall zur Verfügung standen. Bei kirchlichen oder weltlichen Veranstaltungen wurden jeweils nur so viele Menschen eingelassen wie in den dafür bestimmten Kellerräumen unterkommen konnten.[175] Eine weitere Vorsichtsmaßnahme war die Verlagerung des wertvollen städtischen Archiv- und Museumsguts in bombensichere Räume.[176]

Nur lückenhaft erhalten sind die minutiösen Aufzeichnungen der Ravensburger Luftschutzmeldestelle im Rathaus über Feindbewegungen im süddeutschen Luftraum und über die Annäherung von Flugzeugen. Sie beruhten auf Funksprüchen verschiedener Warnkommandos und Meldungen des „Turmbeobachters" auf dem Blaserturm bzw. (ab 12. März 1945) dem Mehlsack. Je nach Einschätzung der Situation wurde mit Sirenen nur eine Luftwarnung oder voller Fliegeralarm gegeben. Wann die Ravensburger erstmals von einem „echten" und nicht nur mit einem zu Übungszwecken simulierten Fliegeralarm Bekanntschaft machen mussten, lässt sich nicht mehr exakt sagen.

Der erste Luftangriff erfolgte bereits ziemlich früh, in der Nacht vom 16. auf 17. August 1940, richtete aber kaum Schaden an.[177] Ob damals schon von der Luftschutzmeldestelle alle „Luftlagemeldungen" protokolliert wurden, ist ungewiss. Genaue Aufzeichnungen besitzen wir jedenfalls erst ab September 1942.[178]

Während die Ravensburger im letzten Quartal 1942 nur viermal von Sirenengeheul aufgeschreckt wurden, das ihnen einen Fliegeralarm anzeigte, kam dies im folgenden Jahr 23-mal vor, davon achtmal nachts. 1944 gab es insgesamt 57-mal, von 2. Januar bis 18. April 1945 28-mal Fliegeralarm. Eine lange Serie von Fliegeralarmen fiel in den Sommer 1944: in den 24 Tagen zwischen 11. Juli und 3. August wurden die Bürger 16-mal von Fliegeralarm aufgeschreckt. Zwischen 13. Februar 1943 und 18. April 1945 erfolgte insgesamt 106-mal Fliegeralarm.

Aufgrund der bitteren Erfahrungen, die im Verlauf des Kriegs bei der Bombardierung deutscher Städte gemacht wurden, entschloss sich die Stadtverwaltung reichlich spät, im Herbst 1944, zum Bau von drei großen Luftschutzstollen, was bei dem hügeligen Gelände und der geologischen Situation keine besonderen technischen Schwierigkeiten bereitete: für 600 Personen in der vorderen Federburgstraße, für 900 Personen in der Wangener Straße gegenüber dem Fabrikgelände der Firma Manz & Stimmler und für die westlich der Schussen Wohnenden einen 640 Personen fassenden Stollen oberhalb des Gasthofs Sennerbad. Erst Ende 1944, vier Monate vor Kriegsende, standen die drei Stollen für den Ernstfall zur Verfügung.[179]

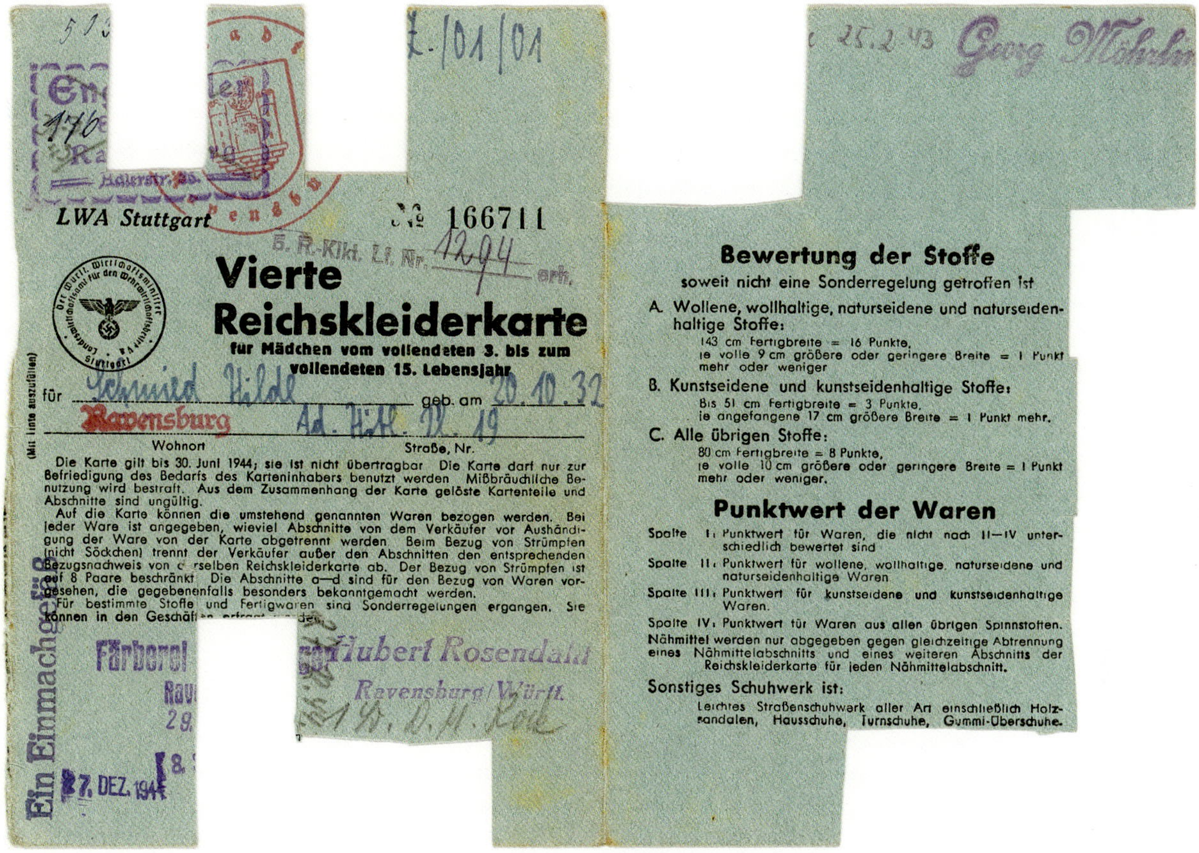
LWA Stuttgart

№ 166711

5. R.-Klkt. Lf. Nr. 1294 erh.

Vierte Reichskleiderkarte

für Mädchen vom vollendeten 3. bis zum vollendeten 15. Lebensjahr

(Mit Tinte auszufüllen)

für Schmid Hilde geb. am 20.10.32

Ravensburg Ad. Hitl. Pl. 19

Wohnort Straße, Nr.

Die Karte gilt bis 30. Juni 1944; sie ist nicht übertragbar. Die Karte darf nur zur Befriedigung des Bedarfs des Karteninhabers benutzt werden. Mißbräuchliche Benutzung wird bestraft. Aus dem Zusammenhang der Karte gelöste Kartenteile und Abschnitte sind ungültig.

Auf die Karte können die umstehend genannten Waren bezogen werden. Bei jeder Ware ist angegeben, wieviel Abschnitte von dem Verkäufer vor Aushändigung der Ware von der Karte abgetrennt werden. Beim Bezug von Strümpfen (nicht Söckchen) trennt der Verkäufer außer den Abschnitten den entsprechenden Bezugsnachweis von d[er]selben Reichskleiderkarte ab. Der Bezug von Strümpfen ist auf 8 Paare beschränkt. Die Abschnitte a—d sind für den Bezug von Waren vorgesehen, die gegebenenfalls besonders bekanntgemacht werden.

Für bestimmte Stoffe und Fertigwaren sind Sonderregelungen ergangen. Sie können in den Geschäften erfragt werden.

Hubert Rosendahl Ravensburg/Württ.

Ein Einmachgefäß

27. DEZ. 1943

25.2.43 Georg Möhrlin

Bewertung der Stoffe

soweit nicht eine Sonderregelung getroffen ist

A. Wollene, wollhaltige, naturseidene und naturseidenhaltige Stoffe:
143 cm Fertigbreite = 16 Punkte,
je volle 9 cm größere oder geringere Breite = 1 Punkt mehr oder weniger

B. Kunstseidene und kunstseidenhaltige Stoffe:
Bis 51 cm Fertigbreite = 3 Punkte,
je angefangene 17 cm größere Breite = 1 Punkt mehr.

C. Alle übrigen Stoffe:
80 cm Fertigbreite = 8 Punkte,
je volle 10 cm größere oder geringere Breite = 1 Punkt mehr oder weniger.

Punktwert der Waren

Spalte I: Punktwert für Waren, die nicht nach II—IV unterschiedlich bewertet sind

Spalte II: Punktwert für wollene, wollhaltige, naturseidene und naturseidenhaltige Waren

Spalte III: Punktwert für kunstseidene und kunstseidenhaltige Waren.

Spalte IV: Punktwert für Waren aus allen übrigen Spinnstoffen.

Nähmittel werden nur abgegeben gegen gleichzeitige Abtrennung eines Nähmittelabschnitts und eines weiteren Abschnitts der Reichskleiderkarte für jeden Nähmittelabschnitt.

Sonstiges Schuhwerk ist:
Leichtes Straßenschuhwerk aller Art einschließlich Holzsandalen, Hausschuhe, Turnschuhe, Gummi-Überschuhe.

„Reichskleiderkarte" zum begrenzten Bezug von Kleidung, 1943/44

Auf der Rückseite war angegeben, für wie viele der dort aufgedruckten Abschnitte („Punkte") man eine bestimmte Ware kaufen konnte, zum Beispiel für 8 Punkte ein Paar Schuhe. Die entsprechende Zahl von Punkten wurde dann ausgeschnitten.

Obwohl der Zweite Weltkrieg wesentlich länger dauerte als der Erste, kam es nie zu einer solchen Krise in der Lebensmittelversorgung der Zivilbevölkerung wie im „Steckrübenwinter" 1916/17. Das hing allerdings nicht in erster Linie mit einer besseren Organisation zusammen, sondern mit der Tatsache, dass die landwirtschaftliche Produktion der von der deutschen Wehrmacht eroberten und besetzten Gebiete zum größten Teil nicht der dortigen Bevölkerung, sondern den Deutschen in der Heimat und an der Front zugute kam. Dennoch entstanden auch in Deutschland bei einzelnen Produkten Engpässe, die aber vor dem Winter 1944/45 nie eskalierten. Bestimmte Lebensmittel wurden vom ersten Kriegstag an rationiert und nur noch auf Lebensmittelkarten verkauft. Eine neu eingerichtete städtische „Ernährungsstelle" sorgte für eine gerechte Verteilung. Kinder, Jugendliche, Schwerarbeiter, werdende und stillende Mütter erhielten Sonderzuteilungen. Seit Ende September 39 war Vollmilch nur noch Kleinkindern, Kranken und stillenden Müttern vorbehalten. Tee und Kaffee wurden bald knapp und waren schließlich überhaupt nicht mehr erhältlich.

Doch die Bevölkerung wusste sich zu helfen. Sportplätze und Grünanlagen wurden in „Gemüseländer" umgewandelt und von der Stadt an Bedürftige, die sich nicht aus einem eigenen Garten versorgen konnten, verpachtet.[180] In den Zeitungen wurden Rezepte veröffentlicht, wie man Nahrungsmittelreste weiterverwerten könne. Das deutsche „Ernährungshilfswerk" stellte Kübel für Küchenabfälle zur Verfügung, die dann zu einem bestimmten Zeitpunkt von der städtischen Müllabfuhr abgeholt wurden und der Schweinezucht zugute kamen.[181] Um Pflanzenöl zu gewinnen, ließ die Stadt ab 1943 Mohn auf städtischem Gelände anbauen.[182]

Propagandistisch geschickt wurde 1942 eine „Essensgemeinschaft mit unseren Soldaten" proklamiert, was im Klartext hieß, dass an zwei Tagen pro Woche in den Gaststätten nur einfache fleischlose „Feldküchengerichte" angeboten wurden. Wer in einer Gastwirtschaft aß, konnte dies im Normalfall nur gegen Lebensmittelmarken tun, die der Wirt seinerseits wieder für den Bezug von Lebensmitteln benötigte.[183]

Das System der Bezugsscheine war von deutscher Gründlichkeit geprägt und wohl durchdacht. Kranke erhielten Berechtigungsscheine für Sonderzulagen. Wer fleißig Bucheckern sammelte oder Raps anbaute, erhielt einen Bezugsschein für Speiseöl oder Margarine. Für den Kauf von Textilien benötigte man schon ab Oktober 1939 eine „Reichskleiderkarte", die jedes Jahr neu ausgegeben wurde. Selbst Weihnachtsschmuck und Hundefutter waren rationiert.[184] Es gab „Raucherkarten" und spezielle Bezugsscheine für Fahrradreifen, für Seife und Waschmittel.

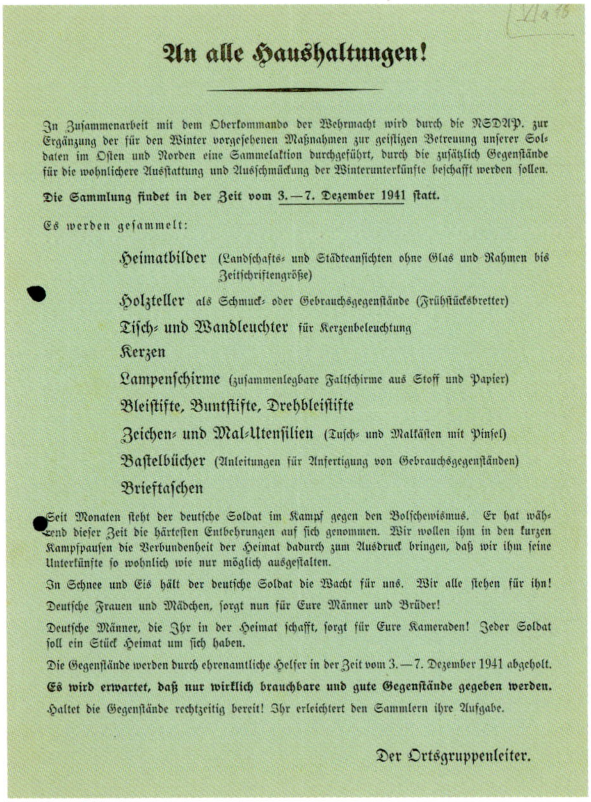

An alle Haushaltungen!

In Zusammenarbeit mit dem Oberkommando der Wehrmacht wird durch die NSDAP. zur Ergänzung der für den Winter vorgesehenen Maßnahmen zur geistigen Betreuung unserer Soldaten im Osten und Norden eine Sammelaktion durchgeführt, durch die zusätzlich Gegenstände für die wohnlichere Ausstattung und Ausschmückung der Winterunterkünfte beschafft werden sollen.

Die Sammlung findet in der Zeit vom 3.—7. Dezember 1941 statt.

Es werden gesammelt:

Heimatbilder (Landschafts- und Städteansichten ohne Glas und Rahmen bis Zeitschriftengröße)

Holzteller als Schmuck- oder Gebrauchsgegenstände (Frühstücksbretter)

Tisch- und Wandleuchter für Kerzenbeleuchtung

Kerzen

Lampenschirme (zusammenlegbare Faltschirme aus Stoff und Papier)

Bleistifte, Buntstifte, Drehbleistifte

Zeichen- und Mal-Utensilien (Tusch- und Malkästen mit Pinsel)

Bastelbücher (Anleitungen für Anfertigung von Gebrauchsgegenständen)

Brieftaschen

Seit Monaten steht der deutsche Soldat im Kampf gegen den Bolschewismus. Er hat während dieser Zeit die härtesten Entbehrungen auf sich genommen. Wir wollen ihm in den kurzen Kampfpausen die Verbundenheit der Heimat dadurch zum Ausdruck bringen, daß wir ihm seine Unterkünfte so wohnlich wie nur möglich ausgestalten.

In Schnee und Eis hält der deutsche Soldat die Wacht für uns. Wir alle stehen für ihn!

Deutsche Frauen und Mädchen, sorgt nun für Eure Männer und Brüder!

Deutsche Männer, die Ihr in der Heimat schafft, sorgt für Eure Kameraden! Jeder Soldat soll ein Stück Heimat um sich haben.

Die Gegenstände werden durch ehrenamtliche Helfer in der Zeit vom 3.—7. Dezember 1941 abgeholt.

Es wird erwartet, daß nur wirklich brauchbare und gute Gegenstände gegeben werden.

Haltet die Gegenstände rechtzeitig bereit! Ihr erleichtert den Sammlern ihre Aufgabe.

Der Ortsgruppenleiter.

Handzettel für eine Sammelaktion zugunsten der Wehrmacht, Dezember 1941
Die Aktion galt der „geistigen Betreuung unserer Soldaten im Osten und Norden". Gespendet werden sollten „Gegenstände für die wohnlichere Ausstattung und Ausschmückung der Winterunterkünfte".

Als Kohle knapp wurde, musste man sich mit Torf und Holz begnügen. Das Forstamt teilte Holz zu, das man allerdings selbst abholen musste, was natürlich für viele ältere Leute ein Problem war. Für das Sammeln von „Leseholz" im Wald brauchte man einen Erlaubnisschein.[185] Gegen Ende des Kriegs scheint eine gewisse Verwilderung eingetreten zu sein, denn Anfang März erschien in der Lokalzeitung ein Appell an die Bevölkerung, nur mit amtlicher Genehmigung in den Wäldern Holz zu sammeln oder zu schlagen.[186]

Während die Einschränkungen für die Zivilbevölkerung bis Ende 1941 noch nicht besonders hart waren, änderte sich dies ab 1942.[187] Im Gegensatz zum Vorjahr waren nun in der Fasnachtszeit Tanzveranstaltungen verboten. Gas und Strom wurden knapp, ebenso Kohle und Benzin. Im Winter konnten die Kirchen nicht mehr geheizt werden, und mangels Treibstoff wurde die Paketpost wieder mit Pferden an die Adressaten geliefert. Unangenehm war auch die wachsende Knappheit an Papier: kein Klopapier mehr, keine Papiertüten, immer dünner werdende Zeitungen.

Eine geschickte, die Solidarität der „Volksgemeinschaft" beschwörende Propaganda und eine bei vielen „Volksgenossen und -genossinnen" zumindest bis 1943 tatsächlich noch vorhandene starke Zuversicht und Tatkraft ermöglichten immer wieder groß angelegte Sammelaktionen, die von der „NS-Volkswohlfahrt" bzw. dem ihr unterstehenden „Winterhilfswerk des deutschen Volkes" organisiert wurden. Für die im Feld stehenden Soldaten wurden Wollsachen, Pelze, Skier, Bücher und Geld gesammelt. Zusätzlich führte das Kriegshilfswerk des Deutschen Roten Kreuzes mehrmals im Jahr Straßensammlungen durch.[188]

*

Trotz des beachtlichen Zuwachses an Wohnungen in den ersten Jahren des Dritten Reichs entstand während des Zweiten Weltkriegs in Ravensburg erneut eine spürbare Wohnungsnot. Waren in der Doppelstadt Ravensburg-Weingarten 1939 noch insgesamt 279 Wohnungen neu- oder umgebaut worden und 1940 immerhin noch 200, sank die entsprechende Zahl ab 1941 auf unter 20.[189] 1942 und 1943 entstanden lediglich noch 156 Notwohnungen durch Teilung bestehender Wohnungen.

Hingegen wuchs im Ortsteil Ravensburg trotz der Kriegsverluste die Einwohnerzahl von 21.600 im September 1939 auf 23.500 im April 1945. Ursache war der Ende 1942 einsetzende Zustrom ausgebombter oder evakuierter Familien aus zahlreichen deutschen Großstädten, die hier zumindest vorübergehend eine neue Bleibe suchten. Noch angespannter wurde die Lage, als

Schaufenster mit gesammelten Wintersachen für deutsche Soldaten in Russland, 1942/43

die großen Rüstungsbetriebe in Friedrichshafen nach den schweren Bombardements im Frühjahr 1944 einen Teil ihrer Produktion nach Ravensburg verlagerten und daher auch viele Arbeiter hier eine Unterkunft suchten.

Am 1. Januar 1943 lagen der städtischen Wohnungsvermittlungsstelle 850 Wohnungsgesuche vor, davon 310 von Familien oder Einzelpersonen, die an diesem Stichtag keine eigene Wohnung besaßen, sondern in Gasthöfen oder Notquartieren kampierten. Ein Jahr später war die Zahl der Wohnungssuchenden ohne eigene Wohnung auf 338 gestiegen.[190] Erwähnung verdient ein Hinweis des für das Wohnungswesen zuständigen städtischen Beamten, der bei den einfachen Arbeitern eine größere Bereitschaft als bei den Wohlhabenderen beobachtete, einen Teil ihres Wohnraums für Notwohnungen zur Verfügung zu stellen.[191]

Auch die 15 Gasthöfe und Hotels waren seit 1943 von Dauergästen belegt oder sogar überbelegt. Ihre Bettenzahl betrug zu Beginn des Kriegs 312. Für Durchreisende waren keine Betten mehr vorhanden, was viel Ärger verursachte.[192]

Zwangsarbeiter und Kriegsgefangene

„Ohne Rückgriff auf die Arbeitskraft von Millionen ausländischer Arbeitskräfte hätte das Deutsche Reich den Zweiten Weltkrieg nicht führen können. Die Zahl der im Verlauf des Krieges im Reichsgebiet zur Arbeit eingesetzten ausländischen zivilen Arbeitskräfte und Kriegsgefangenen wird auf ca. zehn Millionen geschätzt. In nahezu jeder Wirtschaftssparte wurden während des Zweiten Weltkriegs ausländische Arbeitskräfte beschäftigt" (Annette Schäfer).[193]

Auch die Ravensburger Wirtschaft, vor allem die Industrie, aber auch viele Handwerksbetriebe und ebenso die Landwirtschaft, waren während des Kriegs auf Zwangsarbeiter und Kriegsgefangene angewiesen. Neben den Kriegsgefangenen und den gegen ihren Willen deportierten Zwangsarbeitern gab es auch zivile ausländische Arbeitskräfte, die freiwillig nach Deutschland kamen. Sie erscheinen in den amtlichen Quellen oft als „Fremdarbeiter". Da der Unterschied zwischen freiwillig und unfreiwillig nach Deutschland gekommenen Arbeitern verschwommen war und in vielen Fällen aus den Quellen nicht ersichtlich ist, wer freiwillig oder unfreiwillig kam, muss auf eine Differenzierung zwischen beiden Gruppen verzichtet werden. Wenn in unserer Darstellung, entsprechend dem Gebrauch in der Fachliteratur, von „Zwangsarbeitern" die Rede ist, kann nicht immer ausgeschlossen werden, dass darunter auch freiwillig nach Deutschland gekommene Arbeitskräfte waren.

Die Berechnungen, wie viele ausländische Männer und Frauen während des Zweiten Weltkriegs in Ravensburg arbeiteten, schwanken zwischen 2.741 und über 3.600, davon etwa 40 bis 44 % Frauen.[194] Im Vergleich zu Friedrichshafen war diese Zahl eher niedrig. Dort waren zwischen 1939 und 1945 über 14.000 Ausländer im Arbeitseinsatz.[195]

Über die im Vergleich zu den zivilen Zwangsarbeitern geringe Zahl der Kriegsgefangenen liegen widersprüchliche Angaben vor. Wesentlich mehr als 400 dürften es in Ravensburg nicht gewesen sein.[196] Beide Gruppen – Zwangsarbeiter und Kriegsgefangene – kamen aus den von der deutschen Wehrmacht besetzten Gebieten nach Deutschland: im Westen aus Frankreich, Holland und Belgien, seit Herbst 1943 auch aus Italien, im Osten schon seit 1940 aus Polen und seit Herbst 1941 aus der Sowjetunion (einschließlich der baltischen Länder Estland, Lettland und Litauen). Hinzu kamen, allerdings in erheblich geringerer Zahl, Zwangsarbeiter aus dem „Protektorat Böhmen und Mähren" (Tschechoslowakei), aus Ungarn und Rumänien. Die ungenauen, zum Teil sich widersprechenden Angaben über die Zahl der Kriegsgefangenen und Zwangsarbeiter sind nicht zuletzt darauf zurückzuführen, dass kriegsgefangene Franzosen nach einiger Zeit den Status eines „Zivilarbeiters" erhalten konnten.[197]

Bei der Behandlung all dieser Menschen wurde aus rassenideologischen Gründen zwischen „Westarbeitern", Polen und „Ostarbeitern" (Russen, Ukrainer) unterschieden. Am rücksichtslosesten verfuhr man mit den als rassisch „minderwertig“ geltenden „Ostarbeitern“, die, ähnlich wie die Juden den Judenstern, an ihrer Kleidung die Bezeichnung „Ost“ tragen mussten.

Der Frauenanteil lag bei den „Ostarbeitern“ mit ca. 50 % erheblich höher als bei den anderen Herkunftsländern.[198] Während die zivilen Fremdarbeiter zunächst in Gasthöfen oder Privatzimmern wohnten, wurden die Kriegsgefangenen ausschließlich in größeren und kleineren Lagern untergebracht.

In Ravensburg war das größte Lager ein Barackenlager in der Ziegelstraße, das 1940 in einem großen, leer stehenden Werkstattgebäude eingerichtet und 1942 erweitert wurde.[199] Die Ausstattung dort war sehr primitiv und vor allem herrschten schlimme sanitäre Verhältnisse.[200] Zunächst wurden in diesem Lager etwa 125 französische Kriegsgefangene untergebracht, die 1942, nach Beginn des Kriegs mit der Sowjetunion, 150 russischen Kriegsgefangenen Platz machen mussten und auf verschiedene andere Unterkünfte, meist wieder Gasthöfe, verteilt wurden.

Russische Zwangsarbeiterinnen und Zwangsarbeiter im Lager Ittenbeuren, ca. 1942/43

Schon Ende 1942 bildeten die Russen die größte Gruppe unter den ausländischen Arbeitskräften. Aus einer Übersicht der Stadtverwaltung geht hervor, dass damals 495 Russen, 177 Franzosen, 23 Polen und 30 Holländer in Ravensburg beschäftigt waren.[201]

Ein zweites Kriegsgefangenenlager, das die Ortsbauernschaft in Anspruch nahm, entstand am Rand der städtischen Markung, beim Locherhof. Dort waren Gefangene untergebracht, die in der Landwirtschaft eingesetzt wurden.[202] Ein drittes großes Lager wurde in der Brühlstraße errichtet, auf einem Gelände hinter der Maschinenfabrik Escher Wyss. Diese Firma hatte neben den drei anderen Maschinenfabriken (Nothelfer, Bezner, Maschinenfabrik Ravensburg) kriegsbedingt den größten Bedarf an ausländischen Arbeitskräften. Bereits im 3. Quartal 1943 waren dort 336 Fremdarbeiter beschäftigt: darunter 86 Kriegsgefangene, 70 „Ostarbeiter“ (= Russen) sowie „zivile Ausländer“.[203] Bis 1944 stieg die Zahl der bei Escher Wyss beschäftigten ausländischen Arbeitskräfte auf über 400, darunter zahlreiche russische Frauen. Bei Nothelfer waren es etwa 200, bei der Maschinenfabrik Ravensburg etwa 100.[204]

Der Begriff „Lager“ wurde während des Kriegs immer weiter gefasst. Man verstand darunter bald auch die von verschiedenen größeren Firmen für ihre ausländischen Arbeitskräfte eingerichteten Unterkünfte sowie Gastwirtschaften, in denen mindestens zehn Fremdarbeiter logierten.[205]

Insgesamt konnten in Ravensburg bisher 86 Betriebe nachgewiesen werden, in denen für längere oder kürzere Zeit Arbeitskräfte aus den von Deutschland besetzten Gebieten beschäftigt waren: neben den Maschinenfabriken weitere Fabriken wie die Pinselfabrik Sterkel und die Leinenspinnerei Schornreute[206], drei Autohäuser und zahlreiche kleinere Handwerksbetriebe, bei denen der im Felde stehende Meister oder Geselle ersetzt werden musste.[207] Auch die Stadtverwaltung Ravensburg bemühte sich um Ersatz für ihre zahlreichen von der Wehrmacht eingezogenen Arbeiter und Angestellten. Zwischen 1940 und 1945 waren insgesamt 74 Fremdarbeiter bei ihr beschäftigt, darunter viele Franzosen, die vor allem im Tiefbau eingesetzt wurden.[208]

Schon im Sommer 1942 befürwortete die Stadtverwaltung gegenüber der Partei die Einrichtung eines größeren „Barackensammellagers“ für die zu diesem Zeitpunkt in Gasthöfen und Privatzimmern untergebrachten Zivilarbeiter. Sie begründete dies damit, dass für Deutsche, zum Beispiel für Eltern, die ihren hier im Lazarett liegenden Sohn besuchen wollten, keine Unterkünfte mehr zur Verfügung stünden.[209] Auch in den folgenden Jahren wurden immer wieder Versuche unternommen, die ausländischen Arbeitskräfte in Sammellager „umzuquartieren“, nicht zuletzt auch deshalb, um sie besser kontrollieren zu können.[210] Diese Pläne scheiterten jedoch stets daran, dass keiner die Kosten übernehmen wollte. So blieb es bis Kriegsende bei der bisherigen unübersichtlichen Verteilung.

Die Behandlung der Fremdarbeiter war je nach Arbeitsplatz unterschiedlich. Dort, wo in einem kleineren mittelständischen Betrieb nur ein oder zwei Ausländer arbeiteten, konnte sich aus der Zusammenarbeit ein durchaus freundliches Verhältnis zwischen Einheimischen und Fremden entwickeln, während in manchen Großbetrieben unerfreuliche Zustände herrschten. Zu Misshandlungen scheint es nur ganz selten gekommen zu sein, am ehesten in der Landwirtschaft, wo vor allem Polen beschäftigt waren.[211]

Im Großen und Ganzen wurden die vorwiegend in Lagern untergebrachten Russen und Polen schlechter behandelt und auch schlechter ernährt als die „Westarbeiter", von denen viele in Gasthöfen logierten. Russen und Polen war es verboten, in ihrer knapp bemessenen Freizeit am Sonntag Kinos, Gaststätten oder Schwimmbäder zu besuchen. Immerhin erhielten die polnischen Zwangsarbeiter die Möglichkeit, sonntags einen eigens für sie bestimmten Gottesdienst in der Mühlbruckkapelle zu besuchen.

Die teilweise miserablen Zustände in den Lagern führten vor allem im Winter bei vielen Ostarbeitern zu mehr oder weniger schweren Erkrankungen, obwohl die Mehrzahl dieser Leute von Haus aus robust und abgehärtet war. Erkrankte einer so schwer, dass er ein Krankenhaus aufsuchen musste, so kam er in eine 1943 eigens dafür errichtete Baracke im Hof des städtischen Spitals, weil eine Unterbringung im Hauptgebäude als unzumutbar für die anderen Patienten angesehen wurde. Selbst frisch Operierte legte man in diese Baracke, in der es keine Betten, sondern nur Strohsäcke gab.[212]

Natürlich kam es auch zu intimen Beziehungen zwischen Ausländern und Deutschen, die in den Augen des NS-Regimes vor allem dann als schwerer Verstoß gegen das Gebot der „Reinhaltung deutschen Bluts" betrachtet wurden, wenn es sich um ein Verhältnis mit einem oder einer als „rassisch minderwertig" betrachteten Partner oder Partnerin handelte. Eine solche Beziehung hatte schwerste Bestrafung zur Folge.

Während für Ravensburg bisher nicht geklärt werden konnte, welche Strafe ein männlicher Fremdarbeiter in solch einem Fall erhielt, sind mehrere Fälle hier und in anderen Orten der Umgebung belegt, in denen eine deutsche Frau, der ein Verhältnis mit einem Polen nachgewiesen wurde, als „Polendirne" geächtet und aufs schwerste misshandelt wurde. Meist – und so auch in dem für Ravensburg belegten Fall – erhielt eine solche Frau ein Schild um den Hals mit der Aufschrift „Ich bin eine Polendirne" und wurde unter Gejohle durch die Stadt getrieben. Auf einem hohen, extra für diesen Zweck auf dem Gespinstmarkt errichteten Podest, gleichsam einem Pranger, wurden ihr in Anwesenheit des Kreisleiters die Haare geschoren.[213] Deutsche Männer, die ein Verhältnis mit einer Russin oder Polin hatten, erhielten eine hohe Gefängnis- bzw. KZ-Strafe.[214]

Wenn eine Polin oder Russin auf Grund eines Verhältnisses mit einem Deutschen schwanger wurde, zwang man sie, das Kind abtreiben zu lassen. Dies geschah in einem dafür speziell eingerichteten Ostarbeiterlager in Bietigheim. Da die Kriegslage seit 1944 einen Transport dorthin immer schwieriger machte, errichtete man in Ravensburg eine „Schwangerschaftsunterbrechungsstation", die allerdings erst kurz vor Kriegsende fertig gestellt wurde.[215]

Wie stark die deutsche Politik damals rassenideologisch geprägt war, lässt sich daraus ersehen, dass gegen sexuelle Beziehungen zwischen Ostarbeiterinnen und Ostarbeitern keine Einwände erhoben wurden. War eine Ostarbeiterin von einem Landsmann geschwängert worden, durften die beiden sogar heiraten. Die Eheregister des Ravensburger Standesamts dokumentieren mindestens acht derartige Verbindungen für die Jahre 1943 und 1944.[216]

1944 registrierte das Ravensburger Standesamt auffallend viele Totgeburten und Todesfälle von Kindern, die unter einem Jahr alt waren. Hier zwei Beispiele: Von 20 derartigen Fällen, die im September 1944 registriert wurden, bezogen sich 15 auf ortsfremde, meist ausländische Mütter bzw. Eltern. Ähnlich verhielt es sich im Dezember desselben Jahres: bei 16 von 26 derartigen Fällen waren die Mütter ortsfremd oder stammten aus dem Ausland. Vermutlich handelte es sich dabei zumeist um Fremdarbeiterinnen.[217]

Gegen Kriegsende verschlechterte sich das Verhältnis zwischen Deutschen und Fremdarbeitern. Da immer mehr Betriebe wegen Mangel an Strom und Kohlen ihre Produktion einschränken oder sogar ganz einstellen mussten, hatten viele Zwangsarbeiter keine Beschäftigung mehr, was die deutschen Behörden als potentielle Gefahr für die öffentliche Sicherung ansahen.[218] Außerdem glaubten sie, bei den ausländischen Arbeitskräften, besonders den Franzosen, angesichts der immer näher rückenden Front und der vorhersehbaren Niederlage Deutschlands eine zunehmende Renitenz gegenüber ihren deutschen Vorgesetzten zu erkennen. Die 43 Franzosen, die in der Wanderarbeitsstätte am Gänsbühl untergebracht waren, seien in letzter Zeit immer frecher und anspruchsvoller geworden und verweigerten zum Teil sogar die ihnen übertragene Arbeit, hieß es in einem Bericht der deutschen Polizei vom Dezember 1944.[219] Daher wurden von nun an die Ausländerlager strenger als bisher von der Polizei kontrolliert.

Nicht alle ausländischen Arbeitskräfte überlebten den Krieg und die ersten Nachkriegsmonate. Unter den 66 Ausländern, die zwischen 1941 und Ende August 1946 in Ravensburg starben und auf dem Hauptfriedhof in Reihengräbern beerdigt wurden, waren 37 bis 42

Zwangsarbeiter und Kriegsgefangene und 14 bis 19 Kinder derselben. Die Zahl der verstorbenen Russen, Polen, Esten, Litauer und Letten (einschließlich Kinder) betrug 38.[220] Das waren rund 58 % aller in Ravensburg bestatteten Ausländer.

Luftangriffe, Kriegsschäden, Menschenverluste

Ravensburg kam im Zweiten Weltkrieg glimpflicher davon als die meisten vergleichbaren deutschen Städte. Die Stadt erlebte während des ganzen langen alptraumhaften Kriegs nur fünf Luftangriffe. Der erste in der Nacht vom 16. auf 17. August 1940 wurde schon erwähnt. Am Rand der Schussensiedlung gingen ein paar Brandbomben nieder. Sie zerstörten zwei Schuppen, töteten sieben Hühner und verletzten eine Ziege, die notgeschlachtet werden musste.[221]

Der zweite Luftangriff erfolgte ziemlich genau zwei Jahre später am 29. August 1942, ebenfalls nachts. Er verursachte zwar größere Schäden, forderte jedoch zum Glück keine Menschenleben. Ein einzelnes englisches Flugzeug warf etwa 300 Brandbomben über der Stadt ab und setzte 26 Häuser zwischen der oberen Friedhofstraße und der Burgstraße in Brand. Am schlimmsten erwischte es die Brauerei Leibinger und eine Glaserei in der Herrenstraße, die beide Totalschaden erlitten. In der Wanderarbeitsstätte am Gänsbühl, wo 29 Zwangsarbeiter untergebracht waren, wurden drei Männer leicht verletzt. Beim Löschen der Brände halfen 25 französische Kriegsgefangene mit, die im Gasthof „Wacht am Rhein“ einquartiert waren. Bürgermeister Walzer würdigte später in seinem Schadensbericht ihren Einsatz ausdrücklich.[222]

Durch den Angriff wurden fast hundert Personen obdachlos. Doch sie alle fanden noch am selben Tag eine Notunterkunft. Da der Wiederaufbau der mehr oder weniger stark beschädigten Wohnhäuser zügig in Angriff genommen wurde, konnten die meisten Bewohner bereits nach wenigen Wochen in ihre Wohnungen zurückkehren. Der Pressepolitik des Regimes entsprach es, dass die örtliche Tageszeitung den Luftangriff mit keinem Sterbenswörtlein erwähnte.

Es sollten fast zwei Jahre vergehen, bis Ravensburg erneut aus der Luft angegriffen wurde. Diesmal fielen keine Bomben, aber mehrere vermutlich englische Tiefflieger beschossen am 24. Juli 1944 zur Mittagszeit das Gebiet um den Bahnhof, wo sich zu dieser Stunde viele Reisende aufhielten. Sie trafen einen Güterzug und das Umspannwerk der Oberschwäbischen Elektrizitätswerke. Der Zugführer und ein Passagier wurden dabei getötet, drei weitere Personen verletzt. Zum ersten Mal

Die bei dem Luftangriff vom 29. August 1942 zerstörte Brauerei Leibinger

in diesem Krieg waren in Ravensburg Zivilisten durch Kriegseinwirkung ums Leben gekommen. Der Sachschaden hielt sich in Grenzen. Ein Kohlenschuppen brannte nieder, die Schäden im Umspannwerk verursachten einen Stromausfall für einige Stunden.[223]

Die letzten Angriffe erfolgten im April 1945, kurz vor Kriegsende. Am Nachmittag des 9. April warfen amerikanische Flugzeuge Bomben wiederum in der Bahnhofsgegend ab. Dabei entstanden nur geringe Sachschäden, aber zwei Personen wurden tödlich getroffen. Der schlimmste Luftangriff des ganzen Kriegs, den das mittlere Schussental erlebte, am 17. April, verschonte zwar Ravensburg, doch bei der Bombardierung der Argonnenkaserne in Weingarten kamen 51 Menschen ums Leben.[224]

Am Morgen des 26. April, zwei Tage bevor Ravensburg von französischen Soldaten besetzt wurde, bombardierten sechs amerikanische Flugzeuge ein letztes Mal die Stadt. Dabei wurden mehrere Häuser beschädigt. Eine Sprengbombe fiel ausgerechnet in den Hof des Amtsgerichtsgefängnisses in der Herrenstraße. Dort war wenige Tage zuvor ein Transport aus Stuttgart mit ca. 100 politischen Gefangenen angekommen, so dass das Gefängnis zu diesem Zeitpunkt überbelegt war. 22 Häftlinge aus neun verschiedenen Ländern kamen dabei ums Leben. Außerdem wurden zwei Zivilisten, darunter der angesehene Kaufmann Adolf Möhrlin, tödlich verletzt.[225]

*

Die Opfer, die der Krieg in Ravensburg gefordert hatte, waren schlimm genug. Weit mehr Familien wurden jedoch durch das Kriegsgeschehen an den Fronten in halb Europa betroffen. Die Gesamtzahl der im Zweiten Weltkrieg gefallenen oder vermissten Ravensburger lässt sich nicht genau bestimmen. In den Sterberegistern des Standesamts sind 654 während des Kriegs Gefallene oder an Kriegsfolgen Verstorbene verzeichnet. Es ist jedoch möglich, dass dem Standesamt aus den Lazaretten und Kriegsgefangenenlagern nicht alle Todesfälle gemeldet wurden, so dass die Zahl der Gefallenen eher noch etwas höher gelegen haben dürfte. Vergleicht man diese Zahl mit derjenigen der im Ersten Weltkrieg gefallenen Ravensburger, die zwischen 388 und 433 lag, so ergibt sich daraus, dass unter Berücksichtigung der unterschiedlichen Länge beider Kriege im Ersten Weltkrieg durchschnittlich 7,6 bis 8,5 Ravensburger pro Kriegsmonat fielen, während es im Zweiten Weltkrieg ca. 9,6 waren.

Nach den Registern des Ravensburger Standesamts verteilte sich die Zahl der Gefallenen auf die einzelnen Kriegsjahre wie folgt: 1939: 4, 1940: 21, 1941: 80, 1942: 123, 1943: 153, 1944: 199, 1945: 67, nach 1945: 7.

Die meisten Verluste gab es von Juli bis Oktober 1943. 74 Gefallene zählte man in diesen vier Monaten. Laut der Volkszählung vom 26. Januar 1946 leisteten im Verlauf des Krieges insgesamt 4.950 Ravensburger in irgendeiner Form Wehrdienst. Davon waren bis zum Tag der Volkszählung 2.768 entweder schon vor Kriegsende aus dem Wehrdienst entlassen worden oder nach Kriegsende heimgekehrt.[226] Wenn man von 654 Gefallenen ausgeht, dann waren im Januar 1946 noch ca. 1.530 Männer entweder vermisst oder befanden sich in Kriegsgefangenschaft. Man kann nur ahnen, welche Schicksale, welches Leid, welche Sorgen, welche Ungewissheit sich hinter diesen Zahlen verbargen.

Trotz der hohen Zahl von Kriegstoten wuchs die Bevölkerung zwischen 1939 und 1945. Laut Volkszählung vom 26. Januar 1946 nahm die Zahl der männlichen Einwohner zwischen September 1939 und Januar 1946 um 629 ab, die der weiblichen um 1.451 zu.[227] Hatte die Einwohnerzahl (ohne den damaligen „Stadtteil" Weingarten) am 17. Mai 1939 21.614 betragen, so stieg sie bis zum 26. Januar 1946 auf 22.436. Die letztere Zahl bezieht sich auf die deutsche Bevölkerung. Ausländer, egal ob hängengebliebene Fremdarbeiter oder französische Besatzung, sind dabei nicht mitgezählt, ebenso wenig die noch in Kriegsgefangenschaft befindlichen Männer.[228]

Die mentale Bewältigung des Kriegs

Am Beginn dieses Abschnitts mögen ein paar Zahlen zur Bevölkerungsentwicklung in Ravensburg während des Zweiten Weltkriegs stehen:

- Durchschnittliche jährliche Geburtenziffer
  1934–1939: 412, 1940–1945: 433.
- Zahl der jährlichen Geburten
  1933: 333, 1934: 340, 1935: 363, 1936: 414, 1937: 406, 1938: 470, 1939: 480, 1940: 553, 1941: 461, 1942: 396, 1943: 393, 1944: 415, 1945: 380.
- Zahl der jährlichen Eheschließungen
  1936: 215, 1937: 257, 1938: 271, 1939: 292, 1940: 221, 1941: 198, 1942: 197, 1943: 189, 1944: 175, 1945: 19[229]

Diese Zahlen machen deutlich, dass der Krieg die Bereitschaft der Ravensburgerinnen und Ravensburger, zu heiraten und Kinder in die Welt zu setzen, keineswegs besonders stark gebremst hat. Zwar nahm die Zahl der Eheschließungen von 1940 bis 1944 kriegsbedingt leicht ab, bei den Geburten ist jedoch die erstaunliche Tatsache zu verzeichnen, dass ihre Zahl den ganzen Krieg über hoch blieb. Ob daraus gefolgert werden darf, dass viele Menschen trotz Krieg und kriegsbedingter Einschrän-

„Ernte des Krieges". Kriegerdenkmal auf dem Ravensburger Hauptfriedhof von Maria Elisabeth Stapp, Bronze, 1964
Eindruckvolles, überlebensgroßes Monument zum Andenken an die Gefallenen des Zweiten Weltkriegs.

kungen zuversichtlich in die Zukunft blickten, mag dahingestellt bleiben. Wenn es so war, dürfte dazu die Kriegspropaganda ihr Teil beigetragen haben.

Zeitungen und Rundfunk verbreiteten ununterbrochen Siegesmeldungen und vermieden es zumindest bis zur Schlacht um Stalingrad im Winter 1942/43, militärische Rückschläge zuzugeben. Die nationalsozialistische Propaganda verstand es mit Hilfe der gleichgeschalteten Massenmedien Presse, Rundfunk, Wochenschauen und Spielfilmen, mit Sammlungen für das Winterhilfswerk und zahlreichen politischen Feiertagen, der Mehrheit der „Volksgenossen und -genossinnen" zumindest bis 1943 Durchhaltewillen, Zuversicht und ein Solidaritätsgefühl als „Volksgemeinschaft" zu vermitteln.

Viele kulturelle Angebote standen im Zeichen der Kriegspropaganda. 1942 fanden im Ravensburger Konzerthaus 80 Veranstaltungen statt, entweder solche, die leichte Unterhaltung und Ablenkung vom Kriegsalltag boten oder den Charakter politischer Kundgebungen besaßen. Die Grenze war fließend.

Hier ein paar Beispiele aus dem Jahr 1942: ein „Großvarieté" mit dem Titel „Triumph der Heiterkeit", ein weiteres mit dem Titel „Artistisches Feuerwerk", „Ein Sonnenstrahl aus Wien" mit Musik und Tanz, „Tausend Takte Freude", die Sportschau des NS-Reichsbunds für Leibesübungen mit dem Titel „Sport ist frohes Leben", ein Kulturabend der NS-Frauenschaft zum Thema „Frauendichtung und Musik", mehrere „Meisterabende froher Unterhaltung" und die „Musikalische Revue Bazzanella".

An politisch geprägten kulturellen Veranstaltungen seien, ebenfalls für das Jahr 1942, die zahllosen „Morgenfeiern" genannt, beispielsweise zum Gedenken an den Preußenkönig Friedrich den Großen, zum 180. Geburtstag des Philosophen und Dichters Johann Gottlieb Fichte, zu „Führers Geburtstag", „zu Ehren der gefallenen Freiheitskämpfer der Bewegung" am 9. November oder eine Feierstunde zum Heldengedenktag. Von kriegserfahrenen Offizieren wurden Vorträge mit politisch-militärischen Themen gehalten. So sprach etwa im August 1943 ein Ritterkreuzträger vor einem Auditorium von Hitlerjungen und Jungmädel über seine Kriegserlebnisse. In der Zeitung konnte man darüber lesen: „Begeistert von deutschem Soldatentum und voll neuer Einsatzfreude kehrte jedes an seinen Arbeitsplatz zurück mit dem Vorsatz im Herzen, noch verantwortungsbewusster als bisher zu handeln, um vor unseren Soldaten bestehen zu können."[230]

Am 7. Juli 1943 fand im vollbesetzten Konzerthaus eine „Willenskundgebung" mit dem „Chef des Propagandastabs in Berlin" statt, bei welcher „der feste Glaube des deutschen Volkes an den Sieg" betont wurde. Die Anwesenden seien, so der Berichterstatter, „wieder aufgerichtet" worden[231], ein Hinweis darauf, dass es damals mit der Siegeszuversicht offenbar bereits nicht mehr so weit her war. Dieser Eindruck wird durch eine weitere Bemerkung in der Lokalzeitung 19 Tage später bestätigt, wo es hieß, in der jetzigen Situation sei „mehr Gleichmut und Gelassenheit der daheim gebliebenen Frauen" zu wünschen.[232]

Den propagandistischen NS-Veranstaltungen standen aber auch weiterhin gänzlich unpolitische Kulturangebote gegenüber: Konzerte mit klassischer Musik, wie etwa ein Orgelkonzert in der Liebfrauenkirche im Herbst 1942 oder ein Schubertabend der NS-Frauenschaft im Hotel Hildenbrand, außerdem mehrere Abende im Konzerthaus mit Orchesterwerken und Kammermusik.

Erst 1944 nahm die Zahl kultureller Veranstaltungen deutlich ab. Im Oktober 1944 konnte man neben den drei Ravensburger Lichtspieltheatern nur noch eine einzige Veranstaltung besuchen, eine „Dichterstunde" mit dem für die damalige Situation bezeichnenden Titel „Von der Tapferkeit im stillen und kleinen", mit musikalischer Begleitung. Diese Veranstaltung fand jedoch wegen der Heizkosten bereits nicht mehr im Konzerthaus, sondern im „Burgtheater" statt, dem jüngsten und modernsten Kino Ravensburgs.[233]

Auch wenn sich das Regime alle Mühe gab, die Bevölkerung einigermaßen bei Laune zu halten, konnte es die Konfrontation mit dem Ernst des Weltkriegs und den brutalen Methoden der NS-Diktatur doch nicht verhindern. Schon bald nach Kriegsbeginn erschienen die ersten Todesanzeigen für Söhne, Brüder und Ehemänner, die im Feld den „Heldentod" erlitten hatten. Anfangs hieß es auch oft „gefallen für Führer, Volk und Vaterland". Dazwischen konnte man aber auch traditionelle christliche Formulierungen lesen wie zum Beispiel: „Unser christlicher Glaube an ein Wiedersehen in der ewigen Heimat gibt uns Trost."

Dass man seine eigene, von der offiziellen Politik abweichende Meinung nicht mehr ungestraft äußern durfte, war zwar schon lange bekannt, nur war es jetzt im Krieg noch viel riskanter als vorher. „Keinen Tag", so notierte Stadtpfarrer Edwin Nieder 1941 in seinem Tagebuch, „ist man sicher, ob die Gestapo auf Grund von Spitzeleien einen nicht holt. Bekannt und sprichwörtlich ist der ‚Deutsche Blick', das heißt, man schaut zuerst scheu um sich, ob man in der Unterhaltung nicht belauscht wird."[234]

Diese Angst vor Spitzeleien vergiftete viele zwischenmenschliche Beziehungen. 1942 gingen beispielsweise 818 Anzeigen wegen politischer Äußerungen von Mitbürgern ein.[235]

Vom fanatischen Kreisleiter Rudorf war bekannt, dass er noch 1944 von Betrieb zu Betrieb ging, um „politisch nicht einwandfreie“ Männer, auch ältere, zu finden, die zum Kriegseinsatz an die Front geschickt werden könnten.[236] Rudorf schreckte auch nicht davor zurück, noch im Januar 1945 vor führenden Parteileuten zu verkünden, „dass es unseren Feinden nicht mehr gelingen werde, uns den Sieg zu entreißen [...] Am Ende werde das nationalsozialistische Deutschland unter der Führung Adolf Hitlers als Befreier Europas aus diesem harten Ringen hervorgehen“.[237]

Zu diesem Zeitpunkt dürfte es nicht mehr viele gegeben haben, die solchen Phrasen noch Glauben schenkten. Trotz des strengen Verbots, ausländische Rundfunksendungen abzuhören, schalteten viele Ravensburger jeden Freitagabend den gut zu empfangenden schweizerischen Sender Beromünster ein, um den Wochenkommentar zur Weltlage des bekannten Publizisten Jean Rudolf v. Salis zu hören.[238] Sie wussten also über die militärische Lage Bescheid.

Schule und Kirche im Krieg

Schon vor Kriegsausbruch waren die Lehrpläne für Schulfächer wie Deutsch, Geschichte oder Biologie unter dem Einfluss der nationalsozialistischen Ideologie umgeschrieben und das Fach Religion durch „Weltanschauungsunterricht“ ersetzt worden.[239] Hatte dadurch die Qualität des Unterrichts schon gelitten, so kam während des Kriegs noch eine starke zeitliche Beschneidung des regulären Unterrichts hinzu, vor allem an den höheren Schulen.

Der Unterricht fiel seit 1942 immer häufiger aus. Dafür gab es vielerlei Anlässe, etwa den, dass die Schulen nicht geheizt werden konnten, weil Kohle immer knapper wurde, weshalb es „Kohlenferien“ gab, oder weil Lehrer in zunehmender Zahl zum Kriegsdienst eingezogen wurden. Hinzu kamen die verschiedensten kriegsbedingten Sondereinsätze der Schülerinnen und Schüler, zum Beispiel für Luftschutzübungen, für die Ausbildung zur Wehrmachtshelferin oder zum Erntehelfer oder weil sie für irgendeine größere Sammelaktion benötigt wurden.

Nachdem im Verlauf des Kriegs die Luftangriffe vor allem auf die Nachbarstadt Friedrichshafen immer mehr zunahmen, wurden auch Schüler aus Ravensburg in verschiedenen Flakstellungen (Flak = Flugzeugabwehrkanone) rings um Friedrichshafen eingesetzt, insgesamt 104 an der Zahl. Dabei kamen bei einem Luftangriff auf die Zeppelinstadt am 3. August 1944 drei Ravensburger Gymnasiasten ums Leben.[240]

Auch Sportveranstaltungen oder HJ-Appelle konnten ein Grund für die Befreiung vom Unterricht sein. Im Sommer 1943 blieben viele Oberschülerinnen für zwei Monate der Schule fern, weil sie von der NS-Volkswohlfahrt als Helferinnen in NSV-Erholungsheimen und Kindertagesstätten oder als Hausgehilfinnen bei kinderreichen Familien benötigt wurden.[241] 1944 kam es dann sogar soweit, dass fünfzehnjährige Burschen (Jahrgang 1929) zum Kriegseinsatz am Westwall einberufen wurden.[242]

Um dem kriegsbedingten Lehrermangel abzuhelfen, wurden seit 1942 in den Volksschulen Frauen mit höherer Schulbildung, Kindergärtnerinnen und BDM-Mädchen als Hilfslehrerinnen eingestellt, nachdem sie einen sechswöchigen pädagogischen Schnellkurs absolviert hatten.[243]

Soweit Schulunterricht überhaupt noch stattfand, stand er mehr und mehr im Zeichen der Kriegspropaganda, wobei es von der politischen Einstellung des Lehrers abhing, wie stark die Schüler indoktriniert wurden.

1942 wurde ein Schülerwettbewerb zum Thema „Der Kampf im Osten“ ausgeschrieben. Dazu erschien in der Lokalpresse folgender Kommentar: „Der Kampf gegen die Sowjetunion wird [...] in den kommenden Wochen und Monaten hineingetragen in unsere Schulstuben, und jedes Unterrichtsfach wird in Beziehung gesetzt werden zu dem Kampf im Osten. Rundfunk, Presse, Feldpostbriefe und Berichte der in Urlaub weilenden Ostfrontkämpfer vermitteln die notwendigen Kenntnisse und geben reichlich Anregung zu schöpferischer Betätigung. Aufgabe unserer Jungen und Mädel ist es, das so gewonnene Wissen in Wort und Bild, Plastiken und Modellen lebendig zu gestalten und zu veranschaulichen.“[244]

Der Unterricht in den klassischen Schulfächern wurde mehr und mehr von propagandistischen Veranstaltungen durchlöchert. Man nannte das „wehrgeistigen Unterricht“. An der Ravensburger Oberrealschule fanden 1941 innerhalb eines Monats sieben derartige Veranstaltungen statt: Vorträge von und über so genannte Kriegshelden sowie Rundfunkansprachen der Parteiprominenz.[245] Die Reifeprüfung geriet so an vielen Schulen immer mehr zur Farce. Schüler, die vor dem Abitur zum Arbeitsdienst oder zur Wehrmacht eingezogen wurden, erhielten einen „Reifevermerk“ ohne eine entsprechende Prüfung abgelegt zu haben.[246]

*

Obwohl viele der Kirche den Rücken kehrten und der Religionsunterricht aus den Schulen verbannt wurde, verloren die Kirchen beider Konfessionen während des

Kriegs keineswegs ihren Einfluss auf große Teile der Bevölkerung. Während der ersten Kriegsjahre verstärkte sich allerdings der Druck auf die Kirche zunächst einmal. Der Pfarrer von Liebfrauen, Edwin Nieder, hielt in seinem Tagebuch fest, zwar werde von Seiten der Partei in den obligatorischen Schulungskursen für Lehrer gegen die Kirche Sturm gelaufen, trotzdem besuchten viele Schüler weiterhin den von den Kirchen angebotenen Religionsunterricht. In Liebfrauen musste er aus Platzmangel zum Teil in der Sakristei und auf der Orgelempore gehalten werden.

Zu den Schikanen und Nadelstichen, denen die Kirche ausgesetzt war, zählte das Verbot der Fronleichnamsprozession im Jahr 1940. Zur Begründung wurde die Gefahr von Luftangriffen angeführt. Gleichwohl fanden jedoch an selbigem Tag auf der Kuppelnau die Reichsjugendwettkämpfe mit vielen Zuschauern statt.[247]

Schon kurz nach Kriegsbeginn durfte der Katholische Kirchenanzeiger nicht mehr erscheinen, angeblich wegen Papiermangel. 1941 gefiel es den NS-Oberen, das

Junge Männer tragen bei der Fronleichnamsprozession 1943 die Statue der Ravensburger Schutzmantelmadonna durch die Straßen der Stadt
Die Aktion wurde von Seiten der NSDAP scharf kritisiert.

Fest Christi Himmelfahrt auf den folgenden Sonntag zu verlegen. Dazu der sarkastische Kommentar des Liebfrauenpfarrers Edwin Nieder: „Der Heiland wurde also dazu verurteilt, noch weitere drei Tage auf Erden zu bleiben."

Der Kirchenbesuch nahm im Lauf des Kriegs eher zu, nicht nur bei den Katholiken, auch bei den Protestanten.[248] Wieder einmal bestätigte sich die alte Erfahrung, dass Not und Angst viele Menschen wieder den Kirchen zuführt.

Die evangelische Kirchengemeinde verdankte der kirchenfeindlichen Politik der Nationalsozialisten eine große Bereicherung des kirchlichen Lebens durch zwei hervorragende Theologen, die für mehrere Jahre nach Ravensburg „verbannt" worden waren: Helmut Thielicke und Günther Dehn, die beide in scharfer Opposition zum Naziregime standen. Nachdem sie deshalb ihre Hochschulämter verloren hatten, fanden sie Unterstützung beim württembergischen Landesbischof Theophil Wurm, der sie vor allem deshalb nach Ravensburg vermittelte, weil er die dortige Kirchengemeinde, die er aus seiner siebenjährigen Tätigkeit als Pfarrer in Ravensburg gut kannte, für besonders friedlich, unpolitisch und tolerant hielt.

Thielicke wirkte von 1940 bis 1942 in Ravensburg, seine Nachfolge trat im Herbst 1942 Dehn an. Dieser stellte später in seinen Erinnerungen der evangelischen Gemeinde ein gutes Zeugnis aus. Sie sei sehr kirchlich, die Gottesdienste seien stets gut besucht gewesen. Eine große Begeisterung für den Nationalsozialismus habe er nicht feststellen können.[249]

Auch die Zahl der Kirchenaustritte nahm in der zweiten Kriegshälfte bei beiden Konfessionen wieder ab. In den dreißiger Jahren war sie von je elf in den Jahren 1934 bis 1936 auf 27 1937, 65 1938 und 93 1939 gestiegen. Schon 1940 sank sie auf 31, um dann 1941 und 1942 nochmals auf 71 bzw. 75 zu steigen. (Vgl. dazu D 39 Seite 334.) Unter den 1942 Ausgetretenen befand sich übrigens auch der aus einer streng katholischen Familie stammende Bürgermeister Rudolf Walzer. 1943 traten nur noch 43, 1944 32 und 1945 elf Personen aus einer der beiden Kirchen aus. Der jeweilige Anteil von Katholiken und Protestanten an den Kirchenaustritten lässt sich nur für einige wenige Jahre ermitteln und ergibt kein eindeutiges Bild. 1934 waren beispielsweise neun Katholiken und zwei Protestanten ausgetreten, 1938 21 Katholiken und 44 Protestanten, 1941 42 Katholiken und 29 Protestanten und 1943 25 Katholiken und 18 Protestanten.[250]

Als der spätere Weihbischof Wilhelm Sedlmeier im Oktober 1943 an vier Abenden in der überfüllten Liebfrauenkirche zu Ehren der Kirchenpatronin Maria predigte, wetterte er unter anderem gegen die aus der Kirche ausgetretenen so genannten Gottgläubigen und ließ auch die Einschränkungen und Pressionen nicht unerwähnt, denen die Kirche gegenwärtig ausgesetzt sei. Obwohl, wie üblich, bei diesen Predigten Spitzel anwesend waren, bekam Sedlmeier keine Scherereien mit der Partei.[251]

An Maria, die Muttergottes, wagten sich die Nationalsozialisten nicht heran, weil sie wussten, dass viele fromme Ravensburger sie noch inniger verehrten, seitdem 1935 eine Kopie der berühmten spätgotischen Schutzmantelmaria in Liebfrauen aufgestellt worden war, an dem Ort, von dem das Original im 19. Jahrhundert auf Umwegen nach Berlin gekommen war. Es gibt zahlreiche Zeugnisse über die hohe Verehrung, die der Kopie dieser Skulptur entgegengebracht wurde, vor allem seit Kriegsbeginn. Bis aus dem Allgäu kamen die Leute, um vor dem Marienbild zu beten und um Schutz für sich und ihre Angehörigen zu flehen.[252]

Die Liebfrauenkirche, der größte Sakralraum Ravensburgs, war auch Schauplatz der größten Veranstaltung, die während des Kriegs in Ravensburg stattfand: einer Aufführung von Mozarts Requiem, das der Liederkranz am 11. Januar 1942 zweimal hintereinander in der ungeheizten Kirche zu Gehör brachte. 4.000 Zuhörer aus Nah und Fern erlebten dieses geistliche Konzert.[253]

Die Widerstände, denen sich das Regime bei seinen Versuchen, den Einfluss der Kirchen zurückzudrängen, gegenüber sah, waren zahlreich. Ein letztes Beispiel mag dies belegen: Am Aschermittwoch 1944 kam es dem leitenden Oberfeldarzt in den Sinn, in allen Ravensburger Lazaretten – also auch gerade dort, wo katholische Schwestern wirkten (Elisabethenkrankenhaus, Josefshaus, „Klösterle") – die Kruzifixe sowie sämtliche Bilder mit religiösem Inhalt entfernen zu lassen. Als Begründung wurde eine unzulässige religiöse Beeinflussung der Patienten genannt. Da die Aktion nicht nur bei den Schwestern Empörung auslöste, sondern auch bei den meisten Patienten auf Unverständnis stieß, musste bereits sechs Tage später ein Rückzieher gemacht werden, und die christlichen Symbole kamen wieder an ihren Platz.[254]

Das Kriegsende

Über das, was in den letzten Wochen des Kriegs in Ravensburg geschah, sind wir vergleichsweise gut unterrichtet. Zwar gibt es dazu nur wenige amtliche Unterlagen, dafür aber eine Fülle schriftlicher, sich gegenseitig ergänzender Aussagen von Zeitzeugen, die der damalige Ravensburger Stadtarchivar Dr. Alfons Dreher kurz nach Kriegsende angeregt, gesammelt und im Ravensburger Stadtarchiv hinterlegt hat.[255]

Am 31. März 1945 gelang es französischen Truppen, in der Pfalz bei Germersheim mit etwa 100.000 Mann den Rhein zu überqueren. Von da an war es nur noch eine Frage der Zeit, wann sie Oberschwaben und damit auch Ravensburg besetzen würden. Eine Folge des Vordringens sowohl französischer wie amerikanischer Einheiten in Süddeutschland war, dass nun fast täglich neue Verwundetentransporte in der unzerstörten Stadt eintrafen. Um zusätzlichen Raum für Lazarette zu schaffen, wurden die noch nicht anderweitig belegten Schulgebäude zur Verfügung gestellt. Das bedeutete, dass vorläufig kein Schulunterricht mehr stattfinden konnte.[256]

Die Stadt quoll von Menschen über. In den Lazaretten lagen bei Kriegsende an die 2.000 Soldaten.[257] Dazu kamen viele evakuierte Familien aus den zerbombten Städten und Flüchtlinge aus dem Osten Deutschlands und den angrenzenden Ländern, denen es gelungen war, sich rechtzeitig vor den vordringenden Russen in den Westen abzusetzen. Und schließlich waren da auch noch die Zwangsarbeiter und Kriegsgefangenen, von denen viele angesichts des bevorstehenden Kriegsendes ihren Arbeitsplatz kurzerhand verlassen hatten und auf den Einmarsch der Franzosen warteten.

Was Ravensburg in diesen letzten Kriegswochen vor anderen Städten auszeichnete, war die geradezu sensationelle Tatsache, dass die Stadt seit 10. April unter dem Schutz des Internationalen Komitees vom Roten Kreuz (I.K.R.K.) stand. Zu verdanken war dies vor allem der aus dem zerbombten Berlin nach Liebenau bei Tettnang umgezogenen Rechtsabteilung des Auswärtigen Amtes, die im März den Auftrag erhalten hatte, in Süddeutschland einen geeigneten, von der Schweiz aus leicht erreichbaren Standort für ein großes Liebesgabendepot des I.K.R.K. in Genf ausfindig zu machen. Von dort aus sollte der Transport von Lebensmittelpaketen aus der Schweiz und den USA für die ca. 260.000 Kriegsgefangenen und Internierten der Alliierten im süddeutschen Raum und in Österreich mit Lastwagen erfolgen, da das stark beschädigte deutsche Eisenbahnnetz für solche Transporte nicht mehr infrage kam.

Der zuständige Abteilungsleiter des Auswärtigen Amts in Liebenau, Dr. Ernst Kundt, schlug Ravensburg als geeignetsten Standort vor. Nach verschiedenen Gesprächen, an denen auch Bürgermeister Walzer, Landrat Kreeb und Kreisleiter Rudorf teilnahmen, erhielt die Stadt dank ihrer im Vergleich zu ihrer Mitbewerberin Konstanz zentraleren Lage den Zuschlag. Die Liebesgaben sollten mit Schweizer Sonderzügen von Buchs im schweizerischen Rheintal über Bregenz und Lindau nach Ravensburg transportiert und von hier aus mit etwa 70

Das Lagerhaus der „Württembergischen Warenzentrale" beim Bahnhof
Hier richtete im April 1945 das Internationale Komitee vom Roten Kreuz in Genf ein Liebesgabendepot für Kriegsgefangene der Alliierten in Süddeutschland ein. Zum Schutz vor Luftangriffen wurde auf das Dach des Hauses ein großes Rotes Kreuz gemalt. Mit Lastwagen wurden die Lebensmittelpakete von Ravensburg bis in den Sommer hinein in die Lager transportiert.

Lastwagen weiterbefördert werden. Walzer, dem auf deutscher Seite neben Dr. Kundt am deutlichsten bewusst war, welche Chance dieser Plan für die Stadt mit sich brachte, bot nach Rücksprache mit den Verantwortlichen als Depots für die Liebesgaben ab sofort das große Lagerhaus der WÜWA (Württembergische Warenzentrale) beim Bahnhof und die Turnhalle auf der Kuppelnau an. Auf die Dächer beider Gebäude wurde groß das Schweizer und das Rote Kreuz gemalt, um sie so vor Luftangriffen zu schützen.

„Bereits am 14. April rollte der erste schweizerische Rotkreuz-Blockzug mit 60 Eisenbahnwaggons [...] in Ravensburg ein. Die [etwa 70] weißen Rotkreuz-Autos, die auch das Schweizer Wappen trugen, gehörten fortan zu einer festen, beruhigenden Erscheinung im hiesigen Stadtbild."[258] Die alliierten Luftstreitkräfte wurden vom I.K.R.K. sofort über die neue Einrichtung in Ravensburg informiert und um Schonung der Stadt gebeten.

Von nun an kreiste ein britisches Flugzeug über der Stadt, um sie vor Bombardierung oder Beschuss durch Tiefflieger zu schützen. Leider konnte der Luftangriff der Amerikaner am 26. April trotzdem nicht verhindert werden.

Das logistische Großunternehmen wurde fortgesetzt, bis alle Lager in Süddeutschland und Österreich, in denen sich Soldaten oder internierte Zivilisten der Alliierten befanden, aufgelöst waren. Bis 21. Juli 1945 trafen 232 Waggons mit Liebesgaben, meist Lebensmittel, in Ravensburg ein. Von hier wurden insgesamt 435.000 Pakete zu je fünf Kilo mit LKWs an ihre Bestimmungsorte transportiert.[259]

Kurz nachdem die Aktion des Roten Kreuzes angelaufen war, tauchte jedoch eine neue Gefahr für Ravensburg auf: Angesichts des Vorrückens der französischen Truppen sollten die Mauserwerke in Oberndorf am Neckar, die größte Waffenfabrik in Württemberg, nach Ravensburg in das Werksgelände der Firma Escher Wyss verlegt werden. Die mit einer solchen Verlegung verbundenen Gefahren für das unmittelbar benachbarte Liebesgabendepot des Roten Kreuzes hätten eine Fortsetzung der gerade erst angelaufenen Transporte unmöglich gemacht. Kreisleiter Rudorf, „der jeden Verstand verloren hatte"[260], zeigte sich jedoch diesem Argument gegenüber unzugänglich. Man solle ihn gefälligst nicht mit diesem „Sch...dreck" belästigen, Gewehre seien jetzt wichtiger als der Schutz der Stadt Ravensburg.[261] Im Gegensatz zu Rudorf war Bürgermeister Walzer das Schicksal Ravensburgs nicht gleichgültig. Er setzte auch diesmal sofort alle Hebel in Bewegung, um mit Hilfe der Rechtsabteilung des Auswärtigen Amtes, die über gute Beziehungen zur deutschen Wehrmacht verfügte, den verhängnisvollen Beschluss über die Verlegung der Mauserwerke nach Ravensburg rückgängig zu machen, was schließlich auch gelang.[262]

Am 21. April – die französischen Truppen waren bereits bis Tuttlingen vorgedrungen – wollte der kopflos gewordene Kreisleiter den „Volkssturm", das 1944 geschaffene, völlig unzureichend ausgebildete und ausgerüstete Aufgebot der bisher nicht eingezogenen 16- bis 60-jährigen Männer gegen den heranziehenden Feind einsetzen. Doch der für die Verteidigung des Ravensburger Stadtgebiets zuständige Bataillonsführer des Volkssturms, Oberstaatsanwalt Heinrich Wendling, weigerte sich, diesem Befehl Folge zu leisten.[263]

Am selben Tag entstand für die Stadt eine weitere Gefahr. Auf Befehl des Gauleiters Murr wurde die gesamte Präsidialabteilung der württembergischen Justiz unter Führung des Präsidenten des Oberlandesgerichts Stuttgart und des Generalstaatsanwalts nach Ravensburg evakuiert. In ihrem Tross befanden sich etwa hundert zum Teil politische Häftlinge aus dem Stuttgarter Untersuchungsgefängnis, die im „Roten Haus" untergebracht wurden.[264] Dort kam wenige Tage später ein Teil von ihnen bei einem amerikanischen Luftangriff ums Leben (vgl. Seite 288).

In den letzten Apriltagen wurde das Chaos immer größer. Der Bahnverkehr für Zivilpersonen wurde eingestellt, ebenso der Postverkehr. Die Straßenbahn von Ravensburg nach Weingarten und Baienfurt fuhr nicht mehr, und seit dem 21. April erschien auch keine Zeitung mehr. Was zum Glück noch funktionierte, war der Telefonverkehr. Angesichts der großen Zahl versprengter Soldaten, die sich auf dem Rückzug ins Allgäu und in die angebliche „Alpenfestung" befanden und in ungeordneten Trupps rings um Ravensburg auftauchten und wieder verschwanden, zog es auch Kreisleiter Rudorf vor, zu verschwinden. Im Hof der NS-Kreisleitung wurden auf seinen Befehl sämtliche Akten verbrannt.[265]

Um den demnächst zu erwartenden Franzosen keine Gelegenheit zu geben, die noch vorhandenen Waren, vor allem die Lebensmittelvorräte, zu beschlagnahmen, verkauften am Montag, dem 23. April, viele Geschäfte ihren gesamten Warenbestand ohne Bezugsscheine. Darüber besitzen wir einen Augenzeugenbericht der Schriftstellerin Maria Müller-Gögler: „Vor den Geschäften sammelten sich zahllose Menschen [...] Als die Geschäftsinhaber die Türen öffneten, wurden die Läden gestürmt. Ich sah vom Fenster aus, wie vor dem gegenüberliegenden Schuhgeschäft Frauen zu Boden getreten wurden. In den Verkaufsräumen warteten die Leute nicht, bis sie bedient wurden. Sie rissen die Waren aus den Regalen und räuberten. Einen robusten Jungen sah ich mit sechs Paar, ein kräftiges Mädchen mit acht Paar Schuhen abziehen. Im Lebensmittelgeschäft W. waren die Leute wie besessen. Manche drängten sich mit Gewalt hinter den Ladentisch und füllten sich die Taschen mit Fett und Teigwaren."[266]

Am selben Tag schenkte die Brauerei Leibinger kostenlos – nein, nicht Bier, sondern Wein aus. Dazu Maria Müller-Gögler: „Die Leute füllten ihn in Putzeimer und tranken ihn vielfach schon unterwegs. In den Straßen roch es nach Wein, und man sah Betrunkene, vor allem blutjunge."[267]

Am 22. April waren die Franzosen bis Saulgau und Altshausen, am 23. bis Aulendorf vorgedrungen, am 24. nahmen sie Waldsee ein. Jetzt wurde es Zeit, aus Amtsstuben und privaten Wohnungen Hitlerbilder, Hakenkreuzfahnen und andere Naziembleme verschwinden zu lassen.[268]

Auf den Straßen tauchten mit Kreide geschriebene Parolen wie „Werwolf pack zu!" auf, die für eine zusätzliche Beunruhigung der Menschen sorgten. Das ominöse Stichwort „Werwolf" war ein Begriff, den Goebbels und Himmler geprägt hatten und mit dem ein bewaffneter Widerstand hinter der Front aus dem Untergrund heraus gemeint war. Dass es rings um Ravensburg tatsächlich solche partisanenartige Widerstandsnester irregeleiteter Jugendlicher gab, ist unumstritten. Sie bauten Panzersperren und besetzten alle wichtigen Brücken, um sie beim Einmarsch des Gegners zu sprengen.[269]

Nachdem Bürgermeister Walzer am 23. April zugetragen worden war, dass ihm, der entschlossen war, die Stadt kampflos zu übergeben, einige Fanatiker nach dem Leben trachteten, zog er es vor, zunächst einmal unterzutauchen.[270] An seiner Stelle übernahm Rechtsanwalt Dr. Franz Dreher, einer der vier ehrenamtlichen Beigeordneten, die Geschäftsführung im Rathaus.

Schon am Tag darauf sah sich Dreher einer heiklen Aufgabe gegenüber, als er per Telefon aufgefordert wurde, mit zwei angeblichen Unterhändlern in Weingarten die kampflose Übergabe der Stadt auszuhandeln. Kurz nachdem Dreher von den Verhandlungen mit den beiden dubiosen Unterhändlern nach Ravensburg zurückgekehrt war, wurde er auf Anordnung des Gauleiters Murr, hinter dem vermutlich der am selben Tag überraschend wieder aufgetauchte Kreisleiter steckte, verhaftet. Wegen angeblicher Wehrkraftzersetzung wurden er und vier andere Beamte aus Ravensburg und Weingarten, darunter der Polizeiamtmann Gruler und der ehemalige Weingartner Bürgermeister Braun, zusammen mit den beiden inzwischen als Fremdarbeiter entlarvten „Unterhändlern" nach Kempten transportiert.[271] In dieser Situation mussten alle Verhafteten mit der Todesstrafe rechnen, doch schließlich wurden nur die beiden Fremdarbeiter erschossen, während man die fünf Deutschen nach Wangen ins dortige Amtsgerichtsgefängnis brachte, wo sie, immer noch mit einer möglichen Exekution rechnend, sechs Tage lang bis zum Einmarsch der Franzosen ausharren mussten.[272]

Nach der Verhaftung Drehers spielte sich einen Tag lang Oberstudiendirektor Max Luib, ein hundertprozentiger Nationalsozialist, als kommissarischer Bürgermeister auf. Nachdem jedoch der völlig kopflose Kreisleiter Rudorf erneut von der Bildfläche verschwand, fehlte Luib jeglicher Rückhalt, so dass er kleinlaut zurücktrat.

Dass es in den letzten Tagen vor der Einnahme der Stadt durch die Franzosen nicht noch zu einem sinnlosen Blutvergießen in Ravensburg kam, ist einer Gruppe beherzter Männer um den das Lazarett im „Klösterle" leitenden Arzt Dr. Karl Lang zu verdanken. Zu dieser Gruppe gehörten der Brauereibesitzer Robert Leibinger, der Zahnarzt Dr. Karl Reichle, der Fabrikant Friedrich Ulrich, der Mühlenbesitzer Franz K. Rundel und der Ingenieur Walter Buddeberg.[273] Sie stellten eine aus etwa 75 bewaffneten Rekonvaleszenten des „Klösterle"-Lazaretts bestehende Einwohnerwehr auf, die sofort in Aktion treten sollte, falls der Kreisleiter mit Hilfe von SS-Leuten oder anderen Fanatikern doch noch versuchen sollte, militärischen Widerstand zu leisten.[274] Da nicht genügend Gewehre und Revolver vorhanden waren, stellte der in den Plan eingeweihte Direktor der Maschinenfabrik Escher Wyss, August Maas, aus den Beständen des Werkschutzes der Firma zwölf Gewehre zur Verfügung.[275]

Die Panzersperren, die an den Ausfallstraßen nach Westen, Norden und Südosten errichtet worden waren, wurden rechtzeitig abgebaut, unter Mithilfe resoluter Frauen, die mit Sägen kamen und das Holz „als willkommene Bereicherung ihres kümmerlichen Brennstoffvorrats" mitnahmen.[276]

Am 26. April gelangte der untergetauchte Bürgermeister Walzer mit Hilfe einiger zuverlässiger Leute auf Schleichpfaden ins „Klösterle", um sich sofort ins Rathaus fahren zu lassen, wenn es soweit wäre und die Franzosen vor den Toren der Stadt stünden. Als das gewählte Stadtoberhaupt wollte er selbst die Stadt an die Sieger übergeben. [277]

Logistische Probleme waren der Grund, warum die französischen Truppen vier Tage brauchten, um von Waldsee ins mittlere Schussental zu gelangen. Doch am 28. April, einem Samstag, war es dann soweit. Lassen wir einen Augenzeugen zu Wort kommen: „Um die Mittagszeit rief der Kommandant der französischen Truppen von Baienfurt aus das Rathaus in Ravensburg an und teilte mit, dass die Besetzung der Stadt unmittelbar bevorstehe. Zugleich warnte er in scharfen Worten vor Widerstand gegen die einmarschierenden Truppen, was schwere Folgen für die Stadt haben würde. Das Gespräch nahm Stadtamtmann Kuhn als ranghöchster anwesender Beamter entgegen. Amtmann Kuhn versicherte dem Anrufer, dass sich in Ravensburg kein Militär befinde und auch keine Verteidigungsmaßnahmen getroffen worden seien."[278]

Am frühen Nachmittag rollten die ersten Panzer auf der menschenleeren Gartenstraße von Weingarten nach Ravensburg. Sie waren feuerbereit, auf ihnen saßen Soldaten, darunter viele Marokkaner, die Gewehre im Anschlag. Schon aus der Ferne war zu erkennen, dass auf dem Mehlsack, dem Wahrzeichen der Stadt, eine weiße Fahne wehte. Am Frauentor trafen die einrückenden Franzosen auf einen weißen offenen PKW mit Schweizer Flagge, aus dem ihnen ein junges Ehepaar, das zur Delegation des Roten Kreuzes gehörte, zuwinkte.[279] Über den „Adolf-Hitler-Platz", der nur noch wenige Stunden so heißen sollte, erreichten sie das Rathaus, auf dessen Dach ebenfalls eine weiße Fahne flatterte. Im Rathaus wartete bereits Bürgermeister Walzer, der kurz zuvor vom „Klösterle" ins Rathaus gebracht worden war.

„Ein französischer Oberst, einige Offiziere und Soldaten begaben sich in das Gebäude. Im Amtszimmer des Bürgermeisters vollzog sich in einem kurzen Akt die Übergabe der Stadt. Die Trikolore wurde auf dem Rathaus aufgezogen."[280]

„Zu den aus den Autos und Panzern steigenden französischen Soldaten stürzten aus allen Straßen die französischen Zivilarbeiter, Männer, Frauen und Kinder hinzu und begrüßten ihre Landsleute. Sofort fühlten sich diese als Herren der Straße."[281]

„Im Verlauf des späteren Nachmittags trauten sich eine Menge Leute auf die Straße […] Hatte man bei der Einfahrt der Panzer nur hinter Fensterläden und Vorhängen hervorgeschaut, so wagten es jetzt die nicht zu Ängstlichen, wieder aus dem Haus zu gehen."[282]

Was viele Ravensburger an diesem Tag empfanden, beschrieb rückblickend der in den letzten Kriegsjahren einsichtig gewordene Bürgermeister Walzer so: „Es war ganz allgemein festzustellen, dass nach den Tagen und Wochen der Bedrohung und der ausgestandenen Angst um den Verlust der durch ein gütiges Walten der Vorsehung vollständig erhalten gebliebenen Heimat in letzter Stunde des Kriegs der Einzug der alliierten Truppen eine Entspannung und das Gefühl der Befreiung von einem furchtbaren Alpdruck brachte."[283]

Viele katholische Bürger schrieben das glückliche Ende des Kriegs der „Schutzmantelfrau" zu, jenem berühmten mittelalterlichen Bildwerk, dessen Kopie in der Liebfrauenkirche stand und vor dem während der letzten Kriegsjahre „von den Gläubigen aus eigener Initiative täglich und an den Sonntagnachmittagen unablässig Betstunden gehalten wurden".[284]

Zwar musste die Stadt nun wohl oder übel erstmals seit den Napoleonischen Kriegen wieder fremde Truppen in ihren Mauern dulden, aber unter ganz anderen Vorzeichen als damals. Zehn Tage vor der Kapitulation der deutschen Wehrmacht war der Krieg mit all seinem Schrecken für Ravensburg zu Ende, auch wenn sich viele dieses Ende anders vorgestellt hatten und es je nachdem als Zusammenbruch, Umsturz, Umbruch oder Befreiung empfanden.

Zumindest bei den Realisten dürfte ein Gefühl der Erleichterung überwogen haben. „Man konnte wieder unbesorgt zum Himmel aufblicken und die lästige Verdunkelung abstellen" (Paul Weh).

Teil 7: 1945–1966
Nachkriegszeit

Erst seit den achtziger Jahren des 20. Jahrhunderts hat sich die zeitgeschichtliche Forschung in Deutschland intensiver mit der französischen Besatzungspolitik beschäftigt und ist dabei zu ganz unterschiedlichen Ergebnissen gelangt. Dies soll mit einigen Zitaten bekannter Historiker und Politologen verdeutlicht werden:

„Die Franzosen behandelten ihre Zone als ‚Ausbeutungskolonie'. Abweichend von den beiden anderen Westzonen lag die Steuerung der gesamten Produktion in französischen Händen [...] Die Nahrungsmittel für das Besatzungspersonal stammten zum größten Teil aus dem besetzten Gebiet, während die amerikanischen und englischen Streitkräfte sich ganz oder überwiegend aus eigenen Beständen ernährten. Die französischen Besatzungsangehörigen in Deutschland lebten gut, [...] aber die Lebensmittelrationen der Bevölkerung lagen hier in der Regel unter denen der beiden anderen Westzonen. In den ersten Nachkriegsjahren gingen 80 % der Exporte aus der Zone nach Frankreich" (Theodor Eschenburg).[1]

„Als die ‚zivile' Militärverwaltung nach vielen technischen Problemen im Spätsommer 1945 endlich ihre Arbeit aufnahm und die Kampftruppen ablöste, befand sich das Verhältnis zwischen Deutschen und Franzosen auf dem absoluten Tiefpunkt. Die Folgen der Besatzung durch eine im Kriegseinsatz stehende Armee waren verheerend; die Übergriffe der Besatzungstruppen, vor allem die zahllosen Vergewaltigungen, die mit harten Strafen geahndet wurden, aber auch die pompösen Feste und Truppenparaden, die der französische General Jean de Lattre de Tassigny im Siegestaumel am Bodensee hatte zelebrieren lassen, übertrafen noch die schlimmsten Befürchtungen der Bevölkerung. Der Schock der Besatzung saß bei den Deutschen sehr tief; nur allmählich entkrampfte sich die angespannte Lage" (Edgar Wolfrum).[2]

„[...] gerade um die Wertung der französischen Besatzungszeit ist seit einigen Jahren der Forschungsstreit heftig entbrannt. Es stehen sich nahezu unversöhnlich zwei konträre Interpretationen gegenüber [...] Für die eine Richtung gibt es keinen Zweifel: ‚Die Besatzungspraxis der Franzosen war in vielen Bereichen schlimmer als in den übrigen Zonen' [...], wogegen eine Reihe neuerer Untersuchungen sich durch einen Perspektivenwechsel auszeichnet: Sie stellen einige liebgewordene Thesen auf den Kopf, gelangen zu einer in vielen Zügen ‚positiven' Sicht französischer Besatzungspolitik und destillieren eine Anzahl konstruktiver Neuansätze heraus. [...] Wenn man sich die These einer zwar ambivalenten, aber dennoch in vielen Zügen ‚positiven' Besatzungspolitik zu eigen macht, muss eine Antwort darauf gefunden werden, warum sich im kollektiven Gedächtnis der Menschen fast einhellig die ‚düstere Franzosenzeit' einbrannte" (Edgar Wolfrum).[3]

Und schließlich das Resümee der beiden Historiker Heiko Haumann und Heinrich August Winkler: „Das lange Zeit vorherrschende Bild über die französische Besatzungspolitik [...] muss wesentlich korrigiert werden. Die französische Politik zeichnete sich, bei aller Widersprüchlichkeit, durch Eigenständigkeit, Originalität und Reformansätze aus, die sich an den Zielen von Demokratisierung, Dezentralisierung und Denazifizierung orientierten."[4]

Am Beispiel der Stadt Ravensburg sollen nun diese unterschiedlichen Beobachtungen und Einschätzungen überprüft werden.

Die ersten Nachkriegsmonate: Chaos, Gewalt und materielle Not

Ebenso wie für das Kriegsende steht uns auch für die ersten Nachkriegsjahre ein reiches Quellenmaterial in den von Alfons Dreher gesammelten, vom Verfasser noch um einige Stücke ergänzten Augenzeugenberichten zur Verfügung.[5] Hinzu kommen die Berichte des Journalisten Paul Weh, bis 1935 leitender Redakteur des „Oberschwäbischen Anzeigers" und seit Herbst 1945 beim Landratsamt Ravensburg verantwortlich für die von der Besatzungsmacht verlangten monatlichen Berichte über den Zustand des Landkreises und die Stimmung in der Bevölkerung. Neben diesen Berichten, die sich im Kreisarchiv Ravensburg erhalten haben, hat Weh mehrfach in der „Schwäbischen Zeitung" persönliche Erinnerungen an die ersten Nachkriegsjahre veröffentlicht. Auf diese Quellen stützt sich die folgende Darstellung in der Hauptsache.

Der 28. und 29. April 1945

Um die Befehlsgewalt über die Stadt und ihre Bewohner zu erlangen, mussten die Franzosen zunächst die beiden wichtigsten Schaltstellen unter ihre Kontrolle bringen: Rathaus und Kreisleitung. Noch während der offiziellen Übergabe der Stadt an die Siegermacht begab sich ein Trupp französischer Soldaten in die Seestraße, besetzte das leer stehende Gebäude der Kreisleitung, „zerschlug die dort vorgefundenen Gewehre und warf sie zum Fenster hinaus".[6] Die ehemalige Villa blieb weiterhin das wichtigste Befehlszentrum in der Stadt, denn an Stelle der NS-Kreisleitung richtete sich nun in ihren Räumen die französische Militärkommandantur ein, deren Leiter Capitaine Steiner wurde, ein Ungarndeutscher, den es nach Frankreich verschlagen hatte. In dem halben Jahr, in dem er als Gouverneur der mächtigste Mann im damaligen Kreis Ravensburg war, hat er sich – ganz im Gegensatz zu seinen Nachfolgern – keine Freunde gemacht. Er sei „eine gewalttätige, herrische und unaufrichtige Natur" gewesen, „der schlimmste unter den insgesamt fünf Gouverneuren" erinnerte sich zwanzig Jahre später Paul Weh. Nicht viel besser scheint der gleichfalls in der Seestraße residierende Leiter der berüchtigten „Sûreté", der französischen Sicherheitspolizei, Leutnant Zimmer, ein Elsässer, gewesen zu sein.[7]

Am Abend des 28. April zogen städtische Polizisten mit Schalltrichtern durch die Stadt und gaben bekannt, dass sich von 20 Uhr bis morgens 7 Uhr niemand im Freien aufhalten dürfe. Alle Haustüren hätten die Nacht über offen zu stehen. Fotoapparate, Radioapparate, Ferngläser und Waffen seien am nächsten Tag auf dem Rathaus abzuliefern.

Vor allem das Verbot, die Haustüren nachts abzuschließen, sorgte bei der Bevölkerung für Unruhe. Nicht zu Unrecht befürchteten viele, dass damit nächtlichen Übergriffen, Plünderungen und nicht zuletzt Vergewaltigungen Tür und Tor geöffnet seien.[8]

28. April 1945: Patrouillierende französische Soldaten in der Bachstraße
Foto aus der französischen Zeitung „Patrie. Journal des Combattants Français" vom 6. Mai 1945

Der Ravensburger Oberstudienrat Otto Riess vermerkte in seinem Tagebuch, am Abend habe er „lebhafte Unruhe in der Stadt, MG-Stöße, ununterbrochene Fahrerei durch die Straßen, vor allem das Rollen schwerer Panzer Richtung Wangen" vernommen. Wie sich herausstellte, galten die Schüsse mit Maschinengewehren einem Haus Ecke Wassertreter und Friedhofstraße, in

Ab heute, den 28. April 1945, dürfen sich Zivilpersonen vor morgens
und nach abends 8 Uhr nicht mehr auf der Straße zeigen.

Sämtliche Waffe

Photoapparate und Ferngläser

müssen heute noch auf dem Rathaus abgeliefert werden. Die oben
gebenen Gegenstände müssen heute noch auf das Rathaus gebracht w
sonst werden die Häuser verbrannt. Nach wie vor muß gut verdunkelt werden, Li
keines gesehen werden. Keine Türe darf abgeschlossen werden. Bis heute nachmittags
muß sämtliches Material auf dem Rathaus abgeliefert werden, sonst werden die
tümer erschossen, da 20 Mann für Haussuchungen eingesetzt werden.

Französische Ortskommandantur:

Die oben angegebenen Gegenstände müssen unbedingt auf dem R
abgeliefert werden und dürfen keinesfalls dem Militär abgegeben w

Erste amtliche Bekanntmachung der Besatzungsmacht vom 28. April 1945 dem die Franzosen – wohl zu Unrecht – ein Versteck deutscher Soldaten vermuteten. Das Haus wurde deshalb in Schutt und Asche gelegt.[9] Dies blieb jedoch der einzige derartige Fall im Zusammenhang mit der Besetzung Ravensburgs.

Beim Kirchgang am nächsten Morgen beobachtete die Schriftstellerin Maria Müller-Gögler „französische Soldaten in den Straßen, meist kleingewachsene Leute, wohl aus Südfrankreich oder aus dem Elsaß, außerdem Marokkaner in hohen roten Mützen".[10] Sie alle waren Angehörige der 1. Armee, die ein „Konglomerat aus Kolonialtruppen, Widerstandskämpfern und Soldaten der regulären nordafrikanischen Verbände" war.[11] Als Frau Müller-Gögler vom Gottesdienst zurückkehrte, sah sie „vor zwei der uns gegenüberliegenden Häuser kleine Handwagen stehen. Die Hausbewohner trugen stumm und ergeben ihre Sachen heraus. Ihre Häuser waren von der Besatzung beschlagnahmt worden und mussten innerhalb kurzer Zeit geräumt werden".[12]

Beschlagnahmung von Wohnungen und öffentlichen Gebäuden

Den ersten Tagen unter französischer Besatzungsmacht folgte rasch der ganz banale Nachkriegsalltag mit all seinen kleinen und großen Nöten, mit Lebensmittelknappheit, Ausgangssperren, Requisitionen (= Beschlagnahmungen) deutschen Vermögens, mit eingeschränkter Bewegungsfreiheit und Nachrichtenverbindung – kein Telefon, kein Radio, keine Zeitung – mit der täglichen Konfrontation von Siegern und Besiegten, mit Wohnraummangel, Gewalt gegen Frauen und Inhaftierung der politisch Belasteten.

Die Beschlagnahmung einzelner Zimmer, ganzer Wohnungen und Wohnhäuser gehörte zu den härtesten Eingriffen in das Leben der Ravensburger. Offiziell hieß es zwar, man wolle sich auf den Wohnraum von Mitgliedern der NSDAP beschränken, aber ein Haus konnte auch dann beschlagnahmt werden, wenn es einem Ausschau haltenden französischen Offizier besonders gut gefiel.[13] Erschwerend kam die große Zahl ausgebombter Familien aus Friedrichshafen und anderen Städten hinzu, die gleichfalls irgendwo untergebracht werden mussten. So dienten denn jahrelang Dachböden, Garagen und Gartenhäuschen als Notunterkünfte. Verschärft wurde die Wohnungsnot noch dadurch, dass manche französischen Soldaten im Lauf des Sommers und Herbstes ihre Familien nachkommen ließen.

Bis September 1945 waren schon 69 Wohnungen und 1.749 Einzelzimmer beschlagnahmt. Darüber hinaus dienten mehrere Schulhäuser als provisorische Unterkünfte sowohl für französische Soldaten als auch für die in Ravensburg verbliebenen polnischen Zwangsarbeiter.[14]

Für mehrere Jahre beschlagnahmt blieben auch das ehemalige Gesellenhaus in der Kapuzinerstraße, ein Teil des Josefshauses und des „Klösterle", das Kaufhaus Möhrlin Ecke Viehmarkt und Bachstraße, zwei Fabrikgebäude (die Stickereiwerke im Pfannenstiel und die Holzwarenfabrik des ehemaligen Ortsgruppenleiters Franz Hartmann), das Gebäude des Zollamts und der städtische Schlachthof. Nach Beendigung der Hilfsaktion des Genfer Roten Kreuzes nahm die Besatzungsmacht auch die Turnhalle auf der Kuppelnau in Beschlag.

Da das gesamte Elisabethenkrankenhaus, das bisher zum größten Teil als Lazarett gedient hatte, von den Franzosen beschlagnahmt wurde, mussten die dort liegenden deutschen Verwundeten ins „Klösterle", ins Josefshaus und in das Weißenauer Lazarett verlegt werden.[15] Dadurch entstand dort eine drangvolle Enge zum Nachteil der Patienten.

Strafaktionen gegen ehemalige Nationalsozialisten

Die Suche nach politisch belasteten Personen und Angehörigen der deutschen Wehrmacht begann am 1. Mai. An diesem Tag hatten sich alle Männer zwischen 16 und 45 Jahren im Werkhof der Maschinenfabrik Escher Wyss einzufinden, „zwecks Nachprüfung der Personalien". Die Männer sollten Decken und Verpflegung für zwei Tage mitnehmen, da die Untersuchung längere Zeit in Anspruch nehmen werde. Tatsächlich wurden nicht wenige bis zu einer Woche in der zugigen Fabrikhalle festgehalten.[16]

Als man auf diese Weise nicht recht weiterkam und die Mitgliederkartei der NSDAP verschwunden blieb, mussten sich alle volljährigen Männer am 19. Mai auf der Kuppelnau einfinden, wo geklärt werden sollte, wer Parteigenosse gewesen war und wer welche Ämter innerhalb der NSDAP bekleidet hatte. Aufgrund dieser Untersuchung wurden etwa 80 bis 100 Männer sofort verhaftet. Unter strenger Bewachung mussten sie durch die Unterstadt in die Südstadt marschieren, wobei sie angeblich gezwungen wurden, das nazistische „Horst-Wessel-Lied" zu singen. Ihr Ziel war das 1940 für Kriegsgefangene eingerichtete Internierungslager in der Ziegelstraße, das ganz offiziell als Konzentrationslager („KZ-Lager") oder auch als „Sicherheitslager" bezeichnet wurde. Über dem Eingangstor prangte ein Schild mit der Aufschrift „Camp des Détenus Politiques" (Lager für politische Gefangene).[17]

Zwischen 1945 und 1947 dürften zwischen 700 und 1.000 Deutsche, darunter auch Frauen, mehr oder weniger lang in diesem Lager inhaftiert gewesen sein, nicht nur Ravensburger, sondern auch belastete Personen aus dem weiteren Umkreis, sowohl wirklich üble Nazis als auch völlig harmlose Mitläufer. Ortsgruppenleiter, HJ-Führer, Ortsbauernführer, SS- und SA-Leute, Angehörige der Polizei, ehemalige Bürgermeister, Richter, Staatsanwälte und hohe Verwaltungsbeamte trafen hier mit völlig Unbelasteten zusammen. Es genügte, dass ein ehemaliger Zwangsarbeiter seinen Arbeitgeber als Leuteschinder bezeichnete, um diesen ins Lager zu bringen, ohne dass der Wahrheitsgehalt einer solchen Beschuldigung überprüft worden wäre.[18] Einige wurden nur für wenige Tage festgehalten, andere jedoch über ein Jahr.

Erwähnung verdient die Tatsache, dass der am 13. Mai seines Amtes enthobene Bürgermeister Walzer nicht festgenommen wurde. Er verdankte dies wohl dem Umstand, dass eine Reihe französischer Kriegsgefangener zu seinen Gunsten ausgesagt hatte.[19]

Ihre kärglichen Mahlzeiten erhielten die Inhaftierten aus der schon vor Kriegsende eingerichteten städtischen „Volksküche". Aus deren Unterlagen lässt sich über die Zahl der ausgegebenen Mahlzeiten die ungefähre Zahl der Lagerinsassen errechnen.[20] Demnach waren dort im Juni 1945 bereits ca. 220, im September 350 Personen inhaftiert.

Das Lager war zwar von einem Stacheldrahtzaun umgeben, aber von außen einsehbar, so dass ein Kontakt zwischen den Internierten und der Außenwelt möglich war. Über den Zaun konnten die Insassen nicht nur mit ihren Angehörigen sprechen, sondern auch frische Wäsche und Lebensmittel entgegennehmen. Diese Möglichkeit störte die im Spätsommer aus NS-Verfolgten gebildete „Bereinigungskommission". In einem Schreiben, das über den Landrat an den französischen Gouverneur gelangte, schlug die Kommission vor, die in Ravensburg Inhaftierten in anderen Lagern unterzubringen, wo ein Kontakt mit den Angehörigen nicht möglich war. Bei den jetzigen Verhältnissen bestünde die Gefahr, dass die Lagerinsassen von der Ravensburger Bürgerschaft zu Märtyrern hochstilisiert würden.[21]

Wie die Erinnerungen ehemaliger Insassen übereinstimmend bezeugen, herrschten im „KZ Ziegelstraße" menschenunwürdige Verhältnisse. Die Aufseher waren zum Teil ehemalige französische, belgische und polnische Zwangsarbeiter und Kriegsgefangene, die jetzt die Stunde der Abrechnung gekommen sahen. Ein Augenzeugenbericht sei hier beispielhaft zitiert: „Wie auf ein Kommando wurden wir von allen Seiten und aus allen Ecken heraus von einer Horde von schon halb betrunkenen Ausländern überfallen, die mit den Fäusten, mit

Das Untersuchungsgefängnis in der Herrenstraße, „Rotes Haus" genannt
In diesem Gefängnis erlebten schuldige und unschuldige Deutsche zwischen Mai und September 1945 das Schreckensregiment des Gefängnisdirektors Egon Sulc.

Peitschen und Prügeln ganz wahllos auf uns einhieben und sich wie die Teufel gebärdeten. Es war ganz furchtbar, und schon nach kurzer Zeit waren mir zwei Zähne eingeschlagen."[22]

Am 24. Mai wurde ein inhaftierter deutscher Feldwebel im Lager von einem der Wachhabenden unter nie ganz aufgeklärten Umständen erschossen. Diesen Fall ließ die Militärkommandantur nicht ungeahndet. Im Herbst 45 kam der Leiter des Lagers, ein Leutnant, deswegen vor ein Militärgericht und wurde zu einer Gefängnisstrafe verurteilt.[23] Unter dem neuen Lagerkommandanten scheinen sich die Verhältnisse dann etwas gebessert zu haben.[24]

Beschäftigt wurden die Häftlinge im Lager mit Kartoffelschälen und Reinigungsarbeiten. Auch außerhalb des Lagers kamen sie zum Einsatz. So hatte ein Teil – natürlich unter strenger Bewachung – in der zerbombten Weingartener Argonnenkaserne Trümmer zu beseitigen und Steine zu klopfen, ein anderer wurde in das Lazarett in Weißenau abkommandiert, um dort zu putzen.

Wie lange jemand eingesperrt blieb, hing von einer Militärkommission ab, deren Entscheidungen der Ravensburger Bevölkerung völlig willkürlich erschienen. Viele wunderten sich, wie rasch einzelne „hohe Tiere" freikamen, während harmlosere Leute viel länger ausharren mussten.[25] Im Spätsommer 1946 wurde das Lager aufgelöst. 13 als besonders belastet geltende Nationalsozialisten kamen in das zentrale Internierungslager für Württemberg-Hohenzollern in Balingen, wo sie auf ihr Entnazifizierungsverfahren warten mussten. Die übrigen bis dahin Festgehaltenen wurden entlassen, was in Teilen der Ravensburger Bevölkerung für Unmut sorgte. Viele verstanden es nicht, dass alte Nazis nun bereits frei kamen, während sich viele ehemalige Soldaten noch in französischer Kriegsgefangenschaft befanden.[26]

Das dunkelste Kapitel in der Geschichte der Besatzungszeit bildeten jedoch die Zustände im Ravensburger Untersuchungsgefängnis, dem „Roten Haus" in der Herrenstraße. Dort hatte seit dem 1. Mai 1945 der Österreicher Egon Sulc das Kommando, der 1944 wegen verschiedener krimineller Handlungen in Stuttgart in Untersuchungshaft gekommen war. Er gehörte zu dem Transport politischer und krimineller Häftlinge, die im April von Stuttgart in das „Rote Haus" in Ravensburg evakuiert worden waren (vgl. Teil 6 Seite 294).

Mit dem „Umbruch" am 28. April war Sulc frei gekommen und konnte sich so den Franzosen als „politisch Verfolgter" anbiedern. Da er sehr gut Französisch sprach, war es ihm ein Leichtes, einen so wichtigen Posten wie die Leitung des Ravensburger Untersuchungsgefängnisses zu erhalten. In dieser Funktion rächte er sich an jenen, die jetzt als politisch besonders belastet galten, vor allem an den Spitzen der Stuttgarter Justiz.

Nachdem schon im Mai eine Reihe von Häftlingen aus dem Internierungslager Ziegelstraße ins „Rote Haus" verlegt worden war, kamen nämlich am 12. Juni zu Sulcs Genugtuung sämtliche Mitglieder der Präsidialabteilung des Oberlandesgerichts Stuttgart, die sich zu diesem Zeitpunkt noch in Ravensburg aufhielten, gleichfalls ins „Rote Haus". Das Gefängnis war nun so hoffnungslos überfüllt, dass eine sofortige Erweiterung notwendig wurde – die einzige größere Baustelle in Ravensburg 1945.

Sulc entfaltete ein „wahrhaft satanisches Schreckensregiment". Die hohen Juristen aus Stuttgart bezeichnete er als seine besonderen „Lieblinge". Sie wurden in so genannte „Ofenlöcher" gesteckt, die sich neben den eigentlichen Zellen befanden, völlig lichtlose Schächte mit Zementboden und einer Grundfläche von ca. 60 auf 80 Zentimeter, in denen normalerweise das Heizmaterial verwahrt wurde.

Im Saal des benachbarten Amtsgerichts wurde den Häftlingen ein KZ-Film vorgeführt. Der ehemalige Kreisleiter Carl Rudorf, der inzwischen ebenfalls verhaftet und ins „Rote Haus" gebracht worden war, musste in der ersten Reihe Platz nehmen. Nach dem Bericht eines Mithäftlings wurde Rudorf am Schluss der Filmvorführung von Sulc „vor unseren Augen mit einer Reitpeitsche und Fußtritten in schauerlichster Weise traktiert und zusammengeschlagen".[27]

Von Mai bis September kamen im „Roten Haus" drei Häftlinge gewaltsam ums Leben. Ein Oberstaatsanwalt verübte bereits in der ersten Nacht nach seiner Einlieferung Selbstmord. Zwei Juristen, einer davon der Stuttgarter Generalstaatsanwalt, wurden regelrecht totgeschlagen.[28]

Auch wenn unter den Opfern Sulcs solche waren, die während des Dritten Reichs selbst schweres Unrecht auf sich geladen hatten, rechtfertigte dies nicht das Verhalten des sadistischen Gefängnisdirektors. Zur Ehre der Franzosen muss jedoch hinzugefügt werden, dass Sulc im September verhaftet wurde, vor Gericht kam und zu zehn Jahren Gefängnis verurteilt wurde, die er allerdings nicht voll absitzen musste.[29]

Mit dem Verschwinden Sulcs besserten sich die Verhältnisse im Gefängnis. Rudorf und andere Hauptangeklagte wurden zunächst in das Lager Ziegelstraße verlegt und kamen nach dessen Auflösung im Sommer 1946 in das Lager Balingen, bis 1948 ihr Verfahren vor die zuständige Spruchkammer kam.

Der Sieger trumpft auf

Am 9. Mai 1945, einen Tag nach der Kapitulation der deutschen Wehrmacht, feierten die Franzosen den Sieg, den sie auch als ihren Sieg betrachteten, mit einer großen Parade. An diesem Tag „dekorierten unzählige französische Fahnen und Wimpel die Dienstgebäude und Quartiere der Besatzungsmacht. Eine offizielle Flaggenhissung auf dem Hauptplatz der Stadt [der nun nicht mehr Adolf-Hitler-Platz hieß, aber noch keinen neuen Namen besaß] durch eine afrikanische Truppenabteilung mit Kapelle hatte den zahlreichen Zuschauern ein einmaliges, ungewohntes Bild geboten", notierte Bürgermeister Walzer im Rückblick.[30]

Marokkanischer Soldat, mit Ravensburger Buben scherzend, April / Mai 1945

D 28 Anteil der unehelichen Geburten an sämtlichen Lebendgeburten 1808 – 1999

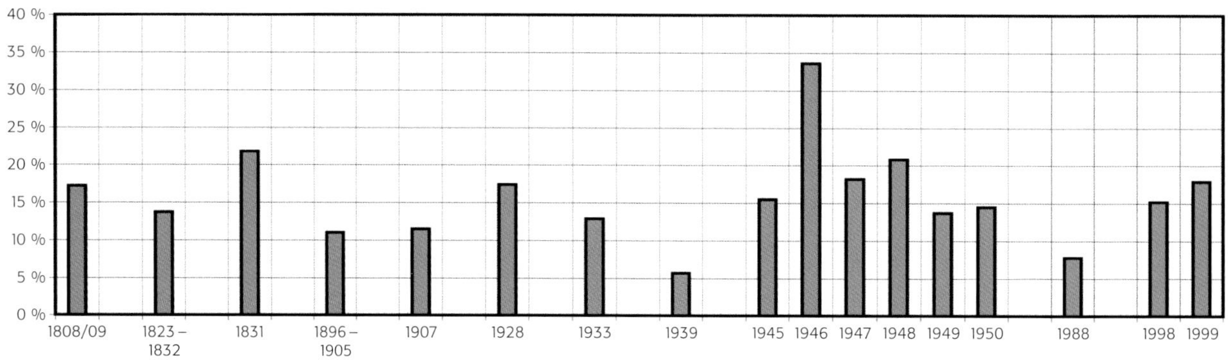

Andere Formen der Selbstdarstellung kamen bei der Bevölkerung weniger gut an. Dazu gehörte die Vorschrift für alle Deutschen, die französische Trikolore und die Fahne der Vereinten Nationen zu grüßen, wo immer sie gehisst wurde, und dabei eine „straffe Haltung" an- bzw. den Hut abzunehmen. Am Sitz des Gouverneurs im Gebäude der ehemaligen Kreisleitung in der Seestraße wurde jeden Morgen unter Trompetenklang die Trikolore gehisst und abends wieder eingeholt.

Alle französischen Offiziere waren von den Deutschen zu grüßen, selbst wenn sie im Auto vorbeifuhren. Nachdem das zunächst beschlagnahmte Konzerthaus im November auch für das heimische Publikum seine Pforten wieder öffnete, hatten sich alle Deutschen von ihren Plätzen zu erheben, wenn der Gouverneur seine Loge betrat. Geheizt wurde, wenn überhaupt, nur bei Veranstaltungen, die auch von Franzosen besucht wurden.

Jedes Anzeichen eines Widerstands wurde streng geahndet, nicht zuletzt mit plötzlich verhängten nächtlichen Ausgangssperren, so dass manche Leute, die unterwegs waren und noch nichts von dem Verbot erfahren hatten, sich plötzlich mit einer Anzeige und einem mehr oder weniger hohen Bußgeld konfrontiert sahen.[31]

Im Sommer '45 wurde eines Tages auf einem Maueranschlag, der eine Bekanntgabe der Militärregierung enthielt, hinter dem Namen des Gouverneurs ein mit Bleistift eingezeichnetes Kreuz entdeckt. Daraufhin kam es zu mehreren willkürlichen Verhaftungen.[32]

Böses Blut bei der Bevölkerung machten die zeitweise hemmungslosen Requisitionen der Sieger. „Man sieht französische Lastwagen mit Lebensmitteln oder mit Fässern beladen durch die Straßen fahren. Das Wild aus den Wäldern, das Vieh aus den Ställen, das Geflügel von den Höfen, die Fische aus den Weihern und Bächen füllen die Küchen der französischen Besatzung", notierte Maria Müller-Gögler am 15. Juli in ihrem Tagebuch.[33]

Requiriert konnte im Grunde alles werden: Wohnungen, Fahrzeuge, Möbel, Betten, Tischtücher, Bettwäsche, Klaviere, Werkzeug, Telefon- und Radioapparate, Schreib- und Nähmaschinen, Waffen, optische Geräte, Bücher, Geschirr. Die Grenze zwischen Beschlagnahmung und Diebstahl war fließend. Vieles wurde bezahlt oder später wieder zurückgegeben, vieles aber verschwand für immer, beispielsweise 18 historische Waffen aus den Beständen des Kunst- und Altertumsvereins und 21 wertvolle Bücher in französischer Sprache aus der Alten Stadtbibliothek.[34]

Für den Bedarf des zivilen männlichen Besatzungspersonals und der ehemaligen Kriegsgefangenen und Zwangsarbeiter musste jeder Ravensburger einen Herrenanzug, eine Garnitur Leibwäsche, einen Hut und ein paar gute Schuhe zur Verfügung stellen.[35]

Ein trübes Kapitel der Ravensburger Nachkriegsgeschichte stellen die von französischen Soldaten, ehemaligen Zwangsarbeiter und Kriegsgefangenen verübten Gewalttaten dar. Nach einer vom Landratsamt Ravensburg erstellten Übersicht wurden 1945 in Ravensburg 24 Vergewaltigungen, 124 Plünderungen, 111 Diebstähle und 35 Erpressungen der Polizei gemeldet.[36] Die 24 gemeldeten Vergewaltigungen fallen in die Zeit zwischen 3. Mai und 10. August. Unter den Tätern waren zwölf Franzosen, zehn Marokkaner und ein Armenier.

Bei den Vergewaltigungen muss schon deshalb von einer Dunkelziffer ausgegangen werden, weil neun Monate später die Zahl der unehelichen Geburten deutlich anstieg. D 28 zeigt eine weder vorher noch nachher jemals wieder erreichte Spitze bei den unehelichen Geburten des Jahrs 1946. Von 675 in diesem Jahr in Ravensburg geborenen Kindern waren 224 unehelich.

Ihren Höchststand erreichte die Unehelichenziffer zwischen Februar und April 1946. Die Zeugung dieser Kinder fiel also hauptsächlich in die Monate Mai bis Juli 1945. Den 24 polizeilich gemeldeten Vergewaltigungen zwischen 3. Mai und 10. August 1945 stehen 91 uneheliche Geburten neun Monate später, zwischen 3. Februar und 10. Mai 1946, gegenüber. Bei diesen Zahlen ist allerdings zu berücksichtigen, dass ein Drittel der Mütter, die 1946 in Ravensburg ein uneheliches Kind zur Welt brachten, nicht in der Stadt selbst, sondern im Umland zu Hause war.[37]

Trotzdem kann man davon ausgehen, dass mehr als nur 24 Vergewaltigungen zu der hohen Unehelichenziffer beigetragen haben, da mit großer Wahrscheinlichkeit auch bei einem Teil der Frauen aus dem Umland, die 1946 in Ravensburg von einem unehelichen Kind entbunden wurden, die Schwangerschaft Folge einer Vergewaltigung war.

1946 waren 33,6 % der Neugeborenen in Ravensburg unehelich. Innerhalb der drei Westzonen gab es nur vier Städte mit mehr als 10.000 Einwohnern, die in diesem Jahr eine höhere Unehelichenquote aufwiesen. Hier einige Vergleichszahlen:

Anteil der unehelich Geborenen an der Gesamtzahl der Neugeborenen 1946

Bad Reichenhall	55,2 %
Konstanz	41,2 %
Baden-Baden	34,5 %
Soest	34,2 %
Ravensburg	**33,6 %**
Ulm	14,7 %[38]

Eine schlüssige Erklärung für diese deutlichen Unterschiede gibt es nicht.

Raubüberfälle, Plünderungen, Wohnungseinbrüche und Diebstahl gingen zum kleineren Teil auf das Konto der Franzosen, zum größeren Teil aber auf das der ehemaligen Zwangsarbeiter, Kriegsgefangenen und anderer, die es in den Wirren des zu Ende gehenden Kriegs und der ersten Nachkriegswochen nach Ravensburg verschlagen hatte. Ein Polizeibericht listete für die Zeit vom 28. April bis 18. August 1945 kriminelle Akte nicht nur von Franzosen und Marokkanern, sondern auch von Russen, Polen, Jugoslawen, Spaniern, Persern und Indern auf. Bargeld, Uhren, Wäsche, Schuhe, Fahrräder und Hühner waren bevorzugte Beuteobjekte.[39]

Morde kamen, Gott sei Dank, nur selten vor. Abgesehen von den vier als Mord oder Totschlag zu wertenden Gewaltanwendungen mit Todesfolge im Sicherheitslager Ziegelstraße und im „Roten Haus", listete das Polizeiprotokoll die für die damaligen Verhältnisse eher geringe Zahl von vier weiteren Morden in der zweiten Jahreshälfte 1945 auf.[40]

Viele Deutsche hatten für das Gebaren der Sieger nicht das geringste Verständnis und reagierten mit zähneknirschender Verachtung. Andere biederten sich opportunistisch den neuen Herren an. Und schließlich gab es auch solche, die über die zum Teil demütigenden Posen der Sieger hinwegsahen und hofften, mit Hilfe der Alliierten werde es früher oder später wieder aufwärts gehen.

Drei Zitate, alle drei von Frauen, sollen die unterschiedlichen Reaktionen belegen: Eine Arme Schulschwester im „Klösterle" notierte im Tagebuch des Instituts: „Der Deutsche ist zur Schmach geworden. Die Männer, [deren politische Vergangenheit von den Franzosen in den ersten Nachkriegstagen durchleuchtet wurde] sind sie noch deutsche freie Männer? Oh, man zieht ihre Manneswürde in den Staub. Ausgepeitscht die einen, ins KZ die anderen! Schmach über Schmach!"[41]

Die 52-jährige A. D., eine stramme Nationalsozialistin, sah es ähnlich: „Wir werden ausgeraubt, ausgeplündert, ausgefressen. Vom ersten Tag an begannen die Repressalien [...] Ich hatte mir die Befreier Deutschlands anders vorgestellt. Es verlange keiner der Franzosen, dass man vor ihrem Treiben Achtung aufbringe. Was ich sah, war eine Völlerei ohnegleichen, Trunkenheit fast Tag für Tag, Zerstörungswut und moralische Verkommenheit [...] Ich hätte lieber die Bombennächte weiter ertragen als jetzt das französische Joch."[42]

Aber es gab auch andere Reaktionen. Schon am 29. April notierte die Schriftstellerin Maria Müller-Gögler in ihrem Tagebuch: „Zwei französische Offiziere läuteten und stiegen die Treppe herauf. Sie requirierten

Französische Militärparade vor dem Landgericht, anlässlich dessen Wiedereröffnung am 12. November 1945

jedoch nur ein Zimmer und waren sichtlich bestrebt, Vertrauen zu erwecken. [...] Ich sah den einen der Offiziere später vor der nebenanliegenden Buchhandlung stehen, – ein Intellektueller? Merkwürdig, dass eine solche Beobachtung das Vertrauen erleichtert." Und eine Woche später resümierte sie: „Im allgemeinen gingen die Ausschreitungen nicht über das hinaus, was sich im ersten Eroberungstaumel einer siegreichen Truppe zu allen Zeiten und in allen Ländern ereignet."[43]

Die gesamte Gerichtsbarkeit im Landkreis wurde zunächst von der Besatzungsmacht ausgeübt. Erst im November wurden deutsche Gerichte wieder zugelassen. Schon in den ersten Tagen nach der Besetzung Ravensburgs nahm deshalb ein Militärgericht seine Tätigkeit auf, das im Ravensburger Landgerichtsgebäude tagte. Es war für Rechtsverletzungen des französischen Militärs und anderer Ausländer (z. B. ehemaliger Fremdarbeiter), aber auch aller Deutschen aus dem Kreis Ravensburg zuständig. Solange es unter der Leitung des Gouverneurs Steiner zusammentrat, ahndete es allerdings nur selten Übergriffe der Besatzungssoldaten auf Deutsche.

Durch einen Erlass vom 25. September 1945 wurde die Gerichtsbarkeit neu organisiert. Ravensburg wurde Sitz eines für die Kreise Ravensburg, Tettnang, Saulgau und Biberach zuständigen „Tribunal Intermédiaire". Den Vorsitz übernahm ein französischer Berufsrichter „dessen Rechtsprechung sich angenehm von der vorausgegangenen unterschied".[44] Die „Schwäbische Zeitung" berichtete seit ihrem Erscheinen ab 4. Dezember 1945 regelmäßig über Strafverfahren, die vor dieses Gericht kamen, wie beispielsweise Beleidigung der französischen Armee oder unerlaubtes Tragen von Waffen.

Zusammenarbeit zwischen Besatzungsmacht und deutschen Behörden

Da die Siegermacht auf eine Zusammenarbeit mit der zivilen deutschen Verwaltung angewiesen war, kam es ihr zunächst darauf an, bei dieser alle Parteimitglieder und andere in irgendeiner Weise politisch Belasteten zu entfernen und durch geeignete Personen zu ersetzen. Bereits am 3. Mai forderte Gouverneur Steiner den politisch unverdächtigen früheren Herausgeber des „Oberschwäbischen Anzeigers" Max Kah, auf, sofort eine Liste von Gegnern des Nationalsozialismus anzufertigen, die für die Übernahme wichtiger Ämter der deutschen Verwaltung in Frage kämen.[45] Diese Liste wurde zur Grundlage zahlreicher Personalentscheidungen.

Obwohl der Ravensburger Landrat Theodor Kreeb nicht einmal Parteimitglied gewesen war, musste er abtreten, wie alle Landräte in der französischen Zone. An seiner Stelle wurde am 7. Mai Rechtsanwalt Hermann Bendel, der frühere Vorsitzende der Zentrumsfraktion im Ravensburger Gemeinderat, vom Gouverneur zum kommissarischen Landrat ernannt.

„Die Stellung des Landrats war damals recht eigenartig [...] er hatte keine Behörde über sich als die harte Hand der Besatzungsmacht."[46] Zu seinen undankbaren Aufgaben gehörte die Durchführung der Requisition von Getreide und Vieh für die Siegermacht. Da eine Reihe von Bürgermeistern ihres Amtes enthoben worden war, hatte der Landrat Vorschläge zu machen, wer geeignet sei, ihre Nachfolge kommissarisch anzutreten. Zunächst stand ihm in seinem Büro nicht einmal ein Telefon zur Verfügung, so dass er wichtige Anordnungen durch einen Kurier, einen motorisierten Polizisten, übermitteln lassen musste.[47]

In einem von seiner Tonlage her bemerkenswerten Aufruf vom 28. Mai 1945 an die Einwohner des Kreises Ravensburg mahnte Landrat Bendel unter anderem: „Wenn Leid, Entbehrungen und Lasten Euch drücken, so beschwert Euch nicht über jene Männer, die sich jetzt der Verwaltung zur Verfügung stellen, sondern klagt jene an, die vor 12 Jahren mit Heilgeschrei und Fackelzügen begonnen und jetzt das Volk in Kummer und Not belassen haben. [...] Die Verwaltung meines Kreises wird bis in das kleinste Dorf von schuldigen Trägern des braunen Systems gereinigt werden." Und er schloss voller Pathos: „Wir danken dem Herrgott, daß er unseren Kreis vor den Verwüstungen des Krieges bewahrt hat. Wir lieben diese unsere schöne Heimat von ganzem Herzen. In der Kraft dieser Liebe habe ich mein Amt begonnen, in der Kraft dieser Liebe müsst Ihr alle mich unterstützen!"[48]

Die Liste von Max Kah spielte auch bei der Neubesetzung wichtiger Stellen in der Stadtverwaltung Ravensburg eine Rolle. Dabei ging es nur noch um die Stadt Ravensburg selbst, da die 1939 verfügte Fusion von Ravensburg und Weingarten nach dem Einmarsch der Franzosen auf Wunsch der Vertreter Weingartens sofort rückgängig gemacht worden war.[49] An die Stelle von Bürgermeister Walzer trat kommissarisch der frühere Bürgermeister von Amtzell, Ludwig Steimle, der bis 1933 dem Zentrum angehört hatte und wegen seiner politischen Haltung von den Nazis seines Amtes enthoben worden war. Seine Aufgabe war undankbar, denn als Erfüllungsgehilfe der Franzosen musste er Beschlagnahmungen von Wohnraum und Sachgütern vornehmen und innerhalb der Stadtverwaltung ehemalige Parteigenossen ihrer Ämter entheben.

Als Verbindungsmann zwischen Stadtverwaltung und Gouvernement wurde der Kaufmann Rolf Miksch eingesetzt, der gut französisch sprach und sehr gewandt war. Den Umständen der Zeit entsprechend wurden einige neue Ämter bzw. Dienststellen geschaffen. Die undankbarste Aufgabe fiel dem „Beschaffungsamt" zu, das im Auftrag der Besatzungsmacht für die Durchführung der von dieser angeordneten Requisitionen verantwortlich und dementsprechend unbeliebt bei der Bevölkerung war. Neu waren auch ein Amt für soziale Angelegenheiten und Wiedergutmachung, eine Bezugsscheinstelle für Kleidung, Lebensmittel und Brennstoff, eine Passierscheinstelle und ein Dolmetscherbüro. Angesichts der vielen Fremden aus halb Europa wuchs die Belastung des Wohnungsamts so stark, dass es notwendig wurde, das Personal zu vervierfachen.[50]

17 städtische Beamte, 25 Angestellte und ein Arbeiter mussten aufgrund ihrer nationalsozialistischen Vergangenheit zumindest vorläufig ausscheiden. Hinzu kamen alle 18 städtischen Polizeibeamten.[51] Da die Besatzungsmacht die eigentliche Polizeigewalt beanspruchte, wurden bis auf weiteres 30 Hilfspolizisten eingestellt, die Wachtdienste zu verrichten hatten und der französischen Sûreté unterstellt waren.[52] Die Franzosen, denen die bisherigen grau-grünen Uniformen der deutschen Polizei missfielen, weil sie ihnen zu militärisch vorkamen, verlangten, dass alle Uniformen schwarz gefärbt wurden, was zur Folge hatte, dass sie nun wie SS-Uniformen aussahen.[53] Nach der Bildung des Landes Württemberg-Hohenzollern wurde die Polizei wieder verstaatlicht.

Zu den ersten Aufgaben der Stadtverwaltung gehörte die Um- bzw. Rückbenennung all derjenigen Straßen, die nach einer NS-Größe benannt worden waren. Für den Adolf-Hitler-Platz wurde zunächst die alte Bezeichnung Postplatz vorgeschlagen. Doch einigte man sich schließlich auf den neuen Namen Marienplatz, aufgrund der Überzeugung vieler Ravensburger Katholiken, dass die im Krieg verschont gebliebene Stadt unter dem besonderen Schutz der „Schutzmantelfrau", der Muttergottes, gestanden habe, deren Bild in der Liebfrauenkirche hoch verehrt wurde.

Ebenfalls eine Neuschöpfung war die Umbenennung der einstigen Judenstraße (ursprünglich Judengasse), die 1934 nach Herbert Norkus, einem vom NS-Regime zum Helden hochstilisierten, 1932 ums Leben gekommenen Hitlerjungen, benannt worden war. Offensichtlich bestanden bei der Stadtverwaltung Hemmungen, der Straße ihren ursprünglichen Namen zurückzugeben, denn sie schlug nun als neuen Straßennamen das Wortungetüm „Grüner-Turm-Straße" vor. Versuche während der siebziger und achtziger Jahre, der Straße ihren ursprünglichen Namen zurückzugeben, versandeten regelmäßig.

Insgesamt bekamen 13 Straßen neue Namen. Bemerkenswerterweise verzichteten die Besatzer auf eine Umbenennung der Hindenburg- und der Saarlandstraße.[54]

Fremde Menschen in der Stadt

Seit dem Dreißigjährigen Krieg dürfte kein Jahr in der Stadtgeschichte so unruhig gewesen sein wie 1945. Französische Einheiten kamen und gingen, neue traten an ihre Stelle. Dazu kam der zivile Tross der Militärverwaltung, Dolmetscher, Ärzte, Köche, Sekretärinnen. Im Sommer 1945 sollen es nach einer Schätzung etwa tausend Franzosen gewesen sein, die sich in der Stadt

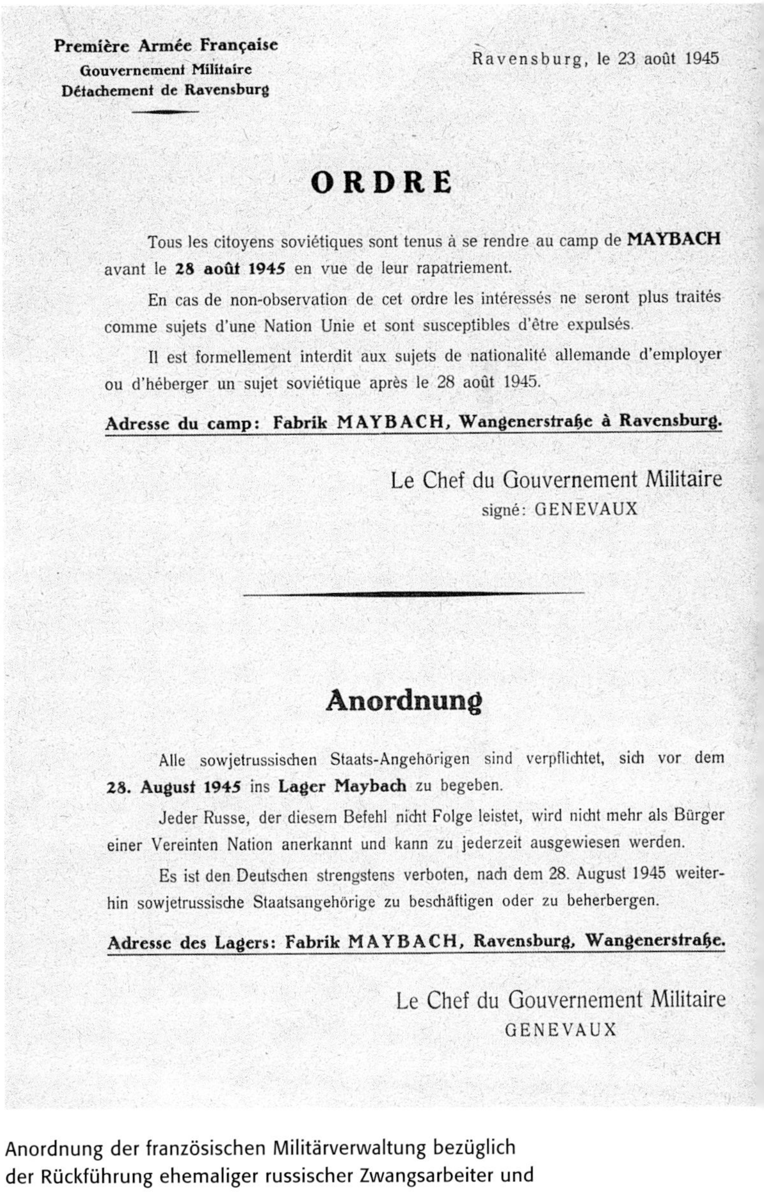

Première Armée Française
Gouvernement Militaire
Détachement de Ravensburg

Ravensburg, le 23 août 1945

ORDRE

Tous les citoyens soviétiques sont tenus à se rendre au camp de **MAYBACH** avant le **28 août 1945** en vue de leur rapatriement.

En cas de non-observation de cet ordre les intéressés ne seront plus traités comme sujets d'une Nation Unie et sont susceptibles d'être expulsés.

Il est formellement interdit aux sujets de nationalité allemande d'employer ou d'héberger un sujet soviétique après le 28 août 1945.

Adresse du camp: Fabrik MAYBACH, Wangenerstraße à Ravensburg.

Le Chef du Gouvernement Militaire
signé: GENEVAUX

Anordnung

Alle sowjetrussischen Staats-Angehörigen sind verpflichtet, sich vor dem **28. August 1945** ins **Lager Maybach** zu begeben.

Jeder Russe, der diesem Befehl nicht Folge leistet, wird nicht mehr als Bürger einer Vereinten Nation anerkannt und kann zu jederzeit ausgewiesen werden.

Es ist den Deutschen strengstens verboten, nach dem 28. August 1945 weiterhin sowjetrussische Staatsangehörige zu beschäftigen oder zu beherbergen.

Adresse des Lagers: Fabrik MAYBACH, Ravensburg, Wangenerstraße.

Le Chef du Gouvernement Militaire
GENEVAUX

Anordnung der französischen Militärverwaltung bezüglich der Rückführung ehemaliger russischer Zwangsarbeiter und Kriegsgefangener in ihre Heimat, 23. August 1945
Viele der bei Kriegsende in Deutschland lebenden Russen wollten nicht in ihre Heimat zurückkehren aus Angst, dort als angebliche Kollaborateure zum Tod verurteilt zu werden.

aufhielten.[55] Die Rückkehr vieler ehemaliger Zwangsarbeiter und Kriegsgefangenen der Alliierten in ihre Heimat verzögerte sich und kam erst im Lauf des folgenden Jahrs zum Abschluss. Hinzu kam, dass im Lauf des Sommers alle Russen, Ukrainer und Polen ihre bisherigen Arbeitsplätze auf dem Land verlassen mussten und sich bis zur Rückführung in Ravensburg aufzuhalten hatten. So lange aber mussten auch für sie Unterkünfte in Sammellagern und Privatquartieren bereitgestellt werden.[56]

Aus den Unterlagen des Stadtarchivs Ravensburg lässt sich entnehmen, wie viele Ausländer am 6. Oktober 1945 und zwei Monate später, am 6. Dezember, hier lebten, wobei diejenigen nicht mitgezählt sind, die noch in Lagern untergebracht waren. Daraus ergibt sich folgendes Bild:

Zahl der Ausländer im Herbst 1945 in Ravensburg

	6.10.1945	6.12.1945
Russen	33	29
Polen	344	246
Esten	173	165
Letten	194	213
Litauer	426	447
Ungarn	74	60
Jugoslawen	32	38
Tschechen	30	31
Spanier	39	34
Italiener	33	31
Perser	77	64
Österreicher	225	228
Schweizer	50	54
Staatenlose	227	253
Sonstige	109	93
Summe	**2066**	**1986** [57]

Hinzu kamen noch ungefähr tausend Militär- und Zivilpersonen der französischen Besatzungsmacht. Die geringe Zahl von Russen beruhte darauf, dass die meisten von ihnen noch in einem Lager zusammengefasst waren, vermutlich auf Wunsch der Sowjetunion, um so eine bessere Kontrolle zu gewährleisten.[58] Es kam nämlich immer wieder vor, dass Russen sich versteckten, um nicht in die Sowjetunion zurückkehren zu müssen, wo sie nichts Gutes erwartete. Aber auch ein Teil der Polen war noch über das Jahresende hinaus in Lagern untergebracht.[59]

Nach einem Bericht des neuen Gouverneurs Estrade, der im November die Nachfolge von Steiner angetreten hatte, befanden sich am 20. Oktober 1945 im Kreis Ravensburg 7.980 deutsche Evakuierte, Vertriebene und Lazarettinsassen, 5.850 nichtdeutsche „Displaced Persons“ (in Frankreich meist unter der Bezeichnung P.D.R. = „Personnes Déportées et Réfugies“ laufend), darunter 2.350 Polen, 1.500 Esten, Letten und Litauer, 430 Ungarn, 300 Österreicher, 240 bis 290 Russen, 120 Spanier, 110 Rumänen und 50 Jugoslawen.[60]

Ende Mai 1945 kamen 246 ehemalige französische KZ-Häftlinge aus Mauthausen und anderen österreichischen und deutschen Konzentrationslagern nach Ravensburg. Sie fanden im ehemaligen HJ-Heim auf der Veitsburg und im Schulgebäude St. Christina Unterkunft. Vermutlich wurden sie im Lauf des Sommers in ihre Heimat entlassen, denn im Oktober war nur noch von „mehr als 20 ehemaligen politischen KZ-Häftlingen“ die Rede.[61] Diese Häftlinge brachten praktisch nur mit, was sie auf dem Leib trugen. Für sie und die noch in den Ravensburger Lazaretten liegenden deutschen Kriegsversehrten wurde im November eine Flickstube eingerichtet, in der sich vier bis sechs Frauen bemühten, aus alten Kleidern, Stoff- und Tuchresten brauchbare Winterkleidung, Hemden, Taschentücher, Hausschuhe und Handschuhe anzufertigen.[62]

Dass die Zahl der Deutschen und Deutschstämmigen, die damals in Ravensburg eine zumindest vorübergehende Bleibe suchten, größer war als die der Ausländer, belegt der bereits zitierte Bericht des Gouverneurs Estrade. Da waren zum einen verwundete oder kranke deutsche Soldaten, die noch in den Ravensburger Lazaretten gepflegt wurden, zum anderen ausgebombte Familien aus Friedrichshafen und anderen deutschen Städten, Vertriebene und Flüchtlinge aus den deutschen Ostgebieten, aus Ungarn, Rumänien und anderen osteuropäische Ländern.

Die Bezeichnungen für die verschiedenen Gruppen derer, die ihre Heimat infolge des Kriegs hatten verlassen müssen, waren verwirrend. So wurden die aus dem deutschen Osten, aus der Tschechoslowakei, Polen und Südosteuropa vertriebenen Deutschen manchmal als „Ostflüchtlinge“, manchmal als „Ausgewiesene“ oder „Verlagerte“ bezeichnet, während Zuwanderer aus der sowjetisch besetzten Zone („Ostzone“) als „Flüchtlinge“ galten. Wer im Krieg oder danach aus dem Gebiet der drei Westzonen, der späteren Bundesrepublik, zugewandert war, galt so lange als „Umquartierter“ oder „Evakuierter“, bis er in seine Heimat zurückkehrte. Manche wollten oder konnten gar nicht mehr zurück und blieben dort, wohin es sie verschlagen hatte, wurden von den Behörden aber weiterhin als „Evakuierte“ bezeichnet.

Schließlich gab es auch noch „Umsiedler“, worunter die Behörden Personen verstanden, die aus ihrer Heimat nicht geflohen waren, sondern ihren Wohnort außerhalb Deutschlands aufgrund zwischenstaatlicher Verträge oder auf Anweisung deutscher Behörden bzw. der Wehrmacht verlassen mussten.[63]

In Ravensburg wurden im Oktober 1945 1.566 „Umquartierte und Verlagerte" gezählt, davon 233 aus den verlorenen deutschen Ostgebieten und dem Elsass. Es lässt sich leicht ausmalen, welche Probleme mit dieser „Völkerwanderung" entstanden, wenn man sich vor Augen hält, dass beispielsweise in der Nachbargemeinde Taldorf mit ihren 1.470 Einwohnern schon Anfang 1945 424 Evakuierte, darunter viele ausgebombte „Häfler", untergebracht waren.[64]

Mit dem Rücktransport der evakuierten Familien in ihre Heimat wurde im November begonnen. Viele wehrten sich dagegen, weil sie zu Hause, vor allem in den zerbombten Großstädten, mit schlechteren Bedingungen rechnen mussten als in Oberschwaben.

Zunächst waren die aus der französischen und amerikanischen Zone Badens und Württembergs kommenden Familien für den Abtransport vorgesehen. Der erste Transport beförderte am 16. November nur 295 statt der vorgesehenen tausend Personen mit Güterwagen in ihre Heimatorte in der amerikanische Zone, worüber Gouverneur Steiner sehr erbost war, weil er schnell möglichst viele Evakuierte los sein wollte. Bei den aus den ehemaligen deutschen Ostgebieten Stammenden war ohnehin an keinen Rücktransport zu denken.[65]

Im Januar 1946 wurden in Ravensburg noch 1.670 Ausländer gezählt.[66] Zusammen mit den ca. 1.700 Evakuierten und Heimatvertriebenen und ca. 300 bis 400 Kriegsversehrten in den Lazaretten ergibt dies eine Zahl von ca. 3.670 bis 3.770 Personen. Das waren ungefähr 15,5 % der Bevölkerung. In keiner Phase der Ravensburger Stadtgeschichte war der Anteil der Fremden jemals so hoch wie damals.

Wie bereits erwähnt, wurde die öffentliche Ordnung am stärksten von Marokkanern und ehemaligen Zwangsarbeitern und Kriegsgefangenen gestört. Deshalb richteten die Franzosen im Gebäude des Landgerichts neben dem Militärgericht einen Gendarmerieposten und im Dachgeschoss ein Militärgefängnis ein. Um die noch anwesenden ehemaligen Kriegsgefangenen und Fremdarbeiter aus Polen und der Sowjetunion besser unter Kontrolle zu halten, wurden vorübergehend ein russischer und ein polnischer Polizeiposten in Ravensburg eingerichtet.[67]

Die verschiedenen Nationalitäten hatten ihre eigenen Kantinen bzw. Restaurants. Dort war der Zutritt Deutschen verboten, soweit sie nicht zum Personal gehörten. Den Franzosen standen mehrere Gaststätten und eine der schönsten Villen in der Federburgstraße zur Verfügung, die Polen speisten im Gasthof Dreikönig, die Staatenlosen in der Waage.[68] Polnische, jugoslawische und litauische Komitees kümmerten sich um Quartiere für ihre Landsleute und vertraten auch sonst deren Interessen. Auch eine polnische Schule taucht in den Akten auf.[69]

Deutsche Kriegsheimkehrer, Kriegsversehrte und Kriegsgefangene

Bis zur Kapitulation am 8. Mai liefen Soldaten der deutschen Wehrmacht Gefahr, von der Besatzungsmacht als Kriegsgefangene behandelt und nach Frankreich in ein Kriegsgefangenenlager deportiert zu werden. Deshalb tauchten viele Kriegsheimkehrer vorübergehend unter. Manche Kriegsgefangenen wurden nicht gleich nach Frankreich gebracht, sondern blieben zunächst in der französischen Zone, zum Teil sogar in Ravensburg. Hier brachte man sie in einer Baracke der Firma Nothelfer und im unteren Volksschulgebäude an der Wilhelmstraße unter und ließ sie in einem Arbeitskommando für die Siegermacht arbeiten.[70]

Über die Verhältnisse in den französischen Kriegsgefangenenlagern sind wir fast ganz auf die Aussagen ehemaliger deutscher Kriegsgefangenen angewiesen, da die einschlägigen Unterlagen der französischen Siegermacht im Colmarer Besatzungsarchiv noch nicht zugänglich sind. Reich dokumentiert sind dagegen die Bemühungen, die auf deutscher Seite zugunsten der Kriegsgefangenen unternommen wurden. Im Herbst '45 konstituierte sich in Ravensburg wie in vielen anderen Städten ein Hilfskomitee für die Betreuung deutscher Kriegsgefangener, wo auch immer sie sich befanden. Seine Haupttätigkeit bestand in der Organisation von Sammlungen zugunsten der Gefangenen: Wäsche, Kleidung, Schuhe, Bücher und Bargeld, alles wurde gesammelt, was irgendwie geeignet erschien.[71]

Während den meisten Kriegsgefangenen nur aus der Ferne geholfen werden konnte, erlebte Ravensburg die Kriegsheimkehrer hautnah, nicht nur jene, die hier zu Hause waren, sondern auch solche, die als Verwundete oder Kranke aus Vorarlberg zurück nach Deutschland strebten. Für diese war Ravensburg aufgrund seiner Lage, seiner Unversehrtheit und der Kapazität seiner Lazarette eine bevorzugte Durchgangsstation. Die Lazarettinsassen wurden von Ravensburger Bürgerinnen und Bürgern, an deren Spitze die schon erwähnte Fanny Dentler stand, bis zu ihrer Entlassung und Abfahrt aus Ravensburg hingebungsvoll betreut und versorgt. Die tägliche Verpflegung erfolgte auf städtische Kosten durch die Volksküche in der Gastwirtschaft Räuberhöhle.[72]

Da Deutschen bis zum 2. Juni 1945 der Besuch von Gaststätten verboten war, verabreichte die Volksküche, die uns schon in Zusammenhang mit der Versorgung der Insassen des Interniertenlagers in der Ziegelstraße begegnet ist, bis dahin warmes Essen auch an Deutsche, die keine eigene Kochgelegenheit hatten. In dem knappen halben Jahr zwischen Mai und Oktober 1945 gab die „Volksküche Räuberhöhle" alles in allem 205.591 Mahlzeiten aus. Seit November '45 konnten dort außerdem alle bedürftigen und alleinstehenden Zivilpersonen für einen Tagessatz zwischen 50 Pf. und 1.20 RM essen. Die Volksküche war in der Lage, täglich bis zu 1.600 warme Mahlzeiten zuzubereiten.[73]

Viele ehemalige Wehrmachtsangehörige, aber auch Zivilisten, liefen noch in alten Uniformen herum, was die Besatzer immer wieder beanstandeten. Da es nicht möglich war und auch nicht sinnvoll schien, die Uniformjacken, -hosen und -mäntel wegzulegen, verfiel man auf die Idee, sie umfärben zu lassen, was dann auch geschah, wobei als Farbe marineblau bevorzugt wurde.[74]

Im Herbst 1945 waren noch drei Lazarette in Betrieb: im evangelischen Vereinshaus (Gemeindehaus), im „Klösterle" und in den Räumen der Weißenauer Heilanstalt.

Das Weißenauer Lazarett war mit Abstand das größte. Hier lagen besonders viele Schwerverletzte und Schwerkranke. Nachdem in einem Teil der seit der Euthanasie leerstehenden Räume schon 1943 ein Wehrmachtslazarett mit ca. 300 Betten eingerichtet worden war, in dem aber bei Kriegsende weit mehr Patienten lagen, funktionierten die Franzosen nach ihrem Einmarsch das Haus wie alle anderen Lazarette kurzerhand zu einem Kriegsgefangenenlazarett um, da ja nach Kriegsrecht jeder deutsche Soldat, egal ob gesund oder krank, als Kriegsgefangener galt. Sowohl die medizinische Versorgung als auch die Verpflegung war dort lange Zeit katastrophal schlecht.

Seit Herbst '45 trafen laufend Lazarettzüge mit deutschen Kriegsgefangenen aus Lagern in Frankreich ein, darunter viele an Tuberkulose Erkrankte. Das bis 1947 bestehende Lazarett war ständig überbelegt. Insgesamt starben dort fast 200 ehemalige Soldaten. Die meisten wurden auf dem Friedhof von Mariatal beerdigt.[75]

Versorgungsprobleme

„Die Alliierten hatten den Deutschen Freiheit gebracht, doch gleichzeitig fing im Südwesten der Hunger an. Leib und Leben waren nun nicht mehr durch Terror oder Bombenkrieg gefährdet, sondern durch Unterernährung und Krankheit."[76] In keiner der Besatzungszonen war die Ernährung in den ersten Nachkriegsjahren so schlecht wie in der französischen, auch in der russischen nicht. Während in der französischen Zone die durchschnittliche Lebensmittelzuteilung an einen Erwachsenen bei 900 Kalorien lag, waren es in der Sowjetzone 1.083 Kalorien. Zum Vergleich: Der tägliche Kalorienbedarf eines Menschen beträgt je nach Alter, Geschlecht und Arbeitsbelastung zwischen 2.500 und 3.000 Kalorien.[77]

Dieses Missverhältnis war die Folge der Requirierungen durch die Franzosen, die nicht nur für ihr in Deutschland stationiertes Militär Lebensmittel beanspruchten, sondern auch für ihre Landsleute in Frankreich sowie für die deutschen Kriegsgefangenen in französischen Lagern. Der Ravensburger Schlachthof wurde, wie gesagt, bereits im Mai '45 von den Franzosen beschlagnahmt und belieferte bis 1949 ausschließlich die französischen Truppen in Süddeutschland.[78]

Besonders knapp waren Fett, Zucker, Teigwaren und Gemüse. Das mit Abstand wichtigste Nahrungsmittel waren Kartoffeln. Hamsterfahrten und Felddiebstähle kamen fast täglich vor.[79] Wer weder ein eigenes oder gepachtetes „Ländle" besaß, noch Verwandte auf dem Land, sondern auf das angewiesen war, was er mit seinen Lebensmittelkarten kaufen konnte, befand sich in einer üblen Lage. Allerdings gab es für die besser Situierten Schleichwege, um mehr als die offiziell festgesetzte Ration zu ergattern.

Wer genug Geld besaß, konnte sich manches auf dem Schwarzen Markt besorgen. Auch Tauschgeschäfte, bei denen Lebensmittel (und Zigaretten) gegen Wertgegenstände eingetauscht wurden, waren weit verbreitet.[80] Der Stadtverwaltung gelang es immerhin, ab Oktober für Kinder im schulpflichtigen Alter eine Schülerspeisung einzurichten. Für 10 Pf. erhielt jedes Kind eine warme Mahlzeit.[81]

In dieser Situation war es geradezu grotesk, dass im Januar 1946 in den Ravensburger Lebensmittelgeschäften plötzlich Austern angeboten wurden, das Dutzend für 3,50 RM. Selbstverständlich waren die Austern ausschließlich für das Besatzungspersonal bestimmt gewesen. Als einige Waggons mit dieser Delikatesse in Ravensburg ankamen, herrschte jedoch laues Föhnwetter, so dass die Franzosen befürchteten, die Ware würde verderben. Deshalb verkauften sie den größten Teil an deutsche Geschäfte. Wir verdanken diese hübsche Episode der Schriftstellerin Maria Müller-Gögler.[82]

Den Mangel an Kohle und Koks, den beiden wichtigsten Brennstoffen, versuchte man mit Torf und Holz auszugleichen. Da die Militärverwaltung seit September auch den freien Handel mit Brennholz unterband, wurde eine städtische Brennholzstelle eingerichtet, die an die

Bevölkerung Bezugsscheine ausgab.[83] Doch nicht jeder war in der Lage, im Wald die ihm zustehende Menge selbst abzuholen. Die Stadt richtete daher für all diejenigen, die in ungeheizten Wohnungen hausten, eine Wärmestube in der Gastwirtschaft zum Walfisch ein, die von 9 bis 18 Uhr geöffnet war.[84]

Eingeschränkte Kommunikation (Post, Telefon, Rundfunk, Verkehrsmittel, Presse)

Man kann sich heute kaum mehr vorstellen, wie eingeschränkt in den ersten Nachkriegsmonaten die Bewegungsfreiheit und die Übermittlung von Informationen per Post, Telefon, Rundfunk oder Zeitungen waren. Das war auch in psychologischer Hinsicht problematisch, weil die Informationsarmut alle möglichen Gerüchte und Phantastereien entstehen ließ. Post und Telefon fielen nach der Besetzung Ravensburgs zunächst völlig aus. Im Juni mussten sogar sämtliche privaten Telefonapparate abgeliefert werden.

Der Telefonverkehr war anfangs ausschließlich dem Besatzungspersonal vorbehalten, was sich allerdings bald als unzweckmäßig erwies, weil dadurch auch die Kommunikation zwischen dem Gouvernement und dem Landratsamt sowie den Bürgermeisterämtern unnötig erschwert wurde. Ab 10. Juli gab deshalb die Militärverwaltung hundert Telefonanschlüsse für deutsche Behörden, Ärzte und Banken sowie einige lebenswichtige Betriebe wie Krankenhäuser, Lazarette oder das Rote Kreuz frei. Ab 1. Oktober wurden auch private Telefonanschlüsse wieder zugelassen. Allerdings war es längere Zeit nur möglich, innerhalb der näheren und weiteren Umgebung, soweit sie zur französischen Besatzungszone gehörte, zu telefonieren.[85]

Ähnlich verhielt es sich mit Postsendungen. Bis 2. Juli war überhaupt keine Postzustellung möglich, von da an wurde der Briefverkehr für Behörden und Banken innerhalb Ravensburgs zugelassen. Ein einziger Briefkasten reichte dafür aus, alle anderen Briefkästen in der Stadt wurden erst ab 18. September wieder geleert. Von da an wurden auch private Briefe wieder zugestellt, allerdings nur innerhalb der Französischen Zone. Erst ab 2. November waren Briefsendungen innerhalb der drei Westzonen wieder möglich, kurz vor Weihnachten auch Paketsendungen, diese jedoch nur innerhalb des französisch besetzten Teils von Württemberg.[86]

Soweit dies nicht schon unmittelbar nach der Besetzung geschehen war, wurden im Juli sämtliche noch in deutschem Besitz befindlichen Rundfunkgeräte eingezogen.[87]

Auch der Bahnverkehr ruhte zunächst vollständig. Er konnte ohnedies erst wieder aufgenommen werden, nachdem die dringendsten Reparaturarbeiten an den Gleisen der Hauptstrecken beendet waren. Immerhin konnte man schon seit 23. Mai wieder nach Friedrichshafen fahren, ab 6. Juni nach Ulm.[88] „Als dann im Lauf des Sommers einige Züge für die Benutzung des Publikums freigegeben waren, befanden sich die Wagen in einem unbeschreiblichen Zustand."[89] Die Straßenbahn von Ravensburg nach Weingarten und Baienfurt nahm ihren Betrieb erst am 15. Juli wieder auf.[90]

Jedermann hatte stets einen Lichtbildausweis mit sich zu führen. Wer das Stadtgebiet verlassen wollte, egal ob zu Fuß, mit der Bahn, mit Auto, Motorrad oder Fahrrad, brauchte dafür einen Passierschein, ein „Laissez-passer". Zunächst wurde ein solcher Schein nur für Ärzte und Hebammen, für Privatpersonen nur bei Todesfällen oder schwerer Krankheit nächster Verwandter von der Militärverwaltung bewilligt, ab 14. Juli aber dann generell für Privatpersonen, allerdings nur für Reisen innerhalb des Landkreises.[91] Die Benutzung privater Fahrzeuge, selbst eines Fahrrads, bedurfte grundsätzlich einer Sondergenehmigung. Erst ab Oktober war es möglich, sich innerhalb der französischen Zone frei zu bewegen.

Da es keine Zeitungen gab, konnten bis in den Sommer hinein alle Bekanntmachungen der Militärregierung, des Landrats oder des Bürgermeisters nur per Lautsprecher oder Wandanschlag verbreitet werden.[92] „Wandanschläge in großem Format, Polizisten an allen Ecken mit mächtigen Sprachrohren, stumm lesende und hörende Menschenmassen gehörten zum täglichen Straßenbild" (Paul Weh).[93]

Das erste Presseerzeugnis, das nach der Besetzung wieder erscheinen durfte, war das „Katholische Kirchenblatt für Ravensburg", dessen erste Nachkriegsnummer am 15. Juli 1945 herauskam. Ab 4. August erschien zweimal wöchentlich das „Nachrichtenblatt der Militärregierung für den Kreis Ravensburg", im Auftrag der Militärverwaltung redigiert von Max Kah, dem früheren Schriftleiter des „Oberschwäbischen Anzeigers".[94] Bereits am 22. August erhielt das zweisprachige Blatt einen neuen Titel und hieß nun „Mitteilungen der Militärregierung des Kreises Ravensburg" bzw. „Informations du Gouvernement Militaire du Kreis de Ravensbourg". Das Erscheinen dieses Blatts wurde bereits im November wieder eingestellt, da bald danach, am 4. Dezember, in Nachfolge der VERBO-Blätter der Vorkriegszeit die erste Nummer der „Schwäbischen Zeitung" mit verschiedenen Lokalteilen erscheinen konnte. Diese zunächst nur zweimal wöchentlich erscheinende Zeitung wurde in einer Gesamtauflage von 125.000 Stück gedruckt.[95]

In den ersten Nachkriegsjahren versuchten zwar verschiedene Zeitungen, sich in Oberschwaben neben der „Schwäbischen Zeitung" zu etablieren und hier eine größere Leserschaft für sich zu gewinnen, aber der Versuch misslang letztlich. Für Ravensburg schmerzlich war die Tatsache, dass sich die Zentralredaktion der einzigen großen Tageszeitung in Oberschwaben nun nicht mehr, wie zu Zeiten des „Oberschwäbischen Anzeigers", in Ravensburg befand, sondern in Leutkirch. Dorthin war bereits während des Kriegs die VERBO-Redaktion aus dem zerbombten Friedrichshafen ausgewichen. Alle Versuche, den Redaktionssitz wieder in die „oberschwäbische Metropole" zurückzuholen, misslangen. Trotz ihrer Randlage blieb die Redaktion bis heute in Leutkirch.

Die Entnazifizierung

„Entnazifizierung" ist ein „aus dem Amerikanischen (denazification) abgeleiteter Begriff, der für die politische Säuberung des deutschen Volkes und Beseitigung der NS-Ideologie und ihres Einflusses auf alle Bereiche des öffentlichen Lebens steht".[96] Sie wurde in den einzelnen Besatzungszonen unterschiedlich gehandhabt. Frankreich ging vom Modell der „auto-épuration" aus, der Selbstreinigung der Deutschen durch „jene Kräfte des Landes, die das ‚andere' Deutschland repräsentierten [...]".[97] Dazu zählten Gewerkschaftler, Sozialdemokraten und Kommunisten ebenso wie Zentrumsleute und Liberale, die während des Dritten Reichs in die innere Emigration gegangen waren. Die Deutschen sollten so Gelegenheit erhalten, sich selbstkritisch mit dem Nationalsozialismus auseinander zu setzen.[98]

Im Kreis Ravensburg erfolgte dazu der erste Schritt durch einen von Landrat Bendel eingesetzten 14-köpfigen „Ausschuss zum Zweck der politischen Reinigung des Kreises Ravensburg". Bendel berief ausschließlich Männer, denen im Dritten Reich Unrecht angetan worden war, darunter die beiden amtierenden Bürgermeister von Ravensburg und Weingarten, Ludwig Steimle und Wilhelm Braun.[99]

Dieser Ausschuss wurde jedoch bereits nach wenigen Wochen auf Anordnung der Militärregierung durch einen aus nur sechs Personen bestehenden „Kreisuntersuchungsausschuss" (KRUA) ersetzt. Ihm sollten außer den beiden Bürgermeistern Vertreter der früheren Parteien angehören, mit Ausnahme der Nationalsozialisten und der Deutschnationalen Volkspartei. Das frühere Zentrum und zugleich die Bauernschaft vertrat der Landwirt Bernhard Bauknecht, die anderen politischen Richtungen waren durch Hermann Kiderlen (Demokratische Volkspartei DVP), Heinrich Matthiesen (Sozialdemokrat) und Wilhelm Weigold (Kommunist) vertreten. Eine Frau war nicht dabei.

Aufgabe des Ausschusses war es, anhand von Fragebögen die politische Vergangenheit aller im öffentlichen Dienst stehenden erwachsenen Bewohner des Kreises zu durchleuchten und gegebenenfalls Sanktionen vorzuschlagen. In den $1^1/_2$ Jahren seiner Tätigkeit bewältigte der Ausschuss das gewaltige Pensum von 5.468 Einzelfällen. 78 % wurden als unbelastet eingestuft, bei den restlichen 22 % schlug der Ausschuss Maßnahmen vor, die von der Entfernung aus dem Amt bis zur Versetzung in eine niedrigere Gehaltsstufe oder in den Ruhestand reichten.[100]

Dass sich der Ausschuss und vor allem sein Vorsitzender, Weingartens Bürgermeister Braun, vielen Anfeindungen aus der Bevölkerung ausgesetzt sah, kann kaum verwundern. Man warf ihm Ungerechtigkeit und mangelnde Objektivität vor, den einen war der Ausschuss zu streng, den anderen zu mild. W.-U. Strittmatter, der sich intensiv mit dem Ausschuss beschäftigt hat, kommt jedoch zu einer durchaus positiven Beurteilung seiner Tätigkeit.[101]

Eine erneute Änderung des Entnazifizierungsverfahrens erfolgte durch das Spruchkammergesetz vom 25. April 1947. Es lehnte sich an das von den USA praktizierte, an der ordentlichen Gerichtsbarkeit orientierte Verfahren an, das eine Berufungsmöglichkeit vorsah. Die Ermittlungen sollten weiterhin durch Kreisuntersuchungsausschüsse erfolgen, das Urteil aber von einer Spruchkammer gefällt werden. Zeitweilig arbeiteten in Tübingen sechs Spruchkammern, eine weitere in Riedlingen.[102]

Der aufgrund dieses Gesetzes neu gebildete Untersuchungsausschuss für den Kreis Ravensburg verhandelte zwischen Februar 1948 und Juni 1949 3.836 Fälle, darunter viele, über die schon einmal verhandelt worden war. Inzwischen hatte sich die Stimmung in der Bevölkerung jedoch gewandelt. Viele forderten, man solle endlich einen Schlussstrich unter die ganze Säuberungsaktion ziehen.

Tatsächlich gelangten die Spruchkammern oft zu einem sehr viel milderen Urteil als die Untersuchungsausschüsse. Die meisten Angeklagten wurden nun als „Mitläufer" eingestuft, denen nur eine milde Strafe drohte, die oft noch zur Bewährung ausgesetzt wurde. „Als große Nazi fahren sie nach Tübingen und als kleine kommen sie heim", spöttelte man deshalb.[103] Es entstand „eine enorme Diskrepanz zwischen tatsächlicher Belastung der zu entnazifizierenden Personen und dem schließlich verhängten Strafmaß".[104] Oder, um es mit Hans-Ulrich Wehler und Lutz Niethammer auszudrücken: „Je länger, desto deutlicher waren die Spruchkammern zu einer ‚Mitläuferfabrik' und zur Farce einer Reinwaschanstalt geworden."[105]

Da für Ravensburg keine vollständigen Unterlagen vorhanden sind, kann die Zahl bzw. der prozentuale Anteil der Mitläufer nur geschätzt werden. Er dürfte etwa bei 38 % der Entnazifizierungsfälle gelegen haben. Bei 54 bis 55 % der vor den Spruchkammern verhandelten Fälle handelte es sich um völlig Unbelastete bzw. Entlastete.[106]

Das Verfahren der „politischen Säuberung" wurde in ganz Deutschland zunehmend kritisiert, sowohl wegen seiner unterschiedlichen Handhabung in den einzelnen Besatzungszonen als auch wegen der immer wieder geänderten Vorschriften über die Kriterien, die bei der Einstufung der Beschuldigten anzuwenden seien. Trotz zunehmender Verwässerung und einer damit verbundenen Ungleichbehandlung der Betroffenen hat das Entnazifizierungsverfahren doch immerhin weitgehend verhindert, dass alte Nationalsozialisten nach 1945 wieder in einflussreiche politische Ämter gelangten.[107]

Nachkriegspolitik

Wiedererwachendes politisches Leben: Gewerkschaften und Parteien

Die erste politische Veranstaltung der Nachkriegszeit war auf deutscher Seite eine antifaschistische Kundgebung, die am 25. November 1945 im ungeheizten Konzerthaus stattfand und bei der neben Landrat Bendel der Vorsitzende des bereits im Sommer gegründeten Antifaschistischen Komitees, Karl Büchsenmann, der Opfer des Faschismus gedachten.[108] Wie gut diese Veranstaltung besucht war, ist nicht bekannt.

Der Generalverwalter für die französische Besatzungszone, Emile Laffon, der geprägt war von seiner Teilnahme an der sozialistischen Résistance, wollte das Fundament für ein demokratisches Deutschland unter Einbeziehung der „verbliebenen demokratischen Potentiale der Arbeiterbewegung" verwirklichen.[109] Daher wurde die Neugründung von Gewerkschaften bereits am 10. September 1945 zugelassen, die Gründung politischer Parteien aber erst am 13. Dezember.[110] Bis es allerdings zur tatsächlichen Gründung von Gewerkschaften und Parteien kam, vergingen nochmals einige Monate.

Bürgermeister Steimle setzte sich kurz nach seiner Amtseinsetzung beim französischen Gouvernement dafür ein, dass ihm bei der Erfüllung seiner Aufgaben ein Beirat zur Seite gestellt werde, solange es noch keinen vom Volk gewählten Gemeinderat gab. Nach Beratungen mit Vertretern der früheren Parteien reichte er eine Vorschlagsliste ein, der die Militärregierung zustimmte. Am 13. Dezember trat dieser Beirat erstmals zusammen. Neben vier Vertretern des ehemaligen Zentrums gehörten ihm erstaunlicherweise drei Kommunisten, aber nur zwei Sozialdemokraten an, ferner je ein ehemaliges Mitglied der DVP und der DDP sowie acht Parteilose. Darunter waren so bekannte und politisch erfahrene Leute wie Bernhard Bauknecht, Heinrich Matthiesen, Max Kah, Hermann Kiderlen, Karl Kübler und Wilhelm Weigold.[111] Wieder war keine Frau dabei. Mit der ersten freien Gemeinderatswahl im Herbst 1946 endete die Tätigkeit des Beirats.

Anfang Februar 1946 konstituierte sich in Ravensburg, gefördert von der Militärregierung, der neue Gewerkschaftsbund. In der zweiten Februarhälfte kam es zur Gründung von acht Einzelgewerkschaften, im Mai von drei weiteren. Der 1. Mai 1946, den die Gewerkschaften auf Anordnung der Militärregierung als „Fest der Arbeit und sozialen Befreiung" feierten, gab ihnen Gelegenheit, sich erstmals seit 14 Jahren wieder in der Öffentlichkeit zu präsentieren. Bis in die sechziger Jahre blieb die Feier am 1. Mai eine machtvolle Demonstration der Gewerkschaften mit bis zu tausend Teilnehmern.[112]

Im September 1946 fanden auf Anordnung der Militärregierung erstmals in allen Betrieben mit mehr als zwanzig Beschäftigten Betriebsratswahlen statt.[113] Im selben Monat waren im Kreis Ravensburg bereits über 1.500 Arbeitnehmer gewerkschaftlich organisiert. Die größte Einzelgewerkschaft war die der Metallarbeiter mit 459 Mitgliedern, gefolgt von den Gewerkschaften Druck und Papier mit 225 Mitgliedern und Textil und Bekleidung mit 216 Mitgliedern.[114] Zur Gründung einer christlichen Gewerkschaft neben der freien, wie sie bis 1933 bestanden hatte, kam es nicht mehr, da die Franzosen nur eine Einheitsgewerkschaft zuließen. Der Einfluss der dezidiert christlichen Gewerkschaftler im neuen Gewerkschaftsbund war dementsprechend gering.

Aufgrund der Förderung des Gewerkschaftsgedankens durch die Besatzungsmacht war das politische Klima der ersten Nachkriegsjahre den Gewerkschaften auch im „schwarzen" Oberschwaben günstig. Die Stadtverwaltung stellte ihnen mit der Kuppelnauwirtschaft sogar ein eigenes Haus zur Verfügung. Bei einer Kundgebung im Konzerthaus am 30. November 1946 waren sowohl Landrat Bendel als auch der frisch gewählte Ravensburger Bürgermeister Dr. Albert Sauer anwesend. Der führende Mann der Gewerkschaften, der kaufmännische Angestellte Karl Müller, prangerte dabei die schlechte Versorgungslage und andere Missstände an, worauf der Landrat den Gewerkschaften Zusammenarbeit in allen wichtigen Fragen anbot.[115]

Gemessen an den Verhältnissen gegen Ende des 20. Jahrhunderts war der Zulauf zu den Gewerkschaften damals groß. Ende 1946 besaßen die Gewerkschaften im „Ortskartell Ravensburg", der die Gemeinden des mittleren Schussentals umfasste, 1.160 Mitglieder, Ende 1948 2.850 und Ende 1949 3.240, darunter die Gewerkschaft Metall 702, die Gewerkschaft Druck und Papier 566, die Gewerkschaft Öffentliche Betriebe und Verkehr 545 und die Gewerkschaft Textil und Bekleidung 440 Mitglieder.[116] Bis September 1951 wuchs die Mitgliederzahl des Gewerkschaftsbundes im Kreis auf über 5.000 Mitglieder.[117] Trotzdem waren die Versammlungen der Gewerkschaften eher schlecht besucht. Der Chronist des Landratsamts, Paul Weh, vermutete merkwürdigerweise, dies läge daran, dass sich viele Arbeiter ein Glas Bier nicht mehr leisten könnten (Bericht v. Mai 1949).

Nachdem durch eine Verordnung der Militärregierung vom 29. November 1945 die Neu- bzw. Wiedergründung politischer Parteien genehmigt worden war[118], bildeten sich in Ravensburg zwischen März und Juli 1946 unter französischer Kontrolle Ortsgruppen der vier zugelassenen Parteien. Nicht erlaubt war das Wort „Deutschland" im Parteinamen, da Frankreich damals von dem Postulat ausging, dass es ein vereinigtes Gesamtdeutschland nie mehr geben solle. Wiedergegründet wurde die sozialdemokratische SPD, die also vorläufig SP hieß, die kommunistische KP (statt KPD) und die liberale Demokratische Volkspartei (DVP), die sich zugleich als Nachfolgerin der früheren Deutschen Demokratischen Partei (DDP) verstand und seit Dezember 1948 in den drei Westzonen unter dem Namen FDP (Freie Demokratische Partei) auftrat. Eine völlige Neugründung stellte die Christlich Demokratische Union (CDU) insofern dar, als sie sich nicht nur als Nachfolgerin des Zentrums verstand, sondern ganz bewusst als Volkspartei mit einem überkonfessionellen christlichen Fundament.[119] Sie tat sich im „schwarzen" Ravensburg anfangs allerdings schwer damit, evangelische Mitglieder zu gewinnen.

Alle vier Parteien hielten im Frühjahr 1946 ihre Gründungsversammlungen in feierlicher Form im Konzerthaus ab, wobei zum Teil prominente Politiker wie Theodor Heuss und Oskar Kalbfell als Gastredner auftraten.[120] In der „Schwäbischen Zeitung" stand den Parteien ab Mai eine Rubrik mit dem Titel „Hier sprechen die Parteien" zur Verfügung, wo sie ihre Ziele und Programme ausführlich darlegen konnten.[121]

Die politische Szenerie 1946 bis 1966

Die erste demokratische Wahl seit der letzten noch einigermaßen freien Wahl, der Reichstagswahl vom 5. März 1933, war die Gemeinderatswahl am 15. September 1946, aus der die CDU mit 55,5 % der abgegebenen Stimmen als klarer Sieger hervorging. Sie gewann zehn von 16 Sitzen, obwohl es ihr bis zu diesem Zeitpunkt noch nicht gelungen war, aus der Schicht der evangelischen Kaufleute, Beamten und Akademiker viele Stimmen zu erhalten. Diese Wählerschicht tendierte noch stark zur alten liberalen DVP, die mit 18,3 % der Stimmen und drei Sitzen zweitstärkste Fraktion wurde.

Was der CDU bei ihren Bemühungen, auch von der evangelischen Wählerschaft akzeptiert zu werden, zu Hilfe kam, war zweierlei: zum einen die „Schwäbische Zeitung", die zwar offiziell nur bis Herbst 1949 als Organ der CDU auftrat, sich aber weiterhin als Zeitung „für christliche Kultur und Politik" bezeichnete und ausgesprochen CDU-freundlich berichtete, zum anderen die allmählich einsetzende Entkonfessionalisierung des politischen Lebens. Das trug dazu bei, dass es seit den sechziger Jahren der CDU gelang, aus der alten Klientel der FDP / DVP-Wähler viele Stimmen für sich zu gewinnen. Über die genaue Sitzverteilung im Gemeinderat gibt D 29 Auskunft.

D 29 Sitzverteilung im Gemeinderat 1946 – 1999 (Sitze)

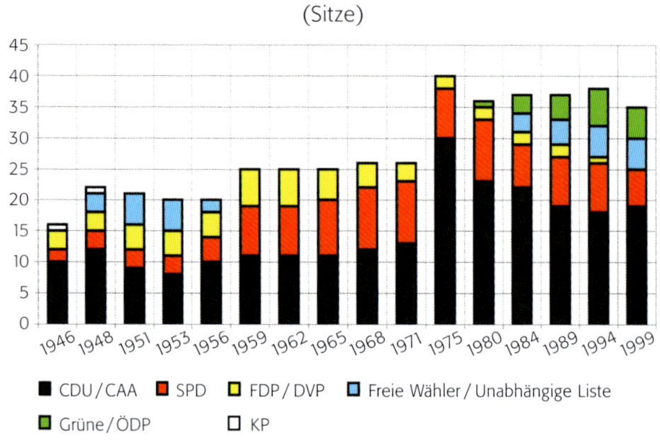

Ausgeschlossen von der ersten Gemeinderatswahl und allen weiteren Wahlen der unmittelbaren Nachkriegszeit blieben frühere Mitglieder der SS und solche Mitglieder der NSDAP, „die sich an der Partei mehr als nur dem Namen nach beteiligt haben".[122] Das Interesse an den Wahlveranstaltungen der vier Parteien war groß, die Wahlbeteiligung betrug 87 %.[123] Bemerkenswert an dem Ergebnis der ersten Gemeinderatswahl nach dem Krieg war aber auch die Tatsache, dass keiner einzigen Frau der Sprung in das Gemeindeparlament gelang. Dies sollte erst bei der nächsten Gemeinderatswahl im Jahr 1948 der Fall sein.

Dennoch wurde gerade jetzt neben den traditionellen Ausschüssen des Gemeinderats ein neues Gremium, ein Frauenausschuss, geschaffen, der sich speziell mit Frauenfragen beschäftigen sollte. Seine Aufgabe war es vor allem, sich um die Probleme der Frauen bei den Schwierigkeiten der Alltagsbewältigung zu kümmern. Das reichte von der Beratung, wie die tägliche Aufgabe der Beschaffung von Lebensmitteln am besten zu lösen sei, über die Vermittlung von Hausgehilfinnen bis zur Organisation von Kursen über die Herstellung von Sirup, die Verwertung von Speiseabfällen oder den Umgang mit Behörden. Eine größere politische Bedeutung scheint der unter dem Vorsitz des Oberbürgermeisters nur selten tagende Ausschuss nicht erlangt zu haben. Bereits 1951 wurde er wieder aufgelöst.[124]

Am selben Tag wie der Gemeinderat wurde auch ein neuer Bürgermeister gewählt. Der Ravensburger Rechtsanwalt Dr. Albert Sauer gewann diese Wahl mit 80 % der abgegebenen Stimmen haushoch gegen den seit Kriegsende amtierenden Bürgermeister Ludwig Steimle und je einen Kandidaten der SP und der KP.

Sauer, 1902 in Ravensburg geboren, hatte sich schon als junger Mann für das Zentrum engagiert und war 1932 in den württembergischen Landtag gewählt worden. Während des Dritten Reichs hatte er als Anwalt mehrfach Bürger und Institutionen verteidigt, die in politische Bedrängnis geraten waren. Obwohl streng katholisch, war es ihm gelungen, nicht nur alte Zentrumswähler für sich zu gewinnen, sondern auch einen Teil der eher konservativ gesinnten Anhänger der DVP.[125] Mit seiner untadeligen politischen Vergangenheit, seiner konservativen Grundeinstellung und seiner oberschwäbischen Jovialität war er der Mann der Stunde.

Der Misserfolg des amtierenden Bürgermeisters Ludwig Steimle, der nur 7,3 % der Stimmen erhielt, war nicht ohne Tragik, denn Steimle war im Mai 1945 neben dem Landrat die undankbarste Aufgabe zugefallen. Im Rahmen des damals Möglichen leistete er vorzügliche Arbeit. Dass er sich als Vollzugsorgan der Besatzungsmacht bei vielen Bürgern unbeliebt machte, war nicht seine Schuld. Das lag an seiner Aufgabe.

Die Zusammenarbeit der Parteien im neuen Gemeinderat scheint gut funktioniert zu haben, war man sich doch in einer entscheidenden Grundfrage einig: der Ablehnung des Nationalsozialismus und der Motivation, am Wiederaufbau Deutschlands mitzuwirken.

1946 folgten noch zwei weitere Wahlen: im Oktober die Wahl der Kreisversammlung, der Vorgängerin des späteren Kreistags, die dem Landrat als „demokratisch gewähltes Entscheidungs- und Kontrollgremium zur Seite gestellt wurde".[126] Auch diese Wahl gewann die CDU mit 72 % der abgegebenen Stimmen in der Stadt und 74,5 % im Kreis. Während die beiden Linksparteien SP und KP bei der Ravensburger Gemeinderatswahl zusammen 26 % der Stimmen erhalten hatten, waren es bei der Wahl zur Kreisversammlung im gesamten Kreis nur 14,7 %.[127]

Die letzte Wahl des Jahrs 1946 war eine indirekte: Es ging um die „Beratende Versammlung", die in Bebenhausen eine Verfassung für das neue Land Württemberg-Hohenzollern erarbeiten sollte. Ihre Mitglieder wurden nicht vom Volk, sondern von den Kreisversammlungen und Gemeinderäten gewählt. Als Vertreter Ravensburgs wurden drei CDU-Politiker (Albert Sauer, Bernhard Bauknecht und Oskar Stemmler), ein DVP-Vertreter (Karl Kübler) und ein Kommunist (Wilhelm Weigold) in diese Versammlung gewählt, aber kein Sozialdemokrat.[128]

Den Abschluss der ersten Wahlrunde nach dem Krieg, mit der die politischen Repräsentanten der deutschen Bevölkerung gegenüber der französischen Besatzungsmacht auf Gemeinde-, Kreis- und Landesebene bestimmt wurden, bildete die Volksabstimmung über die Verfassung des neuen Landes und die gleichzeitig stattfindende Wahl des ersten Landtags von Württemberg-Hohenzollern am 18. Mai 1947. Während es kaum überraschend war, dass mehr als zwei Drittel der Ravensburger Wähler für die neue Verfassung stimmten, war das gegenüber dem Ergebnis vom Oktober 1946 schwächere Abschneiden der CDU bei der Landtagswahl mit 55,7 % nicht unbedingt erwartet worden.

D 30 Ergebnisse der Landtagswahlen 1947 – 1996 in Ravensburg

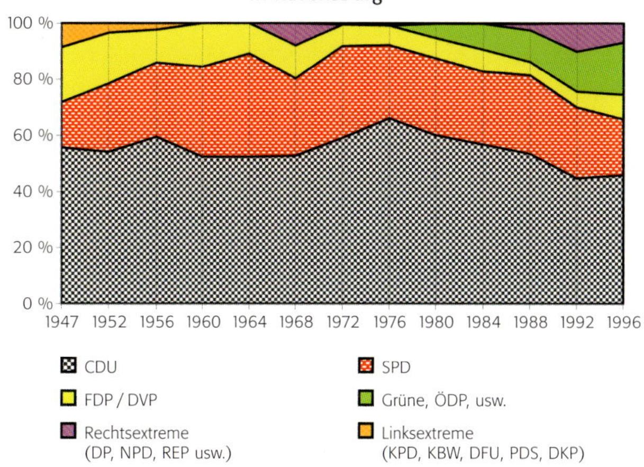

Aus Ravensburg wurden Albert Sauer, der inzwischen mit der Erhebung Ravensburgs zur Großen Kreisstadt (Januar 1947) Oberbürgermeister geworden war, und Bernhard Bauknecht für die CDU, Karl Kübler für die DVP und nun auch ein Sozialdemokrat, nämlich Karl Müller, in den Bebenhauser Landtag gewählt. Da die KP bei dieser Wahl nur noch auf 8,6 % der Stimmen gekommen war, konnte sie keinen Abgeordneten mehr wie 1946 in die Beratende Versammlung stellen.[129]

Sauer war bereits im Dezember 1946 zum Staatssekretär für Kultus, Erziehungswesen und Kunst in der provisorischen Tübinger Regierung ernannt worden und bekleidete von Juli 1947 bis zur Gründung des Südweststaats im Jahr 1952 das Amt des Kultministers des Landes Württemberg-Hohenzollern. Deshalb konnte er das Amt des Oberbürgermeisters, das er keinesfalls aufgeben wollte, nur ehrenamtlich und natürlich auch allenfalls mit halber Kraft wahrnehmen, weshalb ihm ein hauptamtlicher Fachbeamter als „Stadtdirektor" (und damit Chef der Stadtverwaltung) in der Person des bis dahin in der Tübinger Landesdirektion tätigen Adolf Gindele zur Seite gestellt wurde.[130]

Die Doppelfunktion Sauers stieß in Ravensburg zunehmend auf Kritik. Man bezeichnete ihn spöttisch als „Wochenend-OB".[131] Bei der nächsten Bürgermeisterwahl im Dezember 1948 siegte er nur ganz knapp über seinen Gegenkandidaten, den Richter Dr. Hugo Selbherr.

Den Tiefpunkt seiner Karriere als Oberbürgermeister erlebte Sauer 1950, als ihm der Gemeinderat eine Fortsetzung der von ihm ins Leben gerufenen „Festlichen Ostertage" (siehe Seite 338) verweigerte und die Gegner seiner als autoritär empfundenen Rathauspolitik, darunter mehrere Stadträte, eine Bürgerversammlung im Konzerthaus abhielten, an der 1.200 Besucher teilnahmen und bei der scharfe Kritik an Sauers und Gindeles Amtsführung geübt wurde.[132]

Diese Spannungen bekam die CDU, die Partei, deren Exponent Sauer war, bei der nächsten Gemeinderatswahl im Jahr 1951 zu spüren. Erstmals verlor sie die absolute Mehrheit und musste drei Sitze abgeben, zwei an die „Konzerthaus-Fronde" der „Freien Wähler", die mit fünf Sitzen zweitstärkste Fraktion wurden, und einen an die erstmals antretende CDU-nahe, aber stärker sozial orientierte neue Wählergruppe der „Christlichen Arbeiter und Angestellten" CAA.

Nach seinem Ausscheiden aus der Landesregierung im Mai 1952 konnte sich Sauer endlich voll seinem Ravensburger Amt widmen, das er im Stil eines „Volksbürgermeisters" wahrnahm. Bei der OB-Wahl 1954 erhielt er dann auch prompt 97 % der Stimmen, allerdings bei einer schwachen Wahlbeteiligung und ohne dass ein Gegenkandidat angetreten wäre.[133] Das Mandat als Landtagsabgeordneter nahm Sauer bis 1956 wahr. Hinzu kamen weitere Ämter wie das eines Kreisvorsitzenden der CDU (bis 1965), eines stellvertretenden Landesvorsitzenden der CDU in Württemberg-Hohenzollern (bis 1956) und eines Vizepräsidenten der deutschen Sektion des Rats der Gemeinden Europas, um nur einige zu nennen. Ravensburg war 1951 als erste Stadt der Bundesrepublik dem Rat der Gemeinden Europas beigetreten.[134]

Das Verhältnis zwischen Besatzungsmacht und Bevölkerung blieb in den ersten Amtsjahren Sauers noch gespannt. Zu Provokationen wie derjenigen vom 18./19. Juni 1946 kam es später allerdings nicht mehr. In jener Nacht waren an mehreren Häusern und Litfasssäulen Plakate angebracht worden, auf denen in scharfem Ton sowohl die Militärregierung als auch die verantwortlichen deutschen Behörden wegen der unzureichenden Ernährung angeprangert wurden. Landrat Bendel reagierte darauf mit einem „Aufruf", der am 25. Juni in der „Schwäbischen Zeitung" veröffentlicht wurde. Darin bezeichnete er die unbekannten Täter als „verantwortungslose Elemente" und fuhr fort: „Wenn die Militärregierung für dieses Mal von Sanktionen Abstand nimmt, so möge dies ja nicht als Schwäche gedeutet werden, die Wiederholung dieser Vorkommnisse würde schwere Folgen für die Allgemeinheit nach sich ziehen."

Den Franzosen lag viel daran zu erfahren, welche Stimmung in der deutschen Bevölkerung herrschte, wieweit sie immer noch dem Gedankengut des Nationalsozialismus anhing, was sie über die Besatzungsmacht dachte und welche sonstigen politischen Regungen beobachtet wurden. Deshalb mussten die Gouverneure der einzelnen Landkreise dem Oberkommando in Baden-Baden monatlich einen Bericht über den „état d'esprit", die „Bewusstseinslage der Deutschen" liefern.[135] Dabei bedienten sie sich in der Regel deutscher Hilfe. Im Kreis Ravensburg war es, wie schon erwähnt, der Redakteur Paul Weh, der im Auftrag des Landratsamts Monat für Monat einen Stimmungs- und Lagebericht ablieferte.[136]

Besonders interessiert waren die Franzosen an Informationen über die neue Parteienlandschaft. Nach den Parteigründungen im Jahr 1946 konnte Paul Weh zunächst kein großes Interesse an Politik feststellen. Vor allem Jugendliche und ganz generell Frauen interessierten sich nach seiner Beobachtung kaum dafür. „Apathie und starkes Misstrauen in die Zukunft" kennzeichne die Stimmung, so Weh (Bericht vom Juli/August 1946 und Oktober 1947). Die Versammlungen der neuen Parteien seien nur schwach besucht (Bericht vom Juli 1946). Gerade die intellektuelle Elite, Beamte und Lehrer, hätte sich aus dem politischen Leben zurückgezogen (Januar 1947).

Die CDU, so Weh weiter, habe zwar bisher noch nicht sehr viele evangelische Wähler für sich gewinnen können, sie besitze jedoch in dem Publizisten und Landwirt Dr. Ludwig Munzinger ein Zugpferd, dem es mit der Zeit vielleicht gelingen werde, mehr Protestanten als bisher vom politischen Programm der CDU zu überzeugen (Oktober '46). Immerhin sei die CDU mit etwa 800 Mitgliedern im Kreis Ravensburg (davon ca. 300 in Ravensburg) mit weitem Abstand die mitgliederstärkste Partei, gefolgt von der SP mit etwa 350 Mitgliedern (davon 140 in Ravensburg) und der KP mit ca. 200 Mitgliedern (davon ca. 130 in Ravensburg), während die DVP im gesamten Kreis nur etwa 70 Mitglieder besitze.

Zumindest in Oberschwaben sei die SP keine linksradikale Partei mehr, sie tendiere deutlich zur politischen Mitte. Er verwies als Beweis auf die beiden Sozialdemokraten in der provisorischen Tübinger Landesregierung, Carlo Schmid und Viktor Renner. Die KP sei die rührigste der Parteien, aber wegen der Berichte über die Zustände in der Sowjetzone tue sie sich schwer. Um die weibliche Wählerschaft bemühe sich am meisten die CDU. Kürzlich habe sie eine „Kaffeeveranstaltung" organisiert, an der etwa 100 Frauen teilgenommen hätten.[137] Über die DVP/FDP berichtete er 1952, sie scheine eine Art Sammelbecken für alte Nazis geworden zu sein. Ihre Wähler kämen hauptsächlich aus dem Besitzbürgertum (Januar 1952).[138]

Aus keiner anderen Quelle erfährt man über die politische Szene und die politische Stimmung während der Nachkriegszeit so viel wie aus den Berichten Paul Wehs. Regelmäßig wies er darauf hin, dass unzureichende Ernährung und die Beschlagnahmung von Wohnraum am stärksten auf die Stimmung drückten. In keiner anderen Stadt Württemberg-Hohenzollerns außer Tübingen seien so viele Wohnungen beschlagnahmt worden wie in Ravensburg (September '47).

In dem harten, von Lebensmittelknappheit gekennzeichneten Winter 1947/48 beobachtete Weh eine „gedrückte pessimistische Stimmung weitester Volkskreise", vor allem in der Stadt, weniger auf dem Land (Dezember '47). Die französische Deutschlandpolitik werde als „Kolonialpolitik" empfunden, viele glaubten, Frankreich wolle Deutschland auf Dauer niederhalten (Dezember '48).

Über die „Vereinigung der Verfolgten des Naziregimes" (VVN) berichtete Weh, sie zähle im Kreis Ravensburg etwa 140 Mitglieder, ihre Veranstaltungen seien aber nicht besonders gut besucht (März und August '48). Dieser Beobachtung entsprach seine schon im Vorjahr gemachte Feststellung, an den Gedenkfeiern für die Opfer des Faschismus nähmen nur wenige Bürger teil. (September '47). Ende 1950 berichtete Weh, die VVN führe nur noch ein Schattendasein, da sie als kommunistisch durchsetzt gelte. Viele Mitglieder seien inzwischen ausgetreten.

Wenn Paul Weh im August 1949 feststellen konnte, inzwischen sei die Einstellung des Volkes gegenüber Frankreich nicht mehr unfreundlich, so war dies vor allem dem Gouverneur Pierre Paul Ulmer, einem Elsässer, zu verdanken. Sechs Jahre lang, von Sommer 1947 bis zu seinem tragischen Freitod im Sommer 1953 repräsentierte er „verständnisvoll und souverän" (so eine Zeitzeugin) die Siegermacht im Kreis Ravensburg. Der bei seinem Amtsantritt erst 35 Jahre alte gewandte und gesellige ehemalige Offizier war erfolgreich um eine atmosphärische Verbesserung des Verhältnisses zwischen Deutschen und Franzosen bemüht. So verzichtete er bereits kurz nach seinem Amtsantritt auf die bis dahin

Grab des Gouverneurs Pierre Paul Ulmer auf dem Ravensburger Hauptfriedhof
Der im Sommer 1953 verstorbene französische Gouverneur trug während seiner sechsjährigen Amtszeit in Ravensburg viel zum Verständnis zwischen Deutschen und Franzosen bei.
Sein eigenartiges Grabmal, ein Sarkophag aus Steinguss in Gestalt eines ruhenden Kriegers, wurde eigens für ihn aus Frankreich hergeschafft. Es war Mitgliedern der Résistance, der auch Ulmer angehörte, vorbehalten.

übliche Überwachung aller politischen Veranstaltungen der Deutschen. Er förderte das Ravensburger Kulturleben, wo immer er konnte, und besuchte oft und gerne die Vorstellungen im Konzerthaus. Auch der deutsch-französische Schüleraustausch geht auf seine Initiative zurück. Nach seinem Tod wurde er als „Pionier der französisch-deutschen Verständigung" gerühmt. Zu seiner Beerdigung auf dem Ravensburger Hauptfriedhof strömte „fast ganz Ravensburg".[139]

Ulmers Verbundenheit mit Ravensburg fand sichtbaren Ausdruck in seiner Grabstätte auf dem Hauptfriedhof. Er selbst hatte den Wunsch geäußert, hier beerdigt zu werden. Als Mitglied der Résistance im Zweiten Weltkrieg und Träger des französischen Befreiungsordens erhielt er das wohl eigenartigste Grab des Ravensburger Friedhofs: einen Sarkophag aus Steinguss in Gestalt eines ruhenden Kriegers, geschmückt mit dem Lothringer Kreuz, dem Symbol der Résistance, und der Inschrift „Compagnon de la liberation – ouvrier de l'Europe" (Kampfgenosse für die Befreiung, Arbeiter für Europa).

Zu seiner Beliebtheit hatte auch die Tatsache beigetragen, dass er es war, der mit der Rückgabe requirierter Wohnungen und Gebäude begann. Ende 1948 waren noch 30 Wohnhäuser, 304 Wohnungen und 601 Einzelzimmer, 20 Hotels und Gaststätten, elf weitere öffentliche Gebäude, 110 Garagen, 13 Lagerhäuser, vier mechanische Werkstätten und zwölf Tankstellen beschlagnahmt. Zum größeren Teil diente dieser Bestand an beschlagnahmten Gebäuden und Räumen der Besatzungsmacht, zum kleineren den noch in Ravensburg verbliebenen zivilen Ausländern, den „Personnes Déportées" („Displaced Persons"). Bis Ende 1949, also innerhalb eines Jahres, wurden neun Wohnhäuser, 130 Wohnungen und 369 Einzelzimmer an die Eigentümer zurückgegeben, außerdem das Kolping-Gesellenhaus, die Turnhalle auf der Kuppelnau, der Schlachthof, das Zollamtsgebäude und der noch beschlagnahmte restliche Teil des „Klösterle". [140]

Ende 1951 fand die Volksabstimmung über den Zusammenschluss der Länder Württemberg-Baden, Württemberg-Hohenzollern und Baden zu einem „Südweststaat" statt. Sie ergab in Ravensburg eine überwältigende Mehrheit von über 90 % für diese Lösung.

In den folgenden Jahren des wirtschaftlichen Wachstums geriet die Ravensburger Lokalpolitik in ein ruhigeres Fahrwasser. Sauers unangefochtener Wiederwahl als Oberbürgermeister 1954 folgte bei der Gemeinderatswahl von 1956 ein Wahlsieg der CDU, die gemeinsam mit der Fraktion der CAA wieder die absolute Mehrheit im Rat errang und diese bis 1994 behielt (vgl. D 29 Seite 312). Ravensburg war und blieb eine Hochburg der CDU. Oberbürgermeister Sauer war zwar nicht mehr Minister, spielte aber innerhalb der oberschwäbischen CDU zumindest bis ca. 1960 eine wichtige Rolle.

Der einflussreichste Ravensburger Politiker, dessen Wirksamkeit weit über die Stadt hinausreichte, war jedoch während vieler Jahre der Landwirt Bernhard Bauknecht (1900 – 1985), der bereits als junger Mann, von 1932 bis zum Beginn des Dritten Reichs, Mitglied der Zentrumsfraktion im Ravensburger Gemeinderat gewesen war. Als Mitbegründer der oberschwäbischen CDU gehörte er auch dem ersten nach dem Krieg gewählten Ravensburger Gemeinderat an, verlegte jedoch den Schwerpunkt seiner Arbeit bald ganz auf die Landwirtschaftspolitik. 1946 bis 1952 Landtagsabgeordneter, 1949 bis 1969 Mitglied des Deutschen Bundestags, dort 16 Jahre lang Vorsitzender des Ernährungsausschusses, 1947 bis 1973 Präsident des Landesbauernverbands Württemberg-Hohenzollern, 1959 bis 1969 Vizepräsident des Deutschen Bauernverbands: diese Aufzählung umreißt seine weit ausgreifende Wirksamkeit in den Aufbaujahren der Bundesrepublik. Dass Konrad Adenauer während seiner Kanzlerschaft zweimal Ravensburg besuchte, war vor allem Bauknechts Verdienst. Adenauer ließ es sich bei seinem ersten Besuch nicht nehmen, auf Einladung Bauknechts auch dessen Hof in Albertshofen zu besuchen.[141]

Auf Bauknechts Einfluss ging auch die erste Oberschwäbische Landwirtschafts- und Gewerbeschau seit 1925 zurück, die 1951 stattfand und auf Anhieb 80.000 Besucher verbuchte. Aus ihr erwuchs 14 Jahre später die

Bundeskanzler Konrad Adenauer trägt sich in das Goldene Buch der Stadt ein, 2. August 1953
Der erste Besuch Adenauers in Ravensburg erfolgte anlässlich des Bundestagswahlkampfs 1953. Links Oberbürgermeister Dr. Sauer, in der Mitte der damalige Bundestagsabgeordnete des Ravensburger Wahlkreises und spätere Ministerpräsident und Bundeskanzler Kurt Georg Kiesinger.

„Oberschwabenschau", die ihrerseits stark auf eine bäuerliche Kundschaft ausgerichtet war und sich zur wichtigsten Verbrauchermesse ihrer Art in Oberschwaben entwickelte.[142]

Außer Bauknecht saß in jenen Jahren noch ein zweiter Abgeordneter aus Ravensburg im Bundestag: der gelernte Schlosser Karl Müller, zusammen mit Kurt Rückstieß der wichtigste Repräsentant der SPD in der Nachkriegszeit: 1948 bis 1968 Mitglied des Gemeinderats, 1947 bis 1969 Landtagsabgeordneter, zuerst in Bebenhausen, dann in Stuttgart, 1957 bis 1969 Mitglied des Deutschen Bundestags.

Ein weiterer Name darf in dieser Aufzählung nicht fehlen: der des Liberalen Karl Kübler (1880–1955), wie Bauknecht ein politisches „Urgestein". Der gebürtige Neckarschwabe, von Beruf Postbeamter, war schon 1922 bis 1924 Mitglied des württembergischen Landtags gewesen. Wegen seiner ablehnenden Haltung gegenüber dem Nationalsozialismus wurde er 1934 von Geislingen nach Ravensburg strafversetzt. Nach dem Krieg war er hier maßgeblich an der Neugründung der DVP beteiligt. Er gehörte dem ersten Gemeinderat 1946/47 an und schied nur deshalb aus, weil er 1947 in den Landtag von Württemberg-Hohenzollern gewählt wurde. Aus Alters- und Gesundheitsgründen verzichtete er 1952 darauf, für den Landtag des neuen Bundeslandes Baden-Württemberg zu kandidieren.[143]

Mit der Aufhebung des Besatzungsstatuts 1955 und der Rückgabe sämtlicher von der Besatzungsmacht requirierten Wohnungen bis Ende 1956[144] normalisierte sich das Verhältnis zwischen Deutschen und Franzosen. Zwar war die gut gemeinte Initiative, zu Weihnachten 1956 französische Soldaten in deutsche Familien einzuladen, eher ein Misserfolg. Doch umso erfolgreicher war im folgenden Jahr die Gründung einer Deutsch-Französischen Gesellschaft, übrigens der ersten im Regierungsbezirk Südwürttemberg-Hohenzollern. Die treibende Kraft bei dieser und zahlreichen anderen Initiativen, die zur Verständigung zwischen Deutschen und Franzosen beitrugen, war neben Oberbürgermeister Albert Sauer der mit Frankreich durch sein Schicksal im Dritten Reich eng verbundene Ravensburger Unternehmer Werner-Raymond Finsterhölzl-Vernière.[145]

Die Franzosen stellten der Gesellschaft Clubräume in der von ihnen belegten früheren Gendarmeriekaserne in der Gartenstraße, nahe der Markungsgrenze, zur Verfügung. Dort gab es ein Lesezimmer mit französischen Zeitungen und Zeitschriften und dort trafen sich Deutsche und Franzosen zu kulturellen Veranstaltungen, gemeinsamen Festen oder auch nur zu einem Plausch.[146] In Ravensburg, das ja im Gegensatz zu Weingarten nie ein bedeutender Garnisonsstandort war, lag nur bis 1958 ein französisches Regiment, während in der Nachbarstadt bis 1976 verschiedene französische Regimenter stationiert waren.[147]

Die Pflege der Kontakte mit den französischen Nachbarn, an denen gerade auch Oberbürgermeister Sauer sehr interessiert war, führte schließlich 1964 zur offiziellen Städtepartnerschaft mit der Stadt Montélimar in der nördlichen Provence.

Unterzeichnung des Partnerschaftsvertrags mit der französischen Stadt Montélimar, 1965
Im kleinen Sitzungssaal des Ravensburger Rathauses unterzeichneten Bürgermeister Maurice Pic aus Montélimar (links) und Oberbürgermeister Dr. Sauer am 15. Mai 1965 die Partnerschaftsurkunden. Dahinter verschiedene Repräsentanten des öffentlichen Lebens, u. a. Regierungspräsident Birn und der Wangener Landrat Dr. Münch.

Die Wirtschafts-, Sozial- und Kulturpolitik der Nachkriegszeit wird in den folgenden Kapiteln zur Sprache kommen. Erwähnt seien jedoch bereits an dieser Stelle die Bemühungen der Städte und Gemeinden des mittleren Schussentals um eine bessere Zusammenarbeit bei solchen Projekten, die im gemeinsamen Interesse lagen und die wegen der hohen Kosten nur gemeinsam geschultert werden konnten. Ende 1962 wurde von Ravensburg, Weingarten und den Nachbargemeinden Baienfurt und Eschach gemeinsam der „Abwasserzweckverband Mariatal" gegründet, dessen Ziel die Schaffung einer gemeinsamen Kläranlage war.

Ravensburg hatte bereits 1958 gemeinsam mit der Gemeinde Eschach auf deren Gemarkung das Sammelklärwerk Mariatal in Betrieb genommen. Nun ging es darum, ein noch leistungsfähigeres modernes Klärwerk zu bauen. Ein derartiges Großprojekt, das von mehreren Kommunen gemeinsam realisiert wurde, hatte es in Oberschwaben bis dahin nicht gegeben.[148] Es dauerte allerdings noch fast zwölf Jahre, bis das „Großklärwerk Langwiese" in Betrieb gehen konnte.

Eine weitere interkommunale Pioniertat war 1964 die Gründung des „Zweckverbands Gasversorgung Oberschwaben (GVO)" zwischen den Städten Ravensburg, Friedrichshafen und Lindau. Ziel dieses Zweckverbands war die langfristige Sicherung einer ausreichenden Gasversorgung aus dem deutschen und internationalen Ferngasnetz.[149]

Exkurs: Ravensburger Wahlergebnisse 1946 – 1999 im Vergleich zu jenen vor 1933

Die Diagramme D 31 und 32 illustrieren zusammen mit D 25 (Seite 251) nicht nur die Ergebnisse der zwischen 1946 und 1999 durchgeführten Gemeinderats-, Landtags- und Bundestagswahlen, sondern auch, soweit ein Vergleich möglich und sinnvoll erscheint, die Wahlergebnisse der ihnen nahe stehenden Parteien vor 1933. Zum Vergleich der Ergebnisse der Bundestagswahlen mit denjenigen der Reichstagswahlen bis einschließlich 1933 sei auf D 22 (Seite 225) verwiesen. Die Sitzverteilung im Gemeinderat aufgrund der Wahlen von 1946 bis 1999 zeigt D 29 Seite 312.

Daraus ergeben sich folgende Tendenzen im Wahlverhalten der Ravensburger:

1. Der CDU gelang es, an die früheren Erfolge des Zentrums anzuknüpfen. Sie errang auf Anhieb die Mehrheit der Sitze im Gemeinderat, die sie allerdings bereits 1951 wieder verlor. Obwohl sie – von 1956 bis 1971 gemeinsam mit der ihr politisch nahe stehenden Wählervereinigung christlicher Arbeiter und Angestellten (CAA) – bei allen folgenden Gemeinderatswahlen bis 1994 stets die absolute Mehrheit der abgegebenen Stimmen erhielt, erreichte die CDU aufgrund des geltenden Wahlrechts bis 1975 nicht mehr die Mehrheit der Sitze im Gemeinderat. Dies gelang erst wieder nach der Eingliederung der vier Umlandgemeinden Eschach, Schmalegg, Taldorf und Adelsreute (1971 bis 1974). Bei der folgenden Gemeinderatswahl 1975 errang die CDU 30 von 40 Sitzen. Von da an behauptete sie die absolute Mehrheit im Gemeinderat bis 1994. Die bei dieser Wahl knapp verfehlte absolute Mehrheit im Stadtparlament konnte sie jedoch 1999 zurückgewinnen.
2. Die SPD war nach dem Verschwinden der KPD von 1959 bis 1994 zweitstärkste Partei. Ihr Rückgang in der Wählergunst begann jedoch bereits 1984, als sie statt bisher zehn nur noch sieben Sitze erhielt. Ursache dafür war hauptsächlich das Auftreten neuer Parteien und Wählergruppen. Seit 1980 waren die Grünen, von 1984 bis 1989 zusätzlich eine den Grünen nahestehende „Unabhängige Liste für Bürgerbeteiligung und Umweltschutz" im Gemeinderat vertreten. Während diese beiden Gruppierungen vor allem den Sozialdemokraten Stimmen wegnahmen, musste die CDU seit 1989 Stimmen an die „Freien Wähler" und vermutlich auch an die den Grünen nahestehende, aber stärker christlich orientierte ÖDP (Ökologisch Demokratische Partei) abgeben. Bei den Gemeinderatswahlen von 1999 erzielte die SPD ihr schlechtestes Ergebnis seit 1953. Während sie bei der Bundestagswahl 1998 immerhin 31,9 % der Stimmen erhielt, waren es 1999 bei der Gemeinderatswahl nur noch 17,5 %.

D 31 Ergebnisse der Bundestagswahlen 1949 – 1998 in Ravensburg

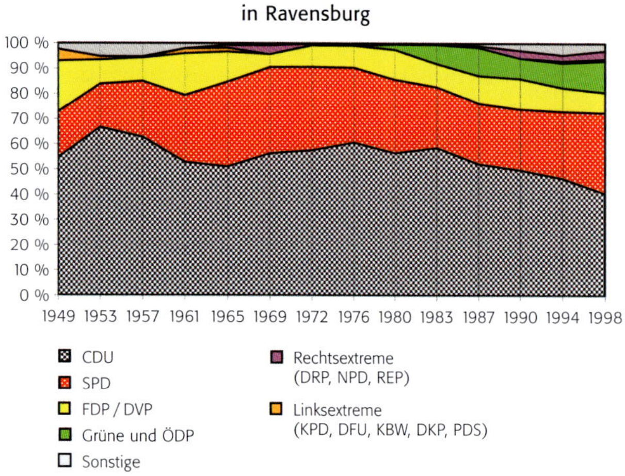

D 32 Ergebnisse der Gemeinderatswahlen 1907 – 1999

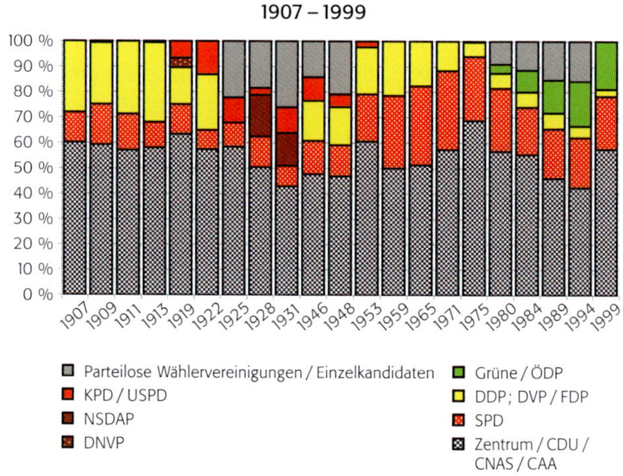

3. Die Liberalen (DDP, DVP/FDP) verloren sowohl in der Weimarer Republik als auch in der Bundesrepublik im Lauf der Jahre jeweils viele Stimmen, allerdings mit dem Unterschied, dass ihnen seit 1928 nur die Nationalsozialisten und andere rechtsextreme Parteien und Gruppierungen Stimmen abnahmen, seit den sechziger Jahren dagegen fast alle anderen Parteien. Schon seit 1965 mussten sie Stimmen an die CDU und die SPD abgeben, auf der kommunalen Ebene seit 1989 auch an die Freien Wähler. Im 1999 gewählten Gemeinderat waren sie erstmals überhaupt nicht mehr vertreten.
4. Zum Auftreten der Grünen in der Parteienlandschaft seit 1980 gab es vor 1933 keine Parallele, denn die parteilosen Wählervereinigungen, die in den Jahren 1927 bis 1932 den etablierten Parteien viele Stimmen abnahmen, hatten ganz andere politische Ziele und standen politisch sehr weit rechts. Der Erfolg der Grünen schadete vor allem der SPD, derjenige der ÖDP eher der CDU.

Die Nachkriegsbevölkerung

Bevölkerungswachstum

Bei der Volkszählung am 26. Januar 1946 wurden in Ravensburg insgesamt 24.008 „Ortsanwesende", davon 22.340 Deutsche, gezählt. Demnach gehörten etwa 1.670 Personen der Besatzungsmacht und den Gruppen der ausländischen „Displaced Persons" an.[150] Ein Teil der damals mitgezählten Deutschen (Evakuierte, Heimatvertriebene, Lazarettinsassen) verließ Ravensburg im Lauf des Jahres wieder. Andererseits fehlten in der Zählung alle Ravensburger, die sich noch in Kriegsgefangenschaft oder kriegsbedingt an anderen Orten befanden. Es ist daher schwierig, die „echte" Einwohnerzahl für das Jahr 1946 zu bestimmen. Sie dürfte zwischen 22.000 und 24.000 gelegen haben. Zwanzig Jahre später, 1966, waren es 32.240!

Zu einem nicht geringen Teil trug der natürliche Geburtenüberschuss zu diesem Wachstum bei, wie D 12 Seite 161 zeigt. Nach einem zunächst noch bescheidenen Wachstum in den ersten Nachkriegsjahren stieg die Geburtenzahl seit 1956 deutlich an. Für die Jahre 1961 bis 1966 kann von einem regelrechten „Babyboom" gesprochen werden. Noch gab es ja keine „Pille". In den zehn Jahren von 1946 bis 1955 wurden in Ravensburg 4.262 Kinder geboren, in den folgenden zehn Jahren bis 1965 5.796. Diesen 10.058 Geburten standen in den Jahren 1946 bis 1966 nur 6.133 Todesfälle gegenüber, so dass sich bis 1966 ein Geburtenüberschuss von 3.925 ergab.[151]

Allerdings muss ergänzend hinzugefügt werden, dass in den Jahren 1946 und 1947 die Kleinkindersterblichkeit ungewöhnlich hoch war, eine Folge der miserablen Ernährungslage. Noch im Kriegsjahr 1944 waren nur 35 Kinder vor ihrem ersten Geburtstag gestorben, und auch 1945 nicht mehr als 40. Doch 1946 waren es plötzlich 102![152] Auch 1947 entfielen noch 9,6 % aller Todesfälle auf Kinder unter einem Jahr, während es vor dem Krieg (1938) nur 4 % gewesen waren. Doch dann verbesserte sich die Situation. 1948 sank die Mortalität der unter einem Jahr alten Kinder auf 6,1 %, 1950 betrug sie 6,5 %, 1953 6,2 %.[153]

Ohne die starke Zuwanderung von Heimatvertriebenen und Flüchtlingen, zu denen ja nicht nur ältere, sondern auch jüngere Menschen zählten, wäre das starke Bevölkerungswachstum nach dem Krieg nicht möglich gewesen. Ein nicht unerheblicher Teil der nach dem Krieg in Ravensburg Geborenen entfiel auf die hier sesshaft gewordenen Sowjetzonen-Flüchtlinge und Heimatvertriebenen. 1955 umfasste die erste dieser beiden Gruppen 1.250, die letztere 3.830 Personen.[154]

Bis 1964 verbuchte Ravensburg stets einen Wanderungsgewinn. Die Zahl der Zuwanderer lag von 1950 bis 1957 um 2.721 Personen höher als die der Abwanderer. Sie nahm erst ab, als immer mehr Ravensburger, die bauen wollten, wegen der niedrigeren Baulandpreise ins Umland zogen. 1966 musste mit minus 390 Personen erstmals ein größerer Wanderungsverlust verbucht werden.

Schon seit 1950 wuchs Ravensburg langsamer als andere Städte in der näheren und weiteren Umgebung, wie die folgende Übersicht zeigt[156]:

	Bevölkerungswachstum 1950 – 1961	1961 – 1970
Ravensburg	um 22,0 %	um 8,7 %
Weingarten	24,7 %	20,6 %
Biberach	37,6 %	19,8 %
Friedrichshafen	69,6 %	20,6 %
Ulm	30,3 %	1,4 %

Um diese Zahlen richtig zu interpretieren, muss berücksichtigt werden, dass die hohen Wachstumsraten der Jahre 1950 bis 1961 in Friedrichshafen und Ulm mit dem erst allmählich in Gang kommenden Wiederaufbau der beiden zerbombten Städte zusammenhingen. Viele der durch den Bombenhagel obdachlos gewordenen Evakuierten konnten erst nach 1950 an eine Heimkehr denken.

Aus demselben Grund verlor umgekehrt Ravensburg eine nicht mehr genau zu bestimmende Zahl von Bewohnern, die im oder nach dem Krieg als „Ausgebombte" in Ravensburg Zuflucht gefunden hatten, die aber seit Ende der vierziger Jahre in ihre Heimatstädte zurückkehren konnten.

Für eine Analyse der veränderten Zusammensetzung der Ravensburger Einwohnerschaft nach dem Zweiten Weltkrieg ist es erforderlich, auch den wachsenden Anteil der Neubürger bzw. den Rückgang des Anteils der Alteingesessenen zu untersuchen. Die amtlichen Statistiken sagen darüber wenig aus. Zur Beantwortung dieser Frage lassen sich dennoch einigermaßen zuverlässige Zahlen ermitteln, zum Beispiel dadurch, dass für bestimmte Stichjahre die Geburtsorte der in den Sterberegistern des Ravensburger Standesamts erfassten Personen festgestellt werden.[157]

	(1) Geburtsort Ravensburg	(2) Geburtsort innerhalb der Grenzen des alten Oberamts Ravensburg (ohne Stadt Ravensburg)[158]	Summe von (1) und (2)
1877	35,2 %	14,1 %	49,3 %
1895	20,8 %	16,6 %	37,4 %
1930	20,4 %	14,7 %	35,1 %
1946	20,9 %	8,5 %	29,4 %
1964	15,3 %	5,5 %	20,8 %

Während 1877 noch fast die Hälfte der Einwohner Ravensburgs aus der nächsten Umgebung stammte, war dies 1964 nur noch bei einem guten Fünftel der Fall. In den 18 Jahren zwischen 1877 und 1895, die im Zeichen einer nur mäßig expandierenden Industrie standen, nahm die Gruppe der im Oberamt Ravensburg Geborenen dennoch um 11,9 Prozentpunkte ab, in der ebenso großen Zeitspanne von 1946 bis 1964 um 8,6 Prozentpunkte, in dem viel längeren Zeitraum zwischen 1895 und 1946 aber nur um 8,0 Prozentpunkte.

Welche Auswirkungen die Zuwanderung nach dem Zweiten Weltkrieg auf das kulturelle und gesellschaftliche Leben Ravensburgs hatte, wird in den folgenden Kapiteln zu untersuchen sein.

Heimatvertriebene, Flüchtlinge, Gastarbeiter

Die Zahl der Heimatvertriebenen und Flüchtlinge, die sich seit Kriegsende in Ravensburg niederließen, war zunächst bescheiden, da für die Französische Zone seit August 1946 eine so genannte „Zuzugssperre" bestand. Das bedeutete, dass nur noch Kriegsheimkehrer, die hier ihren Wohnsitz hatten, zuziehen durften, sowie Kriegsversehrte, die hier bei Verwandten unterkommen konnten. Auch wer in einem festen Arbeitsverhältnis bei einem Arbeitgeber in der französisch besetzten Zone stand, konnte für die Dauer dieses Arbeitsverhältnisses zugelassen werden. Auf Druck der Amerikaner begannen die Franzosen ihre restriktive Haltung seit September 1947 ein wenig zu lockern. Aber erst ab Frühjahr 1949 setzte ein breiter Zustrom von Heimatvertriebenen und Flüchtlingen in die Französische Zone ein.[159]

Die Zahl der aus ihrer Heimat vertriebenen oder geflüchteten und schließlich nach Ravensburg gelangten Deutschen wuchs von Jahr zu Jahr. Waren es im Herbst 1950 2.034 gewesen, so stieg ihre Zahl bis 1955 auf 5.080, bis 1961 sogar auf 5.819.[160] D 33 zeigt die dramatische Entwicklung bei der Gruppe der Heimatvertriebenen.

Wenn bis 1965 außer Heimatvertriebenen und Flüchtlingen aus der Sowjetzone auch noch Evakuierte in den Statistiken auftauchen, so bezog sich diese Bezeichnung, wie schon kurz erwähnt, auf Personen aus den drei Westzonen, die im Krieg ihre Heimat verlassen hatten und noch nicht dorthin zurückgekehrt waren, zum Teil auch gar nicht zurückkehren wollten. Während aber die Zahl dieser Personen kontinuierlich zurückging, nahm die der Heimatvertriebenen und Flüchtlinge aus der sowjetisch besetzten Zone, der „Ostzone", noch bis 1963 zu. Erst von da an ist ein leichter Abwärtstrend zu beobachten.

Seit etwa 1960 pendelte sich die Gesamtzahl der Heimatvertriebenen, Flüchtlinge und Evakuierten bei ca. 5.800 und 6.200 ein. Das waren rund 18 % der Einwohner. 1965 war die Integration und die mit dem Lastenausgleichsgesetz von 1952 verbundene materielle Entschädigung der meisten dieser Neubürger so weit gediehen, dass sie in den amtlichen Statistiken nicht mehr eigens ausgewiesen wurden.

Um eine Vorstellung von der landsmannschaftlichen Herkunft der Ravensburger Neubürger zu erhalten, wurde aus der zwischen 1960 und 1972 geführten Ravensburger Einwohnermeldekartei[161] stichprobenartig die Herkunft von 4.124 vor 1946 geborenen Einwohnern untersucht. Danach stammten 192 = 4,65 % der untersuchten Einwohner aus Ostpreußen, Hinterpommern oder Schlesien, also Gebieten, die zum Deutschen Reich in den Grenzen von 1937 gehört hatten. 101 = 2,45 % stammten aus dem Sudetenland, Westpreußen oder Danzig. Damit sind jedoch noch keineswegs alle deutschstämmigen Heimatvertriebenen erfasst, denn

D 33

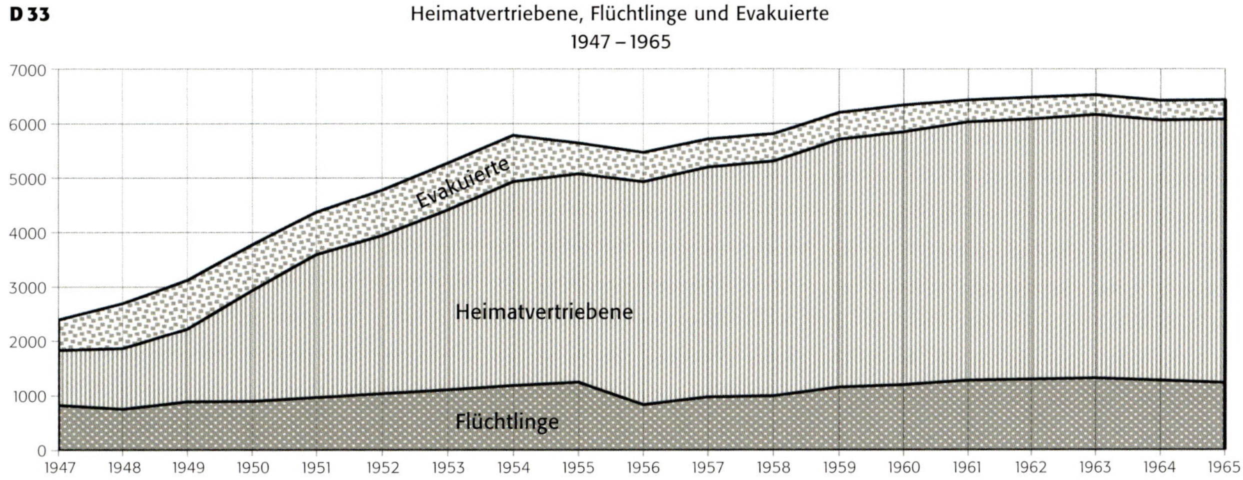

eine nicht mehr genau festzustellende Zahl kam aus Rumänien, Jugoslawien, Ungarn, Polen und dem Baltikum nach Oberschwaben.

Die Bedingungen, unter denen die meisten dieser Menschen, die es nach Ravensburg verschlagen hatte, einen Neuanfang in einer für sie zunächst fremden Gegend wagen mussten, waren hart und für viele deprimierend. Es fehlte sowohl an Wohnraum als auch zum Teil an Arbeit. Die erste Station nach ihrer Ankunft im Schussental war für viele das große „Durchgangslager" in Weingarten oder eines der ehemaligen Kriegsgefangenenlager in Ravensburg. Nach mehr oder weniger langem Warten wurde den Neuankömmlingen zwar vom städtischen Wohnungsamt in der Regel eine „Teilwohnung mit Küchenbenutzung" oder „mit Kochmöglichkeit in den eigenen Räumen" in einem nach damaligen Maßstäben nicht voll ausgelasteten privaten Wohnhaus angewiesen, aber das führte nicht selten zu unerfreulichen Reibereien mit den Wohnungseigentümern, die in den neuen Mietern oft nur lästige Eindringlinge sahen.[162]

Die Einrichtung von Notwohnungen auf Dachböden und der Ausbau von Dachgeschossen, der ab 1949 vom Staat gefördert wurde, war nur ein Tropfen auf den heißen Stein. Erst ab 1950 kam der Wohnungsbau kräftig in Gang. Aber die Wohnungsnot blieb noch lange eine der schwersten Belastungen im Leben vieler, die sich in Ravensburg niedergelassen hatten. Dabei darf nicht übersehen werden, dass die Verhältnisse im unzerstörten Ravensburg und seinem Umland vergleichsweise günstig waren, jedenfalls erheblich günstiger als in vielen anderen Gebieten. Die folgende Übersicht, die allerdings nur Landkreise und kreisfreie Städte bzw. Stadtkreise und nur Vertriebene, keine Flüchtlinge umfasst, vermag davon immerhin eine Vorstellung zu vermitteln:

Anteil der Vertriebenen an der Wohnbevölkerung 1961[163]

Stadt Ulm	16,0 %	Stadt Pforzheim	15,9 %
Stadt Karlsruhe	14,5 %	Stadt Stuttgart	13,4 %
Landkreis Aalen	22,6 %	Landkreis Böblingen	24,9 %
Landkreis Biberach	10,4 %	Landkreis Tuttlingen	16,8 %
Landkreis Bühl	6,7 %	Landkreis Freudenstadt	9,4 %
Landkreis Tettnang	13,1 %	Landkreis Konstanz	11,8 %
Landkreis Ravensburg	**11,7 %**	**Stadt Ravensburg**	**14,3 %**

Ein Glück war es für Ravensburg, dass ungefähr gleichzeitig mit dem starken Zustrom von Vertriebenen und Flüchtlingen, der 1949 einsetzte, die Zahl der hier lebenden Ausländer abnahm. Ende 1947 lebten in Ravensburg noch 1.314 Ausländer, außer den etwa 500 Franzosen (Soldaten und deren Familien) 622 „Displaced Persons" – 139 Polen, 482 Esten, Letten und Litauer und nur noch ein Russe – außerdem 164 Österreicher und etliche hauptsächlich in der Maschinenfabrik Escher Wyss beschäftigte Schweizer. Bis 1952 sank die Zahl der Ausländer auf 384, 1955 betrug sie 454, darunter 55 französische Familien.

Der Ausländeranteil an der Ravensburger Bevölkerung stieg erst seit 1960 wieder deutlich an, als Gastarbeiter aus den Mittelmeerländern ins Land kamen. 1959 waren 416 Ausländer in Ravensburg gemeldet, 1965 bereits 1.565. Zu diesem Zeitpunkt aber war dank des expandierenden Wohnungsbaus und der bereits weit

D 34 Geburtsorte der Ravensburger Bevölkerung 1828 und 1972

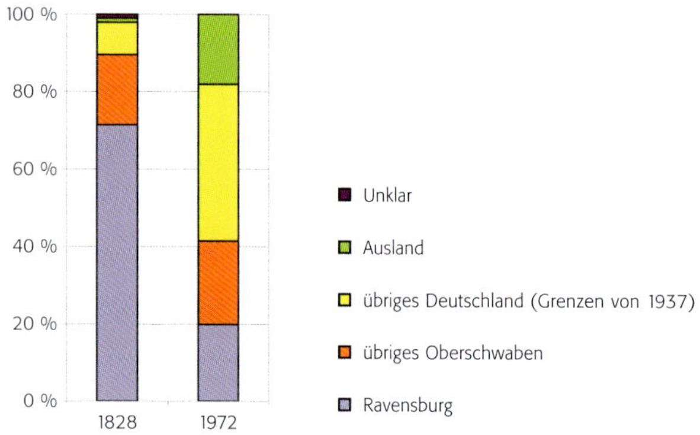

D 35 Anteil der in Ravensburg Geborenen an den zwischen 1877 und 1999 in Ravensburg Verstorbenen

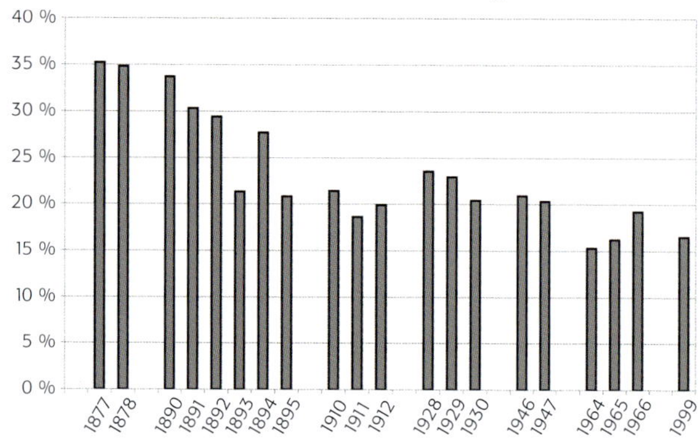

vorangeschrittenen Eingliederung der Vertriebenen und Flüchtlinge die Zuwanderung aus dem Süden Europas leichter zu verkraften als dies zehn Jahre früher der Fall gewesen wäre.[164]

Wie stark die Ravensburger Einwohnerschaft seit dem 19. Jahrhundert aufgrund der wirtschaftlichen und politischen Entwicklung durch Zuwanderung durchmischt wurde, machen D 34 und 35 deutlich.

Die Alltagsnot der Nachkriegsgesellschaft

„Jahrelang wirkten die Sorgen des Alltags erdrückend. Den Kampf um Lebensmittel und Wohnraum, um Brennstoff und Kleidung, millionenfach begleitet von der dumpfen Trauer um die Toten oder von der Sorge um Kriegsgefangene, Vermisste, Verwundete, [...] schnürte die Lebenswelt in einen engen privaten oder allenfalls lokalen Erfahrungshorizont ein“ (Hans Ulrich Wehler).[165]

Mangel an fast allem, was der Mensch zum Leben braucht, prägte nicht nur die unmittelbare Nachkriegszeit, sondern über die Währungsreform hinaus auch noch das tägliche Leben der frühen fünfziger Jahre. Und hinzu kam bei vielen Ravensburgerinnen und Ravensburgern die Trauer um den gefallenen Mann, Bruder oder Sohn und die zwischen Hoffnung und böser Vorahnung schwankende Unsicherheit über das Schicksal der Vermissten und Kriegsgefangenen. Anfang 1947 waren noch 254 Männer allein aus Ravensburg vermisst, 731 befanden sich noch in Kriegsgefangenschaft, davon 316 in Frankreich, 112 in England und 246 in der Sowjetunion. Bis Februar 1948 sank die Gesamtzahl der sich noch in Kriegsgefangenschaft befindenden Ravensburger auf 498. Während die in Frankreich und England Inhaftierten bis Ende 1950 alle bis auf zwei in die Heimat zurückgekehrt waren, befanden sich noch neun in russischer Kriegsgefangenschaft. Die letzten vier wurden erst 1955 entlassen.[166]

Was den Alltag jahrelang besonders stark belastete, war die mangelhafte Ernährung. Zwar scheint die Ernährungssituation in Württemberg-Hohenzollern etwas besser gewesen zu sein als in der übrigen französischen Zone[167], aber in überfüllten Städten wie Ravensburg überschattete sie doch jahrelang den Alltag vieler Menschen. Das harte Wort Theodor Eschenburgs, der die Französische Zone als „Ausbeutungskolonie“ bezeichnet hat[168], war nicht aus der Luft gegriffen. „Die Stimmung im Volk wird [...] in erster Linie von der Ernährungslage beherrscht“, schrieb der Berichterstatter des Landratsamts Ravensburg Paul Weh im Juli 1946.[169] Von den in der französischen Zone produzierten Lebensmitteln ging ein Großteil an die Besatzungssoldaten und an die Bevölkerung in Frankreich. Die Versorgung der Deutschen mit Lebensmitteln verschlechterte sich deshalb bis 1947 noch weiter.

In einer Sitzung der Bürgermeister des Kreises Ravensburg, die am 21. November 1946 im Ravensburger Rathaus stattfand, gab der Landrat bekannt, dass die tägliche Brotration pro Person nunmehr von 300 auf 200 Gramm herabgesetzt werde. Er bat die Anwesenden, an die Bauern in ihren Dörfern zu appellieren, über die vorgeschriebene Abgabemenge hinaus freiwillig Kartoffeln für Krankenhäuser und Altersheime zu spenden und unterernährte Kinder aus der Stadt für zwei oder drei Monate bei sich aufzunehmen. Der Anteil der Besatzungstruppen am Lebensmittelaufkommen belaufe sich statt der vorgesehenen Quote von 5 % tatsächlich auf 35 %. Es sei leider sehr fraglich, ob an die Bevölkerung Haferflocken ausgegeben werden könnten, da die Franzosen für ihren Bedarf große Hafermengen beschlagnahmt hätten.[170]

Im April 1948 stand Kleinkindern zwischen drei und sechs Jahren täglich ein halber Liter Milch zu, Kindern zwischen sechs und zehn ein viertel Liter und Kindern bzw. Jugendlichen zwischen 10 und 18 Jahren sogar nur ein achtel Liter.[171]

Die monatlichen Berichte von Paul Weh sind voll von bedrückenden Schilderungen der Ernährungslage.[172] Im Sommer 1947 wies er darauf hin, wie stark die Arbeitsleistung der Menschen im Kreis durch Unterernährung reduziert werde. „Die graue Sorge um das tägliche Brot erstickt alle geistigen Regungen im Volk" (Juni 1947). Die mangelhafte Milchversorgung im ersten Quartal 1948 führte er auf die kümmerliche Fütterung der Kühe zurück.

Nach der Währungsreform im Juni 1948 verbesserte sich jedoch die Lebensmittelversorgung rasch. Die zugeteilten täglichen Lebensmittelrationen wurden von 1.200 Kalorien auf 1.400 Kalorien für Erwachsene und 1.600 Kalorien für Jugendliche zwischen zehn und 18 Jahren erhöht. Das war immer noch wenig im Vergleich zu den 2.500 bis 3.000 Kalorien, die heute als normaler Tagesbedarf eines Erwachsenen angesehen werden.

Grundnahrungsmittel blieben weiterhin bewirtschaftet. Daneben entwickelte sich aber ein freier Markt, auf dem bessere Qualitäten zu höheren Preisen angeboten wurden. Paul Weh beobachtete, dass sich im ersten Jahr nach der Währungsreform viele Lebensmittel verteuerten, weil sie fast nur noch auf dem freien Markt zu haben waren.[173] Seit Januar 1950 unterlagen lediglich noch Zucker, Butter, Margarine und Eier einer Zwangsbewirtschaftung, in den folgenden Monaten wurden auch diese Waren freigegeben.

Die Volksküche im Gasthof Räuberhöhle, die in den ersten beiden Nachkriegsjahren eine zentrale Rolle in der Versorgung Bedürftiger mit warmen Mahlzeiten gespielt hatte, bereitete noch bis zur Währungsreform täglich etwa 600 bis 700 warme Mahlzeiten für Flüchtlinge und Schwerkriegsbeschädigte zu und kochte außerdem für unterernährte Schulkinder täglich 900 Portionen Suppe.[174] Mit der Freigabe sämtlicher Gastwirtschaften im Sommer 1948 verlor sie allmählich ihre Bedeutung. Im Oktober 1948 wurden dort noch etwa 50 allein stehende Flüchtlinge, Kriegsheimkehrer, Schwerkriegsbeschädigte und Heimatvertriebene bekocht. Erst im Lauf des folgenden Jahrs endete die segensreiche Tätigkeit dieser städtische Einrichtung, und die „Räuberhöhle" wurde wieder eine normale Gaststätte.[175]

Für Schüler wurde fortan in der näher bei den Schulen gelegenen Küche des Konzerthauses gekocht. Die amerikanische Hoover-Stiftung ermöglichte es, dass in Ravensburg bis 1952 ca. 2.900 Schüler in den Genuss der Schülerspeisung kamen.

Wie bescheiden viele auch noch nach der Währungsreform lebten, machte eine Aktion der Stadtverwaltung zu Weihnachten 1950 und 1951 deutlich: 1.200 Kinder von Gefallenen, Schwerkriegsbeschädigten, aus Evakuierten- und Flüchtlingsfamilien erhielten eine vorweihnachtliche „Sonderspeisung", die aus Kakao, Christstollen und Schokolade bestand.[176]

Neben dem Hunger war es der Mangel an Wohnraum, der besonders die neu zugezogenen Menschen bedrückte. Zwischen 1939 und 1947 war die Wohnbevölkerung um mehr als 4.000 Seelen gewachsen, der zur Verfügung stehende Wohnraum hatte jedoch im gleichen Zeitraum abgenommen, weil manche Wohnung in und nach dem Krieg zweckentfremdet oder unbrauchbar geworden war.[177] Im Dezember 1947 registrierte das städtische Wohnungsamt 567 unerledigte Wohnungsgesuche, im Dezember 1949 waren es 853.[178] Es kam vor, dass einer sechsköpfigen Familie nur ein einziges Zimmer zur Verfügung gestellt werden konnte und eine Küche von drei Familien benutzt wurde.

1947 erwarb die Stadt die beiden großen Baracken draußen in der „Höll", die während des Kriegs der Friedrichshafener Flugzeugfabrik Dornier als Ausweichquartier gedient hatten[179], und baute dort mehrere Notwohnungen ein. Aber diese wegen des abgelegenen Standorts nicht ganz unproblematische Maßnahme war im Grunde auch nicht mehr als ein Tropfen auf den heißen Stein. Die Situation entspannte sich erst, nachdem in den fünfziger Jahren der Wohnungsbau in Gang gekommen war und zudem die Franzosen 1956 sämtliche beschlagnahmten Wohnungen zurückgegeben hatten.

Bis zur Währungsreform, und teilweise auch noch darüber hinaus, war vieles Mangelware, besonders für die weniger Betuchten. Dies hatte zur Folge, dass Diebstahl, Einbrüche und Betrügereien an der Tagesordnung waren. Fast in jeder zweiten Nummer berichtete die „Schwäbische Zeitung" über irgendwelche kleineren kriminellen Handlungen.

Den monatlichen Berichten von Paul Weh ist zu entnehmen, dass es auch im zweiten Nachkriegswinter, der sehr streng war, überall an Brennmaterial fehlte. Für die Haushalte stand keine Kohle zur Verfügung, sie mussten sich mit Torf und selbst gesammelten Leseholz begnügen. Da auch das städtische Gaswerk ganz ungenügend mit Steinkohle beliefert wurde, war die Gasversorgung der Haushalte ganz und gar unbefriedigend.

Die höheren Schulen mussten im Februar 1947 bis auf weiteres geschlossen werden, weil die Klassenzimmer nicht geheizt werden konnten. Viele Ravensburger hausten in kalten Wohnungen, weshalb im Januar 1947 neben der Wärmestube im Gasthaus Walfisch eine zweite in der Wirtschaft zum Mehlsack in der Unteren Breiten Straße eingerichtet wurde. Darüber hinaus stellte der Wirt des Gasthofs zum Engel seine Gaststube freiwillig und kostenlos als Wärmestube zur Verfügung, mit Ausnahme der Essenszeiten zwischen 11.30 und 13.30 Uhr und abends ab 17 Uhr.[180]

Glühbirnen gab es höchstens auf dem Schwarzen Markt zu kaufen. Im April 1948 musste man dort 40 RM für eine 40-Watt-Birne hinlegen (Weh-Bericht v. April 1948). Noch rarer waren Fahrradreifen und -schläuche, die so gut wie überhaupt nicht zu haben waren (Bericht v. April u. Oktober 1948). Auch Papier war knapp, 1947 offenbar knapper als im Jahr zuvor, was am gebundenen Jahrgang 1947 der „Schwäbischen Zeitung" abzulesen ist, der 1946 um einiges dicker gewesen war. Nachdem es im Dezember 1947 kräftig geschneit hatte, blieben viele Schüler dem Unterricht fern, weil sie keine festen und wasserdichten Schuhe besaßen (Bericht v. Dezember 1947).

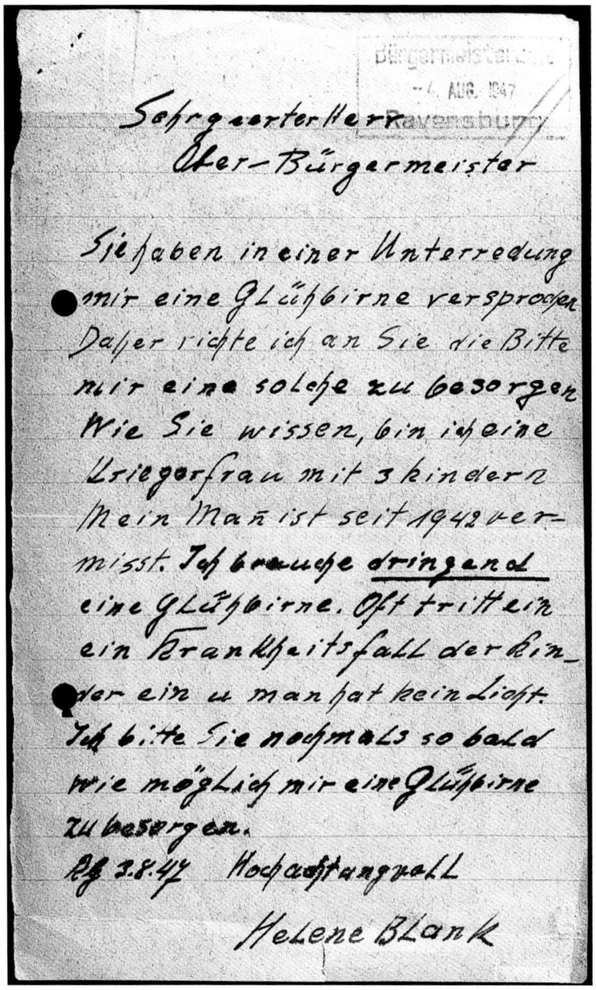

Bürgermeisteramt
4. AUG. 1947
Ravensburg

Sehr geerter Herr
Ober-Bürgermeister

Sie haben in einer Unterredung
mir eine Glühbirne versprochen
Daher richte ich an Sie die Bitte
mir eine solche zu besorgen
Wie Sie wissen, bin ich eine
Kriegerfrau mit 3 kindern
Mein Mañ ist seit 1942 ver-
misst. Ich brauche dringend
eine Glühbirne. Oft tritt ein
ein Krankheitsfall der Kin-
der ein u man hat kein Licht.
Ich bitte Sie nochmals so bald
wie möglich mir eine Glühbirne
zu besorgen.
Rbg 3.8.47 Hochachtungvoll
Helene Blank

Bittgesuch einer Ravensburger Bürgerin an Oberbürgermeister Dr. Sauer, 1947
Eine alleinstehende Frau mit drei Kindern, deren Mann vermisst ist, bittet um eine Glühbirne.

Die Ware, die es in den Läden zu kaufen gab, wurde nur verpackt, wenn der Käufer eine entsprechende Menge Altpapier mitbrachte (Bericht v. April 1948). Ein sehr beliebtes „Zahlungsmittel" waren natürlich Zigaretten. Handwerker waren in der Regel zu Reparaturarbeiten nur bereit, wenn sie statt Bargeld Zigaretten oder andere begehrte Waren (Alkohol, Kaffee, Butter) erhielten (Bericht v. September 1947).

Besonders im Winter gab es immer wieder Arbeitslose, vor allem am Bau und in der Landwirtschaft. Arbeitslos zu sein bedeutete damals etwas anderes als heute, denn die Arbeitslosenunterstützung war kärglich und reichte bei einer Familie mit Kindern keinesfalls zum Leben aus. Zu den Ursachen der Arbeitslosigkeit in den ersten Nachkriegsjahren zählte die Demontage zahlreicher Industriebetriebe (siehe Seite 328) und der Wegfall vieler Arbeitsplätze in den großen, weitgehend zerstörten Fabriken Friedrichshafens, die früher auch viele Arbeiter aus Ravensburg beschäftigt hatten.[181] Ein weiterer Grund war der starke Zustrom von Flüchtlingen und Vertriebenen seit Mitte 1949.

1950 waren 37 % der Arbeitslosen im Kreis Ravensburg Flüchtlinge und Vertriebene, 1953 sogar 40,7 %.[182] Nach der amtlichen Statistik wuchs die Zahl der Arbeitslosen im Bezirk des Arbeitsamts Ravensburg von 459 im Juni 1949 auf 1.044 im Dezember dieses Jahres.[183] Im Dezember 1950 waren von 1.215 im Ravensburger Bezirk gemeldeten Arbeitslosen 294 Frauen (Monatsberichte Paul Weh).

Leider beziehen sich die meisten veröffentlichten Arbeitslosenzahlen auf den gesamten Arbeitsamtsbezirk Ravensburg, zu dem auch Friedrichshafen gehörte, und nicht allein auf Ravensburg. Die wenigen überlieferten Zahlen für die Stadt Ravensburg ergeben ein uneinheitliches Bild. Im Januar 1946 waren hier 603 Arbeitslose gemeldet, wobei die Kriegsinvaliden nicht mitgezählt wurden[184], im Dezember '47 waren es dann allerdings nur noch 168. Dann stieg die Zahl der Arbeitslosen wieder. Zwölf Monate später meldeten sich beim Ravensburger Arbeitsamt allein 657 Frauen als arbeitslos[185], und im Winter 1953/54 gab es nach dem Pfarrbericht des damaligen evangelischen Dekans Schnaufer 2.000 Arbeitslose in der Stadt, darunter etwa die Hälfte Bauarbeiter.[186]

Arbeitslosigkeit, Alter, Krankheit und kriegsbedingte Invalidität waren die häufigsten Ursachen, die zu einer Verarmung führten. Welche Hilfe in der unmittelbaren Nachkriegszeit von Seiten der Stadt und aus privater Initiative denen zuteil wurde, die es teils schon während des Kriegs, vor allem aber danach nach Ravensburg verschlagen hatte, wurde bereits auf den Seiten 280 u. 320–323 geschildert.

Mit der verstärkten Zuwanderung von Flüchtlingen und Heimatvertriebenen seit 1949 wuchs die Zahl der Hilfsbedürftigen, die auf öffentliche Unterstützung angewiesen waren. Zu Beginn des Jahrs 1949 waren es 678 „Fälle", und zwar 511 „Parteien" (Familien), welche in „offener" Fürsorge unterstützt wurden, und 167 Personen, welche sich in „geschlossener" Fürsorge, d. h. in einer Anstalt, befanden. Bis Jahresende wuchs die Gesamtzahl der Fürsorgeempfänger – Familien und Einzelpersonen – auf 760. Hinter diesen 760 „Unterstützungsfällen" verbargen sich in Wahrheit 1.713 Einzelpersonen.[187]

Das städtische Sozialamt unterschied fünf verschiedene Gruppen: von der „Allgemeinen Armenfürsorge", die meist aus einer einmaligen, in Einzelfällen aber auch einer regelmäßigen Unterstützung bestand, profitierten 594 Personen. Es folgten die Kriegsopfer (Schwerkriegsbeschädigte) mit 539 Personen, 263 „Ausgewiesene" (Vertriebene), 245 Klein- und Sozialrentner, deren Rente zu kümmerlich war, um davon leben zu können, und 30 Angehörige von Kriegsgefangenen und Vermissten. Viele der einmaligen Zahlungen waren als Beihilfe für den Kauf von Wäsche und Kleidung gedacht, die vier Jahre nach Kriegsende bei einer großen Zahl von Personen, nicht nur den Heimatvertriebenen und Flüchtlingen, sondern auch bei Einheimischen, als äußerst dürftig bezeichnet wurde.

Die vom städtischen Sozialamt gewährte Unterstützung fiel ganz unterschiedlich aus. Je nachdem, wie der einzelne konkrete Fall aussah, konnte es sich um eine einmalige oder eine regelmäßige Geldzahlung handeln, um ein zinsloses Darlehen (z. B. an Flüchtlinge), eine Sach- oder Dienstleistung (z. B. Brennholz, ein Gutschein für Kohle, häusliche Pflege) oder die Unterbringung in einem Kindererholungsheim bzw. einer Heilanstalt. Kriegsheimkehrer konnten eine so genannte Übergangshilfe erhalten.

In den fünfziger Jahren stieg die Zahl der beim städtischen Sozialamt registrierten Unterstützungsfälle (nicht identisch mit der Zahl der unterstützten Personen) bis auf 836 im Jahr 1954, sank dann aber rasch auf 743 1956, 585 1958, 536 1960 und 518 Ende 1963. Das Wirtschaftswunder machte es möglich: 1965 wurden nur noch 426 „Fälle" gezählt.[188]

Zur sozialen Fürsorge der öffentlichen Hand gehörte auch die Hilfe für Obdachlose, für die im städtischen Bruderhaus bis 1956 25 Betten zur Verfügung standen.[189] Als Ergänzung zum Josefshaus wurde in der Südstadt 1954 ein „Ledigenheim" für 24 allein stehende berufstätige Frauen in Regie des Bau- und Sparvereins erbaut.[190]

*

Ein weiterer wichtiger Bereich der Sozialpolitik war schließlich das Gesundheitswesen. In der ersten Nachkriegszeit standen drei Probleme im Vordergrund: erstens eine unzureichende Bettenzahl für deutsche Patienten in den Krankenhäusern, da die Franzosen das Elisabethenkrankenhaus erst im Herbst 1953 freigaben, zweitens viele Geschlechtskranke infolge der in Ravensburg stationierten französischen Truppen und „Displaced Persons" und drittens eine erschreckend hohe Zahl von Tuberkuloseerkrankungen.

Die Hauptlast als Krankenhaus für die deutsche Bevölkerung hatte das Heilig-Geist-Spital in der Bachstraße zu tragen, das bis in die siebziger Jahre noch schlicht Städtisches Krankenhaus hieß. Seine Bettenkapazität wurde von 130 im Jahr 1937 auf 160 in der Nachkriegszeit erhöht. Bis zur Räumung des Elisabethenkrankenhauses durch die Franzosen war es Schwerpunktkrankenhaus für den gesamten Landkreis und darüber hinaus. Seine Bedeutung stieg noch, nachdem im August 1947 hier ein „Penicillin-Zentrum" eingerichtet wurde, womit ein ganz neues Kapitel ärztlicher Behandlung begann. Bei einer Inspektion durch das staatliche Gesundheitsamt im Dezember 1950 wurde das Krankenhaus allerdings als „in jeder Hinsicht veraltet" bezeichnet. Besonders moniert wurde die unzulängliche Unterbringung von Patienten mit ansteckenden Krankheiten.[191]

Um die vielen erkrankten Prostituierten sowohl zu isolieren als auch zu behandeln, wurde für diese Patientinnen im Hof des städtischen Krankenhauses neben einer Baracke für Patienten mit anderen ansteckenden Krankheiten eine weitere Baracke erstellt und beide Baracken mit einem Stacheldrahtzaun umgeben. Die Unterlagen zu dieser Einrichtung sind spärlich. Aktenkundig wurde eine Beschwerde darüber, dass verschiedene Insassinnen der Baracke abends versucht hätten, durch ein offenes Fenster französische Besatzungssoldaten „anzuwerben" und dass aus diesem Grund sogar der Stacheldrahtverhau an einer versteckten Stelle geöffnet worden sei.[192] Das Problem erledigte sich erst durch den Abzug der meisten Soldaten. Ende 1949 waren jedoch immer noch 74 Geschlechtskranke im Ravensburger Spital registriert. Im selben Jahr wurde die „Hurenbaracke" abgerissen.

Ein noch ernsteres Problem stellten die infolge von Unterernährung an Tuberkulose Erkrankten dar. In einer Liste vom Dezember 1947 wurden alle Personen erfasst, denen über die normalen Rationen hinaus eine

D 36 Rückgang der Kindersterblichkeit 1876 – 1972

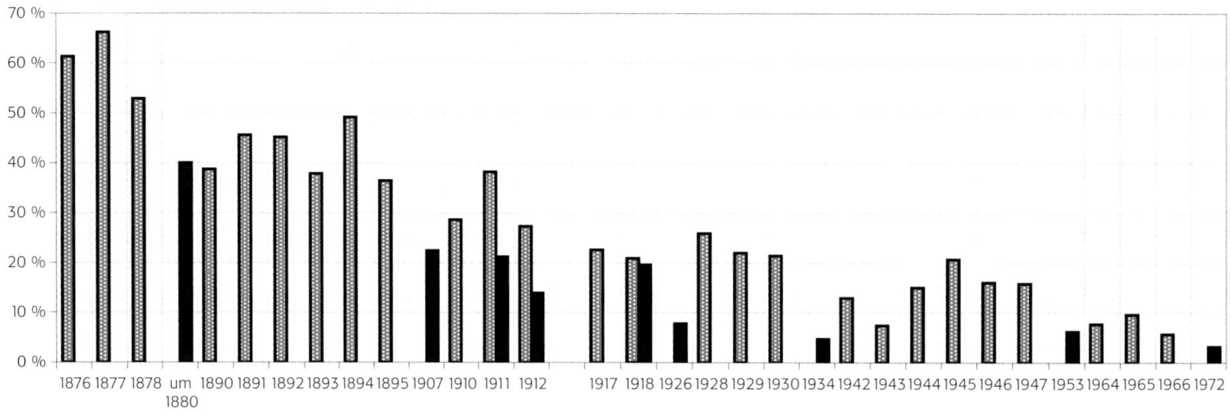

Anteil der unter 10 Jahre alten verstorbenen Kinder und Totgeburten an sämtlichen Todesfällen

Anteil der im 1. Lebensjahr verstorbenen Kinder an der Gesamtzahl der Neugeborenen

zusätzliche Krankennahrung zustand. Darunter befanden sich 556 Tbc-Kranke. Zehn Monate später war deren Zahl bereits auf 680 gestiegen. Bis 1955 kam es jedes Jahr zu zahlreichen Neuerkrankungen: 1949 24 neue Fälle, 1950 25, 1953 87 und 1955 85. Seit 1959 ging endlich die Gesamtzahl der Erkrankten zurück: 1954 246, 1956 252, 1959 216, 1962 172, 1966 188. Am Jahresende 1969 waren nur noch 116 Erkrankte registriert.[193]

Mitte Juli 1952 brach in Ravensburg eine Kinderlähmungsepidemie aus, von der 36 Kinder betroffen waren und die ein Todesopfer forderte. Mitten in den Sommerferien musste die Badeanstalt am Flappachweiher vorübergehend geschlossen werden. Sicherheitshalber wurden die Schulferien um drei Wochen verlängert. Insgesamt ging jedoch die Kindersterblichkeit weiter zurück, wie D 36 zeigt.

Exkurs: Und wieder Hilfe aus der Schweiz

Wie schon nach dem Ersten kamen auch nach dem Zweiten Weltkrieg gerade im Bodenseeraum viele Menschen in den Genuss hochwillkommener materieller Hilfe aus der Schweiz. Organisiert wurde diese Hilfe im Wesentlichen von St. Gallen aus. Im September 1945 bereiste eine Delegation des „Ostschweizerischen Hilfskomitees der Schweizerspende für Deutschland" die Städte Lindau, Friedrichshafen, Tettnang und Ravensburg, um zu erkunden, welche Art der Hilfe wo am nötigsten sei. In Ravensburg fielen den Schweizern „die leeren Geschäftslokalitäten" auf, die „einen trostlosen Anblick" böten, außerdem viele sehr schlecht gekleidete Kriegsverletzte, denen das Tragen ihrer Uniformen verboten worden war. Die schlechte Ernährungslage, so hieß es in dem Bericht, sei mitverursacht durch den Abtransport von Milchprodukten nach Frankreich.[194]

Merkwürdigerweise bestand die erste Sendung aus St. Gallen, die am 23. Oktober 1945 in Ravensburg bei der Ärztin Dr. Gerda Gestrich eintraf, aus Büchern. Noch im selben Jahr wurden aber auch Medikamente und Winterkleidung nach Ravensburg geschickt.[195]

In den Augen der für die Hilfssendungen Verantwortlichen kamen als Adressaten neben Kindern, Jugendlichen, Schwangeren und NS-Opfern in erster Linie Krankenhäuser infrage, in Ravensburg das Städtische Spital, das Lazarett im „Klösterle" mit seinen vielen Amputierten und das Kinder- und Säuglingsheim St. Nikolaus. So enthielten denn auch die ersten Sendungen im Frühjahr 1946 vor allem Verbandmaterial, Narkoseäther, Operationshandschuhe, Alabastergips für die von Dr. Karl Lang im „Klösterle" hergestellten Prothesen, chirurgisches Besteck für Bluttransfusionen, Insulin, Strophantin und andere Medikamente.[196]

Beim Landratsamt Ravensburg forderten die Helfer aus der Schweiz eine Liste von „Opfern des Nazi-Systems" an, wobei vor allem an Juden, Kommunisten und Sozialisten gedacht war. Die nach St. Gallen übersandte Liste enthielt 75 Namen, darunter allein 38 aus Ravensburg.[197]

Auch mit dem Bürgermeisteramt Ravensburg kam es bald zu Kontakten. Ihm wurde die Aufgabe anvertraut, die Spenden an Lebensmitteln, Kleidung und Wäsche nach bestem Wissen zu verteilen. Zwischen 1946 und Frühjahr 1948 trafen große Mengen an Mehl, Kondensmilch, Gemüsesamen, Lebertran, Süßstoff, Zucker und Dörrobst in Ravensburg ein.[198]

Im Auftrag der „Ostschweizerischen Grenzlandhilfe", die Ende 1945 aus der Fusion der St. Galler und Appenzeller Hilfsorganisationen hervorgegangen war, begleiteten der Leiter des Kantonalen Kriegsfürsorgeamts St. Gallen, der Bezirksrichter August Bentele, und gelegentlich auch der Lehrer Dr. Georg Thürer die Transporte nach Oberschwaben. Sie verschafften sich einen Einblick in die Art und Weise, wie die verschiedenen Sachspenden verteilt wurden und wo was am dringendsten benötigt wurde. Die Transporte waren oft sehr umfangreich: Herr Bentele brachte beispielsweise im Mai 1946 275 Kilogramm Gemüsesamen mit und schickte im Oktober desselben Jahrs 1,2 Tonnen Lebertran.[199]

Neben der Ostschweizerischen Grenzlandhilfe wurden auch andere Organisationen aus der Schweiz tätig. Die Tettnanger Agentur des „Amts für schweizerische Interessen für Württemberg-Süd und Hohenzollern", eine Art Konsulat, stellte im April 1946 Rüben, Lauch, Sellerie und Sauerkraut zur Verfügung. Davon erhielt Ravensburg acht Tonnen.[200] Auch das „Hilfswerk für deutsche Notgebiete" in Bern schickte Lebensmittel und vermittelte so genannte „Suppenpatenschaften" Berner Bürger für kinderreiche Familien in Form von Suppenmehl. Im Oktober 1947 spendete das Schweizer Rote Kreuz tausend Glühbirnen, die hochwillkommen waren. Die „Schweizer Bücherhilfe" in Genf sandte im selben Monat hundert Bücher nach Ravensburg. Leider kennen wir die Titel dieser Bücher nicht.[201]

Im Oktober 1946 verfasste das Ravensburger Gesundheitsamt einen Bericht über den Gesundheitszustand der Kinder und Jugendlichen, um den die St. Galler Hilfsorganisation gebeten hatte. Dieser Bericht fand in St. Gallen große Beachtung. Die Hälfte der Ravensburger Schüler, so hieß es darin, hätte die für ihr Alter normale Größe nicht erreicht. 92 bis 95 % der 6- bis 17-Jährigen seien unterernährt. Es mangele vor allem an Eiweiß und Fett. Vielen Kindern fehle eine schützende Fettschicht unter der Haut, weshalb sie im Winter sehr anfällig gegen Erkältungskrankheiten seien.[202]

1947 erhielten viele Kinder zwischen sieben und 14 Jahren Gelegenheit zu einem Tagesausflug in die Schweiz. Der erste dieser Ausflüge fand am 21. Mai bei schönstem Wetter statt. 350 Kinder aus Friedrichshafen und 300 aus Ravensburg durften auf Einladung der katholischen und evangelischen Kirchengemeinden in St. Gallen und des Kantonalen Kriegsfürsorgeamts mit einem Bodenseedampfer nach Romanshorn fahren. Von

21. Mai 1947: Ravensburger Kinder, die zu einem Tagesausflug in die Schweiz eingeladen waren, kehren reich beschenkt zurück. Die Einladung an 350 Kinder aus Friedrichshafen und 300 aus Ravensburg erfolgte durch die evangelischen und katholischen Kirchengemeinden in St. Gallen und das Kantonale Kriegsfürsorgeamt St. Gallen.

dort ging es weiter nach St. Gallen. Mit von der Partie waren Oberbürgermeister Sauer, der Chefarzt des Kinderkrankenhauses Dr. Bihlmeyer und der evangelische Dekan Schnaufer.[203]

Eine zweite Fahrt mit Kindern aus dem Landkreis Ravensburg fand im September auf Einladung des Kantons St. Gallen statt. Nach der Ankunft in Romanshorn wurden die Kinder auf verschiedene Familien in Rorschach, Flawil und Gossau verteilt, bei denen sie bis zum Nachmittag blieben. Reich beschenkt, vor allem mit Textilien und Schuhen, traten sie abends die Heimreise an.[204]

In den St. Galler Archiven haben sich zahlreiche Dankesbriefe erhalten. Drei davon seien hier erwähnt. Der Kinderarzt Dr. Bihlmeyer dankte vor allem für die großen Mengen Kondensmilch, die bei Säuglingen mit schweren Magenpförtnerkrämpfen vielfach lebensrettend gewesen seien. Der Ravensburger Landrat Oskar Sailer schrieb: „Der Geist der Bruderliebe erscheint mir als beste Medizin für die schweren Wunden an Leibern und Herzen so vieler Menschen und Völker." Und in einem Brief des Pfarrers Wolfram Gestrich, der an den Aktionen als Vertreter des deutschen Evangelischen Hilfswerks beteiligt war, hieß es, er sei überzeugt, „[...] dass mit dieser großzügigen Hilfsaktion ein wesentlicher Beitrag zur Umerziehung unserer Jugend in einem neuen und besseren Geist geleistet worden ist".[205]

Nach der Währungsreform schien die größte Not überwunden zu sein, weshalb die Hilfslieferungen aus der Schweiz im August 1948 eingestellt wurden.

Der steinige Weg zum Wirtschaftswunder

Die ersten Nachkriegsjahre unter französischem Diktat

Ein erster Bericht über die wirtschaftliche Entwicklung im Kreis Ravensburg seit Kriegsende, erstellt vom Landratsamt Ravensburg und zensiert von der französischen Militärregierung, erschien in der „Schwäbischen Zeitung" am 12. Februar 1946. Darin hieß es unter anderem: „Die Produktion der Industrie erreicht nur einen Bruchteil der Kapazität. Durchschnittlich kann eine Kapazitätsausnützung von 25 bis 30 % angenommen werden. Die künftige Entwicklung der industriellen Produktion hängt weitgehend von der Versorgung mit Kohle, Energie und Rohstoffen ab. [...] Die Warenbestände des Handels sind unbedeutend. [...] Die landwirtschaftliche Abteilung hatte überreiche Arbeit mit der Regelung des Ablieferungsverfahrens für Vieh, Getreide und Futtermittel."

Tatsächlich war die Politik der französischen Besatzungsmacht von Anfang an mehr auf Ausbeutung als auf Hilfe zum Wiederaufbau ausgerichtet. Dabei muss allerdings berücksichtigt werden, dass auch in Frankreich die materiellen Verhältnisse der Bevölkerung nach dem Krieg schlecht waren.

Schon im Mai 1945 begann die Beschlagnahmung von Werkzeug und Maschinen der Industriebetriebe. Selbst die damals de iure zwar deutsche, de facto aber in Schweizer Besitz befindliche Maschinenfabrik Escher Wyss blieb davon in den ersten Wochen nach Kriegsende nicht verschont.[206] Die guten internationalen Beziehungen der Züricher Direktion der Mutterfirma Escher Wyss verschafften dem Ravensburger Filialbetrieb allerdings schon seit Sommer 1945 wieder Bestellungen aus dem Ausland, nicht zuletzt auch aus Frankreich. Für die deutsche Kundschaft konstruierte Escher Wyss kleine Maschinen für den Abbau von Torf, der ja in den oberschwäbischen Mooren reichlich vorhanden war und bei dem Mangel an Steinkohle neben Holz zum wichtigsten Brennstoff wurde. Häufig kam es zu so genannten Kompensationsgeschäften: Für verschiedene Mühlen im Umland wurden Kleinturbinen gebaut und als Zahlungsmittel zum Teil Mehl vereinbart, mit dem die Firma Escher Wyss dann ihre deutschen Mitarbeiter bezahlte, die mit Mehl mehr anfangen konnten als mit Bargeld.[207]

Die Sonderrolle, die Escher Wyss schon seit der Gründung der Fabrik im Ravensburger Wirtschaftsleben gespielt hatte, wurde auch nach dem Zweiten Weltkrieg wieder deutlich. D 37 belegt dies. Nicht nur während des Kriegs, sondern auch danach, war die Zahl der dort Beschäftigten unvergleichlich viel höher als in allen anderen Ravensburger Industriebetrieben. Dank der Patronage durch die Schweizer Mutterfirma blieb Escher Wyss Ravensburg auch von der Demontagepolitik der Franzosen weitgehend verschont.

Neben der Requirierung von Wohnungen und Grundnahrungsmitteln hat dem Ansehen der französischen Besatzungsmacht bei den Deutschen nichts so sehr geschadet wie die „Demontage", die Beschlagnahmung ganzer Fabriken und der Abtransport ihres gesamten Maschinenparks bzw. der noch brauchbaren Teile desselben nach Frankreich. Viele empfanden die zunächst willkürlich vorgenommenen, seit Herbst 1947 systematisch durchgeführten Aktionen, die sich bis 1949 hinzogen, als „industriellen Kannibalismus". Scharfe Kritik an dieser Form der Wirtschaftspolitik übten auch die Amerikaner.[208]

In Ravensburg traf es vor allem die Maschinenfabriken Bezner und Nothelfer sowie die Maschinenfabrik Ravensburg (vormals Honer). Wo keine Maschinen mehr vorhanden waren, gab es auch keine Arbeit mehr oder allenfalls bescheidene Reparaturarbeiten, was eine steigende Arbeitslosigkeit zur Folge hatte. In Ravensburg waren davon über 200 Fabrikarbeiter betroffen.[209] Die zunächst zähneknirschend unterdrückte Wut über die französische Demontagepolitik entlud sich im August 1948 in einem Generalstreik.[210]

Was eine wirtschaftliche Erholung in den ersten Jahren unmöglich machte, war neben der Demontage der Mangel an elementaren Rohstoffen wie Kohle, Gas, Strom und Eisen. Doch nicht nur deshalb waren viele Handwerksbetriebe lahmgelegt. Auch die speziellen Rohstoffe, auf die sie angewiesen waren, standen nicht oder in viel zu geringem Umfang zur Verfügung: den Schreinern fehlte es an Holz, den Schuhmachern an Leder. Ähnlich erging es Flaschnern, Schmieden, Elektrikern und den meisten Bauhandwerkern.[211]

D 37 Die wirtschaftliche Entwicklung 1936 – 1946
am Beispiel der Belegschaftszahlen der 13 größten Ravensburger Firmen
(Beschäftigte)

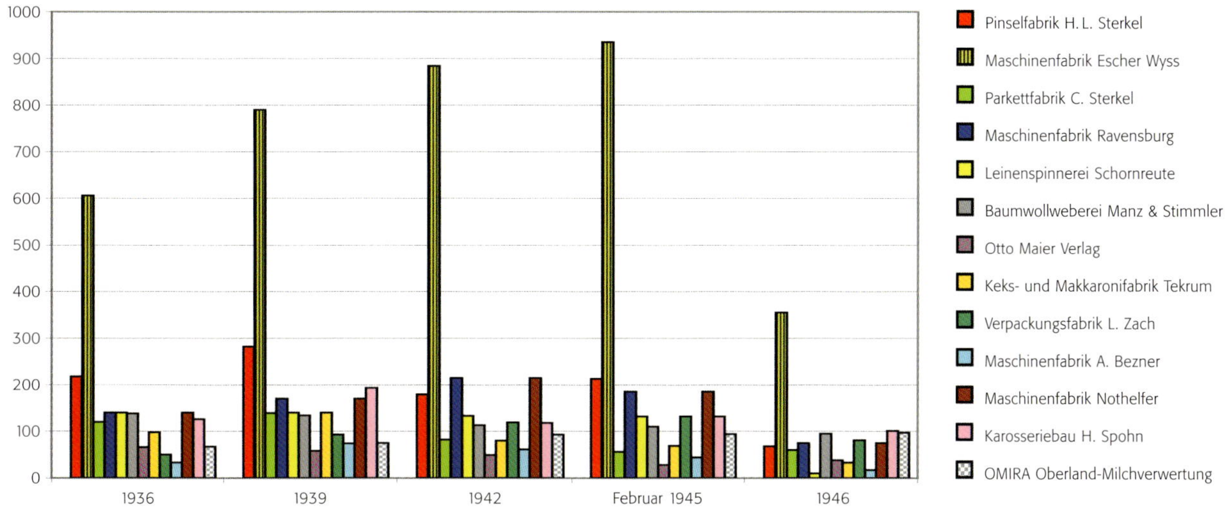

Doch es gab auch einige Lichtblicke, und zwar im ältesten Ravensburger Industriezweig, der Textilindustrie. Die mit der 1936 wieder eröffneten Spohnschen Flachsrösterei eng zusammenarbeitende Leinenspinnerei Schornreute erhielt schon wenige Monate nach Kriegsende Aufträge der französischen Besatzer und stellte deshalb im April 1946 50 neue Arbeitskräfte ein. Gesucht waren vor allem heimatvertriebene Facharbeiter aus Schlesien. Einige erhielten von den Franzosen tatsächlich eine Zuzugsgenehmigung, was zum damaligen Zeitpunkt noch eine große Ausnahme war.[212] Auch die alteingesessene Baumwollweberei Manz & Stimmler war gut beschäftigt und zählte Ende 1946 schon wieder über hundert Mitarbeiter, 1949 gar 140. Von den 168 Beschäftigten dieser Firma im Jahr 1952 waren 127 Frauen.[213]

An Textilien aller Art bestand nach den langen Jahren der Entbehrung ein großer Bedarf. Zwischen 1946 und 1952 eröffneten daher einige heimatvertriebene Unternehmer, die schon vor dem Krieg geschäftliche Beziehungen zu hiesigen Firmen besessen hatten, neue Textilfabriken in Ravensburg. Dabei handelte es sich um Firmen aus dem Vogtland (Plauen) und dem Sudetenland: 1946 die *Spitzen- und Stickereifabrik Franz Bartl*, die auf Blusen und Wäsche spezialisiert war, 1948 die *Kurt Helbig KG*, die ebenfalls Spitzen, Blusen und andere Modewaren herstellte, und 1952 die *Württembergische Stickereifabrik Ernst Verleger*.

Allen drei Firmen war nur eine kurze Blüte beschieden. Sie stellten zwar zeitweise mehr als hundert Beschäftigte, hauptsächlich Frauen, ein, litten aber seit den sechziger Jahren massiv unter der Konkurrenz der Billiglohnländer.[214]

Schon 1954 wurde die Leinenspinnerei Schornreute, in der 1949 noch über 150 Arbeiterinnen und Arbeiter beschäftigt waren, stillgelegt. Die von ihr abhängigen Flachsröste Ittenbeuren musste deshalb ihrerseits 1957 als letztes Unternehmen der Familie Spohn in Ravensburg ihren Betrieb schließen. Von den neuen Textilfabriken gab die Firma Franz Bartl in den sechziger Jahren, die Württembergische Stickereifabrik 1975 und die Firma Kurt Helbig zu Beginn der achtziger Jahre auf.[215]

Währungsreform und Wirtschaftswachstum

Dass eine Währungsreform, eine Abwertung der Reichsmark, in der Luft lag, war im Frühjahr 1948 den meisten bewusst. Zu welchem genauen Zeitpunkt und zu welchem Umtauschkurs diese Geldreform erfolgen würde, war jedoch ungewiss. Als es soweit war, wurde der Stichtag auf einen Sonntag, den 20. Juni, gelegt, an dem die meisten Geschäfte ruhten. An diesem Tag konnten in den auf die ganze Stadt verteilten Umtauschstellen pro Kopf nur 40 neue DM gegen den entsprechenden RM-Betrag umgetauscht werden, was kinderreiche Familien begünstigte.

Tatsächlich genügten dieser geringe Pro-Kopf-Betrag und der ab dem folgenden Montag geltende Umtausch-

Wochenmarkt in der Marktstraße, ca. 1965
Erst nach der Währungsreform wurde das Warenangebot auf dem samstäglichen Wochenmarkt langsam wieder so vielfältig wie vor dem Krieg.

kurs von 1 DM : 10 RM, um den Wirtschaftskreislauf in Gang zu setzen. Mit einem Schlag waren die Geschäfte wieder mit Waren gefüllt, die bisher in Erwartung des „Tags X" gehortet worden waren. In den Läden wurde man wieder höflich bedient und die Handwerker waren wieder bereit, Aufträge jeglicher Art auszuführen, gegen bares Geld natürlich. Auch der Wochenmarkt am Samstag, der bis zur Währungsreform ein kümmerliches Dasein gefristet hatte, blühte alsbald wieder auf.[216]

„Allen düsteren Prophezeiungen zum Trotz war dieser Tag [der 20. Juni 1948] der segensreichste, den wir seit dem Zusammenbruch erlebt haben", schrieb Paul Weh ein Jahr später in seinem monatlichen Bericht.[217] Mit der geringen Geldsumme, die vielen zunächst nur zur Verfügung stand, wurden in erster Linie Lebensmittel gekauft. Als dann zum Monatswechsel Löhne und Gehälter erstmals in DM ausbezahlt wurden, nahm die Kaufkraft kräftig zu. Gekauft wurden zunächst fast ausschließlich Sachgüter, die man so lange entbehrt hatte. Für kulturelle Bedürfnisse – Veranstaltungen, Bücher – bestand zunächst nur wenig Interesse, die hatte man bisher noch am ehesten befriedigen können. Konzerte mussten abgesagt werden, der Kinobesuch sank rapide.[218] Geld wurde wieder alleiniges Zahlungsmittel, der Schwarze Markt verschwand lautlos.

Leidtragende waren diejenigen, die bisher von ihren Ersparnissen gelebt hatten. In den folgenden Monaten verdoppelte sich daher in Ravensburg die Zahl der Fürsorgeempfänger.[219] Die gewachsene Kaufkraft der Bevölkerung, die teilweise in Kaufwut ausartete, hatte seit dem Spätsommer eine kräftige Steigerung der Verbraucherpreise zur Folge. Im November 1948 beklagte das Bürgermeisteramt Ravensburg den „Verlust jeglichen Sparsinns [...] Die Bevölkerung scheut nicht vor dem Kauf von teuren Waren, Radioapparaten, Luxusschuhen usw. zurück. [...] Diese ungezügelten Neigungen und hemmungslose Kauflust haben die Preissteigerung [...] stark beeinflußt."[220] Bei vielen Arbeitern und bei den Gewerkschaften lösten die Preissteigerungen Unmut aus. Von „Gaunern, Schiebern und Volksbetrügern" war die Rede.[221] Die Brotversorgung wurde im November 1948 vom Bürgermeisteramt der Stadt Ravensburg als „katastrophal" bezeichnet. Als Grund wurde angegeben, die meisten Bauern hielten in Erwartung steigender Getreidepreise ihr Getreide zurück.[222]

Wer mehr arbeitete, bekam auch mehr Lohn, und von mehr Lohn konnte man jetzt endlich auch wieder mehr kaufen. Diese einfache Formel führte binnen eines Jahrs zu einer Steigerung der durchschnittlichen Wochenarbeitszeit von 42 bis 43 auf 48 Stunden.[223] In manchen Fabriken wurde sogar bis zu 53 Stunden in der Woche gearbeitet.[224] Erhöhte Produktivität bedeutete erhöhten Wohlstand. Im Juli 1949 konstatierte Paul Weh: „Handel und Industrie haben durch die Währungsreform einen beachtlichen Auftrieb erhalten." Das Angebot an arbeitswilligen Menschen sei gestiegen, auch Frauen bemühten sich nun vermehrt um Arbeitsplätze. Einen Monat zuvor hatte er allerdings feststellen müssen, dass in dem einen Jahr seit der Währungsreform die Preise um 50 % gestiegen seien.

1949 gab es in Ravensburg bereits wieder elf Betriebe mit hundert oder mehr Beschäftigten: die drei Maschinenfabriken Escher Wyss, Ravensburg und Nothelfer, das Karosseriewerk H. Spohn, die Pinselfabrik Sterkel, die Baumollweberei Manz & Stimmler, die Leinenspinnerei Schornreute und – streng genommen allerdings außerhalb der Ravensburger Markung gelegen – die Bleicherei und Appreturanstalt Weißenau, außerdem die Kartonagen- und Verpackungsfabrik Zach, die Großmolkerei OMIRA und die Feinbäckerei Tekrum.[225]

Noch war die deutsche Wirtschaft anfällig gegen Störungen wie den Koreakrieg (1950–1953), der vorübergehend zu einer Wirtschaftskrise, zu Hamsterkäufen, Rohstoffverknappung, Rückgang der Produktion, Preissteigerungen und Arbeitslosigkeit führte. Dass es auf längere Sicht jedoch aufwärts ging, zeigen die Umsatz- und Beschäftigtenzahlen der Ravensburger Industrieunternehmen. Bei der Maschinenfabrik Escher Wyss, die Papiermaschinen, Verstellpropeller für Schiffe, Pumpen, Wasser- und Dampfturbinen herstellte und die der mit Abstand größte Betrieb in Ravensburg war, stieg der Jahresumsatz von 8,1 Millionen DM im Jahr 1949 auf 31,3 Millionen DM 1954[226], die Belegschaft von 766 Beschäftigten im Jahr 1949 auf 1.900 1956.[227]

Damit konnte niemand sonst mithalten. Escher Wyss war jedoch auf Grund seiner engen Beziehungen zu der Mutterfirma in Zürich ein Sonderfall. Dass es aber auch anderswo, nicht zuletzt dank des Marshallplans und der durch ihn ermöglichten zinsgünstigen Darlehen (ERP-Mittel), aufwärts ging, zeigen die folgenden Belegschaftszahlen:[228]

Werkhalle der Maschinenfabrik Escher Wyss, um 1950

Wachstum der Arbeitsplätze in einigen Ravensburger Industriebetrieben

Maschinenfabrik Escher Wyss	1949: 766	1956: 1.900
Maschinenfabrik Ravensburg	1949: 105	1960: 300
Maschinenfabrik Nothelfer	1948: 75	1960: 350
Pinselfabrik Sterkel	1946: 68	1960: 190
OMIRA	1946: 97	1960: 200
Feinbäckerei Tekrum	1946: 33	1950: 170

Auch die wachsende Zahl von Einpendlern – Erwerbstätigen, die täglich von auswärts zu ihrem Arbeitsplatz nach Ravensburg kamen – belegt diese Entwicklung. 1950 waren es 2.405, 1964 bereits 5.635. Damit war jedoch noch keineswegs das Ende der Fahnenstange erreicht, denn bis 1970 wuchs die Zahl der Einpendler auf 10.301! Dagegen war die Steigerung bei der Zahl der Auspendler, die von Ravensburg zu einem auswärtigen Arbeitsplatz pendelten, von 598 im Jahr 1950 auf 1.369 1964 eher bescheiden.[229]

Aufschlussreich ist eine vergleichende Übersicht über die Entwicklung der Zahl der Erwerbstätigen in den einzelnen Wirtschaftsbereichen Industrie und Handwerk, Handel, Verkehr (Bahn, Post, Banken, Speditionen, Telekommunikation), sonstige Dienstleistungen (öffentlicher Dienst, freie Berufe, Erziehungs- und Gesundheitswesen) und Landwirtschaft (einschließlich Forstwirtschaft). Bei der Zusammenstellung der Zahlen wurde darauf geachtet, dass sie sich stets auf sämtliche in Ravensburg arbeitenden Erwerbstätigen beziehen, also auch auf die Einpendler. Leider differenzieren die meisten Statistiken nicht zwischen Industrie und Handwerk.[230]

	1938/39	1950	1961	1970
Erwerbstätige insgesamt	6.441 = 100,0 %	11.899 = 100,0 %	15.342 = 100,0 %	22.850 = 100,0 %
Industrie	2.956 = 45,9 %			
Handwerk	1.066 = 16,6 %			
Industrie und Handwerk	4.022 = 62,5 %	5.747 = 48,3 %	7.648 = 49,8 % *	11.118 = 48,7 % **
Handel und Verkehr	1.030 = 16,0 %	2.379 = 20,0 %	3.056 = 19,9 %	4.800 = 21,0 %
sonstige Dienstleistungen	581 = 9,0 %	3.258 = 27,4 %	4.261 = 27,8 %	6.729 = 29,4 %
Landwirtschaft	808 = 12,5 %	515 = 4,3 %	377 = 2,5 %	203 = 0,9 %

* davon ca. 6.400 – 6.450 Arbeiter ** davon 1.687 im Baugewerbe Beschäftigte (1961 : 1604)

Was beim Vergleich der Zahlen sofort ins Auge fällt, ist die Zunahme der Arbeitsplätze im Dienstleistungsbereich und der starke Rückgang bei der Landwirtschaft. Allerdings ist zu berücksichtigen, dass die Statistik nur Vollerwerbslandwirte erfasst, also nicht den Arbeiter oder Angestellten, der nebenher noch eine kleine Landwirtschaft betrieb.

Der Wernerhof, eines der letzten stadtnahen landwirtschaftlichen Anwesen, um 1960
Auf dem ursprünglich dem Kloster Weißenau gehörenden Gutshof wurde bis in die 1970er Jahre Landwirtschaft betrieben.
Die Ökonomiegebäude sind inzwischen abgerissen, das ehemalige Wohnhaus dient seit 1987 der Schwarze-Veri-Zunft als Vereinsheim.

Wegen der immer undeutlicher werdenden Grenze zwischen Industrie und Handwerk (Entstehung von Handwerksbetrieben mit mehr als hundert Beschäftigten, z. B. Baugeschäfte, und kleiner Industriebetriebe, z. B. im Bereich der Elektronik) unterschieden die meisten Statistiken der Nachkriegszeit nicht mehr zwischen Industrie und Handwerk. Dennoch ist aus der Statistik auf Seite 331 die immer noch große Bedeutung der Industrie für die Ravensburger Wirtschaft ablesbar. Das zeigt der hohe Anteil von Arbeitern an den 1961 in Industrie und Handwerk Beschäftigten, dies zeigt aber auch die in der rechten Spalte folgende Übersicht über die Firmen mit hundert oder mehr Beschäftigten im Jahr 1960. Der viele Arbeitsplätze vernichtende Rationalisierungsdruck in der Industrie kam erst nach 1970 zur vollen Wirkung.

Nicht erfasst in unserer Statistik ist der Anteil der Frauen an den Erwerbstätigen. In den 25 Jahren nach dem Kriegsende war er erstaunlich hoch und erstaunlich konstant und schwankte nur zwischen 39 % (1970) und 42 % (1946).[231] Bis 1960/65 hing der hohe Frauenanteil mit der wieder bzw. noch florierenden Textilindustrie zusammen. Seit den sechziger Jahren verlagerte sich dann der Schwerpunkt des Angebots an Arbeitsplätzen für Frauen auf den Dienstleistungssektor (Erziehungs- und Gesundheitswesen, Handel, Gastronomie).

Nach Erhebungen der Stadtverwaltung Ravensburg gab es 1960 in Ravensburg 18 Betriebe, die hundert oder mehr Personen beschäftigten, gegenüber elf (ohne die Bleicherei Weißenau zehn) im Jahr 1949.

Mit weitem Abstand war 1960 die Maschinenfabrik Escher Wyss mit ca. 1.700 Beschäftigten Spitzenreiter, gefolgt von der Maschinenfabrik Nothelfer mit 350 und der „Elektrotechnischen Spezialfabrik" R. Finsterhölzl (Rafi) mit 320 Mitarbeitern. Alle übrigen aufgeführten Firmen beschäftigten weniger als 300 Personen. Mehr als 200 Beschäftigte hatte damals sonst nur noch die Maschinenfabrik Ravensburg (270). Es folgten die Firma OMIRA (200), die Pinselfabrik Sterkel (190), der Otto Maier Verlag und die Baumwollweberei Manz & Stimmler (je 180), die Energieversorgung Schwaben (EVS), die Stickerei- und Spitzenfabrik Franz Bartl und die Babywäsche- und Verbandstofffabrik Dreher (je 160), das Baugeschäft Rinker (130), die Württembergische Spitzen- und Stickereifabrik Ernst Verleger und das Kaufhaus Orion (je 120), das Baugeschäft Rauscher (118), die Kartonagenfabrik Zach (110) und schließlich die Parkettfabrik Sterkel sowie das Baugeschäft Arnold mit je ca. 100 Beschäftigten.[232]

Wie sich die Zahl der Arbeitsplätze auf die einzelnen Wirtschaftsbereiche 1970 im Vergleich zu 1938 verteilte, geht aus D 38 hervor. Dem Rückgang beim produzierenden und verarbeitenden Gewerbe (Land- und Forstwirtschaft, Industrie, Handwerk) stand die wachsende Bedeutung des tertiären Sektors Handel und Dienstleistungen gegenüber. Dabei ist jedoch ein deutlicher Unterschied zwischen der Entwicklung bei Handel und Verkehr (Post, Bahn, Speditionen, Telekommunikation) und bei den übrigen Dienstleistungen vor und nach dem Krieg zu erkennen. Bei letzteren, zu denen neben Gesundheits- und Schulwesen, öffentliche Verwaltung, Banken, Versicherungen, Gastronomie und Freie Berufe zählten, stieg die Zahl der Arbeitsplätze nach dem Krieg sehr viel stärker.

Ein anderes Kriterium zur Erfassung des Stellenwerts der verschiedenen Wirtschaftsbereiche ist die Höhe der Gewerbesteuerzahlung. Wegen des Steuergeheimnisses können allerdings die für die jüngste Vergangenheit (neunziger Jahre) vorliegenden Daten nicht ausgewertet werden.

Gießerei der Maschinenfabrik Escher Wyss beim Guss einer Turbine, ca. 1970
Im Hintergrund der Kessel mit dem flüssigen Eisen.

D 38 Anteil der verschiedenen Wirtschaftsbereiche an der Zahl der Arbeitsplätze 1938–1970

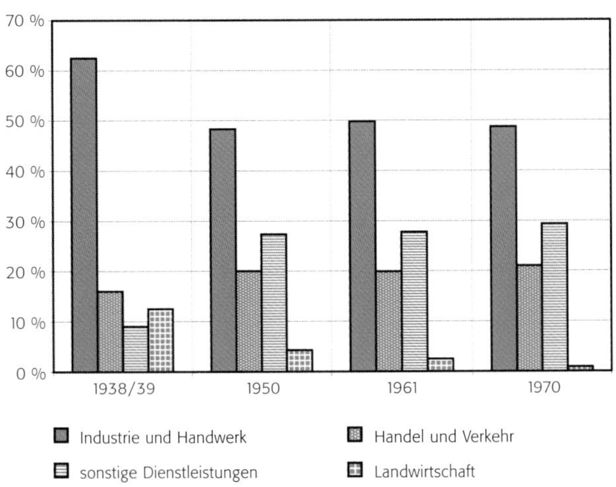

Unter den 50 größten Gewerbesteuerzahlern des Jahrs 1965 befanden sich 13 Fabriken, acht Baugeschäfte, 18 Groß- oder Einzelhandelsgeschäfte (darunter sechs Autohäuser, vier Kaufhäuser und zwei Möbelhäuser), fünf Banken und Versicherungen, vier Druck- und Verlagsanstalten sowie je eine Bierbrauerei und eine Metzgerei.

Zu den „Top Ten" gehörten 1965 sechs Fabriken: drei Maschinenfabriken, eine Textilfabrik, eine Fabrik für elektronische Anlagen und eine Kartonagenfabrik, weiterhin ein Verlag, ein Baugeschäft, ein Geldinstitut und eine Großhandlung für sanitäre Einrichtungen.

Diese Zahlen belegen die immer noch vorhandene große Bedeutung der Industrie am Wirtschaftsstandort Ravensburg in den sechziger Jahren. Bis in die achtziger Jahre änderte sich daran nur wenig.

D 39 Entwicklung des Wohnungsbaus in der Kernstadt 1919 – 1997
(fertig gestellte Wohnungen)

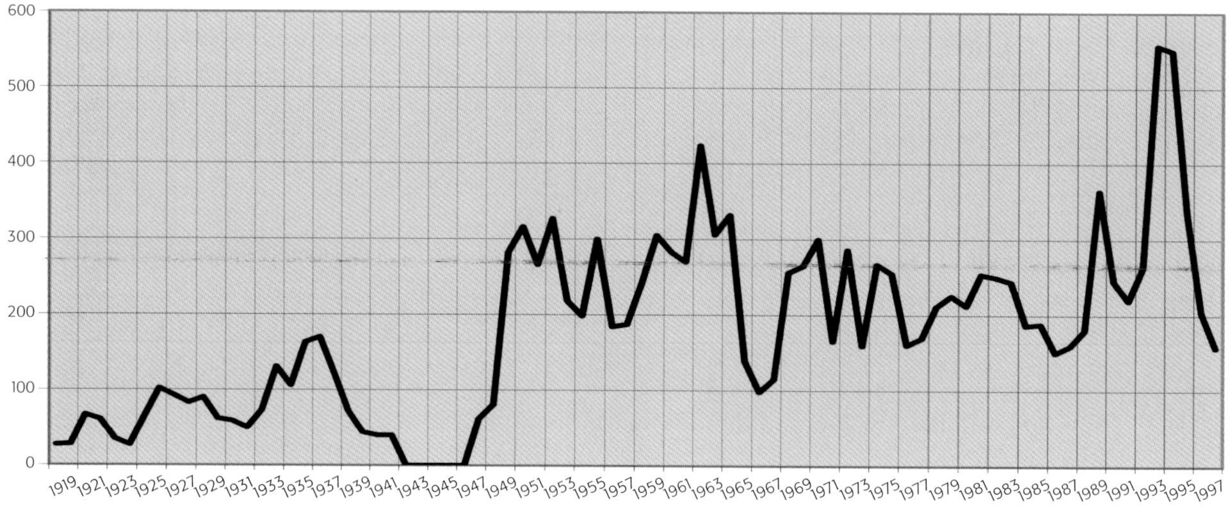

Der Bauboom

In den ersten drei Nachkriegsjahren lag die Bautätigkeit in Ravensburg fast völlig darnieder. Neben dem bereits erwähnten Einbau von provisorischen Notwohnungen in den ehemaligen „Dornierbaracken" draußen in der „Höll", einem engen Tobel im Westen der Stadt (vgl. Seite 281), und in den Dachgeschossen verschiedener Gebäude verdient allenfalls noch die Errichtung einiger Wohnbaracken 1948 in der nördlichen Schützenstraße Erwähnung. Unter den Ravensburger Firmen traten bis 1948 bezeichnenderweise nur zwei Betriebe mit größeren Bauvorhaben in Erscheinung, die beide Lebensmittel produzierten und daher vergleichsweise liquid waren: die Oberland Milchverwertung GmbH OMIRA, die 1946 ein Kesselhaus und 1948 eine Maschinenhalle errichtete, und die Obstbaugenossenschaft Ravensburg, die 1947 ein Lagerhaus baute.[233]

Mit dem 1949 einsetzenden starken Zustrom von Heimatvertriebenen und Flüchtlingen erreichte die Wohnungsnot der Nachkriegszeit ihren Höhepunkt, zumal die Besatzungsmacht damals noch nicht alle beschlagnahmten Wohnungen wieder freigegeben hatte. 1950 lagen dem städtischen Wohnungsamt fast tausend Wohnungsgesuche vor. Im selben Jahr lief aber auch die staatliche Wohnbauförderung zugunsten der Flüchtlinge und Heimatvertriebenen an. Die Zahl der 1950 in Ravensburg fertig gestellten Wohnungen belief sich immerhin bereits auf 282, gegenüber nur 81 Notwohnungen im Vorjahr.

Wie sich der Wohnungsbau in den fünfziger Jahren fast aus dem Nichts entwickelte, zeigt D 39. Die Schwerpunkte der Bautätigkeit lagen anfangs in der Südstadt, in der schon vor dem Krieg entstandenen Schussen- oder Grünlandsiedlung südwestlich der Innenstadt, im Stadtteil Burach und in der Sintisiedlung im Ummenwinkel.[234] Bauträger waren in erster Linie der alteingesessene Bau- und Sparverein und das Katholische Siedlungswerk, das sich im Stadtteil Burach stark engagierte.

In der Schussensiedlung und im Ummenwinkel trat die Stadt selbst als Bauherr auf und baute dort mit Hilfe verschiedener Förderprogramme bis 1958 150 so genannte „Schlichtwohnungen".[235] Die Zahl der städtischen Mietshäuser stieg zwischen 1954 und 1963 von 193 auf 232 mit insgesamt 641 Wohnungen. Auch auf der im Westen der Stadt über dem Talgrund gelegenen Galgenhalde setzte in den fünfziger Jahren der Wohnungsbau ein. Daraus entwickelte sich seit 1961 die „Weststadt" als größter Stadtteil außerhalb der Innenstadt. All diese Aktivitäten bewirkten, dass 1962 erstmals die Zahl der Wohnungssuchenden abnahm. Lagen dem städtischen Wohnungsamt 1960 noch 983 Wohnungsgesuche vor, so waren es 1965 nur noch 371.[236]

Mit dem steigenden Wohlstand stiegen auch die Ansprüche. Außerdem wurden die Haushalte kleiner. 1950 kamen auf eine Wohnung in Ravensburg durchschnittlich noch 3,7 Personen, 1970 nur noch 2,7.[237] Dieser Trend setzte sich in den folgenden Jahrzehnten fort. 1950 betrug der durchschnittliche Wohnungsbedarf pro Person in der Bundesrepublik lediglich 14,3 m². Bis 1989 wuchs er auf 40 m² und hatte sich damit fast verdreifacht.[238]

Das Wirtschaftswachstum seit 1950 ermöglichte endlich auch wieder größere Bauvorhaben sowohl der Privatwirtschaft als auch der öffentlichen Hand. Bereits 1950 trat die Obstbaugenossenschaft Ravensburg erneut mit einem großen Projekt in Erscheinung: dem ersten Kühlhaus für Obst in Deutschland. Es entstand in unmittelbarer Nachbarschaft des Raiffeisen-Lagerhauses beim Bahnhof.

Aus der Fülle der bis 1966 realisierten Bauprojekte seien hier nur die bedeutendsten genannt. Die Stadt selbst war Bauherr der im Pavillonstil erbauten, 1952 fertig gestellten Neuwiesenschule, die weit über Oberschwaben hinaus Beachtung fand. Weitere wegweisende Neubauten waren das erste Kunsteisstadion in Württemberg am Hang von St. Christina (1958 eröffnet), die für Großveranstaltungen bestimmte Oberschwabenhalle (1959) am nördlichen Stadtrand, die Gewerbliche Berufsschule (1960) und das Hallenbad in der Südstadt (1964). Auf Initiative der Stadt, wenn auch nicht in städtischer Bauträgerschaft, wurde 1955 bis 1957 das stadtbildprägende Hochhaus am Goetheplatz errichtet.

Eisstadion unterhalb von St. Christina, ca. 1960
Das 1958 eröffnete Kunsteisstadion war das erste seiner Art in Württemberg. Im Hintergrund links das Betriebsgelände der ehemaligen Spohnschen Spinnerei, weiter rechts das neue Wohngebiet Schornreute.

Mit der katholischen Christkönigskirche, die seit 1952 einen neuen starken Akzent in der Südstadt setzte, der ebenfalls katholischen Dreifaltigkeitskirche und der evangelischen Johanneskirche, beide in den frühen sechziger Jahren im neuen Stadtteil Weststadt erbaut, entstanden erstmals seit dem 17. Jahrhundert wieder neue Kirchenbauten in Ravensburg, und das innerhalb von nur elf Jahren.

Eines der Großprojekte der Ära Sauer: die 1959 eingeweihte Oberschwabenhalle
Mit einem Fassungsvermögen von 6.000 Personen war die Halle lange Zeit eine der größten Mehrzweckhallen im Lande.

Weitere wichtige Bauvorhaben waren der Neubau der Kreissparkasse am südlichen Marienplatz (1955), die Girozentrale in der Karlstraße, deren 1957 vollendeter Neubau das im 19. Jahrhundert entstandene Erscheinungsbild des westlichen Altstadtrands empfindlich störte, die umfassende Erweiterung und Modernisierung des Elisabethenkrankenhauses (1961 bis 1965), das Kinderkrankenhaus St. Nikolaus in unmittelbarer Nachbarschaft des Elisabethenkrankenhauses (1958), das von der Caritas erbaute Altersheim St. Meinrad in der Weststadt (1962 bis 1965), das Landratsamt und das Fernmeldeamt (beide 1962 bis 1964). Als einziger großer Neubau in der Altstadt entstand 1956 das Kaufhaus Orion in der Bachstraße anstelle der alten Spitalmühle.

Erwähnung verdient auch die schrittweise Verbesserung der Wasserversorgung durch ein neues Grundwasserwerk im Kammerbrühl (1950) und den Bau mehrerer Wasserhochbehälter (1958 bis 1961). Entscheidend verbessert wurde auch die Abwasserentsorgung durch den 1958 fertiggestellten Bau des Sammelklärwerks Mariatal (vgl. Seite 317), und schließlich erfuhr auch das städtische Gaswerk eine umfassende Erweiterung und Modernisierung (1956 bis 1962).[239]

Schon seit Ende der fünfziger Jahre ließ der zunehmende Autoverkehr den Ruf nach Umgehungsstraßen laut werden. Entscheidende Verbesserungen wurden jedoch erst im letzten Viertel des Jahrhunderts erzielt. Zunächst begnügte man sich mit dem Ausbau der bestehenden Straßen. Für lokalpolitischen Zündstoff und Streit zwischen Ravensburg und Weingarten sorgte der Plan,

Die Kirchstraße, ca. 1957
Die Aufnahme macht deutlich, in welchem Maß der zunehmende Autoverkehr die Altstadt belastete.

das beliebte „Bähnle", die Straßenbahn von Ravensburg nach Baienfurt, dem Ausbau der Bundesstraße 30 zwischen Ravensburg und Weingarten zu opfern. Nach langem Hin und Her wurde der Straßenbahnbetrieb 1959 eingestellt. An seine Stelle traten Omnibusse.[240]

Kulturelles Leben, Bildung, Freizeit

Die Kulturblüte der Nachkriegsjahre

Das interessanteste Kapitel der „düsteren Franzosenzeit"[241], wie sie von vielen Deutschen empfunden wurde, war die Kulturpolitik der Besatzungsmacht. Ziel dieser Politik war es, den deutschen Nachbarn die französische Kultur nahe zu bringen, von der viele Franzosen glaubten, sie sei der deutschen überlegen. Die „Boches" sollten nach dem Ende der Nazibarbarei gleichsam „rekultiviert" und in den Kreis der gesitteten, zivilisierten Völker Europas zurückgeführt werden. Diese „Rééducation" sollte durch den Unterricht in französischer Sprache, durch französische Zeitungen und Bücher, französische Filme und Vorträge über Frankreich, durch die Gründung von Volkshochschulen und Volksbüchereien sowie durch neue Lehrpläne in den Schulen verwirklicht werden.[242]

Die ersten kulturellen Veranstaltungen in Ravensburg nach dem Ende des Dritten Reichs waren den Besatzungssoldaten und den anderen damals in Ravensburg lebenden Ausländern vorbehalten. Dabei handelte es sich um leichte Kost: Revuen, Kabaretts, Tanzmusik und Varietés wie jenes mit dem schönen Titel „Le Sourire de Ravensburg" (Das Lächeln von Ravensburg), das im Juli '45 in dem für Deutsche noch gesperrten Konzerthaus aufgeführt wurde.[243]

Den kulturhungrigen Einheimischen konnte als erste Institution die politisch unverdächtige katholische Kirche kulturelle Veranstaltungen anbieten. Am 19. August 1945 fand in der bis zum letzten Platz gefüllten Liebfrauenkirche eine „Kirchenmusikalische Feierstunde" statt, an der auch viele Franzosen teilnahmen.[244] Der berühmte Philosoph und Theologe Romano Guardini hielt am 17. September ebenfalls in der Liebfrauenkirche einen Vortrag mit dem bedeutungsvollen Titel „Wahrheit und Lüge".[245] Es verstand sich von selbst, dass alle Veranstaltungen, auch die völlig unverdächtigen, von der Militärverwaltung genehmigt werden mussten.

Die beiden Kinos wurden für die Ravensburger erst am 16. September wieder geöffnet. Als erste Spielfilme wurden die „Feuerzangenbowle" mit Heinz Rühmann und „Zwei glückliche Menschen" gezeigt. Jede für Deutsche bestimmte Filmvorführung wurde von einem französischen Unteroffizier überwacht. Meist handelte es sich um alte deutsche und französische Filme, letztere mit deutschen Untertiteln. Im Gegensatz zu den Gottesdiensten und Konzerten fanden die Kinovorstellungen grundsätzlich für Deutsche und Franzosen getrennt statt. Wie enorm das Interesse der Bevölkerung am Kino war, zeigen die Kasseneinnahmen der beiden Lichtspieltheater. Sie betrugen in der Zeit vom 16. September 1945 bis Jahresende 284.000 RM.[246]

Seit Oktober war das Konzerthaus auch für Deutsche wieder zugänglich. Förmlich zurückgegeben wurde es der Stadtverwaltung jedoch erst im Dezember. Das erste Konzert, das auch die Einheimischen besuchen durften, bestritt Ravensburgs berühmtester Sohn, der damals schon 68-jährige Sänger Karl Erb, der sich seine wunderbare Stimme bis ins hohe Alter bewahren konnte.[247] Bis Ende 1945 fanden im Konzerthaus ca. 18 für Deutsche zugängliche kulturelle Veranstaltungen statt: mehrere Lustspiele und Komödien, Liederabende, darunter nochmals einer mit Karl Erb, Konzerte mit Opern- und Operettenmusik, eine Goethe- und eine Hölderlin-Feier mit Rezitationen und Musik, Schillers „Kabale und Liebe", ein Abend mit Jazzmusik und eine Märchenaufführung für Kinder, um nur einige zu nennen.[248] Ein Teil der Vorstellungen war für Sieger und Besiegte gleichermaßen zugänglich, des öfteren fanden jedoch

Plakat für eine Veranstaltung mit Musik und Tanz im Konzerthaus, 1945
Der Eintritt war nur Angehörigen der Besatzungsmacht gestattet. Gestaltet wurde der Abend von lettischen Künstlern, die vermutlich wenig Lust verspürten, in ihre von Sowjetrussland beherrschte Heimat zurückzukehren, und Angehörigen des französischen Bataillons de Choc.

auch an ein und demselben Tag zwei Vorstellungen statt, eine exklusiv für Franzosen, die andere für das deutsche Publikum.

Noch im Dezember wurde in Ravensburg mit wohlwollender Billigung der Militärverwaltung und unter der Leitung des Kunstmalers Julius Herburger und des Kreisbaumeisters Ludwig Hepperle eine „Künstlergilde" ins Leben gerufen, die sich die Organisation anspruchsvoller Kunstausstellungen zum Ziel setzte.[249] Eine Ausstellung mit Werken lettischer Künstler, organisiert von „Displaced Persons" aus Lettland, die offenbar die wenigsten befriedigt hatte, war schon zuvor im Malersaal des Konzerthauses gezeigt worden.[250]

Der kulturelle Elan der ersten Nachkriegsmonate erlahmte auch in den folgenden Jahren nicht. Eine Auswertung des Jahrgangs 1946 der „Schwäbischen Zeitung" zeigt, dass in diesem einen Jahr allein im Konzerthaus 104 verschiedene kulturelle Veranstaltungen über die Bühne gingen. Da, wie gesagt, ein Teil der Vorstellungen zweimal gegeben wurde, einmal für Deutsche und einmal für Franzosen, lag die tatsächliche Zahl der Veranstaltungen noch wesentlich höher. Die beiden Seitenlogen waren generell dem Gouverneur und seinem Gefolge vorbehalten. Während der kalten Jahreszeit war das deutsche Publikum stets hocherfreut, wenn der Gouverneur kam, denn dann war das Konzerthaus mit Sicherheit geheizt.

An der Spitze lagen 1946 43 Konzerte mit klassischer Musik und 32 Theatervorstellungen: davon sechs Stücke französischer Autoren (Molière, Corneille, Anouilh, Giraudoux), sechsmal Schiller (der ganze „Wallenstein" an zwei Abenden), zweimal Lessing, aber auch Goethe, Hebbel, Kleist und Ibsen. Je siebenmal hatten die Ravensburger Gelegenheit, Operetten oder die „Freiburger Passionsfestspiele" zu besuchen. Revuen und Chansondarbietungen fehlten ebenso wenig wie Märchenvorstellungen für Kinder.

Was gespielt wurde, bestimmten die Franzosen. Vorschläge von deutscher Seite bedurften der Genehmigung durch die Siegermacht. Viele Veranstaltungen wurden von der Militärregierung vermittelt, der es darauf ankam, dass die Deutschen auf diese Weise französische Kunst und Kultur und französische Künstler kennen lernten.

Eine vergleichbare Fülle kultureller Veranstaltungen wie in den Jahren bis 1948 hat es in Ravensburg erst wieder seit den siebziger und achtziger Jahren gegeben. Nicht ohne Ironie wurde deshalb damals von der „schönen Not" gesprochen, einer Zeit, in der die Kultur Trostspenderin war und in der es statt Brot eben Kultur gab.[251]

Auf derselben Linie lag die Förderung der Volksbildung durch Volkshochschulen und Volksbüchereien. In Ravensburg entwickelte sich die Volkshochschule aus einer 1946 gegründeten überkonfessionellen „Christlichen Bildungsgemeinschaft", die Kurse und Vorträge anbot. Besonders die abwechselnd in der Liebfrauenkirche und der Evangelischen Stadtkirche stattfindenden Vorträge erfreuten sich großer Resonanz. Wenn ein Gastredner wie Reinhold Schneider oder Romano Guardini sprach, kamen mehr als tausend Leute, oft von weit her.[252] Vortragsthemen mit besonders großem Zulauf waren etwa „Orgelmusik von Bach bis zur Gegenwart" mit Hörbeispielen, „Das benediktinische Mönchtum und die Lehre von der Schöpfung" oder „Zukunftsmöglichkeiten der Sozialwirtschaft".[253]

Auf Veranlassung des französischen Gouverneurs und unter kräftiger Mithilfe von Oberbürgermeister Sauer wurde die Bildungsgemeinschaft 1948 in einen Volkshochschulverein umgewandelt, der bis heute Träger der Ravensburger Volkshochschule ist.

Bereits im Februar 1946 hatte das städtische Amt für soziale Angelegenheiten Bürgermeister Steimle auf den in der Bevölkerung geäußerten Wunsch nach einer städtischen Bücherei aufmerksam gemacht. Steimles Nachfolger im Bürgermeisteramt, Dr. Albert Sauer, unterstützte diese Initiative.

Im Oktober 1946 eröffneten die Franzosen in der oberen Bachstraße, im selben Haus, in dem sich auch die traditionsreiche Dornsche Buchhandlung befand, ein Informationsbüro, in dem französische Presseerzeugnisse für die deutsche Bevölkerung auslagen. Da der deutsche Leiter dieser Einrichtung als Kommunist verrufen war, einigten sich der französische Gouverneur und OB Sauer im Februar 1947 darauf, das Informationsbüro in ein von der Stadt verwaltetes, von den Franzosen kontrolliertes „Volksbildungshaus" umzuwandeln.[254]

Kern dieser Institution, die auch gelegentlich kleine Kunstausstellungen organisierte, war eine von der Leihbücherei Hartmann übernommene Bibliothek mit ca. 2.000 Bänden, die von Oberstudienrat Max Simon, einem als frommer Katholik und Antifaschist bewährten Mann, auf atheistisches und religionsfeindliches Schrifttum überprüft wurde. Was Simon aussonderte kam in den Reißwolf. Durch Bücherspenden aus Frankreich und der Schweiz erhöhte sich der Bücherbestand binnen zwei Jahren auf 4.000 Bände. Unter den gespendeten Büchern befand sich vor allem Schrifttum, das unter nationalsozialistischer Herrschaft verboten und der Bücherverbrennung anheim gefallen war, unter anderem Werke von Thomas und Heinrich Mann, Heinrich Heine, Theodor Plivier, Anna Seghers, Rosa Luxemburg, Ernst Wiechert, Romain Rolland, Alain Fournier, Voltaire.[255]

Das Interesse an der Bücherei und dem übrigen Kulturangebot des Volksbildungshauses war enorm. Bereits im November 1947 wurde eine Zahl von 1.440 Besuchern pro Woche erreicht. Besonders gefragt waren deutsche und französischen Zeitungen und Zeitschriften, die man kaufen oder in einem eigens dafür bestimmten, im Winter geheizten Lesezimmer studieren konnte. Allein im Dezember 1947 wurden 360 französische Zeitschriften und 150 Bücher in französischer Sprache verkauft.[256] Eine Liste der ausliegenden Blätter aus dem Jahr 1948 belegt, wie umfassend man sich hier informieren konnte. Alles, was damals Rang und Namen in der Presselandschaft der drei Westzonen hatte, war vertreten.[257]

Da das Volksbildungshaus, dem inzwischen auch noch die Organisation und der Kartenvorverkauf für alle kulturellen Veranstaltungen übertragen worden war, bald aus allen Nähten platzte, zog es im Januar 1948 in ein Geschäftshaus Ecke Marienplatz und Eisenbahnstraße um. Aber auch dieses Quartier wurde bald zu eng, da der Bücherbestand bis Mai 1948 auf über 4.800 Bände angeschwollen war, davon 3.950 in deutscher, 685 in französischer Sprache.

In Absprache mit Gouverneur Ulmer erfolgte im Sommer die Umwandlung des Volksbildungshauses in eine städtische Volksbücherei und die Übertragung all jener Aufgaben, die nichts mit dem Bücher- und Zeitschriftenbestand zu tun hatten, an ein neu geschaffenes städtisches Verkehrsamt. Beide Einrichtungen zogen im Sommer 1948 in die wesentlich geräumigere „Bauhütte" um, ein historisches städtisches Gebäude in zentraler Lage am nördlichen Marienplatz.

Am 27. November 1948 wurde die von „Schmutz- und Schundliteratur" gereinigte Volksbücherei Ravensburg im Beisein von Oberbürgermeister und Kultminister Dr. Sauer feierlich eröffnet. Sauer verhehlte nicht, dass er stolz darauf sei, die erste Volksbücherei in Württemberg-Hohenzollern nach dem Krieg in „seiner" Stadt eröffnen zu können.[258]

In den folgenden Jahren wuchs die Volksbücherei rasant. Im März 1949 belief sich ihr Bestand auf 3.567 Bände, ein Jahr später auf 7.098, 1953 auf 11.500. Im Gründungsjahr 1948 wurden 3.378 Bücherentleihungen verbucht.[259] Schon 1950 wurde die Ravensburger Volksbücherei als die am besten ausgestattete Bibliothek ihrer Art in ganz Württemberg-Hohenzollern gerühmt. 1957 besaß die „Stadtbücherei", wie sie inzwischen hieß, an die 18.000 Bände. Ihre Leserschaft war bis zu diesem Zeitpunkt auf 2.200 angewachsen.[260]

Eine Bereicherung des kulturellen Lebens waren auch die von 1947 bis 1949 veranstalteten „Festlichen Ostertage", ein Lieblingsprojekt des Oberbürgermeisters. Dank seiner Verbindungen als Kultminister konnte er bedeutende Künstler und Wissenschaftler für Konzerte, Theateraufführungen und Vorträge gewinnen und Ausstellungen alter und neuer christlicher Kunst nach Ravensburg holen, die teils im Rathaus, teils in den Räumen der Gewerbeschule droben beim Mehlsack, teils im Kolping-Gesellenhaus gezeigt wurden und auf großes Publikumsinteresse weit über Ravensburg hinaus stießen. Vor der Währungsreform war dieses Interesse allerdings erheblich größer als 1949, da nun das bare Geld, das man in der Tasche hatte, viel mehr wert war als in den Jahren davor, so dass jetzt jede Mark zweimal umgedreht wurde. Wie bereits geschildert (Seite 314), bedeutete die vom Gemeinderat im Januar 1950 aus finanziellen Gründen abgelehnte Fortsetzung dieser Festwochen für Sauer eine erste herbe Niederlage als Oberbürgermeister.[261]

Die Darstellung der Ravensburger Kulturszene der Nachkriegszeit wäre unvollständig, wenn eine Reihe von Aktivitäten unerwähnt bliebe, die aus der Mitte der Bürgerschaft entstanden und das kulturelle Leben der Stadt nachhaltig prägten. Dabei spielten „Reingeschmeckte", die es im und nach dem Krieg nach Ravensburg verschlagen hatte, eine nicht unbedeutende Rolle. Bereits 1948 wurde der bis heute bestehende *Bachchor* unter Leitung des damaligen evangelischen Kantors Heinrich Fleischer gegründet. Damit entstand neben dem *Liederkranz* ein zweiter Chor, der sich erfolgreich um die Pflege anspruchsvoller geistlicher Musik bemühte. Unter dem Nachfolger Fleischers, dem bedeutenden Organisten Heinz Bernstein, erreichte das kirchenmusikalische Leben der Stadt im November 1950 mit den „Oberschwäbischen Bachtagen" einen ersten Höhepunkt. Für diese Veranstaltung übernahmen der katholische Diözesanbischof und der evangelische Landesbischof gemeinsam die Schirmherrschaft. Die drei Chorgemeinschaften Bachchor, Kirchenchor von Liebfrauen und Weingartener Münsterchor traten mit großem Erfolg gemeinsam auf.[262]

Seit 1950 erfuhr das musikalische Leben der Stadt durch die in diesem Jahr gegründete *Gesellschaft der Freunde für alte und neue Musik* einen zusätzlichen Impuls. Von den Spitzen der Ravensburger Zivil- und Militärverwaltung verständnisvoll unterstützt, gelang es dieser Vereinigung musikbegeisterter Bürger, Ravensburg für einige Jahre zu einer ersten Adresse für die Pflege klassischer Musik zu machen. Dabei spielte natürlich auch der Umstand eine Rolle, dass mit dem Konzerthaus einer der wenigen im Krieg unzerstört gebliebenen Konzertsäle weit und breit zur Verfügung stand.[263]

Die Seele dieser musikalischen Gesellschaft, die 1954 ca. 250 Mitglieder zählte, war Albertine Maier-Dependorf, die Witwe des Verlegers Eugen Maier. Unter Mithilfe des Bürgermeisteramts gelang es ihr, quasi alles, was damals Rang und Namen hatte, nach Ravensburg zu holen. Jedes Jahr wurden klugerweise nicht mehr als sechs Konzerte gegeben. Das Spektrum der Interpreten reichte von den Wiener Sängerknaben, den Stuttgarter Philharmonikern und den Bamberger Symphonikern bis zur „Compagnia d'Opera Italiana", die mit Solisten der Mailänder Scala Opern von Verdi und Puccini zu Gehör brachte. Die Pianisten Wilhelm Kempf und Elly Ney gehörten ebenso zu den regelmäßig auftretenden Künstlern wie der Cellist Ludwig Hölscher oder das Kergl-Quartett – und natürlich auch Karl Erb.[264]

Ebenso wie die Gründung der Städtischen Orchestergesellschaft im Jahr 1949 brachte auch der 1958 von Rudolf Wetzel ins Leben gerufene *Jugendsingkreis* (später kurz Singkreis) Ravensburg eine nachhaltige Bereicherung der Ravensburger Musikkultur.

Dem in den fünfziger Jahren aus Hessen zugewanderten Ingenieur Gunter Stotz verdankt Ravensburg die ersten Impulse für die Entstehung einer lebendigen *Jazzszene*. Dem begeisterten Klarinettisten und Saxophonisten gelang es, eine Reihe jüngerer Leute um sich zu scharen und gemeinsam mit ihnen eine Band, die „Old Town Dixie Promenaders" zu gründen.

1949 entstand die *Junge Schauspielgruppe Ravensburg*, ein Kreis junger kunstbegeisterter Männer und Frauen unter den Fittichen des früher am Lessingtheater Berlin wirkenden Dramaturgen Dr. Kurt Meysel, der es sich zum Ziel setzte, wichtige moderne, in Ravensburg weitgehend unbekannte Theaterstücke auf die Bühne zu bringen. Zu der Gruppe gehörten angehende Künstler, Ärzte, Lehrer, Schriftsteller, Journalisten, Sozialarbeiter und Hausfrauen. Die ersten Aufführungen fanden im Saal des Hotels Waldhorn statt, später zog man aus Platzgründen ins „Alte Theater" um, gelegentlich trat die Gruppe sogar im Konzerthaus auf.

Aufführung der „Jungen Schauspielgruppe" im Alten Theater, Juli 1952
In dem Einakter „Blanco Posnets Erweckung" von Bernhard Shaw übernahm eine der Hauptrollen die damals in Ravensburg lebende Schriftstellerin Elisabeth Borchers, die „wie eine Erscheinung aus einer anderen Welt anmutete" (so der Kritiker Winfried Wild in seiner Besprechung der Aufführung).

Im ersten Jahr wurden Molière und Sartre aufgeführt, später auch Ibsen, Strindberg, Curt Goetz, Hauptmann, Shaw, T. S. Eliot, Christopher Fry und Giraudoux. Bis 1957 brachte es die Gruppe auf 19 verschiedene Stücke und etwas über hundert Aufführungen, alle unter der Regie von Kurt Meysel, dessen Ehrgeiz es war, „junge talentierte Menschen sprach- und ausdruckstechnisch zu bilden".

Wie es bei einem solchen Kreis junger Menschen eben zu gehen pflegt: Nach und nach zogen einige der engagiertesten Mitglieder von Ravensburg fort, andere wurden mit der Zeit beruflich so stark in Anspruch genommen, dass sie sich eine weitere Mitarbeit versagen mussten. 1959 löste sich die Schauspielgruppe endgültig auf. Sie blieb jedoch in der Erinnerung vieler Ravensburger lebendig als ein Symbol jener inspirierten Nachkriegsjahre, in denen es wenig zu essen gab, aber viel an geistiger Nahrung geboten wurde.[265]

Geradezu zum Mythos geworden in der Ravensburger Nachkriegsgeschichte ist der *Ravensburger Kreis*. Nach einer hartnäckig gepflegten Legende schon 1949 gegründet, trat er erstmals im Herbst 1950 in Erscheinung. Seither entwickelte er sich zu einer festen und dauerhaften Größe im oberschwäbischen Kulturbetrieb, weit über Ravensburg hinaus strahlend.[266] Gegründet von einer Schriftstellerin, zwei Journalisten, einem Lehrer, einem Buchhändler und einem Pfarrer, wollte dieser literarische Kreis mit Lesungen bekannter und weniger bekannter Schriftsteller und Vorträgen über die Literatur der Gegenwart allen literarisch Interessierten „persönliche Begegnungen mit namhaften Dichtern unserer Zeit" ermöglichen. Als erster Schriftsteller las im November 1950 Werner Bergengruen vor einem begeisterten Publikum im Konzerthaus.

In den folgenden fünf Jahrzehnten veranstaltete der Ravensburger Kreis mehr als 200 Lesungen und Vorträge mit wichtigen Autoren. Anfangs dominierte eine eher konservative Richtung. Seitdem in der Mitte der fünfziger Jahre die Schriftsteller Peter Hamm und Josef W. Janker das Ruder übernommen hatten, kamen jedoch auch gesellschaftskritische Autoren, unter anderem aus der Gruppe 47, zu Wort. Namen wie Heinrich Böll, Günter Eich, Ilse Aichinger, Walter Höllerer, Martin Walser, Uwe Johnson, Günter Grass und Siegfried Lenz belegen dies.

Außer Janker hielten zwei weitere Autoren, die nach dem Krieg im Schussental gelandet waren, Kontakt zum Ravensburger Kreis: der vor allem durch seine Übersetzung von Boris Pasternaks berühmtem Roman „Doktor Schiwago" bekannt gewordene Schriftsteller und Übersetzer Reinhold v. Walter, ein in St. Petersburg 1882 geborener Deutschbalte, und der Schriftsteller Gerhard Nebel, der allerdings nur fünf Jahre, von 1955 bis 1960, in Weingartshof bei Ravensburg lebte.[267]

Ernst Jünger, der berühmteste Schriftsteller, der je in Ravensburg gelebt hat – wenn auch nur von Dezember 1948 bis Juli 1950 – zog zu früh weg, um an den Aktivitäten des Ravensburger Kreises teilhaben zu können. Die Chance dafür wäre vorhanden gewesen, da Jünger in seiner Ravensburger Zeit engen Kontakt zur Familie des evangelischen Pfarrers Wolfram Gestrich hielt, der zu den Mitbegründern des Ravensburger Kreises gehörte. Hier in Ravensburg vollendete Jünger seinen Roman „Heliopolis – Rückblick auf eine Stadt".[268]

Für literarisch und philosophisch Interessierte bot die Volkshochschule ein hochkarätiges Vortragsprogramm an, das im Gegensatz zum Ravensburger Kreis eher wissenschaftlich geprägt war. Allein im Jahr 1951 sprachen in Ravensburg so berühmte Leute wie der Theologe Helmut Thielicke, der Biochemiker Adolf Butenandt, der Politikwissenschaftler und Journalist Klaus Mehnert, der Germanist Friedrich Beißner und der Romanist Hermann Weinert.[269] Aus Ravensburg trugen der Übersetzer Reinhold v. Walter und der Maler Julius Herburger über Jahre zur Bereicherung des Programms bei.

Jahr für Jahr notierten die Statistiker akkurat das Auf und Ab der Besucherzahlen bei kulturellen Veranstaltungen. Zwar sagen die Angaben über die Zahl derer, die am Kulturleben der Stadt teilnahmen, nichts über die Qualität des Dargebotenen aus, wohl aber über das Interesse, das den kulturellen Angeboten entgegengebracht wurde. 1953 stand Ravensburg mit über 32.000 Besuchern bei sämtlichen kulturellen Veranstaltungen an der Spitze aller vergleichbaren Mittelstädte in Süddeutschland.[270] Die Zahl derer, die das Konzerthaus besuchten, um dort Konzerte, Theateraufführungen oder Vorträge zu erleben, stieg binnen zwei Jahren, von 1954 bis 1956, von 16.373 bei 54 Veranstaltungen auf 19.300 bei 52 Veranstaltungen, Zahlen, von denen man ein halbes Jahrhundert später nur noch träumen konnte.[271]

Mit der Fertigstellung der Oberschwabenhalle 1959 stieg vor allem das Angebot an Aufführungen, die ein Massenpublikum anzogen – Konzerte, Volksmusikabende, Musicals, Schlagerparaden – sprunghaft an. Den 2.670 Besuchern von Konzerten im Konzerthaus 1962 standen im selben Jahr 10.900 Besuchern musikalischer Veranstaltungen in der Oberschwabenhalle gegenüber.[272] 1964 zählte man im Konzerthaus und in der Oberschwabenhalle insgesamt 24.497 Besucher: 11.648 bei Konzerten, 914 bei Opern- und 2.221 bei Operettenaufführungen, 9.714 bei sonstigen kulturellen Veranstaltungen wie Schauspiel, Ballett, Kabarett, Vorträge usw.

Noch weit größer war die Zahl der Kinobesucher: 1964 waren es 416.978. Dabei war damals der Höhepunkt schon vorbei, weil sich inzwischen viele Ravensburger einen Fernsehapparat angeschafft hatten. 1956 waren noch ca. 674.000 Personen gezählt worden, die die Ravensburger Kinos besucht hatten. Das waren pro Tag durchschnittlich 1.846 Kinogänger, denen insgesamt 2.091 Sitze in den drei Ravensburger Kinos zur Verfügung standen. Diese Zahlen zeigen, wie stark zu jener Zeit die Ausstrahlung der Ravensburger Filmtheater auf das Umland gewesen sein muss.[273]

Gegenüber dem Interesse an Musik und Theater wurde der bildenden Kunst wenig Beachtung geschenkt. Die drei Ausstellungen alter und zeitgenössischer Kunst während der „Festlichen Ostertage" 1947 bis 1949 bewirkten keinen Anstoß zu weiteren Aktivitäten in dieser

Das berühmte Gästebuch des „Ravensburger Kreises"
Aufgeschlagen: links Zeichnung und Eintragung von Günter Kunert (19. 9. 1974), rechts Eintragungen von Wolfgang Hildesheimer (17. 10. 1974) und Martin Walser (24. 2. 1975).

Richtung, obwohl im „Alten Theater", einem großen Saal über der aus dem 17. Jahrhundert stammenden „Brotlaube", seit der 1956 vollendeten Renovierung ein geeigneter Raum für Kunstausstellungen zur Verfügung stand. Stadtverwaltung, Gemeinderat und OB konnten mit moderner Kunst offensichtlich nicht viel anfangen, eher schon mit historischen Bildern und Zeugnissen aus der reichsstädtischen Vergangenheit Ravensburgs.

Der Erwerb der Sammlung des aus Ravensburg stammenden Pfarrers und Antiquitätensammlers Johannes Damrich, einer Sammlung überwiegend gotischer und barocker Skulpturen aus dem oberschwäbischen und bayerischen Raum im Jahr 1952 war die Initialzündung für die Verwirklichung des immer wieder hinausgeschobenen Projekts eines Heimatmuseums. Gemeinsam mit dem Konservator am Stuttgarter Landesmuseum Dr. Albert Walzer, einem Bruder des früheren Ravensburger Bürgermeisters Rudolf Walzer, und mit der wohlwollenden Unterstützung des Oberbürgermeisters Dr. Sauer gelang es dem ehrenamtlich tätigen Ravensburger Stadtarchivar Dr. Alfons Dreher, das so genannte „Vogthaus", einen hervorragend erhaltenen Fachwerkbau aus dem 15. Jahrhundert, 1955 als Heimatmuseum einzurichten. Kern der gezeigten Bestände war neben dem städtischen Fundus und einer Auswahl aus der Sammlung Damrich die Sammlung des früheren Ravensburger Kunst- und Altertumsvereins, der sich im Zweiten Weltkrieg aufgelöst hatte und dessen Besitz dadurch an die Stadt gefallen war.

Die eigentliche Besonderheit des kleinen, aber feinen neuen Museums waren zwei original erhaltene spätgotische Stuben und zwei aus anderen Ravensburger Bürgerhäusern stammende und nun in das Vogthaus eingebaute Zimmervertäferungen aus dem 16. und 18. Jahrhundert. Zusammen mit den durchweg hochkarätigen Exponaten – neben Gemälden und Skulpturen auch historische Möbel – entstand eine reizvolle Darstellung der Kunst und Kultur der alten Reichsstadt. Das 19. und 20. Jahrhundert blieben allerdings weitgehend ausgeblendet.

Für Wechselausstellungen von Werken zeitgenössischer Künstler war im Vogthaus kein Platz vorhanden. Private Kunstgalerien aber gab es in der Stadt noch nicht.

Blick in das Erdgeschoss des 1955 eröffneten Heimatmuseums im Vogthaus
Das in einem spätmittelalterlichen Fachwerkhaus untergebrachte Museum zeichnete sich vor anderen durch seine historischen Innenräume aus verschiedenen Epochen und die kulturgeschichtliche Sammlung aus der reichsstädtischen Zeit aus (vgl. zum Äußeren des Gebäudes die Abb. Seite 170).

Es konnte vorkommen, dass in Ravensburg ein ganzes Jahr lang keine einzige Kunstausstellung zustande kam, so etwa 1953. Aus kulturpolitischen Erwägungen fand seit 1962 einmal im Jahr im Rahmen der von den Landsmannschaften der Heimatvertriebenen organisierten „Ostdeutschen Kulturwoche" eine Ausstellung mit Werken ostdeutscher Künstler oder mit historischen Dokumenten aus der verlorenen Heimat statt.

Das Defizit an Kunstausstellungen konnte seit 1956 bis zu einem gewissen Grad von der Kreissparkasse Ravensburg ausgeglichen werden, die von diesem Jahr an in der hellen, mit Oberlicht ausgestatteten Schalterhalle ihres Neubaus am südlichen Marienplatz regelmäßig Ausstellungen einheimischer Künstler wie Julius Herburger, Ludwig Miller oder Meret Eichler und solcher aus der weiteren Region veranstaltete. Damit verschaffte sie diesen Künstlern auch die Möglichkeit, näher an ein Publikum heranzukommen, das am Kauf originaler Kunst interessiert war.

Der größte kulturelle Ausstellungserfolg der Nachkriegszeit war eine große Krippenausstellung, die in Zusammenarbeit mit dem Württembergischen Landesmuseum 1957 zur Weihnachtszeit in der Kuppelnauturnhalle gezeigt wurde und über 20.000 Besucher anzog. Doch diese Ausstellung war ein Einzelfall, etwas Vergleichbares wiederholte sich erst Jahrzehnte später.

Als im Herbst 1964 eine von der Staatsgalerie Stuttgart konzipierte Wanderausstellung zu dem spannenden Thema „Realismus und Impressionismus in Baden-Württemberg" im Alten Theater gezeigt wurde, empörte sich ein junger Kunsterzieher am Neuen Gymnasium namens Jupp Eisele über die nach seiner Ansicht mittelmäßige Qualität der gezeigten Bilder in einem Leserbrief in der Lokalzeitung.[274] Unter Hinweis auf das

Ausstellungseröffnung in der Städtischen Galerie Altes Theater
Unter den Zuhörern der neue Ausstellungsmacher Jupp Eisele (im dunklen Anzug), um 1968/70

hohe Niveau und den guten Besuch der Kunstausstellungen in der Galerie „Fähre" in Saulgau monierte er, dass die Stadt Ravensburg sich damit begnüge, von außen angebotene Ausstellungen wie die gegenwärtige kritiklos zu übernehmen. „Wann sieht Ravensburg endlich ein, dass es nur durch qualitativ hochwertige, gut zusammengestellte und gehängte Ausstellungen bei der Bevölkerung Anklang finden kann?", fragte Eisele. Ravensburg brauche einen Fachmann, um aus eigener Kraft publikumswirksame Ausstellungen, etwa von Baumeister oder Grieshaber, zustande zu bringen.

Der Leserbrief blieb nicht ohne Widerhall. Der für die kulturellen Belange zuständige städtische Beamte Karl Braig nahm mit Einverständnis des Oberbürgermeisters Fühlung mit Eisele auf und bezog ihn in die weitere Ausstellungsplanung der Stadt mit ein. Im Frühjahr 1966 wurde die erste von Eisele vorbereitete Ausstellung mit Werken der an der Karlsruher Akademie lehrenden Künstler Horst Antes und Wilhelm Loth gezeigt. Von nun an übernahm der engagierte junge Lehrer die Vorbereitung der meisten Ausstellungen zeitgenössischer Kunst in der Galerie Altes Theater, wobei er es allerdings nicht leicht hatte, beim konservativen Ravensburger Publikum Verständnis für die von ihm propagierte Kunst zu erwecken.

Traditionalismus contra Zeitgeist: drei Beispiele aus den fünfziger und sechziger Jahren

So elegant wie im soeben beschriebenen Fall ließen sich nicht alle teils generationsbedingten, teils weltanschaulich oder konfessionell geprägten Konflikte lösen. Das Aufeinanderprallen unterschiedlicher Meinungen, Proteste und Krawalle ist deshalb im Rückblick von Interesse, weil bei näherer Betrachtung solcher Spannungen Generationenkonflikte, tief sitzende Vorurteile und aufgestaute Aggressionen sichtbar werden können, die das Miteinander in einer bürgerlichen Gemeinde wie Ravensburg gelegentlich belastet haben.

Der erste Fall spielt im Jahr 1957. Am 25. September dieses Jahrs wurde der berühmte Schlagersänger Vico Torriani bei einem Auftritt im ausverkauften Konzerthaus von etwa 50 Gymnasiasten, die diese Aktion sorgfältig geplant hatten, ausgepfiffen und durch laute Zwischenrufe gestört. Die jungen Leute wollten auf diese Weise gegen Torrianis ihrer Meinung nach „schmalzige" und „verdummende" Unterhaltungsmusik protestieren. Stinkbomben und Tomaten flogen von der Empore ins Parkett und auf die Bühne, das Licht ging vorübergehend aus, glühende Verehrerinnen des Sängers brachen in Tränen aus, vor dem Gebäude wurde des Sängers amerikanischer Straßenkreuzer umgekippt, es kam zu Handgreiflichkeiten zwischen Torriani-Fans und den Schülern. Die Polizei, die interessanterweise mit der Möglichkeit eines solchen Krawalls gerechnet hatte, griff ein und hielt die Personalien der Randalierer fest.

Einen solchen Eklat hatte es im konservativen, an Ruhe und Ordnung gewöhnten Ravensburg seit 1933 nicht mehr gegeben. Natürlich schlugen die Wellen hoch und ein wahrer Leserbriefkrieg füllte die Spalten der „Schwäbischen Zeitung". Die einen verurteilten die Aktion dieser „schlecht erzogenen Halbstarken" und forderten, dass „mit aller Schärfe gegen solche Elemente durchgegriffen" werde. Andere wieder verteidigten die Schüler, die in der wiedergewonnenen Demokratie ein Recht auf freie Meinungsäußerung hätten. Man solle froh sein, dass es solch kritische Köpfe in der Jugend gäbe und es sei kein Schaden, wenn Spießbürgerlichkeit und kleinstädtischer Mief auch einmal von einem frischen Windstoß aufgewirbelt würden.

Für die Presse war der Vorfall natürlich ein gefundenes Fressen, von der „Frankfurter Rundschau" bis zum „Stern" wurde in teilweise großer Aufmachung darüber berichtet. Vor allem die Boulevardblätter stürzten sich auf den Skandal und spielten ihn sensationslüstern hoch. 17 Schüler kamen vor das Jugendgericht und wurden zu Strafen zwischen acht und 15 DM verurteilt.[275]

Der Skandal um Torriani beschäftigte die Gemüter noch lange und wurde ganz unterschiedlich verarbeitet. Für die einen war die bewusst inszenierte Provokation eine Schande für Ravensburg, derer sie sich schämten, für andere wiederum war er lediglich ein Sturm im Wasserglas, über dem man zur Tagesordnung übergehen könne, eine dritte Gruppe empfand ihn als Befreiungsschlag, als berechtigte Attacke „gegen eine Gesellschaft, die das Erbe des ‚Tausendjährigen Reichs' eilig unter den Teppich gekehrt hatte".[276]

★

Der zweite Fall, der hier kurz dargestellt werden soll, betrifft den Streit um die Aufstellung einer Mariensäule zum Dank für die Verschonung der Stadt im Zweiten Weltkrieg, ein Streit, der sich an zwei Fronten abspielte, zwischen Katholiken und Protestanten und zwischen Modernisten und Traditionalisten, und der insofern einen Einblick in die mentale Befindlichkeit und den Wertekanon der Bürgerschaft einer Provinzstadt wie Ravensburg gewährt.

Was war geschehen? Im Herbst 1962 hatte der Gemeinderat auf Gesuch der katholischen Kirchengemeinde Liebfrauen beschlossen, einen namhaften Zuschuss für die Errichtung einer Mariensäule, gestaltet von der Künstlerin Maria Elisabeth Stapp, zu gewähren. Daraufhin veröffentlichte die „Schwäbische Zeitung" am 12. Oktober 1962 ein Foto des von der Künstlerin geschaffenen Modells der Mariensäule, worauf ein Sturm der Entrüstung losbrach, der die Leserbriefspalten der „Schwäbischen Zeitung" anschwellen ließ.

Die umstrittene, von der Künstlerin Maria Elisabeth Stapp geschaffene Mariensäule, 1962/67
Umstritten war sowohl die künstlerische Gestaltung der Säule wie der Ort ihrer Aufstellung. Nach langen Debatten wurde sie schließlich 1967 hinter dem Chor der Liebfrauenkirche an der Wilhelmstraße aufgestellt.

Ein solches Marienbild sei niemals im Stande, bei den Gläubigen „eine religiöse Saite zum Erklingen zu bringen", es sei eine Blasphemie, ein Machwerk, das die religiösen Gefühle verletze. Mehrere Leserbriefschreiber wollten im Hinblick auf die bevorstehenden Gemeinderatswahlen wissen, welche Stadträte sich für dieses „Zerrbild einer heiligen Maria", diese „nach einer vertrockneten und verrenkten Mumie aussehende unproportionierte Figur", diese „Contergan-Madonna" ausgesprochen hätten.

Umstritten war auch der Platz, auf dem die Säule aufgestellt werden sollte. Viele Katholiken unterstützten den ja auch nahe liegenden Vorschlag, dafür den Marienplatz vorzusehen, am besten den Platz vor dem Gebäude der „Schwäbischen Zeitung". Dagegen wehrten sich jedoch wiederum manche Protestanten, denen schon die nach Kriegsende erfolgte Umbenennung des Adolf-Hitler-Platzes in Marienplatz missfallen hatte. Der evangelische Dekan Maisch wendete den Streit ins Politische, indem er zu bedenken gab, mit einer solchen Platzwahl könnten sich viele evangelischen Bürger von der CDU abwenden.

Wie so oft bei solchen Auseinandersetzungen: Nach einiger Zeit wurden beide Seiten der Sache überdrüssig. Der katholischen Dekan Matthias Spindler war klug genug, zuerst einmal Gras über die ganze Angelegenheit wachsen zu lassen. Bei der Entscheidung über den Aufstellungsort folgte man schließlich dem Vorschlag, den eine evangelische Kirchengemeinderätin in einem Leserbrief gemacht hatte: den Platz zwischen dem Chor der Liebfrauenkirche, dem Pfarrhaus und der Kirchenpflege, also gleichsam auf dem „Territorium" der Kirchengemeinde Liebfrauen. Als die Mariensäule schließlich fünf (!) Jahre später an diesem Platz aufgestellt wurde, hatte sich der Pulverdampf weitgehend verzogen, und nur wer genau hinhörte, vernahm da und dort noch ein dumpfes Grollen.[277]

★

Ein weiterer „Skandal" entzündete sich an einem Plakat der „Wiener Eisrevue", der „größten und schönsten Eisschau Europas", die im Frühjahr 1963 ihre neueste Produktion unter dem Titel „Festival der Liebe" in der Oberschwabenhalle anpries. Die leicht geschürzte

Das angeblich sittenwidrige Plakat der Wiener Eisrevue, 1963

Tänzerin, die heute als Plakatmotiv niemandem mehr auffallen würde, erregte damals viele Gemüter. Die „Arbeitsgemeinschaft Katholischer Organisationen Ravensburg-Weingarten" fand in einem Schreiben an Oberbürgermeister Sauer, dass mit diesem Plakat „ein Gipfel der Geschmacklosigkeit und erotischen Freizügigkeit" erreicht sei, der nicht länger widerspruchslos hingenommen werden könne. „Die Unmoral gerade des diesjährigen großformatigen Plakates [liege] in der Raffinesse der Aufmachung, die durch ‚Verschleierung' die Phantasie verstärkt zu stimulieren sucht und in einer Weise zur Detailbetrachtung zwingt, die die völlige Blöße des werbenden ‚Sexgirls' preisgibt." Der Oberbürgermeister wurde aufgefordert, diese Veranstaltung als „für Jugendliche nicht geeignet" zu erklären und dafür zu sorgen, dass Jugendlichen der Besuch der Revue verwehrt bleibe.

Ein weiterer Protestbrief erreichte Sauer aus Meckenbeuren. Darin gab ein „christlicher Familienvater" seiner Empörung über das Plakat Ausdruck und verlangte, „dass diese Plakate unverzüglich entfernt werden". Andere Bürger begnügten sich nicht mit verbalen Protesten, sondern übermalten möglichst viele Plakate mit grüner Farbe. Die „Schwäbische Zeitung", die darüber berichtete, war offensichtlich erfreut, dass „das Mädchen ein grünes Kleid verpasst bekam, das keusch die Blößen bedeckt". Vorsichtig und etwas gewunden fügte sie hinzu: „Selbst bei wohlwollendem Verständnis muss man doch dieses Plakat als deplaziert bezeichnen."[278] Als der von allen Seiten traktierte Oberbürgermeister schließlich selbst das beanstandete Plakat unter die Lupe nahm, soll er ausgerufen haben: „So an Lärm um so wenig nichts!"[279]

Die Aufregung um dieses Plakat, die wir heute kaum mehr nachvollziehen können, dokumentiert eindrucksvoll die Prüderie der Nachkriegszeit vor der „sexuellen Revolution", die wenig später mit der „Pille" einsetzte.[280] Eine ähnliche Reaktion hatte es schon früher gegeben, etwa bei der Aufführung des bereits 1942 von Helmut Käutner gedrehten Films „Große Freiheit Nr. 7" im Jahr 1948, der nach der Meinung vieler Kinobesucher „die Ehre der deutschen Frau und der deutschen Marine" beschmutzte und „dazu angetan [war], das leichtfertige Leben zu rechtfertigen".[281] Nicht viel anders waren die Reaktionen bei der Aufführung des Films „Das Schweigen" von Ingmar Bergman im Jahr 1964.

Freizeit, Sport und Vereinsleben in der zweiten Hälfte des 20. Jahrhunderts

Am kulturellen Leben der Stadt, wie es im Kapitel über die Nachkriegszeit Seite 336ff. beschrieben wurde, nahm nur eine Minderheit der Bevölkerung teil. Die 3.000 bis 4.000 Fabrikarbeiter und ihre Familien hatten andere Prioritäten.[282] Außerdem wohnten viele von ihnen nicht in der Innenstadt, sondern in der Nähe der Fabriken am Stadtrand. Nach einem langen Arbeitstag waren die meisten zu müde, um noch etwas zu unternehmen. Wer ein Radio besaß – das waren 1950 erst 51 % aller Haushalte, 1953 immerhin schon 66 %[283] – hörte Radiomusik. Besonders beliebt waren Radio Vorarlberg und Beromünster (Schweiz), die man lange Zeit auch besser empfing als den Südwestfunk oder den Süddeutschen Rundfunk. Das Fernsehen eroberte die bürgerlichen Wohnzimmer erst nach 1955, die Wohnungen von Fabrikarbeitern noch später.

Unter den katholischen Arbeiterfamilien gab es nach dem Krieg noch viele, die Sonntags in die Kirche gingen. Für andere war der Sonntag hauptsächlich zum Ausschlafen da. Am Sonntagnachmittag machte man einen Spaziergang oder schaute beim Fußball zu. Ein Teil der Fabrikarbeiter lebte noch in Werkswohnungen, sehr beengt, mit einer Gemeinschaftstoilette für je zwei Mietparteien. In vielen Wohnungen gab es noch 1950 nur einen einzigen Wasserhahn, und zwar in der Küche, wo man auch aß. Manche hatten einen Schrebergarten, ein „Ländle", wo sie Salat und Gemüse anbauten. Viele Arbeiter, vor allem die jungen, aber nur wenige Arbeiterinnen, waren Mitglied in einem Verein. Natürlich spielte der Fußball eine große Rolle, nicht zufällig lagen die beiden Sportplätze im Wiesental und in den Ziegelwiesen in der Nachbarschaft von Arbeitervierteln.

Ein Motorrad oder einen PKW besaßen nach dem Krieg nur wenige. Auch Fahrräder waren rar. Viele Arbeiter konnten erst nach 1950 an den Kauf eines solchen denken, Autos kamen für sie vor den sechziger Jahren überhaupt nicht infrage. Telefonanschlüsse waren noch seltener. 1970 hatten erst 29,7 % der Ravensburger Haushalte ein Telefon.[284]

Beim Rutenfest war zwar der Arbeiterschaft die Teilnahme an bestimmten Programmpunkten wie Trommlercorps, Adler- und Altenschießen verwehrt, auch mit dem Rutentheater und der Rutenfestkommission hatten die Arbeiter wenig oder nichts zu tun, aber beim Festzug, auf der Kuppelnau, im Bärengarten und auf dem Rummelplatz waren Arbeiter genauso zwanglos mit von der Partie wie Honoratioren und bürgerlicher Mittelstand.

*

Nachdem 1945 zunächst sämtliche Vereine mit Ausnahme der religiösen von der Besatzungsmacht aufgelöst worden waren – auch die Sportvereine – kam es 1947 zur Gründung eines alle Sportarten umfassenden Großsportvereins, des Sportvereins (SV) Ravensburg. Bereits 1949 löste sich dieser Verein wieder in seine einzelnen Abteilungen auf. Die Arbeiterschaft konzentrierte sich auf den wiedergegründeten Fußballverein und den Turnerbund. Eigene Arbeitersportvereine wie vor der NS-Herrschaft entstanden nach 1945 nicht mehr.[285] Da auf den beiden Ravensburger Sportplätzen im Wiesental und in den Ziegelwiesen (heutiges Mercedes-Benz-Betriebsgelände) in und nach dem Krieg Gemüse angebaut worden war, konnten sie erst seit 1948 wieder bespielt werden. 1957 zählten die Ravensburger Sportvereine bereits 3.240 Mitglieder, am Ende des 20. Jahrhunderts waren es in 51 Sportvereinen (einschließlich der Ortschaften) über 20.000 Mitglieder, die allerdings nicht alle in Ravensburg leben.[286]

Zu den wichtigsten Ereignissen im Ravensburger Sportbetrieb des letzten Jahrhundertdrittels gehörte die 1973 vollzogene Fusion der beiden Turnvereine TSV 1847 und Turnerbund zum größten Sportverein der Stadt, dem „Turn- und Sportbund (TSB) 1847" und – als Folge dieser Fusion – der Bau des Sportzentrums Rechenwiesen, einer großen Sportanlage westlich der Schussen in der Nähe des Werksgeländes von Escher Wyss. Das neue Sportzentrum wurde (und wird) gemeinsam von den beiden großen Sportvereinen, dem Fußballverein (FV Ravensburg), der hier von jeher ansässig war, und dem TSB 1847 sowie einigen kleineren Sportvereinen genutzt.

Das dritte Großereignis, der Bau einer Eissporthalle, fällt in die Zeit nach dem Jahr 2000 und sei daher nur am Rande erwähnt. Die Vorgeschichte dieser Halle reicht jedoch in die letzten beiden Jahrzehnte des vorigen Jahrhunderts zurück. Der im Eishockey sehr erfolgreiche und ambitionierte Eissportverein Ravensburg (EVR) und seine Fans kämpften jahrelang für einen Ausbau des alten Stadions. Als dies aus juristischen, finanziellen und praktischen Gründen nicht mehr machbar schien, beschloss der Gemeinderat im Jahr 2000 den Bau einer Eissporthalle als Ersatz für das zwar stimmungsvolle, aber von seiner Lage und Kapazität her problematische Eisstadion St. Christina.

Der Eissportverein verdient aber noch aus einem anderen Grund hervorgehoben zu werden, weil nämlich aus seiner Mitte das berühmteste Ravensburger Sportlerpaar des 20. Jahrhunderts hervorging, die Geschwister Angelika und Erich Buck, die zwischen 1968 und 1973 als Meister im Eistanz Furore machten. In dieser Disziplin wurden sie sechsmal Deutscher Meister, einmal Europameister und je dreimal Vizeeuropameister und Vizeweltmeister. Niemand sonst, abgesehen von den Ravensburger Spielen des Otto-Maier-Verlags, der heutigen Ravensburger AG, und dem Sänger Karl Erb, hat im 20. Jahrhundert den Namen Ravensburgs in der weiten Welt so bekannt gemacht wie diese beiden jungen Sportler.

Ein schon 1950 erreichter ungemein wichtiger organisatorischer Fortschritt war die Gründung des Stadtverbands für Leibesübungen, an der damals die sieben größten Sportvereine der Stadt beteiligt waren. Mit diesem Verband, dem später alle anderen Sportvereine beitraten, schuf sich der Ravensburger Sport ein Organ, das die Zusammenarbeit der Sportvereine untereinander und zwischen Stadtverwaltung und Sportlern erleichterte

Zuschauer bei einem Eishockeyspiel des Eissportvereins Ravensburg im Eisstadion am St. Christinahang, um 1995

und die Durchführung gemeinsamer Sportveranstaltungen wie der Stadtmeisterschaften im Skilauf oder des Ravensburger Stadtlaufs organisierte.

Der Weiterentwicklung des Sports und der verschiedenen Sportarten entsprach die Gründung einer ganzen Reihe neuer Sportvereine. Genannt seien hier Yachtclub, Golfclub, Karate- und Judoclub, Surfclub, Schwimmclub, Kanuclub und Tauchsportclub.

Ebenso wie die Arbeiterschaft sich als eigene „Klasse" mit einem spezifischen Klassenbewusstsein in der Wohlstandsgesellschaft der Nachkriegszeit allmählich im Bürgertum auflöste, verloren auch die typischen Arbeitervereine ihren ursprünglichen Charakter. Reste davon waren nach dem Krieg noch bei den „Naturfreunden", dem „Silcherchor", dem „Sängerkranz", dem Turnerbund und dem Fußballverein zu finden, speziell für die Arbeiterjugend gab es neben dem Fußballverein die „Falken" und die DGB-Jugend.

Auch die klassischen Männergesangsvereine verloren ihre frühere Bedeutung. Mangels einer ausreichenden Zahl von Mitgliedern schlossen sich 1970 Sängerbund, Silcherchor und Sängerkranz zur „Männergesangsvereinigung Ravensburg" zusammen. In der fast 300 (!) Vereine aufzählenden Informationsbroschüre der Stadt Ravensburg „Willkommen in Ravensburg", 2001 in 3. Auflage erschienen, wird aber dieser Verein nicht mehr genannt.

Eine ausgesprochen bürgerliche Prägung besaß die „Faschingsgesellschaft Milka", die 1950 erstmals nach dem Krieg wieder einen Umzug durch die Altstadt in-

Moritatensänger der „Faschingsgesellschaft Milka" vor dem Lederhaus, 1952

Narrensprung der Hexen der Schwarze-Veri-Zunft beim Umzug durch die Ravensburger Altstadt am Fasnachtsmontag
Die 1970 gegründete Narrenzunft trug viel zur Wiederbelebung der Straßenfasnacht bei.

szenierte. Der kritische Chronist Paul Weh fand 1951 allerdings, dass man dem Umzug „bei allem Aufwand und guten Willen das künstlich Geschaffene noch zu sehr ansieht".[287] Nachdem die Milka 1960 die Umzüge einstellte und nach dem Vorbild der rheinischen Karnevalsvereine im Konzerthaus ein buntes Programm darbot, bei dem das Geschehen der großen und kleinen Politik mit viel Witz durch den Kakao gezogen wurde, entwickelten sich die Milka-Abende für viele Ravensburger zum Höhepunkt der heimischen Fasnacht.

Eine weitere Bereicherung der Ravensburger Fasnacht bedeutete die Gründung der „Schwarze-Veri-Zunft" 1970, die sich an der alemannischen Straßenfasnacht orientiert.[288]

Neue Akzente ganz anderer Art setzten im Ravensburger Vereinsleben die Landsmannschaften der Heimatvertriebenen. In den fünfziger Jahren wurden sieben Landsmannschaften mit Vereinscharakter gegründet: die der Ostpreußen, Pommern, Schlesier, Sudetendeutschen, Donauschwaben sowie die Ostdeutsche Landsmannschaft der Westpreußen und Balten. Außerdem entstand ein Verein der Berliner und ein Bund der Danziger.

An die Stelle des im 19. Jahrhundert entstandenen „Museums" und des „Bürgermuseums", die beide die Zeit des Dritten Reichs nicht überdauerten, traten als exklusive neue Vereine – allerdings mit einer etwas anderen Zielsetzung – die beiden elitären, aber zugleich sozial engagierten Clubs der Rotarier und der Lions als Ableger eines von den USA ausgehenden weltumspannenden Netzes. In diesen zunächst als reine Männerangelegenheit betrachteten Clubs treten Vertreter der verschiedensten Berufe in freundschaftlichen Kontakt miteinander und realisieren neben regelmäßigen geselligen Zusammenkünften gemeinsam wichtige soziale Projekte, teils in eigener Regie, teils gemeinsam mit anderen Clubs.

Ein neuer Verein war auch der bereits 1939 gegründete, aber erst 1953 wiederbelebte Tierschutzverein. Nachdem sich der Tierschutzverein Ravensburg 1972 zu einem Tierschutzverein Ravensburg-Weingarten und Umgebung erweitert hatte, konnte in Kernen, Gemarkung Berg, ein Tierheim geschaffen werden, das Vorbildliches leistet.[289]

Schon in Teil 2 wurde gezeigt, welch bedeutende Rolle die Gastwirtschaften im gesellschaftlichen Leben der Stadt seit der Aufhebung der Trinkstuben der Zünfte im Jahr 1828 spielten (vgl. Seite 121). Nach 1945 veränderte sich das gastronomische Angebot stark. Traditionsreiche Lokale wie der Spanische Hof, die Krone, der Deutsche Kaiser, die Dreikönigswirtschaft, die Bechter-

An die Teilung Deutschlands erinnernde Mahntafel am Frauentorplatz, um 1965
Die in den sechziger Jahren aufgestellte Mahntafel wurde 1972 wieder entfernt.

sche Bierhalle, der Goldene Adler und eine Reihe anderer Lokale verschwanden.

Für die „Hautevolée" besonders schmerzlich war die Schließung des ersten Hauses am Platze, des Hotels Hildenbrand, im Jahr 1964. Einen gewissen Ersatz bot das schon 1957 eröffnete Hotel Europa in dem neuen Hochhaus am Goetheplatz, das jedoch in den siebziger Jahren wieder schließen musste.[290]

Seit den späten fünfziger Jahren, als Gastarbeiter aus dem Süden Europas nach Deutschland strömten und die Deutschen mit wachsendem Wohlstand ihrerseits Urlaub in Italien und anderen Mittelmeerländern machten, ergänzte und belebte ein neues Element die gastronomische Szene auch in Ravensburg. 1953 wurde der erste italienische „Eissalon" eröffnet. In den folgenden Jahren entstanden weitere italienisch geprägte Lokale, nach den Eisdielen die Pizzerien und in den siebziger Jahren auch ein richtiges italienisches Restaurant. Auch China-Restaurants und griechische Lokale füllten die Lücken, die deutsche Wirte hinterließen, weil sie ihren Betrieb wegen der hohen Lohnkosten nicht mehr rentabel führen konnten.

Das 1955 bis 1957 erbaute Hochhaus am Goetheplatz, eines der ersten Hochhäuser in Oberschwaben

Die Entwicklung des Schulwesens bis zum Ende des 20. Jahrhunderts

Da die Schulgebäude 1945 bis in den Winter hinein noch als Unterkünfte für ehemalige Zwangsarbeiter und Besatzungssoldaten sowie als Lazarette dienten, konnte der Unterricht in den Volksschulen erst im Oktober, der in den höheren Schulen und Berufsschulen sogar erst Anfang Dezember wieder aufgenommen werden. An einen normalen Unterricht war zu diesem Zeitpunkt allerdings noch nicht zu denken, da zunächst nur ein Teil der Klassenzimmer freigegeben wurde. Die meisten bisher benutzten Schulbücher und Landkarten wurden auf Anweisung der Militärregierung verboten, die bereits vorgesorgt und frühzeitig die Herstellung neuen Materials veranlasst hatte, so dass der Unterricht bald mit diesen neuen Lehrmitteln stattfinden konnte.

Anfangs bestand ein großer Lehrermangel. Manche Lehrer erhielten wegen ihrer nationalsozialistischen Vergangenheit zunächst Berufsverbot, andere waren gefallen oder befanden sich noch in Kriegsgefangenschaft. Deshalb blieb nichts anderes übrig als bereits pensionierte, aber politisch unbelastete Schulmeister zu reaktivieren, so dass eine Zeit lang über 70-jährige Lehrer und Hilfskräfte ohne fachliche Ausbildung keine Seltenheit waren.

Der Schulunterricht litt noch jahrelang unter den materiellen Unzulänglichkeiten der Nachkriegszeit, besonders im Winter. So konnte beispielsweise im Januar 1947 der Unterricht nach den Weihnachtsferien nicht zum vorgesehenen Termin beginnen, weil nicht genug Heizmaterial zur Verfügung stand. Auch im folgenden Winter gab es Probleme: Im Dezember 1947 fehlten nach einem starken Schneefall viele Kinder, weil sie für solches Wetter keine brauchbaren Schuhe besaßen.[291] Paul Weh bemerkte in seinem Monatsbericht vom Oktober 1947, der Schulunterricht leide darunter, dass sich viele unterernährte Schüler nicht richtig konzentrieren könnten, außerdem erschwerten die beengten Wohnverhältnisse vielfach die Erledigung der Hausaufgaben.[292]

Die von den Nationalsozialisten gegen starken Widerstand durchgesetzte „Deutsche Schule", eine ideologisch geprägte Gemeinschaftsschule (vgl. Teil 6 Seite 265f.), wurde zwar inhaltlich nach Kriegsende sofort aufgelöst, aber die Raumnot erlaubte es erst 1946, katholische und evangelische Volksschulen wieder getrennt zu führen, übrigens gegen den Widerstand der evangelischen Pfarrer, die sich wie vor dem Krieg für die christliche Gemeinschaftsschule aussprachen.[293]

Das 1948 verabschiedete Schulgesetz des Landes Württemberg-Hohenzollern sah vor, dass die Eltern schulpflichtiger Kinder selbst entscheiden sollten, ob ihre Kinder eine katholische bzw. evangelische Bekenntnisschule oder eine christliche Gemeinschaftsschule besuchen sollten. Im Dezember erfolgte die Abstimmung, an der sich in Ravensburg nur 62 % der wahlberechtigten Eltern beteiligten, in der Hauptsache wohl katholische, wie das Wahlergebnis vermuten lässt, denn 69 % der abstimmenden Eltern sprachen sich für die katholische und nur 12,4 % für die evangelische Bekenntnisschule aus, 18,7 % votierten für die christliche Gemeinschaftsschule.[294]

Die Folge war, dass es in Ravensburg wieder wie vor der kirchenfeindlichen Schulpolitik im Dritten Reich drei Volksschulen nebeneinander gab, je eine katholische Knaben- und eine Mädchenschule und eine evangelische Volksschule für Buben und Mädchen. Als vierte Volksschule kam die von St. Christina hinzu, wo wegen der geringen Schülerzahl zur christlichen Gemeinschaftsschule keine Alternative bestand.

Dieses Nebeneinander verursachte viele Schwierigkeiten. So war beispielsweise die evangelische Volksschule hoffnungslos überfüllt. Auf einen Lehrer kamen dort 60 Schüler.[295] Eine Änderung trat erst ein, als der Landtag 1967 gegen den Widerstand des Bischöflichen Ordinariats in Rottenburg beschloss, die staatlichen Bekenntnisschulen, die es nur noch in Südwürttemberg-Hohenzollern gab, aufzulösen und stattdessen im gesamten Land die Gemeinschaftsschule einzuführen.

Für den von diesem Gesetz betroffenen Regierungsbezirk Südwürttemberg-Hohenzollern wurde allerdings die Möglichkeit offen gehalten, Konfessionsschulen auf Antrag der Eltern unter bestimmten Voraussetzungen in staatlich geförderte Privatschulen umzuwandeln. Damit war der Weg frei für die Gründung einer privaten katholischen Grund- und Hauptschule auch in Ravensburg, die 1969 unter dem Namen „Oberschwabenschule" mit 420 Schülern und sechs Klassen auf der Burachhöhe eröffnet wurde. In der Endstufe sollte diese neue Schule neben der Grund- und Hauptschule eine Realschule und ein Gymnasium umfassen. Dafür musste 1971 leider der ehemalige Hof der 1939 vertriebenen jüdischen Familie Erlanger abgebrochen werden. Nur noch die alte Feuerglocke vom abgebrochenen Burachhof erinnert in der Schule an das verschwundene Mustergut der Familie Erlanger.[296]

Mit dem Wachstum der Stadt nach dem Krieg wuchs auch die Zahl der Schülerinnen und Schüler und damit die Raumnot. Die Folge war, dass viele Schulklassen „wandern" mussten. 1949 betrug die Zahl der Volksschüler (einschließlich „Klösterle" und St. Christina) bereits 2.981, die höheren Schulen besuchten 1.567 Schüler, davon viele aus Weingarten und anderen Orten der näheren Umgebung. Hinzu kamen 2.058 Berufsschüler und 298 Schülerinnen der Frauenarbeitsschule.[297] Nichts unterstreicht die Bedeutung Ravensburgs als Schulstadt deutlicher als diese Zahlen, deren Summe 27,2 % der Einwohnerschaft des Jahrs 1949 entsprach.

Angesichts einer solchen Entwicklung stand für die Stadt, deren Oberbürgermeister ja gleichzeitig Kultminister des Landes Württemberg-Hohenzollern war, seit 1950 die Schaffung zusätzlichen Schulraums auf der Prioritätenliste an erster Stelle. 1952 öffnete die Neuwiesenschule für die Volksschüler der Südstadt ihre Pforten, 1953 wurde das „Spohnschlössle" für die Mädchenoberschule erworben und 1960 in der nördlichen Gartenstraße, nahe an der Markungsgrenze zu Weingarten ein Neubau für die bisher im ehemaligen Frauenkloster beim Mehlsack untergebrachte Gewerbeschule fertig gestellt. Der ständig wachsenden Höheren Handelsschule, die 1950 in Wirtschaftsoberschule umbenannt worden war und sich seit 1964 nach dem bedeutendsten mittelalterlichen Kaufmannsgeschlecht in Ravensburg Humpisschule nannte, konnte nun das gesamte Schulgebäude am Mehlsack zur Verfügung gestellt werden.

Die 1952 fertig gestellte Neuwiesenschule in der Südstadt
Die heute unter Denkmalschutz stehenden Gebäude fanden damals wegen der aufgelockerten Bauweise weit über Oberschwaben hinaus Beachtung.

Weitere neue Schulgebäude entstanden in den sechziger und siebziger Jahren. Der Raumbedarf der 1963 eröffneten Grundschule Weststadt in Mittelösch machte aufgrund des rapiden Wachstums der Weststadt zunächst 1966 den Bau einer Pavillonschule und wenige Jahre später einen weiteren größeren Neubau erforderlich, der 1970 bezogen wurde.[298]

Auch die Mädchenoberschule, die seit 1954 Mädchengymnasium hieß, wuchs so rasch, dass neben dem „Spohnschlössle" ein Neubau erstellt werden musste, der 1968 seiner Bestimmung übergeben wurde. In der

Geschichte dieser Schule vollzog sich wenige Jahre später insofern ein bedeutsamer Wandel, als im Schuljahr 1972/73 die Koedukation von Mädchen und Knaben eingeführt wurde und auf Anhieb 32 Buben in das Mädchengymnasium eintraten. Natürlich musste die Schule nun auch ihren Namen ändern. Man wählte den Namen „Welfengymnasium". Ebenso erhielt das Neue Gymnasium, die frühere Oberrealschule, in dem die Koedukation schon mit dem Schuljahr 1971/72 eingeführt worden war, den neuen, seine mathematisch-naturwissenschaftliche Ausrichtung widerspiegelnden Namen „Albert-Einstein-Gymnasium".[299]

Abgesehen von verschiedenen Erweiterungsbauten war der letzte Kraftakt der Stadt der 1975 fertig gestellte Neubau der Grund- und Hauptschule Kuppelnau, dem die traditionsreiche alte Kuppelnauturnhalle zum Opfer fiel. Die neue Schule, die gleich zu Beginn von knapp tausend Schülern besucht wurde, leistete Pionierarbeit in der Entwicklung eines erweiterten Bildungsangebots außerhalb des regulären Unterrichts. Diese echte Schulsozialarbeit am Nachmittag vermittelte mit handwerklichen und gestalterischen Gemeinschaftsprojekten den Schülern Erfahrungen, die sie im regulären Unterricht nicht machen konnten. Nicht zuletzt profitierten von dem neuen Angebot viele Gastarbeiterkinder, später auch Aussiedler- und Asylantenkinder aus fast zwanzig verschiedenen Ländern. Im Jahr 2000 hatten an der Grundschule 38 % der Schülerinnen und Schüler ausländische Eltern.[300] Damit war die Kuppelnauschule im Schussental die Schule mit dem größten Ausländeranteil.

Auch die Träger der staatlich geförderten Privatschulen entwickelten eine lebhafte Bautätigkeit. 1975 konnten gleich drei große Bauvorhaben abgeschlossen werden: neben der Kuppelnauschule die Neubauten der von den Armen Schulschwestern geführten, aus einem Progymnasium erwachsenen Realschule „Klösterle" und der Oberschwabenschule, die 1972, drei Jahre nach ihrer Gründung, zusätzlich um einen Realschul- und Gymnasialzweig erweitert wurde und sich von nun an „Bildungszentrum St. Konrad" nannte.

Ein Jahr zuvor war eine wichtige Änderung in der Ravensburger Schullandschaft eingetreten: Nachdem schon 1969 die Gewerbeschule in die Trägerschaft des Landkreises übergegangen war, wurde 1974 zusätzlich das gesamte übrige berufliche Schulwesen dem Landkreis übertragen. Davon war auch das Wirtschaftsgymnasium betroffen, das 1976 aus seinem bisherigen Domizil unter dem Mehlsack in einen großzügigen Neubau auf der Burachhöhe neben dem Bildungszentrum St. Konrad umziehen konnte. Die Wahl dieses Standorts bot sich vor allem deshalb an, weil sich unterhalb des neuen Schulgeländes schon seit 1960 die Gewerbliche Berufsschule und das aus diesem 1970 erwachsene Technische Gymnasium befanden.

1981 wurde der 2. Bauabschnitt des großen Beruflichen Schulzentrums zwischen Gartenstraße und Burachhöhe vollendet. Dazu gehörte auch eine haus- und landwirtschaftliche Berufsschule, die 1982 den Namen „Edith-Stein-Schule" erhielt. Der jüngste Spross dieser Schule war ein haushalts- und ernährungswissenschaftliches Gymnasium, das 1974 entstand. Dieser Entwicklung fiel die traditionsreiche Frauenarbeitsschule 1970 zum Opfer. Bereits seit 1955 hatte sie als auslaufendes Modell gegolten, nachdem immer mehr Hauptschulabsolventinnen die modernere hauswirtschaftliche Berufsschule vorzogen.[301]

Fast könnte man es eine Ironie des Schicksals nennen, dass fast gleichzeitig mit der Vollendung dieses gewaltigen Schulbauprogramms die Schülerzahlen in Ravensburg zu sinken begannen. Das war nicht nur eine Folge des „Pillenknicks", sondern hing auch mit der Gründung vieler neuer Schulen in der näheren und weiteren Umgebung Ravensburgs zusammen.

Von 1967 bis 1971 stieg die Zahl der Schüler an den städtischen allgemeinbildenden Schulen – fünf Grund- und Hauptschulen, eine Sonderschule, eine Realschule und drei Gymnasien – von 5.283 auf 5.820. Dann begann jedoch der Abschwung: 1979 waren es (ohne die inzwischen eingegliederten Ortschaften) nur noch 4.371, 1986 sogar nur noch 3.182 Schülerinnen und Schüler.[302]

Diese Entwicklung stand in engem Zusammenhang mit der Eröffnung des Gymnasiums Weingarten 1974 und dem Ausbau des Bildungszentrums St. Konrad seit 1975.[303]

Im Schuljahr 1973/74 waren noch 66 Grundschüler in das humanistische Spohngymnasium eingetreten, ein Jahr später waren es nur noch 36. Schlimm traf es auch die beiden anderen städtischen Gymnasien. Das Albert-Einstein-Gymnasium besuchten 1974 noch 1.088 Schüler, 1975 nur noch 905, beim Welfengymnasium gingen die entsprechenden Zahlen von 1.137 auf 960 zurück.

Welch enorme Konkurrenz das Bildungszentrum St. Konrad mit seinen zahlreichen über den normalen Unterrichtsbetrieb hinausreichenden Angeboten war, geht aus der Zahl von insgesamt 1.985 dort unterrichteten Schülern im Schuljahr 1979/80 hervor. Betroffen war davon nicht nur Ravensburg, sondern auch Weingarten und andere Gemeinden im Umland. Um dies an einem Beispiel zu belegen: Von den 532 Schülern, die im Oktober 1984 die Realschule von St. Konrad besuchten, kamen 232 aus Ravensburg, 100 aus Weingarten, 41 aus Baienfurt, 20 aus Baindt, 30 aus Berg, 24 aus Fronreute 24 und 21 Schüler aus Horgenzell.[304]

1980 gab es 27 allgemeinbildende Schulen in der Gesamtstadt Ravensburg einschließlich der vier eingemeindeten Ortschaften: die Stadt selbst war Träger von sechs Grund- und Hauptschulen, einer Realschule, dreier Gymnasien, einem Schulkindergarten und einer Sonderschule für Lernbehinderte. Hinzu kamen neun Grund- und Hauptschulen in den Ortschaften und in nichtstädtischer Trägerschaft, zwei Realschulen mit kirchlichem Hintergrund („Klösterle" und St. Konrad) und vier Gymnasien, davon drei des Landkreises sowie das Gymnasium des Bildungszentrums St. Konrad.

Infolge des seit 1987 verstärkten Wachstums der Stadt (1986 43.245, 1999 47.525 Einwohner) und der kontinuierlich steigenden Einwohnerzahl in den Umlandgemeinden (die sechs Gemeinden Berg, Grünkraut, Horgenzell, Schlier, Vogt und Waldburg zählten zusammen 1986 19.078, 1999 21.745 Einwohner[305]), nahm die Schülerzahl wieder zu, wobei je nach Schulart ein gutes Drittel bis die Hälfte der Schüler, die in Ravensburg eine Schule besuchten, Einpendler waren.[306] Die 27 öffentlichen und privaten allgemeinbildenden Schulen im Stadtgebiet wurden im Schuljahr 1988/89 von 6.437 Schülerinnen und Schülern, im Schuljahr 1997/98 von 7.467 und 2000/01 sogar von 7.556 Schülerinnen und Schülern besucht.[307]

Es bleibt noch die Frage, wie hoch der Anteil der Schüler war, die eine weiterführende Schule (Realschule, Gymnasium) besuchten. Die wenigen Zahlen, die hierfür zur Verfügung stehen, zeigen eine eher rückläufige Tendenz. An den allgemeinbildenden Schulen besuchten im Schuljahr 1983/84 54,1 % aller Schüler die Realschule oder das Gymnasium, 1997/98 aber nur noch 46,6 %.[308] Erklären lässt sich diese Veränderung wohl am ehesten mit dem wachsenden Anteil von Gastarbeiter-, Aussiedler- und Asylantenkindern, von denen nur wenige in die weiterführenden Schulen überwechselten.

Die Gesamtzahl der Schülerinnen und Schüler der Ravensburger Schulen, sowohl der allgemeinbildenden wie der berufsbildenden, der öffentlichen wie der privaten Schulen lässt sich nur für die Jahre seit 1988 exakt angeben. Von 10.530 Schülern im Schuljahr 1988/89 stieg die Zahl bis zum Schuljahr 2000/01 auf 11.225.[309] Das entsprach fast einem Viertel der Einwohnerzahl von Ravensburg.

Neben den allgemein- und den berufsbildenden Schulen entstanden in Ravensburg nach dem Zweiten Weltkrieg noch andere Schulen bzw. Bildungseinrichtungen. Die *Volkshochschule* wurde schon kurz erwähnt. Aus den bescheidenen Anfängen der Nachkriegszeit mit einer primär politischen Zielsetzung, der von den Franzosen gewünschten politischen Umerziehung („rééducation"), entstand ein Institut der Erwachsenenbildung mit dem Ziel, die Allgemeinbildung zu fördern, praktische Kenntnisse, beispielsweise in Fremdsprachen oder Gesundheitspflege, zu vermitteln und Kurse zur beruflichen Weiterbildung (z.B. EDV, Buchführung) anzubieten. Die Zahl der Teilnehmer an Veranstaltungen der VHS Ravensburg erreichte 1994 mit fast 13.443 Teilnehmern an 3.319 Einzelveranstaltungen ihren Höhepunkt.[310]

Die Hoffnung der Stadt, Hochschulstandort zu werden, ging nur partiell in Erfüllung. Es kam zwar 1964 zur Gründung einer *Ingenieurschule für Maschinenbau*, die ein provisorisches Domizil im Gewerbegebiet Deisenfang erhielt, aber aus praktischen Erwägungen wurde die Schule, die inzwischen Fachhochschule geworden war, 1982 in einen Neubau am Nordrand von Weingarten verlegt, wo es möglich war, eine Anzahl von Hochschuleinrichtungen gemeinsam mit der dortigen Pädagogischen Hochschule zu nutzen.

1971 erhielt das kulturelle Leben einen weiteren kräftigen Impuls durch die Einrichtung einer *Städtischen Musikschule*, die seither stark expandierte und deren Schülerkreis weit über Ravensburg hinausreicht.

Noch folgenreicher war die Gründung einer staatlichen *Berufsakademie* im Jahr 1978, die einen ganz neuen, praxisbezogenen Studiengang für Abiturienten anbot. Theoretische Schulung in der Akademie und praktische Ausbildung in einem Betrieb ergänzen sich bei diesem „dualen" Studiengang, der als Abschluss den Dipl. Ing. (BA) und den Dipl. Betriebswirt (BA) vorsieht.

Dank der Kürze der Ausbildung (drei Jahre) und einer Ausbildungsvergütung, die jeder Student von dem ihn ausbildenden Betrieb erhält, und nicht zuletzt dank der guten beruflichen Aussichten erlebte die Ravensburger Neugründung ebenso wie die sieben anderen Berufsakademien in Baden-Württemberg ein rapides Wachstum. Die rasch steigende Studentenzahl führte schon nach kurzer Zeit zu räumlichen Engpässen, sowohl im Lehrbetrieb als auch beim Angebot an preiswerten Studentenwohnungen. Deshalb bestand 1987 die Gefahr einer Verlegung des Ravensburger Instituts nach Weingarten, die Ravensburgs neuer Oberbürgermeister Vogler, damals erst kurz im Amt, nur mit äußerster Anstrengung abwenden konnte.

Was die Ravensburger „BA" frühzeitig besonders attraktiv erscheinen ließ, war der Studiengang Fremdenverkehr. Studenten aus ganz Deutschland meldeten sich dafür an. Die Ausdehnung des Fächerangebots machte es erforderlich, die technischen Studiengänge zuerst nach Tettnang, dann nach Friedrichshafen zu verlegen. Im Jahr 2000 besuchten allein in Ravensburg 1.457 junge Männer und Frauen die Berufsakademie, die hier als betriebswirtschaftliche Fächer Tourismus (Hotel- und

Gastronomiemanagement), Medien- und Kommunikationswirtschaft, Finanzmanagement, Wirtschaftsinformatik und Grafik-Design anbot.[311]

Noch vor der Gründung der Berufsakademie wurde Ravensburg Standort einer weiteren wichtigen Studieneinrichtung, eines *Instituts für sozialpädagogische Berufe*[312], dessen Träger mehrere katholische Einrichtungen, die Stiftung Liebenau, die Caritas und die Schwestern der Klöster Reute und Sießen sind. 1972 begann dort der Unterricht für künftige Heimerzieher, Heilpädagogen, Heilerziehungspfleger und Altenpfleger.

Aus der privaten Initiative eines Kunsterziehers entstand 1984 eine *Freie Kunstschule*, bei der zunächst freie Malerei im Vordergrund stand. Mit großer Beharrlichkeit gelang es nach einigen Jahren einer Gruppe von Idealisten, eine Einrichtung zu schaffen, die inzwischen aus dem kulturellen Leben der Stadt nicht mehr wegzudenken ist. Im Hinblick auf den nahe liegenden Wunsch der dort eingeschriebenen Studierenden, mit ihrem Studium eine berufliche Qualifikation zu erlangen, trat bald das neue Fach „Design" in den Vordergrund. Der große Durchbruch gelang 1994 mit der Anerkennung als höhere Fachschule. Die von der Stadt Ravensburg finanziell geförderte Kunstschule, die von da an mit dem Zusatz *Schule für Gestaltung* auftrat, kann seither ihre Schüler in acht Semestern zu geprüften „Diplom-Grafikdesignern" ausbilden. So entstand ein lebendiges kleines Zentrum für Designer, die mit dieser Ausbildung eine konkrete Zukunftsperspektive erhielten.

Die vorläufig letzte Schulgründung war die 1992 erfolgte Eröffnung einer *Waldorfschule* in der Weststadt, die in den ersten acht Jahren bereits eine Schülerzahl von ca. 300 erreichte. Bis zur Verwirklichung dieser privaten Elterninitiative mussten Schüler aus dem Raum Ravensburg, die eine Waldorfschule besuchen wollten, bis Wangen oder Überlingen fahren.

Kirche und Konfession 1945 bis 2000

Die Beobachtung, dass viele Menschen erst dann in die Kirche gehen, wenn sie in Not sind und Trost suchen, trifft auch für Ravensburg zu, und zwar – wie gezeigt wurde (Teil 6 Seite 291f.) – schon während des Kriegs, aber auch in den Notjahren nach Kriegsende. Edwin Nieder, der Pfarrer von Liebfrauen, notierte in seiner tagebuchartig geführten Pfarrchronik im Mai '45, der Besuch der Gottesdienste sei sehr gut. Nach dem sonntäglichen Hochamt finde von 10 bis 11 Uhr ein eigener Gottesdienst in französischer Sprache statt, der von etwa 150 Angehörigen der Besatzungsmacht, hauptsächlich Offizieren, besucht werde. Im gleichen Monat stellte er fest, es sei bereits zu Wiedereintritten „gottgläubiger" ehemaliger Parteigenossen in die katholische Kirche gekommen.[313] Ein halbes Jahr später wurden in einer amtlichen Übersicht nur noch 317 „gottgläubige" Familien registriert.[314]

Die Zahl der Austritte aus der katholischen und evangelischen Kirche sank in den Jahren 1945/46 auf insgesamt elf bzw. zwölf. Dann nahm sie langsam wieder zu: 1947–1950 im Durchschnitt 24 pro Jahr, 1951 bis 1956 durchschnittlich 32 pro Jahr. Überraschenderweise sank sie danach in den Jahren 1957 bis 1969 auf durchschnittlich knapp 22 pro Jahr. Seit 1970 nahm sie jedoch verstärkt zu: 1970 64, 1971 53, 1972 39, 1973 47 Austritte. In den Jahren 1970 bis 1982 traten pro Jahr durchschnittlich 49–50 Katholiken und Protestanten aus der Kirche aus, wobei die Austrittsquote bei den Protestanten etwas höher lag. Vergleiche dazu D 40.

D 40 Kirchenaustritte 1924–1999 (nur Kernstadt)

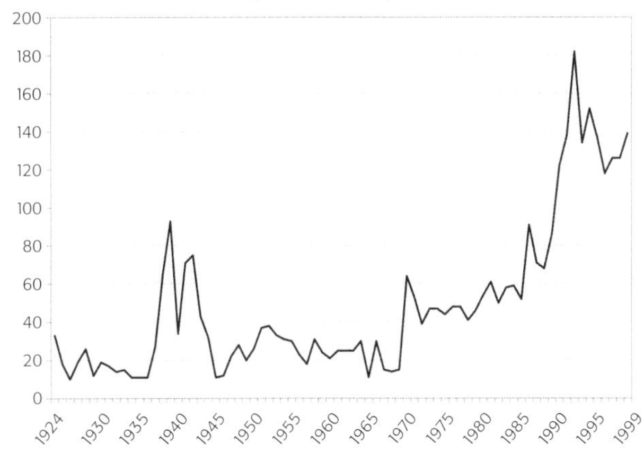

Im Dritten Reich hatte die Austrittswelle 1939 mit 93 Austritten, davon 35 auf katholischer und 58 auf evangelischer Seite, ihren Höhepunkt erreicht. Im Vergleich zu vielen anderen deutschen Städten war dies keine besonders hohe Zahl. Übertroffen wurde sie erstmals 1990, und zwar sehr massiv: 122 Personen meldeten sich in diesem Jahr aus ihrer Kirche ab. Zwischen 1991 und 1999 sank die Zahl der jährlichen Austritte niemals unter 118 (1996), die vorläufige Spitze wurde 1992 mit 182 Austritten erreicht, davon 120 auf katholischer, 62 auf evangelischer Seite.[315] Nur selten erfahren wir aus den Akten etwas über die Gründe, die zum Austritt führten. Genannt wurden: Ehe mit einem konfessionslosen oder konfessionsverschiedenen Partner, Desinteresse, Eintritt in eine Sekte und natürlich die Kirchensteuer.

Die Abwendung vieler Menschen von der Kirche wird auch in D 41 sichtbar. Seit 1954 nahm die Zahl derer, die keiner der beiden großen Kirchen angehörten, langsam zu, seit 1970 immer schneller. Bei den Werten ab 1970 ist freilich die starke Zunahme von Moslems, bedingt durch die Zuwanderung türkischer Gastarbeiterfamilien, bosnischer Asylbewerber und Flüchtlinge aus dem Nahen Osten (u. a. Iran, Irak) zu berücksichtigen.

D 41 **Konfessionszugehörigkeit der Ravensburger Bevölkerung 1803 – 1999 (prozentual, ohne Ortschaften)**

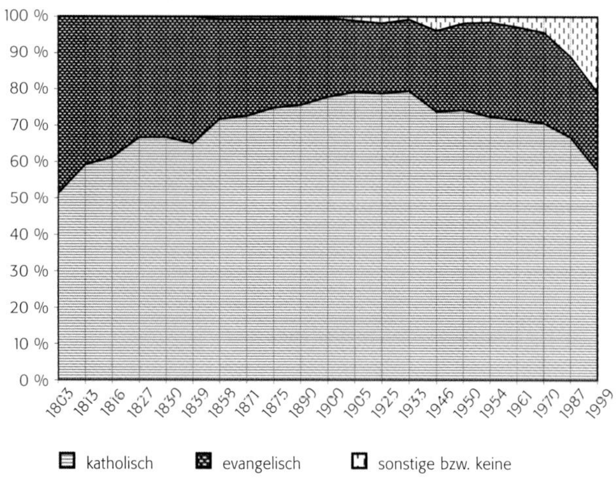

Was aus Diagramm 41 nur andeutungsweise hervorgeht, ist das Wachstum der evangelischen Einwohnerschaft während des Kriegs und danach, bedingt durch die Zuwanderung Heimatvertriebener und Flüchtlinge. Obwohl zu dieser Gruppe von Neubürgern auch viele Katholiken, besonders aus Schlesien und dem Sudetenland, gehörten, lag der Anteil der evangelischen Heimatvertriebenen und Flüchtlinge, die bis 1955 in Ravensburg eine neue Heimat fanden, bei 52,4 %, so dass der Anteil der Protestanten an der Ravensburger Bevölkerung von 19,7 % im Jahr 1933 auf 22,3 % 1946 und 26 % 1954 stieg. Auf dieser Höhe konnte er sich bis etwa 1970 halten, um dann fast parallel zur katholischen Einwohnerschaft zu sinken.

Doch zurück zu den Nachkriegsverhältnissen. Wieder ist es Paul Weh, dem wir interessante Beobachtungen auch zum kirchlichen Leben verdanken.[316] Bereits im Sommer 1946 fiel ihm die Hinwendung zahlreicher ehemaliger Nazis zu ihrer Kirche auf. Nach seiner Schätzung wurden während des strengen Winters 1946/47 die sonntäglichen Gottesdienste in der Liebfrauenkirche von einer fast unglaublich hohen Zahl von Menschen besucht, nämlich von 6.000 bis 7.000 (!). Ob es eine Reihe von Leuten nur deshalb in die Kirche trieb, weil diese geheizt war, muss offen bleiben. Die Zahl derer, die am kirchlichen Leben in Ravensburg regelmäßig teilnahmen, schätzte Weh im Frühjahr 1947 auf hohe 70 bis 75 %.

In St. Jodok herrschten in den ersten Nachkriegsjahren ähnliche Verhältnisse. Bei den sechs bis sieben Gottesdiensten am Sonntag – Messen, Amt, Rosenkranz usw. – wurden insgesamt 2.350 bis 2.600 Kirchgänger registriert.[317]

Der Bericht Wehs vom September 1947 enthält den interessanten Hinweis, seit der Reformation sei das Verhältnis zwischen beiden Konfessionen nie mehr so friedlich gewesen wie jetzt. Es muss allerdings dahin gestellt bleiben, ob Weh sich des kirchlichen Friedens im späten 18. und frühen 19. Jahrhundert bewusst war (vgl. Teil 2 Seiten 106 – 110). Dass das konfessionelle Element aber immer noch eine Rolle spielte, geht aus einem Kommentar des Liebfrauenpfarrers Nieder zur Gründung der überkonfessionellen Volkshochschule Ravensburg im Jahr 1948 hervor. Er bemerkte dazu trocken: „Die Leitung liegt in Händen guter Katholiken.“[318]

Als eine Bestätigung der Feststellung Wehs mag hingegen die bereits erwähnte Durchführung gemeinsamer kirchenmusikalischer Abende zum Johann-Sebastian-Bach-Jahr 1950 gelten, die abwechselnd in evangelischen und katholischen Kirchen stattfanden.[319] Im Übrigen war Bach schon im zweiten Halbjahr 1945 mit vier Orgelkonzerten in der St. Jodokskirche gehuldigt worden.[320]

Noch eine weitere Beobachtung Wehs verdient festgehalten zu werden. Im Dezember 1949, so berichtet er, sei am Heiligen Abend die Mitternachtsmesse in der Liebfrauenkirche erstmals gemeinsam für Deutsche und Franzosen gehalten worden. Rund 2.000 Personen seien gekommen.

Beim ersten Weihnachtsfest nach dem Krieg war die Lage noch nicht so entspannt gewesen. Damals saßen noch des Deutschen mächtige französische Kontrolloffiziere hinten in der Kirche und notierten sich, was die Pfarrer in ihren Predigten sagten. Im Großen und Ganzen scheinen sie jedoch mit dem Tenor der Predigten zufrieden gewesen zu sein: Ermahnungen zur Geduld, Friedensappelle und eine kritische Auseinandersetzung mit der „Nazikatastrophe“ wurden dem Gouverneur gemeldet.[321]

Beide Kirchen, die evangelische ebenso wie die katholische, begannen unmittelbar nach Kriegsende mit dem Wiederaufbau ihrer im Dritten Reich teilweise zer-

Fronleichnamsprozession vor der St. Jodokskirche, um 1950/60

schlagenen Infrastruktur, dem Netzwerk an Wohltätigkeits-, Jugend-, Männer-, Frauen- und Müttervereinen, Bibelkreisen und Chören. Der Kolping-Gesellenverein wurde ebenso wiederbelebt wie der Christliche Verein Junger Männer, die Jungschargruppen beider Kirchen, die Christliche Pfadfinderschaft, der Gustav-Adolf-Frauenkreis oder die Blutreitergruppe.

Auch die Ordensschwestern, von denen ein Teil während des Dritten Reichs Ravensburg hatte verlassen müssen, kehrten zurück. Obwohl einige Jahre nach dem Krieg die Zahl der Schwestern in Kloster Reute und anderen Klöstern abzunehmen begann, verrichteten 1953 noch 145 Schwestern aus Reute und 61 Arme Schulschwestern ihre segensreiche Arbeit als Krankenschwestern, Altenpflegerinnen und Erzieherinnen in der Stadt.[322]

Bei der evangelischen Gemeinde konnte gleichfalls sowohl in der zweiten Hälfte des Kriegs als auch vor allem danach eine stärkere Hinwendung zur Kirche beobachtet werden, allerdings in einem etwas geringeren Maß als auf katholischer Seite. Den eher spärlichen Quellen aus der Nachkriegszeit ist zu entnehmen, dass zu den sonntäglichen Gottesdiensten in der Regel um die 550 Menschen kamen. Dekan Schnaufer bemerkte 1954, durch den Zustrom von Flüchtlingen und Heimatvertriebenen sei die evangelische Gemeinde gestärkt worden. Besonders die einfachen Leute hielten treu zur Kirche. Die Gemeindemitglieder aus der Oberschicht – Fabrikanten, Kaufleute, Ärzte – seien weniger kirchlich, hielten aber als protestantische Minorität mit „Diasporabewusstsein" im täglichen und geschäftlichen Leben fest zusammen. Dies zeige sich auch bei der Wahl der Ehepartner.[323]

Das starke Wachstum der Einwohnerzahl nach dem Krieg machte die Gründung neuer Pfarreien und eine Neueinteilung der Pfarrbezirke erforderlich. Als erster Stadtteil erhielt die Südstadt 1952 mit der katholischen Christkönigskirche eine eigene Pfarrei. Nachdem sich seit Ende der fünfziger Jahre die vom Stadtzentrum verhältnismäßig weit entfernte Weststadt immer mehr zu einem eigenen großen Stadtteil mit eigener Infrastruktur entwickelte, kam es auch dort zur Gründung neuer Kirchengemeinden. 1963 wurde die evangelische Johanneskirche, 1965 die katholische Dreifaltigkeitskirche eingeweiht.

Welche Rolle Kirche und Konfession für die Menschen spielte, lässt sich recht gut bestimmen, wenn man die Zahl der standesamtlichen mit den kirchlichen Trauungen vergleicht und zudem den Anteil der konfessionell gemischten an der Gesamtzahl der kirchlichen Eheschließungen feststellt. D 42 zeigt deutlich, dass das Interesse an kirchlichen Trauungen abnahm und auch die Konfessionszugehörigkeit bei der Wahl des Ehepartners eine immer geringere Rolle spielte. Dem entsprach eine deutliche Zunahme solcher Eheschließungen, bei denen einer oder beide Ehepartner keiner Kirche mehr angehörten.

D 42 Entwicklung der kirchlichen und der konfessionsverschiedenen Eheschließungen 1928 – 1995

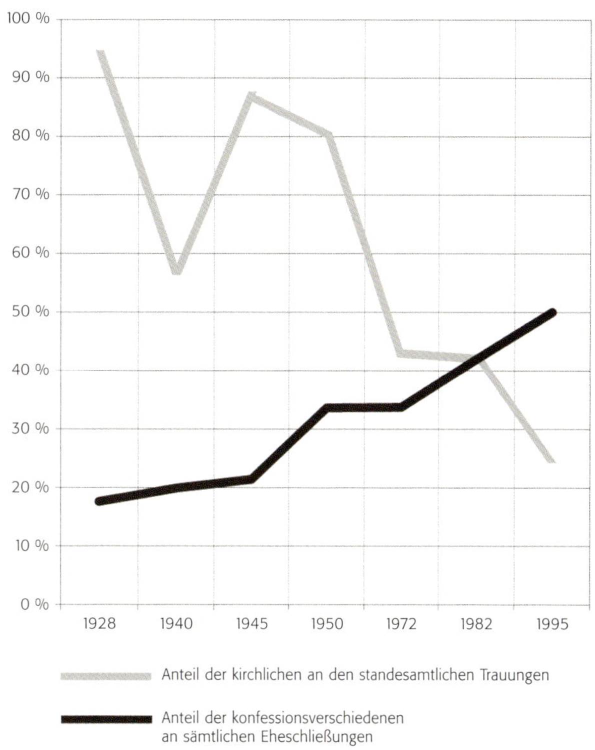

	1981	1982	1995	1998
Gesamtzahl der standesamtlichen Trauungen	228	234	312	283
Einer der Ehepartner oder beide in keiner Kirche	28	37	84	73
Anteil dieser Ehen an der Gesamtzahl der standesamtlichen Trauungen	12,3 %	15,8 %	26,9 %	25,8 %

Nach dem Krieg war es auch nicht mehr selbstverständlich war, dass die kirchliche Trauung in der Pfarrei der Braut oder des Bräutigams stattfand. Die Brautleute neigten zunehmend dazu, für die kirchliche Trauung eine Kirche zu wählen, die ihnen wegen ihrer Größe, ihrer Lage oder ihrer Schönheit besonders geeignet erschien. So ließen sich beispielsweise schon 1950 34 Paare aus den Ravensburger Pfarreien Liebfrauen und St. Jodok in Weingarten, Birnau, Beuron oder Wasserburg am Bodensee trauen. Umgekehrt übte die kleine intime Bergkirche von St. Christina auf viele Paare eine große Anziehungskraft aus. Hatten dort 1950 nur elf Trauungen stattgefunden, so waren es 1963 bereits 58.[324]

Der Verzicht auf eine kirchliche Trauung war nicht unbedingt Ausdruck eines mangelnden Interesses am kirchlichen Segen. Bei konfessionsverschiedenen Ehen kam es vor, dass die Ehepartner sich nicht einigen konnten, ob sie sich evangelisch oder katholisch trauen lassen sollten. Die Weigerung der katholischen Kirche, Geschiedene zu trauen, konnte dazu führen, dass die Brautleute, selbst wenn sie beide katholisch waren, sich von einem evangelischen Pfarrer trauen ließen.[325]

Während es noch in den fünfziger Jahren bei konfessionsverschiedenen Eheleuten zu Meinungsverschiedenheiten bei der Frage kommen konnte, wer wo getraut werden wollte, sollte oder konnte[326], spielten solche Fragen schon wenige Jahre später keine große Rolle mehr. Das hing sicher mit der seit den sechziger Jahren zunehmenden Gleichgültigkeit eines beträchtlichen Teils der Bevölkerung gegenüber konfessionellen und kirchlichen Dingen zusammen.

In dieser Situation kamen sich, wie so oft, beide großen Amtskirchen zuerst auf Gemeindeebene näher. Schrittmacher im Raum Ravensburg-Weingarten waren der katholische Pfarrer von Weißenau, Hermann Rode und der evangelische Pfarrer Dr. Jörg Rothermundt, die am 2. Juli 1967 mit persönlich eingeladenen Gläubigen beider Konfessionen den ersten ökumenischen Gottesdienst in der Evangelischen Stadtkirche abhielten.[327] Zwei Jahre später wurde der erste ökumenische Gottesdienst in der Liebfrauenkirche gefeiert, 1975 fand in der Evangelischen Stadtkirche erstmals eine Trauung statt, an der ein evangelischer und ein katholischer Geistlicher beteiligt waren.[328] Sechs Jahre später, im November 1981, zelebrierten der Bischof von Rottenburg und der evangelische Landesbischof in der Evangelischen Kirche gemeinsam einen ökumenische Wortgottesdienst. Im letzten Jahrzehnt des 20. Jahrhunderts kam es sogar vor, dass sich ein evangelisches Paar in der bei Brautleuten beliebten katholischen Pfarrkirche St. Christina trauen ließ.[329]

Eine weitere ökumenische Feier wurde aus Anlass der Einweihung des grundlegend erneuerten Heilig-Geist-Spitals im Jahr 2000 begangen. Seit der Reformation bestand für die Kapelle im Spital ein Simultaneum, was bedeutete, dass sie evangelischen wie katholischen Spitalinsassen gleichermaßen für Gebet und Gottesdienst offen stand. Zur Weihe der nach langen Jahren der Sanierung und Restaurierung wiedereröffneten spätgotischen Spitalkapelle kamen Katholiken und Protestanten gemeinsam mit einem Rottenburger Domkapitular und dem evangelischen Prälaten von Ulm zusammen.

Teil 8: 1966 – 2000
Auf dem Weg zur Dienstleistungsgesellschaft

Vorbemerkung

Der Historiker, der die Geschichte seiner Stadt schreibt, sieht sich einer veränderten Aufgabenstellung gegenüber, wenn er den Punkt erreicht hat, von dem an er selbst als Zeitzeuge die von ihm zu schildernde und zu interpretierende Entwicklung miterlebt hat. Er hat dann nicht mehr jenen Abstand zu seinem Stoff, der im Interesse einer möglichst großen Objektivität notwendig ist.

Deshalb muss der Chronist bei der Schilderung der jüngsten Geschichte seine Leser um Verständnis bitten, wenn er sich mit Werturteilen mehr als in den vorhergehenden Kapiteln zurückhält und darauf verzichtet, sämtliche Personen, Vereine, Verbände, Firmen usw. aufzuzählen, die in dem dargestellten Zeitraum eine Rolle gespielt haben.

Bei der Auswahl der im letzten Teil dieser Stadtgeschichte genannten Personen wurden strenge Maßstäbe angelegt. Außer den beiden Oberbürgermeistern, die seit 1966 amtierten und der Stadtpolitik ihren Stempel aufgedrückt haben, wurden mit einer einzigen Ausnahme keine weiteren Personen, die in der Lokalpolitik hervorgetreten sind, namentlich erwähnt. Dies gilt auch für die Mitglieder des Gemeinderats. Verzichtet wurde auch auf die Nennung von Persönlichkeiten aus der Wirtschaft, was jedoch nicht heißt, dass die wirtschaftliche Entwicklung der Stadt vernachlässigt worden wäre.

Eine Ausnahme wurde allerdings für den Bereich der Kultur gemacht. Hier hätte es der Verfasser als eine zu große Unterlassung empfunden, wenn er die Namen von Künstlern und sonstigen Kulturschaffenden nicht genannt hätte, die im letzten Drittel des 20. Jahrhunderts das kulturelle Leben in Ravensburg bereichert haben. Es ist nicht zu bestreiten, dass diese Ausnahme anfechtbar ist. Ob die namentlich erwähnten Künstler dem Urteil der Geschichte standhalten, wird sich erst in der Zukunft erweisen.

Merkmale des letzten Jahrhundertdrittels

Das Jahr 1966 bedeutete für Ravensburg mit dem Ende der „Ära Sauer“ nach zwanzig Jahren einen Einschnitt. Aber unabhängig von dieser lokalgeschichtlichen Zäsur wurde das Jahr 1966 auch von vielen anderen Deutschen als Markstein wahrgenommen, der das Ende der Nachkriegszeit anzeigte. Die Integration der Heimatvertriebenen und Flüchtlinge war weitgehend abgeschlossen, so dass sie seit diesem Jahr in den amtlichen Statistiken nicht mehr eigens ausgewiesen wurden. Im gleichen Jahr endete in Bonn die eindeutige Vorherrschaft der CDU. Die Koalition von CDU und FDP wurde von einer Großen Koalition unter dem früheren Ravensburger Wahlkreisabgeordneten Kurt Georg Kiesinger als Bundeskanzler abgelöst.

Ein Wertewandel bahnte sich an. Vieles, was bisher unbestritten war, wurde infrage gestellt. Auf allen Ebenen, auch auf der kommunalen, entstand eine „außerparlamentarische Opposition“ in Gestalt von Bürgerinitiativen, „Demos“ und auf Provokation abzielende „Happenings“. Die 68er-Bewegung kündigte sich an.

In der Provinz spielte sich dieser Wandel allerdings meist in gesitteteren Formen ab als in den Universitäts- und Großstädten, so auch in Ravensburg. Aber die Themen, die vor allem jüngere Leute stark bewegten, wurden auch hier heiß diskutiert. Ein eindrucksvolles Beispiel, wie diese neue „Jugendbewegung“ in Ravensburg und Weingarten aussah, welche Atmosphäre damals in den Schulen und Hochschulen herrschte, bietet der 1980 erschienene Roman „Vorläufige Beruhigung“ von Peter Renz.

Umbrüche, Bewusstseinswandel, schmerzhafte Veränderungen ebenso wie neue Errungenschaften prägten auch die Lebenswelt der Ravensburger im letzten Drittel des Jahrhunderts. Als wichtigste Elemente dieses Wandels seien hervorgehoben: die neue Frauenbewegung

Demonstration gegen die allgemeine Wehrpflicht, vermutlich 1978
Die mitgeführten Transparente deuten darauf hin, dass sich die Demonstration gegen die Entscheidung des Bundesverfassungsgerichts richtete, das 1978 entschied, eine bloße Erklärung reiche für die Anerkennung als Wehrdienstverweigerer nicht aus, es sei vielmehr sorgfältig nachzuprüfen, ob eine ernsthafte Gewissensentscheidung vorliege.

und die damit verbundene Neubewertung der gesellschaftlichen Rolle der Frau, die Friedensbewegung und das wachsende Umweltbewusstsein, das sich sowohl auf die Natur wie auf die von Menschenhand gebaute Umwelt bezog. Naturschutz, Denkmalschutz und Denkmalpflege, wozu auch die Sanierung (Heilung) heruntergekommener historischer Stadtviertel gehörte, erlangten im Bewusstsein vieler, besonders junger Menschen einen weit höheren Stellenwert als früher.

Anderes kam hinzu. Mehr Freizeit und wachsender Wohlstand ermöglichten eine früher undenkbare Mobilität. Dadurch, vor allem aber durch die neuen Medien Fernsehen und Internet, ergoss sich über die Menschen eine nie gekannte Informationsflut, die für den Einzelnen kaum noch zu verarbeiten war. Es entwickelte sich so eine größere Offenheit gegenüber *dem* Fremden und *den* Fremden, eine neue „multikulturelle" Orientierung, nicht nur durch den Kontakt mit anderen Ländern, sondern auch durch die Zuwanderung von Ausländern.

Der wachsende Wohlstand erzeugte eine Wachstumseuphorie, die zwar schon seit der Mitte der sechziger Jahre immer mal wieder einen Dämpfer erhielt, aber erst in den letzten Jahren des 20. Jahrhunderts ein Krisenbewusstsein erzeugte, die Erfahrung der Begrenztheit wirtschaftlichen Wachstums.

In Ravensburg musste diese Erfahrung zuerst die Textilindustrie machen, die sich gegenüber den Billiglohnländern nicht behaupten konnte, später auch die Maschinenfabriken. Während so die Arbeitsplätze im produzierenden und verarbeitenden Gewerbe abnahmen, wuchsen sie im Dienstleistungsbereich, besonders im Bildungs- und Gesundheitswesen, aber auch beim Handel, bei Banken, Versicherungen und in der öffentlichen Verwaltung.

Eine abseits des bürgerlichen Mittelstands lebende „Arbeiterklasse" mit einer eigenen Kultur und Lebenswelt gab es in den ersten zwei Jahrzehnten nach dem Krieg durchaus noch. Doch der wachsende Wohlstand, an dem auch die Arbeiterschaft teilhatte, verwischte die Grenzen zwischen den verschiedenen gesellschaftlichen Gruppierungen.

Anders verhielt es sich mit den Gastarbeitern, den Asylanten und Aussiedlern, die hierher kamen. Hier gab es neben dem Sprachproblem noch andere Verständnisschwierigkeiten, die eine nähere Betrachtung erfordern.

Der Wohlstand erzeugte gerade im Dienstleistungsbereich neue Angebote und damit auch neue Berufe. Dies wurde vor allem im Gesundheitswesen und auf dem Wohnungsmarkt deutlich. Die Zahl der Ärzte, Zahnärzte, Apotheker, Physiotherapeuten und Altenpfleger wuchs in einem ungeahnten Ausmaß. Psychologische Beratungsstellen, psychotherapeutische Praxen, Fitness-Studios, Tierkliniken und Biomärkte waren Einrichtungen, die bis dahin in Ravensburg unbekannt gewesen waren. Das enorme Wachstum des Dienstleistungsbereichs und ganz besonders des Gesundheitswesens, illustriert D 43.

Die Wohnungsnot, über viele Jahrzehnte ein Dauerproblem, verschwand in den neunziger Jahren so gut wie vollständig. Der Wohlstand erlaubte es vielen jungen Leuten, früher aus dem Elternhaus auszuziehen und eine eigene Wohnung zu mieten oder zu kaufen.

Der Zuwachs an Lebensqualität, der durch die wirtschaftliche Entwicklung möglich wurde, befruchtete nicht zuletzt das kulturelle Leben, das ohnehin schon kurz nach dem Krieg von den französischen Besatzern kräftig gefördert worden war. Ein Vergleich des Angebots an kulturellen Veranstaltungen vor und nach dem Zweiten Weltkrieg macht dies deutlich. Kunstausstellungen hatte es vor dem Krieg kaum gegeben, auch keine städtische Bibliothek oder Volkshochschule. Nur Theater und Konzerte besaßen früher schon einen besonderen Stellenwert im Ravensburger Kulturbetrieb.

In den letzten zwanzig Jahren des Jahrhunderts häuften sich neue kulturelle Initiativen: in der sechshundert

D 43 Zunahme der Arbeitsplätze in den wichtigsten Dienstleistungsbereichen (öffentl. Dienst, Banken, Post, Verkehr, Bildungs- und Gesundheitswesen, Freie Berufe) 1882 – 1999

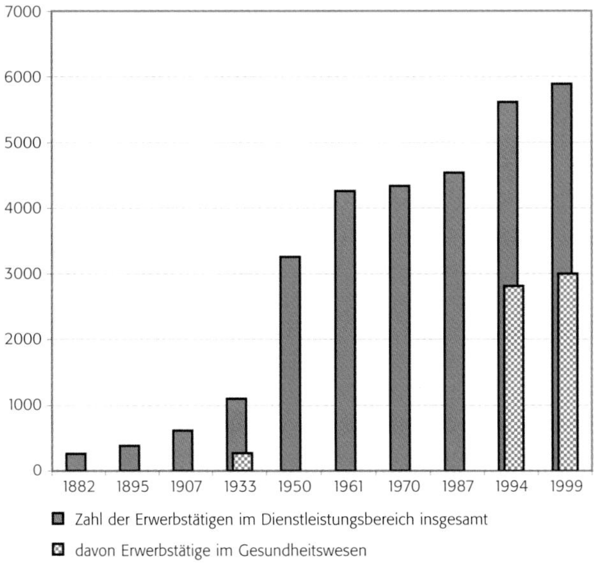

Jahre alten Zehntscheuer entstand eine Kleinkunstbühne. Ein Puppentheater und ein professionelles Theaterensemble mit festem Spielplan wurden gegründet, eine städtische Musikschule und eine private Kunstschule. Es verging kaum ein Tag, an dem nicht irgendeine Aufführung, ein Konzert, ein Vortrag oder eine Ausstellungseröffnung stattfand.

Die politische Entwicklung

Schwerpunkte der Ravensburger Kommunalpolitik im letzten Drittel des Jahrhunderts waren:
- Integration der ehemals selbstständigen, zwischen 1971 und 1974 eingegliederten Nachbargemeinden,
- Sanierung der Ravensburger Altstadt und verstärkte Beachtung der Denkmalpflege,
- verstärkte Kinder-, Jugend-, Familien-, Frauen- und Seniorenförderung,
- Förderung des sozialen Wohnungsbaus,
- Integration der Ausländer und Aussiedler, die sich hier niederließen,
- Rettung des Städtischen Krankenhauses,
- zunehmende Beachtung des Umweltschutzes,
- Eindämmung des Autoverkehrs in der Innenstadt und Errichtung von Parkhäusern,
- Förderung des öffentlichen Personennahverkehrs (ÖPNV),
- Förderung des Einzelhandels in der Innenstadt und Begrenzung großflächiger Kaufhausniederlassungen auf der „Grünen Wiese“,
- gezielte Wirtschaftsförderung durch Vermittlung von Grundstücken und Beratung bei geplanten Firmengründungen,
- verstärkte Einbeziehung der Bürger in das lokalpolitische Geschehen durch Bürgerversammlungen und die „Lokale Agenda 21“,
- Partnerschaften mit Städten anderer Länder.

Politik in der Region: das Verhältnis zu den Nachbargemeinden

Oberbürgermeister Sauer hatte mit der Gasversorgung Oberschwaben und dem Abwasserzweckverband Mariatal eine Politik verfolgt, die nicht an der Markungsgrenze der Stadt Halt machte. Auch seine beiden Nachfolger im Amt des Oberbürgermeisters verstanden ihre Stadtpolitik zugleich als Regionalpolitik. Der aus der Stuttgarter Ministerialbürokratie kommende, aus Ravensburg stammende Verwaltungsjurist Karl Wäschle (geboren 1922, Oberbürgermeister von 1966 bis 1987) und der diplomierte Landschaftsplaner und Ökologe Hermann Vogler (geboren 1944 in Konstanz, seit 1987 Oberbürgermeister), bis zu seiner Wahl Direktor des Regionalverbands Bodensee-Oberschwaben, waren schon von ihrem beruflichen Werdegang her gegen eine allzu engstirnige Lokalpolitik gefeit.

Da Wäschle in Personalunion Vorsitzender des 1973 neu geschaffenen Regionalverbands Bodensee-Oberschwaben war, hatten beide, Wäschle und Vogler, schon lange vor Voglers Wahl zum Oberbürgermeister gemeinsam an der Regionalplanung gearbeitet.

Für Wäschle war von Anfang an klar, welche Vorteile eine stärkere Vernetzung oder gar Fusion der Schussentalgemeinden mit sich bringen würde. Deshalb gehörte er zu den entschiedensten Befürwortern eines „Gemeindeverbands Mittleres Schussental“, der 1971 tatsächlich zustande kam. Anfangs waren zehn, nach der landesweiten Gemeindereform und dem Ausscheiden zweier Gemeinden noch fünf Kommunen an diesem Zweckverband beteiligt. Hauptziel war die gemeinsame Erarbeitung eines Flächennutzungsplans, um das unkoordinierte Nebeneinander bei der Planung von Wohn- und Gewerbegebieten, Grünflächen und neuen Straßen zu überwinden und zugleich gegenüber der Landesplanung

Satirische Fotomontage zur politisch umstrittenen Eingliederung der Gemeinde Eschach in die Stadt Ravensburg, 1974
Oberbürgermeister Wäschle hat die Eschacher Gemeinderäte, die aufgrund der Gemeindereform 1974 Mitglieder des Ravensburger Gemeinderats wurden, in sein „Täschle" gesteckt.

mit einer Zunge zu reden. Zusätzlich zu dem 1974 beschlossenen und 1975 in Kraft getretenen Flächennutzungsplan wurde ein Generalverkehrsplan erarbeitet. Eine gemeinsame Schulplanung und eine Koordination des öffentlichen Nahverkehrs gehörten ebenfalls zu den Aufgaben des Gemeindeverbands.

Teil der umfassenden Verwaltungsreform der frühen siebziger Jahre war auch eine Verminderung der Zahl der Landkreise. Zum 1. Januar 1973 wurde der bisherige Landkreis Wangen gegen den Willen einer überwältigenden Mehrheit seiner Bewohner dem Landkreis Ravensburg einverleibt. Sitz des Landratsamts des neuen Großkreises wurde zum Missvergnügen der Allgäuer Ravensburg.

Nächster Schritt zu einer umfassenden Verwaltungsreform war der von der Landesregierung geförderte politische Zusammenschluss benachbarter Gemeinden. Der Plan der Regierung sah eine Großgemeinde im Schussental vor, die von Baindt bis Eschach reichen sollte. Voraussetzung dafür war allerdings eine demokratische Legitimation durch Bürgeranhörungen in den betroffenen Gemeinden. Zunächst schien alles so zu laufen wie die Landesplaner sich dies vorgestellt hatten. Zwischen 1971 und 1973 wurden die Gemeinden Schmalegg und Taldorf sowie die bis dahin zur Gemeinde Grünkraut gehörenden, aber mit Ravensburg eng verzahnten Ortsteile Knollengraben und Ittenbeuren nach Ravensburg eingegliedert.

Schwieriger war die Eingliederung von Eschach. Obwohl bei einer Bürgeranhörung im Dezember 1973 57,5 % der Wähler gegen einen Zusammenschluss mit Ravensburg stimmten, allerdings bei einer Wahlbeteiligung von nur 55 %, beschloss der dortige Gemeinderat zwei Tage später gegen den heftigen Widerstand des Eschacher Bürgermeisters den freiwilligen Zusammenschluss mit Ravensburg. Nachdem der Bürgermeister sich hartnäckig weigerte, dem Beschluss seines Gemeinderats zu entsprechen und Verhandlungen über die Modalitäten der Eingliederung mit der Stadt Ravensburg aufzunehmen, wurde er vom Landratsamt seines Dienstes enthoben. Damit war der Weg frei für die Eingliederung Eschachs, die am 1. Februar 1974 vollzogen wurde und durch die Ravensburgs Einwohnerzahl mit einem Schlag auf 45.000 stieg.[1]

Als letzte Gemeinde wurde am 1. Oktober 1974 die nur ca. 70 Einwohner zählende, ehemals badische Exklave Adelsreute als Teil der Ortschaft Taldorf mit Ravensburg zusammengeschlossen.

Was jedoch nicht gelang, war die Fusion mit den nördlichen Nachbargemeinden. Dort hatten schon die Bürgeranhörungen ein klares Nein zu einer Eingliederung nach Ravensburg ergeben. Zu groß war die Sorge, nach einer Eingemeindung vom großen Bruder Ravensburg an die Wand gedrückt zu werden, obwohl die Eingliederungsverträge zwischen Ravensburg, Eschach, Taldorf und Schmalegg den betroffenen Kommunen so viele Selbstverwaltungsrechte eingeräumt hatten wie sonst nirgends im Lande.

1975 klagten Weingarten, Baienfurt und Baindt beim Staatsgerichtshof gegen den Beschluss von Landesregierung und Landtag, sie mit Ravensburg zu einer großen „Schussenstadt" zusammenzuschließen und erhielten zur allgemeinen Überraschung recht. Als das Urteil des Staatsgerichtshofs im Rundfunk bekannt gegeben wurde, läuteten auf dem Martinsberg die Glocken des Weingartener Münsters. Ausgerechnet den von Ravensburgs Oberbürgermeister Wäschle mit ins Leben gerufenen Gemeindeverband Mittleres Schussental wertete der Staatsgerichtshof als Argument gegen eine Zwangs-

Blick über das Gewerbegebiet der Südstadt auf die neu entstandene Weststadt, um 1970
Im Vordergrund links das Hochhaus der OMIRA, jenseits der Talsohle unterhalb der eigentlichen Weststadt die schon vor dem Krieg gebauten Wohnhäuser an der Galgenhalde (an den Walmdächern erkennbar). Im Neubaugebiet links der Turm der neuen katholischen Dreifaltigkeitskirche, in der Mitte der weiße Turm der evangelischen Johanneskirche.

fusion. Der Gemeindeverband, so die Argumentation, erfülle ja bereits die Aufgabe einer gemeinsamen Raumplanung.

Zwar knirschte es in den folgenden Jahren bei der Zusammenarbeit im Gemeindeverband Mittleres Schussental immer wieder, aber immerhin erfüllte er seine Aufgabe einer Fortschreibung des Flächennutzungsplans von 1975 und koordinierte die Landschafts- und Verkehrsplanung der beteiligten Gemeinden. 1978 übernahm er zusätzlich die Aufgaben einer Unteren Baurechtsbehörde und richtete eine Technische Leitstelle für die drei Gemeinden Baienfurt, Baindt und Berg ein, die aufgrund ihrer geringen Größe nicht selbst die Kompetenz einer solchen Behörde besaßen.

Unter Wäschles Nachfolger Hermann Vogler wurde die Regionalpolitik weiter ausgebaut. Immer stärker setzte sich die Erkenntnis durch, dass die Städte Ravensburg, Weingarten und Friedrichshafen zusammen mit einer Reihe kleinerer Gemeinden einen einzigen großen Wirtschaftsraum mit etwa 100.000 Arbeitsplätzen bilden und als solcher gemeinsame Interessen haben, die auch gemeinsam gegenüber der Landesregierung vertreten werden sollten. Im Landesentwicklungsplan war ursprünglich allein Ravensburg als Oberzentrum ausgewiesen worden. Diese Gewichtung war jedoch von der Wirklichkeit überholt worden. Auch in Ravensburg erkannte man klar, dass künftig nur ein alle drei Städte umfassendes Oberzentrum sinnvoll sei.

Politisches Klima und politische Kultur

Zu den historischen Leistungen der Ravensburger Kommunalpolitik der siebziger und frühen achtziger Jahre gehört der Umgang mit den eingegliederten Nachbargemeinden. Die liberalen Ortschaftsverfassungen ließen den Ortschaftsräten und an deren Spitze den Ortsvorstehern so viel eigenen politischen Spielraum, dass nach kurzer Zeit die Klagen über eine Bevormundung durch Ravensburg fast ganz verstummten. Die einzelnen Ortschaften waren im Ravensburger Gemeinderat entsprechend ihrer Einwohnerzahl und zusätzlich durch die Ortsvorsteher vertreten. Diese Konstruktion wirkte als Brückenschlag zwischen der Kernstadt und den Ortschaften. Hinzu kam, dass den Ortschaften gerade in den ersten Jahren eine Reihe von Wünschen für eine Verbesserung ihrer Infrastruktur erfüllt wurde, die ohne die Unterstützung aus dem Ravensburger Rathaus Wunschträume geblieben wären.

Ähnlich verhielt es sich mit der in der Nachkriegszeit entstandenen Weststadt, in der ums Jahr 2000 mehr als 9.000 Menschen wohnten, darunter viele deutschstämmige Aussiedler aus Russland. Hier war es notwendig, dem neuen Stadtteil zu helfen, eine eigene Identität zu entwickeln, eine Infrastruktur zu schaffen, die den dort Wohnenden das Gefühl gab, nicht nur ein Anhängsel der Innenstadt zu sein. An dieser Aufgabe wirkten neben der Stadt auch die Kirchen mit, die dort neben neuen Gemeindezentren auch Kindergärten einrichteten. Die Stadt selbst schuf in der Weststadt neben einer Grundschule Spielplätze, einen Jugendtreff und, gleichsam als Rathausersatz, ein „Weststadtbüro", in dem die Bürger in allen Behördenfragen Rat suchen konnten.

Zu den Stärken der beiden Stadtoberhäupter Wäschle und Vogler gehörte eine liberale Grundeinstellung gegenüber den verschiedenen politischen Kräften in der Kommune. Obwohl beide der CDU angehörten, verschafften sie sich auch bei den anderen Fraktionen im Gemeinderat großen Respekt. Toleranz prägte auch ihren Umgang mit Minderheiten. Ihr vom kommunalen Alltag geprägter Pragmatismus half ihnen, auch bei schwierigen Entscheidungen im Gemeinderat meist einen Konsens herbeizuführen. Der patriarchalische Führungsstil ihres Vorgängers Albert Sauer lag beiden nicht.

Verglichen mit den Unruhen, die im April und Mai 1968 vor allem nach dem Attentat auf den Studentenführer Rudi Dutschke viele Städte in Deutschland erschütterten, blieb es im Schussental ruhig. Ravensburg war eben auch noch keine Studentenstadt. Ein zahmer Bürgerprotest gegen die beabsichtigte Verbreiterung der Karlstraße, der ein Teil der dortigen Grünanlagen zum Opfer fallen sollte, und ein vom Deutschen Gewerkschaftsbund und vom Sozialdemokratischen Hochschulbund gemeinsam organisierter Demonstrationszug gegen die Bonner Notstandsgesetze, an dem etwa 250 Personen, vor allem Studenten aus Weingarten, „in durchaus fröhlicher Stimmung" teilnahmen – das war's offenbar schon.[2] Etwas gereizter wurde die Stimmung gelegentlich in den siebziger Jahren durch Provokationen des „Kommunistischen Bunds Westdeutschland" (siehe Seite 387).

Das einzige wirklich neue Element sowohl in der großen Politik wie in der Lokalpolitik war das Auftauchen der „Grünen" auf der politischen Bühne seit Mitte der siebziger Jahre, das eng verknüpft war mit dem beginnenden Bau von Kernkraftwerken und der Furcht vor den unvorhersehbaren Folgen der Nutzung von Kernenergie. Daraus entwickelte sich eine ökologische Bewegung, deren Triebfeder die Warnung vor der generellen Gefährdung der Umwelt durch die moderne Technik und Zivilisation war.

Der Repräsentant dieser neuen politischen Bewegung war in Ravensburg ein Studienrat, der 1980 als erster

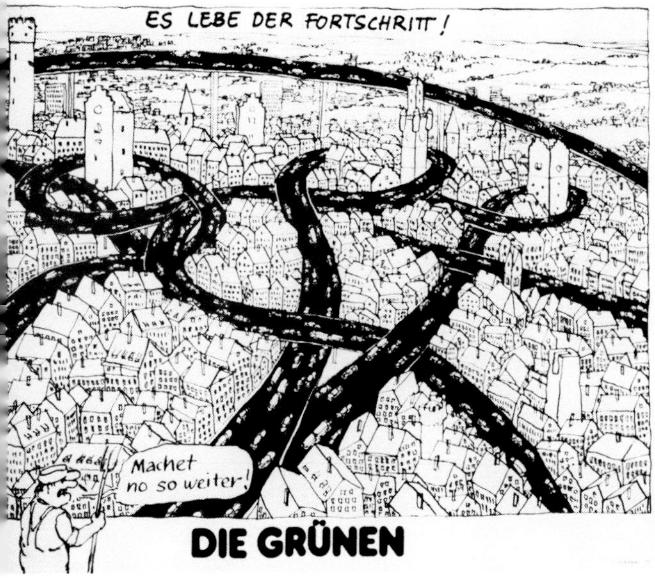

Plakat der „Grünen" zur Gemeinderatswahl, 1980
Vor dieser Wahl waren die erstmals angetretenen „Grünen" die einzige Partei, die mit einem speziell auf Ravensburg zugeschnittenen witzigen Plakat für sich warb. Die Wahl selbst brachte ihnen einen Sitz im Gemeinderat ein.

Grüner in den Gemeinderat gewählt wurde. Auch wenn dieser neue Stadtrat zunächst von vielen als weltfremder Eiferer verlacht wurde, fand ein Teil von dem, was er auf eine leicht sektiererisch wirkende Art und Weise propagierte, in den folgenden Jahren Eingang in die praktizierte Stadtpolitik, beispielsweise die Trennung beim Hausmüll, der Baumschutz, weitgehender Verzicht auf Streusalz im Winter, umweltfreundliches und energiesparendes Bauen oder die Nutzung alternativer Energien.

Die Grünen konnten sich in den achtziger und neunziger Jahren endgültig als vierte politische Kraft in Ravensburg etablieren, auch wenn sie sich in einen eher „linken" und einen eher christlich-konservativen Flügel (Ökologisch Demokratische Partei ÖDP) aufspalteten. Im Ravensburger Oberbürgermeister Vogler trafen sie auf einen Politiker, der selbst ein stark ausgeprägtes Umweltbewusstsein besaß und ihrer Politik aufgeschlossen gegenüberstand.

⋆

Der Umgang mit der eigenen Vergangenheit im Dritten Reich fiel auch in Ravensburg vielen nicht leicht. So scheiterte der mehrfach unternommene Versuch, der Judengasse, die ihren jahrhundertealten Namen 1934 verloren hatte und seit Mai 1945 Grüner-Turm-Straße hieß, ihren alten Namen zurückzugeben. Immerhin wurde 1983 am Platz der mittelalterlichen Synagoge eine Bronzetafel zur Erinnerung an das Schicksal der einst in dieser Straße lebenden Juden angebracht, außerdem an den Straßenschildern ein Hinweis auf den ursprünglichen Namen dieser bis 1429 von Juden bewohnten Gasse.

Zu einem Sturm im Wasserglas kam es 1981 anlässlich einer Ausstellung des Fotoclubs Ravensburg in der Kreissparkasse. Unter anderem wurden dort drei historische Fotos aus den Anfängen des Dritten Reichs gezeigt, Dokumente des reichsweiten Boykotts jüdischer Geschäfte am 1. April 1933 (vgl. Teil 6 Seite 274; dort eines der drei Fotos abgebildet). Auf den Fotos war zu sehen, wie sich SA-Männer vor den jüdischen Warenhäusern im Ravensburger Stadtzentrum postiert hatten, um niemanden in die Geschäfte hineinzulassen. Der Direktor der Sparkasse fand, dass solche Bilder in den Geschäftsräumen seines Hauses unzumutbar seien und verlangte, dass zumindest die Köpfe der abgebildeten SA-Leute unsichtbar gemacht würden, was der Fotoclub zähneknirschend befolgte. Der Vorfall fand in der Presse große Beachtung.

In den achtziger Jahren begann die wissenschaftliche Aufarbeitung der Stadtgeschichte des 20. Jahrhunderts und insbesondere der zwölf Jahre des Dritten Reichs durch einige von verschiedenen Hochschulen angeregte Einzeluntersuchungen. Die neuere Stadtgeschichte war auch ein Schwerpunkt in dem vom Gemeinderat 1991 beschlossenen Forschungsprojekt zur Ravensburger Frauengeschichte, das mit bemerkenswerten Ergebnissen ein bis dahin vernachlässigtes Thema ins Bewusstsein rückte.[3]

1994 entstand im Ravensburger Stadtarchiv ein Arbeitskreis aus Fachhistorikern und interessierten Laien, der sich eine umfassende Darstellung der dunklen Epoche der Jahre 1933 bis 1945 zum Ziel setzte. 1997 erschien als Ergebnis mehrjähriger Arbeit ein Sammelband mit 34 Beiträgen unter dem Titel „Ravensburg im Dritten Reich", der beträchtliches Aufsehen erregte, Zustimmung ebenso wie Widerspruch.[4]

Zur politischen Kultur der Stadt gehörte auch die 1998 erstmals verliehene Ehrenmedaille der Stadt an zwei Männer, die sich besondere Verdienste um Ravensburg erworben hatten. Der eine, Dr. Karl Lang, war im April 1945, kurz vor dem Einmarsch der Franzosen, neben anderen an dem erfolgreichen, aber riskanten Versuch beteiligt, die Gefahr einer Zerstörung der Stadt im letzten Moment noch abzuwenden (vgl. Teil 6 Seite 295f.).

Der andere, der Apotheker Reinhold Nonnenbroich, wurde dafür geehrt, dass er sich in den achtziger und neunziger Jahren mit großem persönlichen Einsatz und einer Fülle von Ideen für eine Zusammenarbeit der Ravensburger Geschäftswelt mit der Stadtverwaltung eingesetzt hatte, deren Ziel es war, die spezifischen Stärken Ravensburgs herauszuarbeiten und mit zahlreichen phantasievollen Aktionen für Ravensburg als attraktive Einkaufsstadt zu werben, was tatsächlich auch gelang.

Zu einem Teil der wenigen aus Ravensburg stammenden Juden, die den Holocaust in der Emigration überlebt hatten, konnten etliche Jahre nach dem Krieg wieder Kontakte hergestellt werden, insbesondere über die 1980 gegründete „Gesellschaft für Christlich-Jüdische Begegnung". An erster Stelle ist hier der im israelischen Shavei Zion lebende Pinchas (Peter) Erlanger zu nennen, der 1926 in Ravensburg geboren wurde und 1939 mit seinen Eltern nach Palästina emigrierte (vgl. Teil 6 Seite 275f.). Immer wieder kehrte er in seine ehemalige Heimat zurück und trug durch seine Offenheit und differenzierte Argumentation viel zum Verständnis zwischen Deutschen und Juden bei. Zum Gedenken an seinen Vater Dr. Ludwig Erlanger, der auf dem Burachhof ein Mustergut betrieben hatte, wurde in der Nähe des einstigen Hofs 1990 eine Stele errichtet.[5]

Erwähnung verdient auch die sehr lebendige Schulpartnerschaft zwischen dem Ravensburger Welfengymnasium und dem Gymnasium Weingarten auf deutscher Seite und dem Amal Gymnasium in Nahariya, einer Schule in einer Region im Norden Israels, in die viele deutsche Juden ausgewandert sind.

Auch anderen im Dritten Reich verfolgten Ravensburgern wurde eine späte Genugtuung zuteil. Nachdem durch die Forschungen der Lehrerin Dorothea Kiderlen das Schicksal der Ravensburger Sinti im Zweiten Weltkrieg ins allgemeine Bewusstsein gerückt wurde (vgl. Seite 276f.), ließ die Stadt im Einvernehmen mit dem Kirchengemeinderat von St. Jodok 1999 am Chor der Jodokskirche, zu deren Pfarrei die Sintisiedlung im Ummenwinkel gehört, ein künstlerisch gestaltetes Mahnmal anbringen, auf dem die Namen der in Auschwitz ermordeten Ravensburger Sinti festgehalten sind (Abbildung Seite 277).

Typisch für die Schwierigkeiten politischer Vergangenheitsbewältigung war der 1998 einige Wochen lang tobende Leserbriefkrieg um die Forderung eines Stadtrats, die Hindenburgstraße umzubenennen, eine Forderung, die übrigens 1945 von den Franzosen nicht erhoben worden war. Die Diskussion darüber, wie man die historische Rolle Hindenburgs zu bewerten habe, erwies sich zum Teil als ein Generationenproblem. Während die meisten älteren Leserbriefschreiber Hindenburg und damit auch den Straßennamen verteidigten, schlossen sich die Jüngeren überwiegend der Forderung nach einer Umbenennung an. Das Ganze endete schließlich wie das Hornberger Schießen: der alte Straßenname blieb erhalten.[6]

Zur politischen Kultur der Nachkriegszeit gehörte gerade auf der kommunalen Ebene auch die Aufnahme

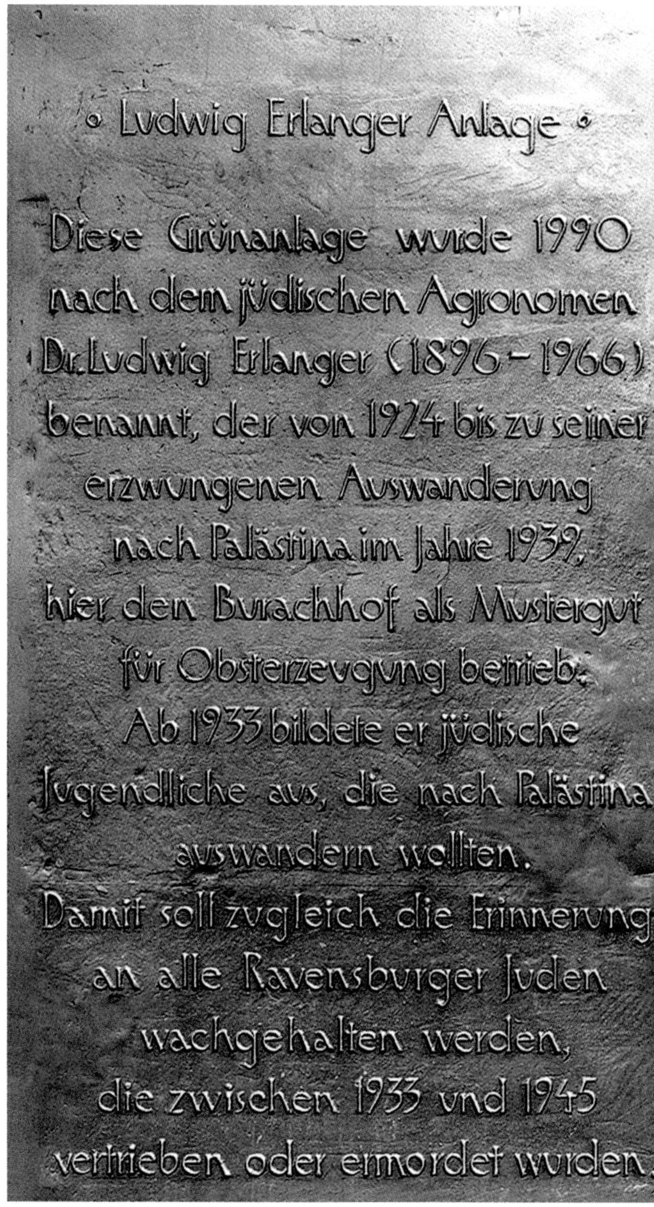

Gedenktafel für den jüdischen Agronomen Dr. Ludwig Erlanger, 1990
Die Familie des diplomierten Landwirts Dr. Erlanger entkam 1939 mit knapper Not dem NS-Terror und fand in Palästina eine neue Heimat. In der Nähe des einst von der Familie Erlanger bewirtschafteten Burachhofs wurde 1990 eine Grünanlage nach ihm benannt.

von Kontakten mit dem einstigen „Erbfeind" Frankreich und anderen Ländern. Nachdem bereits 1964 eine Städtepartnerschaft („Jumelage") mit der französischen Stadt Montélimar zustande gekommen war, wurden in den folgenden Jahrzehnten entsprechende Städtepartnerschaften mit der italienischen Stadt Rivoli bei Turin, der Stadt Rhondda Cynon Taff in Wales, der Stadt Varaždin in Kroatien und der weißrussischen Grenzstadt Brest begründet, im Fall von Brest gemeinsam mit Weingarten, Baienfurt, Baindt und Berg. Bei all diesen Städteverschwisterungen kam es nicht nur zu offiziellen Begegnungen zwischen den politischen Repräsentanten, sondern auch zwischen Vereinen, Kirchengemeinden, Bürgerinitiativen und einzelnen Familien hüben und drüben.

Sonderfall einer solchen Städtepartnerschaft war der 1990 kurz nach der „Wende" und noch vor der offiziellen Wiedervereinigung hergestellte Kontakt mit der sächsischen Stadt Coswig bei Dresden. Hier ging es zunächst vor allem um materielle Hilfe mit Fahrzeugen, technischem Gerät, Büromaterial usw. und um Beratung der dortigen Stadtverwaltung durch Vertreter der hiesigen öffentlichen Verwaltung, durch Bankkaufleute, Techniker, Informatiker und Juristen. Da es keinerlei sprachliche Verständigungsprobleme gab, wurden bald auch private, politische und geschäftliche Kontakte hergestellt.

Eine zweite Hilfsaktion galt und gilt auch nach 2000 der Stadt Huehuetenango in einer der ärmsten Regionen Guatemalas. Hier kam es vor allem auf Hilfen für den Schulunterricht (hoher Analphabetismus), für eine Verbesserung der medizinischen Versorgung (Apotheken) und für die Landwirtschaft an.

Als letztes Beispiel sei die „Lokale Agenda 21" erwähnt, ein weltweites Aktionsprogramm zur Verbesserung der Lebensgrundlagen auf der Erde im 21. Jahrhundert unter dem Motto „Global denken – lokal handeln". Dabei steht das Prinzip der „Nachhaltigkeit" im Vordergrund, die Berücksichtigung der Bedürfnisse späterer Generationen, wozu vor allem die Schonung der natürlichen Ressourcen gehört. Als ein Stück politische Kultur lässt sich diese Initiative deshalb bezeichnen, weil hier die Bürgerschaft in den Dialog der politisch Verantwortlichen und der Fachleute mit einbezogen wird. In Ravensburg wurden 1999 mit Hilfe eines städtischen „Agenda-Büros" acht Arbeitskreise gebildet, unter anderem zum sinnvollen und sparsamen Verbrauch von Energie, zur Stärkung der heimischen Wirtschaft, zur Verbesserung des Natur- und Landschaftsschutzes, zu einer stärkeren Integration alter Leute in die „Solidargemeinschaft Stadt" und zur notwendigen Verbesserung familienfreundlicher Maßnahmen.

Die wirtschaftliche Entwicklung

Industrie und Handwerk

Die industrielle Entwicklung zwischen 1966 und 2000 war gekennzeichnet vom fast vollständigen Untergang der Textilindustrie und einem Verlust zahlreicher Arbeitsplätze in der Metallindustrie. Eine Reihe anderer Firmen erlebte jedoch einen ungeahnten Aufschwung, so dass die Arbeitslosenquote niedrig blieb, so niedrig wie kaum anderswo in Deutschland. Die Schatten der Rezession im beginnenden 21. Jahrhundert hatten das Schussental bis zur Jahrtausendwende, mit der unsere Darstellung endet, noch nicht erreicht.

Bereits 1969 gingen bei der weit über die deutschen Grenzen hinaus bekannten *Kunststickerei Osiander* die Lichter aus. Ihre feinen, aber auch teuren Stickereien fanden selbst bei ihrer treuesten Kundschaft, der katholischen Kirche, nicht mehr genügend Käufer.

1978 meldete die Baumwollfeinweberei *Manz & Stimmler* Konkurs an, die in den fünfziger Jahren noch an die 170 Personen, hauptsächlich Frauen, beschäftigt hatte. Neun Jahre später, 1987, war für die Firma *Baby Dreher*, deren Spezialität Kleinkinderkleidung und Wäsche waren, das Ende gekommen. Zuletzt waren dort noch 80 Arbeitskräfte beschäftigt, auch wiederum vor allem Frauen.[7]

Als einzige Textilfabrik blieb ausgerechnet eine der ältesten übrig, die von einem italienischen Konzern übernommene *Bleicherei und Appreturanstalt Weißenau*. Sie firmierte nunmehr unter dem Namen *Ulmia Stoffe GmbH*. Ihr Arbeitsschwerpunkt blieb die Veredelung von Textilien. Ende 2000 verfügte sie über ca. 440 Arbeitsplätze.[8]

Bei den Maschinenfabriken war die Entwicklung erst seit Mitte der neunziger Jahre rückläufig. Die Belegschaft des größten Ravensburger Betriebs, der Maschinenfabrik *Escher Wyss*, erreichte 1976 mit 2.300 Beschäftigten sogar ihren Höchststand. Zu diesem Zeitpunkt gehörte sie bereits zum Sulzer-Konzern in Winterthur, an den sie 1968 verkauft worden war.

1994/95 kam es mit einem der schärfsten Konkurrenten auf dem Weltmarkt, der Firma Voith in Heidenheim, zu einem folgenreichen „Deal": Die Papiertechnik (Papiermaschinen, Stoffaufbereitung) wurde ausgegliedert und zu Voith nach Heidenheim verlegt (*Voith Sulzer Papiertechnik*). Bei Sulzer blieb zunächst die Hydraulik, die Produktion von Turbinen und Verstellpropellern (*Sulzer Hydro*), ebenso die Verfahrenstechnik: Gasturbinen und Verdichtungsanlagen (*Sulzer Turbo*). Der traditionelle Firmennamen „Escher Wyss" verschwand nach 138 Jahren für einige Zeit von der Bildfläche.

Werksgelände der ehemaligen Maschinenfabrik Escher Wyss, ca. 1999
Im Vordergrund einige Wohnhäuser für Werksangehörige, hinter dem Werksgelände, in dem heute mehrere Nachfolgefirmen angesiedelt sind, das Bahngelände und das Gewerbegebiet der Ravensburger Nordstadt, die mit Weingarten so stark zusammengewachsen ist, dass man die Stadtgrenzen kaum mehr erkennt.

Die Lösung von 1994/95 war nicht von langer Dauer. Im Dezember 1999 stellte die Sulzer Turbo ihre Produktion ein und erhielt in Ravensburg nur noch einen Reparaturservice aufrecht. Der ganze Hydro-Bereich wurde von Sulzer an den österreichischen Konzern Vöst Alpine in Linz veräußert und erhielt den neuen Firmennamen *VA Tech Escher Wyss GmbH*.

Auf die Einzelheiten der firmenrechtlichen Aufgliederung der alten Maschinenfabrik Escher Wyss & Co. einzugehen, würde hier zu weit führen. Insgesamt entstanden 15 Nachfolgefirmen, die teils zu Voith, teils zur Vöst Alpine gehörten und nichts mehr miteinander zu tun hatten außer dem gemeinsamen Standort. Die Mitarbeiterzahl wurde drastisch reduziert, sie lag Anfang 2001 noch bei insgesamt 1.400 am Standort Ravensburg.[9]

1997 meldeten gleich zwei alteingesessene Maschinenfabriken Konkurs an: die *Maschinenfabrik Ravensburg* (vormals Honer) und die auf Holzverarbeitungsmaschinen spezialisierte Firma *Albert Bezner*, die in den achtziger Jahren zusammen noch ca. 300 Personen beschäftigt hatten. Weitere Firmen verließen den Standort Ravensburg: Die Firma *RAFI*, die mit großem Erfolg elektrische Schalt- und Steuerungsanlagen produzierte und 1960 bereits 460 Personen beschäftigte, bezog zwischen 1966 und 1972 eine neue Fabrikanlage in der Nachbargemeinde Berg[10], die *Pinselfabrik Sterkel*, einst einer der größten Arbeitgeber der Stadt, die 1986 durch einen sechswöchigen Streik geschwächt worden war, verlagerte 1989 ihre stark reduzierte Produktion nach Mochenwangen.

Die beiden anderen mit dem Namen Sterkel verbundenen Fabriken, die *Otto Sterkel GmbH*, die auf Kühl- und Isoliereinrichtungen spezialisiert war, stellte 1990 ihre Produktion ein, die *Parkettfabrik Sterkel* 1997. Als vorläufig letzter größerer Betrieb hörte Ende 2000 das traditionsreiche *Bürgerliche Brauhaus* mit der Bierbrauerei auf, so dass von den einst zahlreichen Bierbrauereien in Ravensburg nur die *Brauerei Leibinger* übrig blieb.

Wenn trotz dieses Firmensterbens die Ravensburger Industrie, gemessen an der Gesamtzahl der Arbeitsplätze, bis in die Mitte der neunziger Jahre keine rückläufige Tendenz aufwies, so lag dies an der um 1960 einsetzenden starken Expansion einiger alteingesessener und einiger ganz neuer Betriebe.

Wohl an erster Stelle ist hier der traditionsreiche, 1883 gegründete *Otto Maier Verlag* zu nennen, der seit Ende der achtziger Jahre als *Ravensburger AG* firmiert, aber immer noch ein reines Familienunternehmen ist. Nach dem Zweiten Weltkrieg zählte die Firma nicht mehr als 40 Mitarbeiter, erlebte jedoch seit ca. 1960 ein stürmisches Wachstum. Neben Kinder- und Jugendbüchern waren es vor allem Spiele und Puzzles, für die auch im Ausland eine starke Nachfrage bestand, so dass eine Verlagerung der Produktion aus der Altstadt in das neue Gewerbegebiet im Südwesten der Stadt erforderlich wurde. 1990 waren allein am Standort Ravensburg 1.180 Menschen beschäftigt. Marktschwächen im In- und Ausland brachten Ende der neunziger Jahre starke Absatzschwankungen, doch die Zahl der hiesigen Arbeitsplätze belief sich am Ende des Jahrhunderts immer noch auf knapp 1.200. Mit der Marke „Ravensburger" im blauen Dreieck trägt das Unternehmen den Namen der Stadt in alle Welt.

Neubau des Spiele- und Buchverlags Ravensburger AG im Gewerbegebiet südwestlich der Innenstadt
Das zu den raren Beispielen guter moderner Bürohausarchitektur in Ravensburg zählende Gebäude wurde von dem Stuttgarter Architekturbüro Joachim Friedrich v. Berg entworfen und 1992 fertig gestellt.

Ein spektakuläres Wachstum erlebte die aus einer Apotheke hervorgegangene Firma *Vetter* mit der Produktion von Injektionsspritzen. Der von Apotheker Helmut Vetter in den sechziger Jahren eingeschlagene Weg dorthin führte von der Herstellung eigener Medikamente über die Abfüllung und Verpackung verschiedener Produkte des Gesundheitsbereichs zur Lohnfertigung ganz neuer Arzneimittel für internationale Pharmaunternehmen. 1979 begann die Produktion vorgefüllter Fertigspritzen aus Kunststoff, die nur einmal verwendet werden. Die innovative Spritzen- und Steriltechnologie der Firma Vetter fand weltweit Beachtung. Erfolge erzielte sie nicht nur auf dem europäischen, sondern auch auf dem amerikanischen Markt. Eine zweite Betriebsstätte nahm 1996 in Langenargen die Produktion auf. Die Zahl der in Deutschland Beschäftigten stieg von 260 im Jahr 1967 auf knapp 900 im Jahr 2.000, davon etwa 750 in Ravensburg.[11]

Auch die „Oberland-Milchverwertung Ravensburg GmbH", kurz *OMIRA* genannt, expandierte nach 1960 stark. Dies hing nicht zuletzt mit der Schließung vieler kleinerer Molkereien zusammen, die nicht in der Lage waren, die technischen Einrichtungen zu finanzieren, die für einen modernen, rationell und hygienisch einwandfrei arbeitenden Betrieb erforderlich waren.[12] 1999 waren bei der OMIRA ca. 360 Personen beschäftigt.

Zu den größeren Industriebetrieben gehörten im letzten Jahrhundertdrittel einige weitere Firmen wie die seit 1979 zum Thyssen-Konzern gehörende *Maschinenfabrik Nothelfer*, deren Spezialität Schnitt-, Stanz-, Zieh- und Presswerkzeuge sowie Schweißanlagen für die Automobilindustrie sind. 1999 arbeiteten hier ca. 570 Personen. Die Werkzeugfabrik *HAWERA* war mit der Herstellung von Bohrern aller Art, Walzwerkeinrichtungen und Gießmaschinen erfolgreich, die Kartonagenfabrik Zach mit der Herstellung von Käseschachteln und Joghurtbechern. 1993 wurde sie von einer britischen Firmengruppe übernommen, weshalb sie seit 1997 unter dem Namen *Autobar Packaging Germany GmbH* firmiert. Schließlich sind hier noch die beiden alteingesessenen Firmen *Franz Lohr* und *Tekrum* zu nennen. Erstere produziert Rohrleitungen, Kessel und elektrische Pumpwerke, letztere, wie schon seit über hundert Jahren, feine Backwaren.

⋆

Da in den amtlichen Statistiken Industrie und Handwerk unter der Bezeichnung „Verarbeitendes Gewerbe" erscheinen, das Bauhandwerk aber unter der Rubrik „Produzierendes Gewerbe", lässt sich die Zahl der im Ravensburger Handwerk Beschäftigten kaum einigermaßen zuverlässig angeben. 1970 zählte man in Industrie und Handwerk etwa 10.200 Beschäftigte, 1998 ca. 11.070 (ohne Land- und Forstwirtschaft).[13]

Nach Angaben des Statistischen Landesamts Baden-Württemberg sind bei der letztgenannten Zahl ca. 7.620 Beschäftigte der Industrie und ca. 3.450 dem Handwerk zuzurechnen. Wie bereits oben auf Seite 332 ausgeführt, können die Grenzen zwischen Industrie und Handwerk nicht scharf gezogen werden, da es sehr große Handwerksbetriebe gibt, die von ihrer Struktur, Organisation und Zahl der Arbeitsplätze her Industriebetrieben nahe kommen.

Wie stark sich in Ravensburg das Angebot an Arbeitsplätzen von Industrie und Handwerk auf andere Wirtschaftsbereiche verlagert hat, geht aus folgendem Vergleich hervor:

- Zahl der Arbeitsplätze in Ravensburg insgesamt: 1970: ca. 14.500, 1998: ca. 26.900[14]
- Zahl der Arbeitsplätze in Industrie und Handwerk: 1970: ca. 10.200, 1998: ca. 11.070.

Dieses Kapitel wäre jedoch unvollständig, wenn nicht auch die oft aus Handwerksbetrieben hervorgegangenen kleinen Konstruktionsbüros erwähnt würden, von denen viele der Kraftfahrzeugindustrie, aber auch Maschinenfabriken zuarbeiten. Ihre von der Öffentlichkeit kaum wahrgenommene Arbeit ließ das vor allem von den hiesigen Politikern gern benutzte Schlagwort vom „Tal der Tüftler" entstehen.

Handel und Dienstleistungen

Der für die Bundesrepublik Deutschland und andere Industrieländer bereits seit etwa 1950 zu beobachtende Trend zur Dienstleistungsgesellschaft lässt sich auch für Ravensburg feststellen. Zwischen 1950 und 1960 waren in der BRD noch ca. 50 % aller Erwerbstätigen Arbeiter, 1971 immerhin noch 46 %. Der Anteil der Beamten und Angestellten stieg von 20,6 % im Jahr 1950 auf 37,8 % 1971.[15] Im „tertiären Sektor" – Handel, Dienstleistungen, Verkehr, öffentliche Verwaltung, Gesundheits- und Bildungswesen, Gastgewerbe und Freie Berufe – arbeiteten 1970 41,5 % aller Berufstätigen, 1995 bereits 61 %. Umgekehrt sank der Anteil der Beschäftigten im „sekundären Sektor" (Industrie, Handwerk) von 45,3 % im Jahr 1980 auf 35,9 % 1995.[16]

Diese Entwicklung ist an D 44 abzulesen. Was dieses Diagramm nicht zeigt, ist das Wachstum der Arbeitsplätze im Gesundheitswesen, das in D 43 auf Seite 359 dargestellt ist.

Neubau der Kreissparkasse an der Meersburger Straße
Der von dem Karlsruher Architekturbüro Heinz Mohl entworfene, 1987 fertig gestellte Klinkerbau setzte einen interessanten neuen Akzent am westlichen Altstadtrand.

D 44 **Wandel der Erwerbstätigkeit in Industrie, Handwerk und im Dienstleitsungsbereich 1831 – 1999**

Anteil der Erwerbstätigen in den einzelnen Wirtschaftsbereichen an der Gesamtzahl der Erwerbstätigen

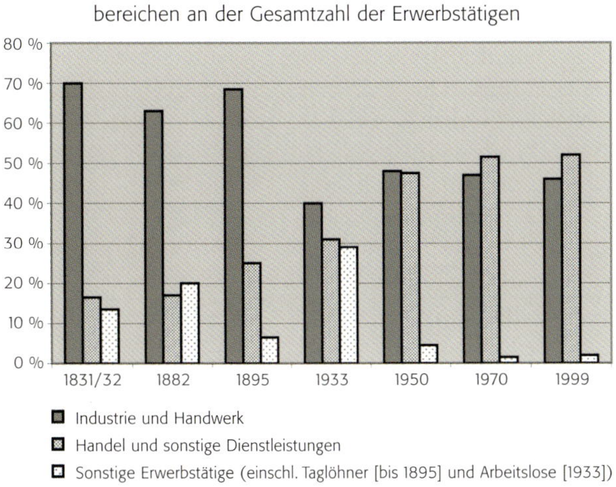

Leider werfen viele Statistiken Handel und Dienstleistungen in einen Topf. Ein realistisches Bild erhält man jedoch nur, wenn zwischen Handel und sonstigen Dienstleistungen unterschieden wird. Vergleicht man nämlich diese Zahlen miteinander, so wird, zumindest für Ravensburg, deutlich, dass die Zahl der Beschäftigten im Handel stagnierte, während sie im Gesundheits- und Bildungswesen, im öffentlichen Dienst, bei Banken und Versicherungen rasant stieg. Welch zunehmende Bedeutung Kreditinstitute, Versicherungen, Verkehrsbetriebe und Telekommunikation für die Stadt Ravensburg besaßen, zeigt D 45 (nächste Seite).

Diese Entwicklung spiegelte sich auch in einer der wichtigsten Einnahmequellen der Stadt, der Gewerbesteuer, wider. D 46 (nächste Seite) macht dies deutlich. Der aus dieser Grafik zu entnehmenden Umsatzsteigerung beim Handel stand allerdings keine entsprechende Vermehrung der Arbeitsplätze gegenüber.

Zahl der Arbeitsplätze im Handel:
1970: 4.070 1987: 5.515 1991: 4.021 1998: 3.728[17]

D 45 Zahl der Erwerbstätigen bei Kreditinstituten, Versicherungen, Verkehr und Telekommunikation 1933 – 1995

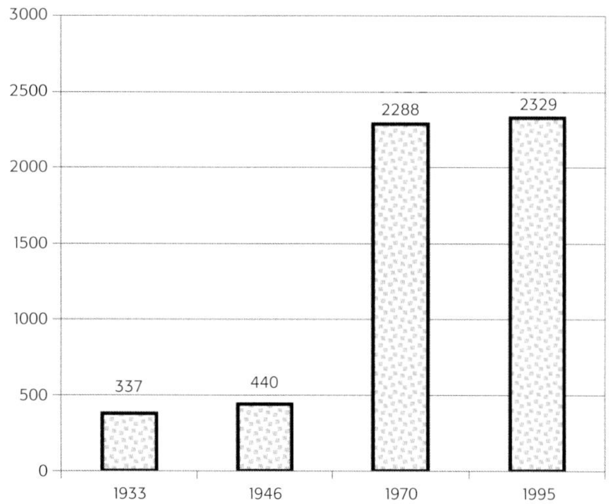

D 46 Gewerbesteueraufkommen 1980 – 1995: Anteil der einzelnen Wirtschaftsbereiche

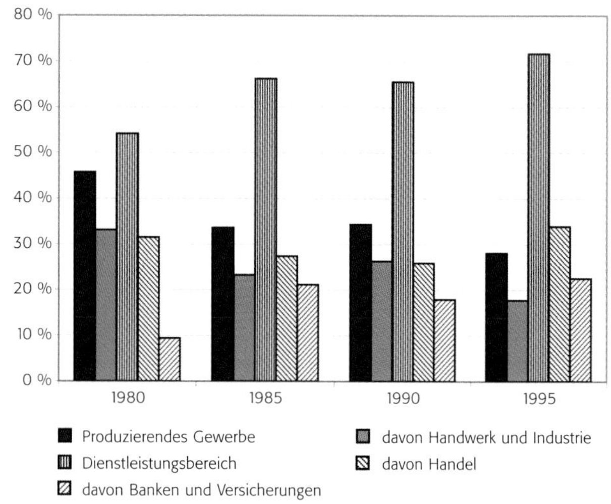

Im Wirtschaftsleben der Stadt Ravensburg spielte jedoch der Handel auch weiterhin eine weit bedeutendere Rolle als in den Nachbarstädten Weingarten, Biberach und Friedrichshafen. 1980 betrug sein Anteil am Gewerbesteueraufkommen 31,5 %, 1995 sogar 33,9 %. Nimmt man Kreditinstitute und Versicherungen sowie alle anderen steuerzahlenden Dienstleistungsbetriebe hinzu, dann war dieser Sektor der Ravensburger Wirtschaft am Gewerbesteueraufkommen des Haushaltsjahrs 1995 mit 71,7 % beteiligt.

Zwischen 1980 und 1999 stiegen die Einnahmen der Stadt aus der Gewerbesteuer von 16,53 Millionen DM auf 37 Millionen DM.[18] Zwar stieg auch die Pro-Kopf-Verschuldung, aber in einem deutlich geringeren Umfang, nämlich von 989 DM 1995 auf 1.277 DM im Jahr 2000, womit Ravensburg unter den vergleichbaren Städten einen Mittelplatz einnahm.[19]

Seit 1965 wuchs in der Innenstadt vor allem die Textilbranche, während der Lebensmittelhandel zurückging. Von den 103 Lebensmittelgeschäften, Bäckereien und Metzgereien des Jahrs 1930 waren 1980 nur noch 28 übrig geblieben, seither sank ihre Zahl weiter. Dagegen stieg die Zahl der Textilgeschäfte von 14 im Jahr 1930 auf 42 1980.[20] 1996 gab es in der Ravensburger Altstadt ca. 370 Einzelhandelsgeschäfte, die ca. 3.000 Personen beschäftigten.[21]

Nach 1960 wurden auch in Ravensburg mehrere große Kaufhäuser innerhalb der Altstadt eröffnet. Wegen der immer größer werdenden Parkplatznot – das erste Parkhaus wurde erst 1971 eröffnet – entstanden daneben aber auch größere Verbraucher- und Fachmärkte im Vorstadtbereich und auf der Grünen Wiese.

Bei vielen Geschäftsleuten der Innenstadt rief diese Entwicklung Unruhe hervor. 1980 schlossen sie sich daher zu einer Aktionsgemeinschaft, dem „Leistungsbund", zusammen, aus dem in den folgenden Jahren weitere Initiativen erwuchsen mit dem Ziel, die Kundschaft wieder stärker für das Einkaufen in der Altstadt zu gewinnen.

1982 wurde eine „Handelsgemeinschaft" gegründet, aus der 1988 mit tatkräftiger Unterstützung durch den Oberbürgermeister und die Stadtverwaltung das „Wirt-

Martini-Jahrmarkt auf dem Marienplatz, um 1970

D 47 Zahl der Erwerbstätigen in den einzelnen Wirtschaftsbereichen 1970 – 1998

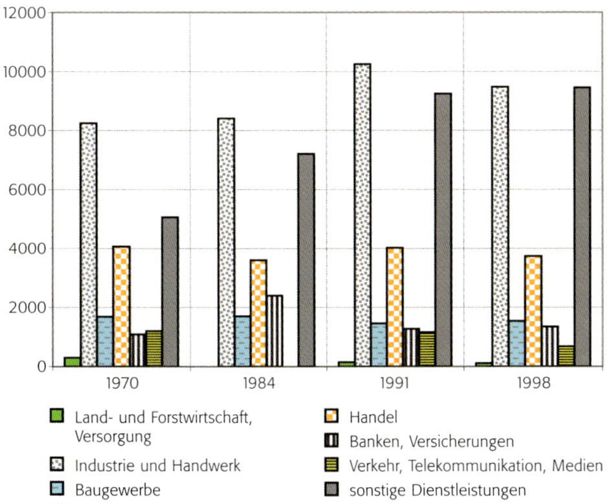

D 48 Beschäftigte im produzierenden bzw. verarbeitenden Gewerbe und im Dienstleistungsbereich 1998 im regionalen Vergleich

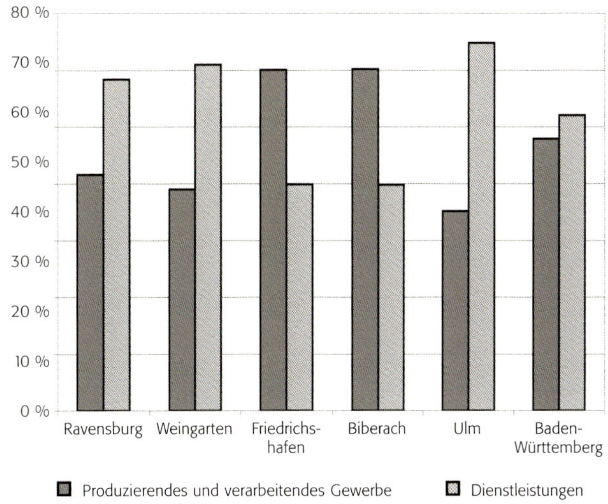

schaftsforum Pro Ravensburg" entstand, das keine bloße Werbegemeinschaft war, sondern darüber hinaus vor allem Aufklärungsarbeit für seine Mitglieder betrieb und unter Mithilfe der neuen Berufsakademie hervorragende Fachleute zu Vorträgen über die Themen „Stadtkultur" und „Stadtmarketing" nach Ravensburg holte. Gemeinsam mit dem Wirtschaftsforum entwickelte die Stadtverwaltung in der „Initiative Ravensburg" ein erfolgreiches Stadtmarketing-Konzept. Mit Parkchips für die inzwischen zahlreichen Parkhäuser, der Organisation eines „Christkindlemarkts", weihnachtlichen Ausstellungen im Rathaus, Weihnachtsbeleuchtung in den Straßen der Altstadt und einer 1997 begonnenen Werbeaktion in der Region unter dem Motto „Lieber Ravensburg" wurde für das Flair der historischen Einkaufsstadt Ravensburg geworben. Dieser „Ravensburger Weg" fand weit über die Grenzen der Region hinaus Beachtung.

⋆

Im Gegensatz zum Handel nahm die Zahl der im Dienstleistungsbereich Beschäftigten zwischen 1970 und 1998 zu. Die unterschiedliche Entwicklung geht aus D 47 hervor. Das Diagramm zeigt aber auch die rückläufige Entwicklung in den neunziger Jahren bei Bahn, Post und Fernmeldewesen. Besonders bei der Telekommunikation kam es zu einem spürbaren Rückgang der Arbeitsplätze, da das Ravensburger Fernmeldeamt einen Teil seiner Funktionen an andere Standorte abgeben musste.

Zum Wirtschaftssektor Verkehr/Telekommunikation gehören auch die Medienfirmen. Hier nahm die Zahl der Beschäftigten zu, nicht zuletzt dank der Ausbildungsmöglichkeiten, die dafür von der Berufsakademie und der privaten „Schule für Gestaltung" angeboten wurden. Neben zwei etablierten Verlagen und mehreren Druckereien, neben dem weit über Deutschland hinaus bekannten, 1945 von Dresden nach Ravensburg verlegten *Munzinger-Archiv* für Publizistik, neben Rundfunk- und Fernsehstudios entstanden neue Firmen für Grafik, Design und Film, die nicht nur in der Werbebranche reüssierten, sondern auch anspruchsvolle gestalterische und künstlerische Aufgaben übernahmen.

Nebenbei bemerkt, lässt Diagramm 47 auch den Rückgang der Arbeitsplätze bei den in der Land- und Forstwirtschaft Beschäftigten erkennen. Ihre Zahl ging von 481 im Jahr 1971 auf 394 1987 und 150 im Jahr 1991 zurück und betrug 1998 sogar nur noch 109.[22]

Doch zurück zu den Dienstleistungen: Für das Jahr 1994 liegen exakte Zahlen darüber vor, wie sich die Arbeitsplätze auf die einzelnen Dienstleistungsbereiche verteilten:

– im Gesundheitswesen	2.814
– im öffentlichen Dienst (Verwaltung, Schulen)	1.781
– in Wissenschaft, Kunst und Verlagswesen	1.017
– bei Kreditinstituten und Versicherungen	1.319
– bei Post, Bahn und Telekommunikation	1.090
– bei Rechts- und Wirtschaftsberatern	481
– in der Gastronomie	413
– bei sonstigen Dienstleistungsbetrieben	1.803[23]

Das waren zusammen 10.718 Arbeitsplätze gegenüber nur 3.809 Arbeitsplätzen im Groß- und Kleinhandel.

Vergleicht man die Situation am Ravensburger Arbeitsmarkt im Jahr 1999 mit einigen Nachbarstädten (D 48 S. 371), so zeigt sich, dass nur in den beiden Hochschulstädten Weingarten und Ulm der Anteil der Dienstleistungsbetriebe etwas größer war als in Ravensburg, während er in Biberach, Friedrichshafen und auch im Landesdurchschnitt deutlich geringer war.

Die größten Ravensburger Dienstleistungsbetriebe waren 1994 das Elisabethenkrankenhaus mit 1.190, das Zentrum für Psychiatrie Weißenau mit 953, Telekom mit 856 (inzwischen sehr viel weniger), die Stadtverwaltung Ravensburg (einschließlich Heilig-Geist-Spital, Bruderhaus und Stadtwerke) mit 712 und die Kreissparkasse mit 449 Beschäftigten.[24]

Dass der Anteil der Frauen im Sektor Handel und Dienstleistungen höher war als bei Industrie und Handwerk liegt auf der Hand. D 49 zeigt, wie hoch 1987 (dem Jahr der letzten Volkszählung) der Frauenanteil unter den Beschäftigten in den einzelnen Wirtschaftsbereichen war. Zu jenem Zeitpunkt war im Handel und bei den privaten Dienstleistungsunternehmen (Ärzte, Anwälte, Steuerberater, Architekten, Ingenieure) die Zahl der Frauen sogar höher als die der Männer, beim öffentlichen Dienst kam sie dieser nahe. Die Zunahme des Frauenanteils in der Arbeitnehmerschaft (Arbeiter und Angestellte) geht aus der folgenden Übersicht hervor:

Frauenanteil bei den sozialversicherungspflichtigen Arbeitnehmern:
1974: 40,2 % 1980: 42,2 % 1999: 47,2 %[25]

D 49 **Berufstätige Männer und Frauen 1987**
Ihr Anteil an den Arbeitsplätzen in den einzelnen Wirtschaftsbereichen
(Gesamtzahl der Erwerbstätigen: 30.964 = 100 %)

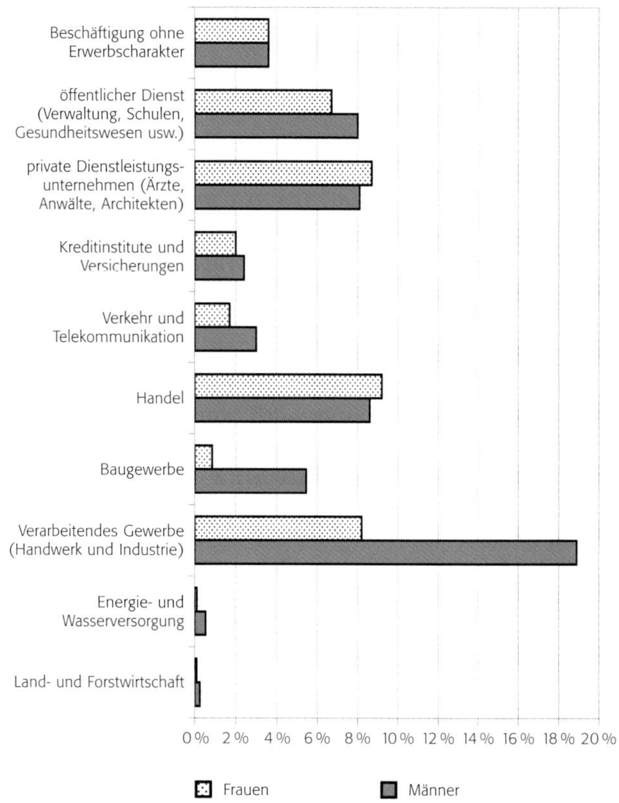

In dieser Übersicht fehlen Beamtinnen, Richterinnen und Selbstständige, da sie nicht sozialversicherungspflichtig waren. Ihre Zahl ist aufgrund der Volkszählung von 1987 nur für dieses eine Jahr bekannt. Damals gab es in Ravensburg 388 beruflich selbstständige Frauen und 424 Beamtinnen und Richterinnen. Von den 1987 erfassten 30.964 Erwerbstätigen in Ravensburg waren 43,1 % Frauen.[26]

Eine letzte Beobachtung zur wirtschaftlichen Situation der Stadt im Allgemeinen und zum Arbeitsmarkt im Besonderen soll den Ein- und Auspendlern gelten. 1970 standen 10.301 täglichen Einpendlern immerhin 3.960 Auspendler (= 38,4 % der Einpendler) gegenüber. Bis 1998 stieg die Zahl der Einpendler jedoch auf 17.225, während die der Auspendler bei 5.650 (= 32,8 % der Einpendler) lag.[27] Diese auf den ersten Blick erstaunliche Entwicklung hing zum Teil mit der bereits kurz angedeuteten Tatsache zusammen, dass seit den sechziger Jahren viele Ravensburger es vorzogen, aus der Stadt hinaus in die Nachbargemeinden zu ziehen, wo sie sich ein eigenes Haus eher leisten konnten als in Ravensburg, weil dort die Grundstückspreise niedriger waren. Ihr Arbeitsplatz aber blieb weiter in der Stadt und ihre Kinder besuchten weiterhin eine der höheren Schulen in Ravensburg. Welch große Verkehrsbelastung dieses tägliche Ein- und Auspendeln bedeutete, kann man sich leicht vorstellen.

Die im Vergleich zu vielen anderen Städten stabile wirtschaftliche Situation Ravensburgs um die Jahrtausendwende hatte vielerlei Ursachen. Begünstigt wurde und wird der Wirtschaftsstandort Ravensburg durch eine gesunde Mischung aus gewerblichen und kommerziellen Unternehmen und einer großen Zahl von Einrichtungen der öffentlichen Hand, des Gesundheits- und Bildungswesens, die weit weniger konjunkturabhängig sind als Industrie und Handwerk. Das auf Daten von 1998 beruhende Kreisdiagramm D 50 veranschaulicht diese Mischung.

D 50 Sozialversicherungspflichtige Erwerbstätige in den verschiedenen Wirtschaftsbereichen 1998

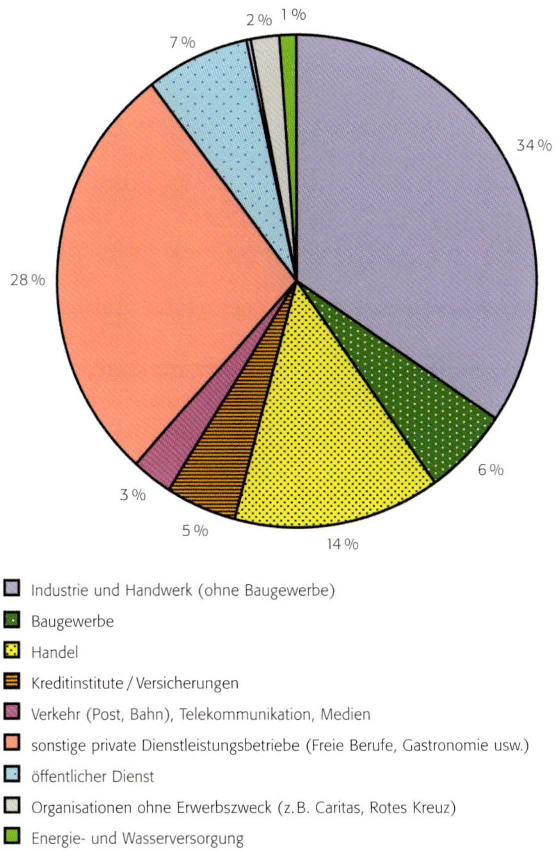

Durch gezielte Maßnahmen versuchte die Stadtverwaltung die heimische Wirtschaft zu unterstützen. 1998 schuf sie die Stelle eines Beraters für die hiesigen Betriebe und für solche Unternehmer, die sich in Ravensburg niederlassen wollen. Daraus entstand im Jahr 2000 eine Stabsstelle für Wirtschaftsförderung mit vier Mitarbeitern, deren Auftrag es war, neben der generellen Pflege von Kontakten mit Unternehmern und Investoren sich besonders um zwei zukunftsträchtige Projekte zu kümmern: die Förderung von Firmengründungen, die zur Stärkung des „Medienstandorts" Ravensburg beitragen könnten und die wirtschaftliche Belebung der so genannten „Bahnstadt", des über einen Kilometer langen Geländes im Bahnhofsgebiet, wo durch die Stilllegung des Güterbahnhofs, des städtischen Schlachthofs und mehrerer Industriebetriebe (u.a. Maschinenfabrik Ravensburg) eine regelrechte Industriebrache entstanden war. Vgl. dazu die farbige Kartenbeilage am Ende des Buchs.

Bauwirtschaft und Wohnungsmarkt

Eine wichtige Stütze der Ravensburger Wirtschaft und zugleich ein Seismograph, der sofort auf konjunkturelle Schwankungen reagierte, waren das Bauhandwerk und alle übrigen Gewerbe, die mit dem Bauwesen zu tun hatten. Je nach wirtschaftlicher Lage und Jahreszeit schwankten die amtlichen Zahlen der „Erwerbstätigen in der Bauwirtschaft" mehr oder weniger stark. Langfristig beeinflussten auch technische Innovationen den Arbeitsmarkt im Bausektor, da neue Maschinen, z.B. Kräne und Bagger, einen Teil der traditionellen Handarbeit übernahmen. Nach offiziellen Angaben waren im Ravensburger Baugewerbe 1970 1.687, 1991 1.456, 1995 1.088 und 1998 ca. 1.500 Personen beschäftigt.[28]

Die Bautagebücher des städtischen Bauordnungsamts (jetzt im Stadtarchiv) enthalten exakte Angaben über die verbauten Summen. Zu den ganz großen Bauvorhaben der letzten drei Jahrzehnte des 20. Jahrhunderts zählten im Hochbau der Ausbau des Elisabethenkrankenhauses und des Zentrums für Psychiatrie in Weißenau, die Strafvollzugsanstalt in Hinzistobel, das Berufsschulzentrum auf der Burachhöhe, die Neubauten der Kreissparkasse und der Ravensburger AG (Otto-Maier-Verlag), das Fernmeldeamt, das Kaufhaus im Gänsbühl und der Umbau des Heilig-Geist-Spitals.

Ein Vergleich der beiden Stadtpläne von 1957 und 1999 auf den beiden folgenden Seiten zeigt den enormen Flächenverbrauch durch die Bautätigkeit dieser 42 Jahre. Entlang der Bahnlinie entstand eine fast 3 km lange Gewerbe- und Industriezone, die vom Deisenfang bis Weißenau reicht. Aber auch die Ausweitung der Wohngebiete wird deutlich. Auf den ersten Blick fällt das starke Wachstum der Weststadt auf, bei genauerem Hinsehen erkennt man auch die großen Neubaugebiete auf der Burachhöhe und in der Südstadt.

Nur andeutungsweise zu erkennen ist der Wohnhausbau in den eingegliederten Ortschaften Eschach, Schmalegg und Taldorf, der für die Stadtentwicklung und besonders den Wohnungsbau von großer Bedeutung war. Da Bauland innerhalb der alten Ravensburger Gemarkung immer knapper wurde, verlagerte sich schon vor der Gemeindereform der Jahre 1971 bis 1974 ein nicht unerheblicher Teil des Wohnungsbaus in die Ortschaften. So beliefen sich beispielsweise die Baukosten aller 1974 in den Ortschaften realisierten Bauvorhaben auf ca. 51,5 Millionen DM, während sie in der Kernstadt, deren Einwohnerzahl fast dreimal so hoch war wie diejenige der vier Ortschaften zusammen, bei ca. 67,4 Millionen DM lag. Von den 9.514 zwischen 1974 und 1999 neu gebauten Wohnungen in der Gesamtstadt entfielen 34 % auf die Ortschaften.[29]

um 1957

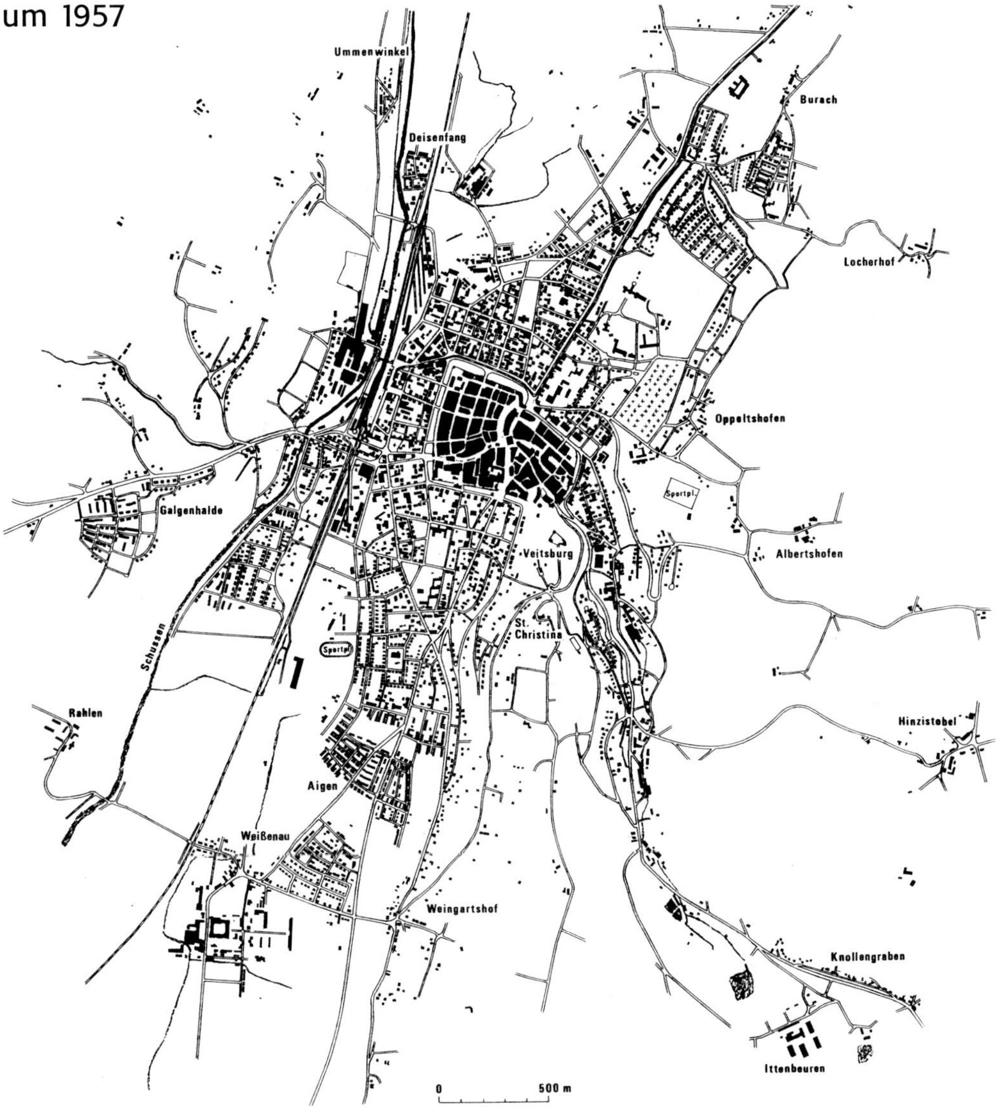

Bauliche Entwicklung 1957 bis 1999
Der Vergleich macht deutlich, welch enormer Flächenverbrauch in diesen gut 40 Jahren stattfand.
Am auffallendsten sind die großen Neubaugebiete in der Weststadt, in der Südstadt (bis Weingartshof und Weißenau) und im Nordosten auf der Burachhhöhe. Dort konzentrieren sich auch die meisten neuen Schulgebäude.
Vgl. auch den farbigen Stadtentwicklungsplan am Ende des Buchs.

Der Gesamtbestand an Wohnungen in der Kernstadt wuchs von 7.832 im Jahr 1956 (darunter noch 212 im und nach dem Krieg erstellte Notwohnungen) auf 10.302 im Jahr 1969. Einschließlich der Ortschaften gab es in Ravensburg im Jahr 2000 21.870 Wohnungen, bei einer Einwohnerzahl von ca. 47.800.[30] Viele dieser Wohnungen konnten nur mit Hilfe staatlicher Förderprogramme – zinsgünstiger Darlehen und Zuschüsse – realisiert werden.

Mit wachsendem Wohlstand stiegen auch die Ansprüche der Bevölkerung. Im Jahr 2000 kamen auf eine Wohnung im Durchschnitt nur noch 2,2 Personen (1979 noch 2,7).[31] Entsprechend veränderten sich auch die Haushaltsgrößen. 1950 lebten im Durchschnitt noch 3,7 Personen in einem Haushalt, 1987 nur noch 2,4. Auffallend war vor allem die Zunahme der Einpersonenhaushalte. Unter Berücksichtigung der Ortschaften stieg ihre Zahl von 2.561 im Jahr 1950 auf 3.450 im Jahr 1970 bis

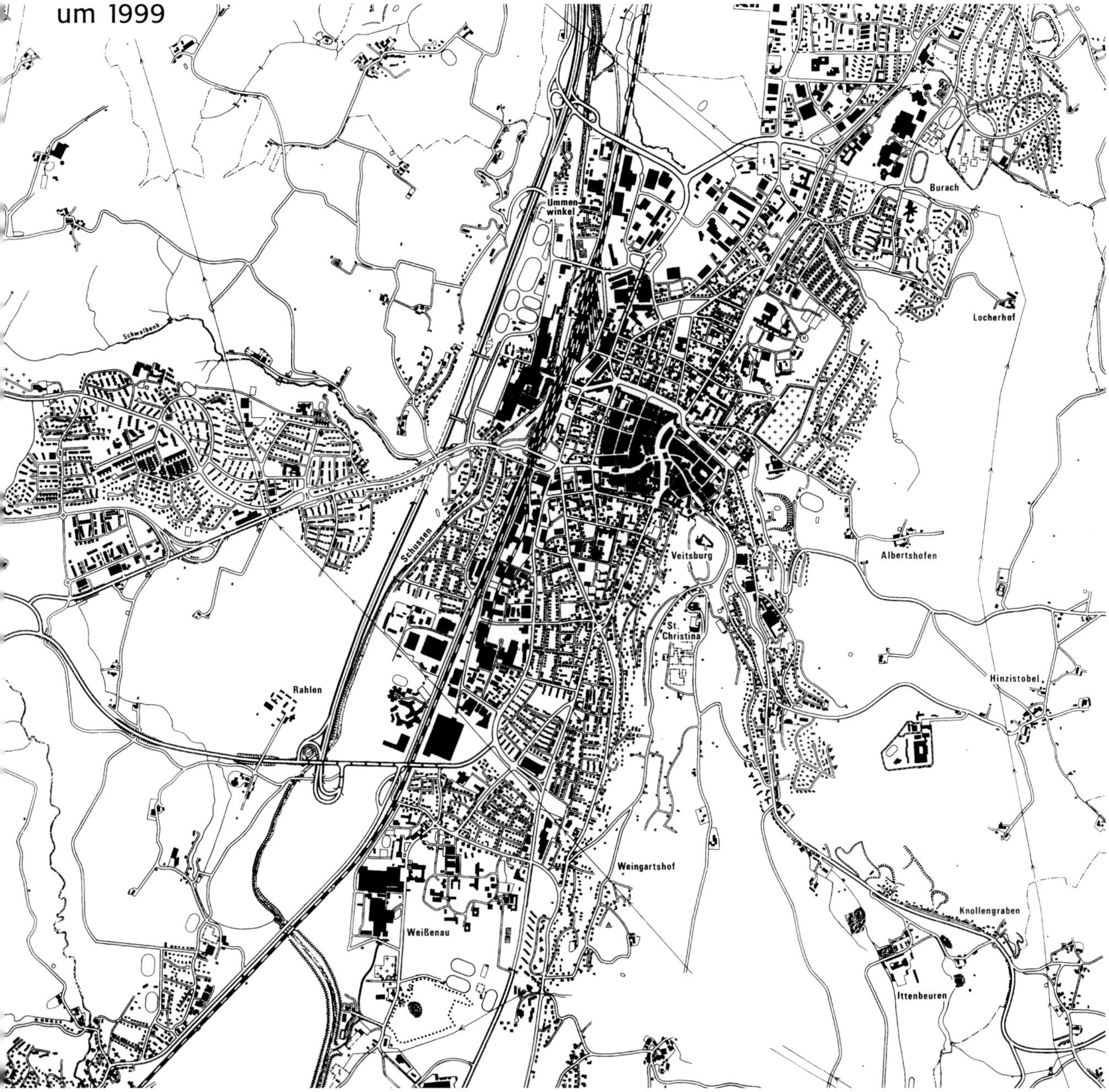

auf 6.374 im Jahr 1987.[32] Hauptursache für diese Entwicklung war letztlich der gewachsene Wohlstand, der es vielen jungen Leuten ermöglichte, früher aus dem Elternhaus auszuziehen als das vor dem Krieg oder in der Nachkriegszeit möglich gewesen war. Besonders beliebt bei dieser gesellschaftlichen Gruppe waren kleine Wohnungen in sanierten Gebäuden der Altstadt.

Was den Wohnraum angeht, gab es innerhalb des Stadtgebiets große Unterschiede. Während im Baugebiet Andermannsberg, Oppeltshofer- und Haldenweg jedem der dortigen Bewohner durchschnittlich 40,3 Quadratmeter Wohnfläche zur Verfügung standen, waren es in der Schussensiedlung nur 27,7 Quadratmeter.[33] Auch wenn seit den sechziger Jahren von einer echten Wohnungsnot nicht mehr die Rede sein konnte, gab es doch immer wieder Engpässe, so etwa seit 1985/87. Grund dafür war zum Teil die „Wegsanierung" heruntergekommener Wohnungen in der Altstadt im Zug der Altstadt-

Blick auf die Weststadt, ca. 1990
Die einzelnen Bauphasen der um die Jahrtausendwende ca. 9.000 Einwohner zählenden Weststadt sind auf der Luftaufnahme deutlich zu erkennen. Der neue Stadtteil wuchs von Osten (Vordergrund) in westlicher Richtung (Hintergrund). Vgl. die Stadtpläne auf den Seiten 374/75.

sanierung. Noch gravierenden aber war der unerwartete Zustrom von Asylbewerbern und Spätaussiedlern (vgl. dazu Seite 386).

Ein nicht unerheblicher Teil der Investitionen im Wohnungsbau betraf die Modernisierung von Altbauwohnungen. 1987 gab es in Ravensburg noch 806 Wohnungen ohne Dusche oder Badewanne, die meisten davon in der Altstadt und in der Schussensiedlung.[34] Auch im Ummenwinkel, der in die Vorkriegszeit zurückreichenden Sintisiedlung, waren die Wohnverhältnisse bis in die achtziger Jahre alles andere als erfreulich. Anstelle mehrerer Wohnblocks, die abgerissen wurden, errichtete die Stadt dort acht neue Gebäude mit insgesamt 32 Wohnungen, die 1990 bezogen werden konnten.[35] Mit 611 städtischen Mietwohnungen (Stand von 1993) waren die Möglichkeiten der Stadt begrenzt, regulierend auf die Mietpreise einzuwirken.

Neue Schwerpunkte der Kommunalpolitik: Verkehrslenkung, Altstadtsanierung, Umweltschutz

Die Zunahme der Pendler, die täglich mit dem Auto aus dem Umland zu ihrer Arbeitsstätte in Ravensburg und wieder zurück fuhren, das Fehlen von Umgehungsstraßen, die den Fernverkehr weiträumig um die Stadt herum lenkten, das Wachstum von Wohngebieten, die zu weit von der Innenstadt entfernt lagen, um dorthin noch zu Fuß zu gelangen, dies alles hatte eine Belastung der Stadt durch den Individualverkehr zur Folge, die immer unerträglicher wurde.

Auch wenn viele Kommunalpolitiker diese Misere erkannten, war es doch nicht leicht, bei der Bevölkerung einen Umdenkungsprozess in Gang zu setzen. Kaum ein anderes Thema erregte so die Gemüter wie die Sperrung des Durchgangverkehrs in der Innenstadt oder die Abschaffung des kostenlosen Parkens in den Gassen der Altstadt. Auch der Widerstand gegen den Bau von Umgehungsstraßen, vor allem gegen eine neue kreuzungsfreie Bundesstraße B 30 zwischen der Innenstadt und den Wohngebieten im Westen, war enorm und verzögerte die Realisierung um viele Jahre

Die ersten Ansätze zu einer Regulierung des Verkehrs reichen in die sechziger Jahre zurück. Schon 1966 beschloss der Ravensburger Gemeinderat einen Generalverkehrsplan, ein Jahr später erfolgte eine erste Beschränkung des Parkens in der Altstadt durch die Einführung „Blauer Zonen". 1972 war der vierspurige Ausbau der B 30 zwischen Ravensburg und Weingarten vollendet, dem das „Bähnle", die Straßenbahn von Ravensburg nach Baienfurt, zum Opfer gefallen war.

Auf Widerstand in der Bürgerschaft stieß die Verbreiterung der altstadtnahen Durchgangssstraßen Karl-, Schussen- und Wilhelmstraße in den siebziger Jahren. Die Anwohner beklagten einen unerhörten Anstieg der Lärmbelästigung und Luftverschmutzung, und viele Bürger protestierten gegen das Abholzen der schönen alten Kastanien in der Wilhelmstraße. Diese letztere Aktion, angeblich bei Nacht und Nebel durchgeführt, gab übrigens den entscheidenden Anstoß zur Gründung des „Bürgerforums Altstadt Ravensburg", auf die noch zurückzukommen sein wird.

1971 wurde das erste Parkhaus unmittelbar neben dem mittelalterlichen Untertor eröffnet, dessen architektonische Gestaltung ebenfalls sofort heftige Proteste auslöste. Weitere Parkhäuser folgten 1979 und 1985.

Die wachsende Erkenntnis, dass trotz neuer Parkmöglichkeiten außerhalb der Altstadt diese noch immer viel zu stark durch den Kraftfahrzeugverkehr belastet werde, führte 1976 zur offiziellen Sperrung des Durchgangsverkehrs durch die Altstadt. Mangels günstiger Alternativen konnte diese Sperrung aber nicht voll durchgesetzt werden. Im selben Jahr entstand eine erste Fußgängerzone in der oberen Adlerstraße, die sich rasch als so attraktiv erwies, dass bald weitere Fußgängerzonen folgten.

Unterdessen ging das Ringen um den Bau von Entlastungsstraßen für den Fernverkehr weiter. 1977 war ein wichtiges Zwischenziel mit der Eröffnung der Entlastungsstraße Nord (Ulmer Straße) zwischen dem Gewerbegebiet nördlich des Bahnhofs und der alten B 30 (Gartenstraße) nahe der Markungsgrenze zwischen Ravensburg und Weingarten erreicht. Die Verbindung dieses Teilstücks mit der in die Weststadt führenden Meersburger Straße (B 33) wurde allerdings erst 1982 durch den Bau einer zusätzlichen Brücke über das Bahngelände und die Schussen nördlich des Bahnhofs beim Gewerbegebiet Deisenfang hergestellt.

Rushhour in der Karlstraße, um 1980

Noch länger, bis 1995, sollte es bis zur Fertigstellung der großen Umgehung westlich der Innenstadt, der neuen B 30, dauern. Erst Oberbürgermeister Vogler gelang die Durchsetzung dieses Großprojekts, durch das täglich etwa 23.000 Fahrzeuge von den innenstadtnahen Straßen ferngehalten werden. Was bis zum Jahrhundertwechsel nicht gelang, war eine Fortsetzung dieser Trasse nach Süden.

Das Problem der immer noch zu großen Verkehrsbelastung der Ravensburger Altstadt war ebenfalls schwer in den Griff zu bekommen. Noch in die Amtszeit Wäschles fiel eine Entscheidung, die dann tatsächlich die gewünschte Wirkung hatte: ab 5. Mai 1986 war die Hauptverkehrsader der Altstadt, der Marienplatz, für den Durchgangsverkehr gesperrt.

Karl Wäschle hat in seinen Erinnerungen geschildert, wie er diesen 5. Mai, einen Montag, erlebt hat: „Der erste Eindruck, den ich nach Betreten meines Amtszimmers gewonnen habe, war überwältigend. Es herrschte eine so unglaubliche Ruhe, dass ich erschrak. Ich konnte mir im Augenblick nicht vorstellen, dass dieser Zustand durchzuhalten sei. Bald stellte sich jedoch heraus, dass nur die erste Überraschung fast alle davon abhielt, die Sperrung zu missachten. Schon am nächsten Tag sah es anders aus. Der Geräuschpegel stieg wieder an, denn eine recht beachtliche Zahl von Fahrzeuglenkern entschloss sich, die neue Verkehrsregelung zu missachten. Dennoch blieb der Beruhigungseffekt ganz erheblich."[36]

Der zweite noch in die Ära Wäschle fallende Schritt war der 1988 vollendete Bau einer großen, von Süden zugänglichen Tiefgarage unter dem südlichen Marienplatz. Erst diese Parkmöglichkeit mitten in der Stadt bewirkte gemeinsam mit den bis dahin zur Verfügung stehenden fünf Parkhäusern bzw. Parkdecks eine echte und dauerhafte Verkehrsberuhigung im Herzen der Altstadt. Außerdem hatte sie den von der Geschäftswelt erstrebten Effekt, das Einkaufen in Ravensburg für viele Kunden bis nach Friedrichshafen, Lindau, Bregenz und darüber hinaus attraktiver zu machen.

Dem Nachfolger Wäschles, Hermann Vogler, lag neben der Verkehrsberuhigung der Altstadt, der Erweiterung der Fußgängerzonen und dem Bau von Radwegen vor allem die Förderung des öffentlichen Nahverkehrs am Herzen. Das Fahren mit dem Bus sollte attraktiver werden. Das wurde erreicht durch eine gezielte finanzielle Förderung des Stadtbusverkehrs, billigere Fahrscheine und die Einrichtung von „Park and Ride"-Plätzen vor der Stadt, wo man sein Auto stehen lassen und für wenig Geld mit dem Bus in die Innenstadt fahren konnte. Nachdem 1997 der Stadtbusverkehr von den Stadtwerken übernommen wurde, kam es 1999 gemeinsam mit Weingarten zu einem Ausbau des Verkehrsverbunds, dem so genannten „rundumbus".

Ravensburg war 1993 auch maßgeblich an der Gründung der „Geißbockbahn" beteiligt. Durch diese neue zwischen Friedrichshafen und Ravensburg im Stundentakt verkehrende Bahn, deren offizieller Name „Bodensee-Oberschwaben-Bahn" (BOB) lautet, wurden auch stillgelegte kleine Bahnhöfe wie Oberzell oder Weißenau reaktiviert. Außerdem stellte sie eine bequeme Verbindung zum Flughafen Friedrichshafen her. 1997 wurde die Strecke der BOB bis Aulendorf verlängert.

⋆

Der Beginn der Sanierung der historischen Altstadt von Ravensburg mit Hilfe staatlicher Förderprogramme fiel ziemlich genau mit dem Amtsantritt von Oberbürgermeisters Karl Wäschle Ende 1966 zusammen. Was „Altstadtsanierung" eigentlich bedeutete, war damals noch weitgehend unklar, und die Meinungen zu dieser Frage blieben auch in der Folgezeit kontrovers.

Um es vereinfacht auszudrücken und die beiden extremsten Positionen zu charakterisieren: die Einen verstanden unter Sanierung den Abbruch altersschwacher Gebäude, um an ihrer Stelle entweder Neubauten zu errichten oder Grünanlagen und Parkplätze zu schaffen und so mehr Licht und Luft in die engen Gassen hereinzulassen. Die Gegner eines solchen Modernisierungskonzepts wollten dagegen möglichst viel von der alten Bausubstanz erhalten und waren nur bereit, den Abbruch altersschwacher, nur noch mit einem unzumutbar hohen Aufwand zu rettender Gebäude zu akzeptieren, wenn an ihrer Stelle eine neue, an das historische Erscheinungsbild angepasste, mehr oder weniger historisierende Architektur trat.

Dazwischen gab es andere moderatere Positionen, die einen Kompromiss zwischen Erhalten und Erneuern anstrebten.

In Ravensburg setzte die Altstadtsanierung im Sinn der erstgenannten Gruppe 1967/68 mit dem Abbruch mehrerer Gebäude in der unteren Adlerstraße und der Unteren breiten Straße ein, um Platz für das große neue Kaufhaus Oberpaur zu schaffen. Als die Große Koalition von CDU und SPD in Bonn Gesetze vorbereitete, die für die Erneuerung und Modernisierung alter Städte beträchtliche finanzielle Fördermittel vorsahen, bemühte sich Ravensburg sehr rasch, diese Möglichkeit für sich zu nutzen und bestellte bei einem der renommiertesten Stadtplaner, dem Stuttgarter Professor Ludwig Schweizer, ein „Gutachten zur Erneuerung der Ravensburger

Untere Adlerstraße, um 1975
Mehrere mittelalterliche Häuser mussten den zwischen 1968 und 1971 erbauten beiden Kaufhäusern (linke Straßenseite) und einer Reihe weiterer neuer Geschäftshäuser in der unteren Adlerstraße weichen.

Das „Schweizer-Gutachten" zur Erneuerung der Ravensburger Altstadt von 1969: Dokument einer städtebaulichen Barbarei
Das von der Stadt in Auftrag gegebene Gutachten eines prominenten Städteplaners sah einen Abbruch der Mehrzahl der Häuser vor. Nur die dunkelrot markierten Gebäude wurden als erhaltenswert eingestuft. In der Oberstadt wäre gut die Hälfte, in der Unterstadt die Mehrzahl der Gebäude zum Abbruch freigegeben worden. Hinter Rathaus und Waaghaus war ein großer freier Platz (gelbe Fläche) vorgesehen.

Altstadt". Im Herbst 1969 lag dieses Gutachten dem Gemeinderat vor und entfachte alsbald eine lebhafte Diskussion.

Schweizer sah vor, mehrere hundert Gebäude abzubrechen und selbst an der Marktstraße alle Häuser unterhalb des Alten Theaters bis hin zum Waaghaus zugunsten einer Fußgängerzone mit Bäumen zu beseitigen. Als erhaltenswert wurden nur einzelne seit 1925 als Baudenkmale ausgewiesene Gebäude und einige wenige Straßenabschnitte wie die obere Marktstraße und die Kirchstraße angesehen. Auf Befragen sagte Professor Schweizer im Ravensburger Gemeinderat sogar, außer der Marktstraße habe er „bei genauer Prüfung keine einzige Straße gefunden, die erhaltenswert wäre".[37] Um als Oberzentrum zu bestehen, müsse der Stadtkern wie ein modernes Großkaufhaus funktionieren. Rings um die Altstadt sollten nach Schweizers Vorstellungen sieben Parkhäuser und Tiefgaragen errichtet werden, um den Kraftfahrern die Möglichkeit zu bieten, bis etwa 50 Meter an die Geschäfte heranzufahren.[38]

Ganz im Sinn des „Schweizer-Gutachtens" entstanden in den folgenden drei Jahren in unmittelbarer Nachbarschaft des neuen Kaufhauses Oberpaur ein weiteres Kaufhaus und das Parkhaus am Untertor.

Das 1971 verabschiedete Städtebauförderungsgesetz gab der Stadt die Möglichkeit, das am Südostrand der Altstadt gelegene Quartier am „Gänsbühl", unterhalb des Obertors, als erstes förderungswürdiges Sanierungsgebiet auszuweisen. Dort sollte an Stelle der alten Zorellschen Getreidemühle und mehrerer maroder alter Häuser ein weiteres Kaufhaus entstehen, um die an Auszehrung leidende Oberstadt mit neuem Leben zu füllen.

Diese Entwicklung war es, die 1973 eine Anzahl alteingesessener und angesehener Bürger veranlasste, Protest anzumelden und sich in Leserbriefen und öffentlichen Versammlungen für einen sorgsameren Umgang mit der wertvollen Bausubstanz der historischen Altstadt einzusetzen. Im Frühjahr 1974 kam es zur Gründung des „Bürgerforums Altstadt Ravensburg", das sich zur lautstarken Mahnerin in Sachen Denkmalschutz ent-

Einkaufszentrum am Gänsbühl
Das vom Architekturbüro Dieter Rädle entworfene, 1984 eröffnete Einkaufszentrum markierte einen wichtigen Abschnitt in der Sanierung der Ravensburger Oberstadt.

wickelte. Auch wenn es in seiner Polemik gegen die Stadtverwaltung, Investoren und Architekten gelegentlich übers Ziel hinausschoss, bewirkte es doch bei einem Teil der Bevölkerung und des Gemeinderats einen allmählichen Bewusstseinswandel, so dass das „Schweizer-Gutachten" sehr rasch auf Nimmerwiedersehen in den Schubladen des Bauamts verschwand und der beabsichtigte Abbruch historischer Gebäude wie etwa der Zehntscheuer nicht zustande kam.

Als sehr wirkungsvoll erwies sich die Idee des Bürgerforums, besonders gelungene Altbaurenovierungen in der Altstadt auszuzeichnen und den Hauseigentümern bei der jährlichen Mitgliederversammlung in aller Öffentlichkeit eine Ehrenurkunde zu überreichen.

Was den Intentionen des Bürgerforums zu Hilfe kam, war zum einen das 1971 in Kraft getretene Denkmalschutzgesetz des Landes Baden-Württemberg, zum andern das europaweit beachtete „Denkmalschutzjahr" 1975. Der Zeitgeist begann sich zu wandeln, das spürten auch die führenden politischen Köpfe in Ravensburg.

So kam es bereits 1974 zur Einberufung eines „Altstadtbeirats", der aus Vertretern der Gemeinderatsfraktionen und einer Reihe sachkundiger Bürger, darunter auch Vorstandsmitglieder des Bürgerforums, bestand. Dieser Beirat sollte zu Neubauprojekten, die das Erscheinungsbild der Altstadt möglicherweise beeinträchtigten, unter Hinzuziehung von Vertretern der staalichen Denkmalpflege, des Stadtplanungsamts, des Stadtarchivs und gegebenenfalls weiterer städtischer Ämter, Stellung nehmen und Empfehlungen für den Gemeinderat aussprechen. Darüber hinaus erarbeitete der Altstadtbeirat eine Stadtbildsatzung, mit deren Hilfe Bausünden an historisch wertvollen Gebäuden verhindert werden sollten und die bereits Ende 1975 vom Gemeinderat abgesegnet wurde.

Damit waren die Weichen für eine verantwortungsbewusste Sanierungspolitik gestellt und der bedenkenlose Abbruch von Häusern in der Altstadt zumindest gebremst. Von den ca. 800 Gebäuden in der Ravensburger Altstadt waren zwischen 1950 und 1975 immerhin an die 160 abgebrochen worden! Trotzdem wurde die Altstadt nicht unter eine Glasglocke gestellt. Eine vom Altstadtbeirat angeregte und 1990 vom Gemeinderat beschlossene Erhaltungssatzung für die Altstadt hatte gegenüber weiteren Abbruchplänen allerdings nur eine begrenzte Bremswirkung.

Es kam zwar auch weiterhin zu schmerzlichen Eingriffen in die historische Bausubstanz, aber sowohl Architekten und Bauherren als auch die Stadtverwaltung als Baurechtsbehörde wurden doch allmählich vorsichtiger und skrupulöser, was gelegentliche faule Kompromisse allerdings nicht ausschloss.

In Zusammenarbeit mit der Denkmalschutzbehörde in Tübingen wurde die Liste der Baudenkmale, die seit fast 50 Jahren nicht fortgeschrieben worden war, nach einer gründlichen Bestandsaufnahme erheblich erweitert, was für die Besitzer der betroffenen Gebäude bei Renovierungsvorhaben staatliche und städtische Zuschüsse zur Folge haben konnte.

Das letzte Jahrhundertviertel war geprägt von vielfältigen Erneuerungsmaßnahmen in mehreren staatlich geförderten Sanierungsgebieten der Altstadt. Ein eigenes städtisches Sanierungsamt übernahm die Aufgabe, gemeinsam mit einem fachlich kompetenten Architekten die oft schwierigen Verhandlungen mit den Eigentümern der betroffenen Gebäude zu führen. Geduld und Einfühlungsvermögen waren nötig, um die oft alten und seit Jahrzehnten in ihren Altstadtwohnungen lebenden Hauseigentümer von der finanziellen Machbarkeit und Notwendigkeit einer Modernisierung ihrer Häuser zu überzeugen. Daneben ging es darum, für alle Hausbewohner, die aufgrund der Umbaumaßnahmen vorüber-

Obere Bachstraße mit Blick auf die Giebel von Seelhaus und Lederhaus und auf den Blaserturm
Nicht nur der Marienplatz, auch die Bachstraße gewann Ende des Jahrhunderts dank Altstadtsanierung und Verkehrsberuhigung enorm an Attraktivität und Lebensqualität.

gehend oder endgültig ihre bisherigen Wohnungen verlassen mussten, eine angemessene neue Bleibe zu finden.

Mit dem Bau des Kaufhauses am Gänsbühl, das 1984 seine Pforten öffnete, der 1990 weitgehend abgeschlossenen Sanierung der Häuser in der oberen Marktstraße und der Öffnung des Stadtbachs in der Roßbachstraße (1992/93) war das erste Ziel der Altstadterneuerung, die Verbesserung sowohl des Erscheinungsbildes wie der Lebensqualität in der Oberstadt, erreicht.

Was nicht auf Anhieb gelang, war der Erwerb einer Reihe bau- und kulturgeschichtlich besonders wertvoller privater Gebäude in der Oberstadt, im so genannten Humpisquartier, die zu einem Stadtmuseum umgebaut werden sollten. Auch mit Hilfe einer neuen Bürgerinitiative, der „Museumsgesellschaft Ravensburg", kam man bei diesem ehrgeizigen Projekt nur in kleinen Schritten voran.

In den achtziger und neunziger Jahren konnten weitere förderungswürdige Sanierungsgebiete vor allem in der Unterstadt ausgewiesen werden. In der Bachstraße, der städtebaulich schönsten und zudem wichtigsten Geschäftsstraße der Unterstadt, wurde der Durchgangsverkehr verboten und der fast hundert Jahre lang unterirdisch fließende Stadtbach wieder freigelegt.

Als Eigentümerin zahlreicher wertvoller Baudenkmale war auch die Stadt selbst gefordert, ihr historisches Erbe mit größerem Aufwand als bisher zu pflegen. Nach Rathaus und Brotlaube wurden Schritt für Schritt die meisten Türme der mittelalterlichen Stadtbefestigung denkmalgerecht restauriert.

Noch wichtiger, aber auch aufwändiger war die Erneuerung und Revitalisierung der beiden stadtbildprägenden Gebäude Waaghaus und Kornhaus. Das seit Jahrzehnten leer stehende Kornhaus wurde zur Stadtbücherei umgebaut, die dort 1984 einziehen konnte. Beim Waaghaus, in dem bisher die Stadtkämmerei, eine Postfiliale, eine Boutique und ein Teil des Wagenparks der Feuerwehr untergebracht waren, kam es zu einem für die Stadt günstigen Arrangement mit der Kreissparkasse. Nach ihrem Umzug in einen Neubau am Rand

Die renovierte „Zehntscheuer“ aus dem 14. Jahrhundert
Die Revitalisierung dieses Baudenkmals erfolgte durch den privaten „Förderkreis Zehntscheuer“, der seit 1983 auch für die Veranstaltungen in dem der leichten Muse gewidmeten historischen Gebäude verantwortlich zeichnete. Vgl. dazu die Abbildung Seite 395.

der Altstadt im Jahr 1987 (vgl. die Abbildung Seite 369) benötigte diese für ihre Laufkundschaft eine Filiale in der Innenstadt. Einen idealen Platz fand sie im Erdgeschoss des Waaghauses und war dafür bereit, sich mit einem namhaften Beitrag an der Sanierung des gesamten übrigen Gebäudes zu beteiligen. So konnte der historische Schwörsaal im ersten Obergeschoss wiederhergestellt werden. Damit erhielt Ravensburg 1988 neben dem Saal des Alten Theaters einen weiteren großartigen Saal für kulturelle und andere Veranstaltungen mitten im Zentrum.

Schon vier Jahre früher war mit der Renovierung der sechshundert Jahre alten so genannten Zehntscheuer am Rand der Unterstadt ein weiterer großer Raum geschaffen worden, auf dessen Bühne die Kleinkunst eine Heimstatt fand. Das Unternehmen Zehntscheuer wurde im Übrigen nicht von der Hauseigentümerin, der Stadt, sondern von einer Bürgerinitiative, dem „Förderkreis Zehntscheuer“ realisiert. Was dort an großer und kleiner Kunst, an Komödiantischem, an Kabarett, Tanz, Jazz, Rock, Swing und allen möglichen anderen musikalischen Varianten geboten wurde, fand rasch in der ganzen Region eine große Resonanz, nicht nur bei jungen Leuten.

Die starke Identifizierung der Bürgerschaft mit „ihrem“ Ravensburg führte 1994 zu einer weiteren Bürgerinitiative, deren Ziel die Renovierung des Wahrzeichens der Stadt, des altersgrau gewordenen Mehlsacks, war. Seit 1995 wird das Stadtbild wieder vom „weißen Turm bei St. Michael“ beherrscht, wie der am höchsten Punkt der Altstadt errichtete Mehlsack in der frühen Neuzeit genannt wurde.

Einen Höhepunkt der Altstadtsanierung und -verschönerung stellte die 1991 abgeschlossene Umgestaltung des Marienplatzes zu einem vom Verkehr weitgehend befreiten Straßenraum dar. Hier hatten nun der Fußgänger und der Flaneur Priorität, hier konnten endlich Restaurants, Kneipen und Cafés ihre Tische und Stühle im Freien aufstellen, hier saß man im Sommer bis in die Nacht hinein, ohne von Abgasen und Motorenlärm belästigt zu werden.

Die gelungene Erneuerung der Ravensburger Altstadt fand auch international Anerkennung. 1993 wurde Ravensburg zusammen mit München und Freiburg vom Komitee „Making Cities Livable“ in Charleston/USA mit dem Prädikat „Lebenswerte Stadt“ ausgezeichnet.

*

Im Aufgabenkatalog von Oberbürgermeister Hermann Vogler, dem gelernten Landschaftsplaner und Ökologen, stand schon bei seiner Bewerbung um das Amt des Oberbürgermeisters der Umweltschutz neben der Sozialpolitik – man könnte auch sagen der Umweltschutz als Teil einer modernen Sozialpolitik – mit an erster Stelle, weshalb Vogler auch gerne als „grüner Schwarzer“ bezeichnet wurde. Aber schon unter Wäschle waren wichtige Schritte in dieser Richtung unternommen worden, so 1974 die Inbetriebnahme des Klärwerks Langwiese, des größten seiner Art im Bodenseegebiet, 1984 die Eröffnung der ersten Tankstelle für bleifreies Benzin und 1985 die Einführung der „Grünen Tonne“ für Papierab-

5. April 1987: Oberbürgermeister Wäschle gratuliert seinem soeben mit großer Mehrheit gewählten Nachfolger Hermann Vogler.

fälle, womit der Anfang zur getrennten Müllerfassung gemacht war. Im selben Jahr wurde vom Gemeinderat ein Beirat für Umweltschutz ins Leben gerufen. 1987, in den letzten Monaten von Wäschles Amtszeit, beschloss der Gemeinderat einen nach dem Ravensburger Naturwissenschaftler Karl Bertsch benannten Umweltpreis für herausragende Verdienste um die Verbesserung des Umweltschutzes.

Das Problembewusstsein der Bürgerschaft und damit auch des Gemeinderats dafür, welche Tragweite die Umweltbelastungen besaßen, stellte sich nicht von heute auf morgen ein. Viele mussten zunächst einen Lernprozess durchmachen. Dabei spielte die 1982 gegründete Ravensburger Ortsgruppe des Bunds für Umwelt und Naturschutz BUND eine wichtige Rolle, da sie sich von Anfang an nicht aufs Protestieren beschränkte, sondern positive Arbeit wie die Anlegung eines Baumkatasters leistete, in dem der Zustand der Bäume in der Altstadt protokolliert wurde.

Es kam zu einer engen Zusammenarbeit mit der für das Grün in der Stadt zuständigen Abteilung des städtischen Bauamts, und seit 1984 erhielt der BUND, der in diesem Jahr dank großzügiger Sponsoren in der Leonhardstraße ein Naturschutzzentrum einrichten konnte, auch einen städtischen Zuschuss. Die seriöse, kontinuierliche und professionelle Arbeit der Ortsgruppe fand ihren Niederschlag in zahlreichen Führungen, Vorträgen und Beratungsangeboten. Seit 1996 gab der Ravensburger BUND unter dem Titel „stadtnatour" eine illustrierte kleine Schriftenreihe heraus, in der die eher verborgenen Naturschönheiten in und um die Stadt dargestellt wurden, aber auch die Gefahren, die diesen drohten.

Eine der ersten städtischen Maßnahmen unter Oberbürgermeister Vogler war die Schaffung einer Stelle für die Beratung und Aufklärung der Bürger in Umweltfragen, vor allem in Fragen der Abfallverwertung. Seit 1991 wurde schrittweise die Trennung der verschiedenen Müllsorten durchgeführt. Überall in der Stadt wurden Container für Altglas, Blechdosen und alte Kleider aufgestellt, eine „rollende Wertstoffkiste" sammelt seit 1992 regelmäßig in allen Stadtgebieten Plastikmüll ein, während Problemstoffe wie Batterien, Chemikalien, Säuren, Laugen, Pflanzenschutzmittel und Farbreste einmal jährlich separat gesammelt werden. Ein gemeinsam mit der Stadt Weingarten herausgegebener, jährlich erscheinender Umweltschutzkalender gibt Auskunft darüber, wann und wo bestimmte Abfälle abgeliefert werden können.

Eine weitere wichtige Maßnahme war die mit aufwändigen Recherchen verbundene Erkundung so genannter „Altlasten" im Erdreich, vor allem in Industriegebieten, aber auch bei ehemaligen Tankstellen und Müllplätzen, auf denen früher alles ohne Unterschied „entsorgt" wurde, so dass das Erdreich entsprechend vergiftet war.

Gefördert wurde auch das ökologische und energiesparende Bauen wie beispielsweise die ganz aus Holz bestehenden Reihenhäuser am Sonnenbüchel, die deshalb mit dem Karl-Bertsch-Preis für Umweltschutz ausgezeichnet wurden.

Auch hier blieb Ravensburg die Anerkennung von außen nicht versagt. 1996 erhielt die Stadt von der Landesregierung gemeinsam mit fünf anderen Gemeinden das Prädikat einer „Ökologischen Modellstadt" und wurde damit in das Förderprogramm „Ökologische Stadtentwicklung" aufgenommen. Im selben Jahr errang Ravensburg in dem von der Deutschen Umwelthilfe bundesweit ausgeschriebenen Wettbewerb um die „Bundeshauptstadt für Natur- und Umweltschutz" unter 189 teilnehmenden Kommunen einen beachtlichen 23. Platz.

Der letzte Schritt in Richtung Umweltschutz war die schon erwähnte, im März 1999 vom Gemeinderat beschlossene „Lokale Agenda 21" mit dem Ziel, unter Beteiligung der Bürgerschaft Vorschläge für eine ökologisch orientierte Stadtentwicklung in den nächsten zehn bis zwanzig Jahren zu erarbeiten. Ein Agenda-Beirat soll die Vorschläge der einzelnen Arbeitskreise darauf überprüfen, wie weit sie miteinander vereinbar sind und wie man bei Interessengegensätzen einen Ausgleich herbeiführen kann.

Bevölkerungsentwicklung

Das Bevölkerungswachstum Ravensburgs um ca. 3.900 Personen zwischen 1970 und 2000 beruhte nicht mehr wie früher auf einem hohen Geburtenüberschuss (vgl. D 12 Seite 161), sondern war einer immer noch starken Zuwanderung von außen zu verdanken. Die zunächst negative Wanderungsbilanz zwischen 1972 und 1978 verwandelte sich zwischen 1979 und 1993 in eine positive. Zwischen 1994 und 2000 wechselten sich Jahre mit einem geringfügigen Wanderungsverlust und solche mit einem ausgeprägten Wanderungsgewinn ab. Die Bilanz dieser letzten sieben Jahre des Jahrhunderts war mit einem Zuwachs von 609 Personen positiv.[39] Allerdings war die Zunahme der Einwohnerzahl um 7,8 % zwischen 1987 und 1999 geringer als in den Nachbarstädten Biberach (+ 11,8 %), Ulm (+ 11 %) und Friedrichshafen (+ 9,9 %). Nur in Weingarten war sie mit + 5,8 % geringer.[40]

D 51

Ausländeranteil 1942 – 2000
(in Prozent)

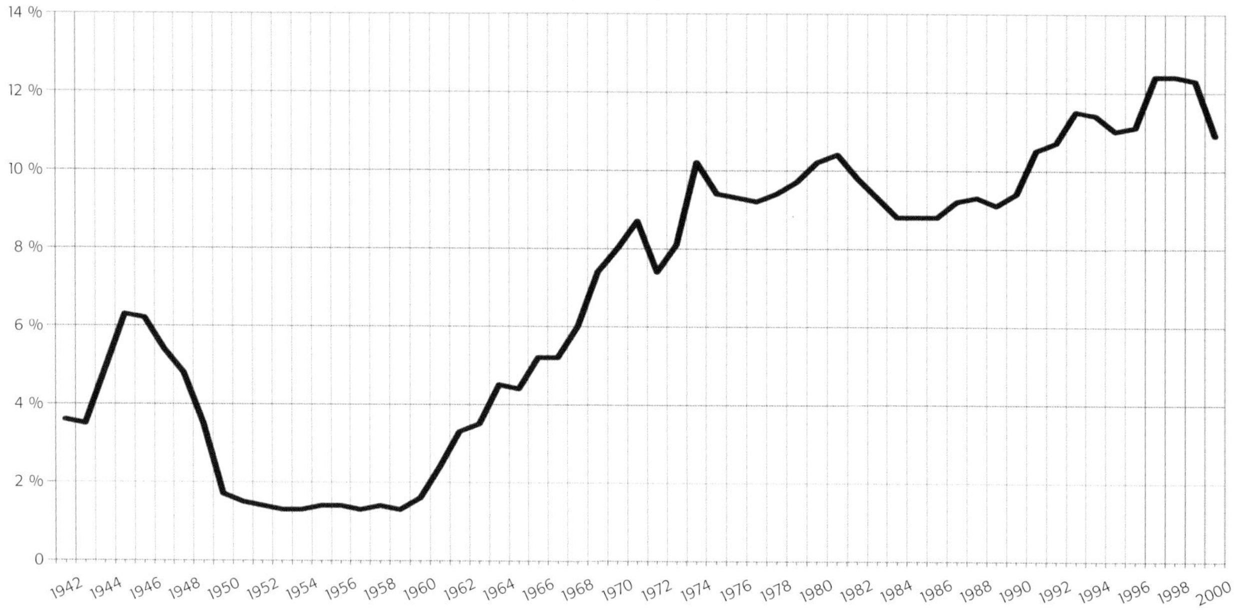

Durch die Zuwanderung in der zweiten Hälfte des 20. Jahrhunderts nahm der Anteil der in Ravensburg und der näheren Umgebung Geborenen an der Einwohnerschaft weiter ab. 1998 waren nur noch 30,5 % der Einwohner in Ravensburg, Weingarten oder Tettnang (wo zeitweise viele Ravensburgerinnen ihre Kinder zur Welt brachten) geboren.[41]

Die demographische Entwicklung dieses letzten von uns betrachteten Zeitabschnitts der Ravensburger Stadtgeschichte war ganz wesentlich von der großen Zahl zugewanderter Ausländer geprägt. D 51 zeigt, dass die Zahl der in Ravensburg lebenden Ausländer nicht gleichmäßig wuchs, sondern von verschiedenen Faktoren politischer und wirtschaftlicher Natur beeinflusst wurde. Von 1959 bis 1972 war das Wachstum kontinuierlich und beruhte fast ganz auf der Zuwanderung von Gastarbeitern und deren Familien. Zwar liegen keine exakten Zahlen über die Herkunftsländer dieser Gastarbeiter vor, doch man kann mit ziemlicher Sicherheit davon ausgehen, dass Italiener und Jugoslawen an der Spitze lagen, gefolgt von Spaniern und Portugiesen. Erst in den späten siebziger Jahren setzte eine massive Zuwanderung türkischer Gastarbeiter(familien) ein.

Die 1972 beginnenden Ölkrise und die durch sie ausgelöste Rezession führten 1973 zu einem „Anwerbestopp" für ausländische Arbeitssuchende, so dass die Zahl der Gastarbeiter für kurze Zeit zurückging. Aber bereits seit ca. 1978 stieg sie wieder an. Aus dem Diagramm D 51 geht deutlich hervor, dass der Ausländeranteil nun nicht mehr kontinuierlich stieg, sondern immer wieder leicht absackte. Die Zuwanderung von politischen Flüchtlingen – Vietnamesen, Tamilen und Iraner, die in Deutschland um Asyl nachsuchten – begann 1980. Ende 1980 lebten knapp hundert Asylbewerber in Ravensburg.[42]

1981 wurden bereits 4.392 Ausländer in Ravensburg gezählt, die aus 54 verschiedenen Ländern stammten. An der Spitze lagen damals die Jugoslawen mit 1.489 Personen, gefolgt von den Türken mit 1.013 und den Italienern mit 633 Personen.[43] Bis 1985 nahm die Zahl der Ausländer dann leicht ab, um 1991 wieder den Stand von 1981 zu erreichen und bis 1997 kontinuierlich zu steigen.[44]

Der deutliche Anstieg der Ausländerzahl seit 1989 war in erster Linie durch den Zustrom von Armuts- und Kriegsflüchtlingen bedingt, die hier um Asyl nachsuchten. Ihre Zahl stieg in Deutschland zwischen 1989 und 1992 von 121.300 auf 438.200.[45] In Ravensburg waren am 1. Januar 1989 200 Asylbewerber aus elf verschiedenen Ländern registriert. In den folgenden Jahren kamen die meisten Asylbewerber aus dem sich seit 1991 auflösenden und von Krieg überzogenen Jugoslawien.

Mit 556 Asylbewerbern und illegalen Flüchtlingen im September 1993 war in Ravensburg der Höhepunkt erreicht. Infolge des verschärften Asylrechts und unter dem sanften Druck von Rückkehrbeihilfen ging ihre Zahl danach langsam wieder zurück. 1998 waren offiziell noch 68 Asylbewerber und 130 Flüchtlinge registriert.

Die Rückführung eines Teils der Serben, Bosnier und Kosovo-Albaner in den Jahren 1994 bis 1998 bedeutete jedoch nicht, dass der Ausländeranteil nun deutlich gesunken wäre. Vielmehr stieg er mit kurzen Unterbrechungen bis Ende 1998 auf 5.886 = 12,4 % der Einwohner, um dann wieder leicht zu sinken.[46] Die Mehrzahl dieser Ausländer wohnte in der Altstadt und in den westlichen Stadtrandgebieten zwischen Schussensiedlung und Ummenwinkel. Unter den 5.029 Ausländern, die im September 2000 in Ravensburg lebten und arbeiteten, waren 1.253 Türken, 1.040 Serben und Montenegriner, 395 Kroaten, 159 Bosnier, ca. 400 Italiener, 288 Portugiesen, 226 Österreicher und 125 Griechen. Ca. 1.500 Ausländer waren Moslems.[47]

Am Bevölkerungswachstum in den letzten Jahren des 20. Jahrhunderts (1988 44.146, 1999 47.525 Einwohner) waren jedoch nicht nur Ausländer, sondern auch Übersiedler aus der DDR bzw. (seit 1990) aus den neuen Bundesländern beteiligt. Weit größer aber war die Zahl der tatsächlich oder angeblich deutschstämmigen Spätaussiedler aus der ehemaligen Sowjetunion, die vor allem aus Kasachstan, aber auch aus Kirgisistan und Russland im engeren Sinn kamen. Da sie als Deutsche galten, wurden sie von der städtischen Einwohnerstatistik nicht ausdrücklich erfasst. Ihre Zahl dürfte bis zum Jahr 2000 etwas über tausend betragen haben.

Soziale Probleme und Aufgaben

Betreuung von Ausländern und Spätaussiedlern

Die wachsende Zahl ausländischer Gastarbeiter führte 1971 zur Gründung eines Arbeitskreises für Gastarbeiterfragen, dessen Aufgabe es war, sich aller auftauchenden Probleme anzunehmen und Lösungsvorschläge auszuarbeiten. Die Themen, die zur Beratung anstanden, reichten von der Arbeits- und Wohnungsvermittlung über die medizinische und kirchliche Betreuung bis zur Fürsorge für Kinder und Jugendliche, vom Sprachunterricht bis zur Freizeitgestaltung, zum Sport und zu kulturellen Angeboten. Dementsprechend arbeiteten neben Vertretern des Gemeinderats und der Stadtverwaltung auch die Wohlfahrtsverbände, die Kirchen, die Gewerkschaften, das Arbeitsamt, das Gesundheitsamt, die Industrie- und Handelskammer und die Kreishandwerkerschaft in diesem Gremium mit. 1979 entstand aus dem Arbeitskreis ein förmlicher „Beirat für die Belange unserer ausländischen Mitbürger".

Blick vom Blaserturm auf den südlichen Marienplatz, 1995
Die Aufnahme entstand während des seit 1989 alljährlich im September stattfindenden Stadtfests „Ravensburg spielt".

1986 wurde die Stelle eines städtischen Ausländerbeauftragten geschaffen als Anlaufstelle für alle Ausländer, die Rat und Hilfe suchten. Der Ausländerbeauftragte koordiniert auch die Zusammenarbeit zwischen den einzelnen deutschen Hilfsorganisationen und den verschiedenen Ausländergruppen und arbeitet eng mit den Beratungs- und Betreuungsdiensten für die drei größten Ausländergruppen der Türken, Italiener und Jugoslawen zusammen.[48] 1987 wurde der Ausländerbeirat neu konstituiert und um zwölf Vertreter der verschiedenen Ausländergruppen erweitert. Ausländerbeauftragter und Ausländerbeirat organisierten gemeinsam die jährlich stattfindende „Woche der Internationalen Nachbarschaft" (WIN), deren Hauptzweck es war und immer noch ist, Deutsche und Ausländer einander näher zu bringen.

Daneben gab es eine eigene städtische Betreuungsstelle für Asylbewerber, die sich, unterstützt von Organisationen wie der Caritas und „amnesty international", um die Unterbringung der bettelarmen Neuankömmlinge in Gemeinschaftsunterkünften kümmerte.[49]

Schon seit den siebziger Jahren entstanden zahlreiche Vereine von und für Ausländer, teils mit politischer oder religiöser Zielrichtung, teils zum Zweck der gegenseitigen Hilfe in schwierigen Situationen, vor allem aber auch zur Pflege der Geselligkeit und der gemeinsamen Freizeitgestaltung bei Sport, Spiel und Tanz. 1998 bestanden in Ravensburg 27 Ausländervereine, darunter acht türkische, sechs jugoslawische und sechs kroatische. Im Rahmen der allgemeinen Vereinsförderung erhielten die kulturell orientierten Ausländervereine städtische Zuschüsse, die im Jahr 2000 ca. 34.000 DM betrugen.[50]

*

Ein Sonderfall waren die Spätaussiedler, die zwar von Amts wegen als Deutsche galten, von denen aber viele nur russisch sprachen und denen die deutsche Mentalität und Lebensweise fremd war. Bis man ihnen eine eigene Wohnung vermitteln konnte, wurden die Spätaussiedler in Übergangswohnheimen untergebracht. Da die Welle dieser Zuwanderer Ravensburg gleichzeitig mit den Flüchtlingen aus den Balkanländern und den Übersiedlern aus der Ex-DDR erreichte, entstand zwischen 1990 und 1995 plötzlich eine beträchtliche Wohnungsnot.

1994 war es der Stadt gelungen, in ein Wohnungsbauförderprogramm aufgenommen zu werden und so mit staatlicher Hilfe 700 preisgünstige Mietwohnungen im Baugebiet „Domäne Hochberg" in der Weststadt zu errichten. Nach der Fertigstellung von 550 Wohnungen in den Jahren 1996 bis 1998 bot es sich an, dort einen Teil der Aussiedler unterzubringen. Und so ergab es sich, dass im Jahr 2000 von den rund 1.300 Bewohnern dieses Neubaugebiets etwa 740 Aussiedler und 215 Ausländer waren.

Damit war zwar die Wohnungsnot gemildert worden, aber unbeabsichtigt ein neues Problem entstanden, nämlich eine gewisse Gettoisierung der Zuwanderer aus der ehemaligen Sowjetunion in einem Stadtviertel, dem zunächst die Infrastruktur fehlte, die nötig gewesen wäre, um diese Fremden rasch in ihre neue Heimat zu integrieren und die Kontakte zwischen ihnen und den Einheimischen zu fördern. Ungefähr 38 % der Spätaussiedler waren Jugendliche unter 20 Jahren[51], die der deutschen Sprache nicht mächtig waren und zum größten Teil mit ihren Eltern und Verwandten nach Deutschland gekommen waren, ohne gefragt worden zu sein, ob sie damit einverstanden wären. Hinzu kam, dass ein Teil von ihnen hier keine Arbeit fand. Das war kein günstiger Nährboden, um diese jungen Menschen zu sozialisieren. Es war deshalb auch nicht verwunderlich, dass die Jugendkriminalität in der „Domäne Hochberg" besonders hoch war.[52]

Stadtverwaltung, Landratsamt, die Kirchen und kirchliche Institutionen wie die Caritas bemühten sich darum, die Lebensbedingungen in der Siedlung zu verbessern: durch die Einrichtung eines Kindergartens, die Organisation von Nachbarschaftstreffs mit einheimischen Familien, durch einen im Hochberg-Gebiet angesiedelten „Jugendtreff Weststadt", durch Sprachkurse und spezielle Unterrichtsangebote in den Berufsschulen.[53]

Andere sozialpolitische Aufgaben und Hilfeleistungen

Kinder und Jugendliche

Schon in seinem Wahlkampf 1987 hatte sich Oberbürgermeister Vogler stark gemacht für eine kinder-, jugend- und frauenfreundliche Politik. Zwar besaß die Gesamtstadt 1985 bereits 23 Kindergärten mit 1.077 Plätzen[54], aber dem standen 1.117 Kinder unter drei Jahren und weitere 1.241 Kinder unter 6 Jahren gegenüber. Viele dieser Kinder hatten berufstätige oder allein erziehende Väter und Mütter. Das Ziel Voglers war, für jedes Kind ab drei Jahren einen Kindergartenplatz zu schaffen. So wurden von 1988 bis 1996 mit einem Kostenaufwand von ca. 21,5 Millionen DM über 600 neue Kindergartenplätze geschaffen, deren jährlicher Unterhalt sich auf ca. 6 Millionen DM belief.

Von den Kindern und Jugendlichen zwischen sieben und achtzehn Jahren waren viele Mitglied in einem kirchlich orientierten Verein oder einem Sportverein, wo sie in ihrer Freizeit gut aufgehoben waren. Aber natürlich gab es auch Jugendliche, die solch eine Möglichkeit entweder nicht besaßen oder nicht wahrhaben wollten. An sie dachte ein hauptsächlich aus Lehrern und

Sozialarbeitern zusammengesetzter Förderverein, der 1972 in der Olgastraße auf eigene Faust ein selbstverwaltetes *Jugendhaus* eröffnete.[55] Da es weder einen verantwortlichen Leiter noch eine feste Organisation mit klarer Kompetenzverteilung gab, entstanden nach kurzer Zeit leicht chaotische Verhältnisse. Vor allem aber fehlte es an einer soliden Finanzierung. Im Mai 1974 kündigte der Hauseigentümer dem Förderverein. Damit war das vorläufige Ende des Jugendhauses gekommen.

Ob schon damals der KBW (Kommunistischer Bund Westdeutschland) seine Finger im Spiel hatte, ist unklar. Nach Erkenntnissen der Polizei war er aber massiv beteiligt, als es zwei Jahre später, am 22. Mai 1976, zu einer „Demo" von 80 bis 100 Jugendlichen kam, die lauthals ein selbstverwaltetes Jugendhaus forderten, das sie in der Nordstadt, im Gebäude der ehemaligen Möttelinschule, eröffnen wollten. Dieses Schulgebäude stand leer, nachdem die benachbarte neue Kuppelnauschule kurz zuvor ihren Betrieb aufgenommen hatte. Nach ihrer „Demo" in der Innenstadt besetzten 64 Jugendliche die ehemalige Schule und weigerten sich gegenüber der in einer Stärke von 84 Mann anrückenden Polizei, das Haus zu verlassen, worauf sie einzeln herausgetragen werden mussten und ihre Personalien festgehalten wurden. Die Stadt erstattete Anzeige wegen Hausfriedensbruch.

Zwei Tage später kam es erneut zu einem Eklat. Etwa hundert Jugendliche drangen während einer Gemeinderatssitzung in den Sitzungssaal des Rathauses und forderten lautstark erneut die Überlassung der Möttelinschule sowie die Herausgabe der polizeilichen Ermittlungsunterlagen. Nachdem sie der Aufforderung des Oberbürgermeisters, den Saal zu verlassen, nicht nachkamen, sah sich dieser gezwungen, von seinem Hausrecht Gebrauch zu machen, die Sitzung zu unterbrechen und die Polizei zu bitten, den Saal zu räumen, was dann auch geschah. Da es zu keinen Gewalttätigkeiten kam und die Jugendlichen diesmal freiwillig das Haus verließen, verzichtete die Stadt auf eine Strafanzeige.[56]

Eines hatten die jungen Leute immerhin erreicht: das Thema Jugendhaus war wieder aktuell. Als es im Herbst erneut zu Demonstrationen und Auseinandersetzungen mit der Polizei kam, wurde allmählich allen Verantwortungsbewussten klar, dass Handlungsbedarf angezeigt war. Da man mit dem vom KBW mehr oder weniger beherrschten Jugendhausförderverein nichts zu tun haben wollte, wurde eine neue bürgerliche, vom Stadtjugendring getragene Jugendhaus-Initiative gebildet, die erreichte, dass im Februar 1977 in der Möttelinschule ein städtisches Jugendhaus eröffnet werden konnte. Unter hauptamtlicher Leitung nahm dieses neue Jugendhaus eine erfreuliche Entwicklung und verzeichnete schon nach wenigen Monaten täglich an die 300 jugendliche Besucher ab etwa 12 Jahren. Eine eigene Werkstatt, Teestube, Fotolabor, Sport-, Theater- und Musikgruppen, Herausgabe einer eigenen Zeitung: dies alles waren Aktivitäten, die auch viele Skeptiker im Gemeinderat von der Richtigkeit der Entscheidung für das Jugendhaus überzeugten.

Ärger gab es jedoch immer wieder mit den Nachbarn, hauptsächlich wegen der zunehmenden Zahl nicht gerade leise auftretender junger Leute. Dieser Ärger steigerte sich noch, als 1982 eine Disko eingerichtet wurde. Aber im Grunde war auch die weitere Entwicklung des Jugendhauses positiv, nicht zuletzt dank dem Engagement der inzwischen drei hauptamtlichen Fachkräfte. Das Angebot an gestalterischen und handwerklichen Kursen, Konzerten, Film- und Theateraufführungen, nicht zuletzt auch die Drogenprävention, machten das Haus mit der Zeit auch für Jugendliche von auswärts attraktiv.[57]

Ein schlimmer Tag in der Geschichte des Jugendhauses war der 9. September 1989. An diesem Tag, einem Samstag, fand am Häcklerweiher bei Blitzenreute ein

Sitzung des Gemeinderats im historischen Sitzungssaal des Rathauses, ca. 1971
Am Kopfende Oberbürgermeister Wäschle mit den Spitzen der Stadtverwaltung, links die CDU-Fraktion, rechts die Fraktionen von SPD und FDP.

großes Skinhead-Treffen statt, an dem junge Leute aus ganz Süddeutschland teilnahmen. Ein am gleichen Abend im Ravensburger Jugendhaus stattfindendes Rockkonzert nahm ein Teil der stark alkoholisierten Skinheads, denen das Jugendhaus als „rot" galt, zum Anlass, dort einmal die Muskeln spielen zu lassen. Kurz vor Mitternacht, das Konzert war gerade zu Ende gegangen, traf ein „Rollkommando" von etwa 25 bis 30 Skinheads vor dem Jugendhaus ein, die dort mit Steinen und Flaschen mehrere Fenster einwarfen, Autos demolierten und eine Reihe von Jugendlichen so zusammenschlugen, dass diese ins Krankenhaus gebracht werden mussten. Als die Polizei und wenig später auch der Oberbürgermeister eintrafen, waren die Täter verschwunden. Es gelang jedoch noch in der Nacht und am nächsten Morgen, einige Tatverdächtige festzunehmen bzw. deren Personalien aufzunehmen.[58]

Anfang 1990 kam es zu einem von den Medien stark beachteten Prozess, der wegen der großen Zahl von 25 Angeklagten, darunter drei Frauen, und des großen öffentlichen Interesses im Schwörsaal des Waaghauses stattfand. 80 Zeugen marschierten auf, 20 der zwischen 15 und 30 Jahren alten Angeklagten wurden zu Haftstrafen bis zu 5 $^1/_2$ Jahren, Arbeits- und Geldstrafen verurteilt.

Zwar blieb der ganze Vorfall singulär, aber er zeigte, dass auch das kleine schöne Ravensburg keine von den gesellschaftlichen Problemen der Zeit unberührte Insel der Seligen war. Für die politisch Verantwortlichen war er ein Signal, unmissverständlich deutlich zu machen, dass sie nicht gewillt waren, derartige Ausschreitungen hinzunehmen, sondern energisch gegen jede Form der Gewalt einzuschreiten.

Mit dem Jugendhaus war es nicht getan. Dafür war der Stadtverwaltung das Thema „Jugend" viel zu wichtig. Weitere Anlaufstellen für Jugendliche waren der schon 1980 gegründete „Jugendtreff am Schussendamm", der vor allem für nichtorganisierte Jugendliche aus der Schussensiedlung gedacht war, in der besonders viele Ausländer wohnten. Drei Jahre später folgte der schon erwähnte „Jugendtreff Weststadt", der auch für einen Teil der jugendliche Spätaussiedler wichtig wurde.

Der Vollständigkeit halber sei an dieser Stelle noch der Schülertreff in der Herrenstraße erwähnt, das Evangelische Jugendwerk, das Jugendreferat des Bundes der Deutschen Katholischen Jugend (BDJK) und das Jugendforum Ravensburg, nicht zuletzt auch die an mehreren Schulen praktizierte Schulsozialarbeit, die Schüler, Eltern und Lehrern in Konfliktsituationen Rat und Hilfe anbot.[59] Einen Niederschlag fand die intensive Jugendförderung der Stadt in einer 1999 herausgegebenen Broschüre mit dem Titel „jung in Ravensburg", in der interessierte Jugendliche die Adressen aller Vereine, Schulen und sonstigen Institutionen nachschlagen konnten, um zu erfahren, „was es alles für junge Leute in unserer Stadt gibt".[60]

Für lernbehinderte Jugendliche war das 1981 von der Stiftung Liebenau errichtete Berufsfortbildungswerk Adolf Aich am Südwestrand der Stadt bestimmt, das 1992 bis 1995 großzügig erweitert wurde und seither als staatlich anerkannte Sonderberufsschule über 300 Ausbildungsplätze in neun verschiedenen handwerklichen, haus- und landwirtschaftlichen Berufsbereichen verfügt.

Alte Bürgerinnen und Bürger

Im 19. Jahrhundert lag der Anteil der über 60 Jahre alten Einwohner in Ravensburg bei 10,3 % der Wohnbevölkerung, 1998 bei 23 %. Allein zwischen 1950 und 1987 stieg der Anteil der über 65-Jährigen von 8,64 % auf 15,7 %. 1998 lag er sogar schon bei 16,4 %.[61] Diese Zahlen machen deutlich, dass sich hier eine große sozialpolitische Herausforderung anbahnte.

In Ravensburg verbrachten früher allein stehende alte Mitbürger und alte kinderlose Ehepaare, die nicht mehr in der Lage waren, ihren Haushalt aus eigener Kraft zu führen, ihren Lebensabend im Heilig-Geist-Spital, das sich jedoch seit dem ausgehenden 19. Jahrhundert immer mehr zu einem reinen Krankenhaus entwickelt hatte. An seine Stelle trat das Bruderhaus, das allerdings erst 1965 von einem Armen- und Altersheim in ein reines Altersheim umgewandelt wurde. 1999 wurde mit einem Anbau an das barocke Hauptgebäude am Rand der Unterstadt begonnen, der 18 zusätzliche Zimmer umfasst und im Jahr 2000 bezogen werden konnte. Zugleich wandelten sich auch Funktion und Aufgabenstellung des traditionsreichen Hauses. Es entwickelte sich mehr und mehr zu einem modernen Altenzentrum mit Kurzzeit- und Dauerpflegeplätzen sowie mehreren betreuten Wohnungen.[62]

Für ältere Frauen bot viele Jahrzehnte das von Reuter Schwestern geführte Josefshaus eine Bleibe. Schon vor dem Zweiten Weltkrieg hatte es seinen Charakter als reines „Mädchenheim" verloren und sich zu einem Altersheim entwickelt. Zum Leidwesen vieler Betroffener schloss es 1996 seine Pforten für immer. Grund dafür war nicht nur der zunehmende Schwesternmangel, sondern auch die veraltete Infrastruktur des Hauses, die den modernen Ansprüchen an ein Alten- und Pflegeheim in keiner Weise mehr genügte.

1963 errichtete die Caritas in der Galgenhalde (Weststadt) das Altersheim St. Meinrad, zehn Jahre später wurde ein weiteres großes Altersheim von der Arbeiterwohlfahrt ebenfalls in der Weststadt eröffnet und 1991 das aus privater Initiative entstandene „Seniorenzentrum Donatus" in den Gebäuden der ehemaligen Pinselfabrik Sterkel in der Seestraße.

Doch mit dem Bau von Alters- und Pflegeheimen allein war das Problem der immer größer werdenden Zahl alter Menschen nicht bewältigt. Um ihrer Vereinsamung und geistigen Erstarrung entgegenzuwirken, wurde von einer älteren Ärztin gemeinsam mit der Stadtverwaltung 1980 ein „Seniorentreff" als Begegnungsstätte für ältere Menschen ins Leben gerufen, der in einer schönen alten Villa am Hirschgraben ein vielseitiges kulturelles und unterhaltsames Programm anbot und sich bald großen Zuspruchs erfreute.

1996 wurde ein „Stadtseniorenrat" ins Leben gerufen, der als Gesprächspartner des Gemeinderats und der Stadtverwaltung bei der Beratung kommunaler Projekte der Altenhilfe mitwirken sollte, die in einem „Altenhilfeplan" festgehalten waren. Zu seinen Mitgliedern zählten Vertreter der kirchlichen Seniorengruppen, des Seniorentreffs, der Seniorengenossenschaft und des Ausländerbeirats auf der einen Seite, Vertreter der kommunalen und kirchlichen Institutionen der Altenhilfe auf der anderen Seite.[63]

Als Folge der wachsenden Zahl alter Menschen, die für ihren letzten Lebensabschnitt eine Bleibe suchten, wo ihnen im Krankheitsfall Pflege und Versorgung garantiert war, wurden in den letzten Jahren des Jahrhunderts mehrere Altenwohnprojekte in der Altstadt und am Altstadtrand verwirklicht. Je nach den finanziellen Möglichkeiten der von den Investoren ins Auge gefassten Zielgruppen waren die Wohnanlagen unterschiedlich ausgestattet. Für die Bauwirtschaft bedeuteten diese Projekte eine willkommene Verbesserung ihrer damals eher schlechten Auftragslage. So entstanden bis zum Jahr 2000 größere Anlagen in der Weinbergstraße und im Gänsbühl, in denen ganz bewusst alte und jüngere Menschen unter einem gemeinsamen Dach eine Bleibe finden sollten. Da die Nachfrage nach solchen Wohnungen groß war, wurden seither weitere derartige Bauvorhaben begonnen.

Frauen

Von einer „Frauenbewegung", die in aller Öffentlichkeit eine Gleichberechtigung der Frauen forderte und deren Ziel es war, die Rolle der Frau in der Gesellschaft zu verändern, kann in Ravensburg erst seit den siebziger Jahren die Rede sein. 1977 wurde eine „Gesellschaft zur Errichtung eines Frauenzentrums" gegründet und 1978 ein zentral gelegenes „Frauenzimmer" als Treffpunkt der an einer solchen Einrichtung interessierten Frauen bezogen. 1982 folgte die Gründung des Vereins „Frauen helfen Frauen", dessen wichtigstes Ziel die „Einrichtung einer autonomen Zufluchtsstätte für Frauen in Not", eines Frauenhauses für misshandelte und vergewaltigte Frauen und deren Kinder war.[64] Was zunächst erreicht wurde, war allerdings nur die Einrichtung einer Beratungsstelle und eines Notruftelefons.

Demonstration junger Frauen gegen Gewalt und Bevormundung, Walpurgisnacht 1982

Da der Verein „Frauen helfen Frauen" vielen eher konservativen Frauen zu „links" und zu feministisch war, entstand 1983 sozusagen als „Gegengründung" der Verein „Hilfe für Frauen mit Kindern in Not", dem es dank guter Verbindungen bereits im folgenden Jahr gelang, ein Frauenhaus für misshandelte und aus ihrem häuslichen Bereich geflüchtete Frauen und deren Kinder einzurichten, dessen Adresse und Telefonnummer nur die Beteiligten und einige wenige Eingeweihte kannten.

1987 eröffnete der inzwischen auch mit öffentlichen Mitteln geförderte Verein „Frauen helfen Frauen" gemeinsam mit einem neuen „Verein zur Förderung von Frau und Kultur" das Frauenkulturzentrum „Frauenstraße 1A", das zugleich Frauencafé war. Es gelang in den folgenden Jahren, ein reichhaltiges Veranstaltungsprogramm mit Vorträgen, Ausstellungen und Workshops zu realisieren. Gemeinsam mit anderen Frauenorganisationen im Landkreis Ravensburg und Vertreterinnen der politischen Parteien und Gewerkschaften erreichten es die Ravensburger Frauenvereine, dass 1992 beim Landratsamt Ravensburg eine „Frauengleichstellungsstelle" unter Leitung einer Frauenbeauftragten geschaffen wurde.

Auch der Anteil der Frauen im Ravensburger Gemeinderat wuchs allmählich. Waren es in den Nachkriegsjahren allenfalls zwei Frauen, die in dieses Gremium gewählt wurden, so stieg die Zahl der Stadträtinnen 1959 auf vier, 1989 auf fünf und in den neunziger Jahren auf neun. Besonders stark waren Frauen bei den Grünen vertreten, die zur Gemeinderatswahl 1989 sogar mit einer reinen Frauenliste antraten.[65] Nicht zuletzt aus finanziellen Gründen kam es 1999 zu einer Annäherung zwischen dem Verein „Frauen helfen Frauen" und dem Verein „Hilfe für Frauen mit Kindern in Not". Beide Vereine schlossen sich in diesem Jahr zu einer Bürogemeinschaft zusammen.

Sonstige Hilfe in Not

Das Netz sozialer Hilfe für Menschen in Not war in der Bundesrepublik weit gespannt. Beteiligt waren daran neben Bund, Ländern und Gemeinden bzw. den Landeswohlfahrtsverbänden zahlreiche kirchliche und private Institutionen, zum Teil in der Rechtsform von Stiftungen. Aus den Rechenschaftsberichten der Stadtverwaltung Ravensburg[66] geht hervor, welche Vielfalt von Notsituationen die soziale Fürsorge berücksichtigte. Neben der allgemeinen „Hilfe zum Lebensunterhalt und in besonderen Lebenslagen" (HLU) gab es nach dem Krieg Leistungen an Flüchtlinge, Heimatvertriebene, Evakuierte, Klein- und Sozialrentner, Hilfe für Nichtsesshafte, Kinder- und Müttererholung, Kranken-, Pflege- und Altenhilfe, Zuschüsse an kinderreiche Familien, Kriegsgefangenenentschädigung, Eingliederungsbeihilfe für jugendliche Zuwanderer und – vor der Wiedervereinigung – Hilfe für Besucher aus dem Osten, um nur einige besonders wichtige Bereiche zu nennen.

Obdachlose und bedürftige Durchreisende fanden bis 1956 im Bruderhaus eine Unterkunft, danach bis 1977 im Gasthof Waage am Gespinstmarkt bei der legendären Wirtin Scholastika Straub. Seit 1982 bot die „Soziale Heimstätte Dornahof" Nichtsesshaften im früheren Gasthof Württemberger Hof beim Bahnhof ein Quartier mit 16 Plätzen an.

Naturgemäß war die Zahl derjenigen, die auf irgendeine Weise öffentlich unterstützt wurden, in den ersten Nachkriegsjahren höher als in den sechziger oder siebziger Jahren. Wegen der sich immer wieder ändernden Richtlinien für die Gewährung von Sozialhilfe lassen sich die vom städtischen Sozialamt genannten Zahlen der unterstützten Parteien bzw. Personen über einen längeren Zeitraum hinweg nur schlecht miteinander vergleichen.

Wenn für das Jahr 1949 1.713 Personen als Empfänger laufender Fürsorgeleistungen genannt wurden und 1955 851, 1988 dagegen 1.895 und 1999 1.396[67], dann konnten diese Schwankungen die unterschiedlichsten Ursachen haben. So stieg die Zahl der Unterstützungsempfänger seit 1988 aufgrund des Zustroms politischer Flüchtlinge, Asylbewerber und Spätaussiedler an, um in den neunziger Jahren wieder abzunehmen. Im Vergleich zu anderen Städten von der Größe und Bevölkerungsstruktur Ravensburgs war die Quote der Sozialhilfeempfänger von ca. 2 bis 3,5 % der Bevölkerung jedenfalls eher niedrig.

In welchen Stadtteilen besonders viele Sozialhilfeempfänger wohnten, ist dem Sozialbericht 1999 des Landratsamts Ravensburg zu entnehmen. Danach war ihr Anteil 1999 im Bereich Schussensiedlung, Deisenfang, Ummenwinkel mit 8,8 % der dort Wohnenden am höchsten, während er in den Ortschaften nur zwischen 0,7 und 2,5 % lag.[68]

Ein letzter Blick soll der Entwicklung der Arbeitslosigkeit in Ravensburg gelten, genauer gesagt dem Teil der Arbeitslosen, die statistisch erfasst wurden und in den Genuss von Arbeitslosengeld bzw. Arbeitslosenhilfe kamen. In den amtlichen Statistiken erscheinen in der Regel nur die Arbeitslosenzahlen der Arbeitsamtsbezirke, die für uns unbrauchbar sind. Für das letzte Jahrzehnt des 20. Jahrhunderts besitzen wir jedoch auch Zahlen über die Arbeitslosigkeit in der Stadt Ravensburg.[69]

Im Vergleich zu anderen Städten blieb sie hier trotz Schwankungen eher niedrig. Von 1991 bis 1994 stieg die Zahl der Arbeitslosen von 718 auf 1.457, sank 1995 auf 1.379, und erreichte mit 1.582 im Jahr 1997 ihren Höhepunkt. Im September 2000 lag sie noch bei 1.089.[70]

Von den Arbeitslosen der neunziger Jahre waren ca. 40 bis 44 % Frauen. Da der Anteil der Frauen unter den Beschäftigten ungefähr gleich hoch war (vgl. Seite 372), kann von einer besonders hohen Frauenarbeitslosigkeit nicht gesprochen werden. Dagegen übertraf die Arbeitslosenquote der Ausländer ihren Anteil an der Bevölkerung (ca. 10 – 12 %) erheblich. Sie schwankte von 1991 bis 1998 zwischen 20 und 25 %.[71]

Das Gesundheitswesen

Der wachsende Wohlstand in der zweiten Jahrhunderthälfte wirkte sich auch auf das Gesundheitswesen aus. Mit dem medizinischen Fortschritt wuchsen die Leistungen der Krankenkassen und damit auch die Kosten. Die Zahl der Betten pro Zimmer in den Krankenhäusern nahm ab, die Zahl der Ärzte, Apotheken, Krankenschwestern und des sonstigen im Gesundheitswesen tätigen Personals nahm zu. Ein Beispiel: Im Psychiatrischen Landeskrankenhaus Weißenau waren 1950 bei ca. 800 stationären Patienten 190 Personen beschäftigt, 1989 bei nur noch 577 Patienten jedoch 947 Personen.[72] Im Jahr 2000 hatte sich die Zahl der im Weißenauer Psychiatriezentrum beschäftigten Personen auf 1.175 erhöht.[73]

Um 1900 hatte es in Ravensburg acht niedergelassene Ärzte gegeben, 1937 immerhin schon 22.[74] Die Zahl der frei praktizierenden Ärzte betrug 1975 42, dazu kamen 17 Zahnärzte. Bis 1984 war die Zahl der frei praktizierenden Ärzte auf 79 gestiegen, die der Zahnärzte auf 39.[75] Im Jahr 2000 gab es 102 niedergelassene Ärzte und 35 Zahnärzte in Ravensburg und seinen Ortschaften.[76] Das war eine ungewöhnlich hohe Zahl, in der die Krankenhausärzte noch nicht einmal enthalten sind. Auch die Zahl der Apotheken nahm enorm zu: von drei im Jahr 1953 (ebenso viele wie 300 Jahre früher) auf 16 allein in der Kernstadt.

Die Bettenzahl in den Akutkrankenhäusern betrug 1954 420 (260 im Elisabethenkrankenhaus, 160 im Städtischen Krankenhaus) und lag 1971 mit 460 Betten nur unwesentlich höher. Dann aber stieg sie an. 1984 gab es in Ravensburg 738 Betten für Akutkranke. Aufgrund der Maßnahmen zur Kostendämpfung im Gesundheitswesen nahm dann die Bettenzahl in den neunziger Jahren ab: 1998 waren es nur noch 672, 2000 664 Betten, davon 600 im Elisabethenkrankenhaus und 64 im Heilig-Geist-Spital.[77]

Am Ende des Jahrhunderts waren die größten Arbeitgeber in der Stadt nicht mehr die Maschinenfabriken, sondern das Elisabethenkrankenhaus (ca. 1.200 Beschäftigte) und das Zentrum für Psychiatrie in Weißenau (1.175 Beschäftigte).[78] Die Gesamtzahl der im Gesundheitswesen beschäftigten Personen war auf etwa 3.100 gestiegen.

Während das Elisabethenkrankenhaus und das Weißenauer Zentrum für Psychiatrie immer mehr expandierten, musste das Städtische Krankenhaus, für das seit ca. 1980 wieder der historische Name Heilig-Geist-Spital üblich wurde, wie so viele andere Krankenhäuser in Deutschland um seine Existenz kämpfen. Von den 160 Betten, über die das Spital noch 1970 verfügt hatte, waren 1984 nur noch hundert übrig geblieben. Der 1981 erstellte Krankenhaus-Bedarfsplan des Landes sah bereits eine Reduzierung der Bettenzahl im Städtischen Spital vor, während das Elisabethenkrankenhaus zum Hauptschwerpunkt-Krankenhaus ausgebaut werden sollte.

Trotz der unsicheren Situation beschloss der Gemeinderat 1985 eine Generalsanierung des Spitals, deren erster Bauabschnitt, ein auf der Ostseite angebauter Funktionsbau, 1988 fertiggestellt war, wobei es wegen erheblicher Kostenüberschreitungen großen Ärger gab. Doch damit war das Städtische Spital als Krankenhaus der Grundversorgung nicht gerettet.

Eine 1990 gestartete Bürgerinitiative zur Erhaltung des von vielen Bürgern wegen seiner Lage und seiner überschaubaren Größe gegenüber dem Elisabethenkrankenhaus bevorzugten Heilig-Geist-Spitals fand in der ganzen Stadt große Resonanz. Viele Bürger fühlten sich dem Spital in der Altstadt, wo sie das Licht der Welt erblickt hatten, wo sie Krankheiten durchgemacht hatten und wo sie vielleicht das Sterben naher Verwandter oder des Ehepartners miterlebt hatten, emotional verbunden. Bei manchen älteren Menschen kam auch noch ein konfessionelles Motiv hinzu: das Elisabethenkrankenhaus war ihnen zu „katholisch“, weshalb sie stets das Städtische Spital bevorzugt hatten.

Doch gegen die vom Land und den Kassen vertretenen harten Fakten – notwendiger Abbau der Bettenzahl wegen der inflationär gestiegenen Kosten im Gesundheitswesen – verfingen die aus Ravensburg vorgetragenen Argumente nicht.

Nun begann ein langer und zäher, von Oberbürgermeister Vogler und dem Sozialdezernenten Hans Georg Kraus geführter Kampf um die Rettung des Hauses, der jahrelang die Lokalpolitik beherrschte. Immer wieder wurden neue Konzepte entworfen und wieder verworfen. 1995 legte die Landesregierung einen Plan vor, der eine schon früher diskutierte Überlegung wieder aufnahm: die Umwandlung des Krankenhauses in eine geriatrische Klinik. Die Innere Abteilung sollte bis auf 20 Betten an das Elisabethenkrankenhaus übergehen und im Heilig-Geist-Spital stattdessen 54 Betten und Tagesklinikplätze für die geriatrische Rehabilitation eingerichtet werden. Außerdem war eine Praxisklinik mit zehn Betten für Kurzzeitchirurgie, Orthopädie und Mund-Kiefern-Chirurgie vorgesehen.

Zum 1. Januar 1997 wurde das Heilig-Geist-Spital Mitglied eines neuartigen Verbunds von sechs Krankenhäusern im Landkreis, der Oberschwaben Klinik gGmbH (OSK), die außer dem Ravensburger Spital die Kreiskrankenhäuser in Wangen, Bad Waldsee, Leutkirch und Isny und das Elisabethenkrankenhaus mit dem Kinderkrankenhaus St. Nikolaus umfasst. Zweck dieses Verbunds ist eine „Bündelung der Stärken und Energien der einzelnen Häuser", eine kostensparende Aufgabenverteilung, bei der dem Ravensburger Heilig-Geist-Spital die Aufgabe der geriatrischen Rehabilitation zugewiesen wurde.[79]

Gleichfalls zum 1. Januar 1997 wurde die „Stiftung Heilig-Geist-Spital Ravensburg" ins Leben gerufen und sowohl die Grundstücke und Gebäude des Spitals als auch die aus dem Ortsarmenfonds (vgl. die Seiten 86 und 89) stammenden Gelder auf sie übertragen. Mit dieser neuen Rechtsform konnten Spenden und Zustiftungen steuerfrei auf die Stiftung übertragen werden. Zugleich knüpfte die Stadt mit dieser selbstständigen und gemeinnützigen Stiftung an die alte reichsstädtische Tradition der Hospitalpflege an.

Schon 1996 begann der umfassende Umbau des großen mittelalterlichen Spitalgebäudes, der im Frühsommer 2000 abgeschlossen wurde. Während das historische Spitalgebäude fast vier Jahre als Krankenhaus nicht zur Verfügung stand, konnte im umgebauten ehemaligen Pfründnerhaus bereits 1998 mit der Behandlung alter Menschen begonnen werden.[80]

So gelang es unter unendlichen Anstrengungen, das Heilig-Geist-Spital doch noch zu retten. Mit seiner neuen Funktion knüpfte es im Übrigen an seine seit seiner Gründung im 13. Jahrhundert geltende Bestimmung an, vor allem ein Haus für die alten Bürger der Stadt zu sein.

Das kulturelle Leben im ausgehenden 20. Jahrhundert

Der rege Kulturbetrieb, der sich in den Nachkriegsjahren entwickelt hatte, setzte sich im letzten Drittel des Jahrhunderts fort. Konzerte und Theateraufführungen im Konzerthaus, Kirchenkonzerte in den drei großen Stadtkirchen und den Klosterkirchen von Weingarten und Weißenau, große Shows mit mehr oder weniger berühmten Stars in der Oberschwabenhalle, die oft auch vom Fernsehen übertragen wurden, Lesungen des Ravensburger Kreises, Ausstellungen überwiegend zeitgenössischer Kunst in der Städtischen Galerie Altes Theater und in der Kreissparkasse und eine Vielfalt von Vorträgen in der Volkshochschule prägten das kulturelle Leben der Stadt.

Eine Erwähnung verdient auch das 1968 gegründete Oberschwäbische Kammerorchester und der seit 1976 für einige Jahre florierende „Lindauer Frühling", ein Festival Alter Musik, gespielt auf historischen Instrumenten, an dem sich neben zahlreichen anderen Städten und Gemeinden der Region auch Ravensburg beteiligte. Neben einer kleinen, aber exzellenten neuen Chorgemeinschaft, dem „Vocal Collegium", bereicherte seit den neunziger Jahren das international bekannte, in Ravensburg heimische „Beethoven Trio" das musikalische Leben der Stadt.

Neue Akzente setzte neben der Kleinkunstbühne Zehntscheuer auch die erste private Kunstgalerie, die 1977 eröffnete Galerie Döbele, die sich auf die Klassische Moderne spezialisierte, ebenso die „Puppenkiste" des Tschechen Ottokar Seiffert, die seit 1979 im Keller des Alten Theaters hauptsächlich für Kinder spielte und später im „Figurentheater Ravensburg" aufging.

Kunstgalerie im ältesten Gebäude der Stadt, ca. 1980
1977 bis 1989 befand sich in dem aus dem 12. Jahrhundert stammenden Gebäude die Galerie Döbele. Ihr folgte in den neunziger Jahren die Galerie Doris Hölder.

Wie sein Vorgänger betrachtete auch Oberbürgermeister Wäschle die kommunale Kulturpolitik als eine besonders verantwortungsvolle Aufgabe. Das schlug sich in der Gründung einer städtischen Musikschule 1971 nieder, deren Wirkungskreis rasch weit über Ravensburg hinausging (1981 2.000, 1994 2.300 Schüler), ebenso in der Aufwertung des Stadtarchivs mit seinen bedeutenden historischen Beständen durch die Einstellung eines hauptamtlichen, wissenschaftlich qualifizierten Archivars im Jahr 1973. Vorausgegangen war 1970 die Verleihung der Ehrenbürgerschaft an den langjährigen ehrenamtlich tätigen Stadtarchivar Dr. Alfons Dreher, der sich nicht nur mit der Ordnung und Erschließung des reichsstädtischen Archivs große Verdienste erworben hatte, sondern auch durch zahlreiche Publikationen, deren Krönung die 1972 erschienene zweibändige „Geschichte der Reichsstadt Ravensburg" war.

Konzert des Bachchors in der Evangelischen Stadtkirche

Auf Wäschles Initiative ging auch die Ausschreibung eines seit 1977 jährlich, später nur noch alle drei Jahre vergebenen Kulturpreises der beiden Nachbarstädte Ravensburg und Weingarten für bedeutende künstlerische und wissenschaftliche Leistungen zurück. Ebenso stand der Oberbürgermeister hinter der Eröffnung einer Dauerausstellung von Werken des bedeutendsten Ravensburger Malers und Zeichners in der ersten Hälfte des 20. Jahrhunderts, Julius Herburger. Die 1982 verstorbene Witwe des Künstlers hatte der Stadt eine Reihe herausragender Arbeiten ihres Mannes testamentarisch vermacht, durch die der bereits bei der Stadt vorhandene Bestand an Werken dieses Künstlers deutlich aufgewertet wurde.

Oberbürgermeister Karl Wäschle zeichnet den Schriftsteller Josef W. Janker mit dem Kulturpreis der Städte Ravensburg und Weingarten aus, 1977
Janker war der erste Preisträger dieses für künstlerische und wissenschaftliche Leistungen vergebenen Preises der beiden Städte.

In Wäschles Amtszeit fiel auch der architektonisch geglückte, 1984 abgeschlossene Umbau des mittelalterlichen Kornhauses zur Stadtbücherei, die bis dahin unter sehr beengten räumlichen Verhältnissen gelitten hatte. Im Dachgeschoss des geräumigen Gebäudes wurde ein Saal eingerichtet, der sowohl für Veranstaltungen der Stadtbücherei als auch für Lesungen und Vorträge anderer kultureller Einrichtungen wie des Ravensburger Kreises oder der Volkshochschule zur Verfügung stand.

Dem denkmalpflegerischen Engagement der Stadt unter Wäschle erwies das Landesdenkmalamt 1984 seine Reverenz, indem es für den ersten Landesdenkmaltag, der in Baden-Württemberg veranstaltet wurde, Ravensburg als Tagungsort wählte.

Erdgeschoss der Stadtbücherei im historischen Kornhaus, 1984
In vorbildlicher Weise gelang es hier, den Anforderungen einer modernen Bücherei bei gleichzeitiger Schonung der spätgotischen Holzkonstruktion gerecht zu werden.

Was Wäschle nicht mehr gelang und was sich auch unter seinem Nachfolger Vogler als ein schwieriges Projekt mit Haken und Ösen erweisen sollte, war die bereits auf Seite 381 erwähnte Einrichtung eines neuen Stadtmuseums im „Humpisquartier", dem historisch und kunsthistorisch bedeutendsten, aber leider altersschwachen Gebäudekomplex in der Oberstadt zwischen Marktstraße, Humpisgasse und Rossbachstraße. Da die für das Museum vorgesehenen Gebäude Privateigentum waren, mussten zunächst langwierige Grundstücksverhandlungen geführt werden. Auch über das in dem verwinkelten und kleinräumigen Quartier zu verwirklichende Museumskonzept wurde lange gerungen. 1998 gab der Gemeinderat jedoch endgültig grünes Licht für dieses ehrgeizige Vorhaben, dessen Realisierung in mehreren Etappen eine Aufgabe für das erste Jahrzehnt des neuen Jahrhunderts sein wird.

1987 wurde das Kulturleben der Stadt um eine private Initiative bereichert, die sich als dauerhaft erweisen sollte, weil die Qualität der geleisteten Arbeit so gut war, dass eine Unterstützung durch die Stadt nicht ausblieb: das „Theater Ravensburg", das einzige private, professionell betriebene Theater zwischen Ulm und Konstanz. Mit verhältnismäßig bescheidenen Mitteln bot hier eine kleine Truppe von Idealisten hervorragende Bühnenkunst.

Eigentlich war es erstaunlich, dass sich die Stadt erst 1993 dazu entschloss, die Stelle eines hauptamtlichen Kulturreferenten zu schaffen. In Dr. Thomas Knubben fand man einen Mann, der nicht nur vor Ideen sprühte, sondern der sie auch in die Tat umzusetzen verstand. Er brachte nicht nur das Projekt „Stadtmuseum" voran, sondern konzipierte auch 1995 eine eindrucksvolle Veranstaltungsreihe zum 50. Jahrestag des Kriegsendes von 1945, ebenso die seit 1997 jährlich im Januar stattfindende Gedenkveranstaltung für die Opfer des Nationalsozialismus. In enger Zusammenarbeit mit dem Stadtarchiv wurden seit 1998 historische Jahresausstellungen zu Themen wie dem Hütekindermarkt im 19. und frühen 20. Jahrhundert, der Revolution von 1848/49 oder der Fürsorge für Kranke und Arme in reichsstädtischer Zeit durchgeführt. 2000 erschien der erste Band einer neuen, gleichfalls gemeinsam mit dem Stadtarchiv konzipierten wissenschaftlichen Reihe zur Ravensburger Stadtgeschichte unter dem Titel „Historische Stadt Ravensburg".

Ein neu geschaffenes „Kulturforum" brachte Vertreter der verschiedenen kulturellen Einrichtungen und Kulturinitiativen miteinander und mit Mitgliedern des Gemeinderats ins Gespräch. Dieses Kulturforum „hat als Ort des kulturpolitischen Austausches und Ausgleiches mitgeholfen, Verteilungskämpfe zu vermeiden und gerade auch in Zeiten finanzieller Knappheit dazu beigetragen, neue kulturelle Projekte zu realisieren".[81]

Der Vernetzung mit anderen kulturellen Institutionen wie der Pädagogischen Hochschule Weingarten und der Akademie der Diözese Rottenburg-Stuttgart verdanken auch die seit 1996 jedes Jahr im April durchgeführten mehrtägigen „Waaghausgespräche" ihre Entstehung. Prominente Natur-, Geistes- und Sozialwissenschaftler, Pädagogen, Philosophen und Politiker erörterten dort grundlegende Fragen der menschlichen Existenz und des gesellschaftlichen Zusammenlebens angesichts der Herausforderungen der Gegenwart.

Veranstaltung in der Zehntscheuer, um 1985/90

Hermann Waibel: „Raumlichtfarbe“, 2003

Neue Akzente wurden auch im Ausstellungsprogramm der Städtischen Galerie gesetzt. Mit Hilfe des Kunsthistorikers und Ausstellungsmachers Tilman Osterwold und der Landesgirokasse (bzw. seit 1999 der Landesbank Baden-Württemberg) als großzügigem Sponsor gelang es, eine Reihe hochkarätiger Aquarellausstellungen mit berühmten Namen wie Klee, Nolde, Dix, Warhol oder Beuys in Ravensburg zu zeigen. Zu jeder dieser Ausstellungen, die ein Echo weit über Ravensburg und Oberschwaben hinaus fanden, erschien ein wissenschaftlich fundiertes Begleitbuch.

Die regionale Kunst wurde deshalb jedoch nicht vernachlässigt. Erwähnt sei nur die Ausstellung des fulminanten Frühwerks von Julius Herburger zu dessen hundertstem Geburtstag oder die Ausstellungen mit Arbeiten von Hermann Waibel, Axel Otterbach, Gerold Miller, Otl Aicher, Dieter Krieg oder Sepp Mahler.

Neu war auch ein monatlich erscheinendes Kulturmagazin der Städte Ravensburg und Weingarten oder die Idee, jedes Jahr einen jungen auswärtigen Fotografen zu beauftragen, fern von Klischees die Stadt und ihre Menschen so abzulichten wie er sie sah, und das Ergeb-

Das „Blaue Haus" von Ottmar Hörl, 1998
Das markante „Stadtzeichen" wurde auf einem künstlichen Hügel an der westlichen Zufahrt zur Weststadt errichtet. Sponsor war die Herzoglich Württembergische Hofkammer, auf deren früherem Grund und Boden in den neunziger Jahren ein städtisches Neubaugebiet entstand.

nis in einer Ausstellung vorzustellen. Sowohl ideell wie finanziell unterstützte die Stadt auch private kulturelle Initiativen wie das Werbefilmfestival „Spotlight", wie „Jazztime in town" oder die „Galerie-Nächte", die zum Kunstbummel durch die Stadt einluden. Dadurch, dass es gelang, Bürger, Politiker und Sponsoren aus der Wirtschaft davon zu überzeugen, dass Kultur ein wichtiger Standortfaktor sein kann, entwickelte sich ein kulturelles Klima, das dem Image der Stadt deutlich zugute kam.

Unsere Übersicht über das, was sich in kultureller Hinsicht während der letzten Jahrzehnte des Jahrhunderts in Ravensburg tat, wäre jedoch unvollständig, wenn nicht einige private Unternehmen erwähnt würden: etwa die Galerien Hölder, Rössler und Aras, die Lesungen der „Freunde toter (bzw. toller) Dichter" als Kontrastprogramm zum „Ravensburger Kreis", die „Museumsgesellschaft" und die „Initiative Kunstkreis", die seit 1994 mehrmals im Jahr in der Stadtbücherei „Bilder des Jahres" aus dem Besitz der Stadt und des Landratsamts vorstellte und durch Fachleute erläutern ließ, Bilder, die normalerweise in Magazinen oder Amtsstuben dem Publikum nicht zugänglich sind.

Was die Ravensburger Kulturszene zusätzlich befruchtete, war eine Reihe von Künstlern, nicht nur der Bildenden Kunst, sondern auch Musiker und Schriftsteller.

Ein international bekannter Künstler, inzwischen mehr in New York als in Stuttgart oder Ravensburg heimisch, ist der Geiger Gregor Hübner, der virtuos auf dem schmalen Grat zwischen Jazz, klassischer und experimenteller Musik zu jonglieren versteht. Zusammen mit seinem Bruder Veit und einigen anderen Musikern begründete er 1985 die ideenreich und komödiantisch alle möglichen Musikstile miteinander vermengende Gruppe „Tango Five", deren Besonderheit unter anderem die ist, dass sie nur aus vier Musikern besteht.

Ein Publikumsmagnet war und ist auch Manfred Hepperle, ein geborener Komödiant, dessen Spezialität sprachartistische Gedichte und Sketches sind, die voller Witz die lokale Szene glossieren.

Auf dem Feld der Literatur ist vor allem ein Name hervorzuheben: der des 1922 in Wolfegg geborenen, in Ravensburg aufgewachsenen und lebenden Josef W. Janker. Als gesundheitlich angeschlagener Kriegsheim-

„Ravensburg spielt": nach dem Rutenfest das zweitgrößte Stadtfest im Jahresablauf, Aufnahme ca. 1998
Schauplatz dieses jährlich im September stattfindenden Fests ist neben dem Marienplatz auch der Hirschgraben, der letzte gut erhaltene Rest der mittelalterlichen Stadtbefestigung.

Der „Schad-Brunnen" am nördlichen Marienplatz, 1995
Kein anderes Bauprojekt der neunziger Jahre hat die Gemüter der Ravensburger so erhitzt wie dieser 1993 errichtete Brunnen des aus Ravensburg stammenden Künstlers Robert Schad.

kehrer fand der gelernte Zimmermann erst um 1960 zu seiner eigentlichen Berufung. In seinem 1960 erschienenen Erstlingswerk „Zwischen zwei Feuern" und weiteren autobiographisch geprägten Romanen, in Erzählungen und Essays, fand er zu einer eigenständigen und suggestiven Sprache.[82] Peter Handke bezeichnete in seinem Nachwort zur 3. Auflage des bei Suhrkamp erschienenen Romans „Der Umschuler" Jankers Sprache treffend als „Wortlosigkeits-Stilistik".

Am Rande sei hier auch der Mundartdichterin Josefine Scheuerle-Birk (1891 – 1985) gedacht. Mit ihren gefühlvollen Gedichten erlangte sie in ihrer engeren Heimat große Popularität.

Der gestiegene Wohlstand, der im letzten Jahrhundertdrittel größer war als in allen früheren Epochen der Ravensburger Stadtgeschichte, war ein günstiger Nährboden für die Entfaltung eines vielfältigen Kulturlebens. Das gilt ganz besonders für die Bildenden Künste. Zu keinem anderen Zeitpunkt war in Ravensburg das Interesse am künstlerischen Geschehen der Gegenwart so groß wie heute. Das kam auch einer ganzen Reihe von Künstlern zugute.

Neben den schon genannten älteren Malern Julius Herburger (1900 – 1973) und Ludwig Miller (1907 – 1987), deren künstlerisches Schaffen teilweise in die erste Jahrhunderthälfte zurückreicht, neben dem Graphiker und Maler Oskar Julius Weiss (1920 – 1987) und der Malerin Meret Eichler (1928 – 1998) ist hier vor allem der 1925 geborene Hermann Waibel zu nennen, der phantasievoll mit „Lichtinstrumenten", „Lichtstrukturen" und „Raumlichtfarben" umgeht und sich damit ein internationales Renommee verschafft hat.[83]

Aber auch unter den jüngeren Künstlern, die in Ravensburg geboren wurden, hier leben oder auf andere Weise mit Ravensburg eng verbunden sind, haben sich einige über Oberschwaben hinaus einen Namen gemacht.

Der bekannteste aus dieser Generation ist sicher der in Ravensburg 1953 geborene, in Frankreich lebende Bildhauer und Stahlplastiker Robert Schad, dessen Großplastiken aus Vierkantstahl inzwischen in zahlreichen Städten des In- und Auslands teils als Installationen in Innenräumen, teils auf öffentlichen Plätzen zu sehen sind. Sein 1993 für seine Heimatstadt geschaffener Brunnen auf dem Marienplatz fand ein gemischtes, auf jeden Fall aber lebhaftes Echo und löste hitzige Kontroversen aus.

Zu den jüngeren Künstlern, die sich durch zahlreiche Einzelausstellungen und Ausstellungsbeteiligungen überregional profiliert haben, zählen unter anderen Romain Finke (geb. 1950), Raimund Wäschle (geb. 1956), Gerold Miller (geb. 1961), Barbara Ehrmann (geb. 1962) und Isa Dahl (geb. 1965).

Verzeichnis der Stadtoberhäupter und Ehrenbürger im 19. und 20. Jahrhundert

Stadtschultheißen und (Ober)Bürgermeister*

Josef Emanuel v. Ortlieb
(* 1754 in Ravensburg, † 1823 in Ravensburg),
Bürgermeister 1804–1819,
gemeinsam mit:
Johann Jakob Merkel
(* 1748 in Ravensburg, † 1817 in Ravensburg),
Bürgermeister 1804–1817

Johann Jakob Motz
(* 1755 in Münchingen, † 1822),
provisorischer Stadtschultheiß 1819–1820

Franz v. Zwerger
(* 1791 in Waldkirch, † 1856 in Ravensburg),
Stadtschultheiß 1821–1856

Karl Friedrich Zaisser
(* 1797 in Alpirsbach, † 1871 in Ravensburg),
Stadtschultheiß 1856–1863

Jakob Halder
(* 1818 in Ravensburg, † 1870 in Ravensburg),
Stadtschultheiß 1863–1870

Albert Khuen
(* 1829 in Wangen/Allgäu, † 1880 in Ravensburg),
Stadtschultheiß 1870–1880

Anton Schüle
(* 1833 in Immenried, † 1885 in Ravensburg),
Stadtschultheiß 1880–1885

Martin Springer
(* 1842 in Rosenfeld, † 1904 in Ravensburg),
Stadtschultheiß 1886–1904

Andreas Reichle
(* 1861 in Pfrungen, † 1921 in Ravensburg),
Stadtschultheiß (ab 1910 Oberbürgermeister)
1904–1921

Hans Mantz
(* 1872 in Ehingen, † 1938 in Ravensburg),
Oberbürgermeister 1922–1932

Rudolf Walzer
(* 1889 in Ravensburg, † 1970 in Ravensburg),
Bürgermeister 1932–1945

Ludwig Steimle
(* 1887 in Pfullingen, † 1974 in Ravensburg),
kommissarischer Bürgermeister 1945–1946

Dr. Albert Sauer
(* 1902 in Ravensburg, † 1981 in Ravensburg),
Oberbürgermeister 1946–1966

Karl Wäschle
(* 1922 in Ravensburg), Oberbürgermeister 1966–1987

Hermann Vogler
(* 1944 in Konstanz), Oberbürgermeister seit 1987

* Der Titel des Stadtoberhaupts wechselte im 19. und 20. Jahrhundert mehrfach.

Ehrenbürger der Stadt Ravensburg
(mit Ernennungsjahr)

Raimund Heh
(1809–1891), Realschullehrer und Rektor, 1875

Joseph Ruetz
(1802–1879), Pfarrer, 1877

Karl Stempfle
(1817–1885), Stadtpfarrer und Dekan, 1884

Julius Spohn
(1841–1919), Fabrikant, 1897

Baron Joachim v. Putlitz
(1860–1922), Intendant, 1905

Dr. Georg Spohn
(1870–1948), Fabrikant, 1934

Richard Spohn
(1880–1959), Fabrikant, 1950

Karl Erb
(1877–1958), Kammersänger, 1957

Dr. Albert Sauer
(1902–1981), Oberbürgermeister, 1966

Dr. Alfons Dreher
(1896–1980), Stadtarchivar, 1970

Karl Spohn
(1887–1983), Fabrikant, 1970

Karl Wäschle
(* 1922), Oberbürgermeister, 1987

Anmerkungen und Belege

Anmerkungen und Belege zur Einleitung

1 Vgl. MÜLLER Karl Otto: Die oberschwäbischen Reichsstädte. Ihre Entstehung und ältere Verfassung. Stuttgart 1912 und EITEL Peter: Die oberschwäbischen Reichsstädte im Zeitalter der Zunftherrschaft. Stuttgart 1970.
2 Vgl. WOLF Thomas: Reichsstädte in Kriegszeiten. Untersuchungen zur Verfassungs-, Wirtschafts- und Sozialgeschichte von Isny, Lindau, Memmingen und Ravensburg im 17. Jahrhundert. Memmingen 1991.
3 Vgl. DREHER 1972. Dort werden dem Zeitraum zwischen 1648 und 1902 nur 27 Seiten gewidmet.
4 Vgl. HABW Blätter XI, 6 u. 7.
5 Vgl. die Wachstumskurve der Einwohnerzahl auf Seite 79.
6 WUNDER Gerd: Die Bewohner der Reichsstadt Hall im Jahr 1545, in: Württembergisch Franken 1965, S. 34.

Anmerkungen und Belege zu Teil 1

1 Vgl. dazu WOLF (wie Einleitung Anm. 2).
2 Dazu EITEL 1989, S. 263-270.
3 StR Bü 2404a: Beilage zum IB Nr. 34 vom 3. Juni 1822. Dort wird eine Lesegesellschaft erwähnt, die vor mehr als 40 Jahren entstanden sei.
5 ROEDER 1801, S. 437.
6 OABR 1836, S. 27f.
7 StAA Reg. Bü 5142.
8 SCHERER Peter: Reichsstift und Gotteshaus Weingarten im 18. Jahrhundert. Stuttgart 1969, S. 69f.
9 StR Bü 1880b; LUTZ 2004, VI, 1a. Da die Dissertation von Alfred Lutz bei Drucklegung noch nicht erschienen war, kann sie nur nach Kapiteln und Unterabschnitten zitiert werden. Für die Möglichkeit, seine Arbeit im Manuskript einzusehen, danke ich dem Autor.
10 StR Bü 1877a.
11 DREHER 1966, S. 486.
12 StR Bü 1888b.
13 EITEL 2003 I, S. 93f.
14 MAYER 1952, S. 31.
15 Vgl. STECHER Georg: Der Niedergang des Zunfthandwerks der Stadt Ravensburg. Diss.masch. Tübingen 1943; REITER 1988, S. 62ff. u. 230.
16 LUTZ 2003, S. 771.
17 EBEN 1835 Bd. 2, S. 357; LUTZ 1990 I, S. 133f.
18 Vgl. dazu und zum Folgenden SCHROEDER 1991, S. 45ff u. 67ff.
19 Ebd. S. 24; vgl. außerdem BLICKLE Peter u. SCHMAUDER Andreas (Hg.): Die Mediatisierung der oberschwäbischen Reichsstädte im europäischen Kontext. Epfendorf 2003; darin besonders die Beiträge v. SCHROEDER, KIESSLING, SPECKER, EITEL u. GRÜNDIG.
20 Dazu SCHROEDER 1991, S. 228; DREHER 1972, S. 521.
21 SCHROEDER 1991, S. 155.
22 Ebd., S. 76ff.
23 Ebd. S. 159ff.
24 LUTZ 2003, S. 773.
25 MAYER 1952, S. 15 f; LUTZ 2003, S. 775.
26 EBEN 1835 Bd. 2, S. 340-344.
27 MERK 1914, S. 411.
28 Ebd., S. 407ff.
29 StAA Landesdirektion Ulm Bü. 113. Vgl. DREHER 1972, S. 823ff.
30 SCHROEDER 1991, S. 198.
31 StR Bü 1823a; SCHROEDER 1991, S. 181-186.
32 MERK 1914, S. 421.
33 DREHER 1966, S. 544.
34 REITER 1988, S. 74.
35 Ebd. S. 96.
36 GRADMANN 1982, S. 78f..
37 MAYER 1952, S. 78.
38 StAL E 258/VI Bü 3159.
39 MAYER 1952, S. 81ff.
40 FASSL Peter: Konfession, Wirtschaft und Politik. Von der Reichsstadt zur Industriestadt: Augsburg 1750-1850. Sigmaringen 1988, S. 174f.
41 MAYER 1952, S. 68ff.
42 Ebd. S. 67; BayerHStAM MF 22386.
43 MAYER 1952, S. 73ff.; EBEN 1835 Bd. 2, S. 357. Vgl. auch StAL E 258/VI Bü 3159 sowie die anonym 1817 in Ravensburg erschienene Schrift „Etwas über das Schicksal der vormals wohlhabenden Reichsstadt Ravensburg seit ihrer Mediatisierung" (StR R1/II).
44 EBEN 1835 Bd. 2, S. 359.
45 MAYER 1952, S. 77f.
46 Vgl. dazu SCHMAUDER 2000.
47 MERKER 1959, S. 30; MAYER 1952, S. 213. Vgl. auch die Beilage zum GW v. 30. März 1807, die eine Liste der Almosenzahler enthält.
48 MAYER 1952, S. 212f; REITER 1988, S. 76f., 353.
49 Ebd. S. 269 u. 276.
50 Beilage zum GW vom 6. April 1807.
51 REITER 1988, S. 83f.
52 Ebd. S. 138f, 368f.
53 Ebd. S. 314.
54 MAYER 1952, S. 145.
55 Ebd. S. 159f.
56 StAA Regierung Bü 5028.
57 StAL D130 Bü 105.
58 SCHLEGEL 1929; MAYER 1952, S. 153f.; EBEN 1835 Bd. 2, S. 568ff.
59 GW vom 22. August 1808.
60 EBEN 1835 Bd. 2, S. 378ff.
60a StR Bü 2057b.
61 STENGELIN Gerhard: Die Anfänge des Realschulwesens in Ravensburg, in: Albert-Einstein-Gymnasium Ravensburg. Jahrbuch 1996, S. 67ff.
62 MAYER 1952, S. 158; EBEN 1835 Bd. 2, S. 378f.
63 BayerHStAM MK 20408; Handbuch der historischen Buchbestände in Deutschland Bd. 8, Hildesheim 1994, S. 199ff.; StR Bü 2054b.
64 EITEL (wie Anm. 13) S. 93-95.
65 Vgl. EITEL Peter: Ravensburg und die Verehrung des Hl. Blutes zu Weingarten, in: N. KRUSE u. H.U. RUDOLF (Hg.): 900 Jahre Heilig-Blut-Verehrung in Weingarten 1094-1994. Sigmaringen 1994, S. 306.
66 BayerHStAM MF 22386.
67 StR Bü 2040a.
68 Ebd. u. MAYER 1952, S. 144 u.179.
69 MAYER 1952, S. 199 u. 205; BAUMANN Mechthild: Die letzten Partimsknaben in Ravensburg, in: SZ (RV) v. 27. Dezember 1989.
70 Merk 1914, S. 421.
71 StAA Regierung Bü. 5118.
72 Ebd. u. StR Bü 2056b.
73 StR Bü 2062a.
74 MERK 1914, S. 417 u. Eheregister der Ravensburger Pfarreien.
75 HAFNER 1908, S. 11.
76 Mayer 1952, S. 107.
77 StR Bü 1888b.
78 Eine kurze Übersicht über die Geschichte dieser drei Klöster und ihrer Aufhebung mit Angabe der weiterführenden Literatur bietet SCHMAUDER Andreas: Die Säkularisation der Ravensburger Stadtklöster, in: SÄKULARISATION 2003, S. 669-676.
79 EBEN 1835 Bd. 2, S. 369ff. u. MAYER 1952, S. 166ff.
80 EBEN 1835 Bd. 2, S. 369.
81 MAYER 1952, S. 174.
82 StAA Landesdirektion Ulm Bü 90.
83 Ebd.
84 MAYER 1952, S. 171; SCHMAUDER (wie Anm. 78) S. 674.
85 StAL D130 Bü 3 u. 4.
86 Ebd.

87 StAL D130 Bü 105 u. GW v. 20. April u. 24. August 1807. Vgl. SCHMAUDER (wie Anm. 78) S. 675.
88 StR Bü 2054b; Eben 1835 Bd. 2, S. 351.
89 Ebd. S. 351f.
90 Ebd. S. 351 u. 354; StAL D130 Bü 105.
91 StAA Regierung Bü 5118.
92 Ebd. u. EBEN 1835 Bd. 2, S. 351.
93 StAA Regierung Bü 5118.
94 MAYER 1952, S. 143f.
95 Ebd. S. 139.
96 EBEN 1835 Bd. 2, S. 411; MAYER 1952, S. 231ff.; DAR G 1.3 u. Vorgänger. Ortsakten Ravensburg Liebfrauen.
97 EITEL 1999, S. 198ff.
98 StAA Regierung Bü 5142 u. GESTRICH 1978, S. 50.
99 SCHROEDER 1991, S. 196; StAL E 258VI Bü 3123 (Bericht der Ravensburger Kaufleute an das Oberamt Ravensburg vom 23.12.1810).
100 MAYER 1952, S. 223.
101 EBEN 1835 Bd. 2, S. 360f. und MERK 1914, S. 421.
102 EBEN 1835 Bd. 2, S. 360ff. Seiner Darstellung folgten MAYER und DREHER, nicht aber MERK.
103 Vgl. EBEN 1835 Bd. 2, S. 360; MERK 1914, S. 421. Einen positiven Eindruck gewinnt man auch aus seinen sorgfältigen Berichten, vgl. StAA Regierung Bü 5118.
104 BayerHStAM MF 57345. Vgl. auch SCHROEDER 1991, S. 229.
105 LUTZ 2004 VIII, 1.
106 MAYER 1952, S. 94.
107 Ebd. S. 126.
108 StAA Regierung Bü 5028; StAL D112 Bü 82.
109 MAYER 1952, S. 60.
110 StR Bü 1888b u. 1968a.
111 StR Bü 1968a-1969c u. MAYER 1952, S. 97f.

Anmerkungen und Belege zu Teil 2

1 Eben 1835 Bd. 2, S. 449ff.
2 Ebd. S. 450.
3 LUTZ 2004 I, 2.
4 StAL E 258 VI Bü 3123.
5 Zur bayerischen Bürgerwehr vgl. EBEN 1835 Bd. 2, S. 580f. Zum Abenteuer Carl Maria v. Webers: WEBER Max Maria v.: Carl Maria v. Weber. Ein Lebensbild Bd. 1. Leipzig 1864, S. 284.
6 FLECK Egid: Ravensburg als Garnison im jungen Königreich Württemberg. StR Mskr. masch.
7 BayerHStAM MA 6599.
8 DIZINGER Carl Friedrich: Denkwürdigkeiten aus meinem Leben und aus meiner Zeit. Tübingen 1833, S. 318.
9 StR B. 2 Bü 232.
10 Ebd. Bü 233.
11 LUTZ 2004 I, 2 a.
12 DIZINGER (wie Anm. 8) S. 327.
13 Vgl. den Augenzeugenbericht des Kaufmanns Ulrich Christoph Gradmann: in: GRADMANN 1982, S. 102.
14 EBEN 1835 Bd. 2, S. 598ff.
15 LUTZ 2004 I, 1 u. 2.
16 GRUBE Walter: Der Stuttgarter Landtag 1457-1957. Stuttgart 1957, S. 490ff.
17 LUTZ 2004 I, 3; Grube S. 493f.
18 StR Ratsprotokoll v. 17.12.1819 Bü 2110a.
19 EBEN 1835 Bd. 2, S.451f; siehe auch LUTZ 2004 II,1 u. III,1.
20 Ebd. II,1.
21 RB 1819, S. 17ff.
22 LUTZ 2004 II, 3-5.
23 StAL E 179 II 2044.
24 LUTZ 2004 II, 6a.
25 StR Ratsprotokoll v. 4. Mai 1820; B. 2 Bü 108.
26 Vgl. LUTZ 1990 II. Zur Wahl Zwergers StR Ratsprotokolle v. 10. Mai 1820, 5. u. 8. Februar 1821.
27 LUTZ 2004 II, 6
28 Ebd. II, 2a und b.
29 StR Bü 2206. Vgl. auch REITER 1988, S. 115ff.
30 StR A I 79.
31 StAL E 179 II Bü 2044; LUTZ 2004 I, 2 b; DREHER 1972, S. 21f.
32 IB v. 4. August 1817.
33 StR Ratsprotokoll v. 3. November 1819 u. StR B. 2 Bü 284. Zum Kampf um die Parität ausführliche Darstellung bei LUTZ 2004 III, 2. Über die ähnlich gearteten Auseinandersetzungen in Biberach: GRÜNDIG 2002, S. 107 u. 308ff.
34 LUTZ 2004 III, 2.
35 StR Bü 2247b.
36 STOBBE / ENDRUWEIT 2001, S. 214ff., bes. S. 217.
37 Ebd. S. 218.
38 LUTZ 2004 III, 4c.
39 EBEN 1835 Bd. 2, S. 533ff.
40 Visitationsbericht der Kreisregierung Ulm v. 1822 (StAL E 179 II Bü 2044). Dementsprechend sind die Zahlen bei EBEN 1835 Bd. 2, S. 536 ff. u. HAFNER 1887, S. 75 ff. zu korrigieren.
41 EBEN 1835 Bd. 2, S. 542.
42 OABR 1836 Anhang, Tabelle IV.
43 LUTZ 2004 VIII, 3 a. Vgl. zu den städt. Einnahmen auch EBEN 1835 Bd. 2, S. 365.
44 Vgl. das als Quelle zur Geschichte der württembergischen Gemeindeverwaltung im 19. Jh. immer noch unentbehrliche Werk von ZELLER G[ustav]: Handbuch für die Württembergischen Gemeindebehörden. Heidelberg u. Stuttgart 1857.
45 StR B. 2 Bd. 118.
46 Vgl. dazu das folgende Kapitel.
47 StL E 179 II Bü 2045/46.
48 LUTZ 2004 VI, 1 a. Vgl. ZELLER (wie Anm. 44) Register unter „Beisitzer", „Bürgersteuer" und „Wohnsteuer".
49 Zum Frondienst vgl. LUTZ 2004 VI, 3.
50 EBEN 1835 Bd. 2, S. 493ff. u. 516; FALK Beate: Das Ravensburger Feuerlöschwesen im 19. Jahrhundert, in: 150 Jahre Freiwillige Feuerwehr Ravensburg. Ravensburg 1997, S. 13ff. Vgl. außerdem: 25 Jahre Weckerlinie Ravensburg, in:
OA v. 6. Juni 1930. Zum Feueralarm vom Blaserturm vgl. LB Nr. 70, 1836.
51 PETZOLD Gerhard: Ravensburgs Bürgerwehr im 19. Jahrhundert, in: Im Oberland 1994 Heft 1, S. 18ff., bes. S. 20-22 u. LUTZ 2004 VI, 4.
52 StR Bü 2198. Zum Nachtwächteramt vgl. FALK Beate: Nachtwächter in Ravensburg: Stiefel und Strümpfe gratis, in SZ (RV) v. 23.12.1991.
53 LUTZ 2004 IV, 8.
54 Z.B. am 7. Mai und 25. Juni 1832.
55 LUTZ 2004 V, 2 und 2a.
56 Ebd.V, 3 b.
57 IB v. 23. Dezember 1833. Vgl. auch LUTZ 2004 V, 4.
58 Merker 1959, S. 15.
59 Die neue Zeit v. 10. Juni 1849.
60 LUTZ 2004 II, 5 b, c u. d; MERKER 1959, S. 21f.
61 St. Gallische Jahrbücher 1835-1841. St. Gallen 1842, S. 468.
62 Vgl. hierzu LUTZ Alfred: Die große Stunde des Carl Friedrich Zaisser, in: SZ (RV) v. 20. August 1999; ders. 2004, IV, 9c.
63 LUTZ 2004 IV, 9.
63a BAUER Clemens: Politischer Katholizismus in Württemberg bis zum Jahr 1848. Freiburg 1929, S. 1.
64 Ebd.
65 NIPPERDEY 1987, S. 670.
66 HEINZ 1998.
67 Vgl. etwa den Bericht des Ravensburger Kaufmanns U.C. Gradmann: GRADMANN 1982, S. 120, 123 und 127f.
68 StR B. 2 Bü 1616-1618. Diese Akten bilden die Quellengrundlage für die folgenden Ausführungen.
69 Brief der Sophie Martini an ihre Tochter Elise Pfeilsticker in Tübingen vom 24. März 1848. Privatbesitz Ravensburg.
70 Zum Thema „Bürgerwehren" vgl. EITEL 1999, S. 198ff. Dort auch alle weiteren Quellennachweise.
71 StR IB vom 27. März 1848.
72 STOBBE / ENDRUWEIT 2001, S. 220f.
73 Ausführliche Darstellung bei HEINZ 1998, S. 112ff.
74 Ebd. S. 136 u. 139.
75 Ebd. S. 168 u. 242.

76 Hierzu und zum folgenden HEINZ 1998, S. 256ff.
77 Über ihn RABERG 2001, S. 42f. u. HEINZ 1998 mehrfach (vgl. dort das Personenregister).
78 Bericht über die erste Versammlung des Volksvereins im IB v. 14. September 1848; vgl. auch HEINZ 1998, S. 256.
79 Dazu ausführlich HEINZ 1998, S. 256ff.
80 Ebd. S. 262.
81 Ebd. S. 341.
82 Ebd. S. 268.
83 StR IB vom 18. Oktober 1848.
84 WIELAND Georg: Pressfreiheit! Das freie Wort in Oberschwaben, in: Ohne Gerechtigkeit keine Freiheit. Revolution 1848/49 in Oberschwaben, hg. vom Haus der Geschichte Baden-Württemberg in Zusammenarbeit mit der Gesellschaft Oberschwaben. Stuttgart 1999, S. 214 ff, hier bes. S. 219f.
85 Vgl. HEINZ Werner: Der Lithograph Joseph Bayer und seine Zeit (1820-1879). Bergatreute 1993.
86 HEINZ 1998, S. 421f.
87 LB v. 18. u. 21. Februar 1849.
88 HEINZ 1998, S. 429.
89 Vgl. EITEL 1999, S. 204ff.
90 HStAS E 146 II Bü 1939 u. IB v. 18. Mai 1849.
91 HEINZ 1998, S. 479f.
92 Ausgabe vom 10. Juni 1849.
93 StR B. 2 Bü 1621 Nr. 92.
94 Vgl. STEIM Karl Werner: Revolution von 1848/49 im Oberamt Riedlingen. Bad Buchau 1998.
95 StR B. 2 Bü 1621 Nr. 113.
96 HEINZ 1998, S. 560.
97 HStAS E 146I Bü 3841.
98 RB 1849, Nr. 68, S. 639ff.
99 STOBBE / ENDRUWEIT 2001, S. 223f.
100 LUTZ 1990 II, S. 10.
101 StR B. 2 Bü 1623 Nr. 39.
102 StR B. 2 Bü 1624-1626.
103 StAL E 320 Bü 64.
104 HENNING Friedrich: August Becher – ein schwäbischer Anwalt für Freiheit und Demokratie,in: ZWLG 50, 1991, S. 415.
105 StR Ratsprotokoll v. 28. Januar 1850. Vgl. auch GLAESER 1993, S. 20.
106 BALSER 1962, S. 328.
107 HStAS E 146II Bü 1961.
108 Vgl. auch BALSER 1962, S. 406.
109 Ebd. S. 622.
110 StAL E 179/II Bü 2046.
111 OA v. 1. u. 4. Dezember 1861.
112 OA v. 20. Dezember 1861.
113 OA v. 29. Januar 1862.
114 OA v. 31. Januar 1862.
115 StL E 179 II Bü 2046.
116 HStAS E 150 Bü 1526.
117 Wie Anm. 115.
118 HStAS E 150 Bü 1526.
119 OA v. 22. Oktober 1862.
120 OA v. 23. Oktober 1863.
121 OA v. 6. Juni 1866.
122 OA v. 23. Mai 1866.
123 OA v. 22. September 1866.
124 OA v. 15. Juli 1868.
125 SCHMIERER 1970, S. 74.
126 SCHADT Jörg u. SCHMIERER Wolfgang (Hg.): Die SPD in Baden-Württemberg und ihre Geschichte. Stuttgart 1979, S. 49ff.
127 VOLLMER Frank: Mit August Bebel fing alles an. Die Gründung der Sozialdemokratischen Arbeiterpartei in Ravensburg, in: SPD-FESTSCHRIFT 1995, S. 8-11.
128 SCHMIERER 1970, S. 151.
129 RB 1868 Nr. 10.
130 OA v. 2. Februar 1870.
131 STROHMAIER Anton: Geschichte des Liederkranzes Ravensburg 1827-1927. Ravensburg 1927, S. 50f.
132 HAFNER Tobias: Chronik der Stadt Ravensburg 1880, S. 35. Vgl. zu diesem Kapitel DREHER Thomas: Ravensburg während des deutsch-französischen Krieges 1870/71. Zulassungsarbeit masch. Weingarten 1984.
133 DREHER (wie Anm. 132) S. 29.
134 StR Bü 2225 u. OA v. 21. August 1870.
135 OA v. 31. August 1870.
136 OA v. 9. September 1870.
137 OA v. 25. September 1870.
138 DREHER (wie Anm. 132) S. 118.
139 OA v. 21. Oktober 1870.
140 OA Extrablatt v. 6. Dezember 1870.
141 OA v. 28. Dezember 1870.
142 OA v. 8. März 1871.
143 StR Bü 2225.
144 EITEL 1987, S. 141.
145 StAL E 258 VI Bü 3123.
146 EBEN 1835 Bd. 2, S. 474.
147 Zu Zwerger vgl. LUTZ 1990 II.
148 Vgl. dazu EITEL 1989, S. 268f.
149 Vgl. den Artikel„Kramware bei KRÜNITZ Joh. Georg: Oekonomisch-technologische Encyklopädie Bd. 46. 2. Aufl. Berlin 1797, S. 711f.
150 Dazu MERKER 1959, S. 181 ff.
151 Vgl. MERKER 1959, S. 205ff.; GESTRICH 1978, S. 27.
152 MERKER 1959, S. 195-198.
153 Ebd. S. 198.
154 BRUGGER Christine: Markt und Einzelhandel im 19. Jahrhundert, in: SCHMAUDER 2002, S. 146.
155 Vgl. dazu den Stadtplan bei Beate FALK: Marktplätze und Markthäuser in reichsstädtischer Zeit, in: SCHMAUDER 2002, S. 56f.
156 JHGKW 1865ff.
157 Vgl. MÜCKE Sabine und BREUCKER Dorothee: Schwabenkinder. Vorarlberger, Tiroler und Graubündner Kinder als Arbeitskräfte in Oberschwaben (Ravensburger Stadtgeschichte Heft 27). Ravensburg 1998 (dort weitere Literaturangaben).
158 StR Bü 2384b.
159 StR Bü 2270c.
160 LUTZ 2004 VIII, 1 und 4.
161 MERKER 1959, S. 107.
162 LUTZ 2004 VIII, 4.
163 LUTZ 2004 VIII, 1; MERKER 1959, S. 113 u. 119, der bereits 1812 von 41 „Professionisten" ausgeht.
164 MERKER 1959, S. 114ff.
165 Ebd. S. 128ff. WABW A 5 Bü 75.
166 StR Bü 2390a.
167 LUTZ 2004 VIII, 2b; MERKER 1959, S. 163.
168 Ich verdanke diese Zahlen Herrn Martin BOCIAN, Ravensburg, der eine entsprechende Statistik erstellt hat.
169 StR Bü 2390a.
170 StR Bü 3125.
171 Vgl. die Artikel „Specereyhändler" und „Specereywaaren" bei KRÜNITZ (wie Anm. 149) Band 156. Berlin 1832, S. 628-679.
172 StR B. 2 B Bü 422.
173 StA B. 2 B Bü 425.
174 StR Bü 2384 b.
175 LUTZ 2004 VII, 1 u. 2a u. 2c.
176 EBEN 1835 Bd. 2, S. 508f.
177 LUTZ 2004 VII, 7d u. f.
178 Ebd. S. VII, 2 b u. e
179 Ebd. S. IX, 3 a mit Verweisen auf weitere Literatur.
180 Ebd. S. VII, 2 h.
181 Ebd. S. VII, 3 a.
182 HAFNER 1887, S. 681.
183 Abdruck der Gewerbeordnung in: RB 1828, Nr. 27. Vgl. dazu v. HIPPEL Wolfgang in: HBWG S. 553ff, bes. S. 572f. u. LUTZ 2004 VII, 3.
184 StR Bü 3124.
185 Ebd.
186 StR B. 2 Bü 335.
187 StR Bü 3125.
188 OABR 1836, S. 104f.
189 StAS Wü 66/10 T. 3 Nr. 1.
190 LUTZ 2004 VII, 4.
191 Vgl. STÄBLER Susanne: Einführung der Gewerbefreiheit in Württemberg und die Auswirkungen auf das Handwerk – dargestellt am Beispiel der Stadt Ravensburg. Zulassungsarbeit masch. Freiburg 1975, S. 37.
192 Ebd. S. 57f. und 65.
193 StAL 179 II Bü 2046.
194 Denkschrift zur 50jährigen Jubelfeier des Handels- und Gewerbevereins Ravensburg. Ravensburg 1913, S. 5f.
195 MOSTHAF Walther: Die Entstehung und Entwicklung der Industrie- und Handelskammer Ravensburg, in: Oberschwäbische Wirtschaft. Festschrift zur Einweihung des Neubaus der Industrie- und Handelskammer Ravensburg.

Ravensburg 1957, S. 7-14.
196 Vgl. BOELCKE Willi A.: Wege und Probleme des industriellen Wachstums im Königreich Württemberg, in: ZWLG 32, 1973, S. 475.
197 GESTRICH 1978, S. 6, 48, 57 u. 108f.
198 KUHN 1984 I, S. 107.
199 StR B. 2 Bü 161.
200 Vgl. LUTZ 2004 IX, 3 b.
201 Auch Gossner geschrieben. Wir folgen hier der häufiger vorkommenden Schreibweise.
202 GESTRICH 1978 S. 54f. Streichgarn: Garn aus gekräuselter leicht verfilzender Schafwolle im Gegensatz zum glatteren Kammgarn.
203 Vgl. dazu LUTZ 1990 II, S. 13ff., ders. 2004 passim.
204 StR 2319b u. LUTZ 2004 IX, 2.
205 WJb 1832, S. 163.
206 Wie Anm. 204.
207 StR Bü 2390a und Bü 3125.
208 Die Strumpfstricker verarbeiteten fast ausschließlich Wolle, während die Strumpfwirker vorzugsweise Baumwolle oder Seide verwendeten. Der in den Quellen verwendete Begriff „Strumpfweberei" ist unscharf. Er konnte sowohl Strumpfstricker als auch Strumpfwirker umfassen. Vgl. KRÜNITZ (wie Anm. 149) Band 176. Berlin 1841, S. 133ff.
209 JHGKW 1860, S. 131. Die gedruckten Jahresberichte der Handels- und Gewerbekammern in Württemberg, die auch die Berichte der Ravensburger Kammer enthalten, sind vollständig vorhanden in der Universitätsbibliothek Stuttgart.
210 OABR 1836, S. 104.
211 BORSCHEID 1978, S. 51f.; GESTRICH 1978, S. 61f.
212 LUTZ 2004 IX, 3 b.
213 GESTRICH 1978, S. 63.
214 JHGKW 1858 u. 1867.
215 LUTZ 2004 IX, 3 b.
216 GESTRICH 1978, S. 63.
217 JHGKW 1861; vgl. StAL E 179 II Bü 2047.
218 GESTRICH 1978, S. 70; vgl. StR Baugesuch Wangener Str. 14.
219 StAL E 179 II Bü 2045.
220 PREGER Max: Geschichte der Bleicherei, Färberei und Appreturanstalt in Weißenau, in: Weißenau in Geschichte und Gegenwart, hg. von Peter EITEL. Sigmaringen 1983, S. 319f.
221 StAL E 258 VI Bü 559.
221 PREGER (wie Anm. 220) S. 322f.
223 BOELCKE (wie Anm. 196) S. 501.
224 PREGER (wie Anm. 220) S. 324.
225 JHGKW 1858, S. 20, 1861, S. 155.
226 GESTRICH 1978, S. 77.
227 JHGKW 1862, S. 145.
228 WABW A 5 Bü 75.
229 StR Ratsprotokoll v. 4. Oktober 1829.
230 StR Bü 2395a (frdl. Hinweis von Alfred LUTZ); ebd. B. 2 Bü 335 (frdl. Hinweis von Gerhard STENGELIN †).
231 StR Ratsprotokoll v. 1. August 1836; OABR 1836, S. 104. Vgl. StR B. 2 B 422 Gewerbekataster 1835.
232 LOOSE Rainer: Mit Seide gegen die Armut. Zu einem Kapitel württ. Sozial- und Entwicklungspolitik in der ersten Hälfte des 19. Jahrhunderts, in ZWLG 60, 2001, S. 171ff., hier bes. S. 181f.
233 LUTZ 2004 IX, 3 e gibt 1838 als Jahr der Betriebsaufnahme an. Vgl. dagegen StAL E 179 II Bü 2045: dort ist eine zweite Seidenfabrik, verbunden mit einer Seidenweberei, bereits für 1837 belegt.
234 GESTRICH 1978, S. 58f.
235 BORSCHEID 1978, S. 114.
236 MIEDANER 1976, S. 24.
237 StR Bü 2395a (frdl. Hinweis v. Alfred LUTZ).
238 StR B.2 Bü 981 u. 1578.
239 GESTRICH 1978, S. 78f. und Anhang S.V.
240 JHGKW 1862, S. 145.
241 LOCHMAIER 1986, S. 51-55. Vgl. auch die ganzseitige Anzeige zur Eröffnung der Fabrik am 2. Oktober 1870 im OA.
242 BORSCHEID 1978, S. 117.
243 WJb 1862, Heft 2.
244 HEINZ 1990, S. 51.
245 EBEN 1835 Bd. 2, S. 506f.
246 WJb 1827, S. 379f.
247 Zitiert nach MERKER 1959, S. 274f.
248 Vgl. Historisch-biographisches Lexikon der Schweiz Bd. 6. Neuenburg 1931, S. 477 und PIETH Friedrich: Bündnergeschichte. Chur 1982, S. 403f.
249 Vgl. HABW Blatt X 4 mit Beiwort von Ute FEYER. Stuttgart 1972; MERKER 1959, S. 271 ff.
250 LUTZ 2004 X, 2.
251 150 Jahre Escher Wyss 1805-1955. Zürich 1955, S. 20.
252 100 Jahre Escher Wyss Ravensburg. Ravensburg 1956, S. 15.
253 PREGER Max: Walter Zuppinger – Ingenieur und Erfinder und sein Beitrag zur Industrialisierung Oberschwabens, in: SVGB 96, 1978, S. 153ff.
254 StR Bü 2222 Stiftungsratsprotokoll vom 30. April 1856.
255 Wie Anm. 251, S. 20f.
256 PREGER (wie Anm. 253) S. 164ff.
257 JHGKW 1867 u. EWZ.
258 GESTRICH 1978, S. 80ff.
259 Ebd. S. 84; JHGKW 1860, S. 116.
260 GESTRICH 1978, S. 82f.
261 Versandbuch 1843-1854, Hauptbuch 1855-1864, Cassabuch 1861-1868. Alle drei Quellen in Ravensburger Privatbesitz.
262 JHGKW 1873, 1876 und 1887; GESTRICH 1978, S. 82f.
263 SPORHAN-KREMPEL Lore: Das Ende der Ravensburger Papiermacherei, in: Wochenblatt für Papierfabrikation 4, 1958, S. 126ff.
264 WJb 1823, S. 112f. Zum Streik der Papiermachergesellen vgl. GRADMANN 1982, S. 121f. u. StR Bü 2184, S. 258ff.
265 PREGER Max: Wilhelm Brielmayer und die erste Papiermaschine in Oberschwaben, in: Schwäbische Heimat 29, 1978, S. 234ff.
266 Zusammenfassend: EITEL Peter: Ravensburg. Ein frühes Zentrum der Papiermacherei, in: Zauberstoff Papier. Sechs Jahrhunderte Papier in Deutschland, hg. v. Jürgen FRANZKE und Wolfgang v. STROMER. München 1990, S. 50ff.
267 Vgl. die Statistik im WJb 1862/2, die allerdings nur die Oberämter berücksichtigt. Da 1861 außer dem oben Seite 70 genannten Betrieb von Albert Fürnkorn in Altdorf und der Bleicherei Weißenau sämtliche Fabriken des Oberamts auf Ravensburg lagen, ist die amtliche Statistik von 1861 auf die Stadt anwendbar.
268 MIEDANER 1976, S. 50ff.; GREES Hermann: Standort, Verkehr, Umwelt, in: Wege in die Welt. Die Industrie im deutschen Südwesten seit Ausgang des 18. Jahrhunderts. Stuttgart 1989, S. 149f.
269 GESTRICH 1978, S. 12-14.
270 StR B.2 B 422 u. 425.
271 Siehe oben S. 60.
272 SCHALLER 1998, S. 321ff.
273 JHGKW 1866.
274 StAL E 258 VI Bü 3173.
275 Vgl. dazu WIELAND Georg: Bauernbefreiung in Oberschwaben, in: Revolution 1848/49 (wie Anm. 84) S. 56 ff.
276 REITER Ralf: Das Heilig-Geist-Spital im 19. und 20. Jahrhundert, in: Macht der Barmherzigkeit. (wie Teil 1 Anm. 46) S. 146f.
277 GLASER Rüdiger: Klimageschichte Mitteleuropas. Darmstadt 2001, S. 180.
278 LUTZ 2004 XI, 3a.
279 GRADMANN 1982, S. 100-102.
280 LUTZ 2004 VIII, 5a.
281 EBEN 1835 Bd. 2, S. 520 ff.
282 HEINSE Gottlob Heinrich: Reisen durch das südliche Deutschland und die Schweiz in den Jahren 1808 und 1809. Bd. 1. Leipzig 1810, S. 319; das Gutachten von Dr. SCHAETTLE: StAS Wü 66/10 T 3 Nr. 1.
283 Das Königreich Württemberg Bd. 4. Stuttgart 1907, S. 364.
284 Die Zahlen basieren auf Angaben des Statistischen Landesamts Baden-Württemberg bzw. seiner Vorgängerin, dem Königl. statistisch-topographischen Bureau.

285 Schaller 1998, S. 349f. Tabelle 24c u. cc.
286 Schmierer 1970, S. 29.
287 Vgl. Weingarten 1992, S. 419; Gestrich 1978, S. 39. Altdorf-Weingarten erhielt erst 1865 Stadtrecht und hieß von da an Weingarten. Zur damaligen Größe des Oberamts Ravensburg vgl. die Karte S. 26
288 Borscheid 1978, S. 298.
289 Grees 1973, S. 172ff.
290 Lochmaier 1986, S. 14f.
291 Kuhn Adam: Chronik der Stadt Biberach. Biberach 2000, S. 72; WJb 1846/II, S. 120.
292 Vgl. für Oberschwaben Kuhn 1984 I, S.11, für Württemberg v. Hippel Wolfgang: Bevölkerungsentwicklung und Wirtschaftsstruktur im Königreich Württemberg 1815/65, in: Soziale Bewegung und politische Verfassung. Beiträge zur Geschichte der modernen Welt, hg. v. Ulrich Engelhardt u.a. Stuttgart 1976, S. 287, Tab. VI.
293 StAA Regierung 5027 u. 5118.
294 Eben 1835 Bd. 2, S. 460.
295 Merker 1959, S. 302f.
296 Grees 1973.
297 Boelcke 1989, S. 19.
298 Die 1876/77 durch das Standesamt Ravensburg angelegten Familienregister erfassen sämtliche im Jahr 1876 noch bestehenden Ehen mitsamt allen aus diesen Ehen stammenden Kindern. Nicht mitgezählt wurden Ehen, bei denen die Eheleute noch im gebärfähigen Alter von Ravensburg wegzogen, so dass die Möglichkeit weiterer, in Ravensburg nicht erfasster Geburten bestand. Uneheliche Kinder wurden nur mitgezählt, wenn das Datum ihrer Geburt weniger als zwei Jahre vor der Eheschließung ihrer Eltern lag.
299 Vgl. dazu Borscheid 1978, S. 297 sowie Artikel 11 des Gesetzes über das Gemeinde-Bürger- und Beisitzer-Recht von 1828 und Artikel 127 der Gewerbeordnung von 1828.
300 Die Frauen sind zu diesem Zeitpunkt in den Quellen noch nicht erfasst.
301 StR Bürger- und Beisitzerlisten Bü 2278/79 und 2282-2285.
302 Vgl. dazu Dreher 1972, S. 457-467 u. Reiter 1988, S. 248f.
303 Zeller (wie Anm. 44) S. 4f.
304 StR Bü 2280; Eben 1835 Bd. 2, S. 677.
305 Artikel 13, 26, 29 und 59 des Gesetzes.
306 StR B. 2 Bü 1410.
307 Reiter 1988, S. 263.
308 Ebd. S. 271 und 276.
309 Ebd. S. 281 und 288; StR B.2 Bü 1410.
310 StAS Wü 66/10 T 3 Bü 1.
311 StR B. 2 Bü 1423.
312 DAR G 1.3, 2.F.
313 StR B. 2 Bü 1103 (frdl. Hinweis von Alfred Lutz) sowie Ratsprotokoll v. 21. März 1848.
314 WJb 1862/2.
315 StAL E 179 II Bü 2046.
316 LKA A 29 Nr. 3698.
317 Boelcke 1989, S. 90.
318 Sammlung gedruckter Ravensburger Fabrikordnungen in StR B. 2 Bü 1525.
319 StAL E 170 Bü 393.
320 Glaeser 1993, S. 178.
321 Fabrikordnung der Maschinenfabrik Ravensburg 1860 § 28. Vgl. Anm. 318.
322 Gestrich 1978, S. 116.
323 LKA A 29 Nr. 3698.
324 StAL E 179 II Bü 2046.
325 Loreth 1974, S. 20.
326 StAL E 258 VI Bü 3173.
327 WJb 1862/2.
328 Breucker 1996, S. 47. Vgl. StR Unverzeichnete Bestände: „Verzeichnis der Krankenhausbeiträge pro 1874“.
329 Reiter 1988, S. 287.
330 JHGKW 1884.
331 Die Lebensmittelpreise sind der Lokalzeitung, dem „Intelligenzblatt“ bzw. dem „Oberschwäbischen Anzeiger“ entnommen.
332 Vgl. Eitel 1994, S. 639f. u. Reiter 1988, S. 313ff. u. 367f.
333 Zum Seelhaus vgl. Schmauder 2000, S. 34f., zum Heilig-Kreuz-Spital Walcher Dietrich: Die armen Siechen auf dem Felde. Geschichte der Ravensburger Leprosenhäuser. Ravensburg 1994, S. 71.
334 Merk Gustav: Der Pfeffertag in Ravensburg, in: Freiburger Diözesan-Archiv NF 6 1905, S. 369ff.
335 Reiter 1988, S. 371.
336 Merker 1959, S. 30 u. 46.
337 Vgl. hierzu und zum folgenden Reiter 1988, S. 102ff.
338 Vgl. die Stiftungsratsprotokolle StR Bü 2206-2225.
339 Vgl. die Kirchenkonventsprotokolle im StR Bü 2200-2205.
340 Vgl. die Protokolle des Evangelischen und des Katholischen Stiftungsrats StR Bü 2229 und 2236.
341 Gradmann 1982, S. 100f.
342 Reiter 1988, S. 217.
343 StR B. 2 Bü 1423; Reiter 1988, S. 362.
344 StR B. 2 Bü 182.
345 Reiter 1988, S. 266, 372ff.; Merker 1959, S. 40.; StR B. 2 Bü 1423; Eben 1835 Bd. 2, S. 574.
346 StAL E 191 Bü 6732 Nr. 148; Eitel 1994, S. 640f.
347 Lutz 2004 XI, 3c.
348 Vgl. die Karte bei Reiter 1988, nach Seite 152.
349 Ebd. S. 178f.
350 StR Stiftungsarchiv: Amtsgrundbuch der Stiftungsverwaltung 1868ff.
351 StAL E 179 II Bü 2046.
352 Reiter 1988 S. 400.
353 StR B. 2 Bü 1423.
354 Ebd.
355 Eitel 1994, S. 634.
356 Ebd. S. 639.
357 StR Protokoll des Stiftungsrats v. 31.1.1850, S. 12ff.
358 StR B. 2 B 1233 (S) ff. u. B. 2 B 1280 (S) ff.
359 StR Bü 2206 Protokoll des Stiftungsrats vom 8. März 1820.
360 StAA Regierung Nr. 5118.
361 Eitel 1994 S. 634.
362 StAL E 179 II Bü 2045.
363 Vgl. T. 1 S. 21.
364 StR R 71: „Statuten für die Versorgung und Unterstützung der Armen und Kranken in der Stadtgemeinde Ravensburg“ § 19. Druck 1855.
365 StAL E 179 II Bü 2046.
366 StR B. 2 Bü 1978 (S).
367 Wie Anm. 364.
368 StAL E 179 II Bü 2045.
369 StR B. 2 Bü 91 u. R71 § 23.
370 StAL E 179 II Bü 2047.
371 StAS Wü 66/10 T 3 Nr. 1.
372 StAS Wü 66/10 T 3 Nr. 1.
373 Herrn Dr. med. Helmut Hochstetter, Ravensburg verdanke ich wertvolle Hinweise bei der Identifizierung der genannten Krankheiten.
374 StR Bü 2225.
375 Eben 1835 Bd. 2, S. 498 u. Adressbuch von 1864.
376 Reiter 1988, S. 138f.
377 StAL E 179 II Bü 2046 u. Reiter 1988, S. 369.
378 StR Rechnungsbeilagen des Ortsarmenfonds Rechnungsjahr 1865/66 Nr. 88.
379 StR Bü 2225.
380 StR Bü 2940/2 (Pflegschaftsakten) u. Bü 2222 §§ 517 und 526.
381 StR Bü 2222, Stiftungsratsprotokoll vom 24. September 1857.
382 Eitel Peter: Ravensburg und die Barmherzigen Schwestern von Reute, in: 100 Jahre Krankenhaus St. Elisabeth, hg. v. d. Oberschwaben Klinik GmbH. Ravensburg 2001, S. 10.
383 StR B. 2 Bü 91 § 22.
384 Reiter 1988, S. 133ff.
385 Schlegel 1929, S. 178.
386 StAL E 179 II, Bü 2045.
387 Gestrich 1978, S. 127; Lochmaier 1986, S. 136f.
388 IB v. 24.11.1850; vgl. außerdem Schnitter: Zur Geschichte des katholischen Kindergartenwesens der Stadt Ravensburg, in: OA v. 15., 17. und 22. Oktober 1932.

389 LKA A 29 Nr. 3698; StR Bü 2222: Protokoll des Stiftungsrats v. 2.12.1858.
390 StR B. 2 Bü 91 § 23 und § 24/1.
391 StR B. 2 Bü 1423.
392 StR B. 2 Bü 1436 (Armenstatuten in der Fassung von 1855).
393 Ebd.
394 Ebd.
395 Ebd.; vgl. auch Reiter 1988, S. 371.
396 Merker 1959, S. 48ff.
397 RB Nr. 29 v. 21. Mai 1818 u. Archiv der Kreissparkasse Ravensburg.
398 Restle 1993, S. 18. Vgl auch Merker 1959, S. 50 und Barth Erhard: Die Oberamtssparkasse Ravensburg im Waghaus [sic]. Sonderbeilage zum OA 1931 (undatiert) StR ZR VIII, 40.
399 Merker 1959, S. 57.
400 Kollmer-v.Oheimb-Loup Gert: Staatliche Ordnungspolitik und die Entwicklung der Sparkassenstruktur in Württemberg zwischen 1818 und der Reichsgründung, in: ZWLG 58, 1999, S. 221.
401 Merker 1959, S. 54.
402 Restle 1993, S. 23; WJb 1855 I, S. 24.
403 Merker 1959, S. 61.
404 Restle 1993, S. 33; Merker 1959, S. 65f.
405 StAS Wü 66/10 T 3 Nr. 1.
406 StR B. 2 Bü 1403.
407 StR LB Nr. 8, 1842.
408 Dazu Restle 1993, S. 28f.
409 StAL E 179 II Bü 2046.
410 Barth (wie Anm. 398); vgl. den Katalog der Bezirks-Gewerbe-Ausstellung Ravensburg 1896.
411 StAL E 179 II Bü 4596.
412 OABR 1836, S. 100.
413 Ebd. S. 98; Eben 1835 Bd. 2, S. 468.
414 Wie Anm. 409.
415 StR Bü 1049-1054.
416 Lutz 2004 XII, 1; StR Ratsprotokoll 1826, S. 819; Merker 1959, S. 231ff.
417 Lutz 2004 XII, 1.
418 StR B. 2 Bü 575.
419 Lutz 2004 IX, 2 u. 3.
420 Merker 1959, S. 235f.
421 Ebd. S. 144.
422 OA v. 14. Mai 1865.
423 Merker 1959, S. 237f.
424 LB v. 17. Oktober 1842 und 2. März 1843.
425 StAS Wü 66/10 T 3 Nr. 1.
426 Merker 1959, S. 238.
427 StAL E 179 II Bü 2047. Vgl. auch Geiger Stephan: Die öffentliche Ordnung, erarbeitet mit Hilfe von Zeitungsanzeigen am Beispiel der Stadt Ravensburg in der Zeit von 1871 bis 1914. Zulassungsarbeit masch. Weingarten 1999.
428 Merker 1959, S. 257-261.
429 Knittel Hartmut u.a.: Schduagrd, Ulm ond Biberach. 150 Jahre Eisenbahn in Biberach. Biberach 1999, S. 83.
430 OA 1870 S. 790.
431 Weber Friedrich: Post und Telegrafie im Königreich Württemberg. Stuttgart 1901, S. 172f.
432 Vgl. ebd. S. 175 die Karte des württembergischen Telegrafennetzes von 1861 u. StR Bü 2389a.
433 OABR 1836, S. 117.
434 Müller Barbara: Geschichte der Stadtwerke Ravensburg. Masch. Mskr. Ravensburg 1995, S. 45ff.
435 Eben 1835 Bd. 2, S. 576; Hafner 1887, S. 534.
436 Vgl. etwa die Protokollbücher des evangelischen Kirchenkonvents 1837-1870, StR Bü 2231 u. des katholischen Kirchenkonvents 1826-1846 StR Bü 2233.
437 DAR G 1.3, 2.F. Pfründbeschreibung Liebfrauenpfarrei Ravensburg.
438 LKA A 29 Nr. 3698.
439 Eben 1835 Bd. 2, S. 245.
440 Eichler Johannes: Das alte Schulhaus von St. Christina, in: Altstadtaspekte 2001/2002, hg. v. Bürgerforum Altstadt Ravensburg e.V., S. 16f.
441 StAL E 179 II Bü 2045; vgl. auch Schlegel 1929, S. 105ff; Gestrich 1978, S. 128f.
442 WJb 1853 II, S. 42.
443 JHGKW 1868.
444 Ebd. S. 107f. u. 113; StR Bü 2231.
445 N.N.: Zur 100-Jahrfeier der Gewerbeschule Ravensburg , in: OA v. 27. März 1926.
446 Eben 1835 Bd. 2, S. 563; Haug Josef: Die Entwicklung des höheren Schulwesens, in: OA Jubiläumsausgabe zum 125. Jahrgang. Ravensburg 1928, S. 33.
447 StAL E 179 II Bü 2045.
448 StR B. 2 Bü 335.
449 StR SpG Bü 22.
450 Stengelin (wie Teil 1 Anm. 61).
451 StR B. 2 Bü 333.
452 Wie Anm. 447.
453 Personalakte im LKA A 27 Nr. 469.
454 Personalakte im LKA A 27 Nr. 169.
455 StR B. 2 Bü 335.
456 Eitel Peter: „Klösterle". Eine Stätte katholischer Mädchenbildung, in: Breucker 1996, S. 163ff.
457 HStAS E 31 Bü 119.
458 Vgl. Eitel Peter: Die „Untere Pfarrei" St. Jodok 1385-1812, in: Festschrift zur 600-Jahrfeier der katholischen Pfarrgemeinde St. Jodok Ravensburg. Ravensburg 1985, S. 28f.
459 Siehe T. 1 S. 15, T. 2 S. 34.
460 DAR G 1.3 u. Vorgänger. Ortsakten Ravensburg und Eben 1835 Bd. 2, S. 368.
461 DAR G 1.3 u. Vorgänger Ortsakten Ravensburg, St. Jodok.
462 DAR G. 1 Nr. 406.
463 DAR G 1.3 u. Vorgänger Ortsakten St. Christina.
464 IB v. 29. April 1822 u. DAR G 1.3 u. Vorgänger Ortsakten Ravensburg.
465 Wie Anm. 460.
466 DAR G 1.3 u. Vorgänger Ortsakten Ravensburg; ebd. G 1.8 Nr. 407 und 408.
467 Der gesamte Vorgang findet sich im DAR G 1.3 u. Vorgänger Stadtpfarrei Ravensburg.
468 Vgl. dazu Burkard Dominik: Die Prophetin von Weißenau und die „andere Revolution", in: Rottenburger Jahrbuch für Kirchengeschichte 20, 2001, S. 219ff. und Heinz 1998, S. 333-337.
469 WJb 1858 I, S. 18.
470 OA v. 11. April 1856 u. WJb 1856 I, S. 21.
471 Eben 1835 Bd. 2, S. 576; Hafner 1887, S. 681.
472 LKA A 29 Nr. 3699.
473 GW v. 20. Juli 1812. Die Schule trat aber erst Jahre später in Aktion.
474 LKA A 29 Nr. 3698; DAR G 1.3, 2.F: Pfründbeschreibung Liebfrauen Ravensburg 1846.
475 Siehe T. 3 S. 191.
476 Vgl. den Pfarrbericht des Dekans Eggel aus dem Jahr 1864, LKA A 29 Nr. 3698.
477 OA v. 13. August 1862.
478 C.R.: Neueste Kunde von dem Königreiche Württemberg. Weimar 1912, S. 227.
479 StR Bü 2478 b.
480 Dizinger (wie Anm. 8) S. 320, 325 f.
481 Eben 1835 Bd. 2, S. 553; Lutz 2004 III, 1.
482 Ebd. III, 2.
483 Eben 1835 Bd. 2, S. 560 u. WJb 1827, S. 19f.
484 Eitel Peter: „Zur Erhöhung der Würde des Kultus". Baugeschichte des Kirchturms der Evangelischen Stadtkirche Ravensburg, in: Festschrift zur Turmsanierung der Evangelischen Stadtkirche Ravensburg. Ravensburg 1998.
485 DAR G 1.3 u. Vorgänger: Ortsakten Ravensburg.
486 Zitat aus dem LB v. 28. Oktober 1844.
487 Wehling Hans-Georg: Oberschwaben im 19. und 20. Jahrhundert, in: Peter Eitel und Elmar L. Kuhn (Hg.): Oberschwaben. Beiträge zu Geschichte und Kultur. Konstanz 1995, S. 146.
488 StR B. 2 Bü 502.
489 LKA A 29 Nr. 3698.
490 StR B. 2 Bü 1107. Frdl. Hinweis von G. Stengelin †.
491 Wie Anm. 466.

492 StR Bü 2231 (Protokoll des Evangelischen Kirchenkonvents).
493 OA v. 13. August 1862.
494 Die Kirchenbücher des 19. Jahrhunderts sind als Mikrofilme im StR benutzbar.
495 GRÜNDIG 2002, S. 145f.
496 Vgl. KÖHLE-HEZINGER Christel: Evangelisch-Katholisch. Untersuchungen zu konfessionellem Vorurteil und Konflikt im 19. und 20. Jahrhundert, vornehmlich am Beispiel Württembergs. Tübingen 1976, S. 210ff.
497 StR Bü 2237, fol. 186.
498 LKA A 29 Pfarrberichte Nr. 3698/99.
499 StR Bü 2054 a u. b.
500 EITEL 2003 II, S. 93-95.
501 StR Bü 2267-2269.
502 StAL E 179 II Bü 2045.
503 EITEL 2003 II, S. 97.
504 IB v. 19. März, 6. August, 3. u. 13. September, 4. u. 8. Oktober 1832.
505 Vgl. EBEN 1835 Bd. 2, S. 595f.
506 StR X Bü 152.
507 HAFNER 1887, S. 673; NOTZ Max: Katholischer Gesellenverein Ravensburg 1862-1912. Ravensburg 1912; BALSER 1962 Bd. 1, S. 622; HStAS E 146/2 Bü 1961; Chronik des Silcher-Chors. Ravensburg 1951, S. 9.
508 LUTZ 2004 IV, 4.
509 StR B. 2 Bü 1061.
510 EITEL 2003 II, S. 101f.
511 Vgl. StR B. 2 Bü 422 und zahlreiche Annoncen im IB, z.B. v. 3. Februar 1842.
512 LUTZ 2004 IV, 9 a.
513 OA v. 9., 11. u. 13. November 1859.
514 OA v. 28. November 1862.
515 LB v. 25. April 1842.
516 Vgl. GÜNTHER Georg: Der Notenbestand aus dem evangelischen Pfarramt Ravensburg im Schwäbischen Landesmusikarchiv, in: SVGB 118, 2000, S. 105 u. 132f.
517 HAFNER 1908, S. 9.
518 GÜNTHER (wie Anm. 516) S. 132-134.
519 IB v. 10. Juli 1853.
520 OA v. 7. Dezember 1862.
521 Vgl. HEINZ Werner: Der Lithograph Joseph Bayer und seine Zeit. Bergatreute 1993; außerdem EITEL Peter: Oberschwäbischer Bilderbogen. Kleinmeister des 19. Jahrhunderts aus Ravensburg und Weingarten. Ausstellungskatalog. Ravensburg 1985.
522 IB v. 9. Februar 1843.
523 HECHT Winfried: Rottweil 1802-1970. Von der Reichsstadt zur Großen Kreisstadt. Rottweil 1997, S. 47f.
524 StAL E 258 VI Bü 150.
525 IB v. 23. Mai 1836.
526 IB v. 11. u. 14. Juli 1831.
527 Vgl. hierzu EITEL Peter: Die Ravensburger Schutzmantelmaria. Beobachtungen zur Geschichte eines mittelalterlichen Kunstwerks, in: Kunst und Kultur um den Bodensee. Festgabe für Eduard Hindelang, hg. v. Ernst ZIEGLER. Sigmaringen 1986, bes. S. 111f. und 116. Ergänzend IB v. 27. Januar 1834 u. WJb 1841, S. 166.
528 IB v. 8. Juni 1843.
529 IB v. 10. Juli 1853. Andere Beispiele: IB v. 21. Juni 1847 u. OA v. 12. Januar 1859.
530 HAFNER 1887, S. 687f.
531 StR Bü 2225 Protokoll v. 25. Juni 1868.
532 StAS Wü 66/10 T 3 Nr. 1.
533 StAL E 179 II Bü 2046.
534 LKA A 29 Nr. 3698 u. 3699.
535 Wie Anm. 530.
536 IB v. 3. Juni 1822.
537 LKA 29 Nr. 3698.
538 StAL E 179 II Bü 2046.
539 StR Bü 2201.
540 DAR G 1.3 u. Vorgänger. Ortsakten St. Christina.
541 Vgl. die Darstellung von FALK Beate: Chronik der Ravensburger Fasnacht 1353-1968, in: SCHMID Albert (Hg.): Fasnacht in Ravensburg. Ravensburg 2000, S. 11-107.
542 Ebd. S. 30.
543 StR B. 2 Bü 313a.
544 Wie Anm. 541, S. 34ff.
545 BINDER Helmut, LUTZ Alfred und GLONNEGGER Markus: Das Ravensburger Rutenfest in Geschichte und Gegenwart. Biberach 1997. Darin für unsere Darstellung wichtig der Beitrag von BINDER: Das Rutenfest von den Anfängen bis in die Zeit um 1900, S. 9-38. Vgl. außerdem DREHER 1972, S. 602ff.
546 So BINDER (wie Anm. 545) S. 34.
547 Vgl. StAL E 179 II Bü 2046.
548 Ebd.
549 NIPPERDEY 1983, S. 267.
550 Ebd. S. 270.
551 IB v. 15. September 1831; EBEN 1835 Bd. 2, S. 595f.
552 Ebd.; StR X Bü 152.
553 StR X Bü 152.
554 Vgl. die Vereinsfestschrift von STROHMAIER Anton: Geschichte des Liederkranzes Ravensburg 1827-1927. Ravensburg 1927 sowie EBEN 1835 Bd. II, S. 597f. u. LUTZ 2004 IV, 9.
555 Erste Nennung 1854 in: HStAS E 151/02 Bü 384; vgl. außerdem NOTZ (wie Anm. 507).
556 Eine eigentliche Vereinsgeschichte fehlt. Eine kurze Vereinschronik enthält das Ravensburger Tagblatt v. 15. u. 16. Oktober 1935.

Anmerkungen und Belege zu Teil 3

1 OVZ v. 4. Juni 1932.
2 OA v. 1., 3. u. 5. September 1876.
3 Vgl. die jeweiligen Ausgaben des OA Anfang September.
4 EITEL 1987, S. 141-143.
5 OA v. 11. September 1886.
6 OA v. 15., 16. u. 18. März 1888.
7 Der Vorgang ist dokumentiert: HStAS E 49-51 Bü 13. Vgl dazu HAUSER Manfred: Ein Denkmal für den Kaiser, in: Um Mehlsack und Martinsberg, hg. v. Jan KOPPMANN und Peter EITEL. Biberach 1991, S. 191ff.
8 EWZ Verwaltungsratsprotokoll v. 6. Mai 1902.
9 Zur Geburtstagsfeier für Kaiser Wilhelm I. vgl. OA v. 24. März 1887 (frdl. Hinweis von Gerhard STENGELIN †). Zum historischen Festzug von 1902: Erläuterungen zu den 30 Kunstblättern aus der Geschichte der Stadt Ravensburg [...] entworfen für den projektierten historischen Festzug. Ravensburg 1901, S. 17. Vgl. FAIX Gerhard: Städtische Erinnerungskultur im Königreich Württemberg, in: Die alte Stadt 28, 2001, S. 11ff.
10 OA v. 15. Juni 1910.
11 Vgl. dazu NIPPERDEY 1992, S. 51, 75, 329, 338f.
12 LKA A 29 Nr. 3699.
13 StAL E 179 II Bü 2047.
14 Vgl. WEINACHT Paul-Ludwig (Hg.): Die CDU in Baden-Württemberg und ihre Geschichte. Stuttgart 1978, darin: SPROLL Heinz: Katholische und evangelische Parteien in Württemberg seit dem 19. Jahrhundert, S. 63f.; DIERCKS Gerhard: „Dem Messer eine Schneid". Die Gründung der württembergischen Zentrumspartei. Magisterarbeit masch. Konstanz 1996; GAWATZ Andreas: Wahlkämpfe in Württemberg. Landtags- und Reichstagswahlen beim Übergang zum politischen Massenmarkt (1889-1912). Düsseldorf 2001, S. 102.
15 RABERG 2001, S. 712.
16 Vgl. dazu NIPPERDEY 1992, S. 339 u. RAUH-KÜHNE 1991, S. 32ff
17 OA v. 21. März 1898.
18 Siehe T. 2 S. 132.
19 BIEGERT Günther: SDAP, SAP und Arbeiterwahlverein: Die Sozialdemokraten in Ravensburg zwischen 1871 und 1890, in: SPD-Festschrift 1995, S. 16-28, hier S. 18; SCHMIERER 1970, S. 206, 240.
20 BIEGERT (wie Anm. 19) S. 21 u. 23.
21 WJb 1889/I, S. 166 u. 1890/91 S. 205.
22 OA v. 1. u. 3. Mai 1890.
23 BIEGERT (wie Anm. 19) S. 27.
24 StR Ratsprotokoll v. 31. Mai 1894
25 Ebd. v. 5. Juli 1894.
26 BIEGERT (wie Anm. 19) S. 28.

27 Schmierer 1970, S. 217; Glaeser 1993, S. 30-32.
28 Dietenberger Manfred: „...die Enkel fechtens besser aus!" Zur Geschichte der Arbeiterbewegung in Oberschwaben. Freiburg i. Br. 1984, S. 53f; Glaeser 1993, S. 32.
29 Ebd. S. 34f.
30 StAS Wü 65/26 Bü 339.
31 Glaeser 1993, S. 41, 47, 225.
32 OA v. 8. April 1896; vgl. Glaeser 1993, S. 42f.
33 Ebd. S. 43; Lochmaier 1986, S. 124.
34 Glaeser S. 48f.; Wieland Georg: Die Anfänge des Christlichen Metallarbeiterverbands in Friedrichshafen (1912/14) in: SVGB 114, 1996, S. 85-88.
35 Vgl. Denkschrift zur 50-jährigen Jubelfeier des Handels- und Gewerbevereins Ravensburg. Ravensburg 1913. Zum Deutschnationalen Handlungsgehilfenverband StR R 118: Festschrift zum 25. Stiftungsfest der Ortsgruppe Ravensburg des D.H.V.
36 StR R 76: Festschrift zur Fahnenweihe des Silcher-Chors Ravensburg verbunden mit 85-jähriger Gründungsfeier am 2. und 3. Juni 1951. Ravensburg 1951. Vgl. außerdem OA v. 10. Januar 1889 sowie StAL E 179 II Bü 2047.
37 LKA A 29 Nr. 3698.
38 StR A I Bü 167.
39 Ebd.
40 Ebd.
41 Die Wahlergebnisse wurden den beiden Lokalzeitungen entnommen: OA v. 30. Dezember 1907, 10. Dezember 1909 und 7. Dezember 1911, OVZ v. 4. Dezember 1913.
42 WJB 1895/III, S. 186ff.; WJb 1907/II, S. S. 1- 47; OA v. 17. November 1912.
43 Die folgenden Wahlresultate wurden teils den WJb, teils dem OA entnommen.
44 Kuhn 1997, S. 260.
45 LKA A 29 Nr. 3699 (Pfarrbericht aus dem Jahr 1907).
46 Vgl. die zahlreichen Berichte und Anzeigen im OA zwischen Mitte Oktober und dem Wahltag 17. November 1904.
47 Ausführliche Berichte über die Revolte enthält der OA ab 17. April und dann wieder ab 23. Juli 1894; vgl. außerdem StR A I Bü 3877.
48 StAL E 179 II Bü 4596; vgl. dazu Eitel 1994, S. 642 und Heinz 1990, S. 159ff.
49 Rudolf 1999, Nr. 00346.
50 Vgl. beispielsweise die Anzeigen im OA v. 25. März 1876 oder vom 15. Dezember desselben Jahrs.
51 Vgl. die Sondernummer der OVZ anlässlich ihres 20-jährigen Bestehens vom 1. Oktober 1932.
52 StAL E 179 II Bü 4595/96.
53 Binder Helmut: Die Geschichte der Höheren Mädchenschule Ravensburg 1887-1972, in: Festschrift zur Hundertjahrfeier des Welfengymnasiums Ravensburg. Biberach 1987, S. 35f.
54 Wie Anm. 52.
55 LKA A 29 Bü 3699.
56 Vgl. Jubiläums-Ausgabe des OA 1803-1928, April 1928; außerdem Walchner Martin: Entwicklung und Struktur der Tagespresse in Südbaden und Südwürttemberg-Hohenzollern. Sigmaringen 1986, S. 30.
57 Restle Manfred: Die Gleichschaltung der Ravensburger Lokalpresse, in: Drittes Reich 1997, S. 107ff.
58 StR Ratsprotokoll v. 13. September 1877.
59 StAL E 179 II Bü 4596.
60 OA v. 25. Januar 1891.
61 StR A I 81; Moser Patrick: 100 Jahre Arbeitsamt Ravensburg. Geschichte und Geschichten eines Dienstleisters im Wandel der Zeit, hg. v. Arbeitsamt Ravensburg 1995.
62 StR A I Bü 79.
63 OA v. 1. Juli 1876. Für mündliche Auskünfte danke ich Herrn Walter Gebhart, Ravensburg.
64 Reichsgesetzblatt 1877 S. 41ff.
65 OA v. 19. u. 21. März 1891.
66 StR Unverzeichnete Akten des Gewerbegerichts. Vgl. außerdem OA v. 19. März 1891.
67 Falk (wie Teil 2 Anm. 50) S. 22. Vgl. außerdem: 25 Jahre Weckerlinie Ravensburg, in: OA v. 6. Juni 1930.
68 Gestrich 1978, S. 121ff; Lochmaier 1986, S. 134ff.
69 Ebd. Anhang S. 23.
70 StR A I Bü 1198; StAL E 179 II Bü 2045/46.
71 StR A I Bü 79/80.
72 Vgl. Gestrich 1978, S. 96 u. 107 u. Lochmaier 1986, S. 29.
73 Die Berechnung basiert auf den Einwohnerzahlen in den Hof- und Staatshandbüchern des Königreichs Württemberg 1873 und 1913.
74 JHGKW 1887.
75 Miedaner 1976, S. 44.
76 Lochmaier 1986, S. 30.
77 Ebd. S. 107.
78 Gewerbestatistik von 1895 in: WJb 1900 Ergänzungsband I Heft 2.
79 Lochmaier 1986, S. 98 gibt für das Jahr 1908 1.672 in der Industrie Beschäftigte an.
80 Landesbeschreibung 1886, S. 753; Lochmaier 1986, S. 50.
81 Ebd S. 44 u. 54.
82 Vgl. Borscheid 1978, S. 117ff.
83 Lochmaier 1986, S. 48f.
84 Wie Anm. 78.
85 Es ist davon auszugehen, dass das bei Borscheid 1978, S. 481 für das Jahr 1890 angegebene Verhältnis zwischen männlichen und weiblichen Beschäftigten bei Spohn (133 Männer, 174 Frauen) zehn Jahre später noch in etwa dasselbe war.
86 OA v. 17. Dezember 1900
87 Lutz Alfred: Der lange Weg zum Konzerthaus (Ravensburger Stadtgeschichte Heft 26). Ravensburg 1997.
88 Lochmaier 1986, S. 52 u. 55.
89 Ebd. S. 66; Gestrich 1978, S. 89; StAL E 179 II Bü 2047.
90 Dazu Eitel Peter: Ein schwäbischer Industriepionier, in: Eitel 1987, S. 147ff.
91 StAL E 179 II Bü 4596; Lochmaier 1986, S. 58ff.
92 Gestrich 1978, S. 91.
93 Lochmaier 1986, Anhang S. 3.
94 WABW A 5 Bü 75.
95 Bericht der Ravensburger Kammer in: JHGKW 1873 u. 1889; Gestrich 1978, S. 91.
96 JHGKW 1861, S. 155.
97 Gestrich 1978, S. 76f, 93f, außerdem Boelcke Willi A: Wege und Probleme des industriellen Wachstums im Königreich Württemberg, in: ZWLG 32, 1973, S. 502.
98 Gestrich 1978 S. 94.
99 Falk Beate: Einst eine Firma von Weltruf: Osiandersche Kunststickerei-Anstalt Ravensburg, in: SZ (RV) v. 25. Februar 1989.
100 Lochmaier 1986, S. 81.
101 Ebd. S. 81 u. Anhang, S. 1f; Landesbeschreibung 1886, S. 753f.; StAL E 170 Bü 766; WJb 1900 Ergänzungsband I Heft 2.
102 Gestrich 1978, S. 81f.; Lochmaier 1986, S. 78f.
103 EWZ Blaues Dossier Nr. 54.
104 Ebd. Grünes Dossier Nr. 71.
105 Ebd. Geschäftsbericht 1896/97; Protokoll des Verwaltungsrats und des Ausschusses des Verwaltungsrats v. 6. Mai 1902.
106 StR Gewerbesteuerkataster 1904.
107 JHGKW 1873, 1876 und 1887.
108 Gestrich 1978, S. 82ff.; Lochmaier 1986, S. 82ff.
109 Gestrich 1978, S. 84; Lochmaier 1986, S. 92; vgl. außerdem StAL E 179 II Bü 2047 und JHGKW 1860 u. 1889.
110 Ebd. 1884; StAL E 170 Bü 766; Lochmaier 1986, S. 87.
111 StAL E 179 II Bü 2047; Lochmaier 1986, S. 89ff.; vgl. außerdem die Branchenverzeichnisse in den Adressbüchern.
112 Lochmaier 1986, S. 24.
113 JHGKW 1873.
114 Vgl. die Kammerberichte jener Jahre.
115 Weingarten 1992, S. 302.
116 HStAS E 151/01 Bü 1541.

117 Kolb Raimund: Bähnle, Mühle, Zug und Bus. Die Bahn im mittleren Schussental. Bergatreute 1987. Zur Benutzerfrequenz vgl. außerdem JHGKW 1897 und 1902.
118 Landesbeschreibung 1907, S. 367.
119 Brugger (wie T. 2 Anm. 154) S. 143f.
120 Vgl. die Beschreibung im OA v. 21. November 1876.
121 JHGKW 1888-1903.
122 Ebd. 1888, 1895, 1897.
123 Ebd. 1896/97.
124 OA v. 28. Oktober 1876.
125 JHGKW 1897.
126 Restle 1993, S. 36f.
127 Merker 1959, S. 97.
128 JHGKW 1876.
129 Lochmaier 1986, S. 26f.; OA v. 23. Juni 1892 u. 8. Januar 1893; vgl. auch den Nachruf in: Verbo Ravensburger Tagblatt v. 26. August 1936.
130 Lochmaier 1986, S. 28f.
131 Ebd. S. 27ff.
132 WJb 1900, Ergänzungsband I, Heft 2.
133 StR Steuerbuch 1897/98.
134 WJb 1888 Bd. 1, Heft 1, S. 87ff.
135 Dreher 1972, S. 624.
136 StLA Oberamtsakten.
137 StR B. 2 Bü 425 u. Adressbuch von 1864.
138 Wie Anm. 137.
139 Die Angaben über die Gründung jüdischer Warenhäuser mit dem Schwerpunkt Textilien basieren auf verstreuten Hinweisen im OA und in den Gewerbesteuerlisten sowie auf dem Beitrag von Manfred Hauser: Antisemitismus und Schicksal der Juden in Ravensburg, in: Drittes Reich 1997, S. 304ff.
140 Letzter Eintrag im Steuerbuch von 1906.
141 Vgl. Toury Jacob: Jüdische Textilunternehmer in Baden-Württemberg 1683-1938. Tübingen, 1984, S. 132; OA 1893ff.
142 JHGKW 1897.
143 Diese und die folgenden Zahlen basieren auf der Auswertung der entsprechenden Gewerbesteuerlisten im StR.
144 StR Unverzeichnete Fremdenlisten 1901-1905.
145 KAR B.I RV-373-Y 2070. 2.
146 Z.B. StR Bü 2927/1 u. 2: Pflegschaftsakten der Geschwister Heinrich und Julie Kohn.
147 Wie Anm. 144.
148 OA v. 7. Mai 1876.
149 Nach den Staatshandbüchern betrug die Einwohnerzahl Weingartens 1871 4.128, 1912 8.077.
150 Vgl. Schaller 1998, S. 350 und T. 2 S. 76.
151 Kuhn 1984 I, S. 11.
152 Veröffentlicht im RB 1871, Anlage 1, S. 24 u. 104.
153 Ebd. S. 21-23.
154 DAR G 1.8. Bü 408 (1877).
155 Ebd.
156 DAR G 1.8 Bü 409.
157 Untersucht wurden die in den Familienregistern des Standesamts Ravensburg notierten Eheschließungen. Diese Register erfassen alle zum Zeitpunkt ihrer Anlegung 1876 bestehenden Ehen, die in ihrem Gesamtverlauf bis zum Ende der Ehe durch Tod zu verfolgen sind, also auch solche Ehen, die schon Jahrzehnte früher geschlossen wurden, aber 1876 noch bestanden. Insgesamt waren dies 562 Ehen. Ich habe Zweit- und Drittehen, die innerhalb der untersuchten drei Zeitabschnitte geschlossen wurden, mitgezählt, desgleichen voreheliche Geburten, wenn sie nur ein bis drei Jahre vor der Eheschließung lagen. Nicht berücksichtigt wurden Ehen, bei denen die Eheleute noch im gebärfähigen Alter der Frau von Ravensburg wegzogen. Auswärts geschlossene Ehen, die wegen Umzugs der Eheleute nach Ravensburg in den Familienregistern erfasst wurden, habe ich mitsamt allen aus diesen Ehen entsprossenen Kinder mitgezählt.
158 Grees 1973, S. 174.
159 Alle diese Angaben basieren auf der Auswertung der Eheregister der Pfarrei Liebfrauen und der evangelischen Kirchengemeinde.
160 Eitel 1994, S. 641f.
161 Lochmaier 1986, S. 14f.
162 Vgl. Schmölz-Häberlein Michaela: Die Grenzen des Caudillismo. Die Modernisierung des guatemaltekischen Staates unter Jorge Ubico 1931-1944. Eine regionalgeschichtliche Studie am Beispiel der Alta Verapaz. Frankfurt 1993.
163 Grees 1973, S. 175; Grundlagen einer württ. Gemeindestatistik Ergänzungsband II, Stuttgart 1898; Württ. Gemeindestatistik 1907, Stuttgart 1910; StR A I Bü 3968.
164 Gewerbeblatt aus Württemberg vom 21. April 1906.
165 LKA A 29 Bü 3699.
166 StR Unverzeichnete Fremdenliste 1901-1905.
167 StAL E 170 Bü 375.
168 StR Unverzeichnete „Verzeichnisse der männlichen und weiblichen Arbeiter und Dienstboten hiesiger Stadt".
169 Breucker Dorothee: Die Italienerinnen von der Pinselfabrik wohnten im „Klösterle", in: SZ (RV) v. 2. Januar 1993.
170 WJb 1912, Heft 2, S. 312.
171 StR Unverzeichnetes Verzeichnis der wohnsteuerpflichtigen Personen 1872-1885.
172 Lochmaier 1986, S. 39f.
173 Glaeser 1993, S. 35.
174 JHGKW 1873. Vgl. auch Seif Ulrich: Der Werkswohnungsbau in Baden und Württemberg im 19. und zu Beginn des 20. Jahrhunderts, in: Alemannisches Jahrbuch 1999/2000, S. 313.
175 Lochmaier 1986, S. 112f.
176 Breucker / Ingendahl 1993 S. 104; WABW A 5 Bü 38.
177 Lochmaier 1986, S. 106; JHGKW 1884.
178 WABW A 5 Bü 38 u. OA v. 2. Juli 1876.
179 Lochmaier 1986, S. 108.
180 Ebd. S. 109.
181 StR PAR Bü 265.
182 EWZ: „Arbeits-Ordnung" für die Filiale Ravensburg der Firma Escher Wyss & Cie. 1892
183 EWZ Blaues Dossier Nr. 56.
184 JHGKW 1884.
185 WJb 1898, Ergänzungsband II.
186 Lochmaier 1986, S. 101.
187 Vgl. dazu Glaeser 1993, S. 25f. u. Lochmaier 1986, S. 104f.
188 StR Unverzeichnete Akten des Gewerbegerichts.
189 StR A I 3968; WJb 1898, Ergänzungsband I, Heft 2 u. Ergänzungsband II; WJb 1900, Ergänzungsband I, Heft 2.
190 Im Jahr 1900 standen laut WJb 1912, Heft 2, S. 342 in Ravensburg 23 Auspendlern 115 Einpendler gegenüber. Für 1895 liegen keine entsprechenden Zahlen vor.
191 StAL E 179 II Bü 2047.
192 OA v. 3. März 1885. Zu den Äußerungen Reichles vgl. StAL E 179 II Bü 4596.
193 LKA A 29 Bü 3698/99.
194 Landesbeschreibung 1886, S. 753f. Teilergebnisse finden sich auch im WJb 1898 Ergänzungsband I, Heft 2 und Ergänzungsband II sowie WJb 1900, Ergänzungsband I, Heft 2.
195 StR Steuerbuch 1897/98.
196 LKA A 29 Bü 3698/99.
197 StR Unverzeichnete Armenlisten ab Rechnungsjahr 1893/94.
198 LKA A 29 Bü 3698/99.
199 Diese Zahlen basieren auf der Auswertung der Hauptbücher der Ortsarmenbehörde im StR.
200 HStAS E 146 II Bü 2238.
201 In Gestalt der (noch unverzeichneten) Armenlisten im StR.
202 Württ. Gemeindestatistik nach dem Stand von 1907. Stuttgart 1910, S. 336.
203 Bei Spohn waren dies 1875 alle zwei Wochen 36 Kreuzer: StAL E 170 Bü 375; vgl. auch StAL E 179 II Bü 2047 und Lochmaier 1986, S. 49.
204 EWZ Protokolle des Verwaltungsrats z. B. vom 2. Dezember 1910 und vom 8. November 1911.
205 Schnitter [Vorname unbekannt]: Zur Geschichte des katholischen Kinder-

gartenwesens der Stadt Ravensburg, in: OA v. 15., 17. und 22. Oktober 1932.
206 StAL E 179 II Bü 4596 (1895).
207 Oberschwaben Klinik gGmbH (Hg.): 100 Jahre Krankenhaus St. Elisabeth. Ravensburg 2001.
208 Breucker / Ingendahl 1993 S. 99.
209 Seidenfuss Manfred: Wahrnehmung sozialen Handelns. Identitätsbildung durch Vernetzungen am Beispiel der Wandererfürsorge in Württemberg. Weinheim 1999 besonders S. 228 u. 233.
210 Hähner-Rombach Sylvelyn: Sozialgeschichte der Tuberkulose. Stuttgart 2000, S. 69.
211 WJb 1877: Medizinalbericht für die Jahre 1872 bis 1875.
212 DAR G 1.8 Bü 408 u. LKA A 29 Bü 3698/99.
213 Wie Anm. 211.
214 Hagen August: Geschichte der Diözese Rottenburg, Bd. 3. Stuttgart 1960, S. 374. Vgl. auch Lutz Alfred: Der Bau des Elisabethenkrankenhauses 1899/1901, in: 100 Jahre Krankenhaus St. Elisabeth (wie Anm. 207) S. 21ff.
215 StAS Wü 66/10 Bd. 3 Bü 1.
216 Ebd.
217 Vgl. Adressbücher der Stadt.
218 Lochmaier 1986, S. 119 u. StAL E 179 II Bü 2047.
219 HStAS E 150, Bund 1770/2.
220 Die AOK Ravensburg im Wandel der Zeit. Ravensburg 1992.
221 Kühnel Dorothee: Die Entwicklung kleiner Bäder im 19. und 20. Jahrhundert als Indikator sozioökonomischen Strukturwandels im ländlichen Raum. Diplomarbeit masch. Tübingen 1997, S. 30ff.; Medizinalbericht für die Jahre 1873-1875 in: WJb 1877, Heft 2, S. 122f
222 Zwischen 1903 und dem Ersten Weltkrieg erfolgte keine weitere kartographische Erfassung des Baubestands.
223 Binder Helmut: Das „Spohn-Schlößle" hat hundertsten Geburtstag, in: SZ (RV) v. 11. November 1978.
224 Vgl. die Katasterpläne von 1825, auf denen der ursprüngliche Zustand festgehalten ist.
225 50 Jahre Bau- und Sparverein Ravensburg 1903-1953. Ravensburg 1953.
226 Vgl. die Bautagebücher im StR.
227 StAL E 258 VI Bü 383; StR A I Bü 3968; Lochmaier 1986, S. 112.
228 Vetten Detlev: Kaum noch Spuren alter Pracht. Das Ravensburger „Hildenbrand" wartet auf den Abbruch, in: SZ (RV) v. 31. Dezember 1982.
229 Falk Beate: Ravensburg in alten Ansichten. Zaltbommel (Holland) 1988, Text zu Abb. 54 u. 55.
230 StR X Bü 450.
231 Zitiert nach Eitel 1977, S. 60.
232 Müller Barbara: 100 Jahre städtische Hochdruckwasserversorgung, in: erdgas wärme. Kundenzeitschrift der Stadtwerke Ravensburg. Stuttgart 1995, S. 4f.
233 Leiner Wolfgang: Der Bezirksverband Oberschwäbische Elektrizitätswerke (OEW) 1909 bis 1918. 2. Aufl. Stuttgart 1982; Der Bezirksverband Oberschwäbische Elektrizitätswerke und die Elektrizitätsversorgung der Stadt Ravensburg, in: Deutschlands Städtebau: Ravensburg, hg. v. d. Stadtverwaltung Ravensburg. Berlin 1926, S. 58-61.
234 Vgl. den anonym erschienenen Beitrag in: SZ (RV) v. 29. November 1988: „Das erste Telefonbuch hatte drei Seiten"; außerdem Kopie des Schreibens der „Kgl. Generaldirektion der Posten und Telegraphen an das K. Telegraphenamt Ravensburg" v. 6. Februar 1888 in der Materialiensammlung des StR.
235 RB 1909, S. 178ff.
236 DAR G 1. Bü 408.
237 Dehlinger 1951 Bd. 1, § 204.
238 StR Rechnung des Lokalschulfonds für das Schuljahr 1902/03.
239 StR A I Bü 80.
240 Vgl. Haug Josef: Fünfzig Jahre Gymnasium Ravensburg. Sonderausgabe des OA 1930.
241 Wie Anm. 239; zur Geschichte der Oberrealschule vorläufig Stengelin Gerhard †: Das Albert-Einstein-Gymnasium. Eine moderne Schule mit Tradition. Masch. Mskr. 1996. Im StR vorhanden.
242 StR SpG Bü 22-48.
243 StR SpG Bd.33.
244 Arnold Claus: Katholische Milieus in Oberschwaben um 1900, in: Rottenburger Jahrbuch für Kirchengeschichte 21, 2002, S. 229.
245 Wie Anm. 242.
246 Wurm Theophil: Erinnerungen aus meinem Leben. Stuttgart 1953, S. 59f. u. 68.
247 Programm der Real-Anstalt zu Ravensburg, Schuljahr 1877/78; K. Oberrealschule Ravensburg. Bericht über das Schuljahr 1911/12.
248 Dazu Lutz wie Anm. 87.
249 Sprzagala Michael: 70 Jahre Spohn-Schulgebäude, in: SZ (RV) v. 12. September 1984 u. Stengelin Gerhard: Spohn stimmte gegen Gymnasium, ebd. Ausgabe v. 9. Januar 1999.
250 Eitel wie Teil 2, Anm. 456.
251 Binder (wie Anm. 53) S. 14-61.
252 Ebd. S. 35f.
253 Breucker Dorothee: Die Knabenoberschule blieb den Mädchen bis 1909 versperrt – Berta Bosch war die erste Abiturientin, in: SZ (RV) v. 4. Juni 1992.
254 Eitel wie Teil 2, Anm. 456.
255 Laut StJbDG 1991. 256 OA v. 3. März 1885. Den Hinweis auf diese Quelle verdanke ich Gerhard Stengelin †.
257 LKA A 29, Bü 3698.
258 Lochmaier 1986, S. 137f.
259 Zur 100-Jahrfeier der Gewerbeschule Ravensburg. Anonymer Artikel im OA v. 27. März 1926.
260 StAL E 179 II Bü 4596.
261 OA v. 2. Juli 1876.
262 Lochmaier 1986, S. 138.
263 Zum Begriff des „katholischen Milieus" vgl. Rauh-Kühne 1991, S. 17, 139, 146, 156f. und 281.
264 DAR G 1.8 Bü 407 u. 408.
265 DAR G 1.3 Ortsakten Ravensburg.
266 DAR G 1.8 Bü 407 u. 408.
267 Ebd. Bü 408 u. 409.
268 Ebd. Bü 408.
269 Hafner Otto: Die kirchlich-religiösen Vereine (Bruderschaften) in Ravensburg. Sonderdruck aus dem Katholischen Kirchenanzeiger Ravensburg 1924.
270 DAR G 1.8 Bü 408.
271 Breucker / Ingendahl 1993 S. 178ff.
272 Halder Winfried: Katholische Vereine in Baden und Württemberg 1848-1914. Paderborn 1995, S. 223f. u. 266.
273 Hagen (wie Anm. 214) Bd.2, S. 279.
274 Diercks (wie Anm. 14) S. 33 u. 51.
275 Hagen (wie Anm. 214) S. 384.
276 Baumeister Anton: Die Neuzeit von St. Jodok 1904-1984, in: Festschrift zur 600-Jahrfeier der Katholischen Pfarrgemeinde St. Jodok Ravensburg , hg. v. Anton Burkhart. Ravensburg 1985, S. 44f.
277 Wie Anm. 246.
278 LKA A 29 Bü 3699.
279 Ebd. Bü 3698.
280 Ebd. Bü 399.
281 Ebd.
282 Ebd.
283 Beste Quelle für den Nachweis der Vereine ist der OA.
284 Hansjakob Heinrich: Dürre Blätter, 1. Reihe. 7. Auflage Stuttgart 1912, S. 341f.
285 OA v. 14. September 1870.
286 DAR G 1.8 Bü 408. Zum Verhältnis zwischen Katholiken und Protestanten vgl. Köhle-Hezinger wie Teil 2 Anm. 496.
287 LKA A 29 Bü 3698.
288 Ebd. Bü 3699.
289 Ebd. Bü 3698.
290 Eitel Peter u. Falk Beate: Johann Georg Eben und sein „Versuch einer Geschichte der Stadt Ravensburg", in: J. G. Eben: Geschichte der Stadt Ravensburg. Nachdruck der Originalausgabe Ravensburg 1832-35. Ravensburg und Oggelshausen 1982, Band 2, S. IX.
291 DAR G 1.8 Bü 408.

292 LKA A 29 Bü 3699.
293 Vgl. den Artikel „Mischehe" im Lexikon für Theologie und Kirche Bd. 7, Freiburg 1962, Spalte 437ff.
294 Vgl. für das Deutsche Reich Nipperdey 1990, S. 47, für Ravensburg StR A I Bü 3961 und die Eheregister der Pfarreien.
295 DAR G 1.8 Bü 409.
296 Eheregister des Ravensburger Standesamts.
297 DAR G 1.8 Bü 409.
298 LKA A 29 Bü 3698.
299 Ebd. Bü 3699.
300 Wie Anm. 87.
301 Vgl. neben der zusammenfassenden Darstellung von Lutz (Anm. 87) Wurth Andrea: Das Konzerthaus in Ravensburg. Ein Gebäude von Fellner und Helmer. Magisterarbeit masch. Stuttgart 1986.
302 StR KH (Konzerthausverwaltung) Bd. 1-8.
303 Müller-Gögler Maria: Karl Erb. Das Leben eines Sängers. Offenburg o. J. (ca. 1947) und spätere Auflagen.
304 StR R 305.
305 OA v. 15. November 1911.
306 Vgl. dazu Eitel 2003 II.
307 StR X Bü 152.
308 LKA A 29 Bü 3699.
309 Wie Anm. 35.
310 StAS Wü 66/10 Bd. 3 Bü 1.
311 Sauter Cornelia: Dr. Franz Sauter. Ein Lebensbild. Friedrichshafen 1928.
312 Literaturangaben zu Hafner, Miller, Beck und Detzel bei Rudolf 1999, Hauptabschnitt C.
313 Baum Julius: Die Bildwerke der Sammlung Schnell in Ravensburg, in: Altschwäbische Kunst. Augsburg 1923, S. 59.
314 Vgl. den Auktionskatalog Nr. 400 der Firma Math. Lempertz. Köln 1939.
315 Vgl. Reiter Ralf: „...weit über die Grenzen des Heimatlandes hinaus rühmlich bekannt..." Zum 150. Geburtstag des Ravensburger Bildhauers Moriz Schlachter, in: Im Oberland 1, 2002, S. 34-42.
316 OA v. 21. Januar 1876.
317 Vgl. die Berichte im OA v. 6., 11., 15. u. 20. Oktober, 11. u. 23. November und 1. Dezember 1910.
318 Grimm Claus: Hundert Jahre kulturelle Arbeit am Bodensee, in: SVGB 86, 1968, bes. S. 35 u. 42.
319 Schultheiss Franz: Gebhard Fugel. Eine Lebens- und Künstlerskizze. Ulm 1920. Weitere Literaturangaben bei Rudolf 1999, S. 713f.
320 Hafner 1908, S. 101ff.
321 Nipperdey 1990, S. 169.
322 StR X Bü 152.
323 StR Verzeichnis der wohnsteuerpflichtigen Personen 1872-1885 (unverzeichnet).
324 StAL E 179 II Bü 2047 (Visitationsbericht der Kreisregierung Ulm, 1876); OA v. 25. Oktober 1881 u. 10. Januar 1899. Vgl. außerdem Lochmaier 1986, S. 123 sowie die an versteckter Stelle erschienene Vereinschronik in: [Festschrift zur] Fahnenweihe des Silcher-Chors Ravensburg verbunden mit der 85jährigen Gründungsfeier. Ravensburg 1951.
325 HStAS E 151/02 Bü 384.
326 Glaeser 1993, S. 35.
327 Falk (wie Anm. 229) Abb.77.
328 DAR G 1.8 Bü 408.
329 Ebd.
330 Ebd.
331 LKA A 29 Bü 3699.
332 DAR G 1.8 Bü 408.
333 Kühnel (wie Anm. 221) S. 49ff.
334 Breucker / Ingendahl 1993 S. 90-100.
335 Wie Anm. 328.
336 LKA A 29 Bü 3698 u. Wurm (wie Anm. 246).
337 LKA A 29 Bü 3699.
338 StR PAR Bü 171.
339 Vgl. die Berichte und Annoncen im OA jeweils zwischen 10. und 20. November.
340 Falk wie Teil 2, Anm. 541, bes. S. 57ff. u. 84ff.
341 LKA A 29 Bü 3699 und Altregistratur Ortsakten Ravensburg.
342 Vgl. Lutz (wie Teil 2 Anm. 545) S. 39ff.

Anmerkungen und Belege zu Teil 4

1 Nipperdey 1992, S. 758.
2 Ebd. bes. S. 850ff.
3 OA und OVZ, Ausgaben vom Juli 1914.
4 Schmid 1983, S. 8.
5 OA v. 12. August 1914.
6 HStAS E 151/08 Bü 368; StR WK I Bü 122.
7 StR WK I Bü 122,123, 129, 151 u. 152.
8 StAS Wü 65/26 Bd. 1 Bü 376.
9 StR WK I Bü 127 u. 152 sowie Ratsprotokoll v. 23. Februar 1915.
10 OVZ v. 27. August 1914.
11 Müller-Gögler Maria: Bevor die Stürme kamen. Werkausgabe Bd. 7. Sigmaringen 1980, S. 197ff.
12 Breucker / Ingendahl 1993, S. 113ff.
13 StR A I 81 u. WK I Bü 158.
14 Nipperdey 1992, S. 789.
15 Breucker / Ingendahl 1993, S. 120.
16 StR PAR Bü 265.
17 Glaeser 1993, S. 56.
18 EWZ Verwaltungsratsprotokoll v. 14. November 1916.
19 Ebd. Protokoll v. 14. Dezember 1916.
20 StR WK I Bü 153.
21 Breucker / Ingendahl 1993, S. 121-126; StR A I Bü 1146.
22 Vgl. Den Aufruf an junge Mädchen bei Breucker / Ingendahl 1993, S. 122f u. StR A I Bü 33 u. Bü 81.
23 StR WK I Bü 163.
24 StAS Wü 65/26 Bd. 1 Bü 379.
25 StR WK I Bü 163.
26 Ebd.
27 Vgl. dazu Nipperdey 1992, S. 789 ff; Schmid 1983, S. 14ff.; WK I Bü 32-34 u. 64.
28 StR A I Bü 81.
29 StR Ratsprotokoll v. 25. Mai 1916.
30 Z.B. OA v. 7. Januar 1916.
31 StR WK I Bü 33.
32 OA v. 7. Mai 1917.
33 StR Ratsprotokoll v. 22. August 1918.
34 StR A I Bü 81.
35 Schmid 1983, S. 25ff.
36 StR SpG Band 33, Eintrag v. 10. Dezember 1914.
37 DAR G 1.4 Bü 12 Nr. 1 u. Bü 29.
38 StR A I Bü 81.
39 StR WK I Bü 13.
40 StR Ratsprotokoll v. 9. Mai 1916.
41 OA v. 21. März 1817 u. StR A I Bü 81.
42 StR Ratsprotokoll v. 29. Januar 1918.
43 Breucker / Ingendahl 1993 S. 193f.
44 LKA A 29 Bü 3699 (Pfarrbericht des Dekans Fauser 1919).
45 StR WK I Bü 170 u. OA v. 12. u. 14. Dezember 1914.
46 OVZ v. 5. Februar 1917.
47 OA v. 12. Dezember 1914.
48 StR Ratsprotokoll v. 18. April 1916.
49 Nipperdey 1992, S. 857.
50 Eheregister der Ravensburger Pfarrämter.
51 StLA u. Sterberegister des Ravensburger Standesamts.
52 Statistisches Handbuch für Württemberg 1914-1921. Stuttgart 1923, S. 31.
53 Vgl. die Register im Ravensburger Standesamt, außerdem StR A I Bü 3961.

Anmerkungen und Belege zu Teil 5

1 Kolb Eberhard: Die Weimarer Republik. 2. Auflage. München 1988, S. 4.
2 Nipperdey 1992, S. 869f.
3 Kuhn 1997, S. 245.
4 Ebd. S. 262.
5 Miller Max / Sauer Paul: Die württembergische Geschichte von der Reichsgründung bis heute. Stuttgart 1971, S. 128; Kuhn 1997, S. 244.
6 Vielleicht konstituierte sich der Arbeiter- und Soldatenrat Ravensburg-Weingarten auch schon am Abend des 9. November. Vgl. dazu Schmid 1983, S. 54; Heinz 1990, S. 188; Glaeser 1993, S. 76f.; Kuhn 1997, S. 262 u. 305.
7 Raberg 2001, S. 748f.
8 Vgl. hierzu u. zum folgenden OA u. OVZ v. 11. November 1918.

9 Schmid 1983, S. 66.
10 Kuhn 1997, S. 278, 280.
11 Ebd. S. 267.
12 Schmid 1983, S. 58.
13 OA v. 25. November 1918.
14 Kuhn 1997, S. 302f.
15 Schmid 1983, S. 97ff.
16 OA v. 27. Dezember 1918.
17 Schmid 1983, S. 72.
18 StR WK I Bü 3.
19 RB 1918, S. 294.
20 Kolb Eberhard u. Schönhoven Klaus (Bearb.): Regionale und lokale Räteorganisationen in Württemberg. Düsseldorf 1976, S. 364f.
21 StR WK I Bü 3.
22 Breucker / Ingendahl 1993 S. 132.
23 OA v. 18. Januar 1919.
24 Wahlergebnisse laut OA u. OVZ.
25 OVZ v. 20. Januar 1919.
26 StR A I Bü 15.
27 Kraus 1986, Anlage II/22.
28 Breucker / Ingendahl 1993 S. 134; Breucker 1996, S. 181f.
29 Kuhn 1997, S. 283.
30 Vgl. über ihn Vollmer Frank: Heinrich Matthiesen und seine Zeit. Auf den Spuren eines Ravensburger Sozialdemokraten, in: SPD-Festschrift 1995, S. 29-49.
31 Kolb und Schönhoven (wie Anm. 20) S. 388
32 Schmid 1983, S.116-122; Heinz 1990, S. 194f.
33 Glaeser 1993, S. 97.
34 StAS Wü 65/26 Bd. 1 Bü 381.
35 StR WK I Bü 33 u. 173.
36 OA und OVZ v. 7. u. 8. Juni 1920.
37 Die Darstellung basiert in der Hauptsache auf den Berichten in den beiden Lokalzeitungen. Vgl. außerdem StR A I Bü 3301 u. 3306 sowie Heinz 1990, S. 214.
38 StR X Bü 378.
39 Glaeser 1993, S. 101f., Kuhn 1984 I, S. 207.
40 Zum Parteienspektrum der Weimarer Republik vgl. Kolb (wie Anm. 1) S. 10ff. u. Schulze Hagen: Weimar. Deutschland 1917-1933. Berlin 1982, S. 67ff., außerdem WJb 1930/31, S. 77ff.
41 Glaeser 1993, S. 111
42 LKA Altregistratur Ortsakten Ravensburg.
43 Den beiden Diagrammen liegt das Flächendiagramm im Vorsatz des Werks von Schulze (wie Anm. 40) zugrunde.
44 So Kraus 1986, S. 439.
45 Ebd. S. 441f.
46 Ebd., Anlage I 4 u. S. 172ff.
47 StR WK I Bü 33.
48 Glaeser 1993, S.136ff.
49 StR Ratsprotokoll v. 18. April 1928 § 254.
50 Ebd. S. 117 u. 145.
51 Heinz Werner u. Neuburger Andreas: Völkische Bewegung und NSDAP in Ravensburg vor 1933, in: Drittes Reich 1997, S. 13.
52 Ebd. S. 15-17.
53 StR X 355.
54 Z.B. OA v. 13. August 1928.
55 Vgl. Restle Manfred: Die Gleichschaltung der Ravensburger Lokalpresse, in: Drittes Reich 1997, S. 111f.
56 Jubiläumsausgabe des OA April 1928.
57 Kraus 1986, S. 74.
58 Nach Angabe des evangelischen Dekans H. Ströle (LKA Altregistratur, Ortsakten Ravensburg).
59 Walchner (wie Teil 3 Anm. 56) S. 56 u. 64.
60 Ebd. S. 64f.
61 Vgl. Sondernummer der OVZ anlässlich des 20-jährige Bestehens v. 1. Oktober 1932 sowie Restle (wie Anm. 55) S. 107f.
62 Vgl. die Erinnerungen von Ludwig Munzinger im StR X Bü 104 sowie Sondernummer der OVZ (wie Anm. 61).
63 Wie Anm. 58.
64 StR X Bü 152.
65 Restle (wie Anm. 55) S. 110.
66 Die Darstellung folgt im Wesentlichen den Ausführungen von Kraus 1986, S. 273-302, zusätzlich den zahlreichen Kommentaren im OA und in der OVZ.
67 Laut Brockhaus Enzyklopädie Bd. 10 1989, S. 492.
68 StR WK I Bü 35.
69 StR A I Bü 81: Jahresbericht des Oberbürgermeisters für das Jahr 1922.
70 StR X Bü 140.
71 StR WK I Bü 29.
72 StR A I Bü 81.
73 Ebd.
74 EWZ Protokolle des Verwaltungsrats und des Ausschusses des Verwaltungsrats 1922.
75 Ebd. u. Denkschrift August Maas (Privatbesitz).
76 Kuhn 1984 I, S.122.
77 StR PAR Bü 167.
78 Ebd. u.WABW A 5 Bü 41.
79 Mirsching Gerhard: Maybach-Karosserien aus Ravensburg. Hermann Spohn und sein Werk. Friedrichshafen 2001, S. 7-15.
80 Deutschlands Städtebau. Ravensburg. Hg. v. d. Stadtverwaltung Ravensburg. 2. Auflage, Berlin 1931, S. 64-67; Neyer Ernst: OMIRA. 50 Jahre erfolgreich durch Qualität, in: SZ v. 20. September 1979.
81 StR Steuerbuch 1928.
82 Vgl. dazu die beiden Jubiläumsschriften: 150 Jahre Escher Wyss 1805-1955. Zürich 1955, S. 8; 100 Jahre Escher Wyss Ravensburg. Ravensburg 1956, S. 22f.
83 StR A I Bü 190 u. WK I Bü 11; leicht abweichende Zahlen in den beiden Ravensburger Tageszeitungen.
84 Alle Zahlen beruhen auf der Auswertung der Zivilstandsregister des Standesamts Ravensburg.
85 Vgl. die Statistik Teil 3 S. 162f.
86 Zahlen laut StLA.
87 Grundlagen einer württembergischen Gemeindestatistik, Ergänzungsband II, Stuttgart 1898 und eigene Auswertung der Geburtenregister des Standesamts Ravensburg.
88 Bade Klaus J.: Arbeitsmarkt, Bevölkerung und Wanderung in der Weimarer Republik, in: Die Weimarer Republik, hg. von M. Stürmer. Königstein 1980, S. 162f.
89 StR WK I Bü 13.
90 StR A I Bü 81.
91 Moser (wie Teil 3 Anm. 61) S. 26f.
92 Winkler Heinrich August: Weimar 1918-1933. München 1998, S. 297 u. 233.
93 Eitel Peter u. Koppmann Jan: Quellen zur Ravensburger Stadtgeschichte für den Geschichtsunterricht. Ravensburg 1992-1997, Lieferung 2, Nr. 13.
94 StR A I Bü 81.
95 StR A I Bü 2755.
96 StAL E 179 II Bü 2045-2046; StR A I Bü 1198.
97 StR A I Bü 190 u. WK I Bü 11. Vgl. auch Heinz (wie Anm. 51) S.17f.
98 Breucker / Ingendahl 1993 S. 124ff.
99 Ebd. S. 128f.
100 Ebd. S. 127; StR WK I Bü 1 u. 2.
101 StR A I Bü 80 u. 81; Württembergische Gemeinde- u Bezirksstatistik 1933. Stuttgart 1935, S. 228.
102 StR R 52/IX (Adressbuch v. 1925).
103 StR Materialsammlung des Projekts Frauengeschichte: Kartei bemerkenswerter Frauen.
104 StR WK I Bü 24.
105 StR A I Bü 79-83; vgl. auch OVZ v. 1. September 1933.
106 Statistisches Handbuch f. Württemberg 1927-1935. Stuttgart 1937, S. 25.
107 HStAS E 151/08 Bü 368.
108 StR A I Bü 82.
109 Ebd. Bü 81
110 Ebd.
111 StR A I Bü 81; WK I Bü 110 u. 112; Lutz Alfred: Die schwierige Kriegs- und Nachkriegszeit, in: 100 Jahre Bau- und Sparverein. Ravensburg 2003, S. 32.
112 Wie Anm. 107.
113 StR WK I Bü 24.
114 HStAS E 151/09 Bü 275.
115 StR A I Bü 82 u. 83.
116 Kraus 1986, S. 322-324.
117 Ebd. S. 317f.

118 LKA Altregistratur Ortsakten: Pfarrberichte Ravensburg 1931.
119 Kraus 1986 S. 320.
120 SBB E 2001(B)- 4 Bd. 19.
121 StadtA St. Gallen Fasz. 246/XI; StR WK I Bü 24.
122 StR WK I Bü 24.
123 StR A I Bü 81.
124 Vgl. 100 Jahre Bau- und Sparverein (wie Anm. 111) S. 32, 36 u. 40.
125 Restle (wie Anm. 55) S. 56.
126 Zugrunde liegen die Daten in StR A I Bü 82.
127 Vgl. Weiss Gabriele: Die Schussensiedlung in Ravensburg. Eine soziohistorische Darstellung ihrer Entstehungsgeschichte. Diplomarbeit masch. Ravensburg-Weingarten 1990, bes. S. 23 u. 46; vgl. auch StR A I Bü 82.
128 Ebd.
129 StR unverzeichnet.
130 Inflationsbereinigt. Zugrunde liegen die Baukosten für den Wohnungsbau im Deutschen Reich 1924-1941 und die württembergischen Preise für Baumaterial 1913-1921.
131 Alle Angaben aufgrund der Bautagebücher im StR.
132 StR Bautagebuch 1922.
133 Vgl. OVZ v. 19. Januar 1926; StR A I Bü 190.
134 StR X Bü 350 (Dokumentation von Zeitungsberichten über die Abwahl von Oberbürgermeister Mantz im Februar 1932. Darin anonymer Zeitungsbericht v. 10. März 1932).
135 StR A I Bü 1951.
136 Die Zahlen beruhen auf einer Auswertung der beiden Tageszeitungen.
137 Müller-Gögler (wie Teil 3, Anm. 303).
138 Liederkranz Ravensburg. Festschrift zur Feier des 125-jährigen Bestehens. Ravensburg 1952, S. 17 u. 24.
139 Vgl. Brockhaus Enzyklopädie 19. Aufl. Bd. 10.
140 OA v. 9. März 1929.
141 OA v. 29. April 1929.
142 OVZ v. 24. Oktober 1929.
143 Vgl. Dreher Andrea: Julius Herburger und die Kunst der zwanziger und frühen dreißiger Jahre, in: Julius Herburger. Die frühen Jahre. Hg. v. Thomas Knubben. Ravensburg 2000, bes. S. 23-33.
144 Schmidt Richard u. Buchheit Hans: Kunstdenkmalinventar Oberamt Ravensburg. Stuttgart 1931.
145 Benutzte Quellen: Lokalzeitungen, Vereinsregister beim Amtsgericht und Vereinsakten im StR Bestand X.
146 Vgl. dazu Ingendahl Gesa: Kulturelle, soziale und politische Frauenaktivitäten und Frauenvereine in Ravensburg. Dokumentation und Auswertung der Ravensburger Tageszeitungen 1890-1933. Masch. Mskr. Ravensburg 1992 (im StR vorhanden).
147 Ebd. S. 34f.
148 Z.B. OA v. 30.12.1928.
149 „Turnverein 1847 feiert Geburtstag", Artikel im Verbo Ravensburger Tagblatt v. 16. Oktober 1937.
150 Ingendahl (wie Anm. 146) S. 53.
151 StR X Bü 152.
152 Ebd.
153 Falk Beate: Ein Neckarschwabe entdeckte den Freizeitwert des Flappachweihers, in: SZ (RV) v. 21. September 1994.
154 Dies.: Seiltänzer, Zauberer, Indianer: Zirkus-Sensationen aus drei Jahrhunderten, in: SZ (RV) v. 4. Februar 1992.
155 Dies. in: Ravensburger Monatsmagazin Stadt-Land-Fluss Heft 7/8 1995 u. Häussler Elisabeth: 80 Jahre Kinogeschichte und Kinokultur in Weingarten, in: Im Oberland 1/1992, S. 4.
156 DAR G 1.8 Bü 409.
157 LKA Pfarrbericht Ravensburg 1931.
158 Vgl. für 1930 StR PAR Bü 171, für 1981 StJbDG 1988.
159 LKA A 29 Bü 3699 (Pfarrbericht des Dekans Fauser, 1919).
160 Ebd. Bü 3698.
161 LKA Pfarrbericht Dekan Dr. Ströle 1931.
162 Ebd.
163 StR X Bü 456 (Kopie; das Original der Chronik im ALF).
164 DAR G 1.8 Bü 409.
165 Ebd. Bü 406.
166 An unsere Freunde. Informationen der süddeutschen Jesuiten 3/1979.
167 Endres Elisabeth: Erzabt Walzer. Versöhnen ohne zu verschweigen. Baindt 1988.
168 Zugrunde liegen die Eheregister des Standesamts Ravensburg sowie StR A I Bü 3961.
169 Nipperdey 1990, S. 47.
170 LKA Altregistratur, Ortsakten Ravensburg: Pfarrberichte.
171 Standesamt Ravensburg Eheegister.

Anmerkungen und Belege zu Teil 6

1 Benz Wolfgang: Geschichte des Dritten Reiches. München 2000, S. 95.
2 StR X Bü 104: Munzinger Ludwig: Erinnerungen und Gedanken eines unbeträchtlichen Zeitgenossen zwischen zwei Welten, Bd. 4, S. 23 (masch. Mskr. im StR).
3 Heinz Werner und Neuburger Andreas: Völkische Bewegung und NSDAP in Ravensburg vor 1933, in: Drittes Reich 1997, S. 12f.
4 Ebd. S. 15.
5 OA v. 15. September 1930.
6 Heinz (wie Anm. 3) S. 20.
7 Vgl. zu ihm Strittmatter Wolf-Ulrich: Politische Säuberung in Ravensburg 1945-1952, in: Drittes Reich 1997, S. 435-437 u. Heinz ebd. S. 21.
8 Vgl. Kraus 1986, S. 269ff.
9 OA v. 14. März 1932.
10 Kraus 1986, Anlage I/13.
11 Ebd. S. 174ff.
12 OVZ v. 4. Juni 1932.
13 Eitel Peter: Formen des Widerstands in der NS-Zeit, in: Drittes Reich 1997, S. 127.
14 Heinz in: Drittes Reich 1997, S. 25f.; vgl. auch den Beitrag von Restle Manfred: Die Gleichschaltung der Ravensburger Lokalpresse, ebd., S. 101-125.
15 OA v. 1. Februar 1933.
16 OA v. 15. Februar 1933; „Donauwacht" v. 16. Februar 1933; ein Exemplar der von Ravensburger Kommunisten herausgegebenen, nur in kleiner Auflage erschienenen Zeitung „Der Weckruf. Kampforgan der werktätigen Bevölkerung von Ravensburg und Umgebung" Nr. 1 vom Februar 1933, hat sich im StAS Wü 65/26 Bd. 11 Bü 1 (116.10/11) erhalten.
17 Vollmer (wie Teil 5, Anm. 30) S. 38f.
18 Nach Kraus 1986 Anlage I/13 und Broszat / Frei S. 197.
19 In Ravensburg als Liste „Schwarz-Weiß-Rot" auftretend.
20 Kraus Uwe: Von der Weimarer Republik ins Dritte Reich, in: Drittes Reich 1997, S. 43.
21 Vgl. Eitel Peter: Rudolf Walzer - Ravensburgs Bürgermeister im Dritten Reich, in: Drittes Reich 1997, S. 89.
22 Kraus 1986, S. 444.
23 Zu Matthiesen: Vollmer (wie Anm. 17) S. 42; zum Gasthof „Dreikönig": OVZ v. 11. März 1933.
24 Kraus 1986, S. 509.
25 Ebd. S. 528.
26 Kraus (wie Anm. 20) S. 51-53.
27 Strittmatter Wolf-Ulrich: Die NSDAP in Ravensburg, in: Drittes Reich 1997, S. 57; Kraus 1986, S. 498-500.
28 Ebd. S. 499; Heinz 1990, S. 289.
29 StAS Wü 65/26 Bd. 11 (Acc.21/1973) Bü 116/10 u. 11.
30 StAS Wü 42 Bd. 22 Bü 1102. Vgl. für Ettlingen Rauh-Kühne 1991, S. 331.
31 Vgl. Strittmatter (wie Anm. 27) S. 58f.
32 Arbogast Christine: Herrschaftsinstanzen der württembergischen NSDAP. München 1998, S. 58.
33 Vgl. den Beitrag von Koppmann Jan: Carl Rudorf - Kreisleiter des Kreises Ravensburg in: Drittes Reich 1997, S. 65-86.
34 Heinz (wie Anm. 3) S. 32f.

35 Dazu ausführlich WEINGARTEN 1992, S. 369-374; außerdem Koppmann (wie Anm. 33) S. 77f. u. EITEL ebd. S. 95.
36 Brockhaus Enzyklopädie 19. Auflage Band 8, 1989.
37 Vgl. OA v. 13.11.1933 und 20.8.1934.
38 OA v. 4. Mai 1933.
39 STRITTMATTER (wie Anm. 27) S. 62.
40 StR A I 84; HStAS E 151/03 Bü 502. Zu Staudacher vgl. STRITTMATTER (wie Anm. 7) S. 448f.
41 EITEL (wie Anm.21) S. 91.
42 Ebd. S. 134 u. RUNDEL Friedhilde: Von der Konfessionsschule zur Deutschen Schule. Die Ravensburger Mädchenschule im Dritten Reich, in: DRITTES REICH 1997, S.157f.
43 Vgl. dazu den Beitrag von LUPSCHINA Rainer: Ravensburgs Sportvereine im Dritten Reich, ebd. S. 281-294 sowie die Beiträge von DAVIDSON Editha: Das kulturelle Leben in Ravensburg während der NS-Zeit, ebd. S. 245-280 u. HOHMANN Joachim: Ravensburger Jugend zwischen Kreuz und Hakenkreuz. Wie Schülerinnen und Schüler die NS-Zeit erlebten, ebd. S. 207-228.
44 Pfarrchronik Liebfrauen (wie Teil 5 Anm. 163) S. 19a.
45 Verbo Ravensburger Tagblatt v. 16. Oktober 1937.
46 KRAUS 1986, S. 74.
47 RESTLE (wie T. 3 Anm. 57) S. 109f.
48 Ebd. S. 105.
49 KRAUS 1986, S. 595f.
50 RESTLE S. 105.
51 Ebd. S. 106.
52 Verbo Ravensburger Tagblatt v. 30. Mai 1939.
53 BROSZAT / FREI S. 214.
54 OA v. 24. August 1937. Die Angaben in: StHW 25. Ausgabe, Stuttgart 1937, S. 165 weichen davon ab, zeigen aber dieselbe Tendenz.
55 IHKW Firmenakten.
56 Ebd.
57 EWZ Verwaltungsratsprotokolle.
58 THEURINGER Martin: Die finanzwirtschaftliche Struktur der großen Kreisstadt Ravensburg. Diss. rer.pol. masch. Innsbruck 1959, Anhang II 2.
59 StDR Bd. 557 Heft 26. Berlin 1942, S. 175, 205, 207.
60 StDR Bd. 453, Heft 1. Berlin 1936, S. 214.
61 BREUCKER Dorothee: Frauen im Nationalsozialismus. Ideologie und Wirklichkeit nationalsozialistischer Frauenpolitik, in: DRITTES REICH 1997, S. 232 f.
62 StR Bautagebücher 1936-1938.
63 Vgl. WEISS (wie Teil 5 Anm. 127).
64 Vgl. dazu KIDERLEN Dorothea: „Duesch halt fescht d'Zähn' zammabeißa…". Die Verfolgung und Vernichtung der Ravensburger Sinti, in: DRITTES REICH 1997, S. 343-346.
65 Vgl. die Jahresberichte der Stadtverwaltung Ravensburg, die jeweils in den Ratsprotokollen enthalten sind.
66 Zitiert nach BENZ 1997, S. 209.
67 Ebd. S. 203.
68 THAMER 1989, S. 401.
69 OA v. 3. Februar 1937; Archiv des Klosters Reute, Landkreis Ravensburg.
70 StR A I Bü 83.
71 OA v. 10. September 1937. Vgl. auch EITEL, in: DRITTES REICH 1997, S. 93 u. 136.
72 SCHNABEL 1986, S. 493f.
73 RUNDEL (wie Anm. 42) S. 154.
74 LUTZ Alfred: Das Rutenfest während des Dritten Reiches, in: DRITTES REICH 1997, S. 298f.
75 RUNDEL S. 165.
76 Ebd. S. 167.
77 EITEL in: BREUCKER 1996, S. 167.
78 Vgl. STENGELIN Gerhard: Die Höheren Schulen Ravensburgs 1933-1945 in: DRITTES REICH 1997, S. 184f.
79 BENZ 1997, S. 207.
80 STENGELIN (wie Anm. 78) S. 200. Zu Luib außerdem S. 174-177.
81 HAGEN (wie Teil 3 Anm. 214) S. 341. Hagen nennt als Zeitpunkt Herbst 1939. Im Visitationsbericht der Pfarrei St. Jodok (DAR G 1.8 Bü 410) ist jedoch Februar 1939 angegeben.
82 Ebd. S. 179.
83 BINDER (wie Teil 3 Anm. 53) S. 52-54.
84 THAMER 1989, S. 415.
85 BENZ 1997, S. 513.
86 Vgl. z.B. HOHMANN (wie Anm. 43) S. 227.
87 Pfarrchronik Liebfrauen (wie Teil 5 Anm. 163) S. 35a.
88 DRITTES REICH 1997, S. 210.
89 EITEL ebd. S. 131.
90 KRAUS (wie Anm. 20) S. 54.
91 HOHMANN (wie Anm. 43) S. 209f.
92 OA v. 11. April 1936.
93 DAVIDSON (wie Anm. 43) S. 249f.
94 Ebd. S. 274f.
95 Ebd. S. 275f.
96 OVZ v. 27. Oktober 1933.
97 StR A I Bü 1951 u. 4027. Die letztere Zahl basiert darauf, dass im Juli 1945 3.960 Radioapparate in Ravensburg gezählt wurden (StR Bü 4027). Da ab 1942 keine neuen Radioapparate mehr gekauft werden konnten, verteilten sich die ca. 3.500-4.000 damals in Ravensburg vorhandenen Radioapparate (zwischen 1942 u. 1945 waren sicher einige kaputt gegangen) auf ca. 4.900 bis 5.500 Ravensburger Haushalte, also etwa auf die Hälfte der Einwohner.
98 Vgl. dazu LUTZ (wie Anm. 74) S. 295-303.
99 Ebd. S. 298f. u. 301.
100 FALK (wie Teil 2 Anm. 541) S. 90-94.
101 THAMER 1989, S. 435.
102 SCHÄFER Gerhard: Die evangelische Landeskirche in Württemberg und der Nationalsozialismus Bd. 3. Stuttgart 1974, S. 531.
103 Nachlass Dr. Wilhelm Krauß, Schwäbisch Hall (laut frdl. Mitteilung von Frau Margarete KRAUSS).
104 SCHÄFER (wie Anm. 102) S. 594 u. 648.
105 Ebd. Bd. 4, Stuttgart 1977, S. 119f.
106 StAL EL 902/13 Spruchkammerakten Künzelsau 28/34/14 W 290.
107 EITEL (wie Anm. 13) S. 136.
108 Evangelisches Dekanatsarchiv Ravensburg Bü 86.
109 DAR G 1.8 Bü 410.
110 StR PAR Bü 186
111 StR Ratsprotokolle: Verwaltungsberichte; SAR.
112 DAR G 1.8 Bü 410.
113 Vgl. EITEL (wie Anm. 13) S. 130 u. 141 Anm. 27.
114 HOFMANN Karl: Eine katholische Generation zwischen Kirche und Welt. Studien zur Sturmschar des Katholischen Jungmännerverbandes Deutschland. Augsburg 1992, S. 344-346 u. HAGEN (wie Teil 3 Anm. 214) S. 412.
115 Chronik des Stadtpfarrers E. NIEDER (wie Teil 5 Anm. 163).
116 EITEL (wie Anm. 13) S. 133.
117 DAR G 1.1, A 13.5a; SAR Eheregister.
118 Standesamtsregister und Kirchenbücher wie Anm. 117. Vgl. außerdem StR A I Bü 3961.
119 WEISSMANN Karlheinz: Der Weg in den Abgrund. Deutschland unter Hitler 1933 bis 1945. 2. Aufl. München 1997, S. 160.
120 BREUCKER Dorothee in: BREUCKER / INGENDAHL 1993 S. 239.
121 Ebd.
122 GREES 1973, S. 178. Der dort angegebene Wanderungsgewinn zwischen 1933 und 1939 von 3.218 Personen bezieht sich auf die „Doppelstadt Ravensburg-Weingarten". Für Ravensburg allein kann daher nur ein Schätzwert angegeben werden.
123 HAUSER Manfred: Antisemitismus und Schicksal der Juden in Ravensburg, in: DRITTES REICH 1997 S. 313.
124 StR Ratsprotokoll v. 3. Mai 1933.
125 Ratsprotokoll v. 17. Mai 1933.
126 Z. B. OVZ v. 1. September 1933.
127 WABW A 5 Bü 370.
128 HAUSER (wie Anm. 123) S. 320.
129 WABW (wie Anm. 127).
130 HAUSER (wie Anm. 123) S. 320f.
131 KAR 361 Bü 567.
132 Ebd. S. 319. Zum Schicksal der Familie Erlanger vgl. EMMRICH Sibylle: Die Ver-

folgung, Enteignung und Vernichtung der Juden im Nationalsozialismus am Beispiel der Vertreibung der Familie Erlanger aus Ravensburg und der Arisierung ihres landwirtschaftlichen Anwesens, des Burachhofs. Hausarbeit masch. FU Berlin 1994 (im StR vorhanden).
133 Hauser S. 319f.
134 Verbo Ravensburger Tagblatt v. 15. November 1938.
135 Hauser S. 321 f.; Emmrich (wie Anm. 132).
136 Hauser S. 326-328 u. Hörtling Hermann: Was ist aus ihnen geworden? Auf der Suche nach den Ravensburger Juden, in: Drittes Reich 1997, S. 333-341.
137 Hauser (wie Anm. 123) S. 311, 324f., 327; Benz (wie Anm. 1) S. 148f.; Thamer 1989, S. 397-399.
138 Hauser S. 329-331.
139 Ebd. S. 328 f.
140 Vgl. zu diesem Abschnitt Lindemann Florian: Die Sinti aus dem Ummenwinkel. Weinheim und Basel 1991; Kiderlen (wie Anm. 64) S. 342-360.
141 StR A I Bü 3321; Kiderlen S. 349.
142 StR Einwohnermeldekartei I.
143 Zitiert nach Kiderlen S. 348f.
144 Ebd. S. 350-357.
145 Ebd. S. 358.
146 Kretschmer Manfred: Die Heilanstalt Weißenau 1933 1945, in: Drittes Reich 1997, S. 363.
147 Ebd. S. 367.
148 Ebd. S. 369.
149 Ebd. S. 370; Eitel (wie Anm.13) S. 139 u. 142, Anm. 77.
150 Vgl. Breucker Dorothee: Dr. Martha Fauser - eine Ärztin im Nationalsozialismus, in: Drittes Reich 1997, S. 379-390.
151 Kretschmer (wie Anm. 146) S. 370.
152 Eitel (wie Anm. 13) S. 120 mit Quellennachweis.
153 StAS Wü 65/26 Bd. 11 Bü 32 (000.41); StR A I Bü 4121.
154 Eitel (wie Anm. 13) S. 137 f.
155 Wie Anm. 153.
156 Drittes Reich 1997, S. 134 u. 158.
157 Rundel (wie Anm. 42) S. 161-164.
158 StR A I Bü 3873.
159 100 Jahre Krankenhaus St. Elisabeth (wie Teil 3 Anm. 207) S. 33
160 Kretschmer (wie Anm. 146) S. 375 f.
161 StR X Bü 430.
162 EWZ Dossier Nr. 77 u. mündliche Information Dipl. Ing. Jürgen Maas †.
163 Denkschrift August Maas (wie Anm. 75).
164 EWZ Protokoll des Verwaltungsrats und des Ausschusses des Verwaltungsrats 1940.
165 IHKW Firmenakten.
166 Ritthaler Andreas: Die wirtschaftliche Entwicklung und soziale Lage der Bevölkerung im Landkreis Ravensburg von 1933 bis 1945. Magisterarbeit masch. Tübingen 1992, S. 97.
167 Rauh-Kühne Cornelia u. Ruck Michael: Regionale Eliten zwischen Diktatur und Demokratie. Baden und Württemberg 1930-1952. München 1993, S. 206.
168 Burger Oswald: Zeppelin und die Rüstungsindustrie am Bodensee Teil 2, in: 1999. Zeitschrift für Sozialgeschichte des 20. u. 21. Jahrhunderts, Heft 2 1987, S. 64-66; vgl. auch StAS Wü 65/26 Az. 9446.2 (177.43).
169 Gessler Angelika: Ravensburg im Jahr 1945. Zulassungsarbeit masch. Weingarten 1971, S. 15.
170 Ebd. S. 21.
171 KAR AG I. RV-173.-U. 426
172 StR Repertorium A I Abschnitt 11.1.7.1 u. A I Bü 84.
173 KAR AG I. RV-173.0-U 424; StR A I Bü 84.
174 Pfarrchronik Liebfrauen (wie Teil 5 Anm. 163) S. 83 f.
175 Ebd.
176 KAR AG I.RV-179.3-U.
177 StR A I Bü 4120.
178 StR A I Bü 3912, 3945 u. 3946.
179 StR A I Bü 2491/3.
180 StR A I Bü 84.
181 Z.B. Ravensburger Tagblatt v. 5. Dezember 1941.
182 StR A I Bü 84.
183 Zahlreiche Belege im Ravensburger Tagblatt 1942 (ab 1. April 1942 unter dem Titel Donau-Bodensee-Zeitung Kreisausgabe Ravensburg).
184 Thamer 1989, S. 713.
185 Gessler (wie Anm. 169) S. 25.
186 Die folgenden Angaben basieren auf dem Jahrgang 1942 des Ravensburger Tagblatts bzw. der Donau-Bodensee-Zeitung Kreisausgabe Ravensburg.
187 Donau-Bodensee-Zeitung Kreisausgabe Ravensburg v. 8. März 1945.
188 Wie Anm. 182.
189 StR A I Bü 84. Während der Fusion der beiden Städte von 1939 bis 1945 wurden viele Statistiken nicht mehr für jeden einzelnen der beiden Stadtteile aufgestellt.
190 StR A I Bü 84.
191 Ebd.
192 StR PAR Bü 442.
193 Schäfer Annette: Zwangsarbeiter und NS-Rassenpolitik. Russische und polnische Arbeitskräfte in Württemberg. Stuttgart 2000, S. 1.
194 Schwarz Achim: Ausländische Arbeiter während des Zweiten Weltkriegs in Ravensburg-Weingarten, in: Drittes Reich 1997, S. 396.
195 Tholander Christa: Fremdarbeiter 1939 bis 1945. Ausländische Arbeitskräfte in der Zeppelin-Stadt Friedrichshafen. Essen 2001, S. 479.
196 Schwarz S. 397.
197 Ebd. S. 392 u. 396.
198 Breucker / Ingendahl 1993 S. 173.
199 StR A I Bü 84.
200 Schwarz S. 402.
201 StR A I Bü 84.
202 Ebd. S. 398.
203 EWZ Dossier Nr. 95.
204 Schwarz (wie Anm. 194) S. 395.
205 StR PAR Bü 383.
206 Wie Anm. 201 u. Breucker Dorothee: Ausländische Frauen halfen, die Kriegs- und Rüstungsindustrie am Laufen zu halten, in: SZ (RV) v. 21. Februar 1992.
207 Schwarz (wie Anm. 194) S. 395.
208 Recherchen des StR (dort nachgewiesen in der Rubrik „Zwangsarbeiter").
209 StR A I Bü 3245.
210 Z.B. StR A I Bü 3347.
211 Schwarz (wie Anm. 194) S. 40 f.
212 StAS Wü 66/10 T 4 Bü 42, StR A I Bü 84 u. Breucker / Ingendahl 1993 S. 174. Zum katholischen Gottesdienst für polnische Zwangsarbeiter StR PAR Bü 186.
213 Ebd. S. 175f.; Koppmann (wie Anm. 33) S. 80f.
214 Breucker / Ingendahl 1993 S. 174f.
215 Schwarz (wie Anm. 194) S. 403.
216 Z.B. SAR Eheregister v. 7. Januar u. v. 18. Mai 1944.
217 SAR Sterberegister 1944
218 StR A I Bü 3348.
219 KAR AG.I. RV-510.69-U 685.
220 StR A II Bü 886.
221 StR A I Bü 3912; KAR B.II.RV-483.11-Y2587.
222 StR A I Bü 3883, 3834 u. 3912. Vgl. außerdem die Darstellung von Eitel in: SZ (RV) v. 29. August 1992.
223 StR A I Bü 3944; ein Augenzeugenbericht findet sich im StR X Bü 321.
224 Lohmann Uwe: Verheerender Luftangriff auf die Argonnenkaserne, in: Emmrich 1996, S. 23-25.
225 Wie Anm. 220; außerdem KAR wie Anm. 218; StR X Bü 329-5 u. SAR Sterberegister 1945.
226 StR A I Bü 3972.
227 StR A I Bü 82, 83 187, 3961 u. 4003.
228 Ebd.
229 Ebd.
230 Donau-Bodensee-Zeitung Kreisausgabe Ravensburg v. 7. August 1943.
231 Ebd. Ausgabe v. 7. Juli 1943.
232 Ebd. Ausgabe v. 26. Juli 1943.
233 Vgl. die Anzeigen in der Lokalzeitung sowie StR A I Bü 84.
234 StR X Bü 456, S. 37.
235 StR A I Bü 84.

236 StAS Wü 13 9/0/1015.
237 Donau-Bodensee-Zeitung Kreisausgabe Ravensburg v. 18. Januar 1945.
238 EITEL (wie Anm. 13) S. 137.
239 Vgl. die Beiträge von RUNDEL und STENGELIN (Anm. 42 u. 78).
240 STENGELIN (wie Anm. 78) S. 190.
241 Donau-Bodensee-Zeitung Kreisausgabe Ravensburg v. 4. Dezember 1943.
242 KAR AG. I. RV-151.20-u. 419.
243 GESSLER (wie Anm. 169) S. 17.
244 Donau-Bodensee-Zeitung Kreisausgabe Ravensburg v. 20. Juli 1942.
245 STENGELIN (wie Anm. 78) S. 189.
246 Ebd. S. 188.
247 StR X Bü 456, S. 37.
248 DAR G 1.8 Visitation der Pfarrei St. Christina.
249 EITEL (wie Anm. 13) S. 139.
250 SAR Register der Kirchenaustritte; StR A I Bü 84.
251 StR X Bü 129 u. mündliche Aussagen v. Franziska KÜBEL † (1995).
252 EITEL (wie Teil 2 Anm. 27) S. 111-120.
253 StR X Bü 456, S. 46.
254 HAGEN (wie Teil 3 Anm. 214) S. 278; Festschrift 100 Jahre Krankenhaus St. Elisabeth (wie Teil 3, Anm. 207).
255 StR X Bü 324/25.
256 Ebd. Bü 325-4.
257 WALTER 1985, S. 409.
258 StR X Bü 324-1 Nr. 6: „Genf und Ravensburg. Ein Tatsachenbericht aus dem letzten Kriegsjahr 1945“ v. Dr. Ernst KUNDT (masch. Mskr.). Auf dieser Quelle und auf WALTER 1985, S. 4-6 beruht die folgende Darstellung hauptsächlich.
259 Die Angabe von WALTER 1985 S. 5, von 14. bis 21. April seien 232 Güterwagen mit Lebensmitteln in Ravensburg eingetroffen ist entsprechend zu korrigieren, vgl. den Bericht von KUNDT (wie Anm. 258) S. 3.
260 Ebd. S. 6.
261 KOPPMANN (wie Anm. 33) S. 82; Erinnerungen von Max KAH in: SZ (RV) v. 30. April 1946.
262 KUNDT (wie Anm. 254) S. 6.
263 StR X Bü 324-5: WENDLING Heinrich: Meine Erlebnisse in Ravensburg bei Ende des 2. Weltkriegs (masch. Mskr.).
264 Ebd.
265 WEH Paul: Bange Wochen vor dem bitteren Kriegsende, in: SZ (RV) v. 24. April 1965.
266 MÜLLER-GÖGLER Maria: Kriegsende in Oberschwaben. Aus einem Tagebuch, in: Allmende 3, Heft 2 1983, S. 21.
267 Ebd.
268 StR X Bü 324-5.
269 Vgl. StR X Bü 324-8, 324-13a, 455 u. 456; dagegen der Augenzeugenbericht von Josef FRANKENHAUSER abgedruckt in SZ (RV) v. 24. April 1985.
270 StR X Bü 324-16/17.
271 StR X Bü 324-1 u.324-8 (Bericht Dr. Franz DREHER).
272 Vgl. StR X Bü 324-8; WALTER 1985, S. 8f.
273 StR X Bü 324-1 Nr. 6.
274 StR X Bü 420: Chronik der Armen Schulschwestern (Kopie) zum 24. bis 28. April 1945.
275 StAS Wü 13 Nr. 1529.
276 WEH (wie Anm. 265).
277 StR X Bü 324-2 (Niederschrift v. Rudolf WALZER).
278 FRANKENHAUSER (wie Anm. 269).
279 StR X Bü 327 (Augenzeugenbericht Anton MÜLLER).
280 FRANKENHAUSER (wie Anm. 269).
281 Kriegsende 45. Aus dem Tagebuch von Maria MÜLLER-GÖGLER. Ravensburg 1995, S. 9.
282 FRANKENHAUSER (wie Anm. 269).
283 StR X Bü 324-2.
284 Pfarrchronik Liebfrauen (wie Teil 5 Anm. 163).

Anmerkungen und Belege zu Teil 7

1 ESCHENBURG Theodor: Jahre der Besatzung 1945-1949.(Geschichte der Bundesrepublik Deutschland Bd. 1) Stuttgart 1983, S. 95 f.
2 WOLFRUM Edgar: Französische Besatzungspolitik, in: Deutschland unter alliierter Besatzung 1945-1949/55. Hg. v. Wolfgang BENZ. Berlin 1999, S. 66.
3 Ders.: Das Bild der „düsteren Franzosenzeit“, in: Vom Erbfeind“ zum „Erneuerer“. Hg. v. Stefan MARTENS. Sigmaringen 1993, S. 88-90.
4 Vorwort zu: WOLFRUM 1996, S. 7.
5 StR X Bü 324/25.
6 Augenzeugenbericht von Paul WEH in: SZ (RV) v. 27. April 1960.
7 Ders. in: SZ (RV) v. 27. April 1965 u. v. 28. April 1955.
8 Ebd.
9 StR X Bü 325-4; SZ (RV) v. 27. April 1960.
10 MÜLLER-GÖGLER (wie Teil 6 Anm. 262) S. 24.
11 WOLFRUM 1996, S. 21.
12 Wie Anm. 10.
13 StR A III 061-19.
14 StR X Bü 327; A I Bü 4115.
15 StAS Wü 40 Bd. 1 Bü 9; 100 Jahre Krankenhaus St. Elisabeth (wie Teil 3 Anm. 207) S. 33/35.
16 STRITTMATTER (wie Teil 6 Anm. 7) S. 414.
17 Ebd. u. StR PAR Bü 374 u. StR X Bü 324-5. Zum Absingen des Horst-Wessel-Lieds StR X Bü 324-5.
18 Wie Anm. 16, S. 415.
19 EITEL (wie Teil 6 Anm. 21) S. 97 u. 100 Anm. 54.
20 StR A I Bü 3481/82.
21 KAR Az. 192.3, prov. Bü 441.
22 StR X Bü 324-5.
23 StR X Bü 324-1.
24 So Josef FRANKENHAUSER in: SZ (RV) v. 27. April 1985.
25 StR A I Bü 4130.
26 StR A I Bü 4130. Listen der ins Lager Balingen eingelieferten NS-Funktionäre: StAS Wü 40 Bd. 9 Bü 47.
27 KOPPMANN (wie Teil 6 Anm. 33) S. 84.
28 Der ausführlichste Bericht über die Zustände im „Roten Haus“ stammt von Oberstaatsanwalt WENDLING: StR X Bü 324-5. Vgl. außerdem StR X Bü 320.
29 Ebd.
30 StR X Bü 324-2.
31 StR A I Bü 4115; X Bü 328.
32 StR X Bü 320.
33 EMMRICH 1996, S. 77.
34 StR A I Bü 4142.
35 StR X Bü 320; A I Bü 4142 u. 4027.
36 KAR ZWA RV Bü 885.
37 Diese Zahlen beruhen auf einer Auswertung der Geburtenregister des Standesamts Ravensburg.
38 StJbDG 1949.
39 StR A III 061-05. Vgl. auch StR A I Bü 4029 u. 4115.
40 Wie Anm. 39.
41 StR X Bü 420, Eintrag v. 1. Mai 1945.
42 StR X Bü 326.
43 MÜLLER-GÖGLER (wie Teil 6 Anm. 262) S. 24f.
44 Journal Officiel. Amtsblatt des französischen Oberkommandos in Deutschland Nr. 4, 1945, S. 24; SZ (RV) v. 28. April 1955
45 SZ (RV) v. 26. April 1946 Rückblick von Max KAH.
46 Z.B. SZ (RV) v. 28. Dezember 1945, 4. Januar 1946 sowie v. 27. April 1965 (Rückblick v. Paul WEH).
47 KÖBERLE 1980, S. 64.
48 StadtA Weingarten Nr. 1441 alt.
49 Weingarten 1992, S. 376.
50 KÖBERLE 1980, S. 22.
51 StR A I Bü 535.
52 StR A I Bü 375.
53 SZ (RV) v. 28. April 1955.
54 StR A I Bü 2068.
55 StR X Bü 324-4.
56 StR A I Bü 4179.
57 Ebd.
58 Ebd.
59 StR A I Bü 3347 u. 4179.
60 AOFA Caisse 3545 (Rapports mensuels) Bericht v. 23. November 1945.
61 StR A I Bü 4027 u. 4142.
62 StR A I Bü 3446.
63 Zu den verschiedenen Begriffen vgl. BINDER Friedrich: Vertriebenen- und

Sozialwesen in Württemberg-Hohenzollern, in: Max Gögler u. a. (Hg.): Das Land Württemberg-Hohenzollern 1945-1952. Sigmaringen 1982, S. 347; Häffner Michaela: Nachkriegszeit in Südwürttemberg. Die Stadt Friedrichshafen und der Kreis Tettnang in den vierziger und fünfziger Jahren. München 1999, S. 263; Bentele Elvira: Sozialdienste für Fremde in Ravensburg. Möglichkeit und Grenzen der Zusammenarbeit. Diplomarbeit masch. Ravensburg-Weingarten 1990, S. 44.

64 StR unverzeichnete Akten; StAS Wü 65/26 Bd. 11 Bü 10 Az. 177.43.

65 StR A II Bü 422-02.

66 StR A I Bü 3347.

67 StR A I Bü 4179; SZ (RV) v. 28. April 1955.

68 StR A I Bü 4115.

69 StR A I Bü 3348.

70 StR A I Bü 3898 u. 4028.

71 StR A I Bü 3898; vgl. auch mehrere Berichte in der SZ vom Dezember 1945.

72 Wie Anm. 68.

73 StR A I Bü 3481/82.

74 StR A II Bü 062-02.

75 Kretschmer Manfred: Gefangenen-Lazarett in Weißenau: Not, Hunger und Ungeziefer, in: Emmrich 1996, S. 104-107.

76 Wolfrum (wie Anm. 2) S. 70.

77 Wolfrum (wie Anm. 3) S. 99f.

78 KAR 361.1 Bü 566/67.

79 Ebd. S. 101.

80 Gessler (wie Teil 6, Anm. 168) S. 106f.

81 Wie Anm. 78.

82 Müller-Gögler (wie Teil 6, Anm. 262) S. 31.

83 Gessler (wie Anm. 80) S. 109f.

84 SZ (RV) v. 18. Dezember 1945.

85 A. (vermutlich Autenrieth Rudolf): Vor 20 Jahren: Briefzustellung und Telefon eingestellt, in: SZ (RV) v. 17. April 1965.

86 Ebd.

87 StR X Bü 328.

88 SZ (RV) v. 26. April 1946 (Erinnerungen von Max Kah).

89 Paul Weh in: SZ (RV) v. 28. April 1955.

90 StR X Bü 324-15.

91 StR X Bü 456 (Pfarrchronik Liebfrauen) u. A III 061-00.

92 Köberle 1980, S. 16.

93 Wie Anm. 78

94 Wie Anm. 88.

95 Walchner (wie Teil 5, Anm. 59) S. 98.

96 Deutschland unter alliierter Besatzung (wie Anm. 2) S. 114

97 Wie Anm. 4, S. 166.

98 Ebd. S. 167.

99 Strittmatter (wie Teil 6, Anm. 7) S. 417f. Unsere Darstellung des Themas „Entnazifizierung" folgt im Wesentlichen den Ausführungen Strittmatters.

100 Ebd. S. 418ff.

101 Ebd. S. 425.

102 Die Bestände des Staatsarchivs Sigmaringen, Bd. 2 Südwürttemberg. Stuttgart 2000, S. 148f.

103 Strittmatter (wie Anm. 99) S. 426.

104 Wolfrum (wie Anm. 3) S. 98.

105 Wehler 2003, S. 959.

106 Strittmatter S. 430.

107 Ebd. S. 430 u. 461.

108 SZ (RV) v. 4. Dezember 1945.

109 Wolfrum Edgar: Französische Besatzungspolitik und deutsche Sozialdemokratie. Politische Neuansätze in der „vergessenen Zone" bis zur Bildung des Südweststaates 1945-1952. Düsseldorf 1991, S. 80.

110 Köberle 1980, S. 23 u. 34.

111 Ebd. S. 20f.

112 Ebd. S. 23 ff. u. 33; Weh Bericht v. April/Mai 1949 u. 1950: KAR 361.1 Bü 567.

113 Ebd. S. 30.

114 Paul Weh (wie Anm. 78).

115 Ebd.

116 Hecker Wolfgang: Der Gewerkschaftsbund Südwürttemberg-Hohenzollern. Zur Gewerkschaftsbewegung in der französischen Besatzungszone 1945-1949. Marburg 1988, S. 116; außerdem StAS Wü 40 Bd. 1 Bü 9.

117 Köberle 1980, S. 32.

118 Journal Officiel (wie Anm. 44) Verordnung Nr. 23, S. 54.

119 Die Gründung der Ravensburger Ortsgruppen behandelt ausführlich Köberle 1980, S. 34-51.

120 Köberle 1980, S. 43 u. 50.

121 Ebd. S. 38.

122 Journal Officiel (wie Anm. 44) Verordnung Nr. 44, S. 206f.

123 Köberle 1980, S. 54.

124 Breucker in: Emmrich 1996, S. 133f.

125 Köberle 1980, S. 58f.; Lutz Alfred: Albert Sauer (1902-1981). Ravensburger Oberbürgermeister und Kultminister von Württemberg-Hohenzollern, in: Im Oberland Heft 2, 2002, S. 44-54 u. Heft 2, 2003, S.32-42.

126 Köberle 1980, S. 65.

127 Ebd. S. 66.

128 Ebd. S. 68.

129 Ebd. S. 70f.

130 Städt. Hauptregistratur Ravensburg Personalakten Sauer und Gindele.

131 StR A I Bü 4002.

132 Paul Weh (wie Anm. 78) Bü 567; Lutz (wie Anm. 125) S. 33f.

133 Ebd. S. 36.

134 Ebd. S. 40f.

135 Wolfrum (wie Anm. 3) S. 88.

136 KAR 361.1 Bü 566/67; StR A I Bü 4002-4022.

137 KAR 361.1 Bü 566.

138 Ebd. Bü 567.

139 Baumann Mechthild: Pierre Paul Ulmer – unvergessen als Vorkämpfer für Europa, in : SZ (RV) v. 3. Juni 1993; Maier-Dependorf Albertine: Erinnerungen Teil 4, S. 12. (Kopie des masch. Mskr. im StR X Bü 437-4.

140 StAS Wü 40 Bd. 1 Bü 9 u. StR A I Bü 4019.

141 Nachruf in der SZ (RV) v. 26. Oktober 1985. Zum Adenauer-Besuch SZ (RV) v. 4. August 1953.

142 Nachruf (wie Anm. 141).

143 Raberg 2001, S. 481f.

144 StR A I Bü 88/89.

145 Nachruf in: SZ (RV) v. 31. 1. 2004.

146 SZ (RV) v. 12. Juli 1957.

147 Weingarten 1992, S. 491.

148 Lutz (wie Anm. 125) S. 38; vgl. auch Wäschle Karl: Die Stadt Ravensburg, ihre Einrichtungen, ihre Aufgaben ihre Chancen, in: Der Kreis Ravensburg. Stuttgart und Aalen 1976, S. 273.

149 Zweckverband Gasversorgung Oberschwaben (Hg.): 25 Jahre Gasversorgung Oberschwaben. Ravensburg 1990.

150 Vgl. oben S. 14. u. Anm. 66.

151 Quellengrundlage: StR A I Bü 3961; SAR Geburten- und Sterberegister; StLA; StJbDG

152 Gessler (wie Teil 6 Anm. 168) S. 102.

153 SAR.

154 Bentele (wie Anm. 63) S. 60.

155 Grees 1973, S. 178.

156 StJbDG 1991, S. 136f.

157 Die folgenden Zahlen berücksichtigen nur die im Alter von über 10 Jahren Verstorbenen. Ein Vergleich sämtlicher Verstorbener wäre weniger genau, da die meisten unter zehn Jahre alten Verstorbenen in Ravensburg geboren wurden, auch die Kinder der Heimatvertriebenen und Flüchtlinge.

158 Vgl. dazu die Karte S. 26.

159 StR A I Bü 3564; Häffner (wie Anm. 63) S. 262-265; Binder (wie Anm. 63) S. 339, 341.

160 Grees 1973, S. 179.

161 Im StR vorhanden.

162 StR A I Bü 4014.

163 Eberl Immo (Bearb.): Flucht, Vertreibung, Eingliederung. Baden-Württemberg als neue Heimat. Sigmaringen 1993, S. 128f. u. 134.

164 Angaben über die Zahl der Ausländer: StR A I Bü 84-88, 3245, 3961.

165 Wehler 2003, S. 953.

166 StR A I Bü 85 u. 3961.

167 Hudemann 1988, S. 109.

168 Vgl. Anm. 1.

169 KAR 361.1 Bü 566.

170 StR N I Bü 401.

171 StR A I Bü 4016.

172 Wie Anm. 78 Bü 566/67.

173 Ebd. Bü 567, außerdem StR A I Bü 84/85.
174 StR A I Bü 3481/82.
175 Ebd. A I Bü 84, 85, 4014; KAR (wie Anm. 78) Bü 567: Berichte vom Januar und Februar 1949.
176 StR A I Bü 85-87.
177 Ebd. Bü 3564.
178 Ebd. Bü 4003 u. 4014.
179 Ebd. Bü 85.
180 SZ (RV) v. 17., 27. Januar u. 18. Februar 1947.
181 Häffner (wie Anm. 63) S. 243.
182 Ebd. und Eberl (wie Anm. 163) S. 198.
183 St JbDG 1950.
184 StR A I Bü 3972.
185 StR A I Bü 85 sowie die Monatsberichte von Weh im KAR (wie Anm. 78).
186 LKA A 29 Bü 3698.
187 StR A I Bü 4014.
188 Vgl. die Verwaltungsberichte StR A I Bü 85-89 u. R 115.
189 StR A I Bü 85-87; A II 439-03.
190 SZ (RV) v. 21. Mai 1954.
191 StAS Wü 40 Bd. 1 Bü 9.
192 StAS Wü 66/10 T 4 Bü 42.
193 StR A I Bü 84/85.
194 StAStG A 13/6.2.
195 Ebd. A 13/6.1 u. 2.
196 Vgl. neben den zitierten Akten im StAStG auch StadtA St. Gallen Fasz. 261 X.
197 StAS Wü 65/26 Bd. 11 Az. 7240.
198 StadtA St. Gallen wie Anm. 196; außerdem StAStG A 13/6.3.
199 StR A I Bü 3492.
200 StR A I Bü 3492.
201 Ebd.
202 StAS Wü 65/26 Bd. 11 Az. 7241.
203 StAStG A 13/6.1.
204 Wie Anm. 202.
205 Alle drei Briefe im StAStG A 13/6.1.
206 Denkschrift des Escher Wyss-Direktors während des Zweiten Weltkriegs August Maas (Privatbesitz).
207 Mündliche Auskunft Jürgen Maas †.
208 Wolfrum (wie Anm. 3) S. 108 f.; Wolfrum 1996 S. 230 f.
209 StAS Wü 2 Bd. 1 Bü 1575 u. 1582.
210 Hecker (wie Anm. 116) S. 250.
211 Weh (wie Anm. 112) Bü 566 Monatsbericht Januar 1948.
212 StR A I Bü 3424, 3564 u. 4003.
213 IHKW Firmenakten.
214 Ebd.; Weh (wie Anm. 78) Bü 567.
215 Ebd.
216 Vgl. Strittmatter Wolf-Ulrich: Die Währungsreform in Ravensburg, in: SZ (RV) v. 24. u. 26. Juni 1998; StR A I Bü 2729/30 u. 4019; Weh (wie Anm. 78) Bü 566/67.
217 Ebd. Bericht v. Juni 1949.
218 Ebd. Bericht v. Juni 1948.
219 StR A I Bü 2730.
220 Weh: Bericht v. Oktober 1948.
221 StR A I Bü 4002/22.
222 StR A I Bü 4019.
223 Wie Anm. 221.
224 StR A I Bü 4014: betrifft Maschinenfabrik Ravensburg.
225 StAS Wü 40 Bd. 1 Bü 9; StR A I Bü 85.
226 Werkszeitschrift „Der Escher“ Heft 15/16, Februar 1955.
227 EWZ Protokolle des Verwaltungsrats.
228 Zahlen stammen größtenteils aus den Firmenunterlagen der IHKW; außerdem StR A I Bü 85 u. StAS Wü 40 Bd. 1 Bü 9.
229 StLA.
230 Die Übersicht wurde aus folgenden Unterlagen erarbeitet: Theuringer (wie Anm. 58) Anhang II,2; StJbDG 1952 u. 1963; StBW Bd. 161,2: Gemeindestatistik 1970;
231 StLA; städtische Adressbücher; Landesbeschreibung 1886, S. 759.
232 StR A II Bü 1044.
233 StR Bautagebücher 1946 ff.
234 Vgl. dazu Weiss (wie Teil 5 Anm. 127)
235 Ebd. S. 38.
236 StR R 115 (Verwaltungsberichte der entsprechenden Jahre).
237 StLA.
238 Görtemaker 1999, S. 176.
239 Lutz (wie Anm. 125) S. 35-38.
240 Vgl. dazu Kolb Raimund: „Bähnle“, „Mühle“, Zug und Bus. Die Bahn im mittleren Schussental. Bergatreute 1987, bes. S. 371 ff.
241 Vgl. Wolfrum wie Anm. 3.
242 Vgl. dazu Wolfrum 1996, Kapitel III, 2 u. 3.
243 Müller-Gögler in: Emmrich 1996, S. 77. Einige Plakate für diese Veranstaltungen im StR PK 165.
244 StR X Bü 456.
245 Kathol. Kirchenblatt für Ravensburg 1945.
246 Mücke Sabine: Nachkriegskino zwischen Heimatfilm und Hollywood, in: Emmrich 1996 S. 100-103.
247 Müller-Gögler (wie Teil 3, Anm. 303) S. 183-185.
248 Berichte darüber in der seit 4. Dezember erscheinenden SZ (RV).
249 SZ (RV) v. 28. Dezember 1945.
250 Ebd. Ausgabe v. 4. Dezember 1945.
251 Wolfrum 1996, S. 203 ff.
252 Mündliche Mitteilung des Mitgründers Ernst Alexander.
253 StR A I Bü 4003.
254 Paul Weh (wie Anm. 112) Bü 566. Monatsberichte v. Oktober 1946 u. Februar 1947.
255 StR A I Bü 3166/67.
256 Weh: Monatsberichte Oktober bis November 1947.
257 StR A I Bü 3166.
258 Wie Anm. 254; Weh: Monatsberichte v. Dezember 1947 bis Juli 1949.
259 StAS Wü 40 Bd.1 Bü 9; StJbDG 1949-1953.
260 Städt. Verwaltungsberichte StR R 115.
261 Vgl. dazu SZ (RV) v. 21. Januar 1950; StR A I Bü 4003 sowie den Bericht von Weh (wie Anm. 112) für April 1948
262 StR A I Bü 85/86.
263 SZ (RV) v. 31. Dezember 1954.
264 Albertine Maier-Dependorf: Erinnerungen Teil 4 II (wie Anm. 139).
265 StR X Bü 338: Archiv der Jungen Schauspielgruppe; vgl. außerdem A I Bü 3032 u. die Würdigung in der SZ (RV) v. 20. November 1992.
266 Renz Peter (Hg.): Der Ravensburger Kreis. Eine literarische Gesellschaft in Deutschland. Eggingen u. Ravensburg 1999.
267 Ebd. S. 20 f.; über R. v. Walter außerdem Janker Josef W.: Meine Freunde die Kollegen. Friedrichshafen 1994, S. 46-48; über Gerhard Nebel: Bosch Manfred: Bohème am Bodensee. Lengwil 1997, S. 262 f.
268 Mohler Armin: Ravensburger Tagebuch. Meine Jahre mit Ernst Jünger. Wien und Leipzig 1999; Renz (wie Anm. 264) S. 19 f.
269 StR A I Bü 85.
270 Ebd. Bü 86.
271 SZ (RV) v. 4. Januar 1955; StJbDG 1956.
272 StJbDG 1950 u. 1956.
273 Alle Zahlen beruhen auf Angaben in den StJbDG.
274 SZ (RV) v. 9. Oktober 1964.
275 Der Vorfall ist reich dokumentiert: StR N I Bü 132; SZ (RV) v. 28. September bis 4. Oktober 1957; „Der Stern“ v. 22. März 1958.
276 Holzwarth Jörg: Der Ravensburger Schnulzenkrieg, in: „Sonntag Aktuell“ v. 17. September 1995.
277 StR HW „Marienbrunnen“(sic); SZ (RV) v. 20. Oktober bis Mitte November 1962 u. v. 31. Dezember 1993. Vgl. auch Wittal-Duerkop Tanja: Friedenssäule der Künstlerin Elisabeth-Maria Stapp in: Breucker 1996, S. 81-87.
278 SZ (RV) v. 30. März 1963. Vgl. im Übrigen StR N I Bü 473.
279 Der Ausspruch ist überliefert in den Erinnerungen von Karl Braig: Kleine Geschichten von und mit einem OB. StR Ravensburg 275, S. 52 (Mskr.).
280 Görtemaker 1999, S. 479.
281 Mücke (wie Anm. 246) S. 102 f.
282 Dieses Kapitel basiert zum Teil auf Interviews mit drei ehemaligen Fabrikarbeitern und ihren Ehefrauen (A.K. geboren 1911, G.B. geb. 1920, F.M. geboren 1936).
283 StJbDG 1951

284 Krüger Michael: Die Gründerjahre des Deutschen Sportbundes. Wege aus der Not zur Einheit. Schorndorf 1990, S. 133-136.
285 StJbDG 1957; Engler Rolf u. Vollmer Joachim (Red.): Sport in Ravensburg. Ravensburg. o. J.
286 Ebd. 1972.
287 KAR RV AL 361.1 Bü 567.
288 Falk (wie Teil 2 Anm. 541) S. 100ff.
289 Vgl. Vereinsfestschrift v. 1989 im StR X Bü 344.
290 StR AöO (G): Gaststätten-Akten.
291 StR A I Bü 4003.
292 Wie Anm. 287 Bü 566.
293 Wie Anm. 291.
294 Ebd.
295 Wie Anm. 287.
296 Vgl. die im StR vorhandene Schülerarbeit von Katrin Winter u. Letizia Preuss: Das Lied von der Glocke. Bildungszentrum St. Konrad Ravensburg o. J. Masch. Mskr. im StR.
297 StAS Wü 40 Bd. 1 Bü 9.
298 Festschrift „25 Jahre Schule in der Weststadt Ravensburg 1963-1988".
299 Walter v. Gregor: Vom Mädchen-Gymnasium zum Welfen-Gymnasium, in: Welfen-Gymnasium Ravensburg (Hg.): Festschrift zur Hundertjahrfeier. Biberach 1987, S. 62-65.
300 Statistikdaten 2001, S. 36.
301 StR A I Bü 88.
302 Weingarten 1992, S. 476.
303 Die Zahlen basieren auf den städt. Verwaltungsberichten StR R 115; außerdem StJbDG 1967-1969.
304 Die Zahlen – 667 Grundschüler, 261 Hauptschüler, 461 Realschüler, 596 Gymnasiasten – verdankt der Autor den Sekretariaten der drei Schulen von St. Konrad.
305 StLA.
306 StJbDG 1967-1969 u. 1984.
307 Wie Anm. 300; außerdem StJbDG 1991 u. 1998/99.
308 StJbDG 1984, Statistikdaten 2001, S. 36.
309 Wie Anm. 299, S. 36 u.39.
310 Geschäftsbericht der VHS Ravensburg für das Schuljahr 2000/2001, S. 16 u. 35.
311 Kasseckert Siegfried: „Universität" im Schussental, in: Kreissparkasse Ravensburg (Hg.): 50 Jahre Landkreis Ravensburg (Kleinode 5). Ravensburg 2002, S. 71-76.
312 Heute „Institut für soziale Berufe".
313 StR X Bü 456.
314 StR A I Bü 3961.
315 Die Zahlen beruhen auf einer Auswertung der Standesamtsregister. Außerdem wurde herangezogen: DAR G 1.8 Nr. 410/11; StR A I. Bü 84. Alle Zahlen beziehen sich auf die Kernstadt und klammern die eingegliederten Ortschaften aus.
316 Wie Anm. 287 Bü 266/67.
317 DAR G 1.8 Nr. 411.
318 StR X Bü 456.
319 Ebd. Eintrag v. November 1950.
320 Kathol. Kirchenblatt für Ravensburg v. 29. Juli 1945.
321 AOFA Caisse 3545, Rapport vom 23. Januar 1946.
322 DAR G 1.8 Nr. 411.
323 LKA Altregistratur Ortsakten Ravensburg.
324 Eheregister der Pfarrei St. Christina.
325 Vgl. Evangel. Eheregister 1943.
326 Z.B. LKA Altregistratur Ortsakten Ravensburg: Pfarrbericht v. Dekan Gerhard Schnaufer 1954.
327 Rode Hermann: Geschichte der katholischen Pfarrei Weißenau im 19. u. 20. Jahrhundert, in: Peter Eitel (Hg.): Weißenau in Geschichte und Gegenwart. Sigmaringen 1983, S. 374.
328 Evangel. Eheregister v. 19. Juli 1975.
329 Ebd. 1995.

Anmerkungen und Belege zu Teil 8

1 Vgl. die Jahresrückblicke in der SZ (RV) v. 29. Dezember 1973 u. 31. Dezember 1974.
2 SZ (RV) v. 24. Mai 1968.
3 Vgl. Breucker / Ingendahl 1993 und Breucker 1996.
4 Drittes Reich 1997.
5 Vgl. dazu Hörtling Hermann: Was ist aus ihnen geworden? Auf der Suche nach den Ravensburger Juden, in: Drittes Reich 1997, S. 333-341.
6 SZ (RV) v. 28. Februar bis 8. April 1998.
7 IHKW Alte Firmenakten.
8 IHKW.
9 IHKW, mündliche Auskünfte und verschiedene Berichte in der SZ (RV).
10 Koppmann Jan (Hg.): Berg 1094 – 1994. Berg 1994, S. 198.
11 IHKW und Auskünfte der Firma.
12 Neyer Ernst: OMIRA – 50 Jahre erfolgreich durch Qualität, in: SZ (RV) v. 20. September 1979 u. IHKW.
13 Gemeindestatistik 1970 (Statistik v. Baden-Württemberg Bd. 161 Heft 2. Stuttgart 1973); Statistikdaten 2001.
14 Wie Anm. 13.
15 Görtemaker 1999 S. 181.
16 Ebd. S. 601.
17 Gemeindestatistik 1970 (wie Anm. 13); Wirtschaftsdaten 1995 S. 5. Statistikdaten Wirtschaftsstandort Ravensburg, hg. v. d. Wirtschaftsförderung Ravensburg o. J.
18 Haushaltspläne der Stadt Ravensburg.
19 Statistikdaten 2001 u. die StJbbDG für die entsprechenden Jahre.
20 Höflacher Ulrich: Die Veränderungen der Einzelhandelsstruktur in Ravensburg 1930-1980. Zulassungsarbeit masch. Universität Stuttgart 1981, S. 27 f.
21 Statistikdaten 2001.
22 StLA LIS (= Landesinformationssystem per Internet); StJbDG.
23 Wirtschaftsdaten 1995 S. 8; StLA LIS.
24 Ebd. S. 9f. und Haushaltsplan der Stadt Ravensburg 1995 S. 360.
25 StLA LIS.
26 Ebd.
27 Ebd.
28 StLA LIS.
29 StR Bautagebücher u. Baustatistik des städt. Bauordnungsamts.
30 StR A III 053-14; Statistikdaten 2001.
31 Ebd.
32 StR A III 053-11; Zahlen aus der Zeit nach der letzten Volkszählung von 1987 sind nicht vorhanden.
33 Statistik v. Baden-Württemberg Band 403, 8A.
34 Ebd.
35 SZ (RV) v. 31.12.1990.
36 Wäschle Karl: Alassinische Notizen. Erinnerungen eines Ravensburger Oberbürgermeisters. Ravensburg 1988, S. 151.
37 SZ (RV) v. 24. Oktober 1969.
38 Ebd.; Gerbert Frank: Der Mann, der Ravensburg abreißen wollte, in: SZ v. 24. Mai 1989.
39 StLA LIS.
40 Statistikdaten 2000.
41 Die Zahlen stammen von der Interkommunalen Datenverarbeitung des Rechenzentrums Ulm.
42 SZ (RV) v. 31.12.1980
43 StLA LIS.
44 Statistik v. Baden-Württemberg Band 402 Heft 6A.
45 Görtemaker 1999 S. 163.
46 Sozialbericht 1999, S. 39.
47 Tätigkeitsbericht des Ausländerbeauftragten der Stadt Ravensburg für die Jahre 1999/2000.
48 Vgl. Bentele (wie Teil 7 Anm. 63) S. 83.
49 Ebd. S. 84.
50 Wie Anm. 47.
51 Sozialbericht 1999 S. 142.
52 SZ v. 7. November 2003.
53 Mündliche Informationen u. SZ v. 15. Januar 2002 sowie v. 7. November 2003.
54 StJbDG 1985.
55 Vgl. für die folgende Schilderung StR A III 570-05.
56 Jahresberichte des Jugendhauses Ravensburg u. Umfrageergebnisse des Jugendhauses bei seinem „Stammpublikum" April 2000.
57 SZ (RV) v. 11. September 1989.
58 Sozialbericht 1999, S. 95.

59 Aus dem Vorwort von Oberbürgermeister Vogler.
60 Eben 1835, Bd. 2, S. 461; Statistikdaten 2001, S. 3; StLA LIS.
61 Stiftung Bruderhaus Ravensburg (Hg.): Bruderhaus Ravensburg. Zeughaus-Zuchthaus – Fromme Stiftung – Haus der Altenhilfe. Ravensburg 2000, S. 22.
62 Vorschriftensammlung der Stadt Ravensburg Abteilung 4.04.
63 Breucker / Ingendahl 1993 S. 203. Auf das Kapitel „Sechzehn Jahre Neue Frauenbewegung", S. 199-210 in diesem Buch stützt sich im Wesentlichen die folgende Darstellung.
64 Vgl. die Adressbücher der Stadt.
65 Ab 1953 im StR unter der Signatur R 115 vorhanden.
66 Sozialbericht 1999, S. 24.
67 Ebd. S. 26.
68 Mitteilung des Arbeitsamts Ravensburg v. 2. Juli 1999 an den Autor. Die Angaben beziehen sich bis 1994 jeweils auf Juli, danach auf März.
69 Statistische Unterlagen der Stadtkämmerei Ravensburg.
70 Wie Anm. 68.
71 Kretschmer Manfred: Die Weissenau. Psychiatrisches Krankenhaus von 1945 bis 1990. Geschichte und Erinnerungen. Zwiefalten 2002, S. 65.
72 SZ (RV) v. 22. Februar 2002.
73 Die Zahlen wurden den Adressbüchern entnommen.
74 StJbDG 1975 u.1984.
75 Wie Anm.73.
76 Die Zahlen beruhen auf den Angaben in den StJbbDG.
77 Ebd.
78 Vgl. 100 Jahre Krankenhaus St. Elisabeth (wie Teil 3 Anm. 207) S. 47f.
79 Vgl. Reiter Ralf: Das Heilig-Geist-Spital im 19. und 20. Jahrhundert, in: Schmauder 2000, bes. S. 150-152.
80 Kultur in Ravensburg. Ergebnisse und Perspektiven interaktiver Kulturarbeit 1994 bis 2002, hg. v. Kulturreferat d. Stadt Ravensburg. Ravensburg 2002.
81 Vgl. Janker wie Teil 7 Anm. 265 sowie die 1988 erschienene Werkausgabe.
82 Renz Peter (Hg.): Hermann Waibel. Lichtstrukturen, Lichtinstrumente, Lichtfarben. Friedrichshafen 1990.

Quellennachweis zu den Diagrammen

D 1 OABR 1836; StAL E 258 VI; StLA.
D 2 StR Steuerbücher (ohne Archivsignatur).
D 3 Miedaner 1976, Diagramm nach S. 21.
D 4 Gestrich 1978, S. 13.
D 5 wie D 1.
D 6 StLA; WJb 1936/37, S. 210; StR A I Bü 4603; OA; Staatshandbücher.
D 7 OA.
D 8 JHGKW; OA; Gestrich 1978, S. 25.
D 9 WJb 1888 Bd. 1, Heft 1; WJb 1900 Ergänzungsband I, Heft 2.
D 10 SAR; Ehe- und Taufregister der evangelischen und der drei katholischen Pfarreien.
D 11 ALF Taufregister.
D 12 Tauf- und Sterberegister der vier Pfarreien.
D 13 StR Verzeichnis der wohnsteuerpflichtigen Personen 1872-1905; Verzeichnis der unselbständigen Arbeiter und Arbeiterinnen und Dienstboten 1881-1905 (ohne Archivsignatur).
D 14 StR Rechnungsbeilagen zu den Hauptbüchern; Lochmaier 1986, S. 101, 104f.
D 15 StR Verzeichnis der unständigen [!] Arbeiter und Arbeiterinnen 1909-1913 (ohne Archivsignatur).
D 16 WJb (wie D 9); Württ. Gemeindestatistik nach dem Stand von 1907. Stuttgart 1910.
D 17 StR Adressbuch 1890; ebd. A I Bü 398; WJB 1898 Ergänzungsbände I u. II.
D 18 StR A I Bü 167.
D 19 StR Rechnungsbücher der Armenfondsverwaltung.
D 20 StR SpG Bü 22-48.
D 21 SAR Sterberegister.
D 22 OA; Kraus 1986, Anlage II/22.
D 23 Kraus ebd.
D 24 Württ. Gemeinde- u. Bezirksstatistik 1933. Stuttgart 1935, S. 228; StR Adressbuch 1925.
D 25 OA; SZ (RV).
D 26 StR Bautagebücher des städt. Bauamts (ohne Archivsignatur).
D 27 StLA; SAR Ehe- und Geburtenregister.
D 28 SAR; StR A I Bü 85.
D 29 SZ (RV).
D 30 SZ (RV).
D 31 OA; SZ (RV).
D 32 OA.
D 33 StLA; StR R 115 u. A I Bü 84-89: Jahresberichte der Stadtverwaltung Ravensburg.
D 34 StR Bürger- u. Einwohnerlisten und -karteien; Bü 2278/2279 u. 2282-2285.
D 35 SAR Geburtenregister.
D 36 SAR Sterberegister.
D 37 IHKW; StLA; KAR 361.1 Bü 566/567.
D 38 StLA.
D 39 StR Bautagebücher (wie D 26); Baustatistiken 1949-1999 des städt. Bauordnungsamts.
D 40 SAR; StR A I Bü 84; DAR G 1.8 Nr. 410/411.
D 41 EBEN 1835; Unterlagen der Ravensburger Pfarrämter; DAR (wie D 39); StR A I Bü 84; SAR; StLA.
D 42 Eheregister des SAR u. der Ravensburger Pfarrämter.
D 43 WJb (wie D 9); StJbDG; Statistikdaten 2000 u. 2001; Wirtschaftsdaten 1995.
D 44 StLA; WJb (wie D 9); StJbDG; Statistikdaten 2000 u. 2001.
D 45 Statistikdaten 2000; StLA.
D 46 StR Steuerbücher (wie D 2).
D 47 WJb (wie D 9); Statistikdaten 2000; StLA.
D 48 Statistikdaten 2000; Wirtschaftsdaten 1995.
D 49 Ergebnisse der Volkszählung v. 1987: StLA; Statistik von Baden-Württemberg Heft 404/5 u. 402/1.
D 50 Wie D 48.
D 51 StR A I Bü 84, 3245; SAR Jahresberichte; statistische Unterlagen des städt. Ausländerbeauftragten; Grees 1973, S. 172ff.

Abgekürzt zitierte gedruckte Quellen und Literatur

BALSER 1962 Balser, Frolinde: Sozial-Demokratie 1848/49-1863. Stuttgart 1962

BENZ 1997 Enzyklopädie des Nationalsozialismus, hg. v. Wolfgang Benz, Hermann Graml u. Hermann Weiß. Stuttgart 1997

BERUFSZÄHLUNG 1882/1895. WJb Ergänzungsbände I-III. Stuttgart 1898-1900

BOELCKE 1989 Boelcke, Willi A.: Sozialgeschichte Baden-Württembergs 1800-1989. Stuttgart 1989

BORSCHEID 1978 Borscheid, Peter: Textilarbeiterschaft in der Industrialisierung. Soziale Lage und Mobilität in Württemberg. Stuttgart 1978

BREUCKER / INGENDAHL 1993 Breucker, Dorothee u. Ingendahl, Gesa: Blickwinkel. Leben und Arbeit von Frauen in Ravensburg. Tübingen und Stuttgart 1993

BREUCKER 1996 Breucker, Dorothee (Hg.): FrauenOrte in Ravensburg. Ein Spaziergang durch die Geschichte. Ravensburg 1996

BROSZAT / FREI 1992 Das Dritte Reich im Überblick, hg. v. Martin Broszat u. Norbert Frei. 3. Aufl. München 1992

CDU-Festschrift 1996 50 Jahre CDU. Verantwortung für Ravensburg 1946-1996, hg. v. Martin Bocian u.a. Ravensburg 1996

DEHLINGER 1951 Dehlinger, Alfred: Württembergs Staatswesen in seiner geschichtlichen Entwicklung bis heute. 2 Bde. Stuttgart 1951

DREHER 1966 Dreher, Alfons: Das Patriziat der Reichsstadt Ravensburg. Stuttgart 1966

DREHER 1972 Dreher, Alfons: Geschichte der Reichsstadt Ravensburg. 2 Bde. Weißenhorn und Ravensburg 1972

DRITTES REICH 1997 Eitel, Peter (Hg.): Ravensburg im Dritten Reich. Beiträge zur Geschichte der Stadt. Ravensburg 1997

EBEN 1835 Eben, Johann Georg: Versuch einer Geschichte der Stadt Ravensburg. 2 Bde. Ravensburg 1835 (Nachdruck 1987)

EITEL 1977 Eitel, Peter: Ravensburg und das Schussental in Ansichten und Schilderungen aus fünf Jahrhunderten. Sigmaringen 1977

EITEL 1987 Eitel, Peter: Bilder aus dem Schussental. 50 historische Skizzen. Ravensburg 1987

EITEL 1989 Eitel, Peter: Ravensburg und Vorderösterreich, in: Vorderösterreich in der frühen Neuzeit, hg. v. Hans Maier u. Volker Press. Sigmaringen 1989

EITEL 1994 Eitel, Peter: Hospitaliten, Hausarme und andere Bedürftige. Ein Beitrag zur Geschichte der kommunalen Armenfürsorge im Königreich Württemberg, in: Aus südwestdeutscher Geschichte. Festschrift für Hans-Martin Maurer, hg. v. Wolfgang Schmierer u.a. Stuttgart 1994, S. 630-643

EITEL 1999 Eitel, Peter: „Der politisch mündige Bürger muss wehrhaft sein!" Oberschwäbische Bürgerwehren, in: Ohne Gerechtigkeit keine Freiheit. Revolution 1948/49 in Oberschwaben, hg. v. Haus der Geschichte Baden-Württemberg in Zusammenarbeit mit der Gesellschaft Oberschwaben. Stuttgart 1999, S. 198-211

EITEL 2003 I Eitel, Peter: Segnungen und Grausamkeiten des aufgeklärten Absolutismus. Die Reichsstadt Ravensburg unter bayerischer und dann württembergischer Herrschaft, in: SÄKULARISATION 2003, S. 779-790

EITEL 2003 II Eitel, Peter: Lesekultur in der oberschwäbischen Provinz. Was die Ravensburger im 19. Jahrhundert lasen, in: Lesen-Schreiben-Drucken. [Festschrift] Für Ernst Ziegler, hg. v. Marcel Mayer u.a. St. Gallen 2003, S. 91-107

EMMRICH 1996 Emmrich, Sibylle, Breucker, Dorothee, Eitel, Peter: Kriegsende und Neubeginn. Das Jahr 1945 in Ravensburg, Weingarten und Umgebung. Ravensburg 1996

FALK 1988/1998 Falk, Beate: Ravensburg in alten Ansichten. Zaltbommel 1988 (Teil 1) u. 1998 (Teil 2)

FRANÇOIS 1991 François, Etienne: Die unsichtbare Grenze. Protestanten und Katholiken in Augsburg 1648-1806. Sigmaringen 1991

GESTRICH 1978 Gestrich, Andreas: Die Industrialisierung der Stadt Ravensburg. Zulassungsarbeit masch. Tübingen 1978

GLAESER 1993 Glaeser, Wolfgang: Metaller am See. Zur Geschichte der Gewerkschaften in Oberschwaben bis 1933. Freiburg 1993

GÖRTEMAKER 1999 Görtemaker, Manfred: Geschichte der Bundesrepublik Deutschland. Von der Gründung bis zur Gegenwart. München 1999

GRADMANN 1982 Aus dem Leben eines oberschwäbischen Kaufmanns. Das Tagebuch des Ulrich Christoph Gradmann aus den Jahren 1796-1845, bearb. v. Peter Eitel. Stuttgart 1982

GREES 1973 Grees, Hermann: Die Bevölkerungsentwicklung in den Städten Oberschwabens (einschließlich Ulms) unter besonderer Berücksichtigung der Wanderungsvorgänge, in: Ulm und Oberschwaben 40/41, 1973, S. 123 ff.

GRÜNDIG 2002 Gründig, Maria E.: Verwickelte Verhältnisse. Folgen der Bikonfessionalität im Biberach des 19. und beginnenden 20. Jahrhunderts. Tübingen 2002

HAFNER 1887 Hafner, Tobias: Geschichte der Stadt Ravensburg. Ravensburg 1887

HAFNER 1908 Hafner, Tobias: Altes und Neues aus der Geschichte Ravensburgs. Ravensburg 1908

HEINZ 1990 Heinz, Werner: Altdorf-Weingarten 1805-1945. Industrialisierung, Arbeitswelt und politische Kultur. Bergatreute 1990

HEINZ 1998 Heinz, Werner: „Mitbürger, greifet zu den Waffen." Die Revolution von 1848/49 in Oberschwaben. Konstanz 1998

HUDEMANN 1988 Hudemann, Rainer: Sozialpolitik im deutschen Südwesten zwischen Tradition und Neuordnung 1945-1953. Mainz 1998

KÖBERLE 1980 Köberle, Rudolf: Die Stadt Ravensburg 1945-1947. Administration und demokratischer Neubeginn. Zulassungsarbeit masch. Konstanz 1988

KRAUS 1986 Kraus, Uwe: Von der Zentrums-Hochburg zur NS-Gemeinde. Aufstieg und Machtergreifung der Nationalsozialisten in Ravensburg zwischen 1928 und 1935. Tübingen 1986

KUHN 1984 I u. II Kuhn, Elmar L.: Industrialisierung in Oberschwaben und am Bodensee (Geschichte am See Bd. 24/1 u. 2) Friedrichshafen 1984

KUHN 1997 Kuhn, Elmar L.: Rote Fahnen über Oberschwaben. Revolution und Räte 1918/19, in: ZWLG 56, 1997, S. 241-317

LANDESBESCHREIBUNG 1886: Das Königreich Württemberg. Eine Beschreibung von Land, Volk und Staat. 3. Bd. Stuttgart 1886

LANDESBESCHREIBUNG 1907: Das Königreich Württemberg. Eine Beschreibung nach Kreisen, Oberämtern und Gemeinden. Bd. 4. Stuttgart 1907

LOCHMAIER 1986 Lochmaier, Friedrich: Die Industrialisierung der Stadt Ravensburg 1890-1914. Diplomarbeit masch. Mannheim 1986

LORETH 1974 Loreth, Hans: Das Wachstum der württembergischen Wirtschaft von 1818 bis 1918, in: JbbStLkBW 19/1

LUTZ 1990 I Lutz, Alfred: Die Reichsstadt Ravensburg am Ende des Alten Reiches im Spiegel der Ratsprotokolle 1787-1802. Magisterarbeit masch. Tübingen 1990

LUTZ 1990 II Lutz, Alfred: Die Ära Franz von Zwerger (1820/21-1856) (Ravensburger Stadtgeschichte Heft 19). Ravensburg 1990

LUTZ 2004 Lutz, Alfred: Zwischen Beharrung und Aufbruch. Ravensburg in den Jahren 1810 bis 1847 (Manuskript). Münster 2004.

MAYER 1952 Mayer, Oliva: Die Reichsstadt Ravensburg unter der Krone Bayern (1802-1810). Diss. masch. Tübingen 1952

MERK 1914 Merk, Gustav: Ravensburg unter bayerischer Verwaltung, in: WürttVjh NF 23 1914, S. 405-422

MERKER 1959 Merker, Otto: Handel und Verkehr in Ravensburg vom Übergang der Stadt an die Krone Württemberg bis zur Gründung des Deutschen Reiches 1810-1871. Diss. masch. Tübingen 1959

MIEDANER 1976 Miedaner, Walter: Dampfkessel und Industrialisierung. Eine Skizze zur Industriegeschichte des Oberamtsbezirks Ravensburg für die Jahre 1853-1880. Zulassungsarbeit masch. Weingarten 1976

NIPPERDEY 1983 Nipperdey, Thomas : Deutsche Geschichte 1800-1866. München 1983

NIPPERDEY 1990 Ders.: Deutsche Geschichte 1866-1918, Bd. 1. München 1990

NIPPERDEY 1992 Ders.: Deutsche Geschichte 1866-1918, Bd. 2. München 1992

OABR 1836 Beschreibung des Oberamts Ravensburg, hg. v. J.D.G. Memminger. Stuttgart 1836

RABERG 2001 Raberg, Frank: Biographisches Handbuch der württembergischen Landtagsabgeordneten 1815-1933. Stuttgart 2001

RAUH-KÜHNE 1991 Rauh-Kühne, Cornelia: Katholisches Milieu und Kleinstadtgesellschaft. Ettlingen 1918-1939. Sigmaringen 1991

REITER 1988 Reiter, Ralf: Städtische Armenfürsorge im Übergang vom 18. zum 19. Jahrhundert. Sozial-, wirtschafts- und verwaltungsgeschichtliche Untersuchungen zur Sozialpolitik der Stadt Ravensburg und ihrer Einrichtungen. Diss. Konstanz 1988

RESTLE 1993 Restle, Michael: Gründung und Entwicklung der Sparkasse Ravensburg. Diplomarbeit masch. Stuttgart 1993

ROEDER 1801 Roeder, Philipp Ludwig Hermann (Hg.): Geographisches Statistisch-Topographisches Lexikon von Schwaben. 2. Bd. Ulm 1792. 2. Aufl. Ulm 1801

RUDOLF 1999 Rudolf, Hans Ulrich (Hg.): Der Landkreis Ravensburg im Spiegel des Schrifttums. Eine Kreisbibliographie. 2. Aufl. Ravensburg 1999

SÄKULARISATION 2003 Alte Klöster – Neue Herren. Die Säkularisation im deutschen Südwesten. Aufsätze, 2 Bde., hg. v. Hans Ulrich Rudolf. Ostfildern 2003

SCHALLER 1998 Schaller, Hans: Die Industrialisierung der Stadt Ulm zwischen 1828/34 u. 1975 (Forschungen zur Geschichte der Stadt Ulm Bd. 27). Stuttgart 1998

SCHLEGEL 1929 Schlegel, Gerhard: Das Ravensburger Stadtschulwesen in seiner geschichtlichen Entwicklung. Zulassungsarbeit masch. Tübingen 1929

SCHMAUDER 2000 Schmauder, Andreas (Hg.): Macht der Barmherzigkeit. Lebenswelt Spital (Historische Stadt Ravensburg Bd. 1) Konstanz 2000

SCHMAUDER 2002 Schmauder, Andreas (Hg.): Die Zeit der Händler. 850 Jahre Markt in Ravensburg (Historische Stadt Ravensburg Bd. 3). Konstanz 2002

SCHMID 1983 Schmid, Petra: Die Revolution 1918/19 in Ravensburg. Zulassungsarbeit masch. Weingarten 1983

SCHMIERER 1970 Schmierer, Wolfgang: Von der Arbeiterbildung zur Arbeiterpolitik. Die Anfänge der Arbeiterbewegung in Württemberg 1862/63 bis 1878. Hannover 1970

SCHMIERER 1983 Schmierer, Wolfgang (Bearb.): Akten zur Wohltätigkeits- und Sozialpolitik Württembergs im 19. und 20. Jahrhundert. Stuttgart 1983

SCHNABEL 1986 Schnabel, Thomas: Württemberg zwischen Weimar und Bonn 1928 bis 1945/46. Stuttgart 1986

SCHROEDER 1991 Schroeder, Klaus-Peter: Das Alte Reich und seine Städte. München 1991

SOZIALBERICHT 1999 Sozialbericht '99, hg. v. Landkreis Ravensburg Sozialdezernat und dem Städt. Sozialamt Ravensburg. Ravensburg 2000

SPD-FESTSCHRIFT 1995 125 Jahre Sozialdemokraten für Ravensburg. Hg. v. SPD-Ortsverein Ravensburg. Ravensburg 1995

STATISTIKDATEN 2001 Statistikdaten Wirtschaftsstandort Ravensburg. Bearb. v. d. Wirtschaftsförderung der Stadt Ravensburg. Ravensburg 2001

STOBBE / ENDRUWEIT 2001 Stobbe, Christian u. Endruweit, Simone: Politische Kultur und Gemeinderatswahlen 1841-1849. Das Beispiel Ravensburg, in: SVGB 119, 2001, S. 205ff.

THAMER 1989 Thamer, Hans-Ulrich: Verführung und Gewalt. Deutschland 1933-1945. 2. Aufl. Berlin 1989

WALTER 1985 Walter, Edgar: Das Kriegsende 1945 in Ravensburg (Ravensburger Stadtgeschichte Heft 14). Ravensburg 1985

WEHLER 2003 Wehler, Hans Ulrich: Deutsche Gesellschaftsgeschichte Bd. 4. München 2003

WEINGARTEN 1992 Weingarten. Von den Anfängen bis zur Gegenwart, hg. v. Norbert Kruse u. a. Biberach 1992

WIRTSCHAFTSDATEN 1995 Wirtschaftsdaten 1995, hg. v. d. Stadt Ravensburg. Ravensburg 1996

WOHNPLATZVERZEICHNIS Staatshandbuch für Baden-Württemberg. Wohnplatzverzeichnis 1961. Stuttgart 1964

WOLFRUM 1996 Wolfrum, Edgar, Fässler Peter, Grohnert Reinhard: Krisenjahre und Aufbruchzeit. Alltag und Politik im französisch besetzten Baden 1945-1949. München 1996

Abgekürzt zitierte Sammelwerke, Zeitungen, Zeitschriften und andere Periodika

GW Gemeinnütziges Wochenblatt für Ravensburg und die umliegende Gegend (ab 1807 Ravensburg(isches) gemeinnütziges Wochenblatt)

HABW Historischer Atlas von Baden-Württemberg

HBWG Handbuch der baden-württembergischen Geschichte

IB Intelligenzblatt für das Oberamt Ravensburg

JbStLkBW Jahrbücher für Statistik und Landeskunde von Baden-Württemberg

JHGKW Jahreberichte der Handels- und Gewerbekammern in Württemberg (ab 1900 Jahresberichte der Handelskammern in Württemberg)

LB Der Landbothe am Bodensee

OA Oberschwäbischer Anzeiger

OVZ Oberschwäbische Volks-Zeitung

RB Regierungsblatt für das Königreich Württemberg

StBW Statistik von Baden-Württemberg

StDR Statistik des Deutschen Reichs

StHW Statistisches Handbuch für (das Königreich) Württemberg

StJbDG Statistische Jahrbücher Deutscher Gemeinden

StJbDR Statistisches Jahrbuch für das Deutsche Reich

StJbDS Statistische Jahrbücher Deutscher Städte

SVGB Schriften des Vereins für Geschichte des Bodensees und seiner Umgebung

SZ (RV) Schwäbische Zeitung (Ausgabe Ravensburg)

WJb Württembergische Jahrbücher für vaterländische Geschichte, Geographie, Statistik und Topographie (ab 1863 Württ. Jahrbücher für Statistik und Landeskunde)

WVjh Württembergisches Vierteljahreshefte für Landesgeschichte

ZWLG Zeitschrift für Württembergische Landesgeschichte

Abgekürzt zitierte Archive und Ämter

ALF Pfarrarchiv Liebfrauen, Ravensburg

AOFA Archives de l' Occupation Française en Allemagne et en Autriche, Colmar

ARH Amtsgericht Ravensburg, Handelsregister

BayerHStAM Bayerisches Hauptstaatsarchiv München

DAR Diözesanarchiv Rottenburg

EPR Evangelisches Pfarrarchiv Ravensburg

EWZ Historisches Archiv der Firma Escher-Wyss, Zürich

HStAS Hauptstaatsarchiv Stuttgart

IHKW Archiv der Industrie- und Handelskammer Bodensee-Oberschwaben, Weingarten

KAR Kreisarchiv Ravensburg

LKA Landeskirchliches Archiv, Stuttgart

SAR Standesamt Ravensburg

SBB Schweizerisches Bundesarchiv, Bern

StadtA Weingarten

StAA Staatsarchiv Augsburg

StAL Staatsarchiv Ludwigsburg

StAS Staatsarchiv Sigmaringen

StAStG Staatsarchiv St. Gallen

StLA Statistisches Landesamt Baden-Württemberg

StLA LIS Statistisches Landesamt Baden-Württemberg, Landesinformationssystem (über Internet)

StR Stadtarchiv Ravensburg

WABW Wirtschaftsarchiv Baden-Württemberg, Stuttgart-Hohenheim

Sonstige Abkürzungen

Anm. Anmerkung
Bü Büschel
bzw. beziehungsweise
CNAS Christlich-Nationale Arbeiterschaft (bzw. Arbeitnehmerschaft)
D Diagramm
DDP Deutsche Demokratische Partei
ders., dies. derselbe, dieselbe
d.h. das heißt
Diss. Dissertation
DNVP Deutschnationale Volkspartei
DVP Deutsche Volkspartei
ebd. ebenda
f(f). folgende
fl Gulden
fol. Folio, Blatt
FS Festschrift
Hg., hg. Herausgeber, herausgegeben
Jh. Jahrhundert
kgl. königlich
kr Kreuzer
LK Landkreis
M Mark
masch. maschinenschriftlich
Mskr. Manuskript
N.N. Name nicht bekannt
OB Oberbürgermeister
o. J. ohne Angabe des Erscheinungsjahrs
Pf. Pfennig
Red. Redaktion
RM Reichsmark
S. Seite
StA Staatsarchiv
StadtA Stadtarchiv
u.a. und andere, unter anderem
(U)SPD (Unabhängige) Sozialdemokratische Partei Deutschlands
z.B. zum Beispiel
[...] bei Zitaten Kürzungen bzw. Ergänzungen des Verfassers

Register der Orts- und Personennamen

einschließlich Landschafts-, Länder und Firmennamen, ohne Namen von Gewässern, Straßen und Gebäuden; die Namen „Ravensburg", „Oberschwaben", „Württemberg" und „Deutschland" sind nicht aufgeführt.

Bildnachweis

Historischer Atlas von Bayerisch Schwaben. Augsburg 1955, S. 38: S. 8; Privat: S. 17, 59, 65, 71, 81, 96–99 oben, 107, 111, 115, 119f., 124, 143, 219, 224; Stadtarchiv Friedrichshafen: S. 42; Hauptstaatsarchiv Stuttgart (E 221 Bü 2299): S. 68; Archiv des Landtags von Baden-Württemberg: S. 131; Thomas Weiss, Ravensburg: S. 143, 219; Staatl. Vermessungsamt Ravensburg u. Stadtplanungsamt Ravensburg: S. 176f., 374f.; Walter Rothes: Gebhard Fugel. Des Meisters Werk und Leben. Bonn 1929, Farbtafel I: S. 201; Bau- und Sparverein Ravensburg: S. 239; Tourist Information Ravensburg: S. 243, 348 oben, 381f., 387, 396; Konrad Mack: Am Ort, da Gottes Ehre wohnt. Kirchengemälde von Professor D. Rudolf Schäfer. Lahr 1924, nach S. 44: S. 249; Karlheinz Buchmüller, Vogt: S. 277, 289, 315; Stadtarchiv Weingarten: S. 298; Photo- und Filmarchiv des französischen Verteidigungsministeriums, Ivry-sur-Seine: S. 301; Rupert Leser, Bad Waldsee: S. 333, 358, 361, 380, 392, 394, 398; Ravensburger Kreis: S. 341; Rolf Schultes, Bad Waldsee: S. 347, 395, 397; Voith Paper, Fiber Systems, Ravensburg: S. 366; Ravensburger AG: S. 367; Kreissparkasse Ravensburg: S. 369; Claus Juricz, Weingarten: S. 385; Daniel Hartmann, Ravensburg: S. 393.

Alle anderen: Stadtarchiv Ravensburg und Städtische Sammlungen Ravensburg.

Fotografische Reproduktionen: Johannes Volz und Thomas Weiss, beide Ravensburg.